Michael Klein

Kinder und Suchtgefahren

Mit Beiträgen von

Susanne Al-Wiswasi, Christina Batt,
Sebastian Baumeister, Theo Baumgärtner, Oliver Bilke,
Ursula Boos-Nünning, Annette Bornhäuser,
Peter Bringewat, Felix von Cube, Ekkehart D. Englert,
Walter Farke, Tatjana Ferrari, Matthias Franz,
Brigitte Gemeinhardt, Stephan L. Haas, Hans-
Jürgen Hallmann, Dieter Henkel, Andrea Heyne,
Nina Hollenbach, Wolf-Rüdiger Horn, Michael Klein,
Ute Koglin, Udo J. Küstner, Gerd Lehmkuhl,
Jan Lieven, Reinhardt Mayer, Brigitte Münzel,
Michael Neuner, Helga Oberloskamp,
Franz Petermann, Gerhard Raab, Günter Reich,
Lucia Reisch, Wolf-Detlef Rost, Peter-Michael Sack,
Wolfgang Scheiblich, Herbert Scheithauer,
Alexander Schneider, Martina Schu,
Inge Seiffge-Krenke, Gisela E. Seitz, Helmut K. Seitz,
Rainer Georg Siefen, Manfred V. Singer,
Ruthard Stachowske, Franz Stimmer, Maren Strohm,
Stephan Teyssen, Rainer Thomasius, Peter Tossmann,
Martin Wallroth, Karina Weichold,
Jochen Wolffgramm, Dirk Zeichner,
Petra Zimmermann, Martin Zobel und Karen Zweyer

Kinder und Suchtgefahren

Risiken – Prävention – Hilfen

Herausgegeben von
Michael Klein

Mit einem Geleitwort von
Sabine Bätzing

Mit 32 Abbildungen
und 40 Tabellen

Prof. Dr. rer. nat. Michael Klein
Kompetenzplattform Suchtforschung
Katholische Fachhochschule Nordrhein-
Westfalen Abteilung Köln
Wörthstraße 10
50668 Köln
E-Mail: mikle@kfhnw.de

Bibliografische Information der Deutschen Nationalbibliothek
Die Deutsche Nationalbibliothek verzeichnet diese Publikation in der Deutschen Nationalbibliografie; detaillierte bibliografische Daten sind im Internet über http://dnb.d-nb.de abrufbar.

Besonderer Hinweis:
Die Medizin unterliegt einem fortwährenden Entwicklungsprozess, sodass alle Angaben, insbesondere zu diagnostischen und therapeutischen Verfahren, immer nur dem Wissensstand zum Zeitpunkt der Drucklegung des Buches entsprechen können. Hinsichtlich der angegebenen Empfehlungen zur Therapie und der Auswahl sowie Dosierung von Medikamenten wurde die größtmögliche Sorgfalt beachtet. Gleichwohl werden die Benutzer aufgefordert, die Beipackzettel und Fachinformationen der Hersteller zur Kontrolle heranzuziehen und im Zweifelsfall einen Spezialisten zu konsultieren. Fragliche Unstimmigkeiten sollten bitte im allgemeinen Interesse dem Verlag mitgeteilt werden. Der Benutzer selbst bleibt verantwortlich für jede diagnostische oder therapeutische Applikation, Medikation und Dosierung.
In diesem Buch sind eingetragene Warenzeichen (geschützte Warennamen) nicht besonders kenntlich gemacht. Es kann also aus dem Fehlen eines entsprechenden Hinweises nicht geschlossen werden, dass es sich um einen freien Warennamen handelt.
Das Werk mit allen seinen Teilen ist urheberrechtlich geschützt. Jede Verwertung außerhalb der Bestimmungen des Urheberrechtsgesetzes ist ohne schriftliche Zustimmung des Verlages unzulässig und strafbar. Kein Teil des Werkes darf in irgendeiner Form ohne schriftliche Genehmigung des Verlages reproduziert werden.

© 2008 by Schattauer GmbH, Hölderlinstraße 3, 70174 Stuttgart, Germany
E-Mail: info@schattauer.de
Internet: http://www.schattauer.de
Printed in Germany

Lektorat: Dipl.-Chem. Claudia Ganter, Stuttgart; Volker Drüke, Münster
Umschlagabbildung: A-Klinikka-Foundation, Helsinki, Finnland
Satz: Satzpunkt Ursula Ewert GmbH, Oswald-Merz-Straße 3, 95444 Bayreuth
Druck und Einband: AZ Druck und Datentechnik GmbH, Heisinger Straße 16, Kempten/Allgäu

ISBN: 978-3-7945-2318-4

Geleitwort

Bundesministerium für Gesundheit, 11055 Berlin

Sabine Bätzing
Drogenbeauftragte der Bundesregierung
Mitglied des Deutschen Bundestages
HAUSANSCHRIFT Friedrichstraße 108, 10117 Berlin
POSTANSCHRIFT 11055 Berlin
TEL +49 (0)30 18 441-1451
FAX +49 (0)30 18 441-4960
E-MAIL drogenbeauftragte@bmg.bund.de

Berlin, 31. August 2007

„Schützen wir unsere Kinder genug vor Sucht und Drogen?" Diese Frage ist ein wahrer Dauerbrenner. Kinder und Jugendliche experimentieren, sind neugierig, suchen Grenzen und überschreiten diese dabei. Eltern und Lehrer stehen oft ratlos daneben und fragen sich, wann und wie sie einschreiten können. Hier bietet das vorliegende Handbuch Hilfestellung. Es beleuchtet, dass viele Faktoren die Fähigkeiten beeinflussen, ob Kinder und Jugendliche mit Risiken angemessen umgehen können oder nicht.

Dabei ist es wichtig, die Lebensbereiche vor Augen zu haben, die für eine gesunde Entwicklung von Kindern eine wichtige Rolle spielen: Besondere Bedeutung haben das Elternhaus und die Familie. Eltern sind Vorbilder. Von ihnen wird das Verhalten von Kindern und Jugendlichen maßgeblich geprägt. Mit dem Eintritt in die Schule gewinnt ein neues Lebensumfeld zunehmend Einfluss auf die Verhaltensmuster von Kindern und Jugendlichen. Die Schule hat die Aufgabe, ihnen zu vermitteln, wie sie mit Konflikten und Risiken umgehen und wie sie diese bewältigen können. Mit zunehmendem Alter erhält die Gruppe der Gleichaltrigen als „Peergroup" großen Einfluss. Die „Peergroup" hat auch eine besondere Bedeutung, wenn es um den Konsum von Suchtmitteln geht. Nicht zuletzt spielt aber gerade auch das gesellschaftliche Verständnis zum Umgang mit Suchtmitteln eine wichtige Rolle. Die Gesellschaft muss vermitteln, wo die Grenzen des Konsums liegen. Und sie muss Verantwortung übernehmen, wo diese überschritten werden.

Die verschiedenen Lebensbereiche zeigen, dass hier alle gefragt sind. Denn Kinder und Jugendliche brauchen Orientierung. Es ist wichtig, sie auf die Gefahren ausreichend vorzubereiten und sie „stark zu machen", eigenverantwortlich entscheiden zu können.

Es gibt viele Möglichkeiten, wie Kinder und Jugendliche vor Drogen und Sucht geschützt werden können, aber auch hier gibt es keinen Königsweg. Der Politik obliegt es, Rahmen zu setzen: durch präventive und strukturelle Maßnahmen, die in möglichst allen Lebensbereichen ansetzen sollten. Dazu gehören gesetzliche Regelungen, die den Zugang zu legalen und illegalen Drogen erschweren. In der Drogen- und Suchtpolitik gilt es auch, neue Trends bei Kindern und Jugendlichen wie riskante Konsummuster frühzeitig aufzuspüren und geeignete Strategien dagegen zu entwickeln.

Ich freue mich, dass mit dem vorliegenden Handbuch Eltern, Pädagogen und Menschen, die mit betroffenen Kindern und Jugendlichen arbeiten oder denen diese auffallen, eine praktische Handlungshilfe an die Hand gegeben wird. Das Handbuch klärt über die unterschiedlichen Einfluss- und Risikofaktoren auf, denen Kinder und Jugendliche ausgesetzt sind. Es nennt alle relevanten rechtlichen Aspekte zum Umgang mit Suchtgefahren bei Kindern und Jugendlichen. Ein Überblick über die umfangreichen Hilfemöglichkeiten und die bundesweit tätigen Hilfeeinrichtungen bietet zudem praktische Hilfestellung. Ich bin sicher, dass viele von diesem Handbuch profitieren werden.

Vorwort

Das vorliegende Handbuch „Kinder und Suchtgefahren" ist einem Thema gewidmet, das sich hervorragend zur Tabuisierung und Verdrängung eignet. Noch vor wenigen Jahren galten Kinder als geradezu immun gegenüber den vielfältigen Risiken, die sich durch den Missbrauch psychotroper Substanzen ergeben können. Während die Fachöffentlichkeit genauso wie die Medien eine Hypersensibilität in Bezug auf illegale Drogen und das Jugendalter entwickelt hatten, blieben dessen Wurzeln und Vorläufersyndrome während der Kindheit im Dunkeln. Suchtstörungen – namentlich der Missbrauch und die Abhängigkeit von Tabak, Alkohol, Cannabis und anderen Drogen – entstehen nicht plötzlich, sondern haben eine biologische, psychologische und soziale Vorgeschichte. Deren Wahrnehmung wird jedoch durch die fast völlige Individualorientierung des deutschen Gesundheits- und Sozialsystems erschwert, in dem die heutzutage „viel beschworene" Familie nicht existiert. Auch die besonderen Risiken, denen Kinder durch psychologische und genetische Transmission in Familien ausgesetzt sind, konnte lange erfolgreich ignoriert werden. Selbst ein großer deutscher Wohlfahrtsverband, Träger zahlreicher Institutionen in der Sucht- und Jugendhilfe, konnte mit dem Leitsatz „Aus ganz normalen Familien kommen ganz normale Suchtkranke" jahrelang Öffentlichkeitsarbeit betreiben, ohne hörbaren Widerspruch zu erregen.

Aus dieser insgesamt sehr desolaten Situation in Bezug auf den Kenntnisstand von Risiken und Vorläufersyndromen für Suchtstörungen entstand der Wunsch, hierüber mit einem umfassenden Werk aufzuklären. Dieses Buch richtet sich neben Suchtexperten in Forschung und Praxis z. B. auch an Mitarbeiter der Jugendhilfe, Fachkräfte für Suchtprävention, Pädiater, Kinder- und Jugendpsychiater, Hausärzte, Drogenberatungslehrer, Kinderpsychotherapeuten, Erzieher und Hebammen. Es gibt einen umfassenden und aktuellen Einblick in die relevanten Aspekte zum Themengebiet „Kinder und Sucht". Hierbei wird die internationale Forschung genauso berücksichtigt wie die Versorgungsrealität und Praxis hierzulande. Autorinnen und Autoren aus den verschiedensten Disziplinen, wie z. B. Medizin, Psychologie, Soziologie, Soziale Arbeit, Biologie, Philosophie, Gesundheitswissenschaften und Rechtswissenschaften, haben mitgewirkt. Sie alle tragen mit ihrem Wissen und ihrer Kompetenz dazu bei, das biopsychosoziale Modell, das als wissenschaftliche Grundlage zum Verständnis der Entstehung und Behandlung von Suchtstörungen heutzutage Allgemeingut ist, verständlich und lebendig werden zu lassen.

Der Aufbau des Handbuches gliedert sich in elf Teilabschnitte. Nach einer Einführung in das moderne Verständnis von Suchtstörungen als biopsychosoziale, aber auch entwicklungspsychopathologische Erkrankungen folgen einige Kapitel über biologische, philosophische, psychologische und genetische Aspekte, da es sich bei den Suchtstörungen um äußerst komplexe, multideterminierte Erkrankungen handelt. Der Teilabschnitt „familiäre Einflüsse" geht umfassend auf die Transmissionsrisiken ein, die sich in „modernen" Familien ergeben, wie elterlicher Suchtmittelkonsum, problematische Bindungen, elterliche psychische Störungen, prekäre soziale Lebenslagen. Familien können und müssen aber auch durch Erziehung, Vorbildfunktion und positive Problembewältigung Akzente für die Suchtprävention setzen. Ein weiterer Teilabschnitt widmet sich dem Eigenkonsum bei Kindern und Jugendlichen. Im Mittelpunkt stehen hier die „klassischen" Substanzen Tabak und Alkohol, die oft schon in der späten Kindheit (10. bis 14. Lebensjahr) konsumiert werden. Ein Thema ist außerdem der immer wichtiger werdende Bereich der Verhaltenssüchte, hier am Beispiel der exzessiven Mediennutzung und der Ess-Störungen. Der anschließende Teilabschnitt behandelt prädisponierende Faktoren für Missbrauchs- und Suchtprobleme wie die wichtigsten internalisierenden und externalisierenden Störungen des Kindesalters, aber auch spezielle Ereignisse und Konstellationen, insbesondere Psychotraumatisierungen. Es folgen Kapitel über biologische und psychosoziale Risiken zur Entstehung von Suchtstörungen sowie über substanzbezogene Risiken für Kinder, zu denen pränatale Einflüsse genauso wie Vergiftungen und Unfälle unter Substanzeinwirkung gehören. Im Zentrum des nächsten Teilabschnitts stehen rechtliche Aspekte wie z. B. familien- und strafrechtliche Fragestellungen. Nachfolgend wird erläutert, welche praktischen Möglichkeiten sowohl im präventiven als auch im therapeutisch-korrektiven Bereich unter interdisziplinärer Perspektive bestehen. Im Sinne eines Ausblicks folgen Perspektiven sowohl für künftige Forschung als auch für Prävention und Intervention. Zum Schluss bietet der Anhang nützliche Adresslisten und Konzeptpapiere. Letzteres hat zum Ziel, die Thematik „Kinder und Sucht" auch in den akademischen Ausbildungen stärker zu verankern, um eine effektive Frühintervention, Prävention und Behandlung sicherzustellen.

Das Zustandekommen dieses umfangreichen Handbuches ist einer ganzen Reihe von Personen zu verdanken. Mein besonderer Dank gilt ausdrücklich allen Autorinnen und Autoren für deren fachkundige Mitarbeit und Geduld. Dieses Buch wäre ganz sicher nicht ohne die tatkräftige und hoch engagierte Unterstützung von Frau Dr. Anne Pauly, langjährige Mitarbeiterin in der Kompetenzplattform Suchtforschung an der Katholischen Fachhochschule Nordrhein-Westfalen (KFH NW), zustande gekommen. Für die finanzielle Unterstützung, ohne die dieses Buch auch nicht hätte erscheinen können, sei dem Ministerium für Innovation, Wissenschaft, Forschung und Technologie des Landes Nordrhein-Westfalen (MIWFT NRW) und der Salus Klinik GmbH (www.salus-kliniken.de), Hürth, herzlich gedankt.

Köln, im September 2007 **Michael Klein**

Anschriften der Autoren

Dr. phil. Dipl.-Psych. Susanne Al-Wiswasi
Lothringer Straße 47
28211 Bremen
E-Mail: s.al-wiswasi@focus-wa.de

**Dipl.-Sozialarb. Dipl.-Sozialpäd.
Christina Batt**
Im Grüntal 48
52066 Aachen
E-Mail: chrisbatt@web.de

Dr. rer. med. Sebastian Baumeister
IFT – Institut für Therapieforschung
Perzivalstraße 25
80804 München
E-Mail: baumeister@ift.de

Dipl.-Soz. Theo Baumgärtner
Büro für Suchtprävention der Hamburgischen Landesstelle für Suchtfragen e. V.
Repsoldstraße 4
20097 Hamburg
E-Mail: baumgaertner@suchthh.de

Dr. med. Oliver Bilke
Klinik für Kinder- und Jugendpsychiatrie, Psychotherapie und Psychosomatik
Humboldt-Klinikum
Akademisches Lehrkrankenhaus der Charité
Frohnauer Straße 74–80
13467 Berlin
E-Mail: oliver.bilke@vivantes.de

Prof. Dr. rer. soc. oec. Ursula Boos-Nünning
Fachbereich Bildungswissenschaften
Universität Duisburg/Essen
Universitätsstraße 12
45117 Essen
E-Mail: boos-nuenning@t-online.de

Dr. P. H. Dipl.-Psych. Annette Bornhäuser
Keplerstraße 51
69120 Heidelberg
E-Mail: bornhaeuser@gesundheitsexpertise.de

Prof. Dr. jur. Peter Bringewat, VRiLG
Fakultät I: Bildungs-, Kultur- und Sozialwissenschaften
Universität Lüneburg
Rotenbleicher Weg 67
21335 Lüneburg
E-Mail: bringewat@uni-lueneburg.de

Prof. Dr. rer. nat. Felix von Cube
Institut für Bildungswissenschaft (IBW)
Ruprecht-Karls-Universität Heidelberg
Akademiestraße 3
69117 Heidelberg
E-Mail: prof.v.cube@t-online.de

Dr. med. Ekkehart D. Englert
Klinik für Kinder- und Jugendpsychiatrie und Psychotherapie
HELIOS Klinikum Erfurt GmbH
Akademisches Lehrkrankenhaus der Friedrich-Schiller-Universität Jena
Nordhäuser Straße 74
99089 Erfurt
E-Mail: ekkehart.englert@helios-kliniken.de

Dipl.-Päd. Walter Farke, M. P. H.
Möhnestraße 110
59581 Warstein
E-Mail: wfarke@aol.com

Dipl.-Psych. Tatjana Ferrari, M. P. H.
Abteilung für Kinder-, Jugendpsychiatrie, Psychotherapie und Psychosomatik
Institutsambulanz 5192
Kliniken der Heinrich-Heine-Universität Düsseldorf
Rheinische Kliniken Düsseldorf
Bergische Landstraße 2
40629 Düsseldorf
E-Mail: tatjana.ferrari@lvr.de

Anschriften der Autoren

Prof. Dr. med. Matthias Franz
Klinisches Institut für Psychosomatische
Medizin und Psychotherapie
Universitätsklinikum der Heinrich-Heine-
Universität Düsseldorf
Moorenstraße 5
40225 Düsseldorf
E-Mail: matthias.franz@uni-duesseldorf.de

Dr. phil. Dipl.-Psych. Brigitte Gemeinhardt
Klinikum für Psychiatrie und Psychotherapie
Universitätsklinikum Hamburg-Eppendorf
Martinistraße 52
20246 Hamburg
E-Mail: gemeinha@uke.uni-hamburg.de

Dr. med. Stephan L. Haas
II. Medizinische Universitätsklinik
(Gastroenterologie, Hepatologie und
Infektionskrankheiten)
Medizinische Fakultät Mannheim der
Universität Heidelberg
Universitätsklinikum Mannheim
Theodor-Kutzer-Ufer 1–3
68135 Mannheim
E-Mail: stephan.haas@med.ma.
uni-heidelberg.de

Dr. phil. Dipl.-Päd. Hans-Jürgen Hallmann
ginko e. V. – Verein für psychosoziale Betreuung
im Deutschen Paritätischen Wohlfahrtsverband
(dpwv)
Landeskoordinierungsstelle Suchtvorbeugung
Nordrhein-Westfalen
Kaiserstraße 90
45468 Mülheim an der Ruhr
E-Mail: j.hallmann@ginko-ev.de

Prof. Dr. phil. Dipl.-Psych. Dieter Henkel
Fachbereich 4 Soziale Arbeit und Gesundheit
ISFF – Institut für Suchtforschung
Fachhochschule Frankfurt am Main
University of Applied Sciences
Nibelungenplatz 1
60318 Frankfurt am Main
E-Mail: henk@fb4.fh-frankfurt.de

Dr. rer. nat. Andrea Heyne
medimod pharmacology services GmbH
Aspenhaustraße 25
72770 Reutlingen
E-Mail: andrea.heyne@medimod.com

Dr. phil. Dipl.-Psych. Nina Hollenbach
Psychotherapeutische Ambulanz
IFT – Institut für Therapieforschung
Leopoldstraße 146
80804 München
E-Mail: nina@hollenba.ch

Dr. med. Wolf-Rüdiger Horn
Berufsverband der Kinder- und Jugendärzte e. V.
Igelbachstraße 7
76593 Gernsbach
E-Mail: wolf-r.horn@t-online.de

Prof. Dr. rer. nat. Michael Klein
Kompetenzplattform Suchtforschung
Katholische Fachhochschule Nordrhein-
Westfalen Abteilung Köln
Wörthstraße 10
50668 Köln
E-Mail: mikle@kfhnw.de

Dr. phil. Dipl.-Psych. Ute Koglin
Zentrum für Klinische Psychologie und
Rehabilitation
Universität Bremen
Grazer Straße 6
28359 Bremen
E-Mail: ukoglin@uni-bremen.de

Dipl.-Psych. Udo J. Küstner
Drogenambulanz für Jugendliche,
junge Erwachsene und deren Familien
Zentrum für Psychosoziale Medizin
Universitätsklinikum Hamburg-Eppendorf
Martinistraße 52
20246 Hamburg
E-Mail: kuestner@uke.uni-hamburg.de

Anschriften der Autoren

Prof. Dr. med. Dipl.-Psych. Gerd Lehmkuhl
Klinik und Poliklinik für Psychiatrie und
Psychotherapie des Kindes- und Jugendalters
der Universität zu Köln
Robert-Koch-Straße 10
50931 Köln
E-Mail: gerd.lehmkuhl@medizin.uni-koeln.de

Dipl.-Päd. Jan Lieven
Arbeitsgemeinschaft Kinder und Jugendschutz
(AJS)
Landesstelle Nordrhein-Westfalen e. V.
Poststraße 15–23
50676 Köln
E-Mail: jan.lieven@mail.ajs.nrw.de

Dr. rer. soc. Dipl.-Psych. Dipl.-Päd. Reinhardt Mayer
Huckleberry & Pippilotta – Verein zur
Unterstützung von Kindern, Jugendlichen und
ihren Eltern aus suchtbelasteten Familien e. V.
Hermann-Rommel-Straße 22
72336 Balingen
E-Mail: info@praxis-weinmann-mayer.de

Dipl.-Religionspäd. Brigitte Münzel
Sozialdienst Katholischer Männer (SKM) e. V.
Köln
Große Telegraphenstraße 31
50676 Köln
E-Mail: praevention@skm-koeln.de

Dr. oec. Michael Neuner
Transatlantik-Institut
Fachhochschule Ludwigshafen am Rhein
Turmstraße 8
67059 Ludwigshafen am Rhein
E-Mail: michael.neuner@fh-lu.de

Prof. Dr. jur. Helga Oberloskamp
Institut für Soziales Recht
Fakultät für Angewandte Sozialwissenschaften
Fachhochschule Köln
Mainzer Straße 5
50678 Köln
E-Mail: helga.oberloskamp@fh-koeln.de

Prof. Dr. phil. Dipl.-Psych. Franz Petermann
Zentrum für Klinische Psychologie und
Rehabilitation
Universität Bremen
Grazer Straße 6
28359 Bremen
E-Mail: fpeterm@uni-bremen.de

Prof. Dr. oec. Dipl.-Kfm. Dipl.-Psych. Gerhard Raab
Transatlantik Institut
Fachhochschule Ludwigshafen am Rhein
Turmstraße 8
67059 Ludwigshafen am Rhein
E-Mail: raab@fh-lu.de

Prof. Dr. phil. Dipl.-Psych. Günter Reich
Ambulanz für Familientherapie und für
Ess-Störungen
Klinik und Poliklinik für Psychosomatische
Medizin und Psychotherapie
Georg-August-Universität Göttingen
Humboldtallee 38
37073 Göttingen
E-Mail: greich@gwdg.de

Prof. Dr. oec. Lucia Reisch
Copenhagen Business School
(Handelshochschule Kopenhagen)
Porcelænshaven 18a, 1
DK-2000 Frederiksberg
Dänemark
E-Mail: lr.ikl@cbs.dk

Dr. phil. Dipl.-Psych. Wolf-Detlef Rost
Am unteren Rain 7
35394 Gießen
E-Mail: 064174847-0001@t-online.de

Dr. phil. Dipl.-Psych. Peter-Michael Sack
Deutsches Zentrum für Suchtfragen im
Kindes- und Jugendalter (DZSKJ)
Zentrum für Psychosoziale Medizin
Universitätsklinikum Hamburg-Eppendorf
Martinistraße 52
20246 Hamburg
E-Mail: psack@plexus.uke.uni-hamburg.de

Dipl.-Sozialarb. Dipl.-Theol. Wolfgang Scheiblich
Sozialdienst Katholischer Männer (SKM) e. V. Köln
Große Telegraphenstraße 31
50676 Köln
E-Mail: wsc@skm-koeln.de

Prof. Dr. phil. Herbert Scheithauer
Arbeitsbereich Entwicklungswissenschaft und Angewandte Entwicklungspsychologie
Fachbereich Erziehungswissenschaft und Psychologie
Freie Universität Berlin
Habelschwerdter Allee 45
14195 Berlin
E-Mail: hscheit@zedat.fu-berlin.de

Dr. med. Alexander Schneider
II. Medizinische Universitätsklinik (Gastroenterologie, Hepatologie und Infektionskrankheiten)
Medizinische Fakultät Mannheim der Universität Heidelberg
Universitätsklinikum Mannheim
Theodor-Kutzer-Ufer 1–3
68135 Mannheim
E-Mail: alexander.schneider@med.ma.uni-heidelberg.de

Dipl.-Päd. Martina Schu
FOGS GmbH
Gesellschaft für Forschung und Beratung im Gesundheits- und Sozialbereich mbH
Prälat-Otto-Müller-Platz 2
50670 Köln
E-Mail: schu@fogs-gmbh.de

Prof. Dr. phil. Dipl.-Psych. Inge Seiffge-Krenke
Psychologisches Institut
Johannes-Gutenberg-Universität Mainz
Staudingerweg 9
55099 Mainz
E-Mail: seiffge@uni-mainz.de

Dr. sc. hum. Gisela E. Seitz
Alkoholforschungslabor und Medizinische Klinik
Krankenhaus Salem, Universität Heidelberg
Zeppelinstraße 11–33
69121 Heidelberg
E-Mail: helmut_karl.seitz@urz.uni-heidelberg.de

Prof. Dr. med. Helmut K. Seitz
Alkoholforschungslabor und Medizinische Klinik
Krankenhaus Salem, Universität Heidelberg
Zeppelinstraße 11–33
69121 Heidelberg
E-Mail: helmut_karl.seitz@urz.uni-heidelberg.de

Priv.-Doz. Dr. med. Dipl.-Psych. Rainer Georg Siefen
Klinik für Kinder- und Jugendmedizin der Ruhr-Universität Bochum
St. Josef-Hospital
Alexandrinenstraße 5
44791 Bochum
E-Mail: rainergeorgsiefen@yahoo.de

Prof. Dr. med. Dr. h. c. mult. Manfred V. Singer
II. Medizinische Universitätsklinik (Gastroenterologie, Hepatologie und Infektionskrankheiten)
Medizinische Fakultät Mannheim der Universität Heidelberg
Universitätsklinikum Mannheim
Theodor-Kutzer-Ufer 1–3
68135 Mannheim
E-Mail: manfred.v.singer@med.ma.uni-heidelberg.de

Dr. phil. Dipl.-Sozialpäd. Ruthard Stachowske
ImFT – Institut für mehrgenerationale Forschung und Therapie
Schlesienstraße 2
21391 Reppenstedt
E-Mail: ImFT@stachowske.de

Prof. Dr. rer. pol. Dipl.-Soz. Franz Stimmer
Institut für Sozialpädagogik
Fakultät Bildungs-, Kultur- und
Sozialwissenschaften
Leuphana Universität Lüneburg
Scharnhorststraße 1
21335 Lüneburg
E-Mail: stimmerad@gmx.de

Dipl.-Sozialpäd. Maren Strohm
Auf dem Loor 31
51143 Köln

Prof. Dr. med. Stephan Teyssen
Krankenhaus St. Josephstift Bremen
Medizinische Klinik
Schwachhauser Heerstraße 54
28209 Bremen
E-Mail: steyssen@sjs-bremen.de

Prof. Dr. med. Rainer Thomasius
Deutsches Zentrum für Suchtfragen im
Kindes- und Jugendalter (DZSKJ)
Zentrum für Psychosoziale Medizin
Universitätsklinikum Hamburg-Eppendorf
Martinistraße 52
20246 Hamburg
E-Mail: thomasius@uke.uni-hamburg.de

Dr. phil. Dipl.-Psych. Peter Tossmann
delphi – Gesellschaft für Forschung, Beratung
und Projektentwicklung mbH
Behaimstraße 20
10585 Berlin
E-Mail: tossmann@delphi-gesellschaft.de

Dr. phil. Dipl.-Psych. Martin Wallroth, M. A.
Fachklinik Tönisstein
Hochstraße 25
53474 Bad Neuenahr-Ahrweiler
E-Mail: mwallroth@ahg.de

Dr. phil. Dipl. Psych. Karina Weichold
Institut für Psychologie
Lehrstuhl für Entwicklungspsychologie
Friedrich-Schiller-Universität Jena
Am Steiger 3/Haus I
07743 Jena
E-Mail: karina.weichold@uni-jena.de

Prof. Dr. rer. nat. Jochen Wolffgramm
medimod pharmacology services GmbH
Aspenhaustraße 25
72770 Reutlingen
E-Mail: jochen.wolffgramm@medimod.com

Dr. med. Dipl.-Psych. Dirk Zeichner
Vitanas Psychiatrisches Zentrum
Grillchaussee 77–79
25348 Glückstadt
E-Mail: d.zeichner@vitanas.de

Dr. rer. nat. Dipl.-Psych. Petra Zimmermann
Max-Planck-Institut für Psychiatrie
Klinische Psychologie und Epidemiologie
Kraepelinstraße 2
80804 München
E-Mail: pzimmer@mpipsykl.mpg.de

Dr. phil. Dipl.-Psych. Martin Zobel
Psychologische Praxis
Löhrstraße 119
56068 Koblenz
E-Mail: martin.zobel@t-online.de

Dr. phil. Dipl.-Psych. Karen Zweyer
Psychotherapeutische Praxis
(Verhaltenstherapie)
Quadenhofstraße 96
40625 Düsseldorf
E-Mail: praxis@zweyer.de

Inhalt

I Einleitung

1 Was ist Sucht? 2
Michael Klein

1.1 Kurze Geschichte zum Begriff....... 2
1.2 Ihr Wesen 3
1.3 Interdisziplinäre Zugangsweise...... 4
Literatur............................. 4

2 Suchtgefahren aus Sicht des Kinder- und Jugendarztes .. 5
Wolf-Rüdiger Horn

2.1 Abschied von der Utopie einer drogenfreien Gesellschaft...... 5
2.2 „Arme unschuldige" Kinder aus dem Spiel lassen? 6
2.3 Jugendgesundheitssurvey 6
2.4 Elterlicher Suchtmittelmissbrauch ... 7
2.5 Früher Kontakt mit psychoaktiven Substanzen 7
2.6 Pädiater in Klinik und Gesundheitsamt 7
2.7 Pädiater in der pädiatrischen Praxis . 8
2.8 Informationen alleine reichen nicht aus 8
2.9 Eltern (und alle anderen Erwachsenen) stark machen 8
2.10 Substanzspezifische Prävention in der Familie: Medikamente und Alltagsdrogen 9
2.11 Medizinische Ausbildung, Fortbildung und Forschung 10
2.12 Gemeinschaftsaufgabe Suchtprävention.................. 10
2.13 Ausblick......................... 11
Literatur............................. 11

II Überblick

3 Verwöhnung – Aspekte der Verhaltensbiologie 14
Felix von Cube

3.1 Triebsystem des Menschen 14
3.2 Definition: Lustgewinn ohne Anstrengung..................... 15

3.3 Folgen....................... 17
3.3.1 Verwöhnung zerstört Umwelt 17
3.3.2 Verwöhnung zerstört Gesundheit ... 17
3.3.3 Verwöhnung führt zu Gewalt....... 17
3.3.4 Verwöhnung führt zu Drogenkonsum 17
3.3.5 Verwöhnung führt zu Sucht........ 17
3.4 Suchtprävention durch Lust an Leistung..................... 19
3.5 Fazit........................... 20
Literatur............................. 20

4 Kinder und Alkohol in der Kultur- und Sozialgeschichte .. 21
Michael Klein

4.1 Von der Frühgeschichte bis zur Industriellen Revolution..... 21
4.2 Geschichte des Konzepts des Fetalen Alkoholsyndroms (Alkoholembryopathie) 22
4.3 Vom späten 19. Jahrhundert bis zur Gegenwart 23
4.4 Zahlen zum aktuellen Konsum im Kindesalter 24
4.5 Veränderung der Alkoholkultur als Aufgabe der Gesundheitspolitik .. 25
Literatur............................. 25

5 Vom Sinn der Sucht – philosophische Aspekte 27
Martin Wallroth

5.1 Ungeborgenheit................... 29
5.2 Alleingang....................... 30
5.3 Weglosigkeit..................... 32
5.4 Kapitulation..................... 34
5.5 Solidarität und Autonomie......... 36
Literatur............................. 39

6 Süchtige Grundhaltung – fact oder fiction? 40
Wolf-Detlef Rost

6.1 Abgrenzung des Sucht-Begriffs 40
6.2 Psychodynamische Ansätze 41
6.2.1 Oralitätskonzept 41

6.2.2	Neuere psychoanalytische Modelle zur Abhängigkeit................. 42	
6.2.3	Sozial- und Umweltfaktoren 42	
6.2.4	Sucht bei neurotischen Erkrankungen . 42	
6.2.5	Sucht als Selbstheilungsversuch...... 43	
6.2.6	Sucht als Selbstzerstörungsversuch ... 45	
6.3	Prophylaxe und Ausblick........... 47	
Literatur 48		

7 Suchtstörungen 49
Gerd Lehmkuhl

7.1	Multifaktorielle Suchtgefährdung.... 49	
7.2	Motive für Drogenkonsum 50	
7.3	Komorbidität..................... 51	
7.4	Familiäre Belastungs- und Risikofaktoren................. 53	
7.5	Modelle zur Entstehung und Aufrechterhaltung............ 54	
7.6	Perspektiven für Früherkennung und Prävention................... 55	
Literatur 56		

8 Vorläufersyndrome von Suchtstörungen........... 61
Ute Koglin und Franz Petermann

8.1	Risikofaktoren................... 61	
8.2	Komorbidität von Störungen durch Substanzkonsum 63	
8.3	Externalisierende Verhaltensstörungen 65	
8.4	Internalisierende Verhaltensstörungen 66	
8.5	Biopsychosoziales Entwicklungs- modell für Störungen durch Substanzkonsum 67	
8.6	Zusammenfassung und Ausblick 69	
Literatur 69		

9 Diagnostik – Möglichkeiten und Grenzen 72
Tatjana Ferrari

9.1	Besonderheiten und Fehlerquellen ... 72	
9.1.1	Methodische Schwierigkeiten 72	
9.1.2	Kognitive Verzerrungen............ 73	
9.1.3	Kindspezifische Probleme 74	
9.2	Verfahren im Kontext von Sucht- störungen und -gefährdungen....... 74	

9.3	Qualitätsverbesserung 77	
9.4	Empfehlungen und Ausblick........ 78	
Literatur............................. 79		

10 Aufwachsen mit psychotropen Substanzen – entwicklungspsychologische Risiken 81
Karina Weichold

10.1	Prävalenz....................... 81	
10.2	Gebrauch versus Missbrauch 82	
10.3	Konsequenzen 82	
10.4	Alterskorrelierter Konsumverlauf.... 83	
10.4.1	Biologischer Erklärungsansatz 83	
10.4.2	Entwicklungspsychopathologischer Erklärungsansatz 84	
10.5	Risiko und Protektion 85	
10.6	Prävention und Intervention 86	
Literatur............................. 87		

III Familiäre Einflüsse

11 Eltern-Kind-Bindung – Auswirkungen auf die psychische Gesundheit......... 90
Karen Zweyer

11.1	Bindungstheorie von Bowlby 90	
11.1.1	Entwicklung 90	
11.1.2	Entdeckung verschiedener Bindungstypen 91	
11.1.3	Bindungsverlauf über die Lebensspanne 93	
11.2	Bindung und psychische Gesundheit 94	
11.2.1	Risiko- oder Schutzfaktor 94	
11.2.2	Verhaltensauffälligkeiten im Kindes- und Jugendalter 95	
11.2.3	Einfluss auf die Suchtentwicklung ... 96	
11.2.4	Kinder drogen- und alkoholabhängiger Eltern 97	
11.3	Ausblick........................ 98	
Literatur............................. 99		

12 Ess-Störungen – Formen und familiäre Einflüsse 103
Günter Reich

12.1	Definition und Einteilung..........103	
12.1.1	Anorexia nervosa 103	

12.1.2	Bulimia nervosa	104	15.2	Erfahrungen in der Familie 142
12.2	Verbreitung	105	15.2.1	Auswirkungen auf die Kinder 143
12.3	Verbindung zu Körperschema-Störungen	106	15.3	Risiko- und Schutzfaktoren 146
12.4	Komorbidität und Verlauf	106	15.3.1	Einsicht 146
12.5	Gestörtes Essverhalten	106	15.3.2	Unabhängigkeit 146
12.6	Multikausale Verursachung	108	15.3.3	Stabile emotionale Beziehungen 147
12.7	Familiäre Einflüsse	108	15.3.4	Initiative 147
12.7.1	Bedeutung des Essens	108	15.3.5	Kreativität 147
12.7.2	Essverhalten und Einstellung zum Körper	108	15.3.6	Humor 147
12.7.3	Familiäre Beziehungen	110	15.3.7	Moral 147
Literatur		111	Literatur	147

13 Kinder aus alkoholbelasteten Familien 114
Michael Klein

16 Kinder mit allein erziehenden Eltern 149
Matthias Franz

13.1	Überblick	115
13.2	Anzahl betroffener Kinder	116
13.3	Risiken	118
13.3.1	Globale Risiken	118
13.3.2	Differenzielle Risiken	119
13.3.3	Genetische Risiken	120
13.3.4	Psychosoziale Risiken	122
13.4	Haupterfahrungen und Hauptsymptome	122
13.5	Resilienzen	124
13.6	Hilfen	125
Literatur		125

16.1	Vorbeugung unglücklicher Elternbeziehungen	154
16.2	Stärkung harmonischer Paarbeziehungen	154
16.3	Unterstützung aller Betroffenen im Fall einer Trennung	155
Literatur		156

IV Eigenkonsum

14 Kinder drogenabhängiger Eltern 128
Michael Klein

17 Kaufsucht bei Jugendlichen 162
Michael Neuner, Gerhard Raab und Lucia A. Reisch

14.1	Prävalenz	129
14.2	Langfristige Auswirkungen des Drogenkonsums	130
14.3	Anzahl betroffener Kinder	131
14.4	Ungünstige Bedingungen	132
14.5	Elternverhalten	134
14.6	Problem Beikonsum	135
14.7	Hilfen für Kinder	136
Literatur		137

17.1	Konsumverhalten	163
17.2	Verhaltensmerkmale	164
17.2.1	Forschungsüberblick	164
17.2.2	Allgemeine Merkmale	165
17.2.3	Unauffälliges, kompensatorisches und süchtiges Kaufverhalten	165
17.3	Verbreitung	167
17.4	Entstehungsursachen	168
17.5	Lösungsansätze	170
Literatur		171

15 Kinder von pathologischen Spielern 140
Martin Zobel

15.1 Anzahl betroffener Kinder 141

18 Moderne Kommunikationsmedien 174
Martin Zobel

18.1	Nutzungsverhalten im Jahr 2005	174
18.1.1	Vorschulkinder	174
18.1.2	Kinder	175
18.1.3	Jugendliche	176

18.2	Einstellung der Eltern zum Medien-Konsum	176	**21**	**Ess-Störungen – Einflüsse der Peergroup** ... 200
18.3	Exzessiver Konsum	177		Günter Reich
18.3.1	Computer	177	21.1	Persönlichkeit von Essgestörten ... 200
18.3.2	Handy	177	21.2	Adoleszenz als „vulnerable" Phase für die Entstehung ... 200
18.3.3	Internet	177		
18.4	Therapeutische Interventionen	179	21.2.1	Veränderungen des Körpers ... 201
Literatur		179	21.2.2	Abhängigkeit des Selbstwertgefühls von der äußeren Erscheinung ... 201

19 Früher Substanzkonsum ... 181
Peter Tossmann und Sebastian Baumeister

21.2.3	Zunehmende Abhängigkeit von den Beurteilungen Gleichaltriger	201
19.1	Ursachen des Nikotin- und Alkoholkonsums ... 182	
21.2.4	Entwicklung sexueller Wünsche und Beziehungen	202
19.2	Ursachen des illegalen Drogenkonsums ... 183	
21.2.5	Eintreten in die „Erwachsenenwelt"	202
21.2.6	Äußere Ablösung vom Elternhaus	202
19.2.1	Adoleszenz ... 183	
21.2.7	Innere Ablösung von der Kernfamilie	203
19.2.2	Kindheit ... 186	
19.3	Fazit ... 187	
21.3	Essverhalten und Einstellung zum Körper	203
Literatur ... 187		
21.3.1	Gruppenkonformität und sozialer Druck	203

20 Tabakkonsum ... 190
Annette Bornhäuser

21.3.2	Ärgern, Abwerten und Drangsalieren	204
20.1	Verbreitung und Trends ... 191	
20.2	Alter ... 191	
21.3.3	Negative sexuelle und partnerschaftliche Erfahrungen	204
20.3	Geschlecht ... 192	
20.4	Verlauf ... 192	
21.3.4	Vergleichen und Rivalisieren	204
20.5	Risiko- und Bedingungsfaktoren ... 192	
Literatur		204
20.5.1	Individuelle Faktoren ... 193	
20.5.2	Genetik ... 193	

22 Alkohol – Einflüsse der Peergroup ... 207
Walter Farke

20.5.3	Selbstbewusstsein und (Körper-)Selbstbild ... 193	
22.1	Rolle der Peergroup	207
20.5.4	Überzeugungen und Anfälligkeit gegenüber Tabakkonsum ... 193	
22.2	Konsum bei Kindern und Jugendlichen	208
20.5.5	Risikowahrnehmung ... 194	
22.3	Funktion bei Kindern und Jugendlichen	208
20.5.6	Rebellion, Risikoverhaltensweisen und psychische Störungen ... 194	
22.4	Konsum in der Peergroup	209
20.6	Abhängigkeit ... 194	
22.4.1	Formen	210
20.6.1	Soziale Faktoren ... 195	
22.4.2	Soziale Integration	210
20.6.2	Familiäre Faktoren ... 195	
22.4.3	Verhaltensnormen und Einstellungen	210
20.6.3	Schulische Schwierigkeiten ... 195	
20.6.4	Einfluss von Gleichaltrigen ... 195	
22.5	Wer hat den stärksten Einfluss auf den Alkoholkonsum?	211
20.6.5	Preis von Tabakwaren ... 195	
20.6.6	Verfügbarkeit und Zugänglichkeit ... 196	
22.6	Fazit	211
20.6.7	Darstellung in den Medien ... 196	
Literatur		212
20.7	Fazit ... 197	
Literatur ... 197		

V Prädisponierende intrapsychische Faktoren

23 Aufmerksamkeitsdefizit-/Hyperaktivitätsstörungen 216
Oliver Bilke

23.1 Diagnostische Leitlinien 216
23.2 Entwicklungspsychologie und Psychopathologie 216
23.3 Komorbidität 217
23.4 Suchtstörungen bei ADHS-Patienten. 217
23.5 Einteilung und Verlaufsformen komplizierter ADHS 218
23.6 Rolle von Cannabis 219
23.7 Integrative multidisziplinäre Therapie 219
23.8 Medikamentöse Ansätze 220
23.9 Ausblick....................... 220
Literatur.............................. 221

24 Aggressive Verhaltensstörungen.......... 222
Herbert Scheithauer, Susanne Al-Wiswasi und Franz Petermann

24.1 Einteilung 222
24.2 Komorbidität von SSK und AV 223
24.3 Zusammenhang von SSK und AV .. 223
24.3.1 Aggression führt zu Substanzkonsum 224
24.3.2 Substanzkonsum führt zu Aggression 225
24.3.3 Risikobedingungen und Ätiologie .. 226
24.4 Fazit 228
Literatur.............................. 228

25 Ängste........................ 230
Petra Zimmermann und Nina Hollenbach

25.1 Untersuchungsansätze............. 231
25.1.1 Experimentelle Untersuchungen und Laborstudien................ 231
25.1.2 Studien an der Allgemeinbevölkerung 231
25.1.3 Untersuchungen an klinischen Stichproben.................... 231
25.1.4 Familienstudien 231

25.2 Bedeutung für die Entwicklung von Substanzproblemen 232
25.2.1 Problematischer Alkoholkonsum .. 232
25.2.2 Nikotinabhängigkeit 235
25.2.3 Störungen aufgrund illegaler Substanzen 236
25.3 Fazit und Diskussion bisheriger Forschungsergebnisse 237
25.3.1 Angststörungen als Ursache für Substanzstörungen (Selbstmedikation) 238
25.3.2 Substanzstörungen fördern Entwicklung von Angststörungen .. 238
25.3.3 Positiver Rückkopplungsmechanismus zwischen Angst- und Substanzstörungen 239
25.3.4 Gemeinsame Ätiologie 239
Literatur 240

26 Depression und Depressivität 245
Inge Seiffge-Krenke

26.1 Klinische Symptome 245
26.2 Diagnostik 246
26.2.1 Depressions-Typen 247
26.2.2 Verfahren zur Erfassung klinisch bedeutsamer Depression.......... 247
26.2.3 Probleme 248
26.2.4 Komorbidität mit anderen Störungen 249
26.3 Epidemiologie 250
26.4 Ursachen...................... 250
26.4.1 Kognitive Verzerrungen 251
26.4.2 Häufung von Stressoren und unangemessene Bewältigungsstile .. 251
26.4.3 Warum sind mehr Mädchen depressiv?..................... 253
26.5 Behandlung 254
26.5.1 Pharmakologische Begleittherapie.. 254
26.5.2 Verhaltenstherapie.............. 254
26.5.3 Soziales Kompetenztraining...... 255
26.5.4 Familiensystemtherapie und analytische Einzeltherapie..... 255
26.6 Suizid 256
26.7 Fazit......................... 256
Literatur 257

VI Biologische und psychosoziale Risiken

27 Alkohol – Metabolismus und Reagibilität 262
Helmut K. Seitz und Gisela E. Seitz

- 27.1 Metabolismus 262
- 27.1.1 Alkoholdehydrogenase (ADH) 262
- 27.1.2 Cytochrom P_{450} 2E1 (CYP2E1) 263
- 27.1.3 Acetaldehyddehydrogenase (ALDH) . 265
- 27.1.4 Gastrointestinale Acetaldehydbiosynthese durch Bakterien 265
- 27.1.5 Genetische Aspekte 266
- 27.2 Interaktion mit Medikamenten, Hormonen und Vitaminen 267
- 27.3 Verursachung und Verstärkung verschiedener Erkrankungen durch Alkohol 269
- 27.4 Immunologische Reaktionsformen auf Alkoholzufuhr 269
- 27.5 Zusammenfassung 270
- Literatur 270

28 Biologische Grundlagen der Suchtentwicklung 272
Jochen Wolffgramm und Andrea Heyne

- 28.1 Selbstkontrolle über den Substanzkonsum? 272
- 28.2 Pharmakologische und verhaltensbiologische Kausalfaktoren der Suchtentstehung 276
- 28.3 Neurale Kontrolle der Drogeneinnahme 280
- 28.4 Bildung eines Suchtgedächtnisses ... 289
- Literatur 298

29 Problematische Sozialisation .. 300
Hans-Jürgen Hallmann

- 29.1 Sozialisationsstörungen 300
- 29.2 Aspekte primärer Sozialisation 301
- 29.2.1 Strukturell und funktional gestörte Familien 302
- 29.2.2 Erziehungsstil und seine negative Formen 303
- 29.3 Zusammenfassung 306
- Literatur 307

30 Armut – Suchtrisiken für Kinder und Jugendliche ... 309
Dieter Henkel

- 30.1 Definitionen und Ausmaße 309
- 30.2 Suchtrisiken 310
- 30.2.1 Tabak 310
- 30.2.2 Alkohol 313
- 30.3 Prävention 315
- Literatur 317

31 Suchtgefahren bei Kindern mit Migrationshintergrund ... 319
Ursula Boos-Nünning und Rainer Georg Siefen

- 31.1 Drogen- und Alkoholkonsum 319
- 31.2 Risiko- und Schutzfaktoren 321
- 31.3 Prävention und Therapie 324
- 31.4 Fazit 326
- Literatur 326

32 Drogenabhängigkeit 329
Ruthard Stachowske

- 32.1 Mehrgenerationale Perspektive und ihre Begründung 329
- 32.1.1 Einführung 329
- 32.1.2 Theorien zur Mehrgenerationen-Psychologie 329
- 32.1.3 Faktor „Zeitgeschichte" im System der Generationen 330
- 32.2 Mehrgenerationale Entwicklung 331
- 32.2.1 Allgemeines 331
- 32.2.2 Traumata und Familiengeschichte .. 332
- 32.2.3 Analogie zur Familiengeschichte ... 332
- 32.2.4 Geschichte im System der Generationen 333
- 32.3 Zusammenfassung 334
- Literatur 334

VII Substanzbezogene Risiken

33 Alkoholvergiftungen bei Kindern 338
Alexander Schneider, Stephan L. Haas, Stephan Teyssen und Manfred V. Singer

- 33.1 Epidemiologie des Alkoholmissbrauchs 338

33.2	Physiologische und pathophysiologische Wirkungen des Alkohols...	339
33.3	Diagnostik und Therapie........	340
33.4	Stellenwert für die spätere Suchtentwicklung...............	342
33.5	Perspektiven	343
Literatur.......................		343

34 Alkoholembryopathie und -effekte 345
Franz Stimmer

34.1	Begriffe und Definitionen	345
34.2	Medizinisch-klinische Phänomene..	346
34.3	Parallelschädigungen	347
34.4	Hilfen........................	348
Literatur.......................		350

35 Drogenembryopathie und perinatale Komplikationen.... 352
Ekkehart D. Englert

35.1	Unspezifische Risikofaktoren	353
35.2	Cannabis	353
35.3	Amphetamin-Derivate inkl. Ecstasy.	355
35.4	Kokain.......................	355
35.5	Opiate	357
Literatur.......................		359

VIII Rechtliche Aspekte

36 Familienrechtliche Aspekte ... 364
Helga Oberloskamp

36.1	Verfassungsrechtliche Vorgaben....	364
36.2	Eltern.......................	364
36.3	Elternpflichten	364
36.3.1	Verletzung....................	365
Literatur.......................		371

37 Strafrechtliche Risiken im Umgang mit Kindern aus suchtkranken Familien.... 372
Peter Bringewat

37.1	Strafrechtliche Risikolage in der Drogenberatung	372
37.2	„Unterlassen", echtes und unechtes Unterlassungsdelikt	374
37.3	Garantenstellung und -pflicht	375
37.3.1	Entstehungsgründe	375
37.3.2	Unterscheidung.................	377
37.4	Strafrechtliche Fahrlässigkeitshaftung............	377
37.5	Fazit.........................	378

38 Jugendschutzgesetz 379
Jan Lieven

38.1	Gesetzlicher Jugendschutz zur Sicherung von Erziehung......	379
38.2	Jugendschutzrecht gleich Elternrecht	380
38.3	Einzelregelungen	381
38.3.1	§ 9 JuSchG – Abgabe alkoholischer Getränke.....................	381
38.3.2	§ 10 JuSchG – Rauchen in der Öffentlichkeit, Abgabe Tabakwaren	382
38.3.3	Sonstige Bestimmungen	382
38.4	Schärfere Bestimmungen zur Alkoholabgabe.............	382
38.5	Anwendungsschwierigkeiten	383
38.6	Vorschriften zum Rauchen und zur Tabakabgabe	384
38.7	Abgabeverbote für Tabakwaren unwirksam?	384
38.8	Kontrollieren und informieren	385
38.9	Besondere Bevorzugung alkoholfreier Getränke	386
38.10	Fazit.........................	386
Literatur		387

IX Hilfen

39 Schule 390
Christina Batt

39.1	Handlungsort für Suchtprävention?	390
39.1.1	Elemente und Ziele	392
39.1.2	Status quo....................	395
39.2	Fazit.........................	398
Literatur		399
Internetadressen.................		399

40 Frühintervention, Sekundärprävention und Risikoreduktion 400
Theo Baumgärtner

40.1 Zur Begründung präventiven Handelns 401
40.2 Gefahrenpotenzial, Risikoperzeption und individuell wahrgenommene Vulnerabilität des Drogenkonsums . 402
40.3 Wirkung und Wirksamkeit präventiver Botschaften zwischen Risikoperzeption und Konsumbenefit 403
40.3.1 Zur Glaubwürdigkeit der „Botschaft". 403
40.3.2 Zur Vertrauenswürdigkeit des „Botschafters" 404
40.3.3 Zur Akzeptanz der Art der „Botschaftsvermittlung" 404
40.4 Fazit 404
Literatur 405

41 Kinderbezogene Interventionen 407
Reinhardt Mayer

41.1 Ausgangsüberlegungen 407
41.2 Zielsetzungen 409
41.3 Praktische Erfahrungen 411
41.3.1 Unterstützung für ein „Helden-Kind" 411
41.3.2 Unterstützung für das „schwarze Schaf" 411
41.3.3 Unterstützung für das „verlorene Kind" 412
41.3.4 Unterstützung für das „Maskottchen" 412
41.4 Fazit 412
Literatur 413

42 Elternbezogene Interventionen 414
Reinhardt Mayer

42.1 Familiäres Problem der Suchterkrankung 414
42.2 Besonderheiten einer Suchtfamilie .. 415

42.3 Überlegungen zur Ausgestaltung von Hilfeangeboten 415
42.3.1 Qualität von Unterstützungsangeboten 416
42.3.2 Formen der Arbeit mit Eltern 417
42.4 Praxis 418
42.5 Fazit 420
Literatur 420

43 Familienbezogene Interventionen 421
Brigitte Gemeinhardt

43.1 Grundlagen familientherapeutischer Arbeit 421
43.2 Familientherapeutische Ansätze 421
43.3 Systemische Perspektive der Sucht.. 422
43.4 Therapeutischer Prozess 423
43.4.1 Therapeutenhaltung 423
43.4.2 Fragetechnik: das zirkuläre Frage ... 423
43.4.3 Erarbeitung von Therapiezielen 424
43.4.4 Fragetechnik: die Wunderfrage..... 424
43.4.5 Darstellende Verfahren 425
43.4.6 Struktur der therapeutischen Sitzung 427
43.4.7 Abschlussintervention 427
43.4.8 Hausaufgaben 427
43.5 Forschungsergebnisse 428
43.6 Fazit 429
Literatur 429

44 Was kann der niedergelassene Pädiater gegen Suchtgefahren tun? 431
Wolf-Rüdiger Horn

45 Kinder- und Jugendpsychiatrie 435
Oliver Bilke

45.1 Entwicklung des Fachgebiets 435
45.2 Psychopathologie und Komorbidität 436
45.3 Psychotherapeutische Ansätze 437
45.4 Medikamentöse Ansätze 438
45.5 Milieu- und soziotherapeutische Ansätze 439

45.6	Ausblick aus klinischer Perspektive .	439	
Literatur			440

46 Drogenambulanz 441
Udo J. Küstner, Rainer Thomasius, Peter-Michael Sack und Dirk Zeichner

46.1	Entstehung und Organisation	441
46.2	Arbeitskonzept	442
46.2.1	Multifunktionalität von Substanzkonsum und -missbrauch	442
46.2.2	Multifaktorialität	442
46.3	Patientengut	442
46.3.1	Cannabiskonsum- versus Mischkonsum-Patienten	442
46.3.2	Nicht volljährige versus volljährige Patienten	443
46.4	„4-Phasen-Modell"	444
46.4.1	Phase 1: Diagnostik und Motivationsbehandlung	444
46.4.2	Phase 2: Behandlung der Suchtstörung	445
46.4.3	Phase 3: Behandlung der komorbiden psychischen Störungen	447
46.4.4	Phase 4: „Boostersessions"	447
46.5	Ausblick	448
Literatur	....	448

47 Netzwerkarbeit 450
Brigitte Münzel und Wolfgang Scheiblich

47.1	Fachstelle für Suchtprävention im Sozialdienst Katholischer Männer e. V. Köln (SKM Köln)	450
47.2	Konzeptentwicklung	451
47.2.1	Fortbildung	453
47.2.2	Netzwerkperspektiven	453
47.2.3	Charakteristik des Netzwerk-Begriffs	454
47.2.4	Netzwerkarbeit konkret	455
47.2.5	Netzwerkentwicklung in Köln	461
Literatur	....	461

48 Case Management 463
Martina Schu

48.1	Zielgruppen	465
48.2	Ablauf	465
48.2.1	1. Schritt: Zugangserschließung und Fallaufnahme	466
48.2.2	2. Schritt: Assessment	466
48.2.3	3. und 4. Schritt: Zielvereinbarung, Hilfeplanung und Durchführung ..	467
48.2.4	5. und 6. Schritt: Monitoring und Re-Assessment	468
48.2.5	7. Schritt: Ergebnisbewertung und Beendigung der Zusammenarbeit ..	468
48.3	Ansiedlung	468
48.4	Rahmenbedingungen	469
48.5	Wirkung	470
Literatur	....	470
Internetadressen	....	472

49 Stationäre Jugendhilfe 473
Maren Strohm

49.1	Heimerziehung heute	473
49.2	Soziales Umfeld von Heimkindern .	474
49.2.1	Herkunftsfamilien	474
49.2.2	Kinder suchtkranker Eltern	475
49.2.3	Konsum der Gleichaltrigen	476
49.2.4	Umgang mit Drogenkonsum in stationären Einrichtungen	477
49.3	Fazit	477
49.3.1	Gefährdung der Heimkinder	477
49.3.2	Bedeutung für die Mitarbeiter	478
Literatur	....	479

X Ausblick

50 Suchtgefährdete Kinder stark machen 482
Michael Klein

50.1	Worin besteht eine Suchtgefährdung?	482
50.2	Welche Subgruppen sind besonders gefährdet?	482
50.3	Was brauchen Kinder, um keine Suchtprobleme zu entwickeln?	483
50.4	Suchtpräventive Ziele heute und in Zukunft	484
Literatur	....	484

XI Anhang

A1 Adressen von Angeboten im stationären und ambulanten Bereich für Kinder in Suchtfamilien 486

Angebote im stationären Bereich 486
Angebote im ambulanten Bereich 490
Adressen von Interessenvereinigungen 496

A2 Adressen von Langzeittherapieeinrichtungen für suchtkranke Jugendliche .. 498

A3 Zehn Eckpunkte zur Verbesserung der Situation von Kindern aus suchtbelasteten Familien 500

A4 Suchthilfe als Studiengang – der „Master of Science in Addiction Prevention and Treatment" (M. Sc.) 501

Sachverzeichnis 502

I
Einleitung

1 Was ist Sucht?

Michael Klein

Suchtstörungen sind in unseren heutigen Gesellschaften allgegenwärtig. Sie sind nicht nur am Rande der Gesellschaft, etwa bei Drogenabhängigen, Wohnungslosen und Strafgefangenen, zu finden, sondern auch und vor allem bei allen Mitgliedern der Mittel- und Oberschicht. Es ist also leicht zu erkennen, dass prinzipiell jeder Mensch von Suchtphänomenen betroffen sein kann. Heutzutage sind Suchtstörungen sogar eine der häufigsten psychischen Störungen in Europa, Australien und Nordamerika. Aber auch in den Ländern Asiens, Afrikas und Südamerikas nimmt die Anzahl der Betroffenen immer mehr zu. Bei Männern stellen alkoholbezogene Diagnosen die häufigste Diagnose von allen psychischen Störungen dar. Die Lebenszeitprävalenz für Alkoholabhängigkeit und -missbrauch beläuft sich bei ihnen in den USA auf 23,8 %, die Jahresprävalenz liegt bei 11,7 % (Zucker et al. 1995).

1.1 Kurze Geschichte zum Begriff

Die nähere Betrachtung der Geschichte des Sucht-Begriffs zeigt, dass dieser im historischen Sinne noch recht jung ist. Erst um das Zeitalter der Reformation (ca. ab 1520) wird der Begriff häufig gebraucht, um das übermäßige Alkoholtrinken der Menschen aller Schichten zu geißeln. Dabei ist es interessant zu vermerken, dass die ursprüngliche Wortbedeutung des heutigen Begriffs „Sucht" vom althochdeutschen *siech* stammt, was so viel wie „krank" bedeutet. Es ging also im Zeitalter der Reformation darum, das übermäßige Trinken als eine Krankheit aufzufassen, die – nach damaliger Meinung – von Gott wegführt und den Weg zum Paradies versperrt. Die Mäßigung und später die Nüchternheit wurden als Tugenden des Christenmenschen propagiert, die dieser zu Lebzeiten auf Erden zu praktizieren habe, um in das Himmelreich zu kommen.

Erst 300 Jahre später entstand ein medizinisch geprägter Sucht-Begriff. Um das Jahr 1800 herum erschien in verschiedenen Ländern eine Reihe von Schriften, die das übermäßige Alkoholtrinken und vor allem die sich ständig wiederholenden Alkoholexzesse mit einer Erkrankung des Körpers – und später der Seele – zu erklären suchten. Der Amerikaner Benjamin Rush, der Brite Thomas Trotter und der Deutsche Brühl-Cramer sind nur einige dieser Ärzte, die – meist durch jahrelange Erfahrungen mit Trinkern frustriert – diesen neuen Weg suchten. Im Laufe des 19. Jahrhunderts spitzte sich die Alkoholproblematik im Zuge der Industrialisierung und Proletarisierung von Millionen Familien zu.

Zu dieser Zeit wurde Alkoholismus als **soziale Krankheit** beschrieben. Seine große sozialpathologische Bedeutung gewann der Alkoholismus durch den hohen Anteil sozialer Faktoren, die an der Ätiologie beteiligt waren (vgl. Hauschildt 1995). Im Einzelnen sind hier Armut, Arbeitslosigkeit, soziale Deklassierung, Schulden, Wohnungslosigkeit, Geschlechterkonflikte, systematische Ungleichbehandlung Süchtiger usw. zu nennen. Außerdem wirkt sich der Alkoholismus wiederum verstärkend auf die genannten Faktoren aus, sodass es zu erheblichen negativen Interaktionen kommen kann. Auch heutige Dokumentationen zur behandelten Klientel in Suchtberatungsstellen und -kliniken offenbaren regelhaft erhöhte Quoten Arbeitsloser, allein Lebender und sozial marginalisierter Personen. Schon sehr früh erkannten einige Suchtfachleute, dass auch die Kinder unter den gesellschaftlichen Bedingungen und den stark belasteten Familien so sehr litten, dass sie besonders prädisponiert für Suchtstörungen (insbesondere Alkoholismus) waren (vgl. Klein u. Zobel 1997). Der deutsche Arzt A. Grotjahn, der sich über viele Jahre intensiv mit dem Alkoholismus beschäftigt hat, schrieb am Ende des 19. Jahrhunderts:

> „Die Alkoholfrage hat eine biologische und eine sociologische Seite. Die erstere dem allgemeinen Verständnis näher zu bringen, war die Medicin imstande. (...) Doch bei der Untersuchung der Ursachen des Alkoholismus versagte sie vollkommen; denn diese liegen zumeist im Bau und Leben des socialen Körpers, der nun einmal der Untersuchung mittelst Secirmesser, Retorte und Linse unzugänglich ist." (Grotjahn 1898, S. 316)

Am Ende des 19. Jahrhunderts begann sich ein Alkoholbehandlungssystem zu etablieren, das mit großer Zuversicht und einer Vielzahl auch heute noch praktizierter Behandlungsmethoden aufwartete. So schrieb etwa E. Hirsch, Gründer und erster Leiter von Siloah, der ältesten Trinkerheilanstalt in Deutschland, schon im Jahre 1879: „Gegenüber der vielfach verbreiteten Ansicht, dass einem richtigen Trinker nicht zu helfen sei, bezeuge ich vielmehr, dass im Grunde kein Trinker unheilbar ist."

1.2 Ihr Wesen

Als charakteristische Eigenschaften der Sucht waren schon seit dem 16. Jahrhundert die Maßlosigkeit und der Exzess benannt worden. Im Zuge der Entwicklung eines medizinischen Modells des Alkoholismus verfeinerte und differenzierte sich dieses Bild. Zur Mitte des 20. Jahrhunderts war es E. M. Jellinek (1960), der als der Begründer der empirischen Suchtforschung gilt, der die beiden Kernmerkmale der Sucht, den Kontrollverlust und/oder die Unfähigkeit zur Abstinenz, formulierte. Hinzu kamen charakteristische Folgeerscheinungen, vor allem die Toleranzentwicklung und Entzugserscheinungen. Aus diesen nunmehr empirisch erprobten Symptomen entwickelten sich die heutigen Diagnosekriterien. Seit Mitte der 1960er Jahre hatten Autoren erstmals den Uniformitätsmythos in der Psychotherapie-Forschung im Allgemeinen und in der Alkoholismus-Forschung im Speziellen

kritisiert (Kiesler 1966; Pattison u. Kaufman 1982). Stattdessen wurden für verschiedene Sucht-Syndrome jeweils unterschiedliche Muster von Symptomen angenommen. Die derzeit gültigen psychiatrischen Diagnosesysteme (ICD-10 und DSM-IV) basieren auf diesen Überlegungen und kennen unterschiedliche Abhängigkeitssyndrome. Dass dabei die WHO den Begriff der Sucht im Jahre 1964 in der „offiziellen" Terminologie durch den der Abhängigkeit ersetzt hat, scheint aus heutiger Sicht nicht unbedingt ein Glücksgriff gewesen zu sein, vor allem, da letzterer zum einen nicht per se ein problematisches Verhalten beschreiben muss und zum anderen die immer wichtiger werdenden Verhaltenssüchte ausgegrenzt und damit der Aufmerksamkeit der Forschung für viele Jahre entzogen hat.

Als Diagnosekriterien einer in diesem Sinne verstandenen Suchtstörung postuliert das ICD-10 Folgendes:
- ein starker Wunsch oder ein erlebter Zwang, psychotrope Substanzen oder Alkohol zu konsumieren
- verminderte Kontrolle bezüglich des Beginns, der Menge und der Beendigung des Konsums
- körperliches Entzugssyndrom bei Beendigung oder Reduktion des Konsums
- Toleranzentwicklung, insofern, als größere Mengen eingenommen werden, um die bisherigen Wirkungen zu erreichen
- fortschreitende Vernachlässigung anderer Interessen, insbesondere, da erhöhter Zeitaufwand besteht, um sich die Substanz zu beschaffen, sie zu konsumieren und sich von den Konsumfolgen zu erholen
- anhaltender Substanzkonsum trotz der Kenntnis eindeutiger schädlicher Folgen

Von diesen sechs Symptomen müssen mindestens drei zu einem Zeitpunkt während der letzten zwölf Monate vorgelegen haben.

Neben dieser symptomatisch orientierten Operationalisierung des Substanzabhängigkeitssyndroms, das auch als stoffgebundene Sucht verstanden werden kann, sind auch andere Auffassungen zur Sucht zu berücksichtigen. Diese stammen aus anderen Disziplinen als der Psychiatrie, die dem kategorialen Denken des ICD in besonderer Weise verpflichtet ist.

1.3 Interdisziplinäre Zugangsweisen

Unter Hinzuziehung gesellschaftswissenschaftlicher, anthropologischer und psychologischer Modelle kann das Verständnis für Suchtstörungen erweitert und vertieft werden. Als wesentliche Faktoren für die Entstehung von Suchtkrankheiten werden unter einer solchen Perspektive die folgenden Bedingungen benannt:
- Allverfügbarkeit psychoaktiver Substanzen (z. B. durch Fortschritte im Transportwesen)
- Flucht in Suchtmittel (Eskapismus) durch Entritualisierung und Sinnentleerung des Lebens
- Integration von Substanzkonsum in den vorherrschenden Lebensstil (Multikonsumismus)
- Isolation und Vereinsamung durch Individualisierung des Alltagsdaseins
- Mobilität der Arbeitskräfte und in der Freizeitkultur
- Zwang zur Selbstkontrolle mit periodisch durchbrechenden Wünschen nach Kontrollaufgabe
- Ekstaseferne des Alltagslebens

Suchtstörungen sind unter dieser Perspektive als Resultat sowohl gesellschaftlicher als auch personaler und neurobiologischer Fehlentwicklungen aufzufassen. Das „Süchtige an der Sucht" ist demnach nicht nur die Maßlosigkeit im Erleben und Verhalten. Neben dem Überschreiten von Grenzen, um sich bestimmte, sonst nicht vorstellbare Gefühle und Stimmungen zu verschaffen, ist darunter auch der sehr funktionale Gebrauch von Suchtmitteln zur „Selbstreparatur" psychischer Missempfindungen zu verstehen, der am Ende oft in einen Verlust der Kontrollfähigkeit mündet. Dieser Verlust ist entweder zeitlich begrenzt, wiederholt sich dann aber periodisch („Kontrollverlust"), oder er findet kontinuierlich, dann aber eher mit geringeren Dosen des Suchtmittels statt („Unfähigkeit zur Abstinenz").

Neben diesem Verständnis von Sucht existieren noch weitere, auf die hier aus Platzgründen nicht näher eingegangen wird. Für das vorliegende Buch, das auf Suchtgefahren im Kindes- und Jugendalter fokussiert, ist es entscheidend, dass gerade Kinder Lernprozesse durchmachen, die ihnen ein Leben ohne Suchtmittel oder mit einer gelernten souveränen Kontrolle über diese ermöglichen.

Literatur

Grotjahn A (1898). Der Alkoholismus nach Wesen, Wirkung und Verbreitung. Leipzig: Georg H. Wigand.

Hauschildt E (1995). „Auf den richtigen Weg zwingen ..." Trinkerfürsorge 1922–1945. Freiburg: Lambertus.

Jellinek EM (1960). The Disease Concept of Alcoholism. New Haven: College & University Press.

Kiesler DJ (1966). Some myths of psychotherapy research and the search for a paradigm. Psychol Bull; 65: 110–36.

Pattison EM, Kaufman E (1982). The alcoholism syndrome: definitions and models. In: Pattison EM, Kaufman E (eds). Encyclopedic Handbook of Alcoholism. New York: Gardner Press; 3–30.

Zucker RA, Fitzgerald HE, Moses HD (1995). Emergence of alcohol problems and the several alcoholisms: a developmental perspective on etiologic theory and life course trajectory. In: Cicchetti D, Cohen DJ (eds). Developmental Psychopathology. Vol. 2: Risk, Disorder, and Adaptation. New York: Wiley; 677–711.

2 Suchtgefahren aus Sicht des Kinder- und Jugendarztes

Wolf-Rüdiger Horn

Einer von vielen ähnlichen Fällen in der pädiatrischen Praxis

Kevin, 13 Jahre alt, kommt zur Jugendgesundheitsuntersuchung zu seinem Kinder- und Jugendarzt, der ihn schon seit dem Säuglingsalter kennt. Er war schon immer lebhaft bis hyperaktiv, hat zu Hause und im Kindergarten viel zerstört. Wegen seiner verzögerten Sprachentwicklung wurde er eine Zeit lang logopädisch, zur Verbesserung seiner muskulären Koordinationsstörung ergotherapeutisch betreut. Mit seinen Eltern (Vater: ungelernter Arbeiter, Mutter: Verkäuferin) wurde häufig über Schlafstörungen, Aggressivität gegenüber dem zwei Jahre jüngeren Bruder und sein draufgängerisches, Gefahren verkennendes Verhalten gesprochen. Die Eltern trennten sich, als Kevin fünf Jahre alt war. Es habe ständige Streitereien gegeben, die besonders an Wochenenden unter Alkoholeinfluss auch körperlich ausgetragen wurden. Beide Eltern sind starke Raucher, auch während der Schwangerschaft konnte Kevins Mutter den Zigarettenkonsum nur reduzieren. Der Vater ist ebenfalls oft aufbrausend, hat wegen Körperverletzung nach einem Fußballspiel eine kurze Haftstrafe bekommen. Die Mutter ist häufig depressiv, mehrere Behandlungen wurden jedoch abgebrochen. In der Schule gab es von Anfang an massive Probleme mit Kevins Verhalten. Hyperaktivität und Impulsivität führen zur Isolation von den meisten seiner Mitschüler. Im Leistungsbereich machen ihm seine Ablenkbarkeit und seine Lese-Rechtschreib-Schwäche (an der auch beide Eltern leiden) zu schaffen. Kinder- und Jugendarzt, Klassenlehrer und ein Psychologe der zuständigen Beratungsstelle versuchen Kevin und seiner Familie zu helfen, erst mit zusätzlicher Gabe von Methylphenidat bessern sich sowohl kognitive Funktionen als auch soziale Integration. In der Hauptschule kommt Kevin recht gut zurecht, er möchte Kfz-Mechaniker werden. Seit fast zwei Jahren raucht er zwischen 5 und 10 Zigaretten am Tag: „Die liegen ja überall rum." Nach dem Fußballtraining und an den Wochenenden trinkt er mit seinen Freunden, war auch schon ein paar Mal betrunken: „Das machen alle so." Fernseh-, Video- und Computerkonsum summieren sich auf 5 bis 6 Stunden am Tag, sein Körpergewicht liegt knapp oberhalb der Norm.

2.1 Abschied von der Utopie einer drogenfreien Gesellschaft

In den Industrieländern dieser Welt haben aufgrund besserer Lebensverhältnisse viele Krankheiten ihren Schrecken verloren, die früher zu langem Leid und vorzeitigem Sterben führten. Daran haben Fortschritte in der medizinischen Behandlung und bei der Vorbeugung von Krankheiten wesentlichen Anteil, am meisten aber die Verbesserung der materiellen Lebensbedingungen. Wohl gibt es weltweit noch immer große Herausforderungen im Bereich übertragbarer Krankheiten wie Malaria, AIDS und Tuberkulose. Geradezu epidemische Dimensionen haben jedoch **chronische Störungen und Krankheiten** angenommen, die mit unseren Lebensweisen zusammenhängen: vor allem übermäßiges und unausgewogenes Essen, abnehmende Bewegung sowie der Konsum von Alkohol, Tabak und anderen Drogen. Diese Lifestyle-bedingten Probleme sind wiederum

nicht isoliert zu sehen von den Anforderungen und Risiken unseres Alltagslebens:
- Beschleunigung der Produktion von Information und Unterhaltung
- zunehmende Individualisierung bei gleichzeitiger Globalisierung
- wachsende Ungewissheit von Zukunftsperspektiven in puncto Arbeit, Wohnen, Umwelterhaltung, stabile Weltordnung, transzendentale Bindung

Kenner der Drogenszene wie Günter Amendt haben wohl Recht, wenn sie behaupten, dass die Lebensumstände der Menschen in den „Gesellschaften des reichen Nordens" ohne den Einsatz von psychoaktiven Substanzen, also Drogen, nicht denkbar wären, weil anders die Arbeit nicht zu bewältigen und das Leben nicht zu ertragen wäre (Amendt 2003).

2.2 „Arme unschuldige" Kinder aus dem Spiel lassen?

Also könnte man resignierend sagen: Wenn wir uns schon von der Utopie einer drogenfreien Gesellschaft verabschieden müssen, dann sollten die Risiken des Konsums von Alltagsdrogen und illegalen Drogen, aber auch von psychoaktiv wirksamen Medikamenten nur von Erwachsenen in freier Entscheidung und Verantwortung übernommen werden, die dafür in jeder Hinsicht bezahlen – aber die „armen unschuldigen" Kinder sollten aus dem Spiel gelassen werden. Dass das nicht funktioniert, zeigen seit vielen Jahren entsprechende epidemiologische Erhebungen. Es kann nicht funktionieren, weil Heranwachsende erwachsen sein wollen, sich schon früh an den Modellen in ihrer Umgebung, in den Medien und in der Werbung orientieren, weil bloße Verbote Sehnsüchte nach „verbotenen Früchten" wecken und weil sie wegen ihres zunehmend komplexeren Lebens den funktionalen Einsatz psychoaktiver Substanzen erproben wollen. Hinzu kommen eine zunehmende Vorverlagerung der biologischen Reifung bei vielen Jugendlichen und der damit verbundene Drang, erwachsene Lebensweisen möglichst früh zu übernehmen. Natürlich sind auch bedeutende Wirtschaftszweige sehr an der möglichst frühzeitigen Gewinnung neuer Konsumenten interessiert und betreiben zu diesem Zweck einen gigantischen Werbeaufwand.

2.3 Jugendgesundheitssurvey

Experimenteller Konsum der Alltagsdrogen der Erwachsenen durch Jugendliche bedeutet nicht automatisch Suchtgefahr. Eine Reihe von Determinanten auf persönlicher, familiärer und Umgebungsebene kann jedoch dazu beitragen, dass sich Experimentierverhalten zu häufigerem Gebrauch ausweitet, der sich dann bis hin zu „schädlichem Gebrauch" oder gar einem „Abhängigkeitssyndrom" entwickeln kann. Wie das im Moment in Deutschland aussieht und vor welchem Hintergrund sich das abspielt, zeigt zum Beispiel der Jugendgesundheitssurvey (Hurrelmann et al. 2003). Die darin veröffentlichten Zahlen belegen, dass wegen des immer früheren Einstiegs die Raucherquoten bei 15-Jährigen inzwischen schon 32,2 % bei den Jungen und 33,7 % bei den Mädchen betragen. In der gleichen Altersgruppe sind auch schon 25 % der Mädchen und 37 % der Jungen regelmäßige Konsumenten von Alkohol. Von beiden Alltagsdrogen werden offensichtlich schon deutlich vor dem gesetzlichen Mindestalter erhebliche Mengen konsumiert. Europaweit fällt seit Jahren die Zunahme des Rauschtrinkens auf, besonders an Wochenenden. In Nordrhein-Westfalen stieg zum Beispiel die Quote der Jugendlichen, die schon mehrfach berauscht waren, von 1994 bis 2002 von 34 auf 44 % bei den Jungen und von 26 auf 34 % bei den Mädchen. In der 9. Jahrgangsstufe haben bereits 23,9 % der Befragten (Jungen: 27,8 %; Mädchen: 20,2 %) Cannabis probiert. Allerdings bleiben – anders als beim Alkohol und vor allem beim Nikotin – die Wenigsten davon regelmäßige Konsumenten.

2.4 Elterlicher Suchtmittelmissbrauch

Was sieht der Kinder- und Jugendarzt an Gefährdungen durch Suchtmittel in seiner Praxis, in der Klinik und im Öffentlichen Gesundheitsdienst? Von der frühen Säuglingszeit bis ins Schulalter hinein hat er es in der Praxis eher mit Problemen zu tun, die durch den Konsum von psychoaktiven Substanzen bei Erwachsenen verursacht werden: Schäden durch den Konsum von Alkohol, Nikotin, Medikamenten oder illegalen Drogen in Schwangerschaft und/oder Stillzeit sowie Beeinträchtigungen durch Passivrauchen und schädlichen elterlichen Gebrauch von Alkohol und Drogen, was sich ungünstig auf die Entwicklung seiner kleinen Patienten auswirken kann (Bornhäuser u. Pötschke-Langer 2003; Merzenich u. Lang 2002). Häufig ist bei Verwahrlosung, Gewalt, Missbrauch und schweren psychischen Störungen der elterliche Alkoholkonsum „im Spiel". Eine Reihe von Beiträgen in diesem Buch beschreibt eindrücklich die Folgen elterlichen Suchtmittelmissbrauchs.

2.5 Früher Kontakt mit psychoaktiven Substanzen

Der zunehmend bewusste kindliche Gebrauch von Koffein, etwa in Cola-Getränken, und von Schmerzmitteln sowie das anfangs eher spielerische Imitieren von Gewohnheiten der Erwachsenen (über Schokoladen-Zigaretten und kindliches Zuprosten) machen dann die Kinder selbst ganz allmählich mit dem Repertoire psychoaktiver Substanzen vertraut. Bis schließlich eigenes Experimentieren mit Alkohol und Zigaretten beginnt, das dann je nach Bedingungsgefüge in zunehmenden gelegentlichen oder gar regelmäßigen Gebrauch übergeht. Determinanten und Motive können dabei sein:
- Neugier und das Mithaltenwollen in der Gruppe
- vorbestehende Verhaltensbesonderheiten wie „sensation seeking", Expansivität und Impulsivität
- psychische Störungen wie Depressionen oder Angstsyndrome
- der Versuch, Belastungen – zum Beispiel im schulischen Bereich – besser zu ertragen
- fehlende Ressourcen

Mit zunehmender Ausprägung weiblicher Merkmale sind Mädchen auch viel stärker als Jungen gefährdet, Medikamente mit Suchtpotenzial, insbesondere Schmerzmittel, aber auch Schlaf- und Beruhigungsmittel, einzunehmen. Das Risiko eines häufigeren oder sogar regelmäßigeren Suchtmittelkonsums hängt von verschiedenen Variablen ab:
- genetische Vulnerabilität
- Temperament
- elterliches Monitoring
- Wahl der Peergroup
- Verfügbarkeit
- Suchtpotenzial (das bei Nikotin weit höher als bei Alkohol und bei Cannabis ist!!)

Sehr oft ist erhöhter Substanzgebrauch mit anderen gesundheitsbeeinträchtigenden Verhaltensweisen gekoppelt: übermäßiges Essen oder Hungern, erhöhter Medienkonsum, Glücksspiel, ungeschützter Sex.

2.6 Pädiater in Klinik und Gesundheitsamt

Pädiatrische Kliniken beschäftigen sich im Hinblick auf Suchtmittel überwiegend mit akuten Problemen: in der Neugeborenenperiode mit dem neonatalen Drogenentzugssyndrom (American Academy of Pediatrics Committee on Drugs 1998), bei jüngeren Kindern häufig mit durch Passivrauchen verstärkten obstruktiven Bronchitiden bzw. Asthmaanfällen, bei älteren Kindern und Jugendlichen auch mit Intoxikationen nach der Inhalation von Lösungsmitteln oder nach übermäßigem Alkoholkonsum oder, seltener, nach dem „Genuss" biogener Drogen wie Engelstrompeten oder „magic mushrooms".

Der kinder- und jugendärztliche Gesundheitsdienst der Gesundheitsämter bekommt, leider bei weitem nicht flächendeckend, dank seiner aufsuchenden Struktur bei Schuleingangs- und weiteren Untersuchungen und Sprechstunden auch diejenigen Kinder – oft aus sozial benachteiligten Familien – zu sehen, die in pädiatrischen oder allgemeinärztlichen Praxen nur selten oder gar nicht auftauchen. Leider werden „Dropouts" oder gar „Thrownaway"-Jugendliche wie etwa Straßenkinder, die es in einer steigenden Anzahl gibt, medizinisch nur in Ausnahmefällen und sehr sporadisch in einigen Großstädten versorgt, obwohl gerade sie die am stärksten suchtgefährdeten Heranwachsenden sind.

2.7 Pädiater in der pädiatrischen Praxis

In der Praxis ergeben sich bei der Jugendgesundheitsuntersuchung (J1), bei Lehrlingsuntersuchungen, bei Impfterminen und bei normalen symptomorientierten Vorstellungen immer wieder Gelegenheiten, nach dem Konsum psychoaktiver Substanzen, seiner Bedeutung und seinem Ausmaß zu fragen und, wenn erforderlich, Hilfen anzubieten (Horn 2006). Wichtig dabei ist vor allem die Vertraulichkeit der Beziehung, die nur bei erheblicher Gefährdung des Betreffenden gebrochen werden kann. Wenn Jugendliche den Eindruck gewinnen, dass ihr Arzt „Komplize" von Eltern und Lehrern ist, kann eine tragfähige Beziehung, die Veränderungen ermöglicht, nicht zustande kommen. Aus diesem Grunde sollten auch Drogen-Screenings im Urin möglichst vermieden werden. Jedes Gespräch mit Jugendlichen sollte nichtmoralisierend sein und der Förderung von Autonomie und Selbstwirksamkeit dienen. Wenn der Pädiater erkennt, welche Funktionen der Einsatz von Suchtmitteln hat, kann er mit dem Jugendlichen gemeinsam über Alternativen und Problemlösungen nachdenken, gegebenenfalls auch Kontakte zu Schulen, Beratungsstellen, Institutionen der Jugendhilfe und/oder Kinder- und Jugendpsychiatern anbahnen.

2.8 Informationen alleine reichen nicht aus

Kinder- und Jugendärzte werden immer noch oft aufgefordert, Kinder und Jugendliche über die Gefahren von Alltagsdrogen und illegalen Drogen zu informieren. Mit dem notwendigen Wissen über die Risiken des Konsums versehen, würden die Heranwachsenden dann schon die Finger von diesen gefährlichen Substanzen lassen. Auch die Suchtprävention in Schulen lief lange nach diesem Modell, bis sich zeigte, dass Informationsvermittlung bei weitem nicht ausreicht, sondern durch ein Bündel von Maßnahmen ergänzt werden muss, wie es beispielsweise in verschiedenen Programmen mittels Lebenskompetenztraining geschieht. Damit ist es dann durchaus möglich, den Beginn des Substanzkonsums etwas hinauszuzögern und bei einigen Jugendlichen sogar zu verhindern. Viele Experten in der Suchtprävention meinen jedoch, dass Suchtentwicklungen in größerem Umfang nur aufgehalten werden können, wenn nicht Kinder und Jugendliche im Mittelpunkt stehen, sondern die Erwachsenen. Diese sorgen mit ihrem eigenen Konsumverhalten und mit suchtmittelfreundlichen Bedingungen wie einer großen sozialen Akzeptanz, der ubiquitären und relativ preisgünstigen Verfügbarkeit sowie einer fast ungehemmten Werbung dafür, dass besonders Suchtmittel wie die Einstiegsdrogen Alkohol und Tabak auch für Minderjährige attraktiv und erstrebenswert sind.

2.9 Eltern (und alle anderen Erwachsenen) stark machen

Es müsste also vielleicht weniger heißen: „Kinder stark machen", sondern eher: „Erwachsene stark machen" oder auch „Starke Kinder brauchen starke Eltern"; und natürlich sind auch sonstige engagierte Erwachsene wie Erzieher, Lehrer, Ärzte und Gesundheitspolitiker in ihren Bemühungen zu stärken. Kinder- und Jugendärzte haben durchaus eine Reihe von Aufgaben, die im weite-

ren Sinn mit Suchtprävention zu tun haben. Sie beschäftigen sich im Rahmen der Primärversorgung, aber auch in Kliniken und im Kinder- und Jugendgesundheitsdienst der Gesundheitsämter mit den Bedingungen von Gesundheit und Entwicklung. Themen dabei sind (s. Schlack 2000):
- Prävention im körperlichen und seelischen Bereich
- Entwicklungsdiagnostik und Beeinflussung ungünstiger Entwicklungsbedingungen
- Unterstützung von Kindern mit besonderen Bedürfnissen (behinderte, chronisch kranke, verhaltensauffällige, sozial benachteiligte, misshandelte Kinder)
- Beratung und Unterstützung von Eltern in allen damit zusammenhängenden Fragen

Es ergeben sich dabei vielfältige Schnittstellen, vor allem zu Kindergärten und Schulen, zu Eltern-Selbsthilfegruppen, zu Kinder- und Jugendpsychiatern, psychologischen Beratungsstellen, aber auch zur Jugendhilfe und anderen Institutionen.

Kinder- und Jugendärzte haben durchaus einige Möglichkeiten, von Suchtmitteln ausgehende Gefahren zu thematisieren (Horn 2002). Die meisten Eltern setzen großes Vertrauen in den für die Gesundheit ihrer Kinder mitverantwortlichen Arzt und erwarten Orientierung und Antworten auf ihre Fragen. Während einer dichten Reihe von Vorsorgeuntersuchungen, Impfungen und sonstigen Kontakten ergibt sich durchaus immer wieder die Gelegenheit, entwicklungsbeeinträchtigende Lebensumstände und auch gesundheitsriskante Lebensweisen anzusprechen. Dabei ist es von Nutzen, nicht einen „paternalistisch-besserwisserischen", sondern eher einen partizipativen, Selbstwirksamkeit vergrößernden und Ressourcen aktivierenden Kommunikationsstil zu benutzen. Nur wenn der Pädiater seine „Antennen" zu nutzen weiß, bemerkt er Belastungen, wie zum Beispiel Bindungsunsicherheiten, mütterliche Überforderungen und Depressionen (Kahn et al. 1999) und massive Konflikte zwischen den Eltern bis hin zur manifesten Gewalt, auch gegenüber dem Kind (Schmetz 1997) – alles Situationen, die oft quasi als Selbstmedikationsversuch mit dem Einsatz von Alkohol, Tabak oder Medikamenten angegangen werden.

Aber auch Besonderheiten des Kindes können den „Familienfrieden" erheblich beeinträchtigen. Sowohl von Kindern mit Behinderungen und schwerwiegenden chronischen Krankheiten als auch mit expansiven Verhaltensstörungen ausgehende Stressoren belasten nicht selten die innerfamiliären Beziehungen erheblich. Besondere Entwicklungsrisiken bestehen bei Kindern von Eltern mit schädlichem Suchtmittelgebrauch (besonders Alkohol und illegale Drogen). Anders als beim Nikotinabusus wird dies meistens enorm verheimlicht. Zwar besteht tatsächlich ein sehr hohes Gefährdungspotenzial für die betroffenen Kinder, auch im Hinblick auf deren spätere Suchtentwicklung (Lieb et al. 2001). Ein signifikanter Anteil kann sich jedoch allen Widrigkeiten zum Trotz normal entwickeln, zeigt also Resilienz (Werner 1986). Andererseits gibt es Suchtentwicklungen in „ganz normalen" Kontexten. Sie sind stets Endpunkte in komplexen Bedingungsgefügen und nie einfach monokausal ableitbar.

2.10 Substanzspezifische Prävention in der Familie: Medikamente und Alltagsdrogen

Neben den genannten, eher substanzunspezifischen, auch suchtpräventiv angelegten Maßnahmen findet bei den Kinder- und Jugendärzten mittlerweile auch eher eine substanzspezifische Prävention statt. So wird für ein kritischeres Verschreibungsverhalten und die Vermittlung eines rationaleren Umgangs mit Medikamenten durch die Eltern geworben, bei vielen Störungen, zum Beispiel bei Kopfschmerzsyndromen, sind Alternativen oder Ergänzungen zu medikamentöser Behandlung einsetzbar (Horn 2002). Stets kann auch eher beiläufig – und wenn möglich: humorvoll – bei Untersuchungen der Kinder an die wichtige Vorbildfunktion der Eltern beim Umgang mit Nikotin, Alkohol und psychoaktiven Medikamenten erinnert werden. Bei Interesse können Materialien, etwa das Raucherentwöhnungsprogramm „Just be smokefree" für Jugendliche und junge Erwachsene (www.justbesmokefree.de), oder Broschüren der BZgA angeboten werden.

von Walker et al. (2002) und Stevens et al. (2002). Hier besteht ebenso wie im Ausbildungsbereich noch ein erheblicher Forschungs- und Handlungsbedarf.

2.11 Medizinische Ausbildung, Fortbildung und Forschung

Im gesamten medizinischen Ausbildungssektor spielen suchtmedizinische Inhalte trotz der enormen gesundheitlichen Probleme, die vom schädlichen Suchtmittelgebrauch ausgehen, nur eine sehr unbedeutende Rolle. Suchtmedizinische Curricula werden überwiegend von Medizinern genutzt, die mit Konsumenten illegaler Drogen zu tun haben. Beratung und Behandlung von Alkohol- und Nikotinabhängigen durch niedergelassene Ärzte stecken noch in den Kinderschuhen. In der Kinder- und Jugendmedizin werden erste zaghafte Schritte im suchtmedizinischen Bereich unternommen, in der Kinder- und Jugendpsychiatrie werden in erster Linie durch Alkohol und illegale Drogen verursachte Störungen behandelt, die oft mit anderen psychischen Problemen einhergehen. Eine gute Übersicht zum Umgang mit jugendlichen Konsumenten legaler und illegaler Substanzen in der ärztlichen Praxis bietet der Sammelband von Farke et al. (2002). Beängstigend schmal ist noch die wissenschaftliche Basis hinsichtlich der Effektivität primär- und sekundärpräventiver Maßnahmen in ärztlichen Praxen. So zeigen beispielsweise Curry et al. (2003), dass Pädiater einen Beitrag zum elterlichen Rauchstopp leisten können. Fidler und Lambert (2001) weisen nach, dass mit relativ einfachen Mitteln der Nichtraucherstatus jugendlicher Patienten aufrechterhalten werden kann; Hollis et al. (2002) entwickelten ein interaktives Computerprogramm mit Elementen motivierender Kurzberatung in medizinischen Praxen, das die Rate jugendlicher Raucher signifikant und anhaltend reduzierte. Nur minimale bzw. ausbleibende Erfolge brachten hingegen gesundheitsfördernde primärpräventive Interventionen

2.12 Gemeinschaftsaufgabe Suchtprävention

So wie der Genuss von Drogen die ganze Gesellschaft beschäftigt, müssen auch schädlicher Gebrauch, Missbrauch und Abhängigkeit von Drogen Anliegen der gesamten Gesellschaft sein. Für viele von Alltagsdrogen und illegalen Drogen abhängige Menschen ist es eine spürbare Hilfe, wenn ihr Autonomieverlust als chronische Krankheit definiert wird und sie im sozialpsychologischen und medizinischen Bereich beraten und behandelt werden. Das entbindet sie in keinem Fall davon, auch selbst Verantwortung zu übernehmen, soll aber unbedingt einen Beitrag zur Entlastung von moralischer Bewertung leisten, was leider nicht immer gelingt. Vorbeugung von Suchtproblemen kann im Rahmen von Gesundheitsförderung nur dann wirksam werden, wenn sie alle kontextuellen Bedingungen erfasst und von möglichst vielen Gruppen der Gesellschaft getragen wird: von den Familien, vom gesamten Erziehungsbereich, vom Freizeitsektor, von Gemeinden, Ländern und Bundesorganen. Gerade Kinder- und Jugendärzte sollten ihre Stimme auch im politischen Bereich deutlich werden lassen, wo es viele Dinge anzupacken und zu erstreiten gilt:
- bessere Lebensbedingungen für Familien
- Berufsperspektiven für Jugendliche
- lebenswertere und nicht überwiegend vom Kommerz geprägte Arbeits-, Lern-, Wohn- und Freizeitbedingungen
- Werbeverbote, Preiserhöhungen, Zugangsbeschränkungen und Verbraucherschutz (besonders bei Alltagsdrogen)

2.13 Ausblick

Vieles ist noch unfertig, kaum angedacht oder gar erprobt in einzelnen Bereichen. Im Bereich der ärztlichen Versorgung zum Beispiel muss noch mehr gelernt werden, wie man am effektivsten über Suchtmittel informiert. Das ist besonders wichtig, auch angesichts der Tatsache, dass es ein deutliches soziales Gefälle von Suchtproblemen gibt (s. Kap. 30). Außerdem werden sich die Zugänge für männliche Jugendliche unterscheiden müssen von denen für weibliche Jugendliche. Hier gibt es noch viel zu wenig Modelle. Es müssen weitere Barrieren abgebaut werden wie fehlende Honorierung, fehlende Ausbildung in Suchtfragen, unzureichender Glaube an die eigene Wirksamkeit, moralische Vorurteile, eigene süchtige Anteile. Es muss für alle Beteiligten attraktiver werden, über einen „gesundheitsverträglichen" Umgang mit Suchtmitteln zu sprechen, damit Gesundheitsförderung den „Mief von Gesundheitstyrannei" verliert (Trojan u. Stumm 1992). Erfolgreiche Prävention braucht Zeit, Kontinuität und auch Abstimmung zwischen allen in ihr arbeitenden Akteuren.

Und was ist mit Kevin?

Obwohl Kevin ein typisches „Hochrisikokind" ist, ist er ein Jahr nach der geschilderten Begegnung (bei der Hepatitis-B-Nachimpfung) „ganz gut drauf". Möglicherweise hat ein wenig das damalige motivierende Gespräch geholfen, in dem wir nach der Art einer Kosten-Nutzen-Analyse über die Vor- und Nachteile sowohl seines Ist-Zustandes als auch einer möglichen kleinen Veränderung gesprochen haben und damit einfach nur seine ganze Ambivalenz thematisierten (Rollnick et al. 1999). In der Schule läuft es gut, er wird voraussichtlich anschließend die Werkrealschule besuchen. Beide Eltern leben jetzt mit ihren neuen Partnern zusammen; Kevins Mutter raucht ebenso wie der Stiefvater nicht mehr. Kevin kommt mit allen besser zurecht: „Jetzt habe ich mit einmal zwei Väter." Er selbst raucht auch nicht mehr, spart für ein Moped und fühlt sich besser im Sport. Er trinkt zwar noch Alkohol an den Wochenenden, aber eher in kleinen Mengen, „nicht mehr bis zum Koma". Sein Gewicht ist unverändert, bei allerdings deutlicher Größenzunahme. Und obwohl er alle Kriterien für ein ADHS-Kind erfüllte, kommt er völlig ohne Medikamente zurecht.

Literatur

Amendt G (2003). No Drugs – No Future: Drogen im Zeitalter der Globalisierung. Hamburg, Wien: Europa Verlag.

American Academy of Pediatrics Committee on Drugs (1998). Neonatal drug withdrawal. Pediatrics; 101: 1079–88.

Bornhäuser A, Pötschke-Langer M (2003). Passivrauchende Kinder in Deutschland – Frühe Schädigungen für ein ganzes Leben. Heidelberg: Deutsches Krebsforschungszentrum.

Curry S, Ludman EJ, Graham E, Stout J, Grothaus L, Lozano P (2003). Pediatric-based smoking cessation intervention for low-income women. Arch Pediatr Adolesc Med; 157: 295–302.

Farke W, Graß H, Hurrelmann K (Hrsg) (2003). Drogen bei Kindern und Jugendlichen: legale und illegale Substanzen in der ärztlichen Praxis. Stuttgart, New York: Thieme.

Fidler W, Lambert TW (2001). A prescription for health: a primary care based intervention to maintain the non-smoking status of young people. Tob Control; 10: 23–6.

Hollis J, Polen M, Whitlock E, Velicer W, Redding CA, Lichtenstein E (2002). Efficacy of a brief tobacco prevention and cessation program for teens seen in routine medical care (Teen REACH). Paper presented at the Annual Meeting of the Society for Behavioral Medicine. Washington, DC, April 2002.

Horn W-R (2002). Warum soll ich eigentlich als Kinder- und Jugendarzt zur Suchtvorbeugung beitragen? Und wie? Zehn Thesen. Kinder- und Jugendarzt; 33; 12–15.

Horn W-R (2006). Konsum, Missbrauch und Abhängigkeit von psychoaktiven Substanzen. Mit einem Exkurs zu nichtstofflichem Suchtverhalten. In: Stier B, Weissenrieder N (Hrsg). Jugendmedizin – Gesundheit und Gesellschaft. Berlin, Heidelberg, New York: Springer; 335–51.

Hurrelmann K, Klocke A, Melzer W, Ravens-Sieberer U (Hrsg) (2003). Jugendgesundheitssurvey. Weinheim, München: Juventa.

Kahn RS, Wise PH, Finkelstein JA, Bernstein HH, Lowe JA, Homer CJ (1999). The scope of unmet maternal health needs in pediatric settings. Pediatrics; 103: 576–81.

Lieb R, Isensee B, Höfler M, Pfister H, Wittchen H-U (2001). Elterliche Alkoholbelastung und die Entwicklung von Suchtproblemen bei ihren Kindern – Ergebnisse der prospektiv-longitudinalen EDSP-Studie. Suchttherapie; 2: 125–36.

Merzenich H, Lang P (2002). Alkohol in der Schwangerschaft – ein kritisches Resümee. Köln: Bundeszentrale für gesundheitliche Aufklärung.

Rollnick S, Mason P, Butler C (1999). Health Behavior Change: A Guide for Practitioners. Edinburgh: Churchill Livingstone.

Schlack HG (Hrsg) (2000). Sozialpädiatrie. 2. Aufl. München, Jena: Urban & Fischer.

Schmetz J (1997). Kinder- und Jugendärzte gegen Gewalt. Prävention ab Nabelschnur: Wir brauchen das psychosoziale und psychiatrische Screening. Kinderarzt; 28, Sonderbeilage: 1–23.

Stevens MM, Olson AL, Gaffney CA, Tosteson TD, Mott LA, Starr P (2002). A pediatric, practice-based, randomized trial of drinking and smoking prevention and bicycle helmet, gun, and seatbelt safety promotion. Pediatrics; 109: 490–7.

Trojan A, Stumm B (Hrsg) (1992). Gesundheit fördern statt kontrollieren. Eine Absage an den Mustermenschen. Frankfurt a. M.: Fischer Taschenbuch.

Walker Z, Townsend J, Oakley L, Donovan C, Smith H, Hurst Z, Bell J, Marshall S (2002). Health promotion for adolescents in primary care: randomised controlled trial. Br Med J; 325: 524–9.

Werner EE (1986). Resilient offspring of alcoholics: a longitudinal study from birth to age 18. J Stud Alcohol; 47: 34–40.

II
Überblick

3 Verwöhnung – Aspekte der Verhaltensbiologie

Felix von Cube

3.1 Triebsystem des Menschen

Der Mensch unterscheidet sich in einem ganz wesentlichen Punkt vom Tier: Er kann auf sich selbst reflektieren, er kann seine Gefühle, seine Beweggründe, seine Verhaltensweisen wahrnehmen und steuern. Der Mensch kann sich, wie die Umgangssprache treffend sagt, „beherrschen". Er kann, auch wenn er Hunger hat, die Gabel (für einen Augenblick) weglegen, er kann aber auch, wenn er keinen Hunger hat, der Lust wegen noch weiteressen. Er kann seine Aggressionen beherrschen, er kann aber auch – der Lust wegen – andere Menschen unterwerfen, erniedrigen oder quälen.

Mit der Fähigkeit der Reflexion können wir Entscheidungen treffen: Wir können unseren Trieben nachgeben oder sie zügeln, wir können sie durch Reize aufpeitschen oder „vernünftig" ausleben. Aber wir können uns nicht nur entscheiden, wir *müssen* uns entscheiden. Konrad Lorenz drückt dies in folgendem Bild aus: *„Die Evolution hat den Menschen unter die Arme gegriffen und ihn auf die Füße gestellt und dann die Hände von ihm weggezogen: Stehe oder falle, wie es dir gelingt."* Genauso ist es! Das Tier ist determiniert in seinem Verhalten, es ist eingebettet in seine Umwelt, es muss sich in einer ganz bestimmten Weise verhalten. Der Mensch ist hinauskatapultiert, er steht „selbstständig" da, er ist auf seinen Verstand angewiesen. Ihn muss er einsetzen, um nicht zu fallen.

Wer die Entscheidung hat, hat auch die Verantwortung. Das Tier ist in seinem Verhalten determiniert. Der Mensch ist für sein Verhalten verantwortlich. Um dies hervorzuheben, spricht man beim Tier von „Verhalten", beim Menschen von „Handeln". Allerdings fällt der Mensch gelegentlich in sein „instinktives" Verhalten zurück, er handelt dann, wie es im Grunde widersprüchlich heißt, im „Affekt". Besonders deutlich wird dies, wenn ihn die Wut übermannt oder wenn die Kontrollinstanz unter Alkoholeinfluss steht. Unsere Rechtsordnung wird diesem Sachverhalt gerecht: Eine im Affekt begangene Tat ist weniger verwerflich, die Verantwortungsfähigkeit war ja herabgesetzt. Auch Kinder sind nicht in vollem Maße verantwortlich: Bei ihnen ist die Reflexionsfähigkeit noch nicht voll entwickelt. Die Ausnahmen zeigen besonders deutlich, was man vom erwachsenen Menschen in aller Regel erwartet: ein überlegtes, kontrolliertes, verantwortliches Handeln.

Nun ist klar, dass eine vernünftige Steuerung der Triebe – sei es bei uns selbst oder bei anderen – nur dann möglich ist, wenn wir die Gesetzmäßigkeiten des Triebgeschehens kennen. Diese lassen sich am besten, sozusagen in Reinkultur, bei Tieren studieren. Betrachten wir also die Triebe zunächst bei Tieren.

Eine Triebhandlung, zum Beispiel Fressen oder sexuelles Verhalten, wird aus zwei Quellen gespeist: aus den äußeren Reizen, etwa Nahrungsreize oder sexuelle Reize, und aus der inneren Triebstärke. Zentral ist die Erkenntnis, dass das Tier eben nicht nur auf äußere Reize reagiert, sondern auch spontan ansteigende Triebpotenziale besitzt. Es gibt also nicht nur mehr oder weniger hohe Reize, es gibt auch mehr oder weniger hohe Triebstärken. Zu einer Triebhandlung kommt es dann, wenn die Triebstärke hoch ist – dann genügt auch ein niedriger Reiz – oder wenn der Reiz hoch ist – dann genügt auch eine niedrige Triebstärke. Das gilt auch für uns. Wenn wir sehr hungrig sind, sind wir über ein Stück trockenen Brotes sehr froh, wenn wir aber gut gegessen haben und – der Lust wegen – noch weiteressen wollen, brauchen wir etwas besonders Leckeres.

Und dies gilt nicht nur für den Nahrungstrieb. Selbstverständlich erfolgt eine Triebhandlung auch dann, wenn beide „Quantitäten" hoch sind: Reizstärke und Triebstärke. Man spricht daher vom „Gesetz der doppelten Quantifizierung".

Sind – bei steigender Triebstärke – die auslösenden Reize nicht vorhanden, sucht sie das Tier aktiv auf. Es sucht nach Nahrung, und zwar umso intensiver, je größer der Hunger ist; es sucht nach dem Sexualpartner, wenn die Triebstärke den auslösenden Reiz erforderlich macht. In der Verhaltensbiologie wird dieses aktive und anstrengende Aufsuchen von Reizen als **Appetenzverhalten** bezeichnet. Lorenz nennt das Appetenzverhalten „ein urgewaltiges Streben, jene erlösende Umweltsituation herbeizuführen, in der sich ein gestauter Instinkt entladen kann".

Für uns Menschen ist vor allem eines wichtig: Das Appetenzverhalten ist mit Anstrengung verbunden. Das Suchen nach Nahrung, das Erjagen der Beute, erfordert den Einsatz der ganzen Energie. Das Leben des Urmenschen war hart und anstrengend. Schätzungen zufolge musste er etwa 20 km täglich laufen, um seine Nahrung zu beschaffen. Außerdem musste er noch kämpfen – mit Tieren oder mit seinesgleichen. Auf diesen Bewegungsumfang sind wir durch unsere Stammesgeschichte programmiert.

Das Appetenzverhalten macht übrigens den evolutionären Sinn der Triebe deutlich: Mit Trieben ausgestattete Lebewesen finden sich nicht mit einer vorliegenden Mangelsituation ab, sondern suchen eine günstigere Umwelt auf. Liegt keine Nahrung vor, wird sie aktiv aufgesucht; ist kein Sexualpartner vorhanden, wird er aktiv aufgesucht.

Ein Trieb besteht also aus fünf Komponenten:
- spontan ansteigende Handlungsbereitschaft (Hunger, sexuelle Stimmung)
- auslösender Reiz (Nahrungsreize, sexuelle Reize)
- Aufsuchen auslösender Reize, wenn diese nicht vorliegen (Appetenzverhalten)
- Triebhandlung, die umso intensiver erfolgt, je höher der Reiz oder je höher die Triebstärke ist (Fressen, sexueller Akt)
- Endhandlung, die mit Lust erlebt wird (Nahrungszufuhr, Orgasmus)

Triebe – im wörtlichen Sinne – sind so stark, dass zu ihrer Befriedigung fast jede Anstrengung und fast jedes Risiko in Kauf genommen wird. In den Trieben liegen die Urmotive von Tier und Mensch. Während aber das Tier durch die Triebe in seinem Verhalten determiniert ist, kann der Mensch in mehr oder weniger freier Entscheidung mit ihnen umgehen.

Aber: Wie sollen wir mit unseren Trieben umgehen? Wie können wir Lust erleben, ohne Schaden zu nehmen oder anzurichten? Wie können wir die eigene Triebbefriedigung mit dem Wohl der Gemeinschaft in Einklang bringen?

3.2 Definition: Lustgewinn ohne Anstrengung

Unter Verwöhnung verstehe ich die ständige Steigerung der Lust, unter Vermeidung von Anstrengung, kurz: Lust ohne Anstrengung. Tatsächlich strebte der Mensch schon immer danach, seine Lust zu steigern. Dabei blieb und bleibt er in aller Regel nicht bei der Befriedigung seiner Triebe stehen – bei der Aufnahme von Nahrung, der sexuellen Befriedigung, beim Sieg über den Rivalen –, er versucht vielmehr, seine Lust mit viel Raffinesse zu erhöhen.

So dient die Kochkunst nicht nur der Befriedigung des Nahrungstriebs, sie dient vielmehr dem „Wohlgeschmack", den Gaumenfreuden, dem immer raffinierteren Genuss. Was wird nicht alles gegessen ohne Hunger, was wird nicht alles getrunken ohne Durst – aber dann meist kein Wasser.

Auch die sexuelle Lust wird seit altersher gesteigert – durch aufreizende Bekleidung oder Entkleidung, Vorführen, Verführen, Verwöhnen, Gruppensex und anderes mehr.

Ja, auch die Aggressionslust, die Lust am Sieg, kann vielfältig gesteigert werden. Man kann durch Macht siegen, durch Geld, durch schnelle Autos, protzige Häuser, Luxusartikel. Man kann Lust aus Gewalt ziehen oder gar aus Grausamkeit. So wird etwa das Fernsehen häufig beschimpft, weil es zu viel Gewalt zeige, zu viel

Grausamkeit. Aber kommt das Fernsehen hier nicht nur dem Luststreben der Zuschauer entgegen? Ließen nicht schon die alten Römer durch den Anblick der Gladiatorenkämpfe ihre Lust „anstacheln"? Versammelten sich nicht schon die braven Bürger im Mittelalter bei öffentlichen Folterungen und Hinrichtungen? Können Talkshows nicht aggressiv genug sein?

Dazu kommt die Lust am Risiko, am Motorrad fahren, am Drachenfliegen, am Brückenspringen, am Abenteuer.

Der Mensch strebt nach immer mehr Lust; er tut dies offensichtlich überall auf der Welt, und er hat es schon immer getan. Dabei zeigt er meist wenig Skrupel, seine Lust auch auf Kosten anderer zu steigern: Die Herrscher und Mächtigen aller Länder haben ihre Untertanen schon immer der Lust beraubt und selbst ein „herrliches" Leben in Reichtum und Luxus geführt.

Aber der Mensch versucht nicht nur seine Lust zu steigern, er versucht auch, Unlust zu vermeiden. So geht er gerne der Anstrengung aus dem Wege, er fährt mit dem Auto oder dem Lift, er genießt die Abfahrt auf Skiern, aber er lässt sich nach oben tragen. Er hat für alltägliche Tätigkeiten – vom Rasen mähen bis zum Kaffee mahlen – seine Maschinchen, er hat es sich bequem gemacht, er hat die Anstrengung besiegt. Das Schlaraffenland ist ja nicht nur durch hohe Reize gekennzeichnet, sondern auch durch höchste Bequemlichkeit.

Das Streben nach Lust ohne Anstrengung, nach Verwöhnung, ist so alt wie der Mensch selbst. Der Mensch stellte sich schon immer das Schlaraffenland vor, er glaubte schon immer, das Glück liege darin, alles zu haben und nichts zu tun. Mit unserer Wohlstandsgesellschaft haben wir ein Stück Schlaraffenland verwirklicht. Wir sind schon ganz schön verwöhnt. Ein tägliches Beispiel ist etwa das Fernsehen. Mit dem Fernseher können wir mühelos die Reize erhöhen, wir sitzen bequem im Lehnstuhl, die Anstrengung reduziert sich auf den Knopfdruck.

Ein anderes Beispiel aus dem Alltag ist das Autofahren. Schon die Tatsache, dass wir uns mit fremder Energie fortbewegen, verschafft uns Lust, diese wird noch gesteigert durch das eigene Steuern, es wird angereichert durch das Überholen, durch das Gefühl der Macht oder gar des Sieges.

Ein weniger schönes Beispiel ist der Drogenkonsum, auch hier handelt es sich um Verwöhnung, ja, die Droge bedeutet den Gipfel der Verwöhnung, die **Droge ist Lust ohne Anstrengung par excellence**.

Der Mensch strebt aber nicht nur selbst nach Verwöhnung, oft genug verwöhnt er auch noch seine Kinder. Verwöhnt werden Kinder, wenn man ihnen jeden Wunsch erfüllt, und zwar sofort, wenn man ihnen alle Anstrengungen aus dem Weg räumt und Konflikte vermeidet, wenn man sie „in Watte packt". Die Gründe für Verwöhnung sind mannigfaltig: Sie reichen vom schlechten Gewissen der Eltern bis zur Verwöhnung der Eltern selbst.

Triebbefriedigung bereitet Lust. Dies dürfte schon bei Tieren der Fall sein, denn die Lustempfindung ist ein Selektionsvorteil. Er liegt darin, dass die Tiere bessere Situationen aufsuchen, wertvollere Nahrung, begehrenswertere Partner. *„Die Peitsche der Unlust und der Köder der Lust"* (Lorenz) sorgen ursprünglich für verbesserte Überlebens- und Fortpflanzungschancen. Der Lustgewinn bei Tieren hält sich allerdings in Grenzen, da die Natur nur selten üppige Reize anbietet. Gerade deswegen hat sich ja die Lustempfindung als Selektionsvorteil entwickelt.

Der Mensch erlebt die Lust der Triebbefriedigung ganz bewusst; sie ist für ihn „das Höchste der Gefühle". Insofern ist es ganz selbstverständlich, dass er danach strebt, die Lust noch einmal zu empfinden und womöglich noch zu steigern. Zu diesem Zweck sucht er nicht nur immer höhere Reize auf, er stellt sogar künstlich welche her, er macht die Lust zum Ziel. Hier liegt die „Versuchung" des Menschen, sein „Sündenfall".

Verwöhnung beruht also auf der (schon bei Tieren vorhandenen) Lustempfindung, ist aber selbst ein Akt der Reflexion, der bewussten Steigerung von Lust und Vermeidung von Unlust. Das wird häufig falsch gesehen: Das Streben nach Lust ohne Anstrengung ist kein Trieb! Es entspringt vielmehr der Fähigkeit der Reflexion, der reflektierten Wahrnehmung von Lust und Unlust. Das Streben nach Lust ist ein überlegter Eingriff in die evolutionär gewordenen Gesetze des Triebsystems. Freilich ist auch das reflektierende Großhirn ein Produkt der Evolution, aber das ist ja gerade das Besondere an dieser Mutation: Mit der Instanz der Freiheit haben wir auch die Möglichkeit gewonnen, gegen die Gesetze der Natur zu verstoßen. Genau dies geschieht bei der Verwöhnung. Die Folgen sind katastrophal.

3.3 Folgen

3.3.1 Verwöhnung zerstört Umwelt

Die steigenden Ansprüche – immer exotischere Delikatessen, immer schnellere Autos, immer weitere Reisen, immer mehr Luxus – führen zwangsläufig zu immer größerer Belastung und schließlich zur Zerstörung der Umwelt. Die Vermeidung von Anstrengung führt zum Einsatz fremder Energie. Man denke an Rolltreppen, Skilifte, Sesselbahnen, an die zahlreichen Haushaltsgeräte, an alles, was uns das Leben „erleichtert". Die ständig steigende Verbrennung fossiler Brennstoffe führt aber, wie wir heute wissen, zur Zerstörung unserer Lebensgrundlagen.

3.3.2 Verwöhnung zerstört Gesundheit

Die immer höher gesetzten Nahrungsreize führen häufig zu falscher Ernährung, diese wiederum zu Krankheiten vielfältiger Art. Dazu kommt die Tatsache, dass wir unser evolutionär vorgesehenes Bewegungspotenzial im Allgemeinen nicht einsetzen. Bewegungsmangel führt aber zu Herz- und Kreislaufkrankheiten, Magen- und Darmkrankheiten. Übermäßige Verwöhnung belastet auf diese Weise nicht nur den Betroffenen selbst, sondern auch die Gemeinschaft.

3.3.3 Verwöhnung führt zu Gewalt

Dass Verwöhnung zu Umweltzerstörung führt und zu Krankheiten körperlicher und seelischer Art, lässt sich leicht erkennen. Weniger deutlich und daher auch weithin unbekannt ist der Zusammenhang von Verwöhnung und Aggression.

Tatsächlich lässt sich aber die zunehmende Aggression, insbesondere die zunehmende Gewalt, zumindest teilweise auf Verwöhnung zurückführen, und zwar aus zwei Gründen:
- Zum einen werden aggressive Werkzeuginstinkte, also ursprüngliche körperliche „Kampfhandlungen", kaum mehr eingesetzt. Sie steigen daher an und werden immer häufiger in Form von Gewalt kanalisiert.
- Zum zweiten heißt Verwöhnung im aggressiven Bereich, dass man versucht, den Sieg ohne Anstrengung zu erlangen. Anerkennung durch Leistung zu erringen ist anstrengend, sich Vorteile zu verschaffen durch Drohungen, durch Raub, durch Gewalt bedeutet Lust ohne Anstrengung.

Man darf sich nicht wundern, wenn in der Wohlstandsgesellschaft Aggression und Gewalt zunehmen.

3.3.4 Verwöhnung führt zu Drogenkonsum

Beides – Steigerung von Lust und Vermeidung von Anstrengung – führt in letzter Konsequenz zum Drogenkonsum. Der Sinn der Drogen ist ja Lust ohne Anstrengung. Gewiss – Menschen, die sich, womöglich vergeblich, anstrengen müssen, greifen zur Droge sozusagen als Ausgleich für entgangene Lust; aber auch wohlhabende, saturierte Menschen wollen ihre Lust noch steigern. Wer seine Lust ohne Anstrengung befriedigen kann, wird sich immer wieder dieses Weges bedienen. Schließlich ist er nicht mehr in der Lage, Anstrengung aufzubringen, Erfolg zu haben und einen Sieg zu erringen. Dann wird er abhängig von Methoden oder Mitteln, die ohne Anstrengung zum Ziel führen, er wird süchtig.

3.3.5 Vewöhnung führt zu Sucht

Selbstverständlich nimmt man Drogen, einschließlich Alkohol, Nikotin und stimmungsverändernder Medikamente, der Lust wegen. Die Droge vermittelt höchste Lustempfindungen ohne jede Anstrengung. Während natürlicherweise die Lust der Endhandlung nur über Anstrengung, über Appetenzverhalten und Triebhandlung, zu erreichen ist, löst die Droge mittels chemischer Substanzen die Lustempfindung direkt aus und steigert sie noch in „übernatürlicher" Weise. Dabei kann es sich – entsprechend den unterschiedlichen Trieben – um die Empfindung sexueller Lust handeln, explorativer oder aggressiver.

Der Lustgewinn durch den Neugiertrieb wird als „Bewusstseinserweiterung" erlebt, als *„Erweiterung der Erfahrung und Überschreitung der den Menschen gegebenen Grenzen"* (Lungershausen 1989). Zur Lust der Neugier gehört auch das Risiko, das „Abenteuer". Ich nehme an, dass die halluzinogenen Drogen in erster Linie Neugierlust vermitteln – und zwar ohne jede Anstrengung.

Eine zentrale Rolle beim Drogenkonsum scheint die aggressive Triebbefriedigung zu spielen: die Lust am Sieg. Der Süchtige fühlt sich – im Zustand der Lustempfindung – als stark, als überlegen, als mächtig, als „der Größte". Er hat alle Schwierigkeiten überwunden, alle Rivalen besiegt, er fühlt sich gehoben, er ist „high". Das Gefühl des Sieges dürfte dabei umso lustvoller sein, je eher der Betreffende sonst zu den Verlierern gehört, zu den Unterlegenen, je weniger er tatsächlich seine Probleme zu lösen im Stande ist.

Gegen die Feststellung, dass die Einnahme von Drogen den Gipfel von Verwöhnung darstellt, kann man einwenden, dass gerade auch Menschen, die hart arbeiten müssen oder sonst wie frustriert sind, häufig zu Drogen greifen. Dies ist indessen kein Widerspruch: Solche Menschen werden weithin um ihre Lust betrogen, um Flow, Anerkennung und Bindung. Es ist daher kein Wunder, dass sie die mangelnde Lust ohne nochmalige Anstrengung aufsuchen, dass sie sich immer intensiver verwöhnen wollen. Wichtig ist die Erkenntnis, dass eben nicht nur Frustrierte zu Drogen greifen – auch der Satte will noch mehr Lust, der Verwöhnte will sich noch weiter verwöhnen, wer Lust empfindet, will sie steigern. Diese Verhaltensweise des Menschen ist die Ursache dafür, dass der Drogenkonsum in der Wohlstandsgesellschaft weiterhin ansteigt.

Der Behauptung, dass Drogen genommen werden, um Lust ohne Anstrengung zu erleben, scheint das so genannte Doping zu widersprechen. Tatsächlich liegt aber kein Widerspruch vor: Zwar ist derjenige, der sich dopt, bestrebt, durch Anstrengung zu siegen – man denke an Sportler, Musiker, Schauspieler usw. –, aber die durch Doping erwartete Mehrleistung soll eben nicht durch vermehrte Anstrengung erbracht werden, sondern durch fremde Hilfe. Allerdings liegt beim Doping der Fall insofern anders als bei der normalen Drogeneinnahme, als die Droge nicht direkt der Lust dient, sondern indirekt über den Sieg durch Leistung.

Das Fatale ist nun, dass Drogenkonsum leicht zur Sucht werden kann: Man wird von der Droge abhängig. Im Falle von Rauschgift, Alkohol, Nikotin etc. handelt es sich um eine physische Abhängigkeit, die dann zu Recht als Krankheit eingestuft wird. Ursache der Krankheit ist aber Verwöhnung – ähnlich wie bei durch Bewegungsmangel verursachter Dickleibigkeit oder Kreislauferkrankung. Ist aber Verwöhnung die Ursache von Drogensucht, so muss die Schuldfrage doch gestellt werden: Zumindest derjenige, der über die relevanten Erkenntnisse verfügt, handelt verantwortungslos, wenn er sich über die Folgen seines Handelns hinwegsetzt. Dies gilt ja auch für „Alkohol am Steuer".

Drogensucht ist allerdings nur eine Form von Sucht – wenn auch ohne Zweifel die schlimmste. Es gibt noch andere Süchte, zum Beispiel Fernsehsucht, Reisesucht, Arbeitssucht. Wie kommt es zu solchen Formen von Sucht? Worin besteht das Spezifische der Sucht schlechthin?

Das Spezifische der Sucht besteht in der Abhängigkeit, und zwar in der Abhängigkeit von ganz bestimmten auslösenden Reizen. Der Süchtige hat keine Alternative mehr. Er ist auf einen ganz speziellen Reiz angewiesen. Er braucht zum Erleben sexueller Lust einen ganz bestimmten Fetisch oder einen ganz bestimmten Sexualpartner, er braucht zum Erleben der Siegeslust ein bestimmtes Aggressionsobjekt.

Ein alltägliches Beispiel ist folgendes: Ein Jugendlicher sitzt vor dem Fernseher und sieht sich einen Film mit Bud Spencer oder einem anderen

Helden an. Der Jugendliche identifiziert sich (selbstverständlich) mit dem Helden, dem Erfolgreichen, dem Sieger. So erlebt er den Sieg mit, wie es der Werbeslogan „Der Zuschauer siegt mit" durchaus richtig zum Ausdruck bringt.

Verlangt der Jugendliche nun – gemäß der Spontaneität des Triebgeschehens – erneut nach einem Sieg, so greift er (erneut) zu dem Medium, das ihm das lustvolle Gefühl des Sieges ohne jede Anstrengung vermittelt. Schließlich kommt es so weit, dass der Jugendliche nicht mehr die Initiative aufbringt, durch eigene Leistung einen Sieg zu erringen. Unter Umständen hat er auch gar nicht mehr die Qualifikation, sich in irgendeiner Form „hervorzutun". Braucht er jetzt aggressive Triebbefriedigung, bleibt ihm keine andere Möglichkeit mehr: Er ist auf das Medium angewiesen, er ist im wörtlichen Sinne abhängig geworden.

Zusammenfassend kann Drogenkonsum als eine extreme Form von Verwöhnung angesehen werden. Es ist daher kein Wunder, dass Drogenkonsum und Drogensucht in der Wohlstandsgesellschaft zunehmen. Auch viele andere Formen von Sucht sind Folgen von Verwöhnung, auch sie können zu Beeinträchtigungen und Krankheiten führen. Die Aufgabe, Verwöhnung zu vermeiden, wird also auch unter dem Aspekt der Suchtproblematik immer dringender. Wir werden uns im Folgenden dieser Thematik zuwenden.

3.4 Suchtprävention durch Lust an Leistung

Verwöhnung, also Lust ohne Anstrengung, führt zu schlimmen Konsequenzen, insbesondere zur Sucht. Das ist nicht verwunderlich, denn Verwöhnung ist ein Eingriff in ein biologisches Gleichgewicht. Die Lösung kann aber auch nicht im Gegenteil bestehen, in Anstrengung ohne Lust. Das bedeutet ja Frust, Stress, Krankheiten etc. Auch Anstrengung ohne Lust ist ein Eingriff in ein biologisches Gleichgewicht. Tatsächlich erzeugt die Evolution immer Gleichgewichtszustände. Die Lösung heißt daher – und kann nur heißen – Lust in der Anstrengung selbst: Lust an Leistung.

Dass es möglich ist, Anstrengung mit Lust zu erleben, zeigt beispielsweise der Bergsteiger! Er empfindet das Klettern selbst schon als lustvoll, nicht erst das Erreichen des Gipfels. *„Eines der schönsten Erlebnisse beim Klettern"*, zitiert Csikszentmihalyi (1987, S. 112) einen Bergsteiger, *„besteht darin, die Möglichkeit, jede einzelne Position herauszufinden. Jede weist unendlich viele Gleichgewichtsvariationen auf, und aus diesen nun die beste herauszutüfteln, sowohl in Bezug auf die jetzige wie auf die nächste Position, das ist wirklich toll!"*

Auch Chirurgen, Schachspieler, Rock-and-Roll-Tänzer, Basketballspieler, Künstler erleben ihre anstrengenden Tätigkeiten mit intensiver Lust. Csikszentmihalyi bezeichnet diesen „*besonderen dynamischen Zustand*", dieses „*holistische Gefühl bei völligem Aufgehen in einer Tätigkeit*", insbesondere in einer anstrengenden Tätigkeit, als „*Flow*" (ebd., S. 58). Csikszentmihalyi beschreibt das Flow-Erlebnis sehr ausführlich als Zustand des Glücksgefühls. Eine Erklärung hierfür gelingt mithilfe der Verhaltensbiologie.

Es klingt zunächst paradox, aber bei näherer Betrachtung wird es ganz klar: Der Mensch sucht das Risiko auf, um Sicherheit zu gewinnen! Worin liegt denn der Sinn des Erkundens neuer Länder? Er liegt im Kennenlernen dieser Länder, im Bekanntmachen des Unbekannten, im Gewinn an Sicherheit! Auch wenn wir einen neuen Menschen kennen lernen, vergrößern wir unsere Sicherheit: Der Unbekannte wird zum Bekannten, zum Berechenbaren, zum Vertrauten. Warum will man ein Problem lösen? Man löst es, damit es kein Problem mehr ist. Man macht aus dem Unbekannten etwas Bekanntes, aus dem Neuen etwas Vertrautes, aus der Unsicherheit Sicherheit.

Das Neue ist also nur der Reiz der Neugier – der Sinn der Neugier ist Sicherheit. Dabei ist es nicht nur sinnvoll, das Neue zu erforschen, das in unserer Lebenswelt auftaucht. Noch wirkungsvoller ist es, das Neue aktiv aufzusuchen, die Grenzen des Reviers zu überschreiten, neue Länder zu erforschen, neue Probleme zu suchen. Gewiss – das Neue, das Unbekannte ist mit Risiko behaftet, mit Unsicherheit. Aber der Einsatz lohnt sich: Je größer die erforschte Umgebung ist, je mehr Probleme gelöst sind, je mehr Wissen man hat, je mehr Neues zu Bekanntem geworden ist, desto größer ist die erreichte Sicherheit. In einer bekannten Umgebung bewegen wir uns sicher und können unsere Aufmerksamkeit wieder auf Neues richten.

Wir stellen somit fest: Neugier ist ein Trieb! Der auslösende Reiz ist das Neue, das Unbekannte, Unsichere. Ist der Reiz nicht vorhanden, suchen wir ihn auf. Wir sind „neugierig", wir strengen uns an, Neues zu finden. Haben wir es gefunden, machen wir es uns bekannt, es wird unserem Sicherheitssystem einverleibt, wir verwandeln Unsicherheit in Sicherheit! Der Neugiertrieb ist in Wirklichkeit ein Sicherheitstrieb!

Also: Leistung als Anstrengung mit explorativer Komponente, als Bewältigung von Aufgaben, als Lösen von Problemen, als Meistern von Risiken, als Verwandeln von Unsicherheit in Sicherheit, als „Flow" – diese Leistung wird mit Lust belohnt: mit der Lust des Sicherheitstriebes. Die Evolution hat uns auf Anstrengung programmiert, aber sie belohnt uns auch dafür: durch die Lust der Triebbefriedigung.

Eine weitere starke Trieblust erleben wir durch Aggression. Zwar hat der Mensch auch in diesem Bereich viele Methoden erfunden, die Lust des Sieges ohne Anstrengung zu erreichen – Geld, Macht, Besitz, Imponiermittel jeder Art –, doch auch hier gilt, dass die höchste Lust, die soziale Anerkennung, nur durch Anstrengung zu erreichen ist. Nur Leistung führt zu Rang und Anerkennung und damit zur Befriedigung des Aggressionstriebes in einer Gemeinschaft.

Das Prinzip, dass hohe Lust nur durch hohe Anstrengung zu erreichen ist, gilt auch für die Bindung. Echte und tiefe Bindungen – Freundschaft, Liebe, Sympathie – bestehen nur dann auf Dauer, wenn man sich um den anderen bemüht, wenn man nicht nur nimmt, sondern auch gibt, wenn man Anstrengung nicht scheut.

Lust an Leistung übertrumpft die Lust durch Verwöhnung: Wer Lust an Leistung erlebt, und damit „Flow", Anerkennung und Bindung, kommt nicht in Versuchung, der schalen Lust der Verwöhnung zu verfallen. Lust an Leistung ist die beste Form der Suchtprävention.

3.5   Fazit

Der Mensch, insbesondere der in einer Wohlstandsgesellschaft, kommt leicht in die Gefahr, sich zu verwöhnen, das heißt Lust zu steigern und Anstrengung zu vermeiden. Die Folgen von Verwöhnung sind verheerend: Umweltzerstörung, Krankheiten, hohe Aggressivität, Drogenkonsum. Ja, die Droge ist Lust ohne Anstrengung par excellence – kein Wunder also, wenn sie zur Abhängigkeit führt, zur Sucht. Um Sucht zu vermeiden, muss man Verwöhnung vermeiden. Das geht aber nicht durch Verzicht auf Lust – das Luststreben ist ein evolutionäres Programm –, das geht nur durch die Verbindung von Lust und Anstrengung: durch Lust an Leistung. Lust, die durch das Bewältigen von Herausforderungen erlebt wird, durch „Flow", durch Anerkennung für Leistung und durch Bindung im gemeinsamen Handeln übertrifft Lust ohne Anstrengung bei Weitem.

Literatur

Csikszentmihalyi M (1987). Das Flow-Erlebnis. Stuttgart: Klett-Cotta.
von Cube F (2002). Besiege deinen Nächsten wie dich selbst – Aggression im Alltag. 5. Aufl. München: Piper.
von Cube F (2000). Gefährliche Sicherheit – Die Verhaltensbiologie des Risikos. 3. Aufl. Stuttgart: Hirzel.
von Cube F (2005). Fordern statt Verwöhnen. 15. Aufl. München: Piper.
von Cube F (2006). Lust an Leistung. 13. Aufl. München: Piper.
Lorenz K (1974). Das sogenannte Böse. Wien: Borotha-Schoeller.
Lungershausen E (1989). Mit dem Leben nicht fertig werden? Suchtreport 1.

4 Kinder und Alkohol in der Kultur- und Sozialgeschichte

Michael Klein

Kinder wurden in der Kultur- und Sozialgeschichte des Alkohols meist nicht wahrgenommen, vernachlässigt oder ignoriert. Dies gilt in Bezug auf die Entstehung von frühen Missbrauchs- und Abhängigkeitsmustern ganz besonders. Der von Plutarch stammende Satz *„Trinker zeugen Trinker"* (zit. nach Goodwin 1979, S. 57) weist auf diesen Sachverhalt anschaulich hin, suggeriert aber zugleich, dass die Abhängigkeit quasi durch Geburt, und damit unausweichlich, an die Kinder weitergegeben wird. Kinder mussten über viele Jahrtausende – genauso wie Erwachsene – vergorene Getränke, insbesondere Met, Ale und Biere, konsumieren, um den Gefahren des Konsums unhygienischen Wassers zu entkommen. Der Konsum alkoholischer Getränke war also Bestandteil des Alltagslebens und wurde daher nicht problematisiert (Spode 1986). Erst seit der Reformation und dem Aufkommen der Idee des Individuums begann eine durchgehende Problematisierung und Pathologisierung des übermäßigen Konsums von Alkohol und anderen psychotropen Substanzen.

4.1 Von der Frühgeschichte bis zur Industriellen Revolution

Auch genaue völkerkundliche Studien zum Thema „Alkoholkonsum und Kinder" können kaum Licht in die Zeit vor Beginn der Industriellen Revolution bringen:

> *„Bei vielen Festen des Jahreslaufs erhielten auch jüngere Kinder Bier. Inwieweit Mädchen und Jungen unterschiedlich behandelt wurden, kann nur vermutet werden; möglicherweise verschoben sich die Verhältnisse im Verlauf des 18. Jahrhunderts zu Ungunsten der Mädchen."* (Hirschfelder 2003, S. 179)

Erst als es in der ersten Hälfte des 18. Jahrhunderts zu einer großen epidemischen Verbreitung destillierten Alkohols am Beginn der Industriellen Revolution kam, wurde das Thema der negativen Auswirkungen des Alkoholkonsums von Kindern entdeckt. Wie Zeitgenossen berichten, wurde der in Form von Gin destillierte Alkohol als Beruhigungsmittel für Kinder, aber auch als Mittel gegen Hunger und zum Einschlafen geschätzt (Spode 1993). Englische Ärzte hatten jedoch zu der Zeit der Gin-Epidemie im Großraum London zwischen 1720 und 1750 beobachtet, dass trotz guter Ernten und Löhne die Anzahl der Geburten nachließ und die Quote der Kinder, die in den ersten fünf Lebensjahren starben, deutlich zunahm (Coffey 1966). Im Jahre 1751 klagte der berühmte englische Schriftsteller und Sozialkritiker Henry Fielding (1707–1754) im Angesicht der grassierenden Gin-Epidemie, was denn aus einem Säugling werden müsse, der in Gin empfangen und mit den giftigen Destillaten im Mutterleib und aus der Brust genährt wurde (s. Warner u. Rosett 1975, S. 1 395).

Die epidemischen Probleme in Bezug auf kindliche Fehlentwicklungen und erhöhte Sterblichkeit – sowohl prä- als auch postnatal – wurden nun auf den übermäßigen Gin-Genuss der Schwangeren und der Kinder selbst zurückgeführt. Die Idee vom Fetalen Alkoholsyndrom war geboren, geriet aber wenige Jahrzehnte später wieder in Vergessenheit, um erst im 20. Jahrhundert neu „entdeckt" zu werden (s. Kap. 34).

4.2 Geschichte des Konzepts des Fetalen Alkoholsyndroms (Alkoholembryopathie)

Die Erkenntnis, dass übermäßiger Alkoholgenuss schädliche Auswirkungen auf Zeugung und Embryonalentwicklung haben kann, ist schon für die Zeit der frühen hellenistischen Kultur dokumentiert. Griechische Ärzte vertraten die Ansicht, dass häufiger Weinkonsum, vor allem aber der Alkoholrausch des Mannes während der Kindeszeugung, die entscheidende Ursache für die Schädigung des ungeborenen Lebens sei (Kersten-Babeck 1999). Die Schule des Hippokrates empfahl folgerichtig, dass der Mann zum Zeitpunkt der Zeugung nicht berauscht sein dürfe und keinen Wein trinken solle. Dass die Frauen in diesen griechischen Quellen keine Rolle spielen, liegt vor allem daran, dass bei ihnen übermäßiger Weinkonsum ohnehin kaum bekannt war. Es wurde ihnen aber sowieso für die Entwicklung des Kindes eine weniger wichtige Rolle beigemessen. Frauen waren demnach das Gefäß, in dem der männliche Samen – ob verdorben oder rein – heranreift. Erst Platon betonte, dass sowohl der Mann als auch die Frau für die Zeugung der Nachkommen nüchtern sein sollten. Den Grund hierfür sah er darin, dass sich die körperlichen und geistigen Befindlichkeiten *beider* Erzeuger während des Fortpflanzungsaktes auf Körper und Seele des Nachwuchses übertragen. Plutarch wiederum hebt in seiner Argumentation einen anderen Aspekt hervor: Da der Wein seiner Natur nach kalt sei und beim Zeugungsakt Wärme für den Fluss des Lebens von entscheidender Bedeutung sei, könnten viele Trinker gar keine Kinder zeugen, blieben also unfruchtbar. Sie würden keinen entwickelten und zeugungsfähigen Samen hervorbringen (ebd.). Ansonsten beklagt er die Wiederkehr von Trinkern in denselben Familien über die Generationen hinweg: *"Denn die Kinder werden gern zu Freunden des Weines und zu Trunkenbolden, wenn ihre Väter sie im Rausch und in der Trunkenheit gezeugt haben."* (ebd., S. 83)

In Karthago und Sparta war es frischvermählten Paaren nicht erlaubt, Alkohol zu trinken, um eine Befruchtung während eines Rausches zu vermeiden (s. Warner u. Rosett 1975).

Ein Großteil des Wissens der griechischen Ärzte geriet in den folgenden Jahrhunderten in Vergessenheit. Während des Mittelalters war die Ernährung der Kinder mit Bier und Speisen auf der Basis von Bier, wie z. B. Biersuppe, die Regel. Dass dies häufig vor dem Hintergrund schlechter hygienischer Bedingungen, insbesondere im Bereich der Wasserqualität, geschah und somit primär dem Erhalt der Gesundheit und dem Überleben diente, wurde bereits verdeutlicht. Erst im Zuge der Individualisierung (16. Jahrhundert) und Medizinisierung (19. Jahrhundert) des übermäßigen Alkoholtrinkens begann eine Problematisierung, auch in Bezug auf trinkende Mütter und Kinder.

So erschienen noch zu Beginn des 20. Jahrhunderts folgende Sätze als sensationelle neue Entdeckung:

> *"Alcohol is a danger from one conception, from one procreation, to another; there is no time under the sun when it is suitable or safe to court intoxication. (...) The mother should refrain from alcohol, or if unable to refrain should be protected from it during the time of her pregnancy for the sake not only of herself but of her developing embryo and growing foetus."* (Ballantyne 1917, S. 105)

Aber auch der Glaube an die malignen Auswirkungen massiven Alkoholtrinkens auf die männlichen Spermien scheint beim gleichen Autor noch durch, wenn er schreibt:

> *"It is possible, indeed probable, that the pregnant woman who takes to drink in the last weeks or months of her gestation is doing less damage to the unborn life than the man who soaks before marriage and continues to imbibe after it."* (ebd.)

Bis weit ins 19. Jahrhundert hinein galt die Annahme als richtig, dass der Zustand der Eltern zum Zeitpunkt der Zeugung entscheidend für die Konstitution des späteren Menschen sei. Durch übermäßigen Alkoholgenuss war auch das Sperma des Mannes verdorben – eine Ansicht, die bis in unsere Tage immer wieder auftauchte, jedoch nie stichhaltig bewiesen werden konnte. So argumentierte der amerikanische Kinderarzt T. D. Crothers (1887) anhand verschiedener Beispiele, dass Väter, die im Zustand schwerer Intoxikation ein Kind zeugen, dann aber für viele Wochen oder Monate abwesend sind, allzu häufig Väter eines „idiotischen" Kindes geworden seien. Interessanterweise benennt er als Beleg neben Seeleuten und Matrosen Beobachtungen an westfälischen Bergleuten:

> „The minors of Westphalia, who live away from their wives, are generally intoxicated when they come home on visits. The result is that a large proportion of the children born of these families are idiots and feeble-minded." (Crothers 1887, S. 549)

Es ist aus heutiger Sicht jedoch offensichtlich, dass die damaligen Fallberichte offen für eine Vielzahl konfundierender Störvariablen (z. B. Mangelerscheinungen während der Schwangerschaft, Trinkverhalten der Mütter, perinatale und psychosoziale Einflüsse) waren.

Dr. Richard Rahner glaubte noch im Jahre 1913, den kausalen Beweis der Schädlichkeit der Zeugung im Rausche mittels Einzelfalldarstellung führen zu können:

> „Außer (...) Tierexperimenten (...), welche uns die furchtbare Wirkung des Alkohols auf die Nachkommenschaft demonstrieren, gibt uns Ärzten die Praxis Gelegenheit, festzustellen, wie traurig die Folgen der im Rausch erfolgten Zeugung sind. Ich persönlich habe in dieser Beziehung einige sehr interessante, aber traurige Beobachtungen gemacht. (...) Außerdem ist mir eine Bierbrauersfamilie bekannt, bei welcher infolge unmäßigen Alkoholgenusses vonseiten des Vaters die Kinder in ihrer Intelligenz außerordentlich tief stehen; ein Teil der Kinder ist schwächlich und früh skrofulös entartet, während ein Kind, ein Mädchen, ein direkter Idiot war. (...) Von diesem Idioten konnte ich nachweisen, dass die Empfängnis stattgefunden hat, als der Vater betrunken war." (Rahner 1913, S. 121 f.)

Dass für die pränatale Entwicklung das Verhalten der Mutter während der Schwangerschaft die entscheidende Variable darstellt, wurde zur gleichen Zeit in systematischen Feldstudien erstmals entdeckt. Ende des 19. Jahrhunderts hatte der in Liverpool tätige englische Gefängnisarzt W. C. Sullivan (1899) festgestellt, dass mehr als die Hälfte von 600 Kindern, die 120 Trinkerinnen im Gefängnis zur Welt brachten, Totgeburten waren oder in frühester Kindheit starben. Die Sterbequote war demnach 2,5-fach höher als bei nüchternen Verwandten dieser Frauen. Je länger die gefangenen Frauen während ihrer Schwangerschaften inhaftiert waren, desto niedriger war die Totgeburtquote. Dies konnte auf die geringere Verfügbarkeit von Alkohol in der Strafanstalt und die vergleichsweise bessere medizinische Versorgung im Gefängnis im Verhältnis zu den Armenvierteln außerhalb zurückgeführt werden.

4.3 Vom späten 19. Jahrhundert bis zur Gegenwart

Die im Folgenden wiedergegebenen Beiträge verdeutlichen vor allem die Mentalität und Denkweise, die während bestimmter Epochen in Bezug auf Alkoholkonsum bei Schwangeren und Müttern herrschte. So war es in der zweiten Hälfte des 19. Jahrhunderts üblich, Mütter aus armen Schichten wegen ihres unrühmlichen Verhaltens zu tadeln und als schlechte Vorbilder darzustellen. Eine Berücksichtigung der sozialen Lage und der mangelnden Präventions- und Versorgungsangebote sind Elemente, die erst dem Denken nach dem Ersten Weltkrieg und vor allem seit den 60er Jahren des 20. Jahrhunderts entsprechen.

Frau Generaloberarzt Johanna Steinhausen etwa beklagte in einem Beitrag aus dem Jahre 1905 mit dem Titel „Die Mitarbeit der Frau im Kampf gegen den Alkoholmißbrauch", dass Alkohol missbrauchende Frauen sehr häufig geschädigte Kinder zu Welt bringen oder aufziehen:

> „Eines der furchtbarsten und traurigsten Kapitel des Alkoholismus ist die Schädigung durch geistige Getränke, die schon beginnt, ehe die Kinder geboren werden – durch die Vererbung. (...) Von einer 1740 in England geborenen Säuferin konnten durch 150 Jahre hin 709 Nachkommen ermittelt werden. Davon waren 100 außerehelich geboren, 181 Prostituierte, 142 Bettler, 46 Armenhäusler, 76 wegen Verbrechen Bestrafte. Die vierte Generation bestand nur noch aus Verbrechern und Prostituierten."
> (Steinhausen 1905, S. 25)

Weiter geht die Autorin in ihrem Beitrag auf eine Gefahr ein, die besonders bei starken Trinkerinnen beobachtet worden sei und auf die ihr Zeitgenosse, Professor von Bunge, aufmerksam gemacht habe: „Ich meine den Kausalzusammenhang zwischen dem Alkohol und der ererbten Unfähigkeit zu Stillen" (ebd., S. 26). Sie begründet das Problem ebenfalls mit der weit verbreiteten Unsitte, dass „stillende Frauen von dem alten Vorurteil abgehen müssen, als bedürften sie besonderer Mengen kräftiger Biere und starker Getränke zur ‚Stärkung'" (ebd., S. 28).

Erst nach dem Jahr 1970 setzte in der Forschung eine systematische Beschäftigung mit dem Thema „Kinder und Alkohol" ein. Die schottischen Forscher Jahoda und Cramond (1972) zählen zu den ersten, die sich mit den psychologischen Auswirkungen des Aufwachsens in einer alkoholpermissiven Gesellschaft auf Kinder beschäftigten. Durch ihre Ergebnisse wurde deutlich, dass sogar Vorschulkinder nicht mehr als naiv in Bezug auf die Wahrnehmung von Alkoholeffekten angesehen werden können. Hintergrund dieser Überlegungen war die Vermutung, dass die Bedeutung, die ein Kind lernt, dem Alkoholtrinken beizumessen, wichtig für den Erwerb späterer eigener Konsumgewohnheiten ist. In weiteren Experimenten konnte gezeigt werden, dass etwa 70% der sechs-, acht- und zehnjährigen Kinder wenigstens ein alkoholisches Getränk – vor allem Bier und Whiskey – am Geruch erkennen konnten (Noll et al. 1990). Mit etwa acht Jahren haben die meisten Kinder ein vorläufiges kognitives Konzept „Alkohol" gebildet, das es ihnen möglich macht, die verschiedenartigen alkoholischen Getränke einer Gruppe zuzuordnen. Schon im Alter von vier Jahren konnte die Hälfte der Kinder den Unterschied zwischen alkoholischen und nichtalkoholischen Getränken, die ihnen mit visuellen Reizen präsentiert wurden, korrekt erklären. Sie beziehen sich dabei meist auf die Verhaltenskonsequenzen des Alkoholtrinkens („macht lustig", „macht müde"). Interessanterweise berichten mehr als zwei Drittel der vierjährigen Vorschulkinder, die Alkohol korrekt am Geruch erkennen, dass sie diese Getränke nicht mögen. Eine bedeutsame Veränderung dieser Einstellung ergibt sich nach dem zehnten Lebensjahr. Offenbar parallel mit dem Beginn der Pubertät, dem zunehmenden Streben nach einer Erwachsenenrolle und den ersten eigenen Erfahrungen mit alkoholischen Getränken nehmen die positiven Einstellungen zu Alkohol zu, während die negativen abnehmen. Diese Lebensphase, die auch mit dem initialen Konsum alkoholhaltiger Getränke einhergeht, kann als kritische Phase bezüglich positiver Einstellungen zum Konsum und des Erwerbs dauerhafter Konsumgewohnheiten verstanden werden (Miller et al. 1990).

4.4 Zahlen zum aktuellen Konsum im Kindesalter

In den heutigen Gesellschaften ist zwar das Wissen um die Alkoholtoxizität für Kinder im Allgemeinen und Ungeborene im Speziellen weit verbreitet. In Gesellschaften, in denen der Alkoholkonsum hohe Quoten erreicht, ist auch der Konsum bei Jüngeren keine Seltenheit. Die Drogenaffinitätsstudie der Bundeszentrale für gesundheitliche Aufklärung (2004) hat ergeben, dass 6% der 12- bis 15-Jährigen mindestens einmal in der Woche Bier und 7% Alkoholmixgetränke konsumieren. Bezogen auf den wöchentlichen Konsum trinken 5% dieser Altersgruppe mehr als 120 g Alkohol. Der Durchschnittskonsum aller Kinder und Jugendlichen im Alter zwischen 12 und 15 Jahren betrug im Jahr 2004 20,9 g (2001: 14,1 g).

Aus der derselben Altersgruppe haben in den letzten 30 Tagen 12% übermäßig viel Alkohol in wenigstens einer Trinksituation („binge drinking") zu sich genommen. Die kritische Grenze von fünf oder mehr Gläsern Alkohol in einer Trinksituation haben dabei 4% sogar an drei und mehr Tagen überschritten. Dementsprechend geben 10% der 12- bis 15-Jährigen an, in den letzten drei Monaten eine Alkoholrauscherfahrung gehabt zu haben. „Binge drinking" und Alkoholrauscherfahrungen treten bei Jungen wesentlich häufiger als bei Mädchen auf.

Alkoholvergiftungen bei Kindern sind insbesondere dort zu beobachten, wo die häusliche Griffnähe in Bezug auf Alkohol besonders gering und die elterliche Beaufsichtigung nachlässig ist. Lamminpää und Vilska (1990) konnten für Kinder unter 16 Jahren, die in einer Notfallambulanz wegen Alkoholintoxikation entgiftet wurden, zeigen, dass diese zu mindestens einem Drittel aus Suchtfamilien stammten.

4.5 Veränderung der Alkoholkultur als Aufgabe der Gesundheitspolitik

Die vorausgehenden Ausführungen haben gezeigt, dass Kinder immer in gesellschaftliche Strukturen bezüglich des Konsums psychotroper Substanzen hineingewachsen sind und dass sie gleichzeitig auch immer darauf reagiert haben. Die Konsumquoten unserer Tage zeigen, dass Kinder und Jugendliche an der permissiven Alkoholkultur unseres Landes teilhaben, und es sieht sogar so aus, als ob sie selbst aktiv alkoholbezogene Kulturelemente schaffen (wie z. B. das verstärkte Trinken von Alkoholmixgetränken). Um hier gesundheitspolitisch notwendige und wünschenswerte Veränderungen zu schaffen, reichen die gesetzlichen Regelungen offenbar nicht aus. Vielmehr müssen sozialpolitische Reformen und Veränderungen der Trinkregeln in Familien und Peergroups betrieben werden. Neuere epidemiologische und versorgungspolitische Studien haben gezeigt, dass eine Kombination aus politischen Maßnahmen – Steuererhöhungen, Verringerung der Verfügbarkeit, verstärkte Alkoholkontrollen, Werbeverbote und Aufklärung – zu Reduktionen des Alkoholtrinkens im Allgemeinen und der alkoholbezogenen Probleme, auch unter Kindern und Jugendlichen, führen (Babor et al. 2005). Es konnte sogar gezeigt werden, dass Kinder auf Preiserhöhungen besonders stark mit Konsumreduktion oder Abstinenz reagieren. Es ist daher als Aufgabe moderner Gesundheitspolitik zu verstehen, die Kulturen problematischen Substanzkonsums durch gezielte Beeinflussung der gesellschaftlichen und individuellen Bedingungen positiv zu beeinflussen. Forschungsergebnisse und Modelle hierfür liegen inzwischen in großer Anzahl vor.

Literatur

Babor T, Raul Caetano, Sally Casswell et al. (2005). Alkohol – Kein gewöhnliches Konsumgut. Göttingen: Hogrefe.

Bundeszentrale für gesundheitliche Aufklärung (BzgA) (2004). Die Drogenaffinität Jugendlicher in der Bundesrepublik Deutschland 2004. Eine Wiederholungsbefragung der Bundeszentrale für gesundheitliche Aufklärung. Teilband Alkohol. Köln: BzgA.

Coffey TG (1966). Beer Street: Gin Lane. Some views of the 18th century drinking. J Stud Alcohol; 27: 669–92.

Crothers TD (1887). Inebriety traced to the intoxication of parents at the time of conception. Medical and Surgical Reporter; 56: 549–51.

Goodwin DW (1979). Alcoholism and heredity. Arch Gen Psychiatry; 36: 57–61.

Hirschfelder G (2003). Alkoholkonsum am Beginn des Industriezeitalters (1700–1850). Vergleichende Studien zum gesellschaftlichen und kulturellen Wandel. Bd. 1: Die Region Manchester. Köln: Böhlau.

Jahoda G, Cramond J (1972). Children and Alcohol. London: HMSO.

Kersten-Babeck K (1999). Untersuchungen zum Niederschlag des Alkoholproblems in der antiken griechischen Literatur. Jena: Dissertation an der Philosophischen Fakultät der Friedrich-Schiller-Universität Jena.

Lamminpää A, Vilska J (1990). Children's alcohol intoxications leading to hospitalizations and the children's psychosocial problems. Acta Psychiatr Scand; 81: 468–71.

Miller P, Smith G, Goldman M (1990). Emergence of alcohol expectancies in childhood: a possible critical period. J Stud Alcohol; 51: 343–9.

Noll R, Zucker R, Greenberg G (1990). Identification of alcohol by smell among preschoolers. Evidence for early socialization about drugs occurring in the home. Child Dev; 61: 1520–7.

Rahner R (1913). Alkohol und Rassenhygiene. Die Neue Generation; 9: 113–28 (= Publikationsorgan des Deutschen Bundes für Mutterschutz, der Internationalen Vereinigung für Mutterschutz und Sexualreform und des Deutschen Neumalthusianerkomitees).

Spode H (1986). Das Paradigma der Trunksucht. Anmerkungen zu Genese und Struktur des Suchtbegriffs. Drogalkohol; 10: 178–91.

Spode H (1993). Die Macht der Trunkenheit. Kultur- und Sozialgeschichte des Alkohols in Deutschland. Opladen: Leske & Buderich.

Steinhausen J (1905). Die Mitarbeit der Frau im Kampf gegen den Alkoholmißbrauch. Mäßigkeits-Blätter, Mitteilungen des Deutschen Vereins gegen den Mißbrauch geistiger Getränke; 22: 23–33.

Sullivan WC (1899). A note on the influence of maternal inebriety on the offspring. J Ment Sci; 45: 489–503.

Warner RH, Rosett HL (1975). The effects of drinking on offspring. An historical survey of the American and British literature. J Stud Alcohol; 36: 1395–420.

5 Vom Sinn der Sucht – philosophische Aspekte

Martin Wallroth

Sucht ist eine menschliche Möglichkeit. Sie ist – als zunächst vom Betroffenen meist nur ansatzweise als solcher durchschauter ethischer Lebensentwurf – eine mögliche Antwort auf Lebenslagen, in denen Menschen sich vorfinden können. Als eine solche Antwort aufgefasst, ist sie in den meisten Fällen, wie es scheint, letztlich zum Scheitern verurteilt. Es ist aber keineswegs ausgemacht, dass es sich um eine von vornherein sinnlose Antwort handelt. Dem Reflex, Sucht als ein Beispiel des Sinnlosen par excellence zu betrachten, sollten wir widerstehen, wenn wir aus der anthropologischen Tatsache ihrer realen Möglichkeit philosophischen Gewinn schlagen möchten. Die philosophische Betrachtung der Sucht und ihrer Sinnaspekte muss sich dabei gegen die natürliche Tendenz des Suchtkranken selbst und die der von der Sucht Mitbetroffenen stellen, welche die Überwindung der Sucht zunächst häufig durch ihre Verdammung als unsinniges Verhalten betreiben möchten. In diesem Punkt deckt sich die philosophische Betrachtungsweise mit der therapeutischen Herangehensweise an das Phänomen der Sucht. Allerdings sind die Zielstellungen unterschiedlich: Während der Therapeut das unmittelbare Wohl seines jeweiligen Patienten im Auge behalten muss, kann und muss der Philosoph es sich erlauben, die Suchtkrankheit unbefangener als „anthropologisches und ethisches Experiment" zu betrachten, das uns wertvolle Aufschlüsse über die Conditio humana und insbesondere über die Grundbedingungen gelingenden, als sinnvoll erlebbaren menschlichen Lebens ermöglicht. Wie im Fall anderer anthropologischer Tatsachen gilt auch hier, dass die Möglichkeit der Sucht den Menschen und seine Stellung in der Welt charakterisiert: Könnten Menschen nicht den Weg der Sucht einschlagen, hätten wir eine andere Spezies, eine andere Lebensform vor uns.

Unsere gemeinsame Lebensform jedenfalls kennt die Möglichkeit der Sucht. Deshalb kann eine philosophische Betrachtung zum Sinn der Sucht Einsichten zutage fördern, die uns – als Menschen – *alle* angehen. Sie kann uns wichtige Aufschlüsse darüber geben, wer wir sind und in welcher Lage wir uns als Wesen, welche die sinnvolle Führung ihres Lebens mühsam erlernen müssen, dabei scheitern können und dementsprechend auf Solidarität angewiesen sind, letztlich befinden. Natürlich versetzen uns solche Aufschlüsse auch in die Lage, pädagogische und therapeutische Konsequenzen für den Umgang mit der Gefahr süchtigen Scheiterns menschlicher Lebensbewältigung zu ziehen. Dies allerdings erst in einem zweiten Schritt.

Welche Sinnperspektiven birgt die Sucht als vorfindbares anthropologisches Phänomen in philosophischer Betrachtung? Was können wir vom Leben Süchtiger als mehr oder minder freiwilligen Pionieren – immer riskanter – menschlicher Lebensentwürfe und – immer problematischen – menschlichen Selbstverständnisses in offenkundig unwirtlichem und gefährlichem Gelände lernen?[1] Greifen wir zur Beantwortung

---

1 Vgl. in diesem Zusammenhang Harald Köhls Rede vom Süchtigen als „zwangsrekrutierten Existentialisten" (Köhl 2001, S. 44). Von „Zwangsrekrutierung" spricht Köhl insoweit wohl zu Recht, dass Süchtige, wenn sie erst einmal in die Eigendynamik einer Suchtentwicklung hineingeraten sind, der Auseinandersetzung mit grundlegenden Sinnfragen menschlicher Existenz schwerlich noch ausweichen können (vgl. die Abschnitte „Alleingang" und „Weglosigkeit" dieses Textes). – Fundierte deutschsprachige philosophische Literatur zum Sinn der Sucht ist selten und schwer zu finden. Deshalb sei hier (wenn auch voraussetzungsreich und nicht leicht zu lesen) zur Ergänzung empfohlen: Schlimme 2000 (insbesondere S. 63 ff.). Meines Erachtens nach wie vor unüberboten ist der Aufsatz aus dem Sammelband von Freiherr von Gebsattel 1954.

dieser Frage also auf den gleich zu Anfang benannten Antwort- und Entwurfscharakter der Sucht zurück. Aufgefasst als Antwort auf besondere Lebenslagen, denen Menschen aufgrund der strukturellen Eigentümlichkeiten ihrer Spezies und Lebensform prinzipiell ausgesetzt sein können, wird Sucht als ethischer Lebensentwurf am ehesten verständlich und nachvollziehbar. Auf diesem Wege erschließen sich Sinnperspektiven und Sinnfragen der Sucht, die einer moralisierenden Verdammung süchtigen Lebens oder seiner Degradierung zum naturgesetzlich determinierten „süchtigen Verhalten" eher verschlossen bleiben dürften. Zur Erschließung der Sinnperspektiven der Sucht und zur Gewinnung der zu erwartenden allgemeinen philosophisch-anthropologischen und ethischen Aufschlüsse können wir uns der folgenden Leitfragen bedienen:

- Worauf antwortet Sucht? Auf welche Lebenslagen antwortet sie? (Abschnitt „Ungeborgenheit")
- Wie antwortet sie? Welchen ethischen Lebensentwurf bietet sie? (Abschnitt „Alleingang")
- Welche neuen ethischen Probleme und Sinnfragen wirft die Sucht als Lebensentwurf auf? (Abschnitt „Weglosigkeit")
- Welche Alternative zum süchtigen Leben, welcher alternative Lebensentwurf wird im Verlauf des süchtigen Lebens selbst in seinen Grundstrukturen sichtbar? (Abschnitt „Kapitulation")
- Was können wir aus den Verstrickungen süchtiger Existenz über die Grundbedingungen gelingenden, als sinnvoll erlebbaren menschlichen Lebens lernen? (Abschnitt „Solidarität und Autonomie")

Bei der Beantwortung dieser Fragen müssen wir im Auge behalten, dass es höchst unterschiedliche Formen und Verläufe der Sucht gibt. Die Vielfalt der Formen und Verläufe der Sucht wirft empirische Fragen auf, die wir in diesem Kontext nicht beantworten können und zu denen in vielen Fällen auch keine verlässlichen empirischen Befunde vorliegen. Die philosophisch-anthropologische Betrachtungsweise, die grundlegende Sinnstrukturen und Problemstellungen menschlicher Existenz im Auge hat, ist auf solche systematisch erhobenen Befunde aber auch nicht angewiesen. Sie kann sich mit der eher anekdotischen Evidenz alltäglicher und klinischer Erfahrungen zufrieden geben. Der Grund für diese Freiheit des Umgangs mit Erfahrungstatsachen des menschlichen Lebens liegt in der Natur der philosophischen Fragestellung und Herangehensweise: Wir treten an das Phänomen (besser: die Phänomene) der Sucht immer schon mit einem Vorverständnis grundlegender Bedingungen menschlicher Existenz, also mit einem Selbstverständnis unserer Existenz und ihrer Grundbedingungen heran, das zum Teil bereits in unserem Sprachgebrauch verwurzelt ist. Da wir unser Leben immer schon zu führen haben, können wir zur Ausbildung eines solchen Selbstverständnisses in grundlegenden Lebensfragen nicht systematische empirische Untersuchungen und Befunde abwarten. Philosophische Reflexion kann uns dies leicht zeigen. Sie deckt von unserem Handeln und Sprechen implizierte Vor-Urteile auf, in denen wir uns spontan wiederfinden und die wir als Bedingungen der Möglichkeit erkennen, überhaupt sinnvolle Aussagen über die Welt und über uns selbst treffen und damit überhaupt Erfahrungen machen oder gar empirische Forschung treiben zu können. Zur Erschütterung und Modifikation solcher insgesamt offensichtlich unumgänglicher Vor-Urteile reichen aber manchmal bereits „widerspenstige" anekdotische Erfahrungen aus. Diese geben uns, wenn sie in hartnäckige Spannung zu unserem Selbstverständnis treten, in dem Sinne zu denken, dass sie uns Revisionen oder zumindest Differenzierungen und Vertiefungen unseres Selbstverständnisses nahe legen. Die Reichweite solcher Revisionen, Differenzierungen und Vertiefungen unseres Selbstverständnisses zu ergründen ist aber wiederum Aufgabe philosophischer Reflexion.

Die folgenden Überlegungen sollen zur Beantwortung der – im Kern ethischen – Frage beitragen, inwieweit Sucht als anthropologisches und ethisches Experiment unser Selbstverständnis als Menschen auf den Prüfstand stellt und vertiefte Perspektiven hinsichtlich der Grundbedingungen gelingenden, als sinnvoll erlebbaren menschlichen Lebens eröffnet.

Es geht also in diesem Text nicht darum, einen philosophischen „Ersatz" für empirische

Theoriebildungen zu liefern. Es geht nicht darum, eine – empirisch ungeprüfte – Ätiologie der Sucht vorzustellen. Thema der folgenden Abschnitte sind vielmehr Sinnzusammenhänge, welche sich ergeben, wenn wir Sucht als einen voll gültigen – wenn auch problematischen – Lebensentwurf zu begreifen bereit sind. Sachlogisch betrachtet ist daher der Abschnitt „Alleingang", der sich den eigentümlichen Sinnstrukturen dieses Lebensentwurfs widmet, als zentraler philosophischer Ankerpunkt anzusehen. Von der phänomenologischen Beschreibung der Sinnstrukturen dieses Lebensentwurfs her ergeben sich zum einen Rückschlüsse auf die – zumindest vom Subjekt des Lebensentwurfs offensichtlich so wahrgenommene – Ausgangssituation, auf welche der Entwurf eine Antwort darstellt (Abschnitt „Ungeborgenheit"). Zum anderen verweisen uns die Charakteristika dieses Lebensentwurfs auf die ihm innewohnenden Aporien (Abschnitt „Weglosigkeit") und auf offen stehende Alternativen (Abschnitt „Kapitulation"). Als anthropologisches und ethisches Experiment betrachtet bieten uns das Scheitern des ethischen Lebensentwurfs der Sucht und dessen Überwindung in Gestalt eines ethischen Neuentwurfs schließlich die Möglichkeit, grundsätzliche anthropologische und ethische Lehren zu ziehen, welche den Horizont der Suchtprävention und -therapie überschreiten (Abschnitt „Solidarität und Autonomie"). Darstellungslogisch betrachtet liegt es aus Gründen der „Dramaturgie" nahe, die (aus den Aussagen der Betroffenen zu erschließende) Ausgangssituation an den Anfang zu stellen. Dieser Weg wurde im Folgenden gewählt.

5.1 Ungeborgenheit

Befragt man Sucht-Patienten in der Therapie nach ihrer Kindheit, so ist häufig die Antwort zu erhalten, diese sei „normal" gewesen. Bei genauerer Befragung stellt sich schnell heraus, dass sich hinter dieser Einschätzung, die vordergründig mit dem Fehlen von Vergleichsmaßstäben begründet wird, eine tiefe Sehnsucht nach einer „heilen Welt der Kindheit" verbirgt – einer heilen Welt, die es so für die Patienten gerade *nicht* gegeben hat. Offensichtlich war die Kindheit des typischen Sucht-Patienten, auch und gerade in seiner eigenen Sicht, wenn er sich erst einmal von tief liegenden Verdrängungstendenzen und Schutzreflexen frei gemacht hat, in vielerlei Hinsicht eine „unheile" Welt – eine Welt, die in charakteristischer Weise Merkmale der Wohlbehütetheit und Geborgenheit vermissen lässt. Die Palette möglicher Beeinträchtigungen ist dabei weit gespannt. Sie reicht von der Abwesenheit von Elternteilen und praktischer Vernachlässigung über die emotionale Vernachlässigung des Kindes bis hin zu seiner bedrohlichen Vereinnahmung und emotionalen Erpressung im Dienste eigener Interessen – etwa als Instrument im Kampf mit dem Ehepartner – und offener Gewalttätigkeit. Nicht selten findet sich eine spannungsgeladene und tendenziell destruktive Kombination verfrühter Selbstständigkeitsforderungen mit einer gleichzeitigen Vereitelung genuiner kindlicher Autonomiebestrebungen. Einerseits wird dem Kind zugemutet, Aufgaben Erwachsener zu übernehmen. Diese reichen von handfester Kinderarbeit über die verfrühte Wahrnehmung von Erziehungsaufgaben gegenüber jüngeren Geschwistern bis zur Funktion des Partnerersatzes für einen der beiden Elternteile. Andererseits finden sich keine – jedenfalls keine angemessen gestalteten – Freiräume, in denen das Kind im Rahmen schützender und fördernder erzieherischer Maßnahmen verantwortungsentlastet Selbstständigkeit einüben kann.

Im Spannungsfeld stehend zwischen offener oder latenter Feindseligkeit sowie großer Rigidität des Erziehungsstils einerseits und eines in Richtung Verwahrlosung tendierenden Laisserfaire andererseits – beides nicht selten im für das Kind unvorhersehbaren Wechsel – erleben sich Sucht-Patienten rückblickend häufig als in einem fundamentalen Sinne auf sich selbst gestellt. Bezugspersonen, an denen man sich orientieren könnte, sind nicht vorhanden. Oder sie taugen, wenn sie doch vorhanden sind, offensichtlich nicht zur eigenen Orientierung. Vielleicht sind sie gar so bedrohlich, dass Abgrenzung und Selbstschutz höchste Priorität haben. Vor allem im Falle subtiler Manipulationen und tabuisierter zwischenmenschlicher Konfliktspannungen (wie etwa – handgreiflich – im Falle sexuellen Missbrauchs oder – subtiler – im Falle lebensfeindlicher Wertmaßstäbe und eines entsprechend ängstlich-gedrückten Familienklimas) mögen Abgrenzung und Selbstschutz seitens des zukünftigen Sucht-Patienten schon früh die Form eines Lebens in zwei Welten annehmen: Neben die „offizielle" Person, die ihre Funktionen innerhalb der Familie mehr schlecht als recht wahrnimmt und die Fassade wahrt, tritt eine geheime innere Welt, welche für die raue Wirklichkeit der äußeren Welt, die irgendwie klaglos und ohne emotionale Unterstützung bewältigt werden muss, entschädigen soll.

Insgesamt gesehen ergibt sich im therapeutisch aufgeklärten Rückblick häufig ein Bild der Lebensgeschichte des Sucht-Patienten, das durch das Fehlen – oder zumindest das nur rudimentäre Vorhandensein – einer autonomen Welt kindlicher Geborgenheit gekennzeichnet ist. Kindliche Abhängigkeitsbedürfnisse werden nicht befriedigt. Nicht selten werden sie offen oder verdeckt missbraucht. Kindliche Autonomiebestrebungen werden nicht behutsam gefördert. Von einer soliden Ausgangsbasis für den stufenweisen Eintritt in die durch Selbstständigkeitsforderungen gekennzeichnete Welt der Erwachsenen kann also keine Rede sein. Der entsprechende Übergang bzw. Sprung muss in eigener Regie und auf eigene Faust ohne elterliche Rückendeckung bewerkstelligt werden. Eine erste Einsicht in diese – letztlich fatalen – Zusammenhänge findet sich in der nicht selten seitens der Sucht-Patienten zu hörenden – und häufig zunächst im Ton des Stolzes vorgebrachten – Bemerkung: „Ich habe mich selbst erzogen!".

In dieser gewissermaßen erziehungsphilosophischen Aussage liegen das zentrale anthropologische Grundaxiom und die zentrale aus diesem Grundaxiom resultierende ethische Maxime des Lebensentwurfs der Sucht verborgen: „Ich bin auf mich selbst gestellt! Ich muss alleine zurechtkommen!" Letztere – angesichts der überdurchschnittlich schlechten Gerüstetheit besonders bedenkliche – ethische Maxime gilt zum einen für alle Aufgaben und Probleme, die auf den Betroffenen in der Außenwelt zukommen. Sie gilt aber zum anderen insbesondere für die Aufgaben und Probleme, mit denen er sich in seiner eigenen Innenwelt, etwa in Gestalt des Umgangs mit der eigenen Befindlichkeit und den eigenen Gefühlen, konfrontiert sieht. Und sie gilt natürlich nur mit Bezug auf andere Personen (der Tendenz nach alle anderen Personen) als mögliche Ansprechpartner. Mit Bezug auf das zum Einsatz kommende Suchtmittel gilt sie nicht. Diese Feststellungen leiten bereits über zum Thema des nächsten Abschnitts.

5.2 Alleingang

Die Tatsache, dass der ethische Lebensentwurf der Sucht in gerade für Außenstehende spektakulärer Weise um den Konsum des Suchtmittels kreist, verleitet leicht dazu, zu verkennen, dass der Konsum des Suchtmittels nicht das eigentümliche, für ein tieferes philosophisches Verständnis dieses Lebensentwurfs entscheidende Merkmal ist. Es handelt sich hier vielmehr lediglich um eine Folge, die sich allerdings offensichtlich nahezu mit Notwendigkeit aus den wirklich entscheidenden Weichenstellungen dieses ethischen Lebensentwurfs ergibt. Worin sind diese zu sehen?

Sucht-Patienten, die sich noch nicht innerlich von ihrem süchtigen Lebensentwurf verabschiedet haben, halten es für „normal", in einer Welt zu leben, in der man letztlich niemandem vertrauen und sich auf niemanden verlassen kann. Diese Erfahrung haben sie – wie immer die psychische Vermittlung zwischen äußeren Lebensumständen und resultierender Einschätzung der eigenen Lage im Einzelnen ausgesehen haben mag – in ihrer bisherigen Lebensgeschichte gemacht. Und sie sehen – gerade mit Blick auf die äußere Gängelung, die ihr Suchtmittelkonsum und ihre seelische Verschlossenheit häufig nach sich ziehen – auch bis auf Weiteres keinen Grund, von dieser Einschätzung ihrer Lage abzurücken. Es ist daher nur folgerichtig, dass sie tief in ihrem Inneren, möglicherweise im Gegensatz zu äußerlich abverlangten Lippenbekenntnissen und Verhaltensweisen, an der im letzten Abschnitt genannten ethischen Maxime festhalten: „Ich muss alleine zurechtkommen! (Denn ich kann niemandem vertrauen, mich auf niemanden verlassen!)".

Die angeführte ethische Maxime sowie die zugrunde liegende Einschätzung der eigenen Lage, die diese Maxime als angemessen erscheinen lässt (sozusagen die „private" Anthropologie und Sozialphilosophie), ziehen nun angesichts der Art, wie Menschen im Allgemeinen und Sucht-Patienten aufgrund ihrer Lebensgeschichte in besonders prägnanter Weise seelisch strukturiert sind, erhebliche ethische Folgelasten nach sich. Es ist für Menschen (im Gegensatz etwa zu Göttern, wie schon Aristoteles treffend bemerkt) nämlich nicht möglich, völlig alleine zurechtzukommen („autark" zu sein). Dies gilt schon für äußere Widrigkeiten. Es gilt erst recht für unsere innere Befindlichkeit, die wir auch als Erwachsene nicht durchgehend ohne Unterstützung und Ermutigung durch Bezugspersonen unseres Vertrauens regulieren können. Die im günstigen Fall internalisierten „guten" Bezugspersonen der Kindheit, die manche psychologische Theorien zur Erklärung menschenmöglicher seelischer Unabhängigkeit in Anspruch nehmen, reichen dazu keineswegs immer aus. Eine ihrer positiven Funktionen mag vielmehr (wenn wir in diesem Bilde bleiben wollen) gerade darin liegen, dass sie uns – nicht aber dem Sucht-Patienten! – „anraten", uns die nötige Unterstützung zu suchen, und uns gleichzeitig bei der Frage „beraten", welchen Personen wir sinnvollerweise unser Vertrauen schenken.

Die Rede von einem anthropologischen Grundaxiom, von einer ethischen Maxime und von ethischen Folgelasten muss ernst genommen werden, wenn wir der Annahme gerecht werden wollen, dass Sucht sich als ein echter ethischer Lebensentwurf begreifen lässt. Die umstandslose Rede von „Defiziten", etwa im Bereich sozialer Kompetenzen oder im Bereich des Umgangs mit Gefühlen, die wir in psychologischen Erklärungsmodellen der Sucht finden, sowie die korrespondierende Rede von „Lebenskompetenzen", die im Dienste der „Abstinenzfähigkeit" aufzubauen wären, erscheinen in dieser philosophisch-ethischen Perspektive als möglicherweise nicht hinreichend reflektierte Bemühung um vermeintliche ethische „Wertfreiheit". Diese Rede läuft Gefahr, einer heimlichen, durch die unreflektierte Wahl der Begriffe vermittelten Entmündigung und Pathologisierung des Sucht-Patienten Vorschub zu leisten. Sie reduziert nämlich ethische Haltungen im Umgang mit sich selbst und der Umwelt – etwa solche der großen Zurückhaltung bezüglich vertraulicher Beziehungen und des Kontrollierens und Verborgenhaltens von Gefühlen –, für deren sachliche Nachvollziehbarkeit die einschlägigen Lebenserfahrungen der Betroffenen zunächst einmal durchaus einstehen können, auf reine „Unfähigkeiten". Dies lässt uns übersehen, dass auch Sucht-Patienten ein Anrecht darauf haben, zu einem Wandel ihrer Lebenshaltungen mit guten Gründen bewegt zu werden.

Worin bestehen nun die ethischen Folgelasten der angesprochenen ethischen Grundmaxime des Lebensentwurfs der Sucht, der Maxime also, um jeden Preis alleine zurechtzukommen? – Auf einen einfachen Nenner gebracht, bestehen sie in einer zweifachen, geradezu übermenschlichen Leistung, die es im Dienste dieser Maxime zu erbringen gilt.

Einerseits schneidet die Person, die diesen Weg gewählt hat, sich freiwillig von jeder äußeren Hilfe bei der Regulation ihrer inneren Befindlichkeit – also bei der Bewältigung ihrer inneren Sorgen und Nöte, aber auch bei der Bewältigung erlebten inneren Überschwangs – ab. Dies hat nahezu zwangsläufig die Folge, dass ihre Gemütsverfassung im „Normalzustand" durch ungeklärte innere emotionale Turbulenzen geprägt ist, die sowohl durch die Erinnerung an vergangene Ereignisse als auch durch aktuelle Geschehnisse immer wieder neu erzeugt werden.

Andererseits wird es auf diese Weise natürlich zunehmend schwieriger, nach außen hin die Fassade innerer Abgeklärtheit durchzuhalten, die für die Verhinderung fremder Einmischung unabdingbar ist. Hier gehen zusätzliche Kräfte verloren.

Ein Teufelskreis bahnt sich an. Die selbst verordnete Schein-Autonomie, die sich als Lebensentwurf aus der Verarbeitung vergangener Erfahrungen ergeben hat, ist zunehmend schwerer aufrechtzuerhalten. Es stellt sich immer dringlicher die Frage, mit welchen Mitteln sich das Projekt, alleine zurechtzukommen und diesen Eindruck folgerichtigerweise auch nach außen zu vermitteln, durchhalten lässt. Wie soll der Alleingang auf Dauer gelingen?

Das zentrale Problem und damit der zentrale Ansatzpunkt zur erfolgreichen Realisierung des ethischen Lebensentwurfs des Alleingangs ist darin zu sehen, dass die eigene Befindlichkeit nicht der auf der Basis vergangener Erfahrung gewissermaßen am grünen Tisch beschlossenen Forderung des „Darüberstehens" und der „Abgehobenheit" gehorcht. Es stellt sich hier die Frage, ob es nicht Mittel und Wege gibt, das widerspenstige eigene Seelenleben doch noch auf Kurs zu bringen. Die Aussicht, dies dadurch zustande zu bringen, dass Ungeklärtes und Beunruhigendes tatsächlich aufgearbeitet wird, ist durch das Verbot, mögliche Ansprechpartner vertrauensvoll einzubeziehen und damit „Schwäche zu zeigen", verschlossen. Damit bleibt eigentlich nur der Weg, sich in irgendeiner Weise von der eigenen inneren Befindlichkeit zu dissoziieren und sie weniger fühlbar zu machen, um auf diesem Wege ihre Folgewirkungen auf die aktuelle Verfassung einzuschränken. So lassen sich zumindest oberflächlich – von Einbrüchen des Unaufgearbeiteten abgesehen – das Selbstbild und der Schein einer autonomen Persönlichkeit wahren, die ganz alleine gut zurechtkommt.

Auch die Dissoziation vom eigenen Erleben und der eigenen Gemütsverfassung ist natürlich schwierig zu bewerkstelligen. Nur im Falle schwerster Traumatisierungen tritt sie auf gewissermaßen natürlichem Wege – und zwar als Widerfahrnis – auf. Unmittelbar willentlich lässt sie sich ohne Weiteres nur in sehr eingeschränkter Weise dauerhaft herbeiführen. Es gibt aber – und dies ist die entscheidende Entdeckung, die den Lebensentwurf des Alleingangs auf den Weg zu einem Lebensentwurf der Sucht bringt – die Möglichkeit, die gewünschte Dissoziation von der eigenen inneren Befindlichkeit und die Anpassung der eigenen inneren Verfassung an das Wunschziel der radikalen Autonomie mit künstlichen Mitteln herbeizuführen. Es gibt den Weg des Einsatzes stimmungsverändernder Substanzen.

Der Einsatz stimmungsverändernder Substanzen hat in vielen Kulturen Tradition. Dies ist offensichtlich nicht so zu verstehen, dass alle Menschen, die im Rahmen ihrer Kultur zu stimmungsverändernden Substanzen greifen, als Suchtkranke anzusehen sind. Die Überlegungen dieses Abschnitts geben uns die Möglichkeit, hier die nötigen philosophischen Unterscheidungen zu treffen: Der Einsatz stimmungsverändernder Substanzen kann genau dann zu einer Suchtmittelabhängigkeit führen, wenn er mit einem durch einschlägige Lebenserfahrungen der Ungeborgenheit fundierten ethischen Lebensentwurf des Alleingangs zusammentrifft, der eine dauerhafte künstliche Nivellierung oder Steuerung der eigenen Befindlichkeit zur ethischen Aufgabe macht. Es ist der konsequent verfolgte, seine ethische Dringlichkeit aus einschlägiger Lebenserfahrung beziehende Vorsatz, vollständige innere Unabhängigkeit von anderen Menschen zu erreichen und zu diesem Zwecke „Gewalt" über sich selbst zu erlangen, welcher den Weg vom vorübergehenden und anlassgebundenen Einsatz stimmungsverändernder Substanzen zur Suchtmittelabhängigkeit bahnt.

5.3 Weglosigkeit

Der Versuch, einen ethischen Lebensentwurf des konsequenten Alleingangs mithilfe stimmungsverändernder Substanzen zu realisieren, erweist sich zunächst einmal als durchaus erfolgreich. Die im letzten Abschnitt angesprochene Schwierigkeit, dass die eigene innere Befindlichkeit dem ethischen Programm des Alleingangs Widerstand leistet, lässt sich durch einen Einsatz stimmungsverändernder Substanzen effektiv beheben, welcher die Grenzen kulturell sanktionierter Rituale überschreitet und zum Mittel der Alltagsbewältigung wird. Diese Tatsache bildet eine wichtige Bedingung der Möglichkeit dafür, dass es überhaupt zu einer „Suchtentwicklung" kommen kann. Ohne diese Möglichkeit wäre der ethische Lebensentwurf des Alleingangs immer wieder unmittelbar vom Scheitern bedroht. Auf längere Sicht realisierbar ist der Lebensentwurf des Alleingangs aber als Lebensentwurf der Sucht. Dieser bezieht aus dem Lebensentwurf des Alleingangs seine entscheidende Motivation. Er bietet sich andererseits als eine Erfüllungsgestalt des Lebensentwurfs des Alleingangs an, welche aus dem permanenten Einsatz des stimmungsverändernden Mittels nahezu zwangsläufig erwächst.

Es treten nämlich schon bald neue Schwierigkeiten auf. Diese stellen sich zunächst einmal als unerwünschte und bis auf Weiteres kontrollierbare Nebenwirkungen dar, die sich aus dem gewählten ethischen Ziel – Alleingang und innere Unabhängigkeit – in Verbindung mit dem gewählten Mittel – Einsatz stimmungsverändernder Substanzen – ergeben. Die Palette der unerwünschten Nebenwirkungen ist breit und vielfältig. In der Grundstruktur aber ist ihnen allen gemeinsam, dass sie mittel- bis langfristig eine innere Mutation des gewählten ethischen Lebensentwurfs bewirken, der ihren Status als Nebenwirkungen letztlich aufhebt und sie in grundlegende Charakteristika des ethischen Lebensentwurfs des Alleingangs, der sich nun als Lebensentwurf der Sucht entpuppt, verwandelt. Auf diese Entwicklung kommt es nun für die Zwecke unserer philosophischen Betrachtung der inneren Sinnzusammenhänge des ethischen Lebensentwurfs der Sucht an.

Der gewählte ethische Lebensentwurf präsentiert sich zunächst als Versuch des Alleingangs auf der Basis einer künstlich hergestellten inneren Unabhängigkeit. Diese wird mithilfe stimmungsverändernder Substanzen, welche die eigene innere Befindlichkeit kontrollieren und nivellieren sollen, hergestellt. Damit wird der Einsatz des stimmungsverändernden Mittels zum Bestandteil des gewählten ethischen Lebensentwurfs. Es handelt sich damit aber noch nicht automatisch um einen Lebensentwurf der Sucht. Der Einsatz der stimmungsverändernden Substanz entfaltet aber eine zunehmende Eigendynamik im Rahmen des zugrunde liegenden Lebensentwurfs des Alleingangs und der inneren Unabhängigkeit, die ihm gewissermaßen Zutritt in die Zielstrukturen dieses ethischen Lebensentwurfs verschafft.

Diese Eigendynamik hat – zumindest in vielen Fällen – wohlbekannte physiologische Komponenten. Schwerpunktmäßig zu nennen sind hier die Ausbildung einer zunehmenden Toleranz gegenüber der gewählten Substanz, die zunehmende körperliche Abhängigkeit ihr gegenüber und ihre schädigende Wirkung – als „Nervengift" – auf den betroffenen Organismus. Einerseits also werden zunehmende Dosen der eingesetzten Substanz nötig, um die erwünschte Wirkung zu erzielen, und es entsteht sogar die Notwendigkeit, die Substanz allein schon zu dem Zweck zu sich zu nehmen, dass nicht der Ausgangszustand vor Einnahme der Substanz durch unangenehme Entzugserscheinungen unterboten wird. Andererseits ist die fortgesetzte, ja sogar gesteigerte Zuführung der Substanz, die durch die angesprochenen Effekte notwendig gemacht wird, in zunehmendem Maße von Beeinträchtigungen der Befindlichkeit begleitet – zu deren Bewältigung dem Betroffenen allerdings aufgrund seines einmal eingeschlagenen Wegs des Alleingangs ebenfalls kein probateres Mittel zur Verfügung steht als die fortgesetzte – und gesteigerte – Zuführung der stimmungsverändernden Substanz!

Im sich hier andeutenden Teufelskreis wird aus dem Hilfsmittel, welches zur erfolgreichen Realisierung eines Lebensentwurfs des Alleingangs und der inneren Unabhängigkeit eingesetzt wurde, zunehmend in dem Sinne ein Selbstzweck, dass die Gedanken des Betroffenen immer mehr darum kreisen müssen, wie er das Mittel noch in angemessener Weise einsetzen kann. Die Frage, was in diesem Zusammenhang wohl noch „angemessen" bedeuten mag, gerät dabei zunehmend aus dem Blick. Dieser konzentriert sich zunehmend darauf, wie das stimmungsverändernde Mittel beschafft, einverleibt und hinsichtlich seiner unerwünschten Folgen unter Kontrolle gehalten werden kann. Durch diese Zentrierung auf das stimmungsverändernde Mittel wird dieses zunehmend zum Suchtmittel. Es wird zu dem Mittel, um das alles kreist.

Wir dürfen an dieser Stelle nicht aus dem Auge verlieren, dass die geschilderte Eigendynamik nur dann einen Sinn ergibt, wenn sie auch weiterhin von einem ethischen Lebensentwurf des Alleingangs, der sich von der eigenen inneren Befindlichkeit und damit von anderen Menschen unabhängig machen möchte, getragen wird. Denn es ist genau dieser ethische Lebensentwurf, der – zumindest bis auf Weiteres – verhindert, dass der von der fatalen Entwicklung Betroffene sich anderen in seiner Schwäche anvertraut, um den Ausstieg aus ihr zu versuchen.

Die schon auf physiologischer Ebene stattfindende Eigendynamik, die das zum Einsatz kommende stimmungsverändernde Mittel zunehmend in den Rang eines Selbstzwecks versetzt, bleibt natürlich auch nicht ohne zwischenmenschliche Folgen. Diese vervollständigen die Mutation des ethischen Lebensentwurfs des Alleingangs und der inneren Unabhängigkeit in einen ethischen Lebensentwurf der Sucht. Diese Mutation lässt sich auf der sozialen Ebene auch beschreiben als Übergang von einem ethischen Lebensentwurf des diskreten und heimlichen Alleingangs zu einem Lebensentwurf des gezwungenermaßen offensichtlichen Alleingangs bzw. der Verschlossenheit und Abwehr, die ihre Abhängigkeit von einem Suchtmittel immer schlechter verleugnen kann und damit ihr Grundanliegen zunehmend ad absurdum führt. Der Druck seitens naher Bezugspersonen, denen zum einen die unmittelbare Abhängigkeitsdynamik und deren negative Folgen nicht entgehen können und die zum anderen nachträglich für die Tatsache sensibilisiert werden, dass die betreffende Person „vielleicht immer schon verschlossen war", nimmt zu. Auch andere soziale Instanzen (Arbeitgeber, Behörden, Versicherungsträger, Ärzte, Suchtberater etc.) mischen sich zunehmend ein. Die einzige Antwort, die der zugrunde liegende ethische Lebensentwurf für diese Beeinträchtigungen der eigenen Befindlichkeit vorsieht, ist wiederum der erneute oder gar weiter gesteigerte Suchtmittelkonsum.

Philosophisch gesprochen deutet sich hier also eine grundlegende Aporie hinsichtlich des gewählten ethischen Lebensentwurfs an, die diesen hinsichtlich seines Sinns grundsätzlich infrage stellt und als zum Scheitern verurteiltes Experiment der Lebensbewältigung erscheinen lässt. Der ethische Lebensentwurf der Sucht, zu dem der ethische Lebensentwurf des Alleingangs unter der Hand mutiert ist, bietet in sich selbst nicht die Ressourcen zu seiner eigenen Überwindung. Das offene Eingeständnis der eigenen Schwäche und Verlorenheit käme einem schwerwiegenden Verrat des Grundanliegens – des Alleingangs – gleich. Das stillschweigende Eingeständnis der eigenen Schwäche und Verlorenheit sich selbst gegenüber läuft aber auf Verzweiflung hinaus (immerhin war der Sinn des Einsatzes des Suchtmittels die Sicherung der eigenen Stärke und Unabhängigkeit). Genau genommen lässt die Verzweiflung sich hier letztlich nicht vermeiden. Denn auch das uneingestandene „Durchstehen" der grundlegenden Aporie durch fortgesetzten Suchtmittelkonsum ist objektiv betrachtet nichts anderes als eine Form der Verzweiflung, die letztlich nicht selten zum Tod des Betroffenen führt (vgl. in diesem Zusammenhang Harald Köhls an Kierkegaard anschließende Rede von der Sucht als einer „Krankheit zum Tode" [Köhl 2001, S. 44]).

Der ethische Lebensentwurf des Alleingangs und der Sucht erweist sich damit in letzter Konsequenz (etwa in der Form des „Totsaufens" oder des „Goldenen Schusses") als ein Art Todesentwurf, ganz wörtlich vielleicht sogar in Form eines gezielten Selbstmords aus Verzweiflung. Dieser Zusammenhang, der in seinen „unschuldigen" Anfängen für den Betroffenen selbst wohl nicht absehbar ist, konfrontiert ihn letztlich mit einer ethischen Alternative, die sicherlich das Prädikat „existenziell" verdient. Auf der einen Seite steht die uneingestandene oder offene Entscheidung für den eigenen Tod. Auf der anderen Seite steht die Entscheidung für das eigene (Über-)Leben. – Wie könnte diese ethische Entscheidung angesichts der angesprochenen Weglosigkeit zustande kommen?

5.4 Kapitulation

Wir müssen uns an dieser Stelle daran erinnern, dass der ethische Lebensentwurf der Sucht – zu dem uns der Lebensentwurf des Alleingangs und der inneren Unabhängigkeit seinen inneren Sinnzusammenhängen folgend unter der Hand mutiert ist – in Erfahrungen der Ungeborgenheit fundiert ist. Diese geben ihm seine ethische Legitimation, und diese müssen auch für die resultierende Weglosigkeit geradestehen. Radikal existenziell formuliert, können wir sagen, dass sich an der Frage, ob die Ungeborgenheit eine Tatsache ist, entscheidet, ob Verzweiflung und Selbstzerstörung, mit welchen der ethische Lebensentwurf der Sucht den Betroffenen in letzter Konsequenz konfrontiert, angemessene Antworten auf die menschliche Grundsituation sind oder nicht. Mit dieser philosophischen Frage konfrontiert der Süchtige stellvertretend uns alle. Diese Tatsache versetzt ihn in die Rolle eines

„Experten für Sinnfragen" in menschlichen Angelegenheiten, dessen Entscheidungen und dessen Schicksal uns nicht gleichgültig sein können. Sie gibt den folgenden Überlegungen ihr philosophisches Gewicht.

Im letzten Abschnitt haben wir festgestellt, dass der ethische Lebensentwurf der Sucht nicht über die inneren Ressourcen für seine eigene Überwindung verfügt. Was ansteht, ist offensichtlich ein Sprung, der mit einem erheblichen Wagnis verbunden ist. Dieser Sprung wird mit Bezug auf die Alkoholabhängigkeit traditionellerweise mit dem Begriff der Kapitulation belegt. Sachlich problematisch ist dabei der Gedanke, dass die Kapitulation dem Alkohol als einem übermächtigen Gegner gilt, einem Gegner, der sich nicht länger beherrschen lässt und dem in Zukunft vollständig aus dem Wege zu gehen ist. Wenn die vorangegangenen philosophischen Überlegungen richtig sind, droht dieser Gedanke uns von dem eigentlich zugrunde liegenden ethischen Problem abzulenken. Dieses besteht nämlich darin, dass dem ethischen Lebensentwurf der Sucht ein ethischer Lebensentwurf des radikalen Alleingangs zugrunde liegt und dass dieser Lebensentwurf wiederum vom Ziel der vollständigen inneren Unabhängigkeit von anderen Menschen bestimmt wird. Was natürlich bestimmte äußerliche und oberflächliche Formen der Geselligkeit, etwa beim Konsum des Suchtmittels im Rahmen einer entsprechenden „Subkultur" oder „an der Theke", nicht ausschließt. Wichtig für unseren Gedankengang ist an dieser Stelle, dass diese Formen der Geselligkeit das Wagnis eines alternativen und suchtmittelfreien ethischen Lebensentwurfs offensichtlich eher verzögern oder gar verhindern. Die „Wehrlosigkeit" gegenüber dem Suchtmittel ist in dieser Perspektive hinsichtlich ihrer sinnbezogenen Fundierungsverhältnisse sekundär gegenüber einer hartnäckig, aber vergeblich angestrebten (da letztlich illusionären) inneren Unabhängigkeit ohne jede Einschränkung. Die angesprochene Kapitulation müsste sich folglich vorrangig auf die Aufgabe des zugrunde liegenden Ziels der vollständigen inneren Unabhängigkeit von anderen Menschen richten. Sie hätte daher nicht das Suchtmittel, sondern den Mitmenschen als ihr Gegenüber und liefe nicht auf dessen Meidung, sondern auf dessen vertrauende Inpflichtnahme hinaus. Die Frage, inwieweit die vertrauende Inpflichtnahme des Mitmenschen ihre spirituelle „Verlängerung" im Vertrauen auf eine dahinter stehende gütige und liebevolle „höhere Macht" finden kann (so die Redeweise der Anonymen Alkoholiker), verweist uns in religionsphilosophische Bereiche, die den Rahmen dieser Erörterungen gleichsam sprengen würden. Hinsichtlich der philosophischen Fundierungsverhältnisse ist hier lediglich festzuhalten, dass vom Erfahrungszusammenhang her in der Regel der Mitmensch die unmittelbare Quelle unserer religiösen Überzeugungen ist. Es sind normalerweise die Erfahrungen, die wir mit unseren Mitmenschen machen, die uns gegebenenfalls die Notwendigkeit und die Angemessenheit einer religiösen Ausdeutung unseres gemeinsamen Daseins nahe legen.

Die vertrauende Inpflichtnahme des Mitmenschen erweist sich bei genauer Betrachtung als Wagnis einer rückwirkenden Relativierung der eigenen frühen Lebenserfahrung. Diese hatte ja gezeigt – zumindest ist dies die bisherige Wahrnehmung der Person –, dass man niemandem vertrauen kann und dass man daher um keinen Preis seine eigene innere Befindlichkeit preisgeben darf. Genau dies aber soll nun geschehen. Es geschieht faktisch üblicherweise zunächst in therapeutischen Kontexten und im Kreis von Mitbetroffenen, die den gleichen Sprung wagen wollen (etwa in Selbsthilfegruppen). Die eigentliche Adressatengruppe aber sind die nahen Bezugspersonen des aktuellen persönlichen Umfelds. Die ethische Problematik, mit welcher der Suchtkranke sich nun konfrontiert sieht, kehrt damit nicht selten gewissermaßen in den Kreis der Familie zurück. Dies häufig allerdings nicht in Gestalt der Herkunftsfamilie, sondern in Gestalt der mittlerweile selbst gegründeten Familie oder zumindest in Gestalt einer Partnerschaft als möglicher Keimzelle einer eigenen Familie. An die Stelle des nicht selten – zumindest in der Wahrnehmung des Betroffenen – vorzufindenden Fiaskos der eigenen Herkunftsfamilie treten nun neue schwierige Herausforderungen. Diese stellen den neuen ethischen Lebensentwurf der wechselseitigen vertrauenden Inpflichtnahme und der vertrauensvollen gemeinsamen Lösung von beunruhigenden Schwierigkeiten auf eine harte Probe. Verständlicherweise bleibt der „Rückfall" in den alten Lebensentwurf des Alleingangs und der Sucht dabei als ständige Möglichkeit und Bedrohung bestehen. Vieles hat sich aufgestaut, vieles festgefahren. Verletzungen bestehen fort, Misstrauen ist angesichts der Vergangenheit nicht unbegründet. Und überraschende neue Verhaltensweisen, die gegenseitige Anpassungsleistungen erforderlich machen, schaffen neues Misstrauen. Die eingespielte Situation vor dem Wandel des Lebensentwurfs seitens des Süchtigen hatte für die Mitbetroffenen nicht nur Nachteile; die neue, noch nicht eingespielte Situation hat für sie nicht nur Vorteile.

Angesichts dieser Aussichten mutet der Versuch eines Neuentwurfs der eigenen Lebenshaltung, der an die Stelle des alten, in die Weglosigkeit mündenden ethischen Lebensentwurfs der Sucht treten soll, als ein erneutes anthropologisches und ethisches Experiment an. Dieses Experiment zielt darauf ab, die ethische Haltung des Alleingangs und des Sich-abhängig-Machens von einem Suchtmittel zu überwinden. Die als in die Weglosigkeit mündend erkannte ethische Haltung soll ersetzt werden durch ein vertrauendes Eingeständnis zwischenmenschlicher Abhängigkeit bzw. Angewiesenheit. Die ins Auge gefasste neue ethische Haltung baut dabei auf eine hinsichtlich ihrer Wohlbegründetheit vorerst nur schwer abschätzbare Hoffnung. Diese besteht, kurz gesagt, darin, dass sich auf der Grundlage tragfähiger zwischenmenschlicher Beziehungen eine neue innere Unabhängigkeit erreichen lässt, die sich nicht mehr vom Mitmenschen abzuschließen braucht und nicht auf den Einsatz eines Suchtmittels zum Zwecke der inneren Stabilisierung angewiesen ist. In Gestalt der Ausbildung einer solchen von Hoffnung getragenen ethischen Lebenshaltung sieht der Suchtkranke sich mit einer ethischen Aufgabe konfrontiert, die er als Kind und als Heranwachsender aufgrund der „unheilen Welt", der er sich ausgesetzt sah, nicht bewältigen konnte. Da er diese Aufgabe nun als erwachsener Mensch und unter Bedingungen, die durch die Verstrickungen und Folgelasten seines Lebensentwurfs der Sucht geprägt sind, bewältigen muss, geht er notgedrungen mit einer größeren ethischen Reflektiertheit an sie heran, als dies typischerweise beim „normalen" Heranwachsenden der Fall ist. Diese Tatsache verleiht ihm als Person den schon angesprochenen Expertenstatus und seiner Lösung der Aufgabe – im Falle des Gelingens – den Charakter der Vorbildlichkeit. Daher kann diese Lösung uns als Grundlage dienen für eine Betrachtung der philosophisch-anthropologisch und ethisch bedeutsamen Frage, was wir aus der gelingenden Befreiung aus den Verstrickungen süchtiger Existenz über die Grundbedingungen gelingenden, als sinnvoll erlebbaren menschlichen Lebens lernen können.

5.5 Solidarität und Autonomie

Ein Suchtkranker, der vom ethischen Lebensentwurf des Alleingangs und der Sucht ablassen will, muss gewissermaßen wieder „werden wie ein Kind". Er muss sich begreifen als angewiesen auf die Unterstützung – insbesondere die emotionale Unterstützung – anderer. Innere Unabhängigkeit oder Autonomie, so muss er nun ebenfalls einsehen, ist für ihn keine Sache, die sich am „grünen Tisch" beschließen lässt. Ein solcher Beschluss würde ihn vielmehr geradewegs zum Lebensentwurf der Sucht zurückführen. Autonomie ist, wie er nun hoffen muss, ein Geschenk, das ihm „hinzugegeben wird", wenn er sich seiner eigenen Schwäche und emotionalen Angewiesenheit auf andere stellt und das Wagnis des Vertrauens eingeht. Nur so können nämlich die Reifungsprozesse einsetzen, denen er sich durch seinen ethischen Lebensentwurf des Alleingangs zu einem frühen Zeitpunkt seines Lebens verschlossen hat. Für die Bezugspersonen des Suchtkranken bedeutet dessen Entscheidung, einen solchen neuen und riskanten ethischen Lebensentwurf zu wagen, dass nun in besonderer Weise ihre Solidarität gefragt ist. Auch für sie ergibt sich in diesem Zusammenhang aus der Besonderheit der gegebenen Situation die Notwendigkeit einer größeren ethischen Reflektiertheit, als sie sich im Alltag normalerweise findet. Sie sind nun ebenfalls dazu aufgerufen, ihren *eigenen* ethischen Lebensentwurf zu überdenken. Damit werden sie gewissermaßen zu Mitwirkenden eines gemeinsamen anthropologischen und ethischen Experimentes. Genau genommen, ist es erst dieses gemeinsame Experiment, das uns wirklich umfassend über die Grundbedingungen gelingenden, als sinnvoll erlebbaren menschlichen Lebens belehren kann.

Dadurch, dass der Suchtkranke seine nahen Bezugspersonen in den Sog der Eigendynamik seines ethischen Lebensentwurfs der Sucht mit hineingezogen hat, hat er in gewisser Weise die Lebensbedingungen seiner Kindheit – sozusagen mit Unterstützung seiner Bezugspersonen – reproduziert: Der ethische Lebensentwurf der Sucht und insbesondere der zugrunde liegende ethische Lebensentwurf des Alleingangs, aus dem jener erwachsen ist, antworten auf bestimmte ursprünglich vorgefundene Lebensbedingungen. Die Mitmenschen wiederum antworten hier und jetzt ihrerseits notgedrungen auf den ethischen Lebensentwurf des Suchtkranken. Dabei müssen sie vor allem mit dessen negativen Folgen umgehen, mit denen sie sich im gemeinsamen Alltag ständig in durchaus aufdringlicher Weise konfrontiert sehen und die sie nicht selten zu überfordern drohen. Sie stellen dabei durch ihre psychologisch nachvollziehbaren Reaktionen für den Suchtkranken Lebensbedingungen her, welche mit den Lebensbedingungen, die seinem ethischen Lebensentwurf ursprünglich zugrunde lagen, insoweit korrespondieren, dass sie seiner Unkontrollierbarkeit und Verschlossenheit zumindest tendenziell mit Misstrauen, Feindseligkeit oder Gleichgültigkeit begegnen. Damit wird der ethische Lebensentwurf des Alleingangs und der Sucht aber hinsichtlich seiner ursprünglichen Erfahrungsgrundlagen – wenn auch sicherlich zumeist undurchschaut und unabsichtlich – validiert. Hier schließt sich der Kreis: Der Lebensentwurf der Sucht erweist sich als das entscheidende Medium, das zwischen den in der Vergangenheit erlebten und den aktuellen Lebensbedingungen vermittelt – zumindest so lange, wie die Mitbetroffenen sich nicht dazu bereit finden, ihr eigenes Reagieren auf den ethischen Lebensentwurf des Suchtkranken auf seine ethische Angemessenheit hin zu überprüfen.

Die unheilvolle Strukturverwandtschaft zwischen der „unheilen Welt" der Kindheit, die dem Suchtkranken den Alleingang nahe gelegt und ihn veranlasst hat, sich von einem Suchtmittel abhängig zu machen, und der Welt der Ko-Abhängigkeit, die den Suchtkranken immer weiter an den ethischen Lebensentwurf der Sucht bindet bzw. – im Falle der Beförderung eines Rückfallgeschehens – zum ethischen Lebensentwurf der Sucht zurückführt, muss offensichtlich durch vertiefte ethische Reflexion aufgebrochen werden. Das zentrale Bestimmungsstück der gemeinsamen Struktur bildet eine zwischenmenschliche Atmosphäre, die durch Misstrauen sowie latente oder offene Feindseligkeit geprägt ist und zwischen Bedrängung, Überforderung, Ermahnung, Drohung und Vorwürfen einerseits und gleichgültigem „Abschreiben" der Person sowie ihrer Entmündigung andererseits schwankt. An deren Stelle müsste nun eine konsequent durchgehaltene entwicklungsförderliche ethische Haltung treten. Diese wäre zum einen dadurch charakterisiert, dass sie nicht aus dem Stand heraus übergroße Schritte bei der selbstständigen Bewältigung von Lebensaufgaben erwartet, zum anderen aber bescheidene Schritte in Richtung einer neuen – und diesmal reifen und echten – Autonomie fördern würde, indem sie diese mit der nötigen emotionalen Unterstützung und Ermutigung begleitet.

Angesichts der Tatsache, dass der Suchtkranke aus den Erfahrungen seiner bisherigen Lebensgeschichte heraus den ethischen Lebensentwurf des Alleingangs und der Sucht trotz aller erlebten Weglosigkeit als beständige Option für den umstandslosen Umgang mit auftretenden Schwierigkeiten zur Hand hat, und angesichts der Tatsache, dass die Angehörigen als Leidtragende des bisherigen Lebensentwurfs des Suchtkranken einen verständlichen Groll und ein nachvollziehbares Misstrauen hegen, wundert es nicht, dass der gemeinsame Versuch, den ethischen Lebensentwurf des Alleingangs und der Sucht sowie den korrespondierenden ethischen Lebensentwurf des ko-abhängigen Entzugs wohldosierten Wohlwollens und Vertrauens zu überwinden, in vielen Fällen fehlschlägt. Er kann aber auch unter Einsatz vereinter Kräfte gelingen. Genau in diesem Falle hat die gemeinsame und solidarische Bemühung den oben angesprochenen paradigmatischen Charakter, der uns über die anthropologischen Grundbedingungen gelingender menschlicher Entwicklung belehren kann.

Auch in genuinen Erziehungskontexten finden wir auf der zwischenmenschlichen Ebene schon früh ein kompliziertes Gewebe gegenseitiger Offenheit und Verschlossenheit, gegenseitigen Vertrauens und Misstrauens, gemeinsamer und allein stattfindender Befindlichkeitsregulation, beglichener und offener emotionaler „Rechnungen". Dieses Gewebe bildet ja, wie wir gesehen haben, im Falle des Bestehens entsprechender Schieflagen den Ausgangspunkt für den Einstieg in einen ethischen Lebensentwurf des Alleingangs und der Sucht. Es wäre daher selbst in genuinen Erziehungskontexten eine unzulässige Vereinfachung, wenn wir die Erziehenden als allein verantwortliche Akteure ansehen würden. Auch die Erzogenen treffen schon früh ethische, für ihre weitere Lebensführung hochbedeutsame Entscheidungen, die sie letztlich selbst zu verantworten und, wie im Falle des Alleingangs und der Sucht, als Erwachsene gegebenenfalls mühsam zu revidieren haben.

Gerade daraus aber ergibt sich die zentrale anthropologische und ethische Lehre der Sucht als menschliche Lebensmöglichkeit, die insbesondere, aber nicht nur, unsere Verantwortlichkeit als Erzieher trotz der angedeuteten Entlastung in scheinbar paradoxer Weise potenziert. Als Menschen müssen wir unser Leben führen. Wir sind durch unsere Natur gewissermaßen auf Autonomie verpflichtet. Die Herausbildung eines eigenen ethischen Lebensentwurfs als sichtbarer Ausdruck autonomer Lebensführung lässt sich dabei in der Regel nicht auf einen bestimmten Zeitpunkt im menschlichen Entwicklungsverlauf und in der persönlichen Lebensgeschichte datieren. Ethische Lebensentwürfe wie etwa der Lebensentwurf des Alleingangs und der Sucht kristallisieren sich vielmehr anhand einer Vielzahl scheinbar unbedeutender Entscheidungen angesichts einer Vielzahl unspektakulär alltäglicher (für den Betroffenen „normaler") Lebenssituationen allmählich heraus, wobei mögliche alternative Lebensentwürfe ebenso unspektakulär nach und nach von der Bildfläche verschwinden. Wir sind also auf Autonomie verpflichtet, diese realisiert sich aber in größtenteils unverfügbaren und unüberschaubaren Kontexten, die ein vollständig reflektiertes „Darüberstehen" über den eigenen ethischen Entscheidungsgründen aus strukturellen Gründen ausschließen. Diese Entscheidungskontexte sind in ihrem bedeutsameren Teil zwischenmenschliche Kontexte.

Damit verweist gerade die Autonomie, auf die wir als Menschen verpflichtet sind, an ihrer Wurzel auf die Tatsache menschlicher Angewiesenheit und die Notwendigkeit zwischenmenschlicher Solidarität.

Denn gerade angesichts der Tatsache, dass wir durch unser Verhalten notwendigerweise auf ethische Lebensentwürfe anderer Menschen Einfluss – im Falle eines Erziehungsverhältnisses entscheidenden Einfluss – nehmen, wird unsere ethische Verantwortung für den Mitmenschen in besonderer Weise augenfällig.

Der radikale ethische Lebensentwurf des Alleingangs und der Sucht lässt sich in seinem Sinn verstehen als Versuch der Ausbildung oder Bewahrung innerer Autonomie unter Bedingungen verweigerter zwischenmenschlicher Solidarität und missachteter menschlicher Angewiesenheit gerade in emotionalen Angelegenheiten. Es handelt sich um den Versuch einer Realisierung vollständig autonomer emotionaler Selbstregulation ohne Zulassung zwischenmenschlicher Angewiesenheit und ohne in Anspruch genommene Solidarität. Dieser Versuch, der interessanterweise eine deutliche Verwandtschaft mit den ethischen Idealen des zeitgenössischen Individualismus aufweist, führt, wie wir im Vorangehenden gesehen haben, leicht in die Suchtmittelabhängigkeit und damit letztlich in die Weglosigkeit. Der Weg zur inneren Autonomie, auf die der Mensch seiner Natur nach angelegt ist, führt also, so lautet die anthropologische und ethische Lehre der Sucht, über das Faktum nicht nur instrumenteller, sondern emotional tief greifender zwischenmenschlicher Angewiesenheit und über die damit korrespondierende Notwendigkeit emotional tief greifender zwischenmenschlicher Solidarität. Deren traditionelle gesellschaftlich institutionalisierte Ausgestaltungen sind bekannt. Sie gruppieren sich um die zentrale gesellschaftliche Institution der Familie.

Gerade die Erfahrungen der Menschen, die den ethischen Lebensentwurf des Alleingangs und der Sucht gewählt haben und an seinen Aporien leiden, sollten uns an dieser Stelle für zweierlei sensibilisieren: Zum einen steht sicherlich nicht nur die Existenz, sondern vor allem auch die Qualität tragfähiger gesellschaftlicher Institutionen emotional tief greifender zwischenmenschlicher Solidarität zur Debatte. Daher verbietet sich ein umstandsloser und naiver Rückgriff auf die vermeintlich heile Welt traditioneller Begriffe von Familie und Erziehung. Aber es steht eben auch die bloße Existenz solcher Institutionen zur Disposition. Und hier ist zu fragen, ob eine Gesellschaft, die ihre Autonomiebedürfnisse in Lebensentwürfen artikuliert, die mit Begriffen wie „Lebensabschnittspartner", „beziehungsmäßige Verbesserung" oder „Patchwork-Familie" operiert, Institutionen hervorzubringen in der Lage ist, die dem Faktum emotional tief greifender zwischenmenschlicher Angewiesenheit und den Entwicklungsbedingungen menschlicher Autonomie gerecht werden. Gerade das scheiternde anthropologische und ethische Experiment des Lebensentwurfs der Sucht kann uns hier zeigen, dass wir möglicherweise den Ast abzusägen im Begriff sind, auf dem wir sitzen. Andererseits verweist uns der Nachvollzug des Sinns des ethischen Lebensentwurfs der Sucht, der Erfahrungen der Ungeborgenheit und die erlebte Notwendigkeit des Alleingangs zu seiner Begründung anführt, auf dringend anstehende ethische Aufgaben der gemeinsamen Umgestaltung gesellschaftlicher Kerninstitutionen wie der traditionellen Familienstruktur.

Literatur

Freiherr von Gebsattel VE (1954). Zur Psychopathologie der Sucht. In: Prolegomena einer medizinischen Anthropologie. Ausgewählte Aufsätze. Berlin: Springer; 220–33.

Köhl H (2001). Suchtethik. Information Philosophie; 1/01: 44–53.

Schlimme J (2000). Sucht – Zur philosophischen Anthropologie eines „misslingenden" Selbst. Würzburg: Königshausen und Neumann.

6 Süchtige Grundhaltung – fact oder fiction?

Wolf-Detlef Rost

6.1 Abgrenzung des Sucht-Begriffs

Um es gleich vorwegzunehmen: *Die* süchtige Grundhaltung, die bei Kindern und Jugendlichen zu einer Suchterkrankung prädestiniert, gibt es in dieser allgemeinen Form nicht. Es ist durch viele Publikationen (z. B. Schaef 1991) hinlänglich bekannt, dass unsere Gesellschaft mit ihrer Konsumorientierung, ihrem mangelnden ökologischen Denken und ihrer fehlenden Zukunftsorientierung süchtige Grundmuster aufweist und der Entwicklung von Suchterkrankungen somit Vorschub leistet. Gemeinplatz ist auch, dass ein Überhäufen mit Geschenken, besonders dann, wenn es als Ersatz für mangelnde Zuwendung dient – das berühmte Bonbon oder Stück Schokolade, das beim Kind Schmerz und Trauer „beheben" sollen – die Entwicklung einer Sucht begünstigen, im genannten Beispiel natürlich besonders einer Ess-Störung. Diese Problematik findet an anderer Stelle dieses Buchs hinreichend Berücksichtigung (s. Kap. 12).

Es gilt jedoch, sich gegen eine grenzenlose Ausweitung des Sucht-Begriffs zu verwahren, denn wenn der Begriff „Sucht" auf alle möglichen Verhaltensweisen angewandt wird, entleert er sich seines Sinnes und seiner Bedeutung und verkommt zu etwas Beliebigem und Belanglosem. Dann besteht die Gefahr, dass das Leidvolle, Zerstörerische und letztlich Lebensbedrohliche, das mit der Sucht einhergeht, übersehen wird. Sucht ist – wenn man den Begriff nicht wahllos ausweitet – immer eine Erkrankung, der eine letztlich tödliche Dynamik innewohnt, sei es nun die Abhängigkeit von Drogen, Alkohol, Medikamenten oder bereits Nikotin, die ebenso wie die Anorexie häufig zum Tode führen können. Verglichen mit allen anderen psychischen Erkrankungen, seien es nun Neurosen, Borderline-Erkrankungen, Depressionen, Psychosen oder anderen, führt eine Abhängigkeit am häufigsten zum Tode.

Eher akzeptabel ist der Begriff der süchtigen Grundhaltung zur Beschreibung abhängiger Persönlichkeiten. Interessanterweise sind wir im klinischen Bereich seit Jahren damit konfrontiert, dass isolierte Süchte, also die ausschließliche Abhängigkeit zum Beispiel von Alkohol oder Heroin, immer seltener auftreten. Charakteristisch ist vielmehr heute die so genannte „Polytoxikomanie", also die gleichzeitige oder alternierende Abhängigkeit von unterschiedlichen Drogen und Medikamenten, oft noch begleitet von „nichtstofflichen" Süchten wie Ess-Störungen, Automatenspiel und riskanten oder anderen selbstzerstörerischen Verhaltensweisen. Und dies wiederum findet sich besonders häufig bei Jugendlichen, die oft abwechselnd oder parallel trinken, kiffen, Amphetamine, Koks und Ecstasy zu sich nehmen. Wenn alles nur noch wahllos unter der Maßgabe, dass es irgendwie „turnt", eingeworfen wird, kann sicherlich mit Recht von einer süchtigen Grundhaltung gesprochen werden, die einer Therapie meist recht schwer zugänglich ist. Hier besteht die Gefahr, dass sich ein immer destruktiverer süchtiger Zirkel entwickelt.

Diskutierenswert ist natürlich die Frage, wie es zu einer solchen süchtigen Grundhaltung bzw. einer zur Sucht prädisponierenden Persönlichkeitsentwicklung kommt. Niemals wird hierfür allein ein einziger Entwicklungsfaktor verantwortlich sein. Vielmehr findet sich eine Ergänzungsreihe – diesen Begriff verwendete bereits Sigmund Freud (1905) –, in der genetische, gesellschaftliche, soziale und familiäre Faktoren ebenso wie das Erziehungsverhalten, Schule und Peergroup zusammenwirken.

Das Schwergewicht der Forschungen liegt derzeit im genetischen Bereich; dafür werden auch die meisten finanziellen Mittel zur Verfügung gestellt. Die Suche nach einem Alkoholismus- bzw. Sucht-Gen brachte dabei ernüchternde Ergebnisse. Allenfalls ließ sich eine Kombination verschiedener Gene finden, die ein allgemeines Syndrom psychischer Labilität und übermäßiger Erregbarkeit verursachen, was sich jedoch auch nur bei einem Teil der untersuchten Alkoholiker finden ließ. Damit wären wir wieder an dem gleichen Punkt angelangt, an dem Freud bereits vor hundert Jahren mit seiner Annahme der „Ergänzungsreihe" für die Genese psychischer Erkrankungen stand.

6.2 Psychodynamische Ansätze

Aus der psychoanalytischen Sicht, die hier zugrunde gelegt wird, sind es immer die Wirkungen früher Erfahrungen, besonders mit den primären Bezugspersonen, die eine Prädisposition für psychische Erkrankungen wie die Sucht schaffen und die Entwicklung der Persönlichkeit maßgeblich prägen. Wenn oben auf weitere Faktoren der Ergänzungsreihe hingewiesen wurde (Konstitution, genetische Prädisposition, Umwelt), dann auch aus dem Grund, dass psychoanalytische Konzepte oft dahingehend missverstanden werden, allein den Eltern und insbesondere der Mutter alle Schuld für Entwicklungsdefizite und psychische Störungen in die Schuhe schieben zu wollen. Sich die Komplexität der unterschiedlichen Faktoren zu vergegenwärtigen heißt auch, sich darüber klar zu werden, dass Eltern nicht jedem Kind zu jedem Zeitpunkt gerecht werden können, geschweige denn, dass Eltern ein bewusst schädigendes Verhalten ihrem Kind gegenüber unterstellt werden kann.

6.2.1 Oralitätskonzept

Mit psychoanalytischen Vorstellungen zur süchtigen Grundhaltung ist zunächst einmal das Konzept der „Oralität" bzw. der „oralen Persönlichkeit" assoziiert. Bekanntlich sah Freud nicht nur in der Triebentwicklung, sondern in der gesamten ersten Beziehungsaufnahme zur Welt, den Mund als das primäre Organ, und es bleibt bis heute unbestritten, dass das Saugen zum Zweck der Nahrungsaufnahme, aber auch zur Beruhigung, zum Einschlafen etc., das erste entwickelte Medium des Kindes zur Kontaktaufnahme mit der Außenwelt ist, während die taktilen und sprachlichen Fähigkeiten sich erst später ausbilden. Es scheint daher nahe liegend, Sucht aus der Oralität abzuleiten, zumal offensichtlich ist, dass Sucht und die Betätigung des Mundes oft eng zusammenhängen. Dies gilt für Alkoholismus, Ess-Störungen, Rauchen und Medikamentenabhängigkeit, und auch die intravenöse Applikation von Suchtmitteln lässt sich durchaus über den oralen Modus ableiten. Sucht wurde daher mit einer Fixierung auf der oralen Stufe erklärt, wobei sowohl der orale Mangel – die Sucht will ausgleichen, dass in der oralen Phase zu wenig gegeben wurde – als auch die orale Verwöhnung – der Süchtige kann sich nicht von diesem Modus lösen, weil er nichts anderes kennen gelernt hat – in diesem Konzept ihren Platz finden können. Offensichtlich ist auch, dass die oben erwähnten „Tröstungsversuche" – das Kind bekommt im Moment von Schmerz, Trauer, Angst etc. Süßigkeiten angeboten – eine orale Fixierung aufrechterhalten. Gerade dieses Muster lässt sich in der Kindheit von Essgestörten, aber auch von Alkoholikern finden, und es verhindert die differenzierte Entwicklung und Wahrnehmung von Gefühlen, sodass jede Form von Erregung dann fälschlich als „Hunger" definiert wird.

So populär und einleuchtend das Oralitätskonzept auch erscheinen mag, besitzt es doch einen sehr allgemeinen Charakter mit einem geringen erklärenden Wert. Auch ist der orale Modus in der Sucht eher Mittel zum Zweck, denn im Vordergrund steht für den Süchtigen ja nicht die Betätigung des Mundes, sondern die Wirkung des Rauschmittels.

6.2.2 Neuere psychoanalytische Modelle zur Abhängigkeit

Jüngere psychoanalytische Konzepte haben sich daher um eine differenziertere Sichtweise von Abhängigkeitserkrankungen bemüht. Um das Ergebnis hier vorwegzunehmen: Es bleibt festzuhalten, dass es *die* süchtige Persönlichkeit oder ganz spezifische Entwicklungen hin zur Sucht nicht gibt. Es gibt immer wieder recht unterschiedliche Entwicklungen, Persönlichkeiten und Verläufe wie auch Ereignisse in der Adoleszenz oder im Erwachsenenleben, die dazu führen können, dass sich auf dem Hintergrund einer zuvor vielleicht verdeckten Störung eine manifeste Sucht entwickelt. Gerade angesichts eines in unserer Gesellschaft ubiquitären Phänomens wie der Süchtigkeit ist es schlechthin schwer vorstellbar, die ganz spezifische Entwicklung zur Sucht finden zu wollen.

Vielmehr gehen wir heute davon aus, dass Sucht zumindest zeitweise als Symptom bei unterschiedlichsten psychischen Störungen bzw. Prädispositionen auftreten kann. Jedoch dürften sich der Schweregrad sowie die Chronifizierung der süchtigen Manifestation je nach Reife und psychischer Gesundheit unterscheiden.

6.2.3 Sozial- und Umweltfaktoren

Zunächst einmal kennen wir den „Elendsalkoholismus" und andere Formen sozial und gesellschaftlich bedingter Abhängigkeit. So führen unerträgliche Lebensbedingungen zumindest phasenweise zum Suchtmittelabusus; beispielsweise war die Mehrzahl der im Vietnam-Krieg eingesetzten US-Soldaten – die Schätzungen gehen bis zu 90% – heroinabhängig, wobei dies jedoch nach der Rückkehr aus dem Krieg nur ein geringer Teil blieb. Extreme Lebensumstände können auch einen weitgehend psychisch gesunden Menschen zeitweise in eine Sucht treiben, die sich aber nicht chronifiziert.

Aufgrund der sozialen Umstände, nämlich der Anpassung an die Peergroup und krisenhaften adoleszenten Entwicklungen, betreiben viele Jugendliche einen exzessiven Suchtmittelabusus; klassisch ist dies der Alkohol, heute sind es zunehmend Ecstasy, Amphetamine, Kokain und Opiate. Dies bleibt glücklicherweise oft ein Durchgangssyndrom, das ohne jegliche Behandlung wieder verschwindet. Entwickelt sich hieraus eine chronifizierte Sucht, kann dies bestenfalls auf eine fortwährend ungünstige soziale Umgebung (Peergroup, Arbeitslosigkeit etc.), häufiger jedoch auf eine „prämorbide Persönlichkeit" hinweisen, das heißt, die psychischen Strukturen waren bereits im Voraus so unreif und brüchig, dass sich auf diesem Boden eine Abhängigkeitserkrankung entwickelt.

6.2.4 Sucht bei neurotischen Erkrankungen

Bevor wir zu den schweren Störungen kommen, ist nochmals darauf hinzuweisen, dass fast jede psychische Struktur zumindest passager zur Grundlage einer Suchtmittelabhängigkeit werden kann. So ist auch bei neurotischen Erkrankungen ein Suchtmittelabusus möglich. Neurosen sind aus psychoanalytischer Sicht das „gesellschaftlich übliche Elend", denn sie lassen sich bei praktisch jedem Menschen finden. Die Neurose, so leidvoll sie auch sein mag, setzt eine gelungene primäre Beziehung und die Ablösung aus der anfänglichen Mutter-Kind-Dyade mit der Triangulierung im Ödipuskomplex voraus, wenn das Kind auch zum Vater und damit zur Welt insgesamt eine Beziehung aufnimmt. Das Kennzeichen von Neurosen ist gerade das Schuldgefühl, und ein Übermaß von Schuldgefühlen ist natürlich durch Alkohol zumindest zeitweise zu lösen (oder wie bereits Wilhelm Busch schrieb: *„Wer Sorgen hat, hat auch Likör"*). Oft ist das Trinken auch eine Identifikation mit einem alkoholabhängigen Elternteil oder der Versuch, über die eigene Therapie stellvertretend Vater oder Mutter zu behandeln und zu „retten". Dies ist natürlich ein weiterer wichtiger Faktor der freudschen Ergänzungsreihe: Süchtige hatten ganz überdurchschnittlich häufig abhängige Eltern.

Die Abhängigkeit auf neurotischer Grundlage führt in der Regel nicht zu einem destruktiven Krankheitsverlauf und wird vom Betroffenen meist aus eigener Kraft überwunden.

Unter Sucht im engeren Sinne sind, wie schon anfangs betont, eher chronische und destruktive Krankheitsverläufe zu verstehen. Auch hier ist von einem Kontinuum auszugehen, das von zwar chronischen, aber wenig destruktiven Suchterkrankungen bis hin zu solchen, denen eine letztlich todbringende Konsequenz innewohnt, führt.

6.2.5 Sucht als Selbstheilungsversuch

Bei schweren und chronifizierten Suchterkrankungen muss in der Regel davon ausgegangen werden, dass über die Neurose hinausgehende Störungen in der Entwicklung vorliegen, die zu Defiziten und Defekten in der Persönlichkeit führen, auf deren Basis es zu einem Entgleisen des Konsums von Genussmitteln kommt. In moderner Terminologie könnte man sagen, dass den meisten Suchterkrankungen eine Persönlichkeitsstörung zugrunde liegt, wobei hier an erster Stelle Narzisstische Persönlichkeitsstörungen sowie Borderline-Persönlichkeitsstörungen zu nennen sind. Natürlich passt hierzu auch das Konzept der abhängigen Persönlichkeit, und bereits Howard Blane zentrierte sein 1968 publiziertes Konzept über die Persönlichkeit des Alkoholikers auf die Dimension Abhängigkeit versus Gegenabhängigkeit. Jedoch ist auch die Diagnose „Persönlichkeitsstörung" in Bezug auf den Suchtmittelabusus sehr unspezifisch, sodass wir auf enger die Abhängigkeitserkrankungen betreffenden Konzepte zurückgreifen müssen.

In den 20er Jahren des 20. Jahrhunderts vollzog die Psychoanalyse einen Paradigmawechsel von der Triebtheorie zur Ich-Psychologie. Das „Ich" wurde als zentrale Instanz der Persönlichkeit erkannt, das zwischen den Triebansprüchen des Es und den gesellschaftlichen und moralischen Ansprüchen des Über-Ich vermittelt. Grundlage vieler Formen von Abhängigkeit scheint eine Schwäche dieser zentralen Instanz des Ich zu sein, dessen zentrale Funktionen oft ausgefallen sind und durch den Missbrauch der Droge ersetzt werden, wie dies der ungarische Psychoanalytiker Sandor Radò bereits 1934 in seiner „Psychoanalyse der Pharmakothymie" beschrieb. Wichtig ist dabei zu realisieren, dass der Suchtmittelabusus, anders als Süchtigen meistens unterstellt, weniger der Suche nach Lust und Genuss, sondern der Unlustvermeidung dient, weil der Abhängige es sich aus sich heraus nicht gut gehen lassen kann. Vielmehr fühlt er sich aufgrund seiner Defizite erst unter der Wirkung des Suchtmittels „normal" und kann so in Familie, Beruf und Gesellschaft funktionieren.

Es handelt sich hierbei um Ich-schwache Persönlichkeiten, deren Ich-Grenzen nach außen – gegen die Wünsche und Anforderungen aus Familie und Arbeit – wie nach innen – gegenüber den eigenen Bedürfnissen, Gefühlen und Trieben – zu schwach und durchlässig sind. Wie Krystal und Raskin (1983) beschrieben haben, drohen die eigenen Affekte dann das schwache Ich zu überschwemmen und zu überwältigen und zur Regression auf einen bedrohlichen „Uraffekt", ähnlich der Panikstimmung eines Säuglings, zu führen. Dabei gibt es eine oft überraschende Unfähigkeit, die eigenen Gefühle auch nur wahrzunehmen, zu differenzieren und zu benennen. Ähnlich dem oben erwähnten Kind, dessen Ängste, Schmerzen, Trauer etc. mit Süßigkeiten beantwortet und daher als „Hunger" empfunden werden, erlebt der Alkoholiker jede Gefühlswallung – zum Beispiel auch das Verliebtheitsgefühl – als „Saufdruck". Bei diesen Personen sind die Affekttoleranz, die Affektdifferenzierung und die Frustrationstoleranz gestört; auch die Realitätsprüfung fällt schwer. Der Suchtstoff wird hier zum „Selbstheilungsmittel" des schwachen Ich, festigt die Grenzen nach außen, dämpft die Affekte, mildert Frustrationen, kurz: lässt die ganze Welt in einem rosigeren Licht erscheinen. Daher sprechen wir in diesem Zusammenhang von der Droge als „Selbstheilungsmittel", weil sie dazu verhilft, zumindest vorübergehend defizitäre Ich-Funktionen und Ich-Strukturen zu stärken und zu ersetzen.

Es ist klar, dass dies zu einem Teufelskreis von Abhängigkeit führt, denn der Abusus der Droge bewirkt, dass der Abhängige immer unfähiger wird, diese Leistungen aus sich selbst heraus zu vollbringen, weil er sich ganz der „pharmakothymen Steuerung" (Radò 1934) anheim gibt, zumal das Suchtmittel zu seinem zentralen Bezugs- und Liebesobjekt wird, hinter das alles andere zurücktritt. Bei Verlust bzw. Entzug des Suchtmittels treten daher die Symptome, die zuvor bekämpft wurden, umso heftiger zutage; so ist kaum ein Abhängiger zu finden, der in der Abstinenz nicht mit schwersten Schlafstörungen zu kämpfen hätte; häufig sieht man Ängste und Phobien, Depressionen, Zwänge und auch Psychosen, kurz: Fast das gesamte Spektrum der Psychopathologie tritt nun zutage.

Dies ist auch der wichtigste Grund, warum bei diesen Abhängigen Entgiftung und Entwöhnung in der Regel in stationärem Rahmen erfolgen sollten. Die Klinik schützt und stellt einen sicheren Raum zur Verfügung. Allerdings sollte man sich keinen Illusionen hingeben über die erforderliche Dauer der Behandlung bzw. der erforderlichen Zeit zur Entwicklung einer zufriedenen Abstinenz. Defizite in der Ich-Entwicklung bzw. Persönlichkeitsstörungen sind in *keiner* Psychotherapie in kurzer Zeit zu beheben, sondern es bedarf hier eines jahrelangen Prozesses. Dies haben auch die Anonymen Alkoholiker erkannt, die den ersten Tag der bewussten Abstinenz als „Geburtstag" feiern, denn erst mit diesem Tag kann eine psychische Entwicklung, die während der manifesten Sucht gestoppt hatte, wieder beginnen. Und es bedarf einer Reihe von Jahren, bis Schlafstörungen, Ängste, Depressionen und andere Störungen aus eigener Kraft bewältigt werden können. Dazu ist nicht unbedingt eine Psychotherapie erforderlich, da ein guter Teil der Entwicklung auch in Selbsthilfegruppen geleistet werden kann.

Im Folgenden zur Erläuterung für die vorstehend beschriebene Gruppe von Abhängigkeitserkrankungen die Fallvignette aus der stationären Behandlung eines Patienten, bei dem die übermäßige Verwöhnung in Kindheit und Jugend zur Alkoholabhängigkeit führte.

Der 38-jährige Mann befindet sich wegen Alkoholabhängigkeit in der Langzeitentwöhnungsbehandlung in einer Fachklinik. Er wirkt in seiner Art wesentlich jünger und fällt durch eine Hasenscharte auf. Er kommt aus einer gut situierten Familie und hat zwei Geschwister, die beide studiert haben. Seine im Vergleich dazu mangelnde Ausbildung – er ist Lagerarbeiter – führt er auf seine Hasenscharte zurück. Die Eltern haben sich offensichtlich erhebliche Schuldgefühle gemacht, weil sie diese nicht rechtzeitig operieren ließen. Aus diesen Schuldgefühlen heraus wurde er übermäßig umsorgt und verwöhnt.

So genannte „Verwöhnung" ist eher selten Ursache einer Suchterkrankung, aber im beschriebenen Falle hielt man den Patienten aufgrund seiner „Behinderung" von den Realitäten des Alltags fern, versorgte und behütete ihn und nahm ihm alles Unangenehme ab. Das ging auch zunächst gut, da er bis zum Alter von 32 Jahren bei der Mutter wohnen blieb und in dem Betrieb untergebracht wurde, in dem auch Vater und Bruder arbeiteten. Dann lernte er erstmals eine Frau kennen, 13 Jahre jünger als er, ebenfalls „behindert" durch eine starke Fehlsichtigkeit. Er stürzt sich in diese Beziehung, heiratet die Frau, gründet einen eigenen Hausstand und übernimmt sich in den Anschaffungen total. Die Beziehung erweckt den Eindruck einer „Kinderehe", und der Patient und seine Frau leben vollkommen realitätsunangemessen. So geht er kaum noch zur Arbeit, weil er dies als unter der Würde eines verheirateten Mannes stehend empfindet; die Schulden drücken, die Wohnung verkommt, und die Frau geht fremd. Dies alles überfordert ihn total, und er beginnt zu trinken. Schließlich wird die Frau von einem anderen Mann schwanger und verlässt ihn. Für ihn bricht die Welt zusammen; er trinkt verstärkt und kommt schließlich in recht verwahrlostem Zustand in die Entwöhnungsbehandlung. Er passt sich in die Klinik gut ein; sie bietet ihm eine Atmosphäre, die ihm behagt und ihn in gewisser Hinsicht an sein Elternhaus erinnert. Es wird ihm alles abgenommen, er wird versorgt, und es gelingt ihm geschickt, seine Mitpatienten für alles, was ihm unangenehm ist, einzuspannen. Wird er mit seinem Verhalten konfrontiert oder kommt es zu frustrierenden Situationen,

reagiert er aufgeregt und panisch; in solchen Momenten hat er zu Hause getrunken.
So wird er auch kurz nach der Entlassung massiv rückfällig, weil sich bei ihm strukturell nichts geändert hat.

Die Funktion des Alkohols lässt sich für diesen Fall aus dem Ich-psychologischen Modell gut ableiten: Versagen die mütterlichen Objekte oder die Mutter-Ersatzobjekte in ihrer Schutzfunktion und wird er mit den unvermeidbaren Frustrationen der alltäglichen Realität konfrontiert, so sind seine Ich-Fähigkeiten zu schwach und ungeübt, um die Situation zu bewältigen. Er fühlt sich dann hilflos, bedroht und ausgeliefert, von Angst und anderen Affekten überwältigt – und betrinkt sich exzessiv. Ist er wieder nüchtern, so ist sein Elend noch größer, sodass er gleich weitertrinken muss.

Oft wird hier in der Abstinenz ein Ersatz für das Suchtmittel benötigt: eine weniger destruktive Form der Abhängigkeit, zum Beispiel eine Arbeitssucht, ein zwanghaft ritualisierter Alltag oder exzessiver Selbsthilfegruppenbesuch.

6.2.6 Sucht als Selbstzerstörungsversuch

Sind die Abhängigen der zuvor beschriebenen Gruppe auch Ich-schwach und in ihrer Persönlichkeit gestört, so ist hier doch eine Identifikation mit der primären Bezugsperson geglückt, ein „Urvertrauen" vorhanden. Während sie den Alkohol als Selbstheilungsmittel einsetzen, gibt es eine nicht unbedeutende Gruppe von Süchtigen, die Drogen als Selbstzerstörungsmittel nutzen. Zwar weisen verschiedene Autoren (z. B. Kreische 2002) darauf hin, dass auch die Selbstzerstörung vor einem drohenden vollständigen Zerfall der Persönlichkeit schützen soll; dies vermag jedoch nichts von der Evidenz massiver autodestruktiver Verhaltensweisen zu nehmen, und ihre Berücksichtigung ist von zentraler klinischer Relevanz.

Es sind dies Menschen, die bis in ihre früheste Kindheit hinein eine Kette von Traumatisierungen unterschiedlichster Art aufweisen – seien es der Verlust von Vater oder Mutter, schwere Unfälle und Krankheiten, sexueller und psychischer Missbrauch und Vergewaltigung – und später einen Wechsel unterschiedlicher autodestruktiver Mechanismen, zum Beispiel schwere Autounfälle, psychosomatische Erkrankungen, Suchtmittelexzesse und Selbstmordversuche. Man hat oft das Gefühl, diesen Menschen fehle buchstäblich die Erlaubnis zum Leben, und sie müssten daher ihre Existenzberechtigung immer wieder aufs Neue hinterfragen und auf die Probe stellen, „Russisches Roulette" spielen.

Diese Süchtigen versuchen, mittels Alkohol sich selbst bzw. ein verinnerlichtes böses Objekt zu vergiften, wie dies Psychoanalytiker bereits seit den 30er Jahren des 20. Jahrhunderts beschrieben haben. Es handelt sich also um eine basale Störung der Identität, einen Mangel an Urvertrauen, der dazu führt, dass die Selbsterhaltungstriebe, der Überlebenswille, gestört sind.

Dies erklärt sich am besten auf dem Hintergrund der – allerdings umstrittenen – Theorie von Melanie Klein (1972), die nach Metaphern für die ersten Lebensprozesse des Kindes suchte. Nach ihrer Auffassung erlebt sich das Kind aufgrund seiner noch mangelnden kognitiven und integrativen Fähigkeiten nicht als eine einheitliche Person und nimmt auch die Mutter nicht als solche wahr, sondern sieht sich den Kräften, die es beeinflussen, hilflos ausgeliefert. Unlusterfahrungen, Schmerz, Hunger und Einsamkeit drohen es zu überwältigen, und es phantasiert deren Quelle in einer bedrohlichen Macht, der „bösen Brust", zu der es kompensatorisch die „gute Brust" aufbaut, in die es all seine positiven Erfahrungen projiziert. Eine normale günstige Entwicklung vorausgesetzt, sollten die positiven Erfahrungen überwiegen; das Kind identifiziert sich mit der „guten Brust", die per Internalisierung zum inneren Objekt und zum Kern seines Selbst wird. Die „böse Brust" wird oral-kannibalistisch angegriffen und auf diesem Wege allerdings ebenfalls verinnerlicht. Beim Süchtigen dieser Gruppe ist die „gute Brust" zu schwach, und er bleibt auf die Ebene der oral-kannibalistischen Auseinandersetzung mit der bösen Brust fixiert.

Diese schwer verständlichen Metaphern lassen sich am besten an der Dynamik einer anderen Suchtform verdeutlichen: der Bulimarexie oder Ess-Brech-Sucht. Kaum eine Bulimarektikerin isst mit Genuss, sondern sie stopft das Essen anfallsartig, gierig und voller Wut und Hass in sich hinein, wobei dieser Hass ein tief sitzender Selbsthass und der Mechanismus selbstzerstörerisch ist. Ist die Nahrung dann verschlungen, fühlt sich die Bulimarektikerin nicht gesättigt, sondern vielmehr vergiftet, denn sie hat in ihrem Anfall die „böse Brust" verschlungen, und ihre einzige Möglichkeit, sie wieder loszuwerden ist, diese Nahrung zu erbrechen. Erst dann hat sie einen Moment der Ruhe und Entspannung. Ihr Suchtzirkel ist also darauf gerichtet, Nahrung zu vernichten, ins Klo zu befördern, und dies mittels des Umwegs über den eigenen Magen.

Das therapeutische Dilemma ist, dass solche Patienten hinsichtlich der Abstinenz oft hochmotiviert sind, diese allein ihnen allerdings wenig nützt, weil sie dann andere Mittel und Wege zur Selbstzerstörung finden. Sie können ihr Leben nicht annehmen, dürfen es sich nicht gut gehen lassen, und da sich zugleich in dieser Gruppe oft recht Ich-starke Persönlichkeiten befinden, kann das verhängnisvolle Konsequenzen haben, beispielsweise die, dass der Patient eben nicht mehr rückfällig wird, sondern sich suizidiert, wenn er merkt, dass er es nicht schaffen kann, zu leben. Alkoholiker sind eine Patientengruppe mit einer extrem hohen Suizidquote, besonders die zuletzt beschriebenen, und dies gerade in Phasen der Abstinenz. Die Gefährdung dieser Patienten durch Suizid, Unfälle, Suchtmittelwechsel oder schwere Erkrankungen und ihre vielfältige Traumatisierung müssen in der Therapie unbedingt berücksichtigt werden. Sadistische Therapierituale (Toilette putzen, Haare abschneiden etc.) können diese Patienten angesichts ihrer Autodestruktivität zumindest zeitweise entlasten, können ihnen helfen, zu externalisieren. Der Symptomwechsel in der Suchtmittelabstinenz führt hier oft zu schweren Organerkrankungen, Unfällen oder Selbstmord.

Bei stark autodestruktiven Patienten darf therapeutisch nicht zu viel erwartet werden, und es ist oft schon genug, hier ein Überleben zu ermöglichen. Dabei relativiert sich mitunter sogar der Stellenwert der totalen und dauerhaften Abstinenz, da sie dazu führen kann, sich andere und radikalere Wege zu seiner Selbstzerstörung zu suchen – zum Beispiel den Suizid. Hier stößt auch die psychoanalytische Therapie an Grenzen. Auch zu dieser Gruppe eine Fallvignette:

> Die 42-jährige Krankenschwester mit einer Polytoxikomanie, das heißt abwechselnder Abhängigkeit von Alkohol, Medikamenten, Morphium und Heroin, lerne ich anlässlich ihrer dritten Langzeitentwöhnungsbehandlung kennen. Die Patientin zeichnete sich dadurch aus, dass sie den Alkohol niemals idealisierte und mystifizierte, sondern von vornherein anschaulich schilderte, dass sie Alkohol nur unter Abscheu und Ekel in sich hineingeschüttet habe, in der mehr oder minder bewussten Absicht, sich selbst zu schädigen. Sie blickte auf eine traumatisierende Kindheit und Lebensgeschichte zurück, die durch Kriegs- und Nachkriegsereignisse, Vertreibung, Flucht, Lagerleben, Hunger und Vergewaltigung schon als Kind gekennzeichnet war. Den Vater lernte sie erst kennen, als sie vier Jahre alt war; er starb wenige Jahre später. Die Mutter war alkoholabhängig, betrieb ein Lokal und hatte wechselnde Männerbeziehungen. Infolge einer alkoholbedingten Hirnschädigung lebt sie seit zwölf Jahren in einem Pflegeheim; für die Patientin bedeutet dies, nicht glücklich sein zu dürfen, solange die Mutter vor sich hinvegetiere. Ein Bruder der Patientin hat sich totgetrunken. Schon in der Kindheit waren die Rollen von Mutter und Tochter vertauscht; während das Kind ernst und besorgt war, zeigte sich die Mutter mehr oder minder verwahrlost.
> Seit dem Alter von ca. 20 Jahren war die Patientin süchtig. Dabei fällt auf, dass sie beruflich – von suchtbedingten Berufsverboten abgesehen – recht erfolgreich und beliebt war, hier also keine Ich-Schwäche zeigte. Sie hat eine ausgeprägte Nähe-Distanz-Problematik, heiratete früher einmal einen Seemann, der nach der Heirat unglücklicherweise an Land blieb. Zu ihm und dem aus dieser Ehe stammenden Kind hat sie keinerlei Kontakt mehr. Die einzig glückliche Beziehung habe sie zu einem an Krebs leidenden Mann gehabt, den sie in ihrer

Berufstätigkeit kennen gelernt, mit nach Hause genommen und bis zu seinem baldigen Tod gepflegt habe. Nur angesichts des Todes konnte sie sich einlassen. In den letzten sechs Monaten vor Beginn dieser Langzeitbehandlung hatte die Patientin täglichen Kontakt zu ihrer Hausärztin – auch sonn- und feiertags –, die sie immer wieder mobilisierte, wobei die Ärztin sie stets vollständig alkoholisiert vorfand. Zwar erscheinen die Bemühungen dieser Hausärztin gescheitert. Ihre beständige Zuwendung legte jedoch den Grundstein dafür, dass sich die Patientin auf ihre dritte Entwöhnungsbehandlung mehr einlassen konnte als früher. Auch hier fiel sie durch ihren Ernst, ihre Verbissenheit, ihre selbstquälerischen Tendenzen auf, unterzog sich zum Beispiel einer Gebiss-Sanierung ohne Schmerzmittel und ohne Lokalanästhesie. So musste auch ihre therapeutische Regression gestoppt werden, weil sie mittels ausschließlich negativer Erinnerungen ein neues Mittel gefunden hatte, sich selbst zu quälen.

Eine Szene von einem schönen, sonnigen Maitag soll hier noch zur Illustration dienen: Unter Tränen kam sie in mein Zimmer gestürmt und äußerte: „Herr Rost, geben sie mir Ausgangssperre, sonst muss ich in die Stadt, um mich zu betrinken. Es ist alles so schön draußen, es grünt und blüht, und alle sind gut aufgelegt – das halte ich einfach nicht aus!"

Langsam und vorsichtig gelang es ihr, sich auf die Therapie einzulassen und, wenn auch in bescheidenem Maße, Gutes zuzulassen. Viele Einzelgespräche mit ihr waren durch Selbstmord-Diskussionen bestimmt. Schließlich verließ sie die Klinik trocken und kam in ein therapeutisch geleitetes Übergangswohnheim; nach meinen Informationen ist sie trocken geblieben, sodass trotz denkbar ungünstiger Voraussetzungen die Therapiekette Hausärztin – Klinik – Übergangswohnheim hier offenbar funktioniert hat.

6.3 Prophylaxe und Ausblick

Es bleibt die Frage, welche Erfahrungen in der Kindheit zu einer schwerwiegenden und malignen Suchtentwicklung prädestinieren. Auf der einen Seite sind dies frühe Traumata – Manfred Möhl (1993) spricht von „Biotraumata" – mit der Erfahrung von Todesnähe. Was diese Traumata sein können (Tod oder Verlust von Mutter oder Vater, schwere Erkrankungen, Unfälle, Missbrauch etc.) wurde weiter oben schon erwähnt. Es muss jedoch ergänzt werden, dass hier die genetische Konstitution eine gewichtige Rolle spielt. Das, was das eine Kind als traumatisierend erlebt, wird von anderen unter Umständen relativ problemlos verarbeitet. So wirkt sich etwa eine Kindheit im Heim zwar meistens, aber keineswegs immer auf die weitere Entwicklung negativ aus.

Belastend und zur Sucht prädestinierend kann jedoch eine dauerhaft fortbestehende problematische Familienatmosphäre sein. Für Suchtfamilien ist charakteristisch, dass sie sehr unabgegrenzt sind; die Eltern-Kind-Rollen sind oft vertauscht, oder es gibt keinerlei Grenzen zwischen Eltern und Kindern. Hieraus resultiert notgedrungen immer wieder ein Missbrauch des Kindes, der keineswegs ganz real auf der sexuellen Ebene stattfinden muss, sondern oft genug in einem psychischen Missbrauch besteht, indem das Kind zur Stabilisierung seiner Eltern gebraucht wird. Dem Kind ist es nicht erlaubt, sich aus diesen vereinnahmenden und missbrauchenden Strukturen zu entziehen, sodass es in einer krank machenden Abhängigkeit von seiner Ursprungsfamilie bleibt.

Dies ist auch ein Grund dafür, dass in der Psychotherapie der Eltern bzw. eines Elternteils eine wichtige Prophylaxe zur Verhinderung süchtiger und anderer pathogener Strukturen bei Kindern zu sehen ist. Die Psychotherapie eines (abhängigen) Elternteils kann dem Kind bzw. den Kindern Freiräume zur Entwicklung eröffnen. Selbst wenn Psychotherapie dem eigentlich Betroffenen nicht offensichtlich oder nicht nachhaltig zu helfen scheint, nimmt sie doch Druck von den Kindern und stellt eine sinnvolle Investition in die Zukunft dar. Denn auf der anderen Seite wissen wir, wie begrenzt das kindertherapeutische Angebot leider ist bzw. wie gering hier oft auch die Einwirkungsmöglichkeiten sind, weil sich die Eltern entweder echten Veränderungen des Kindes widersetzen oder weil das Kind selbst in der Behandlung die Loyalität zu den Eltern bzw. zur pathogenen Familienstruktur nicht aufgeben mag und sich daher der Therapie mehr oder minder verweigert.

Es bleibt also zu resümieren, dass es *die* „süchtige Grundhaltung" nicht gibt. Es gibt jedoch eine Reihe von psychischen Prädispositionen und Entwicklungen, die im Sinne einer Ergänzungsreihe bei leichteren Störungsformen eher zufällig, bei schweren fast zwingend zu einer Suchterkrankung führen. Prophylaktisch können ein adäquateres Umweltverhalten (Ressourcenorientierung und langfristige Orientierung vs. Konsumorientierung) sowie eine pädagogische oder therapeutische Unterstützung des gefährdeten Kindes und eine Betreuung oder Behandlung der Eltern und Bezugspersonen der Entwicklung einer Sucht entgegenwirken. Aus psychoanalytischer Sicht ist es wichtig, diese unterstützenden bzw. therapeutischen Maßnahmen so früh wie möglich einzusetzen.

Literatur

Blane HT (1968). The Personality of the Alcoholic. New York. Harper & Row.

Freud S (1905). Drei Abhandlungen zur Sexualtheorie. GW V. 5. Aufl. Frankfurt a. M.: Fischer 1999; 29–145.

Klein M (1972). Das Seelenleben des Kleinkindes und andere Beiträge zur Psychoanalyse. Reinbek: Rowohlt.

Kreische R (2002). Neuere therapeutische Entwicklungen in der Psychoanalyse. In: Heigl-Evers A, Vollmer HC, Büchner U (Hrsg). Therapien bei Sucht und Abhängigkeiten. Göttingen: Vandenhoeck & Ruprecht; 92–108.

Krystal H, Raskin HA (1983). Drogensucht: Aspekte der Ichfunktion. Göttingen: Vandenhoeck & Ruprecht.

Möhl M (1993). Zur Psychodynamik des Todes in der Trunksucht. Würzburg: Königshausen & Neumann.

Radò S (1934). Psychoanalyse der Pharmakothymie. Int Z Psa; 20: 16–32.

Rost WD (2001). Psychoanalyse des Alkoholismus. 6. Aufl. Stuttgart: Klett-Cotta.

Schaef AW (1991). Im Zeitalter der Sucht. München: dtv.

7 Suchtstörungen

Gerd Lehmkuhl

7.1 Multifaktorielle Suchtgefährdung

Suchtgefährdung im Jugendalter lässt sich am besten durch ein multifaktorielles Entstehungsmodell erklären (Lehmkuhl 2002). Es geht also darum, verschiedene Einflussgrößen und ihre Bedeutung zu erkennen und ihren Stellenwert für Entstehung, Verlauf und Muster des Drogenkonsums zu differenzieren. So hat Remschmidt (2002) am Beispiel der Entwicklung einer Alkoholabhängigkeit im Jugendalter das Zusammenspiel dreier Faktorenkomplexe herausgearbeitet:
- disponierende biologische Faktoren
- Eigenwirkung des Alkohols
- intervenierende Variablen aus dem psychosozialen Bereich

Charakteristisch für Jugendliche mit anhaltendem Substanzmissbauch ist ein hoher Ausprägungsgrad von Sensationssuche und Grenzüberschreitungen. Typische Prädiktoren stellen nach Thomasius (zit. nach Blaeser-Kiel 2003) ein eskalierendes Problemverhalten mit Impulsivität, Aggressivität, Frustrationsintoleranz, Aufmerksamkeitsstörungen und Defiziten bei sozial-adaptiven Funktionen dar, die sich bis in die frühe Kindheit zurückverfolgen lassen. Darüber hinaus wird späteres Suchtverhalten auch durch sexuelle oder gewalttätige Traumatisierungen und entsprechende Vorbilder in der Familie begünstigt. In den Familien ist bei über einem Drittel der Betroffenen mindestens ein Elternteil drogen- oder alkoholabhängig, darüber hinaus spielen inadäquate Erziehungsmaßnahmen und widrige familiäre Konstellationen wie Trennung oder Verlusterfahrungen wichtige Rollen. Häufig bestehen weitere komorbide psychische Symptome wie Angst, Depression und Persönlichkeitsstörungen, wobei offen bleiben muss, ob diese Merkmale infolge des Drogenkonsums auftreten oder einen gemeinsamen pathogenetischen Ursprung haben. Andererseits sollte die gesellschaftliche Dimension nicht vernachlässigt werden, auf die Amendt (2003, S. 12) nachdrücklich hinweist:

„Wer sein Selbstwertgefühl schon als Kind aus dem Besitz bzw. aus dem Konsum von Statusgütern bezieht und wer eine Zukunft vor Augen hat, die mit Angst machenden Risiken gepflastert ist, wird sich nur schwer vom Konsum Glück verheißender und Wohlbefinden versprechender Drogen abhalten lassen."

Warum greifen Jugendliche zur Droge, fragt der Schriftsteller Wittenborn (2003, S. 33), und er gibt folgende Antwort: *„Abgesehen davon, dass es Spaß macht, ist es, zumindest anfänglich, auch eine Traumdroge für Narzissten, und wir leben nun einmal in einer extrem narzisstischen Kultur."* Die Verfügbarkeit der Drogen und der Umgang mit ihnen hängen somit wesentlich von den gesellschaftlichen Normen und Konventionen ab.

Bedenklich ist, dass Substanzmissbrauch häufig nicht von untersuchenden Ärzten im Gesundheitssystem entdeckt wird (Kramer et al. 2003), aber gerade bei früh beginnendem Kontakt mit Suchtmitteln sind der Verlauf und die weitere Prognose hinsichtlich Schul- und Berufsausbildung sowie Partnerschaften negativ beeinflusst und stark belastet (Brook et al. 2002). Andererseits kommen jugendliche Drogenkonsumenten häufig nicht in die psychiatrischen oder medizinischen Dienste, sodass die notwendige Hilfe gar nicht angeboten bzw. die Problematik nicht erkannt werden kann (Jaycox et al. 2003). Nika und Briken (2004) beschreiben als Risikofaktoren für die Entwicklung einer späteren Suchterkrankung aggressives Verhalten, mangelnde Selbstkontrolle, erhöhte Impulsivität, Gefahrenblindheit, vorschnelles Handeln, ausgeprägte Suche nach unmittelbaren Verstärkern und erhöhte Empfindlichkeit für Außenreize (s. auch Remschmidt u. Schmidt 2000).

Das Einstiegsalter liegt zwischen dem 13. und 15. Lebensjahr und betrifft Alkohol und Cannabis. Mädchen beginnen später als Jungen mit dem Suchtmittelkonsum, entwickeln aber schwerere Spätfolgen (Wilmsdorff u. Banger 1996).

Ein wichtiger Aspekt betrifft die Komorbidität von psychischen Störungen und Sucht (Basdekis-Jozsa 2000). Hierbei wird von einer Wechselwirkung beider Störungen sowie Modellvorstellungen einer gemeinsamen Ätiologie ausgegangen. Remschmidt und Schmidt (2000) beschreiben folgende Zusammenhänge:

- Familiäre und psychosoziale Belastungen, insbesondere mit Suchterkrankungen, erhöhen ein entsprechendes Risiko bei den Kindern und Jugendlichen.
- Als Folge von Drogenkonsum können psychopathologische Phänomene auftreten, die die weitere Entwicklung gefährden und den Missbrauch verstärken.
- Bestimmte Verhaltensauffälligkeiten, wie zum Beispiel das hyperkinetische Syndrom oder Störungen des Sozialverhaltens, können das Auftreten von Suchterkrankungen begünstigen und den Verlauf der Symptomatik beeinflussen.

Gilvarry (2000) geht in ihrer Literaturübersicht von einer engen Beziehung zwischen Alkohol und Substanzmissbrauch mit Schulabbrüchen, schlechten Schulleistungen, Delinquenz, früher Schwangerschaft und familiären Belastungen aus (Friedman et al. 1996; Kokotailo et al. 1992). Darüber hinaus bestehen enge Beziehungen zwischen Substanzmissbrauch und Suizidhandlungen, Depression und Sozialstörung (Fergusson u. Horwood 1997; Shaffer et al. 1996). Nach Mannuzza et al. (1991) liegt eine Interaktion zwischen psychosozialen Risiken und Substanzmissbrauch vor: Die eine Belastung verstärkt die Wahrscheinlichkeit für das Auftreten der jeweils anderen.

Betrachtet man die gesamte Gruppe der Jugendlichen, dann ist in bestimmten Subgruppen mit gehäuftem Drogenkonsum zu rechnen:

- Adoleszente ohne feste soziale Anbindung
- Adoleszente mit Schulschwänzen bzw. Ausschulung
- Adoleszente mit psychischen Problemen bzw. Lernschwierigkeiten
- vor allem Adoleszente, bei denen mehrere dieser Faktoren zusammen auftreten

Viele von diesen Jugendlichen weisen **ausgeprägte psychosoziale Belastungen** auf, ohne dass protektive Einflüsse vorliegen. Die Komplexität der Hintergründe und die sich aus dem Drogenmissbrauch ergebenden psychischen und körperlichen Folgen machen eine Früherkennung und Frühbehandlung dringend notwendig (Heyman 1998).

Die Suche nach Determinanten für Alkohol- und Drogenmissbrauch, das Verständnis der Wege in die Abhängigkeit hinein und die Suche nach Risiken sowie protektiven Faktoren – all dies führte zur Erkennung einer Vielzahl von möglichen Faktoren, die mit einer erhöhten Gefährdung in Zusammenhang stehen.

7.2 Motive für Drogenkonsum

Ausgehend von den altersspezifischen Entwicklungsaufgaben der Jugendphase kennzeichnen Palentien und Hurrelmann (1999) Drogenkonsum als eine problematische Form der Lebensbewältigung. Sie bringen Drogenkonsum mit den vielfältigen Altersereignissen und Lebenslagen sowie spezifischen Bedürfnissen von Jugendlichen in Zusammenhang und sehen seine Funktion in

- der demonstrativen Vorwegnahme des Erwachsenenverhaltens,
- einer bewussten Verletzung von elterlichen Kontrollvorstellungen,
- einem Ausdrucksmittel für sozialen Protest und gesellschaftlicher Wertekritik,
- einer Möglichkeit, bei der Suche nach grenzüberschreitenden, bewusstseinserweiternden Erfahrungen,
- einer Zugangsmöglichkeit zu Freundesgruppen,
- einer Teilhabe an subkulturellen Lebensstilen,

- einer Hilfe bei der Lösung von frustrierenden Erfahrungen,
- einer Notfallreaktion auf heftige psychische und soziale Entwicklungsstörungen.

Es besteht also ein Geflecht von subjektiven Motiven und Bedürfnissen, die vor allem dann umgesetzt werden, wenn weitere individuelle oder persönliche Belastungen hinzutreten (Franzkowiak 1986; Silbereisen u. Kastner 1985). So führt Hurrelmann (2002) aus, dass für den Drogeneinstieg überwiegend psychische und soziale Motive wirksam seien. Der Dreh- und Angelpunkt liege in der Einschränkung des Selbstwertgefühls auf dem Hintergrund gestörter Anerkennung in der Familie, der Gleichaltrigengruppe oder im schulischen Kontext. Das gestörte Selbstwertgefühl kann je nach Temperament, Hilflosigkeit, Depressivität oder Neugierverhalten zum Konsum von psychoaktiven Substanzen führen (Hurrelmann u. Bründel 1997). Ein starkes Bedürfnis nach Stimulation, gepaart mit geringer Angstvermeidung, erhöhte emotionale Labilität, Impulsivität und geringe Frustrationstoleranz sowie Aggression während der Kindheit und im Jugendalter erhöhen das Risiko für den Missbrauch von Alkohol und Drogen (Cloninger et al. 1988; Pulkkinin u. Pithauen 1994; Schmitt-Rodermund 1999). Jugendliche, die eine geringe Bindung an Halt und Orientierung gebende Familienmitglieder besitzen und sich eng an Peers mit delinquentem Verhalten bzw. Drogenverhalten anlehnen, kommen rasch in die Versuchung des Substanzkonsums. Bei starkem Wunsch nach Unabhängigkeit und wenig kompetenten sozialen und schulischen Fähigkeiten stellt der Substanzmissbrauch für sie eine Möglichkeit dar, ihre Unabhängigkeit zu beweisen (Petraitis et al. 1995). Diese alterstypischen individuellen Entwicklungsbedingungen bilden den Hintergrund für ein erhöhtes Missbrauchsrisiko, insbesondere wenn weitere Risikofaktoren hinzukommen.

7.3 Komorbidität

Die umfangreiche Literatur zu psychischen Belastungen von Kindern und Jugendlichen mit Substanzmissbrauch verdeutlicht, dass diese sowohl im Vorfeld als ein wichtiger Risikofaktor vorhanden sein können als auch im Rahmen des Drogenkonsums als ein Folgesymptom auftreten und diesen dann verstärken können. Insbesondere affektive Störungen, Angst- und Persönlichkeitsstörungen besitzen eine überzufällige Assoziation mit Drogenmissbrauch (Swendsen et al. 1998; Wittchen et al. 1998). In Adoleszentenstichproben konnte die hohe Komorbidität zwischen Substanzmissbrauch und Impulskontrollstörungen belegt werden (Kessler et al. 1996; Rohde et al. 1996). In einer Längsschnittstudie stellten Wittchen et al. (1998) bei 14- bis 24-Jährigen fest, dass fast 28% neben dem Drogenmissbrauch eine weitere Diagnose nach DSM-IV erfüllten. Insbesondere Störungen des Sozialverhaltens sowie Posttraumatische Belastungsstörungen erhöhen bei weiblichen Adoleszenten die Suchtgefährdung beträchtlich. Häufige komorbide Auffälligkeiten bei Substanzmissbrauch sind übereinstimmend Störung des Sozialverhaltens, affektive Störungen, hyperkinetische Störungen sowie Angststörungen (Grilo et al. 1995; Riggs et al. 1995; Thompson et al. 1996). Auch wenn die psychischen Störungen dem Drogenmissbrauch meistens vorausgehen (Brook et al. 1998; Rohde et al. 1996), sagen andererseits Drogen- und Alkoholmissbrauch im Jugendalter eine Störung des Sozialverhaltens, eine Depression und Angststörungen bei jungen Erwachsenen vorher. Diese Ergebnisse legen die Schlussfolgerung nahe, dass frühe Persönlichkeitseigenschaften und psychopathologische Auffälligkeiten wie aggressives und impulsives Verhalten späteren Drogenmissbrauch beeinflussen (Brook et al. 1995, 1996, 1998).

Riggs et al. (1995) berichten über einen unterschiedlichen Verlauf bei Jugendlichen mit dissozialen Störungen, Substanzmissbrauch sowie dem Vorliegen bzw. Nichtvorliegen einer depressiven Symptomatik. Die depressiven Symptome besserten sich bei den Jugendlichen – im Gegensatz zu Erwachsenen – nicht durch Abstinenz, wobei Angst und Aufmerksamkeitsstörungen den Verlauf weiter komplizierten. King et al. (1996) fanden geschlechtsabhängige Symptomprofile, die es ihnen erlaubten, den Alkohol- und Drogenkonsum bei depressiven adoleszenten Jungen und Mädchen mit einer Sensitivität von

90% vorherzusagen. Die signifikanten Faktoren bei Jungen waren dissoziale Symptome, höheres Alter und Schulversagen, während bei den Mädchen dissoziale Symptome, chronische depressive Episoden und psychosoziale Anpassungsschwierigkeiten vorlagen. Horner und Scheibe (1997) verglichen die Prävalenz von Aufmerksamkeitsdefizit-/Hyperaktivitätsstörungen bei Jugendlichen mit und ohne Substanzmissbrauch. 50% der Betroffenen erfüllten die Kriterien einer Aufmerksamkeitsdefizit-/Hyperaktivitätsstörung. Sie hatten früher mit dem Drogenkonsum begonnen, dieser war schwerer ausgeprägt, sie hatten größere Probleme, Behandlungsprogramme durchzuhalten gegenüber der Gruppe von Abhängigen, die keine Aufmerksamkeitsdefizit-/Hyperaktivitätsstörung als komorbides Risiko besaßen. Eine ähnliche Studie von Biederman et al. (1997) belegt, dass Störungen des Sozialverhaltens das Risiko für einen Substanzmissbrauch bei Kindern ebenso erhöhen wie bipolare Störungen. Der Effekt für beide Diagnosen war unabhängig vom Vorliegen einer Aufmerksamkeitsdefizit-/Hyperaktivitätsstörung. In einer Erwachsenenstichprobe stieg das Risiko für Substanzmissbrauch signifikant beim Vorliegen einer Aufmerksamkeitsdefizit-/Hyperaktivitätsstörung. Die Autoren schlussfolgern aus ihren Ergebnissen, dass bei Kindern mit komorbider Störung der Aufmerksamkeit und Hyperaktivität sowie einer Störung des Sozialverhaltens oder einer bipolaren Störung das Risiko für Drogenmissbrauch in der Adoleszenz deutlich erhöht ist. Wenn die Aufmerksamkeitsdefizit-/Hyperaktivitätsstörung in die späte Adoleszenz und in das frühe Erwachsenenalter hinein persistiert, besteht auch ohne das Vorliegen einer Sozialstörung ein erhöhtes Risiko für einen Substanzmissbrauch. Myers et al. (1998) weisen auf den engen Zusammenhang zwischen früher Sozialstörung mit ausgeprägter Symptomatik und dem späteren Auftreten einer Antisozialen Persönlichkeitsstörung hin. In einer vergleichbaren Follow-up-Studie, die den Effekt eines Behandlungsprogramms bei jungen delinquenten und drogenabhängigen Erwachsenen untersuchte, zeigte sich auf der Verhaltensebene nach zwei Jahren eine deutliche Besserung, während sich der Substanzmissbrauch kaum änderte. Auch in dieser Studie waren eine frühe und ausgeprägtere Sozialstörung ebenso wie ein intensiverer Drogenmissbrauch Prädiktoren für eine schlechte Prognose.

Sind Sozialstörungen von einer depressiven Symptomatik begleitet, kommt es ebenfalls zu einem vermehrten Substanzmissbrauch. Darüber hinaus treten häufiger Angst- und Aufmerksamkeitsstörungen hinzu. Untersuchungen von Jugendlichen in speziellen Einrichtungen für Drogenmissbrauch fanden bei einem Drittel affektive Störungen, in der Mehrzahl eine Depression bzw. Dysthymie (Bukstein et al. 1992). Andere Autoren berichten über hohe Raten von Angst und phobischen Störungen, sowohl in klinischen als auch in repräsentativen Stichproben im Zusammenhang mit Substanzmissbrauch (Hovens et al. 1994; Rohde et al. 1996). Posttraumatische Belastungsstörungen stellen ebenfalls einen Risikofaktor für das spätere Auftreten von Substanzmissbrauch dar (Deykin u. Buka 1997). Entsprechend sollte bei diesen Jugendlichen auf frühere traumatische Erfahrungen geachtet werden, um bei der Therapieplanung darauf eingehen zu können.

Bei Suizidhandlungen bzw. erfolgreichem Suizid im Jugendalter spielen depressive Störungen und Substanzmissbrauch eine wichtige Rolle (Brent et al. 1993; Marttunen et al. 1991, 1994). Häufig liegt bzw. lag eine komplexe Belastungssituation vor, die aus kritischen Lebensereignissen, schlechter familiärer Funktionsfähigkeit, Depressivität und Drogenkonsum besteht (Windle u. Windle 1997). Substanzmissbrauch ist mit einem 7-fach höheren Risiko für Suizidversuche und einem 15-fach höheren Risiko für vollendete Suizide verbunden (Neeleman u. Farrell 1997). Zusammenfassend lässt sich feststellen, dass frühe Persönlichkeitsmerkmale und psychische Auffälligkeiten wie Aufmerksamkeitsdefizit-/Hyperaktivitätsstörungen, dissoziale Störungen und depressive Störungen das Risiko für einen späteren Drogenmissbrauch deutlich erhöhen (Brook et al. 1998).

7.4 Familiäre Belastungs- und Risikofaktoren

Bei den familiären Faktoren spielen sowohl genetische als auch psychosoziale Risiken eine wichtige Rolle. Hinweise auf eine genetische Disposition lassen sich aus Adoptionsstudien von Dinwiddie und Cloninger (1991) ableiten. Auch Studien an Zwillingen drogenabhängiger Eltern zeigen eine genetische Veranlagung sowohl beim Alkohol als auch beim Drogenkonsum (Comings 1997). Rommelspacher (1998) fasst die Ergebnisse aus Familien-, Adoptions-, Zwillings- und High-risk-Studien dahingehend zusammen, dass Meta-Analysen einen genetischen Anteil bei männlichen Personen von ca. 50 % und bei weiblichen Personen von ca. 25 % für die Alkoholabhängigkeit nachweisen konnten. Auch für den Drogenmissbrauch ist die Komponente der Disposition, wenn auch in geringerem Ausmaß, belegt. Andererseits stellt die biologische Belastung keine unabdingbare Voraussetzung für die Entwicklung abhängigen Verhaltens dar, sondern es müssen noch weitere intervenierende Variablen im Sinne eines „Multipathway-Modells" hinzutreten, das Cadoret et al. (1995) wie folgt beschreiben:

- ein direkter Effekt durch die biologische Belastung
- ein biologischer Effekt über psychische Erkrankungen der Eltern, wie zum Beispiel Antisoziale Persönlichkeitsstörungen oder Störungen des Sozialverhaltens
- belastende psychosoziale Bedingungen in der Familie

Als weitere Belastungen können ein kriminelles Umfeld, die Verfügbarkeit von Drogen sowie ihre Akzeptanz durch die Umgebung und ein Mangel an sozialer Unterstützung hinzutreten (Advisory Council for Missue of Drugs [ACMD] 1998; Brook u. Brook 1990).

In einer klinischen Stichprobe zu familiären Risikofaktoren fand Schuler (1999) bei 49 % der Drogenabhängigen eine Suchtbelastung bei Vater und/oder Mutter. Negative elterliche Vorbilder sowie inkonsistente familiäre Aufsicht, niedriger familiärer Bildungsgrad, überharte Erziehung, negative Eltern-Kind-Interaktionen und chronische Familienkonflikte wirken sich ebenfalls suchtbegünstigend aus (Gabel et al. 1998; Gilvarry 2000). Ungefähr zwei Drittel der von Schuler (1999) untersuchten Gruppe wiesen strukturelle Störungen der Herkunftsfamilie auf. Wichtige Faktoren stellten hierbei Scheidung der Eltern, früher Tod eines Elternteils sowie sexueller Missbrauch in der Kindheit dar. Gilvarry (2000) unterscheidet zwischen Belastungsfaktoren, die sich aus der Familienstruktur, aus einer Abhängigkeitserkrankung der Eltern sowie einem abnormen intrafamiliären Beziehungsmuster ergeben. Insbesondere mütterlicher Alkohol- und/oder Drogenkonsum sowie delinquentes Verhalten erhöhen das Risiko für einen Substanzmissbrauch der Kinder besonders (Gabel et al. 1998). Eine Übersichtsarbeit von Rydelius (1997) kommt zu dem Ergebnis, dass Kinder von alkoholkranken Eltern in vielerlei Hinsicht belastet sind: Es kommt häufiger zu körperlichem und sexuellem Missbrauch, Vernachlässigung, emotionalen Schwierigkeiten, Schulversagen, früher Delinquenz, Alkohol- und Drogenkonsum sowie Kriminalität. Es handelt sich also um komplexe Zusammenhänge zwischen familiären Belastungsfaktoren, psychischen Erkrankungen und Drogenkonsum (ebd.).

Ein Erklärungsmodell für den späteren Substanzmissbrauch bietet die Stress-Vulnerabilitäts-Hypothese, die familiäre und emotionale Belastungen mit der kindlichen Psychopathologie verbindet. So überprüften Kendler et al. (2000) in einer Zwillingsstudie die Effekte von Erziehungsverhalten und späterer psychiatrischer Auffälligkeit. Insbesondere wenig unterstützendes und warmherziges Umgehen von beiden Eltern erhöht das Risiko für spätere Angststörungen und depressive Symptome, die wiederum in einem Zusammenhang mit erhöhtem Suchtverhalten stehen.

Wechselwirkungen zwischen biologischen Reifungsprozessen und sozialen wie familiären Kontexteinflüssen für Alkohol- und Drogengebrauch arbeiteten Silbereisen et al. (1989) heraus. Als ein wichtiger Risikofaktor erwies sich bei Mädchen eine körperliche Frühentwicklung:

Eine protrahierte körperliche Reifung begünstigt Freundschaften mit älteren männlichen Jugendlichen, durch deren Vorbild ein intensiverer Kontakt zu Alkohol und Drogen erfolgt (Silbereisen 1990). In entsprechenden Peergroups finden sich gleichgesinnte Jugendliche zusammen, die Normüberschreitungen gemeinsam begehen. Je früher zum Beispiel ein Marihuana-Missbrauch erfolgt, desto negativer sind die Folgen für die weitere psychische und soziale Entwicklung (Brook et al. 2002). Wie bereits erwähnt, führen schulischer Misserfolg und unbefriedigende soziale Kontakte zu einer stärkeren Anbindung an negative Peergroups. Jugendliche suchen dort Bestätigung, um ihre beeinträchtigte Selbstachtung zu stabilisieren, und geraten dadurch in Kontakt zu Gruppen, in denen Alkohol- und Drogengebrauch praktiziert wird (Silbereisen et al. 1989; Tossmann et al. 1993). Der Kontakt mit devianten und substanzabhängigen Gleichaltrigen ist ein starker Prädiktor sowohl für antisoziales Verhalten als auch für Drogenmissbrauch (Elliot u. Menard 1996; Fergusson et al. 1995). Die Wahrscheinlichkeit, Kontakte mit devianten Gleichaltrigen aufzunehmen, umfasst ein breites Spektrum sozialer, familiärer und individueller Merkmale:

- schlechte Eltern-Kind-Beziehungen und Familienkonflikte (Dishion u. Andrews 1995)
- geringer ökonomischer Status und Benachteiligung (Dishion et al. 1991)
- Ablehnung durch Gleichaltrige und schulische Schwierigkeiten (Blackson et al. 1996)
- früher Beginn von Verhaltensschwierigkeiten und Substanzmissbrauch (Fergusson u. Horwood 1996, 1997)

Fergusson und Horwood (1999) sehen im elterlichen Alkoholmissbrauch, im Rauchen und Drogenmissbrauch, in Delinquenz, niedrigem sozioökonomischen Status, familiären Konflikten, frühem Beginn von Sozialstörungen und sexuellem Missbrauch in der Kindheit Prädiktoren für einen Zugang zu devianten Gruppen und daraus resultierendem Drogenmissbrauch. Je früher ein solches Verhalten einsetzt, desto schlechter ist die Prognose für das Erwachsenenalter (Anthony u. Petronis 1995; Fergusson u. Horwood 1997). Hierbei besteht eine enge Beziehung zwischen kindlicher Aggression, Drogenmissbrauch, späterer Delinquenz und früh beginnender Störung des Sozialverhaltens (Brook et al. 1995, 1996; Dobkin et al. 1995; Stacy u. Newcomb 1995). Persönlichkeitseigenschaften wie Aggression, „schwieriges" Temperament, Impulsivität, Stimmungsschwankungen und interpersonale Beziehungsschwierigkeiten in der Kindheit begünstigen ebenfalls einen späteren Drogenmissbrauch (Block et al. 1988). Obwohl sich die sozialen Normen in den letzten Jahrzehnten deutlich geändert haben, blieben die Risikofaktoren über die Zeit relativ stabil (Hawkins et al. 1992; Rutter 1979).

Protektive Faktoren definieren sich nicht durch die Abwesenheit von belastenden Faktoren, sondern beinhalten eigene Qualitäten (Gilvarry 2000). Hierzu gehören ein positives Temperament, kognitive Fähigkeiten, ein unterstützendes Familiensystem, eine tragfähige Beziehung mit mindestens einem Erwachsenen und externe Verstärkersysteme, die prosoziales Verhalten verstärken (Fergusson u. Lynskey 1996). Risikofaktoren und protektive Faktoren sollten in ihrer Bedeutung für Prävention und Interventionsprogramme erkannt werden.

7.5 Modelle zur Entstehung und Aufrechterhaltung

Für Degkwitz (1998) ist es in der heutigen Debatte um Modelle zur Drogenabhängigkeit ein Gemeinplatz, von „multifaktoriellem Geschehen" zu sprechen. Wenn die Bedeutung aller Faktoren – genetische, biochemische, soziale und persönliche – bei der Genese von Abhängigkeit einbezogen werden muss, kommt es auf die Gewichtung der verschiedenen Faktoren in der Modellbildung an und auf die sich hieraus ableitenden therapeutischen Konsequenzen. Die empirisch gewonnenen Ergebnisse sprechen für folgendes multifaktorielles Entstehungsmodell der Suchtgefährdung: In Anlehnung an Cadoret et al. (1995) steht am Anfang der Entwicklung häufig ein substanzabhängiger Elternteil bzw. Familienangehöriger mit einer Antisozialen Persönlichkeitsstörung bzw. einer Impulskontrollstörung. Zusätzlich zu den biologischen Anteilen und dem negativen Modellverhalten tragen psychosoziale Risiken in Form einer vernachlässigenden, inkonsequenten, wenig warmherzigen Beziehung entscheidend dazu bei, dass sich bei den Kindern bereits im Vorschulalter eine erhöhte Impulsivität, Unruhe und eine geringe Aufmerksamkeitsspanne ausbilden. Das schwierige soziale Umfeld sowie die individuelle Psychopathologie erschweren befriedigende soziale Kontakte, sodass soziale Kompetenzen und Problemlösefertigkeiten nur gering ausgebildet werden können. Hinzu treten schulische Misserfolge, zum Teil durch Teilleistungsstörungen, die zu einer erhöhten Jugenddelinquenz beitragen. Patterson et al. (1989, 1992) konnten eindrucksvoll nachweisen, dass mit Schulversagen die Gefahr des Anschlusses an eine auffällige Peergroup droht, in der dissoziales Verhalten und Drogenkonsum zur Stärkung des Selbstwertes praktiziert werden. Ein kriminelles Umfeld, Verfügbarkeit von Drogen, Toleranz und Akzeptanz von Drogenkonsum sowie fehlende soziale Bindungen und nicht vorhandene Helfersysteme verstärken die negative Entwicklung (Brook u. Brook 1990).

Sozialwissenschaftliche Modelle bringen den Drogenkonsum mit der Bewältigung von Entwicklungsaufgaben im Jugendalter in einen engen Zusammenhang. Der Drogenkonsum steht im Kontext mit den veränderten sozialstrukturellen Rahmenbedingungen für die Persönlichkeitsentwicklung von Kindern und Jugendlichen. Psychologische Modellvorstellungen beziehen sich auf lerntheoretische und psychodynamische Theorien. Hintergründe können hierbei sowohl frühkindliche Mangelerfahrungen sein als auch spätere negative Modelle (Krausz u. Peter 1998). Nach sozialpsychologischen Modellen weisen längsschnittliche Untersuchungen zum Drogenkonsum darauf hin, wie entscheidend die Unterstützung der Peergroup in einer Lebensphase ist, in der sich das Selbstwertgefühl als vulnerabel erweist und der Konsum von Substanzen zu einer Stabilisierung des labilen Selbstwertgefühls führen kann (Fuchs 1998b). Kandel et al. (1993, 2001) entwickelten die „Gateway-Theorie" bzw. „Stage-Theorie" (vgl. auch Kap. 8 in diesem Buch). Hiernach erfolgt der Drogenkonsum von Jugendlichen in typischen Entwicklungsstadien, die sich nach folgenden Phasen unterscheiden lassen:
- eine Phase des Konsums von „legalen" Substanzen wie Nikotin und Alkohol
- eine Phase des Konsums von Marihuana
- eine Phase des Konsums von illegalen Drogen
- der Missbrauch von Kokain
- der Missbrauch von Crack

Auch wenn dieses Entwicklungs- oder Phasenmodell des Drogenkonsums bei einer großen Mehrheit der betroffenen Jugendlichen zutrifft, wurden häufig Abweichungen hiervon beschrieben (Guerra et al. 2000; Martin et al. 1996; Novins u. Baron 2004). Für Fuchs (1998a) geht es unter der sozialpsychologischen Perspektive vor allem darum, Prozesse zu identifizieren, die Krisen verlängern und so zu einem pathologischen Gleichgewicht führen können. Da ein Sozialisationsprozess ohne Krise nicht denkbar sei, rücke hinsichtlich des Drogenkonsums der Zeitabschnitt der Adoleszenz in den Mittelpunkt des Interesses: Wie stabilisiert sich ein Jugendlicher in der Krise? Wie wird das gestörte Gleichgewicht wiederhergestellt? Wie lassen sich Präventions- und Beratungskonzepte für diesen Altersabschnitt planen?

Vielen Jugendlichen und Kindern gelingt es nicht, die in dieser Zeit auf sie einstürmenden belastenden Bedingungen und Erfahrungen zu bewältigen und sie positiv zu verarbeiten. Häufig ist hier externe Unterstützung notwendig, um diesen Kindern dabei zu helfen, gute Beziehungen aufzubauen und sich selbst ein soziales Netzwerk zu schaffen, das eine bessere soziale Adaptation ermöglicht (Rydelius 1997).

7.6 Perspektiven für Früherkennung und Prävention

Wie gelingt es, bei Jugendlichen ein Problembewusstsein in Bezug auf die Folgen des Drogenkonsums aufzubauen und sie für Beratungs- und

Therapiemaßnahmen zu motivieren? Frühe Aufklärung über die negativen Folgen des Drogenkonsums können ebenso helfen wie Früherkennung und rasche Einleitung von entsprechenden Maßnahmen. Dabei ist immer noch zu wenig über die Wirkung von psychosozialen Interventionen sowie von pharmakologischen Ansätzen bei manifestem Drogenkonsum bekannt (Hopfer et al. 2003). Trotz hoher Belastungen mit psychischen Störungen gelangen nur wenige Jugendliche mit Drogenabhängigkeit in entsprechende Behandlungssettings (Jaycox et al. 2003). So fordert auch Remschmidt (2002) Präventionsmaßnahmen, die darauf abzielen, schon bei Kindern Lebensweisen, Einstellungen und Werthaltungen so zu prägen, dass Alkohol- und Drogenkonsum als Mittel zur Problemlösung ausscheiden. Darüber hinaus geht es vor allem darum, bereits im Vorschulalter Risikogruppen zu erkennen, da Verhaltensauffälligkeiten wie Hyperaktivität, Impulsivität, aggressiv-expansives Verhalten, mangelnde Selbstkontrolle und deutliche Defizite in den sozial adaptiven Fähigkeiten überzufällig häufig mit späteren Suchterkrankungen assoziiert sind (ebd.). Die durch ein solches Screening erreichte Risikogruppe sollte einer gezielten Elternberatung sowie speziellen Förderangeboten zugeführt werden, um andere spätere Auffälligkeiten zu verhindern. Insbesondere Präventionsprogramme in Schulen haben einen signifikanten Effekt, auch über einen Zeitraum von mehreren Jahren, wenn die gefährdeten Schüler erreicht werden (Botvin et al. 1995). White und Pitts (1998) kommen aufgrund ihrer Meta-Analyse zu dem Ergebnis, dass es vor allem um eine Verbesserung von allgemeinen Kompetenzen geht, neben der Fähigkeit, sich Drogen gegenüber kritisch zu verhalten, wobei die Interventionen intensiv und über eine längere Zeit durchgeführt werden müssen. Tobler (1997) unterteilt die Präventionsprogramme in zwei Hauptgruppen: die nur Wissen vermittelnden, nichtinteraktiven sowie die interaktiven Programme, die soziale Einflüsse und Bewältigungsstrategien mit aufnehmen. Insgesamt haben sich die Effekte der interaktiven Programme als deutlich besser erwiesen, da man hier den Schwerpunkt auf spezifische Interventionen bei bestimmten Gruppen legen konnte. In Übereinstimmung mit den multifaktoriellen Entstehungsmodellen des Drogenmissbrauchs ziehen Chilcoat und Breslau (1999) aus ihrer epidemiologischen Studie „Pathways from ADHD to early drug use" folgende Konsequenzen für ein Beratungs- und Behandlungskonzept:

- möglichst frühe psychoedukative Maßnahmen und Unterstützung für die Eltern
- eine Verringerung des Einflusses negativer Peergroups
- eine rechtzeitige Erkennung der Risikogruppe von hyperaktiven, impulsiven und teilleistungsgestörten Kindern mit familiären Belastungen und weiteren psychosozialen Risiken

Gilvarry (2000) plädiert ebenfalls dafür, an vulnerablen Gruppen multifokussierte Präventionsprogramme durchzuführen. Da Substanzmissbrauch kein isoliertes Problem darstellt, ist es notwendig, die begleitenden belastenden Umgebungsvariablen sowie die häufigen Entwicklungsdefizite zu erkennen, um gezielte Hilfen anzubieten.

Literatur

Advisory Council on the Misuse of Drugs – ACMD (1998). Drug Misuse and the Environment. London: HMSO.

Amendt G (2003). „No Drugs, No Future". Drogen im Zeitalter der Globalisierung. Hamburg: Europa Verlag.

Anthony JC, Petronis KR (1995). Early onset drug use and risk of later drug problems. Drug Alcohol Depend; 40: 9–15.

Basdekis-Jozsa R (2000). Psychiatrische Komorbidität bei Suchterkrankungen. In: Krausz M, Haasen C (Hrsg). Kompendium Sucht. Stuttgart, New York: Thieme; 105–18.

Biederman J, Wilens T, Mick E, Faraone S, Weber W, Curtis S, Thornnell E, Pfister K, Jetton JG, Soriano J (1997). Is ADHD a risk factor for psychoactive substance use disorders? Findings from a four-year prospective follow-up study. J Am Acad Child Adolesc Psychiatry; 36: 21–9.

Blackson TC, Tarter R, Loeber R, Ammermann R, Windle M (1996). The influence of paternal substance abuse and difficult temperament in fathers and sons on son's disengagement from family to deviant peers. J Youth Adolesc; 25: 389–411.

Blaeser-Kiel G (2003). „Safer use" ist für Teens keine Alternative zur Abstinenz. Dtsch Ärztebl; 100(34–35): B1834–B1835.

Block J, Block JH, Keyes S (1988). Longitudinally foretelling drug use in adolescence: early childhood personality and environmental precursors. Child Dev 59; 336–55.

Botvin G, Baker E, Dusenbury L, Botvin E, Diaz T (1995). Long-term follow-up results of a randomised drug abuse prevention trial in a white middleclass population. J Am Med Assoc; 273: 1106–12.

Brent DA, Perper JA, Moritz G, Allman G, Friend A, Roth C, Schweers J, Balach L, Baugher M (1993). Psychiatric risk factors for adolescent suicide: a case-control study. J Am Acad Child Adolesc Psychiatry; 32: 521–9.

Brook D, Brook J (1990). The etiology and consequences of adolescent drug use. In: Watson R (ed). Drug and Alcohol Abuse Prevention. Clifton, NJ: Humana Press; 339–62.

Brook J, Whiteman M, Finch S, Cohen P (1995). Aggression, intrapsychic stress and drug use. Antecedent and intervening processes. J Am Acad Child Adolesc Psychiatry; 35: 1076–84.

Brook J, Whiteman M, Finch S, Cohen P (1996). Young adult drug use and delinquency: childhood antecedents and adolescent mediators. J Am Acad Child Adolesc Psychiatry; 35: 1584–92.

Brook J, Cohen P, Brook D (1998). Longitudinal study of co-occurring psychiatric disorders and substance use. J Am Acad Child Adolesc Psychiatry; 37: 322–30.

Brook JS, Adams RE, Balka EB, Johnson E (2002). Early adolescent marijuana use: risks for the transition to young adulthood. Psychol Med; 32: 79–91.

Bukstein O, Glancy L, Kaminer Y (1992). Patterns of affective comorbidity in a clinical population of dually diagnosed adolescent substance abusers. J Am Acad Child Adolesc Psychiatry; 31: 1041–5.

Cadoret RJ, Yates W, Troughton E, Woodworth G, Stewart M (1995). Adoption study demonstrating two genetic pathways to drug abuse. Arch Gen Psychiatry; 52: 42–52.

Chilcoat HD, Breslau N (1999). Pathways from ADHD to early drug use. J Am Acad Child Adolesc Psychiatry; 38: 1347–54.

Cloninger CR, Sigvardsson S, Bohman M (1988). Childhood personality predicts alcohol abuse in young adults. Alcoholism Clin Exp Res; 12: 494–505.

Comings DE (1997). Genetics aspects of childhood behavioural disorders. Child Psychiatry Hum Dev; 27: 139–50.

Degkwitz P (1998). Sozialwissenschaftliche Modelle. In: Gölz J (Hrsg). Moderne Suchtmedizin. Stuttgart, New York: Thieme; B 2/2–10.

Deykin E, Buka S (1997). Prevalence and risk factors for post-traumatic stress disorder among chemically dependent adolescents. Am J Psychiatry; 154: 752–7.

Dinwiddie SH, Cloninger CR (1991). Family and adoption studies in alcoholism and drug addiction. Psychiatr Ann; 21: 204–6.

Dishion T, Andrews D (1995). Preventing escalation in problem behaviours with high-risk young adolescents: immediate and 1-year outcomes. J Consult Clin Psychol; 63: 538–48.

Dishion T, Patterson GR, Stoolmiller M, Skinner ML (1991). Family, school and behavioural antecedents of early adolescent involvement with antisocial peers. Dev Psychol; 27: 172–80.

Dobkin PL, Trembla RE, Masse LC, Vitaro F (1995). Individual and peer characteristics in predicting boys early onset of substance abuse: a seven-year longitudinal study. Child Dev; 66: 1198–214.

Elliot DS, Menard S (1996). Delinquent friends and delinquent behaviour: temporal and developmental patterns. In: Hawkins D (ed). Delinquency and Crime: Current Theories. Cambridge, MA: Cambridge University Press; 28–67.

Fergusson D, Horwood L (1996). The role of adolescent peer affiliations in the continuity between childhood behavioural adjustment and juvenile offending. J Abnorm Child Psychol; 24: 205–21.

Fergusson D, Horwood L (1997). Early onset of cannabis use and psychosocial adjustment in young adults. Addiction; 92: 279–96

Fergusson D, Horwood L (1999). Prospective childhood predictors of deviant peer affiliations in adolescence. J Child Psychol Psychiatry; 40: 581–92.

Fergusson D, Lynskey M (1996) Adolescent resilience to family adversity. J Child Psychol Psychiatry; 37: 281–92.

Fergusson D, Horwood L, Lynskey M (1995). The prevalence and risk factors associated with abusive or hazardous alcohol consumption in 16-year-olds. Addiction; 90: 935–46.

Franzkowiak P (1986). Risikoverhalten und Gesundheitsbewusstsein bei Jugendlichen. Berlin, Heidelberg, New York: Springer.

Friedman AS, Kramer S, Kreisher C, Granick S (1996). The relationship of substance abuse to illegal and violent behaviour in a community sample of young adult African-American men and women (gender differences). J Subst Abuse; 8: 379–402.

Fuchs WJ (1998a). Sozialpsychologische Modelle. In: Gölz J (Hrsg). Moderne Suchtmedizin. Stuttgart, New York: Thieme; B 2.3/1–2.

Fuchs WJ (1998b). Verlaufsstudien/Prognose. In: Gölz J (Hrsg). Moderne Suchtmedizin. Stuttgart, New York: Thieme; B 10/1–3.

Gabel S, Stallings M, Young S, Schmitz S, Crowley T, Fulker D (1998). Family variables in substance misusing male adolescents: the importance of maternal disorder. Am J Drug Alcohol Abuse; 24: 61–84.

Gilvarry E (2000). Substance abuse in young people. J Child Psychol Psychiatry; 41: 55–80.

Grilo CM, Becker DF, Walker ML, Levy KN, Edell WS, McGlashan TH (1995). Psychiatric comorbidity in adolescent inpatients with substance use disorders. J Am Acad Child Adolesc Psychiatry; 34: 1085–91.

Guerra LM, Romano PS, Samuels SJ, Kass PH (2000). Ethnic differences in adolescent substance initiation sequences. Arch Pediatr Adolesc Med; 154: 1089–95.

Hawkins JD, Catalano RF, Miller JY (1992). Risk and protective factors for alcohol and other drug problems in adolescence and early adulthood: implications for substance abuse prevention. Psychol Bull; 112: 64–105.

Heyman R (1998). The old „ounce of prevention". Arch Pediatr Adolesc Med; 152: 943–44.

Hopfer CJ, Khuri E, Crowley TJ (2003). Treating adolescent heroin use. J Am Acad Child Adolesc Psychiatry; 42: 609–11.

Horner BR, Scheibe KE (1997). Prevalence and implications of attention-deficit hyperactivity disorder among adolescents in treatment for substance abuse. J Am Acad Child Adolesc Psychiatry; 36: 30–6.

Hovens J, Cantwell D, Kiriakos R (1994). Psychiatric comorbidity in hospitalised adolescent substance abusers. J Am Acad Child Adolesc Psychiatry; 33: 476–83.

Hurrelmann K (2002). Jugendliche. In: Fengler J (Hrsg). Handbuch der Suchtbehandlung. Landsberg Lech: Ecomed; 259–64.

Hurrelmann K, Bründel H (1997). Drogengebrauch – Drogenmissbrauch. Darmstadt: Wissenschaftliche Buchgesellschaft.

Jaycox L, Morral AR, Juvonen J (2003). Mental health and medical problems and service use among adolescent substance users. J Am Acad Child Adolesc Psychiatry; 42: 701–9.

Kandel D, Yamaguchi K (1993). From beer to crack: developmental patterns of drug involvement. Am J Publ Health; 83: 851–5.

Kandel D, Davies M, Karus R, Yamuguchi K (1986). The consequences in young adulthood of adolescent drug involvement. Arch Gen Psychiatry; 43: 746–54.

Kandel D, Huang F-Y, Davies M (2001). Comorbidity between patterns of substance use dependence and psychiatric syndromes. Drug Alcohol Depend; 64: 233–41.

Kendler KS, Myers J, Prescott CA (2000). Parenting and adult mood, anxiety and substance use disorders in female twins: an epidemiological, multi-informant, retrospective study. Psychol Med; 30: 281–324.

Kessler RC, Nelson CB, McGonagle KA, Edlung MJ, Frank RG, Leaf PJ (1996). The epidemiology of cooccurring addictive and mental disorders; implications for prevention and service utilisation. Am J Orthopsychiatry; 50: 36–43.

King C, Ghaziuddin N, McGovern L, Brand E, Hill E, Naylor M (1996). Predictors of comorbid alcohol and substance abuse in depressed adolescents. J Am Acad Child Adolesc Psychiatry; 35: 743–51.

Kokotailo PK, Adger H, Duggan AK, Repke J, Joffe A (1992). Cigarette, alcohol and other drug use by school-age pregnant adolescents: prevalence, detection, and associated risk factors. Paediatrics; 90: 328–34.

Kramer TI, Robbins JM, Phillips SD, Miller TL, Burns BJ (2003). Detection and outcomes of substance use disorders in adolescents seeking mental health treatment. J Am Acad Child Adolesc Psychiatry; 42: 1318–26.

Krausz M, Peter H (1998). Psychodynamische und psychologische Modelle. In: Gölz J (Hrsg). Moderne Suchtmedizin. Stuttgart, New York: Thieme; B 2.4/1–6.

Lehmkuhl G (2002). Indikatoren der Suchtgefährdung bei Jugendlichen: Hinweise zur Anamnese und Diagnose. In: Farke W, Graß H, Hurrelmann K (Hrsg). Drogen bei Kindern und Jugendlichen. Stuttgart, New York: Thieme; 30–8.

Mannuzza S, Gittelman-Klein R, Bonagura N, Malloy P, Giampino T, Addali K (1991). Hyperactive boys almost grown up. V. Replication of psychiatric status. Arch Gen Psychiatry; 48: 77–83.

Martin CS, Kaczynski NA, Maisto SA, Tarter RE (1996). Polydrug use in adolescent drinkers with and without DSM-IV alcohol abuse and dependence. Alcoholism: Clin Exp Res; 20: 1099–108.

Marttunen MJ, Aro HM, Henriksson MM, Lonnqvist JK (1991). Mental disorders in adolescent suicide: DSM-III-R axes I and II diagnosis in suicides among 13-19-year-olds in Finland. Arch Gen Psychiatry; 48: 834–9.

Marttunen MJ, Aro HM, Henriksson MM, Lonnqvist JK (1994). Psychosocial stressors more common in adolescent suicides with alcohol abuse compared with depressive adolescent suicides. J Am Acad Child Adolesc Psychiatry; 33: 490–7.

Myers M, Stewart D, Brown S (1998). Progression from conduct disorder to antisocial personality disorder following treatment for adolescent substance abuse. Am J Psychiatry; 155: 479–85.

Neeleman J, Farrell M (1997). Suicide and substance misuse. Br J Psychiatry; 171: 303–4.

Nika E, Briken P (2004). Suchtbehandlung unter besonderen Bedingungen. In: Krausz M, Haasen C (Hrsg). Kompendium Sucht. Stuttgart, New York: Thieme; 129–42.

Novins DK, Baron AE (2004). American indian substance use: the hazards for substance use initiation and progression for adolescents aged 14 to 20 years. J Am Acad Child Adolesc Psychiatry; 43: 316–24.

Palentien C, Hurrelmann K (1999). Soziologische Veränderungen des Jugendalters. In: Palitzsch D (Hrsg). Jugendmedizin. München: Urban & Fischer; 62–79.

Patterson GR, DeBaryshe BD, Ramsey E (1989). A developmental perspective on antisocial behaviour. Am Psychologist; 44: 329–35.

Patterson GR, Reid JB, Dishion TJ (1992). Antisocial Boys. Castalia: Eugene.

Petraitis J, Flay BR, Miller TQ (1995). Reviewing theories of adolescent substance use: organizing pieces in the puzzle. Psychol Bull; 117: 67–86.

Pulkkinin I, Pithauen T (1994). A prospective study of the precursors to problem drinking in young adulthood. J Stud Alcohol; 55: 578–87.

Remschmidt H (2002). Alkoholabhängigkeit bei jungen Menschen. Dtsch Ärztebl; 99: B648–B653.

Remschmidt H, Schmidt MH (2000). Störungsbilder in der Kinder- und Jugendpsychiatrie. In: Helmchen H, Henn F, Lauter H, Sartorius N (Hrsg). Psychiatrie der Gegenwart. Bd. 3. 4. Aufl. Berlin, Heidelberg, New York: Springer; 103–204.

Riggs P, Baker S, Mikulich S, Young S, Crowley T (1995). Depression in substance-dependent delinquents. J Am Acad Child Adolesc Psychiatry; 34: 764–71.

Rohde P, Lewinsohn P, Seeley J (1996). Psychiatric comorbidity with problematic alcohol use in high school students. J Am Acad Child Adolesc Psychiatry; 35: 101–9.

Rommelspacher H (1998). Modelle der Abhängigkeit: Biologische Modelle. In: Gölz J (Hrsg). Moderne Suchtmedizin: Diagnostik und Therapie der somatischen, psychischen und sozialen Syndrome. Stuttgart, New York: Thieme; B 2.1/1–9.

Rutter M (1979). Changing Youth in a Changing Society. Cambridge, MA: Harvard University Press.

Rydelius PA (1997). Annotation: are children of alcoholics a clinical concern for child and adolescent psychiatrists of today? J Child Psychol Psychiatry; 38: 615–24.

Schmitt-Rodermund E (1999). Entwicklungsorientierte Prävention am Beispiel des Drogengebrauchs im Jugendalter. In: Oerter R, von Hagen C, Röper G, Noam G (Hrsg). Klinische Entwicklungspsychologie. Weinheim: Beltz Psychologie Verlags Union; 421–36.

Schuler S (1999). Drogenmissbrauch und Sucht. In: Palitzsch D (Hrsg). Jugendmedizin. München: Urban & Fischer; 732–50.

Shaffer D, Gould M, Fisher P, Trautmann P, Moreau G, Kleinman M, Flory M (1996). Psychiatric diagnosis in child and adolescent suicide. Arch Gen Psychiatry; 53: 339–48.

Silbereisen RK (1990). Konsum von Alkohol und Drogen über die Lebensspanne. In: Schwarzer R (Hrsg). Gesundheitspsychologie. Göttingen: Hogrefe; 169–84.

Silbereisen R, Kastner P (1985). Entwicklungstheoretische Perspektiven für die Prävention des Drogengebrauchs Jugendlicher. In: Brandstädter J, Gräser H (Hrsg). Entwicklungsberatung unter dem Aspekt der Lebensspanne. Göttingen: Hogrefe; 83–102.

Silbereisen RK, Petersen AC, Albrecht HAT, Kracke B (1989). Maturational timing and the development of problem behavior. Longitudinal studies in adolescence. J Early Adolesc; 9: 247–68.

Stacy AW, Newcomb MD (1995). Long-term social-psychological influences on deviant attitudes and criminal behaviour. In: Kaplan H (ed). Drugs, Crime, and Other Deviant Adaptations: Longitudinal Studies. New York: Plenum Press; 99–127.

Swendsen J, Merikangas K, Canino G, Kessler R, Rubio-Stipec M, Angst J (1998). The comorbidity of anxiety and depressive disorders in four geographic communities. Compr Psychiatry; 39: 176–84.

Thomasius R (1991). Drogenkonsum und Abhängigkeit bei Kindern und Jugendlichen. Sucht; 37: 4–19.

Thompson LL, Riggs PD, Mikulich SK, Crowley TJ (1996). Contribution of ADHS symptoms to substance problems and delinquency in conduct disordered adolescents. J Abnorm Child Psychol; 24: 325–47.

Tobler N (1997). Meta-analysis of adolescent drug prevention programs: results of the 1933 meta-analysis. In: Bukoski E (ed). Meta-analysis of Drug Abuse Prevention Programs. Research Monograph Series 170, NIH Publication No 97-4146. Rockville, MD: National Institute on Drug Abuse; 5–68.

Tossmann HP, Soellner R, Kleiber D (1993). Cannabis-Konsummuster und Gefährdungspotential. In: Deutsche Hauptstelle gegen die Suchtgefahren (Hrsg). Jahrbuch Sucht 94. Geesthacht: Neuland.

White D, Pitts M (1998). Educating young people about drugs: a systematic review. Addiction; 93: 1475–87.

Wilmsdorff M, Banger M (1996). Geschlechtsspezifische Akzentuierung des akuten Alkoholentzugssyndroms. In: Möller HJ, Müller-Spahn F, Kurtz G (Hrsg). Aktuelle Perspektiven der Biologischen Psychiatrie. Wien: Springer; 385–6.

Windle R, Windle M (1997). An investigation of adolescents substance use behaviours, depressed affect, and suicidal behaviours. J Child Psychol Psychiatry; 38: 921–9.

Wittchen HU, Nelson CB, Lachner G (1998). Prevalence of mental disorders and psychosocial impairments in adolescents and young adult. Psychol Med; 28: 109–26.

Wittenborn D (2003). Flirt mit dem Ich. Frankfurter Allgemeine Zeitung; 141, 21.6.2003: 33.

8 Vorläufersyndrome von Suchtstörungen

Ute Koglin und Franz Petermann

In unserem Kulturkreis ist der Konsum von Alkohol und Drogen weit verbreitet. Dabei ist das Jugendalter zumeist der Altersabschnitt, in dem zum ersten Mal Erfahrungen mit Alkohol und anderen Substanzen gesammelt werden. Etwa 95% der Jugendlichen berichten, bis zum 18. Lebensjahr schon einmal Alkohol getrunken zu haben (Holly et al. 1997). Es liegt damit auf der Hand, dass Abstinenz bereits in dieser Altersstufe eher die Ausnahme als die Regel ist. Das Erlernen eines angemessenen Umgangs mit Alkohol wird daher immer öfter als typische Entwicklungsaufgabe des Jugendalters bezeichnet (vgl. Glantz 2002). Aus epidemiologischen Untersuchungen in Deutschland ist jedoch bekannt, dass zwischen 12 und 18% der Jugendlichen diese Entwicklungsaufgabe nicht bewältigen, sondern bereits in diesem Altersabschnitt von einer Störung durch Substanzkonsum (SSK) betroffen sind (Essau et al. 1998; Wittchen et al. 1998). Durch den Missbrauch von Substanzen erleben die Jugendlichen häufig negative Konsequenzen wie Schwierigkeiten in der Schule oder Probleme mit dem Gesetz (Beitchman et al. 1999). Es stellt sich die Frage, welche Faktoren dazu führen, dass einige Jugendliche an dieser Entwicklungsaufgabe scheitern. Eine genaue Antwort auf diese Frage kann dazu genutzt werden, frühzeitig gefährdete Kinder zu identifizieren und geeignete präventive Maßnahmen zu entwickeln.

Unser Ziel ist es, einen Überblick über Vorläufersyndrome von SSK im Jugendalter zu geben. In dieser Zielformulierung ist bereits ein zentraler Aspekt der Ätiologie von Suchtstörungen enthalten. Suchtstörungen treten nicht plötzlich im Jugendalter auf. Vielmehr wird aus der Entwicklungspsychopathologie nahe gelegt, sie als ein Entwicklungsergebnis zu einem bestimmten Zeitpunkt auf einem Zeitkontinuum zu betrachten (vgl. Cicchetti u. Rogosch 1999). Als Vorläufersyndrome von Suchtstörungen können entsprechend Abweichungen von einem normativen Entwicklungsverlauf bezeichnet werden, die mit einer erhöhten Wahrscheinlichkeit für SSK verbunden sind. Sie können zur Erklärung herangezogen werden, warum zum Beispiel einige Jugendliche keinen angemessenen Umgang mit Alkohol erlernen, sondern – im Sinne der „Gateway-Hypothese" von Kandel (Kandel u. Yamaguchi 1999) – mit dem Alkoholkonsum beginnen und fortschreitend häufiger und mehr Substanzen konsumieren.

8.1 Risikofaktoren

Um abweichende Entwicklungsverläufe aufzudecken, können zunächst Risikofaktoren identifiziert werden, die die Wahrscheinlichkeit für das Auftreten von Substanzkonsum und den missbräuchlichen Konsum von Substanzen erhöhen. Aktuell liegen einige Studien vor, die solche Risikofaktoren identifizieren (zusammenfassend: Hawkins et al. 1992; Scheithauer et al. 2003; s. dazu auch die Abschnitte V und VI in diesem Buch). Fokussiert wurden dabei Besonderheiten der Person sowie der Umwelt, wobei zunehmend Wechselwirkungen zwischen diesen Merkmalsgruppen betrachtet werden (vgl. Tab. 8-1).

Jugendliche mit SSK fallen oftmals schon in der Kindheit durch problematisches Verhalten auf. Sie haben nicht selten ein schwieriges Temperament, das durch eine erhöhte Irritabilität, eine mangelnde Verhaltenshemmung und eine negative Emotionalität gekennzeichnet ist (Wills u. Stoolmiller 2002). Im Kindesalter werden sie von ihren Eltern und Lehrern als trotziger, oppositioneller und aggressiver bezeichnet (Loeber et al. 1999). In der Schule können Leistungsprobleme auftreten, aber auch Schwierigkeiten mit Gleichaltrigen, von denen sie aufgrund ihrer Verhaltensprobleme häufiger abgelehnt werden (Dishion u. Owen 2002). Die Ablehnung durch

Tab. 8-1 Risikofaktoren für Störungen durch Substanzkonsum.

kindliche Risiken	familiäre Risiken	Risiken des sozialen Umfelds
• genetische Prädisposition • physiologische Auffälligkeiten: vermehrt niedrigfrequente Wellen im EEG, veränderte MAO-Aktivität • schwieriges Temperament: Irritabilität, mangelnde Verhaltenshemmung • Verhaltensstörungen: aufsässiges, aggressives und dissoziales Verhalten, emotionale Probleme • geringes Selbstwertgefühl • schulische Probleme • Ablehnung durch Gleichaltrige • deviante Freunde	• dysfunktionale Eltern-Kind-Interaktionen: inkonsistente Erziehungspraktiken, geringe Supervision, körperliche Bestrafung, Misshandlung • familiäre Konflikte • Scheidung der Eltern • psychische Störung der Eltern: Alkohol- oder Drogenmissbrauch und -abhängigkeit, Depression • Kriminalität des Vaters • geringe Schul- oder Berufsausbildung der Eltern • finanzielle Probleme	• negatives Wohnumfeld: hohe Kriminalitätsrate, geringe Qualität nachbarschaftlicher Beziehungen • leichte Verfügbarkeit von Alkohol und Drogen • ungünstige Gesetze und Normen: niedrige Altersgrenze, geringe Preise

Gleichaltrige begünstigt den Anschluss an Jugendliche mit ähnlichen Problemen, wodurch das abweichende Verhalten verstärkt wird.

Die Schwierigkeiten der Kinder gehen nicht selten mit einer Reihe familiärer Probleme einher. Im Zusammenhang mit einem schwierigen Temperament des Kindes und frühen Verhaltensproblemen ist die Beziehung zwischen dem Kind und seinen Eltern oftmals beeinträchtigt. Die Eltern verwenden vermehrt einen inkonsistenten Erziehungsstil und setzen körperliche Bestrafung ein (vgl. Dunn et al. 2002). Zwischen den Eltern gibt es mehr Konflikte, und die Anzahl Alleinerziehender ist in diesen Familien signifikant höher (Keller et al. 2002). Empirisch gesichert ist zudem, dass Jugendliche mit SSK häufiger Eltern haben, die ebenfalls Alkohol oder Drogen missbrauchen (Hopfer et al. 2003). Besonders Söhne aus Suchtfamilien haben ein deutlich erhöhtes Risiko, im Jugendalter eine SSK zu entwickeln (vgl. Zobel 2000). Die Mütter der Kinder sind häufiger durch Depressionen beeinträchtigt, und über die Väter wird mehr kriminelles Verhalten berichtet (Keller et al. 2002). Hinzu kommt nicht selten eine schwierige finanzielle Lage im Zusammenhang mit einer geringen Schul- oder Berufsausbildung bzw. Arbeitslosigkeit der Eltern.

Jugendliche mit SSK wachsen häufiger in einem von Armut und Kriminalität geprägten nachbarschaftlichen Milieu auf (Luthar u. Cushing 1999). Dies trifft insbesondere auf innerstädtische Wohngebiete mit wenig sozialen Ressourcen zu, in denen Alkohol und Drogen meistens leichter verfügbar sind.

Die Auflistung der Risikofaktoren lässt bereits vermuten, dass diese nicht unabhängig voneinander auftreten. Entsprechend lässt sich zusammenfassend festhalten, dass Multi-Problem-Jugendliche aus einem Multi-Problem-Milieu das größte Risiko für eine SSK haben (Blackson et al. 1999). Einzelne Risikofaktoren wie Ablehnung durch Gleichaltrige oder geringe schulische Leistungen sind daher weder notwendige noch hinreichende Faktoren für das Auftreten einer SSK (vgl. Cicchetti u. Rogosch 2002). Zudem hat sich gezeigt, dass die Bedeutung der Risikofaktoren vom sozialen Kontext abhängig ist, in dem sie auftreten. Hussong und Hicks (2003) berichten beispielsweise, dass Jugendliche mit devianten Freunden mehr trinken, wenn die Beziehungen zu den Freunden nur von geringer Qualität sind (fehlende Intimität und Loyalität).

Es ist zudem sinnvoll, zwischen Risikofaktoren für den Konsum von Substanzen und Risikofaktoren für den Missbrauch oder die Abhängigkeit von Substanzen zu unterscheiden. Dies ist damit zu begründen, dass ein gewisses Ausmaß an Erfahrung im Umgang mit Alkohol und anderen Substanzen in unserer Gesellschaft als normal angesehen werden kann und nur wenige Jugendliche, die Substanzen konsumieren, auch eine SSK entwickeln (vgl. Glantz 1992). In diesem Kontext untersuchten Stice et al. (1998) in einer prospektiven Längsschnittstudie mit 12- bis 17-Jährigen, ob soziale Faktoren eher mit Substanzkonsum und individuelle Merkmale eher mit SSK in Verbindung stehen. Sie konnten besonders psychische Störungen wie aggressives Verhalten oder depressive und ängstliche Symptome als direkte Prädiktoren eines problematischen Konsums von Substanzen identifizieren. Je mehr Jugendliche von externalisierenden oder internalisierenden Problemen berichtet hatten, desto mehr Probleme hatten sie ein Jahr später durch den Konsum von Alkohol. Dabei wurde das Ausmaß des aktuellen Konsums kontrolliert, das heißt, die psychopathologischen Probleme standen direkt mit den negativen Konsequenzen in Verbindung und nicht nur mit der aktuellen Häufigkeit des Alkoholkonsums. Die Autoren schließen aus diesen Ergebnissen, dass Jugendliche mit externalisierenden Verhaltensproblemen im Vergleich mit unauffälligen Jugendlichen, die ebenfalls Alkohol konsumieren, mehr negative Konsequenzen durch den Alkoholkonsum (z. B. Schwierigkeiten mit dem Gesetz) erleben. Bezogen auf Jugendliche mit internalisierenden Störungen, wird vermutet, dass diese mehr negative Konsequenzen erleben, da sie aufgrund ihrer depressiven oder ängstlichen Symptome möglicherweise zu unangemessenen Zeiten oder Situationen (etwa morgens in der Schule) Alkohol konsumieren, um die Symptome zu reduzieren.

8.2 Komorbidität von Störungen durch Substanzkonsum

Das gemeinsame Auftreten von SSK mit anderen psychischen Störungen wurde auch in einer Anzahl weiterer Studien untersucht (Clark et al. 1999; Costello et al. 1999; Kandel et al. 1999a, 1999b). Die hohe Komorbidität von SSK mit anderen psychischen Störungen wird ebenfalls als Hinweis auf multiple ätiologische Pfade verstanden. Beispielsweise fanden Essau et al. (1998) in der Bremer Jugendstudie bei 37 % der Jugendlichen mit einer SSK mindestens eine weitere Störung und bei weiteren 13 % sogar mindestens zwei weitere Störungen. Die Ergebnisse dieser nationalen Studie stimmen relativ gut mit einer Übersichtsarbeit von Armstrong und Costello (2002) überein, welche sich auf 15 internationale Studien beziehen. Sie kommen zu dem Ergebnis, dass 60 % der Jugendlichen, die von Substanzkonsum, -missbrauch oder -abhängigkeit berichteten, die Kriterien für eine weitere Störung erfüllen. Diese bezog sich am häufigsten auf eine Störung des Sozialverhaltens, oppositionelles Trotzverhalten und Depression. Ferner gehen komorbide Störungen mit einem früheren Beginn von Substanzkonsum und -missbrauch einher. Ein besseres Verständnis über diese Komorbidität kann dazu führen, dass die Kenntnis über die Ätiologie und den Verlauf von Störungen durch Substanzkonsum verbessert wird.

Zur Erklärung des gemeinsamen Auftretens wurde eine Reihe von Modellen und Mechanismen herangezogen. Prominent ist die Annahme, dass Substanzmissbrauch eine direkte Reaktion auf psychische Auffälligkeiten darstellt, welche durch Selbstmedikation reduziert werden soll (vgl. Glantz 2002). In diesem Fall wird eine entwicklungsbezogene Komorbidität angenommen, das heißt, eine chronologisch früher herausgebildete Störung ist Voraussetzung für eine spätere Störung (Niebank u. Petermann 2002). Umgekehrt wird auch vermutet, dass eine Störung durch Substanzkonsum andere psychiatrische Symptome verursacht oder intensiviert. Eine dritte Möglichkeit ist das Vorliegen eines gemeinsamen Faktors, der beiden Störungen zugrunde liegt. Interessant ist in diesem Kontext, dass sich keine Hinweise auf eine substanzspezifische Komorbidität ergeben haben und sich kein Anstieg der Komorbidität in Abhängigkeit von der Schwere einer SSK zeigt (Armstrong u. Costello 2002).

Im Folgenden wird ein Überblick über die Beziehung zwischen SSK und externalisierenden sowie internalisierenden Störungen gegeben, wobei jeweils empirische Ergebnisse dahingehend diskutiert werden, inwiefern die spezifischen psychischen Auffälligkeiten als Vorläufer einer SSK angesehen werden können. Dazu wur-

Tab. 8-2 Übersicht über prospektive Längsschnittstudien, die den Zusammenhang zwischen externalisierenden und internalisierenden Verhaltensproblemen und Substanzkonsum, -missbrauch und -abhängigkeit im Jugendalter untersuchten.

Autoren	Stichprobe	Alter	Follow-up	Ergebnisse
Beitchman et al. (1999)	258 Kinder (Kinder mit Sprech-/Sprachstörungen und Kontrollgruppe)	5 Jahre	14 Jahre	Unabhängig von Sprech-/Sprachstörungen weisen Kinder, deren Mütter vermehrt von internalisierenden und externalisierenden Problemen im Alter von 5 Jahren berichteten, häufiger eine SSK auf. Ein hohes Ausmaß externalisierender Probleme nach Einschätzung der Erzieherinnen steht bei den Kindern der Kontrollgruppe signifikant mit SSK im Jugendalter im Zusammenhang.
Biederman et al. (1997)	140 Kinder mit ADHS und 120 Kinder in der Kontrollgruppe	1,6 Jahre	4 Jahre	Es besteht ein signifikanter Zusammenhang zwischen SSV und SSK bei Kindern mit ADHS und in der Kontrollgruppe, jedoch kein erhöhtes Risiko für SSK durch SOT, Major Depression und Angststörungen.
Brook et al. (1995)	500 Kinder	5 bis 10 Jahre	8 Jahre	Aggressives Verhalten ist ein signifikanter Prädiktor für den Konsum von legalen und illegalen Substanzen. Der Zusammenhang wird durch Unkonventionalität (z. B. Toleranz von deviantem Verhalten) und emotionale Probleme vermittelt.
Costello et al. (1999)	1420 Kinder	9, 11 und 13 Jahre	jährlich bis zum Alter von 16 Jahren	SSV gehen mit einem stärkeren Konsum von Substanzen und SSK einher. Depressionen stehen signifikant mit dem Konsum von Substanzen in Verbindung und bei Jungen zudem mit SSK. Beide Störungen sind mit einem früheren Beginn von Substanzkonsum verbunden. Kinder mit Angststörungen haben kein erhöhtes Risiko für Substanzkonsum oder -missbrauch.
Loeber et al. (1999)	500 Jungen	3 Alterskohorten: 6,9, 10,2, 13,4 Jahre	6 bis 8 Untersuchungen über 3 bis 4 Jahre	Persistent delinquentes Verhalten steht signifikant mit chronischem Substanzkonsum in Verbindung. Die Beziehung zwischen ADHS und chronischem Substanzkonsum ist nicht signifikant. Internalisierende Probleme sagen nur in den jüngeren Alterskohorten chronischen Substanzkonsum voraus.
Stice et al. (1998)	216 Kinder	14,2 Jahre	1 Jahr	Externalisierende Verhaltensprobleme stehen signifikant mit Alkoholkonsum und negativen Konsequenzen durch den Alkoholkonsum in Verbindung. Internalisierende Probleme dienen als Prädiktor für negative Konsequenzen durch den Konsum von Alkohol.

ADHS = Aufmerksamkeitsdefizit-/Hyperaktivitätsstörung; SOT = Störung mit oppositionellem Trotzverhalten; SSK = Störungen durch Substanzkonsum; SSV = Störungen des Sozialverhaltens

den überwiegend prospektive Längsschnittuntersuchungen herangezogen, in denen externalisierende und internalisierende Verhaltensprobleme vor dem Auftreten von Suchtstörungen erhoben wurden. Die Tabelle 8-2 fasst die Studien zusammen und gibt einen Überblick über zentrale Ergebnisse.

8.3 Externalisierende Verhaltensstörungen

Eine recht prominente prospektive Längsschnittstudie, die den Zusammenhang zwischen frühen Verhaltensproblemen und chronischem Substanzkonsum bei Jugendlichen untersuchte, ist die Pittsburgh Youth Study (Loeber et al. 1999). In dieser wurden längsschnittlich drei Kohorten von Jungen untersucht, welche zur ersten Erhebung durchschnittlich 6,9, 10,2 und 13,4 Jahre alt waren. Im Rahmen der Untersuchung wurde davon ausgegangen, dass Multi-Problem-Jugendliche, die sich durch stabile Verhaltensprobleme wie persistent delinquentem Verhalten und Substanzgebrauch auszeichnen, bereits vor dem 14. Lebensjahr identifiziert werden können. Als persistent delinquentes Verhalten definierten die Autoren ein über mehrere Jahre anhaltendes Verhaltensmuster, das sich auf aggressives und dissoziales Verhalten wie Diebstahl, Tragen einer Waffe oder Angriffe auf Personen (mit dem Ziel, diese zu verletzen) bezieht. Die Auswertungen zeigen, dass chronischer Substanzkonsum sowohl bei präadoleszenten als auch bei adoleszenten Jungen durch persistent delinquentes Verhalten vorhergesagt werden kann. Die Stabilität des delinquenten Verhaltens determiniert dabei die Stärke des Zusammenhangs: Je stabiler das delinquente Verhalten, desto stärker der Zusammenhang mit Substanzkonsum. Ein interessantes Ergebnis ergab sich im Rahmen dieser Studie auch in Bezug auf die Prävalenz von chronischem Substanzkonsum, welcher nicht von weiterem Problemverhalten begleitet wurde. In den beiden jüngeren Alterskohorten trat chronischer Substanzkonsum nur bei einem Viertel der Jugendlichen auf, ohne dass vorher weitere psychische Auffälligkeiten bestanden (23,2 bzw. 26,8%), und in der ältesten Kohorte nur bei einem Drittel (32,8%). Diese Ergebnisse unterstreichen, dass besonders Kinder mit psychiatrischen Symptomen ein deutlich erhöhtes Risiko für chronischen Substanzkonsum haben.

Die Bedeutung von frühem aggressiv-dissozialen Verhalten für SSK im Jugendalter konnte auch in anderen prospektiven Untersuchungen konsistent nachgewiesen werden (Biederman et al. 1997; Brook et al. 1995). Beispielsweise zeigte sich in der Längsschnittstudie von Beitchman et al. (1999) ein signifikanter Zusammenhang zwischen externalisierenden Verhaltensproblemen im Alter von fünf Jahren und Störungen durch Substanzkonsum mit 19 Jahren. Dabei wurde der Einfluss des Geschlechts und der Schicht auf die Präsenz einer SSK kontrolliert. Demnach haben Kinder, über die die Eltern oder Erzieherinnen im Vorschulalter mehr externalisierende Verhaltensprobleme berichten, ein höheres Risiko im Jugendalter, eine Suchtstörung zu entwickeln.

Der Entwicklungsverlauf von aggressiv-dissozialem Verhalten zu SSK im Jugendalter konnte sowohl für Jungen als auch für Mädchen aufgezeigt werden (Beitchman et al. 1999; Stice et al. 1998). Moss und Lynch (2001) versuchten anhand einer Stichprobe von 805 Jugendlichen im Alter von 16 Jahren, eine kausale Beziehung zwischen externalisierenden Verhaltensstörungen und SSK aufzuzeigen. Sie konnten in getrennten Modellen für Jungen und Mädchen eine Störung des Sozialverhaltens jeweils als signifikanten Prädiktor für SSK identifizieren. Insgesamt wird aber davon ausgegangen, dass dieser Entwicklungsverlauf bei Jungen häufiger auftritt als bei Mädchen (Bukstein et al. 1992; Whitemore et al. 1997).

Die Beziehung zwischen der Aufmerksamkeitsdefizit-/Hyperaktivitätsstörung (ADHS) und SSK ist nicht so konsistent bestätigt wie zwischen Störungen des Sozialverhaltens und SSK. Armstrong und Costello (2002) berichten in ihrem Literaturreview, dass 12,3% der Jugendlichen mit einer SSK auch eine ADHS aufweisen. Der Zusammenhang zwischen ADHS und SSK hebt sich jedoch auf, wenn die Komorbidität zwischen ADHS und Störungen des Sozialverhaltens berücksichtigt wird (z. B. Biederman et al. 1997; Disney et al. 1999). Demnach steht eine ADHS nicht direkt mit SSK in Verbindung. Der Zusammenhang wird vielmehr durch Störungen des Sozialverhaltens vermittelt.

Es gibt verschiedene Ansätze, die versuchen, die Beziehung zwischen externalisierenden Verhaltensproblemen und SSK zu erklären. In Bezug auf die zeitliche Abfolge wird zumeist davon ausgegangen, dass diese einer SSK vorausgehen (vgl. Glantz 2002). Jessor und Jessor (1977) interpretieren das gemeinsame Auftreten von Substanzmissbrauch und -abhängigkeit sowie das von aggressivem und delinquentem Verhalten im Rahmen der „Problem-Behavior-Theory". Demnach stellen dissoziales Verhalten und Substanzkonsum neben weiteren problematischen Verhaltensweisen – wie riskante sexuelle Aktivität – ein gemeinsames Syndrom dar. Da dieses Verhalten Erwachsenen erlaubt, Jugendlichen hingegen verboten ist, kann das deviante Verhalten als Ausdruck der Auseinandersetzung mit den bestehenden Normen sowie als symbolische Handlung zum Übergang in das Erwachsenenalter verstanden werden. Es wird angenommen, dass Jugendliche, welche zu einem problematischen Verhalten (z. B. dissoziales Verhalten) neigen, auch für anderes Problemverhalten (Alkohol- oder Drogenkonsum) anfällig sind. Im Kontext von Vorläufersyndromen ist es wichtig anzumerken, dass hier der Beginn des problematischen Verhaltens im Jugendalter angenommen wird. Gerade im Zusammenhang zwischen aggressiv-dissozialem Verhalten und SSK werden in Bezug auf das Auftreten erster Symptome aber auch Entwicklungsmodelle diskutiert, die den Beginn des problematischen Verhaltens deutlich früher bestimmen (Kuperman et al. 2001; Moffitt 1993; Webster-Stratton u. Taylor 2001). Webster-Stratton und Taylor (2001) stellen einen Entwicklungsverlauf dar, der von frühen Verhaltensstörungen ausgeht und zu Substanzmissbrauch und -abhängigkeit führt. Die Wahrscheinlichkeit für eine SSK wird dabei durch das Vorliegen weiterer Risikofaktoren erhöht, zum Beispiel durch ineffektives Erziehungsverhalten und geringe Bindung an die Bezugsperson, schulische Probleme und den Anschluss an deviante Peers. Es wird angenommen, dass die frühen Probleme in sich wechselseitig verstärkenden Problemkreisläufen resultieren können, welche langfristig zu einer immer stärker werdenden Abweichung vom normalen Entwicklungsverlauf führen.

8.4 Internalisierende Verhaltensstörungen

Neben den externalisierenden Verhaltensproblemen wurden auch internalisierende Verhaltensstörungen mit SSK in Beziehung gesetzt. Verglichen mit der Beziehung zwischen Störungen des Sozialverhaltens und SSK, ist die Stärke des Zusammenhangs jedoch schwächer und weniger konsistent. In der Bremer Jugendstudie wiesen 27,6 % der Jugendlichen mit einer SSK zudem eine depressive Störung auf und 17,3 % eine Angststörung (Essau et al. 1998). Aus der gleichen Altersgruppe berichten Kandel et al. (1999) ähnliche Prävalenzraten. Hier hatten 32,0 % der Jugendlichen mit einer SSK ebenfalls eine depressive Störung und 20,0 % eine Angststörung, wobei die Beziehung zwischen Angststörungen und SSK nicht signifikant war.

Aus den prospektiven Längsschnittstudien lässt sich in Bezug auf die prädiktive Bedeutung internalisierender Probleme für SSK im Jugendalter kein einheitliches Bild ableiten. Biederman et al. (1997) begleiteten 140 Kinder mit ADHS und 120 Kinder einer normativen Kontrollgruppe vom 11. bis zum 15. Lebensjahr. In beiden Gruppen gab es keinen Zusammenhang zwischen einer Major Depression und einer SSK. Zwei oder mehr Angststörungen standen bei Kindern mit ADHS mit einem höheren Risiko für SSK in Verbindung, aber nicht bei den Kindern der Kontrollgruppe. Costello et al. (1999) berichten dagegen aus der Great Smoky Mountains Study (GSMS), welche die Entwicklung von 1 420 Kindern zwischen dem 9. und dem 13. Lebensjahr bis zum Alter von 16 Jahren verfolgte, keinen signifikanten Zusammenhang zwischen Angststörungen und SSK.

Geschlechterunterschiede in der Beziehung zwischen SSK und depressiven Störungen werden ebenfalls aus der GSMS geschildert. Die Diagnose einer Depression stand nur bei Jungen signifikant mit Substanzkonsum, -missbrauch und -abhängigkeit in Verbindung, während dies bei Mädchen nur hinsichtlich des Konsums, aber nicht des Missbrauchs von Substanzen zutraf. Clark et al. (1997) bestätigen hingegen die Komorbidität von Major Depression und SSK für

Jungen und Mädchen. Prozentual waren davon mehr Mädchen betroffen als Jungen (69 bzw. 37%), eine Interaktion zwischen den Faktoren „Geschlecht" und „Alkoholabhängigkeit" ließ sich jedoch nicht statistisch absichern.

Welche Bedeutung das Alter der Kinder in der Beziehung zwischen internalisierenden Störungen und SSK hat, ist ebenfalls nicht eindeutig geklärt. In der Pittsburgh Youth Study (Loeber et al. 1999) standen depressive Symptome nur in der jüngsten Stichprobe mit Substanzkonsum in Verbindung und Ängste nur bei der mittleren. Die Autoren leiteten daraus eine besondere Relevanz internalisierender Symptome für SSK in jüngeren Altersstufen ab. Unklarheit besteht auch in Bezug auf die zeitliche Abfolge des Auftretens der Störungen. In der GSMS konsumierten Jugendliche, welche bis zum 16. Lebensjahr eine Depression entwickelt hatten, verglichen mit nichtdepressiven Jugendlichen durchschnittlich früher Alkohol (Costello et al. 1999). Bei Jungen betrug diese Differenz ein Jahr, bei Mädchen sogar zwei Jahre. Diese Ergebnisse sprechen eher dafür, dass die Verbindung zwischen den Störungen von Substanzkonsum zu Depression verläuft.

Insgesamt zeigt sich, dass die bereits länger bestehende These, dass internalisierende Verhaltensprobleme zu Suchtstörungen führen, nicht empirisch gestützt werden kann. Zudem konnte mehrfach beobachtet werden, dass signifikante Beziehungen zwischen internalisierenden Störungen und SSK sich nach Kontrolle externalisierender Probleme nivellierten (Kandel et al. 1999; Loeber et al. 1999). Bislang fehlen auch Entwicklungsmodelle, die unter Berücksichtigung längerfristiger Entwicklungssequenzen den Zusammenhang zwischen diesen beiden Störungsgruppen spezifizieren. Zur Erklärung der Verbindung wird bislang zumeist auf einzelne Mechanismen zurückgegriffen, welche sich eher auf kurze Zeitabschnitte beziehen. Eine häufig verwendete Erklärung für die Beziehung zwischen depressiven Verstimmungen und Ängsten mit Substanzkonsum oder -missbrauch ist die Annahme, dass Jugendliche Substanzen konsumieren, um negative Gefühle wie Trauer oder Angst zu bewältigen oder abzumildern (vgl. Hussong u. Hicks 2003).

8.5 Biopsychosoziales Entwicklungsmodell für Störungen durch Substanzkonsum

Die Ausführungen in den vorangegangenen Abschnitten haben aufgezeigt, dass bereits frühe Entwicklungsabweichungen in der Kindheit mit einem erhöhten Risiko für SSK in Verbindung stehen. Die Risikoforschung weist zudem auf die Bedeutung von biologischen, psychologischen und sozialen Faktoren für SSK im Jugendalter hin. Entsprechend kann nur ein umfassendes Entwicklungsmodell, welches von einem multipel determinierten Ursachenmodell ausgeht und dabei möglichst lange Entwicklungssequenzen berücksichtigt, die Ätiologie von SSK angemessen beschreiben.

Tarter et al. (1999) stellen so ein Entwicklungsmodell vor. Sie gehen davon aus, dass der wechselseitige Einfluss der Gene und der Umwelt das äußere Erscheinungsbild und das Verhalten (den Phänotyp) des Kindes prägen. Die Gen-Umwelt-Interaktionen bestimmen bereits mit dem Beginn der Schwangerschaft den Phänotyp des Kindes. In dem Modell werden phänotypische Ausprägungen beschrieben, die mit einem erhöhten Risiko für SSK in Verbindung stehen. Diese lenken den Entwicklungsverlauf von der Kindheit bis zum Auftreten von SSK im Jugendalter. Die Autoren ordnen diese phänotypischen Ausprägungen der biochemischen, physiologischen und psychologischen Ebene zu (vgl. Abb. 8-1).

Der **biochemische Phänotyp** bezieht sich auf biochemische und neuroendokrine Prozesse sowie auf die hormonelle Stressreaktivität. Die Beschreibung dieses Phänotyps basiert auf Studien, welche SSK mit Abweichungen in diesen Funktionsbereichen in Verbindung setzen. Tarter et al. (ebd.) führen beispielsweise an, dass eine geringe MAO-Aktivität zu einer vermehrten Sensationslust („sensation seeking") führt – wodurch Substanzkonsum wahrscheinlicher wird. Zudem wird eine dysfunktionale Ausschüttung des Stresshormons Kortisol mit einem erhöhten Risiko für SSK in Verbindung gebracht. So berichten Da-

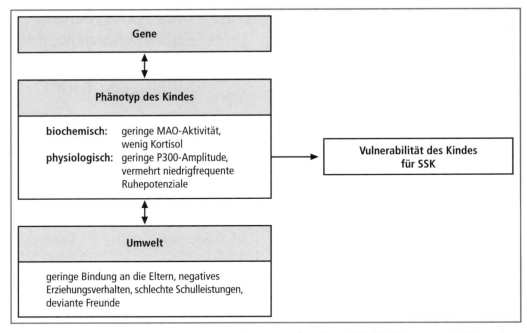

Abb. 8-1 Wechselseitige Gen-Umwelt-Interaktionen bestimmen die Vulnerabilität für Störungen durch Substanzkonsum (mod. nach Tarter et al. 1999).

wes et al. (1999) über Jungen, deren Väter eine SSK haben, verminderte Kortisolwerte bei einer Baseline-Messung sowie nach einer Stress-Situation. Geringe Kortisolwerte werden auch über aggressive Kinder berichtet (McBurnett et al. 2000), wodurch der empirische Zusammenhang zwischen dissozialem Verhalten und SSK inhaltlich untermauert wird.

Kennzeichen eines **physiologischen Phänotyps**, der mit SSK im Zusammenhang steht, sind Abweichungen im Zentralnervensystem und im autonomen Nervensystem. Genannt werden auffällige EEG-Befunde wie zum Beispiel das vermehrte Auftreten von niedrigfrequenten Wellen oder eine geringe P300-Welle, die als Reaktion auf Umweltreize beobachtet werden kann. Diese EEG-Abweichungen sind mit Impulsivität und einer geringeren Fähigkeit, Belohnungen aufzuschieben, assoziiert (vgl. Iacono et al. 2000). Angeführt wird auch eine Erhöhung der Herzrate durch Alkoholintoxikation, die besonders bei Kindern von Alkoholikern auftritt und als Hinweis auf eine höhere Sensitivität für die positiven Effekte des Alkoholkonsums gewertet wird (vgl. Conrad et al. 1999).

Der **psychologische Phänotyp**, der mit einer erhöhten Vulnerabilität für SSK in Verbindung steht, bezieht sich auf kognitive, emotionale und behaviorale Merkmale. Risikokinder weisen – verglichen mit Kindern mit geringem Risiko für SSK – zum Beispiel Defizite hinsichtlich der Aufmerksamkeit und des Problemlösens (mangelnde Planung und Organisation) auf. Sie können zudem als emotional labil und irritabel beschrieben werden, und sie erleben häufiger negative Affekte. Auf der Verhaltensebene werden insbesondere externalisierende Probleme wie Impulsivität und Aggression genannt.

Ein Hauptaspekt dieses Entwicklungsmodells ist die Annahme, dass Abweichungen von normalen biologischen Reifungsprozessen in einem negativen sozialen Umfeld in frühen Verhaltensproblemen resultieren. Diese können sich bis zum Jugendalter weiter aufschaukeln und dort in Suchtstörungen gipfeln. Biologische Entwicklungsabweichungen äußern sich auf der Verhaltensebene bereits in den ersten Lebensjahren in einem schwierigen Temperament (wie erhöhte Irritabilität) und daraus folgenden Beeinträchtigungen der Eltern-Kind-Interaktion. Im weiteren Verlauf der Entwicklung werden dadurch externalisierende und internalisierende Störungen begünstigt, die wiederum mit anhaltenden Problemen in den sozialen Beziehungen des Kindes einhergehen. Dies unterstützt den Anschluss an deviante Gleichaltrige mit ähnlichen Problemen sowie den Konsum und Missbrauch von Substanzen. Tarter et al. (1999) beschreiben damit ein komplexes Entwicklungsmodell, mit dem verschiedene abweichende Entwicklungspfade zu einer SSK untersucht und erklärt werden können.

8.6 Zusammenfassung und Ausblick

Werden unter Vorläufersyndromen für Suchtstörungen von normalen Entwicklungsverläufen abweichende Entwicklungen verstanden, die mit SSK im Jugendalter assoziiert sind, lassen sich bereits sehr früh in der Ontogenese auftretende Schwierigkeiten als Teil eines Vorläufersyndroms für Suchtstörungen identifizieren. Besonders markant ist zeitlich vor den Suchtstörungen auftretendes, stabiles aggressiv-dissoziales Verhalten in der Kindheit, sodass hier nicht nur von gemeinsamen Risikobedingungen zweier Störungen ausgegangen wird, sondern von einem Syndrom, welches beide Störungen umfasst (Patterson et al. 2000). Internalisierende Probleme wie Depression und Angststörungen werden ebenfalls als Vorläufersyndrome von Suchtstörungen diskutiert, wobei die Ergebnisse hierzu weniger konsistent diese Annahme bestätigen und weitere Forschungsbemühungen notwendig sind. Insgesamt darf aber nicht außer Acht gelassen werden, dass eine große Anzahl von Kindern mit psychischen Störungen im Jugendalter keine SSK entwickeln bzw. bei einer Reihe von Jugendlichen mit einer SSK vorher keine psychischen Störungen vorlagen. Die Ätiologie von SSK kann nur durch ein biopsychosoziales Entwicklungsmodell erklärt werden. Die Komplexität der beteiligten Faktoren weist dabei auf eine Anzahl verschiedener Entwicklungspfade hin, welche zu SSK im Jugendalter führen. Nur durch die möglichst genaue Kenntnis dieser Entwicklungsverläufe lassen sich optimale entwicklungsorientierte Präventionsmaßnahmen konzipieren.

Literatur

Armstrong TD, Costello EJ (2002). Community studies on adolescent substance use, abuse, or dependence and psychiatric comorbidity. J Cons Clin Psychol; 70: 1224–39.

Beitchman JH, Douglas L, Wilson C, Johnson C, Young A, Atkinson L, Escobar M, Taback N (1999). Adolescent substance use disorders: findings from a 14-year follow-up of speech/language-impaired and control children. J Clin Child Psychopathol; 28: 312–21.

Biederman JH, Wilens T, Mick E, Faraone SV (1997). Is ADHD a risk factor for psychoactive substance use disorders: findings from a four-year prospective study. J Am Acad Child Adolesc Psychiatry, 36: 21–9.

Blackson TC, Butler T, Belsky J, Ammerman RT, Shaw DS, Tarter RE (1999). Individual traits and family contexts predict sons' externalizing behavior and preliminary relative risk ratios for conduct disorder and substance use disorder outcomes. Drug Alcohol Depend; 56: 115–31.

Brook JS, Whiteman M, Finch S, Cohen P (1995). Aggression, intrapsychic distress, and drug use: antecedent and intervening processes. J Am Acad Child Adolesc Psychiatry; 34: 1076–84.

Bukstein OG, Glancy LJ, Kaminer Y (1992). Patterns of affective comorbidity in a clinical population of dually diagnosed adolescent substance abusers. J Am Acad Child Adolesc Psychiatry; 31: 1041–5.

Cicchetti D, Rogosch FA (1999). Psychopathology as risk for adolescent substance use disorders: a developmental psychopathology perspective. J Clin Child Psychol; 28: 355–65.

Cicchetti D, Rogosch FA (2002) A developmental psychopathology perspective on adolescence. J Cons Clin Psychol; 70: 6–20.

Clark DB, Pollock N, Bukstein O, Mezzich A, Bromberger JT, Donovan JE (1997). Gender and comorbid psychopathology in adolescents with alcohol dependence. J Am Acad Child Adolesc Psychiatry; 36: 1195–203.

Clark DB, Parker AM, Lynch KG (1999). Psychopathology and substance-related problems during early adolescence: a survival analysis. J Clin Child Psychol; 28: 333–41.

Conrad PJ, Peterson JB, Pihl RO (1999). Reliability and validity of alcohol-induced heart rate increase as a measure of sensitivity to the stimulant properties of alcohol. Psychopharmacology; 157: 20–30.

Costello EJ, Erkanli A, Federman E, Angold A (1999). Development of psychiatric comorbidity with substance abuse in adolescents: effects of timing and sex. J Clin Child Psychol; 2: 298–311.

Dawes MA, Dorn LD, Moss HB, Yao JK, Kirisci L, Ammerman RT, Tarter RE (1999). Hormonal and behavioral homeostasis in boys at risk for substance abuse. Drug Alcohol Depend; 55: 165–76.

Dishion TJ, Owen LD (2002). A longitudinal analysis of friendships and substance use: bidirectional influence from adolescence to adulthood. Developm Psychol; 38: 480–91.

Disney ER, Elkins IJ, McGue M, Iacono WG (1999). Effects of ADHD, conduct disorder, and gender on substance use and abuse in adolescence. Am J Psychiatry; 156: 1515–21.

Dunn MG, Tarter RE, Mezzich AC, Vanyukov M, Kirisci L, Kirillova G (2002). Origins and consequences of child neglect in substance abuse families. Clin Psychol Rev; 22: 1063–90.

Essau CA, Karpinski NA, Petermann F, Conradt J (1998). Häufigkeit und Komorbidität von Störungen von Substanzkonsum. Z Klin Psychol Psychiatrie Psychother; 46: 105–24.

Glantz MD (1992). A developmental psychopathology model of drug abuse vulnerability. In: Glantz MD, Pickens RW (eds). Vulnerability to Drug Abuse. Washington, DC: American Psychiatric Association; 389–418.

Glantz MD (2002). Introduction to the special issue on the impact of childhood psychopathology interventions on subsequent substance abuse: pieces of the puzzle. J Cons Clin Psychol; 70: 1203–6.

Hawkins JD, Catalano RF, Miller JY (1992). Risk and protective factors for alcohol and other drug problems in adolescence and early adulthood: implications for substance abuse prevention. Psychol Bull; 112: 64–105.

Holly A, Türk D, Nelson CB, Pfister H, Wittchen HU (1997). Prävalenz von Alkoholkonsum, Alkoholmißbrauch und -abhängigkeit bei Jugendlichen und jungen Erwachsenen. Z Klin Psychol; 26: 171–8.

Hopfer CJ, Stallings MC, Hewit JK, Crowley TJ (2003). Family transmission of marijuana use, abuse, and dependence. J Am Acad Child Adolesc Psychiatry; 42: 834–41.

Hussong AM, Hicks RE (2003). Affect and peer context interactively impact adolescent substance use. J Abnorm Child Psychol; 31: 413–26.

Iacono WG, Carlson SR, Malone SM (2000). Identifying a multivariate endophenotype for substance use disorders using psychophysiological measures. Int J Psychophysiol; 38: 81–96.

Jessor R, Jessor SL (1977). Problem Behaviour and Psychosocial Development: A Longitudinal Study of youth. New York: Academic Press.

Kandel DB, Yamaguchi K (1999). Developmental stages of involvement in substance use. In: Ott PJ, Tarter RE, Ammermann RT (eds). Sourcebook on Substance Abuse. Etiology, epidemiology, assessment, and treatment. Boston: Allyn & Bacon; 50–74.

Kandel DB, Johnson JG, Bird HR, Canino G, Goodman SH, Lahey BB, Regier DA, Schwab-Stone M (1999a). Psychiatric disorders associated with substance use among children and adolescents: findings from the methods for the epidemiology of child and adolescent mental disorders (MECA) study. J Abnorm Child Psychol; 25: 121–32.

Kandel DB, Johnson JG, Bird HR, Weisman MM, Goodman SH, Lahey BB, Regier DA, Schwab-Stone ME (1999b). Psychiatric comorbidity among adolescents with substance use disorders: findings from the MECA study. J Am Acad Child Adolesc Psychiatry; 38: 693–99.

Keller TE, Catalano RF, Haggerty KP; Fleming CB (2002). Parent figure transitions and delinquency and drug use among early adolescent children of substance abusers. Am J Drug Alcohol Abuse; 28: 399–427.

Kuperman S, Schlosser SS, Kramer JR, Bucholz K, Hesselbrock V, Reich T, Reich W (2001). Developmental sequence from disruptive behavior to adolescent alcohol dependence. Am J Psychiatry; 158: 2022–6.

Loeber R, Stouthamer-Loeber M, White HR (1999). Developmental aspects of delinquency and internalizing problems and their association with persistent juvenile substance use between ages 7 and 18. J Clin Child Psychol; 28: 322–32.

Luthar SS, Cushing G (1999). Neighborhood influences and child development: a prospective study of substance abusers' offspring. Developm Psychopathol; 11: 763–84.

McBurnett K, Lahey BB, Rathouz PJ, Loeber R (2000). Low salivary cortisol and persistent aggression on boys referred for disruptive behavior. Arch Gen Psychiatry; 57: 38–43.

Moffitt TE (1993). Adolescence-limited and life-course-persistent antisocial behavior: a developmental taxonomy. Psychol Rev; 100: 674–701.

Moss HB, Lynch KG (2001). Comorbid disruptive behavior disorder symptoms and their relationship to adolescent alcohol use disorders. Drug Alcohol Depend; 64: 75–83.

Niebank K, Petermann F (2002). Grundlagen und Ergebnisse der Entwicklungspsychopathologie. In: Petermann F (Hrsg). Lehrbuch der Klinischen Kinderpsychologie und -psychotherapie. 5. Aufl. Göttingen: Hogrefe; 57–94.

Patterson GR, Dishion TJ, Yoerger K (2000). Adolescent growth in new forms of problem behavior: macro- and micro-peer dynamics. Prev Sci; 1: 3–13.

Scheithauer H, Mehren F, Petermann F (2003). Entwicklungsorientierte Prävention von aggressiv-dissozialem Verhalten und Substanzmissbrauch. Kindheit und Entwicklung; 12: 84–99.

Stice E, Barrera M, Chassin L (1998). Prospective differential prediction of adolescent alcohol use and problem use: examining the mechanisms of effect. J Abnorm Psychol; 107: 616–28.

Tarter R, Vanyukov M, Giancola P, Dawes M, Blackson T, Mezzich A, Clark DB (1999). Etiology of early age onset substance use disorder: a maturational perspective. Developm Psychopathol; 11: 657–83.

Webster-Stratton C, Taylor T (2001). Nipping early risk factors in the bud: preventing substance abuse, delinquency, and violence in adolescence through interventions targeted at young children (0–8 years). Prev Sci; 2: 165–92.

Whitemore EA, Mikulich SK, Thompson LL, Riggs PD, Aarons GA, Crowley TJ (1997). Influences on adolescent substance dependence: conduct disorder, depression, attention deficit hyperactivity disorder, and gender. Drug Alcohol Depend; 47: 87–97.

Wills TA, Stoolmiller M (2002). The role of self-control in early escalation of substance use: a time-varying analysis. J Cons Clin Psychol; 70: 986–97.

Wittchen HU, Nelson CB, Lachner G (1998). Prevalence of mental disorders and psychosocial impairments in adolescents and young adults. Psychol Med; 28: 109–26.

Zobel M (2000). Kinder aus alkoholbelasteten Familien. Göttingen: Hogrefe.

9 Diagnostik – Möglichkeiten und Grenzen

Tatjana Ferrari

Im Umfeld von Suchtgefahren bei Kindern und Jugendlichen dient eine diagnostische Untersuchung der Klärung suchtspezifischer und prognostischer Fragestellungen. Hierbei kann sich die diagnostische Informationsgewinnung auf die Früherkennung von Risikofaktoren für die Entwicklung einer späteren suchtbezogenen Störung oder auf Charakteristika einer schon begonnenen Suchtmittelstörung im Kindes- und Jugendalter richten.

Als Instrumente zur Erfassung einer suchtspezifischen Symptomatik und einer möglicherweise vorhandenen weiteren Symptomatik können u. a. störungsspezifische Screening-Verfahren, Fragebogenverfahren, explorative Interviews und Anamnesegespräche eingesetzt werden. Zur Identifikation suchtgefährdeter Kinder eignen sich speziell zur Früherkennung entwickelte Verfahren, mit deren Hilfe sich auch Risikofaktoren wie das Zusammenleben mit einem abhängigen Elternteil sowie wichtige Kenngrößen bestimmter Persönlichkeitsprofile Suchtgefährdeter (z. B. gesteigerte Wirkungserwartungen bezüglich einer Substanz, zu gering ausgeprägte Ablehnungskompetenz in Verführungssituationen sowie reduzierte Selbstwirksamkeits- und Sozialkompetenz) erfassen lassen. Der Einsatz derartiger Instrumente ermöglicht es, das vorhandene Verhaltensrepertoire des Kindes bzw. Jugendlichen festzustellen, Handlungsanleitungen abzuleiten und adäquate Hilfemöglichkeiten für den spezifischen Problembereich aufzuzeigen (Steinhausen 2002).

9.1 Besonderheiten und Fehlerquellen

Bei der Anwendung diagnostischer Instrumente zur Erfassung kindlicher Störungen gilt es, einige Besonderheiten zu beachten, die sich den folgenden Bereichen zuordnen lassen:
- psychometrische und methodische Schwierigkeiten
- kognitive Verzerrungen im Urteilsprozess
- kindspezifische Probleme

9.1.1 Methodische Schwierigkeiten

Diagnostische Tests werden hinsichtlich teststatistischer Gütekriterien wie Reliabilität (wiederholte Untersuchungen kommen zum gleichen Ergebnis), Validität (Gültigkeit des Tests und Nähe am wahren Wert) und Objektivität (Testergebnisse kommen unabhängig vom Testleiter zustande) bewertet. Diese psychometrische Qualität der Verfahren stellt eine notwendige Voraussetzung für ihren Einsatz dar (Grubitzsch 1999). Zusätzlich relevant für die Anwendung in der Praxis ist der Nachweis so genannter Nebengütekriterien wie Nützlichkeit und Ökonomie sowie die Einhaltung von Voraussetzungen wie Zumutbarkeit, Verständlichkeit, Bandbreite und Akzeptanz des Instruments (Stieglitz et al. 2001). Testanwendern sollte stets bewusst sein, dass sozialwissenschaftliche Untersuchungen Messfehler aufweisen und ausschließlich Wahrscheinlichkeitsaussagen liefern und dass dies eine reflektierte und kritische Handhabung der Instrumente nötig macht. Zu den methodischen Schwierigkeiten ist zudem das Problem der Datenquellen zu zählen, die zur Informationssammlung und Bewertung heranzuziehen sind: Informanten für diagnostische Erhebungen mit Kindern sind die Eltern und das Kind selbst. Relevante Informationen über auffälliges Verhalten können auch von Dritten kommen, zum Beispiel von der Schule und anderen Institutionen.

Tab. 9-1 Ausgewählte Beobachtungs- und Beurteilungsfehler bei diagnostischen Erhebungen.

Verzerrungseffekte seitens des Diagnostikers	
Vorurteile, stereotypisches Denken, implizite Persönlichkeitstheorien	Tendenzen des Beurteilers, sich bei der Bewertung von Persönlichkeitseigenschaften vom Gesamteindruck oder einer hervorstechenden Eigenschaft leiten zu lassen; schon wenige Informationen über eine Person können zu einem vollständigen und unverrückbaren Bild von dieser Person führen
Halo-Effekt, Fehler durch falsche Schlussfolgerungen	bestimmte Einstellung einem Menschen gegenüber (z. B. sympathisch/unsympathisch) führt zu einer der Einstellung entsprechenden Färbung aller darauf folgenden Eindrücke
Generalisierungsfehler über die Zeit hinweg	eine singulär festgestellte Verhaltensweise wird als situationsüberdauernde Persönlichkeitseigenschaft interpretiert, z. B. kann eine einmalig beim Erstgespräch gezeigte affektreduzierte Verhaltensweise die Reaktion auf ein negativ erlebtes aktuelles Lebensereignis sein und wäre somit keinesfalls typisch für die Persönlichkeit des Kindes
Verzerrungseffekte seitens des Diagnostizierten	
Erinnerungsfehler	unvollständige oder fehlerhafte Wiedergabe z. B. einer erinnerten Erfahrung
subjektive Attributionen	Ereignissen und Erfahrungen werden bestimmte Ursachen zugeschrieben
Verleugnungs- oder Verfälschungstendenzen	Verharmlosung bzw. Verheimlichung einer gegebenen Problematik durch den Betroffenen
Antworttendenzen	systematische Tendenz, auf eine bestimmte Art zu antworten (z. B. in Richtung sozialer Erwünschtheit)

9.1.2 Kognitive Verzerrungen

Bei der Frage, welche Phänomene alleine dem Kind zugänglich sind und nur von ihm berichtet werden können oder aber einem außen stehenden Beurteiler oder beiden Datenquellen zugänglich sind, muss berücksichtigt werden, dass unabhängig von der Datenquelle Informationserhebungen bestimmten kognitiven Verzerrungen unterliegen können (Schwoon u. Krausz 2001). So kann bei kindlichen Auskünften zum Beispiel mit Verzerrungen aufgrund von Schwächen des autobiografischen Gedächtnisses gerechnet werden. Ebenso können Angaben einer Mutter etwa aus abgewehrten Schuldgefühlen ihrem Kind gegenüber dessen Entwicklung viel zu positiv erscheinen lassen (Niebergall u. Remschmidt 2001). Jeder Anwender kann Gefahr laufen, Beobachtungs- und Beurteilungsfehler derart zu begehen, dass die eigenen Bedürfnisse, Interessen und Erfahrungen, aber auch die gegenwärtige Befindlichkeit des Diagnostikers das Ausmaß und die Bewertung des Wahrgenommenen beeinflussen (Grubitzsch 1999). Als Folge einer solchen selektiven Wahrnehmung können bei der Erhebung bedeutsame Themen ausgeklammert werden und inadäquate Bedeutungszuschreibungen aufkommen. Die Erwartungshaltung des Untersuchers kann im Sinne einer „self-fulfilling prophecy" zu einer verzerrten Wahrnehmung des Verhaltens des Diagnostizierten und des eigenen Verhaltens führen. Die Objektivität und Validität diagnostischer Befunde vermindern sich durch derartige Beobachtungs- und Beurteilungsfehler. Man sollte sich deshalb nach Möglichkeit vor der ersten Testanwendung einen vollständigen Überblick über die Voraussetzungen, Möglichkeiten und Grenzen des verwendeten Instruments und seine möglichen „Störvariablen" verschaffen. Tabelle 9-1 zeigt eine Auswahl von Fehlerquellen bei der Informationserhebung.

9.1.3 Kindspezifische Probleme

Das Verhalten von Kindern und Jugendlichen wird in besonderer Form von ihrer emotionalen und kognitiven Entwicklung bestimmt. Ängstlicher als Erwachsene können sie auf fremdbestimmte Untersuchungen reagieren, was zu einer **momentanen Verstärkung der Symptomatik** führen kann und bei der diagnostischen Untersuchung mit zu berücksichtigen ist. Auch implizite Theorien der Kinder und Jugendlichen über die Entstehung von Abhängigkeitserkrankungen können von denen der Untersucher stark abweichen. In der diagnostischen Arbeit mit Kindern ist deshalb schwerpunktmäßig eine möglichst differenzielle Erfassung der Störungsanteile anzustreben. Besondere Probleme können darüber hinaus bei Kindern entstehen, die wegen einer ängstlich gehemmten sowie depressiven Symptomatik oder aus anderen Gründen über eine **nur geringe Verbalisationsfähigkeit** verfügen (Steinhausen 2002). Dabei kann eine Hemmung im Kontext von Sucht auch durch eine mögliche Strafandrohung bedingt sein. Für derartige Situationen ist die Herstellung einer vertrauensvollen Beziehung zwischen Kind und Diagnostiker, möglichst schon vor der diagnostischen Erhebung, von besonderer Bedeutung.

Aufgrund der Situationsspezifität können Kinder dazu neigen, eine Begebenheit zum jetzigen Zeitpunkt so und zu einem späteren Zeitpunkt möglicherweise anders zu erzählen. Antworten und Erzählungen von Kindern sollten deshalb wörtlich dokumentiert oder in adäquaten Kategorien beurteilt werden.

Eine weitere Besonderheit bei der diagnostischen Erhebung im Umfeld von suchtgefährdeten bzw. suchtbetroffenen Kindern stellt der Zugangsweg zum Diagnostiker dar: Personen aus der für das Kind bedeutsamen sozialen Umwelt, wie Eltern, Lehrer, Erzieher, Ärzte, Sozialarbeiter oder andere Vertreter sozialer Einrichtungen, können eine Untersuchung beim Kind aufgrund einer bestimmten Verdachtsdiagnose für angebracht halten. Das Kind als Klient kann sich somit dadurch auszeichnen, dass es gegen seinen Willen zur diagnostischen Untersuchung von jemandem geschickt oder mitgenommen wurde.

9.2 Verfahren im Kontext von Suchtstörungen und -gefährdungen

Zur Diagnostik kindlicher Verhaltensauffälligkeiten können u. a. diagnostische Gespräche bzw. die Exploration, (teil-)strukturierte Interviews, Selbst- und Fremdbeurteilungsinstrumente in Form von Fragebögen sowie die Verhaltensbeobachtung eingesetzt werden.

Bei der Befragung der Eltern und des Kindes selbst werden die Informationen konkret und detailliert erhoben. Ein Leitfaden oder eine Liste mit empirisch abgesicherten Risikofaktoren kann bei den ersten durchzuführenden Explorationen vor allem als Hinweis auf weiter abzuklärende Bereiche hilfreich sein. Die Exploration des Kindes bzw. Jugendlichen nimmt einen besonderen Stellenwert ein, weil das Kind bzw. der Jugendliche möglicherweise die einzige Informationsquelle hinsichtlich internaler psychologischer Phänomene wie Phantasien, Stimmungen und Ängste ist. In einer gleichermaßen vertrauensvollen wie störungs- und ablenkungsfreien Atmosphäre kann die Exploration des Kindes bzw. Jugendlichen eine Suchtanamnese mit Fragen zu Konsumbeginn, Suchtstoff, Dauer und Kontext des Gebrauchs, zur subjektiv erlebten Drogenwirkung, zu bisher erlebten Entzugserscheinungen, zur Vernachlässigung früherer Hobbys sowie zu negativen Konsequenzen des Konsums beinhalten. Auskünfte zu derartigen Angaben können Eltern schwerfallen und ihnen manchmal auch aufgrund der Situationsspezifität kindlichen Verhaltens entgehen, wenn ein problematisches Verhalten etwa nur in einem umschriebenen Kontext, etwa in der Schule, gezeigt wird (Steinhausen 2002). Neben der diagnostischen Funktion hat die Exploration durch ihren Charakter des offenen Vorgehens, der ständigen Bereitschaft des Diagnostikers, mit dem Kind zu sprechen und es Fragen stellen zu lassen, auch eine beziehungsfördernde und motivierende Funktion. Ist das diagnostische Gespräch mit suchtmittelabhängigen Jugendlichen von Bagatellisierung und Verleugnung geprägt, kann das nichtkonfrontative Vorgehen des „motivational interviewing" (Miller u. Rollnik 1999) den Therapiezugang erleichtern.

Die entweder mehrdimensional oder für die Erfassung bestimmter Symptome angelegten **Fragebögen** können als Ergänzung zur Exploration differenzierte Informationen liefern, u. a. zum Selbsterleben, zu Einstellungen, sozialer Orientierung, zur allgemeinen Befindlichkeit und zu klinisch relevanten Symptomen von Kindern und Jugendlichen. Die Fragebögen können von den Kindern bzw. Jugendlichen selbst und/oder von einer außen stehenden Person (Eltern, Lehrer) ausgefüllt werden. Der Einsatz von Fragebogenverfahren stellt für die Beratungs- und Behandlungstätigkeit im Umfeld von Suchtstörungen und -gefahren eine sinnvolle diagnostische Methode dar. Fragebogenerhebungen lassen sich nämlich dann gut in die Beratungsarbeit integrieren, wenn man das Kind mehr in die Auswertung mit einbezieht, die Ergebnisse mit ihm bespricht und die auf der Ebene der einzelnen Fragen hervorstechenden Aussagen des Kindes zum Anlass für weitere diagnostische Gespräche nimmt. Besonders bei jüngeren Befragten kann das Auslassen von Fragen bzw. das Ankreuzverhalten allgemein von klinischer Relevanz sein. Ein Fragebogen kann nach Bedarf den individuellen und institutionellen Bedürfnissen angepasst werden. Es kann sich durchaus auch anbieten, den Eltern speziell ausgewählte Fragebögen nach Hause mitzugeben. Die Vorteile von Fragebogenverfahren liegen darin, dass sie ökonomisch und vielseitig einsetzbar sind, teststatistische Qualität aufweisen, einfach in Auswertung und Interpretation sind und eine Verlaufsmessung ermöglichen. Potenziellen Schwierigkeiten mit Urteils- und Verfälschungstendenzen sowie mit der Introspektions- und Offenlegungsbereitschaft seitens des Kindes kann in der klinischen Situation durch gute Vorbereitung und Beziehungsherstellung entgegengewirkt werden (Freyberger u. Stieglitz 1997).

Das diagnostische Gespräch lässt sich durch **spezifische Interviewtechniken** gut strukturieren. Zur Erfassung von Inhalten, die nicht der direkten Beobachtung zugänglich sind und deren Erhebung auch nicht über Fragebogenverfahren möglich ist, stellt das Interview einen unentbehrlichen Zugang dar (Kubinger u. Deegener 2001). Ein adäquater Interviewstil ist durch Empathie, Anpassung an die Reaktionen des interviewten Kindes über nonverbale Gesten (Stimmklang, Nicken, Lächeln, Blickkontakt) und den Einsatz offener Fragen gekennzeichnet. Der offene Stil zu Beginn des Interviews kann im Sinne einer systematischen und detaillierten Befragung durch mehr Aktivität und Direktheit seitens des Interviewers ergänzt werden (Steinhausen 2002). Insbesondere für das Kleinkindalter sind eine Atmosphäre der Offenheit und des Vertrauens sowie die Einbeziehung und Auswertung nonverbaler Mitteilungen des Kindes wichtig.

Die **systematische Verhaltensbeobachtung** anhand von Beobachtungsskalen oder auch eine mehr oder weniger zufällig erfolgte Gelegenheitsbeobachtung kann erheblich zur Informationssammlung beitragen (Niebergall u. Remschmidt 2001). Besonders in solchen Situationen, in denen sich ein Explorationsgespräch mit dem Kind als wenig effektiv herausstellt (z. B. bei Anwesenheit der Eltern), kann die Verhaltensbeobachtung relevante Informationen liefern.

Als **nonverbale diagnostische Technik** bei Kindern kann der Einsatz von Spieltechniken sinnvoll sein (Petermann 2000). Auch projektive Tests wie die zeichnerische Darstellung der Familie in Tieren und die 3-Wünsche-Probe können Hypothesen über im Kind ablaufende Phänomene liefern, zu denen sonst nur schwer Zugang zu finden ist.

Im Folgenden wird eine Auswahl gebräuchlicher diagnostischer Instrumente für den Kinder- und Jugendbereich dargestellt, die den anerkannten methodischen Standards genügen und sich in der klinischen Praxis einer hohen Akzeptanz erfreuen (vgl. Tab. 9-2).

Für psychische Störungen einschließlich suchtassoziierter Störungen kann das Composite

Tab. 9-2 Übersicht zu diagnostischen Instrumenten (Auswahl).

strukturierte Interviews	Quelle
Composite International Diagnostic Interview, Substance Abuse Module (CIDI-SAM)	Lachner u. Wittchen 1996
Diagnostik-System für psychische Störungen im Kindes- und Jugendalter nach ICD-10 und DSM-IV (DISYPS-KJ)	Döpfner u. Lehmkuhl 2000
Diagnostisches Interview bei psychischen Störungen im Kindes- und Jugendalter (Kinder-DIPS)	Unnewehr et al. 1998
Mannheimer Elterninterview (MEI)	Esser et al. 1989
Psychopathologisches Befund-System für Kinder und Jugendliche (CASCAP-D)	Döpfner et al. 1998
Screening-Methoden	
Alcohol Use Disorders Identification Test (AUDIT)	Babor et al. 1989
Children of Alcoholics Screening Test (CAST)	Jones 1983
Selbst- und Fremdbeurteilungsinstrumente	
Aussagenliste zum Selbstwertgefühl für Kinder und Jugendliche (ALS)	Schauder 1991
Fragebogen für Jugendliche/Youth Self Report (YSR), Elternfragebogen über das Verhalten von Kindern und Jugendlichen/Child Behavior Checklist (CBCL), Lehrerfragebogen/Teacher's Report Form (TRF), Verhaltensbeurteilungsbogen für Vorschulkinder (VBV 3-6)	Arbeitsgruppe Deutsche Child Behavior Checklist 1993, 1998a, 1998b; Döpfner et al. 1993
Fragebogen zur Erfassung der Lebensqualität	Mattejat et al. 1998
Problemfragebogen für 11- bis 14-jährige Kinder- und Jugendliche (PFB 11-14)	Westhoff et al. 1981
suchtbezogene Verfahren	
Alcohol Expectancies Questionnaire (AEQ)	Brown et al. 1987
Comprehensive Addiction Severity Index for Adolescents (CASI-A)	Meyers et al. 1995
Fagerström-Test for Nicotine Dependence (FTND)	Fagerström u. Schneider 1989
Kurzfragebogen für Alkoholgefährdete (KFA)	Feuerlein et al. 1989

International Diagnostic Interview (CIDI) mit dem Substance Abuse Module eingesetzt werden. Mit diesem Interview werden alle in gängigen Klassifikationssystemen genannten psychischen Störungen ausreichend valide und reliabel erfasst. Das Zusatzmodul „Substance Abuse" enthält spezifische Filterfragen zu Häufigkeit und Menge des Konsums von Alkohol und Tabak und dokumentiert differenziert Informationen zu Beginn, Entwicklung und Persistenz von substanzassoziierten Störungen sowie zu somatischen, psychischen und sozialen Folgen.

Das standardisierte Psychopathologische Befundsystem für das Kindes- und Jugendalter ermöglicht die Erfassung eines breiten Spektrums psychischer Störungen und Verhaltensstörungen sowie die quantitative Einschätzung des Schweregrads von Symptomen im Kindes- und Jugendalter.

Im Rahmen des Diagnostik-Systems für psychische Störungen im Kindes- und Jugendalter sind die diagnostischen Kriterien der jeweiligen Störung in Orientierung an die Diagnosesysteme ICD-10 und DSM-IV in Form von Checklisten zusammengefasst. Anhand der Kriterien eines operationalisierten Diagnosesystems ermöglicht das Kinder-DIPS die Diagnostik aktueller und früher vorhandener psychischer Störungen bei 6- bis 18-jährigen Kindern bzw. Jugendlichen. Daneben enthält es auch Screening-Fragen zu Substanzmissbrauch und -abhängigkeit. Das Verfahren umfasst eine Kinderversion zur direkten Befragung des Kindes oder Jugendlichen sowie eine parallele Elternversion zur Befragung eines Elternteils oder sonstiger Erziehungspersonen.

Das Mannheimer Elterninterview ist ein strukturiertes Interview, in dem die Angaben über Symptome bei 6- bis 16-jährigen Kindern und Jugendlichen nur von den Eltern erfragt werden.

Als Screening-Diagnostik zur Identifizierung von Kindern und Jugendlichen aus alkoholbelasteten Familien haben sich insbesondere der Children of Alcoholics Screening Test (CAST) sowie die aus sechs Fragen bestehende Kurzform (CAST-6) als befriedigend reliable und valide Methoden erwiesen. Der unter Federführung der WHO international erprobte AUDIT-Screening-Test ist auf problematischen Konsum im vorausgegangenen Jahr ausgerichtet und kann auch im Jugendalter eine wertvolle diagnostische Hilfe zur Identifizierung von Verdachtsfällen darstellen.

Das Verfahrenssystem der durch die Kölner Arbeitsgruppe Kinder-, Jugend- und Familiendiagnostik in deutscher Fassung vorgelegten Child Behavior Checklist umfasst mehrere Breitband-Fragebogenverfahren, die der Erfassung psychischer Auffälligkeiten von Kindern und Jugendlichen aus der Perspektive verschiedener Beurteiler dienen. Das Urteil der Eltern kann anhand des Verhaltensbeurteilungsbogens für Vorschulkinder und des Elternfragebogens über das Verhalten von Kindern und Jugendlichen erfasst werden. Das Urteil der Lehrer oder Erzieher kann mithilfe des Lehrerfragebogens und das Urteil der Jugendlichen selbst anhand des Fragebogens für Jugendliche erhoben werden. Diese Verfahren haben sich als nützliche Instrumente in der internationalen klinischen Praxis erwiesen, da sich ein breites Spektrum psychischer Auffälligkeiten von Kindern und Jugendlichen ohne großen Aufwand erfassen lässt und die Ergebnisse wichtige Hinweise zum Einsatz differenzierterer diagnostischer Methoden liefern können (Schwoon u. Krausz 2001).

Die Aussagenliste zum Selbstwertgefühl dient bei 8- bis 15-Jährigen der differenzierten Erfassung der Qualität des Selbstwertgefühls in Abhängigkeit von verschiedenen Lebens- und Verhaltensbereichen (Schule, Freizeit, Familie, Heimgruppe). Der Problemfragebogen für 11- bis 14-jährige Kinder bzw. Jugendliche erfasst die charakteristischen Sorgen und Probleme von Kindern und Jugendlichen. Zur Erfassung der Lebensqualität kann das für das Kindes- und Jugendalter entwickelte Inventar zur Einschätzung der Lebensqualität eingesetzt werden.

Mittels des übersetzten Alcohol Expectancies Questionnaire können Form und Bedeutung spezieller Alkoholerwartungen für das Trinkverhalten in verschiedenen Situationen untersucht werden. Der Comprehensive Addiction Severity Index for Adolescents stellt die für Jugendliche entwickelte Form des Addiction Severity Index (ASI) dar. Dieses Erhebungsinstrument erfasst verschiedene Problembereiche und erstreckt sich auf alle Formen von Substanzmissbrauch und -abhängigkeit. Mittels des Fagerström-Selbstwirksamkeitsfragebogens lassen sich Informationen zu nikotinrelevanten Suchtkriterien erheben. Die deutsche Bearbeitung dieser Selbstbeurteilungsskala ermöglicht auf effizientem Weg eine Diagnosestellung und Graduierung der Nikotinabhängigkeit. Der Kurzfragebogen für Alkoholgefährdete ist ein Filtertest zur Unterscheidung von Alkoholikern und Nichtalkoholikern, der auch bei Jugendlichen eingesetzt werden kann und mit dem sich vor allem bei weniger klarer Ausprägung und bei Frühfällen das Vorliegen einer Alkoholismus-Gefährdung beurteilen lässt.

9.3 Qualitätsverbesserung

Zur Abklärung der meisten Störungsbilder im Kindes- und Jugendalter und zur Erfassung multipler Kriterien von Verhaltensauffälligkeiten kristallisiert sich in der Diagnostik die Notwendigkeit eines **multimethodalen Ansatzes** heraus. Hierbei werden verschiedene diagnostische Vorgehensweisen miteinander verbunden (vgl. Niebergall u. Remschmidt 2001). So ist es von Vorteil,

- eine direkte Befragung mit einer indirekten Befragung von Informanden zu koppeln,
- den Interviewansatz mit dem Fragebogenansatz zu verbinden,
- die Selbstbeurteilung durch den Betroffenen mit der Fremdbeurteilung durch Informanden zu ergänzen,

- die Anwendung verbaler Methoden mit der von Beobachtungsverfahren zu verknüpfen.

In diesem Zusammenhang ist zu bedenken, dass diagnostische Hilfsmittel in der Suchthilfe je nach Einsatzbereich in unterschiedlicher Gewichtung zum Einsatz kommen können. So wird sich im Mutter-Kind-Kontaktladen der Berater in hohem Maße auf seine Beobachtungsfähigkeit verlassen müssen, während im Setting einer ambulanten Behandlung Informationen und Daten aus zahlreichen Informationsquellen gewonnen werden können und ein Schwergewicht auf standardisierten Verfahren liegen kann.

Für die Dokumentation diagnoserelevanter Befunde wurden eine Reihe von Vorschlägen für den ambulanten und stationären Bereich vorgelegt (Freyberger u. Stieglitz 1997). Mittlerweile hat das von Remschmidt und Schmidt (2001) entwickelte nosologieorientierte, multiaxiale Klassifikationssystem für das Kindes- und Jugendalter (MAS) Eingang in die Basisdokumentationssysteme vieler Einrichtungen gefunden. Es enthält neben dem klinisch-psychiatrischen Syndrom weitere Achsen, auf denen umschriebene Entwicklungsstörungen, Intelligenzniveau, körperliche Symptome und assoziierte aktuelle abnorme psychosoziale Umstände sowie eine Globalbeurteilung der psychosozialen Anpassung dokumentiert werden können.

9.4 Empfehlungen und Ausblick

Jeder Anwender eines diagnostischen Instruments sollte sich vor dem praktischen Einsatz anhand der Handanweisung und gegebenenfalls unter Hinzuziehung psychodiagnostischer Expertise eingehend über Möglichkeiten und Besonderheiten sowie Grenzen des jeweiligen Erhebungsinstruments informieren. In der praktischen Anwendung stellt es eine gewisse Gratwanderung dar, geeignete Verfahren zur Informationserhebung bei Kindern und Jugendlichen im Kontext von Suchtstörungen bzw. -gefährdungen so umfangreich wie möglich und zugleich nicht mehr als nötig auszuwählen. Eine Orientierung können die „Leitlinien zur Diagnostik und Therapie von psychischen Störungen im Säuglings-, Kindes- und Jugendalter" – herausgegeben von der Deutschen Gesellschaft für Kinder- und Jugendpsychiatrie und Psychotherapie, der Bundesarbeitsgemeinschaft leitender Kinderärzte für Kinder- und Jugendpsychiatrie und Psychotherapie, dem Berufsverband der Ärzte für Kinder- und Jugendpsychiatrie und Psychotherapie (2000) – und der „Praxisleitfaden Kinder- und Jugendpsychotherapie" (Döpfner et al. 2000) bieten. Die Leitfäden vermitteln allgemein akzeptierte Standards in der Diagnostik und Therapie einzelner psychischer Störungen im Kindes- und Jugendalter und geben Hilfsmittel zu ihrer Umsetzung an die Hand.

Zur adäquaten Erfassung eines problematischen Suchtmittelkonsums bei Jugendlichen ist eine geeignete Auswahl von Untersuchungsinstrumenten zu wählen. Da Sozialisations- und Erziehungsvariablen wie zum Beispiel Erziehungsstrategien, die Aufsicht und Kontrolle durch die Eltern sowie die Beteiligung am Leben des Kindes als Prädiktoren für einen späteren missbräuchlichen Suchtmittelkonsum angesehen werden können (Hawkins et al. 1992), sollten solche Instrumente eingesetzt werden, die neben den intrapsychischen Prozessen beim Kind auch die Belastung durch aktuelle Lebensereignisse, Erziehungsbedingungen und außerfamiliären Belastungen gemeinsam und differenziert untersuchbar machen. Zu einem differenzierten diagnostischen Prozess im Kontext von Suchtstörungen gehört dabei nicht nur das Aufzeigen von Problemen und Defiziten, sondern ebenso eine Fokussierung auf Ressourcen, Potenziale und Lösungen. Denn gerade die Verstärkung positiver Seiten kann eine wertvolle therapeutische Maßnahme im Kontext der Persönlichkeitsstärkung zur Vermeidung von Suchtstörungen sein.

Literatur

Arbeitsgruppe Deutsche Child Behavior Checklist (1993). Lehrerfragebogen über das Verhalten von Kindern und Jugendlichen. Dt. Bearbeitung der Teacher's Report Form der Child Behavior Checklist (TRF). Einführung und Anleitung zur Handauswertung, bearb. v. Döpfner M, Melchers P. Köln: Arbeitsgruppe Kinder-, Jugend- und Familiendiagnostik (KJFD).

Arbeitsgruppe Deutsche Child Behavior Checklist (1998a). Elternfragebogen über das Verhalten von Kindern und Jugendlichen, Fragebogen für Jugendliche, Lehrerfragebogen über das Verhalten von Kindern und Jugendlichen. Einführung und Anleitung zur Handauswertung. 2. Aufl. mit deutschen Normen, bearb. v. Döpfner M, Plück J, Bölte S, Melchers P, Heim K. Köln: Arbeitsgruppe Kinder-, Jugend- und Familiendiagnostik (KJFD).

Arbeitsgruppe Deutsche Child Behavior Checklist (1998b). Fragebogen für Jugendliche. Dt. Bearbeitung der Youth Self-Report Form der Child Behavior Checklist (YSR). Einführung und Anleitung zur Handauswertung mit deutschen Normen, bearb. v. Döpfner M, Plück J, Bölte S, Lenz K, Melchers P, Heim K. 2. Aufl. Köln: Arbeitsgruppe Kinder-, Jugend- und Familiendiagnostik (KJFD).

Babor TF, de la Fuente JR, Saunders J, Grant M (1989). The Alcohol Use Disorders Identification Test: Guidelines for Use in Primary Health Care. Geneva: World Health Organization, Division of Mental Health.

Brown SA, Goldman MS, Christiansen BA (1987). The Alcohol Expectancy Questionnaire: an instrument for the assessment of adolescent and adult alcohol expectancies. J Stud Alcohol; 48: 483–91.

Deutsche Gesellschaft für Kinder- und Jugendpsychiatrie und Psychotherapie, Bundesarbeitsgemeinschaft leitender Kinderärzte für Kinder- und Jugendpsychiatrie und Psychotherapie, Berufsverband der Ärzte für Kinder- und Jugendpsychiatrie und Psychotherapie (Hrsg) (2000). Leitlinien zur Diagnostik und Therapie von psychischen Störungen im Säuglings-, Kindes- und Jugendalter. Köln: Deutscher Ärzte-Verlag.

Döpfner M, Lehmkuhl G (2000). Diagnostik-System für psychische Störungen im Kindes- und Jugendalter nach ICD-10 und DSM-IV (DISYPS-KJ). 2. Aufl. Bern: Huber.

Döpfner M, Berner W, Fleischmann T, Schmidt MH (1993). Verhaltensbeurteilungsbogen für Vorschulkinder (VBV). Weinheim: Beltz.

Döpfner M, Berner W, Flechtner H, Lehmkuhl G, Steinhausen HC (1998). Psychopathologisches Befund-System für Kinder und Jugendliche (CAS-CAP-D): Befundbogen, Glossar und Explorationsleitfaden. Göttingen: Hogrefe.

Döpfner M, Lehmkuhl G, Heubrock D, Petermann F (2000). Diagnostik psychischer Störungen im Kindes- und Jugendalter. Leitfaden Kinder- und Jugendpsychotherapie. Bd 2. Göttingen: Hogrefe.

Esser G, Blanz B, Geisel B, Laucht M (1989). Mannheimer Elterninterview (MEI). Bern: Huber.

Fagerström KO, Schneider NG (1989). Measuring nicotine dependence: a review of the Fagerström tolerance questionnaire. J Behav Med; 12: 159–81.

Feuerlein W, Küfner H, Haf CM, Ringer C, Antons K (1989). Kurzfragebogen für Alkoholgefährdete (KFA). Göttingen: Hogrefe.

Freyberger HJ, Stieglitz RD (1997). Krankheitsbilder, Klassifikation, Dokumentation. In: Heigl-Evers A, Heigl F, Ott J, Rueger U (Hrsg) Lehrbuch der Psychotherapie. Lübeck, Stuttgart: G. Fischer; 84–93.

Grubitzsch S (1999). Testtheorie – Testpraxis. Psychologische Tests und Prüfverfahren im kritischen Überblick. Klotz: Eschborn.

Hawkins DJ, Catalano RF, Miller JY (1992). Risk and protective factors for alcohol and other drug problems in adolescence and early adulthood: implications for substance abuse prevention. Psychol Bull; 112: 64–105.

Jones JW (1983). Children of Alcoholics Screening Test (CAST). Chicago: Camelot Unlimited.

Kubinger KD, Deegener G (2001). Psychologische Anamnese bei Kindern und Jugendlichen. Göttingen: Hogrefe.

Lachner G, Wittchen HU (1996). Das Composite International Diagnostic Interview Substance Abuse Module (CIDI-SAM). Ein neues Instrument zur klinischen Forschung und Diagnostik. In: Mann K, Buchkremer G (Hrsg). Sucht/Grundlagen – Diagnostik – Therapie. Stuttgart: Fischer; 147–56.

Mattejat F, Jungmann J, Meusers M, Moik C, Schaff C, Schmidt MH, Scholz M, Remschmidt H (1998). Das Inventar zur Erfassung der Lebensqualität bei Kindern und Jugendlichen (ILK). Z Kind Jugendpsychiatrie; 26: 174–82.

Meyers K, McLellan AT, Jaeger JL, Pettinati HM (1995). Development of the Comprehensive Addiction Severity Index for Adolescents (CASI-A): an interview for assessing multiple problems of adolescents. J Sub Abuse Treatm; 12(3): 181–93.

Miller WR, Rollnik S (1999). Motivierende Gesprächsführung: Ein Konzept zur Beratung von Menschen mit Suchtproblemen. Lambertus: Freiburg.

Niebergall G, Remschmidt H (2001). Klinische Diagnostik bei Kindern und Jugendlichen. In: Stieglitz RD, Baumann U, Freyberger HJ (Hrsg). Psychodiagnostik in Klinischer Psychologie, Psychiatrie, Psychotherapie. Stuttgart, New York: Thieme; 284–91.

Petermann F (Hrsg) (2000). Lehrbuch der Klinischen Kinderpsychologie und -psychotherapie. Göttingen: Hogrefe.

Remschmidt H, Schmidt M, Poustka F (Hrsg) (2001). Multiaxiales Klassifikationsschema für psychische Störungen des Kindes- und Jugendalters nach ICD-10 der WHO. 4. Aufl. Bern: Huber.

Schauder T (1991). Die Aussagen-Liste zum Selbstwertgefühl für Kinder und Jugendliche (ALS). Weinheim: Beltz.

Schwoon DR, Krausz M (2001). Diagnostik von Störungen durch psychotrope Substanzen. In: Stieglitz RD, Baumann U, Freyberger, HJ (Hrsg). Psychodiagnostik in Klinischer Psychologie, Psychiatrie, Psychotherapie. Stuttgart, New York: Thieme; 392–404.

Steinhausen HC (2002). Psychische Störungen bei Kindern und Jugendlichen. Lehrbuch der Kinder- und Jugendpsychiatrie. München: Urban & Fischer.

Stieglitz RD, Baumann U, Freyberger HJ (Hrsg) (2001). Psychodiagnostik in Klinischer Psychologie, Psychiatrie, Psychotherapie. Stuttgart, New York: Thieme.

Unnewehr S, Schneider S, Margraf J (1998). Kinder-DIPS. Diagnostisches Interview bei psychischen Störungen im Kindes- und Jugendalter. Berlin, Heidelberg, New York: Springer.

Westhoff K, Geusen-Asenbaum C, Leutner D, Schmidt M (1981). Problemfragebogen für 11- bis 14-Jährige (PF 11-14). Göttingen: Hogrefe.

10 Aufwachsen mit psychotropen Substanzen – entwicklungspsychologische Risiken

Karina Weichold

Im Jugendalter beginnen Menschen in unserem Kulturraum, mit psychotropen Substanzen zu experimentieren. Manche von ihnen konsumieren Alkohol, Nikotin oder illegale Drogen bis ins Erwachsenenalter, andere reduzieren ihren Substanzkonsum im späteren Leben – Konsummuster verändern sich über die Lebensspanne in systematischer Weise. Aus entwicklungspsychologischer Perspektive können Prozesse benannt werden, die Veränderungen und Unterschiede im Ausmaß des Gebrauchs psychotroper Substanzen zwischen Jugendlichen aufklären.

Wenn im Folgenden von (psychoaktiven/psychotropen) Substanzen die Rede ist, so sind zum einen legale Drogen gemeint, insbesondere Alkohol. Alkohol ist in unserer Gesellschaft ein akzeptiertes Rauschmittel, weshalb es für Jugendliche besonders schwer ist, Grenzen zwischen normalem Gebrauch und Missbrauch zu erlernen. Zum anderen werden unter Substanzen illegale Drogen verstanden, vor allem Cannabis (Haschisch, Marihuana), Stimulanzien (Ecstasy, Amphetamine) sowie Opiate (Heroin). Der Konsum illegaler Drogen ist aufgrund einsetzender Straffälligkeit bei Besitz und Konsum, hoher Beschaffungskriminalität und längerfristigen gesundheitlichen bzw. psychosozialen Konsequenzen besonders problematisch.

10.1 Prävalenz

Nahezu jeder hat im Alter von 14 Jahren schon Alkohol getrunken (95%), nur 5% sind ohne Konsumerfahrung. Zwei Drittel der Jungen und Mädchen in diesem Alter konsumieren Alkohol regelmäßig (d.h. haben im letzten Jahr mindestens 12-mal Alkohol getrunken). In Deutschland nahm die Häufigkeit von Trinkexzessen („binge drinking": Konsum großer Mengen bis zur Trunkenheit) in den letzten Jahren zu (BZgA 2001). Unter den 12- bis 24-Jährigen zeigen schon 10% Missbrauch, weitere 6% abhängige Konsummuster (Holly et al. 1997). Der Tabakkonsum geht in Deutschland zurück. Unter Jugendlichen gibt es dennoch etwa ein Viertel ständige Raucher, die zudem immer intensiver rauchen (BZgA 2001). Beim Konsum von illegalen Drogen steht Cannabis an erster Stelle: Rund 13% in Ost und West haben Cannabis probiert. In der Altersgruppe bis 25 Jahre sind ungefähr 5% aktuelle Konsumenten. Kleinere Gruppen von Jugendlichen konsumieren Ecstasy und Amphetamine („Partydrogen"; 3 bis 4% im großstädtischen Einzugsgebiet). Obwohl dieser Anteil gering scheint, stieg in den letzten Jahren die Anzahl sehr junger Jugendlicher, die „szenenah" konsumieren. Erfahrungen mit Kokain haben nur ca. 2,5% der deutschen Erwachsenen gemacht. Heroin-Konsumenten machen schließlich unter 1% der Bevölkerung aus (ebd.). Im internationalen Vergleich zeigt sich, dass illegale Drogen in Deutschland insgesamt nur rund halb so verbreitet sind wie in den USA.

Zusammenfassend zeigen sich in Deutschland zwei Tendenzen: Zum einen nimmt der Konsum einiger Substanzen bei Jugendlichen tendenziell ab (z. B. Tabak), bei gleichbleibender risikoreicher Konsumintensität von Cannabis und Ecstasy im Rahmen der „Spaßkultur". Zum anderen ist der Konsum legaler Substanzen (besonders Tabak und Alkohol) weiterhin stark verbreitet, auch in Form problematischer Konsummuster.

10.2 Gebrauch versus Missbrauch

Besonders bei legalen Drogen ist die Unterscheidung verschiedener Konsumformen bedeutsam, um das Risikopotenzial für zukünftige Sucht oder Abhängigkeit abschätzen zu können. Oft zeigen Jugendliche experimentierenden Konsum, das heißt, es entstehen längerfristig keine festen Konsummuster, und Substanzen werden in unregelmäßigen Abständen eingenommen. Hier sind die unmittelbaren Folgen annehmbar und die längerfristigen sogar vernachlässigbar. In der Regel beginnt experimentierender Konsum mit Tabak und Alkohol und eher tolerierten illegalen Substanzen (Cannabis), bevor dann eine kleine Minderheit zu harten Drogen greift (Kandel 1980).

Bei Missbrauch birgt Substanzkonsum jedoch erhebliche Gesundheitsrisiken. Kurzfristiger oder gar chronischer Missbrauch unterscheidet sich von normalem Gebrauch durch Folgendes (Newcomb u. Bentler 1989):
- unmittelbare negative physiologische und psychologische Effekte (z. B. Wahrnehmungsstörungen)
- situationsunangemessener Konsum (z. B. am Ausbildungsplatz)
- ungenügender Entwicklungsstand (so bedingen die eingeschränkten kognitiven Fähigkeiten, dass Kinder nicht das Risikopotenzial von Substanzen abschätzen können)
- Abhängigkeit
- negative Konsequenzen für Personen oder Sachen (z. B. resultierend aus einer Gewalttat)

Abhängigkeit von einer Substanz ist gemäß den klinischen Diagnosekriterien durch kontinuierlich hohen Konsum und Entzugssymptome charakterisiert. Weiterhin spricht man von Abhängigkeit, wenn das Leben der Betroffenen durch auf die Drogen ausgerichtetes Verhalten dominiert wird (z. B. Beschaffung, Konsum sowie Erholung von der Wirkung), eine ausgeprägte Rückfallneigung besteht und substanzbedingte soziale oder gesundheitliche Probleme zu beobachten sind.

10.3 Konsequenzen

Substanzmissbrauch hat negative Folgen für die psychosoziale Anpassung, die zum Teil bis ins Erwachsenenalter reichen können. Wegen des insgesamt moderaten oder nur vorübergehend exzessiven Alkoholkonsums der Mehrheit der Jugendlichen sind die meisten Konsequenzen jedoch kurzfristiger Natur. Diese bestehen vor allem in Schulproblemen, Schwierigkeiten in sozialen Beziehungen, ungewollten/ungeschützten sexuellen Kontakten oder delinquentem Verhalten. Außerdem können gesundheitliche Probleme infolge von Alkoholintoxikationen auftreten (z. B. Kopfschmerzen, Unwohlsein, Schwindelgefühle) sowie in sehr seltenen Fällen alkoholbezogene Erkrankungen wie Leberzirrhose (Edwards 1997). Gerade bei illegalen Drogen liegen die gesundheitlichen Gefährdungen, die in den letzten Jahren häufig überschätzt wurden, oft weniger an der Substanz selbst, sondern an den Wechselwirkungen mit den spezifischen Umständen des Gebrauchs. Die erhöhte Krebsrate bei Cannabis-Konsumenten ist beispielsweise auf die Schadstoffe des Rauches und weniger auf die Wirkung des Cannabis (insbes. THC) zurückzuführen (Hall et al. 1999). Bei Ecstasy ist bekannt, dass Hyperthermie nicht nur durch die Droge selbst, sondern durch Hitze und Gedränge der Rave-Partys gefördert wird (Green et al. 1995).

Bezogen auf längerfristige Konsequenzen weiß man, dass bei Jugendlichen mit frühem und häufigem Alkoholkonsum ein erhöhtes Risiko für Sucht und Abhängigkeit im Erwachsenenalter besteht. Außerdem korreliert der frühe Konsum von Alkohol und illegalen Drogen mit späterem beruflichen Misserfolg, instabilen Partnerschaften und Kriminalität. Nach Erlangen des Führerscheins steigt das Risiko für Unfälle unter dem Einfluss von Alkohol oder illegalen Drogen (z. B. Hall et al. 1999). Auch psychische Probleme im Erwachsenenalter können aus langjährigem Konsum resultieren. Beispielsweise sind Ecstasy-Dauerkonsumenten einem erhöhten Risiko für chronische psychiatrische, neurologische sowie internistische Störungen ausgesetzt, deren Folgenschwere jedoch von individuellen Faktoren abhängt (Thomasius 1999).

10.4 Alterskorrelierter Konsumverlauf

Substanzkonsum folgt einem alterskorrelierten Trend über die Lebensspanne. Im Jugendalter findet typischerweise die Initiation statt. Konsummengen und -häufigkeiten von Alkohol steigen über das Jugendalter mit einem Gipfel im frühen Erwachsenenalter an und fallen dann langsam ab (Muthén u. Muthén 2000). Befunde bundesweiter Studien bestätigen, dass über das Erwachsenenalter (18- bis 59-jährige Befragte) die Häufigkeit von riskantem und gefährlichem Alkoholkonsum abfällt (BMG 2000). Ähnlich verhält es sich mit dem Konsum illegaler Drogen im frühen Erwachsenenalter. Das frühe Jugendalter ist folglich eine kritische Periode für die Entstehung und Steigerung des Substanzkonsums. Im Folgenden werden hierfür Erklärungsansätze vorgestellt.

10.4.1 Biologischer Erklärungsansatz

Es wird angenommen, dass sich Jugendliche durch hirnphysiologische Besonderheiten auszeichnen, die sie besonders empfänglich für den Konsum psychoaktiver Substanzen machen. Neueste neurobiologische Forschungsbefunde zeigen, dass das Zentralnervensystem während der Adoleszenz massiven Restrukturierungen unterworfen ist, wovon Hirnstrukturen und deren Funktionsweisen betroffen sind. Dadurch unterscheidet sich das Gehirn eines Jugendlichen stark von dem eines Kindes oder Erwachsenen.

Hinsichtlich der Struktur des Gehirns zeigt sich eine Vergrößerung des Zellkörpervolumens im Neokortex bei gleichzeitiger Abnahme der Neuronendichte. Über die gesamte Adoleszenz werden ca. 30 000 Synapsen pro Sekunde eliminiert. Dieser Vorgang wird als Vorbedingung für die Verzweigung der Dendriten gesehen. Darüber hinaus setzt sich in der Pubertät die Markreifung fort. Bis zum zehnten Lebensjahr ist die Markreifung der großen Kommissuren im Gehirn abgeschlossen. Danach folgt die Myelinisierung, insbesondere in der Formatio reticularis und den intrakortikalen Assoziationsfasern, die mutmaßlich für die Entwicklung fortgeschrittener Denkprozesse von Bedeutung sind (Remschmidt 1992). Gleichzeitig kommt es zu einem Anstieg der fokalen Aktivierung des Gehirns: Die separate Funktion beider Hemisphären sowie die Komplexität des EEGs steigen an.

Insbesondere präfrontale Regionen, aber auch das limbische System sind von funktionalen Umstrukturierungen in der Jugend betroffen. So steigt die Sensitivität des Hippocampus auf neuartige Stimuli an, und die Amygdala (emotionale Reizverarbeitung) ist stärker aktiviert. Außerdem reorganisieren sich verschiedene neuronale Systeme wie das dopaminerge oder serotonerge System. Dabei kommt es zur Erhöhung der Zelldichte dopaminerger Zellen und Rezeptoren im präfrontalen Kortex bzw. zum Abfall serotonerger Rezeptoren. Die reifebedingten Veränderungen in beiden Systemen sollen funktionale Relevanz für motivationale Zustände, die Pharmakologie des Gehirns, lokomotorische Reaktionen und die Verarbeitung neuartiger Reize besitzen und damit letztlich Verhalten modulieren. Man versucht so, altersspezifische Verhaltensmuster bei Jugendlichen wie Überreaktion auf Stressoren, negative emotionale Zustände sowie die zunehmende Empfänglichkeit für Alkohol und Drogen zu erklären (vgl. Spear 2000).

Spezifische Folgen dieser zentralnervösen Veränderungen (besonders der Desensibilisierung des dopaminergen Systems) für Substanzkonsum sollen beispielsweise eine eingeschränkte lokomotorische Reaktion (Torkeln, eingeschränkte Feinmotorik) und später einsetzende positive Gefühle (beschwipst sein) sein. Man nimmt an, dass psychoaktive Substanzen bei gleichen Konsummengen für Jugendliche nicht die gleichen Effekte wie für Erwachsene haben. Diese Forschung steht jedoch erst am Anfang und basiert bislang zumeist auf Tierexperimenten.

10.4.2 Entwicklungspsychopathologischer Erklärungsansatz

Man geht davon aus, dass die Mehrzahl der Jugendlichen in dieser Lebensphase Alkohol und Drogen nutzen, um Entwicklungsaufgaben zu lösen, und nur eine kleine Minderheit einem erhöhten Risiko ausgesetzt ist, auch im Erwachsenenalter Konsumprobleme zu haben. Moderne entwicklungspsychopathologische Theorien fassen Jugendliche mit auffälligem Verhalten wie beispielsweise Substanzkonsum als eine heterogene Gruppe im Hinblick auf frühe Antezedenzien, Entwicklungsmechanismen und ihre Prognose für eine gelungene psychosoziale Anpassung im Erwachsenenalter auf. Die derzeit prominenteste Entwicklungstaxonomie in diesem Zusammenhang wurde von Moffitt (1993) aufgestellt. Obwohl ursprünglich für delinquentes Verhalten gedacht, wurden mittlerweile in Analogie zu Moffitts Vorgehen unterschiedliche Verlaufstypen auch für weitere externalisierende Verhaltensprobleme (u. a. Substanzkonsum) identifiziert (Kandel u. Chen 2000; Weichold 2002). Dabei werden zwei Prototypen von Jugendlichen mit externalisiertem Problemverhalten in Normalpopulationen unterschieden, nämlich jene, die durch auf das Jugendalter begrenztes Problemverhalten charakterisiert sind, und solche, die durch Problemverhalten über die gesamte Lebensspanne auffallen. Beide Entwicklungspfade werden im Folgenden bezogen auf Substanzkonsum vorgestellt.

Temporäre Auffälligkeit im Jugendalter

Bei der überwältigenden Mehrheit der Jugendlichen mit auffälligen Verhaltensweisen (ca. 90 %) scheint es (analog zur Delinquenz) so zu sein, dass sie problematischen Substanzkonsum weitestgehend begrenzt auf die Adoleszenz zeigt. Gefangen im Zwiespalt zwischen abgeschlossener biologischer Reife im Jugendalter und nicht zugestandenen sozialen Erwachsenenrollen (z. T. bedingt durch lange Bildungswege auch „Reifelücke" genannt), soll erwachsenentypisches Verhalten wie Substanzkonsum zur Demonstration von „Pseudo-Reife" dienen. Mit anderen Worten, Jugendliche fühlen sich beim Konsum von Alkohol, Zigaretten oder illegalen Drogen erwachsener. Alkoholkonsum und heute auch so genannte „weiche" illegale Drogen wie Cannabis werden in diesem Sinne mittlerweile von den meisten Jugendlichen als Bestandteil einer normalen psychosozialen Entwicklung gesehen. Alkohol und Drogen erfüllen überdies eine Funktion, wenn Beziehungen zu gleich- und gegengeschlechtlichen Peers aufgebaut oder erste romantische Beziehungen angebahnt werden (vgl. Silbereisen u. Reese 2001). Daher ist der Konsum von Substanzen bei Jugendlichen häufig an den Besuch von Diskotheken geknüpft, die als einschlägige Freizeitorte im Hinblick auf die Bearbeitung Peergroup-bezogener Entwicklungsaufgaben gelten. Peergroups, die durch normverletzendes Verhalten die Aufmerksamkeit anderer Gleichaltriger und Erwachsener erwecken, werden leicht zu Rollenmodellen für andere, weil sie couragiert und kompetent erscheinen. Auch im bereits bestehenden Freundeskreis bringt der Konsum von Alkohol und Drogen einen hohen sozialen Status mit sich (Engels et al. 1999). Letztlich mag der Gebrauch von Substanzen auch dazu verhelfen, längerfristige Probleme und Stress im Zusammenhang mit bedeutenden Entwicklungsaufgaben, zum Beispiel dem Aufbau erster romantischer Beziehungen, zu bewältigen (Silbereisen u. Reese 2001).

Werden reale soziale Übergänge ins Erwachsenenalter wie Heirat oder Elternschaft vollzogen, verliert Substanzkonsum seine jugendtypischen Funktionen, und die Konsummengen reduzieren sich bei der Mehrheit der jungen Erwachsenen (Leonard u. Rothbard 1999). Dies wird der Übernahme konventioneller Normen der Gesellschaft genauer gesagt der Inkompatibilität von Substanzkonsum mit gesellschaftlichen Erwartungen an die neuen Rollen zugeschrieben. Darüber hinaus sehen sich junge Erwachsene neuen sozialen Rollenmodellen und Lernmöglichkeiten gegenüber, die ihr eigenes Konsumverhalten positiv beeinflussen (Bachmann et al. 1997).

Lebenslange Auffälligkeit

Für eine Minderheit der substanzkonsumierenden Jugendlichen (ca. 10%) wird in Analogie zur Delinquenz angenommen, dass problematischer Substanzkonsum ein Element in einem Ensemble vielfältiger Anpassungsprobleme darstellt, die den gesamten Lebenslauf charakterisieren. Als Ausgangspunkt werden frühe Temperamentsfaktoren (z. B. hohe Aktivität bzw. geringe Impulskontrolle) angenommen, die in Verhaltensauffälligkeiten wie Hyperaktivität oder Aggression münden. Diese Persönlichkeitsfaktoren in der Kindheit, die wahrscheinlich auf minimalen neuronalen Dysfunktionen basieren, erhöhen das Risiko für einen späteren ausgeprägten Substanzkonsum sowie weiter reichende psychosoziale Anpassungsprobleme. Dabei geht man davon aus, dass genetische Faktoren, Temperament und die Sozialisation in einem Familienkontext, der durch alkoholspezifische Risiken, wie zum Beispiel abhängige Eltern, gekennzeichnet ist, die Entwicklung problematischer Persönlichkeitseigenschaften in der Kindheit bzw. späteren Substanzmissbrauch fördern. Weitere abträgliche Charakteristika in der Familie begünstigen darüber hinaus diesen problematischen Entwicklungspfad. Bekannt ist, dass eine geringe Eltern-Kind-Bindung, häufige Konflikte oder geringe elterliche Investition in verhaltensauffällige Kinder mit höherer Wahrscheinlichkeit in den beschriebenen Familienkontexten vorkommen (Blackson u. Tarter 1994) und selbst wiederum mit jugendlichem Substanzmissbrauch in Zusammenhang stehen.

Verhaltensauffälligkeiten, begleitende Schulprobleme und geringe Kompetenzen führen dazu, dass Kinder abgelehnt werden und Selbstwertprobleme entwickeln. Sie wenden sich vom „normalen" Kontext ab und devianten Kreisen zu, um für ihr auffälliges Verhalten eine positive Bekräftigung zu erlangen. Dabei verfestigt sich ihr Problemverhalten, was in einer Art Syndrom vielfältige abweichende Verhaltensweisen umfasst (z. B. Substanzkonsum, Kriminalität, frühe sexuelle Kontakte; s. Donovan 1996) und zudem eine hohe Kontinuität über die gesamte Lebensspanne besitzt (Stattin u. Romelsjoe 1995).

10.5 Risiko und Protektion

Wie kommt es, dass bestimmte Jugendliche, während sie mit alterstypischen Entwicklungsaufgaben konfrontiert sind, kurz- oder längerfristig zu Alkohol und Drogen greifen und andere nicht? Unterschiede in Entwicklungsverläufen zu mehr oder weniger gravierendem Substanzkonsum lassen sich durch die Analyse von Risiko- und Schutzfaktoren erklären. Risikofaktoren, welche die Wahrscheinlichkeit für Substanzkonsum erhöhen, können in der Person selbst, ihrem sozialen Umfeld oder gar in gesellschaftlichen Bedingungen liegen (Petraitis et al. 1995). Anhand eines von Petraitis et al. vorgeschlagenen Ordnungssystems werden substanzspezifische Risikofaktoren nach zwei Kriterien geordnet. Risiken für Substanzmissbrauch können in den Eigenschaften der Personen des unmittelbaren sozialen Kontextes (z. B. Einfluss substanzkonsumierender Freunde), in den Charakteristika des Kontextes (z. B. drogenfreundliches Milieu, hohe Kriminalität) und letztlich in der Person selbst (Persönlichkeit, biologische Disposition) liegen. Jede dieser drei Einflussquellen kann eine unterschiedliche Nähe zum tatsächlichen Verhalten aufweisen. Am weitesten vom Verhalten entfernt wirken ultimate Risiken. Näher am Verhalten, das heißt mittelbar, wirken distale Faktoren, und proximale Risikofaktoren beeinflussen direkt Substanzkonsum. Im Folgenden werden Beispiele für substanzspezifische Risikofaktoren entsprechend diesem Ordnungssystem genannt.

Risikofaktoren im sozialen Bereich auf ultimater Ebene sind Merkmale der unmittelbaren Umgebung von Kindern und Jugendlichen wie problematisches Erziehungsverhalten der Eltern. Mittelbar befördern eine geringe Bindung an konventionelle Modellpersonen (Eltern, Lehrer) bzw. eine starke Bindung an substanzkonsumierende Rollenmodelle wie die Konsummuster in devianten Peergroups. Proximal begünstigen im interpersonalen Bereich Annahmen über die vermeintliche Normalität des Konsums unter Gleichgesinnten den Substanzmissbrauch bei Jugendlichen.

Auf Kontextebene stellen Merkmale der Wohnumgebung (z. B. hohe Kriminalitätsraten) ultimate Einflussfaktoren auf jugendlichen Substanzmissbrauch dar, die sich auf distaler Ebene in unkonventionellen Wertorientierungen und dem Wunsch nach Unabhängigkeit niederschlagen können. Proximal befördert ein ungünstiges Verhältnis angenommener Kosten und Nutzen in Bezug auf Substanzen den eigenen Konsum.

Beispiele für Risikofaktoren in der Person auf ultimater Ebene sind Persönlichkeitseigenschaften, verbunden mit einer hohen Reizschwelle und externaler Kontrolle. Geringer Selbstwert, geringe Widerstandsfähigkeiten oder Stress fördern hier mittelbar den Substanzkonsum. Direkt wirken auf jugendlichen Substanzmissbrauch Annahmen über die eigenen Fähigkeiten, Substanzen gebrauchen bzw. dazu „Nein" sagen zu können.

Die genannten Risikofaktoren müssen nicht für alle Gruppen von Jugendlichen gleich wirksam sein. Heute wird vielmehr die Notwendigkeit betont, differenziell wirksame Risikomechanismen Gruppen mit unterschiedlichem Ausgangsrisiko zuzuordnen (O'Connor u. Rutter 1996). Mittlerweile weiß man beispielsweise, dass sich zwischen Jugendlichen mit und ohne frühen Verhaltensauffälligkeiten die Gründe für Alkoholkonsum unterscheiden: Potenziell lebenslang Auffällige trinken Alkohol im Jugendalter, um geringe Selbstwertgefühle zu kompensieren, die das Resultat kumulierter Versagenserlebnisse sein sollen. Demgegenüber trinkt die Mehrzahl der Jugendlichen ohne frühe Anpassungsprobleme primär als Ausdruck eines pseudoreifen, erlebnisorientierten Lebensstils an erwachsenentypischen öffentlichen Trinkorten wie Diskotheken (Weichold 2002).

Risikofaktoren, die die Wahrscheinlichkeit für Alkohol- und Drogenkonsum erhöhen, lassen sich gegen Protektionsfaktoren abheben. Diese können mögliche Effekte von vorhandenen Risiken auf Substanzkonsum verringern oder gänzlich abpuffern. In diesem Sinne scheinen drei Ansatzpunkte für Protektion gegen jugendlichen Alkohol- und Drogenkonsum Erfolg versprechend (Jessor et al. 1995):
- die Implementierung personaler bzw. sozialer Kontrollen
- die Förderung alternativer oder mit Substanzgebrauch inkompatibler Aktivitäten
- die Stärkung von Normorientierungen bei Kindern und Jugendlichen

Darüber hinaus wirken auch unspezifische (generische), das heißt allgemein entwicklungsfördernde Protektionsfaktoren wie ein autoritativer Erziehungsstil der Eltern oder Schulerfolg gegen Substanzmissbrauch.

10.6 Prävention und Intervention

Um die abträglichen kurz- und längerfristigen Folgen von frühem oder missbräuchlichem Alkohol- und Drogenkonsum zu verhindern, sind differenzierte Interventionen notwendig, die die gesamte Persönlichkeitsentwicklung über die Lebensspanne berücksichtigen (Dusenbury u. Falco 1995). Angesichts der Normalität des Konsums von Alkohol in vielen Kulturen kann ein realistisches Ziel präventiver Strategien nicht Abstinenz, sondern nur der verantwortungsvolle, selbst kontrollierte und gesundheitsorientierte Umgang mit Alkohol sein. Demgegenüber gilt es, den Konsum von harten illegalen Drogen zu verhindern. Realistische Ziele, die von der Lebenswirklichkeit der Jugendlichen ausgehen, sind demnach

- das Einstiegsalter hinauszögern und einen frühzeitigen Ausstieg aus riskantem Konsum unterstützen,
- die jugendtypische Steigerung der Konsummengen begrenzen (Primärprävention),
- Hilfen für Abhängige anbieten (Sekundärprävention).

Da für die Mehrheit der Jugendlichen Substanzkonsum in vielerlei Hinsicht zur Lösung anstehender Entwicklungsaufgaben beiträgt oder die Bewältigung von Entwicklungsproblemen unterstützt, sollte Primärprävention möglichst in der späten Kindheit, also vor dem Erstkonsum, beginnen und dabei helfen Substanzen rechtzeitig als Scheinlösungen zu entlarven. Die derzeit vielversprechendste primärpräventive Strategie, die international positive Effekte zeigte, ist die interaktive, meist schulbasierte Vermittlung so genannter „Life Skills" (z. B. Botvin 1996). Mit diesem multimodalen Ansatz werden sowohl generische als auch substanzspezifische Risiko- und Schutzfaktoren anvisiert. Basale Lebenskompetenzen (z. B. Einfühlungsvermögen, Kommunikation oder der Umgang mit Stress und Problemen) sollen Kindern und Jugendlichen allgemein entwicklungsfördernd ermöglichen, mit den Herausforderungen des täglichen Lebens effektiver umgehen zu können. Begleitend sollten effektive Trainings suchtspezifische Elemente wie die Vermittlung von Wissen über Substanzen oder Standfestigkeitstrainings in kritischen Situationen enthalten (Reese u. Silbereisen 2001).

Für jene Minderheit der Jugendlichen, die schon früh durch Problemverhalten auffallen und damit die schlechteste Prognose für ihre zukünftige Entwicklung haben, müssen Interventionen bereits in der frühen Kindheit beginnen und bei den ersten beobachtbaren Verhaltensauffälligkeiten wie Hyperaktivität ansetzen (z. B. Petermann u. Petermann 1993). Letztlich müssen auch den Eltern effektive Strategien im Umgang mit schwierigen Kindern vermittelt werden. Maßnahmen, die auf verschiedenen Systemebenen angesiedelt sind, scheinen bei diesen problematischen Fällen erfolgreicher, weil sie auf ein breites Ursachenbündel abzielen (Ellis 1998).

Literatur

Bachmann JG, Wadsworth KN, O'Malley PM, Johnston LD, Schulenberg JE (Hrsg) (1997). Smoking, Drinking, and Drug Use in Young Adulthood. Mahwah, NJ: Erlbaum.

Blackson T, Tarter R (1994). Individual, family, and peer affiliations factors predisposing to early age onset of alcohol and drug use. Alcohol Clin Exp Res; 18: 813–21.

BMG (Bundesministerium für Gesundheit) (Hrsg) (2000). Alkoholkonsum und alkoholbezogene Störungen in Deutschland. Bd 128. Schriftenreihe des Bundesministeriums für Gesundheit. Baden-Baden: Nomos.

Botvin GJ (1996). Substance abuse prevention through life skills training. In: Peters RD, McMahon RJ (eds). Preventing Childhood Disorders, Substance Abuse, and Delinquency. Thousand Oaks: Sage; 215–40.

BZgA (Bundeszentrale für gesundheitliche Aufklärung) (2001). Die Drogenaffinität Jugendlicher in der Bundesrepublik Deutschland Köln: Endbericht der BzgA.

Donovan JE (1996). Problem behavior theory and the explanation of adolescent marijuana use. J Drug Iss; 26: 379–404.

Dusenbury L, Falco M (1995). Eleven components of effective drug abuse prevention curricula. J Sch Health; 65: 420–5.

Edwards G (Hrsg) (1997). Alkoholkonsum und Gemeinwohl. Stuttgart: Enke.

Ellis RA (1998). Filling the gap: multi-factor, multi-system, multi-level intervention. J Primary Prev; 19: 57–71.

Engels RCME, Knibbe RA, Drop MJ (1999). Visiting public drinking places: an explorative study into the functions of pub-going for late adolescents. Subst Use Misuse; 34: 1261–80.

Green AR, Cross AJ, Goodwin GM (1995). Review of the pharmacology and clinical pharmacology of 3,4-methylenedioxymethamphetamine (MDMA or „Ecstasy"). Psychopharmacology; 119: 247–60.

Hall W, Room R, Bondy S (1999). Comparing the health and psychosocial risks of alcohol, cannabis, nicotine and opiate use. In: Kalant H, Corrigall W, Hall W, Smart R (eds). The Health Effects of Cannabis. Toronto: Centre for Addiction and Mental Health; 475–95.

Holly A, Türk D, Nelson CB, Pfister H, Wittchen H-U (1997). Prävalenz von Alkoholkonsum, Alkoholmissbrauch und -abhängigkeit bei Jugendlichen und jungen Erwachsenen. Z Klin Psychol; 26: 171–8.

Huttenlocher PR (1984). Synapse elimination and plasticity in developing human cerebral cortex. Am J Ment Retard; 88: 488–96.

Jessor R, Van Den Bos J, Vanderryn J, Costa FM, Turbin MS (1995). Protective factors in adolescent problem behavior: moderator effects and developmental change. Dev Psychol; 31: 923–33.

Kandel DB (1980). Drug and drinking behaviour among youth. Ann Rev Sociol; 6: 235–85.

Kandel DB, Chen K (2000). Types of marijuana users by longitudinal course. J Stud Alcohol; 61: 367–78.

Leonard KE, Rothbard JC (1999). Alcohol and the marriage effect. J Stud Alcohol; 13: 139–46.

Moffitt TE (1993). Adolescence-limited and life-course-persistent antisocial behavior: a developmental taxonomy. Psychol Rev; 100: 674–701.

Muthén B, Muthén L (2000). The development of heavy drinking and alcohol-related problems from ages 18 to 37 in a U.S. national sample. J Stud Alcohol; 61: 290–300.

Newcomb MD, Bentler PM (1989). Substance use and abuse among children and teenagers. Am Psychol; 44: 242–8.

O'Connor TG, Rutter M (1996). Risk mechanisms in development: some conceptual and methodological considerations. Dev Psychopathol; 32: 787–95.

Petermann F, Petermann U (1993). Training mit aggressiven Kindern. Weinheim: Psychologie Verlags Union.

Petraitis J, Flay BR, Miller TQ (1995). Reviewing theories of adolescent substance use: organizing pieces in the puzzle. Psychol Bull; 117(1): 67–86.

Reese A, Silbereisen RK (2001). Allgemeine versus spezifische Primärprävention von jugendlichem Risikoverhalten. In: Freund T, Lindner W (Hrsg). Prävention. Zur kritischen Bewertung von Präventionsansätzen in der Jugendarbeit. Opladen: Leske + Budrich; 139–62.

Remschmidt H (1992). Die Bedeutung der Entwicklungspsychopathologie für das Verständnis psychischer Störungen im Kindes- und Jugendalter. Psychopathol Psychother; 40: 1–19.

Silbereisen RK, Reese A (2001). Substanzgebrauch: Illegale Drogen und Alkohol. In: Raithel J (Hrsg). Risikoverhaltensweisen Jugendlicher. Opladen: Leske + Budrich; 131–53.

Spear LP (2000). The adolescent brain and age-related behavioral manifestations. Neurosci Behav Rev; 24: 417–63.

Stattin H, Romelsjoe A (1995). Adult mortality in the light of criminality, substance abuse, and behavioral and family risk factors. Crim Behav Ment Health; 5: 279–311.

Thomasius R (Hrsg) (1999). Ecstasy – Wirkungen, Risiken, Interventionen. Stuttgart: Enke.

Weichold K (2002). Differentielle Entwicklungspfade zu jugendlichem Alkoholkonsum in Zeiten sozialen Wandels in Ostdeutschland. Dissertation, Jena.

III
Familiäre Einflüsse

11 Eltern-Kind-Bindung – Auswirkungen auf die psychische Gesundheit

Karen Zweyer

11.1 Bindungstheorie von Bowlby

Der englische Psychiater John Bowlby (1969, 1973, 1980) entwickelte Ende der 60er und Anfang der 70er Jahre des 20. Jahrhunderts die Bindungstheorie, welche zusammen mit den empirischen Forschungen der kanadischen Entwicklungspsychologin Mary D. S. Ainsworth (vgl. Ainsworth et al. 1978) die Grundlage für die Bindungsforschung darstellt. Während sich die Bindungsforschung zunächst vor allem mit Kleinkindern und deren Bindungsbeziehungen zu ihren Müttern beschäftigte, hat sich dieser Forschungsbereich heute auf die gesamte Lebensspanne ausgedehnt und findet immer breitere Anwendung auch im klinisch-therapeutischen Bereich (Cassidy u. Shaver 1999). Im Folgenden werden zunächst die Grundlagen der Bindungstheorie dargestellt, bevor die Zusammenhänge zwischen Bindung und psychischer Gesundheit im Kindes- und Jugendalter unter besonderer Berücksichtigung der Sucht-Thematik erörtert werden.

11.1.1 Entwicklung

Den Begriff der Bindung definierte Bowlby als affektives Band zwischen Kind und Bindungsperson, das das Verhalten und die Gefühle des Kindes hinsichtlich Nähe und Vertrautheit mit seiner bevorzugten Bezugsperson kennzeichnet. Nach Bowlby dient die Aufrechterhaltung von Nähe zu Erwachsenen, die Schutz bieten, der Regulierung kindlicher Sicherheit und damit dem kindlichen Überleben. Verhaltensmuster, die zu größerer Nähe zwischen Kleinkind und Bezugsperson führen (z. B. Weinen, Rufen, Nachfolgen und Anklammern), bezeichnete Bowlby als Bindungsverhaltenssystem. Dieses System entspricht einem angeborenen, aber von der Umwelt beeinflussbaren Kontrollsystem im Sinne eines Regelkreises, das die Funktion hat, jüngeren und schwächeren Mitgliedern der auf dem Boden lebenden Primaten die für das Überleben notwendige Sicherheit und den entsprechenden Schutz zu garantieren. Während Säuglinge bis zu einem Alter von drei Monaten nähefördernde Signale undifferenziert an alle sich um sie kümmernden Personen richten, beginnen sie ab dem vierten Monat diese Signale an eine bestimmte Person, in den meisten Fällen, aber nicht immer, an die biologische Mutter, zu richten und sich an dieser zu orientieren. Im Alter von sechs Monaten beginnt dann die Phase der eindeutigen Bindung. Die Kinder überwachen sorgfältig den Aufenthaltsort ihrer primären Bindungsperson. Tritt eine angstauslösende oder belastende Situation ein, so wird beim Kind das Bindungsverhaltenssystem aktiviert, und es sucht körperliche Nähe und Kontakt zur Bindungsperson. Interne Reize, wie zum Beispiel Erschöpfung, Hunger oder Schmerz, können dabei das Bindungsverhaltenssystem ebenso aktivieren wie externe Reize, die Gefahr oder das Nicht-verfügbar-Sein der schützenden Bindungsfigur signalisieren. Beendet wird das Bindungsverhalten durch das Herstellen von Nähe zur Bindungsfigur (vgl. Bowlby 1969).

Das Bindungsverhaltenssystem interagiert mit anderen biologisch basierten Verhaltenssystemen, insbesondere mit dem Erkundungssystem beim Kind und dem komplementären Fürsorgesystem bei der Bindungsperson. Zwischen Bindungsverhalten und Erkundung sollte ein Gleichgewicht im Sinne eines relativ reibungslosen Wechsels zwischen Erkundungsverhalten und Rückkehrverhalten zur Bindungsperson bestehen (Bowlby 1969). Hierbei nutzt das Kind die Bindungsperson ab dem Alter von ca. einem Jahr als „sichere Basis" für seine Erkundungen (Ainsworth et al. 1971, 1978; Bowlby 1988).

Sowohl Emotionen als auch Kognitionen sind Bowlby zufolge eng mit dem Bindungsverhalten verknüpft. Positive Emotionen bei Anwesenheit der Bindungsfigur und negative bei deren Abwesenheit führen dazu, dass das Kind aktiv wird und versucht, die Nähe zur Bindungsfigur herzustellen. Im Sinne der kognitiven Informationstheorie ging Bowlby davon aus, dass das Bindungsverhaltenssystem mentale Repräsentationen der Bindungsfigur, des eigenen Selbst des Kindes und der Umgebung enthält, die durch Erfahrung gebildet werden und ermöglichen, zukünftiges Verhalten vorherzusagen und Pläne zu entwickeln. Diese mentalen Repräsentationen nannte Bowlby „interne Arbeitsmodelle" der Bindung. Kann die Bindungsfigur angemessen auf die Bedürfnisse des Kindes nach Nähe und Sicherheit eingehen und berücksichtigt sie gleichzeitig sein Bedürfnis nach unabhängiger Exploration der Umgebung, so wird das Kind mit großer Wahrscheinlichkeit ein internes Arbeitsmodell des eigenen Selbst als geschätzt und kompetent entwickeln. Im Gegensatz dazu entwickelt ein Kind, dessen Bindungsfigur sein Bedürfnis nach Nähe und Sicherheit oder Exploration häufig zurückweist, ein internes Arbeitsmodell seines Selbst als nicht geschätzt und inkompetent. Bowlby ging davon aus, dass interne Arbeitsmodelle eine wichtige Rolle bei der transgenerationalen Vermittlung von Bindung spielen (Bowlby 1969, 1973).

Neben der Bindung zur hauptsächlichen Bindungsperson entwickeln Kinder ab einem Jahr Bindungsbeziehungen zu weiteren Personen, die sich um das Kind kümmern. Die Anzahl dieser Personen ist allerdings begrenzt und hierarchisch geordnet, sodass das Kind bei starker Belastung seine primäre Bindungsfigur präferiert. Im Alter von zwei bis drei Jahren verändert sich die Bindungsbeziehung der Kinder dahingehend, dass die Kinder in der Lage sind, Pläne und Motive der Bindungsfigur in ihr Verhalten mit einzubeziehen. Von Bowlby wurde diese Phase als „zielkorrigierte Partnerschaft" bezeichnet. Obwohl Bindungsverhalten am leichtesten bei jüngeren Menschen aktiviert wird, ging Bowlby davon aus, dass es während der gesamten Lebensspanne seinen Einfluss behält und für zentrale Aspekte der psychischen Verfassung eines Menschen verantwortlich ist (Bowlby 1969).

11.1.2 Entdeckung verschiedener Bindungstypen

Mary Ainsworth stellte bei ihren Beobachtungen von Mutter-Kind-Interaktionen fest, dass nicht alle beobachteten Kinder in gleicher Weise das erwartete Bindungs- und Explorationsverhalten zeigten. Um den Wechsel zwischen Erkundungs- und Bindungsverhalten standardisiert zu erfassen, entwickelte sie als Diagnostikum die so genannte Fremde Situation (FS). Dabei wird durch die Konfrontation des 12 bis 18 Monate alten Kindes mit einer fremden Person in ungewohnter Umgebung und zwei kurze Trennungen und Wiedervereinigungen mit der Mutter eine gesteigerte Aktivierung des Bindungsverhaltens ausgelöst. Mary Ainsworth (Ainsworth et al. 1978) fand bei ihren standardisierten Beobachtungen drei verschiedene Bindungsmuster bei Kindern, deren Verhalten sie mit dem Verhalten der Mütter, einer Mittelschichtstichprobe aus Baltimore, bei Hausbesuchen im Verlauf des ersten Lebensjahres längsschnittlich verglich. Sie unterschied dabei:

- Kinder mit sicherer Bindung (B-Kategorie)
- Kinder mit unsicher-vermeidender Bindung (A-Kategorie)
- Kinder mit unsicher-ambivalenter Bindung (C-Kategorie)

Kinder mit **sicherer Bindung** zeigten bei der Trennung von der Mutter deutliche Zeichen der Belastung und nahmen bei der Wiedervereinigung aktiv Kontakt zur Mutter auf. Sie ließen sich schnell durch diese beruhigen und nahmen nach kurzer Zeit ihr Spiel- und Erkundungsverhalten wieder auf. Bei den Beobachtungen während der Hausbesuche zeigte sich, dass die Mütter dieser sicher gebundenen Kinder feinfühlig auf die Bedürfnisse ihrer Kinder nach Nähe und Erkundung eingingen, indem sie prompt und angemessen auf die Signale ihrer Kinder reagierten. Die sicher gebundenen Kinder zeigen demnach das von Bowlby postulierte Gleichgewicht zwischen Bindungs- und Erkundungsverhalten und nutzen dabei ihre Mutter als sichere Basis.

Kinder, denen Ainsworth et al. (1978) die Kategorie **unsicher-vermeidende Bindung** zuordnete, wirkten während der Trennung von der Mutter kaum belastet und vermieden bei der Rückkehr der Mutter Nähe und Kontakt zur dieser. Sie wendeten ihre ganze Aufmerksamkeit dem Spiel und der Erkundung zu. Die Mütter der unsicher-vermeidend gebundenen Kinder zeigten während der Hausbesuche vor allem Zurückweisung auf das Bindungsverhalten ihrer Kinder. Das verstärkte Erkundungsverhalten der unsicher-vermeidend gebundenen Kinder in der Testsituation (FS) wurde als organisierte Aufmerksamkeitsverschiebung interpretiert, die es dem Kind ermöglicht, eine Zurückweisung zu umgehen und durch eine Deaktivierung oder Unterdrückung des Bindungsverhaltens eine gewisse Nähe zur Mutter aufrechtzuerhalten (Main 1981). Physiologische Studien legen jedoch nahe, dass es sich nur um eine unvollständige Deaktivierung handelt, da Indikatoren wie Herzfrequenz und Kortisolspiegel eine deutliche Belastung anzeigen (Spangler u. Grossmann 1993; Sroufe u. Waters 1977).

Kinder mit **unsicher-ambivalenter Bindung** waren auch in Anwesenheit der Mutter in ihrem Spiel- und Erkundungsverhalten eingeschränkt und suchten verstärkt Nähe und Kontakt zur Mutter. Auf die Trennung reagierten sie mit starker emotionaler Belastung, verhielten sich dann bei der Wiederkehr der Mutter jedoch ambivalent, indem sie einerseits Nähe und Körperkontakt suchten, diesen dann aber andererseits durch ärgerliches Verhalten und Kontaktwiderstand verhinderten. Die Anwesenheit der Mutter schien sie nicht zu beruhigen und sie waren nach der Wiedervereinigung kaum zu Erkundungsverhalten in der Lage. Bei den Hausbesuchen fanden Ainsworth et al. (1978), dass die Mütter der unsicher-ambivalent gebundenen Kinder in unvorhersagbarer Weise auf die Signale sowie das Bindungs- und Erkundungsverhalten ihrer Kinder reagierten. Während sie zeitweilig feinfühlig auf deren Signale eingingen, beachteten sie zu anderen Zeiten die Signale kaum oder ließen den Kindern wenig Möglichkeiten, ihre eigene Autonomie zu erkunden. Im Gegensatz zu den vermeidenden Kindern, die ihre Aufmerksamkeit ausschließlich auf die Spielsachen richten, wurde angenommen, dass unsicher-ambivalent gebundene Kleinkinder ihre Aufmerksamkeit verstärkt auf ihre Mutter fokussieren, um deren intermittierende Aufmerksamkeit zu erhalten (Cassidy u. Berlin 1994).

Ließen sich die meisten Kinder in eine der drei von Ainsworth beschriebenen Bindungskategorien einordnen, ergaben sich für einige Kinder, insbesondere aus Stichproben mit missbrauchten Kindern oder Kindern psychisch kranker Eltern, Schwierigkeiten bei der Klassifikation. Die Analyse von zunächst 200 unklassifizierbaren Aufnahmen der FS ergab Gemeinsamkeiten dieser Kinder: Sie zeigten Anfälle oder Sequenzen von Verhalten, dem jegliche direkt beobachtbaren Ziele, Intentionen oder Erklärungen fehlten (Main u. Solomon 1986, 1990). Über 90% der vorher als unklassifizierbar eingestuften Kinder zeigten ein solches Verhalten und wurden einer neuen Kategorie zugeordnet, die man **unsicher-desorganisiert/desorientiert** (D-Kategorie) nannte. Kleinkinder wurden in diese Kategorie eingestuft, wenn ihr Verhalten in Gegenwart der Eltern während der FS eine Unterbrechung von organisiertem Bindungsverhalten erkennen ließ und zum Beispiel durch das kurze Auftreten widersprüchlicher oder desorganisierter Verhaltensmuster, stereotyper oder ungerichteter Bewegungen oder Verhaltensweisen wie Einfrieren oder Erstarren (Freezing) gekennzeichnet war. Als mögliche Erklärung für das Auftreten von desorganisiertem/desorientiertem Bindungsverhalten nahmen Main und Hesse (1990) an, dass diese Kinder durch angsteinflößendes oder ängstliches Verhalten der Eltern in einen Alarmzustand versetzt werden. Da ein Kleinkind unvermeidlich die Eltern aufsucht, wenn es in einer belastenden Situation ist, führt angsteinflößendes oder ängstliches Verhalten der Eltern in dieser Situation dazu, dass das Kind in einen paradoxen Zustand versetzt wird, in welchem es sich weder annähern noch die Aufmerksamkeit abwenden oder fliehen kann. Angsteinflößendes Verhalten vonseiten der Eltern liegt zum Beispiel bei körperlicher Misshandlung des Kindes vor. Furchtsames oder panisches Verhalten der Eltern kann durch eigene unverarbeitete Verlusterlebnisse oder Traumata der Eltern ausgelöst werden.

Nach einer Meta-Analyse von van IJzendoorn et al. (1999) verteilen sich die vier Bindungskategorien, ermittelt über die FS für Kinder nichtklinischer Stichproben aus dem nordamerikanischen Raum, wie folgt:
- 62% sichere Bindung
- 15% unsicher-vermeidende Bindung
- 9% unsicher-ambivalente Bindung
- 15% desorganisierte Bindung

Studien im deutschen Sprachraum wiesen einen wesentlich höheren Anteil an vermeidenden Kindern auf (vgl. Gloger-Tippelt et al. 2000), während Studien in Israel und Japan deutlich mehr unsicher-ambivalente Kinder aufzeigten (Miyake et al. 1985; Sagi et al. 1985).

11.1.3 Bindungsverlauf über die Lebensspanne

Durch die Bindungsforschung von Ainsworth et al. inspirierte Längsschnittstudien machten es erforderlich, dass – ausgehend von der FS beim Kleinkind – auch für ältere Kinder und Jugendliche Messverfahren zur Erfassung der Bindung entwickelt wurden (s. für einen Überblick: Crowell et al. 1999; Solomon u. George 1999). Neben dem bereits erwähnten Konzept der „zielkorrigierten Partnerschaft" spielten hierbei insbesondere die mentalen Repräsentationen der Bindung, die so genannten „internen Arbeitsmodelle", eine große Rolle.

Des Weiteren führte die Frage nach der Entsprechung der Bindungsmuster von Kleinkindern und Erwachsenen im Sinne der Hypothese der transgenerationalen Weitergabe von Bindung zur Entwicklung von Messverfahren zur Erfassung der Bindung bei Erwachsenen. Das bekannteste dieser Verfahren ist das auf mentalen Bindungsrepräsentationen basierende Adult Attachment Interview (AAI) von George et al. (1984–1996; dt. Version: George et al. 2001 u. Gloger-Tippelt 2001). Beim AAI werden Erwachsene zu ihren Bindungsbeziehungen in der Kindheit befragt und gebeten, den Einfluss zu erläutern, welchen diese frühen Beziehungen auf ihre spätere Entwicklung gehabt haben. Die Auswertung des Interviews (Main u. Goldwyn 1985–1998) ergibt drei Muster:
- sicher-autonome Personen, die in klarer und konsistenter Weise auf ihre frühen Bindungen zurückgreifen
- unsicher-verwickelte Personen, die sehr viele konfliktbehaftete Kindheitserinnerungen über Bindung erwähnen, aber nicht in der Lage sind, diese zu einem gut organisierten, zusammenhängenden Bild zu formen
- unsicher-distanzierte Personen, die es ablehnen, sich an die Beziehung zu ihren Eltern in der Kindheit zu erinnern und dazu neigen, idealisierte und allgemeine Beschreibungen ihrer Eltern zu liefern, wenngleich die von ihnen berichteten spezifischen Episoden oft Hinweise auf Zurückweisung oder Ablehnung enthalten

Darüber hinaus kann entsprechend der Bindungskategorie „desorganisiert/desorientiert" bei den Kindern auch die Kategorie „unverarbeitet/desorganisiert" zugeordnet werden, insbesondere, wenn im Zusammenhang mit der Diskussion traumatischer Ereignisse, wie zum Beispiel Todesfälle oder Missbrauchserfahrungen, Hinweise auf mentale Desorganisation oder Desorientierung vorliegen.

Es zeigte sich, dass die Muster der Bindungsrepräsentationen bei den Erwachsenen nicht nur auf konzeptueller Ebene den Kategorien des Bindungsverhaltens der Kinder in der FS entsprachen, sondern eine Übereinstimmung von 75% bei der Einteilung in „sicher gebundene" versus „unsicher gebundene" Kinder und Erwachsene vorlag. Dem entsprechend hatten vor allem sicher-autonome Mütter häufiger sicher gebundene und unsicher-distanzierte Mütter vermehrt unsicher-vermeidend gebundene Kinder. Ähnliches galt für Mütter mit unverarbeitet-desorganisierten Bindungsrepräsentationen, deren Kinder meistens ein unsicher-desorganisiertes Bindungsmuster zeigten (van IJzendoorn 1995). Eine transgenerationale Vermittlung von Bindungsmustern, etwa über die Variable der Feinfühligkeit der Mütter, scheint damit wahrscheinlich, wenngleich auch weitere Faktoren wie zum Beispiel Temperamentsmerkmale im Sinne hoher Irritierbarkeit und geringer Orientierungsfähigkeit beim Neugeborenen (Spangler 1999) oder eine starke psychische Belastung der Bezugspersonen (Belsky 1999) einen Einfluss haben und häufig zu unsicherer Bindung beim Kind führen.

Längsschnittstudien über 20 Jahre sowohl im amerikanischen (Hamilton 2000; Lewis et al. 2000; Waters et al. 2000; Weinfield et al. 2000) als auch im deutschen Sprachraum (Zimmermann et al. 2000), die der Frage nachgingen, inwieweit die Bindungsmuster im Verlauf vom Kleinkind- zum Erwachsenenalter stabil blieben, lieferten unterschiedliche Ergebnisse. Generell scheinen aber kritische Lebensereignisse, wie beispielsweise Scheidung der Eltern oder Todesfälle, eher zu einer Veränderung der Bindungsmuster zu führen. Es ist anzunehmen, dass darüber hinaus sowohl in der Kindheit als auch im Erwachsenenalter Erfahrungen in wichtigen Beziehungen und andere wichtige Lebensereignisse die Bindungsmuster verändern können (Svanberg 1998). So können zum Beispiel Beziehungen zum Lebenspartner ebenso zu Modifikationen der Bindungsrepräsentationen führen (Feeney 1999) wie erfolgreiche therapeutische Interventionen (van IJzendoorn et al. 1995).

11.2 Bindung und psychische Gesundheit

Dass sicheres Bindungsverhalten im Kindesalter und auch autonome Bindungsrepräsentationen im Jugend- und Erwachsenenalter eine wichtige Voraussetzung für eine gesunde seelische Entwicklung darstellen können, wurde von verschiedenen Autoren angenommen (z. B. Carlson u. Sroufe 1995; Crittenden 1996; Kahn u. Antonucci 1980; Svanberg 1998). Im Sinne der Equi- und Multifinalität, zweier wichtiger Prinzipien der Entwicklungspsychopathologie (vgl. Cicchetti u. Rogosch 1996), ist es jedoch wichtig, darauf hinzuweisen, dass auch eine sichere bzw. unsichere Bindung nur ein Faktor von vielen ist und sich keineswegs deterministisch auf eine angemessene oder pathologische psychische Entwicklung auswirken muss. Dieser Punkt sollte bei der nachfolgenden Beschreibung von Ergebnissen zu Zusammenhängen zwischen Bindung und Schutz- bzw. Risikofaktoren im Rahmen psychischer Gesundheit deutlich im Auge behalten werden.

11.2.1 Risiko- oder Schutzfaktor

Zahlreiche Studien (vgl. Allen u. Land 1999; Carlson u. Sroufe 1995; Weinfield et al. 1999) konnten zeigen, dass eine sichere Bindung bei Kindern und Jugendlichen mit einem höheren Selbstwert, einem realistischen positiven Selbstbild sowie einer höheren Ich-Flexibilität einhergeht. Darüber hinaus zeigten sich sicher gebundene Kinder ausdauernder im Lösen von Problemen als unsicher gebundene Kinder und waren in der Lage, angemessen mit ihren Gefühlen umzugehen. Sie waren sozial kompetenter im Umgang mit Gleichaltrigen und ließen weniger feindselig-aggressives Verhalten als Kinder mit unsicher-vermeidender Bindung oder ängstliches und hilfloses Verhalten wie Kinder mit unsicher-ambivalenter Bindung erkennen. Gleichzeitig hatten sie mehr Freunde, und im Jugendalter waren ihre Freundschaftsbeziehungen qualitativ hochwertiger. Sicher gebundene Jugendliche nutzen darüber hinaus mehr aktive und weniger vermeidende Coping-Strategien (Schneider et al. 2001; Zimmermann u. Grossmann 1997).

Dementsprechend geht eine sichere Bindung mit einer ganzen Reihe von Faktoren einher, die eine Anpassung auch unter schwierigen Bedingungen ermöglichen und zentral für eine gesunde kognitive, soziale und emotionale Entwicklung scheinen. Trotz der Zusammenhänge zwischen Bindungsqualität und verschiedenen Maßen der Anpassungsfähigkeit muss jedoch deutlich gemacht werden, dass es sich bei den Unterschieden zwischen den Gruppen nicht um ein

Ausmaß handelt, das als „pathologisch" oder „deutlich auffällig" zu bezeichnen ist, sondern innerhalb des Spektrums liegt, das im Rahmen unserer Kultur als „unauffällig" oder „psychisch gesund" definiert wird (Zimmermann et al. 1999). Lediglich Kinder und Jugendliche mit einem desorganisierten/desorientierten Bindungsmuster bzw. unverarbeiteten Bindungsrepräsentationen stellen hierbei möglicherweise eine Ausnahme dar, da sie ein deutlich erhöhtes Risiko für eine pathologische psychische Entwicklung aufweisen (van IJzendoorn et al. 1999).

Nach Sroufe et al. (1999) stellt der Aufbau einer sicheren Bindungsqualität eine spezifische Entwicklungsaufgabe im Kleinkindalter dar, deren erfolgreiche Bewältigung den Umgang mit anderen zentralen Entwicklungsaufgaben fördert. Bindungssicherheit kann somit als Vorläufer einer späteren erfolgreichen Adaptation gesehen werden, aber nicht als deterministische Voraussetzung. Gleichzeitig kann eine unsichere Bindungsqualität, insbesondere die desorganisierte, einen Risikofaktor darstellen, der zusammen mit weiteren Risikofaktoren zu einer ungünstigen Entwicklung und der Entwicklung von psychischen Störungen und Auffälligkeiten beiträgt. Unter diesem Gesichtspunkt wurde das Konzept der Bindung im Zusammenhang mit Verhaltensproblemen und psychischen Störungen im Kindes- und Jugendalter und mit psychischen Erkrankungen im Erwachsenenalter untersucht.

11.2.2 Verhaltensauffälligkeiten im Kindes- und Jugendalter

Es wurde vermutet, dass unsicher-ambivalent gebundene Kinder aufgrund ihrer erhöhten Ängstlichkeit und geringen Frustrationstoleranz eine Vulnerabilität für Angststörungen besitzen, während unsicher-vermeidend gebundene Kinder aufgrund ihrer geringen Empathiewerte und ihres feindseligen Ärgers eher für externalisierende Verhaltensprobleme vulnerabel sein könnten. Eine Anfälligkeit für depressive Erkrankungen könnte sowohl bei unsicher-ambivalenten Kindern aufgrund ihrer Passivität und Hilflosigkeit als auch bei unsicher-vermeidenden Kindern aufgrund ihrer sozialen Distanziertheit und Einsamkeit bestehen. Bei Kindern mit desorganisierter Bindung wird generell ein höheres Risiko für verschiedene Formen der Psychopathologie, insbesondere aber für Dissoziation angenommen (Weinfield et al. 1999).

Während prospektive Längsschnittstudien mit Stichproben, die ein geringes Risiko aufwiesen, keine Zusammenhänge zwischen Bindungsmustern und Verhaltensauffälligkeiten aufzeigen konnten, ergab sich in Stichproben mit hohem sozialen Risiko ein signifikanter Zusammenhang zwischen unsicherer Bindung und Symptomen der Depression und Aggression sowie ein Zusammenhang zwischen ambivalenter Bindung und Angststörungen. Kinder mit desorganisierter Bindung zeigten sowohl mehr aggressives und feindseliges Verhalten als auch verstärkt dissoziative Symptome im Jugendalter (vgl. Greenberg 1999; van IJzendoon et al. 1999). So konnten zum Beispiel Shaw et al. (1997) zeigen, dass 60% der Kinder mit desorganisierter Bindung in der FS vermehrt aggressives Verhalten im Alter von fünf Jahren zeigten, während dies nur bei 31% der unsicher-vermeidend gebundenen, 28% der unsicher-ambivalent gebundenen und 17% der sicher gebundenen beobachtet wurde. In einer Studie von Munson et al. (2001) zeigten Kinder, die im Rahmen der FS als „vermeidend" oder „desorganisiert" klassifiziert worden waren, im Alter von neun Jahren deutlich mehr externalisierende Störungen.

Abgesehen von Längsschnittstudien wurden auch Studien durchgeführt, die die Bindungsmuster von verhaltensauffälligen Kindern und Jugendlichen untersuchten. Bei diesen Studien bleibt jedoch die Frage der Kausalität unbeantwortet. Kinder mit einer Störung des Sozialverhaltens wiesen demnach häufiger unsichere Bindungen als Kinder aus Kontrollgruppen auf (Greenberg et al. 1991; Speltz et al. 1990). Graham und Easterbrooks (2000) konnten zeigen, dass unsicher gebundene Kinder aus einer Stichprobe mit hohem ökonomischem Risiko mehr depressive Symptome hatten als sicher gebundene. Ähnliche Ergebnisse fanden auch Kobak et al. (1991), bei denen Jugendliche mit unsicherer

Bindungrepräsentation im AAI, insbesondere solche mit verwickelter Bindungsrepräsentation, vermehrt depressive Symptome berichteten. Rosenstein und Horowitz (1996) konnten diese Ergebnisse in einer Studie mit Jugendlichen, die sich in stationärer psychiatrischer Behandlung befanden, bestätigen. Darüber hinaus stellen sie Zusammenhänge zwischen unsicher-distanzierter Bindungsrepräsentation und Störungen des Sozialverhaltens sowie Drogenmissbrauch dar. Bei allen Jugendlichen mit unsicher-unverarbeiteten Bindungsrepräsentationen lagen in ihrer Stichprobe affektive Störungen vor.

Eine unsichere Bindung, insbesondere in Form einer desorganisierten Bindung, scheint damit ein Risikofaktor für die Entwicklung von Verhaltensauffälligkeiten im Kindes- und Jugendalter darzustellen. Gleichzeitig führt sie zu Schwierigkeiten im Bereich der sozialen Beziehungen, die Verhaltensprobleme zusätzlich verschlimmern können. So werden unsicher-ambivalent gebundene Kinder häufiger zu Opfern und unsicher-vermeidende sowie unsicher-desorganisierte Kinder eher zu Tätern (Troy u. Sroufe 1987) und schließen sich möglicherweise auch eher entsprechenden Peergroups an (Weinfield et al. 1999).

11.2.3 Einfluss auf die Suchtentwicklung

Studien mit alkohol- oder drogenabhängigen Erwachsenen weisen vermehrt unsicher-verwickelte und unsicher-unverarbeitete Bindungsrepräsentationen bei selbigen im Adult Attachment Interview auf (Fava Viziello et al. 2000; Fonagy et al. 1996). Andere Studien, bei denen das Attachment Style Questionnaire von Hazan und Shaver (1987) zur Erhebung der Bindung eingesetzt wurde, berichten von Zusammenhängen mit überwiegend vermeidendem und teilweise auch ängstlich-ambivalentem Bindungsstil (Brennan u. Shaver 1995; Cooper et al. 1998; Finzi-Dottan et al. 2003; Mickelson et al. 1997). Hierbei ist zu erwähnen, dass Zusammenhänge zwischen Fragebögen zur Erhebung der Bindung und dem Adult Attachment Interview nicht sehr hoch ausfallen und möglicherweise unterschiedliche Aspekte der Bindung erfasst werden (Crowell et al. 1999). In Deutschland wurde von Schindler et al. (2005) eine Studie mit opiatabhängigen Jugendlichen im Alter von 14 bis 25 Jahren durchgeführt. Es zeigte sich, dass bei den opiatabhängigen Jugendlichen in der deutschen Version des Family Attachment Interview – ausgewertet nach dem Modell von Bartholomew und Horowitz (1991) – vermehrt der Prototyp einer ängstlichen Bindung auftrat, wohingegen bei den nichtdrogenabhängigen Geschwisterkindern, die als Kontrollgruppe eingesetzt wurden, vor allem sichere Bindung vorherrschte.

Bisher gibt es jedoch kaum prospektive Längsschnittstudien, die die Zusammenhänge zwischen Bindung in Kindheit und Jugendalter und der Entwicklung süchtigen Verhaltens untersuchen. Allen et al. (1996) interviewten 142 Jugendliche sowohl mit 14 als auch mit 25 Jahren und stellten fest, dass bestimmte Subskalen des AAI wie zum Beispiel „Abwertung von Bindungsthemen" zusammen mit anderen Faktoren den Gebrauch harter Drogen vorhersagen konnten. Weitere solche Studien wären jedoch erforderlich, um Zusammenhänge zwischen Bindung als Schutz- bzw. Risikofaktor beim Entstehen süchtigen Verhaltens zu verstehen und den reziproken Einfluss von Bindungsrepräsentationen und Sucht zu untersuchen. So könnte man etwa annehmen, dass sich auch die Bindungsrepräsentationen über die durch die Sucht veränderten Beziehungserfahrungen langfristig verändern könnten (Schindler et al. 2005).

Einige Annahmen zu möglichen Zusammenhängen zwischen Bindungsmustern und Sucht lassen sich im Hinblick auf die Ergebnisse der Bindungsforschung im Kindes- und Jugendalter machen und sollten Anregung geben für weitere Forschung in diesem Bereich. Eine sichere Bindung geht einher mit einem positiven, realistischen Selbstbild, und sichere Bindungsbeziehungen liefern eine sichere Basis für den Umgang mit starken Emotionen und belastenden Situationen (Allen u. Land 1999; Treboux et al. 1992; Weinfield et al. 1999; Zimmermann u. Grossmann 1997). Beides sind Schutzfaktoren im Hinblick auf Risiko- und mögliches Suchtverhalten (Brown 2002; Glantz u. Leshner 2000; Kodjo u.

Klein 2002). Auch zeigen Jugendliche mit sicheren Bindungsstrategien ein produktives und problemlöseorientiertes Diskussionsverhalten mit ihren Eltern, das darauf abzielt, Autonomiebestrebungen und Verbundenheit mit den Eltern in Balance zu halten (Allen u. Land 1999; Becker-Stoll u. Fremmer-Bombik 1997). Eine solche Verbundenheit mit den Eltern gilt als protektiver Faktor im Hinblick auf Drogenmissbrauch (Brown 2002). Gleichzeitig sind sicher gebundene Kinder und Jugendliche sozial kompetenter und erfahren mehr soziale Akzeptanz als unsicher gebundene. Sie sind leichter in der Lage, enge emotionale Beziehungen zu Gleichaltrigen einzugehen (Allen u. Land 1999; Kobak u. Sceery 1988; Weinfield et al. 1999) und – als Jugendliche – auf Unterstützung innerhalb ihres sozialen Netzwerks zum Lösen von Problemen zurückzugreifen (Zimmermann u. Grossmann 1997). Kinder mit unsicherer Bindung zeigen dagegen häufig einen niedrigeren Selbstwert, weniger sozial kompetentes Verhalten im Umgang mit Gleichaltrigen und somit weniger soziale Akzeptanz von Peergroups. Jugendliche mit unsicherer Bindung offenbaren häufiger Entfremdung, dysfunktionalen Ärger und Erpressungstaktiken im Umgang mit ihren Eltern. Auch sind sie weniger ego-resilient, das heißt weniger gut in der Lage, ihre Impulse und Gefühle in problemadäquater und sozial angemessener Art und Weise zu regulieren und zeigen beim Problemlösen eher vermeidende Strategien als aktives Coping im Sinne von Nutzung des sozialen Netzwerks. Damit weisen sie einige Risikofaktoren für süchtiges Verhalten auf. Darüber hinaus haben sie ein höheres Risiko, externalisierende Verhaltensprobleme zu entwickeln (Allen u. Land 1999), was einen weiteren Risikofaktor darstellen könnte, da Drogenabhängigkeit eine hohe Komorbidität zu Störungen des Sozialverhaltens aufweist (Glantz u. Leshner 2000).

11.2.4 Kinder drogen- und alkoholabhängiger Eltern

Kinder drogen- und alkoholabhängiger Eltern weisen ein höheres Risiko für eine ungünstige Entwicklung auf. Es wird daher im Folgenden kurz auf die Zusammenhänge zwischen Drogen- und Alkoholabhängigkeit der Eltern und deren Auswirkungen auf das Bindungsverhalten ihrer Kinder eingegangen. Bindungsrepräsentationen bei alkohol- oder drogenabhängigen Erwachsenen sind häufiger der Kategorie „unsicher-unverarbeitet" oder „unsicher-verwickelt" zuzuordnen (Fava Viziello et al. 2000; Fonagy et al. 1996). Im Hinblick auf die **transgenerationale Vermittlung von Bindungsmustern** und die bei alkohol- oder drogenabhängigen Eltern zu erwartenden **Einschränkungen der Elternkompetenzen**, insbesondere ihrer Feinfühligkeit, sowie auf weitere mit der Abhängigkeit einhergehende Risikofaktoren, ist bei Kindern drogen- und alkoholabhängiger Eltern ein erhöhter Anteil unsicherer Bindung zu vermuten. Kinder, die zusätzlich während der Schwangerschaft der Mutter den Auswirkungen von Drogen- oder Alkoholmissbrauch ausgesetzt waren, zeigen darüber hinaus bereits im Säuglingsalter häufig ein schwieriges Temperament (s. auch Kap. 33 und 35), welches einen weiteren Risikofaktor für die Entwicklung einer unsicheren Bindung darstellt (Spangler 1999).

O'Connor et al. (1987) befragten Mütter zu ihrem Alkoholkonsum vor, während und nach der Schwangerschaft und stellten fest, dass Mütter, deren Kinder in der FS unsicheres Bindungsverhalten zeigten, angaben, sowohl vor als auch während der Schwangerschaft mehr Alkohol getrunken zu haben als Mütter, deren Kinder sicheres Bindungsverhalten zeigten. Der Unterschied im Alkoholkonsum verstärkte sich noch, wenn Kinder mit unsicher-desorganisiertem Bindungsverhalten mit Kindern mit sicherem Bindungsverhalten verglichen wurden. Eiden und Leonard (1996) fanden in ihrer Studie mit 55 Mutter-Kind-Paaren, dass starker Alkoholkonsum der Väter einherging mit mehr Depressivität bei den Müttern, geringer Zufriedenheit der Mütter mit der Partnerschaft und unsicherer Mutter-Kind-Bindung in der FS. In einer weiteren Studie mit 119 „Alkoholiker"-Familien, bei denen allerdings Alkoholkonsum der Mütter während der Schwangerschaft ausgeschlossen wurde, konnten Eiden et al. (2002) zeigen, dass Kinder aus Familien, in denen beide Elternteile große Mengen Alkohol tranken, ein erhöhtes Risiko für eine unsichere Bindung mit beiden Elternteilen hatten, wobei insbesondere das Risiko, eine desorganisierte Bindung zu entwickeln, stark erhöht war. Alkoholabhängige Väter zeigten im Spiel mit ihren Kindern mehr negativen Affekt, weniger positive Involviertheit und weniger sensible Reaktionen als Väter ohne Alkoholabhängigkeit. Bei Müttern wirkten sich familiäre Konflikte auf ihre Feinfühligkeit in der Interaktion mit ihrem Kind aus. Gleichzeitig erhöhte ein hoher Depressionswert der Mutter das Risiko einer unsicheren Mutter-Kind-Bindung. Sowohl Alkoholkonsum der Mutter während der Schwangerschaft als auch stark ausgeprägter Alkoholkonsum der Eltern während der frühen Kindheit scheinen demnach die Entwicklung einer unsicheren, insbesondere die einer desorganisierten Bindung zu begünstigen.

In Bezug auf Kinder drogenabhängiger Eltern fanden Rodning et al. (1991) bei 38 Kindern, die während der Schwangerschaft Kokain, Heroin oder Phencyclidin ausgesetzt waren, vermehrt desorganisiertes Bindungsverhalten in der Interaktion mit der jeweiligen Hauptbezugsperson mit einem Jahr, unabhängig davon, ob die Kinder bei der biologischen Mutter, bei Verwandten oder Pflegeeltern aufwuchsen. Nur 20% der Kinder, die bei ihrer biologischen Mutter aufwuchsen, 10% der Kinder, die bei Verwandten groß wurden und 30% der Kinder, die in Pflegefamilien aufwuchsen, zeigten sichere Bindungsmuster mit ihrer Hauptbezugsperson. Kinder, die nach wie vor ihre biologische Mutter als Hauptbezugsperson hatten und deren Mütter auch nach der Schwangerschaft Drogen nahmen, waren alle unsicher gebunden, während Kinder von abstinenten Müttern zur Hälfte sicher gebunden waren. Vermehrt unsichere, insbesondere desorganisierte, Bindungsmuster fanden auch Swanson et al. (2000) bei einer Stichprobe von 51 Kindern, die pränatal Drogen ausgesetzt worden waren.

Fava Viziello et al. (2000) untersuchten 16 Kinder und deren drogen- und alkoholabhängige Mütter in speziellen Mutter-Kind-Wohnheimen in Italien. Während die Mütter im AAI bei dreifacher Klassifikation vermehrt verwickelte und bei vierfacher Klassifikation vor allem unverarbeitete Bindungsrepräsentationen aufwiesen, zeigten die Kinder in der FS eine Verteilung von Bindungsmustern, die denen anderer Stichproben in Italien glich. Eine Transmission von Bindungsmustern konnte nur für die zweifache Unterscheidung sicher-unsicherer Bindung gefunden werden, nicht aber für unverarbeitet-desorganisierte Bindungsmuster. Die Autoren interpretieren dies dahingehend, dass die therapeutischen Interventionen in den speziell für drogen- und alkoholabhängige Mütter und ihre Kinder ausgelegten Wohnheimen das Risiko der Kinder, eine unsicher-desorganisierte Bindung zu entwickeln, gesenkt haben könnte.

Insgesamt haben Kinder drogen- oder alkoholabhängiger Eltern ein höheres Risiko, eine unsichere Bindung zu entwickeln, welche dann selbst wiederum einen Risikofaktor bei der Entwicklung von Verhaltensauffälligkeiten und süchtigem Verhalten darstellt, wobei therapeutische Interventionen möglicherweise das Risiko senken können.

11.3 Ausblick

Geht man davon aus, dass ein sicheres Bindungsmuster einen Schutzfaktor und unsichere, insbesondere desorganisierte bzw. unverarbeitete Bindungsmuster Risikofaktoren im Hinblick auf psychische Gesundheit und auch Sucht darstellen können, so sind weitere Studien erforderlich, die mögliche Vermittlungsprozesse genauer erkunden. Weiter stellt sich die Frage nach Möglichkeiten einer bindungsbasierten Prävention und Intervention. Bisher Erfolg versprechende Ansätze sind hier zum Beispiel die Förderung einer feinfühligen Interaktion zwischen Müttern und Kleinkindern in Hochrisikogruppen (vgl. für eine Übersicht: Lieberman u. Zeanah 1999; van IJzendoorn et al. 1995) und therapeutische Interventionen, die die Grundlagen der Bindungstheorie berücksichtigen, indem sie zurück liegende Bindungserfahrungen bearbeiten, die therapeutische Beziehung als Bindungsbeziehung und Möglichkeit der sicheren Basis nutzen oder die Erfahrung neuer Bindungsbeziehungen und damit eine Veränderung von Bindungsrepräsentationen ermöglichen (u. a. Ball u. Legow 1996; Mallinckrodt 2000).

Literatur

Ainsworth MDS, Bell SM, Stayton DJ (1971). Individual differences in Strange Situation behavior of one-year-olds. In: Schaffer HR (ed). The Origins of Human Social Relations. London: Academic Press; 17–57.

Ainsworth MDS, Blehar MC, Waters E, Wall S (1978). Patterns of Attachment. A psychological study of the Strange Situation. Hillsdale, NJ: Erlbaum.

Allen JP, Land D (1999). Attachment in adolescence. In: Cassidy J, Shaver PR (eds). Handbook of Attachment. Theory, Research, and Clinical Applications. New York: The Guilford Press; 319–35.

Allen JP, Hauser ST, Borman-Spurrell E (1996). Attachment theory as a framework for understanding sequelae of severe adolescent psychopathology. An 11-year follow-up study. J Cons Clin Psychol; 64: 254–63.

Ball SA, Legow NE (1996). Attachment theory as a working model for the therapist transitioning from early to later recovery substance abuse treatment. Am J Drug Alcohol Abuse; 22: 533–47.

Bartholomew K, Horowitz LM (1991). Attachment styles among young adults: A test of a four-category model. J Person Soc Psychol; 61: 226–44.

Becker-Stoll F, Fremmer-Bombik E (1997). Adolescent-mother interaction and attachment. A longitudinal study. Paper presented at the biennial meeting of the Society for Research in Child Development, Washington.

Belsky J (1999). Interactional and contextual determinants of attachment security. In: Cassidy J, Shaver PR (eds). Handbook of Attachment. Theory, Research, and Clinical Applications. New York: The Guilford Press; 249–64.

Bowlby J (1969). Attachment and Loss. Vol. I: Attachment. New York: Basic Books (dt.: Bindung. München: Kindler 1975).

Bowlby J (1973). Attachment and Loss. Vol. II: Separation. New York: Basic Books (dt.: Trennung. München: Kindler 1976).

Bowlby J (1980). Attachment and Loss. Vol. III: Loss, sadness and depression. New York: Basic Books (dt.: Verlust. Frankfurt/M.: Fischer 1983).

Bowlby J (1988). A Secure Base. Parent-child attachment and healthy human development. New York: Basic Book.

Brennan KA, Shaver PR (1995). Dimensions of adult attachment, affect regulation and romantic relationship functioning. Person Soc Psychol Bull; 21: 267–83.

Brown RT (2002). Risk factors for substance abuse in adolescents. Pediatr Clin North Am; 49: 247–55.

Carlson EA, Sroufe LA (1995). Contribution of attachment theory to developmental psychopathology. In: Cicchetti D, Cohen DJ (eds). Developmental Psychopathology. Vol. 1. Theory and methods. New York: Cambridge University Press; 581–617.

Cassidy J, Berlin LJ (1994). The insecure/ambivalent pattern of attachment. Theory and research. Child Dev; 65: 971–91.

Cassidy J, Shaver PR (1999). Preface. In: Cassidy J, Shaver PR (eds). Handbook of Attachment. Theory, Research, and Clinical Applications. New York: The Guilford Press; x–xiv.

Cicchetti D, Rogosch FA (1996). Equifinality and multifinality in developmental psychopathology. Dev Psychopathol; 8: 597–60.

Cooper ML, Shaver PR, Collins NL (1998). Attachment styles, emotion regulation and adjustment in adolescence. J Person Soc Psychol; 74: 1380–97.

Crittenden PM (1996). Entwicklung, Erfahrung und Beziehungsmuster. Psychische Gesundheit aus bindungstheoretischer Sicht. Prax Kinderpsychol Kinderpsychiatrie; 45: 147–55.

Crowell JA, Fraley RC, Shaver PR (1999). Measurement of individual differences in adolescent and adult attachment. In: Cassidy J, Shaver PR (eds). Handbook of Attachment. Theory, Research, and Clinical Applications. New York: The Guilford Press; 434–65.

Eiden RD, Leonard KE (1996). Paternal alcohol use and the mother-infant relationship. Dev Psychopathol; 8: 307–23.

Eiden RD, Edwards EP, Leonard KE (2002). Mother-infant and father-infant attachment among alcoholic families. Dev Psychopathol; 14: 253–78.

Fava Vizziello G, Simonelli A, Fetenà I (2000). Representaciones maternas y transmisión de los factores de riesgo y protección en hijos de madres drogodependientes. Adicciones; 12: 413–24.

Feeney JA (1999). Adult romantic attachment and couple relationships. In: Cassidy J, Shaver PR (eds). Handbook of Attachment. Theory, Research, and

Clinical Applications. New York: The Guilford Press; 355–77.

Finzi-Dottan R, Cohen O, Iwaniec D, Sapir Y, Weizman A (2003). The drug-user husband and his wife: attachment styles, family cohesion and adaptability. Subst Use Misuse; 38: 271–92.

Fonagy P, Leigh T, Steele M, Steele H, Kennedy R, Mattoon G (1996). The relation of attachment status, psychiatric classification, and response to psychotherapy. J Cons Clin Psychol; 64: 22–31.

George C, Kaplan N, Main M (1984–1996). The Berkeley Adult Attachment Interview. Department of Psychology, University of California, Berkeley. Unpubl. protocol.

George C, Kaplan N, Main M (2001). Adult Attachment Interview. In: Gloger-Tippelt G (Hrsg). Bindung im Erwachsenenalter. Bern: Huber; 364–87.

Glantz MD, Leshner AI (2000). Drug abuse and developmental psychopathology. Dev Psychopathol; 12: 795–814.

Gloger-Tippelt G (2001). Das Adult Attachment Interview. Durchführung und Auswertung. In: Gloger-Tippelt G (Hrsg). Bindung im Erwachsenenalter. Bern: Huber; 102–20.

Gloger-Tippelt G, Vetter J, Rauh H (2000). Untersuchungen mit der „Fremden Situation" in deutschsprachigen Ländern: Ein Überblick. Psychologie in Erziehung und Unterricht; 47: 87–98.

Graham CA, Easterbrooks MA (2000). School-aged children's vulnerability to depressive symptomatology. The role of attachment security, maternal depressive symptomatology, and economic risk. Dev Psychopathol; 12: 201–13.

Greenberg MT (1999). Attachment and psychopathology in childhood. In: Cassidy J, Shaver PR (eds). Handbook of Attachment. Theory, Research, and Clinical Applications. New York: The Guilford Press; 469–96.

Greenberg MT, Speltz ML, DeKlyen M, Endriga MC (1991). Attachment security in preschoolers with and without externalizing problems. A replication. Dev Psychopathol; 3: 413–30.

Hamilton CE (2000). Continuity and discontinuity of attachment from infancy through adolescence. Child Dev; 71: 690–4.

Hazan C, Shaver P (1987). Conceptualizing romantic love as an attachment process. J Person Soc Psychol; 52: 511–24.

Kahn RL, Antonucci TC (1980). Convoys over the life course. Attachment, roles, and social support. In: Baltes PB, Brim OG (eds). Life-span Development and Behavior. Vol 3. New York: Academic Press; 253–86.

Kobak RR, Sceery A (1988). Attachment in late adolescence. Working models, affect regulation, and representations of self and others. Child Dev; 59: 135–46.

Kobak RR, Sudler N, Gamble W (1991). Attachment and depressive symptoms during adolescence. A developmental pathways analysis. Dev Psychopathol; 3: 461–74.

Kodjo CM, Klein JD (2002). Prevention and risk of adolescent substance abuse. The role of adolescents, families, and communities. Pediatr Clin North Am; 49: 257–68.

Lewis M, Feiring C, Rosenthal S (2000). Attachment over time. Child Dev; 71: 707–20.

Lieberman AF, Zeanah CH (1999). Contributions of attachment theory to infant-parent psychotherapy and other interventions with infants and young children. In: Cassidy J, Shaver PR (eds). Handbook of Attachment. Theory, Research, and Clinical Applications. New York: The Guilford Press; 555–74.

Main M (1981). Avoidance in the service of attachment. A working paper. In: Immelmann K, Barlow G, Petrinovitch I, Main M (eds). Behavioral Development. New York: Cambridge University Press; 651–93.

Main M, Goldwyn R (1985–1998). Adult attachment scoring and classification systems. Manual in draft: Version 6.3. University of California, Berkeley.

Main M, Hesse E (1990). Parents' unresolved traumatic experiences are related to infant disorganized attachment status. Is frightened and/or frightening parental behavior the linking mechanism? In: Greenberg MT, Cicchetti D, Cummings EM (eds). Attachment in the Preschool Years. Theory, Research and Intervention. Chicago: University of Chicago Press; 161–82.

Main M, Solomon J (1986). Discovery of a new, insecure-disorganized/disoriented attachment pattern. In: Yogman M, Brazelton TB (eds). Affective Development in Infancy. Norwood, NJ: Ablex; 95–124.

Main M, Solomon J (1990). Procedures for identifying infants as disorganized/disoriented during the Ainsworth Strange Situation. In: Greenberg MT, Cicchetti D, Cummings EM (eds). Attachment in the Preschool Years. Theory, research and intervention. Chicago: University of Chicago Press; 121–60.

Mallinckrodt B (2000). Attachment, social competencies, social support, and interpersonal process in psychotherapy. Psychother Res; 10: 239–66.

Mickelson KD, Kessler RC, Shaver PR (1997). Adult attachment in a nationally representative sample. J Person Soc Psychol; 73: 1092–106.

Miyake K, Chen S, Campos J (1985). Infants' temperament, mothers' mode of interaction and attachment in Japan. An interim report. In: Bretherton I, Waters E (eds). Growing Points of Attachment Theory and Research. Monogr Soc Child Dev; 50: 276–97.

Munson JA, McMahon RJ, Spieker SJ (2001). Structure and variability in the developmental trajectory of children's externalizing problems. Impact of infant attachment, maternal depressive symptomatology, and child sex. Dev Psychopathol; 13: 277–96.

O'Connor MJ, Sigman M, Brill N (1987). Disorganization of attachment in relation to maternal alcohol consumption, J Consult Clin Psychol; 55: 831–6.

Rodning C, Beckwith L, Howard J (1991). Quality of attachment and home environments in children prenatally exposed to PCP and cocaine. Dev Psychopathol; 3: 351–66.

Rosenstein DS, Horowitz HA (1996). Adolescent attachment and psychopathology. J Consult Clin Psychol; 64: 244–53.

Sagi A, Lamb ME, Lewkowicz KS, Shoham R, Dvir R, Estes D (1985). Security of infant-mother, -father, and -metapelet among kibbutz reared Israeli children. In: Bretherton I, Waters E (eds). Growing Points of Attachment Theory and Research. Monogr Soc Res Child Dev; 50: 257–75.

Schindler A, Thomasius R, Sack P-M, Gemeinhardt B, Küstner U, Eckert J (2005). Attachment and substance use disorders: a review of the literature and a study in drug dependent adolescents. Attachm Hum Dev; 7: 207–28.

Schneider BH, Tardif C, Atkinson L (2001). Child-parent attachment and children's peer relations. A quantitative review. Dev Psychol; 37: 86–100.

Shaw DS, Owens EB, Vondra JI, Keenan K, Winslow EB (1997). Early risk factors and pathways in the development of early disruptive behavior problems. Dev Psychopathol; 8: 679–700.

Solomon J, George C (1999). The measurement of attachment security in infancy and childhood. In: Cassidy J, Shaver PR (eds). Handbook of Attachment. Theory, Research, and Clinical Applications. New York: The Guilford Press; 287–316.

Spangler G (1999). Die Rolle kindlicher Verhaltensdispositionen für die Bindungsentwicklung. In: Spangler G, Zimmermann P (Hrsg). Die Bindungstheorie. Grundlagen, Forschung und Anwendung. 3. Aufl. Stuttgart: Klett-Cotta; 178–90.

Spangler G, Grossmann KE (1993). Biobehavioral organization in secure and insecurely attached infants. Child Dev; 64: 1439–50.

Speltz ML, Greenberg MT, DeKlyen M (1990). Attachment in preschoolers with disruptive behavior. A comparison of clinic-referred and nonproblem children. Dev Psychopathol; 2: 31–46.

Sroufe LA, Waters E (1997). Attachment as an organizational construct. Child Dev; 49: 1184–99.

Sroufe LA, Carlson EA, Levy AK, Egeland B (1999). Implications of attachment theory for developmental psychopathology. Dev Psychopathol; 11: 1–13.

Svanberg POG (1998). Attachment, resilience and prevention. J Ment Health; 7: 543–73.

Swanson K, Beckwith L, Howard J (2000). Intrusive caregiving and quality of attachment in prenatally drug-exposed toddlers and their primary caregivers. Attach Hum Dev; 2: 130–48.

Treboux D, Crowell J, Colon-Downs C (1992). Self-concept and identity in late adolescence. Relation to working models of attachment. Paper presented at the biennial meeting of the Society for Research in Adolescence. Washington, DC.

Troy M, Sroufe LA (1987). Victimization among preschoolers. The role of attachment relationship theory. J Am Acad Child Adolesc Psychiatry; 26: 166–72.

Van IJzendoorn MH (1995). Adult attachment representations, parental responsiveness, and infant attachment. A meta-analysis on the predictive validity of the Adult Attachment Interview. Psychol Bull; 117: 387–403.

Van IJzendoorn MH, Juffer F, Duyvesteyn JGC (1995). Breaking the intergenerational cycle of insecure attachment. A review of the effects of attachment-based interventions on maternal sensitivity and infant security. J Child Psychol Psychiatry; 36: 225–48.

Van IJzendoorn MH, Schuengel C, Bakermans-Kranenburg MJ (1999). Disorganized attachment in early childhood. Meta-analysis of precursors, concomitants, and sequelae. Dev Psychopathol; 11: 225–49.

Waters E, Merrick S, Treboux D, Crowell J, Albersheim L (2000). Attachment security in infancy and early adulthood. A twenty-year longitudinal study. Child Dev; 71: 684–9.

Weinfield NS, Sroufe LA, Egeland B, Carlson EA (1999). The nature of individual differences in infant-caregiver attachment. In: Cassidy J, Shaver PR (eds). Handbook of Attachment. Theory, Research, and Clinical Applications. New York: The Guilford Press; 68–88.

Weinfield NS, Sroufe LA, Egeland B (2000). Attachment from infancy to early adulthood in a high-risk sample. Continuity, discontinuity, and their correlates. Child Dev; 71: 695–702.

Zimmermann P, Grossmann KE (1997). Attachment and adaptation in adolescence. In: Koops W, Hoeksma JB, van den Boom DC (eds). Development of Interaction and Attachment. Traditional and non-traditional approaches. Proceedings of the colloquium „Mother-child-interactions and attachment, old and new perspectives". Amsterdam, 16–19 May 1995. Amsterdam: Royal Netherlands Academy of Arts and Sciences; 271–80.

Zimmermann P, Spangler G, Schieche M, Becker-Stoll F (1999). Bindung im Lebenslauf. Determinanten, Kontinuität, Konsequenzen und künftige Perspektiven. In: Spangler G, Zimmermann P (Hrsg). Die Bindungstheorie. Grundlagen, Forschung und Anwendung. 3. Aufl. Stuttgart: Klett-Cotta; 311–32.

Zimmermann P, Becker-Stoll F, Grossmann K, Grossmann KE, Scheuerer-Englisch H, Wartner U (2000). Längsschnittliche Bindungsentwicklung von der frühen Kindheit bis zum Jugendalter. Psychol Erzieh Unterr; 47: 99–117.

12 Ess-Störungen – Formen und familiäre Einflüsse

Günter Reich

Ess-Störungen von Kindern und Jugendlichen hängen in erheblichem Maße mit familiären Einflüssen zusammen. Diese wirken sich zum einen direkt über das Essverhalten, die Einstellung zu Gewicht und Aussehen bei den Familienmitgliedern, zum anderen indirekt, also über die familiären Beziehungen, aus. Im Folgenden werden zunächst Formen von Ess-Störungen und gestörtem Essverhalten beschrieben. Dann werden die direkten und indirekten familiären Einflüsse auf das Essverhalten und die Einstellung zum Körper bei Kindern, Jugendlichen und jungen Erwachsenen dargestellt. Dabei wird zwischen Anorexien, Bulimien und Binge-Eating-Störungen unterschieden.

12.1 Definition und Einteilung

Als „essgestört" gelten Menschen, *„für die das Essen die missbräuchliche Funktion hat, Probleme, die ansonsten unlösbar erscheinen, auf diese Art zu bewältigen"* (Bruch 1991, S. 13). Die ICD-10, die „Internationale Klassifikation psychischer Störungen" der Weltgesundheitsorganisation (Dilling et al. 2000), unterscheidet neben der Anorexie und der Bulimie mit jeweils auch atypischen Formen „Essattacken bei anderen psychischen Störungen", „Erbrechen bei anderen psychischen Störungen", „andere Ess-Störungen" und „nicht näher bezeichnete Ess-Störungen".

12.1.1 Anorexia nervosa

Die Betroffenen haben eine große Angst davor, dick zu werden, und halten ihr Körpergewicht bewusst weit unter der altersentsprechenden Norm. Dies kann durch extreme Nahrungsrestriktion, durch Erbrechen, Abführmittel-, Appetitzügler- oder Diuretikamissbrauch sowie körperliche Aktivität erreicht werden. Die Betroffenen erleben sich unabhängig vom tatsächlichen Gewicht als zu dick und können die eigene Figur und ihren Körper nicht realistisch wahrnehmen oder darstellen. Hinzu kommen eine intellektuelle und körperliche Hyperaktivität, ein ausgeprägtes Leistungsstreben trotz körperlicher Einschränkung und eine sekundäre Amenorrhö. Diese tritt bei bis zu 50 % der Patientinnen schon vor oder zu Beginn der Gewichtsabnahme auf.

Für das Verständnis der bei der Anorexie wirksamen seelischen Faktoren ist die „Gewichtsphobie" entscheidend. Diese unterscheidet sie von anderen Formen des Fastens, die zum Beispiel von religiösen oder politischen Motiven geprägt sind, aber auch im Zusammenhang mit anderen seelischen Erkrankungen entstehen können, beispielsweise Depressionen (Habermas 1996).

In der ICD-10 der WHO (International Classification of Mental and Behavioral Disorders) wird eine Anorexia nervosa (F50.0) folgendermaßen definiert:
- Körpergewicht mindestens 15 % unter dem erwarteten oder Quetelets-Index (BMI)[1] von 17,5 oder weniger
- Gewichtsverlust selbst herbeigeführt durch:
    - Vermeidung von hochkalorischen Speisen und eine oder mehrere der folgenden Möglichkeiten
    - selbst induziertes Erbrechen
    - selbst induziertes Abführen

---
[1] Der Body-Mass-Index (BMI, auch: Quetelets-Index) ist der Quotient aus dem Körpergewicht in kg zur Körperoberfläche (Quadrat der Körpergröße in Meter).

- übertriebene körperliche Aktivitäten
- Gebrauch von Appetitzüglern und/oder Diuretika
- Körperschema-Störung als eine tief verwurzelte überwertige Idee; sehr niedrige Gewichtsschwelle
- endokrine Störung (Hypothalamus-Hypophysen-Gonaden-Achse):
  - Amenorrhö (bei Männern: Libido- und Potenzverlust)
  - bei Beginn der Erkrankung vor der Pubertät Abfolge der pubertären Entwicklungsschritte verzögert oder gehemmt

Sind nicht alle genannten Bedingungen erfüllt, handelt es sich nach der ICD-10 um eine atypische Anorexia nervosa (F50.1). Hierunter fallen zum Beispiel Frauen, die untergewichtig sind, restriktiv essen, eine Körperschema-Störung aufweisen und eine sekundäre Amenorrhö haben, deren Gewicht aber nicht unter 15 % des Idealgewichts liegt. Zudem werden Anorexien ohne aktive Formen der Gewichtsabnahme (Erbrechen, Abführen etc.) und mit aktiven Maßnahmen hierzu unterschieden.

12.1.2 Bulimia nervosa

Die Betroffenen sind häufig, manchmal ständig mit Nahrungsaufnahme, -beschaffung und -zubereitung beschäftigt. Es kommt zu Essanfällen mit Kontrollverlust: Die Betroffenen nehmen in kurzer Zeit große Nahrungsmengen zu sich, ohne aufhören zu können. Das Gefühl für Hunger und Sättigung ist verloren gegangen. Es besteht eine sehr starke, überwertige Angst vor Gewichtszunahme. Um diese zu vermeiden, wenden die Betroffenen u. a. selbst induziertes Erbrechen, Fasten, Abführmittel, Diuretika, Appetitzügler, Schilddrüsenpräparate sowie exzessiven Sport an.

Die Kriterien der ICD-10 für eine Bulimia nervosa (F50.2) sind:
- andauernde Beschäftigung mit dem Essen, unwiderstehliche Gier nach Nahrungsmitteln, Essattacken
- Vermeidung von Gewichtszunahme durch:
  - selbst induziertes Erbrechen
  - Missbrauch von Abführmitteln

- zeitweilige Hungerperioden
- Einnahme von Appetitzüglern, Schilddrüsenpräparaten, Diuretika
- krankhafte Furcht, dick zu werden
- in der Vorgeschichte häufig Episoden von Anorexia nervosa, die voll ausgeprägt oder verdeckt mit mäßigem Gewichtsverlust und/oder vorübergehender Amenorrhö gewesen sein können

Weiterhin wird eine atypische Bulimie (F50.3) definiert. Diese umfasst normalgewichtige Frauen mit einer Bulimie sowie Patientinnen, die nicht alle Hauptkriterien einer Bulimie erfüllen.

Ungefähr ein Drittel der Patientinnen und Patienten, die eine Behandlung wegen einer Ess-Störung suchen, haben keine Anorexia oder Bulimie. Im ICD-10 werden hierfür die oben bereits genannten Diagnosen definiert. Hier handelt es sich in der Regel ebenfalls Störungen von erheblichem Krankheitswert, die die Betroffenen und ihre Angehörigen beträchtlich beeinträchtigen können.

Im Diagnostischen und Statistischen Manual seelischer Erkrankungen der American Psychiatric Association (DSM-IV) wird zudem als eine neue Form der Ess-Störung die Binge Eating Disorder (Ess-Störung mit „Fressanfällen") beschrieben. Sie ist durch folgende Merkmale gekennzeichnet:
- wiederholte Episoden von „Fressanfällen". Eine Episode ist folgendermaßen charakterisiert:
  - Essen einer Nahrungsmenge in einem abgegrenzten Zeitraum (z. B. in zwei Stunden), die definitiv größer ist als die, die die meisten Menschen in einem ähnlichen Zeitraum unter ähnlichen Umständen essen würden
  - ein Gefühl des Kontrollverlustes über das Essen während der Episode (z. B. mit dem Essen nicht aufhören bzw. nicht kontrollieren zu können, was und wie viel man isst)
- Die Episoden von „Fressanfällen" treten gemeinsam mit mindestens drei der folgenden Symptome auf:
  - Es wird wesentlich schneller gegessen als normal.

Tab. 12-1 Schweregrade der Adipositas gemäß dem Body-Mass-Index (BMI).

Schweregrad	BMI
Übergewicht	25,0 bis 29,9
Adipositas Grad I	30,0 bis 34,9
Adipositas Grad II	35,0 bis 39,9
Adipositas Grad III (extreme Adipositas)	> 40,0

- Es wird bis zu einem unangenehmen Völlegefühl gegessen.
- Es werden große Nahrungsmengen gegessen, obwohl man sich körperlich nicht hungrig fühlt.
- Die betreffende Person isst allein, weil sie sich wegen der Menge schämt.
- Nach dem übermäßigen Essen treten Selbstekel, Deprimiertheit oder starker Schuldgefühle auf.
• Es besteht deutliches Leiden wegen der „Fressanfälle".
• Die „Fressanfälle" treten im Durchschnitt an mindestens zwei Tagen in der Woche für sechs Monate auf.
• Die „Fressanfälle" treten nicht in Kombination mit regelmäßigen kompensatorischen Verhaltensweisen (z. B. „Purging-Verhalten", Fasten, exzessive körperliche Betätigung) oder ausschließlich im Verlauf einer Anorexia oder Bulimia nervosa auf.

Weitaus verbreiteter als die genannten Formen von Ess-Störungen sind Übergewicht und Adipositas. Deren Prävalenz steigt kontinuierlich, auch bei Kindern und Jugendlichen. Mit Übergewicht und Adipositas werden Abweichungen vom Normalgewicht nach oben bezeichnet. Sie sind definitionsgemäß keine Ess-Störungen und nicht zwangsläufig mit pathologischem Essverhalten sowie mit seelischen Störungen verbunden. Adipositas wird nach Schweregraden gemäß dem Body-Mass-Index (BMI) eingeteilt (s. Tab. 12-1).

12.2 Verbreitung

Die Prävalenz von Anorexie und Bulimie wird auf ca. 5% der Frauen im Alter zwischen 14 und 35 Jahren geschätzt (Krüger et al. 2001). Diese beiden „klassischen" Formen der Ess-Störung betreffen zu ca. 95% Frauen. Die Anorexie beginnt typischerweise um die Zeit der Pubertät, im Alter zwischen 14 und 18 Jahren. Daher wurde und wird sie auch als „Pubertätsmagersucht" bezeichnet. Es gibt auch Ersterkrankungen vor dem 10. und nach dem 25. Lebensjahr. Das Alter der Ersterkrankung für die Bulimie ist in der Regel höher. Das Manifestationsmaximum liegt im 18. Lebensjahr (ebd.). Die Behandlungsfälle beider Erkrankungen haben in den letzten 20 Jahren zugenommen. Ob dies einer echten Zunahme der Erkrankungsfälle entspricht, ist wahrscheinlich, aber nicht unumstritten. Frauen aller sozialen Schichten sind betroffen. Anorexie kommt gehäuft in den höheren Sozialschichten vor (Gard u. Freeman 1996; McClelland u. Crisp 2001).

Nach Angaben der Deutschen Adipositas Gesellschaft (Kromeyer-Hauschild u. Wabitsch 2004) kann davon ausgegangen werden, dass zwischen 10 und 18% der Kinder und Jugendlichen in Deutschland übergewichtig sind. Eine Adipositas liegt bei etwa 4 bis 8% vor. In den jüngeren Altersklassen sind etwa 10% der Kinder übergewichtig und 4% adipös, in den älteren Altersklassen 13 bis 18% bzw. 5 bis 8%. Ergebnisse von Verlaufsuntersuchungen zeigen eine Zunahme der Prävalenz von Übergewicht und Adipositas bei Kindern und Jugendlichen in den letzten 25 Jahren. Bei Übergewicht spielt neben einem genetischen Anteil sowie Ernährungs- und Bewegungsgewohnheiten die soziale Schichtzugehörigkeit eine bedeutende Rolle. Übergewicht und Adipositas sind eher in den unteren Sozialschichten zu finden.

Zwischen Übergewicht und der Binge-Eating-Störung gibt es eine deutliche Beziehung. Deren Verbreitung kann allerdings derzeit nicht gut abgeschätzt werden. Zwischen 5 und 10% der Patientinnen und Patienten, die wegen Übergewicht Behandlung suchen, leiden an einer Binge-Eating-Störung. Die Patientinnen und Patienten befinden sich oft bereits im fünften Lebensjahrzehnt. Das durchschnittliche Alter der Erstmanifestation ist ungeklärt. Ein Viertel bis ein Drittel der „Binge Eater" sind Männer (Fairburn u. Harrison 2003; Krüger et al. 2001).

12.3 Verbindung zu Körperschema-Störungen

Die beiden „klassischen" Ess-Störungen und ihre atypischen Formen sind mit Körperschema-Störungen bzw. Fehlwahrnehmungen des Körpers verbunden. Diese umfassen verzerrte Wahrnehmungen – so nehmen sich zum Beispiel extrem abgemagerte Anorektikerinnen als „zu dick" wahr –, abwertende Einstellungen zum eigenen Körper und Handlungen, etwa zwanghaftes Kontrollieren des Gewichts. Körperschema-Störungen nehmen mit fortschreitender Verfestigung von Ess-Störungen zu. Abwertende Einstellungen zum Körper sind im Vorfeld von Bulimien und Anorexien regelhaft zu finden, Störungen der Körperwahrnehmung vermutlich eher selten (vgl. Krüger et al. 2001).

12.4 Komorbidität und Verlauf

Anorexie, Bulimie und Adipositas sowie vermutlich auch die Binge-Eating-Störung haben gravierende körperliche Folgen bis hin zu tödlichen Ausgängen bei der Anorexie und mittelbar auch bei extremer Adipositas. Anorexie, Bulimie und Binge-Eating-Störungen gehen zudem oft mit anderen seelischen Erkrankungen einher (ebd.). Dies sind bei der Anorexie folgende:
- affektive Störungen
- Zwangsstörungen
- Angststörungen
- Zwanghafte Persönlichkeitsstörungen
- Ängstlich-vermeidende Persönlichkeitsstörungen

Bei der Bulimie beobachtet man folgende komorbide Störungen:
- affektive Störungen
- Angststörungen
- Sucht und Substanzmissbrauch
- Histrionische Persönlichkeitsstörungen
- Borderline-Persönlichkeitsstörungen
- Posttraumatische Belastungsstörungen

Bei der Binge-Eating-Störung sind dies:
- affektive Störungen
- Angsterkrankungen
- Borderline-Persönlichkeitsstörungen
- Ängstlich-vermeidende Persönlichkeitsstörungen
- Histrionische Persönlichkeitsstörungen

Ess-Störungen haben eine starke Tendenz zur Chronifizierung, wenn sie unbehandelt bleiben. Anorexie und Bulimie können durch Psychotherapie geheilt oder deutlich gebessert werden. Auch bei bereits seit Jahren bestehenden Anorexien und Bulimien kann Psychotherapie bezüglich der Kernsymptomatik und der zugrunde liegenden Konflikte sowie der weiteren mit diesen Erkrankungen verbundenen Probleme hilfreich sein. Adipositas gilt als therapieresistent. Allerdings ist dies für die Fälle, in denen die Adipositas als Ausdruck interpersoneller oder intrapsychischer Konflikte angesehen werden kann, infrage zu stellen (Cuntz 2001; Hippel u. Pape 2001). Über die Binge-Eating-Störung liegen nur wenige Untersuchungen über längere Zeit vor (Krüger 2001; Krüger et al. 2001).

12.5 Gestörtes Essverhalten

Im Vorfeld klinisch zu diagnostizierenden Ess-Störungen finden sich häufig Formen gestörten Essverhaltens, in denen ein Missbrauch des Essens im Sinne von Hilde Bruch und eine gestörte

12.5 Gestörtes Essverhalten

Wahrnehmung bzw. übermäßig kritische Einstellung zum eigenen Körper vorliegen. In der Regel tritt Beides gemeinsam auf. Von dieser viele Menschen betreffenden „Grauzone" ausgehend, ist der Übergang zu den klinisch manifesten Ess-Störungen fließend.

Bei gestörtem Essverhalten ist das Essen:
- angstbesetzt
- überwiegend außenorientiert (das Essen wird nach dem ausgerichtet, was andere essen)
- rigide (es wird stets das Gleiche im gleichen Rhythmus und den gleichen Mengen gegessen; Abweichungen sind nicht gestattet)
- chaotisch (es wird unregelmäßig, in extremen Mengen sowie dabei eventuell extrem einseitig gegessen)
- abwechselnd rigide und chaotisch
- „das" Mittel zur Stressbewältigung
- in starkem Maße stimmungsabhängig
- stark gewichtsabhängig
- die Gedanken und/oder das Erleben beherrschend

Eine gestörte Körperwahrnehmung ist gekennzeichnet durch:
- häufige Kontrolle oder kritische Beobachtung des Körpers und seiner Veränderungen, zum Beispiel durch häufiges Wiegen, Messen des Körperumfangs (u. a. durch „maßgebende" Kleidungsstücke), Beobachten im Spiegel
- starke Abhängigkeit der Stimmung von geringfügigen Schwankungen oder Veränderungen
- verzerrte Wahrnehmung des gesamten Körpers oder einzelner Partien (z. B. Bauch, Hüften, Gesäß, Oberschenkel)
- starke Verunsicherung, wenn die äußere Erscheinung nicht den (vermeintlichen) Normvorstellungen entspricht
- ständiges Vergleichen mit anderen
- starke Unzufriedenheit und intensiver Beschäftigung mit einzelnen Körperpartien
- Vermeiden von Wiegen und Anschauen des Körpers im Spiegel
- Überbetonung oder Vernachlässigung der Körperpflege

Auch bei Kindern sind bereits gestörtes Essverhalten, ein gestörtes Verhältnis zum eigenen Körper und Ess-Störungen zu beobachten. Diese ähneln denen von Jugendlichen und Erwachsenen. Eventuell werden manifeste Ess-Störungen im Kindesalter – wie zum Beispiel Binge Eating – unterschätzt. Eine finnische Studie (Kaltiala-Heino et al. 1999) zeigt, dass eventuell auch das Auftreten bulimischer Symptome in der mittleren Adoleszenz unterschätzt wird. Anorektikerinnen, deren Erkrankung vor der Pubertät beginnt, sind denen mit Beginn nach der Pubertät offenbar im klinischen Bereich sehr ähnlich, zum Beispiel in der Angst vor Sexualität. Allerdings zeigen sich hier im Vorfeld stärkere Probleme im Essverhalten und auch im sonstigen Verhalten (Jacobs u. Isaacs 1986).

Mit dem Einfluss des Schlankheitsideals und der Verbreitung von Diäten nimmt gestörtes Essverhalten auch bei Kindern zu. In einer Zufallsstichprobe von Schülerinnen und Schülern zwischen der 3. und der 6. Klasse im US-Bundesstaat Ohio wollten bereits Ende der 80er Jahre des 20. Jahrhunderts 45 % der Kinder dünner sein, 37 % hatten bereits versucht abzunehmen, und 7 % befanden sich im Anorexie-Bereich.

In Europa ist ein erheblicher Teil junger Mädchen der Hochrisikogruppe für Ess-Störungen zuzuordnen. Hier befinden sich nach einer von der Europäischen Union geförderten Studie an ca. 4 400 Schülerinnen in Westeuropa ca. 8 % der Mädchen im Alter zwischen 11 und 13 und 14 % der weiblichen Jugendlichen zwischen 14 und 19 Jahren. Fast 50 % der Mädchen zwischen 11 und 13 Jahren in Westeuropa haben bereits eine Diät gemacht. Etwa 40 % der normalgewichtigen und der untergewichtigen Mädchen und weiblichen Jugendlichen zwischen 11 und 19 Jahren fühlen sich zu dick (Kabera 1999).

Buddeberg-Fischer (2000) fand in einer Untersuchung von 2 000 Schülerinnen und Schülern im Alter zwischen 12 und 21 Jahren im Kanton Zürich, dass sich 44 % der Mädchen bzw. jungen Frauen als zu dick erlebten. Objektiv waren nur 20 % übergewichtig. Untergewichtige Mädchen hatten tendenziell einen höheren Sozialstatus als übergewichtige. Beinahe ein Viertel der weiblichen Befragten zeigten ein mittelgradig bis deutlich gestörtes Essverhalten. Nur jede siebte weibliche Befragte bewertete ihren Körper als „gut gebaut", jede achte schätzte ihren Körper als unförmig ein.

Bei kindlicher Besorgnis um den eigenen Körper und gestörtem Essverhalten spielen das Geschlecht (weiblich), ein höherer Body-Mass-Index, das Selbstbild und das Selbstwertgefühl, die Hautfarbe (weiß) und soziokultureller Druck eine bedeutende Rolle (Ricciardelli u. McCabe 2001). Weiße Mädchen aus den höheren Sozialschichten versuchen in höherem Maße, ihr Gewicht zu reduzieren, als andere (Adams et al. 2000). Prädiktoren in der Kindheit für spätere Ess-Störungen sind die Wahrnehmung elterlicher Besorgnis über ihre Körpergröße bzw. ihren Körperumfang, ein gering schätzende Einstellung zum eigenen Körper und Depressionen. Für Mädchen sind eine als relativ groß wahrgenommene Körpergröße und eine als ideal wahrgenommene kleine Körpergröße prädiktiv. Im Altersverlauf verändert sich offensichtlich die Bedeutung der Prädiktoren. Eine gering schätzende Einstellung zum eigenen Körper wird mit ca. 9 Jahren ein signifikanter prädiktiver Faktor, Depression im Alter von 10 Jahren und Urteile über Körpergröße und -gewicht bezüglich der wahrgenommenen und idealen Größe werden deutliche Prädiktoren im Alter von 11 und 12 Jahren (Gardner et al. 2000).

12.6 Multikausale Verursachung

Ess-Störungen sind multikausal. Neben den im Folgenden näher zu beschreibenden familiären Faktoren spielen genetische Einflüsse (insbesondere bei Anorexie, aber auch bei Übergewicht), soziokulturelle Faktoren (Schlankheitsideal, Nahrungsmittelüberfluss, Auflösung von Essgewohnheiten und Mahlzeitenstrukturen), Rollenkonflikte von Frauen in westlichen Gesellschaften oder westlich geprägten Gesellschaftsschichten, Einflüsse der Medien und der Gleichaltrigengruppe sowie Persönlichkeitsfaktoren wesentliche Rollen. Familiäre Faktoren stellen nur einen, wenn auch wesentlichen Einfluss dar. Dass sich aus einem gestörten Essverhalten eine klinisch manifeste Ess-Störung entwickelt, wird allerdings nicht nur durch vorhergehende Diäten oder ungünstige Einflüsse durch Werbung, Medien oder Gleichaltrige bestimmt. Hier liegen in der Regel Störungen der frühen Beziehungen zugrunde, die zu Folgendem führen (vgl. Bemporad et al. 1992; Reich 2003a):

- Mangel an Sicherheitsgefühl
- Schwierigkeiten, anderen zu vertrauen
- Selbstwertprobleme
- Identitätsprobleme
- Leeregefühle und daraus resultierende Probleme, in der Gegenwart anderer ein authentisches Individuum zu sein

12.7 Familiäre Einflüsse

12.7.1 Bedeutung des Essens

In Familien und familienähnlichen Lebensgemeinschaften werden in der Regel sehr intensive Erfahrungen mit dem Essen und den Mahlzeiten gemacht. Diese vermitteln quasi „begleitend" wesentliche Fähigkeiten zur Beziehungs- und Gefühlsregulierung sowie sozialen Normen und Werten und wirken sich dementsprechend erheblich auf die individuelle Entwicklung aus (Cierpka u. Reich 2001; Reich 2003a, 2003b; Reich u. Buss 2002). Aus klinischer und empirischer Sicht ist es sinnvoll, zwischen direkten und indirekten familiären Einflüssen auf das Essverhalten durch die interpersonelle Dynamik zu unterscheiden.

12.7.2 Essverhalten und Einstellung zum Körper

Klinische Beobachtungen und quantitative Studien belegen die vielfältigen direkten Einflüsse der Familie auf die Einstellung zum Essen, zum eigenen Körper und auf das Essverhalten selbst. Diese finden durch direkte Stellungnahmen, aber auch durch das Modellverhalten der wichtigen Beziehungspersonen, insbesondere der

12.7 Familiäre Einflüsse

Mütter, statt. Hierzu liegen folgende Befunde vor:

- Familienmitglieder entwickeln eine Ähnlichkeit in der Einstellung zu Nahrungsmitteln, insbesondere bezüglich der Sauberkeit, eventueller Ekelgefühle und der Lebensmittel-Präferenzen (Rozin et al. 1984).
- Eine gestörte Einstellung zum Essen in der Generation der Mütter wird oft an die Töchter weitergegeben. Die Einstellungen in beiden Generationen korrelieren deutlich (Pike u. Rodin 1990).
- Die Besorgnis der Eltern bezüglich des Gewichts ist gegenüber Mädchen stärker ausgeprägt als gegenüber Jungen (Adams et al. 2000).
- Die Besorgnis der Eltern wegen der Körpergröße und des Körperumfangs der Kinder ist ein wesentlicher Prädiktor für gestörtes Essverhalten bei Mädchen und Jungen (Gardner et al. 2000).
- Stereotypien über das Dicksein („fat stereotypes") sind insbesondere bei Eltern mit höherem Sozialstatus verbreitet. Je stärker die Interaktion mit den Eltern auf Körperform und Gewichtsabnahme zentriert ist, desto mehr betonen die Töchter negative Stereotypien über das Dicksein (Davison u. Birch 2004).
- Restriktives Essverhalten, ein extremes Schlankheitsideal, Sorgen um das Gewicht und eine Unzufriedenheit mit dem eigenen Körper sind in starkem Maße mit der Zugehörigkeit zu höheren sozialen Schichten und dem entsprechenden Wertesystem verbunden (McClelland u. Crisp 2001; Ogden u. Thomas 1999).
- Weibliche Jugendliche, die Diäten beginnen, gehen insgesamt konformer mit ihren Eltern als solche, die keine Diäten machen (Huon u. Walton 2000).
- Das „gezügelte Essverhalten", ein wesentlicher Risikofaktor für spätere Ess-Störungen, wird intrafamiliär von Müttern an die Töchter weitergegeben (Franzen u. Florin 1995).
- Mütter essgestörter Töchter haben oft selbst in einem früheren Alter mit Diäten begonnen als die nichtessgestörter (Pike u. Rodin 1990).
- Die Wahrnehmung des Gewichts der Töchter durch die Mütter ist ein wesentlicher Prädiktor für deren späteres Diätverhalten (Byely et al. 2000). Mütter von Essgestörten meinen in stärkerem Maße, dass ihre Töchter – unabhängig von deren realem Gewicht – abnehmen sollten als die Mütter nichtessgestörter (Pike u. Rodin 1990).
- Die Differenz zwischen der Selbsteinschätzung von Töchtern hinsichtlich ihrer Attraktivität und der diesbezüglichen Einschätzung der Mütter ist bei Essgestörten signifikant höher als bei nichtessgestörten (Moreno u. Thelen 1993; Pike u. Rodin 1990).
- Elterlicher Schlankheitsdruck, vor allem durch Mütter, die sich selbst sehr um Schlankheit bemühen, verstärkt Tendenzen zu pathologischen Formen des Diäthaltens (Levine et al. 1994).
- In Familien mit Ess-Störungen finden sich häufiger Kritik und Abwertungen bezüglich Figur, Gewicht und Essverhalten als in Familien psychiatrischer und gesunder Vergleichsgruppen. Dies gilt in besonderem Ausmaß für Bulimikerinnen (vgl. Fairburn et al. 1997, 1999) bzw. für bulimische Symptome (Mac Brayer et al. 2001).
- Eltern von Bulimikerinnen beschäftigen sich übermäßig mit Gewicht und Essen (Teusch 1988).
- In Familien Essgestörter finden sich eine stärkere Körperunzufriedenheit, eine stärkere Orientierung auf das soziale Ansehen und auf Leistung als in Familien nichtessgestörter (Laliberté et al. 1999).
- Die Entwicklung von Bulimie lässt sich durch familiäre Betonung und Verstärkung von Aussehen, Diäthalten sowie von exzessiven Versuchen, das Gewicht zu kontrollieren (z. B. durch Sport oder Erbrechen), vorhersagen (Stice 1998).
- Der Einsatz von Essen als Mittel gegen Langeweile und negative Gefühle durch die Mütter fördert bulimisches Essverhalten sowie die Überzeugung, dass sich die Lebensqualität durch einen schlanken Körper verbessert (Mac Brayer et al. 2001).
- Manifeste Ess-Störungen sind in Familien von Bulimikerinnen und Anorektikerinnen häufiger zu finden als in Familien psychiatrisch unauffälliger Kontrollpersonen und Vergleichs-

gruppen mit anderen psychiatrischen Erkrankungen (Fairburn et al. 1997, 1999; s. auch Reich 2003b).
- Zudem sind Ess-Störungen in Familien von Bulimikerinnen häufiger zu finden als in denen von Anorektikerinnen (vgl. Reich 2003b); dies gilt auch für Übergewicht bei den Eltern.
- Auch durch Substanzmissbrauch, zum Beispiel Alkohol- oder Medikamentenabusus, kann in Familien „vorgebahnt" werden, dass Konflikte, Spannungszustände und unangenehme Affekte auf oralem Wege reguliert oder beseitigt werden. Unkontrolliertes, impulsiertes, süchtiges Essverhalten entspricht dann anderem Suchtverhalten in der Elterngeneration. In Familien bulimischer Patientinnen finden sich in der Tat häufiger Suchterkrankungen und Substanzmissbrauch als in denen von normalen und auch von psychiatrischen Kontrollgruppen (Fairburn et al. 1997; Reich 2003b). Die Neigung zu Substanzmissbrauch und Sucht ist hier oft deutlich höher als bei Angehörigen anorektischer Patientinnen (Fairburn et al. 1997, 1999; Lilenfeld et al. 1998; Reich 2003b).

In einer Studie an übergewichtigen Kindern wurde zudem ein direkter Einfluss der Anwesenheit der Eltern auf das Essverhalten der Kinder festgestellt. Übergewichtige Kinder essen schneller und nehmen größere Bissen zu sich, wenn ihre Mütter anwesend sind. Sind diese nicht dabei, unterscheidet sich das Essverhalten adipöser nicht von dem normalgewichtiger Kinder (Laessle et al. 2001).

In einer prospektiven Studie konnten Marchi et al. (1990) zeigen, dass frühkindliche Ess-Störungen und familiäre Auseinandersetzungen um das Essen prädiktiv für die Entwicklung von Bulimie und Anorexie in der Adoleszenz sind. Zudem liegen inzwischen direkte Beobachtungen aktuell bzw. ehemals essgestörter (anorektischer und bulimischer) Mütter in ihrem Fütterungsverhalten ihren Babys gegenüber vor. In der Untersuchung von Evans und le Grange (1995) fütterten die Mütter der Essgestörten-Gruppe ihre Babys eher nach Plan. Die Mütter der Vergleichsgruppe mit nichtessgestörten Frauen richteten sich nach den Bedürfnissen der Kinder. In der Studie von Agras et al. (1999) zeigten Kinder essgestörter Mütter ein stärkeres Essbedürfnis als andere. Ihre Mütter waren besorgter über deren Gewicht und Essverhalten. Im fünften Lebensjahr zeigten diese Kinder mehr negative Affekte als die nichtessgestörter Mütter.

12.7.3 Familiäre Beziehungen

Der Zusammenhang zwischen familiären Beziehungen und Ess-Störungen kann inzwischen als empirisch gesichert gelten (Übersicht bei Reich 2003a, 2003b). Dies gilt für folgende Bereiche:
- **Beziehungen insgesamt**: In einer Untersuchung unserer Abteilung fand Schloen (1997), dass Jugendliche, die ihre Familien als wenig funktional erleben, auch die Atmosphäre und den Stellenwert gemeinsamer Mahlzeiten negativ sehen. Beides wiederum hängt eng mit einer Störbarkeit des Essverhaltens und einem negativen Körperbild der Jugendlichen, insbesondere bei Mädchen, zusammen.
- **Organisation und der Zusammenhalt**: Familien Essgestörter sind oft schlechter organisiert als die von Vergleichsgruppen. Der Zusammenhalt ist ebenfalls oft beeinträchtigt (Karwautz et al. 2002; Waller et al. 1988). Diese Probleme verstärken in der Adoleszenz Unsicherheiten der Jugendlichen bezüglich ihres Selbstgefühls und ihrer Autonomie (vgl. Reich 2003a, 2003b).
- **Ablösung**: Ess-Störungen gehen mit Ablösungsproblemen einher (Friedlander u. Siegel 1990). Familien essgestörter Patientinnen ermutigen die Unabhängigkeit der Patientinnen weniger als Familien von Vergleichsgruppen (Williams et al. 1990). Sie üben mehr Kontrolle aus, bzw. binden dann, wenn eigentlich die Autonomie ermutigt werden sollte. Auf der anderen Seite bieten sie wenig Zusammenhalt, wenn dieser benötigt wird (Kog et al. 1989).
- **Kommunikation**: Eltern setzen die Probleme ihrer Kinder in ihrer Bedeutung herab oder sind unwillig, sie wahrzunehmen (Larsson 1991). Der Gefühlsausdruck ist ebenfalls oft gestört (Felker u. Stivers 1994).

- **Leistungsorientierung**: In Familien von Anorektikerinnen und Bulimikerinnen herrscht zudem eine starke Leistungsorientierung, die sie von Vergleichsgruppen unterscheidet (Fairburn et al. 1999; Laliberté et al. 1999).
- **Bindungsmuster**: Patientinnen mit Ess-Störungen weisen gestörte Bindungsmuster auf. Sie sind in ihrem Bindungsstil unsicher-vermeidend bzw. unsicher-ambivalent (Ward et al. 2000a). Sie zeigen oft eine zwanghafte Suche nach Versorgung und gleichzeitig eine zwanghafte Autonomie (Ward et al. 2000b).
- **Erfahrungen von sexuellem Missbrauch und Misshandlungen**: Sexueller Missbrauch und Misshandlungen sind nicht spezifisch für Ess-Störungen. Sie sind bei allen schweren seelischen Erkrankungen in einem großen Ausmaß zu finden. Bei Ess-Störungen sind sie häufiger zu finden als in nichtessgestörten Vergleichsgruppen und bei Bulimie häufiger als bei Anorexie (vgl. Kendler et al. 2000; Reich 2003a). Auch bei Adipositas, sofern diese mit einem Übermaß beim Essen verbunden ist, spielen Missbrauch und Misshandlung offensichtlich eine bisher unterschätzte Rolle (Felitti 2002).

Hierbei allerdings muss sowohl auf der klinischen als auch auf der empirischen Ebene zwischen Anorexie und Bulimie sowie zwischen diesen beiden Formen und der Binge-Eating-Störung unterschieden werden. Der Stil in den Familien anorektischer Patientinnen kann als affektiv gedämpft und Konflikte vermeidend, der in Familien bulimischer Patientinnen als konflikthaft und impulsiv beschrieben werden.

Der fundamentale Unterschied zwischen restriktivem (anorektischem) und bulimischem Essverhalten kann demnach darin gesehen werden, dass Bulimikerinnen sich auf der Suche nach etwas befinden, was sie in sich hineinnehmen können, während Anorektikerinnen ständig darum bemüht sind, etwas außerhalb ihrer selbst zu halten (Cierpka u. Reich 2001; Reich 2003a).

Für die Binge-Eating-Störung sind die familiären Risikofaktoren weniger umschrieben als für die Anorexie und die Bulimie. Hier bietet die Familienumwelt weniger Zusammenhalt und Zuwendung und gleichzeitig mehr Kontrolle und Konflikte als bei gesunden Vergleichspersonen. Gleichzeitig regen die Familien weniger zur aktiven Gestaltung freier Zeit an und bieten weniger intellektuell-kulturelle Orientierung. Das Auftreten von spezifischen Einflüssen für die Ess-Störung scheint hier geringer zu sein als bei der Bulimie.

Literatur

Adams K, Sargent RG, Thompson SH, Richter D, Corwin SJ, Rogan TJ (2000). A study of body weight concerns and weight control practices of 4th and 7th grade adolescents. Ethn Health; 5: 79–94.

Agras S, Hammer L, McNicholas F (1999). A prospective study of the influence of eating-disordered mothers on their children. Int J Eat Disord; 25: 253–63.

American Psychiatric Association (1994). Diagnostic and Statistical Manual of Mental Disorders IV. Washington, DC: Psychiatric Press (dt.: Saß H, Wittchen HU, Zaudig M. Diagnostisches und Statistisches Manual Psychischer Störungen. DSM-IV. Göttingen: Hogrefe 1996).

American Psychiatric Association (2000). Practice guideline for the treatment of patients with eating disorders. Am J Psychiatry; 157: 1, Suppl.

Bemporad JR, Beresin E, Ratey JJ, O'Driscoll G, Lindem K, Herzog DB (1992). A psychoanalytic study of eating disorders: I. A developmental profile of 67 index cases. J Am Acad Psychoanal; 20: 509–31.

Bruch H (1991). Eßstörungen. Zur Psychologie und Therapie von Übergewicht und Magersucht. Frankfurt a. M.: S. Fischer.

Buddeberg-Fischer B (2000). Früherkennung und Prävention von Essstörungen. Essverhalten und Körpererleben bei Jugendlichen. Stuttgart, New York: Schattauer.

Byely L, Archibald AB, Graber J, Brooks-Gunn J (2000). A prospective study of familial and social influences on girls body image and dieting. Int J Eat Disord; 28: 155–64.

Cierpka M, Reich G (2001). Die familientherapeutische Behandlung von Anorexie und Bulimie. In: Reich G, Cierpka M (Hrsg). Psychotherapie der Essstörungen. 2. Aufl. Stuttgart, New York: Thieme; 128–55.

Cuntz U (2001). Verhaltenstherapeutische Behandlung der Adipositas. In: Reich G, Cierpka M (Hrsg). Psychotherapie der Essstörungen. 2. Aufl. Stuttgart, New York: Thieme; 211–26.

Davison KK, Birch LL (2004). Predictors of fat stereotypes among 9-year-old girls and their parents. Obes Res; 12: 86–94.

Dilling, H, Mombour W, Schmidt MH (2000). Internationale Klassifikation psychischer Störungen: ICD-10. Kapitel V (F). Klinisch-diagnostische Leitlinien, Weltgesundheitsorganisation. 4. Aufl. Bern: Huber.

Evans J, le Grange D (1995). Body size and parenting in eating disorders: a comparative study of the attitudes of mothers towards their children. Int J Eat Disord; 18: 39–48.

Fairburn CG, Harrison PJ (2003). Eating Disorders. Lancet; 361: 407–16.

Fairburn CG, Welch SL, Doll HA, Davies BA, O'Connor ME (1997). Risk factors for bulimia nervosa. A community case-control study. Arch Gen Psychiatry; 54: 509–17.

Fairburn CG, Cooper Z, Doll HA, Welch SL (1999). Risk factors for anorexia nervosa. Three integrated case-control comparisons. Arch Gen Psychiatry; 56: 468–76.

Felitti VJ (2002). Kindheitsbelastung und Gesundheit im Erwachsenenalter. Z Psychosom Med Psychother; 48: 359–69.

Felker KR, Stivers C (1994). The relationship of gender and family environment to eating disorder risk in adolescents. Adolescence; 29: 821–34.

Franzen S, Florin I (1995). Familiale Transmission von gezügeltem Eßverhalten. Z Klin Psychol; 24: 65–9.

Friedlander ML, Siegel SM (1990). Separation-individuation difficulties and cognitive-behavioral indicators of eating disorders among college women. J Counsel Psychol; 37: 74–8.

Gard MCE, Freeman CP (1996). The dismantling of a myth: a review of eating disorders and socioeconomic status. Int J Eat Disord; 20: 1–12.

Gardner RM, Stark K, Friedman BN, Jackson NA (2000). Predictors of eating disorder scores in children ages 6 through 14: a londitudinal study. J Psychosom Res; 49: 199–205.

Habermas T (1996). In defence of weight phobia as the central organizing motive in anorexia nervosa: Historical and cultural arguments for a culture-sensitive psychological conception. In J Eat Disord; 19: 317–34.

von Hippel A, Pape I (2001). Psychodynamische und familienorientierte Behandlung der Adipositas. In: Reich G, Cierpka M (Hrsg). Psychotherapie der Essstörungen. 2. Aufl. Stuttgart, New York: Thieme; 190–210.

Huon GF, Walton CJ (2000). Initiation of dieting among adolescent females. Int J Eat Disord; 28: 226–30.

Jacobs BW, Isaacs S (1986). Pre-pubertal anorexia nervosa: a retrospective controlled study. J Child Psychol Psychiatry; 27: 237–50.

Kabera (1999). Essstörungen in Europa – Erhebung zum Präventionsbedarf. Abschlussbericht einer von der Europäischen Kommission geförderten Studie Kassel.

Kaltiala-Heino R, Rissanen A, Rimpela M, Ratanen P (1999). Bulimia and bulimic behavior in middle adolescence: more common than thought? Acta Psychiatr Scand; 100: 33–9.

Karwautz A, Haidvogl M, Wagner G, Nobis G, Wöber-Bingöl C, Friedrich MH (2002). Subjektives Familienbild bei Anorexia nervosa und Bulimia nervosa im Jugendalter: Eine kontrollierte Studie. Z Kind Jugendpsychiatrie; 30: 251–9.

Kendler KS, Bulik CM, Silberg J, Hettema JM, Myers J, Prescott CA (2000). Childhood sexual abuse and adult psychiatric and substance use disorders in women. Arch Gen Psychiatry; 57: 953–9.

Kromeyer-Hausschild K, Wabitsch M (2004). Aktuelle Sicht der Prävalenz und Epidemiologie von Übergewicht und Adipositas bei Kindern und Jugendlichen in Deutschland. Arbeitsgemeinschaft Adipositas im Kindes- und Jugendalter (AGA) der Deutschen Gesellschaft für Kinderheilkunde und Jugendmedizin (DGKJ). www.adipositas-gesellschaft.de/index.php (07.04.06).

Krüger C (2001). Binge Eating und Binge Eating Störung. In: Reich G, Cierpka M (Hrsg). Psychotherapie der Essstörungen. 2. Aufl. Stuttgart, New York: Thieme; 43–50.

Krüger C, Reich G, Buchheim P, Cierpka M (2001). Essstörungen: Diagnostik – Epidemiologie – Verläufe. In: Reich G, Cierpka M (Hrsg). Psychotherapie der Essstörungen. 2. Aufl. Stuttgart: Thieme; 24–42.

Laessle RG, Uhl H, Lindel B (2001). Parental influences on eating behavior in obese and non-obese preadolescents. Int J Eat Disord; 30: 447–53.

Laliberté M, Boland FJ, Leichner P (1999). Family climates: family factors specific to disturbed eating and bulimia nervosa. J Clin Psychol; 55: 1021–40.

Larson BJ (1991). Relationship of family communication patterns to Eating Disorder Inventory scores in adolescent girls. J Am Diet Assoc; 91: 1065–7.

Levine MP, Smolak L, Moodey AF, Shumann MD, Hessen LD (1994). Normative developmental challenges and dieting and eating disturbances in middle school girls. Int J Eat Disord; 15: 11–20.

Lilenfeld, LR, Kaye WH, Greeno CG et al. (1998). A controlled family study of anorexia nervosa and bulimia nervosa. Psychiatric disorders in first-degree relatives and effects of proband comorbidity. Arch Gen Psychiatry; 55: 603–10.

MacBrayer EK, Smith GT, McCarthy DM, Demos S, Simmons J (2001). The role of family of origin food-related experiences in bulimic symptomatology. Int J Eat Disord; 30: 149–60.

Marchi M, Cohen P (1990). Early childhood eating behaviors and adolescent eating disorders. J Am Acad Child Adolesc Psychiatry; 29: 112–7.

McClelland L, Crisp A (2001). Anorexia nervosa and social class. Int J Eat Disord; 29: 150–6.

Moreno A, Thelen MH (1993). Parental factors related to bulimia nervosa. Addict Behav; 18: 681–9.

Ogden J, Thomas D (1999). The role of familial values in understanding the impact of social class on weight concern. Int J Eat Disord; 25: 273–9.

Pike KM, Rodin J (1991). Mothers, daughters, and disordered eating. J Abnorm Psychol; 100: 198–204.

Reich G (2003a). Familientherapie der Essstörungen. Göttingen: Hogrefe.

Reich G (2003b). Familienbeziehungen bulimischer Patientinnen. Eine Vergleichs-Studie zu Patientinnen mit Anorexia nervosa und einer nicht-eßgestörten Kontrollgruppe. Heidelberg, Kröning: Asanger.

Reich G, Buss C (2002). Familienbeziehungen bei Bulimia und Anorexia nervosa. Familiendynamik; 27: 231–58.

Ricciardelli LA, McCabe MP (2001). Children's body image concerns and eating disturbances: a review of the literature. Clin Psychol Rev; 21: 325–44.

Rozin P, Fallon A, Mandell R (1984). Family resemblance in attitudes to food. Dev Psychol; 20: 309–14.

Schloen A (1997). Familienfunktionalität und ihr Beitrag zur Entstehung eines gestörten Eßverhaltens bei Jugendlichen. Göttingen: Medizinische Dissertation.

Stice E (1998). Modeling of eating pathology and social reinforcement of the thin-ideal predict onset of bulimic symptoms. Behav Res Ther; 26: 931–44.

Teusch R (1988). Levels of ego development and bulimic's conceptualizations of their disorder. Int J Eat Disord; 7: 607–15.

Waller G, Calam R, Slade P (1988). Family interaction and eating disorders. Do family members agree? Br Rev Bulimia Anorexia Nervosa; 3: 33–40.

Ward A, Ramsay R, Treasure J (2000a). Attachment research in eating disorders. Br J Med Psychol; 73: 35–51.

Ward A, Ramsay R, Turnbull S, Benedettini M, Treasure J (2000b). Attachment patterns in eating disorders: past in present. Int J Eat Disord; 28: 370–6.

Williams G-J, Chamove AS, Millar HR (1990). Eating disorders, perceived control, assertiveness and hostility. Br J Clin Psychol; 29: 327–35.

13 Kinder aus alkoholbelasteten Familien

Michael Klein

Lange Zeit wurde in der Praxis der Jugendhilfe wie auch in der professionellen Suchthilfe übersehen, dass Suchtkranke häufig Kinder haben und dass Suchtkranke als Kinder selbst vielfach in suchtbelasteten Familien lebten. Dies gilt sowohl für Alkoholabhängige als auch für Drogenabhängige. Dass Suchterkrankungen in der Familie – besonders in Form von Alkoholstörungen – ein Risiko für die nächste Generation darstellen, ist jedoch schon seit langem bekannt. Schon bei den alten Griechen galt der Satz: „Trinker zeugen Trinker". Dennoch wurde dieses Problem überwiegend ignoriert, geleugnet oder verdrängt, sodass erst allmählich eine fundierte Forschung hierzu (Sher 1991) entstand.

In Deutschland sind, sicherlich auch durch die rassehygienischen Perversionen der Nazi-Zeit, die auch vor Alkoholikern keinen Halt machten (Hauschildt 1995), diesbezügliche Forschungen im Vergleich zu den USA und Skandinavien immer noch sehr selten. Dies ist besonders bemerkenswert angesichts der Tatsache, dass der Pro-Kopf-Konsum von Alkohol hierzulande nach wie vor außerordentlich hoch ist: Im Jahr 2005 lag er in Deutschland mit 10,1 Litern reinen Alkohols in der internationalen Spitzengruppe.

In der internationalen Forschung zu Fragen des Kindeswohls und der Entwicklungspsychopathologie gilt eine elterliche Suchtmittelabhängigkeit, speziell Alkoholabhängigkeit, als einer der gefährlichsten Risikofaktoren für die gesunde psychische und körperliche Entwicklung von Kindern, die im Umfeld leben. Insbesondere amerikanische und skandinavische Forschungen haben das hohe Risiko der Kinder, die von alkoholabhängigen Eltern oder Elternteilen abstammen und/oder solchen exponiert waren, wiederholt und eindrucksvoll gezeigt (s. zusammenfassend: Klein 1996; Sher 1991; Velleman u. Orford 1999; Windle u. Searles 1990). Meist bedeutet elterliche Alkohol- oder Drogenabhängigkeit in Bezug auf die Kinder eine Kumulierung von Stressfaktoren (so genannte „adverse childhood effects", also etwa „widrige Kindheitserfahrungen"), wie zum Beispiel Kindesvernachlässigung, Kindesmisshandlung, sexueller Missbrauch und physische oder emotionale Gewalt (Dube et al. 2001). Bei besonders extremen, aber nicht seltenen Konstellationen der Stressfaktoren ist von einer Traumatisierung der Kinder auszugehen (Klein 2006).

Es gibt eine klare Evidenz dafür, dass Alkoholabhängige überzufällig oft aus Familien stammen, in denen bereits der Vater bzw. die Mutter oder beide Elternteile abhängig waren. Im Falle allein erziehender suchtkranker Eltern oder zweier suchtkranker Elternteile ist von einem nochmals erhöhten Risiko für die Kinder auszugehen (Lachner u. Wittchen 1997). Kinder von Suchtkranken können daher sicherlich zu Recht als die größte Risikogruppe hinsichtlich der Entwicklung von Suchtstörungen betrachtet werden. Zusätzlich sind sie im Hinblick auf psychische Störungen im Kindes- und Jugendalter ebenfalls von erhöhten Risiken betroffen, die meist um das 2- bis 5-Fache im Vergleich mit unbelasteten Kindern erhöht sind (ebd.). Ihre Lebenssituation ist von vielfältigen Stressfaktoren gekennzeichnet (Dube et al. 2001), die schwer zu bewältigen sind. Zu diesen zählen neben den bereits erwähnten auch höhere Wahrscheinlichkeiten für Unfälle, Verletzungen und Suizidversuche (Klein 2005). Hinzu kommt für eine Subgruppe der Söhne von Alkoholabhängigen ein erhöhtes genetisches Risiko (Merikangas 1990; Schuckit u. Smith 1996; Sher 1991). All dies macht sie in der medizinischen und psychosozialen Praxis zu einer besonders relevanten Gruppe, speziell im Hinblick auf die fachgerechte Behandlung und Frühintervention.

13.1 Überblick

Kinder von Suchtkranken wurden in der Forschung wiederholt als eine hochgradig gefährdete biopsychosoziale Risikogruppe identifiziert und mit ihren Risikomerkmalen ausführlich beschrieben (Klein 2005; Sher 1991; Windle u. Searles 1990; Zobel 2006). Die wissenschaftliche Beschäftigung mit dem Thema „Kinder suchtkranker Eltern" gliedert sich in **Risiko- und Resilienzstudien**. Unter Resilienz wird die Widerstandskraft gegen besonders ungünstige Umweltbedingungen und hohen psychosozialen Stress verstanden (Werner 1986).

Zu den besonders relevanten **Risikomerkmalen** aufseiten der **Eltern** zählen vor allem (Zobel 2006):
- eine lang andauernde Alkoholabhängigkeit eines Elternteils
- eine häufige und schwerwiegende Exposition gegenüber dem intoxikierten Elternteil
- die Tatsache, dass der suchtkranke Elternteil unbehandelt bleibt, er sich weigert, in Behandlung zu gehen oder dass die Behandlung erfolglos bleibt

Aufseiten der **Kinder** zählen zu den **Risikomerkmalen**:
- frühe, ebenfalls unbehandelt bleibende Verhaltensauffälligkeiten, zum Beispiel Hyperaktivität, Konzentrationsprobleme, Ängste, sozialer Rückzug, extreme Schüchternheit
- keine verlässliche Bezugsperson oder häufiger Wechsel der Bezugspersonen
- direkte Gewalterfahrungen (Viktimisierungen) oder häufige Zeugenschaft bei Gewalthandlungen (z. B. vom Vater gegen die Mutter, „battered women syndrome")

Das Zusammenleben mit einem alkoholabhängigen Elternteil wird von den meisten Kindern als chronisch stresshafter Zustand empfunden (Cork 1969; Klein u. Zobel 2001; Zobel 2006). Für die Familie als Ganzes besteht im Fall der Alkoholabhängigkeit bereits eines Elternteils eine stärkere Exposition gegenüber Stressoren. Dies gilt aber besonders für Kinder und Jugendliche, denen noch die Fähigkeit zur Stressbewältigung fehlt. Wenn dieser Stress dauerhaft vorherrscht und als nicht veränderbar wahrgenommen wird, ist von Duldungsstress auszugehen, wenn es zu krisenhaften, bisweilen traumatischen Ereignissen kommt, von Katastrophenstress (Schneewind 1991). Diese beide Formen familialen Stresses gelten als besonders schwerwiegend und sind oft nicht erfolgreich zu bewältigen. Kommt es zur erfolgreichen Bewältigung der Stressoren, ist von Bewältigungsstress auszugehen, der die Resilienzfähigkeiten verstärkt und somit als protektiver Faktor anzusehen ist.

In einer inzwischen klassischen Überblicksarbeit hatte der berühmte amerikanische Psychiater und Suchtforscher Goodwin (1979) analysiert, dass 25% der Väter und Brüder alkoholabhängiger Patienten ebenfalls alkoholabhängig sind. 80% der engen biologischen Verwandten klinisch behandelter Alkoholiker weisen eine Lebenszeitprävalenz für Alkoholprobleme auf. Diese Konstellation, die als „hohe familiäre Dichte von Suchtstörungen" (high density families) beschrieben wird, muss als ein besonders relevanter Risikofaktor für die gesunde psychische und körperliche Entwicklung des Kindes verstanden werden.

Zusammenfassend ist zu konstatieren, dass Kinder von Alkoholikern als größte Risikogruppe für die Entwicklung von Alkoholmissbrauch und Alkoholabhängigkeit angesehen werden müssen. Insgesamt kann davon ausgegangen werden, dass diese Kinder im Vergleich zu Kindern nichtsuchtkranker Eltern ein bis zu 6-fach höheres Risiko haben, selbst abhängig zu werden oder Alkohol zu missbrauchen (Klein 2001).

Wie die Forscher Lachner und Wittchen (1997) vom Münchener Max-Planck-Institut für Psychiatrie in einer bevölkerungsrepräsentativen epidemiologischen Langzeitstudie zeigen konnten, entwickeln Kinder von Eltern mit einer alkoholbezogenen Diagnose im Alter zwischen 14 und 24 Jahren außerordentlich häufig Störungen mit klinischer Relevanz. Im Fall einer elterlichen Alkoholdiagnose, die sich in der Lebenszeitprävalenz für 15,1% der Stichprobe ergab, wiesen sowohl Söhne als auch Töchter signifikant erhöhte Risiken für Alkoholstörungen auf. Im Fall einer väterlichen Alkoholdiagnose hatten die Söhne ein um das 2,01-Fache, die Töchter ein um das 8,69-Fache erhöhtes Risiko für Alkoholabhängigkeit. Im Fall einer mütterlichen Alkoholdiagnose erhöhte sich bei den Söhnen das Risiko um das 3,29-Fache und bei den Töchtern um das 15,94-Fache. Dass die Risikoerhöhung (Odds Ratio) bei den Söhnen nicht so deutlich wie bei den Töchtern ausfällt, hängt u. a. mit der größeren absoluten Zahl (absolutes Risiko) junger Männer zusammen, die ungeachtet ihrer familialen Vorbelastung Alkoholprobleme entwickeln. Im Fall einer Alkoholdiagnose für beide Elternteile ist das Risiko einer eigenen Alkoholabhängigkeit bei den Söhnen um das 18,77-Fache, bei den Töchtern um das 28-Fache erhöht. Im Fall elterlicher Komorbidität, also dem Vorhandensein weiterer psychischer Störungen neben der Alkoholstörung (wie beispielsweise Depressionen, Ängsten, Persönlichkeitsstörungen), sind diese Risiken noch höher.

In einer Langzeitstudie von der Geburt der Kinder an bis zu ihrem 18. Lebensjahr (Werner 1986) wurde festgestellt, dass die Söhne aus alkoholbelasteten Familien mehr psychische Probleme aufwiesen als die Töchter und dass bei mütterlicher Abhängigkeit stärkere Probleme entstanden als bei väterlicher Abhängigkeit. Dies deckt sich auch mit den Ergebnissen vieler anderer Studien. Klar ist auch, dass für Kinder und Jugendliche in suchtbelasteten Familien das Risiko für Erkrankungen an anderen psychischen Störungen (neben den bereits erwähnten Angststörungen insbesondere affektive Störungen und später Persönlichkeitsstörungen) deutlich erhöht ist – wenn auch nicht so stark wie für Abhängigkeitserkrankungen (Lachner u. Wittchen 1997). Jedoch ist ausdrücklich nicht davon auszugehen, dass *alle* Kinder von Alkoholikern eine eigene Abhängigkeit oder andere psychische Störungen entwickeln müssen. Vielmehr gibt es eine Untergruppe innerhalb der Kinder alkoholkranker Eltern, die trotz großer Belastungen psychisch gesund, weitgehend stabil und belastbar bleiben. Dieses Phänomen wurde wiederholt als Stressresistenz oder auch Resilienz beschrieben und bietet gute Ansatzpunkte für Prävention und Frühintervention (Klein u. Zobel 2001; Werner 1986).

13.2 Anzahl betroffener Kinder

Es ist in der Bundesrepublik Deutschland von 2,65 Millionen Kindern und Jugendlichen im Alter bis zu 18 Jahren auszugehen, die von elterlicher Alkoholstörung (Missbrauch oder Abhängigkeit) betroffen sind (Klein 2005). Nach den Schätzungen einer finnischen Arbeitsgruppe leben 7,7 Millionen Kinder bis 15 Jahren in den alten 15 EU-Staaten mit einem alkoholabhängigen Elternteil, davon 1,57 Millionen in der Bundesrepublik Deutschland (McNeill 1998). Die bereits erwähnte Studie des Max-Planck-Instituts für Psychiatrie in München ergab, dass bei einer repräsentativen Bevölkerungsstichprobe von 3 021 Jugendlichen und jungen Erwachsenen im Alter zwischen 14 und 24 Jahren der Anteil der Eltern mit einer alkoholbezogenen Störung sehr hoch ist. Die Lebenszeitprävalenz betrug 11,9 % für die Väter, 4,7 % für die Mütter und 1,5 % für beide Elternteile (Lachner u. Wittchen 1997). Bei knapp 16,5 Millionen Kindern und Jugendlichen im Alter bis 18 Jahren, die im Jahre 2003 nach den Ergebnissen des Mikrozensus in der Bundesrepublik Deutschland lebten, sind demnach 2,65 Millionen im Laufe ihres Lebens dauerhaft oder wenigstens zeitweise von einer elterlichen Alkoholstörung betroffen. Somit sind Kinder aus jeder siebten Familie im Sinne der Lebenszeitprävalenz von der Alkoholabhängigkeit oder dem Alkoholmissbrauch wenigstens eines Elternteils betroffen. In jeder 67. Familie betreiben beide Elternteile Alkoholmissbrauch oder sind alkoholabhängig.

Bei den Jugendlichen und jungen Erwachsenen wurde in Abhängigkeit vom Suchtstatus der Eltern nach komorbiden Störungen geforscht (Lachner u. Wittchen 1997): Am häufigsten waren phobische Störungen, depressive Episoden, manische oder hypomanische Episoden, Panikattacken, Ess-Störungen, Drogenmissbrauch, Drogenabhängigkeit, Panikstörungen, Posttraumatische Belastungsstörungen und generalisierte Angststörungen zu finden. Die Aufzählung macht deutlich, dass sich die Auswirkungen elterlicher Alkoholprobleme auf die gesamte psychische Gesundheit der nachfolgenden Generation beziehen. Bei elterlichen Alkoholstörungen kann daher von einem umfassenden psychopathologischen Risiko für die Folgegeneration ausgegangen werden. Generell ergab sich die höchste psychopathologische Belastung der Kinder, wenn für beide Elternteile eine DSM-IV-Diagnose für Substanzmissbrauch oder -abhängigkeit vorlag. So zeigten sich die klinischen Symptome einer Posttraumatischen Belastungsstörung in solchen Fällen bei den Kindern 14,77-mal häufiger als in der Normalbevölkerung. Wenn nur ein Elternteil Suchtprobleme hatte, betrug das entsprechende relative Risiko 5,53 (Vater mit Alkoholdiagnose) bzw. 5,15 (Mutter mit Alkoholdiagnose). Bei den meisten Störungen ist ein linearer Anstieg mit den niedrigsten Belastungen zu finden, wenn nur der Vater Suchtprobleme aufweist, gefolgt von der Gruppe, in der nur die Mutter Suchtprobleme berichtet, bis hin zu der schon erwähnten, am stärksten belasteten Gruppe mit zwei Elternteilen, die Suchtprobleme zeigen.

Der Zusammenhang zwischen **phobischen Störungen und Substanzabhängigkeiten** wird auch retrospektiv deutlich. In einer Untersuchung von Hesselbrock et al. (1985) hatten 44% der weiblichen und 20% der männlichen stationär behandelten Alkoholiker unter einer Phobie in der Vorgeschichte ihrer Alkoholabhängigkeit gelitten. Wenn ein sexueller Missbrauch vor dem 13. Lebensjahr stattfand, so berichten Spak et al. (1998), gibt es einen sehr starken Zusammenhang zwischen einer frühen Angststörung und einem späteren Alkoholmissbrauch.

Eine weitere, gehäuft auftretende kritische Lebenserfahrung von Kindern suchtkranker Eltern ist die **Disharmonie** und **Instabilität** der elterlichen Partnerschaft (Cork 1969). Trennungen und Scheidungen steigen in der Gesamtbevölkerung mit steigenden Pro-Kopf-Konsumquoten für Alkohol an. Eine Zunahme der Pro-Kopf-Konsumquote um einen Liter führte nach entsprechenden Untersuchungen zu einer Zunahme der Scheidungsquote von 20% (FeCaces et al. 1999). Den Scheidungen dürften in der Regel nicht unerhebliche partnerschaftliche und familiäre Spannungen vorausgehen und bisweilen auch noch nachfolgen.

Die Anzahl der Kinder, die im Laufe ihrer Entwicklung einer elterlichen Alkoholstörung exponiert sind, ist in den modernen Gesellschaften außerordentlich hoch. Im National Longitudinal Alcohol Epidemiology Sample, einer amerikanischen Langzeitstudie im Bereich Public Health, in der die Daten von 42 862 repräsentativ ausgewählten Personen im Alter von mehr als 18 Jahren verarbeitet wurden (Grant 2000), zeigte sich, dass jedes 2,3. Kind in einer Familie aufwächst, in der ein Elternteil eine Lebenszeitdiagnose für eine Alkoholstörung aufweist. Jedes 6,6. Kind wächst in einer Familie auf, in der ein Elternteil im letzten Jahr eine alkoholbezogene Diagnose aufwies. Als konservativen Schätzwert weist die Studie aus, dass etwa jedes vierte Kind (genauer: 28,6% aller Kinder) in seiner Bezugsfamilie elterlichem Alkoholmissbrauch oder Alkoholabhängigkeit ausgesetzt ist. Da epidemiologische Studien für die Bundesrepublik höhere Pro-Kopf-Verbrauchsquoten liefern, ist davon auszugehen, dass die Verhältnisse hierzulande mindestens denen der USA entsprechen.

Von Alkoholembryopathie, einer durch Alkoholmissbrauch während der Schwangerschaft erworbenen Schädigung des Fötus (s. Kap. 34), ist nach Schätzungen der Universitäts-Kinderklinik in Münster jedes 300. Neugeborene betroffen (Löser 1995). Dies wären etwa 2 200 Neugeborene in Deutschland jährlich. Die Zahl der erwachsenen Kinder aus suchtbelasteten Familien beläuft sich auf fünf bis sechs Millionen (Zobel 2006). Viele leiden unter psychischen Beeinträchtigungen oder Störungen Mehr als 30% der Kinder aus suchtbelasteten Familien werden selbst suchtkrank, meistens sehr früh in ihrem Leben (Klein 2001). Bei Jugendalkoholikern (Alkoholabhängigkeit ab dem 14. bis zum 21. Lebensjahr) und anderen besonders beeinträchtigten Personengruppen (z. B. im Jugendstrafvollzug oder in Jugendheimen) stammen mehr als 50% aus einer Familie mit alkoholkranken Vätern und/oder Müttern.

Eine andere klassische amerikanische Übersichtsstudie (Cotton 1979) zeigte, dass von knapp 4 000 alkoholabhängigen Personen 30,8% einen abhängigen Elternteil aufwiesen. Ähnliche Quoten werden auch aus deutschen Suchthilfeeinrichtungen berichtet (Klein 1992). Eine Langzeitstudie über einen Zeitraum von 33 Jahren (Drake u. Vaillant 1988) brachte für erwachsene

Kinder aus Suchtfamilien in 28% der Fälle eine Diagnose für Alkoholabhängigkeit. Männer mit einem abhängigen Vater hatten mehr als doppelt so häufig eine Alkoholabhängigkeit als Männer ohne abhängigen Vater.

Nun ist die Anzahl der Kinder von Suchtkranken nicht automatisch identisch mit der Anzahl der Kinder, die aktuell mit einem suchtkranken Elternteil in einem Haushalt zusammenleben oder dies jemals taten. Bei älteren Alkoholkranken mögen die Kinder bis zum Ausbruch der Störung den Haushalt bereits verlassen haben. Außerdem kann es zu einer freiwilligen oder amtlich angeordneten Fremdplatzierung, zum Beispiel in eine Pflegefamilie, kommen. Die Zahl der Fremdplatzierungen ist bei Kindern von Alkoholabhängigen mit 13,3% deutlich geringer als bei Kindern drogenabhängiger Eltern, wo oft Quoten über 50% erreicht werden (Klein 2003).

Deshalb interessiert besonders die Zahl der real mit suchtkranken Eltern zusammenlebenden Kinder und Jugendlichen. Der Anteil der suchtkranken Eltern, die mit Kindern in einem Haushalt zusammenleben, betrug nach den Ergebnissen der Statistik der ambulanten Suchtberatungsstellen in Deutschland (Simon u. Palazzetti 1999) für das Jahr 1998 je nach Abhängigkeitssubstanz zwischen 13 (Cannabis) und 45% (Alkohol) bei Frauen und zwischen 7 (Cannabis) und 32% (Alkohol) bei Männern. Sehr viel höher sind die Zahlen der Abhängigen, die jemals Kinder hatten. 75% der alkoholabhängigen Frauen, 63% der alkoholabhängigen Männer, 46% der opiatabhängigen Frauen und 30% der opiatabhängigen Männer sind wenigstens in einem Fall Mutter bzw. Vater eines Kindes.

Ein besonders kritischer Punkt bezüglich der Situation der von familialen Suchtstörungen betroffenen Kinder besteht darin, dass von den alkoholabhängigen Klientinnen 11% allein mit einem Kind leben (ebd.). Hier dürfte die Überforderungsschwelle für die Mütter und Kinder sehr schnell erreicht sein. Für die Kinder besteht dann oft ein besonderes Risiko, wenn die unvollständige Familie keine adäquate psychosoziale Hilfe und Unterstützung erfährt. Die aus der Entwicklungspsychopathologie bekannte Kompensation der malignen Effekte eines Elternteils („Buffering"-Effekt) kann durch das Fehlen eines nichtbetroffenen Elternteils nicht geschehen. Wie Untersuchungen mit dem Parental-Stress-Index PSI (Abidin 1995) gezeigt haben, berichten alkohol- und drogenabhängige Mütter, darunter besonders viele Alleinerziehende, ein deutlich erhöhtes Stresserleben in der Erziehung ihrer Kinder, verglichen mit nichtsuchtkranken Müttern. Das Stresserleben bezieht sich teilweise auf das Verhalten ihrer Kinder, ganz besonders aber auf das mütterliche Selbstbild. Mit anderen Worten, die Mütter geraten in ihrer Erziehungsfunktion besonders unter Druck, da sie sich als inkompetent, unfähig und isoliert wahrnehmen (Kröger et al. 2006).

Während die Zahl der Kinder alkoholabhängiger Eltern und die daraus resultierenden Probleme international inzwischen gut erforscht sind, besteht über Zahl und Auswirkung der Kinder alkoholmissbrauchender Eltern noch große Uneinigkeit. Gleiches gilt für die Kinder von Eltern mit Verhaltenssüchten (z. B. Spielsucht, Kaufsucht; s. hierzu Kap. 15 und Kap. 17). Hier dürfte in Zukunft eine größere Zahl von Kindern in ihrer seelischen Entwicklung potenziell betroffen sein.

13.3 Risiken

Wie bereits ausgeführt, sind die Entwicklungsverläufe von Kindern suchtkranker Eltern das Ergebnis komplexer pathogener und protektiver Faktoren. Diese werden im Folgenden näher erläutert.

13.3.1 Globale Risiken

Die internationale Forschung zu den Entwicklungsrisiken der Kinder alkoholkranker Eltern liefert wiederholt eine Reihe von Hauptrisiken (Klein 2005; Sher 1991; Zobel 2006), die in der Tabelle 13-1 zusammengestellt sind.

Je nach Ausprägung dieser Merkmale erhöht sich das globale Risiko einer kindlichen Verhaltensstörung und einer späteren Suchtmittelabhängigkeit bzw. schwächt sich ab. Auch können komplexe Interaktionen zwischen diesen Merk-

Tab. 13-1 Globale Risiken elterlicher Alkoholstörungen für die Entwicklung von Kindern.

Die Auswirkungen problematischen elterlichen Trinkens auf die Kinder hängen im Allgemeinen von folgenden Faktoren ab:
• wer trinkt (Mutter, Vater oder beide)
• wer im Umfeld noch trinkt (Großeltern, Onkel usw.)
• wann die Abhängigkeit in ihrem Leben aufgetreten ist
• wie lange schon getrunken wird
• welchen Verlauf die Abhängigkeit hat
• welchen Typus die Abhängigkeit aufweist
• welchen Schweregrad die Abhängigkeit hat
• wie alt sie waren, als die Suchterkrankung des Vaters oder der Mutter chronisch wurde
• wie lange die Kinder das Suchtgeschehen miterlebt haben (quantitative Exposition)
• wie die Kinder das Suchtgeschehen miterlebt haben (qualitative Exposition)
• ob es noch weitere Störungen bei den Eltern gab (Komorbidität)
• ob es noch weitere kritische Lebenslagen gab (Trennung, Scheidung, Unfälle, Todesfälle, finanzielle Probleme)
• welche Stressoren außerdem eingewirkt haben (z. B. Missbrauch, Vernachlässigung)

malen auftreten. Die gezielte positive Beeinflussung der genannten Merkmale bietet die Chance der Minderung bzw. präventiven Kompensation besonders negativer Einflussfaktoren. So kann sich zum Beispiel der Rückzug des alkoholkranken Elternteils aus dem abendlichen Familienleben (Seilhammer et al. 1993) oder die Aufrechterhaltung alkoholfreier Familienrituale (Bennett u. Wolin 1994), etwa anlässlich von Weihnachten, Geburtstagen oder anderen Familienfeiern, positiv auf die Entwicklung der Kinder auswirken.

13.3.2 Differenzielle Risiken

Eine genaue Betrachtung der genannten globalen Risiken liefert tiefere Einsichten in die Transmissionsrisiken elterlicher Suchterkrankungen. Da nicht alle betroffenen Kinder Störungen entwickeln, ist von differenziellen Transmissionsmustern auszugehen, das heißt, die vorhandene Familiensituation wirkt sich auf Kinder sehr unterschiedlich aus, bzw. die Familiensituation selbst ist sehr unterschiedlich. Zahlreiche pathogene und protektive Faktoren spielen bei der Transmission von Störungen, also der Weitergabe einer Krankheit von der Elterngeneration auf die Kinder, eine wichtige abschwächende oder verstärkende Rolle. Auch ist in diesem Zusammenhang wiederholt festgestellt worden, dass mütterliche Abhängigkeit im Vergleich zu väterlicher Abhängigkeit oder eine komorbide Erkrankung eines Elternteils (gleichzeitiges Vorhandensein einer Suchtdiagnose und einer weiteren psychiatrischen Diagnose) ein größeres Risiko einer späteren Suchterkrankung oder anderen psychischen Störung des Kindes in sich birgt (Dube et al. 2001; Klein u. Zobel 1997; Sher 1991).

Es konnten verschiedene Hauptfaktoren differenzieller Risiken in wiederholt durchgeführten Studien festgestellt werden, die in der Tabelle 13-2 aufgelistet sind. Dabei wird zwischen **alkoholspezifischen** und **alkoholunspezifischen Familieneinflüssen** unterschieden. Alkoholspezifische Familieneinflüsse sind solche, die direkt mit dem problematischen Trinken der Eltern zu tun haben. Alkoholunspezifische Familieneinflüsse umfassen Risikofaktoren, die unabhängig vom Alkoholmissbrauch (z. B. prämorbide psychische Störungen der Eltern) sind oder von diesem vermittelt (z. B. sozialer Abstieg, Armut, Isolation, Gewalterfahrungen) auf die Kinder einwirken.

Wie die Tabelle 13-2 zeigt, ist davon auszugehen, dass sowohl alkoholspezifische als auch alkoholunspezifische Faktoren das Transmissionsrisiko beeinflussen. Zu den alkoholspezifischen

Tab. 13-2 Familiale Risikofaktoren, die die psychopathologische Entwicklung bei Kindern von Alkoholikern (KvA) beeinflussen – im Vergleich zu Kindern von Nicht-Alkoholikern (mod. nach Ellis et al. 1997).

Risikofaktor	Forschungsresultate
alkoholspezifische Familieneinflüsse	
Nachahmung elterlichen Trinkverhaltens	KvA sind genauer mit einer großen Breite alkoholischer Getränke in einem jüngeren Alter vertraut und entwickeln früher entsprechende Alkoholgebrauchs-Schemata, d.h. erfahrungsbasierte „Beliefs".
Alkoholwirkungserwartungen	KvA haben mehr positive Alkoholwirkungserwartungen, das heißt, sie glauben eher, dass sich Alkoholgenuss positiv auf ihre Befindlichkeit auswirkt.
Ethnizität und Trinkgewohnheiten	KvA von bestimmten ethnischen Gruppen (Iren, Skandinavier) haben ein erhöhtes Risiko für Alkoholmissbrauch aufgrund der Interaktion zwischen Alkoholwirkungserwartungen und Ethnizität.
alkoholunspezifische Familieneinflüsse	
elterliche Psychopathologie und Komorbidität	Einzelne Subgruppen von KvA wachsen in Familien mit elterlicher Psychopathologie auf, zum Beispiel Antisoziale Persönlichkeitsstörung, Depression, Angststörungen als komorbide Störungen.
sozioökonomischer Status (SES)	KvA kommen mit einer höheren Wahrscheinlichkeit aus Familien mit niedrigem SES, in denen die Familien größerem finanziellen Stress ausgesetzt sind (Armut, Sozialhilfe, Langzeitarbeitslosigkeit, schlechte Wohnqualität).
allgemeine familiale Dysfunktionalität	Familien mit substanzbezogenen Störungen sind durch niedrige Kohäsion, hohes Konfliktniveau und schlechte Problemlösungsfähigkeiten charakterisiert. Es entstehen häufiger „Broken-home-Konstellationen".
familiale Gewalt, Aggression	KvA haben eine höhere Wahrscheinlichkeit, Opfer und/oder Zeuge familialer Gewalt zu werden.
kognitive Probleme der Eltern	KvA haben eine größere Wahrscheinlichkeit, von Eltern mit schlechteren kognitiven Fähigkeiten erzogen und damit zu wenig positiv stimuliert zu werden.

Faktoren zählen beispielsweise das Beobachtungslernen des elterlichen Trinkverhaltens und die in Kindheit und Jugend erworbenen, meist impliziten Alkoholwirkungserwartungen. Zu den alkoholunspezifischen Faktoren werden u. a. die elterliche Komorbidität, das Auftreten von familialer Gewalt und allgemeine familiale Funktionsprobleme gezählt.

13.3.3 Genetische Risiken

Biologisch orientierte Studien zeigen (Pollock 1992), dass Söhne von Alkoholabhängigen aufgrund genetischer Besonderheiten auf Alkohol oft anders reagieren als Vergleichspersonen, und zwar sowohl subjektiv (d.h. in ihrem eigenen Empfinden) als auch objektiv (d.h. mit physiologischen Parametern). Aufgrund ihrer genetisch bedingten andersartigen Alkoholreagibilität lernen diese Söhne sehr schnell, dass sie mehr Alkohol vertragen als andere und unterschätzen dabei die Gefahr einer eigenen Abhängigkeitsentwicklung. Dies führt vielfach ab dem Jugendalter zu einer Gefahr hinsichtlich der Entwicklung eines Missbrauchs- oder Abhängigkeitsmusters in Bezug auf Alkohol. Im Einzelnen ergab sich, dass sie zum einen die berauschenden Effekte des Alkohols erst bei einer höheren Konzentration wahrnahmen – also mehr trinken mussten, um den gleichen berauschenden Effekt zu spüren wie Vergleichspersonen. Die später einsetzenden unangenehmen Effekte (Kater, Hangover usw.) nahmen sie ebenfalls in geringerem Maße wahr. Zum anderen wurde für Söhne von Abhängigen eine erhöhte Stressdämpfung nach Alkoholkonsum nachgewiesen (Levenson et al. 1987). Dies hat zur Folge, dass Alkohol trinken stärker positiv erlebt wird, da es das subjektive Stresserleben besonders stark verringert. Für Töchter wurden diese Effekte bislang nicht bestätigt. Aus diesen Ergebnissen folgt, dass eine besonders sensible Alkoholerziehung bei den Söhnen aus alkoholbelasteten Familien erfolgen sollte, die verhindert, dass diese frühzeitige Erfahrungen mit übermäßigem Trinken und Alkoholintoxikationen sammeln.

Die genetische Forschung in Bezug auf das Transmissionsrisiko von Suchtstörungen hat in den letzten Jahren deutliche Fortschritte zu verzeichnen (Maier 1997). Es handelt sich dabei vor allem um Zwillings-, Adoptions- und Geschwisterstudien (z. B. Merikangas 1990; Searles 1988), die insbesondere für Söhne alkoholabhängiger Väter wiederholt ein genetisches Transmissionsrisiko erbrachten. Hinzu kommen in wachsender Anzahl Studien mit genetischen Markern sowie Tierstudien. Zwillingsstudien zur Heredität des Alkoholismus, die üblicherweise den Umwelteinfluss ausschalten, indem nur Zwillingspaare untersucht werden, die nach der Geburt getrennt aufgewachsen sind, kommen zu Konkordanzraten bezüglich Alkoholabhängigkeit zwischen 26 und 59% bei männlichen monozygoten Probanden und zwischen 12 und 36% bei männlichen dizygoten Probanden. Bei den weiblichen Probanden ergeben sich Werte zwischen 8 und 26% für monozygote Probandinnen und zwischen 5 und 13% für dizygote Probandinnen, sodass von einer stärkeren Gefährdung der Söhne auszugehen ist.

Bei Töchtern alkoholabhängiger Eltern besteht **im Fall der Weitergabe der Suchterkrankung ein erhöhtes genetisches Risiko**. Kendler et al. (1994) konnten zeigen, dass bei 1 030 weiblichen Zwillingspärchen bei einer Weitergabe der Störung 51 bis 59% der Anfälligkeit genetische Ursachen hat. Die genetische Vulnerabilität wurde sowohl von den Vätern als auch von den Müttern an die Töchter weitergegeben. Zwillinge nichtsuchtkranker Eltern wiesen eine Quote für Alkoholabhängigkeit von 6,2% auf, Töchter alkoholabhängiger Mütter eine Quote von 9,1%, Töchter alkoholabhängiger Väter von 10,4%. Von den monozygoten Zwillingsschwestern suchtkranker Töchter waren 26,2% ebenfalls erkrankt, bei den dizygoten waren es dagegen lediglich 11,9%. Auch wenn sich in dieser Untersuchung insgesamt keine höhere Transmissionsquote für Töchter nachweisen ließ, ist die zwischen den Zwillingsschwestern im Fall einer Alkoholabhängigkeit festzustellende Ko-Evolution einer Abhängigkeitserkrankung von Bedeutung, die sich nach Meinung der Autoren am ehesten mit genetischen Ursachen erklären lässt.

Ein interessantes, zusätzlich bemerkenswertes Ergebnis der neueren Adoptionsstudien wird von McGue et al. (1996) berichtet: Sie fanden, dass die zur Adoption freigegebenen Kinder von Alkoholabhängigen signifikant häufiger Alkohol tranken, wenn ein Geschwisterkind in der Adoptivfamilie, das genetisch nicht verwandt war, starken Alkoholgebrauch zeigte. Der „Ansteckungseffekt" war am stärksten bei Geschwistern gleichen Geschlechts und einigermaßen gleichen Alters.

Während bei männlichen Probanden ein genetischer Verursachungsanteil als gesichert gilt, schätzt Maier (1997) die Datenlage für genetisch bedingten Alkoholismus bei Frauen als weiterhin klärungsbedürftig ein. Zu ähnlichen Einschätzungen kommen die durchgeführten Adoptionsstudien. Auch hier ist die Datenlage für männliche Probanden eindeutiger als bei weiblichen Probandinnen. Alle genetischen Studien zeigen jedoch, dass die Verursachung familial übertragenen Alkoholismus nicht durch eine einzige Variable, genetische Belastung, familiäre Umwelt oder individuumspezifische Entwicklungsfaktoren, erklärbar ist. Vielmehr liegen komplexe und sicherlich in vielen Fällen mehrfach interagierende Faktoren vor (Mediatoreffekte), die zum Verständnis und zur Erklärung von Transmissions- und Nicht-Transmissionseffekten herangezogen werden müssen.

13.3.4 Psychosoziale Risiken

Ein zweiter wesentlicher Risikofaktor, neben den biologischen Anlagen, ist in der Familienumwelt der Kinder suchtkranker Eltern zu sehen. Die in diesem Zusammenhang am häufigsten anzutreffende Familienkonstellation, bestehend aus einem alkoholabhängigen Vater und einer nichtsuchtkranken, aber psychisch oft stark belasteten Mutter, bringt entscheidende Veränderungen und Gefahren in der Dynamik der betroffenen Familien mit sich. Die Eltern können oft ihren Pflichten als Erzieher der Kinder nicht mehr in genügendem Maße nachkommen, da der Abhängige stark auf das Suchtmittel fixiert ist und daher die Kinder kaum mehr wahrnimmt. Die Mutter braucht ihre Kräfte meist für das grundlegende Funktionieren der Familie und die Wahrung einer vermeintlich intakten Fassade. All diese suchtbedingten intrafamilialen Veränderungen zeigen Wirkungen hinsichtlich einer negativen Familienatmosphäre, einer deutlich schwächeren oder stärkeren, das heißt extremeren, Familienkohäsion als in „Normalfamilien" sowie in Bezug auf die Frustration kindlicher Bedürfnisbefriedigungen (z. B. nach Sicherheit, Verlässlichkeit, Geborgenheit) und die Qualität der Eltern-Kind-Bindungen. Als besondere Veränderungen in der Familienatmosphäre konnten das Vorherrschen von Instabilität, Unberechenbarkeit, Disharmonie und Anspannung festgestellt werden (Cork 1969). Hinzu kommen häufig auch Auffälligkeiten im Bereich emotionaler, physischer oder sexueller Gewalt.

Auch die Grenzen in der Familie ändern sich oft dramatisch: Einer scharfen, oft rigiden Abgrenzung nach außen, zur Umwelt, entsprechen diffuse, unklare Grenzen innerhalb der Familie. Kinder übernehmen in diesem Kontext bisweilen Eltern- oder Partnerrollen, das System verliert seine ursprüngliche funktionale Ordnung, wird im Extremfall auf den Kopf gestellt. Dieses als Parentifizierung bekannt gewordene Phänomen besteht darin, dass die Kinder zu den Eltern ihrer eigenen Eltern werden, indem sie deren Aufgaben und Verantwortlichkeiten übernehmen. Auch in klinischen Berichten wird oft deutlich, dass diese Kinder frühreifes, erwachsenes und somit altersunangemessenes Verhalten zeigen (Woitiz 1990; Zobel 2006), indem sie in ihren Familien übermäßig viel Verantwortung für zahlreiche tägliche Abläufe übernehmen.

Die Familienatmosphäre bringt es meist mit sich, dass die Kinder sich oft selbst überlassen sind und Aufgaben übernehmen müssen, denen sie aufgrund ihres Entwicklungsstandes noch nicht gewachsen sind. Außerdem werden eine mangelhafte elterliche Beaufsichtigung („parental monitoring"), weniger Eltern-Kind-Interaktionen und eine chronisch stresshafte Familienatmosphäre als wichtige Risikovariablen für die heranwachsenden Kinder und Jugendlichen berichtet.

In diesem Zusammenhang hat eine Reihe von Autorinnen Konzepte entwickelt, die die Situation der Kinder anschaulich vor Augen führen sollen. Am bekanntesten sind die so genannten Rollenmodelle, zum Beispiel nach Wegscheider (1988), geworden. Nach diesen Modellen sind Kinder alkoholabhängiger Eltern gefährdet, bestimmte Rollen in fixierter und rigider Form zu lernen und auszuführen, sodass sie selbst im Erwachsenenalter noch dysfunktionales Rollenverhalten zeigen können. Zentrales Merkmal ist Rollenfixierung und mangelnde Rollenflexibilität. Zu den beschriebenen Rollen, die oft in zwanghafter Form ausgeführt werden, zählen u. a. „der Held", „der Friedensstifter", „der Sündenbock", „unauffälliges Kind" und „der Clown".

13.4 Haupterfahrungen und Hauptsymptome

Am häufigsten werden bei Kindern von Suchtkranken die Symptomgruppen Hyperaktivität, Störungen des Sozialverhaltens, Intelligenzminderungen, somatische Probleme und Misshandlungen sowie Angst und depressive Symptome gefunden (Elpers u. Lenz 1994). Zu den von Kindern in Interviews selbst am häufigsten genannten Erfahrungen (Cork 1969) gehört die der **Unberechenbarkeit** des elterlichen Verhaltens. Dies bezieht sich verstärkt auf den Alkohol trinkenden, aber auch auf den jeweils anderen (meist als ko-abhängig bezeichneten) Elternteil. Versprechungen, Vorsätze, Ankündigungen usw. werden oft nicht eingehalten, aber auch inkonsistentes Belohnungs- und Bestrafungsverhalten herrscht vor. Generell werden sehr viele **Ambivalenzerfahrungen** und **Loyalitätskonflikte** berichtet (z. B. manchmal übermäßig verwöhnt und manchmal übermäßig bestraft zu werden; den alkoholabhängigen Elternteil extrem zu verachten und zu hassen, ihn aber auch sehr zu mögen und zu umsorgen; den alkoholabhängigen Elternteil auch im Erwachsenenalter noch kontrollieren zu müssen). In manchen Fällen wurde deutlich, dass Kinder das süchtige Trinken ihrer Eltern auf sich selbst attribuierten, zum Beispiel wegen spezifischer eigener Fehlverhaltensweisen oder – im Extremfall – wegen ihrer bloßen Existenz.

Für Kinder in Suchtfamilien gelten intrafamiliär oft implizite Regeln, zum Beispiel, dass Gefühlskontrolle, Rigidität, Schweigen, Verleugnung und Isolation geeignete Problembewältigungsverhaltensweisen sind (Wegscheider 1988). Es herrschen auch oft extreme Belastungssituationen vor. Diese sind zusammenfassend dadurch gekennzeichnet, dass

- sie mehr Streit, konflikthafte Auseinandersetzungen und Disharmonie zwischen den Eltern erleben als andere Kinder,
- sie extremeren Stimmungsschwankungen und Unberechenbarkeiten im Elternverhalten ausgesetzt sind,
- sie häufiger in Loyalitätskonflikte zwischen den Elternteilen gebracht werden,
- Verlässlichkeiten und Klarheiten im familiären Ablauf weniger gegeben sind sowie Versprechungen eher gebrochen werden,
- sie häufiger Opfer von Misshandlungen (physisch, psychisch, sexuell) werden,
- Vernachlässigung und Verwahrlosung der Kinder häufiger vorkommen.

Es wäre wünschenswert, in Zukunft stärker die subjektiven Sichtweisen und kognitiven Konstrukte der betroffenen Kinder in Bezug auf das elterliche Problemverhalten zu erforschen. Dies könnte auch dem ärztlichen Praktiker den Zugang zum inneren Erleben des betroffenen Kindes erheblich erleichtern und im Rahmen von Interventions- und Präventionsprogrammen verstärkten Nutzen einbringen.

West und Prinz (1987) benennen in ihrer klassischen Überblicksarbeit, in der sie 46 empirische Studien aus den Jahren 1975 bis 1985 auswerteten, Auswirkungen in den folgenden Bereichen:
- Hyperaktivität und Verhaltensauffälligkeiten
- Substanzmissbrauch, Delinquenz und Schule schwänzen
- kognitive Funktionsstörungen
- soziale Interaktionsprobleme
- körperliche Probleme
- Angst und Depressionen
- körperliche Misshandlung, Missbrauch und Vernachlässigung
- dysfunktionale Familieninteraktionen

Zu den drohenden Konsequenzen sind insbesondere solche Persönlichkeits- und Verhaltensänderungen zu zählen, die aus der sozialpsychologischen Forschung bekannt wurden, wenn Personen keine ausreichende Kontrolle über die eigenen Handlungsfolgen und die Umwelt ausüben können. Dazu zählen insbesondere negative Selbstwirksamkeitserwartung und erlernte Hilflosigkeit. Beide Phänomene treten auf, wenn ein Individuum zu wenige Erfahrungen erfolgreicher Interaktionen mit seinem Umfeld macht und es seine Handlungsziele überwiegend nicht durchsetzen kann.

Es ist jedoch anzumerken, dass viele Symptome nicht spezifisch für Kinder aus Suchtfamilien sind, sondern dass bei Kindern aus anderen dysfunktionalen Familien ähnliche Konsequenzen möglich sind und dass die direkt alkoholbezogenen Vulnerabilitätsfaktoren (z. B. genetisches Risiko) stark mit anderen Variablen (z. B. familiale Gewalt) kovariieren. Dies entspricht der bereits dargestellten Annahme, dass die Einflussfaktoren in alkoholspezifische und alkoholunspezifische zu differenzieren sind (Ellis et al. 1997; s. Tab. 13-2).

13.5 Resilienzen

Gerade in jüngster Zeit fokussiert die Forschung auf Kinder, die trotz stressreicher und teilweise traumatisierender Lebenserfahrungen völlig oder weitgehend psychisch gesund geblieben sind (Klein 2001; Velleman u. Orford 1999; Werner 1986; Zobel 2006). Gemäß dem vorherrschenden pathologieorientierten Forschungsparadigma war bislang bei erwachsenen Kindern aus Familien mit einem Abhängigen meist die psychopathologische und weniger die salutogenetische Entwicklung untersucht worden. Dem gängigen Störungsmodell, das Kinder aus gestörten Familien in erster Linie ebenfalls als gestört und behandlungsbedürftig ansieht, wird das Resilienz- und Stressresistenz-Modell gegenübergestellt, das Raum für positive Entwicklung lässt. Die stressreiche Lebenssituation wird dabei als eine spezifische Herausforderung begriffen, an die sich bestimmte Kinder besonders gut und flexibel anpassen können.

Wolin und Wolin (1995) identifizierten aufgrund klinischer Interviews insgesamt sieben Resilienzen, die vor den Folgen der krank machenden Familienumwelt schützen können. Unter Resilienz wird eine besonders hohe Stressresistenz bei starker Entwicklungsplastizität verstanden. Es handelt sich also um Kinder, die auf der einen Seite eine hohe Toleranz für stressreiche, widrige Ökologien und auf der anderen Seite eine gute Anpassungsfähigkeit an sich verändernde Lebensbedingungen aufweisen:

- Einsicht (z. B., dass mit dem alkoholabhängigen Vater etwas nicht stimmt)
- Unabhängigkeit (z. B. sich von den Stimmungen in der Familie nicht mehr beeinflussen zu lassen)
- Beziehungsfähigkeit (z. B. in eigener Initiative Bindungen zu psychisch gesunden und stabilen Menschen aufzubauen)
- Initiative (z. B. in Form von sportlichen und sozialen Aktivitäten)
- Kreativität (z. B. in Form von künstlerischem Ausdruck)
- Humor (z. B. in Form von Sarkasmus und Ironie als Methode der Distanzierung)
- Moral (z. B. in Form eines von den Eltern unabhängigen stabilen Wertesystems)

Bereits wesentlich früher war eine erste Langzeitstudie zur psychischen Entwicklung der Kinder alkoholkranker Eltern unter dem Resilienzaspekt unternommen worden (Werner 1986). Diese auf Hawaii durchgeführte Studie lieferte differenzierte Ergebnisse zu Resilienzen und protektiven Faktoren für Kinder aus Alkoholismus-Familien. Im Einzelnen ergaben sich folgende, individuell wichtige protektive Faktoren:

- ein Temperament des Kindes, das positive Aufmerksamkeit hervorruft
- durchschnittliche Intelligenz und ausreichende Kommunikationsfähigkeit, auch im Schreiben
- starke allgemeine Leistungsorientierung
- verantwortliche, sorgende Einstellung
- positives Selbstwertgefühl
- internale Kontrollüberzeugung (internal locus of control)
- Glaube an die Möglichkeit, sich selbst helfen zu können (positive Selbstwirksamkeitserwartung)

Als protektive Faktoren aus dem interaktionalen Bereich kommen hinzu:
- ein hohes Ausmaß an Aufmerksamkeit
- keine längeren Trennungen während des Kleinkindalters
- keine weiteren Geburten in den beiden ersten Lebensjahren
- keine schweren elterlichen Konflikte bis zum zweiten Lebensjahr

Resiliente Kinder haben ein Gefühl für die persönliche Kontrolle ihrer Umwelt (Selbstwirksamkeitserwartung). Die steht in scharfem Widerspruch zu den Gefühlen von Hilflosigkeit und Ohnmacht, die bei vielen betroffenen Kindern vorherrschen. Es ist von entscheidender Wichtigkeit, dass das Kind versteht, dass Schmerz und Leiden in der Familie ungerecht sind und dass es in keinem Fall daran schuld ist (Robinson u. Rhoden 1998). Häufig bringt diese Befreiung vom familiären Denken und Fühlen eine innerfamiläre Isolation mit sich, die am besten durch Helfer außerhalb der Familie zu überwinden ist.

Ganz allgemein wird die schwierige Situation der Kinder in suchtbelasteten Familien bisweilen auch unter dem Blickwinkel einer Entwicklungsherausforderung („Challenge-Modell") betrachtet (Wolin u. Wolin 1995). Darunter ist zu verstehen, dass die schwierige psychosoziale Ökologie der Suchtfamilie für manche Kinder offenbar eine besonders starke Stimulation darstellt, welche sie unter geeigneten intrapsychischen und interaktionalen Bedingungen zu stabilen, belastbaren und anpassungsfähigen Menschen heranreifen lässt.

13.6 Hilfen

Neben den schon erwähnten vielfältigen Möglichkeiten für Hilfen, die insbesondere eine Stärkung der protektiven Faktoren des betroffenen Kindes verfolgen sollten, ist insbesondere die Systematik und Koordination der Hilfen von entscheidender Bedeutung (Klein 2006). Neben verbesserten Maßnahmen für einzelne Kinder und ihre Familien gilt es, die strukturellen Bedingungen für Frühintervention und selektive Prävention entscheidend zu verbessern. Auf lokaler Ebene bieten Kooperationsformen mit Kinder- und Jugendlichenpsychotherapeuten, Sucht- und Erziehungsberatungsstellen, Kinderschutzdiensten, Frauenhäusern und etlichen anderen Institutionen gute Möglichkeiten zur Verbesserung der Hilfen. In vielen Städten und Kreisen haben sich psychosoziale Arbeitsgemeinschaften gebildet, die für den fachlichen und persönlichen Austausch sorgen. In der ärztlichen und psychotherapeutischen Weiterbildung sollte dem Thema familiärer Suchtbelastungen und den möglichen Interventionsformen, wie zum Beispiel dem Motivational Interviewing, größere Aufmerksamkeit geschenkt werden. Innerhalb der medizinischen Modelle sind insbesondere familienmedizinische Ansätze zu stärken. Erste Erfahrungen in der nachgehenden Sozialarbeit haben gezeigt, dass eine enge Kooperation im Rahmen des Case Managements Erfolg versprechende Resultate erbringen kann (s. Kap. 48).

Unter präventiven Aspekten scheint es ratsam, Kindern von Alkoholikern möglichst früh Hilfen bereitzustellen, um eine optimale Entwicklung wahrscheinlicher zu machen bzw. erste auftretende Störungen schnell zu behandeln. Daher bewegen sich Frühinterventionen für Kinder aus suchtbelasteten Familien meist an der Grenzlinie zwischen Primär- und Sekundärprävention. Diese Frühinterventionen umfassen meist die ganze Familie. Dabei müssen auf der einen Seite das vorhandene Risiko und die resultierende Vulnerabilität, auf der anderen Seite die bereits vorhandenen Ressourcen genau erfasst werden, um beide Bereiche in die Präventionsplanung und effektive Frühintervention einfließen zu lassen.

Auch die direkte Arbeit mit Kindern von Suchtkranken hat sich als wichtig und wirksam erwiesen (Klein 2006; Robinson u. Rhoden 1998). Dies trifft zum einen auf die Fälle zu, in denen die Eltern (noch) nicht bereit sind oder nur ein Elternteil (in der Regel: der Angehörige) bereit ist, Hilfe anzunehmen, zum anderen – als unterstützende Maßnahme –, wenn die Eltern bereits eine Hilfeleistung erhalten. Im Einzelnen ist bei den Hilfeleistungen für Kinder von Suchtkranken zwischen Einzel- und Gruppenarbeit mit den Kindern, begleitender Elternarbeit und freizeitpädagogischen Angeboten zu unterscheiden. Dies geschieht in der Regel im ambulanten pädagogischen oder psychotherapeutischen Kontext, kann aber auch in komplexeren Fällen halb- oder vollstationär, vor allem im Bereich der Kinder- und Jugendpsychiatrie, erfolgen.

Die wichtigsten Prinzipien für Hilfen für Kinder von Alkoholabhängigen sind in der **Frühzeitigkeit**, der **Dauerhaftigkeit** und der **Vernetztheit der Maßnahmen** in Bezug auf andere familienbezogene Hilfen zu sehen. Die verschiedenen Hilfesektoren – Suchthilfe, Jugendhilfe und medizinische Primärversorgung – müssen zu verbesserter und intensivierter Zusammenarbeit gebracht werden, um die Gesamteffektivität des Hilfesystems zu erhöhen.

Literatur

Abidin RF (1995). Parenting Stress Index. Odessa: Psychological Assessment Resources.

Bennett LA, Wolin SJ (1994). Familienkultur und Alkoholismus-Weitergabe. In: Appel C (Hrsg). Kinder alkoholabhängiger Eltern. Ergebnisse der Suchtforschung. Freiburg: Lambertus; 15–44.

Cork MR (1969). The Forgotten Children: A Study of Children with Alcoholic Parents. Toronto: Addiction Research Foundation.

Cotton NS (1979). The familial incidence of alcoholism. J Stud Alcohol; 40: 89–116.

Drake RE, Vaillant GE (1988). Predicting alcoholism and personality disorder in a 33-year longitudinal study of children of alcoholics. Br J Addiction; 83: 799–807.

Dube SR, Anda RF, Felitti VJ, Croft JB, Edwards VJ, Giles WH (2001). Growing up with parental alcohol abuse: exposure to childhood abuse, neglect, and household dysfunction. Child Abuse Negl; 25: 1627–40.

Ellis DA, Zucker RA, Fitzgerald HE (1997). The role of family influences in development and risk. Alcohol Health Res World; 21: 218–26.

Elpers M, Lenz K (1994). Psychiatrische Störungen bei Kindern alkoholkranker Eltern. Z Kind Jugendpsychiatrie; 22: 107–13.

FeCaces M, Harford TC, Williams GD, Hanna EZ (1999). Alcohol consumption and divorce in the United States. J Stud Alcohol; 60: 647–52.

Goodwin DW (1979). Alcoholism and heredity. Arch Gen Psychiatry; 36: 57–61.

Grant BF (2000). Estimates of US children exposed to alcohol abuse and dependence in the family. Am J Public Health; 90: 112–5.

Hauschildt E (1995). „Auf den richtigen Weg zwingen ..." Trinkerfürsorge 1922–1945. Freiburg: Lambertus.

Hesselbrock VM, Hesselbrock MN, Stabenau MD (1985). Alcoholism in men patients subtyped by family history. J Stud Alcohol; 46: 59–64.

Kendler KS, Neale MC, Heath AC, Kessler RC, Eaves LJ (1994). A twin-family study of alcoholism in women. Am J Psychiatry; 151: 707–15.

Klein M (1992). Klassifikation von Alkoholikern durch Persönlichkeits- und Suchtmerkmale. Bonn: Nagel (= Schriftenreihe des Fachverbandes Sucht e.V.; 9).

Klein M (1996). Klinische Familienpsychologie der Alkoholabhängigkeit. Kinder und Erwachsene aus suchtbelasteten Familien – eine Bestandsaufnahme. psychomed; 8: 154–8.

Klein M (2001). Kinder aus alkoholbelasteten Familien – Ein Überblick zu Forschungsergebnissen und Handlungsperspektiven. Suchttherapie; 2: 118–24.

Klein M (2003). Kinder drogenabhängiger Eltern. Fakten, Hintergründe, Perspektiven. Report Psychologie; 28: 358–71.

Klein M (2005). Kinder und Jugendliche aus alkoholbelasteten Familien. Stand der Forschung, Situations- und Merkmalsanalyse, Konsequenzen. Regensburg: Roderer (= Schriftenreihe Angewandte Suchtforschung; 1).

Klein M (2006a). Hilfen für Kinder aus alkoholabhängigen Familien. Verhaltenstherapie & psychosoziale Praxis; 38: 9–16.

Klein M (2006b). Gewalt und Traumatisierung durch Suchtkranke. In: Schäfer I, Krausz M (Hrsg). Trauma und Sucht. Konzepte – Diagnostik – Behandlung. Stuttgart: Klett-Cotta; 56–75.

Klein M, Zobel M (1997). Kinder aus alkoholbelasteten Familien. Kindheit und Entwicklung. Kindheit und Entwicklung; 6: 133–40.

Klein M, Zobel M (2001). Prävention und Frühintervention bei Kindern aus suchtbelasteten Familien – Ergebnisse einer Modellstudie. In: Zobel M (Hrsg). Wenn Eltern zu viel trinken. Risiken und Chancen für die Kinder. Bonn: Psychiatrie-Verlag; 90–104.

Kröger C, Klein M, Schaunig I (2006). Sucht und elterliche Stressbelastung: Das spezifische Belastungserleben in der Kindererziehung von alkoholabhängigen Müttern und substituierten opiatabhängigen Müttern. Suchttherapie; 7: 58–63.

Lachner G, Wittchen HU (1997). Familiär übertragene Vulnerabilitätsmerkmale für Alkoholmissbrauch und -abhängigkeit. In: Watzl H, Rockstroh B (Hrsg). Abhängigkeit und Missbrauch von Alkohol und Drogen. Göttingen: Hogrefe; 43–89.

Levenson RW, Oyama ON, Meek PS (1987). Greater reinforcement from alcohol for those at risk: parental risk, personality risk, and sex. J Abnorm Psychol; 96: 242–53.

Löser H (1995). Alkoholembryopathie und Alkoholeffekte. Stuttgart: G. Fischer.

Maier W (1997). Mechanismen der familiären Übertragung von Alkoholabhängigkeit und Alkoholabusus. In: Watzl H, Rockstroh B (Hrsg). Abhängigkeit und Missbrauch von Alkohol und Drogen. Göttingen: Hogrefe; 91–109.

McGue M, Sharma A, Benson P (1996). Parent and sibling influences on adolescent alcohol use and misuse: evidence from a U.S. adoption cohort. J Stud Alcohol; 57: 8–18.

McNeill A (1998). Alcohol Problems in the Family. A Report to the European Union. London: Eurocare.

Merikangas KR (1990). The genetic epidemiology of alcoholism. Psychol Med; 20: 11–22.

Pollock VE (1992). Meta-analysis of subjective sensitivity to alcohol in sons of alcoholics. Am J Psychiatry; 149: 1534–8.

Robinson BE, Rhoden JL (1998). Working with Children of Alcoholics. The Practitioner's Handbook. 2nd ed. Thousand Oaks: Sage.

Schneewind KA (1991). Familienpsychologie. Stuttgart: Kohlhammer.

Schuckit MA, Smith TL (1996). An 8-year follow-up of 450 sons of alcoholic and control subjects. Arch Gen Psychiatry; 53: 202–10.

Searles JS (1988). The role of genetics in the pathogenesis of alcoholism. J Abnorm Psychol; 97: 153–67.

Seilhammer RA, Jacob T, Dunn NJ (1993). The impact of alcohol consumption on parent-child relationships in families of alcoholics. J Stud Alcohol; 54: 189–98.

Sher KJ (1991). Children of Alcoholics. A Critical Appraisal of Theory and Research. Chicago: University of Chicago Press.

Simon R, Palazzetti M (1999). Jahresstatistik 1998 der ambulanten Beratungs- und Behandlungsstellen für Suchtkranke in der Bundesrepublik Deutschland. EBIS-Bericht für den Zeitraum 1. Januar bis 31. Dezember 1998. Sucht; 45, Sonderheft 1.

Spak L, Spak F, Allebeck P (1998). Sexual abuse and alcoholism in a female population. Addiction; 93: 1365–73.

Velleman R, Orford J (1999). Risk and Resilience. Adults Who Were the Children of Problem Drinkers. Amsterdam: Harwood Academic Publishers.

Wegscheider S (1988). Es gibt doch eine Chance. Hoffnung und Heilung für die Alkoholiker-Familie. Wildberg: Bögner-Kaufmann.

Werner EE (1986). Resilient offspring of alcoholics: a longitudinal study from birth to age 18. J Stud Alcohol; 47: 34–40.

West MO, Prinz RJ (1987). Parental alcoholism and childhood psychopathology. Psychol Bull; 102: 204–18.

Windle M, Searles JS (eds) (1990). Children of Alcoholics: critical perspectives. New York: Guilford Press.

Woititz JG (1990). Um die Kindheit betrogen. Hoffnung und Heilung für erwachsene Kinder von Suchtkranken. München: Kösel.

Wolin S, Wolin S (1995). Resilience among youth growing up in substance-abusing families. J Child Adolesc Subst Abuse; 42: 415–29.

Zobel M (2006). Kinder aus alkoholbelasteten Familien. Entwicklungsrisiken und -chancen. 2. Aufl. (= Klinische Kinderpsychologie, Bd. 2). Göttingen: Hogrefe.

14 Kinder drogenabhängiger Eltern

Michael Klein

Ein erheblicher Teil der Drogenabhängigen hat Kinder. Die Angaben schwanken zwischen 50% bei Frauen in Substitutionsbehandlung (Arnold et al. 1995) und 29% bei Klienten in niedrigschwelligen Angeboten (Hartmann et al. 1994). Insgesamt ist davon auszugehen, dass etwas mehr als ein Drittel aller Drogenabhängigen Kinder hat. Seitdem in Deutschland flächendeckend Heroin-Substitution, insbesondere mit dem Präparat Methadon, angeboten wird, hat sich die Zahl der drogenabhängigen Frauen, die ein Kind gebären, erhöht. Dies wird allgemein auf die günstigeren Auswirkungen des Methadons auf die Empfängnisfähigkeit der drogenabhängigen Frauen zurückgeführt. Was die Zahlen der Kinder Drogenabhängiger angeht, ist also in Zukunft von einer steigenden Tendenz auszugehen.

Für drogenabhängige Mütter wurden in mehreren unabhängigen Studien eine schlechtere sozioökonomische Lage, ein höheres Stresserleben und eine stärkere soziale Isolation als bei demografisch vergleichbaren Müttern in den gleichen Wohngebieten festgestellt (Sowder u. Burt 1980). Auch Tucker (1979) bestätigte dies sehr klar beim Vergleich zwischen drogenabhängigen Frauen, drogenabhängigen Männern und nichtdrogenabhängigen Frauen. Die erstgenannte Gruppe wies das höchste Ausmaß an Einsamkeit und Isolation auf und die geringsten Werte für soziale Unterstützung. Dies bedeutet, dass die Kinder der drogenabhängigen Mütter diesen psychisch sehr ungünstigen Faktoren mit ausgesetzt waren. Dabei ist das Vorhandensein sozialer Unterstützung im Falle Alleinerziehender besonders wichtig, da dadurch psychosozialer Stress abgemildert werden kann. Es ist also von einer Marginalisierung innerhalb der Marginalisierten auszugehen. Drogenabhängige Mütter sind innerhalb der Gruppe armer und sozial benachteiligter Mütter eine besonders benachteiligte und isolierte Gruppe. Dieser Zustand kann sich für die Kinder drogenabhängiger Mütter langfristig als besonders schädlich erweisen, was zum Beispiel die Entwicklung einer positiven Selbstwirksamkeitserwartung, eines gesunden Selbstkonzepts und einer guten psychischen Gesundheit betrifft.

Entscheidend für die Einschätzung der Risiken und Präventionschancen ist, *„dass die Familiensituation, in der das Kind aufwächst, mehr Aussagekraft über die weitere Entwicklung des Kindes besitzt als das Ausmaß des Opiat-Konsums der Mutter während der Schwangerschaft"* (Englert u. Ziegler 2001, S. 146). Bei der Betrachtung der beschriebenen Auffälligkeiten müssen somit psychosoziale Bedingungen des Umfelds unbedingt berücksichtigt werden.

Kinder drogenabhängiger Eltern sollten genauso ein Recht auf angemessene Erziehung durch ihre *eigenen Eltern* bzw. wenigstens durch einen Elternteil haben wie andere Kinder auch. Dass dies jedoch nur bei geeigneten Hilfe- und Unterstützungsmaßnahmen für diese Eltern, meistens die Mütter, möglich ist, wird allzu oft nicht wahrgenommen. Insofern ist die Förderung der Elternkompetenzen eine direkte Anforderung an die Professionalität der deutschen Sucht- und Drogenhilfe.

Familiäre Stabilität, Verlässlichkeit, sichere Bindung, Gewaltfreiheit und positive Zuwendung sind entscheidende Variablen für eine psychisch gesunde Entwicklung der Kinder, die es auch im Kontext elterlicher Drogenabhängigkeit für die Kinder zu sichern gilt.

Eine umfassende interdisziplinäre Betreuung der Frauen ab der Schwangerschaft einschließlich Substitution, Beratung, Anleitung und aufsuchender Hilfen ist unbedingt erforderlich und kann die Gesamtprognose nach den Ergebnissen eines früheren Modellprojekts entscheidend verbessern (Zoege u. Barthel 1996). Gerade vonseiten der medizinischen und psychotherapeutischen Betreuung blieben drogenabhängige Mütter bislang weitgehend unentdeckt und entsprechend unterversorgt. Das auch oft noch von Professionellen hörbare Urteil, diese Personengruppe sei nicht erfolgreich behandelbar, darüber hinaus nicht motiviert und „trickse nur", ist im Zeitalter der Substitution und der Risiko minimierenden Strategien nicht mehr aufrechtzuerhalten. Das suchttypische Verhalten des „Lügens und Tricksens" kann als entweder persönlichkeitsbedingt (z. B. vor dem Hintergrund einer Persönlichkeitsstörung) oder als drogenspezifische Anpassungsreaktion (insbesondere, um die Überlebenschancen im subkulturellen Milieu des Drogenmarktes zu verbessern) verstanden werden.

Für die von der Drogenabhängigkeit der Mutter betroffenen Kinder herrschen zahlreiche Risiken vor (vgl. Barnard u. McKeganey 2004; Klein 2006b):

- verstärkte Armut
- Kindesvernachlässigung
- erhöhte Quoten allein erziehender Mütter
- häufigere Trennungserfahrungen
- Arbeitslosigkeit
- Kriminalisierung und Strafverfolgung der Eltern
- Komorbidität der Eltern
- negative Auswirkungen des Beikonsums anderer Substanzen
- Gefahren der Vergiftung und Unfälle im elterlichen Haushalt
- mangelnde Erziehungskompetenzen der Eltern aufgrund eigener Mangelerfahrungen
- Schulversagen
- wechselnde Fremdplatzierungen

Kinder drogenabhängiger Mütter, die nach der Entbindung zu einem großen Prozentsatz einen Opiat-Entzug durchmachen, treffen meist auf eine durch eigene traumatisierende Erfahrungen, Abhängigkeitserkrankung und schwere psychische Probleme in ihrer Erziehungskompetenz erheblich eingeschränkte Mutter, die allzu oft unter extrem ungünstigen psychosozialen Bedingungen lebt (Englert u. Ziegler 2001; Klein 2006b). Aus verschiedenen Untersuchungen ist eine Traumatisierungsquote drogenabhängiger Frauen von mindestens 70% herzuleiten (Simpson u. Miller 2002). Daraus resultiert, dass die Drogenhilfe im Allgemeinen und die Substitution im Speziellen verstärkt mit niedergelassenen Ärzten (Pädiatrie, Kinder- und Jugendpsychiatrie), der Jugendhilfe und Kinderschutzorganisationen zusammenarbeiten sollten.

Es muss eine kontinuierliche **Betreuung und Kontrolle** der Eltern und ihrer Kinder sichergestellt sein, um möglichst gute Entwicklungsergebnisse sicherzustellen und Schäden zu verhindern. Medizinische Dienste und Drogenhilfe müssen sich stärker des Kindeswohls ihrer Klientinnen annehmen. Es sollte zunächst anerkannt werden, dass der derzeitige Zustand der Versorgung und Betreuung drogenabhängiger Mütter und vor allem ihrer Kinder nicht zufrieden stellend ist. Es muss zu einer schrittweise verbesserten Versorgung für Kinder opiatabhängiger Eltern kommen.

14.1 Prävalenz

Wie wir bereits sahen, hat mehr als ein Drittel der Drogenabhängigen Kinder. Da repräsentative Übersichtsstudien zur Population der Drogenabhängigen wegen der Illegalisierung des Konsumverhaltens fehlen, können die Daten nur aus einzelnen Studien entnommen und agglomeriert werden. Die Angaben, die in der Tabelle 14-1 zusammengestellt sind und die Zahl der vorhandenen Kinder angeben, schwanken zwischen 50% bei Frauen in Substitutionsbehandlung (Arnold et al. 1995) und 29% bei Klienten in niedrigschwelligen Angeboten (Hartmann et al. 1994).

Diese Daten entsprechen auch den Berichten vieler Kliniker, dass seit der Einführung der Substitution die Zahl der gebärenden drogenabhängigen Frauen zugenommen hat. Als Grund hierfür wird die zyklusstabilisierende Wirkung des Substituts gesehen. Aus psychologischer Sicht ist zu erwähnen, dass drogenabhängige Frauen mit der Zeugung eines Kindes oft in idealisierender Weise die Überwindung ihrer Probleme (Isolation, Abhängigkeit) anstreben. Obwohl diese Zeugungsmotive in kinderpsychologischer Hinsicht kritisch zu bewerten sind, zeigen Katamnesestudien nach Entwöhnungstherapien für drogenabhängige Frauen mit Kindern bessere Resultate als für Frauen ohne Kinder (Englert u. Ziegler 2001;

Tab. 14-1 Wie viele Drogenabhängige haben Kinder?

Erhebungsbereich	Quelle	Ergebnis (%)
niedrigschwellige Drogenhilfe	Hartmann et al. 1994	29,0
Substitutionsbehandlung Hamburg	Janczak u. Wendelmuth 1994	31,0
Substitutionsbehandlung Niedersachsen	Schulzke 1994	30,3
Substitutionsbehandlung Hessen	Arnold et al. 1995	50,0 für Frauen 30,0 für Männer
Drogenhilfeverbund JJ Frankfurt	Englert u. Ziegler 2001	34,9
Qualifizierte Entzugseinrichtungen Köln	Klein 1999	31,6

Hogan 1998). Es ist insofern unzweifelhaft, dass das Vorhandensein eines Kindes motivationsstiftend und -fördernd wirken kann.

In der Hamburger Substitutionsstudie (Raschke 1994) wurde berichtet, dass von den 31 % der betreuten Klienten, die Kinder hatten, insgesamt 38 % mit diesen zusammenlebten. Bei den weiblichen Substituierten sind es 51 %, bei den männlichen 28 %. In der niedersächsischen Methadonstudie waren es 30,3 % der betreuten Klienten, die Kinder hatten (Schulzke 1994). 40 % von diesen lebten mit ihren Kindern im eigenen Haushalt. Die durchschnittliche Kinderzahl wird dabei auf 1,5 beziffert (Scheib u. Steier 1998). Von den opiatabhängigen Klientinnen und Klienten in ambulanter Drogenberatung geben 46 % der Frauen und 30 % Männer an, wenigstens in einem Fall Mutter bzw. Vater eines Kindes zu sein (Simon u. Palazzetti 1999). Diese Diskrepanz mag insbesondere mit geschlechtsspezifisch unterschiedlichem Elternverhalten zu tun haben. Frauen fühlen sich – auch in der Gruppe der Drogenabhängigen – wesentlich stärker verantwortlich für ihre Kinder, als dies Väter tun, die in vielen Fällen möglicherweise gar nichts von ihren Kindern wissen (wollen). Insofern ist nicht auszuschließen, dass der wahre Wert für Kinder von Drogenabhängigen eher über 40 % als darunter liegt.

Konservativ geschätzt ist insgesamt von 40 000 bis 50 000 Kindern drogenabhängiger Eltern in der Bundesrepublik Deutschland auszugehen, davon ein großer Teil im Vorschul- und Grundschulalter. Nach einer Expertise des Instituts für Sozialarbeit und Sozialpädagogik in Frankfurt „*besteht sowohl für die Kinder als auch für die Drogenabhängigen in ihrer Funktion als Eltern ein massiver Betreuungs- und Beratungsbedarf*" (Scheib u. Steier 1998, S. 6), der nicht einmal annähernd erfüllt ist.

14.2 Langfristige Auswirkungen des Drogenkonsums

Kinder drogenabhängiger Eltern sollten genauso ein Recht auf Erziehung durch ihre eigenen Eltern bzw. wenigstens durch einen Elternteil haben wie andere Kinder auch. Dies setzt natürlich – wie für alle Eltern – voraus, dass die Eltern zur Erziehung in der Lage sind und das Wohl ihres Kindes sicherstellen können. Dass dies jedoch nur bei geeigneten Hilfe- und Unterstützungsmaßnahmen für diese Eltern, meistens die Mütter, durchgängig möglich ist, wird zu selten in der Drogen- und Jugendhilfepolitik gesehen. Kroll und Taylor (2003) berichten, dass drogenabhängige Eltern in Abhängigkeit von ihrem aktuellen Drogenstatus Unaufmerksamkeit und Nachlässigkeit gegenüber ihren Kindern zeigten. Bei starkem Drogenkonsum finden sich deshalb häufiger Symptome von Vernachlässigung bis hin zu häufigeren Unfällen bei den Kindern. Insofern ist die Förderung der Erziehungsfähigkeit und allgemein der Elternfähigkeit und -verantwortung eine direkte Anforde-

14.3 Anzahl betroffener Kinder

rung an die Professionalität der deutschen Sucht- und Drogenhilfe und der anderen Hilfedienste.

> „Bei den Angaben zu Kindern wird unseres Erachtens eine schwerwiegende Lücke im bundesdeutschen Drogenhilfesystem deutlich. Fast 30% der KlientInnen haben Kinder, davon zwei Drittel ein Kind und ein Drittel zwei und mehr Kinder. Das Problem besteht darin, dass nur ein Drittel der Eltern mit Kindern selbsterziehend ist, also mit den Kindern zusammenlebt."
> (Degwitz u. Krausz 1995, S. 263)

Die bisherigen Forschungsarbeiten zum Thema „Kinder drogenabhängiger Eltern" (s. zusammenfassend: Barnard u. McKeganey 2004; Hogan 1998; Klein 2006b) legen nahe, dass elterliche Drogenabhängigkeit einen starken negativen Einfluss auf die psychosoziale Entwicklung der exponierten Kinder hat. Dieser Einfluss bezieht sich vor allem auf die drei folgenden Aspekte:
- Den Kindern werden die notwendige körperliche Versorgung und Zuwendung vorenthalten.
- Die sozioemotionale und kognitive Entwicklung wird verzögert, behindert oder gar dauerhaft zerstört.
- Die Kinder werden insgesamt in einer Weise beeinflusst und erzogen, dass sie selbst Drogenkonsumenten werden.

Wie die Forschung zu Kindern von alkoholabhängigen Eltern bereits gezeigt hat, ist das Aufwachsen bei zwei alkoholabhängigen Elternteilen riskanter als bei nur einem. Entsprechendes ist auch für Kinder drogenabhängiger Eltern anzunehmen. Hier liefert die niedersächsische Methadonstudie (Schulzke 1994) eine Zahl von 20,8% der betreuten 259 Klienten, die mit einem abhängigen Partner zusammenleben. Viele Praktiker berichten jedoch von noch höheren Quoten.

Um Prävention und Behandlung für Kinder drogenabhängiger Eltern zielgerichtet und indikativ zu gestalten, ist neben der Zahl der Drogenabhängigen, die Kinder geboren haben, die Zahl derer, die aktuell mit Kindern zusammen leben, wichtig. Die Fremdplatzierungsquoten in Bezug auf Kinder von Drogenabhängigen sind in den letzten Jahren kontinuierlich gesunken. Während in Untersuchungen mit wenigen substituierten Drogenabhängigen (Klein 1999) die Quoten über 60% lagen, ist seit der flächendeckenden Einführung der Methadon-Substitution eine Fremdplatzierungsquote von unter 30% zu verzeichnen (Raschke et al. 2000).

Der Anteil der suchtkranken Eltern, die mit Kindern in einem Haushalt zusammenleben, betrug in Deutschland (Simon u. Palazzetti 1999) für das Jahr 1998[1] bei den Opiat-Abhängigen 13% bei den Männern und 30% bei den Frauen. Diese Quoten beruhen auf der EBIS-Statistik der ambulanten Suchthilfe und umfassen die Angaben von 5 649 männlichen und 1 741 weiblichen Opiatabhängigen. Ein besonders kritischer Punkt bezüglich der Situation von Kindern aus drogenbelasteten Familien besteht darin, dass bei den Opiat-Abhängigen 9% und bei den Kokain-Abhängigen 8% alleine mit einem Kind leben (ebd.). In der auf die Verbesserung der Eltern-Kind-Situation abzielenden Modellstudie von Puxi und Kremer-Preiß (1993) waren es 41,0% der Kinder, die mit einem allein erziehenden Elternteil zusammenlebten. Es ist davon auszugehen, dass bei therapiebereiten drogenabhängigen Müttern die Quote höher ist als bei anderen. Das Vorhandensein eines zu betreuenden Kindes ist ein wichtiger Motivationsfaktor für Therapie, Verhaltensänderung und Ausstieg aus der Drogenabhängigkeit.

Bei der Konstellation einer allein erziehenden drogenabhängigen Mutter mit Kind ist die Überforderungsschwelle für Mutter *und* Kind sehr

---

[1] Leider wurde dieses Datum in den neueren Erhebungen der Deutschen Suchthilfestatistik angegeben, sodass keine aktuelleren Zahlen verfügbar sind.

schnell erreicht, und für die Kinder besteht ein erhöhtes Entwicklungsrisiko, wenn die unvollständige Familie keine adäquate psychosoziale Hilfe und Unterstützung erfährt. Werden die einzelnen genannten Zahlen mit dem Ergebnis kontrastiert, dass nur 10 % aller Beratungsstellen in Deutschland überhaupt ein Angebot für Kinder von Suchtkranken vorhalten (Simon u. Palazzetti 1999), so wird deutlich, dass von den betroffenen Kindern kaum je welche die Chance haben, ein familienbezogenes adäquates Angebot aus der Suchthilfe zu erhalten. Auch von anderen Diensten, wie zum Beispiel der Substitution durch berechtigte Ärzte, der ambulanten Psychotherapie und der Erziehungsberatung, wird diese Aufgabe bislang nicht übernommen.

14.4 Ungünstige Bedingungen

Eine besonders kritische Frage in der entwicklungspsychopathologischen Forschung ist die der Exposition der heranwachsenden Kinder gegenüber malignen oder pathogenisierenden Variablen. Diese Merkmale sind im Kontext einer Familie mit einem drogenabhängigen Elternteil sehr zahlreich:

Zunächst ist zu erwähnen, dass Drogenabhängige im Vergleich zur Normalbevölkerung über eine **unterdurchschnittliche schulische und berufliche Bildung** verfügen (Raschke 1994). Dies geht meist mit einem **erhöhten Armuts- und Arbeitslosigkeitsrisiko** einher. So ergab sich im Rahmen einer Modellstudie in Karlsruhe (Scheib u. Steier 1998), dass nur 42,8 % der befragten Drogenabhängigen eine abgeschlossene Berufsausbildung aufwiesen. Regelmäßig erwerbstätig waren lediglich 12,6 % der Klienten, davon nur die Hälfte vollzeitbeschäftigt. Dementsprechend gestaltet sich die finanzielle Situation für diese Gruppe sehr schwierig. Sehr viele Drogenabhängige müssen daher von Sozialhilfe leben. Dies gilt in noch höherem Maße für allein erziehende drogenabhängige Mütter. Dieser Status bedeutet eine massive Einschränkung in der Lebenssituation der mitbetroffenen Kinder. Es ist davon auszugehen, dass viele Kinder drogenabhängiger Eltern in ihren materiellen Ressourcen extrem eingeschränkt sind. Dies wiederum kann sich auf das Selbstwertgefühl, die soziale Integration und den Umgang mit Eigentum und Besitz sehr negativ auswirken. In der erwähnten Studie zum Drogenhilfesystem in Karlsruhe ergab sich bei 63 untersuchten Drogenabhängigen ein Anteil von Sozialhilfebeziehern von 42,9 %, wobei die weiblichen Drogenabhängigen deutlich überrepräsentiert waren (ebd.).

Ein weiterer Problemfaktor sind die gehäuften Diskontinuitäten und Brüche im Leben der Kinder von Drogenabhängigen. In der Untersuchung von Arnold und Steier (1997) ergab sich, dass 44 % der von ihnen untersuchten Kinder für mindestens drei Monate nicht bei ihren Eltern gelebt hatten. Diese Diskontinuitäten, die in der entwicklungspsychopathologischen Forschung immer wieder als potenzieller Risikofaktor für Verhaltensauffälligkeiten benannt werden, waren durch Krankenhausaufenthalte der Mütter infolge akuter Drogenintoxikation, aber auch durch Haftaufenthalte verursacht worden. Lediglich 13 Kinder (38,2 %) hatten seit ihrer Geburt absolut durchgängig bei ihren Eltern oder einem Elternteil gelebt.

Zu den Bedingungen, denen Kinder drogenabhängiger Eltern ausgesetzt sein können, gehören fast alle aus der psychologischen Life-event-Forschung bekannten negativen Lebensereignisse, seien sie normativer oder nichtnormativer Art. Zu den besonders kritischen dürften dabei Verhaftungen, Krankenhausaufenthalte, Selbstmordversuche sowie vollendete Suizide der Eltern zählen.

Selbstmordversuche bei Drogenabhängigen sind dabei kein seltenes Ereignis. Daher besteht die Möglichkeit, dass Kinder dadurch negativ beeinflusst, traumatisiert, im Extremfall Zeuge vollendeter Suizide werden. In der niedersächsischen Methadonstudie (Schulzke 1994) waren es 30,3 % der betreuten Klienten, die vor Betreuungsbeginn einen Suizidversuch unternommen hatten, 18,0 % mehrfach. 39,6 % der Betreuten wurden als suizidgefährdet eingeschätzt, 63,7 % als depressiv eingeschätzt.

Mütter in Substitutionsprogrammen weisen nach einer Untersuchung von Davis (1990) die vier folgenden Merkmale gehäuft auf:
- Kindheitstraumata
- psychische Störungen
- niedriger sozioökonomischer Status
- eine ambivalente Ausführung der Mutterrolle

Im Einzelnen ergab sich, dass bei Drogenabhängigen im Sinne einer Komorbidität erhöhte Quoten für viele psychische Störungen, insbesondere Depressionen, Angststörungen, psychotische Erkrankungen und Persönlichkeitsstörungen (Verheul et al. 1995) zu finden sind. Familienstudien zeigen außerdem, dass in 40 bis 45% aller Fälle ein suchtkrankes Elternteil nachzuweisen ist (Arnold u. Steier 1997; Hanel 1988; Hoffmann et al. 1997; Mann u. Kapp 1997). Im deutschen Bereich wurde speziell bei drogenabhängigen Frauen wiederholt deren Herkunftsfamilie zum Untersuchungsgegenstand gemacht. Es zeigte sich, dass mehr als die Hälfte der Frauen wenigstens einen suchtkranken Elternteil hatte (Hanel 1988):

> „Drei von fünf Mädchen wuchsen mit Bezugspersonen auf, die problematischen oder abhängigen Drogengebrauch aufwiesen, und auch bei den Jungen ist es jeder zweite. In den meisten Fällen kommt diese hohe ‚Drogenbelastung' durch ein alkoholabhängiges Elternteil zustande." (Hedrich 1989, S. 198)

Da fast die Hälfte der heute Drogenabhängigen neben weiteren ungünstigen Umständen während ihrer Kindheit und Jugend auch einer elterlichen Suchterkrankung ausgesetzt waren (Klein 2003), dürfte ihre Fähigkeit, sich ihren eigenen Kindern positiv und emotional warmherzig und insgesamt kompetent zuzuwenden, in vielen Fällen klar eingeschränkt sein. Elterliche Suchtstörungen haben sich wiederholt als negativer Prognosefaktor für geeignetes Bindungs-, Erziehungs- und Elternverhalten sowie für eine förderliche Familienatmosphäre erwiesen (Klein u. Zobel 1997, 2001). Viele Drogenabhängige verfügen somit nicht über Modelle positiver Elternschaft. Besonders häufig sind Erfahrungen starker familiärer Disharmonien und Instabilität anzutreffen.

Zusammenfassend sind folgende Besonderheiten in der mütterlichen Sozialisation bei gegebener Drogenabhängigkeit zu berücksichtigen:
- Die Kinder sind häufiger von der Abhängigkeit beider Elternteile betroffen, da bei Drogenabhängigen ein entsprechendes Partnerwahlverhalten viel üblicher ist als bei Alkoholabhängigen. Dadurch können die negativen Effekte des drogenabhängigen Elternteils nicht in ausreichendem Maß kompensiert werden.
- Die Kinder sind häufiger von Trennungen betroffen und wachsen entsprechend häufiger bei nur einem Elternteil, in der Regel der Mutter, auf.
- Aufgrund einer größeren Zahl von Frühgeburten kann es zu verstärkten Problemen beim Beziehungsaufbau zwischen Mutter und Kind kommen. Die Kinder weisen häufiger ein schwieriges Temperament auf, was die Erziehungsprobleme der Eltern verstärkt und bei ihnen zu Überforderungs- und Insuffizienzgefühlen führen kann.
- Die Kinder erleben die typischen Konsequenzen der Drogensubkultur, zum Beispiel Beschaffungskriminalität, Prostitution der Mutter, Verhaftung des Vaters u. Ä.
- Die Kinder sind meist in ihren frühen Lebensjahren von der Abhängigkeit eines Elternteils betroffen, was nach den Erkenntnissen der Entwicklungspsychopathologie ein stärkeres Entwicklungsrisiko mit sich bringt.
- Die Kinder erleben stärkere soziale Isolation und Ächtung, lernen weniger sozial förderliche Verhaltensweisen und erleben sich dadurch insgesamt in ihrem Selbstwertgefühl als instabiler und gefährdeter.
- Die Kinder leiden stärker unter sozialer Marginalisierung der Familie, zum Beispiel in Form von Armut, Arbeitslosigkeit, beengten Wohnverhältnissen.
- Durch die im Vergleich mit Alkoholabhängigen höhere Komorbidität der Eltern laufen die Kinder Gefahr, häufiger eine doppelte Schädigung aufgrund des komplexeren Störungsbildes ihrer Eltern zu erleiden.
- In Einzelfällen, die klinisch durchaus bekannt und dokumentiert sind, werden an die Kinder und Jugendlichen früh psychotrope Substan-

zen, die im Lebensumfeld der Eltern gewöhnlich den Status der Normalität besitzen, verabreicht.

14.5 Elternverhalten

Studien, die sich mit dem Elternverhalten in Familien mit drogenabhängigen Eltern beschäftigen, gliedern sich in zwei hauptsächliche Themenbereiche: solche, die auf die Bereiche Missbrauch und Vernachlässigung fokussieren, und solche, die sich mit dem Elternverhalten und den Eltern-Kind-Beziehungen beschäftigen. In einer Studie zum Elternverhalten verglich Colten (1980) 170 drogenabhängige Mütter, die entweder in Methadon-Behandlung waren oder in einer therapeutischen Gemeinschaft lebten, mit parallelisierten Kontrollmüttern. Es zeigten sich keine Unterschiede in den erzieherischen Einstellungen und Erwartungen an das Kind. Allerdings waren die drogenabhängigen Frauen häufiger der Meinung, dass sie ungeeignete Eltern seien, und machten sich mehr Sorgen um die Entwicklung ihrer Kinder, insbesondere hinsichtlich einer eigenen Drogenabhängigkeit oder dissozialen Karriere.

In einer anderen Studie wird berichtet, dass sich drogenabhängige Mütter mehr als andere Mütter von der Außenwelt isolierten, Fremdeinflüsse von ihren Kindern abschirmten und stärker versuchten, ihre Kinder zu kontrollieren (Wellisch u. Steinberg 1980). Eine Untersuchung zum Erziehungsverhalten (Bauman u. Dougherty 1983) auf der Basis von Beobachtungen der Mutter-Kind-Interaktionen erbrachte das Ergebnis, dass die Mütter mit Methadon-Substitution im Vergleich zu Kontrollmüttern eine größere Häufigkeit aversiver Verhaltensweisen zeigten. Im Einzelnen waren es mehr Kommandieren, Nichtzustimmen, Provozieren und Drohen, was die Mütter der ersten Gruppe häufiger praktizierten. Ähnliche Studien zeigten wiederholt, dass die drogenabhängigen Mütter insgesamt härtere verbale Verhaltensweisen gegenüber ihren Kindern ausführten, das heißt ihre Kinder häufiger anschrien und sie scharf tadelten (zusammenfassend: s. Hogan 1998).

Bei der Analyse des Erziehungsverhaltens von 56 heroinabhängigen Eltern, meist Müttern, in einer stationären Entwöhnungseinrichtung ergab sich, dass 86,7 % Probleme beim Setzen und Ziehen von Grenzen hatten (Arnold u. Steier 1997). Bei 73,3 % der Untersuchungsgruppe hatte in der Vorgeschichte – zumindest zeitweise – eine Vernachlässigung des Kindes stattgefunden.

Kindesmissbrauch und -vernachlässigung kommen bei Kindern heroinabhängiger Eltern häufiger vor als bei Kindern gesunder Eltern. Auch bei den Kindern kokainabhängiger Eltern sind diese Konsequenzen häufiger festzustellen als bei anderen Kindern (Hogan 1998). Egami et al. (1996) fanden, dass nach sorgfältiger Kontrolle der Einflüsse soziodemografischer und psychiatrischer Variablen die Abhängigkeit von illegalen Drogen mit Kindesvernachlässigung, nicht jedoch mit Kindesmissbrauch zusammenhängt. Diese Resultate können für Eltern mit ausschließlicher Methadon-Substitution nicht bestätigt werden. Auch finden sich bei vergleichbaren Studien mit Kindern von extrem armen Eltern oft ähnlich hohe Quoten, sodass die Opiat- oder Kokain-Abhängigkeit nicht als verursachender Faktor betrachtet werden kann. Sowder und Burt (1980) untersuchten 365 Kinder behandelter opiatabhängiger Eltern mit 369 Kindern aus derselben Nachbarschaft. Sie fanden sowohl bei den Kindern der Opiat-Abhängigen als auch bei den Kindern der extrem armen Eltern auffällig erhöhte Quoten für Kindesmissbrauch und -vernachlässigung.

Kandel (1990) fand einen stärkeren Zusammenhang zwischen Drogenkonsum der Mütter und kindlichen Verhaltensstörungen im Vergleich mit drogenkonsumierenden Vätern. Sie untersuchte die Beziehung zwischen früherem und aktuellem Drogenkonsum auf der einen Seite und Elternverhaltensstilen auf der anderen Seite. 1 222 Jugendliche im Alter von 15 bis 16 Jahren wurden in einer Längsschnittstudie bis zum Alter von 28 bis 29 Jahren in ihrer Entwicklung begleitet. Wenn diese Probanden Kinder im Alter von zwei Jahren und mehr hatten, wurde ein ausführliches Elterninterview durchgeführt. Es ergab sich, dass die weiblichen Probanden mit steigendem Drogenkonsum ein schlechteres Elternverhalten (Mangel an Aufsicht, geringe Wärme) zeigten. Kröger et al. (2006) konnten anhand der Skalen des Parental-Stress-Index (PSI) zeigen, dass drogenabhängige Mütter sich hinsichtlich der selbst perzipierten Kompetenz, Isolation und Depression als deutlich belasteter einstufen als Mütter ohne Drogenprobleme. Insofern schätzten die Mütter mit Substitution ihre eigenen Erziehungskompetenzen als deutlich schlechter ein, litten mehr unter diesen Defiziten und hatten kaum Selbstvertrauen in ihre erzieherischen Fähigkeiten, was sich natürlich auch in ihrem konkreten Erziehungsverhalten niederschlagen dürfte.

Eine empirische Studie (Nair et al. 1997) untersuchte die Beziehungsgeschichte der Kleinkinder von 152 drogenabhängigen Müttern. 66 Kinder (43,4%) erlebten bis zu ihrem 18. Lebensmonat einen Wechsel der Hauptbezugsperson. Obwohl alle Kinder drogenabhängiger Mütter ein erhöhtes Risiko für Diskontinuität in der Beziehung zu ihren Bezugspersonen aufweisen, können innerhalb dieser Gruppe spezielle Konstellationen von erhöhtem Risiko ausgemacht werden. Dies sind:
- junges Alter der Mutter
- Heroin-Konsum
- Geburt von zwei oder mehr Kindern
- Fremdplatzierung von anderen Kindern in der Vorgeschichte
- Vorhandensein depressiver Symptome

Bei der Betrachtung des Elternverhaltens ist ferner das hohe Ausmaß komorbider Störungen bei Drogenabhängigen in seiner Auswirkung auf die Kinder zu beachten. So zeigte eine Studie mit klinischen Interviews in einem Methadon-Vergabeprogramm in Rhode Island, dass 42% der Probanden die Kriterien der Major Depression erfüllten (Brienza et al. 2000). Dabei gilt als bestätigt, dass sich eine elterliche Komorbidität in der Funktionsfähigkeit der Eltern stärker auswirkt als bei Nicht-Drogenabhängigen (Mayes 1995). Die Katamnese des Methadon-Programms in NRW (Prognos GmbH 1998) erbrachte für 222 Probanden im zweiten Halbjahr nach Beginn der Substitutionsbehandlung eine Komorbiditätsquote von 70,3%. Bei 78 Probanden (35,1%) wurde der höchste Schweregrad der jeweiligen Störung, bei 34,2% der jeweils mittlere Schweregrad der Störung diagnostiziert. Am häufigsten treten mit 37,8% die Persönlichkeitsstörungen des Clusters B (nach DSM-IV) auf, also Antisoziale, Histrionische, Narzisstische oder Borderline-Persönlichkeitsstörungen.

In einer Untersuchung mit 164 Neugeborenen drogenabhängiger Mütter in Los Angeles (Tyler et al. 1997) wurden die Merkmale der Mütter, die das Sorgerecht für ihre Kinder behielten, mit denen verglichen, die es verloren. Das Sorgeverhalten der Mütter, die ihre Kinder bei sich behalten hatten, unterschied sich nicht von dem von Verwandten, die das Sorgerecht für Kinder erhalten hatten. Es zeigte sich zusätzlich, dass die Kinder, die bei ihren leiblichen Müttern geblieben waren, mit sechs Jahren eine bessere kognitive Entwicklung aufwiesen. Allerdings waren bei den leiblichen Müttern auch mehr Todesfälle und Fälle von Kindesvernachlässigung oder -misshandlung aufgetreten.

14.6 Problem Beikonsum

Ob Substitutionsprogramme systematisch bessere Effekte im Elternverhalten erbringen, ist wegen der Vielzahl der konfundierenden Effekte in der Praxis der Substitution noch nicht endgültig abzuschätzen. Allerdings gilt es als sehr wahrscheinlich, wenn begleitende Hilfen, wie beispielsweise Förderung der Erziehungskompetenzen, vorgehalten werden. Es fehlen bislang jedoch entsprechende kontrollierte Studien hierzu. Dennoch gehen die meisten Experten von einer klaren Überlegenheit der Substitutionsprogramme aus, weil sich der Lebensstil im Vergleich zu Drogenabhängigen ohne Substitutionstherapie meist radikal unterscheidet.

Methadon-Substitution senkt das Ausmaß der negativen psychosozialen Begleitumstände einer Drogenabhängigkeit. Doch ob die bislang nicht erfolgreich eingedämmten negativen Aspekte eines verstärkten Beikonsums anderer illegalisierter Drogen und des Alkohols die positiven Effekte wettmachen, muss auf der Basis des heutigen Wissens zumindest offen bleiben. Einen häufigen oder ständigen Beikonsum hatten 15,5% aller Klienten mit Kindern im eigenen

Haushalt (Arnold et al. 1995). Dieser Beikonsum, meist bezogen auf Alkohol, Kokain und Amphetamine, kann einen entscheidenden negativen Einfluss auf das Verhalten der Mütter gegenüber ihren Kindern haben und sollte von den zuständigen Stellen (Jugendamt, Suchtberatung, medizinische Dienste) genau beobachtet und kontrolliert werden. Eine Gefährdung des Kindeswohls – prä- wie auch postnatal – geht von einem hohen Beikonsum anderer psychotroper Substanzen aus. In diesem Zusammenhang ist das Ergebnis einer Vergleichsstudie zwischen Müttern, die an einem Methadon-Programm teilnahmen, und polytoxikoman abhängigen Müttern interessant. Es ergab sich, dass nur 12 % der Mütter aus dem Methadon-Programm ausschließlich Methadon konsumierten (Rosen u. Johnson 1988). Wygold et al. (2006) berichten, dass bei ca. 75 % der drogenabhängigen Mütter durch entsprechende Untersuchungen aus dem Mekonium der Kinder mütterlicher Beikonsum nachweisbar ist.

In ungünstigen Fällen kann übermäßiger Beikonsum aufgrund der negativen Verhaltensauswirkungen auch zu kindschaftsrechtlichen Maßnahmen (Inobhutnahme, Sorgerechtsentzug, Fremdplatzierung) führen.

Außerdem ist zu bedenken, dass die Substitution insgesamt, wenn sie mit einer Verlängerung der Drogenkarriere von Menschen zusammenhängt, in Bezug auf die Bedeutung für die heranwachsenden Kinder auch kritisch bewertet werden kann, da sie dann mit einer langen Expositionszeit gegenüber ungünstigen Faktoren, wie etwa dem Beikonsum, einhergeht. Daher sollten nach wie vor abstinenzorientierte Entwöhnungsbehandlungen für drogenabhängige Mütter vorgehalten werden.

14.7 Hilfen für Kinder

Substitutionsprogramme und Entwöhnungstherapien bieten gute Chancen zum Einstieg in das Thema „Elternschaft Drogenabhängiger", die in den Programmen standardmäßig genutzt werden sollte:

„It is argued that methadone replacement programs provide a window of opportunity to deliver well-validated parent training programs that enhance the quality of parent-child relations. However, it is likely that such programs would need to be medium to long term and address issues beyond parent child relationships." (Dawe et al. 2000, S. 1)

36 spezialisierte Programme für substanzmissbrauchende Frauen und Kinder in den USA wurden hinsichtlich der zentralen Ziele und Inhalte ausgewertet und verglichen (Uziel-Miller u. Lyons 2000). Nur sechs Programme verfügten über ein umfassendes Angebot, sie bieten:

- ambulante und stationäre Angebote
- Case-Management
- Selbsthilfe
- psychologische Beratung
- Suchtberatung
- Familienberatung
- medizinische Versorgung für Frauen und Kinder
- pränatale Versorgung
- Elterntraining
- Berufsfindungstraining
- Kinderbetreuung
- Rechtsbeistand
- Wohnungslosen- und Schuldenhilfe

Viele Programme fokussieren ausschließlich auf die Schwangerschaftsphase und bieten keine weitergehenden Schritte an.

Insbesondere kritisieren die Autoren, dass im Falle einer reinen Schwangerenbetreuung die notwendige Langzeitbegleitung von Müttern mit Neugeborenen unterbleibt und die Weitervermittlung an andere Institutionen zu oft ebenfalls unterbleibt oder scheitert. Uziel-Miller und Lyons (2000, S. 364) plädieren für eine integrierte Versorgung aller bestehenden Probleme unter einer Langzeitperspektive: *„Just as it is a mistake to simply treat the addiction, it is also a mistake to only treat the pregnancy."*

Die Evaluation eines Interventionsprogramms (Focus on Families) für Mütter und Väter in Methadon-Programmen (Catalano et al. 1997) zeigte, dass sich positive Familienaktivitäten (Family Fun) in der Experimentalgruppe mit

82 Probanden im Verhältnis zur Kontrollgruppe mit 62 Probanden steigerten. Auch die ebenfalls trainierten Problemlöse- und Rückfallpräventionskompetenzen konnten in der Experimentalgruppe entscheidend verbessert werden. Der Opiat-Konsum war das einzige von allen konsumbezogenen Maßen, das in der Experimentalgruppe signifikant abnahm. Das Focus-on-Families-Programm besteht aus insgesamt 21 Einheiten, die nach den Themenbereichen Rückfallprävention, Kommunikation, Familie und Kinder gruppiert sind. Catalano et al. (1999) weisen darauf hin, dass ein Resultat der familienorientierten Programme in der Arbeit mit Drogenabhängigen (wie z. B. dem Focus-on-Families-Programm) eine Stärkung der familiären Beziehungen und Bindungen ist, wodurch sich wiederum eine verbesserte Motivation zur Reduktion des Drogenkonsums ergibt.

Von den 833 Personen, die in NRW an einer Studie zum Betreuungsbedarf Substituierter teilnahmen, meldeten 28 % der Frauen und 6 % der Männer Hilfebedarf bei der Kindererziehung an (Klemm-Vetterlein 2000). Angesichts der Tatsache, dass schätzungsweise nicht mehr als 40 % der Frauen in einer Substitutionstherapie mit einem Kind im gleichen Haushalt leben, ist dies ein Indikator für einen außerordentlichen hohen Betreuungsbedarf.

Ein differenziertes und mit guten Ergebnissen evaluiertes Programm zur Förderung der Erziehungskompetenz substituierter drogenabhängiger Mütter (Klein 2006c) spricht neben den Themen „kindliche Entwicklung", „elterliches Selbstbild" und „Bedeutung der Drogenabhängigkeit für die Mutterrolle" auch viele praktische Erziehungsfragen aus dem Alltag an.

Als Beispiel für koordinierte Hilfen für Kinder Drogenabhängiger und ihre Mütter (Eltern) in Deutschland kann die Stadt Essen dienen. Dort wurde zwischen Trägern des Gesundheitswesens, der Suchthilfe und der Jugendhilfe durch Koordination der frauenspezifischen Drogenberatungsstelle „Bella Donna" (Landesfachstelle NRW „Frauen und Sucht") im Jahre 2000 eine Vereinbarung zur Koordinierung der Hilfen geschlossen. Als Ziel der Vereinbarung wurde formuliert, *„den als Zielgruppe genannten Müttern, Vätern, Eltern und deren Kindern ein dauerhaft gemeinsames Leben zu ermöglichen. Es wird angestrebt, eine konstruktive Zusammenarbeit der Zielgruppe mit den KooperationspartnerInnen und zwischen den KooperationspartnerInnen zu erreichen."*

Literatur

Arnold T, Steier M (1997). Wissenschaftliche Begleitung der sucht- und familientherapeutischen Einrichtung Villa Maria. Frankfurt a. M.: Institut für Sozialarbeit und Sozialpädagogik ISS e.V. (= ISS-Aktuell 24/1997).

Arnold T, Feldmeier-Thon J, Fritsch R, Simmedinger R (1995). Wem hilft Methadon? Daten, Fakten, Analysen. Frankfurt a. M.: Institut für Sozialarbeit und Sozialpädagogik (ISS-Referat 1/1995).

Barnard M, McKeganey N (2004). The impact of parental problem drug use on children: what is the problem and what can be done to help? Addiction; 99: 552–9.

Bauman PS, Dougherty FE (1983). Drug-addicted mothers' parenting and their children's development. Int J Addictions; 18: 291–302.

Brienza RS, Stein MD, Chen MH, Gogineni A, Sobota M, Maksad J, Hu P, Clarke J (2000). Depression among needle exchange and methadone maintenance clients. J Subst Abuse Treatm; 18: 331–7.

Catalano RF, Haggerty KP, Gainey RR, Hoppe MJ (1997). Reducing parental risk factors for children's substance misuse: preliminary outcomes with opiate-addicted parents. Subst Use Misuse; 32: 699–721.

Catalano RF, Gainey RR, Fleming CB, Haggerty KP, Johnson NO (1999). An experimental intervention with families of substance abusers: one-year follow-up of the focus on families project. Addiction; 94: 241–54.

Colten ME (1980). A Comparison of Heroin-addicted and Non-addicted Mothers: Their Attitudes, Beliefs and Parenting Experiences. NIDA, Services Research Report, Heroin Addicted Parents and Their Children; two reports. Washington, DC: DHHS Pub. No. (Adm); 81–1028.

Davis SK (1990). Chemical dependency in women: a description of it's effects and outcome on adequate parenting. J Subst Abuse Treatm; 7: 225–32.

Dawe S, Harnett PH, Staiger P, Dadds MR (2000). Parent training skills and methadone maintenance: clinical opportunities and challenges. Drug Alcohol Depend; 60: 1–11.

Degwitz P, Krausz M (1995). Epidemiologie und Dokumentation im Drogenentzug. In: Behrendt K, Degwitz P, Trüg E (Hrsg). Schnittstelle Drogenentzug. Strategien, Praxis und Perspektiven vor dem Hintergrund des Paradigmenwechsels in der Drogenhilfe. Freiburg: Lambertus; 263–75.

Egami Y, Ford DE, Greenfield SF, Crum RM (1996). Psychiatric profile of sociodemographic characteristics of adults who report physically abusing or neglecting children. Am J Psychiatry; 153: 921–8.

Englert E, Ziegler M (2001). Kinder opiatabhängiger Mütter – Ein Überblick. Suchttherapie; 2: 143–51.

Hanel E (1988). Drogenabhängigkeit und Therapieverlauf bei Frauen in stationärer Entwöhnungsbehandlung. In: Feuerlein W, Bühringer G, Wille R (Hrsg). Therapieverläufe bei Drogenabhängigen. Berlin, Heidelberg, New York: Springer; 148–69.

Hartmann R, Möller I, Schmid R, Schu M (1994). Modellprogramm Verstärkung in der Drogenarbeit: „Booster-Programm". Abschlussbericht. Baden-Baden: Nomos (= Schriftenreihe des Bundesministeriums für Gesundheit, Bd. 35).

Hedrich D (1989). Drogenabhängige Frauen und Männer. In: Kindermann W, Sickinger R, Hedrich D, Kindermann S (1989). Drogenabhängig. Lebenswelten zwischen Szene, Justiz, Therapie und Drogenfreiheit. Freiburg: Lambertus; 193–234.

Hoffmann M, Weithmann G, Grupp D, Rothenbacher H, Kapp B, Mann K (1997). Erreichen niedrigschwellige Entzugsstationen neue Gruppen von Drogenabhängigen? Psychiatr Prax; 24: 296–9.

Hogan DM (1998). Annotation: the psychological development and welfare of children of opiate and cocaine users: review and research needs. J Child Psychol Psychiatry; 39: 609–20.

Janczak J, Wendelmuth F (1994). Die soziale Situation. In: Raschke P (Hrsg). Substitutionstherapie. Ergebnisse langfristiger Behandlung von Opiatabhängigen. Freiburg: Lambertus; 98–139.

Kandel DB (1990). Parenting styles, drug use, and children's adjustment in families of young adults. J Marr Fam; 52: 183–96.

Klein M (1999). Das Modellprojekt „Behandlung sofort Köln" – Qualifizierte Drogenentzugsbehandlung unter Zugangs- und Verfahrenserleichterung. Sucht aktuell; 6: 47–54.

Klein M (2003). Kinder drogenabhängiger Eltern. Fakten, Hintergründe, Perspektiven. Report Psychologie; 28: 358–71.

Klein M (2006a). Kinder und Jugendliche aus alkoholbelasteten Familien. Stand der Forschung, Situations- und Merkmalsanalyse, Konsequenzen. Regensburg: Roderer.

Klein M (2006b). Drogenabhängige Mütter und ihre Kinder. Kinderärztl Prax; 77: 212–6.

Klein M (Hrsg) (2006c). Kinder drogenabhängiger Mütter. Risiken, Fakten, Hilfen. Regensburg: Roderer.

Klein M, Zobel M (1997). Kinder aus alkoholbelasteten Familien. Kindheit und Entwicklung. Z Klin Kinderpsychol; 6: 133–40.

Klein M, Zobel M (2001). Prävention und Frühintervention bei Kindern aus suchtbelasteten Familien – Ergebnisse einer Modellstudie. In: Zobel M (Hrsg). Wenn Eltern zu viel trinken. Risiken und Chancen für die Kinder. Bonn: Psychiatrie-Verlag; 90–104.

Klemm-Vetterlein S (2000). Modellprojekt Fachberater Methadon. Düsseldorf: Ministerium für Frauen, Jugend, Familie und Gesundheit des Landes Nordrhein-Westfalen.

Kröger C, Klein M, Schaunig I (2006). Sucht und elterliche Stressbelastung: Das spezifische Belastungserleben in der Kindererziehung von alkoholabhängigen Müttern und substituierten opiatabhängigen Müttern. Suchttherapie; 7: 58–63.

Kroll B, Taylor A (2003). Parental Substance Misuse and Child Welfare. London: Jessica Kingsley.

Mann K, Kapp B (1997). Drogenentzug. Baden-Württemberg-Studie. Evaluation des niedrigschwelligen und qualifizierten Angebots. Stuttgart: Sozialministerium Baden-Württemberg (= Schriftenreihe Sucht, Bd. 14).

Mayes LC (1995). Substance abuse and parenting. In: Bornstein MH (ed). Handbook of Parenting. Vol. 4. Mahwah, NJ.: Lawrence Erlbaum; 101–25.

Nair P, Black MM, Schuler M, Keane V, Snow L, Rigney BA, Magder L (1997). Risk factors for disruption in primary caregiving among infants of substance abusing women. Child Abuse Negl; 21: 1039–51.

Prognos GmbH (1998). Endbericht Medikamentengestützte Rehabilitation i.v. Opiatabhängiger. Katamnese. Düsseldorf: Ministerium für Arbeit, Gesundheit und Soziales des Landes Nordrhein-Westfalen.

Puxi M, Kremer-Preiß U (1998). Familienorientierte Arbeit mit Kindern und Jugendlichen alkohol- bzw. drogenabhängiger Eltern/-teile. Endbericht der wissenschaftlichen Begleitforschung 1991–1998. Stuttgart: Kohlhammer (= Schriftenreihe des Bundesministeriums für Familie, Senioren, Frauen und Jugend, Bd. 166).

Raschke P (1994). Substitutionstherapie. Ergebnisse langfristiger Behandlung von Opiatabhängigen. Freiburg: Lambertus.

Raschke P, Kalke J, Degwitz P (2000). Moderne Dokumentation in der ambulanten Suchtkrankenhilfe

(Modellphase 01.08.1997–31.01.2000). Kiel: Ministerium für Arbeit, Gesundheit und Soziales des Landes Schleswig-Holstein.

Richter JW (2006). Prognose von Kindern aus drogenbelasteten Familien. Medizinische Auswirkungen einer intrauterinen Drogenexposition. Kinderärztl Prax; 77: 168–70.

Rosen TS, Johnson HL (1988). Drug-addicted mothers, their infants, and SIDS. Ann NY Acad Sci; 533: 89–95.

Scheib H, Steier M (1998). Hilfen für drogenabhängige Eltern und deren Kinder. Endbericht der wissenschaftlichen Begleitung des Modellprojekts KiD Hilfe für Kinder von Drogenabhängigen in Karlsruhe. Frankfurt a. M.: Institut für Sozialarbeit und Sozialpädagogik ISS e.V. (= ISS-Referat 3/1998).

Schulzke M (1994). Methadon-gestützte Psycho-/Soziotherapie für Heroinabhängige. Zwischenbericht der wissenschaftlichen Begleitung. Hannover: Niedersächsisches Sozialministerium. Berichte zur Suchtkrankenhilfe.

Simon R, Palazzetti M (1999). Jahresstatistik 1998 der ambulanten Beratungs- und Behandlungsstellen für Suchtkranke in der Bundesrepublik Deutschland. EBIS-Bericht für den Zeitraum 1.1.–31.12.1998. Sucht; 45, Sonderheft 1.

Simpson TL, Miller WR (2002). Concomitance between childhood sexual and physical abuse and substance use problems. Clin Psychol Rev; 22: 27–77.

Sowder BJ, Burt MR (1980). Children of Heroin Addicts: An Assessment of Health, Learning, Behavioral, and Adjustment Problems. New York: Praeger.

Tucker MB (1979). A descriptive and comparative analysis of the social support structure of heroin addicted women. In: National Institute on Drug Addiction (ed). Addicted Women: Family Dynamics, Self-perceptions, and Support Systems. Washington, DC: NIDA, U.S. Government Printing Office; 37–76.

Tyler R, Howard J, Espinosa M, Doakes SS (1997). Placement with substance-abusing mothers vs. placement with other relatives: infant outcomes. Child Abuse Negl; 21: 337–49.

Uziel-Miller ND, Lyons JS (2000). Specialized substance abuse treatment for women und their children. An analysis of program design. J Subst Abuse Treatm; 19: 355–67.

Verheul R, van den Brink W, Hartgens C (1995). Prevalence of personality disorders among alcoholics and drug addicts: an overview. Eur Addiction Res; 1: 166–77.

Wellisch DK, Steinberg MR (1980). Parenting attitudes of addict mothers. Int J Addictions; 15: 809–19.

Wilens TE, Biederman J, Kiely K, Bredin E, Spencer TJ (1995). Pilot study of behavioral and emotional disturbances in the high-risk children of parents with opioid dependence. J Am Acad Child Adolesc Psychiatry; 34: 779–85.

Wygold T, Michel C, Hering E (2006). Das Krankheitsbild des Neonatalen Drogenentzugs (NAS). Kinderärztl Prax; 77: 148–52.

Zoege M, Barthel B (1996). Suchtberatung für schwangere Frauen und Mütter mit kleinen Kindern. Ergebnisse des Modellprojekts. In: Ministerium für Kultur, Jugend, Familie und Frauen Rheinland-Pfalz (Hrsg). Kinder Suchtkranker. Symposium am 27.02.1996. Waldböckelheim: Müller & Stieber; 99–113.

15 Kinder von pathologischen Spielern

Martin Zobel

Das gewerbliche Glücksspiel ist in Deutschland seit Beginn der 90er Jahre des 20. Jahrhunderts ein schnell wachsender Markt, was insbesondere die Entwicklung der Abgaben der Glücksspielbetreiber an den Fiskus verdeutlicht. Während seit 1992 die Einnahmen des Staates aus Alkoholsteuern rückläufig sind, verzeichnen die Glücksspielabgaben insbesondere seit 1997 einen starken Anstieg. Zwischen 1992 und 2001 stiegen die Glücksspielabgaben von 3,1 auf 4,5 Milliarden Euro, was einen Anstieg um 44,2% bedeutet. Im gleichen Zeitraum fielen die Einnahmen aus Alkoholsteuern um 18,7% von 4,2 auf 3,4 Milliarden Euro (s. Abb. 15-1).

Diese Entwicklung ist nicht ohne Auswirkungen geblieben: Die Anzahl der ambulant behandelten pathologischen Glücksspieler ist zwischen 1994 und 2001 insbesondere in den neuen Bundesländern stark angestiegen, gegenüber 1992 hat im Jahr 2001 die Anzahl der Selbsthilfegruppen in Deutschland um etwa 22% zugenommen (Meyer 2003).

Auch in anderen Ländern ist im gleichen Zeitraum ein starker Anstieg des Glücksspiels zu verzeichnen, insbesondere in Australien und Nordamerika. Diese Zuwächse können auf mehrere Entwicklungen zurückgeführt werden. Zum einen ist das Glücksspiel mittlerweile als Freizeitbeschäftigung gesellschaftlich akzeptiert und toleriert, zum anderen sind die Möglichkeiten des legalen Glücksspiels deutlich erweitert worden. Dazu kommt, dass zunehmend Frauen dem Glücksspiel nachgehen.

Obwohl das pathologische Glücksspiel gemäß der aktuellen Version des ICD-10 (Dilling et al. 1993) nicht als „Sucht" oder „Abhängigkeit",

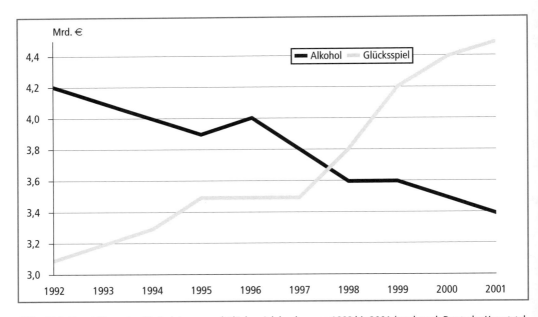

Abb. 15-1 Entwicklung der Alkoholsteuern und Glücksspielabgaben von 1992 bis 2001 (mod. nach Deutsche Hauptstelle gegen die Suchtgefahren, Jahrbücher Sucht 1994–2003).

sondern als „Störung der Impulskontrolle" definiert wird, spricht man dennoch auch in Fachpublikationen von der „Spielsucht", der der Betroffene erlegen ist. Da Parallelen zu den stoffgebundenen Abhängigkeiten (Kontrollverlust, Zwang zum Spielen, Dosissteigerung, Vernachlässigung von anderen Bereichen etc.) evident sind, hat sich der Sucht-Begriff, entgegen der offiziellen Deklaration, etabliert. Dies kommt auch in der Namensgebung der Organe der professionellen Hilfestellen zum Ausdruck (u. a. Landesstelle Glücksspielsucht, Arbeitskreis gegen Spielsucht, Fachverband Glücksspielsucht).

Die Kinder von pathologischen Spielern können also im Wesentlichen als Kinder aus einer suchtbelasteten Familie aufgefasst werden. Für Kinder von Eltern mit einer **stoffgebundenen Abhängigkeit** ist belegt, dass diese in Kindheit, Jugend und Erwachsenenalter ein erhöhtes Risiko für die Entwicklung von psychischen Störungen und für eine eigene stoffgebundene Abhängigkeit tragen (Zobel 2006). Die Kinder von Süchtigen sind also in vielen Fällen die Süchtigen von morgen. Insbesondere in den Bereichen Alkoholabhängigkeit und Drogenabhängigkeit werden daher die Rolle und die Bedeutung der Kinder in diesen Familien immer stärker gewichtet. In den Hilfesystemen und bei sozialpolitischen Organen wird zunehmend zur Kenntnis genommen, dass Kinder aus diesen Familien eine Risikopopulation darstellen, bei der intensive Programme zu Prävention und Frühintervention angezeigt sind.

In diesem Zusammenhang werden nun auch die Kinder von pathologisch spielenden Eltern immer stärker beachtet. Es stellt sich die Frage, ob Kinder aus Familien, in denen eine **stoffungebundene elterliche Sucht** besteht, in ähnlicher Weise gefährdet sind, psychisch zu erkranken bzw. eine stoffungebundene oder stoffgebundene Sucht zu entwickeln. Es liegt die Vermutung nahe, dass diese Kinder durch das elterliche pathologische Glücksspiel in ihrer psychosozialen Entwicklung ähnlich beeinträchtigt sind und daher im Hilfesystem stärker als bisher berücksichtigt werden sollten.

Die Auswirkungen des Glücksspiels eines Elternteils auf die Familie und insbesondere auf die Kinder wurden bisher kaum erforscht. Sowohl in der klinischen Literatur als auch in der wissenschaftlichen Forschung spielen die Kinder von pathologischen Spielern bisher eine Nebenrolle. Darbyshire et al. (2001, S. 185) stellen fest:

„Es wurde ein beträchtlicher Aufwand in die Erforschung des pathologischen Spielverhaltens und des erwachsenen Spieler investiert, doch sowohl in der einschlägigen wissenschaftlichen Literatur zum pathologischen Spielverhalten als auch in der klinischen Kinder- und Jugendpsychiatrie und -psychotherapie gibt es so gut wie keine Beachtung der Erfahrungen der Kinder in Familien mit einem pathologisch spielenden Elternteil." (Übs. d. A.)

15.1 Anzahl betroffener Kinder

Derzeit gibt es keine offiziellen Schätzungen zur Anzahl der betroffenen Kinder in Deutschland. Grundlage einer ersten Einschätzung sind die Ergebnisse der Jahresstatistiken der ambulanten Beratungs- und Behandlungsstellen für Suchtkranke (EBIS) sein. EBIS (Einrichtungsbezogenes Informationssystem) wird vorwiegend in psychosozialen Beratungsstellen, Institutsambulanzen und Fachambulanzen eingesetzt. Pathologische Spieler sind demnach zu 90 % männlichen Geschlechts, ca. 70 % sind zwischen 20 und 40 Jahre alt. Gemäß der EBIS-Dokumentation für das Jahr 1999 (IFT 2000; seit 2000 wird die genaue Anzahl der Kinder nicht mehr erfasst) hatten von 986 erfassten Personen (895 Männer, 91 Frauen) mit der Hauptdiagnose „Pathologisches Spielverhalten" 24,5 % ein Kind, 19,5 % zwei Kinder, 5,3 % drei Kinder und 2,1 % mehr als drei Kinder. Keine Kinder hatten 48,6 % der Befragten. Insgesamt gaben die 986 befragten Personen 873 Kinder an, sodass auf einen pathologischen Spieler im Durchschnitt etwa 0,9 Kinder entfielen. Insgesamt 35 % der Spieler wohnten mit mindestens einem Kind zusammen im Haushalt (546 Kinder, entspricht 62,5 %), sodass fast zwei Drittel der Kinder mit einem spielenden Elternteil zusammenlebten.

Will man die im EBIS erfassten Spieler und ihre Kinder auf die Grundgesamtheit in der Bevölkerung hochrechnen, ergibt sich eine Reihe von Problemen. Vor allem gibt es bis dato stark variierende Angaben über die Anzahl der pathologisch spielenden Glücksspieler in Deutschland. Meyer (2003) geht von 80 000 bis 130 000 beratungs- und behandlungsbedürftigen Spielern aus, was einem Bevölkerungsanteil von etwa 0,1 bis 0,2 % entspräche. Bühringer und Türk (1999) gehen von insgesamt 25 000 bis 30 000 behandlungsbedürftigen Spielern aus, allerdings nur bezogen auf Spielautomaten.

Legt man die genannte Zahl von durchschnittlich 0,9 Kindern pro problematischem Spieler zugrunde, ergeben sich nach den Prävalenzschätzungen von Meyer (2003) etwa 72 000 bis 117 000 betroffene Kinder, wobei etwa zwei Drittel von ihnen, also 48 000 bis 78 000, mit einem pathologisch spielenden Elternteil in einem Haushalt leben.

Darbyshire et al. (2001) fanden in Australien, dass dort etwa 50 % der problematischen Spieler mit ihren Kindern zusammen in einem Haushalt leben, statistisch gesehen lebt dort ein Spieler mit etwa 0,6 Kindern unter 15 Jahren zusammen.

15.2 Erfahrungen in der Familie

Pathologisches Spielverhalten entwickelt sich über die Zeit und kann nach Abbott et al. (1995) in drei typische Phasen eingeteilt werden: Anfangs ist das Spielen Zeitvertreib und findet gelegentlich statt. Die Aufregung des Spiels wird als Ablenkung vom Alltag angesehen. Eine zufällige Serie von Gewinnen führt häufig zu einer überzogenen Einschätzung der eigenen Fähigkeiten und Gewinnmöglichkeiten und generiert den Traum vom „großen Gewinn". Als Folge steigen die Einsätze und die Anzahl der Spielanlässe. Erste Warnzeichen wie das Leihen von Geld für das Spiel, Schuldgefühle wegen des Spielens oder die Erwägung von illegalen Mitteln, um Geld zum Spielen zur Verfügung zu haben, werden in der Regel übersehen.

Wenn der Ehemann der spielende Elternteil ist, reagiert die Partnerin anfänglich mit Toleranz und Verständnis auf das immer häufiger auftretende Spielen des Partners. Sie sieht es ebenfalls als abwechslungsreiche Freizeitbeschäftigung an, findet plausible Erklärungen für das gehäufte Spielen des Partners und sieht das Spielen zunächst nicht als Problem.

Mit der Zeit wird der Partner mehr und mehr gefangen vom Glücksspiel. Er beschäftigt sich intensiv mit vergangenen oder zukünftigen Einsätzen und entwickelt bei eingetretenen Verlusten vermehrt Schuldgefühle. Seine Versuche, das verlorene Geld rasch wiederzugewinnen, scheitern in der Regel. Gefühle von Depression und Angst stellen sich ein, der „Kick" vom Anfang ist längst verflogen. Er beginnt, Konto und Kreditkarten zu überziehen, Lebensversicherungen einzulösen, Geld zu leihen, und begeht Betrügereien und Fälschungen, um sich finanzielle Mittel zu verschaffen. Er sieht diese Maßnahmen als vorübergehend an, da er überzeugt ist, in Kürze alles zurückgewinnen zu können.

Die Partnerin merkt, dass das Glücksspiel nicht mehr allein dem Freizeitvergnügen dient, sondern erhebliche Konsequenzen auf die eigene Lebensführung bekommt. Durch die eingetretenen Verluste wird das zur Verfügung stehende Geld knapper, Anschaffungen müssen zurückgestellt werden, Kredite können nicht mehr bezahlt werden, Pfändungen und Offenbarungseid drohen. Ihr Drängen, das Spielen einzuschränken oder auf das Spielen ganz zu verzichten, wird vom Partner in der Regel überhört. Für den Spieler ist – wie für jeden Süchtigen – die Sucht, also das Spielen, zum Lebensinhalt Nr. 1 geworden. Er ist gefangen von der Vorstellung, das verlorene Geld wieder einspielen und darüber hinaus ein beträchtliches Vermögen anzuhäufen zu können, wobei er sich mehr und mehr von der Realität entfernt. Verschiedene irrationale Annahmen, wie illusionäre Kontrollüberzeugungen (den Zufall vorhersagen können; mit einem bestimmten Spielautomaten besonders „vertraut" zu sein; Expertenwissen beim Oddset; Überzeugung, den Spielautomaten „besiegen" zu können) sowie unrealistische Gewinnerwartungen (Erwartung eines Ausgleichs für Verluste) halten sein Spielverhalten aufrecht und immunisieren ihn gegen Einflüsse von außen (Schneider u. Funke 2000).

In der weiteren Entwicklung stellen sich zunehmend Probleme in der Partnerschaft und im Arbeitsverhältnis ein. Banken und andere Gläubiger setzen der Familie zu, Arbeitsplatzverlust und Haft drohen. Die Partnerin wird aufgrund der sich zuspitzenden finanziellen Lage zunehmend frustriert. Es kommt zu erheblichen partnerschaftlichen Auseinandersetzungen, verbunden mit massiven Kontrollversuchen der Ehefrau, schließlich zu Gefühlen von Wut und Hass auf den Spieler, der trotz aller Versprechungen und Drohungen das Spielen nicht einschränkt oder aufgibt. Dies hat oft erhebliche Auswirkungen auf die psychische Verfassung aller Beteiligten. Die Atmosphäre in Familien mit einem pathologisch spielenden Elternteil kann als angespannt, unberechenbar und willkürlich beschrieben werden.

Aufgrund der finanziellen Verluste begehen Spielsüchtige häufig Straftaten. Denzer et al. (1995) berichten, dass ca. 30% der untersuchten Patienten eine oder mehrere Straftat begehen. Auch das Risiko für eine Depression ist bei Spielern erhöht, etwa 25% berichten einen oder mehrere Suizidversuche in der Vergangenheit (ebd.). Darüber hinaus „leihen" sich süchtige Spieler häufig Geld bei den Kindern, stehlen deren Sparschwein oder missbrauchen die Kreditkarten der erwachsenen Kinder.

Etwa ein Viertel der Glücksspieler in Behandlung berichtet zudem von einer weiteren Abhängigkeit, bei mehr als 20% besteht neben dem pathologischen Spielverhalten eine Alkoholabhängigkeit (ebd.). Familien mit einem pathologisch spielenden Elternteil sind gekennzeichnet durch vermehrte Auseinandersetzungen, Trennungen, Scheidungen, Unsicherheiten und finanzielle Probleme. Partnerinnen von Spielern werden häufiger krank, zeigen häufiger Depressionen, suizidale Tendenzen, finanzielle Probleme, eheliche Unzufriedenheit und werden häufiger von ihren spielenden Partnern physisch und psychisch misshandelt (Abbott et al. 1995; Darbyshire et al. 2001).

Die Kinder erfahren also häufig nicht nur einen pathologisch spielenden, sondern zudem auch alkoholabhängigen, depressiven und straffälligen Elternteil. Auch der nichtabhängige Elternteil ist häufig durch die Spielsucht in seiner psychischen Stabilität belastet und kann den Kindern nur eingeschränkte Unterstützung geben.

15.2.1 Auswirkungen auf die Kinder

Für Suchtfamilien gilt, dass sich kein Mitglied der Familie dem Geschehen entziehen kann, da die Abhängigkeit eines Elternteils das tägliche Leben aller Beteiligten grundlegend verändert. Die Suchtkrankheit eines Elternteils ist nicht allein auf seine Person beschränkt, sondern hat immer Auswirkungen auf das Umfeld, also vor allem auf die Familie. Trotzdem wird vom spielenden Elternteil und nicht selten auch vom nichtspielenden Partner angeführt, dass die Kinder vom pathologischen Spielen und den damit verbundenen Problemen nichts mitbekommen hätten, da sie noch „zu klein" oder in kritischen Situationen gar nicht anwesend gewesen seien. Hierzu eine Erfahrung aus dem Arbeitskreis gegen Spielsucht in Unna, der im Zuge der Wanderausstellung „SPIEgeLBILDER" einzelne Motive (s. Abb. 15-2) und deren Hintergrund vorstellte:

> Während der Beratung seiner Eltern wurde Max, fünf Jahre alt, in einem anderen Raum Zeichenmaterial angeboten. Im Beratungsgespräch waren sich die Eltern nur in einem Punkt einig: „Unser Max bekommt von dem ganzen Stress rund ums Spielen nichts mit. Wir streiten uns nur, wenn er schon im Bett ist!" Nach dem Gespräch präsentierte Max den Eltern sein Bild und kommentierte auf Nachfrage: „Das ist der Papa, der hat zu viel gespielt am Spielkasten. Und nun wird er aufgefressen vom Spielkasten."

Psychosoziale Entwicklung

Wie bereits ausgeführt, haben sich bisher nur wenige Studien mit den Entwicklungsverläufen von Kindern aus Familien mit einem pathologisch spielenden Elternteil befasst. Kinder von

pathologischen Spielern sind demnach durch folgende Merkmale gekennzeichnet:
- sozial isoliert, physisch und emotional depriviert, depressiv und wütend (Lesieur u. Rothschild 1989)
- erleben häufiger stressbezogene Krankheiten wie Asthma und Allergien und Magen-Darm-Probleme, zeigen schlechte Schulleistungen, machen sich vermehrt Sorgen um die Familie, beginnen in einem früher Alter mit dem Konsum von Zigaretten, Alkohol und Drogen (Franklin u. Thomas 1989)
- betreiben häufiger Glücksspiel und Risikoverhalten wie Rauchen, Trinken, Drogenkonsum und übermäßiges Essen (Jacobs et al. 1989)

Eigene Suchtentwicklung

Wir wissen aus den Untersuchungen an Kindern und Jugendlichen aus alkoholbelasteten Familien, dass diese im Erwachsenenalter häufig ebenfalls Suchtprobleme bekommen (Zobel 2005, 2006). Zunehmend wird diese Transmission von Sucht über Generationen hinweg auch bei Familien mit einem pathologisch spielenden Elternteil untersucht. Kinder von pathologischen Spielern führen häufig an, dass sie niemals Glücksspiele spielen und ihrer zukünftigen Familie ihr eigenes Schicksal ersparen wollen (Franklin u. Thomas 1989). Verschiedene Studien sehen allerdings einen Zusammenhang zwischen dem elterlichen problematischen Spielverhalten und der Wahr-

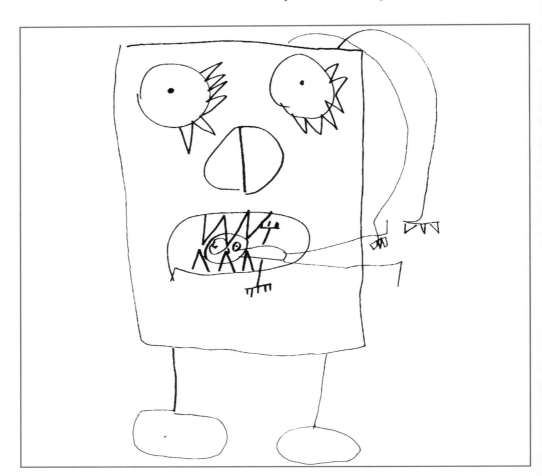

Abb. 15-2 Das Kind (Motiv aus der Wanderausstellung „SPIEgeLBILDER", AK gegen Spielsucht e.V., Unna).

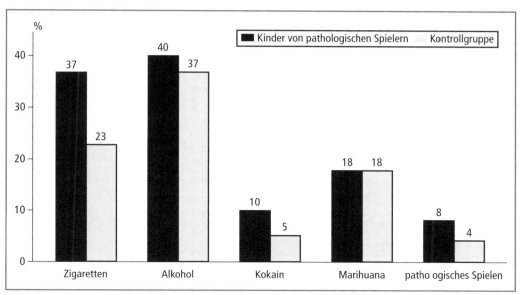

Abb. 15-3 Konsum und Glücksspielverhalten bei Kindern und Jugendlichen mit und ohne (pathologisch) spielendem Elternteil (n = 844; Angaben in %) (mod. nach Jacobs et al. 1989).

scheinlichkeit, dass diese Kinder später ebenfalls Glücksspiel betreiben (Abbott et al. 1995; Buchta 1995; Darbyshire et al. 2001; Griffiths 1995; Jacobs et al. 1989).

Jacobs et al. (1989) beispielsweise untersuchten 844 Schüler zwischen 15 und 19 Jahren im Hinblick auf problematisches Spielverhalten bei den Eltern. Insgesamt 52 Schüler (6,2%) bejahten diese Frage. Beim eigenen Umgang der Schüler mit Suchtmitteln (Alkohol, Zigaretten, Kokain, Haschisch, Glücksspiel) zeigte sich, dass Kinder mit einem pathologisch spielenden Elternteil häufiger zu Suchtmitteln griffen und doppelt so häufig dem Glücksspiel nachgingen wie Schüler der Vergleichsgruppe ohne pathologisch spielenden Elternteil. 75% der Kinder mit einem pathologisch spielenden Elternteil gaben an, bereits vor dem 11. Lebensjahr dem Glücksspiel nachgegangen zu sein, im Vergleich zu 34% der Schüler in der Kontrollgruppe (vgl. Abb. 15-3).

Untersuchungen hinsichtlich der familiären Vorbelastungen von pathologischen Spielern ergeben, dass 33,6% der männlichen und 39,6% der weiblichen Spieler ein Suchtproblem bei mindestens einem Elternteil angeben. Bei jeder fünften spielenden Frau (20,8%) ist auch der Partner suchtkrank (EBIS 1999). Weiterhin berichten fast 40% der pathologischen Spieler von einem problematisch spielenden Vater und weitere 14% von einer problematisch spielenden Mutter (Lesieur et al. 1986). In der Studie von Grant und Kim (2001) gaben 58% der pathologischen Spieler mindestens einen Verwandten ersten Grades an, der ebenfalls Symptome eines problematischen Spielverhaltens zeigte. Walters (2001) fand in einer Meta-Analyse von 19 Familien- und Zwillingsstudien signifikante Hinweise für eine familiäre Belastung für Söhne von spielenden Vätern.

Eine prospektive Untersuchung zum Entwicklungsverlauf des Spielverhaltens bei Jugendlichen wurde von Winters et al. (2002) durchgeführt. Die Autoren untersuchten die Entwicklung des Glücksspielverhaltens bei 305 Jugendlichen und jungen Erwachsenen über einen Zeitraum von acht Jahren hinweg. Neben anderen Variablen wie männliches Geschlecht, Substanzgebrauch, schlechte Schulleistungen und problematisches Spielverhalten während der Jugend war ein problematisches elterliches Spielverhalten der stärkste Prädiktor für eigenes problematisches Glücksspielverhalten als Erwachsener.

Die Ergebnisse der einzelnen Studien legen den Schluss nahe, dass Kinder (insbesondere Söhne) aus Familien mit einem pathologisch spielenden Elternteil eine Risikopopulation für die Entwicklung von problematischem Spielverhalten darstellen. Ähnlich wie Kinder von Eltern mit einer stoffgebundenen Abhängigkeit sind auch Kinder von pathologischen Spielern besonders gefährdet, das im Elternhaus erlebte Problemverhalten im späteren Leben selbst auszuführen.

15.3 Risiko- und Schutzfaktoren

Bei der Einschätzung des Entwicklungsrisikos der Kinder sind neben den Risikofaktoren in der familiären Umwelt und beim Jugendlichen (u. a. männliches Geschlecht, hohe Risikobereitschaft, geringes Selbstwertgefühl) auch entsprechende Schutzfaktoren zu berücksichtigen. Erst die Zusammenschau von Belastungen und Ressourcen ermöglicht eine Einschätzung des Entwicklungsrisikos. Wolin und Wolin (1995, 1996) merken an, dass Anzeichen für seelische Gesundheit bei den Kindern und Jugendlichen häufig hinter der Beachtung der Psychopathologie zurückstehen. Daher ist es sinnvoll und notwendig, Bedingungen für eine weitgehend gesunde Entwicklung zu benennen.

Bei den Schutzfaktoren hat sich insbesondere das Konzept der „Resilienz" durchgesetzt. Resilienz bedeutet „Widerstandsfähigkeit", die es dem Kind ermöglicht, in einer potenziell schädigenden Umwelt psychisch stabil zu bleiben. Resiliente Kinder zeichnen sich durch verschiedene Merkmale aus:
- Sie nutzen ihre körperlichen und/oder geistigen Talente.
- Sie teilen ein Hobby zusammen mit Freunden.
- Sie nehmen an Gemeinschaftsaktivitäten wie Schülerbands und Theatergruppen teil und richten sich die Schule als einen Bereich ein, in dem sie sich wohl und akzeptiert fühlen.
- Sie haben Freundschaften, die sie pflegen.

Wolin und Wolin (1995, 1996) nennen insgesamt sieben Resilienzen vor, die Kinder in dysfunktionalen Familien „stark machen" und eine ungünstige Entwicklung verhindern helfen sollen:
- Einsicht
- Unabhängigkeit
- stabile emotionale Beziehungen
- Initiative
- Kreativität
- Humor
- Moral

15.3.1 Einsicht

Dem Kind sollte einfühlsam und altersgerecht vermittelt werden, dass der spielende Elternteil krank ist, aber momentan nichts gegen seine Krankheit unternehmen will. Diese Krankheit bewirkt Schwankungen in Stimmung und Verhalten, die sich dann auch am Kind entladen. Es ist für das Kind wichtig, Informationen über das pathologische Spielen und dessen Auswirkungen auf die Familie zu bekommen, um die familiären Auswirkungen des Spielens nicht auf sich zu beziehen (im Sinne von: „Ich bin schuld, dass mein Vater so viel Geld in den Spielautomaten wirft"). Dies kann bei jüngeren Kindern beispielsweise durch geeignete Bilderbücher oder andere Materialien geschehen.

15.3.2 Unabhängigkeit

Wenn der Elternteil weiterhin dem Glücksspiel nachgeht, ist eine schrittweise innere und äußere Distanz zu den häuslichen Vorgängen notwendig, um Fehlentwicklungen vorzubeugen. Die Kinder sollten die Gelegenheit haben, Erfahrungen mit anderen Personen zu machen, beispielsweise durch Unternehmungen mit Freunden oder Nachbarn, durch Freizeiten, Wochenendausflüge, Spiel- und Bastelnachmittage, sportliche Aktivitäten, Schulmeisterschaften etc. Positive Erfahrungen außerhalb des Elternhauses können eine gewisse innere Unabhängigkeit von den häuslichen Gegebenheiten fördern und den Selbstwert der Kinder steigern.

15.3.3 Stabile emotionale Beziehungen

Positive Erfahrungen mit Freunden und anderen Eltern können die Betreffenden ermutigen, als Jugendliche und junge Erwachsene vertrauensvolle Bindungen einzugehen. Stabile emotionale Beziehungen zu Personen außerhalb der Kernfamilie geben den Kindern einen Eindruck davon, dass andere Menschen anders leben und in anderen Haushalten andere Regeln gelten. Sie können dadurch andere Elternmodelle erleben und erfahren, dass andere Erwachsene Probleme aushalten bzw. lösen können, ohne dem Glücksspiel nachzugehen.

15.3.4 Initiative

Die Kinder brauchen, wie andere Kinder auch, Ansporn und Belobigung sowie die Rückmeldung, dass ihre Art zu handeln, zu denken und zu fühlen in Ordnung ist. Ein spielerisches Erforschen der Umwelt stärkt die Selbstwirksamkeitserwartungen und gibt dem Kind Zutrauen zu weiteren Unternehmungen. Die Eigeninitiative zeigt sich beim Jugendlichen in erfülltem Tun sowie in der Begeisterung für zielgerichtete Projekte und für die Lösung von schwierigen Aufgaben.

15.3.5 Kreativität

Auch hier braucht das Kind Anleitung und Bestätigung sowie Raum und Zeit, um seine Kreativität zu entwickeln. Durch künstlerisches Gestalten kann es einen Zugang zu seiner Befindlichkeit bekommen und sich in seinen Werken mitteilen. Kreatives Spielen und Arbeiten lenken darüber hinaus vom Alltag ab und geben dem Kind die Möglichkeit, etwas Neues und Besonderes zu erschaffen.

15.3.6 Humor

Humor kann zu einem emotionalen Abstand zu den häuslichen Verhältnissen führen und hat darüber hinaus eine wichtige psychohygienische Bedeutung. Aufgrund der angespannten häuslichen Atmosphäre haben die Kinder häufig die natürliche Fähigkeit zu lachen und Spaß zu haben wenig erlebt. Das Vermögen, auch einmal neben sich stehen zu können und nicht alles zu ernst zu nehmen, kann in Form von Rollenspielen o.Ä. eingeübt werden.

15.3.7 Moral

Aufgrund der familiären Situation fehlt den Kindern oft ein klarer und nachvollziehbarer Maßstab für angemessenes und unangemessenes Verhalten. Was heute angemessen und richtig ist, kann morgen schon unangemessen und falsch sein. Moral beginnt zunächst mit der Fähigkeit, zwischen gut und schlecht unterscheiden zu können. In einer erweiterten und reifen Form führt moralisches Verhalten dazu, der Gesellschaft zu dienen und ethische Grundsätze zu vertreten.

Bisher existieren kaum spezifische Angebote für Kinder von Spielern. Aber auch unspezifische Angebote bei den verschiedenen Hilfeträgern können für die Kinder sehr nützlich sein. Bei diesen Hilfen geht es insbesondere darum, Beziehungen zu Gleichaltrigen zu ermöglichen, Gemeinschaftsaktivitäten zu initiieren und die Fähigkeiten und Fertigkeiten der Kinder zu fördern.

Literatur

Abbott DA, Craemer SL, Sherrets SD (1995). Pathological gambling and the family: practice implications. Fam Soc; 76: 213–9.

Buchta RM (1995). Gambling among adolescents. Clin Pediatr; 34: 346–8.

Bühringer G, Türk D (1999). Geldspielautomaten – Freizeitvergnügen oder Krankheitsverursacher? Göttingen: Hogrefe.

Darbyshire P, Oster C, Carrig H (2001). Children of

parent(s) who have a gambling problem: a review of the literature and commentary on research approaches. Health Soc Care Comm; 9: 185–93.

Denzer P, Petry J, Baulig T, Volker U (1995). Pathologisches Glücksspiel: Klientel und Beratungs-/Behandlungsangebot. In: Deutsche Hauptstelle gegen die Suchtgefahren (Hrsg). Jahrbuch Sucht 96. Hamburg: Geesthacht; 279–95.

Deutsche Hauptstelle gegen die Suchtgefahren (Hrsg). Jahrbücher Sucht 1994–2003. Geesthacht: Neuland.

Dilling H, Mombour W, Schmidt MH (Hrsg) (1993). Internationale Klassifikation psychischer Störungen: ICD-10, Kapitel V (F) Bern: Huber.

Franklin J, Thomas DR (1989). Clinical observations of family members of compulsive gamblers. In: Shaffer H (ed). Compulsive Gambling: Theory, Research & Practice. Toronto: Lexington Books; 135–46.

Grant JE, Kim SW (2001). Demographic and clinical features of 131 adult pathological gamblers. J Clin Psychiatry; 62: 957–62.

Griffiths M (1995). Towards a risk factor model of fruit machine addiction: a brief note. J Gambling Stud; 11: 343–6.

Institut für Therapieforschung (2000). Jahresstatistik der ambulanten Beratungs- und Behandlungsstellen für Suchtkranke 1999 (EBIS). www.ebis-ift.de/sites/Download/download_fr.htm (25. November 2002).

Jacobs DF, Marston AR, Singer RD, Widaman K, Little T, Veizades J (1989). Children of problem gamblers. J Gambling Behav; 5: 261–8.

Lesieur HR, Rothschild J (1989). Children of gamblers Anonymous Members. J Gambl Stud; 5: 269–81.

Lesieur HR, Blume SB, Zappa RM (1986). Alcoholism, drug abuse, and gambling. Alcohol Clin Exp Res; 10: 33–8.

Meyer G (2003). Glücksspiel – Zahlen und Fakten. In: DHS (Hrsg). Jahrbuch Sucht 2003. Geesthacht: Neuland.

Schneider B, Funke W (2000). Sexsucht – Theorie und Empirie. In: Poppelreuter S, Gross W (Hrsg). Nicht nur Drogen machen süchtig. Entstehung und Behandlung von stoffungebundenen Süchten. Weinheim: Psychologie Verlags Union; 113–25.

Walters GD (2001). Behavior genetic research on gambling and problem gambling: a preliminary meta-analysis of available data. J Gambling Stud; 17: 255–71.

Winters KC, Stinchfield RD, Botzet A, Anderson N (2002). A prospective study of youth gambling behaviors. Psychol Addict Behav; 16: 3–9.

Wolin S, Wolin S (1995). Resilience among youth growing up in substance-abusing families. Subst Abuse; 42: 415–29.

Wolin S, Wolin S (1996). The challenge model. Working with strengths in children of substance abusing parents. Adolesc Subst Abuse Dual Disord; 5: 243–56.

Zobel M (Hrsg) (2005). Wenn Eltern zu viel trinken. Risiken und Chancen für die Kinder. 2. Aufl. Bonn: Psychiatrie-Verlag.

Zobel M (2006). Kinder aus alkoholbelasteten Familien – Entwicklungsrisiken und -chancen. 2. Aufl. Göttingen: Hogrefe.

16 Kinder mit allein erziehenden Eltern

Matthias Franz

Der Anteil der Einelternfamilien an allen Familien mit Kindern in Deutschland stieg in den letzten Jahrzehnten von 8% im Jahr 1970 auf heute ca. 25% (Jesse u. Sander 1999; Statistisches Bundesamt 2005). Nach Angaben des Bundesamtes für Statistik leben in Deutschland knapp 2,3 Millionen Alleinerziehende – 81% davon sind Mütter. Der Familienstatus der allein erziehenden Mütter mit Kindern unter 18 Jahren ist zwar heterogen: 39,4% sind geschieden, 14,6% getrennt, 39,9% ledig, 6,0% verwitwet. Das Thema der konflikthaften Partnerwahl und der zerbrochenen Partnerbeziehung dominiert jedoch in dieser Gruppe. Die Zahl der Ehescheidungen in Deutschland beträgt derzeit deutlich über 200 000 jährlich. In über der Hälfte der Fälle sind hiervon minderjährige Kinder betroffen. 22% (ca. 3,2 Millionen) aller Kinder unter 18 Jahren leben heute in Deutschland in Einelternfamilien, etwa 82% (ca. 2,6 Millionen) von diesen bei den Müttern (ebd.).

Allein erziehen ist in Deutschland wie in vielen anderen Ländern auch mit einem erheblichen Armutsrisiko verbunden (Frick et al. 1990; Kraas u. Sailer-Fliege 1995; Neubauer 1988; Stegmann 1997). Die weiblichen Alleinerziehenden mit Kindern unter 18 Jahren machten Ende 1998 22,4% aller Sozialhilfeempfänger aus. Im Jahr 1997 lebten 17% aller Familien nach Auskunft des Statistischen Bundesamts in relativer Armut, wohingegen dies im Jahr 1995 auf rund 40% der Alleinerziehenden-Haushalte zutraf (Palentien et al. 1999). Auch nach Berechnung des bedarfsgewichteten Pro-Kopf-Nettoeinkommens für alle Haushaltsmitglieder (Korrektur nach neuer OECD-Gewichtung, Faik 1995) bleibt die deutliche Ungleichverteilung des Nettoeinkommens zu Ungunsten der allein erziehenden Mütter erhalten. Dies entspricht dem Befund, dass das bedarfsgewichtete Pro-Kopf-Einkommen in Alleinerziehenden-Haushalten 1996 in Deutschland etwa 70% dessen von Haushalten mit zwei Elternteilen (Kirner et al. 1999) betrug. In Alleinerziehenden-Haushalten leben nach Angaben des BMFSFJ darüber hinaus mit 56% überdurchschnittlich viele Kinder, die Sozialhilfe beziehen.

Studien zur psychosozialen und gesundheitlichen Situation Alleinerziehender stammen zumeist aus dem angelsächsischen und skandinavischen Raum. Für diese Bevölkerungsgruppe wurde ein erhöhtes Risiko für das Auftreten verschiedener Erkrankungen und psychosozialer Belastungen gefunden. Nach Gove et al. (1990) und Ringbäck Weitoft et al. (2000) besteht bei Geschiedenen und getrennt lebenden Paaren ein erhöhtes Risiko für körperliche und für psychiatrische Erkrankungen, Suizid, Unfälle und Alkoholprobleme. Ringbäck Weitoft et al. fanden ein um 70% erhöhtes Mortalitätsrisiko für Alleinerziehende auch nach Berücksichtigung des sozioökonomischen Status und vorher bestehender Erkrankungen.

Eine erhöhte psychische Beeinträchtigung Alleinerziehender durch Depressivität und Angst wurde in Ländern mit sehr unterschiedlichem Lebensstandard oder Sozialsystem gefunden – wie beispielsweise in Kanada (Lipman et al. 1997), den USA (Gove u. Shin 1989; Walters 1993), in Großbritannien (Baker u. North 1999; Blaxter 1990; Brown u. Moran 1997), China (Cheung u. Liu 1997) und Puerto Rico (Burgos et al. 1995). Dieser Zusammenhang ließ sich auch noch nach Berücksichtigung sozialer Ressourcen nachweisen (Cotten 1999). Saul und Payne (1999) befragten in einer epidemiologischen Studie in Großbritannien über 16 000 Personen zu gesundheitlichen Beeinträchtigungen und ihrer sozioökonomischen Situation. Es zeigte sich, dass der sozioökonomische Status und der Einelternstatus am stärksten mit psychosomatischen Erkrankungen assoziiert waren. In großen epidemiologischen Studien in Großbritannien (Shouls et al. 1999) blieben allein erziehende

Mütter im Vergleich zu verheirateten Frauen über größere Zeiträume zeitstabil gesundheitlich beeinträchtigter, trotz deutlicher politischer und ökonomischer Veränderungen. Whitehead et al. (2000) fanden in Großbritannien und Schweden einen etwa gleich großen Unterschied in der Selbsteinschätzung der Gesundheitssituation und im Auftreten von chronischen Erkrankungen zum Nachteil allein erziehender im Vergleich zu verheirateten Müttern, obwohl die politischen und sozialen Rahmenbedingungen in beiden Ländern sehr unterschiedlich sind. In Großbritannien leben etwa 58% der Alleinerziehenden in Armut, in Schweden dagegen nur ca. 10%. Diese Befunde sprechen dafür, dass neben dem sozio-ökonomischen Status auch andere Faktoren das Erkrankungsrisiko Alleinerziehender beeinflussen.

Die psychosoziale Belastung Alleinerziehender und deren Kinder wurde im deutschen Sprachraum bislang kaum an großen Stichproben erforscht. In einer eigenen epidemiologischen Untersuchung (Franz et al. 2003) wurde deshalb der Familienstatus einer kompletten Kohorte von über 5 000 Schulneulingen in Düsseldorf erhoben. Allein erziehende Mütter und ihre Kinder wurden mit einer Kontrollgruppe verheirateter Mütter hinsichtlich sozialer Kennwerte und psychischer Belastung verglichen. Wie erwartet lebten 18% aller Kinder in Einelternfamilien. Der Sozialstatus (Einkommen deutlich erniedrigt, niedrigere Bildungsabschlüsse, Sozialhilferate: 39%) allein erziehender Mütter war gegenüber der Kontrollgruppe verheirateter Mütter massiv erniedrigt. Der Grad der psychischen Beeinträchtigung der Mütter wurde mit der Symptom-Checklist-90-R (SCL-90-R, Derogatis 1977; Franke 1995) erhoben. Die psychische Belastung und insbesondere die Depressivität waren im Vergleich zur Kontrollgruppe signifikant erhöht (s. Abb. 16-1).

Eine besonders hohe psychische Beeinträchtigung innerhalb der Gruppe der allein erziehenden Mütter zeigten in dieser Untersuchung die jüngeren, die ärmeren Mütter sowie diejenigen ohne eine weitere Unterstützungsperson für ihr Kind.

Zwar finden sich in der Literatur auch Hinweise darauf, dass viele Alleinerziehende ihre Lebenssituation gut bewältigen (Napp-Peters 1985; Neubauer 1988; Schwarz u. Gödde 1999; Wagner-Winterhager 1988). Die im Mittel jedoch stärkere gesundheitliche und psychische Beeinträchtigung Alleinerziehender ist aber in zahlreichen Untersuchungen gut belegt. Welche Faktoren auf den Gesundheitszustand und die psychosoziale Beeinträchtigung Alleinerziehender in positiver oder negativer Weise Einfluss nehmen, ist jedoch noch unzureichend geklärt.

Nach einer Trennung vom Partner kommt es vor allem bei Frauen zu einer deutlichen Verringerung des Haushaltsnettoeinkommens (Brown u. Moran 1997; Neubauer 1988; Weitzman 1985) mit vermehrtem Auftreten von Stimmungseinbrüchen (Berman u. Turk 1981), Depression und Ängsten (Pearlin u. Johnson 1977; Walters 1993). Eine bessere Ausbildung, ein gesichertes Arbeitsverhältnis sowie umfangreiche und supportive Netzwerke werden als protektive Faktoren für geringere Depressivität und Ängste sowie besseres Wohlbefinden Alleinerziehender beschrieben (Berman u. Turk 1981; Plummer u. Koch-Hattem 1986; Propst et al. 1986; Whitehead et al. 2000). Das Ausmaß der Konflikte mit dem anderen Elternteil vor und nach der Trennung (Berman u. Turk 1981) oder Verhaltensauffälligkeiten der Kinder im Gefolge der Trennung (Berman u. Turk 1981; Hetherington et al. 1985; Propst et al. 1986; Wallerstein u. Kelly 1980) beeinflussen das Wohlbefinden Alleinerziehender ebenfalls.

Etliche Studien weisen darauf hin, dass erhöhte ökonomische und psychische Belastungen allein erziehender Mütter sich über die resultierende Demoralisation und Depression auch auf das Wohlbefinden und Verhalten ihrer Kinder auswirken können (Amato 1994; Amato 2000; McLanahan 1999; Morash u. Rucker 1989). Bekannte Risikofaktoren für die spätere Entwicklung eines Kindes sind häufig mit einer psychischen und sozialen Überforderung oder gesundheitlichen Beeinträchtigungen ihrer Mütter verknüpft. Hierzu zählen:

- psychische Erkrankungen der Mutter (Bromet et al. 1998; Egle u. Hoffmann 1997; Tress et al. 1989)
- schwere körperliche Erkrankungen der Mutter (Dührssen 1984; Egle u. Hoffmann 1997; Werner u. Smith 1992)

- chronische elterliche Disharmonie (Amato u. Booth 2001; Hetherington 1999; Werner u. Smith 1992)
- berufsbedingte Abwesenheit der Mutter im ersten Lebensjahr (Baydar u. Brooks-Gunn 1991)
- emotionale Ablehnung und Unerwünschtheit des Kindes (Amendt u. Schwarz 1992; Kubicka 1995; Matejcek 1991)
- jugendliches Alter (Fergusson et al. 1994; Lieberz u. Schwarz 1987) und niedrige Schulbildung der Mutter (Lieberz u. Schwarz 1987; Werner u. Smith 1992)
- Suchterkrankungen (Felitti et al. 1998; Klein 2002; Lösel et al. 1989)

In diesem Zusammenhang erscheint es besonders tragisch, dass allein erziehende Mütter einer deutschen Erhebung (Franke et al. 2001) zufolge einen erhöhten Alkoholkonsum angeben. Allein erziehende Frauen waren in dieser Studie unter den Frauen mit einem hohen bis sehr hohen Alkoholkonsum mit 57,9% deutlich überrepräsentiert gegenüber Frauen, die mit ihrem Kind und einem Partner zusammenlebten (36,8%). Auch Ringbäck Weitoft et al. (2000) fanden in einer sehr großen epidemiologischen Untersuchung bei Alleinerziehenden ein erhöhtes Risiko für Alkoholmissbrauch. Suchterkrankungen können in belastenden Lebenssituationen auch als pathologisches Bewältigungsverhalten verstanden werden. Daher erscheint es nicht überraschend, dass wiederholt bei allein erziehenden Müttern ein erhöhtes Risiko auch für Nikotinabhängigkeit beschrieben wurde. In der Stichprobe des Mikrozensus 1999 (Helfferich et al. 2003) war der Anteil regelmäßig rauchender Mütter bei den allein erziehenden mit 45,6% doppelt so hoch wie bei den verheirateten Müttern (23,6%). Siahpush et al. (2002) untersuchten die Häufigkeit der Nikotinabhängigkeit in einer großen epidemiologischen australischen Stichprobe und den möglichen Einfluss sozioökonomischer Faktoren. Insgesamt 46,3% der allein erziehenden Mütter rauchten. Auch nach statistischer Kontrolle sozioökonomischer Einflüsse persistierte ein starker spezifischer Effekt des Alleinerziehenden-Status. Allein erziehende Mütter hatten im Vergleich zu verheirateten Müttern ein 2,4-fach erhöhtes Risiko zu rauchen sowie ein 2-fach erhöhtes Risiko im Vergleich zu allein lebenden Frauen.

Armut, eine behinderte schulische oder berufliche Entwicklung, Rollenbrüche, soziale Randständigkeit, ein vorerst gescheiterter Lebensentwurf, die Konfrontation mit eigenen Konfliktbeiträgen (Partnerwahl), Schuldgefühle gegenüber dem Kind, Zweifel am eigenen Wert und der sexuellen Attraktivität oder ein andauernder Partnerkonflikt stellen bedeutsame, soziale Stressoren für viele allein erziehende Mütter dar, die ihrerseits bei Fehlen angemessener sozialer Unterstützung zu einem inadäquaten oder schädlichen Kompensationsverhalten (z. B. Nikotin, Alkohol) beitragen können. Die häufig daraus resultierende verstärkte Depressivität oder die belastungsbedingte erhöhte eigene Bedürftigkeit der Mutter kann in der Folge eine Einschränkung der feinfühligen Wahrnehmung der kindlichen Entwicklungs- und Bindungsbedürfnisse und der elterlichen Funktionen bewirken. Eine hierdurch gestörte Mutter-Kind-Kommunikation wiederum kann die Bindung zum Kind beeinträchtigen, mit weiteren Folgen für das Ausmaß sozialer Verhaltensauffälligkeiten des Kindes und seinen späteren Umgang mit sozialen und emotionalen Belastungen.

Nachgewiesenermaßen sind Kinder allein erziehender Mütter nach elterlicher Trennung häufig mehreren Risiken ausgesetzt:
- verschlechterte sozioökonomische Lage und Wohnsituation (Duncan u. Hoffman 1985; McLanahan u. Booth 1989)
- vermehrtes Auftreten perinataler Todesfälle (Forssas et al. 1999), somatischer Erkrankungen (Williams 1990), Lern- und Kommunikationsprobleme (Hogan et al. 1997) und Verhaltensstörungen (besonders bei Jungen)
- Verminderung des kindlichen Selbstwertgefühls und Nachlassen der schulischen Leistungen (Hetherington et al. 1985; McLanahan 1999)
- psychische Störungen (Ringbäck Weitoft et al. 2003)
- spätere Arbeitslosigkeit, Schulabbruch
- bei Mädchen aus Einelternfamilien eine fünffach erhöhte Wahrscheinlichkeit, vor der Volljährigkeit Mutter zu werden (McLanahan 1999)

16 Kinder mit allein erziehenden Eltern

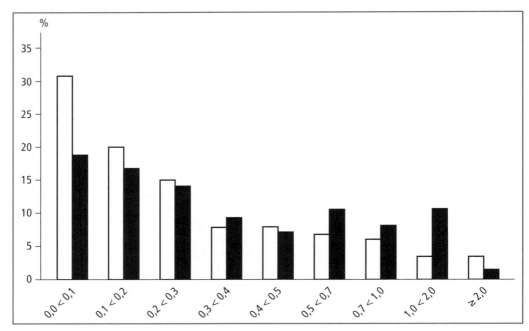

Abb. 16-1 Prozentuale Häufigkeitsverteilung der psychischen Belastung (GSI-Werte der SCL-90-R) in der Gruppe der allein erziehenden Mütter (= ■; n = 516) und in der Kontrollgruppe der verheirateten Mütter (= □; n = 274). Bemerkenswert ist die Ungleichverteilung der höheren Belastungsgrade (GSI ≥ 0,5) zu Ungunsten der allein erziehenden Mütter (mod. nach Franz et al. 2003).

Verstärkend wirkte eine negativ erlebte Mutter-Kind-Beziehung (O'Connor et al. 1998) oder eine negativ erlebte Beziehung zum Vater (Schmidt-Denter u. Beelmann 1997). Das Ausmaß elterlicher Konflikte vor und nach einer Trennung gehört ebenfalls zu den gut gesicherten Einflussfaktoren auf das kindliche Wohlbefinden (Amato u. Keith 1991; Cherlin et al. 1998).

Derartige Zusammenhänge werden auch durch neuere, große epidemiologische Untersuchungen belegt. Die Trennung ihrer Eltern erhöht für die betroffenen Kinder im Langzeitverlauf das Risiko für eine schlechtere Schulausbildung oder niedrigere Einkommen (Amato u. Keith 1991). Sie gehen als Erwachsene konflikthaftere und instabilere Partnerbeziehungen ein und werden deutlich häufiger geschieden (Amato 1996; Amato u. Booth 1991). Zu ihren Eltern besteht später häufiger eine gestörte oder konflikthafte Beziehung (Amato et al. 1995). In einer prospektiven Längsschnittstudie fanden Sadowski et al. (1999) nach elterlicher Trennung ein erhöhtes Depressionsrisiko für deren Kinder.

Verschiedene Studien berichten von einer erhöhten psychischen Belastung bei Kindern im Gefolge einer elterlichen Trennung, die sich bei Mädchen und Jungen unterschiedlich darstellt: Insgesamt fanden sich besonders für Jungen deutlichere und länger anhaltende Verhaltensauffälligkeiten, meist im Bereich von externalisierendem Problemverhalten. Mädchen tendierten dagegen eher zu sozial „unauffälligen", internalisierenden Verhaltensstörungen (Hetherington et al. 1985; Maier u. Lachman 2000).

Auch in der erwähnten eigenen Untersuchung zu psychosozialen Belastungen allein erziehender Mütter und ihrer Kinder im Schulneulingsalter (Franz et al. 2003) kamen die Jungen mit der Konstellation des fehlenden Vaters weniger gut zurecht als die Mädchen. Die Jungen allein erziehender Mütter zeigten im Vergleich zu denen verheirateter Mütter eine signifikant erhöhte Belastung durch psychische Beschwerden und Verhaltensauffälligkeiten.

Negative Scheidungsfolgen belegt auch eine beeindruckende schwedische Studie von Ringbäck Weitoft et al. (2003) an fast einer Million Kindern. Diese Untersuchung konnte für Kinder und Jugendliche aus Einelternfamilien ein erhöhtes Risiko für psychiatrische Erkrankungen, Suizidversuche und Suizide, Unfälle, Alkohol- und Drogenprobleme – wiederum besonders für Jungen – nachweisen. Die Zusammenhänge blieben auch nach Berücksichtigung des Sozialstatus oder psychischer Erkrankungen der Eltern statistisch signifikant. Weil die sozialen und materiellen Unterstützungsangebote für allein erziehende Mütter in Schweden im Vergleich zu anderen europäischen Ländern sehr gut sind, sind diese Befunde besonders bemerkenswert.

Zwar begünstigen beide Konstellationen – sowohl Trennung und Scheidung der Eltern als auch die schwere und anhaltende eheliche Disharmonie – das Entstehen von psychischen Störungen und Verhaltensauffälligkeiten der betroffenen Kinder. Wenn aber nach der Trennung einer schwer konflikthaften, belasteten Elternbeziehung der beim Kind verbleibende Elternteil das Kind liebevoller unterstützen und unter Wahrung der Elternrolle besser versorgen kann als zuvor, scheint eine Trennung für Eltern und Kind eher günstig. Die Verfügbarkeit entsprechender supportiver Ressourcen (z. B. gute Ausbildung, ausreichende finanzielle Mittel, als supportiv wahrgenommene persönliche Unterstützung, ggf. psychologisch-pädagogische Beratung oder Psychotherapie/Mediation) ist dabei für den versorgenden Elternteil und das Kind jedoch von zentraler Bedeutung. Die Bewältigung einer mehr oder weniger konflikthaften elterlichen Trennung durch die betroffenen Kinder stellt insofern ein komplexes, in seinem Ausgang von den verfügbaren Ressourcen abhängiges und daher in seinen Langzeitfolgen nicht obligatorisch negativ verlaufendes Prozessgeschehen dar (Schmidt-Denter 2000). Zwar wurde das Fehlen des Vaters in den kindlichen Entwicklungsjahren in epidemiologischen Untersuchungen als ein Risikofaktor für die spätere psychische Beeinträchtigung im Erwachsenenalter beschrieben

(Franz et al. 1999; Werner u. Smith 1992). Allerdings besitzt in den Fällen, in welchen vor einer Trennung oder Scheidung in der elterlichen Beziehung ein chronifizierter, gravierender Partnerkonflikt bestand, eher die andauernd konflikthafte Elternbeziehung als allein die Trennung vom Vater einen negativen Einfluss auf das spätere Erkrankungsrisiko (Amato u. Booth 2001; Amato u. Keith 1991; Tress 1986). Aber auch das Gegenteil gilt: Steigen nach der Trennung einer relativ wenig konflikthaften Elternbeziehung psychische und soziale Belastungen für den beim Kind verbleibenden Elternteil und geht dies mit einer Einschränkung der Elternfunktionen einher, so erhöht sich das Entwicklungsrisiko des Kindes (Amato et al. 1995; Hetherington 1999).

Das Fehlen oder die konflikthafte Entwertung des einen und eine strukturelle, chronische Überforderung des beim Kind verbleibenden Elternteils stellen jedenfalls wichtige Bindungs- und Entwicklungsbedürfnisse des Kindes infrage. Im Rahmen eines eskalierten elterlichen Trennungskonfliktes gebrochene kindliche Loyalitäten und Bindungen oder die implizite oder unbewusste Vermittlung widersprüchlicher sexueller Rollenmodelle können für Kinder in Einelternfamilien zu erheblichen Entwicklungskonflikten mit Langzeitfolgen führen (Sadowski et al. 1999; Wallerstein 1991, 2002). Eine eindrucksvolle Längsschnittstudie legten Gilman et al. (2003) vor. Über 1 000 Erwachsene, deren Mütter bereits vor und sieben Jahre nach deren Geburt hinsichtlich der familiären Kohäsion und des sozioökonomischen Status befragt worden waren, wurden im Alter zwischen 18 und 39 Jahren auf depressive Erkrankungen hin untersucht. Elterliche Trennung war noch Jahrzehnte später mit einem erhöhten Depressionsrisiko verbunden, unabhängig davon, ob die Mutter erneut geheiratet hatte oder nicht. Besonders stark waren diese Effekte unter den Bedingungen eines ausgeprägten und andauernden elterlichen Trennungskonfliktes.

Die vorliegenden Untersuchungen erlauben heute insgesamt den Schluss, dass Einflüsse, welche die Mutter in ihrer Einfühlung, Fürsorge und Bindungsfähigkeit bzw. -bereitschaft beeinträchtigen können, zu einem erhöhten gesundheitlichen Risiko des Kindes beitragen. Der durch eine Scheidung bewirkte negative Effekt auf die soziale und psychische Entwicklung dieser Kinder ist gesichert, wenn auch im Vergleich zu anderen, selteneren traumatischen Kindheitserfahrungen wie beispielsweise sexuellem Missbrauch geringer (Amato u. Keith 1991). Die Komplexität der sogar transgenerationalen Langzeitwirkungen und die große und weiter wachsende Anzahl betroffener Kinder geben trotzdem Anlass zu Besorgnis und werfen die Frage nach möglichen präventiven Maßnahmen auf.

Angesichts der in demokratisch organisierten, westlichen Leistungsgesellschaften bestehenden und kommerziell propagierten Bedürfnisse breiter Bevölkerungsschichten nach Verwirklichung flexibler, an persönlichen Glückserwartungen orientierter individueller Lebensentwürfe können – unabhängig davon, ob diese im Einzelfall realitätsgerechte oder illusionäre Vorstellungen beinhalten – heute keine verbindlichen Rollenmodelle oder sozial sanktionierte weltanschauliche Forderungen dazu herangezogen werden, um einem fortschreitenden Bindungsverlust entgegenzuwirken. Rationale Präventionsstrategien können daher nicht darauf zielen, die Anzahl der unglücklichen Elternbeziehungen durch Erschwerung einer Trennung zu erhöhen – beispielsweise mittels steuerlicher oder rechtlicher Sanktionen oder über einen behinderten Zugang zum Arbeitsmarkt.

Angemessener und langfristig erfolgreicher erscheinen die im Folgenden beschriebenen Vorschläge.

dig. Von besonderer Bedeutung ist auch das umfassende Überwiegen weiblicher Bezugspersonen in kindlichen Entwicklungsräumen, beispielsweise in Kindergärten und Grundschulen. Das Defizit an männlichen Beziehungs- und Identifikationsangeboten und die kaum vorhandenen Kontaktmöglichkeiten mit real und emotional vorhandenen Männern in diesen Institutionen sind eklatant. Die medial vermittelten, häufig destruktiven Männerbilder können dieses Defizit sicher nicht ausgleichen. Diese technisch-kommerziellen Artefakte bleiben interaktionelle Fremdkörper in der Psyche des Kindes. Dies ist besonders für die Identifikationsbedürfnisse und die männliche Rollenfindung von Jungen und wahrscheinlich auch deren zukünftiges Frauenbild von Nachteil. Daher wäre eine stärkere Präsenz männlicher Erzieher und Lehrer in Kindergärten und Grundschulen ein wichtiger Beitrag für eine sichere männliche Rollenfindung. Parallel zu derartigen institutionsgebundenen Angeboten für Kinder sollten junge Eltern entwicklungspsychologisch und bindungstheoretisch fundierte Informations- und Übungsangebote erhalten und mit den basalen Bindungs- und Entwicklungsbedürfnissen ihrer Kinder intensiv vertraut gemacht werden („Elternschule"). Die professionell begleitete Möglichkeit zur Identifikation und Bearbeitung potenzieller eigener Konfliktanteile durch die Eltern wäre sicher hilfreich. Diese Angebote könnten auch außerhalb der genannten Institutionen kommunal koordiniert werden.

16.1 Vorbeugung unglücklicher Elternbeziehungen

Hierzu sind bereits im Kindergarten- und Grundschulalter ansetzende Maßnahmen zur altersentsprechenden Förderung auch des emotionalen Lernens, der Aggressionsbewältigung und der wechselseitigen Einfühlungsbereitschaft sowie eine entsprechend besser qualifizierte Ausbildung der Erzieherinnen und Lehrer notwen-

16.2 Stärkung harmonischer Paarbeziehungen

Früher zur Sicherung sozialer Bezüge genutzte ritualisierte Verfahrensweisen (z. B. im Rahmen kirchlich-religiöser Traditionen: Beichte, Konfirmandenunterricht, Ehesakrament) sind heute nur noch in geringem Umfang vermittelbar oder normativ. Im biografischen Vorfeld der Partnerwahl sollten aber sinnvollerweise sozial-emotionale, für eine konstruktive Beziehungsregulation zentrale Kompetenzen erworben und deren Erwerb gesellschaftlich gefördert werden. Jugendliche und junge Erwachsene sollten auch in Schulen und anderen Bildungseinrichtungen nicht nur mit den biologisch-technischen Aspekten der Fortpflanzung vertraut gemacht werden, sondern explizit und eingehend ebenfalls mit den unterschiedlichen Problemen, Erwartungen und Rollen männlicher und weiblicher Jugendlicher im emotionalen, sexuellen und psychischen Bereich. Es sollte Folgendes thematisiert werden:

- die destruktiven Konsequenzen illusionärer oder neurotischer Erwartungen an eine/n Partner/in
- das Einüben eines erwachsenen Interessenausgleichs und Konfliktmanagements
- die Problematisierung geschlechtstypischen Konfliktverhaltens
- die enorme Langzeitverantwortung bei Eintritt in die Elternschaft
- die kindlichen Entwicklungsbedürfnisse

Besonders neurotische Motivationsanteile des Kinderwunsches weiblicher Jugendlicher sollten zur Vermeidung von überfordernden Frühschwangerschaften genauso angesprochen werden wie Fragen zur Verhütung. Die Schaffung von entsprechenden Unterrichtsanteilen („Beziehungslehre") müsste bei der Erstellung von Lehrplänen ebenfalls berücksichtigt werden wie andere für die Organisation moderner Industriegesellschaften für notwendig erachteter, innovativer Inhalte auch (derzeit z. B. Informatik, BWL). Eine möglichst gute schulische Ausbildung und eine gute Berufsausbildung zukünftiger Eltern sind generell wichtige protektive Ressourcen im Trennungsfall.

16.3 Unterstützung aller Betroffenen im Fall einer Trennung

Im Trennungsfall sollte obligatorisch eine ressourcenorientierte Unterstützung aller Betroffenen erfolgen, um dem trennungsassoziierten Stress und insbesondere einer destruktive Eskalation des Partnerkonflikts – schlimmstenfalls unter Einbeziehung des Kindes – entgegenzusteuern. Trennungswillige Paare sollten sich obligatorisch im Interesse des Kindes auch psychologisch beraten lassen. Entsprechende professionelle Settings existieren (Mediation). Derartige Beratungen sind in anderen Zusammenhängen – zum Beispiel der Schwangerschaftsunterbrechung – sogar gesetzlich verankert. Das elterliche Sorgerecht sollte im Scheidungsfall nach Möglichkeit gemeinsam beiden Eltern zugesprochen werden. Spezielle niedrigschwellige Beratungs- und Hilfsangebote sollten stark belasteten Alleinerziehenden und ihren Kinder aktiv unterbreitet und gegebenenfalls mit materiellen Unterstützungsleistungen verknüpft werden. Zu dieser Gruppe zählen insbesondere die sehr jungen allein erziehenden Mütter, solche mit schlechter Schulbildung, einem niedrigen Einkommen und Sozialstatus sowie diejenigen, die nicht über eine weitere zuverlässige und einfühlsame Bezugsperson für ihr Kind verfügen. Diese Mütter und ihre Kinder könnten bereits in Kindergärten, im Rahmen kinderärztlicher Routineuntersuchungen oder in der Schuleignungsuntersuchung identifiziert und mit speziellen Beratungs- und Unterstützungsangeboten vertraut gemacht werden. Die materielle Minderversorgung und der Mangel an sozialer Unterstützung bei vielen allein erziehenden Müttern verlangen angesichts deren erhöhter psychischer Beeinträchtigung die Planung von bedarfsgesteuerten Unterstützungsangeboten. Daher sollten die finanziellen Zuwendungen für allein erziehende Mütter erhöht werden. Psychosoziale Unterstützungsprogramme können sowohl bei den allein erziehenden Müttern (Forgatch u. DeGarmo 1999; Lensche et al. 2002; Wolchik et al. 1993) als auch bei ihren Kindern (Campbell u. O'Neill 1985) ansetzen. Sie sollten auf die Minderung einer eventuell bestehenden Depression oder Suchtproblematik und die Förderung der kindgerechten Wahrnehmung der Elternfunktion abzielen (z. B. www.palme.elterntraining.de). Darüber hinaus erscheint im Bedarfsfall eine Stabilisierung des sozialen Umfelds, beispielsweise durch eine weitere zuverlässig präsente Bezugsperson (etwa ehrenamtlich tätige, qualifizierte Frauen in „Großmutterfunktion"), für das Kind und die allein erziehende Mutter ebenfalls sinnvoll und notwendig. Die schulische und berufliche Weiterqualifikation und Integration allein erziehender Mütter sollte ebenfalls nach Möglichkeit gefördert werden, wenn das Kind/die Kinder nicht mehr auf die enge Betreuung durch die Mutter angewiesen ist bzw. sind.

Die breite Einführung derartiger familien- und bindungsorientierter Supportstrukturen erfordert eine gesamtgesellschaftliche Neuausrichtung am Kindeswohl. Dabei stellt sich die Frage nach der Finanzierbarkeit und Rendite. In einer Gesellschaft, welche die Existenz fester zwischenmenschlicher Bindungen als Voraussetzung jeglicher Produktivität aus dem Blick zu verlieren scheint, werden die Menschen aber langfristig gerade *die* persönlichen Voraussetzungen verlieren, welche erforderlich sind, um die in industriellen Leistungsgesellschaften als nötig erachtete biografische Fragmentierung und Rollendiffusion seelisch ertragen zu können.

Der Schritt von der Flexibilisierung identitätsstiftender Bezüge hin zur sozialen Desintegration muss nicht mehr sehr groß sein.

Literatur

Amato PR (1994). Life-span adjustment of children to their parents' divorce. Future Child; 4: 143–64.
Amato PR (1996). Explaining the intergenerational transmission of divorce. J Marriage Fam; 58: 628–40.
Amato PR (2000). The consequences of divorce for adults and children. J Marriage Fam; 62: 1269–87.
Amato PR, Booth A (1991). Consequences of parental divorce and marital unhappiness for adult well-being. Social Forces; 69: 895–914.
Amato PR, Booth A (2001). The legacy of parents' marital discord: consequences for children's marital quality. J Person Soc Psychol; 81: 627–38.
Amato PR, Keith B (1991). Parental divorce and the well-being of children: a meta-analysis. Psychol Bull; 110: 26–46.
Amato PR, Loomis LS, Booth A (1995). Parental divorce, marital conflict, and offspring well-being in early adulthood. Social Forces; 73: 895–916.
Amendt G, Schwarz A (1992). Das Leben unerwünschter Kinder. Frankfurt a. M.: S. Fischer.
Baker D, North K (1999). Does employment improve the health of lone mothers? The ALSPAC Study Team. Avon Longitudinal Study of Pregnancy and Childhood. Soc Sci Med; 49: 121–31.
Baydar N, Brooks-Gunn J (1991). Effects of maternal employment and child-care arrangements on prescoolers' cognitive and behavioral outcomes: evidence from the children of the National Longitudinal Survey of Youth. Develop Psychol; 27: 932–45.
Berman WH, Turk DC (1981). Adaptation to divorce: problems and coping strategies. J Marriage Fam; 43: 179–89.
Blaxter M (1990). Health and Lifestyles. London: Tavistock/Routledge.
Bromet E, Sonnega A, Kessler RC (1998). Risk factors for DSM-III-R posttraumatic stress disorder: findings from the National Comorbidity Survey. Am J Epidemiol; 147: 353–61.
Brown GW, Moran PM (1997). Single mothers, poverty and depression. Psychol Med; 27: 21–33.
Burgos NM, Lennon MC, Bravo M, Guzman J (1995). Depressive symptomatology in single women heads of households in Puerto Rico: a comparative analysis. Women's Health; 23: 1–18.
Campbell RE, O'Neill P (1985). Social support for single mothers: a study of Big Brothers/Big Sisters. Can J Comm Mental Health; 4: 81–7.
Cherlin AJ, Chase-Lansdale PL, McRae C (1998). Effects of parental divorce on mental health throughout the life course. Am Sociol Rev; 63: 239–49.
Cheung CK, Liu ES (1997). Parental distress and children's problems among single-parent families in China. J Gen Psychol; 158: 261–70.
Cotten S (1999). Marital status and mental health revisited: examining the importance of risk factors and resources. Fam Relations; 48: 225–33.
Derogatis LR (1977). SCL-90-R, Administration, Scoring and Procedures Manual-I for the R(evised) Version. Baltimore: Johns Hopkins University, School of Medicine.
Dührssen A (1984). Risikofaktoren für die neurotische Krankheitsentwicklung. Ein Beitrag zur psychoanalytischen Geneseforschung. Z Psychosom Med Psychoanal; 30: 18–42.
Duncan GJ, Hoffman SD (1985). A reconsideration of the economic consequences of marital disruption. Demography; 22: 485–9.
Egle UT, Hoffmann SO (1997). Psychosoziale Risiko- und Schutzfaktoren in Kindheit und Jugend als Prädisposition für psychische Störungen im Erwachsenenalter. Gegenwärtiger Stand der Forschung. Nervenarzt; 68: 683–95.

Faik J (1995). Äquivalenzskalen. Theoretische Erörterung, empirische Ermittlung und verteilungsbezogene Anwendung für die Bundesrepublik Deutschland. Berlin: Duncker & Humblot.

Felitti VJ, Anda RF, Nordenberg D, Williamson DF, Spitz AM, Edwards V, Koss MP, Marks JS (1998). The relationship of adult health status to childhood abuse and household dysfunction. Am J Prev Med; 14: 245–58.

Fergusson DM, Horwood LJ, Lynskey MT (1994). Structure of DSM-III-R criteria for disruptive childhood behaviors: confirmatory factor models. J Am Acad Child Adolesc Psychiatry; 33: 1145–55.

Forgatch MS, DeGarmo DS (1999). Parenting through change: an effective prevention program for single mothers. J Consult Clin Psychol; 67: 711–24.

Forssas E, Gissler M, Sihvonen M, Hemminki E (1999). Maternal predictors of perinatal mortality: the role of birthweight. Int J Epidemiol; 28: 475–8.

Franke GH (1995). SCL-90-R. Die Symptom-Checkliste von Derogatis – Deutsche Version. Weinheim: Beltz.

Franke A, Mohn K, Sitzler F, Welbrink A, Witte M (2001). Alkohol- und Medikamentenabhängigkeit bei Frauen. Weinheim: Juventa.

Franz M, Lieberz K, Schmitz N, Schepank H (1999). Wenn der Vater fehlt. Epidemiologische Befunde zur Bedeutung früher Abwesenheit des Vaters für die psychische Gesundheit im späteren Leben. Z Psychosom Med Psychother; 45: 260–78.

Franz M, Lensche H, Schmitz N (2003). Psychological distress and socioeconomic status in single mothers and their children in a German city. Soc Psychiatry Psychiatr Epidemiol; 38: 59–68.

Frick J, Krause D, Vortmann H (1990). Die ökonomische Situation von Alleinerziehenden in der DDR und BRD in den 80er Jahren. Kinderbetreuung muss erhalten und ausgebaut werden. Wochenbericht DIW; 57: 598–603.

Gilman SE, Kawachi I, Fitzmaurice GM, Buka SL (2003). Family disruption in childhood and risk of adult depression. Am J Psychiatry; 160: 939–46.

Gove WR, Shin H (1989). The psychological well-being of divorced and widowed men and women. J Fam Issues; 10: 122–44.

Gove WR, Style CB, Hughes M (1990). The effect of marriage on the well-being of adults. J Fam Issues; 11: 4–35.

Helfferich C, Hendel-Kramer A, Klindworth H (2003). Gesundheit alleinerziehender Mütter und Väter. Gesundheitsberichterstattung des Bundes, Heft 14. Berlin: Robert-Koch-Institut.

Hetherington EM (1999). Coping with Divorce, Single Parenting and Remarriage. A risk and Resiliency Perspective. Mahwah, NJ: Lawrence Erlbaum Associates.

Hetherington EM, Cox M, Cox R (1985). Long-term effects of divorce and remarriage on the adjustment of children. J Am Acad Child Psychiatry; 24: 518–30.

Hogan DP, Msall ME, Rogers ML, Avery RC (1997). Improved disability population estimates of functional limitation among American children aged 5–17. Matern Child Health J; 1: 203–16.

Jesse A, Sander E (1999). Wohlbefinden und Stressverarbeitungsstrategien bei alleinerziehenden und nicht alleinerziehenden Frauen. In: Sander E (Hrsg). Trennung und Scheidung. Die Perspektive betroffener Eltern. Weinheim: Deutscher Studien Verlag; 54–74.

Kirner E, Schoeb A, Weick S (1999). Entscheidung des Bundesverfassungsgerichts erfordert Reform der staatlichen Förderung von Ehe und Familie. Wochenberichte des Deutschen Instituts für Wirtschaftsforschung (DIW Berlin) 8/99. http://www.diw.de/deutsch/publikationen/wochenberichte/docs.html (01.08.1999).

Klein M (2002). Zur Langzeitentwicklung von Kindern stationär behandelter alkoholabhängiger Eltern. Suchttherapie; 3: 233–40.

Kraas F, Sailer-Fliege U (1995). Alleinerziehende in Deutschland. Geographische Rundschau; 47: 222–6.

Kubicka L (1995). Children from unwanted pregnancies in Prague, Czech Republic, revisited at age thirty. Acta Psychiatr Scand; 91: 361–9.

Lensche H, Junkert-Tress B, Franz M (2002). Konzept und Evaluation einer supportiven Gruppen-Kurzintervention für alleinerziehende Mütter. Gruppenpsychother Gruppendyn; 39: 340–61.

Lieberz K, Schwarz E (1987). Kindheitsbelastung und Neurose – Ergebnisse einer Kontrollgruppenuntersuchung. Z Psychosom Med Psychoanal; 33: 111–8.

Lipman EL, Offord DR, Boyle MH (1997). Single mothers in Ontario: Sociodemographic, physical and mental health characteristics. Can Med Assoc J; 156: 639–45.

Lösel F, Bliesener T, Köferl P (1989). On the concept of „invulnerability": evolution and first results of the Bielefeld Project. In: Brambring M, Lösel F, Skowronek H (Hrsg). Children at Risk: Assessment, Longitudinal Research, and Intervention. Berlin: Walter de Gruyter; 186–219.

Maier EH, Lachman ME (2000). Consequences of early parental loss and separation for health and well-being in midlife. Int J Behav Developm; 24: 183–9.

Matejcek Z (1991). Die langfristige Entwicklung unerwünscht geborener Kinder. In: Teichmann H, Meyer-Probst B, Roether D (Hrsg). Risikobewältigung in der lebenslangen psychischen Entwicklung. Berlin: Verlag Gesundheit; 117–28.

McLanahan S (1999). Father absence and the welfare of children. In: Hetherington EM (ed). Coping with Divorce, Single Parenting, and Remarriage: A Risk and Resiliency Perspective. Mahwah, NJ: Lawrence Erlbaum Associates; 117–45.

McLanahan S, Booth K (1989). Mother-only families: problems, prospects, and politics. J Marr Fam; 51: 557–80.

Morash M, Rucker L (1989). An explanatory study of the connection of mother's age at childbearing to her children's delinquency in four data sets. Crime Delinq; 35: 45–93.

Napp-Peters A (1985). Ein-Elternteil-Familien. Soziale Randgruppe oder neues familiales Selbstverständnis? Weinheim: Juventa.

Neubauer E (1988). Alleinerziehende Mütter und Väter – Eine Analyse der Gesamtsituation. Schriftenreihe des Bundesministeriums für Jugend, Familie, Frauen und Gesundheit. Bd. 219. Stuttgart: Kohlhammer.

O'Connor TG, Hawkins N, Dunn J, Thorpe K, Golding J (1998). Family type and depression in pregnancy: factors mediating risk in a community sample. J Marr Fam; 60: 757–70.

Palentien C, Klocke A, Hurrelmann K (1999). Armut im Kindes- und Jugendalter. Aus Politik und Zeitgeschichte; 18: 33–8.

Pearlin LI, Johnson JS (1977). Marital status, life-strains and depression. Am Sociol Rev; 42: 704–15.

Plummer LP, Koch-Hattem A (1986). Family stress and adjustment to divorce. Family relations. J Appl Fam Child Stud; 35: 523–9.

Propst LR, Paardington A, Ostrom R, Wartkins P (1986). Predictors of coping in divorced single mothers. J Divorce; 9: 33–53.

Ringbäck Weitoft G, Haglund B, Rosen M (2000). Mortality among lone mothers in Sweden: a population study. Lancet; 355: 1215–9.

Ringbäck Weitoft G , Hjern A, Haglund B, Rosen M (2003). Mortality, severe morbidity, and injury in children living with single parents in Sweden: a population-based study. Lancet; 361: 289–95.

Sadowski H, Ugarte B, Kolvin I, Kaplan C, Barnes J (1999). Early life family disadvantages and major depression in adulthood. Br J Psychiatry; 174: 112–20.

Saul C, Payne N (1999). How does the prevalence of specific morbidities compare with measures of socio-economic status at small area level? J Public Health Med; 21: 340–7.

Schmidt-Denter (2000). Entwicklung von Trennungs- und Scheidungsfamilien: Die Kölner Längsschnittstudie. In: Schneewind KA (Hrsg). Familienpsychologie im Aufwind. Brückenschläge zwischen Forschung und Praxis. Göttingen: Hogrefe; 203–21.

Schmidt-Denter U, Beelmann W (1997). Kindliche Symptombelastungen in der Zeit nach einer ehelichen Trennung – Eine differentielle und längsschnittliche Betrachtung. Z Entwicklungspsychol Päd Psychol; 29: 26–42.

Schwarz B, Gödde M (1999). Depressivität von Müttern aus Trennungsfamilien: Welche Rolle können eine neue Partnerschaft und soziale Unterstützung spielen? In: Sander E (Hrsg). Trennung und Scheidung. Die Perspektive betroffener Eltern. Weinheim: Deutscher Studien Verlag; 75–93.

Shouls S, Whitehead M, Burström B, Diderichsen F (1999). The health and socioeconomic circumstances of British lone mothers over the last two decades. Population Trends; 95: 41–5.

Siahpush M, Borland R, Scollo M (2002). Prevalence and socio-economic correlates of smoking among lone mothers in Australia. Austr NZ J Public Health; 26: 132–5.

Statistisches Bundesamt (2005). Statistisches Jahrbuch für die Bundesrepublik Deutschland. Wiesbaden: Metzler-Poeschel.

Stegmann D (1997). Lebensverläufe Alleinerziehender in West- und Ostdeutschland. Wiesbaden: VS-Verlag für Sozialwissenschaften.

Tress W (1986). Das Rätsel der seelischen Gesundheit. Traumatische Kindheit und früher Schutz gegen psychogene Störungen. Eine retrospektive epidemiologische Studie an Risikopersonen. Göttingen: Vandenhoeck & Ruprecht.

Tress W, Reister G, Gegenheimer L (1989). Mental and physical resiliency in spite of a stressful childhood. In: Brambring M, Lösel F, Skowronek H (eds). Children at Risk: Assessment, Longitudinal Research, and Intervention. Berlin: Walter de Gruyter; 173–85.

Wagner-Winterhager L (1988). Erziehung durch Alleinerziehende. Der Wandel der Familienstrukturen und seine Folgen für Erziehung und Bildung von Kindern und Jugendlichen als Gegenstand öffentlichen Interesses. Z Päd; 34: 641–56.

Wallerstein JS (1991). The long-term effects of divorce on children: a review. J Am Acad Child Adolesc Psychiatry; 30: 349–60.

Wallerstein JS, Kelly JB (1980). Effects of divorce on the visiting father-child relationship. Am J Psychiatry; 137: 1534–9.

Wallerstein JS, Lewis JM, Blakeslee S (2002). Scheidungsfolgen – Die Kinder tragen die Last. Eine Langzeitstudie über 25 Jahre. Münster: Votum.

Walters V (1993). Stress, anxiety and depression: women's accounts of their health problems. Soc Sci Med; 36: 393–402.

Weitzman LJ (1985). The Divorce Revolution: The Unexpected Social and Economic Consequences for Women and Children in America. New York: Free Press.

Werner EE, Smith RS (1992). Overcoming the Odds: High Risk Children from Birth to Adulthood. Ithaca, NY: Cornell University Press.

Whitehead M, Burström B, Diderichsen F (2000). Social policies and the pathways to inequalities in health: a comparative analysis of lone mothers in Britain and Sweden. Soc Sci Med; 50: 255–70.

Williams DR (1990). Socioeconomic differentials in health: a review and redirection. Soc Psychol Q; 52: 81–99.

Wolchik SA, West SG, Westover S, Sandler IN (1993). The children of divorce parenting intervention: outcome evaluation of an empirically based program. Am J Comm Psychol; 21: 293–331.

IV
Eigenkonsum

17 Kaufsucht bei Jugendlichen

Michael Neuner, Gerhard Raab und Lucia A. Reisch

Die Frage, ob Kaufen wie das Spielen oder das Arbeiten den Charakter einer Sucht annehmen kann, wurde in den 1990er Jahren höchst kontrovers diskutiert. Auch heute wird die Existenz **stoffungebundener Suchtformen** zum Teil immer noch von zahlreichen Fachleuten und auch Laien bestritten. An der Oberfläche betrachtet, ist Kaufsucht eine „saubere" Sucht, die Betroffenen wirken aktiv, erfolgreich, leistungsorientiert und scheinen ihr Leben perfekt im Griff zu haben, während etwa Alkoholkranke oder andere Süchtige als labil, willensschwach und außengesteuert gelten (Gross 2003). Die Ursache dieser **Anerkennungsresistenz** liegt auch in den heute vorfindbaren Bedingungen der postmodernen Konsumgesellschaft, in der Konsum eine bislang nie erreichte Aufwertung erfahren hat (Neuner et al. 2005a). Im Rahmen dieses kontinuierlich stattfindenden, von Wirtschaft und Staat gleichermaßen moderierten Aufwertungsprozesses, wurde das Kaufen, auch das übermäßige und unangepasste Kaufen, zuerst in die Nähe einer Norm, dann in die Nähe einer patriotischen Pflicht gerückt (Taylor 2002). Dies führte zur Ausformung entsprechender Erwartungshaltungen. Auf gesellschaftlicher Ebene wird die Annahme, dass ein Übermaß an Konsum nachteilige Konsequenzen für den Einzelnen, sein Umfeld und die Gesellschaft haben kann, nicht selten als prinzipieller Angriff auf grundlegende Norm- und Wertvorstellungen missverstanden und zurückgewiesen.

Auf der anderen Seite gibt es die psychologische Erkenntnis, dass jedes menschliche Verhalten entgleisen und in die Sucht führen kann. Als Abgrenzung zur bloßen Laune und zu lieb gewordenen Gewohnheiten, auf die man nicht verzichten möchte, gehört zur Sucht allerdings ein **zwanghaftes Moment**: Kaufsüchtige Konsumenten können nicht aufhören zu kaufen, sie müssen kaufen. Die Auswirkungen süchtigen Kaufverhaltens sind vielschichtig und verheerend, nicht nur für die Betroffenen selbst, sondern auch für deren Familien, für ihr weiteres soziales Umfeld und nicht zuletzt auch für die Gesellschaft insgesamt. Heute wird Kaufsucht als eine der vielen nichtstoffgebundenen Verhaltenssüchte eingeordnet. Die Süchtigen bleiben zurechnungsfähig, und die Therapieverschreibungen knüpfen an grundlegende psychische Störungen wie Depressivität an. Auch wenn die Diagnose „Kaufsucht" noch keinen offiziellen Eingang in die Krankheitsmanuale der Mediziner und Psychologen und in die Leistungskataloge der Krankenkassen gefunden hat, so mehren sich doch die kritischen Stimmen und auch die wissenschaftlichen Befunde, die darauf hinweisen, dass zwanghaftes Kaufverhalten ein zunehmendes und vor allem ernst zu nehmendes Problem in der entwickelten Gesellschaft darstellt.

Für **Jugendliche** ist das Finden eines eigenen Konsumstils eine aufregende und herausfordernde Aufgabe. Die Heranwachsenden befinden sich in einer Lebensphase, in der sie in die Konsumfreiheit entlassen werden und, zunächst noch auf spielerischer Weise, den Beitrag taxieren, den ihnen diese Freiheit zum Gelingen ihrer individuellen Lebensentwürfe bieten kann (Neuner 2006). In dieser Phase werden teils bewusst, teils unbewusst vielfältige konsumrelevante Einstellungen und Verhaltensweisen erprobt, erlernt, verfestigt oder auch wieder verworfen. Dieses Such- und Orientierungsverhalten dient auch dazu, sich Klarheit über die eigenen Bedürfnisse zu verschaffen. Umgeben von konsumrelevanten Erwartungen der Gesellschaft müssen Heranwachsende eine Konsumkompetenz erlernen, die sie befähigt, als Erwachsene die Rolle kritischer, mündiger und verantwortlicher Konsumenten einzunehmen (Neuner 2001a). Dazu zählt auch das Erlernen selbstbestimmter Konsumweisen, die den eigenen Bedürfnissen entsprechen (Ölander u. Neuner 2007).

17.1 Konsumverhalten

Aus sozialisationstheoretischer Perspektive kann Jugend als Lebensphase in der Entwicklung eines Menschen bezeichnet werden, die um das 13. Lebensjahr beginnt und mit der Übernahme der Erwachsenenrolle, vor allem der Berufsrolle und der (Ehe-)Partnerrolle etwa zwischen dem 20. und 30. Lebensjahr endet (Hurrelmann 2004). In dieser Lebensphase erreicht die Persönlichkeitsentwicklung eine Dichte und Differenziertheit, in der das Spannungsverhältnis zwischen der Integration der Jugendlichen in die Gesellschaft über Rollen und reflektierter Normübernahme auf der einen und dem Aufbau einer selbstständigen Persönlichkeit über Distanzierung auf der anderen Seite größer als in allen anderen Lebensphasen ist (Lange 1997; Richter et al. 2004). Durch das **Konsumverhalten** soll der eigene persönliche Stil ausgedrückt werden, der Zugang zu Gleichaltrigen- und Bezugsgruppen erleichtert sowie die Unabhängigkeit von den Eltern demonstriert werden (Pinquart 2003). In dieser formativen Lebensphase werden die Weichen für den Konsumstil gestellt und die Grundlagen formiert, die es den Jugendlichen ermöglichen, zu verantwortlichen Konsumenten heranzureifen. Eine erfolgreiche Konsumsozialisation befähigt die Jugendlichen zu einem autonomen, das heißt bedürfnis- und präferenzorientierten Umgang mit dem Güterangebot in Einklang mit ihren Konsummöglichkeiten.

Kindheit und Jugend haben sich durch die Medien und insbesondere die Werbung stark verändert. Der Umstand, dass Jugendliche im Alter zwischen 6 und 19 Jahren heute über rund 23 Milliarden Euro und damit über mehr Kaufkraft verfügen als je zuvor (Bauermedia 2005), macht sie zu einer begehrten Zielgruppe des Konsumgüter-Marketings (Linn 2004). Entsprechend massiv ist die Ansprache über Werbung. Kindheit ist heute weit entfernt von der vormals geläufigen Vorstellung eines gesellschaftlichen Schonraums, der die Kinder vor den Gefährdungen der Welt außerhalb der Familie schützt. Kindheit und Jugend entfalten sich kontext- und kulturgebunden (Vollbrecht 1996). Zu diesen Kontexten zählt wesentlich, dass bereits Kinder als Konsumenten ernst genommen werden, dass insbesondere die Medien Kindern und Jugendlichen eigene Lebens- und Konsumstile zugestehen. Für die Betroffenen beinhaltet diese Entwicklung die Notwendigkeit eines altersmäßig früheren Erwerbs bestimmter sozialer Kompetenzen. Die Jugendforschung sieht darin einen Abbau traditioneller Statussequenzierungen im Sinne der Vorverlagerung von Jugend in das Kindesalter bzw. des Erwachsenseins in das Jugendalter (Lange 1997). So kann beispielsweise eine eigene Wohnung bereits vor dem eigenen Einkommen besessen werden. Konzediert werden muss dabei jedoch eine Ungleichzeitigkeit der Entwicklung: Wenn Kinder und Jugendliche als Konsumenten auftreten, so ist damit keinesfalls ausgemacht, dass sie auch über eine hinreichende Konsumkompetenz verfügen.

Kauf- und Konsumverhaltensweisen werden von Jugendlichen aktiv eingesetzt, um den spezifischen Anforderungen ihrer Lebensphase zu begegnen. Solange beides dazu dient, die alltäglichen Lebensprobleme und Herausforderungen zu bewältigen, erfüllen Kauf und Konsum eine wichtige Funktion. Solches **Bewältigungsverhalten** kann dazu dienen, zu experimentieren, Grenzen zu testen und nicht zuletzt auch die Rolle des verantwortlichen Konsumenten einzuüben. Probleme oder ein Scheitern bei der Bewältigung von Entwicklungsaufgaben können aber dazu führen, dass das Kaufverhalten einen kompensatorischen oder sogar süchtigen Charakter annehmen kann. In der gegenwärtigen und zukünftigen gesellschaftlichen Lage müssen sich die Jugendlichen hohen Leistungsanforderungen stellen, zugleich sind sie hohen Risiken ausgesetzt. Dies betrifft schulisches wie berufliches Versagen ebenso wie Risiken der persönlichen Sicherheit in einer Welt offener Grenzen (Shell Jugendstudie 2002). Gerade in jungen Jahren sind die Erfahrungen des Scheiterns, des kontrollierten Scheiterns freilich, sowie die Verarbeitung von Misserfolgserlebnissen zur Formung einer eigenen Identität unverzichtbar. Unterbleibt eine konstruktive Verarbeitung oder werden Konflikte verdrängt, breiten sich Ängste aus. Hurrelmann diagnostizierte bereits im Jahre 1992 zunehmende Nervosität, Unruhe bei Leistungseinbrüchen, erhebliche Leistungs- und Statusängste sowie ein Ansteigen psychosozialer Störsymptomatiken bei Jugendlichen (s. Lange 1997). Der Kauf von Konsumgütern kann dabei – im Sinne eines **Rückzugs- und Ausweichverhaltens** – scheinbare Potenziale der Problembewältigung eröffnen. Die Problematik liegt darin begründet, dass durch das Ausweichen eine lösungsorientierte Auseinandersetzung mit den Problemen unterbleibt.

Kompensatorisches und süchtiges Kaufverhalten erfüllen dabei zwei psychische Funktionen: Abschirmung und Bestätigung. „**Bestätigung**" heißt, dass die Süchtigen vom Suchterleben emotionale Unterstützung erhalten und sich dann in ihrer Identität bestätigt fühlen (Peele 1977). Bestätigung verschafft ein Gefühl eigener Stärke und Macht, oft auch ein Gefühl der Grandiosität (Salzman 1981). „**Abschirmung**" bedeutet, dass Süchtige das Suchtobjekt dazu benutzen, ihr Bewusstsein ganz zu dispensieren oder es zumindest partiell für Sinneseindrücke unempfänglich zu machen, die ihnen ihr Scheitern oder die eigene Schwäche vor Augen führen würde: Sie weichen Problemen und sozialen Anforderungen aus, vertagen die Auseinandersetzung mit ihnen, fliehen vor der Realität oder riegeln sich ab (Scherhorn et al. 1996). Das Einüben eines Ausweich- oder Abschirmungsverhaltens kann dazu führen, dass sich Handlungsdispositionen verfestigen, die selbst wiederum ungeeignet sind, Aufgaben der Persönlichkeitsentwicklung zu bewältigen (Richter et al. 2004). In vielen Fällen wird man davon ausgehen können, dass das unangepasste Kaufverhalten eine Begleiterscheinung der Jugendphase ist. Mit der Übernahme von Erwachsenenrollen wird oftmals auch eine Rückführung des Konsums auf ein angemessenes Niveau stattfinden. Gleichwohl ist dies keine Gesetzmäßigkeit. Es gibt Fälle, in denen das Konsumverhalten seinen kompensatorischen Charakter beibehalten und verfestigen kann oder sich sogar zu einer süchtigen Grundform entwickelt.

Shoppen hat sich mittlerweile zur primären Freizeitbeschäftigung von Kindern und Jugendlichen entwickelt (Bauermedia 2005). Es wurde festgestellt, dass das Sparvolumen der Kinder und Jugendlichen im Alter zwischen 6 und 13 Jahren – trotz eines Anstiegs des verfügbaren Einkommens um 5,3 % gegenüber dem Vorjahr – in Jahr 2005 um durchschnittlich 15 % gesunken ist (Egmont Ehapa 2005). Nach Auskunft der Schuldnerberatung nimmt auch die Ver- und Überschuldung bei Jugendlichen zu (Lange u. Choi 2004). Allgemein zählen dabei „Probleme bei der Haushaltsführung" sowie „mangelnde Erfahrung mit dem Waren- und Kreditangebot" (Korczak 1997, S. 242) zu den Hauptfaktoren für das Eintreten von Überschulung, wenn man so genannte „kritische Lebensereignisse" wie die Arbeitslosigkeit einmal beiseite lässt.

17.2 Verhaltensmerkmale

17.2.1 Forschungsüberblick

Während das Phänomen „Kaufsucht" in den USA und Kanada bereits seit dem Ende der 1980er Jahre diskutiert wird und sich dort die ersten Selbsthilfegruppen bildeten, wurde der Kaufsucht in Europa erst in den 1990er Jahren breitere gesellschaftliche und wissenschaftliche Aufmerksamkeit geschenkt (Reisch et al. 2004). Dabei waren es die Psychiater Kraepelin (1856–1926) und Bleuler (1832–1920), die bereits Anfang des 20. Jahrhunderts den Begriff „Oniomanie" für die „krankhafte Kauflust" (Kraepelin 1909, S. 408) prägten, die zum „unsinnigen Schuldenmachen" führe (Bleuler 1924, S. 412).

Die ersten Studien zur Erforschung von Kaufsucht in Deutschland sind 1989 durchgeführt worden (vgl. Raab et al. 2005; Reisch et al. 2004). Mithilfe eines dabei entwickelten Messinstruments wurde in **Deutschland** im Jahre 1991 die erste und 2001 die zweite bevölkerungsrepräsentative Studie zur Kaufsucht durchgeführt. Es folgten weitere Studien in Europa und den USA (vgl. Koran et al. 2006; Müller et al. 2005). Mit dem Anspruch der Repräsentativität für West- bzw. Ostdeutschland hat Lange Untersuchungen speziell zur Verbreitung von Kaufsucht unter Jugendlichen im Alter zwischen 15 und 20 (1995/1996) und zwischen 15 und unter 24 Jahren (2002) in Bielefeld bzw. Halle an der Saale durchgeführt (vgl. Lange 1997; Lange u. Choi 2004).

17.2.2 Allgemeine Merkmale

Kaufsucht lässt sich beschreiben als ein andauerndes und wiederkehrendes, fehlangepasstes Kaufen von Konsumgütern bzw. Dienstleistungen, das persönliche, familiäre und berufliche Zielsetzungen stört, nicht selten sogar sehr schwer belastet. Die Betroffenen negieren die teilweise gravierenden psychologischen, sozialen und ökonomischen Konsequenzen ihres Verhaltens. Insbesondere Disstress, finanzielle Verschuldung (Hanley u. Wilhelm 1992) und familiäre Zerwürfnisse bis hin zu Trennungen verursachen einen hohen Leidensdruck (Lejoyeux et al. 1996) bei den Betroffenen. Kaufsüchtige gefährden durch ihr Suchtverhalten wichtige Bezüge zu ihrem sozialen Umfeld sowie zu ihren Ausbildungs- oder Aufstiegschancen. In Extremfällen kommt es zur Realitätsverfälschung und zu Strafhandlungen, um die Sucht finanzieren zu können.

Abhängig sind die von Kaufsucht Betroffenen von einem bestimmten **„Suchterleben"**, das ihnen das Kaufen verschafft, etwa Anregung, Beruhigung, aber auch Anerkennung, Bestätigung und Aufmerksamkeit. Bei der Kaufsucht verschafft das Kaufen selbst diese Befriedigung. Es ist nicht primär der Besitz oder der Konsum der Güter, wenngleich auch der Besitz kurzfristig positive Gefühle vermitteln kann. Mit den gekauften Gütern gehen die Betroffenen zumeist achtlos um: Häufig werden sie zu Hause gar nicht ausgepackt, nicht oder nur einmal benutzt (Raab et al. 2005; Scherhorn et al. 1996). Kaufsucht ist eine eher **unauffällige** Sucht, die für Außenstehende nur schwer erkennbar ist. Das Suchthafte am Kaufen bleibt oft lange Zeit unerkannt. Dies liegt auch daran, dass süchtiges Kaufen die Persönlichkeit – zumindest im frühen Stadium – kaum verändert. Die Entstehungsgeschichte dieser Suchtform ist anderen Süchten sehr ähnlich (Hatterer 1980). Häufig tritt sie abwechselnd oder gleichzeitig mit anderen Süchten auf (Müller et al. 2005). So ist eine **Komorbidität** mit Alkoholismus, Kleptomanie, zwanghaftem Horten, Spielsucht und anderen Abhängigkeiten wie etwa Bulimia oder Anorexia nervosa beobachtet worden.

All dies spricht dafür, die allgemeinen Erkenntnisse der Suchtforschung (vgl. etwa Marks 1990; Orford 1985) auf den speziellen Fall der Kaufsucht zu übertragen. Bisher ist in der Kaufsuchtforschung nicht geklärt, ob man besser von Sucht oder Zwangsstörung, von Verhaltensexzess oder von Krankheit ausgeht (Müller u. de Zwaan 2004; Müller et al. 2005). In die Taxonomie des DSM-IV (Saß et al. 2003) wird süchtiges Kaufverhalten bislang häufig als „(Nicht näher bezeichnete) Störung der Impulskontrolle" unter der Rubrik 312.30 (F63.9) eingeordnet. Eine ausgearbeitete Theorie des süchtigen Kaufverhaltens steht bis heute noch aus.

17.2.3 Unauffälliges, kompensatorisches und süchtiges Kaufverhalten

Süchtiges Kaufverhalten ist eine extreme Ausprägung des kompensatorischen Kaufens. Als „kompensatorisch" wird ein Verhalten allgemein dann bezeichnet, wenn es nicht vorrangig den Zwecken dient, denen das gleiche Verhalten normalerweise gewidmet ist, sondern Defizite kompensieren soll, die aus dem Nicht-Lösen anderer Probleme entstanden sind (Grønmo 1988). Das Gut wird dann zwar nicht wegen seines Gebrauchswertes gekauft, sondern um der Befriedigung willen, die der Kaufakt selbst dem Käufer verschafft. Doch eine kaufsüchtige Ausprägung braucht es noch nicht zu haben, denn die Merkmale der Kaufsucht können noch fehlen oder nur andeutungsweise vorhanden sein (vgl. Tab. 17-1).

Eine Tendenz zum süchtigen Kaufverhalten liegt erst dann vor, wenn die charakteristischen Symptome der Abhängigkeit auftreten. Die folgenden Merkmale sind dann deutlich ausgeprägt (vgl. etwa Krystal u. Raskin 1983; Raab et al. 2005):
- Die Betroffenen empfinden einen **unwiderstehlichen Drang**, der immer wiederkehrt und der als stärker als der eigene Wille erfahren wird.

Tab. 17-1 Charakterisierung des „unauffälligen", „kompensatorischen" und „süchtigen" Kaufverhaltens.

unauffälliges Kaufverhalten	kompensatorisches Kaufverhalten	süchtiges Kaufverhalten
• setzt sich mit Problemen lösungsorientiert auseinander • kauft Güter bedarfsorientiert • eher rationales, vernunftgesteuertes Konsumverhalten • hinterfragt Kaufimpulse • kann Käufe aufschieben oder Kaufabsichten jederzeit aufgeben	• schiebt Probleme zeitweise vor sich her, löst sie aber dann doch • kauft Güter hin und wieder zur Kompensation (z. B. um sich zu belohnen oder zur Entspannung) • „kontrollierter", temporärer Kontrollverlust • schätzt symbolische Funktionen der Güter • betrachtet Shopping als attraktive Freizeitbeschäftigung	• nutzt Kaufen, um sich vor Problemen des Alltags abzuschirmen • nutzt Kaufen zur Bestätigung des defizitären Selbstwerts • nutzt Kaufen regelmäßig zur Stimulierung und Stimmungsaufhellung • häufiger Verlust der Selbstkontrolle (Ausgabenkontrolle) • ist unruhig und gereizt beim Versuch, den Kaufimpuls zu unterdrücken

- Es besteht eine **Abhängigkeit** vom Suchtmittel, die bis zum Verlust der Selbstkontrolle reicht (Faber 2004). Die Betroffenen sind nicht (mehr) in der Lage, Umfang und Häufigkeit der Käufe und der Ausgaben zu kontrollieren.
- Die Betroffenen sind vom Kaufen **stark eingenommen**, beispielsweise werden Kauferfahrungen gedanklich nacherlebt. Das gesamte Denken und Handeln kreist um das Kaufen.
- Kaufsüchtige sind abstinenzunfähig. Sie erleben es subjektiv als unmöglich, kürzere oder längere Zeit nicht zu kaufen. Die **Entzugserscheinungen** reichen von vegetativen Symptomen wie Gereiztheit, Schweißausbrüchen, Atemnot bis hin zu psychosomatischen Erkrankungen und Selbstmordgedanken.
- Kaufsüchtige entwickeln eine Toleranz gegenüber dem Kaufen, die sich in einer **Tendenz zur Dosissteigerung** äußert: Um den gleichen Effekt zu erzielen, muss im Lauf der Zeit immer öfter gekauft werden.
- Durch das mit der Sucht einhergehende **Rückzugsverhalten** treten mittelfristig soziale und psychische Störungen auf. Aktivitäten werden eingeschränkt.
- Schließlich führen Disstress, familiäre Spannungen und Konflikte in den Bezugsgruppen bei den Betroffenen zu einem **hohen Leidensdruck** (Lejoyeux et al. 1996). An Ende stehen nicht selten die finanzielle und „soziale" Verschuldung in bereits jungen Jahren (Hanley u. Wilhelm 1992; Neuner 2001b).

Mithilfe eines spezifischen Messverfahrens (Raab et al. 2005) lässt sich die Tendenz eines unkontrollierten, unangepassten und übermäßigen Kaufverhaltens, das sich vom Bedarf der Konsumenten weitgehend gelöst hat, genauer einschätzen. Das Verfahren beschreibt kaufsüchtiges Verhalten, doch es misst nicht die Kaufsucht der Probanden selbst, sondern das Ausmaß ihrer Kaufsuchttendenz. Bislang nicht überprüft ist die Anwendbarkeit des Verfahrens bei Kindern unter 14 Jahren. Unter dem Gesichtspunkt der inhaltlichen Validität ist davon auszugehen, dass das Verfahren eine hinreichende phänomenologische Relevanz erst dann erlangt, wenn die Kinder und Jugendlichen über eigenes Taschengeld bzw. eigene Ersparnisse verfügen und erste Ausgaben bereits selbst tätigen.

Das Instrument besteht aus insgesamt 16 Items, zu denen die Probanden auf einer Skala von 1 bis 4 durch Ankreuzen Stellung nehmen sollen. Der Wertebereich liegt zwischen 16 und 64 Punkten. Die Reliabilität der Skala hat sich in zwei bevölkerungsrepräsentativen Studien als gut erwiesen, die internen Konsistenzwerte (Cronbachs Alphawert) betrug jeweils $\alpha = 0,92$ (Raab et al. 2005). Abbildung 17-1 zeigt ein Beispiel-Item.

Die messtechnische Operationalisierung von süchtigem Kaufverhalten basiert auf dem Mittelwert, den westdeutsche Konsumenten in der bevölkerungsrepräsentativen Stichprobe aus dem Jahre 1991 ($M = 26,46$) erreicht haben; zu diesem Mittelwert wird die zweifache Standardabwei-

Abb. 17-1 Beispiel-Item zur Erhebung von Kaufsucht.

chung hinzuaddiert (SD = 9,06). Als **deutlich kaufsuchtgefährdet** gelten demnach Probanden, deren Rohwert auf der Kaufsuchtskala mindestens 45 Punkte beträgt. Dieser Wert korrespondiert zugleich mit dem Mittelwert, der sich in einer untersuchten Gruppe von 26 Konsumenten ergeben hatte, die sich selbst als kaufsüchtig eingestuft haben (Raab et al. 2005).

17.3 Verbreitung

Tabelle 17-2 zeigt die Mittelwerte, die Jugendliche in verschiedenen Altersklassen in zwei für die Gesamtbevölkerung repräsentativen Erhebungen aufwiesen. Betrachtet man zunächst die Ergebnisse für Gesamtdeutschland im Jahr 2001 und vergleicht die Werte der Jugendlichen im Alter von 14 bis 21 Jahren mit den Werten der übrigen Bevölkerung, so zeigt sich, dass die Jugendlichen über höhere Durchschnittswerte verfügen. Die Mittelwertsunterschiede erweisen sich als statistisch signifikant (MW_{14-21} = 31,9 vs. $MW_{>21}$ = 28,5; t = 3,384; df. = 972; p = 0,001). Jugendliche hatten bereits bei der Untersuchung aus dem Jahre 1991 die höheren Werte, damals war die Mittelwertsdifferenz noch größer und hatte knapp 5 Punkte betragen.

Betrachtet man die Werte für Ost- und Westdeutschland getrennt, so weisen Jugendliche in beiden Untersuchungen, 1991 und 2001, sowohl in Ost- als auch in Westdeutschland höhere Werte auf als die Erwachsenenbevölkerung. Im Westen der Republik erreichten die Jugendlichen 1991 im Durchschnitt 4,3 Punkte mehr als die Erwachsenen, im Osten waren es sogar 5,6 Punkte. Die höheren Werte der Jugendlichen waren in der Untersuchung des Jahres 1991 in beiden Teilen Deutschlands statistisch bedeutsam (West: t = 3,720; df. = 957; $p \leq 0,001$; Ost: t = 3,165; df. = 493; p = 0,002). In der Wiederholungsstudie aus dem Jahr 2001 war der Unterschied der Jugendgruppen im Vergleich zur Erwachsenenpopulation nur noch im Westen der Republik statistisch bedeutsam, dort allerdings waren die 4,6 Punkte hochsignifikant (t = 3,822; df. = 727; $p \leq 0,001$). In Ostdeutschland hingegen lag der Mittelwert der Jugendlichen im Jahr 2001 nur leicht über dem Niveau der Erwachsenenpopulation.

Die im Jahr 1991 in Deutschland durchgeführte bevölkerungsrepräsentative Studie hatte gezeigt, dass ca. 5% der erwachsenen Bevölkerung in den alten und nur ca. 1% der Bevölkerung in den neuen Bundesländern als „stark kaufsuchtgefährdet" bezeichnet werden mussten. Ein Jahrzehnt später hat sich die Situation deutlich verändert. Generell ist festzustellen, dass die Tendenz zum süchtigen Kaufen in Deutschland in den letzten zehn Jahren deutlich und statistisch bedeutsam zugenommen hat (vgl. Neuner et al. 2005b). Dies gilt vor allem für die neuen Bundesländer, in denen sich die Lage der in den alten Ländern weitgehend angeglichen hat. Die Werte lagen 2001 für Westdeutschland bei rund 8%, in Ostdeutschland zeigten 2001 rund 6,5% deutliche Tendenzen süchtigen Kaufverhaltens. Offensichtlich haben die Konsumenten in den neuen Bundesländern mittlerweile die Konsummuster und Kompensationsstrategien von den Konsumenten der alten Bundesrepublik übernommen, die westliche Konsumkultur hat die östliche weitgehend verdrängt.

Die Daten deuten an, dass der Anteil an Kaufsuchtgefährdeten unter den Jugendlichen deutlich höher ist als in der Erwachsenenpopulation. Einen eindeutigen Beleg dafür gibt es bislang nicht, da die betrachteten Fallzahlen eine gesicherte Aussage nicht zulassen. Jedenfalls musste im Jahr 1991 noch keiner der befragten ostdeutschen Jugendlichen als kaufsüchtig eingestuft werden, zehn Jahre später lag der Anteil bei

Tab. 17-2 Kaufsuchttendenz deutscher Jugendlicher zwischen 14 und 21 Jahren (Mittelwerte).

Altersklassen	BRD-West 1991	2001	BRD-Ost 1991	2001	alle 1991	2001
14 bis 17 Jahre	27,7 (n = 18)	32,7 (n = 26)	30,3 (n = 4)	28,7 (n = 12)	28,1 (n = 22)	31,4 (n = 38)
18 bis 21 Jahre	31,6 (n = 46)	33,4 (n = 49)	29,6 (n = 12)	28,6 (n = 19)	31,2 (n = 58)	32,1 (n = 68)
14 bis 21 Jahre	30,5 (n = 64)	33,2 (n = 75)	29,8 (n = 16)	28,6 (n = 31)	30,4 (n = 80)	31,9 (n = 106)
über 21 Jahre	26,2 (n = 895)	28,6 (n = 654)	24,2 (n = 479)	28,1 (n = 214)	25,5 (n = 1374)	28,5 (n = 868)
gesamte Stichprobe	26,6 (n = 959)	29,1 (n = 729)	24,3 (n = 495)	28,1 (n = 245)	25,7 (n = 1454)	28,8 (n = 974)

knapp 13%. In Westdeutschland waren es bereits 1991 rund 11% der Jugendlichen im Alter zwischen 14 und 21 Jahren, dieser Wert blieb im Vergleich über zehn Jahre weitgehend konstant. In den bereits zitierten Jugenduntersuchungen (Lange u. Choi 2004) konnte Lange bei Jugendlichen im Alter zwischen 15 und 24 Jahren für das Jahr 2002 einen Anteil an Kaufsüchtigen von 7% in West- und 4% für Ostdeutschland feststellen. In der älteren Studie von Lange (1997), in der Jugendliche im Alter von 15 bis 20 Jahren untersucht worden waren, zeigte sich für die Zeit zwischen 1995 und 2002 ein leichter Anstieg der Betroffenenanteile von 7 auf 9% im Westen. Diesem Anstieg gegenüber stand ein Absinken im Osten von 6 auf 3%. Auch die Befunde dieser Studie unterliegen der Einschränkung durch kleine Fallzahlen.

17.4 Entstehungsursachen

Verhaltensmuster – auch solche, die zu süchtigem Verhalten führen – werden in Kindheit und Jugend erworben (Richter et al. 2004). Verschiedene Risiko- und Schutzfaktoren bestimmen die Wahrscheinlichkeit für Kaufsucht in der Adoleszenzphase. Dabei wird angenommen, dass an der Entstehung der Kaufsucht eine Reihe psychologischer, sozialer und biologischer Faktoren – etwa eine ererbte Prädisposition für eine mangelhafte Impulskontrolle – beteiligt sind (Reisch et al. 2004). Aus sozialwissenschaftlicher Sicht muss die Entstehung der Suchtstruktur auf zwei Ebenen betrachtet werden:

- Auf Ebene des **Individuums** stellt sich die Frage, wie die Suchtstruktur der Entwicklung des Individuums entspringt, welche Faktoren sie aufbauen und verstärken.
- Auf der Ebene der **Gesellschaft** geht es um die Bedeutung gesellschaftlicher Institutionen und der Normen, Werte, Sozialisationsbedingungen und Kompensationsmöglichkeiten, die das Entstehen von Suchtstrukturen allgemein und die Ausbreitung der Kaufsucht insbesondere begünstigen.

Dem sozialen Kontext kommt insofern eine hohe Bedeutung zu, als bei Jugendlichen der Einfluss verschiedener **Sozialisationsinstanzen** wirksam wird und Jugendliche sich im Spannungsfeld zwischen Elternhaus, Freundeskreis und Selbstverpflichtungen orientieren müssen. Der Einfluss der Bezugsgruppe, das Vorbild- und Unterstützungsverhalten der Eltern ebenso wie elterliche Erziehungsstile und Vorgaben gelten als zentrale Determinanten des Kaufverhaltens.

Innerhalb der Psychologie gibt es verschiedene Ansätze zur Erklärung der Entstehung von stoffungebundenen Süchten, die auch zur Erklärung der Entstehung von Kaufsucht bei Jugendlichen herangezogen werden können (vgl. Poppelreuter u. Evers 2000). Diese Erklärungsansätze beruhen auf verhaltenstheoretischen, psychoanalytischen bzw. familiendynamischen Überlegungen:

Verhaltenstheoretische Erklärungen gehen von der Annahme aus, dass Jugendliche ihr persönliches Konsumverhalten und den Konsumstil auf der Basis von Erfahrungen lernen, einüben und verändern. Die Grundlagen des kompensatorischen und süchtigen Kaufverhaltens sind in lerntheoretischer Hinsicht in Verstärkungen und Bekräftigungen spezifischer Kaufverhaltensweisen, beispielsweise durch die Bezugsgruppe oder die Konsumgesellschaft, zu suchen. Kaufsüchtige lernen bereits in frühester Kindheit Verhaltensmuster, Einstellungen und Werthaltungen, die eine enge Beziehung zum oftmals symbolisch überhöhten Konsum aufweisen. Auch der Wegfall von „Bestrafungen" kann Ursache unangepassten Kaufverhaltens sein. Wie oben skizziert, wird beispielsweise nicht selten durch das Kaufen eine zwar mühevolle, aber notwendige Auseinandersetzung mit Problemsituationen vermieden. Zumindest kurzfristig kann dies einen Bestrafungs-Vermeidungs-Effekt haben.

Psychoanalytische Erklärungsmodelle gehen von der Annahme aus, dass es Kaufsüchtigen nicht gelungen ist, eine tragfähige Identität zu entwickeln, sodass sie einem „grandiosen" Selbst verhaftet bleiben. Bei solchen narzisstischen Persönlichkeiten dient das süchtige Kaufen dazu, eine innere Leere zu füllen. Dabei wird das krankhafte „Größen-Selbst" gestärkt, um sich dessen Allmächtigkeit und Schutzfunktion gegenüber einem zumeist als feindlich und frustrierend erlebten Umfeld zu versichern. Solche Machtphantasien sind bei vielen Kaufsüchtigen zu beobachten (vgl. dazu die Fallstudien bei Scherhorn et al. 1996). Nun träumen sich vermutlich viele Jugendliche anders als sie sind, ohne dass sie als kaufsüchtig zu bezeichnen sind. Aber in der Kaufsucht tritt der Traum an die Stelle der Realität. Hier sind solche Vorstellungen unmittelbar an das Kaufen geknüpft, nur beim Kaufen können sich Kaufsüchtige kompetent und lebendig fühlen, nur beim Kaufen haben Kaufsüchtige die Vorstellung, sie seien bereits perfekt und brauchten es also nicht mehr durch eigene Anstrengung zu werden.

Familiendynamische Modelle betonen den Stellenwert familiärer Sozialisationseinflüsse bei der Erklärung der Entstehung von Sucht. Kaufsucht als erlerntes Verhalten wird als Symptom eines dysfunktionalen Familiensystems in der Kindheit erklärt. Die Fallstudien mit Kaufsüchtigen haben deutlich die Bedeutung von Erziehungsstilen herausgestellt (Scherhorn et al. 1996; vgl. auch Lange u. Choi 2004). Jugendliche Konsumenten mit problematischem Kaufverhalten wachsen unter Erziehungsbedingungen auf, die eher als autoritär, rigide oder aber als überbehütend zu klassifizieren sind. Überbehütung resultiert aus Unsicherheit und Angst der Eltern, selbst Fehler begehen zu können. Den Kindern werden Anstrengungen und Aufgaben nicht zugemutet, weil die Eltern ihnen nicht zutrauen, diese erfolgreich bestehen zu können. Die Folge ist eine Störung der Autonomie, die sich in einer massiven Selbstwertschwäche manifestiert. In eigenen Studien wurden Korrelationskoeffizienten (r) zwischen Kaufsuchttendenz und Selbstwertdefiziten im Bereich zwischen 0,33 und 0,52 ($p \leq 0,001$) festgestellt (vgl. Raab et al. 2005). Damit gilt die Störung der Autonomie in der Kindheit allgemein als eine der Hauptursachen der Kaufsucht. Diese Autonomie-Störung kann auf drei Ebenen erfolgen (Scherhorn 1990; Scherhorn et al. 1996):

- im Erleben eigener Gefühle (emotionale Ebene)
- in der Entwicklung eigener Fähigkeiten und Kompetenzen (kognitive Ebene)
- im Fällen eigener Entscheidungen (Verhaltensebene)

Den Kindern wird damit die Möglichkeit genommen, emotionale Selbstständigkeit und Kompetenz zu erlangen, die sie zur Entwicklung von Autonomie und zur Ausbildung eines gesunden Selbstwertgefühls so dringend benötigt hätten. Nach Peele und Brodsky (1975) bildet die Verweigerung der emotionalen Selbstständigkeit durch die Eltern die entscheidende Grundlage für die Entstehung von Sucht. Anzumerken ist, dass man diesen Befunden nicht gerecht wird, wenn man sie als Vorwürfe an die Eltern liest. Oft wurden die Eltern Kaufsüchtiger mit ihren eigenen Problemen nicht fertig und haben sie so an die Kinder weitergegeben.

17.5 Lösungsansätze

Die allgemeine Erkenntnis, dass ein gutes Selbstwertgefühl der beste Schutz gegen Sucht ist (Hurrelmann 1994), gilt auch für das süchtige Kaufverhalten von Jugendlichen. Ein gutes Selbstwertgefühl bildet sich am ehesten durch einen demokratischen, zugleich fordernden und fördernden Erziehungsstil. Da dem Kaufverhalten der Eltern in seiner Vorbildfunktion eine besondere Bedeutung zukommt, sollte im Elternhaus zunächst die grundlegende Konsumsozialisation stattfinden (Bertsch 2003; Cram u. Ng 1999). Dazu gehört auch, dass in der Familie offen über Finanzen diskutiert wird. Weil Geld in Deutschland eines der letzten Tabuthemen ist, wird darüber in den Familien nur selten, nur vage und oftmals überhaupt nicht gesprochen (Brost u. Rohwetter 2003). Unabhängig davon ist den in letzter Zeit verstärkt erhobenen Forderungen zuzustimmen, wonach Kinder und Jugendliche in den Kindergärten und Schulen besser auf ihre ökonomische Selbstständigkeit vorbereitet werden sollten (Bertelsmann Stiftung 2004; Iff 2005; Kaminski 2000; Lange u. Choi 2004; Leinert 2004; Reiche 2005; Schlegel-Matthies 2005).

Als effektiv zur Unterstützung der Konsum- und Geldsozialisation und zum Erwerb von **Konsumkompetenz** von Jugendlichen haben sich – außerhalb des Elternhauses – Modellprojekte erwiesen, in denen mehrere gesellschaftliche Instanzen der Konsum- und Geldsozialisation partnerschaftlich zusammenarbeiten. Ein solches Projekt wird unter Einbeziehung von Jugendlichen, Schuldner- und Verbraucherberatern sowie Kreditinstituten unter dem Begriff „Bank und Jugend im Dialog" auf Initiative der Diakonie in Krefeld seit 1997 realisiert (Peters u. Raab 2004). Hinter diesem Modell steht die Überzeugung, dass der Umgang mit Geld frühzeitig erlernt werden muss, soll die Wahrscheinlichkeit einer späteren finanziellen Schieflage gesenkt werden. Ihre Bedeutung erlangen solche Ansätze zunächst durch die Erkenntnis, dass süchtiges Kaufverhalten zu den „systematischen Überschuldungsfaktoren" zählt (Neuner 2001b, S. 119 f.). Immer wieder konnte bei süchtig und kompensatorisch kaufenden Jugendlichen eine völlig unzureichende Erziehung im Umgang mit Geld und Konsum, eine unkritische Einstellung zur Werbung sowie zu Krediten nachgewiesen werden (Lange u. Choi 2004). In internationalen Vergleichsstudien schneiden deutsche Jugendliche bei der Prüfung ihres wirtschaftskundlichen Wissens dermaßen schlecht ab, dass Kaminski und andere Autoren von einem „ökonomischen Analphabetismus weiter Schülerkreise" (Lüdecke u. Sczesny 1999, S. 138) sprechen.

Vor dem Hintergrund der realen Verfasstheit unserer Konsumgesellschaft laufen Forderungen nach medien- und werbefreien Schutzräumen für Kinder weitgehend ins Leere. Aussichtsreicher und vielversprechender sind Hilfestellungen, die Kindern und Jugendlichen die Fähigkeiten vermitteln, mit Werbung, den Konsumchancen und den Konsumrisiken selbstverantwortlich umzugehen (Feierabend u. Klingler 2003). Dazu gehört vor allem die Fähigkeit zur Reflexion des Bedarfs im Sinne der Frage: „Brauche ich ein Produkt, das ich so sehr begehre, auch wirklich?" In Projekten wie „Bank und Jugend im Dialog" können solche Fähigkeiten erlernt werden. Die bisherige Ergebnisevaluation des Modellprojekts ist sehr ermutigend und deutet an, dass es gelingen kann, bei vielen Jugendlichen auf spielerischer Weise eine stärkere Sensibilität in Bezug auf ihr eigenes Konsum- und Sparverhalten zu erreichen (vgl. Raab 2004). Allerdings sind die bisherigen Angebote eher sporadisch. Eine systematische curriculare Verankerung derartiger Lehr- und Lerninhalte auf breiter Basis fehlt bislang an den meisten deutschen Schulen (Lange u. Choi 2004).

Neben diesen erst längerfristig wirksamen, auf Prävention ausgerichteten Ansätzen gibt es für Betroffene eine Reihe von **Sofortmaßnahmen**, die jedoch keine therapeutische und damit längerfristige Wirkung haben. So können betroffene Jugendliche beispielsweise jenseits fachpsychotherapeutischer Angebote von Selbsthilferatgebern profitieren (Catalano u. Sonenberg 1996). Auch Werkstattberichte stehen vereinzelt zur Verfügung (Lange u. Muck 1997; Scherhorn et al. 1996). Einfache Maßnahmen beginnen bereits dort, wo Jugendliche durch Selbstbeobachtung versuchen, herausfinden, auf welche Reize bzw. Situationen sie mit Kaufen reagieren. Bildet sich ein entsprechendes kritisches Bewusstsein heraus, so können oftmals bereits auf dieser Ebene einfache Verhaltensregeln aufgestellt werden, so zum Beispiel der Vorsatz, Zeiten des Schlussverkaufs oder des saisonalen Hochkonsums wie etwa die Vorweihnachtszeit sowie Ausverkäufe möglichst zu meiden. Hilfreich kann auch sein, alle Bestände an Kleidung – oder je nach Fokussierung der Sucht auch andere Konsumgüter – zu inventarisieren und diese Liste beim Einkaufen bei sich zu tragen. In vielen Fällen, in denen Jugendliche durch die auf Erlebniskonsum hin gestaltete Kaufhausatmosphäre stimuliert werden, können einige Konsumgüter zur Auswahl mit nach Hause genommen werden. In vielen Fällen verlieren Güter außerhalb der Kaufhäuser ihren Glanz. Bereits für Jugendliche kann eine einfache Form regelmäßiger Haushaltsbuchführung (z. B. ein selbst gestaltetes Haushaltsbuch, Einnahmen- und Ausgabenerfassung, Finanzbuchhaltung) dabei behilflich sein, sich einen Überblick über Einnahmen und Ausgaben zu verschaffen (Neuner 2001b).

Diese praktischen Maßnahmen ersetzen nicht ein langfristiges Bemühen, sich aktiv mit der eigenen problematischen Situation auseinanderzusetzen. Vor allen Sofortmaßnahmen muss die Erkenntnis stehen, dass das eigene Kaufverhalten unangepasst ist. Der hohe Stellenwert des Kaufens und des Konsumierens in der Gesellschaft erschwert es, unangepasstes Verhalten als „normabweichendes" sowie mit den eigenen Konsummöglichkeiten längerfristig nicht zu vereinbarendes Verhalten zu erkennen. Im Rahmen ihrer Entwicklungsphase experimentieren Heranwachsende oftmals noch mit neuen Rollen, probieren neue Einstellungen und Verhaltensweisen aus und testen diese auf Funktionalität. Bei ihnen haben sich die Standards darüber, was als „angepasstes" oder „unangepasstes" Kaufen gelten kann, in der Regel noch nicht herausgebildet. Die Aufgabe eines verantwortlichen Umgangs mit der Konsumfreiheit wird insofern noch erschwert, als gerade bei Jugendlichen der Druck der Bezugsgruppe übermächtig werden kann. Hier können Gespräche mit Vertrauenspersonen helfen, die Unterstützung bei der Überwindung der Sucht anbieten. Vor dem Hintergrund der nur unzureichend vorhandenen professionellen Anlaufmöglichkeiten kommt dabei vor allem den Selbsthilfegruppen und Betroffenen-Netzwerken eine große Bedeutung zu.

Im Sinne der Nachsorge liegen mittlerweile auch Erfahrungen mit verschiedenen **Therapieansätzen** vor (Müller et al. 2005; Reisch et al. 2004). Während in den USA die Pharmakotherapie eine wichtige Rolle spielt (Bullock u. Koran 2003), überwiegt in Deutschland die verhaltenstherapeutisch orientierte Behandlung von Kaufsucht (Bongers 2000). Allerdings existieren hierzu bislang kaum aufschlussreiche Studien (Müller et al. 2005), die zum heutigen Zeitpunkt zuverlässige Aussagen über die prinzipielle Überlegenheit der einen über die andere Behandlungsform zuließen.

Literatur

Bauermedia (2005). Bravo Faktor Märkte – Geld und Finanzen. Hamburg: Bauermedia.

Bertelsmann Stiftung (2004). Wirtschaft in die Schule. Gütersloh: Bertelsmann.

Bertsch F (2003). Das neue Feld der wirtschaftlichen Bildung und Beratung. Hauswirtschaft und Wissenschaft; 51: 25–31.

Bleuler E (1924). Textbook of Psychiatry. New York: Macmillan.

Bongers A (2000). Fallbeschreibung einer verhaltenstherapeutisch orientierten Behandlung von Kaufsucht. In: Poppelreuter S, Gross W (Hrsg). Nicht nur Drogen machen süchtig. Entstehung und Behandlung von stoffgebundenen Süchten. Weinheim: Psychologie Verlags Union; 165–80.

Brost M, Rohwetter M (2003). Das große Unvermögen. Warum wir beim Reichwerden immer wieder scheitern. Weinheim: Wiley-VCH.

Bullock K, Koran L (2003). Psychopharmacology of compulsive buying. Drugs Today; 39: 695–700.

Catalano EM, Sonenberg N (1996). Kaufen, kaufen, kaufen ...: Wegweiser für Menschen mit zwanghaftem Kaufverhalten. Ein Selbsthilfeprogramm mit vielen Fragebögen und Protokollen. Stuttgart, New York: TRIAS Thieme.

Cram F, Ng SH (1999). Consumer Socialisation. Appl Psychol; 48: 297–312.

Egmont Ehapa (2005). KidsVerbraucherAnalyse 2005 (Kids VA 2005). Filderstadt: Egmont Ehapa.

Faber RJ (2004). Self-control and compulsive buying. In: Kasser T, Kanner AD (eds). Psychology and Consumer Culture: The Struggle for a Good Life in a Materialistic World. Washington, DC: American Psychological Association; 169–89.

Feierabend S, Klingler W (2003). Kinder und Medien 2002. Media Persp; 6/2003: 278–89.

Grønmo S (1988). Compensatory consumer behaviour: Elements of a critical sociology of consumption. In: Otnes P (ed). The Sociology of Consumption. Oslo: Solum; 65–85.

Gross W (2003). Sucht ohne Drogen: Arbeiten, Spielen, Essen, Lieben. Frankfurt a. M.: S. Fischer.

Hanley A, Wilhelm MS (1992). Compulsive buying: an exploration into self-esteem and money attitudes. J Econ Psychol; 13: 5–18.

Hatterer LJ (1980). The Pleasure Addicts. The Addictive Process Food, Sex, Drugs, Alcohol, Work, and More. South Brunswick: Barnes.

Hurrelmann K (1994). Frühe Flucht in den Rausch – Wie man Kinder gegen den Drogenkonsum erziehen kann. Politik-Forum; 23/94.

Hurrelmann K (2004). Lebensphase Jugend. Eine Einführung in die sozialwissenschaftliche Jugendforschung. Weinheim: Juventa.

Iff Institut für Finanzdienstleistungen e. V. (2005). Finanzdienstleistungen in der Schule. Eine Analyse von 20 Schulbüchern. In: Verbraucherzentrale Bundesverband (Hrsg). PISA in der Verbraucherbildung. Berlin: Berliner Wissenschafts-Verlag; 75–184.

Kaminski H (2000). Die Bedeutung der ökonomischen Bildung in allgemeinbildenden Schulen. Sparkasse; 117: 389–93.

Koran LM, Faber RJ, Aboujaoude E, Large MG, Serpe RT (2006). Estimated prevalence of compulsive buying in the U.S. Am J Psychiatry; 163: 1806–12.

Korczak D (1997). Marktverhalten, Verschuldung und Überschuldung privater Haushalte in den neuen Bundesländern. Stuttgart: Kohlhammer.

Kraepelin E (1909). Psychiatrie. Ein Lehrbuch für Studierende und Ärzte. Leipzig: Johann Ambrosius Barth.

Krystal H, Raskin HA (1983). Drogensucht. Aspekte der Ich-Funktion. Göttingen: Verlag für Medizinische Psychologie im Verlag Vandenhoeck & Ruprecht.

Lange E (1997). Jugendkonsum im Wandel. Konsummuster, Freizeitverhalten, Lebensstile und Kaufsucht 1990 und 1996. Opladen: Leske + Budrich.

Lange E, Choi S (2004). Jugendkonsum im 21. Jahrhundert. Eine Untersuchung der Einkommens-, Konsum- und Verschuldungsmuster der Jugendlichen in Deutschland. Wiesbaden: Verlag für Sozialwissenschaften.

Lange E, Muck F (1997). Werkstatt Konsumpädagogik: Sozialwissenschaftliche Grundlagen und pädagogische Skizzen. Hamm: Hoheneck.

Leinert J (2004). Finanzieller Analphabetismus in Deutschland: Schlechte Voraussetzungen für eigenverantwortliche Vorsorge. Bertelsmann Vorsorgestudien 25. Gütersloh: Bertelsmann.

Lejoyeux M, Adès J, Tassain V, Solomon J (1996). Phenomenology and psychopathology of uncontrolled buying. Am J Psychiatry; 153: 1524–9.

Linn S (2004). Consuming Kids. The hostile takeover of childhood. New York: The New Press.

Lüdecke S, Sczesny C (1999). Ökonomische Bildung im Vergleich. Wirtschaft und Erziehung; 51: 138–9.

Marks I (1990). Behavioural (non-chemical) addictions. Br J Addict; 85: 1389–94.

Müller A, de Zwaan M (2004). Aktueller Stand der Therapieforschung bei pathologischem Kaufen. Verhaltenstherapie; 14: 112–9.

Müller A, Reinecker H, Jacobi C, Reisch L, de Zwaan M (2005). Pathologisches Kaufen – Eine Literaturübersicht. Psychiatr Prax; 32: 3–12.

Neuner M (2001a). Verantwortliches Konsumverhalten. Individuum und Institution. Berlin: Duncker & Humblot.

Neuner M (2001b). Verbraucherinsolvenz und Restschuldbefreiung: Eine kritische Analyse aus verhaltenswissenschaftlicher Sicht. In: Neuner M, Raab G (Hrsg). Verbraucherinsolvenz und Restschuldbefreiung. Baden-Baden: Nomos; 115–42.

Neuner M (2006). Der Beitrag des Konsums zu einem gelingenden Leben. Eine kritische Betrachtung der Konsumfreiheit. Zeitschrift für Wirtschafts- und Unternehmensethik; 6: 195–214.

Neuner M, Raab G, Reisch L (2005a). Compulsive buying as a consumer policy issue in East and West Germany. In: Grunert KG, Thøgersen J (eds). Consumers, Policy, and the Environment. A tribute to Folke Ölander. Berlin, Heidelberg, New York: Springer; 89–114.

Neuner M, Raab G, Reisch L (2005b). Compulsive buying in maturing societies: an empirical re-inquiry. J Econ Psychol; 26: 509–22.

Ölander F, Neuner M (2007). Consumer competence. In: Gåsdal O, Løyning T, Hjellbrekke J, Brusdal R (eds). Makt, Mening Og Struktur. Festskrift til Sigmund Grønmo. Bergen: Fagbokforlaget; 89–102.

Orford J (1985). Excessive Appetites. A psychological view of addictions. New York: John Wiley.

Peele S (1977). Redefining addiction. Making addiction a scientifically and socially useful concept. Int J Health Serv; 7: 103–24.

Peele S, Brodsky A (1975). Love and Addiction. New York: Taplinger.

Peters H, Raab G (2004). Bank und Jugend im Dialog. Ein Handbuch für Banken, Sparkassen, Schulen, Schuldner- und Verbraucherberatungsstellen. Oberhausen: Athena.

Pinquart M (2003). Krisen im Jugendalter. Monatsschr Kinderheilkd; 151: 43–7.

Poppelreuter S, Evers C (2000). Arbeitssucht – Theorie und Empirie. In: Poppelreuter S, Gross W (Hrsg). Nicht nur Drogen machen süchtig. Entstehung und Behandlung von stoffungebundenen Süchten. Weinheim: Psychologie Verlags Union; 73–93.

Raab G (2004). Ergebnisse der Evaluation des Modellprojekts „Bank und Jugend im Dialog". In: Peters H, Raab G (Hrsg). Bank und Jugend im Dialog. Oberhausen: Athena; 54–68.

Raab G, Neuner M, Reisch L, Scherhorn G (2005). SKSK – Screeningverfahren zur Erhebung von kompensatorischem und süchtigem Kaufverhalten. Göttingen: Hogrefe.

Reiche S (2005). Reform der Verbraucherbildung. In: Verbraucherzentrale Bundesverband (Hrsg). PISA in der Verbraucherbildung. Berlin: Berliner Wissenschafts-Verlag; 23–34.

Reisch L, Neuner M, Raab G (2004). Ein Jahrzehnt verhaltenswissenschaftlicher Kaufsuchtforschung in Deutschland. Verhaltenstherapie; 14: 120–5.

Richter M, Bauer U, Hurrelmann K (2004). Konsum psychoaktiver Substanzen im Jugendalter: Der Einfluss sozialer Ungleichheit. Aus Politik und Zeitgeschichte; B1–2/2004: 30–7.

Salzman L (1981). Psychodynamics of the addictions. In: Mule SJ (ed). Behavior in Excess. An examination of volitional disorders. New York: Free Press; 338–49.

Saß H, Wittchen HU, Zaudig M, Houben I (2003). Diagnostisches und Statistisches Manual Psychischer Störungen (Textrevision). DSM-IV-TR. Göttingen: Hogrefe.

Scherhorn G (1990). The addictive trait in buying behaviour. J Consum Policy; 13: 33–51.

Scherhorn G, Reisch L, Raab G (1996). Kaufsucht. Bericht über eine empirische Untersuchung. Hohenheim: Universität Hohenheim, LFB für Konsumtheorie und Verbraucherpolitik.

Schlegel-Matthies K (2005). Ernährungs- und Verbraucherbildung in der Reform. In: Verbraucherzentrale Bundesverband (Hrsg). PISA in der Verbraucherbildung. Berlin: Berliner Wissenschafts-Verlag; 49–54.

Shell Jugendstudie (2002). Jugend 2002. Zwischen pragmatischem Idealismus und robustem Materialismus. Bearb. v. Klaus Hurrelmann. Frankfurt a. M.: S. Fischer.

Taylor MC (2002). Duty-Free-Shopping. In: Hollein M, Grunenberg C (Hrsg). Shopping: 100 Jahre Kunst und Konsum. Ostfildern: Hatje Cantz; 39–53.

Vollbrecht R (1996). Wie Kinder mit Werbung umgehen. Media Persp; 6/1996: 294–300.

18 Moderne Kommunikationsmedien

Martin Zobel

Die Nutzung der „neuen" technologischen Medien Computer, Internet und Handy durch Kinder und Jugendliche stellt zunehmend eine Herausforderung für Eltern, Pädagogen und Psychotherapeuten dar. Zum einen wird die Nutzung dieser Medien bei jungen Menschen immer selbstverständlicher, zum anderen gibt es zunehmend Kinder und Jugendliche, bei denen diese Nutzung als unkontrolliert und schädigend bezeichnet werden kann. Zahlreiche Fallberichte dokumentieren, dass die exzessive Nutzung dieser Medien zu verschiedensten Problemen führen kann (http://forum.webmart.de/wmforum.cfm?id=90182). Das folgende, typische Fallbeispiel stammt aus der psychotherapeutischen Praxis des Autors.

> Die Eltern kommen zusammen mit ihrem Sohn Achim (16 Jahre) in die Behandlung. Ihr Sohn sei offenbar Online-süchtig, verbringe fast seine gesamte Freizeit vor dem Computer und habe kaum mehr andere Interessen. Die Online-Zeit des Sohns wird mit etwa 40 Stunden pro Woche angegeben. Am Wochenende sei der Computer fast ständig an. Achim sei im letzten halben Jahr deutlich in der Schule zurückgefallen und in fast allen Fächern mindestens eine Note schlechter als zuvor. Er falle in der Schule zudem durch seine passive Haltung sowie seine ausgeprägte Müdigkeit auf. Achim sei schon immer ein eher zurückhaltender Junge gewesen, doch ziehe er sich mehr und mehr in seine „Computerwelt" zurück. Online betätige er sich exzessiv mit interaktivem Spielen, Chatten und Mailen. Am Wochenende sei er oft auf so genannten LAN-Partys, also Netzwerkpartys, wo sich etwa 10 bis 20 Personen treffen, ihre Computer vernetzen und in der Regel ein Wochenende nonstop durchspielen. Die Eltern machen sich Sorgen, dass Achim „seine Jugend vor dem Computer verbringt".
>
> Achim selbst wirkt antriebslos und passiv und sieht sein Online-Verhalten nur bedingt als problematisch an.

18.1 Nutzungsverhalten im Jahr 2005

Die Analyse des Nutzungsverhaltens von PCs, Internet und Handys bei Kindern und Jugendlichen erfolgte in den letzten Jahren insbesondere durch private Forschungsinstitute, die beispielsweise im Auftrag von privaten und öffentlich-rechtlichen Rundfunk- und Fernsehanstalten repräsentative Meinungsbefragungen durchführen. Hier sind vor allem die Erhebungen des Medienpädagogischen Forschungsverbunds Südwest zu nennen, der seit 1998 regelmäßig die Mediennutzung der 6- bis 19-Jährigen in zwei getrennten Projekten (JIM-Studie und KIM-Studie) erfasst. Des Weiteren erheben, neben anderen Instituten, die öffentlich-rechtlichen Fernsehanstalten ARD und ZDF seit 1997 regelmäßig im Rahmen der ARD/ZDF-Online-Stu-die die Entwicklung der Online-Nutzung in Deutschland.

18.1.1 Vorschulkinder

Computer

Für Kinder im Vorschulalter spielt der Computer etwa ab dem dritten Lebensjahr eine Rolle. Die meisten Spiel- und Lernprogramme sind daher für Kinder ab etwa diesem Alter konzipiert (www.familienhandbuch.de). Einzelne Kindertagesstätten gehen zunehmend dazu über, den Kindern die Grundfertigkeiten des Computers zu vermitteln und einen so genannten „Computerführerschein" anzubieten (www.st-walburga.de/kita/computer-konzept.htm). Dies wird teilweise noch mit einer gewissen Skepsis betrachtet, da landläufig das Vorurteil besteht, Kinder würden dadurch bereits in der Kindertagesstätte zu „introvertierten und sozial inkompetenten Computerkids".

Das Projekt „Multimedialandschaft für Kinder", bei dem in 38 Münchener Kindergärten und Horten Computer aufgestellt wurden, kommt zu anderen Ergebnissen: Die Forscher stellten die Computer nicht abseits der anderen Spielgeräte auf, sondern integrierten sie in das Spiele-Repertoire der Kinder. Die Beobachtungen ergaben, dass die Kinder in der Mehrzahl nicht länger als 20 Minuten mit dem PC beschäftigt waren und sich dann anderen „Spielsachen" widmeten. Der Computer verführte also nicht zur isolierten, introvertierten Beschäftigung, sondern stellte eher eine Ergänzung des vorhandenen Angebots dar (Possemeyer u. Schmitz 2001).

Internet

Internetangebote zielen ab auf Kinder ab etwa vier Jahren, wobei die meisten Seiten Lesekompetenz erfordern (www.kindernetz.de, www.blindekuh.de). Ein beachtlicher Teil der Kinderseiten wird von kommerziellen Anbietern gesponsert.

18.1.2 Kinder

Für Kinder im Alter zwischen 6 und 13 Jahren gehört der Computer in vielen Fällen mit zur häuslichen Umwelt: 83% aller Haushalte mit Kindern verfügen über mindestens einen Computer, 73% aller Haushalte hatten 2005 einen Internetzugang. In 95% der Haushalte stand ein Handy zur Verfügung, 56% der Haushalte mit Kindern hatten eine Spielekonsole (KIM-Studie 2005).

Computer

Insgesamt 76% der Kinder nutzen zumindest gelegentlich einen Computer, wobei 6- bis 7-Jährige zu 52%, 8- bis 9-Jährige zu 71%, 10- bis 11-Jährige zu 84% und 12- bis 13-Jährige zu 91% Computererfahrung haben. Etwa jedes vierte Kind zwischen 6 und 13 Jahren nutzt den Computer täglich oder fast täglich. Dabei zeigen Mädchen mit insgesamt 74% tendenziell weniger Computerbegeisterung als Jungen mit insgesamt 79%. Die Nutzung des PCs ist stark vom Bildungsniveau abhängig: Während Grundschüler bereits zu 64% einen Computer nutzen, berichten Hauptschüler mit 79% eine deutlich seltenere Nutzung als Realschüler (92%) und Gymnasiasten (94%).

Wenn Kinder den Computer nutzen, dann in erster Linie für Computerspiele, entweder allein (63%) oder mit anderen Kindern zusammen (50%). Weitere Anwendungen sind Lernprogramme (45%) und Arbeiten für die Schule (49%) (KIM-Studie 2005).

Internet

Bei Kindern nimmt das Internet stark an Bedeutung zu. Etwa zwei Drittel der PC-Nutzer nutzt zumindest selten das Internet, wobei Jungen und Mädchen sich kaum unterscheiden. Befragt, ob sie zumindest selten im Internet sind, bejahten dies Kinder zwischen 6 und 7 Jahren zu 33%, Kinder zwischen 8 und 9 Jahren zu 54% und Heranwachsende zwischen 10 und 11 Jahren zu 73%. Bei den 12- bis 13-Jährigen gaben insgesamt 84% an, mindestens einmal pro Woche online zu sein. Dabei stehen insbesondere Sites für Kinder (49%) sowie das Suchen von Informationen für die Schule (47%) im Vordergrund. Das Versenden von E-Mails folgt mit einem Anteil von 45% (KIM-Studie 2005).

Handy

Etwa 47% der 6- bis 13-Jährigen verfügen über ein eigenes Handy, was in absoluten Zahlen mehr als drei Millionen Handys bei Kindern bedeutet (ebd.).

18.1.3 Jugendliche

Im Jahre 2005 gaben 57 % der 12- bis 19-Jährigen einen eigenen Computer sowie 35 % einen Internetzugang im eigenen Zimmer an, über ein Handy verfügten 92 % (JIM-Studie 2005).

Computer

Die Computernutzung ist für Jugendliche zur Selbstverständlichkeit geworden: 95 % nutzten mindestens einmal pro Monat in ihrer Freizeit einen Computer. Bedeutsame Unterschiede zwischen Jungen und Mädchen zeigten sich in der Altergruppe von 12 bis 19 Jahren nicht. Nach wie vor ist bei der Computernutzung ein Bildungsgefälle zu verzeichnen: 98 % der Gymnasiasten nutzten 2005 mindestens einmal pro Monat einen PC, gefolgt von 95 % der Realschüler und 89 % der Hauptschüler, wobei Haupt- und Realschüler im Vergleich zum Jahr 1998 (58 und 72 %) stark aufgeholt haben.

Internet

Insgesamt 86 % der Jugendlichen haben Interneterfahrung, wobei sich Jungen und Mädchen nicht bedeutsam unterscheiden. Der Grad der Internetnutzung ist altersabhängig und steigt von 77 % bei den 12- bis 13-Jährigen auf 87 % bei den 18- bis 19-Jährigen. Auch hier ist ein Bildungsgefälle zu verzeichnen, das sich gegenüber dem Vorjahr aber zunehmend relativiert: Hauptschüler berichten zu 71 % von Interneterfahrung, Realschüler zu 87 % und Gymnasiasten zu 94 %. Die häufigste Anwendung im Internet ist das Versenden von E-Mails, das Surfen, Musik hören/herunterladen sowie das Chatten. Jungen versenden am häufigsten E-Mails, surfen und hören häufiger Musik bzw. laden entsprechende Dateien herunter. Mädchen versenden ebenfalls am häufigsten E-Mails, surfen und chatten (JIM-Studie 2005).

Das Internet verdrängt bei Jugendlichen und jungen Erwachsenen zwischen 13 und 24 Jahren offenbar zunehmend das Fernsehen. Das US-Marktforschungsunternehmen Teenage Research Unlimited befragte insgesamt 2 600 Personen im Auftrag des Online-Portals Yahoo. Dabei gaben die Befragen an, pro Woche im Durchschnitt 17 Stunden online zu sein gegenüber 14 Stunden Fernsehen (N-TV 2003).

Handy

Die Handynutzung hat sich bei Jugendlichen mit 92 % gegenüber 1998 mehr als verzehnfacht. Etwa 63 % der Jugendlichen rechnen ihre Telefonkosten über eine Prepaid-Karte ab. Die mobile Internetnutzung spielt bisher nur eine untergeordnete Rolle (JIM-Studie 2005).

18.2 Einstellung der Eltern zum Medien-Konsum

Eltern stehen dem PC und dem Internet grundsätzlich positiv gegenüber. Bezogen auf ihre Kinder im Alter von 8 bis 17 Jahren, finden sie, dass das „Internet ein Platz für Kinder ist, um faszinierende, nützliche Dinge zu erforschen" (81 % Zustimmung) und dass „Kinder ohne Internetzugang gegenüber Kindern mit Internetzugang benachteiligt sind" (61 % Zustimmung). Gleichzeitig wird aber auch die Sorge formuliert, „Kinder könnten persönliche Informationen weitergeben oder sexuelles Material im Internet sehen" (77 % Zustimmung). Die Hälfte der Eltern findet, dass „Familien, die viel Zeit online verbringen, weniger miteinander reden" (Turow 2001).

In der konkreten Umsetzung zeigen Eltern dann auch eine deutliche Zurückhaltung. Die in der ARD/ZDF-Online-Studie 2001 befragten Eltern hielten überwiegend eine zeitliche Beschränkung des Internets bei ihren Kindern für notwendig. Bei jüngeren Kindern unter 10 Jahren wird die Nutzung des Internets häufig gar nicht gestattet. Dabei zeigte sich eine Reihe von Parallelen zum Fernsehen: Die Mehrzahl der Eltern versuchte die Internetnutzung zu reglementieren, insbesondere aufgrund von Sex- und Gewaltangeboten. Dennoch setzte nur jeder zehnte

Internetanwender mit Kindern im Haushalt spezielle Software zur Sperrung von unerwünschten Internetseiten ein (von Eimeren et al. 2001).

Die Handynutzung der Jugendlichen ist für die meisten Eltern kein Problem, im Gegenteil gaben die Eltern in einer repräsentativen Befragung an, die Erreichbarkeit der Kinder durch das Handy sei ihnen wichtig (http://www.izmf.de/html/de/1474_p.html).

18.3 Exzessiver Konsum

18.3.1 Computer

Exzessiver Computer-Konsum ist in der Regel exzessiver Konsum von Computerspielen. Hierzu liegen bisher wenige Studien vor. Griffiths und Hunt (1995) untersuchten 387 Jugendliche im Alter zwischen 12 und 16 Jahren hinsichtlich ihres Konsums von PC-Spielen. Das Spielverhalten wurde analog zu den Kriterien des DSM-III für „Pathologisches Spielen" erhoben. Von den 387 Jugendlichen zeigten nach diesen Kriterien 21,4% eine Abhängigkeit, wobei mehr Jungen (26,8%) als Mädchen (14,1%) betroffen waren. „Süchtige" Spieler spielten signifikant häufiger und länger, sie waren beim ersten Spielen mit durchschnittlich 7,2 Jahre im Vergleich zur Kontrollgruppe (8,9 Jahre) deutlich jünger. „Süchtige" Spieler hatten mit dem Spielen angefangen, um „Freunden zu imponieren", „Langeweile zu überbrücken", „Herausforderung zu erleben" und „Freunde zu treffen".

Etwa 80% der Computerspiele haben Aggression oder Gewalt als Gegenstand. Eine Reihe von Studien zeigt, dass nach dem Konsum dieser Spiele eine kurzzeitige Erhöhung der Aggressivität der Spieler beobachtet werden kann. Auch werden Jugendliche, die aggressive elektronische Spiele spielen, von ihren Freunden als aggressiver eingeschätzt. Gewalttätige Filme erhöhen Aggressivität und Feindseligkeit bei Kindern und Erwachsenen, bezüglich des Spielens von gewalttätigen Spielen gibt es bis dato nur wenige Studien. Diese legen einen Zusammenhang zwischen dem Konsum von Gewaltspielen und anschließendem aggressiven Verhalten nahe (Subrahmanyam et al. 2001).

Bezüglich der Auswirkungen von Computerspielen auf prosoziales Verhalten liegt bislang wenig Forschung vor. Es gibt allerdings Hinweise darauf, dass das Spielen von aggressiven elektronischen Spielen das prosoziale Verhalten herabsetzt. Realistische Gewaltspiele haben demnach eine abstumpfende Wirkung auf die Anwender: Minderjährige Versuchspersonen zeigten im Anschluss an virtuelle Kämpfe weniger Mitgefühl, vor allem, wenn die Kinder eine schwache Eltern-Kind-Beziehung hatten (Possemeyer u. Schmitz 2001).

18.3.2 Handy

Für viele Jugendliche ist das Handy ein wichtiges Statussymbol. In China, dem Land mit den weltweit meisten Handys, wird aktuell das „Handy-Abhängigkeits-Syndrom" diskutiert. Es soll sich dadurch äußern, dass Betroffene leicht ablenkbar sind, Konzentrationsprobleme haben und bei längerer Zeit ohne Handy-Klingeln Besorgtheit über das Funktionieren ihres Handys aufweisen. Auch sollen sie häufig das Läuten von anderen Handys mit dem eigenen Handy verwechseln (www.news.at/articles/0323/548/58165.shtml). Inwieweit eine solche Symptomatik als klinische Störung tatsächlich besteht, bleibt fraglich. Entsprechende Studien stehen auf diesem Feld noch aus.

18.3.3 Internet

Für die meisten Jugendlichen hat das Internet vor allem zu Beginn der Nutzung einen großen Reiz und verführt zu starkem Konsum. Nach einigen Wochen wird das Internet in der Regel zunehmend selektiv und bewusst genutzt. Für einen bestimmten Teil der Anwender gilt dies aber nicht. Sie erfahren durch ihre Online-Aktivitäten ein beachtliches Maß an Verstärkung, beispielsweise bei virtuellen Spielen oder beim Chatten und widmen dem Medium im Gegenteil mehr und mehr Zeit. Bei vielen Jugendlichen ist zu beobachten, dass sie täglich fünf und mehr Stunden

Tab. 18-1 Antwortverhalten von 1 116 Jugendlichen zwischen 15 und 18 Jahren in der Studie von Hahn und Jerusalem (2001).

Jugendliche	unauffällig	gefährdet	süchtig
Jungen (n = 957)	789 (82,5 %)	100 (10,4 %)	68 (7,1 %)
Mädchen (n = 159)	133 (83,6 %)	16 (10,1 %)	10 (6,3 %)
gesamt (n = 1 116)	923 (82,7 %)	115 (10,3 %)	78 (7,0 %)

online sind und am Wochenende die Online-Zeit deutlich erhöhen.

Online-Aktivitäten

Nach einem Vorschlag von Young (1999) können Online-Aktivitäten in folgende vier Bereiche eingeteilt werden:
- **Beziehungen:** Über E-Mails, Chats, Foren, Kontaktanzeigen, interaktive Spiele geht es in erster Linie um den Aufbau und die Pflege von Beziehungen zu anderen Anwendern im Netz. Das Versenden von E-Mails gehört für viele Jugendliche mittlerweile zur normalen „Alltagskommunikation". Man trifft sich in bestimmten Chats (Beispiel: http://chat.msn.com) und findet dort bei regelmäßiger Teilnahme recht stabile Kontakte. In den Foren findet ein Austausch über das Oberthema des Forums statt (Beispiel: de.rec.spiele.computer.action). Viele Lifestyle-Magazine bieten eine Börse für Kontaktanzeigen an (Beispiel: www.amica.msn.de), interaktive Spiele im Internet sind sehr beliebt.
- **Sex (Pornografie, Erotik-Chats):** Hier steht der Konsum von Erotik in Form von Bildern, Videos etc. im Vordergrund. In speziellen Erotik-Chats können erotische Beziehungen gesucht und gefunden werden.
- **Net Compulsion:** Dies sind Auktionen im Internet, Spiele mit Geldeinsatz, Handel mit Wertpapieren. Der Anwender beteiligt sich an Auktionen, bei denen er Wertgegenstände ersteigern oder anbieten kann (Beispiel: www.ebay.de). Relativ neu ist das Angebot an Glücksspielen, bei denen man via Internet in Spielbanken live mitspielen kann (Beispiel: www.spielbank-hamburg.de). Weiterhin bieten die meisten Banken Online-Broker an, bei denen der Anwender Wertpapiere handeln oder die entsprechenden Kursverläufe passiv verfolgen kann (Beispiel: www.comdirekt.de).
- **Informations-Overkill:** Dies umfasst das Surfen sowie Programme und Musik herunterladen. Hier sammelt der Anwender exzessiv mehr oder weniger ungerichtet Informationen aller Art oder lädt sich exzessiv kostenlose oder kostenpflichtige Software (Beispiel: www.tucows.com) oder Musik (Beispiel: www.mp3downloadcenter.com) herunter.

Wissenschaftliche Studien

Zum exzessiven Online-Konsum bei Jugendlichen liegt eine Reihe wissenschaftlicher Studien vor. Für den deutschsprachigen Raum ist vor al-

Tab. 18-2 Antwortverhalten von 107 Jugendlichen unter 15 Jahren in der Studie von Hahn und Jerusalem (2001).

Jugendliche	unauffällig	gefährdet	süchtig
Jungen (n = 83)	64 (77,1 %)	8 (9,6 %)	11 (13,3 %)
Mädchen (n = 24)	22 (91,7 %)	2 (8,3 %)	–
gesamt (n = 107)	86 (80,4 %)	10 (9,3 %)	11 (10,3 %)

lem die Studie von Hahn und Jerusalem (2001) interessant. Die Forscher konnten im Internet innerhalb von drei Monaten eine Stichprobe von etwa 7 000 Anwendern rekrutieren. Insgesamt 3,2 % der Antworter im Alter zwischen 15 und 59 Jahren erfüllten die Kriterien für eine Internetsucht, weitere 6,6 % wurden als gefährdet eingestuft.

Bei den jugendlichen Antwortern zwischen 15 und 18 Jahren ergab sich ein deutlich höherer Anteil an gefährdeten bzw. als süchtig eingestuften Personen. Während die Mehrzahl keine auffälligen Verhaltensweisen zeigte (82,7 %), wurden 17,3 % als gefährdet bzw. als süchtig eingestuft (s. Tab. 18-1).

Bei Kindern und Jugendlichen unter 15 Jahren ergab sich ein ähnliches Bild. Etwa 20 % der Antworter wurden entsprechend den Kriterien als gefährdet oder süchtig eingestuft, wobei dies insbesondere für männliche Kinder und Jugendliche zutraf (s. Tab. 18-2).

Die Autoren ziehen aus den Ergebnissen den Schluss, dass insbesondere Jugendliche für einen übermäßigen Gebrauch des Internets gefährdet sind.

18.4 Therapeutische Interventionen

Jugendliche sehen in ihrer exzessiven Internetnutzung in der Regel kein Problem, im Gegenteil erleben sie, wenn sie beispielsweise einem Spiele-Clan angehören, dass viele andere Jugendliche ebenfalls exzessiv das Internet nutzen.

Den Leidensdruck entwickeln meistens die Eltern, insbesondere dann, wenn sich Schulnoten verschlechtern und die Versetzung des Jugendlichen in die nächste Klasse gefährdet ist. Die Eltern versuchen zunächst, Dauer und Art der Computernutzung durch einseitige Regeln zu begrenzen bzw. zu kontrollieren. Dies führt häufig zu permanenten familiären Streitigkeiten, mitunter zu verbalen und gewalttätigen Eskalationen, bei denen der Jugendliche den Computer „mit allen Mitteln" verteidigt. Im Weiteren fixieren sich die Eltern auf das Problemverhalten des Kindes und verweigern im Gegenzug Zuwendung und Anerkennung.

Erst in einer Phase der Abstinenz oder, wenn möglich, des verminderten Internet-Konsums erlebt der jugendliche Anwender, wie sehr das Internet seinen Alltag bestimmt hat und wie wenig alternative Beschäftigungen für ihn interessant sind. Dies kann mit einer vorübergehenden depressiven Stimmung einhergehen, da eine wichtige Quelle von Verstärkung nicht mehr zur Verfügung steht.

Die Beziehung zum Jugendlichen muss häufig in der Therapie seitens der Eltern wieder neu entwickelt werden. Vorraussetzung ist, dass die Eltern einerseits das Problemverhalten ernst nehmen, andererseits aber auch die Beziehung zu ihrem Kind konstruktiver gestalten. Das konkrete verhaltenstherapeutische Vorgehen stellt ein modifiziertes Vorgehen nach Döpfner et al. (2002) dar.

Literatur

Döpfner M, Schürmann S, Frölich J (2002). Therapieprogramm für Kinder mit hyperkinetischem und oppositionellem Problemverhalten THOP. Weinheim: Psychologie Verlags Union.

Griffiths MD, Hunt N (1995). Computer game playing in adolescence: prevalence and demographic indicators. J Comm Appl Soc Psychol; 5: 189–93.

Hahn A, Jerusalem M (2001). Internetsucht: Jugendliche gefangen im Netz. In: Raithel J (Hrsg). Risikoverhaltensweisen Jugendlicher. Erklärungen, Formen und Prävention. Opladen: Leske + Budrich; 279–93.

Medienpädagogischer Forschungsverbund Südwest (2002). KIM-Studie 2002: Kinder nutzen Computer und Internet immer intensiver. http://www.mpfs.de/studien/kim/kim02.html (18. September 2002).

Medienpädagogischer Forschungsverbund Südwest (2005). JIM-Studie 2005: Internetnutzung Jugendlicher steigt weiter an. http://www.mpfs.de (13.9.2006).

N-TV (2003). Internet löst Fernsehen ab. http://www.n-tv.de/3174431.html (25. Juli 2003).

Possemeyer I, Schmitz W (2001). Seid Ihr auch alle drin? Kinder und Computer. Geo-Wissen; 27: 34–43.

Subrahmanyam K, Greenfield P, Kraut R, Gross E (2001). The impact of computer use on children's and adolescents' development. Appl Developm Psychol; 22: 7–30.

Turow J (2001). Family boundaries, commercialism, and the internet – a framework for research. Appl Developm Psychol; 22: 73–86.

von Eimeren B, Gerhard H, Frees B (2001). ARD/ZDF-Online-Studie 2001: Internetnutzung stark zweckgebunden. Media Perspektiven; 8: 382–97.

Young K (1999). Caught in the Net. Suchtgefahr Internet. München: Kösel.

19 Früher Substanzkonsum

Peter Tossmann und Sebastian Baumeister

Nach aktuellen repräsentativen Untersuchungen haben 21,8% aller Erwachsenen im Alter zwischen 18 und 59 Jahren in den alten und 11% in den neuen Bundesländern Erfahrung mit illegalen Drogen (Kraus u. Augustin 2001). Unter Jugendlichen ist der Konsum illegaler Substanzen noch weiter verbreitet. Einer Studie der Bundeszentrale für gesundheitliche Aufklärung (2001) zufolge liegt der Anteil der Drogen-Erfahrenen im Alter zwischen 12 und 25 Jahren bei 28% in den westdeutschen und bei 24% in den ostdeutschen Bundesländern. Eine Differenzierung nach unterschiedlichen Substanzen zeigt, dass 26% der 12- bis 25-jährigen Bundesbürger Erfahrung im Umgang mit Cannabis haben. 4% haben schon (mindestens) einmal Ecstasy, 3% Amphetamine und jeweils 2% zumindest einmal LSD oder Kokain zu sich genommen.

Der Indikator, der die aktuelle Situation des Drogengebrauchs Jugendlicher relativ zutreffend und verlässlich wiedergibt, ist die **12-Monats-Prävalenz**. Nach der bereits erwähnten Drogenaffinitätsstudie der Bundeszentrale für gesundheitliche Aufklärung (BzgA) aus dem Jahr 2001 hat etwa jeder achte Jugendliche (13%) in der Bundesrepublik Deutschland im Alter zwischen 12 und 25 Jahren in den zurückliegenden 12 Monaten illegale Substanzen konsumiert. Eine Differenzierung nach Altersgruppen zeigt jedoch, dass bis zum 16. Lebensjahr vergleichsweise wenig Jugendliche Drogen zu sich nehmen. In der darauf folgenden Altersgruppe jedoch steigt die Prävalenz des aktuellen Konsums deutlich an. So betreiben 21% der 16- bis 17-jährigen und 18% der 18- bis 19-jährigen Bundesbürger aktuell einen Konsum illegaler Substanzen.

Allerdings steigt die Wahrscheinlichkeit des aktuellen Drogenkonsums in der Bevölkerung nicht nur in Abhängigkeit vom Lebensalter, sondern sie fällt auch. Etwa nach dem 24. Lebensjahr sinkt die Wahrscheinlichkeit des aktuellen Drogenkonsums in der Allgemeinbevölkerung, sodass der Anteil von Konsumenten illegaler Drogen über 30 Jahren deutlich unter 10% liegen dürfte (Kraus u. Augustin 2001).

Widersprüchliche Ergebnisse liegen derzeit noch im Hinblick auf die Frage vor, ob in den vergangenen Jahrzehnten eine altersmäßige Vorverlagerung des Einstiegs in den Konsum legaler wie illegaler Drogen stattgefunden hat. So konnten Kraus et al. (1998) in einer Re-Analyse repräsentativer Bevölkerungssurveys für die vergangenen 25 Jahre keinen Rückgang des Einstiegsalters feststellen. Für eine Vorverlagerung des Einstiegsalters sprechen dagegen die Ergebnisse der EDSP-Studie (vgl. Schuster 1998).

Unstrittig ist jedoch, dass ein vergleichsweise früher Einstieg in den Konsum psychoaktiver Substanzen zahlreiche Risiken birgt. So konnte in den letzten Jahrzehnten in unterschiedlichen Ländern und Kulturkreisen wiederholt aufgezeigt werden, dass Personen, die früh in ihrem Leben mit dem Alkohol- und Zigarettenkonsum beginnen, ein erhöhtes Risiko für einen späteren süchtigen Gebrauch aufweisen (Anthony u. Petronis 1995; Clark et al. 1998; DeWit et al. 2000; Fergusson u. Horwood 1997; Kandel u. Yamaguchi 1993; Merill et al. 1999; Robins u. Przybeck 1985; Schumann et al. 2000). Insbesondere wenn früh, das heißt vor dem 16. Lebensjahr, Cannabis regelmäßig konsumiert wird, sind die Auswirkungen auf die psychische Gesundheit, die psychosoziale Entwicklung und den illegalen Drogengebrauch schwerwiegend (Hall et al. 2001; Solowij u. Grener 2002). Mit einem frühzeitigen Beginn des Suchtmittelkonsums sind nach dem aktuellen Kenntnisstand drei unterschiedliche Risiken verbunden: Ein früher Beginn mit dem Konsum psychoaktiver Substanzen spricht für

- die spätere Beibehaltung des Konsums,
- die Entwicklung eines Problemkonsums (Missbrauch, Abhängigkeit),
- den Umstieg auf andere Substanzen.

Maximalziel der aktuellen Präventionsstrategien ist es daher, die Abstinenz von allen suchtgefährdenden Substanzen bis zum Alter von 14 bis 16 zu fördern (Hawkins et al. 1992; Hurrelmann u. Bründel 1997; Lohaus 1993; Sieber 1993; Spoth et al. 1999).

Da ein früher Substanzkonsum nach dem aktuellen Forschungsstand erhebliche gesundheitliche Risiken birgt, soll im Rahmen dieses Kapitels auf die Ursachen eines frühen Substanzkonsums eingegangen werden. Hierzu werden einige Ergebnisse und theoretische Modelle aus der aktuellen internationalen Forschungsliteratur herangezogen.

19.1 Ursachen des Nikotin- und Alkoholkonsums

Die erste Zigarette, der erste Schluck Bier oder der erste Zug am Joint stellt für viele Jugendliche einen Wendepunkt im Leben dar. Diese Verhaltensweise ist zuvor meist wiederholt antizipiert worden. Freunde, Eltern, Lehrer oder Menschen im Fernsehen wurden bei diesen Handlungen beobachtet. Der Schritt zum Erstkonsum ist in den meisten Fällen gut durchdacht – Motivation und Neugier spielen eine herausragende Rolle (Reuband 1990). Dem geht oft eine Phase der Ambivalenz im Hinblick auf die Konsumbereitschaft voraus: Einerseits lässt sich beobachten, dass andere Menschen positive Erfahrungen damit machen, andererseits wird heute früh Aufklärung über die (gesundheitlichen) Gefahren des Tabak-, Alkohol- und Drogenkonsums betrieben. Die ersten Konsumerfahrungen macht der junge Mensch meist in der Phase der Umorientierung weg von den Eltern und hin zu den Gleichaltrigen; die Konsuminitiation bedeutet häufig auch die Einführung in die Welt der Erwachsenen.

Der Entwicklungsverlauf des Substanzgebrauchs ist insbesondere für Tabak und Alkohol gut erforscht. Hier wurden früh Stufenmodelle entwickelt, die Determinanten für jede Konsumstufe – vom Einstieg bis zur Abhängigkeit – beinhalten. Kinder beschäftigen sich mit dem Thema Rauchen und Alkohol bereits zu einem Zeitpunkt, an dem sie nicht konkret daran denken, selbst eine Zigarette oder Alkohol zu probieren. In dieser Phase der Vorbereitung werden auf das Rauchen und Trinken bezogene Vorstellungen und Erwartungen herausgebildet. Die wichtigsten Einflussfaktoren sind hierbei die Werbung und das Verhalten signifikanter anderer (Eltern und Geschwister). Da überhaupt noch keine eigenen Erfahrungen mit Zigaretten und Alkohol vorliegen, basiert die Herausbildung dieser Erwartungen auf dem Lernen am Modell durch das Beobachten des Verhaltens von Bezugspersonen. Kinder kommen hier vor allem zu der Erwartung, dass Rauchen dazu verhilft, Stress abzubauen, und ein Bier die Stimmung löst (Fuchs 2000; Leppin 2000).

Die kognitive Vorbereitung spielt für die erste Zigarette eine herausragende Rolle. Auch der Verlauf, das heißt, ob jemand zum regelmäßigen Raucher wird, lässt sich durch die im Kindesalter bestehenden Erwartungen besonders gut vorhersagen (Vartiainen 1999). Der Übergang in die Probierphase wird maßgeblich von den Gleichaltrigen beeinflusst. Die erste Zigarette wird in der Regel gemeinsam mit Freunden geraucht. Unter den Jugendlichen führt auch die Meinung, dass die Mehrheit der Jugendlichen raucht, dazu, eine Zigarette zu probieren. Sie glauben, dass der Konsum von Zigaretten zum normalen Leben dazugehört. Auch die Verfügbarkeit ist in dieser Phase ausschlaggebend. Je schwieriger der Zugang zu Zigaretten ist, desto geringer das Risiko, diese zu probieren. Im Gegensatz zum Tabakkonsum führen weitere und andere Risikofaktoren zum Alkoholkonsum (vgl. Engel u. Hurrelmann 1993; Sieber u. Angst 1981):

- ungünstige soziale Situation der Familie
- mangelnde Harmonie in der Familie und andauernde Beziehungsstörungen
- Alkoholismus der Eltern oder naher Familienangehöriger

19.2 Ursachen des illegalen Drogenkonsums

Die Ausgangskonstellation für die Aufnahme des illegalen Drogengebrauchs zeigt weitreichende Parallelen zu der des Alkoholgebrauchs – jedoch auch einige Unterschiede. Insbesondere die situativen Bedingungen bei den ersten Konsumhandlungen spielen bei illegalen Drogen eine wichtige Rolle (Schumann et al. 2000). Auf diesen Aspekt hat bereits Howard Becker (1973) in seiner „Theorie des erlernten Marihuana-Gebrauchs" aufmerksam gemacht. Sein „Karriere- oder Laufbahnmodell" des Drogenkonsums gehört nach wie vor zu den ausführlichsten Analysen des ersten Drogengebrauchs und dessen Bedeutung für den weiteren Konsumverlauf (vgl. auch Reuband 1990).

Der Konsum einer illegalen Droge muss, so findet Becker es in seinen Interviews mit Cannabis-Konsumenten bestätigt, in feingliedrigen Phasen nach und nach erlernt werden. Zur Verlaufskurve in diesem Lernprozess gehört zum Beispiel das sachgerechte Inhalieren, das überhaupt erst die pharmakologischen Wirkungen im Körper auslöst. Diese Wirkungen allein gewährleisten noch nicht den erhofften Genuss. Dieser stellt sich erst dann ein, wenn auch die Handlungs- und Darstellungskompetenz zum Genießen der Wirkung erworben wird. Das „High-Sein" muss beispielsweise gegenüber Mitrauchenden in einer subkulturtypischen Sprache richtig mitgeteilt werden. Vielfältige soziale Kontrollen be- oder verhindern den Marihuana-Konsum, da es sich dabei um einen verbotenen Stoff handelt. Dies bedeutet, dass zusätzlich auch die Organisation der Beschaffung, die damit verbundenen selektiven Geheimhaltungszwänge gegenüber Dritten und nicht zuletzt auch die Überwindung internalisierter Regeln zum Sozialisationsprogramm der Anfänger und Einsteiger gehören.

Im Rahmen von Forschungsarbeiten zu den Einflussfaktoren des Einstiegs in den Drogenkonsum konnte gezeigt werden, dass im Laufe der Entwicklung unterschiedliche Risiko- und Protektionsfaktoren wirksam sind (Clayton 1992; Kaplow et al. 2002). Clayton definiert den Begriff „Risikofaktor" als *„ein persönliches Merkmal oder eine Kontextbedingung, welche den Drogengebrauch bzw. -missbrauch wahrscheinlicher macht"* (1992, S. 15). In Analogie hierzu wird ein „protektiver Faktor" als *„ein persönliches Merkmal oder eine Kontextbedingung, welche den Drogengebrauch bzw. -missbrauch hemmt, reduziert oder abpuffert"*, (ebd.) betrachtet. Schutzfaktoren sind Einflüsse, die den Drogenkonsum verhüten, einschränken oder reduzieren bzw. einen Puffer für die wirkenden Risikofaktoren darstellen oder den Risikofaktoren entgegenwirken (vgl. auch Silbereisen 1999).

Theorien, die der Entwicklungsdynamik des Substanzgebrauchs gerecht werden, gehen einhellig davon aus, dass das elterliche Verhalten und die familiären Besonderheiten einen besonders starken Einfluss auf den Konsumeinstieg in der **Kindheit** ausüben, wohingegen die Peer-Einflüsse sowie die sozialen und kulturellen Einflüsse in der **Adoleszenz** bedeutsamer werden (vgl. Brook et al. 1990; Hawkins u. Weis 1985; Simons et al. 1988). Es scheint deshalb angebracht zu sein, dass bei einem „frühen Einstieg" in der Kindheit vor allem Faktoren in die Überlegungen mit einbezogen werden müssen, die das Elternhaus sowie die Persönlichkeit und das Verhalten des Kindes betreffen, während ein entwicklungspsychologisch eher „normaler" Einstieg in den Substanzkonsum während der Adoleszenz auf jugendspezifische Faktoren zurückzuführen ist.

19.2.1 Adoleszenz

Sich über die Zeit verändernde Konsummuster werden durch eine Vielzahl von Faktoren beeinflusst. Bislang liegen jedoch nur wenige Theorien vor, die erklären können, welche Einflussfaktoren für unterschiedliche Entwicklungsphasen des Konsums relevant sind. Eine solche ist das „Modell des multiphasischen Lernens" (Simons et al. 1988). Hier wird davon ausgegangen, dass der Einstieg in den Substanzkonsum vor dem Hintergrund des persönlichen Wertesystems getroffen wird, dass dabei kurzfristige Wertmaßstäbe relevanter sind als langfristige und dass das elterliche Erziehungsverhalten von Bedeutung ist. Ein

Tab. 19-1 Einflusstypen und -ebenen des Substanzgebrauchs (mod. nach Petraitis et al. 1995).

Einflussebenen	Einflusstypen		
	sozial/interpersonal	Kultur/Einstellung	intrapersonal
ultimat	**Definitionen:** Charakteristiken der Personen des engsten Systems sozialer Unterstützung; diese sind unspezifisch für den Substanzgebrauch und außerhalb der Kontrolle der Jugendlichen, aber sie setzen die Jugendlichen dem Risiko aus, dem sozialen Druck nicht widerstehen zu können **Konstrukte:** seltene Belohnung durch Familienangehörige; Mangel an elterlicher Wärme, Unterstützung und Aufsicht; Scheidung der Eltern; unkonventionelle Werte bei Eltern und Peers	**Definitionen:** Merkmale in der unmittelbaren Umgebung der Jugendlichen (Nachbarschaft, Schule und andere soziale Organisationen) und eine Kultur, die Jugendliche dem Risiko aussetzt, positive Einstellungen gegenüber Substanzgebrauch zu entwickeln **Konstrukte:** hohe Kriminalitäts- und Arbeitslosenraten; schlechte Schulen und Bedingungen für eine angemessene Ausbildung, leichte Erhältlichkeit von Substanzen	**Definitionen:** Persönlichkeitseigenschaften, biologische Dispositionen, die interne Motivation der Jugendlichen für einen Substanzgebrauch fördern und die physiologische Empfänglichkeit mit bedingen können **Konstrukte:** beeinträchtigte kognitive Funktionen; genetische Empfänglichkeit für Substanzabhängigkeit; Aggressivität; Soziabilität; Risikoneigung; hohe Reizschwelle; externe Kontrollerwartung; Thrill-Seeking
distal	**Definitionen:** emotionale Bindung an einflussreiche Rollenmodelle, welche substanzspezifisches Verhalten zeigen und entsprechende Einstellungen haben **Konstrukte:** geringe Bindung an Familienmitgliedern, starke Bindung an Peers und starken Wunsch, diesen zu gefallen; stärkerer Einfluss durch die Peers als durch die Eltern	**Definitionen:** allgemeine Werte und Verhaltensweisen, die zu einer positiven Einstellung gegenüber dem Substanzgebrauch beitragen **Konstrukte:** geringe Bindung an konventionelle Werte und Normen, Schule und Religion, starker Wunsch nach Unabhängigkeit von den Eltern, Belohnungsaufschub wird schlecht ertragen; kaum Interesse an Erfolg und gesellschaftlichem Status; Toleranz von abweichendem Verhalten	**Definitionen:** derzeitiger emotionaler Zustand und allgemeine Fähigkeiten, die die eigene Motivation für den Substanzgebrauch fördern und die Standfestigkeit verringern **Konstrukte:** geringer Selbstwert; Angst; Stress oder Depression; fehlende Bewältigungsstrategien (Coping skills); unangepasste soziale Fähigkeiten; schwache schulische Leistungen
proximal	**Definitionen:** persönliche Werte über den Substanzgebrauch und über den Druck, solche Substanzen zu benutzten **Konstrukte:** Schätzungen zur Prävalenz; Annahmen darüber, dass wichtige Personen, den Substanzgebrauch gutheißen	**Definitionen:** Annahmen über Kosten und Nutzen des Substanzgebrauchs **Konstrukte:** erwartete Kosten und angenommener Nutzen von Substanzgebrauch, Einstellungen zum eigenen Substanzgebrauch und dem der anderen	**Definitionen:** Annahmen über die eigene Fähigkeit, Substanzen zu konsumieren bzw. sie abzulehnen **Konstrukte:** Fähigkeit zum Nein-Sagen; selbst eingeschätzte Fähigkeit, die Substanzen tatsächlich nutzen zu können

Mangel an familiärer Wärme, fehlende persönliche Unterstützung und Aufsicht, insbesondere jedoch ein **negatives drogenbezogenes Vorbildverhalten der Eltern** dürften dabei die zentralen Einflussfaktoren darstellen.

Petraitis et al. (1998) haben die Ergebnisse von 58 bedeutenden prospektiven Studien der letzten Jahrzehnte zusammengetragen und berichten über relevante Einflussfaktoren für den Einstieg. Aus dieser und der Literaturübersicht von Hawkins et al. (1992) kann gefolgert werden:
- Dem Einstieg in den Drogenkonsum gehen in der Regel andere Problemverhaltensweisen voraus.
- Dem Konsumeinstieg geht eine ihn betreffende kognitive Vorbereitung voraus.
- Es findet kein Einstieg statt, wenn der/die Jugendliche keinen Kontakt zu konsumierenden Peers hat.

Ein weniger bedeutsamer Faktor scheint eine geringe schulische und religiöse Bindung zu sein.

Die Ursachen des Substanzgebrauchs sind außerordentlich vielfältig und komplex. Als produktiv hat sich das theoretische Modell von Jessor (2001) erwiesen, in dem Kontexte unterschieden werden, die relativ zum Individuum proximal bis distal sein können. Entsprechend dieser Typologie haben Petraitis et al. (1995) eine Integration der unterschiedlichen Faktoren des Einstiegs in den Drogenkonsum geschaffen (s. Tab. 19-1).

Die Ursachen des Drogengebrauchs lassen sich demnach nach der Nähe zum Verhalten der Person und nach ihrem Ursprung ordnen. Risikofaktoren können somit in der sozialen Umgebung, in den Wertorientierungen und Einstellungen oder in der Person verankert sein. Mit zunehmendem Grad der Verhaltensnähe wird der Einfluss bedeutsamer. Auf der Grundlage der „Theorie des geplanten Verhaltens" von Ajzen (1988) kann angenommen werden, dass folgende proximale Wirkfaktoren im Einstellungsbereich zum Gebrauch psychoaktiver Substanzen führen:
- Zum einen fördern die Annahmen, andere würden ihn erwarten und Substanzgebrauch sei etwas, das jeder tut, den Gebrauch.
- Zweitens steigt die Einstiegswahrscheinlichkeit, wenn Jugendliche annehmen, der Nutzen werde die Kosten des Gebrauchs übertreffen. Wird die Anerkennung im Freundeskreis beispielsweise aktuell höher bewertet als langfristige gesundheitliche Folgen, dann ist auch der Nutzen des Substanzgebrauchs höher (Petraitis et al. 1995).

Eine Gruppe einflussreicher Forschungsarbeiten über den Substanzgebrauch hat vor allem die individuellen Unterschiede zwischen Personen untersucht. Sieber (1993) entnimmt den 22 Initiationsstudien, welche seine Literaturübersicht umfasst, dass Jugendliche mit einem geringen Selbstwert einem bedeutend höheren Risiko ausgesetzt sind, zu Drogen zu greifen. Vor allem emotionale Labilität, Impulsivität, geringe Frustrationstoleranz sowie Aggression während der Kindheit sind Risiken für den Drogengebrauch im Jugendalter. Eine unkonventionelle, nonkonforme Einstellung ist das auffälligste Persönlichkeitsmerkmal, das mit der Initiation verbunden ist. Bei der Prädiktion des Konsumeinstiegs spielen darüber hinaus die Reiz- und Risikoorientierung eine wesentliche Rolle (ebd.).

Eine weitere bedeutende Theorie adoleszenten Drogengebrauchs ist die „family interaction theory" (Brook et al. 1990, 1999): Hier haben die emotionale Bindung zu den Eltern, soziales Lernen und Persönlichkeitscharakteristiken einen direkten Einfluss auf den Einstieg. Zentral in diesem Modell ist die (emotionale) Bindung, die zwischen Kind und Eltern, und hier insbesondere zur Mutter, besteht. Diese Bindung hat vier Ebenen:
- die Werte der Eltern
- der Erziehungsstil
- die psychische Stabilität der Mutter
- die soziale Kontrolle, die die Mutter über ihr Kind ausübt

Eine enge, warmherzige und unterstützende Eltern-Kind-Beziehung verhilft dem Kind dazu, eine ausgeformte Persönlichkeit zu entwickeln. Diese Kinder werden weniger häufig den Kontakt zu drogenkonsumierenden Gleichaltrigen suchen und später zu Zigaretten, Alkohol und illegalen Drogen greifen. Die „family interaction theory" zeigt damit mehr als andere Theorien die Verbindung zwischen der Eltern-Kind-Beziehung im Kindes- und frühen Jugendalter und dem Drogenkonsum im Jugendalter auf (vgl. Petraitis et al. 1995). Es wird hervorgehoben, wie ein Mangel an elterlicher Unterstützung und Aufsicht sehr häufig zu schwachen familiären Bindungen, einer spezifischen adoleszenten Persönlichkeit, zur Annäherung an konsumierende Peers und schließlich zum Drogenkonsum führt.

Insbesondere die Peer-Einflüsse dürfen beim Einstieg im Jugendalter demnach nicht unterbewertet werden (Oetting u. Beauvais 1987). Kandel (1986) geht davon aus, dass sich solche Jugendlichen mit Peers zusammenfinden, die schon durch andere Verhaltensprobleme auffallen. Jugendliche, die Drogen nehmen (wollen), suchen sich Jugendliche, die Drogen nehmen (wollen). Elterliche Einflüsse scheinen in der Jugendphase vor allem indirekter Art zu sein, indem die familiäre Eingebundenheit eine Rolle bei der Auswahl der Peergroup übernimmt (Baumann u. Ennett 1994; Beman 1995; Brook et al. 1999; Urberg et al. 1997).

19.2.2 Kindheit

In der längsschnittlichen Studie von Bailey und Hubbard (1990), in der untersucht wurde, welche Faktoren den Beginn des Cannabis-Konsums in unterschiedlichen Altersgruppen begünstigen, zeigte sich, dass bei den Kindern, die in den unteren Klassenstufen ihre ersten Erfahrungen mit Cannabis gemacht hatten, eine problematische Beziehung zu den Eltern ausschlaggebend für den Konsumeinstieg war. Erst bei den mittleren und älteren Altersgruppen wurde der Einfluss der Peers bedeutsam.

Kaplow et al. (2002) begleiteten in ihrer längsschnittlichen Studie Kinder vom Kindergartenalter bis zu ihrem 12. Lebensjahr. Sie untersuchten zahlreiche personelle und soziale Faktoren des frühen Einstiegs. Diese Studie ist eine der ersten, die explizit davon ausgeht, dass ein Konsumbeginn in der Kindheit, also ein „früher Einstieg", durch andere Variablen bedingt ist als ein Einstieg in der Jugendphase. Hinsichtlich der demografischen Variablen zeigt sich, dass Jungen anfälliger für einen frühen Einstieg sind (vgl. auch Sobeck et al. 2000). In Übereinstimmung mit dem „multiphasischen Modell sozialen Lernens" (Simons et al. 1988) und der „family interaction theory" (Brook et al. 1990) erweisen sich familiale und personale Variablen als die besten Prädiktoren für einen frühen Einstieg, allen voran jedoch der Substanzmissbrauch der Eltern. Dieses unmittelbare Modellverhalten der Eltern ist im direkten Vergleich mit psychologischen Elternvariablen (z. B. Depression der Mutter) offensichtlich von noch größerer Bedeutung (Kaplow et al. 2002). Auch Obot et al. (2001) konnten zeigen, dass Kinder, deren Eltern ein Alkoholproblem aufweisen, früher mit dem Konsum illegaler Drogen beginnen. Schaffen es die Eltern, ihren Kindern konsistente Regeln aufzuzeigen und ihnen diese auch verständlich zu machen, werden die Kinder weniger wahrscheinlich zu Drogen greifen. Zahlreiche Studien belegen zudem, dass eine starke elterliche Kontrolle nur dann als protektiver Faktor zu bewerten ist, wenn gleichzeitig eine vertrauensvolle und warme Beziehung zwischen Eltern und Kindern besteht und wenn die Kinder verstehen, weshalb sie sich an bestimmte Regeln zu halten haben (Denton u. Kampfe 1994; Foxcroft u. Lowe 1991).

Neben den elterlichen Variablen waren in der Studie von Kaplow et al. (2002) vor allem diejenigen Variablen statistisch bedeutsam, die das kindliche Verhalten sowie dessen psychische Konstitution betreffen. Insbesondere hyperaktive Kinder neigen zu einem frühen Einstieg. Weitere Studien bestätigen, dass **Impulsivität** und **Reizorientierung** Faktoren sind, die einen frühen Einstieg begünstigen (Pedersen et al. 2001; Wills et al. 2001). Kinder mit guten sozialen Kompetenzen steigen mit geringerer Wahrscheinlichkeit in den Konsum ein. Sobeck et al. (2000) versuchen, den Konsumeinstieg mit sich über die Zeit verändernden Risikofaktoren vorherzusagen. Bei der Gruppe der Früheinsteiger sind eine geringe Entscheidungsfähigkeit, geringe Widerstandsfähigkeit gegenüber dem Gruppendruck der Gleichaltrigen und geringe soziale Kompetenzen die Hauptursachen für den Einstieg. Simons et al. (1988) nehmen in ihrem „Modell des multiphasischen Lernens" an, dass Kinder, deren Handeln eher durch kurzfristighedonistische Werte bestimmt ist, eher zu Alkohol greifen. Evidenz findet diese Annahme in der Studie von Wills et al. (2001), die den Zusammenhang zwischen Zeitorientierung und dem frühen Substanzeinstieg (Zigaretten, Alkohol und Marihuana) bei Schülern (Durchschnittsalter: elf Jahre) untersuchten. Selbst wenn wichtige Kontrollvariablen in die Analyse einbezogen wurden, zeigte die langfristige Zukunftsorientierung einen umgekehrt proportionalen Zusammenhang zum Substanzgebrauch. Und diejenigen Jugendlichen, die über Substanzerfahrung berichteten, zeigten eher eine kurzfristige Zukunftsorientierung.

19.3 Fazit

Zusammengefasst kann im Hinblick auf den aktuellen Forschungsstand wohl davon ausgegangen werden, dass dem Einstieg in den Konsum psychoaktiver Substanzen eine Vielzahl von Einflussfaktoren zugrunde liegen. Dabei scheinen für den Einstieg während des Jugendalters andere Wirkfaktoren relevant zu sein als für den frühen Einstieg während der Kindheit. Ist der Erstkontakt zu Substanzen während der Adoleszenz stark durch die Beziehung zu Altersgleichen (Peers) bzw. durch soziale, soziokulturelle und spezifische Persönlichkeitsfaktoren (z. B. Reizorientierung) beeinflusst, so ist ein früher Einstieg in den Konsum von Substanzen nach den vorliegenden Untersuchungsergebnissen insbesondere durch familiale und personelle Faktoren zu erklären.

Für die Prävention des Substanzkonsums lassen sich aus den hier vorgestellten Befunden insbesondere zwei Konsequenzen ziehen: Zum einen gilt es, frühzeitig, das heißt im Kindesalter, mit Maßnahmen der Suchtprävention zu beginnen. Prävention muss hierbei jedoch mehr beinhalten als Appelle zum Konsumverzicht und frühen Verhaltensauffälligkeiten und der Psychopathologie von Kindern mehr Beachtung schenken. Zum anderen muss die Suchtprävention im Kindesalter zu einem möglichst frühen Zeitpunkt Eltern bzw. ganze Familien einbeziehen. In diesem Zusammenhang stehen gesellschaftliche Institutionen wie zum Beispiel Kindergärten, Praxen von Kinderärzten und vor allem Schulen vor einer großen Herausforderung.

Literatur

Anthony JC, Petronis KR (1995). Early-onset drug use and risk of later drug problems. Drug Alcohol Depend; 40: 9–15.

Bailey S, Hubbard RL (1990). Development variation in the context of marijuana initiation among adolescents. J Health Soc Behav; 31: 58–70.

Baumann KE, Ennett ST (1994). Peer influence on adolescent drug use. Am Psychol; 49: 820–2.

Becker HS (1973). Außenseiter. Zur Soziologie abweichenden Verhaltens. Frankfurt a. M.: S. Fischer.

Beman BS (1995). Risk factors leading to adolescent substance abuse. Adolescence; 30: 201–8.

Brook JS, Brook DW, Gordon AS, Whiteman M, Cohen P (1990). The psychosocial etiology of adolescent drug use: a family interactional approach. Genet Soc Gen Psychol Monogr; 116: 111–267.

Brook JS, Balka EB, Whiteman M (1999). The risk for late adolescence of early adolescent marijuana use. Am J Publ Health; 89: 1549–54.

Bundeszentrale für gesundheitliche Aufklärung (2001). Die Drogenaffinität Jugendlicher in der Bundesrepublik Deutschland. Köln: BzgA.

Clark DB, Kirisci L, Tarter RE (1998). Adolescent versus adult onset and the development of substance use disorders in males. Drug Alcohol Depend; 49: 115–21.

Clayton RR (1992). Transition in drug use: risk and protective factors. In: Glanz M, Pickens R (eds). Vulnerability to Drug Abuse. Washington, DC: American Psychological Association; 15–51.

Denton RE, Kampfe CM (1994). The relation between family variables and adolescent substance abuse: a literature review. Adolescence; 29: 475–95.

DeWit DJ, Hance J, Offord DR, Ogborne A (2000). The influence of early and frequent use of marijuana on the risk of desistance and of progression to marijuana-related harm. Prev Med; 31: 455–64.

Engel U, Hurrelmann K (1993). Was Jugendliche wagen: Eine Längsschnittstudie über Drogenkonsum, Stressreaktionen und Delinquenz im Jugendalter. Weinheim: Juventa.

Fergusson DM, Horwood LJ (1997). Early onset cannabis use and psychosocial adjustment in young adulthood. Addiction; 92: 279–96.

Foxcroft DR, Lowe G (1991). Adolescent drinking behavior and family socialization factors: a meta-analysis. J Adolesc; 14: 255–73.

Fuchs R (2000). Entwicklungsbedingungen des Rauchverhaltens. In: Leppin A, Hurrelmann K, Petermann H (Hrsg). Jugendliche und Alltagsdrogen: Cannabis, Ecstasy, Speed und LSD im Jugendalter. Neuwied: Luchterhand; 95–112.

Hall W, Degenhardt L, Lynskey M (2001). The health and psychological consequences of cannabis use. National Drug and Alcohol Research Centre, Monograph 44. Canberra: Australian Government Publishing Series (http://www.health.gov.au/publth/publicat/document/mono44.pdf [15.08.2002]).

Hawkins JD, Weis JG (1985). The social development model: an integrated approach to delinquency prevention. J Primary Prev; 6: 73–97.

Hawkins JD, Catalano RF, Miller JY (1992). Risk and protective factors for alcohol and other drug problems in adolescence and early adulthood: implications for substance abuse prevention. Psychol Bull; 112: 64–105.

Hurrelmann K, Bründel H (1997). Drogengebrauch – Drogenmissbrauch: Eine Gratwanderung zwischen Genuss und Abhängigkeit. Darmstadt: Primus.

Jessor R (2001). Problem-Behavior-Theory. In: Raithel J (Hrsg). Risikoverhaltensweisen Jugendlicher. Opladen: Leske + Budrich; 61–78.

Kandel DB (1986). Processes of peer influences in adolescence. In: Silbereisen RK, Eyferth K, Rudinger K (eds). Development as Action in Context. Berlin, Heidelberg, New York: Springer; 227–98.

Kandel DB, Yamaguchi K (1993). From beer to crack: developmental patterns of drug involvement. Am J Publ Health; 83: 851–5.

Kaplow JB, Curran PJ, Dodge KA (2002). Child, parent, and peer predictors of early-onset substance use: a multisite longitudinal study. J Abnorm Child Psychol; 30: 199–216.

Kraus L, Augustin R (2001). Repräsentativerhebung zum Gebrauch psychoaktiver Substanzen bei Erwachsenen in Deutschland 2000. München: Institut für Therapieforschung.

Kraus L, Bauernfeind R, Herbst K (1998). Hat sich das Alter des Erstkonsums illegaler Drogen verschoben: Survivalanalyse retrospektiver Querschnittsdaten 1980–1995. Z Klein Psychol; 27: 20–5.

Leppin A (2000). Alkoholkonsum und Alkoholmissbrauch bei Jugendlichen: Entwicklungsprozesse und Determinanten. In: Leppin A., Hurrelmann K Petermann H (Hrsg). Jugendliche und Alltagsdrogen: Konsum und Perspektiven der Prävention. Neuwied: Luchterhand; 64–94.

Lohaus A (1993). Gesundheitsförderung und Krankheitsprävention im Kindes- und Jugendalter. Göttingen: Hogrefe.

Merill JC, Kleber HD, Shwartz M, Liu H, Lewis SR (1999). Cigarettes, alcohol. marijuana, other risk behaviors, and American youth. Drug Alcohol Depend; 56: 205–12.

Obot IS, Wagner FA, Anthony JC (2001). Early onset and recent drug use among children of parents with alcohol problems: data from a national epidemiology survey. Drug Alcohol Depend; 65: 1–8.

Oetting ER, Beauvais F (1987). Peer cluster theory, socialization characteristics, and adolescent drug use: a path analysis. J Couns Psychol; 34: 205–13.

Pedersen W, Mastekaasa A, Wichstrom L (2001). Conduct disorders and early cannabis initiation: a longitudinal study of gender differences. Addiction; 96: 415–31.

Petraitis J, Flay BR, Miller TQ (1995). Reviewing theories of adolescent substance use: organizing pieces in the puzzle. Psychol Bull; 117: 67–86.

Petraitis J, Flay BR, Miller TQ, Torpy EJ, Greiner B (1998). Illicit substance use among adolescents: a matrix of prospective prediction. Subst Use Misuse; 33: 2561–604.

Reuband KH (1990). Soziale Determinanten des Drogengebrauchs: Eine empirische Untersuchung des Drogengebrauchs in der Bundesrepublik Deutschland unter besonderer Berücksichtigung soziologischer Theorien abweichenden Verhaltens. Habilitationsschrift. Köln: Universität zu Köln, Wirtschafts- und Sozialwissenschaftliche Fakultät.

Robins LN, Przybeck TR (1985). Age of onset of drug use as a factor in drug and other disorders. In: Jones CL, Battjes RL (eds). Etiology of Drug Abuse. Rockville: National Institute on Drug Abuse (NIDA) Research Monograph 56. U.S. Department of Health and Human Services; 178–92.

Schumann J, Augustin R, Duwe A, Küfner H (2000). Welchen Einfluss haben erste Erfahrungen und Begleitumstände zu Beginn des Drogenkonsums auf den weiteren Verlauf. Z Gesundheitspsychol; 8: 69–82.

Schuster P (1998). Zunahme von Ecstasy- und Halluzinogengebrauch: Bestätigung aus der EDSP-Studie. In: Bundeszentrale für gesundheitliche Aufklärung (BzgA) (Hrsg). Prävention des Ecstasykonsums: Empirische Forschungsergebnisse und Leitlinien. Köln: BzgA; 95–108.

Sieber M (1993). Drogenkonsum: Einstieg und Konsequenzen. Ergebnisse von Längsschnittuntersuchungen und deren Bedeutung für die Prävention. Bern: Huber.

Sieber M, Angst J (1981). Drogen, Alkohol und Tabakkonsum: Ein Beitrag zur Epidemiologie und Ätiologie bei jungen Erwachsenen. Bern: Huber.

Silbereisen R (1999). Differenzierungen und Perspektiven für Prävention aus entwicklungspsychologischer Sicht. In: Kolip P (Hrsg). Programme gegen Sucht: Internationale Ansätze zur Suchtprävention im Jugendalter. Weinheim: Juventa; 70–85.

Simons RL, Conger RD, Whitbeck LW (1988). A multistage social learning model of the influence of family and peers upon adolescent substance abuse. J Drug Issues; 18: 293–315.

Sobeck J, Abbey A, Agius E, Clinton M, Harrison K (2000). Predicting early adolescent substance use: do risk factors differ depending on age of onset? J Subst Abuse; 11: 89–102.

Solowij N, Grener BFS (2002). Are the adverse consequences of cannabis use age-dependent? Addiction; 97: 1083–6.

Spoth R, Reyes ML, Redmond C, Shin C (1999). Assessing a public health approach to delay onset and progression of adolescent substance use: latent transition and log-linear analyses of longitudinal family preventive intervention outcomes. J Consult Clin Psychol; 67: 619–30.

Urberg KR, Degirmencioglu SM, Pilgrim C (1997). Close friends and group influence on adolescent cigarette smoking and alcohol use. Developm Psychol; 33: 834–44.

Vartiainen E (1999). Einflussfaktoren auf den Tabakkonsum Jugendlicher. In: Kolip P (Hrsg). Programme gegen Sucht: Internationale Ansätze zur Suchtprävention im Jugendalter. Weinheim: Juventa; 153–62.

Wills TA, Sandy JM, Yaeger AM (2001). Time perspective and early-onset substance use. Psychol Addict Behav; 15: 118–25.

20 Tabakkonsum

Annette Bornhäuser

Ungeachtet des stetig anwachsenden Wissens über die Gesundheitsschädlichkeit des Rauchens ist dieses bei Kinder und Jugendlichen innerhalb der letzten beiden Jahrzehnte nur sehr geringfügig zurückgegangen. Während die Raucherquote einiger Teilaltersgruppen seit einigen Jahren Rückgänge verzeichnet, ist der Tabakkonsum insgesamt bei Heranwachsenden ähnlich verbreitet wie zu Beginn der 1990er Jahre.

Die Zigarette ist die von Kindern und Jugendlichen bei weitem am meisten konsumierte Droge. Zugleich sind Zigaretten die einzigen frei verfügbaren Handelsprodukte, die bei einem Großteil derer, die sie bestimmungsgemäß verwenden, zu Abhängigkeit, gravierenden Gesundheitsschäden sowie vorzeitigem Tod führen. Der Tabakkonsum ist in Deutschland die führende Einzelursache vermeidbarer Krankheiten und vorzeitiger Todesfälle. Weltweit sterben nach Schätzungen der Weltgesundheitsorganisation (WHO) jährlich annähernd 4,9 Millionen Menschen an den Folgen des Tabakkonsums; allein in Deutschland sind Jahr für Jahr zwischen 120 000 und 140 000 tabakbedingte Todesfälle zu beklagen. Im Vergleich zu der Anzahl alkoholbedingter Todesfälle, die in Deutschland auf rund 40 000 pro Jahr geschätzt werden, sowie den rund 1 500 Todesfällen pro Jahr durch den Konsum illegaler Drogen ist dies eine bemerkenswerte Größenordnung.

Rauchen ist ursächlich für über 40 Krankheiten und Beschwerdebilder, einschließlich einer Reihe schwerwiegender und tödlich verlaufender Krankheiten. Ungefähr die Hälfte derer, die in jungen Jahren mit dem Rauchen beginnen, zu regelmäßigen Rauchern werden und den Tabakkonsum nicht beenden, sterben an den Folgen des Rauchens. Während die ernsthaften gesundheitlichen Folgeschäden des Tabakkonsums meist erst im Erwachsenenalter auftreten, findet der Einstieg überwiegend bereits im Kindes- und Jugendalter statt. Von den heute 12- bis 25-jährigen Rauchern haben rund 80 % ihre erste Zigarette bereits im Alter zwischen 11 und 16 Jahren geraucht (Bundeszentrale für gesundheitliche Aufklärung 2001). Wenn dagegen der Einstieg bis zur Volljährigkeit nicht erfolgt, ist die Wahrscheinlichkeit gering, dass die betreffende Person noch Raucher wird.

Die Wahrscheinlichkeit, regelmäßiger Raucher bzw. tabakabhängig zu werden, ist umso größer, je früher der Einstieg in den Tabakkonsum erfolgt. Zugleich ist die Wahrscheinlichkeit eines späteren Ausstiegs aus dem Tabakkonsum geringer und Ausstiegsversuche verlaufen weniger häufig erfolgreich. Je früher Kinder und Jugendliche mit dem Rauchen beginnen, desto höher ist das individuelle Risiko für die Entwicklung von Lungenkrebs, da dieser besonders von der Konsumdauer abhängt. Kinder und Jugendliche unterschätzen zudem die Gesundheitsgefahren des Rauchens und das Abhängigkeitspotenzial des Nikotins und überschätzen die soziale Akzeptanz des Tabakkonsums.

Zigaretten machen in Deutschland weit über 90 % aller konsumierten Tabakwaren aus. Daher beziehen sich die Begriffe „Rauchen" oder „Tabakkonsum" im Folgenden, falls nicht anders gekennzeichnet, auf den Konsum von Zigaretten. Allerdings bedeutet dies keinesfalls, dass andere Tabakwaren (Zigarillos, Zigarren, Bidis, Kautabak, Wasserpfeife etc.) gesundheitlich unbedenklich wären. Wenngleich deren Gesundheitsschädlichkeit und Abhängigkeitspotenzial erwiesen sind, fallen diese Tabakprodukte derzeit lediglich quantitativ vergleichsweise weniger ins Gewicht.

20.1 Verbreitung und Trends

Repräsentative Daten zur Verbreitung des Tabakkonsums bei Kindern und Jugendlichen in Deutschland sind der Drogenaffinitätsstudie der Bundeszentrale für gesundheitliche Aufklärung (BZgA) zu entnehmen, die in regelmäßigen Abständen eine repräsentative Stichprobe 12- bis 25-Jähriger zu ihrem Konsum von Alkohol, Tabak und illegalen Drogen befragt. Die jüngste Befragung dieser Altersgruppe wurde 2004 durchgeführt. Im Jahr 2003 sowie Anfang 2005 wurden zusätzlich zwei Repräsentativerhebungen bei 12- bis 19-Jährigen durchgeführt.

Der jüngsten Repräsentativbefragung der Gesamtaltersgruppe zufolge raucht ein gutes Drittel (35%) aller 12- bis 25-Jähriger. Der Raucheranteil liegt damit geringfügig niedriger als im Vergleichsjahr 2001 (37%). Der Befragung 12- bis 19-Jähriger zu Beginn des Jahres 2005 zufolge bezeichnen sich aktuell 26% dieser Altersgruppe als regelmäßige oder gelegentliche Raucher (Bundeszentrale für gesundheitliche Aufklärung 2006). Zwar ist dies der seit Beginn der Wiederholungsbefragung im Jahr 1979 niedrigste Wert. Jedoch ist er gegenüber dem Vergleichswert im Jahr 1993 (27%) lediglich um einen Prozentpunkt abgesunken. Dieser Prozentsatz schließt zudem die Altersgruppe der 12- bis 15-Jährigen ein, denen das Rauchen gesetzlich untersagt ist, und maskiert die deutlich höhere Raucherquote unter den 16- bis 19-Jährigen, die derzeit bei 41% liegt (ebd.). Unter den 18- bis 25-Jährigen ist das Rauchen noch weiter verbreitet, hier bezeichnen sich 45% im Jahr 2004 als Raucher (Bundeszentrale für gesundheitliche Aufklärung 2004).

Im internationalen Vergleich schneidet Deutschland ungünstig ab. So ergab die Befragung Health Behaviour in School Aged Children (HBSC), ein internationaler Jugendgesundheitssurvey (Health Behavior in School Aged Children, HBSC), der unter der Schirmherrschaft der Weltgesundheitsorganisation (WHO) durchgeführt wird, dass in Deutschland 10% der 13-Jährigen und 27% der 15-Jährigen täglich rauchen. Der Durchschnittswert aller befragten Personen aus 33 Ländern (Europa, USA, Kanada) beträgt dagegen für die 13-Jährigen 4,8% und für die 15-Jährigen 17,5% (Weltgesundheitsorganisation 2004).

In Deutschland konsumieren jugendliche Raucher im Alter zwischen 12 und 25 Jahren im Durchschnitt rund zehn Zigaretten pro Tag. Allerdings verbergen sich auch hinter diesem Durchschnittswert erhebliche Unterschiede: Von den Befragten rauchen 16% weniger als eine Zigarette am Tag, 22% konsumieren dagegen täglich bis zu fünf Zigaretten, und weitere 19% aller jugendlichen Raucher – fast jeder fünfte aus diesem Altersspektrum – sind mit einem Tageskonsum von über 20 Zigaretten starke Raucher.

Immer mehr Raucherinnen und Raucher drehen ihre Zigaretten selbst. Dass das Selbstdrehen auch bei Kindern und Jugendlichen im Trend liegt, zeigt eine der jüngsten Befragungen der Bundeszentrale für gesundheitliche Aufklärung. Zwischen 2003 und 2005 stieg der Anteil selbst gedrehter oder selbst gesteckter Zigaretten bei 12- bis 19-jährigen Rauchern von 7 auf 19% an (Bundeszentrale für gesundheitliche Aufklärung 2005). Dieser Trend ist in erster Linie auf die ungleiche Besteuerung von Fabrik-Zigaretten und Feinschnitt zurückzuführen. Aufgrund eines Urteils des EU-Gerichtshofs müssen die bisher preisgünstigeren Zigaretten-„Sticks" allerdings künftig in Deutschland wie normale Zigaretten besteuert werden, und es wird erwartet, dass die Herstellung der „Sticks" infolgedessen eingestellt wird.

20.2 Alter

Zum Durchschnittsalter beim Einstieg in den Tabakkonsum geben unterschiedliche Untersuchungen verschiedene Auskünfte, u. a. aufgrund von verschiedenen Altersstrukturen: Der bereits zitierten Wiederholungsbefragung der BZgA zufolge, die 12- bis 19-Jährige befragt, liegt das Einstiegsalter derzeit bei 12,9 Jahren (Bundeszentrale für gesundheitliche Aufklärung 2006). Der Beginn des täglichen Rauchens liegt bei denjenigen, die sich als regelmäßige Raucher bezeichnen, bei 14,8 Jahren. Bei der ebenfalls bereits genannten Schüler-Befragung der WHO, die 9- bis

17-Jährige einschließt, liegt das durchschnittliche Einstiegsalter derzeit bei 11,6 Jahren (Weltgesundheitsorganisation 2004).

Die Repräsentativerhebung der BZgA wiederum verdeutlicht, dass die Raucherquote über den Verlauf der Adoleszenz einen deutlichen Anstieg verzeichnet, der insbesondere zwischen der Altersgruppe der 12- bis 15-Jährigen (16% gelegentliche und ständige Raucher) und der 16- bis 19-Jährigen (43% gelegentliche und ständige Raucher) einen sprunghaften Anstieg verzeichnet. In der Altersgruppe der 20- bis 25-Jährigen bezeichnet sich nahezu jeder Zweite (44%) als Raucher.

Einen noch sprunghafteren Anstieg verzeichnet der Anteil derer, die sich als ständige Raucher bezeichnen. Während sich von den 12- bis 15-jährigen Rauchern 5% als ständige Raucher bezeichnen, tut dies von den 16- bis 19-Jährigen Rauchern bereits jeder Vierte (26%) und unter den jungen Erwachsenen im Alter zwischen 20 und 25 Jahren bereits 30% (Bundeszentrale für gesundheitliche Aufklärung 2004).

20.3 Geschlecht

Während in früheren Jahren vergleichsweise mehr junge Männer rauchten, haben die jungen Frauen zwischenzeitlich aufgeholt. Die Raucherquote Jugendlicher und junger Erwachsener im Alter zwischen 12 und 25 Jahren hat sich heute nahezu angeglichen: Die Raucherquote bei Mädchen und jungen Frauen liegt bei 35%, von den Jungen bzw. jungen Männern dieser Altersgruppe bezeichnen sich 36% als Raucher (Bundeszentrale für gesundheitliche Aufklärung 2004). Die langfristige Angleichung beider Geschlechter ist in erster Linie auf den stärkeren Rückgang der Raucherquote bei den männlichen Jugendlichen zurückzuführen. Die Konsumintensität unterscheidet sich jedoch zwischen den Geschlechtern. So sind junge Männer zu einem etwas größeren Anteil ständige Raucher (23%) und weniger gelegentliche Raucher (13%), während junge Frauen sich zu 20% als ständige Raucherinnen bezeichnen und im Vergleich zu den Männern zu einem etwas höheren Prozentsatz als gelegentliche Raucherinnen (15%) (Bundeszentrale für gesundheitliche Aufklärung 2004).

20.4 Verlauf

Der Tabakkonsum ist ein dynamischer Prozess, der über den Zeitverlauf bei Jugendlichen stärker variiert als bei Erwachsenen. Allerdings ist bei jugendlichen Gelegenheitsrauchern die Wahrscheinlichkeit groß, dass sie entweder weiterhin gelegentlich rauchen oder regelmäßige Raucher werden. Auch bei Jugendlichen, die nur mit dem Tabakkonsum „experimentieren", ist die Wahrscheinlichkeit, im Erwachsenenalter Raucher zu sein, im Vergleich zu nichtrauchenden Jugendlichen ungleich höher.

Für den Übergang zum regelmäßigen Tabakkonsum gibt es drei wesentliche Prädiktoren (Jacobson et al. 2001):
- das Alter des Jugendlichen
- die eigene Raucherfahrung
- der Raucherstatus von Freunden

Ein frühes Einstiegsalter ist ein starker Prädiktor für regelmäßiges Rauchen im späteren Jugendalter. Bei älteren Jugendlichen findet der Übergang zum regelmäßigen Konsum schneller statt als bei jüngeren („transition acceleration"). Dabei ist die Wahrscheinlichkeit, regelmäßiger Raucher zu werden, umso größer, je länger der Betreffende bereits raucht.

Die meisten Kinder und Jugendlichen, die von der Probier- und Experimentierphase zum regelmäßigen Zigarettenkonsum übergegangen sind, bleiben dauerhaft Raucher. Nur ein kleiner Teil aller regelmäßigen Raucher gibt den Tabakkonsum bereits im Jugendalter wieder auf.

20.5 Risiko- und Bedingungsfaktoren

Mit dem Tabakkonsum von Kindern und Jugendlichen wird eine Vielzahl von individuellen, sozialen und gesellschaftlichen Faktoren in Verbindung gebracht. Obschon zwischen ihnen vielfache Wechselwirkungen bestehen, werden die wichtigsten der Übersichtlichkeit halber im Folgenden separat dargestellt.

20.5.1 Individuelle Faktoren

Zu den individuellen Faktoren, die den Tabakkonsum bedingen, zählen neben den bereits dargestellten soziodemografischen Faktoren Alter und Geschlecht eine Reihe weiterer personal sowie situativ bedingter Merkmale. Neben genetischen Faktoren und der individuellen Ausprägung der Tabakabhängigkeit sind hierzu weitere personale Einflüsse zu rechnen, zum Beispiel Selbstwahrnehmung/Selbstbild, die individuelle Anfälligkeit gegenüber dem Tabakkonsum sowie die Risikowahrnehmung. Zudem sind psychische Faktoren bzw. psychische Störungen wie Depression, Angst sowie Missbrauchserfahrungen oder die Abhängigkeit von anderen psychoaktiven Substanzen von Relevanz.

20.5.2 Genetik

Die bisher vorliegenden, groß angelegten Zwillingsstudien kommen übereinstimmend zu dem Ergebnis, dass genetische Faktoren und Umweltfaktoren das Risiko, langjähriger Raucher zu werden, ungefähr zu gleichen Teilen beeinflussen (Sullivan u. Kendler 1999). Eine Disposition zur Tabakabhängigkeit (d.h. die individuelle physiologische Reaktion auf Nikotin) scheint beispielsweise durch genetische Faktoren mit bedingt zu sein. Personen, die genetisch bedingt einen niedrigeren Nikotinstoffwechsel aufweisen, konsumieren Tabakwaren in kleineren Mengen und haben ein geringeres Risiko, schwere, abhängige Raucher zu werden. Auch zwischen der genetischen Ausstattung und der Fähigkeit, mit dem Rauchen aufzuhören, besteht ein Zusammenhang. Während einige Untersuchungen die Bedeutung genetischer Einflüsse für das Rauchverhalten betonen, finden andere allerdings keinen bedeutsamen Zusammenhang zwischen beidem. Dies weist darauf hin, dass weitere Faktoren eine entscheidende und zudem von genetischen Faktoren unabhängige Rolle spielen.

20.5.3 Selbstbewusstsein und (Körper-)Selbstbild

Das Jugendalter ist für das eigene Selbstbild eine besonders sensible Phase, und der Tabakkonsum dient vielen Kindern und Jugendlichen als Maßnahme zur Verbesserung des eigenen Selbstbildes. Rauchen hat eine erhebliche symbolische Bedeutung, die insbesondere durch die Medien vermittelt wird. Diejenigen Heranwachsenden, deren Selbstbild am wenigsten stark ausgeprägt ist, scheinen für die Botschaften der Tabakwerbung und damit die Aufnahme des Rauchens besonders empfänglich zu sein (Albers u. Biener 2003). Dagegen sind Kinder, die sich selbst als kompetent erleben, weniger gefährdet, mit dem Rauchen zu experimentieren.

Das Körperselbstbild und das Bedürfnis nach Gewichtskontrolle spielen vor allem bei Mädchen, vielfach allerdings auch bei Jungen, eine Rolle, und der Tabakkonsum wird u. a. deshalb aufrechterhalten, weil er in der subjektiven Wahrnehmung dazu dient, das Gewicht zu kontrollieren bzw. zu reduzieren (Cavallo et al. 2006; Fulkerson u. French 2003). In einigen US-amerikanischen Untersuchungen konnte nachgewiesen werden, dass die Sorge um das eigene Gewicht dem Einstieg in den Tabakkonsum vorausgeht (French et al. 1994; Vidrine et al. 2006). Übergewichtige Mädchen weisen zudem eine deutlich höhere Wahrscheinlichkeit auf, das Rauchen beizubehalten als normalgewichtige Mädchen (O'Laughlin et al. 1998).

20.5.4 Überzeugungen und Anfälligkeit gegenüber Tabakkonsum

Im Verlauf des Jugendalters ändern sich die Überzeugungen über positive bzw. negative Aspekte des Rauchens sowie die Attribute, die Rauchern und Nichtrauchern zugeschrieben werden. So zeigt beispielsweise eine US-amerikanische

Längsschnittuntersuchung, dass bei Fünftklässlern Rauchen als „uncool" gilt, während zwei Jahre später Nichtraucher „out" sind (Dinh et al. 1995). Diese Zuschreibungen erwiesen sich als bedeutende Prädiktoren für den Tabakkonsum der befragten Jugendlichen. Allerdings kann umgekehrt auch gezeigt werden, dass derartige Zuschreibungen auch durch den eigenen Raucherstatus beeinflusst werden.

Der Begriff der „Anfälligkeit" (susceptibility) bezeichnet die selbst beschriebene Verhaltensabsicht hinsichtlich des zukünftigen Tabakkonsums. In dem Alter, in dem mit Zigaretten experimentiert wird, ist die Wahrscheinlichkeit des Rauchens bei denjenigen Kindern und Jugendlichen, die eine höhere Anfälligkeit bezüglich des zukünftigen Tabakkonsums aufweisen, bedeutend höher als bei Gleichaltrigen, die sich darauf festgelegt haben, nicht mit dem Rauchen zu beginnen.

20.5.5 Risikowahrnehmung

Kinder und Jugendliche halten sich vielfach für unverletzlich und realisieren die Gefahren des Rauchens nur unvollständig bzw. unterschätzen diese sogar gravierend (Pederson et al. 1997). Insbesondere die Schwierigkeit, den Tabakkonsum wieder zu beenden, wird von einem Großteil aller Kinder und Jugendlichen falsch eingeschätzt.

20.5.6 Rebellion, Risikoverhaltensweisen und psychische Störungen

Rebellisches Verhalten ist ein starker Prädiktor sowohl für den Einstieg Jugendlicher in den Tabakkonsum als auch für dessen Aufrechterhaltung. Rauchende Jugendliche weisen zudem häufiger als gleichaltrige Nichtraucher weitere Risikoverhaltensweisen auf wie schlechte Ernährung, Alkoholkonsum, Konsum illegaler Drogen sowie Gewaltanwendung und ungeschützte Sexualkontakte (Lamkin u. Houston 1998). Rauchen scheint auch durch Faktoren bedingt zu sein, die als Indikatoren psychischer Notlagen oder Störungen gelten, einschließlich depressiver Stimmung (Tyas u. Pederson 1998). Zwar gibt es keine Hinweise auf einen ursächlichen Zusammenhang zwischen Rauchen und Depression. Viele Raucher geben allerdings an, wegen einer depressiven Symptomatik zu rauchen – der Tabakkonsum könnte hierbei die Funktion einer Selbstmedikation einnehmen.

20.6 Abhängigkeit

Nikotin erfüllt alle Kriterien einer abhängigkeitserzeugenden Substanz (US Department of Health and Human Services 1988). Das Risiko der Entwicklung einer Tabakabhängigkeit ist beträchtlich, da Nikotin ein hohes Abhängigkeitspotenzial hat. Der Anteil der Probierer, die von Tabak abhängig werden, ist im Vergleich zu anderen Drogen hoch. Die Tabakabhängigkeit wird zwar durch eine Reihe von genetischen, psychosozialen und Umgebungsfaktoren bestimmt. Weil sie sich jedoch individuell manifestiert, wird sie hier unter „individuellen Faktoren" subsumiert. Als Bedingungsfaktor für den aktuellen Tabakkonsum spielt die Tabakabhängigkeit eine entscheidende Rolle, weil die sich psychisch und körperlich manifestierenden Abhängigkeitssymptome für die dauerhafte Aufrechterhaltung des Rauchens maßgeblich sind (ebd.).

Erste Abhängigkeitssymptome können sich bereits nach kurzer Konsumdauer entwickeln und bereits nach wenigen Wochen des nur gelegentlichen Tabakkonsums auftreten (DiFranza et al. 2000). Für Raucher kann die Beendigung des Tabakkonsums daher bereits nach kurzer Zeit durch manifeste Abhängigkeitssymptome erschwert sein. Da der Einstieg in den Tabakkonsum regelmäßig bereits im Jugend- oder auch Kindesalter stattfindet und erste Abhängigkeitssymptome entsprechend früh einsetzen können, wird die Tabakabhängigkeit auch als „pediatric disease" bezeichnet (Kessler et al. 1997).

20.6.1 Soziale Faktoren

Entscheidungen bezüglich des Tabakkonsums werden nicht in einem sozialen Vakuum getroffen. Neben familiären und schulischen Bedingungsfaktoren gilt der Einfluss von Gleichaltrigen als besonders bedeutsam. Zu den gesellschaftlichen Umständen, die den Tabakkonsum bedingen, zählen der Preis und die Verfügbarkeit von Tabakwaren sowie deren Darstellung in den Medien.

20.6.2 Familiäre Faktoren

Kinder rauchender Eltern werden überzufällig selbst Raucher und sind zudem zu Hause durch die Tabakrauchbelastung einem erhöhten Gesundheitsrisiko ausgesetzt. Auch rauchende Geschwisterkinder und andere Familienmitglieder sind mit dem Einstieg in den Tabakkonsum assoziiert (O'Laughlin et al. 1998). Der Zusammenhang zwischen dem Raucherstatus der Eltern und dem Einstieg sowie Übergang zum regelmäßigen Rauchen ist in der späten Kindheit und dem frühem Jugendalter besonders deutlich, später spielt der Einfluss von Freunden eine wachsende Rolle.

Auch die Qualität und Intensität der Beziehungen von Kindern und Jugendlichen innerhalb der Familie scheint für die Aufnahme des Rauchens von entscheidender Bedeutung zu sein. So wirkt sich wahrgenommene elterliche Unterstützung protektiv gegen den Einstieg in das Rauchen aus. Dagegen rauchen Kinder und Jugendliche mit Gewalt- oder Missbrauchserfahrungen sowie diejenigen, die stressigen Lebensereignissen ausgesetzt sind, ungleich häufiger als davon unbetroffene Altersgenossen (Simantov et al. 2000). Zum sozialen Status der Eltern als Risikofaktor für den Tabakkonsum der Kinder gibt es uneinheitliche Befunde.

20.6.3 Schulische Schwierigkeiten

Ein Zusammenhang zwischen Rauchen und Schulschwierigkeiten ist nachgewiesen (Tyas u. Pederson 1998). Die Wahrnehmung der eigenen Schulumgebung als unterstützend ist hingegen im Hinblick auf den Tabakkonsum ein wesentlicher Schutzfaktor. Diese Zusammenhänge sind insbesondere im Hinblick auf schulische Bemühungen zur Tabakprävention und -entwöhnung relevant, da diese diejenigen Schüler, die hinsichtlich des Tabakkonsums eher gefährdet sind, vermutlich weniger gut erreichen.

20.6.4 Einfluss von Gleichaltrigen

Der Einfluss von Freunden gilt sowohl für das Experimentieren als auch für den Übergang zum regelmäßigen Rauchen als einer der eindeutigsten und beständigsten Prädiktoren (Flay et al. 1998; Plotnikoff et al. 2006; Wang et al. 1995). Gleichaltrige sind nicht nur Modell für das Rauchverhalten selbst, sondern vermitteln auch Einstellungen und Überzeugungen in Bezug darauf. Der Eigenkonsum wird allerdings nicht notwendigerweise durch Freunde ausgelöst, sondern auch durch die aktive Auswahl des eigenen Freundeskreises bedingt (Fergusson et al. 1995; Norton et al. 1998). Freunde, die rauchen, dienen des Weiteren insbesondere für jüngere Jugendliche als wichtige Bezugsquelle für Zigaretten und erhöhen die wahrgenommene Verbreitung des Rauchens.

20.6.5 Preis von Tabakwaren

Der Preis von Tabakprodukten und die entsprechende Nachfrage verhalten sich spiegelbildlich (Townsend 2001). Die so genannte Preissensibilität der Nachfrage, die den Zusammenhang zwischen Preis und Konsumverhalten beschreibt, ist bei Kindern und Jugendlichen im Vergleich zu Erwachsenen ungleich größer, und zwar bis zu dreimal so hoch (Chaloupka u. Grossman 1996). Das heißt, dass billige Zigaretten für Kinder und

Jugendliche im Vergleich zu Erwachsenen ein stärkerer Konsumanreiz sind. Untersuchungen aus den USA zeigen zudem, dass Jugendliche mit höheren verfügbaren finanziellen Ressourcen mehr rauchen als Jugendliche, die weniger Geld zur Verfügung haben (Tyas u. Pederson 1998).

20.6.6 Verfügbarkeit und Zugänglichkeit

In den USA konnte in einer Reihe von Untersuchungen gezeigt werden, dass die gewerbliche Verfügbarkeit von Tabakwaren für Kinder und Jugendliche einen Einfluss auf deren Tabakkonsum hat (Forster et al. 1998; Jason et al. 1999). Ein Verkaufsverbot von Tabakwaren an Kinder und Jugendliche bis zum Alter von 16 Jahren, wie es durch das novellierte Jugendschutzgesetz seit dem 1. April 2003 eingeführt wurden, kann dazu beitragen, den Tabakkonsum unter Jugendlichen zu verringern (s. a. Kap. 38.3.2). Erfahrungen aus den USA zeigen allerdings, dass eine Reduktion des jugendlichen Tabakkonsums nur eintritt, wenn die flächendeckende Einhaltung des Verkaufsverbots bei mindestens 90 % liegt (National Cancer Institute 2001). In Deutschland ist dies derzeit aufgrund der über 830 000 Zigarettenautomaten schlicht nicht erreichbar. Zwar sind seit dem 1. Januar 2007 alle frei zugänglichen Zigarettenautomaten auf Chipkarte umgerüstet, um diese offensichtliche Lücke zu schließen. Doch wird diese Umstellung nach Angaben des Bundesverbandes Deutscher Tabakwaren-Großhändler und Automatenaufsteller 300 Millionen Euro teure Maßnahme allerdings von Fachleuten einhellig als unzulänglich kritisiert, da die Umrüstung den Bestand eines Vertriebszweiges sichert, über dessen notwendige Abschaffung in der Fachwelt Einigkeit herrscht.

20.6.7 Darstellung in den Medien

Sowohl die Darstellung des Rauchens in den Medien wie beispielsweise in Kino- und Fernsehfilmen als auch die Werbung für Tabakprodukte beeinflussen den Tabakkonsum und dessen gesellschaftliches Image sowie die Wahrnehmung von dessen Verbreitung (Elders et al. 1994; MacFadyen et al. 2003). Zahlreiche Untersuchungen zeigen, dass die Verbreitung des Rauchens in den Medien höher ist als in der Gesellschaft selbst. Entsprechend überschätzen Kinder und Jugendliche – und unter ihnen insbesondere Raucher – die wahre Verbreitung und die Beliebtheit des Rauchens. Das Ausmaß dieser Überschätzung ist wiederum ein wesentlicher Prädiktor für den Einstieg in den Tabakkonsum (Lynch u. Bonnie 1994; US Department of Health and Human Services 1994).

Zigarettenwerbung wird von Kindern und Jugendlichen ungleich stärker wahrgenommen als von Erwachsenen. Die Anfälligkeit Jugendlicher für einen Einstieg in den Tabakkonsum kann unabhängig von dem Einfluss der Umgebung durch die Empfänglichkeit für Tabakwerbung vorausgesagt werden (Evans et al. 1995). Tabakwerbung beeinflusst zahlreichen Untersuchungen zufolge sowohl die Aufnahme als auch die Beibehaltung des Rauchens (Kessler et al. 1997; Pierce u. Gilpin 1995). Eine Reihe von Studien aus den USA zeigen, dass die Wahrscheinlichkeit, dass Jugendliche rauchen, umso größer ist, je stärker sie der Tabakwerbung ausgesetzt sind (Botvin et al. 2000; Fisher u. Colditz 1999). Im US-Bundesstaat Kalifornien wird den Marketing-Aktivitäten der Tabakindustrie rund ein Drittel des experimentellen Zigarettenkonsums zugeschrieben (Pierce et al. 1998). Weitere Untersuchungen zeigen einen zeitlichen Zusammenhang zwischen einer starken Zunahme der Werbeausgaben und einem Anstieg der Einsteigerrate (Gilpin u. Pierce 1997).

Vormals geheime Dokumente führender Zigarettenhersteller weisen nach, dass die Tabakindustrie entgegen öffentlicher Bekundungen durch verschiedenste Maßnahmen der Verkaufsförderung durchaus versucht, Kinder und Jugendliche gezielt anzusprechen und zum Rauchen zu bewegen (Action for Smoking and Health 2000). Entsprechend vermittelt nicht ausschließlich die klassische Tabakwerbung Signale und Symbole des Erwachsenseins, für die Kinder und Jugendliche in der Phase der Identitätsbildung besonders empfänglich sind, diese werden auch durch subtilere Werbeformen wie beispielsweise das Product Placement vermittelt.

20.7 Fazit

Der Tabakkonsum von Kindern und Jugendlichen ist multifaktoriell bedingt. Die Ausführungen machen deutlich, dass er insbesondere von einer Vielzahl sozialer Umstände und Reize gefördert wird, deren Veränderung prinzipiell möglich ist. Die Verhinderung des Einstiegs in den Tabakkonsum oder zumindest eine Hinauszögerung des Einstiegsalters ist auch in Deutschland eine der vordringlichsten gesundheitspolitischen Aufgaben. Denn wenn der beobachtete Trend nicht rückgängig gemacht wird und viele der heute rauchenden Kinder und Jugendlichen den Tabakkonsum nicht beenden, wird sich dies zukünftig in höheren Raucherquoten und einer höheren tabakbedingten Morbidität und Mortalität widerspiegeln.

Die Tatsache, dass das durchschnittliche Einstiegsalter zwischen 12 und 13 Jahren liegt, zeigt, dass es von entscheidender Bedeutung ist, Tabakpräventionsmaßnahmen bereits in der Altersgruppe der 9- bis 12-Jährigen anzubieten. Geschlechtsspezifischen Ansätzen kommt aufgrund unterschiedlicher Determinanten des Tabakkonsums bei Mädchen und Jungen eine besondere Bedeutung zu. Jenseits der personalkommunikativen Tabakprävention ist eine konsistente Tabakkontrollpolitik unter Einsatz wirksamkeitsüberprüfter Maßnahmen zur Verringerung des Tabakkonsums (vgl. Deutsches Krebsforschungszentrum 2002) von entscheidender präventiver Bedeutung. Denn erst wenn das Rauchen nicht mehr als normales Alltagsverhalten Erwachsener gilt, werden dauerhaft weniger Kinder und Jugendliche zur Zigarette greifen.

Literatur

Action for Smoking and Health (2000). Danger! PR in the playground. Tobacco industry youth anti-smoking programs. http://www.ash.org.uk/html/advspo/pdfs/playgroundreport.pdf.

Albers AB, Biener L (2003). Adolescent participation in tobacco promotions: the role of psychosocial factors. Pediatrics; 111: 402–6.

Botvin GJ, Goldberg CJ, Botvin EM, Dusenbury L (2000). Smoking behavior of adolescents exposed to cigarette advertising. Public Health Reports; 108: 217–24.

Bundeszentrale für gesundheitliche Aufklärung (2001). Die Drogenaffinität Jugendlicher in der Bundesrepublik Deutschland. Köln: Bundeszentrale für gesundheitliche Aufklärung.

Bundeszentrale für gesundheitliche Aufklärung (2002). Jugendliche Raucher – Veränderungen des Rauchverhaltens und Ansätze für die Prävention. Köln: Bundeszentrale für gesundheitliche Aufklärung.

Bundeszentrale für gesundheitliche Aufklärung (2004). Die Drogenaffinität Jugendlicher in der Bundesrepublik Deutschland. Teilband Rauchen. Köln: Bundeszentrale für gesundheitliche Aufklärung.

Bundeszentrale für gesundheitliche Aufklärung (2005). Neue Ergebnisse zur Entwicklung des Rauchverhaltens. Köln: Bundeszentrale für gesundheitliche Aufklärung.

Bundeszentrale für gesundheitliche Aufklärung (2006). Förderung des Nichtrauchens. Eine Wiederholungsbefragung der Bundeszentrale für gesundheitliche Aufklärung. Köln: Bundeszentrale für gesundheitliche Aufklärung.

Cavallo DA, Duhing AM, McKee S, Krishnan-Sarin S (2006). Gender and weight concerns in adolescent smokers. Addict Behav, March 24 (epub ahead of print).

Chaloupka FJ, Grossman M (1995). Price, tobacco control policies, and youth smoking. Working paper No. 5740. National Bureau of Economic Research, Cambridge, MA.

Deutsches Krebsforschungszentrum (2003). Gesundheit fördern – Tabakkonsum verringern. Handlungsempfehlungen für eine wirksame Tabakkontrollpolitik in Deutschland. Sonderband. 2. Aufl. Heidelberg: DKFZ.

DiFranza JR, Rigotti NA, McNeill A, Ockene JK, Savageau JA, St Cyr D, Coleman M (2000). Initial symptoms of nicotine dependence in adolescents. Tob Control; 9: 313–9.

Dinh KT, Sarason IG, Peterson AV, Onstad LE (1995). Children's perceptions of smokers and nonsmokers: a longitudinal study. Health Psychol; 14: 32–40.

Elders MJ, Perry CL, Eriksen MP, Giovino GA (1994). The report of the surgeon general: preventing tobacco use among young people. Am J Pub Health; 84: 543–7.

Evans N, Farkas AJ, Gilpin EA, Berry C, Pierce JP (1995). Influence of tobacco marketing and expos-

ure to smokers on adolescent susceptibility to smoking. J Natl Cancer Inst; 87: 1538–45.
Fergusson DM, Lynskey MT, Horwood LJ (1995). The role of peer affiliations, social, family and individual factors in continuities in cigarette smoking between childhood and adolescence. Addiction; 90: 647–59.
Fisher L, Colditz GA (1999). Tobacco advertising and adolescent smoking (United States). Cancer Causes Control; 10: 639.
Flay BR, Hu FB, Richardson J (1998). Psychosocial predictors of different stages of cigarette smoking among high school students. Prev Med; 27 (Part 2): A9–A18.
Forster JL, Wolfson M (1998). Youth access to tobacco: policies and politics. Ann Rev Pub Health; 19: 203–35.
French SA, Perry CL, Leon GR, Fulkerson JA (1994). Weight concerns, dieting behavior, and smoking initiation among adolescents: a prospective study. Am J Public Health; 84: 1818–20.
Fulkerson JA, French SA (2003). Cigarette smoking for weight loss or control among adolescents: gender and racial/ethnic differences. J Adolesc Health; 32: 306–13.
Gilpin EA, Pierce JP (1997). Trends in adolescent smoking initiation in the United States: is tobacco marketing an influence? Tob Control; 6: 122–7.
Jacobson PD, Warner KE, Lantz PM, Wasserman J et al. (2001). Combating Teen Smoking. Research and policy strategies. Michigan: The University of Michigan Press.
Jason L, Berk M, Schnop-Wyatt DL, Talbot B (1999). Long term follow-up of youth access to tobacco law's impact on smoking prevalence. J Hum Behav Soc Environm; 2: 1–13.
Kendzor DE, Copeland AL, Stewart TM, Businelle MS, Williamson DA (2006). Weight-related concerns associated with smoking in young children (epub ahead of print).
Kessler DA, Nathanblut SL, Wilkenfield JP (1997). Nicotine addiction: a pediatric disease. J Pediatr; 130: 518–24.
Lamkin L, Houston TP (1998). Nicotine dependency and adolescents: preventing and treating. Primary Care; 25: 123–35.
Lynch BS, Bonnie RJ (1994). Growing up Tobacco Free. Preventing nicotin addiction in children and youths. Washington, DC: National Academy Press.
MacFadyen L, Amos A, Hastings G, Parkes E (2003). They look like my kind of people – perceptions of smoking images in youth magazines. Soc Sci Med; 56: 491–9.

National Cancer Institute (2001). Changing Adolescent Smoking Prevalence. Where it is and why. Bethesda: US Department of Health and Human Services, National Institute of Health.
Norton EC, Lindrooth RC, Ennett ST (1998). Controlling for the endogeneity of peer substance use on adolescent alcohol and tobacco use. Health Econ; 7: 439–53.
O'Laughlin J, Paradis G, Renaud L, Sanchez Gomes L (1998). One-year predictors of smoking initiation and of continued smoking among elementary schoolchildren in multiethnic, low-income, inner-city neighbourhoods. Tobacco Control; 7: 268–75.
Pechmann C, Shih CF (1996). How Smoking in Movies and Anti-smoking Ads before Movies May Effect Teenagers' Perceptions of Peer Who Smoke. Irvine, CA: University of California.
Pederson LL, Koval JJ, O'Connor K (1997). Are psychosocial factors related to smoking in grade-6 students? Addict Behav; 22: 169–81.
Pierce JP, Gilpin EA (1995). A historical analysis of tobacco marketing and the uptake of smoking by youth in the United States: 1890–1977. Health Psychol; 14: 500–8.
Pierce JP, Gilpin EA, Farkas AJ, Zhu SH et al. (1998). Tobacco Control in California: Who's winning the War? An Evaluation of the Tobacco Control Program, 1989–1996. La Jolla, CA, San Diego: University of California.
Plotnikoff RC, Bercovitz K, Rhodes RE, Loucaides CA, Karunamuni N (2006). Testing a conceptual model related to weight perceptions, physical activity, and smoking in adolescents. Health Educ Res Juli 21 (epub ahead of print).
Simantov E, Schoen C, Klein JD (2000). Health-compromising behaviors: why do adolescents smoke or drink?: identifying underlying risk and protective behaviours. Arch Pediatr Adolesc Med; 154: 1025–33.
Sullivan PF, Kendler KS (1999). The genetic epidemiology of smoking. Nicotine Tob Res; 1, Suppl 2: S51–S57.
Townsend J (2001). Price and the consumption of tobacco. Br Med Bull; 52: 132–42.
Tyas SL, Pederson LL (1998). Psychosocial factors related to adolescent smoking: a critical review of the literature. Tob Control; 7: 409–20.
US Department of Health and Human Services (1988). The Health Consequences of Smoking: Nicotine Addiction. A Report of the Surgeon General. Washington, DC: US Government Printing Office.
US Department of Health and Human Services (1994). Preventing Tobacco Use Among Young People: A

Report of the Surgeon General. Atlanta, GA, US Department of Health and Human Services, Public Health Service, Centers for Disease Control and Prevention, National Center for Chronic Disease Prevention and Health Promotion, Office on Smoking and Health.

Vidrine JI, Anderson CB, Pollak KI, Wetter DW (2006). Gender differences in adolescent smoking: mediator and moderator effects of self-generated expected smoking outcomes. Am J Health Promot; 20: 383–7.

Wang MQ, Fitzhugh EC, Trucks J, Cowdery J, Perko M (1995). Physiological sensations of initial smoking in the development of regular smoking behavior. Percept Mot Skills; 80: 1131–4.

Weltgesundheitsorganisation Europabüro (2004). Young people's health in context. Health Behaviour in School-aged children (HBSC) study: international report from the 2001/2002 survey. Health Policy for Children and Adolescents, Nr 4. WHO Kopenhagen.

21 Ess-Störungen – Einflüsse der Peergroup

Günter Reich

Die Gruppe der Gleichaltrigen hat einen erheblichen Einfluss auf die Einstellung von Kindern und Jugendlichen zu ihrem Körper und damit auch auf ihr Essverhalten. Dies belegen zahlreiche, auch prospektive Studien. Dabei muss berücksichtigt werden, dass sich diese sozialen Faktoren nur durch die Persönlichkeit der Kinder und Jugendlichen sowie über die besonderen Entwicklungsbedingungen der Adoleszenz in Einstellungen und Verhalten bis zu krankheitswertigen Symptomen vermitteln. Daher werden diese dargestellt, bevor die bisher bekannten Einflüsse der Peers näher beschrieben werden.

21.1 Persönlichkeit von Essgestörten

Die Auswirkung von Peer-Einflüssen auf das Essverhalten hängt neben der familiären und weiteren sozialen Unterstützung von der Persönlichkeit der Kinder und Jugendlichen sowie dem Durchlaufen der Adoleszenz ab. Hier gibt es deutliche Unterschiede zwischen Jugendlichen, die eine Anorexie, die eine Bulimie und solchen, die gar keine Ess-Störung entwickeln.

Anorektikerinnen sind perfektionistisch, leistungsorientiert, sozial sehr unsicher sowie sehr abhängig von Bestätigung. Daher sind sie besonders vulnerabel für Kritik oder vermeintliche Kritik. Sie zeichnen sich durch Rigidität und Zwanghaftigkeit, eine eingeschränkte Spontaneität und einen Mangel an am eigenen Selbst orientierter Autonomie aus. Letztere besteht hauptsächlich in der Abgrenzung zu anderen. Zudem fühlen sie sich oft wirkungslos und ohnmächtig, betonen Selbstverleugnung und Disziplin. Der Affektausdruck ist oft herabgesetzt. Die Einstellung zur Sexualität ist in der Regel negativ. Häufig werden sexuelle Erfahrungen vermieden (vgl. Reich 2003a, 2003b).

Bulimikerinnen sind ebenfalls selbstunsicher, perfektionistisch und leistungsorientiert, abhängig von der Anerkennung anderer und unsicher in Bezug auf ihre Attraktivität. Gleichzeitig bestehen oft Probleme mit der Kontrolle und Regulierung von Impulsen und Affekten sowie mit der Wahrnehmung von Gefühlen. Zurückweisungen und Enttäuschungen werden schlecht ertragen. Nach außen wird allerdings oft Unabhängigkeit und Unberührtheit demonstriert. Dabei versuchen Bulimikerinnen, dem gängigen Frauenideal zu entsprechen, körperlich attraktiv und gleichzeitig leistungsfähig zu wirken. Die Primärpersönlichkeit wird insgesamt als „affektlabil" beschrieben. Die Einstellung zur Sexualität ist nicht negativ. Häufig liegen sexuelle Erfahrungen vor, oder es bestehen Partnerschaften (vgl. Reich 2003a, 2003b).

21.2 Adoleszenz als „vulnerable" Phase für die Entstehung

Obwohl sich ein gestörtes Essverhalten und ein gestörtes Verhältnis zum eigenen Körper bereits in der Kindheit entwickeln können und hier durch die Interaktionen mit den frühen familiären Beziehungspersonen sowie mit Gleichaltrigen bereits die Grundlagen für spätere, klinisch manifeste Ess-Störungen gelegt werden, ist doch insgesamt die Adoleszenz als „vulnerable" Phase für die Entstehung von Ess-Störungen und einem gestörten Körperbild anzusehen. Hier kommt es zu gravierenden Veränderungen des Körpers sowie einer Auflockerung und Umformung der bisherigen Persönlichkeitsstruktur und der familiären Beziehungen (Reich 1998).

Das gesamte Selbsterleben, auch das des Körpers, wird geschwächt. Dies betrifft:
- die Entwicklung des Körperbildes
- die Akzeptanz des eigenen Körpers
- das Identitäts- und Selbstwertgefühl
- das Gefühl von Kompetenz, von Autonomie und sozialem Akzeptiertsein

Folgende Aspekte sind dabei wesentlich.

21.2.1 Veränderungen des Körpers

Bei Mädchen kommt es in dieser Phase zu einer Zunahme von Fettgewebe, während bei Jungen eher die Muskelmasse zunimmt. Die Zunahme von Fettgewebe ist aufgrund des auf den „straffen" Körper ausgerichteten Schlankheitsideals unerwünscht. Schon dies kann zu Problemen führen.

Zudem kann die Veränderung des Aussehens sehr drastisch und plötzlich geschehen, ebenso das Einsetzen der Menstruationsblutung, sodass die Betreffenden sehr unsicher oder sogar verstört sind. Ein frühes Einsetzen der Menarche und eine frühe Reifung insgesamt sind wesentliche Risikofaktoren für die Entstehung von Ess-Störungen (aber auch von anderen seelischen Störungen, z.B. Depressionen; s. Ohring et al. 2002), insbesondere von Bulimie (Fairburn et al. 1997). Früh einsetzende Reifungsprozesse führen zu erhöhter Körperunzufriedenheit (Ohring et al. 2002). Dabei ist deren Einfluss auf das Körpergewicht entscheidend für das Körperbild und Diätverhalten (Striegel-Moore et al. 2002).

> *Jugendliche, die schon vorher mit Gefühlen von Ohnmacht und Einflusslosigkeit oder Selbstwertproblemen zu kämpfen hatten, können nun das Gefühl haben, der körperlichen Entwicklung ebenfalls ohnmächtig ausgeliefert zu sein. Sie können sich wertlos fühlen, weil ihr Körper nicht ihrem Ideal, dem der Gleichaltrigengruppe oder dem in den Medien propagierten entspricht. Insbesondere in der Pubertät können dysmorphophobische Gedanken auftreten. Scham und Peinlichkeit wegen der körperlichen Veränderungen können sehr tief greifend und umfassend erlebt werden und sich auf andere Lebensbereiche ausdehnen."* (Reich 2003a, S. 18)

21.2.2 Abhängigkeit des Selbstwertgefühls von der äußeren Erscheinung

Die Abhängigkeit des Selbstwertgefühls von der äußeren Erscheinung nimmt in der Adoleszenz sehr stark zu. Selbstwertprobleme, Schwierigkeiten, sozial akzeptiert zu werden, Leistungsprobleme und Versagensängste werden auf den Körper projiziert. Dieser wird zum Sündenbock für vermeintliche oder reale Schwächen und Misserfolge, zu einem „Kampffeld" (Pesch 1999). Wäre der Körper nur anders, dann wäre alles besser. Mädchen und weibliche Jugendliche reagieren auf psychosozialen Stress, zum Beispiel Schulstress, mit vermehrter Auffälligkeit im Essverhalten. Sie reagieren zudem auf geringfügige Stressoren („minor events") heftiger und lang andauernder als Jungen. Zudem neigen weibliche Jugendliche dazu, neutrale Stressoren in Beziehungsstressoren umzuwandeln (Buddeberg-Fischer 2000). Im Alter von elf bzw. zwölf Jahren werden die eigenen Beurteilungen des Körperumfangs sowie die angenommenen Idealmaße prädiktiv für die Entwicklung von gestörtem Essverhalten (Gardner et al. 2000).

21.2.3 Zunehmende Abhängigkeit von den Beurteilungen Gleichaltriger

In der Adoleszenz nimmt die Abhängigkeit von Peergroup und Medieneinflüssen auf das Erleben stark zu. Die Gleichaltrigengruppe übernimmt hier oft die Funktion eines „Übergangsobjektes" aus der Familie heraus in die Erwachsenenwelt hinein. Sie gibt neue, von der Familie abweichende Normen und Unterstützung bei Problemen, ersetzt hier somit die Funktion der Eltern. Gleichzeitig herrscht oft ein starker Konformitäts- und Uniformitätsdruck, zum Teil mit massiven Ausgrenzungen derer, die nicht zur „In-Group" gehören. Auch hier gibt es bedeutende Unterschiede zwischen weiblichen und männlichen Jugendlichen. Männliche Jugendliche suchen in sozialen Kontakten eher das Gruppenerleben, weibliche Jugendliche eher intime Vertrauensbeziehungen. Männliche Jugendliche sind zudem eher in Jugendgruppen zu finden und üben häufiger Mannschaftssport aus als weibliche Jugendliche. Hier spielen das gemeinsame Wetteifern und der sportliche Erfolg vermutlich eine größere Rolle als die äußere Erscheinung und deren Vergleichen untereinander. Gerade das Vergleichen und die Angst, hierbei schlecht abzuschneiden, sind bei Mädchen stärker ausgeprägt. Entsprechende mediale Einflüsse, die das Ideal eines schlanken Körpers propagieren und transportieren, können durch die Gleichaltrigengruppe verstärkt werden. Mediale Einflüsse spielen bei der Entwicklung des Körperideals eine bedeutende Rolle, wie eine Erhebung im Auftrag der EU-Kommission zum Präventionsbedarf bei Ess-Störungen in Europa bestätigte (Kabera 1999). Unzufriedenheit mit dem eigenen Körper und gestörtes Essverhalten können experimentell durch die Exposition gegenüber Bildern von Idealkörpern, etwa aus Mode-Magazinen, erzeugt werden (Stice 1998). Zudem nehmen in der Adoleszenz Vergleiche und vergleichende Phantasien bezüglich des Körpers zu. Die Angst, nicht so auszusehen wie die anderen und nicht mithalten zu können, zum Beispiel in der Entwicklung „zu früh" oder „zu spät" dran zu sein, eine zu große oder zu kleine Brust, zu dicke oder zu dünne Oberschenkel zu haben, kann das Erleben sehr stark beherrschen.

21.2.4 Entwicklung sexueller Wünsche und Beziehungen

Jugendliche sind aufgrund der Sexualentwicklung mit bisher in dieser Form unbekannten Triebwünschen und entsprechenden „Versuchungssituationen" konfrontiert. Dies kann zu Erprobungsverhalten führen oder entsprechende Situationen und Erfahrungen ängstlich vermeiden lassen. Zurückweisungen in den ersten sexuellen Annäherungen und Begegnungen können sich auf das Selbstgefühl und das Selbstwertgefühl verheerend auswirken.

21.2.5 Eintreten in die „Erwachsenenwelt"

Ein weiterer wesentlicher Abschnitt der Adoleszenz ist der des Hineintretens in die „Erwachsenenwelt", die Verselbstständigungsphase, die bei einer Reihe von Jugendlichen bereits mit 16 Jahren beginnt, und zwar mit der Aufnahme einer Ausbildung. Hier geht es darum, sich außerhalb des gewohnten familiären Rahmens und der Gleichaltrigengruppe zu präsentieren und zu bewähren. Auch hier spielen das Aussehen und der Körper eine bedeutende Rolle. Wie wirke ich auf andere? Wie komme ich an? Das sind sowohl beim Entwickeln von Partnerschaften als auch bei der Darstellung von Leistungen in Studium, Ausbildung und Beruf entscheidende Fragen. Unsicherheiten und Versagensängste können auf Körper und Aussehen verschoben werden oder sich mit hier bestehenden Unsicherheiten verbinden.

21.2.6 Äußere Ablösung vom Elternhaus

Adoleszenz ist die Zeit der äußeren Verselbstständigung vom Elternhaus, der äußeren Ablösung aus der Kernfamilie. Beziehungen werden außerhalb der Familie gesucht. Zwischen Eltern und Jugendlichen entstehen neue Grenzen. Eltern müssen lernen, die Autonomie der Jugendlichen und jungen Erwachsenen zu respektieren, ohne diese dabei zu überfordern. Der verlängerten äußeren, sozialen Adoleszenz kann eine verkürzte personale Adoleszenz gegenüberstehen, in der von Jugendlichen mehr Autonomie erwartet wird oder diese von sich erwarten, als sie einlösen können (vgl. Reich 1998).

Dies kann zu nicht eingestandenen oder von den Eltern unbemerkten Überforderungen führen. Diese wiederum können das Selbstwertgefühl negativ beeinflussen. In der Pseudo-Autonomie kann das Essen regressiv als Trost eingesetzt werden, wie es bei der Bulimie oder der Binge-Eating-Störung der Fall ist, um den Schein zu wahren. Familienbindungen können aber auch so eng sein, dass Jugendliche oder junge Erwachsene kaum die Möglichkeit haben, sich äußerlich von Eltern oder Geschwistern zu trennen (ebd.). Hier kann die Trennung über die Verweigerung des Essens ausgedrückt werden (Reich 2003a).

21.2.7 Innere Ablösung von der Kernfamilie

Zusammen mit der äußeren Ablösung von der Familie erfolgt in der Regel auch ein Ablösen von deren Normen und Idealvorstellungen. Wertvorstellung und Ideale müssen in einen neuen Einklang gebracht werden. Dies bedeutet auch den Abschied von narzisstischen Größenvorstellungen, die in der Adoleszenz besonders stark aufblühen können. Rigide Gewissensforderungen können die Genussfähigkeit, die Genussfreude und die sexuelle Erlebensfähigkeit einschränken. Perfektionistische Leistungsideale können zu ständiger Unzufriedenheit führen und werden möglicherweise am Körper abgehandelt. In der Adoleszenz entwickeln sich starke, zum Teil sehr rigide Idealvorstellungen von der eigenen Person und auch vom eigenen Körper. Manchmal wird das innere Bild von einem „idealen Körper" konstruiert, um die Unsicherheiten, um die unkontrollierbaren körperlichen Veränderungen zu bewältigen. Das Erleben von körperlicher Selbstkontrolle oder Stärke, zum Beispiel durch Training oder durch Fasten, führt zu einer Hebung des Selbstgefühls bis hin zu einem „Größenselbst". Dieses Hochgefühl bzw. das Nichterreichen dieses Hochgefühls durch ein Verfehlen des Ideals kann zum Ausgangspunkt einer Ess-Störung werden.

21.3 Essverhalten und Einstellung zum Körper

Einflüsse der Peers auf Essverhalten und Körperbild finden über Gruppenkonformität und sozialen Druck, Ärgern, Abwerten und Drangsalieren wegen des Aussehen und der Figur, über Vergleichen und Rivalisieren sowie negative sexuelle bzw. partnerschaftliche Erfahrungen statt.

21.3.1 Gruppenkonformität und sozialer Druck

Sozialer Druck zum Dünnsein erhöht die Unzufriedenheit mit dem eigenen Körper, insbesondere dann, wenn gleichzeitig Defizite an sozialer Unterstützung bestehen (Stice u. Whitenton 2002). Druck durch Gleichaltrige (und Medien) fördert gestörtes Essverhalten und ungesundes Diätverhalten (Grigg et al. 1996). Die (vermutete) Bedeutung des Dünnseins für die Gruppe der Gleichaltrigen ist bei Kindern und Jugendlichen prädiktiv für das Erbrechen und den Missbrauch von Abführmitteln. Unabhängig hiervon wird durch den sozialen Druck gefördert, so auszusehen wie Frauen in Zeitschriften, im Fernsehen oder im Kino. Dies ergab eine prospektive Studie an 6 982 Mädchen im Alter zwischen 9 und 14 Jahren (Field et al. 1999).

Durch soziale Nähe entsteht zudem eine Tendenz zur sozialen Konvergenz. In einer Studie bei jungen erwachsenen Frauen fanden Meyer und Waller (2001) eine deutliche Konvergenz in einer restriktiven Einstellung zum Essen, in der Besorgnis um das Aussehen sowie im Perfektionismus. Diese Konvergenz stellte sich innerhalb von 14 Wochen nach dem Einzug in miteinander verbundenen Appartements ein. Bei sozial unerwünschtem Verhalten, wie zum Beispiel der Bulimie, entwickelte sich keine Konvergenz. Dies könnte ein wesentlicher Grund dafür sein, dass bulimisches Verhalten heimlich praktiziert wird, restriktives Essverhalten dagegen offen. Es ist nahe liegend, diese Ergebnisse auf Jugendliche zu übertragen, da sie oft unter einem noch stärkeren

Konformitätsdruck stehen als Erwachsene. Innerhalb von Cliquen ist die Ähnlichkeit in der Besorgtheit um den eigenen Körper, in Diäthalten und in extremem Verhalten, um abzunehmen (z. B. Erbrechen), größer als zwischen derartigen Gruppen. Freundschaften fördern entsprechende Verhaltensweisen und Einstellungen (Paxton et al. 1999).

Essgestörte sind häufig sozial isoliert, haben weniger Freundinnen und Freunde als ihre nichtgestörten Geschwister (Murphy et al. 2000).

21.3.2 Ärgern, Abwerten und Drangsalieren

Geärgert- und Drangsaliert-Werden wegen des Aussehens ist ein wesentlicher Prädiktor für alle Formen von Ess-Störungen, gestörtem Essverhalten und Störungen des Körperbildes (Steiner et al. 2003; Striegel-Moore et al. 2002; Thompson et al. 1995). Insbesondere scheint das Geärgert-Werden mit Binge Eating verbunden zu sein (Neumark-Sztainer et al. 2002; Striegel-Moore et al. 2002). Geärgert und drangsaliert werden vor allem übergewichtige Kinder und Jugendliche. Durch die vermutlich als Kompensation eingesetzten Essanfälle vergrößert sich das Übergewicht weiter (Neumark-Sztainer et al. 2002). Dieses findet nicht selten bereits in der Kindheit statt und führt zu einer negativen Einschätzung des eigenen Körpers. Auch bei Jungen ist das Geärgert-Werden ein Prädiktor für die Entwicklung von Ess-Störungen (Gardner et al. 2000).

21.3.3 Negative sexuelle und partnerschaftliche Erfahrungen

Negative Partnerschaftserfahrungen spielen in der Entwicklung und als auslösendes Moment von Ess-Störungen häufig eine bedeutende Rolle, insbesondere bei der Bulimie. Zurückweisungen, Missachtung oder Abwertungen durch Partner werden häufig auf mangelnde körperliche Attraktivität zurückgeführt. Der Körper wird so zum Sündenbock. Die auf das eigene Selbst gerichtete Aggression wird auf ihn verschoben. Dies ist besonders dann der Fall, wenn sexueller Kontakt stattgefunden hat und der Körper hierdurch dem Partner „präsentiert" wurde (vgl. Reich 2003a). Ein zunehmender Gruppendruck hin zu frühem Sexualverkehr, der auch durch Medien gefördert wird, verschärft diese Situation, da kompensatorische, selbstwertregulierende Mechanismen häufig fehlen.

Auch in Fällen von Gewalt oder Vergewaltigung beim „Daten" wurde als Reaktion eine erhöhte Neigung zu Ess-Störungen festgestellt (Rickert et al. 2002).

21.3.4 Vergleichen und Rivalisieren

Das Vergleichen von äußerer Erscheinung beginnt bereits in der Kindheit (vgl. Gardner et al. 2000). Vergleichen spielt eine bedeutende Rolle in der Verarbeitung von Medieneinflüssen. Offensichtlich werden die hier propagierten Idealbilder nur durch Vergleichen mit anderen wirksam und so internalisiert, dass sie zu gestörtem Essverhalten und Unzufriedenheit mit dem Körper führen. Auch familiäre Einflüsse werden zum Teil erst durch den Vergleich mit anderen wirksam (van den Berg et al. 2002). Der Wettbewerb mit Gleichaltrigen ist ein sehr starker Prädiktor für das Diäthalten. Dies ergab eine prospektive, über drei Jahre durchgeführte Studie an 1 644 weiblichen Teenagern (Huon et al. 1999). Auch Abweichungen im Einsetzen der körperlichen pubertären Veränderungen können in diesem Zusammenhang zu Verunsicherungen und zu gestörtem Essverhalten führen. Wie bereits oben ausgeführt, ist das frühe Einsetzen der Pubertät insbesondere für bulimische Ess-Störungen ein Risikofaktor.

Literatur

Adams K, Sargent RG, Thompson SH, Richter D, Corwin SJ, Rogan TJ (2000). A study of body weight concerns and weight control practices of 4th and 7th grade adolescents. Ethn Health; 5: 79–94.

Buddeberg-Fischer B (2000). Früherkennung und Prävention von Essstörungen. Essverhalten und Körperlerleben bei Jugendlichen. Stuttgart, New York: Schattauer.

Fairburn CG, Harrison PJ (2003). Eating Disorders. Lancet; 361: 407–16.

Fairburn CG, Welch SL, Doll HA, Davies BA, O'Connor ME (1997). Risk factors for bulimia nervosa. A community case-control study. Arch Gen Psychiatry; 54: 509–17.

Field AE, Camargo CA, Taylor CB, Berkey CS, Colditz GA (1999). Relation of peer and media influences to the development of purging behaviors among preadolescent and adolescent girls. Arch Pediatr Adoles Med; 153: 1184–9.

Gardner RM, Stark K, Friedman BN, Jackson NA (2000). Predictors of eating disorder scores in children ages 6 through 14: a longitudinal study. J Psychosom Res; 49: 199–205.

Grigg M, Bowman J, Redman S (1996). Disordered eating and unhealthy weight reduction practices among adolescent females. Prev Med; 25: 748–56.

Huon G, Hayne A, Gunewardene A, Strong K, Lunn N, Piira T, Lim J (1999). Accounting for differences in dieting status: steps in the refinement of a model. In J Eat Disord; 26: 420–33.

Kabera (1999). Essstörungen in Europa – Erhebung zum Präventionsbedarf. Kassel: Abschlussbericht einer von der Europäischen Kommission geförderten Studie. Unveröffentlicht.

Meyer C, Waller G (2001). Social convergence of disturbed eating attitudes in young adult women. J Nerv Ment Dis; 189: 114–9.

Murphy F, Troop NA, Treausre JL (2000). Differential environmetal factors in anorexia nervosa: a sibling pair study. Br J Clin Psychol; 39: 193–203.

Neumark-Sztainer D, Falkner N, Story M, Perry C, Hannan PJ, Mulert S (2002). Weight teasing among adolescents: correlations with weight status and disordered eating behaviors. Int J Obes Telat Metab Disord; 26: 123–31.

Ohring R, Graber JA, Brooks-Gunn J (2002). Girls' recurrent and concurrent body dissatisfaction: correlates and consequences over 8 years. Int J Eat Disord; 31: 404–15.

Paxton SJ, Schulz HK, Wertheim EH, Muir SL (1999). Friendship clique and peer influences on body image concerns, dietary restraint, extreme weight-loss behaviors, and binge eating in adolescent girls. J Abnorm Psychol; 108: 255–66.

Posch W (1999). Körper machen Leute. Der Kult um die Schönheit. Frankfurt a. M.: Campus.

Reich G (1998). Familien mit Adoleszenten – Familien in der Krise. Kontext; 29: 42–59.

Reich G (2003a). Familientherapie der Essstörungen. Göttingen: Hogrefe.

Reich G (2003b). Familienbeziehungen bulimischer Patientinnen. Eine Vergleichs-Studie zu Patientinnen mit Anorexia nervosa und einer nicht-eßgestörten Kontrollgruppe. Heidelberg: Asanger.

Rickert VI, Vaughan RD, Wiemann CM (2002). Adolescent dating violence and rape. Curr Opin Ostet Gynecol; 14: 495–500.

Steiner H, Kwan W, Shaffer TG, Walker S, Miller S, Sager A, Lock J (2003). Risk and protective factors for juvenile eating disorders. Eur Adolesc Child Psychiatry; 12, Suppl 1: 38–46.

Stice E (1998). Modeling of eating pathology and social reinforcement of the thin-ideal predict onset of bulimic symptoms. Behav Res Ther 26: 931–44.

Stice E, Whitenton K (2002). Risk factors for body satisfaction in adolescent girls: a longitudinal investigation. Dev Psychol; 38: 669–78.

Striegel-Moore RH, Dohm FA, Pike KM, Wifley DE, Fairburn CG (2002). Abuse, bullying, and discrimination as risk factors for binge eating disorder. Am J Psychiatry; 159: 1902–7.

Thompson JK, Coovert MD, Richards KJ, Johnson S, Cattarin J (1995). Development of body image, eating disturbance, and general psychological functioning in female adolescents: covariance structure modeling and longitudinal inverstigations. Int J Eat Disord; 18: 221–36.

Van den Berg P, Thompson JK, Obremski-Brandon K, Coovert M (2002). The tripartite influence model of body image and eating disturbance: a covariance structure modeling investigation testing the mediational role of appearance comparison. J Psychosom Res; 53: 961–2.

22 Alkohol – Einflüsse der Peergroup

Walter Farke

Die Alltagsdroge Alkohol ist ein fester Bestandteil der Konsumgewohnheiten in unserer Gesellschaft. Kinder werden in ihren Herkunftsfamilien bereits früh an Alkoholkonsum-Normen herangeführt und lernen, wie diese psychoaktive Substanz zu sozialen Zwecken und zur Selbstregulation eingesetzt wird. Letztlich bilden diese Erfahrungen die Grundlage für spätere Konsummuster.

Mit Beginn der Pubertät – zwischen dem 11. und 13. Lebensjahr – wird die Ablösung der Jugendlichen von den Eltern eingeleitet. In dieser Entwicklungsphase gilt es, **wichtige Entwicklungsaufgaben** zu bewältigen, um die **Anforderungen an die Erwachsenenrolle** erfüllen zu können. Hierunter fallen folgende Aufgaben (s. Dreher u. Dreher 1985):
- Ablösung von den Eltern
- Entwicklung eigener Normen und Werte
- Entwicklung von Zukunftsperspektiven und beruflichen Perspektiven
- Entwicklung des Selbst
- Sammeln und Verarbeiten erster intimer und sexueller Erfahrungen
- Auseinandersetzung mit dem eigenen, sich verändernden Körper
- Aufbau eines Freundeskreises mit vertieften Beziehungen zu Gleichaltrigen
- Definition und Ausfüllen der eigenen Geschlechterrolle
- Entwicklung von Vorstellungen über Partnerschaft/Familie

Im Rahmen dieses Individuationsprozesses entwickelt sich auch der adäquate Umgang mit Alkohol. In diesem Zusammenhang sind die Einflüsse der Peergroup – sie wird auch als Gleichaltrigengruppe bezeichnet – von großer sozialisatorischer Bedeutung. Diese Gruppe ermöglicht dem Jugendlichen in einem geschützten Rahmen, mit der Substanz Alkohol zu experimentieren und Grenzerfahrungen zu sammeln. Hierbei können durchaus die Grenzen zu riskantem Konsum und Missbrauch, die gesundheitliche Risiken implizieren, überschritten werden.

22.1 Rolle der Peergroup

Die Beziehung zur Peergroup hat im Jugendalter eine herausragende sozialisatorische Bedeutung. Da in dieser Altersphase der Prozess der psychischen und sozialen Ablösung von den Eltern eingeleitet wird, richtet sich die Aufmerksamkeit der Jugendlichen verstärkt auf freundschaftliche Beziehungen mit gleichgeschlechtlichen – später auch mit andersgeschlechtlichen – Gleichaltrigen. Die zum Teil engen freundschaftlichen Beziehungen haben auch eine große Bedeutung für die Gestaltung der freizeit- und konsumrelevanten Kontakte (Hurrelmann 1995).

Darüber hinaus spielt die Peergroup eine wichtige Rolle bei der Identitätsbildung im Jugendalter. Denn in der Gruppe wird ein großer Teil der Erfahrungen gesammelt, die für diesen Prozess notwendig sind. Der Kontakt zu Gleichaltrigen ermöglicht es den Jugendlichen, ihre sozialen Fähigkeiten weiterzuentwickeln sowie unterschiedliche soziale Rollen und Verhaltensweisen zu erproben. Dieser Prozess nimmt Einfluss auf die spätere Persönlichkeit der Jugendlichen.

Die Ablösung von den Eltern und die starke Orientierung an der Peergroup bilden ein dynamisches Gefüge, in dem Konflikte mit den Erziehungsberechtigten vorprogrammiert sind. In diesem Zusammenhang stellt sich die Frage, wer den größeren Einfluss auf den Heranwachsenden hat: die Peergroup oder die Eltern. Die meisten Studien kommen zu dem Schluss, dass **beide Sozialisationsinstanzen komplementäre Funktionen** haben. So haben die Eltern den größten Einfluss im Bereich der einstellungsmäßigen Norm-

und Wertorientierung und der Bildungs- und Berufsorientierung. Gleichaltrigengruppen sind mehr als unmittelbare alltägliche Verhaltensvorbilder im Freizeit- und Unterhaltungsbereich wirksam (Biddle et al. 1980; Jugendwerk der Deutschen Shell 1992). Allerdings ist zu berücksichtigen, dass in diesem Prozess Fehlanpassungen auftreten können, insbesondere, wenn die frühe Entwicklung durch innerfamiliäre Probleme gestört ist.

22.2 Konsum bei Kindern und Jugendlichen

Es ist nichts Ungewöhnliches, dass in einem Land, in dem 2005 pro Einwohner (pro Kopf) 10,0 Liter reinen Alkohols verbraucht wurden, Kinder und Jugendliche diese Droge durchaus regelmäßig konsumieren (Meyer u. John 2007). Im Rahmen der letzten Drogenaffinitätsstudie der Bundeszentrale für gesundheitliche Aufklärung wurde ermittelt, dass bei den 12- bis 25-Jährigen der Konsum von Bier, Wein und Spirituosen von 1973 bis 2001 kontinuierlich abgenommen hat. Alkoholische Getränke haben demnach zwar für Jugendliche und junge Erwachsene an Bedeutung verloren, aber nachdenklich stimmt die Entwicklung, dass immer weniger Jugendliche immer mehr Alkohol konsumieren (Bundeszentrale für gesundheitliche Aufklärung 2001).

Zu einem differenzierteren Ergebnis kommt die HBSC-Studie (Health Behavior in School-Aged Children) von 2002. In dieser Untersuchung wurden 11-, 13- und 15-jährige Schülerinnen und Schüler u. a. dazu befragt, wie häufig sie alkoholische Getränke zu sich nehmen. Die Auswertung ergab, dass bei den Jungen 31% gelegentlich und 16% regelmäßig Alkohol konsumierten. Bei den Mädchen konsumierten 32% gelegentlich und 11% regelmäßig Alkohol. Die Trendanalyse ergab, dass in den letzten neun Jahren bei den 15-jährigen Alkohol konsumierenden Jungen eine deutliche Zunahme der Konsumentenzahlen zu verzeichnen ist. Bei den 13- und 15-jährigen Mädchen hat sich zwar die Anzahl der Alkoholkonsumentinnen leicht erhöht, ohne jedoch die Konsumraten der gleichaltrigen Jungen zu erreichen. Die deutliche Zunahme der Raten wird auf das in den letzten Jahren veränderte Angebot alkoholischer Getränke zurückgeführt. Die Alkoholindustrie zielt mit der Vermarktung von Biermixgetränken und mit Spirituosen angereicherten Limonaden – so genannte „Alkopops" – bewusst auf die jungen Konsumentinnen und Konsumenten ab (Richter u. Settertobulte 2003). Auf einen Anstieg der Konsumraten der 12- bis 14-jährigen sowie 15- bis 17-jährigen Mädchen und Jungen weist auch die bayerische Jugendgesundheitsstudie hin (Bayerisches Staatsministerium für Gesundheit, Ernährung und Verbraucherschutz 2001). Darüber hinaus bleibt der geschlechtsbezogene Unterschied weiterhin bestehen: Jungen konsumieren eindeutig mehr Alkohol als Mädchen, wenn auch in einigen Altersgruppen eine Annäherung der Konsumraten beobachtet wird.

Die unterschiedlichen Untersuchungsergebnisse lassen den Schluss zu, dass eine differenzierte Betrachtung des Alkoholkonsums bei Kindern und Jugendlichen erforderlich ist. Einer scheinbaren Abnahme des Alkoholkonsums in der Gruppe der 12- bis 25-Jährigen steht eine zum Teil deutliche Zunahme des Konsums der 13- bis 15-Jährigen gegenüber. Damit fällt die Zunahme des Alkoholkonsums in die pubertäre Phase, in der auch die Einflüsse der Gleichaltrigengruppe auf den Drogenkonsum der Jugendlichen von erheblicher Bedeutung sind.

Das Problem der Alkoholabhängigkeit ist zwar in dieser Altersgruppe von nachgeordneter Bedeutung, aber die Suchtberatungsstellen werden in den letzten Jahren immer häufiger von Jugendlichen und jungen Erwachsenen aufgesucht, die Alkohol und andere Drogen missbrauchen (Welsch 2001, 2003).

22.3 Funktion bei Kindern und Jugendlichen

Schon früh werden Kinder in unserer Gesellschaft an die sozialen Funktionen des Alkohols

Tab. 22-1 Funktionen des Substanzkonsums im Jugendalter.

Substanzkonsum als Entwicklungsaufgabe	Substanzkonsum bei der Bewältigung von Entwicklungsaufgaben
• Rausch- und Katererfahrungen • Probierkonsum • Testen der Konsumgrenzen • Wahrnehmung gesundheitlicher Beschwerden durch Substanzkonsum • Beeinträchtigung der Leistungsfähigkeit (z. B. Konzentration)	• Kontaktaufnahme mit dem anderen Geschlecht • Entspannung und Entlastung bei Stress • Integration in die Gleichaltrigengruppe • Neugier befriedigen • Sammeln von Grenzerfahrungen • Ablösung vom Elternhaus

herangeführt. Sie haben den ersten Kontakt mit dieser Alltagsdroge bereits in ihrer Herkunftsfamilie gelernt. Untersuchungen ergaben, dass 30 bis 40% aller Jugendlichen erste Erfahrungen mit Alkohol im Kreis ihrer Familie machten (Heaven 1996).

Dem Prinzip des Modell-Lernens entsprechend, übernehmen Kinder und Jugendliche die elterlichen Alkoholkonsum-Gewohnheiten. Sie lernen Formen des Alkoholkonsums kennen, die dem Genuss- und Rauschbedürfnis der Erwachsenen genügen, und sammeln erste Probiererfahrungen im familiären Rahmen. Alkohol wird als **fester Bestandteil des Alltags** erlebt und somit als Normalität des Lebens erfahren (Franzkowiak 1986).

Im weiteren Verlauf der Entwicklung erhalten die Alltagsdrogen Alkohol und Tabak eine wichtige Funktion beim Reifungsprozess und der Identitätsentwicklung. Die Loslösung aus der Abhängigkeit von den Eltern initiiert einen Prozess, mit dem eine Zeit des Experimentierens und Ausprobierens neuer Rollen und Einstellungen eingeleitet wird. Dies impliziert – insbesondere bei Jungen – die Suche nach Grenzerfahrungen, die nicht selten in riskantem Verhalten mündet (Igra u. Irvin 1996; Seiffge-Krenke 1994).

Psychoaktive Substanzen – insbesondere alkoholische Getränke – haben in diesem Prozess eine wichtige Funktion: Sie werden zum einen zur Bewältigung von Entwicklungsaufgaben eingesetzt, und zum anderen stellt der Substanzkonsum selbst eine Entwicklungsaufgabe dar (Jessor 1982). In der Tabelle 22-1 sind Aspekte dieser Entwicklungsaufgaben gegenübergestellt.

Ein Risiko für Jugendliche stellt die Selbstregulation durch Alkohol dar, da in der Jugendphase Stress, depressive Stimmung und andere emotionale Probleme besonders intensiv wahrgenommen werden. Die Erfahrung, dass Alkoholkonsum (wie auch der Konsum anderer Drogen) das psychophysische Gleichgewicht kurzfristig wiederherstellen kann, birgt die Gefahr der Gewöhnung. Bei fortschreitendem Gewöhnungsprozess besteht die Wahrscheinlichkeit, Alkohol zunehmend zur Alltagsbewältigung zu missbrauchen. Allerdings ist die Entwicklung problematischer Formen des Alkohol- und Drogenkonsums von einem multifaktoriellen Bedingungsgefüge abhängig, in dem der Einfluss der Peergroup ein Indikator von mehreren ist.

22.4 Konsum in der Peergroup

Der Einfluss der Peergroup auf den Alkoholkonsum (und den anderer Substanzen) Jugendlicher ist unter Expertinnen und Experten unbestritten. Untersuchungen belegen, dass die Peergroup einen entscheidenden Einfluss auf den Alkoholkonsum Jugendlicher hat (Hawkins et al. 1992; Jackson 1997; Kandel 1982). Insbesondere die engen Freunde sind dabei relevant. Es wurde nachgewiesen, dass regelmäßiger Alkoholkonsum und Rauchen häufiger auftraten, wenn sich die Jugendlichen oft nach der Schule oder am Abend mit alkohol- und tabakkonsumierenden Freunden trafen (Jackson 1997; Urberg et al.

1997). Zur Erklärung dieses Effekts werden zwei Modelle herangezogen, die nachfolgend kurz skizziert werden.
- **Einflussmodell:** Dieses Modell geht davon aus, dass Einflussprozesse über Modell-Lernen und Imitation sowie über Gruppendruck erfolgen. Anhand der Ergebnisse einer Längsschnittstudie wurde festgestellt, dass Jugendliche, die zu Beginn der Studie alkoholabstinent waren, durch ihren Kontakt zu alkoholkonsumierenden Freunden zum eigenen Konsum angeregt wurden (Urberg et al. 1997).
- **Selektionshypothese:** Jugendliche suchen sich aktiv die Gruppe aus, die mit ihren Vorstellungen und Lebensentwürfen konform ist. Letztlich ist die individuelle Motivlage von Jugendlichen von primärer Bedeutung (Baumann u. Ennett 1994). Bezogen auf den Alkoholkonsum bedeutet dies, dass sich Jugendliche mit den jeweils gleichen Motiven zum Alkoholkonsum zusammenfinden.

22.4.1 Formen

Die Peergroup ermöglicht den Jugendlichen – ohne Kontrolle durch Erwachsene –, unterschiedliche Formen des Alkoholkonsums auszuprobieren. Zum Beispiel ist es in den Gleichaltrigengruppen üblich, die Wirkung hochprozentiger Alkoholika zu erproben (Kracke 1993). So wies MacKintosh (1998) nach, dass sich 14- und 15-Jährige mit ihren Freunden gezielt betrinken. Primär beabsichtigen die Jugendlichen, durch dieses Konsumverhalten Grenzerfahrungen bei Alkoholräuschen zu sammeln. Im geschlechtsbezogenen Vergleich probieren Jungen gegenüber Mädchen deutlich häufiger Formen des übermäßigen Alkoholkonsums aus. Dies wird auch in anderen Untersuchungen bestätigt (vgl. Richter u. Settertobulte 2003). Insbesondere zeichnen sich Gleichaltrigengruppen mit einer großen Jungen-Dominanz dadurch aus, dass exzessiver Substanzkonsum als männlich, als Bewährungsprobe und als Integrationsmechanismus gilt (Bundeszentrale für gesundheitliche Aufklärung 1992). Außerdem versprechen sich männliche Jugendliche durch erhöhten Alkoholkonsum eine leichtere und erfolgreichere Kontaktaufnahme zu Mädchen (Kracke 1993).

22.4.2 Soziale Integration

Der Alkoholkonsum erleichtert dem Jugendlichen nicht nur die Kontaktaufnahme, sondern auch die soziale Integration in die Gleichaltrigengruppe (Pavis et al. 1997). Studien belegen, dass alkoholkonsumierende Jugendliche über ein tragfähigeres soziales Beziehungsgefüge verfügen als nicht alkoholkonsumierende. Aufsehen erregten Shedler und Block (1990) mit ihren Ergebnissen einer Längsschnittstudie. Sie fanden heraus, dass abstinente Jugendliche eher sozial isoliert sind als Experimentierer psychoaktiver Substanzen. Außerdem wiesen sie ein größeres Maß an psychischer Gesundheit auf als abstinente Jugendliche.

Konsumenten psychoaktiver Substanzen binden ihre Freizeitaktivitäten häufiger an die Gemeinschaft, haben einen größeren Bekannten- und Freundeskreis in ihrer Altersgruppe und sind in der Lage, schnell Kontakte herzustellen. Darüber hinaus sind sie beliebter im Klassenverband (Reuband 1992). Fend (1991) kam zu dem Ergebnis, dass sich abstinente Jugendliche häufiger als weniger sozial kompetent, weniger beliebt bei den Klassenkameraden und weniger sozial integriert erlebten.

Betrachtet man diese Ergebnisse unter lerntheoretischen Aspekten, so macht der Jugendliche folgende Erfahrungen: Alkoholkonsum erleichtert die Kontaktaufnahme, erhöht die Anerkennung in der Gruppe und festigt die Position innerhalb der Gleichaltrigengruppe.

22.4.3 Verhaltensnormen und Einstellungen

In der Peergroup – analog zu Erwachsenengruppen – werden alkoholbezogene Verhaltensnormen aufgestellt, die für die Gruppenmitglieder verbindlich sind. Dazu gehört u. a. eine positive Einstellung zum Alkoholgebrauch, die letztlich den Konsum in der Gruppe fördert.

Aber nicht nur die positive Einstellung, sondern auch gruppeninterne Sanktionsmechanismen beeinflussen den Alkoholkonsum. So stellte Hurrelmann (1991) fest, dass sich zahlreiche Jugendliche von ihren gleichaltrigen Freunden unter Druck gesetzt fühlten, wenn sie keinen Alkohol trinken wollten. In diesem Zusammenhang sind geschlechtsbezogene Unterschiede zu beobachten. So lassen sich Mädchen und Jungen vorzugsweise durch gleichaltrige Jungen zum Substanzgebrauch motivieren. Hingegen nehmen Mädchen weniger Einfluss auf den Alkoholgebrauch ihrer Freundinnen und Freunde (Waite-O'Brien 1992).

22.5 Wer hat den stärksten Einfluss auf den Alkoholkonsum?

Zur Beantwortung dieser Frage ist zu berücksichtigen, dass sowohl der Einfluss der Eltern als auch der der Peergroup unter Berücksichtigung der zeitlichen Abfolge der Entwicklungsphasen betrachtet werden muss. Zunächst legt die Familie als primäre Sozialisierungsinstanz in den Phasen des frühen Kindes- und Jugendalters die Grundlagen für den Umgang mit Alkohol und anderen psychoaktiven Substanzen. Abgelöst wird die Einflussnahme der Eltern in der frühen Adoleszenz von den Alkoholkonsum-Mustern der Peergroup.

Letztlich sind beide Instanzen voneinander abhängig, obwohl sich in einigen Untersuchungen der Einfluss der Gleichaltrigengruppe als stärker erwies (vgl. Chopak et al. 1998). Allerdings führen konfliktbeladene Interaktionsmuster und eine grundsätzlich gestörte Beziehung zwischen Eltern und Kindern dazu, dass sich diese Kinder bzw. Jugendlichen Peergroups anschließen, die abweichendes Verhalten zeigen (Blanton et al. 1997). Darüber hinaus sind mangelnde Bindung an die Eltern, ein inkonsistentes Erziehungsverhalten, Alkohol- oder Drogenkonsum eines Elternteils oder beider Elternteile wichtige Indikatoren, die den Substanzkonsum der Kinder und Jugendlichen maßgeblich beeinflussen (Farke u. Broekman 2003; Peterson et al. 1994). Hingegen wirkt sich eine positive Eltern-Kind-Beziehung protektiv aus, indem Jugendliche weniger riskante Peer-Beziehungen suchen und in der Lage sind, negative Einflüsse der Peergroup abzublocken (Brook et al. 1990).

22.6 Fazit

Der angemessene Umgang mit Alkohol ist eine wichtige Entwicklungsaufgabe für Jugendliche, die unterschiedlichen Einflüssen unterliegt. Die Peergroup spielt eine entscheidende Rolle in der Weiterentwicklung der Konsummuster, deren Grundlagen in der Herkunftsfamilie gebildet werden. In der Peergroup erhalten Jugendliche die Möglichkeit, Alkoholkonsum-Erfahrungen zu sammeln. Hierzu zählen u. a. Rauscherlebnisse, riskanter Konsum und auch Missbrauch. Mit der Übernahme der Erwachsenenrolle kehrt der überwiegende Teil der Jugendlichen zu adäquaten Konsummustern zurück.

Bei einem Teil der Jugendlichen können gehäuft Risikofaktoren auftreten, sodass die Gefahr von Alkoholmissbrauch und -abhängigkeit besteht. Als risikoreich gelten sowohl familiäre Probleme (z. B. Gewalt, sexueller Missbrauch), etwa Alkoholmissbrauch bzw. -abhängigkeit eines Elternteils oder beider Elternteile, als auch der verstärkte Konsum von Alkohol und anderen Drogen in der Peergroup. Darüber hinaus werden als weitere Indikatoren der Suchtgefährdung Persönlichkeitsfaktoren (z. B. geringes Selbstbewusstsein, affektive Störungen) sowie die schulische und berufliche Situation (z. B. häufiges Schwänzen) angesehen.

Vor dem Hintergrund des starken Einflusses der Peergroup gilt es, im Rahmen der Prävention **den Peer-Ansatz zu stärken**. Es zeigt sich, dass Jugendliche auf Interventionen durch Gleichaltrige positiv reagieren.

Allerdings erfordert eine effektive Prävention die Implementierung gesetzlicher Maßnahmen, die bei Kindern und Jugendlichen zu einer Reduzierung des Alkoholkonsums führen. Hierzu zählen u. a. Preiserhöhungen, eine 0-Promille-Grenze im Straßenverkehr, eingeschränkte Verfügbarkeit und Werbebeschränkungen, um nur einige Möglichkeiten zu nennen.

Letztlich geht es um einen ausreichenden Schutz von Kindern und Jugendlichen in einer sensiblen Entwicklungsphase, um die Ausbildung einer manifesten Abhängigkeit zu verhindern.

Literatur

Baumann KE, Ennett ST (1994). Peer influences on adolescent drug use. Am Psychol; 49: 820–2.

Bayerisches Staatsministerium für Gesundheit, Ernährung und Verbraucherschutz (Hrsg) (2001). Gesundheitsverhalten von Jugendlichen in Bayern 2000. München: Bayerisches Staatsministerium für Gesundheit, Ernährung und Verbraucherschutz.

Biddle B, Bank BJ, Marlin MM (1980). Parental and peer influence on adolescents. Social Forces; 58: 1057–79.

Blanton H, Gibbons FX, Gerrard M, Conger KJ, Smith GE (1997). Role of family and peers in the development of prototypes associated with substance use. J Fam Psychol; 11: 271–88.

Brook JS, Brook DW, Gordon AS, Whiteman M, Cohen P (1990). The psychosocial etiology of adolescent drug use: a family interactional approach. Gen Sociol Gen Psychol Monogr; 116: 119–267.

Bundeszentrale für gesundheitliche Aufklärung (1992). Geschlechtsspezifische Ansätze in der Prävention des Suchtmittelmissbrauchs. Internationales Treffen, Köln.

Bundeszentrale für gesundheitliche Aufklärung (Hrsg) (2001). Die Drogenaffinität Jugendlicher in der Bundesrepublik Deutschland 2001. Köln: Bundeszentrale für gesundheitliche Aufklärung.

Chopak JS, Vicary JR, Crockett LJ (1998). Predicting alcohol and tobacco use in a sample of rural adolescents. Am J Health Behav; 22: 334–41.

Dreher E, Dreher M (1985). Wahrnehmung und Bewältigung von Entwicklungsaufgaben im Jugendalter. In: Oerter R (Hrsg). Lebensbewältigung im Jugendalter. Weinheim: Psychologie Verlags Union; 30–61.

Farke W, Broekman A (2003). Drogenkonsum aus Sicht suchtgefährdeter Jugendlicher – Prävalenz und Bedarf an Hilfe. In: Farke W, Graß H, Hurrelmann K (Hrsg). Drogen bei Kindern und Jugendlichen. Stuttgart, New York: Thieme; 6–18.

Fend H (Hrsg) (1991). Identitätsentwicklung in der Adoleszenz. Bern: Huber.

Franzkowiak P (Hrsg) (1986). Risikoverhalten und Gesundheitsbewusstsein bei Jugendlichen. Berlin, Heidelberg, New York: Springer.

Hawkins JD, Catalano RF, Miller JY (1992). Risk and protection factors for alcohol and other drug problems in adolescence an early adulthood: implications for substance abuse prevention. Psychol Bull; 112: 64–105.

Heaven PLC (ed) (1996). Adolescent Health: The Role of Individual Differences. London: Routledge.

Hurrelmann K (Hrsg) (1991). Sozialisation und Gesundheit. Weinheim, München: Juventa.

Hurrelmann K (Hrsg) (1995). Lebensphase Jugend. 4. Aufl. Weinheim, München: Juventa.

Igra V, Irwin CE (1996). Theories of adolescent risk-taking behavior. In: DiClimente RJ, Hansen WB, Ponton LE (eds). Handbook of Adolescent Health Risk Behavior. New York: Plenum; 35–52.

Jackson C (1997). Initial and experimental stages of tobacco and alcohol use during late childhood: relation to peer, parent and personal risk factors. Addict Behav; 22: 685–98.

Jessor R (1982). Problem behavior and developmental transition in adolescence. J School Health; 5: 295–300.

Jugendwerk der Deutschen Shell (Hrsg) (1992). Jugend '92. Opladen: Leske + Budrich.

Kandel DB (1982). Epidemiological and psychosocial perspectives on adolescent drug use. J Am Acad Child Psychiatry; 21: 328–47.

Kracke B (Hrsg) (1993). Pubertät und Problemverhalten bei Jungen. Weinheim: Psychologie Verlags Union.

MacKintosh AM (1998). Jugendlicher Alkoholkonsum und die Rolle der Designer Drinks. Suchtmagazin; 24: 18–22.

Meyer C, John U (2007). Alkohol – Zahlen und Fakten zum Konsum. In: Deutsche Hauptstelle für Suchtfragen (Hrsg). Jahrbuch Sucht 2007. Geesthacht: Neuland; 23–50.

Pavis S, Cunningham-Burley S, Amos A (1997). Alcohol consumption and young people. Health Educ Res; 12: 311–22.

Peterson PL, Abbott RD, Hawkins JD, Catalano RF (1994). Disentangling the effects of parental drinking, family management, and parental alcohol norms on current drinking by black and white adolescents. In: Boyd GB (ed). Alcohol Problems Among Adolescents. Current Directions in Prevention Research. Hillsdale, NJ: Erlbaum; 33–58.

Reuband KH (1992). Der Mythos vom einsamen Drogenkonsumenten. Kontakte zu Gleichaltrigen als Determinanten des Drogengebrauchs. Sucht; 38: 160–72.

Richter M, Settertobulte W (2003). Gesundheits- und Freizeitverhalten von Jugendlichen. In: Hurrelmann K, Klocke A, Melzer W, Ravens-Sieberer U (Hrsg). Jugendgesundheitssurvey. Weinheim, München: Juventa; 99–157.

Seiffge-Krenke J (1994). Gesundheitsrisiken und Risikogruppen. In: Seiffge-Krenke J (Hrsg). Gesundheitspsychologie des Jugendalters. Göttingen: Hogrefe; 114–23.

Shedler J, Block J (1990). Adolescent drug use and psychological health. A longitudinal inquiry. Am Psychol; 45: 612–30.

Urberg KA, Degirmencioglu SM, Pilgrim C (1997). Close friend and group influence on adolescent cigarette smoking, and alcohol use. Develop Psychol; 33: 834–44.

Waite-O'Brien N (1992). Alcohol and drug abuse among female adolescents. In: Lawson GW, Lawson AW (eds). Adolescent Substance Abuse. Gaithersburg: Aspen; 367–80.

Welsch K (2001). Jahresstatistik der professionellen Suchtkrankenhilfe. In: Deutsche Hauptstelle für Suchtfragen (Hrsg). Jahrbuch Sucht 2002. Geesthacht: Neuland; 151–68.

Welsch K (2003). Jahresstatistik der professionellen Suchtkrankenhilfe. In: Deutsche Hauptstelle für Suchtfragen (Hrsg). Jahrbuch Sucht 2003. Geesthacht: Neuland; 146–63.

V Prädisponierende intrapsychische Faktoren

23 Aufmerksamkeitsdefizit-/Hyperaktivitätsstörungen

Oliver Bilke

Die Aufmerksamkeitsdefizit-/Hyperaktivitätsstörung (heute im deutschsprachigen Raum als ADHS bezeichnet) bzw. das hyperkinetische Syndrom ist eines der häufigsten psychiatrischen Störungsbilder in Kindheit und Jugend. Sie kann in ihrer individuellen, sozialen und familiären Relevanz kaum überschätzt werden und bedingt je nach Ausprägung schwerwiegende Behinderungen.

Die chronifizierten und komplizierten Ausprägungen der Aufmerksamkeitsdefizit-/Hyperaktivitätsstörung führen in der Adoleszenz je nach effektiver oder unterlassener Therapie zu unterschiedlichen Problemkonstellationen für den Patienten, sein Umfeld und die Familie.

Da bei genauer Nachuntersuchung 30 bis 70% der ADHS-Patienten in der Jugend weiterhin Symptome zeigen, ist dieses teils schwere biopsychosoziale Störungsbild sicher nicht nur im Kindesalter wichtig.

Eine typische Problematik der ADHS-Patienten ist die stark erhöhte Anfälligkeit für jeglichen Drogenkonsum, vor allem von Haschisch- und Alkoholprodukten. Dies kann zum einen durch die typische Impulsivität und unkritische Neugier („novelty seeking"), zum anderen als Versuch der Selbstmedikation betrachtet werden.

23.1 Diagnostische Leitlinien

Die Leitlinien zur Diagnostik und Therapie psychischer Störungen im Säuglings-, Kindes- und Jugendalter stellen in Deutschland die Basis kinder- und jugendpsychiatrischen Handelns auf klinischer und wissenschaftlicher Grundlage dar (Deutsche Gesellschaft für Kinder- und Jugendpsychiatrie und Psychotherapie et al. 2006 oder auch American Association of Child and Adolescent Psychiatry [AACAP] 2005). Die multidimensionale Diagnostik MAS nach ICD-10 (s. Tab. 23-1) ist Voraussetzung jeglicher Therapieplanung. Sie beinhaltet die differenzielle Anamneseerhebung und Befragung nicht nur des Patienten und seiner Eltern, sondern auch wichtiger Bezugspersonen aus dem Leistungs- und Freizeitbereich (Lehrer, Trainer etc.), die Diagnostik von Teilleistungsstörungen, die Intelligenzdiagnostik und die genaue Befundung im körperlichen Bereich. Hinzu treten eine dezidierte Suchtanamnese, laborgestützte Drogentests, die ressourcenorientierte Befragung sowie das Erarbeiten psychodynamisch relevanter biografischer Prozesse.

So genannte „Blickdiagnosen" – bei ausgeprägt hypermotorischen oder impulsiven Kindern scheinbar einfach – sind nicht hilfreich und im Kontext von gegebenenfalls polyvalentem Drogenkonsum gefährlich. Typische Differenzial- und Fehldiagnosen (s. Tab. 23-2) sind ebenfalls zu berücksichtigen.

23.2 Entwicklungspsychologie und Psychopathologie

Die Entwicklungspsychopathologie hat sich neben Genetik und Neurobiologie zur Grundlagenwissenschaft der klinischen Kinder- und Jugendpsychiatrie entwickelt (Herpertz-Dahlmann et al. 2008). Interessanterweise ist der Bereich hyperkinetischer und aufmerksamkeitsgestörter Kinder und Jugendlicher ohne Suchtstörungen sowohl in Studien als auch in den the-

Tab. 23-1 Das Multiaxiale Klassifikationsschema (MAS).

Achse 1	psychiatrisches Syndrom
Achse 2	Teilleistungsstörungen
Achse 3	Intelligenzniveau
Achse 4	somatische Störungen
Achse 5	abnorme psychosoziale Umstände
Achse 6	globales Funktionsniveau

Tab. 23-3 Komorbide Störungen bei ADHS.

- Störungen des Sozialverhaltens
- Tic-Störungen
- umschriebene Entwicklungsstörungen
- Angststörungen
- Depression
- Suchtstörungen
- Intelligenzminderung
- familiäre Beziehungsstörungen

oretischen Entwicklungsmodellen überrepräsentiert. Studien zu drogenbenutzenden Hyperkinetikern oder ADHS-Patienten in Drogentherapieeinrichtungen (je nach Blickwinkel) sind dagegen in den letzten Jahren nur langsam dazu gekommen.

Auch die jeweiligen Phasen der gesamtfamiliären Entwicklung, das heißt die eheliche Beziehung, die Geschwisterreihe, Trennung, Scheidung und Reorganisation sowie psychische und körperliche Erkrankungen anderer Familienmitglieder sind bei der ganzheitlichen Beurteilung differenziert zu erfassen und insbesondere bei der langfristigen Therapieplanung von hoher Bedeutung.

23.3 Komorbidität

Für den Bereich der Aufmerksamkeitsstörungen wurden weltweit als häufigste Zweiterkrankungen die Störungen des Sozialverhaltens (Aggressivität, Delinquenz, Regelübertretungen aller Art, Dealen etc.) und umschriebene Entwicklungsstörungen wie Legasthenie oder sensorische Integrationsstörungen nachgewiesen (s. die Übersicht in Tab. 23-3). Emotionale Störungen werden ebenso wie geschickt verborgene Suchtstörungen am ehesten durch die Diagnostiker übersehen. Die Suchterkrankungen nehmen mit steigendem Alter der Patienten zu, wobei es nicht so scheint, dass ADHS-Patienten deutlich früher als Gesunde mit einem Drogenkonsum beginnen. Haben sie aber einmal angefangen, so probieren sie schneller größere Mengen und gefährlichere Substanzen aus als ihre Altersgenossen. Ein zunächst wenig beunruhigender explorativer Probekonsum geht schneller als bei anderen Kindern und Jugendlichen in eine Gewöhnung und Steigerung von Menge und Substanzerfahrung über.

Tab. 23-2 Häufige Differenzialdiagnosen bei ADHS.

- Temperamentsvariante
- Borderline-Persönlichkeitsentwicklung
- pathologischer Narzissmus
- explosiv-impulsive Persönlichkeit
- ängstlich-vermeidende Persönlichkeit
- Polytoxikomanie
- agitierte Depression
- Posttraumatische Belastungsstörung

23.4 Suchtstörungen bei ADHS-Patienten

Der anscheinend unaufhaltbare weltweite Massenkonsum von illegalisierten und legalisierten Substanzen trägt dazu bei, die Situation ADHS-Betroffener zu erschweren. Auf wissenschaftlicher Ebene gibt es nur wenige mittelfristige Untersuchungen oder Langzeitstudien bei Jugendlichen mit gleichzeitig bestehenden psychischen Störungen (vgl. KiGGS 2007; s. auch Tab. 23-4). Die Unterschiede in der Entwicklung („outcome") zwischen behandelten und unbehandelten Kindern und Jugendlichen sind aber deutlich. Dementsprechend gibt es noch zu wenig therapeutisch wichtige Kenntnisse über Risikogruppen und über die Auswirkungen von Prä-

Tab. 23-4 Langzeitverläufe bei ADHS.

Langzeitverlauf ohne Therapie	
mittel- bis schwergradige Delinquenz	ca. 20%
weitere psychiatrische Störungen	ca. 30%
Drogenprobleme	ca. 25%
völlig unauffälliger Verlauf	ca. 25%
Langzeitverlauf mit Therapie	
leicht- bis mittelgradige Delinquenz	ca. 10%
psychische Störungen	ca. 20%
Drogenkonsum	ca. 20%
unauffälliger Verlauf	ca. 60%

vention und Therapie insgesamt. Viele Ansätze bewegen sich im Einzelfallbereich. Unbestritten ist jedoch seit langem die erhebliche klinische Bedeutung von Suchterkrankungen im Bereich der langfristigen Betreuung von Patienten mit adoleszenten Aufmerksamkeitsdefizitsyndromen (Horner u. Scheibe 1997).

23.5 Einteilung und Verlaufsformen komplizierter ADHS

Trotz langer Forschung zu Typen der ADHS gibt es noch keine international anerkannte klinisch relevante Unterklassifikation dieser Störungsgruppe. So stellen die ICD-10 mit dem Kapitel V (Psychische Störungen) und – insbesondere für die jüngere Altersstufe – das oben erwähnte Multiaxiale Klassifikationsschema für psychische Störungen im Kindes- und Jugendalter (MAS, Remschmidt u. Schmidt 2004) gemeinsam weiterhin die orientierende, wenn auch interdisziplinär und therapeutisch nicht ganz befriedigende Klassifikationsgrundlage dar.

Das gemeinsame Auftreten von ADHS und Suchtstörungen wird also klassifikatorisch als doppeltes Problem auf der 1. Achse der MAS gesehen. Je nach Verlauf der Gesamtproblematik kann die ADHS oder die Suchtstörung im Vordergrund stehen. Im klinischen Alltag der ADHS-Patienten finden sich darüber hinaus immer wieder typische Problemkonstellationen und Szenarien (s. Tab. 23-5), die gehäuft auftreten und sehr unterschiedlich angegangen werden müssen.

Die Ausbildung einer eigenständigen Suchtstörung bis hin zum wahllosen Mischgebrauch (Polytoxikomanie) gilt dann als eine wahrscheinliche Entwicklungsmöglichkeit von ADHS-Patienten, wenn die Hyperimpulsivität, die ständige Suche nach Neuem („novelty seeking") und mangelnde familiäre Unterstützung die Entwicklung belasten. Ohne interdisziplinäre Therapie sieht die Prognose eher ungünstig aus. Ungünstigerweise entfaltet die regelmäßige Einnahme eines Suchtmittels zusätzlich zur bestehenden ADHS-Problematik eine unheilvolle Eigendynamik.

Als subjektive Gründe für einen Drogenkonsum bei ADHS finden sich je nach Persönlichkeit in Klinik und Praxis die so genannte Selbstbehandlung, ein impulsives und riskantes Ausprobieren und eine scheinbar erleichterte soziale Integration in Randgruppen.

Hier stellt sich dann nach längerem und intensivem Drogenkonsum vordergründig das Bild des drogenabhängigen Kiffers, Trinkers oder Junkies dar, während im Hintergrund die chronifizierte Aufmerksamkeitsdefizit-/Hyperaktivitätsstörung bzw. Impulsivitätsstörung als Grundproblem steht.

Tab. 23-5 Typische Szenarien von ADHS mit Komplikationen.

- ADHS und Teilleistungsstörungen und Depression und Cannabis-Missbrauch
- ADHS und Tics und Aggressivität und Mischkonsum
- ADHS und Sozialphobie und Depression und Alkohol
- ADHS und Dissozialität und Delinquenz und Polytoxikomanie
- ADHS und hohe Intelligenz und Kreativität und „Workaholic"

23.6 Rolle von Cannabis

Der Konsum von Haschisch in seinen diversen Formen stellt den wichtigsten Themenkomplex der Drogenproblematik bei ADHS-Patienten und -Patientinnen dar. Bei keiner anderen Substanz wirken sich fachliche Forschungsdefizite im Bereich der Entwicklungspsychopathologie und Jugendpsychiatrie, unterschiedliche Erfahrungen in Eltern- und Kindergeneration und vor allem unklare politische Rahmenbedingungen so verwirrend aus.

Die schlicht unbeantwortbare und zunächst bizarr wirkende Fragenkonstellation, was wann für wen in welcher Menge wie lange und warum wo illegal und/oder gefährlich ist, bestimmt das tägliche Erleben junger Menschen mit und ohne psychische Auffälligkeiten und Verletzbarkeiten.

Die öffentlich geführte Legalisierungsdiskussion (je nach Menge, Alter, Gebrauch etc.) ist gerade für Jugendliche mit ADHS wenig geeignet, Vertrauen in die offiziellen Instanzen zu fördern. Interessanterweise berichten hyperkinetische und aufmerksamkeitsgestörte Jugendliche im Gegensatz zu ihren sonst gesunden Alters- und Konsumgenossen in vielen klinischen Interviews über eine starke Beruhigung der Hypermotorik und eine gleichzeitige eigentümliche vorübergehende Konzentrationssteigerung. Da diese nur von flüchtiger Dauer ist und selten in schulisch oder beruflich sinnvolle Aktivität umgesetzt wird, ergibt sich der Teufelskreis aus Dosissteigerung und weiterem Konsum anderer Substanzen.

Der Einstieg in den Cannabis-Konsum und vorgängig bereits das Rauchen oder der Alkoholkonsum sind daher im Sinne der Risikogruppenprävention bei diagnostizierten ADHS-Patienten frühzeitig zu erkennen und – anders als bei sonst unauffälligen Jugendlichen – besonders kritisch zu sehen.

23.7 Integrative multidisziplinäre Therapie

Multidisziplinäres Handeln erfordert bei aufmerksamkeitsgestörten Kindern und Jugendlichen mit Suchtproblemen, die therapeutische Teams und den einzelnen Behandelnden immer wieder positiv oder negativ überraschen können, einen ständigen fachlichen Austauschprozess, der sich auf mehrere Ebenen bezieht. Die gerade bei Sucht-Patienten regelhaft auftauchenden, anscheinend dramatischen akuten Krisen lassen sich so eher eindämmen. Es empfiehlt sich ein ambulantes Vorgehen, das folgende Abläufe regelmäßig berücksichtigt:

- wiederholte klinische Beobachtung in verschiedenen Lebenslagen
- auf multidisziplinärer Fachkenntnis begründete Interpretation
- wissenschaftlich und praktisch gestützte Hypothesenbildung
- multimodale individuelle und familienbezogene Behandlungsplanung
- spezifische somatische, psychische und soziale Interventionen
- kontinuierliche interdisziplinäre Nachsorge
- regelmäßige Nachuntersuchung durch externe Untersucher

Mit einem derartigen Vorgehen lassen sich neu auftretende Problembereiche wie zum Beispiel der Schulwechsel, Trennungsprozesse der Eltern, Leistungsängste, erste explorative Drogenerfahrungen oder die fast immer als problematisch erlebte aufkommende Sexualität in der Pubertät erfassen. Insbesondere in der manchmal ruhiger verlaufenden Latenzzeit zwischen dem 9. und 11. Lebensjahr gilt es, aufmerksam zu bleiben.

Auch wenn ohne eine persönlich geplante Medikamentengabe und ein grundlegendes Verständnis der familiären Dynamik kein echter Behandlungserfolg bei chronifizierter ADHS zu erwarten ist, so obliegt es doch eindeutig der verhaltens- und lösungsorientierten Psychotherapie, langfristig die vielfältigen Problemkonstellationen im individuellen, familiären und sozialen Rahmen so aufzuarbeiten, dass Verletzungen aus der Vergangenheit, gegenwärtige Aufgaben und

Tab. 23-6 Konzepte der Langzeitbetreuung.

- kinder- und jugendpsychiatrische Kompetenz über alle Alterstufen
- erwachsenenpsychiatrische Kenntnis von ADHS
- ADHS als Komorbidität/Problem in der Suchthilfe bekannt
- Hausärzte und Sozialarbeiter Teil eines Netzwerks
- geschlechtsspezifische Ansätze
- integrierte Therapieansätze inkl. Ergotherapie/Psychomotorik

zukünftige Pläne gemeinsam bearbeitet werden (s. Tab. 23-6).

Während Früherkennung, Erstdiagnostik und Behandlung hyperkinetischer Störungen das Hauptgebiet der ambulanten Kinder- und Jugendpsychiatrie darstellen, sind Diagnostik und Behandlung der schweren und chronifizierten Formen dieser Störungsgruppe eine wichtige Aufgabe der stationären Jugendpsychiatrie und zunehmend auch der Erwachsenenpsychiatrie.

Meist sind zum Zeitpunkt einer stationären Aufnahmebedürftigkeit die zusätzlichen Komplikationen vor allem im psychosozialen Bereich (5. Achse des MAS) oder die vielfältigen komorbiden Störungen so in den Vordergrund gerückt, dass eine therapeutische Konzentration auf das zugrunde liegende ADHS-Geschehen erschwert ist. Ohne eine ausreichende Behandlung dieser Grundstörung lassen sich aber dissoziale, depressive oder abhängige Verhaltensweisen kaum nachhaltig behandeln.

Die Grundlage jeglichen stationären Therapieansatzes bildet ein integrierter multidisziplinärer Therapieplan. Ein solcher ist bei gegebenenfalls umfangreich vorbehandelten Patienten mit komplizierten ADHS-Verläufen von besonderer Wichtigkeit und hat die anstehenden Entwicklungsaufgaben zu berücksichtigen.

23.8 Medikamentöse Ansätze

Auch bei chronisch mehrfach belasteten ADHS-Patienten mit Suchtstörungen in jedem Alter bildet die individuelle Pharmakotherapie einen wichtigen Baustein der Gesamtbehandlung. Neben der seit nun fast 80 Jahren in vielen multizentrischen Studien nachgewiesenen Wirksamkeit von Methylphenidat stellen die lang wirksamen Formen von Methylphenidat und insbesondere Kombinationen mit modernen „atypischen" Neuroleptika in niedrigster Dosierung sehr wichtige Erweiterungen der therapeutischen Möglichkeiten im dissozial komplizierten jugendlichen Einzelfall dar.

Diese biologischen Überlegungen haben selbstverständlich nur in einem integrierten Gesamttherapieplan Platz und niemals als unverbundene Einzelmaßnahme oder sogar ohne eingehende Diagnostik. Trotz einer wegen des zumindest theoretisch möglichen Abhängigkeitspotenzials der Stimulanzien vorhandenen Skepsis empfehlen wiederholte wissenschaftliche Studien die Gabe von Methylphenidat auch bei ADHS-Patienten mit Suchtmittelabusus (s. etwa Horner et al. 1997). Genaue Überwachung und sehr sorgfältige Kontrollen sind selbstverständlich in besonderer Weise einzuhalten.

Inwieweit der aktuell geprüfte Einsatz von Methylphenidat in der Substitution schwer kokainabhängiger Patienten die Gesamteinschätzung verändert, bleibt ebenso abzuwarten wie die Bewertung von Atomoxetin als Non-Stimulans.

Im Einzelfall bestimmen aber die vertrauensvolle Arzt-Patient-Beziehung, die so genannte Medikamenten-Compliance und die Akzeptanz des Gesamtbehandlungsplans durch den Patienten und sein soziales und familiäres Umfeld die Rahmenbedingungen einer erfolgreichen Pharmakotherapie.

23.9 Ausblick

Bei Vorliegen einer ADHS entsteht ein vielfältiges Bild von möglichen innovativen und multidisziplinären Aufgabenstellungen für alle therapeutischen Berufe. Zum einen sind eine Risikogruppenerkennung, zum Beispiel bei Kindern von Suchtkranken, Frühgeborenen, Trauma-Opfern oder Legasthenikern, und eine begleitende Betreuung dieser Gruppen vonnöten. Des Weiteren fehlen im deutschsprachigen Raum langfristige Studien an diesen und anderen speziell belasteten Populationen. Die Integration von klinisch erfahrenen Therapeuten aller wichtigen Disziplinen in die Primärprävention bzw. Früherkennung könnte den interdisziplinären Gesamtinformationsstand verbessern.

Ohne eine kontinuierliche öffentliche und fachliche Diskussion und Information erreichen aber all diese Ansätze nur die Spitze des Eisbergs. Von einer breiten interdisziplinären Früherkennung im Bereich der ADHS-Störungsgruppe und somit einem wichtigen Beitrag zur sekundären Suchtprävention sind wir leider noch weit entfernt.

Literatur

AACAP Official Action (2005). Practice parameter for the assessment and treatment of children and adolescents with substance use disorders. J Am Acad Child Adolesc Psychiatry; 44: 609–21.

Deutsche Gesellschaft für Kinder- und Jugendpsychiatrie und Psychotherapie, Bundesarbeitsgemeinschaft leitender Klinikärzte für Kinder- und Jugendpsychiatrie und Psychotherapie, Berufsverband der Ärzte für Kinder- und Jugendpsychiatrie und Psychotherapie (Hrsg) (2006). Leitlinien zu Diagnostik und Therapie von psychischen Störungen im Säuglings-, Kindes- und Jugendalter. 2. Aufl. Köln: Deutscher Ärzte-Verlag.

Herpertz-Dahlmann B, Resch F, Schulte-Markwort M, Warnke A (2008). Entwicklungspsychiatrie. 2. Aufl. Stuttgart, New York: Schattauer.

Horner BR, Scheibe KE (1997). Prevalence and implications of attention-deficit-disorder among adolescents in treatment for substance abuse. J Am Acad Child Adolesc Psychiatry; 36: 30–6.

KiGGS (2007). Ergebnisse der Kinder- und Jugendgesundheitsstudie. Berlin: Robert-Koch-Institut.

Remschmidt H, Schmidt MH (Hrsg) (2004). Multiaxiales Klassifikationsschema für psychische Störungen des Kindes- und Jugendalters nach ICD-10 der WHO. 4. Aufl. Bern: Huber.

24 Aggressive Verhaltensstörungen

Herbert Scheithauer, Susanne Al-Wiswasi und Franz Petermann

Es besteht Einigkeit darüber, dass Störungen durch Substanzkonsum (SSK) und aggressive Verhaltensstörungen (AV, z. B. Störungen des Sozialverhaltens) häufig komorbid auftreten (Angold et al. 1999; Glantz et al. 1999; Huang et al. 2001; White et al. 1993). Zur Erklärung dieser Verknüpfung werden unterschiedliche Mechanismen im Entwicklungsverlauf diskutiert, die sich einerseits auf AV als Risikofaktor für SSK sowie auf gemeinsame, beiden Störungen zugrunde liegende Risikobedingungen beziehen, andererseits auf das unmittelbar gemeinsame Auftreten beider Phänomene (z. B. gewalttätiges Verhalten unter dem Einfluss einer Alkoholintoxikation) oder auf AV infolge des regelmäßigen Substanzkonsums und -missbrauchs.

Nach DSM-IV (APA 1996) und ICD-10 (WHO 1993) werden SSK durch eine missbräuchliche Einnahme von Drogen (inkl. Alkohol und Tabak), Medikamenten bzw. durch Einfluss toxischer Stoffe hervorgerufen. In beiden Klassifikationssystemen werden Störungen im Zusammenhang mit psychotropen Substanzen zwei Gruppen zugeteilt:
- SSK (Substanzmissbrauch und -abhängigkeit)
- substanzinduzierte Störungen (Substanzintoxikation, Substanzentzug etc.)

Im weiteren Kapitel sollen ausschließlich die SSK Berücksichtigung finden. Dabei steht die Betrachtung des Entwicklungsverlaufs von AV in der Kindheit zu SSK im Jugendalter im Fokus. Zur Begriffsklärung werden dabei zunächst die Diagnosekriterien für AV sowie deren Auftretenshäufigkeit dargestellt, um dann Zusammenhänge zum komorbiden Auftreten von SSK genauer zu betrachten.

24.1 Einteilung

Im DSM-IV (APA 1996) werden die Störung des Sozialverhaltens (SSV) und die Störung mit Oppositionellem Trotzverhalten (SOT) unterschieden. Kennzeichnend für die SSV ist ein sich wiederholendes Verhaltensmuster, das die Verletzung grundlegender Rechte anderer sowie wichtiger, altersrelevanter Normen und Regeln umfasst. Dem DSM-IV zufolge muss eine bestimmte Anzahl von Verhaltensweisen über einen bestimmten Zeitraum vorliegen, um eine Diagnose zu rechtfertigen (aggressives Verhalten gegenüber Menschen oder Tieren, Zerstörung von Eigentum, Betrug oder Diebstahl, schwere Regelverstöße); darüber hinaus müssen klinisch bedeutsame psychosoziale Beeinträchtigungen auftreten. Bei der weniger schwerwiegenden SOT treten vermehrt und wiederkehrend trotzige, ungehorsame und feindselige, jedoch keine körperlich-aggressiven oder delinquenten Verhaltensweisen auf. Es werden ein Typus mit Beginn im Kindesalter und ein Typus mit Beginn im Jugendalter unterschieden. In der ICD-10 (WHO 1993) werden, je nach Symptomatik, Umgebung, betroffenen sozialen Bereichen und einhergehenden zusätzlichen Störungen, sechs Typen der SSV unterschieden. Die Störungsbilder erweisen sich somit als sehr heterogen.

Im DSM-IV wird die Prävalenz der SSV über einen Erfassungszeitraum von bis zu einem Jahr mit bis zu 8 % bei Kindern und Jugendlichen aus der Allgemeinbevölkerung angegeben (APA 1996), wobei die Zahl in verschiedenen Studien bei Jungen zwischen 6 und 16 %, bei Mädchen zwischen 2 und 9 % variiert (vgl. Scheithauer u. Petermann 2002). Etwa ebenso häufig tritt eine SOT auf. Zudem zeigen sich geschlechtsspezifische Symptommuster, mit einem Überwiegen aggressiven, delinquenten Verhaltens bei Jungen und regelverstoßenden, indirekt-aggressiven

Verhaltensweisen bei Mädchen. Die Störungen erscheinen hochkomorbid (84 bis 96%). Zudem treten häufig andere externalisierende Störungen (z. B. bis zu 50% komorbid Aufmerksamkeitsdefizit-/Hyperaktivitätsstörung [ADHS]) auf. Es zeigen sich altersspezifische Verlaufsmuster: Werden im Kindesalter zunächst Auffälligkeiten im Bereich von Oppositionellem Trotzverhalten gezeigt, so stehen im Schul- und Jugendalter körperlich-aggressives Verhalten im Vordergrund, gefolgt von Konflikten mit dem Gesetz (Delinquenz). Ein besonders negativer Störungsverlauf zeichnet sich beim komorbiden frühen Auftreten der ADHS, beim Typus mit Beginn in der Kindheit sowie bei früh einsetzendem dissozialem Verhalten ab (ebd.). In diesen Fällen besteht ein hohes Risiko für die spätere Entwicklung von SSK.

24.2 Komorbidität von SSK und AV

Studien zur Komorbidität psychischer Störungen sind zur Klärung der Ätiologie dieser Störungen und für prognostische Entscheidungen bedeutsam (z. B.: Wann besteht ein besonders hohes Risiko für einen negativen Entwicklungsverlauf?). Ein komorbides Auftreten geht mit einem negativen Verlauf, stärkeren psychosozialen Belastungen, einem jüngeren Alter beim erstmaligen Konsum sowie einer stärkeren Inanspruchnahme von Hilfseinrichtungen einher (Essau et al. 2002). In verschiedenen epidemiologischen und klinischen Studien konnte eine hohe Komorbidität der SSK und AV beobachtet werden (z. B. Brook et al. 1995; Essau et al. 2002; Weiss 1992; Whitmore et al. 1997); eine direkte Vergleichbarkeit der Studien wird allerdings vor dem Hintergrund unterschiedlicher Komorbiditätsdefinitionen erschwert. So können folgende Studienformen zur Komorbidität unterschieden werden:
- Studien, die lediglich das gleichzeitige Auftreten von Störungen (Querschnittskomorbidität) untersuchen
- Studien, die den zeitlichen Entwicklungsverlauf und die Abfolge im Auftreten von Störungen über die Lebensspanne untersuchen (entwicklungsbezogene Komorbidität)

In der Bremer Jugendstudie konnten Petermann et al. (1999) bei fast 40% der Jugendlichen im Alter zwischen 12 und 17 Jahren mit einer SSV auch eine SSK feststellen. Bei knapp der Hälfte (47,2%) der Jugendlichen wurden tatsächlich „nur" SSK ermittelt, 37,1% erfüllten die Kriterien einer weiteren Diagnose, und 12,7% verfügten sogar über zwei zusätzliche Diagnosen. Reebye et al. (1995) diagnostizierten bei 52% der Jugendlichen, die die Kriterien für eine SSV erfüllten, auch eine Störung durch Substanzkonsum (vgl. Robins u. McEvoy 1990). Im Durchschnitt treten Symptome der SSV ein bis drei Jahre vor dem Substanzmissbrauch auf (ebd.). Auffällig ist, dass gewalttätiges Verhalten (im Zusammenhang mit Straftaten) unter Substanzeinfluss vorwiegend bei männlichen Jugendlichen und Heranwachsenden auftritt (vgl. White 1997).

Da besonders hohe Komorbiditätsraten beim Auftreten von AV und übermäßigem Alkoholkonsum bzw. -missbrauch vorliegen (z. B. White et al. 1999), wird dieser Zusammenhang im Folgenden schwerpunktmäßig behandelt.

24.3 Zusammenhang von SSK und AV

Vor dem Hintergrund einer temporalen Abfolge im Auftreten der Störungen werden unterschiedliche Erklärungsansätze zur Komorbidität von SSK (hier: Alkoholkonsum) und AV diskutiert (z. B. White 1997):
- AV führen zu Störungen durch Alkoholkonsum.
- Alkoholkonsum verursacht aggressives Verhalten.
- Alkoholkonsum und Aggression/AV treten gemeinsam auf, da beide Störungsbilder auf gemeinsamen Risikobedingungen basieren,

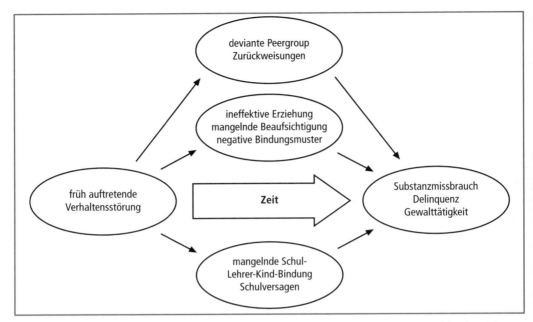

Abb. 24-1 Risikobedingungen für Substanzmissbrauch, Delinquenz und Gewalttätigkeit im Jugendalter bei auftretenden Verhaltensstörungen im Kindesalter (mod. nach Webster-Stratton u. Taylor 2001).

jedoch nicht in einem kausalen Zusammenhang stehen.

Es lassen sich jedoch – so White (1997) – verschiedene methodische Faktoren anführen, welche die Studienergebnisse wesentlich beeinflussen (z. B. unterschiedliche Definitionen von Aggression und Substanzmissbrauch, unterschiedliche Erfassungs-, Analysemethoden, Stichproben- und interkulturelle Unterschiede).

24.3.1 Aggression führt zu Substanzkonsum

In verschiedenen Längsschnittstudien wurde die kausale Abfolge im Auftreten von AV und SSK untersucht (Kuperman et al. 2001; Loeber et al. 2000; Webster-Stratton u. Taylor 2001; White 1997). Auf der Basis dieser Studienbefunde werden Entwicklungsmodelle diskutiert, die sich beispielsweise an Kandels Gateway-Modell beim Missbrauch illegaler Substanzen orientieren (Alkohol- und Tabakkonsum gehen dem Konsum von Marihuana voraus, gefolgt vom Konsum anderer, illegaler Substanzen; Kandel et al. 1992; vgl. Kuperman et al. 2001). Demzufolge geht bzw. gehen im Entwicklungsverlauf dissoziales, delinquentes Verhalten und/oder AV dem Missbrauch von Substanzen voraus (Brook et al. 1995; Dishion et al. 1995; Glantz et al. 1999; Webster-Stratton u. Taylor 2001; White 1997; Zucker 1991). White und Hansell (1996) beispielsweise ermittelten, dass zwar ein frühes aggressives Verhalten zu einem stärkeren Alkoholkonsum im weiteren Entwicklungsverlauf führt, nicht jedoch umgekehrt ein verstärkter Alkoholkonsum zu einem späteren aggressiven Verhalten. Dieser Zusammenhang ergab sich insbesondere für Jungen.

Das Risiko für spätere Störungen, wie zum Beispiel SSK, ist bei Kindern mit frühen AV besonders dann gegeben, wenn weitere Risikobedingungen auftreten (Webster-Stratton u. Taylor 2001; vgl. Glantz 1992; s. auch Abb. 24-1):

- Kontakt zu devianten Gleichaltrigen
- negatives Erziehungsverhalten der Eltern (z. B. keine Beaufsichtigung, unsichere Bindung)

- schlechte schulische Leistungen und geringe schulische Einbindung (z. B. negative Bindung zu Lehrern)

Webster-Stratton und Taylor (2001) verdeutlichen, dass den AV wiederum risikoerhöhende Bedingungen im (frühen) Kindesalter zugrunde liegen, wie etwa Faktoren beim Kind (soziale Kompetenzdefizite, Impulsivität, ADHS, schwieriges Temperament etc.) oder Faktoren in der familiären Umgebung des Kindes (Armut, elterliche Kriminalität oder Substanzmissbrauch/psychische Störungen der Eltern, Konflikte der Eltern, ineffektives und punitives Erziehungsverhalten, wenig Beaufsichtigung etc.). Diese Bedingungen wiederum wirken sich im Zusammenhang mit Faktoren im schulischen Gleichaltrigenumfeld (z. B. deviante Gleichaltrige, Zurückweisung, ineffektives Lehrerverhalten) als risikoerhöhend für die Entwicklung von AV aus (vgl. Scheithauer u. Petermann 2002; Scheithauer et al. 2003). Besonders negativ erweist sich die Prognose, wenn Wechselwirkungen zwischen diesen Risikobedingungen im Entwicklungsverlauf auftreten oder Risiken kumulieren (Scheithauer u. Petermann 1999). Darüber hinaus stehen SSV in einem Zusammenhang mit einer Reihe von psychosozialen Schwierigkeiten:

- Betroffene Kinder und Jugendliche weisen häufiger Probleme in der Schule, mit den Eltern und mit Gleichaltrigen auf.
- Sie stehen unter einem höheren psychischen Druck als andere Gleichaltrige.
- Um diesem Druck entgegenzuwirken bzw. standzuhalten, werden Alkohol und andere Substanzen zum Zweck der Stressreduktion (Selbstmedikation) konsumiert.
- Ein weiterer Schritt besteht darin, sich devianten Peergroups anzuschließen, die dieses Verhalten stützen.

24.3.2 Substanzkonsum führt zu Aggression

Nach Johnson et al. (1995) besteht ein nahezu linearer Zusammenhang zwischen der Frequenz des Alkoholkonsums und SSV. Das heißt, je mehr und häufiger Alkohol konsumiert wird, desto wahrscheinlicher ist das Auftreten aggressiven Verhaltens. Auch White et al. (1999) konnten bei regelmäßigen Alkoholkonsumenten 3,5-mal so häufig aggressives Verhalten beobachten als bei Jugendlichen, welche unregelmäßig oder gar keinen Alkohol konsumierten. White (1997) führt verschiedene „Kausalmodelle" zur Erklärung von durch Alkoholkonsum verursachter Aggression an, von denen an dieser Stelle das psychopharmakologische Modell dargestellt werden soll, das insbesondere für den Zusammenhang von Alkoholkonsum und Aggression herangezogen wird. Nach diesem Modell führen die Effekte der Intoxikation durch Alkohol (z. B. Enthemmung, Wahrnehmungsstörungen, niedrigere Schmerzgrenze, Aufmerksamkeitsdefizite, verringertes Beurteilungsvermögen) zu aggressivem Verhalten. Zudem führen chronische, wiederholte Intoxikationen über Faktoren, wie zum Beispiel sozialer Rückzug, Schlafentzug, Beeinträchtigungen im neuropsychologischen Funktionsniveau oder einer Verstärkung von Persönlichkeitsstörungen, zu einem aggressiven Verhalten.

Einige experimentalpsychologische Studien (Bushman u. Cooper 1990; Ito et al. 1996) konnten nun belegen, dass der Zusammenhang zwischen Alkoholkonsum und Aggression durch verschiedene Faktoren beeinflusst wird, beispielsweise durch Eigenschaften der Experimentalperson (z. B. Geschlecht, Einstellungen zu aggressivem Verhalten), Eigenschaften der Experimentalsituation (z. B. Provokationen) und der eingesetzten Substanzen (z. B. Dosis). Der Zusammenhang zwischen Alkohol und Aggression wird somit u. a. durch Eigenschaften in der Person beeinflusst, die auf früheren Erfahrungen gründen.

Für andere Substanzen als Alkohol (z. B. LSD, Heroin) zeigen sich jeweils spezifische Wirkzusammenhänge (vgl. White 1997). Wurde lange Zeit die Auffassung vertreten, dass gewalttätige Straftaten lediglich in einen Zusammenhang mit Alkoholmissbrauch gebracht werden können, während andere Formen des Missbrauchs illegaler Substanzen (z. B. Heroin) vor allem mit Straftaten im Bereich von Eigentumsdelikten verknüpft sind (ebd.), belegen aktuelle Studien, dass infolge des verstärkten Konsums illegaler, harter

Drogen auch ein delinquentes, gewalttätiges Verhalten auftritt (z. B. im Zusammenhang mit Beschaffungskriminalität, Streitigkeiten unter Drogenabhängigen). Somit scheinen sich – über den gesamten Entwicklungsverlauf betrachtet – differenzielle Entwicklungswege abzuzeichnen.

24.3.3 Risikobedingungen und Ätiologie

Vor dem Hintergrund verschiedener Studienbefunde wird diskutiert, ob nicht eine kausale Verbindung zwischen Substanzmissbrauch und Aggression vorliegt, sondern vielmehr beiden Störungsbereichen ähnliche Risikobedingungen (z. B. Temperamentsfaktoren, genetische Prädispositionen, elterliches Erziehungsverhalten) zugrunde liegen.

Ausdruck eines Syndroms

Bereits 1977 diskutierten Jessor und Jessor das gemeinsame Auftreten von aggressivem bzw. dissozialem Verhalten und weniger schwerwiegenden Formen der SSK als Bestandteil eines Syndroms. Nach der „Problem-Behavior-Theory" stellen beide Störungen im Jugendalter den Versuch dar, sich gegen Konventionen zu stellen. Unkonventionalität bedeutet in diesem Kontext, dass sich Jugendliche gegen soziale Normen richten, und resultiert in sozial nichtakzeptiertem Verhalten wie zum Beispiel Substanzkonsum und Delinquenz. Deviantes Verhalten wird toleriert, und es erfolgt seitens der Jugendlichen wenig Verantwortungsübernahme. Das Konzept der Unkonventionalität trifft allerdings vor allem für illegale Substanzen zu (z. B. Marihuana, Ecstasy).

In diesem Zusammenhang ist ein weiterer Befund bedeutsam: Aggressives Verhalten und Substanzmissbrauch stellen für männliche Jugendliche Verhaltensweisen dar, die eine Auseinandersetzung mit alterstypischen Entwicklungsaufgaben und Identifikation mit typisch männlichem Verhalten erleichtern. In diesem Sinne sind ein auf das Jugendalter zeitlich begrenztes dissoziales Verhalten und ein begrenzter Substanzmissbrauch („adolescence-limited") von anhaltendem aggressiv-dissozialem Verhalten vom frühen Kindesalter an („life course-persistent") zu unterscheiden (Moffitt 1993). Letzteres stellt einen Risikofaktor für die Entwicklung von SSK und einen anhaltend negativen Entwicklungsverlauf dar, während das negative Verhalten im Fall des auf das Jugendalter begrenzten Typus ohne massive psychosoziale Beeinträchtigungen und ohne Kompetenzdefizite in der Regel mit Eintritt in das Erwachsenenalter wieder abgelegt wird (z. B. durch den Eintritt ins Berufsleben, das Eingehen fester Partnerschaft, Elternschaft). Ist die Risikokumulation hoch und können Schutzbedingungen (vgl. Scheithauer u. Petermann 1999) dies nicht ausgleichen, droht die Gefahr einer anhaltenden Belastung durch Alkohol- und Substanzkonsum. Moffitt (1993) schätzt, dass 10% der Bevölkerung eine nicht nur auf das Jugendalter beschränkte Problematik bei Alkohol- und Drogenmissbrauch aufweisen.

Andere Störungen als Mediatoren

Whitmore et al. (1997) untersuchten 367 Jugendliche, die sowohl eine Diagnose der SSV als auch eine der SSK aufwiesen, und konnten nicht nur einen signifikanten, geschlechterübergreifenden Zusammenhang zwischen SSV, ADHS und späteren SSK, sondern auch zwischen Depression (als mediierenden Faktor) und SSV sowie SSK ermitteln. Bei Jungen zeigte sich eine stärkere Korrelation zwischen SSV und ADHS, bei Mädchen zwischen SSV und der Major Depression (MD). Die Anzahl der Symptome der SSK korrelierte bei den Jungen in starkem Maße mit der Schwere der SSV, ADHS und MD, bei den Mädchen nur mit MD und ADHS; das Alter bei erstmaligem Substanzkonsum war niedriger, der Substanzkonsum erwies sich als schwerwiegender, und es lagen folgenschwerere psychosoziale Beeinträchtigungen vor. Darüber hinaus liegen Befunde zu anderen Störungsbildern vor, zum Beispiel zu Angststörungen oder ADHS (Glantz et al. 1999). Insbesondere Kinder mit anhaltenden Symptomen der ADHS weisen ein erhöhtes Risiko für die Entwicklung einer AV und von komorbiden Störungen, wie etwa Angststö-

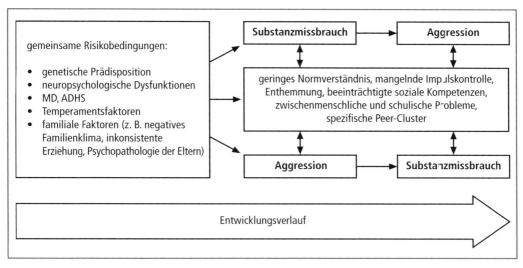

Abb. 24-2 Integratives Modell zum Zusammenhang von Aggression und Substanzmissbrauch (gemeinsame Risikobedingungen) (MD = Major Depression; ADHS = Aufmerksamkeitsdefizit-/Hyperaktivitätsstörung).

rungen oder MD, auf. Diese Kinder und Jugendlichen zeigen ein besonders hohes Risiko für die Entwicklung von SSK (vgl. Thompson et al. 1996).

Biopsychosoziale Risikobedingungen

In verschiedenen Studien wird diskutiert, ob Risikobedingungen für SSV im Kindesalter die gleichen Risikobedingungen für SSK im Jugendalter darstellen (vgl. Glantz et al. 1999). Zu diesen Risikobedingungen gehören beispielsweise:
- Impulsivität
- Temperamentsfaktoren, wie zum Beispiel „novelty seeking"
- Risikoverhaltensweisen
- Missbrauchs- oder Vernachlässigungserfahrungen im familiären Umfeld
- Bedingungen im familiären Umfeld, zum Beispiel wenig Interesse für das Kind, Substanzmissbrauch und -abhängigkeit der Eltern (Modellwirkung)
- Versagen in der Schule
- Zurückweisung durch die Peergroup

Ein niedriger sozioökonomischer Status als distaler Risikofaktor lässt sich ebenso anführen (Moss u. Kirisci 1995). Ein aggressiv-dissoziales Verhalten tritt nicht nur überzufällig häufig bei Alkoholabhängigen und Personen mit Alkoholproblemen auf, sondern auch bei Kindern von Alkoholabhängigen (Zobel 2000).

Es liegen genetische Befunde zum Zusammenhang zwischen einem aggressiven Verhalten und einem übermäßigen Substanzkonsum vor. Ein Großteil gewalttätiger Handlungen und Straftaten wird von jugendlichen und heranwachsenden Männern begangen, die darüber hinaus den Großteil der Individuen mit schwerem Alkohol- und Drogenkonsum stellen. Der so genannte Typ-2-Alkoholismus, der sich bereits sehr früh im Entwicklungsverlauf herausbildet, oft mit gewalttätigem Verhalten und später komorbid mit einer Antisozialen Persönlichkeitsstörung auftritt und für den bereits genetische Marker identifiziert werden konnten, wird vornehmlich vom Vater auf den Sohn vererbt (vgl. Volavka 1999).

Zudem werden neuropsychologische Beeinträchtigungen für den Zusammenhang von SSV und SSK diskutiert. Die Feststellung, dass Hyperaktivität, Aufmerksamkeitsstörungen und Impulsivität in der Kindheit und Adoleszenz einer SSK vorgelagert sind, könnte auf eine gemeinsam zugrunde liegende Dysfunktion des Zentralnervensystems zurückzuführen sein. Neuropsychologische Dysfunktionen konnten im Zusammenhang mit SSV im präfrontalen Kortex gefunden werden. Diesem Bereich wird eine regulierende Funktion bezüglich des Verhaltens und der Selbstkontrolle zugeschrieben. Dysfunktionen können beispielsweise Einfluss auf das kindliche Temperament, einen erhöhten Aktivitätslevel, Emotionalität und eine niedrige Konzentrationsfähigkeit nehmen. Verhaltensstörungen werden in diesem Kontext als Mediator zu SSK gesehen (Tarter et al. 1988). Dysfunktionen im anteriorbasalen System des Gehirns könnten somit auch Basis der Vulnerabilitäten bei Störungen durch Alkoholkonsum sein und wurden auch bei Personen mit dissozialen Störungen gefunden. Blum et al. (2000) fassen zudem zusammen, dass ein Mangel an Dopamin-Rezeptoren (D-sub-2) im Gehirn beispielsweise das Risiko für SSK, Impulsivität, ADHS, pathologisches Glücksspiel, dissoziales und gewalttätiges Verhalten massiv erhöht (s. Abb. 24-2).

24.4 Fazit

Da sich der Zusammenhang zwischen AV und SSK sowie die unterschiedlichen Entstehungsbedingungen beider Störungsbereiche als sehr komplex erweisen, scheint es sinnvoll, sich nicht auf ein einzelnes Erklärungsmodell zu beschränken, sondern differenzielle Entwicklungsmodelle zugrunde zu legen. Die angeführten Befunde verdeutlichen, dass AV im Kindesalter das Risiko für spätere SSK beträchtlich erhöhen, insbesondere, wenn ein aggressives oder dissoziales Verhalten früh auftritt und zusätzliche Störungen (z. B. ADHS) und multiple Risikobedingungen festzustellen sind. Infolge eines später auftretenden Substanzmissbrauchs erhöhen sich natürlich das Risiko für Abhängigkeitserkrankungen und – für einige Betroffene – das Risiko für gewalttätiges Verhalten.

Literatur

American Psychiatric Association (1994). Diagnostic and Statistical Manual of Mental Disorders. 4th ed. Washington, DC: American Psychiatric Press.

Angold A, Costello EJ, Erkanli A (1999). Comorbidity. J Child Psychol Psychiatry; 40: 57–87.

Blum K, Braverman ER, Holder JM, Lubar JF, Monastra VJ, Miller D, Lubar JO, Chen TJH, Comings DE (2000). Reward deficiency syndrome: a biogenetic model for the diagnosis and treatment of impulsive, addictive, and compulsive behaviors. J Psychoactive Drugs; 32, Suppl: 1–68.

Brook JS, Whiteman MM, Finch SJ, Cohen P (1995). Aggression, intrapsychic distress, and drug use: antecedent and intervening processes. J Am Acad Child Adolesc Psychiatry; 34: 1076–83.

Bushman BJ, Cooper HM (1990). Effects of alcohol on human aggression: an integrative research review. Psychol Bull; 107: 341–54.

Dishion TJ, French DC, Patterson GR (1995). The development and etiology of antisocial behavior. In: Cicchetti D, Cohen DJ (eds). Developmental Psychopathology. Vol. 2: Risk, Disorder, and Adaption. New York: Wiley; 421–71.

Essau CA, Stigler H, Scheipl J (2002). Epidemiology and comorbidity. In: Essau CA (ed) (2002). Substance Abuse and Dependence in Adolescents. East Sussex: Brunner-Routledge; 63–85.

Glantz MD (1992). A developmental psychopathology model of drug abuse vulnerability. In: Glantz MD, Pickens RW (eds). Vulnerability to Drug Abuse. Washington, DC: American Psychological Association; 389–418.

Glantz MD, Weinberg NZ, Miner LL, Colliver JD (1999). The etiology of drug abuse: mapping the paths. In: Glantz MD, Hartel CR (eds). Drug Abuse. Origins and Interventions. Baltimore: United Book Press; 3–45.

Huang B, White HR, Kosterman R, Catalano RF, Hawkins JD (2001). Developmental associations between alcohol and interpersonal aggression during adolescence. J Res Crime Delinq; 38: 64–83.

Ito TA, Miller N, Pollock VE (1996). Alcohol and aggression: a meta-analysis on the moderating effects of inhibitory cues, triggering events, and self-focused attention. Psychol Bull; 120: 60–82.

Jessor R, Jessor SL (1977). Problem Behavior and Psychosocial Development: A Longitudinal Study of Youth. New York: Academic Press.

Johnson EO, Arria AM, Borges G, Ialongo N, Anthony JC (1995). The growth of conduct problem behaviors from middle childhood to early adolescence: sex differences and the suspected influence of early alcohol use. J Stud Alcohol; 56: 661–71.

Kandel DB, Yamaguchi K, Chen K (1992). Stages of progression in drug involvement from adolescence to adulthood: further evidence for the gateway theory. J Stud Alcohol; 53: 447–57.

Kuperman S, Schlosser SS, Kramer JR, Bucholz K, Hesselbrock V, Reich T, Reich W (2001). Developmental sequence from disruptive behavior diagnosis to adolescent alcohol dependence. Am J Psychiatry; 158: 2022–6.

Loeber R, Green SM, Lahey BB, Frick PJ, McBurnett K (2000). Findings on disruptive behavior disorders from the first decade of the Developmental Trends Study. Clin Child Fam Psychol Rev; 3: 37–60.

Moffitt TE (1993). Adolescence-limited and life-course-persistent antisocial behavior: a developmental taxonomy. Psychol Rev; 100: 674–701.

Moss HB, Kirisci L (1995). Aggressivity in adolescent alcohol abusers: relationship with conduct disorder. Alcohol Clin Exp Res; 19: 642–6.

Petermann F, Essau CA, Turbanisch U, Conradt J, Groen G (1999). Komorbidität, Risikofaktoren und Verlauf aggressiven Verhaltens: Ergebnisse der Bremer Jugendstudie. Kindheit und Entwicklung; 8: 49–58.

Reebye P, Moretti RP, Lessard JC (1995). Conduct disorder and substance use disorder: comorbidity in a clinical sample of preadolescents and adolescents. Can J Psychiatry; 40: 313–9.

Robins L, McEvoy L (1990). Conduct problems as predictors of substance abuse. In: Robins L, Rutter M (eds). Straight and Devious Pathways from Childhood to Adulthood. Cambridge: Cambridge University Press; 182–204.

Scheithauer H, Petermann F (1999). Zur Wirkungsweise von Risikofaktoren in der Entwicklung von Kindern und Jugendlichen. Kindheit und Entwicklung; 8: 3–14.

Scheithauer H, Petermann F (2002). Aggression. In: Petermann F (Hrsg). Lehrbuch der Klinischen Kinderpsychologie und -psychotherapie. 5. Aufl. Göttingen: Hogrefe; 187–226.

Scheithauer H, Mehren F, Petermann, F (2003). Entwicklungsorientierte Prävention von aggressiv-dissozialem Verhalten und Substanzmissbrauch. Kindheit und Entwicklung; 12: 84–99.

Tarter RE, Alterman AI, Edwards KL (1998). Neurobehavioral theory of alcoholism etiology. In: Chaudron CD, Wilkinson DA (eds). Theories on Alcoholism. Toronto: Addiction Research Foundation; 73–102.

Thompson LL, Riggs PD, Mikulich SK, Crowly TJ (1996). Contribution of ADHD symptoms to substance problems and delinquency in conduct-disordered adolescents. J Abnorm Child Psychol; 24: 325–47.

Volavka J (1999). The neurobiology of violence: an update. J Neuropsychiatry Clin Neurosci; 11: 307–14.

Webster-Stratton C, Taylor T (2001). Nipping early risk factors in the bud: preventing substance abuse, delinquency, and violence in adolescence through interventions targeted at young children (0–8 years). Prev Sci; 2: 165–92.

Weiss RD (1992). The role of psychopathology in the transition from drug use to abuse and dependence. In: Glantz M, Pickens R (eds). Vulnerability to Drug Abuse. Washington, DC: American Psychological Association; 137–48.

White HR (1997). Alcohol, illicit drugs, and violence. In: Stoff DM, Breiling J, Maser JD (eds). Handbook of Antisocial Behavior. New York: Wiley; 511–23.

White HR, Hansell S (1996). The moderating effects of gender and hostility on the alcohol-aggression relationship. J Res Crime Delinq; 33: 450–70.

White HR, Brick J, Hansell S (1993). A longitudinal investigation of alcohol use and aggression in adolescence. J Stud Alcohol; 11: 62–76.

White HR, Loeber R, Stouthamer-Loeber M, Farrington DP (1999). Developmental associations between substance use and violence. Dev Psychopathol; 11: 785–803.

Whitmore EA, Mikulich SK, Thompson LL, Riggs PD, Aarons GA, Crowley TJ (1997). Influences on adolescent substance dependence: conduct disorder, depression, attention deficit hyperactivity disorder and gender. Drug Alcohol Depend; 47: 87–97.

WHO (1993). Internationale Klassifikation psychischer Störungen. ICD-10, Kapitel V (F). Klinisch diagnostische Leitlinien. 2. Aufl. Bern: Huber.

Zobel M (2000). Kinder aus alkoholbelasteten Familien. Göttingen: Hogrefe.

Zucker RA (1991). The concept of risk and the etiology of alcoholism: a probabilistic-developmental perspective. In: Pittman DJ, White HR (eds). Society, Culture, and Drinking Patterns Reexamined. New Brunswick, NJ: Rutgers Center of Alcohol Studies; 513–32.

25 Ängste

Petra Zimmermann und Nina Hollenbach

Klinische und epidemiologische Untersuchungen zeigen, dass Kinder, Jugendliche und Erwachsene mit Angststörungen überzufällig häufig irgendwann in ihrem Leben auch eine Substanzstörung entwickeln (lebenszeitbezogene Komorbidität). Auf den ersten Blick scheint alles ganz klar: Drogen werden eingesetzt, um Ängste zu bekämpfen, Ängste bergen somit ein Risiko für nachfolgende Drogenprobleme. Aber so einfach es scheint, so widersprüchlich sind die Forschungsergebnisse im Detail. Wodurch die Komorbidität bedingt ist bzw. ob den Angststörungen tatsächlich eine ursächliche Rolle für die Entstehung von Substanzstörungen zukommt, konnte bisher nicht eindeutig geklärt werden. Neben der so genannten „Selbstmedikationshypothese" werden andere Wirkmechanismen der Komorbidität wie beispielsweise die Auslösung von Angststörungen durch Substanzstörungen oder eine gemeinsame ätiologische Grundlage beider Störungsgruppen diskutiert. Die Klärung der Frage nach dem zugrunde liegenden Mechanismus ist von erheblichem Wert für die Praxis. Wenn Angststörungen tatsächlich eine ursächliche Rolle für die Entstehung von Substanzstörungen einnehmen, ist die Behandlung von Angststörungen im Rahmen der Prävention und Therapie von Substanzstörungen von essenzieller Bedeutung.

Bei der Untersuchung von Ängsten in ihrer Rolle als prädisponierende Faktoren für die Entwicklung von Substanzstörungen müssen speziell folgende Aspekte berücksichtigt werden, deren Vernachlässigung zu teilweise sehr widersprüchlichen Ergebnissen in der bisherigen Forschung geführt hat:

- **Angstspezifität:** Bei den Angststörungen handelt es sich um eine sehr heterogene Störungsgruppe. Alle Angststörungen zu einer Gruppe zusammenzufassen wird den zum Teil erheblichen Unterschieden zwischen den Angststörungen nicht gerecht. Die getrennte Betrachtung der einzelnen Angststörungen ist daher für präzise Aussagen äußerst wichtig.
- **Substanzspezifität:** Da verschiedene psychotrope Substanzen unterschiedliche Wirkungen auf das Angstgeschehen haben, muss von Unterschieden in den Zusammenhängen von Angst- und Substanzstörungen je nach betrachteter Substanz ausgegangen werden. Eine Zusammenfassung aller Substanzen in einer Gruppe ist demnach nicht zielführend.
- **Substanzstörungsspezifität:** In Bezug auf Substanzstörungen muss zwischen Missbrauch und Abhängigkeit von einer bestimmten Substanz differenziert werden, da sich die beiden Störungen als qualitativ sehr unterschiedlich erwiesen haben. Ferner sind Unterschiede auch im Hinblick auf die Menge und Häufigkeit des Substanzkonsums zu berücksichtigen.
- **Populationsspezifität:** Der Zusammenhang von Angst- und Substanzstörungen wurde an diversen Zielgruppen untersucht. Es sollte davon ausgegangen werden, dass die Beziehung zwischen Angststörungen und Substanzstörungen je nach untersuchter Population unterschiedlich ausfällt, zum Beispiel von Erwachsenen nur eingeschränkt auf Jugendliche übertragbar ist oder umgekehrt.
- **diagnostische Ebene:** Häufig wurden dimensionale Angstmaße verwendet (z. B. Zustandsangst) oder Angst auf symptomatischer Ebene erfasst (Symptom-Checklisten). In nur wenigen Studien wurde Angst auf der Störungsebene betrachtet. Die Dokumentation von Symptomen kann aber nicht mit der Etablierung von Diagnosen gleichgesetzt werden (Schuckit u. Hesselbrock 1994). Ebenso muss mit Divergenzen je nach Erfassung der Alkoholsymptomatik gerechnet werden.

25.1 Untersuchungsansätze

Der Frage, welche Bedeutung Ängste und Angststörungen für die Entwicklung von Substanzstörungen einnehmen, wurde in verschiedenen Untersuchungsdesigns nachgegangen. Dazu zählen experimentelle Untersuchungen und Laborstudien, Studien an der Allgemeinbevölkerung, Untersuchungen an klinischen Stichproben, Familien- und Zwillingsstudien.

25.1.1 Experimentelle Untersuchungen und Laborstudien

Im Rahmen der „Selbstmedikationshypothese" geht man von der angstlösenden Wirkung einer Substanz aus. Inwiefern unterschiedliche Substanzen anxiolytische Effekte besitzen, ist in zahlreichen experimentellen Untersuchungen dokumentiert. In vorwiegend tierexperimentellen Laborstudien wird erforscht, ob die neurochemische Wirkweise von Substanzen mit einer Anxiolyse in Einklang steht.

25.1.2 Studien an der Allgemeinbevölkerung

Epidemiologische Studien an der Allgemeinbevölkerung nehmen einen besonderen Stellenwert ein, da die Ergebnisse auf die Allgemeinheit generalisiert und Prozesse des Entstehens von Substanzstörungen verfolgt werden können. Eine kausale Beziehung zwischen Angst- und Substanzstörungen fordert von der Angststörung einen zeitlich früheren Beginn im Vergleich zur Substanzstörung. Ein prospektives, längsschnittliches (d.h. die Probanden über mehrere Jahre begleitendes) Design ist zur Untersuchung von Zusammenhängen unter Berücksichtigung der zeitlichen Reihenfolge des Auftretens besonders geeignet. Auch in zahlreichen retrospektiven Querschnittsanalysen (d.h. zu einem Untersuchungszeitpunkt werden Daten für einen zurückliegenden Zeitraum aus dem Gedächtnis des Untersuchten erhoben) wurde die zeitliche Reihenfolge des Auftretens von Angst- und Alkoholstörungen erfasst, welche aber durch Erinnerungsfehler und kognitive Verzerrungen belastet sein können.

25.1.3 Untersuchungen an klinischen Stichproben

In klinischen Studien lässt sich klären, ob Angststörungen bei Patienten mit Substanzstörungen häufiger vertreten sind bzw. ob Substanzprobleme bei Angst-Patienten öfter anzutreffen sind, als dies in der Allgemeinbevölkerung der Fall ist. Ein spezielles Problem ist die mögliche Überschätzung der Komorbidität aufgrund des Berkson-Paradoxons (Berkson 1946), welches besagt, dass sich Personen mit mehreren Störungen mit höherer Wahrscheinlichkeit in Behandlung begeben als Personen, die nur unter einer Störung leiden. Weiter können aus klinischen Untersuchungen an substanzabhängigen, in Therapie befindlichen Patienten Rückschlüsse gezogen werden, ob es sich bei der komorbiden Angst um eine voll ausgeprägte, separate Störung oder lediglich um Angstsymptome im Rahmen chronischen Drogenkonsums oder Entzugs handelt: Eine separate Angststörung sollte nach Therapie der Substanzstörung weiter bestehen, dagegen ist bei Angstsymptomen im Rahmen einer Substanzstörung nach erfolgreicher Therapie der Substanzstörung mit der Rückbildung der Angstsymptome zu rechnen. Die Selbstmedikationshypothese findet Unterstützung, wenn ein Fortdauern der Angststörung über die Therapie der Substanzstörung hinaus das Rückfallrisiko in eine neuerliche Drogenproblematik erhöht und bei zusätzlicher effektiver Angstbehandlung die Rückfallquote reduziert ist.

25.1.4 Familienstudien

Im Rahmen von Familienstudien werden entweder Probanden und deren Verwandte direkt mit den gleichen Erhebungsinstrumenten untersucht (family study method) oder nur die Probanden direkt untersucht und zusätzlich über ihre Angehörigen, zum Beispiel Eltern, befragt (family history method). Um in Familienstudien eine kausale Bedeutung von Angststörungen für die Entwicklung von Substanzstörungen zu belegen, sollten die Verwandten von Personen mit einer Angststörung ein erhöhtes Risiko für das Auftreten dieser Angststörung allein sowie für das gemeinsame Auftreten von Angst- und Substanzstörung aufweisen, nicht jedoch für das Auftreten der Substanzstörung allein.

25.2 Bedeutung für die Entwicklung von Substanzproblemen

25.2.1 Problematischer Alkoholkonsum

Im Folgenden werden die Ergebnisse in Bezug auf Ängste als prädisponierende Faktoren für problematischen Alkoholkonsum und Alkoholstörungen zusammenfassend dargestellt. Da sich nur wenige experimentelle und klinische Arbeiten auf Kinder und Jugendliche konzentrieren, werden zusätzlich Untersuchungen mit Erwachsenen-Stichproben einbezogen.

Befunde experimenteller Untersuchungen und Laborstudien

Janke und Netter (1986) weisen darauf hin, dass die anxiolytische Wirksamkeit von Alkohol immer wieder behauptet wird, ohne dass sie empirisch ausreichend belegt ist. Zahlreiche experimentelle Untersuchungen an gesunden Probanden, in denen Angst mittels unterschiedlicher Methoden wie beispielsweise elektrischen Schocks oder dem Sprechen vor einem Publikum induziert wurde, oder auch experimentelle Untersuchungen an Angst-Patienten kommen zu inkonsistenten Ergebnissen (u. a. Abrams et al. 2001; Kidorf u. Lang 1999; Levenson et al. 1987;

Lindman 1983; Sayette u. Wilson 1991; Sher 1987). Auf die Frage, ob Alkohol wirklich Angst reduziert, ist aufgrund der Ergebnisse der bisherigen Forschung so zu antworten, dass Alkohol tatsächlich anxiolytische Wirkungen besitzt, jedoch nur in bestimmten Dosierungen, bei bestimmten Personen und unter bestimmten situativen Bedingungen. Auch wenn die Wirkung im Sinne einer spezifisch anxiolytischen Wirkung umstritten ist, kann zumindest von einer Reduktion von Erregung und einer allgemeinen Deaktivierung ausgegangen werden (Janke 1994).

Während kurzfristig angstlösende Alkoholeffekte beobachtet wurden, konnten langfristig dagegen anxiogene Effekte des Alkohols belegt werden (Cappel u. Greeley 1987; Stockwell et al. 1982). Daneben scheint Alkohol der Löschung von Angstreaktionen durch eine Verlangsamung von natürlichen Desensibilisierungsprozessen im Wege zu stehen (Cameron et al. 1987). Unterstützung erhält dieses bidirektionale Wirkungsmuster durch neurochemische Befunde, die eine Beteiligung vor allem des noradrenergen, GABAergen und serotonergen Systems sowohl am Angstgeschehen als auch im Zusammenhang mit Alkoholkonsum und Alkoholentzug unterstützen und die einerseits eine Angstreduktion und andererseits eine Angstinduktion durch Alkohol plausibel erscheinen lassen (u. a. Cowley 1992; George et al. 1990).

Inwiefern das Trinken von Alkohol unter Laborbedingungen auf das natürliche Trinkverhalten übertragbar ist oder inwieweit Angst bei gesunden Personen mit Angststörungen bei Patienten vergleichbar ist, kann nicht eindeutig beantwortet werden.

Ergebnisse aus Studien an der Allgemeinbevölkerung

Während Querschnittsuntersuchungen an Erwachsenen eindeutige Belege für die Komorbidität zwischen Angst- und Alkoholstörungen (v. a. Alkoholabhängigkeit) erbracht haben (u. a. Kessler et al. 1997; Merikangas et al. 1998a; Regier et al. 1990; Swendsen et al. 1998), zeigen sich in Untersuchungen an Kindern und Jugendlichen weniger deutliche Hinweise. Kandel et al. (1997) fanden in der amerikanischen MECA-Studie (Methods for the Epidemiology of Child and Adolescent Mental Disorders) an einer Stichprobe von 1 285 Kindern und Jugendlichen im Alter zwischen 9 und 18 Jahren keinen signifikanten positiven Zusammenhang zwischen Alkoholkonsum und Angststörungen für das Jahr vor der Erhebung. Rohde et al. (1996) beobachteten bei 1 507 Jugendlichen zwischen 14 und 18 Jahren, die an dem OADP (Oregon Adolescent Depression Project) teilnahmen, lediglich tendenziell erhöhte Raten von Angststörungen unter jungen Frauen mit Alkoholproblemen oder Alkoholstörungen. Für die Männer erreichten die Assoziationen keine Signifikanz.

Eine zeitliche Reihenfolge des Auftretens von Störungen kann durch prospektive Längsschnittuntersuchungen belegt werden. Längsschnittuntersuchungen an Kindern ermöglichen eine Beobachtung der Entwicklung „von Anfang an", wobei hier zusätzlich die Konstrukte „Schüchternheit" oder „Verhaltenshemmung" (behavioral inhibition) zur Untersuchung herangezogen wurden (z. B. Biederman et al. 1993; Kagan et al. 1988; Reznick et al. 1992). Ensminger et al. (1982) berichten, dass 6-jährige Jungen, nicht aber Mädchen, die von ihren Lehrern als schüchtern beurteilt worden waren, zehn Jahre später zu tendenziell niedrigerem Alkoholkonsum neigten. Für Jungen, die als schüchtern und gleichzeitig aggressiv galten, war dagegen der stärkste Alkoholkonsum in der Folgezeit nachgewiesen worden. Aggressivität führt möglicherweise dazu, dass die Jungen zur Überwindung gleichzeitiger Schüchternheit vermehrt Alkohol einsetzen. Caspi et al. (1996) fanden, dass Jungen und Mädchen, die im Alter von 3 Jahren als verhaltensgehemmt (behavioral inhibition) eingestuft worden waren, im Alter von 21 Jahren mit erhöhter Wahrscheinlichkeit von Alkoholproblemen betroffen sind. Für Alkoholabhängigkeit erreichte dieser Zusammenhang keine statistische Signifikanz. Kaplow et al. (2001) prüften die Beziehung zwischen symptomatischer Angst und dem Beginn des Alkoholkonsums vier Jahre später in einer Stichprobe von 936 Kindern im Alter von 9, 11 oder 13 Jahren zur Basisuntersuchung. Für Kinder mit symptomatischer generalisierter Angst zeigte sich ein erhöhtes Risiko für den Beginn von Alkoholkonsum, während symptomatische Separationsangst das Risiko verminderte. Zwischen Mädchen und Jungen wurden keine signifikanten Unterschiede gefunden.

Eine Reihe weiterer prospektiver Studien bezieht sich auf Jugendliche und junge Erwachsene: Friedman et al. (1987) befragten 232 Schüler im Alter von durchschnittlich 15 Jahren zur Basisuntersuchung, die gegenwärtig Alkohol und Drogen konsumierten, über einen Zeitraum von insgesamt 17 Monaten. Während „interpersonelle Sensitivität" und „Ängstlichkeit" mit späterem Drogenkonsum korreliert waren, konnte ein Zusammenhang für „phobische Angst" nicht nachgewiesen werden. Kushner et al. (1999) belegten den prädiktiven Wert von Angststörungen für die Vorhersage des Beginns von Alkoholabhängigkeit sowie umgekehrt von Alkoholabhängigkeit für den darauf folgenden Beginn von Angststörungen an einer studentischen Stichprobe (n = 454) im durchschnittlichen Alter von 18,6 Jahren zur Basisuntersuchung (Untersuchungszeitpunkte im 1., 4. und 7. College-Jahr). Die Daten legen ein reziprokes kausales Verhältnis zwischen Angst- und Alkoholstörungen über die Zeit hinweg nahe. In detaillierten prospektiven Analysen anhand der Daten der EDSP-Studie (Early Developmental Stages of Psychopathology; Lieb et al. 2000; Wittchen et al. 1998) erwiesen sich Panikattacken, -störungen und soziale Phobie als spezifische Prädiktoren für den nachfolgenden Beginn und die Aufrechterhaltung von Alkoholproblemen. Umgekehrt waren Alkoholprobleme mit einem erhöhten Risiko für den Beginn von sozialer Phobie und generalisierter Angststörung assoziiert. Der Studie liegt eine epidemiologische, repräsentative Stichprobe von 2 548 Jugendlichen und jungen Erwachsenen im Alter zwischen 14 und 24 Jahren zur Basisuntersuchung in München und Umland zugrunde, die längsschnittlich über einen Zeitraum von insgesamt vier Jahren untersucht wurden (Zimmermann 2003; Zimmermann et al. 2003).

Andere Untersuchungen, die allerdings keine stringent prospektiven Auswertungen verfolgen (Koppes et al. 2001; Poikolainen et al. 2001), erbrachten keine Belege für einen Zusammenhang.

Ergebnisse aus Untersuchungen an klinischen Stichproben

Mittlerweile ist gut belegt, dass Angststörungen unter Klinik-Patienten mit Alkoholstörungen häufiger als unter Betroffenen in der Allgemeinbevölkerung verbreitet sind. Es finden sich vor allem erhöhte Raten von Panikstörungen und sozialer Phobie, aber auch von Agoraphobie und spezifischer Phobie (z. B. Mullaney u. Trippet 1979; Schneider et al. 2001; Schuckit u. Hesselbrock 1994; Schuckit et al. 1997). Wahrscheinlich wegen ihrer geringen Verbreitung liegen für die generalisierte Angststörung nur wenige Befunde vor. Nicht ganz so eindeutig konnte mit entgegengesetzter Perspektive auch eine erhöhte Auftretenswahrscheinlichkeit für Alkoholstörungen bei Angst-Patienten, insbesondere bei denjenigen mit sozialer Phobie, belegt werden. Für die anderen Angststörungen fallen die Ergebnisse weniger konsistent aus (z. B. Bibb u. Chambless 1986; Noyes et al. 1986; Otto et al. 1992; Page u. Andrews 1996).

Die Ergebnisse aus Untersuchungen an Alkohol-Patienten, welche die Entwicklung von Angst nach einer Therapie von Alkoholstörungen verfolgen, sind insgesamt als uneinheitlich zu werten. In gut konzipierten Studien wurden eindeutig langfristig erhöhte Angstwerte bei Alkohol-Patienten nach Entzug nachgewiesen, was gegen eine Angstsymptomatik im Rahmen von Entzugserscheinungen und für eine Induktion von eigenständigen Angststörungen spricht (u. a. Driessen et al. 2001; Thevos et al. 1991). Für eine Selbstmedikation durch Alkohol sprechen die folgenden Befunde: Morgendliche Nervosität stellte einen Prädiktor für erhöhten Alkoholkonsum im weiteren Verlauf des Tages vor allem bei Männern dar (Swendsen et al. 2000), und Alkohol-Patienten mit zusätzlicher Angststörung scheinen im Vergleich zu solchen ohne Komorbidität seltener abstinent zu bleiben (Driessen et al. 2001; Tomasson et al. 1996); es wurden aber auch gegenteilige Resultate berichtet (z. B. Brown et al. 1990). Eine Reduktion von klinischer Angst durch Pharmaka führte mehrfach in Untersuchungen zu einer Verbesserung der Alkoholproblematik bei Patienten mit Komorbidität (z. B. Kranzler et al. 1994; Randall et al. 2001).

Kognitive Verhaltenstherapie zur Verbesserung sozialer Fertigkeiten zögerte speziell bei Frauen mit Alkoholstörung und sozialer Phobie einen Rückfall hinaus (Thevos et al. 2000).

Ergebnisse aus Familienstudien

In Familienstudien wurden sowohl erhöhte Raten von Angststörungen bei Verwandten von Personen mit Alkoholstörungen als auch erhöhte Raten von Alkoholstörungen bei Verwandten von Personen mit Angststörungen gefunden. Dies konnte durchgängig für die unterschiedlichen Angststörungen belegt werden (zum Überblick: Araujo u. Monteiro 1995; Crowe et al. 1983; Finn et al. 1997; Lachner u. Wittchen 1995; Mathew et al. 1993; Reich et al. 1993). Bei Verwandten von Personen mit einer „reinen" Angststörung ohne zusätzliche Alkoholstörung zeigte sich häufiger eine „reine" Alkoholabhängigkeit ohne zusätzliche Angststörung (Maier et al. 1993; Merikangas et al. 1996). Damit ist ausgeschlossen, dass zuerst eine familiäre Übertragung der Angststörung stattfand, welche dann kausal für die Entstehung der Alkoholstörung verantwortlich war. Das Ergebnis wurde im Sinne des Vorliegens von dritten, gemeinsamen Risikofaktoren für beide Störungen interpretiert (ebd.). Bei detaillierter Analyse ergab sich für Panikstörung und Alkoholabhängigkeit ein Übertragungsmuster, welches auf **gemeinsame familiäre Risikofaktoren** hinweist. Die Befunde zu sozialer Phobie und Alkoholabhängigkeit sprechen für einen Selbstmedikationsmechanismus, der für das häufige gemeinsame Auftreten dieser beiden Störungen verantwortlich sein könnte (Merikangas et al. 1998b).

Die Ergebnisse der Zwillingsstudie von Mullan et al. (1986) weisen in Richtung einer kausalen Verursachung von Angststörungen durch das Vorliegen von Alkoholstörungen. Dagegen kam die Zwillingsstudie von Kendler et al. (1995) zu uneindeutigen Ergebnissen, welche in der Fachwelt äußerst unterschiedlich interpretiert wurden (z. B. Kushner et al. 2000; Merikangas et al. 1996).

25.2.2 Nikotinabhängigkeit

Eine Reihe epidemiologischer Untersuchungen belegt, dass Nikotinabhängigkeit häufiger bei Personen mit Angststörungen als bei Personen ohne Angststörungen auftritt (z. B. Breslau et al. 1991; Gilbert et al. 1995). Die im Folgenden dargestellten Befunde beziehen sich vor allem auf den Zusammenhang von Nikotinabhängigkeit und sozialer Phobie, da diese Angststörung bei Kindern und Jugendlichen besonders häufig vorliegt (Wittchen et al. 1999). Zudem scheint der Zusammenhang zwischen sozialer Angst und Rauchen besonders plausibel und alltagsrelevant, da Rauchen als effiziente, sozial akzeptierte Möglichkeit gilt, soziale Unsicherheit zu kompensieren und das Knüpfen von Kontakten zu erleichtern.

In der EDSP-Studie waren zum Zeitpunkt der Basisuntersuchung 31,9% der Jugendlichen im Alter zwischen 14 und 24 Jahren mit sozialer Phobie und 26,4% der Jugendlichen mit subklinischen sozialen Ängsten irgendwann in ihrem Leben nikotinabhängig gewesen. Dagegen waren nur 15,4% der Personen ohne soziale Ängste betroffen. Wie bei den Alkoholstörungen ist bei Nikotinabhängigkeit noch unklar, welche Mechanismen den Zusammenhang bedingen, obgleich auch in diesem Bereich die Selbstmedikationshypothese favorisiert wird: Es wird vermutet, dass Rauchen gezielt als Mittel zur Bewältigung sozialer Ängste eingesetzt wird, was verstärkten Konsum und Nikotinabhängigkeit begünstigt. Ergebnisse der EDSP-Studie stützen diese Annahme: 71% der Nikotinabhängigen, welche lebenszeitbezogen auch von sozialen Ängsten berichten, datieren den Beginn des Nikotinkonsums eindeutig nach dem Beginn der Ängste (Müller 2002). Jugendliche mit sozialen Ängsten, aber noch ohne Nikotinabhängigkeit, wurden während des darauf folgenden, vierjährigen Untersuchungszeitraums häufiger nikotinabhängig als Jugendliche ohne diese Ängste. Eine voll ausgeprägte soziale Phobie erwies sich dagegen nicht als Prädiktor für den Beginn von Nikotinabhängigkeit (Sonntag et al. 2000). Möglicherweise sind Personen mit dem vollen Störungsbild einer sozialen Phobie so stark beeinträchtigt, dass sie soziale Situationen weitestgehend meiden und somit Rauchen zur Bewältigung dieser Situationen irrelevant wird. Andererseits könnten auch zu geringe Fallzahlen oder das doch schon zu hohe Alter der Stichprobe, in dem diesbezüglich entscheidende Entwicklungsprozesse möglicherweise bereits abgeschlossen und deshalb nicht beobachtbar waren, verantwortlich sein.

Soziale Ängste scheinen nicht nur mit dem Beginn, sondern auch mit einer erhöhten Stabilität von Nikotinabhängigkeit in Verbindung zu stehen. In der EDSP-Studie dauerte die Nikotinabhängigkeit bei 68,1% der abhängigen Raucher mit sozialer Phobie, aber nur bei 47,8% der abhängigen Raucher ohne soziale Phobie im vierjährigen Follow-up-Zeitraum an. Dabei war von Bedeutung, ob die soziale Phobie als vorübergehendes Problem bereits remittiert war oder noch aktuell vorlag: 11,3% der Jugendlichen, die nie von sozialen Ängsten betroffen waren, hielten ihren bereits bestehenden Nikotinkonsum auch während des Folgeuntersuchungszeitraums aufrecht. Dagegen fanden sich unter den Jugendlichen mit remittierter sozialer Phobie 22,7% und unter den Jugendlichen mit andauernder sozialer Phobie sogar 30,7% stabile Raucher (Müller 2002).

Nicht alle Längsschnittuntersuchungen liefern Belege für einen Zusammenhang. So ergab sich in der Studie von Ensminger et al. (1982) bei Jungen, die in der ersten Klasse als schüchtern eingeschätzt worden waren, zehn Jahre später kein erhöhter Zigarettenkonsum, und auch in der Zürich-Studie (Angst 1993) sind die Raten von Nikotinabhängigkeit bei Personen mit sozialer Phobie nicht erhöht.

Eine weitere Angststörung, für die sowohl in klinischen als auch in epidemiologischen Studien ein Zusammenhang mit Nikotinabhängigkeit relativ konsistent nachgewiesen wurde, ist die Panikstörung (s. Amering et al. 1999; Pohl et al. 1992). Analysen der EDSP-Daten ergaben zur Basisuntersuchung starke Assoziationen zwischen Panikattacken bzw. Panikstörung mit gelegentlichem Nikotinkonsum, mit regelmäßigem Nikotinkonsum und mit Nikotinabhängigkeit. In differenzierteren prospektiven Auswertungen war allerdings nicht eindeutig nachzuweisen, dass vorausgehende Panik mit einer erhöhten Wahrscheinlichkeit für den Beginn von Nikotinkonsum und -abhängigkeit assoziiert ist. Dagegen wurde umgekehrt eindeutig belegt, dass Rauchen einen Risikofaktor für nachfolgende Panikattacken darstellt (Breslau u. Klein 1999; Isensee et al. 2003; Johnson et al. 2000).

25.2.3 Störungen aufgrund illegaler Substanzen

Unterschiedliche epidemiologische und klinische Studien an Jugendlichen kommen zu scheinbar widersprüchlichen Ergebnissen hinsichtlich des Zusammenhangs zwischen Angststörungen und Störungen aufgrund illegaler Substanzen. Einige Studien fanden Zusammenhänge (z. B. Stowell u. Jeremy 1991), andere fanden keine (z. B. Greenbaum et al. 1991) oder gar Angststörungen besonders selten unter denjenigen Jugendlichen mit Substanzstörungen (z. B. Demilio 1987). Die inkonsistenten Ergebnisse resultieren vermutlich zum Teil aus der fehlenden Differenzierung zwischen den unterschiedlichen Substanzen (Cannabis, Ecstasy etc.), Substanzstörungen (Missbrauch vs. Abhängigkeit) sowie zwischen den unterschiedlichen Angststörungen, welche meist zusammengefasst als Gruppe untersucht wurden. Übereinstimmend wird aus epidemiologischen Untersuchungen zumindest berichtet, dass Angststörungen eher mit Substanzabhängigkeit als mit Substanzmissbrauch assoziiert sind (z. B. Magee et al. 1996; Müller 2002; Regier et al. 1990).

Wie für Nikotinabhängigkeit scheint auch für Störungen aufgrund illegaler Substanzen die soziale Phobie als Risikofaktor eine besondere Rolle zu spielen: In einer klinischen Studie erwies sie sich als die einzige Angststörung mit bedeutsamer Komorbidität zu Substanzstörungen (Hovens et al. 1994). Weitere klinische (z. B. Deas-Nesmith et al. 1994) und epidemiologische Studien (Magee et al. 1996; Merikangas u. Angst 1995; Regier et al. 1990; Schneider et al. 1992) konnten Assoziationen zwischen sozialer Phobie und Störungen aufgrund illegaler Substanzen bestätigen. Die Raten liegen mit 5 bis 13 % für komorbide Substanzstörungen (lebenszeitbezogen) dennoch niedriger als die Raten für komorbide Alkoholstörungen. In der EDSP-Studie erwiesen sich bis zum Zeitpunkt der Basisuntersuchung 4,0 % der Personen mit sozialer Phobie und nur 1,6 % der Personen ohne soziale Ängste als von illegalen Substanzen abhängig (Müller 2002). Zusätzliche Befunde weisen auf einen Selbstmedikationsmechanismus hin: Im klinischen Setting zeigte sich, dass problematischer, illegaler Substanzkonsum dem Beginn der sozialen Phobie nachfolgte (Myrick u. Brady 1997; van Ameringen et al. 1991) und mit dem Ausmaß der sozialen Angst auch der Substanzkonsum anstieg (ebd.). Entsprechende Befunde resultieren aus Untersuchungen an der Allgemeinbevölkerung: Zur EDSP-Basisuntersuchung lag den retrospektiven Angaben der Betroffenen zufolge in knapp 60 % der Fälle der Beginn der sozialen Ängste eindeutig vor dem Beginn der Substanzstörung. Auch hier zeigt sich eine Art „Dosis-Wirkungs-Beziehung", da erhöhte Raten von Drogenabhängigkeit nur bei generalisierter, nicht aber bei nichtgeneralisierter sozialer Phobie (i. d. R. ausschließlich Angst vor öffentlichem Sprechen) beobachtet wurden (Müller 2002). In der epidemiologischen OHSSUP-Studie (de Wit et al. 1999a; Ontario Health Survey Supplement) stellte die soziale Phobie einen Marker für eine spätere Drogenproblematik dar. De Wit et al. (1999b) fanden die soziale Phobie als möglichen Mediator zwischen früheren Lebensereignissen oder Lebensstress und der Entwicklung von Drogenproblemen. In prospektiven EDSP-Analysen konnte der Zusammenhang zwischen sozialer Phobie und dem darauf folgenden gehäuften Erstauftreten von Substanzstörungen allerdings nicht nachgewiesen werden (Müller 2002), wobei die Gründe dafür möglicherweise im methodischen Bereich liegen (z. B. zu geringe Fallzahlen, Notwendigkeit einer noch jüngeren Stichprobe).

Cannabis

Bis auf neuere EDSP-Analysen liegen bislang kaum Untersuchungen zum Zusammenhang von Ängsten und klinisch relevanten Problemen aufgrund von Cannabis-Konsum vor. In prospektiven EDSP-Auswertungen erwiesen sich alle Angststörungen zusammengefasst weder als Risiko- noch Schutzfaktor für darauf folgenden Cannabis-Konsum oder Cannabis-Störungen. Ein anderes Bild zeigte sich für soziale Hemmungen in der Kindheit (Subskala „social" der Behavioral-Inhibition-Gesamtskala; s. Reznick et al. 1992): Personen, die sich in der Kindheit als sozial gehemmt beschreiben, begannen im jungen Erwachsenenalter vorerst seltener mit dem Konsum von Cannabis als weniger sozial gehemmte Personen in der Kindheit. Hatten sie jedoch die Schwelle zu häufigerem Konsum überschritten, unterlagen die sozial stärker Gehemmten einer höheren Wahrscheinlichkeit, in eine Cannabis-Abhängigkeit zu geraten als die weniger gehemmten Personen (Sydow et al. 2002). Eine weitere epidemiologische Untersuchung an Schülern und Schülerinnen ergab erhöhte Missbrauchs- und Abhängigkeitsraten bei Jugendlichen mit sozialer Phobie. Unter den 12- bis 18-jährigen Probanden der Bremer Jugendstudie berichteten 18% derer mit sozialer Phobie von Cannabis-Missbrauch oder -Abhängigkeit – im Gegensatz zu nur 6% derer mit sozialer Angst ohne die Diagnose „soziale Phobie" (Essau et al. 1998).

Wie für illegale Substanzstörungen insgesamt steht auch hier der Nachweis für einen häufigeren Beginn von Cannabis-Störungen nach vorausgehender sozialer Phobie in prospektiven Untersuchungen noch aus. In der längsschnittlichen Zürich-Studie (Angst 1993) fanden sich keine erhöhten Raten von Cannabis-Abhängigkeit bei Personen mit primärer sozialer Phobie, und in einer älteren prospektiven Studie an Jungen, die in der ersten Klasse als schüchtern eingeschätzt worden waren, ergab sich zehn Jahre später kein erhöhter Cannabis-Konsum (Ensminger et al. 1982).

„Club Drugs" (Ecstasy, Kokain)

Differenzierte Analysen sind auch in diesem Forschungsfeld rar. Auswertungen der EDSP-Daten zeigen bei Ecstasy-Konsumenten eine insgesamt auffallend hohe Belastung durch psychische Störungen. Es ergaben sich signifikante Assoziationen sowohl mit der Gesamtheit aller Angststörungen als auch mit den meisten einzelnen Angststörungen (Panikattacken, Panikstörung, spezifische Phobie, generalisierte Angststörung, Posttraumatische Belastungsstörung). Die meisten psychischen Störungen, insbesondere die Angststörungen, traten bereits vor dem erstmaligen Ecstasy-Konsum auf: Bei 82,3% aller Ecstasy-Konsumenten lag der Beginn der Angststörung eindeutig vor dem ersten Konsum. Die spezifische Phobie begann sogar in 98,4% der Fälle zeitlich primär, die soziale Phobie in 76,6%, die generalisierte Angststörung in 74,4% und die Panikstörung und Agoraphobie jeweils in gut 60% der Fälle. Zum Vergleich sei angeführt, dass in Bezug auf Ecstasy und Major Depression die Depression nur in 44,5% dem Ecstasy-Konsum vorausging (Lieb et al. 2002).

Die Beziehung zwischen Ängsten und Kokain war bislang nicht Gegenstand epidemiologischer Forschung. Es liegt aber eine Reihe experimenteller Untersuchungen vor, welche aufzeigen, dass der Konsum von Stimulanzien aufgrund der speziellen physiologischen Wirkmechanismen der Drogen die Wahrscheinlichkeit der Entwicklung einer nachfolgenden Angststörung erhöht: Stimulanzien wie Kokain wirken auf das vegetative Nervensystem durch Verstärkung der Wirkung von Katecholaminen an den postsynaptischen Neuronen. Es ist nachgewiesen, dass vor allem chronischer Kokain-Konsum allgemein intensive Angstgefühle, phobische Ängste und physiologische Angstreaktionen produzieren kann (Cox et al. 1990; Sherer 1988; Siegal 1984).

25.3 Fazit und Diskussion bisheriger Forschungsergebnisse

In epidemiologischen und klinischen Studien sowie Familienstudien wurde die Komorbidität von Angststörungen und Substanzstörungen ausreichend belegt. Welche Mechanismen dieser Komorbidität zugrunde liegen, konnte allerdings bisher nicht eindeutig geklärt werden. Es wurden mehrere Wirkmechanismen diskutiert, die in unterschiedlichem Ausmaß durch die Forschung Unterstützung finden:

25.3.1 Angststörungen als Ursache für Substanzstörungen (Selbstmedikation)

Im Sinne der bereits erwähnten Selbstmedikationshypothese (Quitkin et al. 1972), der Spannungsreduktionshypothese (Capell u. Greeley 1987; Conger 1956; Pohorecky 1991) oder der Stressdämpfungshypothese (Levenson et al. 1980) versuchen Personen, ihre Angstsymptomatik oder Stress durch den Konsum von psychotropen Substanzen mit vorwiegend angstmindernder Wirkkomponente zu lindern. Die erzielte negative Verstärkung resultiert in fortgesetztem Substanzkonsum. Eine Reihe experimenteller Untersuchungen, vor allem zur Komorbidität von Angst- und Alkoholstörungen, stützt diese Annahme: Experimentelle Untersuchungen belegen einen von Dosis, Person- und Situationsmerkmalen abhängigen anxiolytischen Alkoholeffekt. In Selbstverabreichungsstudien wurde nachgewiesen, dass sich bestimmte Personen unter experimentellen Angstbedingungen vermehrt Alkohol zuführten. In klinischen Untersuchungen wurde ein verschlechtertes Therapieergebnis bzw. eine erhöhte Rückfallquote bei Alkohol-Patienten festgestellt, wenn zusätzlich eine Angststörung vorlag (Driessen et al. 2001; Tomasson u. Vaglum 1996). Eine Reduktion klinischer Angst durch Medikamente oder Verhaltenstherapie führte bei komorbiden Patienten zu einer Verbesserung der Alkoholproblematik (Kranzler et al. 1994; Randall et al. 2001; Thevos et al. 2000). Ein Hinweis auf eine kausale Verursachung von Alkoholproblemen durch Angststörungen liefern zudem prospektive Analysen unter Gewährleistung einer zeitlichen Reihenfolge des Auftretens, wobei vor allem vorausgehende Panik und soziale Phobie als Risikofaktoren für den nachfolgenden Beginn von Alkoholproblemen ausgemacht werden konnten. Zigaretten und illegale Drogen werden anscheinend ebenfalls zur Selbstmedikation eingenommen: Wie epidemiologische Studien zeigen, ist Nikotinabhängigkeit unter sozial ängstlichen Personen deutlich weiter verbreitet als unter Personen ohne soziale Ängste. Der höchste Prozentsatz abhängiger Raucher findet sich in der EDSP-Studie unter denjenigen, deren soziale Angst auch während des Folgeuntersuchungszeitraums stabil geblieben ist (Müller 2002). Risikofaktoren für den Erstkonsum von illegalen Drogen sind insbesondere im sozialen Bereich und Umweltbereich auszumachen (Glantz u. Pickens 1992). Interessanterweise haben Sozialphobiker anscheinend zunächst vermehrt Hemmungen, mit dem Drogenkonsum zu beginnen. Ist jedoch diese Hemmschwelle überwunden, scheinen sie zu besonders ausgeprägtem Substanzkonsum und dadurch vermehrt zu Substanzstörungen zu neigen (Sydow et al. 2002). Eine wichtige Einflussgröße neben der anxiolytischen Wirkung einer Substanz scheint die Erwartung einer Person zu sein, dass eine Substanz angst- oder stressreduzierende Effekte besitzt (u. a. Himle et al. 1999; Kidorf u. Lang 1999; Kushner et al. 2000).

25.3.2 Substanzstörungen fördern Entwicklung von Angststörungen

Hier wird der Zusammenhang von Substanz- und Angststörungen auf die negativen körperlichen, psychosozialen, legalen oder beruflichen Konsequenzen des Substanzkonsums zurückgeführt. Viele Substanzen können in hohen toxischen Dosen oder bei chronischem Konsum anxiogen wirken und so möglicherweise Angststörungen induzieren. Entzugserscheinungen sind den Symptomen von Angststörungen, insbesondere einer Panikstörung oder generalisierten Angststörung, sehr ähnlich. So könnten sie als potenzielle Auslöser der entsprechenden Angststörung im Sinne einer Sensitivierung der Individuen auf ihre eigenen somatischen Reaktionen dienen (Kushner et al. 1990). Chronischer Substanzkonsum steht möglicherweise der Löschung von Angstreaktionen durch Unterbindung einer natürlichen Desensibilisierung gegenüber den angstbesetzten Reizen entgegen (z. B. Allan 1995; George et al. 1990; Schuckit u. Hesselbrock 1994). In experimentellen Untersuchungen konnte in der Tat eine Angstinduktion durch bestimmte Substanzen, vor allem Alkohol und Stimulanzien wie Kokain, nachgewiesen werden (z. B. Cox et al. 1990; Stockwell et al. 1982). Nikotinabhängigkeit wurde als ein Risikofaktor für die Entwicklung von Panikstörung identifiziert. Neurochemische Befunde lassen unter Beteiligung noradrenerger und GABAerger Prozesse eine Angstinduktion beispielsweise bei chronischem Alkoholkonsum und -entzug durch einen neuronalen Kindling-Prozess plausibel erscheinen (z. B. George et al. 1990). In klinischen Untersuchungen an Alkohol-Patienten konnten erhöhte Angstwerte und neurochemische Veränderungen noch Monate später während der Abstinenz gemessen werden (z. B. Driessen et al. 2001). Erklärungsmangel besteht für dieses Modell hinsichtlich der Tatsache, dass Angststörungen oftmals Substanzstörungen vorausgehen. Gerade Jugendliche und junge Erwachsene weisen nur selten eine lang anhaltende Substanzabhängigkeit oder wiederholten Entzug auf, welche dann in Angststörungen münden könnten.

25.3.3 Positiver Rückkopplungsmechanismus zwischen Angst- und Substanzstörungen

Ein drittes Erklärungsmodell nimmt eine Kombination aus den vorangehend geschilderten Ansätzen („Selbstmedikation" und „Angstinduktion durch Substanzkonsum") an, wobei das Modell vor allem im Hinblick auf Alkohol spezifiziert wurde. Der Zusammenhang von Angst- und Alkoholstörungen wird als Teufelskreis gesehen, das heißt, es liegt eine positive Rückkopplung vor, indem das Vorliegen der einen Störung die Wahrscheinlichkeit der anderen erhöht. Die kurzzeitige Angstreduktion durch Alkoholkonsum kann zusammen mit der langfristig angstinduzierenden Wirkung des chronischen Konsums zu einer Aufwärtsspirale sich verschlimmernder Angstsymptome und des Alkoholkonsums führen, die in der Komorbidität der voll ausgeprägten Störungsbilder resultiert (z. B. Kushner et al. 2000). Unterstützung findet dieses Modell in prospektiven Untersuchungen, welche Angststörungen als Risikofaktoren für Alkoholprobleme und umgekehrt Alkoholprobleme als Risikofaktoren für Angststörungen anführen. Dies konnte in Bezug auf Angststörungen insgesamt (Kushner et al. 1999) sowie für die soziale Phobie im Speziellen (Zimmermann 2003) gezeigt werden.

Verschiedene Forschergruppen gehen davon aus, dass alle Substanzen mit akuter angstmindernder Wirkung und eindeutigem physischem Abhängigkeitspotenzial in ihrer Beziehung zu Angststörungen dem Alkohol ähneln, das heißt in einem reziproken kausalen Verhältnis zu den Störungen stehen könnten (Kushner et al. 2000; Weinberg u. Glantz 1999).

25.3.4 Gemeinsame Ätiologie

Störungen werden unter dieser Perspektive anhand gemeinsamer Vulnerabilitäten/Risikofaktoren oder psychopathologischer Prozesse gruppiert (Wittchen et al. 2000). Der Kern von Angst- und Substanzstörungen wird in einer geteilten Ätiologie gesehen, wobei der Phänotyp der jeweiligen Störung durch unterschiedliche Trigger-Events bestimmt wird. Als gemeinsame Drittvariablen, welche für das Auftreten oder die Aufrechterhaltung beider Störungen verantwortlich sein könnten, werden u. a. genetische Faktoren, biologische Faktoren (z. B. Verschiebungen in der Transmitteraktivität), prä- und perinatale Umweltfaktoren (z. B. Sauerstoffmangel während der Geburt) oder nichtbiologische Faktoren (z. B. zerrüttete Familienverhältnisse, Erziehungsstil, belastende Lebensereignisse) diskutiert (z. B. Kendler et al. 2000; Merikangas et al. 1996). Weinberg und Glantz (1999) vermuten, der Komorbidität von Angststörungen und Störungen aufgrund illegaler Substanzen liege ein nach extremen Sinneseindrücken suchendes Temperament („sensation seeking") zugrunde. Vor allem familiengenetische Studien liefern Anhaltspunkte für die Existenz einer gemeinsamen Ätiologie, indem eine erhöhte Rate von „reiner" Alkoholstörung, also ohne zusätzliche Angststörung, bei Verwandten mit „reiner" Angststörung (ohne zusätzliche Alkoholstörung) nachgewiesen werden konnte (Kreuztransmission). Gemeinsame ätiologische Faktoren wurden insbesondere für die Panikstörung und Alkoholabhängigkeit diskutiert, da eine gemeinsame familiäre Anhäufung gefunden wurde und sich kein zeitliches Muster des Auftretens bei Personen mit beiden Störungen abzeichnet (Merikangas et al. 1998b).

An den teilweise widersprüchlichen Forschungsergebnissen zeigt sich, dass es sich bei der Suche nach den der Komorbidität von Angst- und Substanzstörungen zugrunde liegenden Mechanismen um ein sehr vielschichtiges Forschungsfeld handelt. Die Heterogenität der Ergebnisse kann neben methodischen Aspekten möglicherweise auf unterschiedliche basale Mechanismen zurückgeführt werden – je nach Art der Angst (Panikstörung, soziale Phobie, generalisierte Angststörung etc.), Art der Substanz (Alkohol, Nikotin, Cannabis, „Club Drugs" etc.), Schweregrad der Angst (soziale Hemmung, subklinische soziale Angst, soziale Phobie etc.), Ausprägungsgrad des Substanzkonsums (z. B. gelegentlich, regelmäßig, schädlich), Art der Substanzstörung (Missbrauch vs. Abhängigkeit) oder untersuchter Population. Umso wichtiger ist es, solche Faktoren zukünftig in der Forschung noch stärker zu berücksichtigen. Darüber hinaus wird sowohl die Wirkung von angstlösenden Substanzen auf das Angstgeschehen als auch der Zusammenhang zwischen Angst- und Substanzstörungen durch eine Reihe von Faktoren wie Persönlichkeitsvariablen, Alkoholwirkungserwartungen oder eine positive Familienanamnese hinsichtlich Angst- und Substanzstörungen beeinflusst. Mit entsprechender Komplexität sollte gerechnet werden, wenn die Gültigkeit der unterschiedlichen Wirkmechanismus-Modelle überprüft wird.

Zusammenfassend lässt sich sagen, dass sich für alle vorgestellten Wirkmechanismus-Modelle der Komorbidität von Angst- und Alkoholstörungen Belege finden lassen und alle Modelle einen bestimmten Geltungsbereich zu besitzen scheinen. Die Aufgabe künftiger Forschung sollte es sein, diesen Geltungsbereich eines jeden Modells genauer abzustecken.

Sollte sich ein kausaler Zusammenhang zwischen Angststörungen und Substanzproblemen im Sinne eines Selbstmedikations- oder eines positiven Rückkopplungsmechanismus bestätigen, hätte dies wichtige praktische Implikationen für Diagnostik, Therapie und Prävention. Für die soziale Phobie zeichnet sich ein solcher Mechanismus ab – zumindest im Hinblick auf Alkohol. Bei Patienten, die wegen Substanzproblemen in Behandlung kommen, wäre demnach eine umfassende Diagnostik ratsam, um festzustellen, ob bei den Patienten komorbide Angststörungen vorliegen. Im therapeutischen Bereich wird häufig ausschließlich die Substanzproblematik in den Vordergrund gerückt, während die komorbide Angstsymptomatik vernachlässigt wird. Um Rückfälle zu vermeiden, müssten komorbide Angststörungen jedoch in die Therapie unbedingt einbezogen werden. Bei Maßnahmen zur Prävention von Substanzproblemen könnte verstärkt zielgruppenorientiert vorgegangen und versucht werden, die Risikopopulation der Personen mit Angststörungen verstärkt anzusprechen.

Literatur

Abrams K, Kushner M, Medina KL, Voight A (2001). The pharmacologic and expectancy effects of alcohol on social anxiety in individuals with social phobia. Drug Alcohol Depend; 64: 219–31.

Allan CA (1995). Alcohol problems and anxiety disorders – a critical review. Alcohol Alcohol; 30: 145–51.

Amering M, Bankier B, Berger P, Griengl H, Windhaber J, Katschnig H (1999). Panic disorder and cigarette smoking behavior. Compr Psychiatry; 40: 35–8.

Angst J (1993). Comorbidity of anxiety, phobia, compulsion and depression. Int Clin Psychopharmacol; 8, Suppl 1: 21–5.

Araujo NP, Monteiro MG (1995). Family history of alcoholism and psychiatric co-morbidity in Brazilian male alcoholics and controls. Addiction; 90: 1205–11.

Berkson J (1946). Limitations of the application of fourfold table analysis to hospital data. Biometrics Bull; 2: 47–53.

Bibb JL, Chambless DL (1986). Alcohol use and abuse among diagnosed agoraphobics. Behav Res Ther; 24: 49–58.

Biederman J, Rosenbaum JF, Bolduc-Murphy EA, Faraone SV, Chaloff J, Hirshfeld DR, Kagan J (1993).

A 3-year follow-up of children with and without behavioral inhibition. J Am Acad Child Adolesc Psychiatry; 32: 814–21.
Breslau N, Klein DF (1999). Smoking and panic attacks. An epidemiologic investigation. Arch Gen Psychiatry; 56: 1141–6.
Breslau N, Kilbey M, Andreski P (1991). Nicotine dependence, major depression, and anxiety in young adults. Arch Gen Psychiatry; 48: 1069–74.
Brown SA, Vik PW, McQuaid JR, Patterson TL, Irwin MR, Grant I (1990). Severity of psychosocial stress and outcome of alcoholism treatment. J Abnorm Psychol; 99: 344–8.
Cameron OG, Liepman MR, Curtis GC, Thyer BA (1987). Ethanol retards desensitization of simple phobias in non-alcoholics. Br J Psychiatry; 150: 845–9.
Cappell H, Greeley J (1987). Alcohol and tension reduction: an update on research and theory. In: Blane HT, Leonard KE (eds). Psychological Theories of Drinking and Alcoholism. New York: Guilford Press; 15–54.
Caspi A, Moffit TE, Newman DL, Silva PA (1996). Behavioral observations at age 3 years predict adult psychiatric disorders. Arch Gen Psychiatry; 53: 1033–9.
Conger JJ (1956). Alcoholism: theory, problem and challenge, II: Reinforcement theory and the dynamics of alcoholism. Quart J Stud Alcohol; 13: 296–305.
Cowley DS (1992). Alcohol abuse, substance abuse, and panic disorder. Am J Med; 92, Suppl 1A: 41–8.
Cox BJ, Norton GR, Swinson RP, Endler NS (1990). Substance abuse and panic-related anxiety: a critical review. Behav Res Ther; 28: 385–93.
Crowe RR, Noyes R, Pauls DL, Slymen D (1983). A family study of panic disorder. Arch Gen Psychiatry; 40: 1065–9.
Dea-Nesmith D, Brady K, Wagner M et al. (1994). Substance use and psychiatric disorders in adolescents (abstract). Proc Annu Meet Am Psychpathol Assoc; 147: 54.
Demilio L (1989). Psychiatric syndromes in adolescent substance abusers. Am J Psychiatry; 146: 1212–4.
De Wit DJ, Mac Donald K, Offord DR (1999a). Childhood stress and symptoms of drug dependence in adolescence and early adulthood: social phobia as a mediator. Am J Orthopsychiatry; 69: 61–72.
De Wit DJ, Ogborne A, Offord DR, MacDonald K (1999b). Antecedents of the risk of recovery from DSM-III-R social phobia. Psychol Med; 29: 569–82.
Driessen M, Meier S, Hill A, Wetterling T, Lange W, Junghanns K (2001). The course of anxiety, depression and drinking behaviours after completed detoxification in alcoholics with and without comorbid anxiety and depressive disorders. Alcohol Alcohol; 36: 249–55.
Ensminger ME, Brown CH, Kellam SG (1982). Sex differences in antecedents of substance use among adolescents. J Soc Issues; 38: 25–42.
Essau CA, Conrad J, Peterman F (1998). Häufigkeit und Komorbidität sozialer Ängste und Sozialer Phobie bei Jugendlichen. Fortschr Neurol Psychiatrie; 66: 524–30.
Finn PR, Sharkansky EJ, Viken R, West TL, Sandy J, Bufferd GM (1997). Heterogeneity in the families of sons of alcoholics: the impact of familial vulnerability type on offspring characteristics. J Abnorm Psychol; 106: 26–36.
Friedman AS, Utada AT, Glickman NW, Morrissey MR (1987). Psychopathology as an antecedent to, and as a „consequence" of substance use in adolescence. J Drug Educ; 17: 233–44
George DT, Nutt DJ, Dwyer BA, Linnoila M (1990). Alcoholism and panic disorder: is the comorbidity more than coincidence? Acta Psychiatr Scand; 81: 97–107.
Gilbert DG, Gilbert BO (1995). Personality, psychopathology, and nicotine response as mediators of the genetics of smoking. Behav Gen; 25: 133–47.
Glantz MD, Pickens RW (1992). Vulnerability to drug abuse: introduction and overview. In: Glantz M, Pickens R (eds). Vulnerability to Drug Abuse. Washington, DC: American Psychological Association; 1–14.
Greenbaum PE, Prange ME, Friedman RM, Silver SE (1991). Substance abuse prevalence and comorbidity with other psychiatric disorders among adolescents with severe emotional disturbances. J Am Acad Child Adolesc Psychiatry; 30: 575–83.
Himle JA, Abelson JL, Haghightgou H, Hill EM, Nesse RM, Curtis GC (1999). Effects of alcohol on social phobic anxiety. Am J Psychiatry; 156: 1237–43.
Hovens JG, Cantwell DP, Kiriakos R (1994). Psychiatric comorbidity in hospitalized adolescent substance abusers. J Am Acad Child Adolesc Psychiatry; 33: 476–83.
Isensee B, Wittchen H-U, Stein MB, Höfler M, Lieb R (2003). Smoking increases the risk of panic: findings from a prospective community study. Arch Gen Psychiatry; 60: 692–700.
Janke W (1994). Pharmakologie und Toxikologie. In: Gerber WD, Basler HD, Tewes U (Hrsg). Medizinische Psychologie. München: Urban & Schwarzenberg; 339–63.

Janke W, Netter P (1986). Angstbeeinflussung durch Pharmaka: Methodische Ansätze und Grundprobleme. In: Janke W, Netter P (Hrsg). Angst und Psychopharmaka. Stuttgart: Kohlhammer; 43–68.

Johnson JG, Cohen P, Pine DS, Klein DF, Kasen S, Brook JS (2000). Association between cigarette smoking and anxiety disorders during adolescence and early adulthood. J Am Med Assoc; 284: 2348–51.

Kagan J, Reznick JS, Snidman N (1989). Biological bases of childhood shyness. Science; 240: 167–71.

Kandel DB, Johnson JG, Bird HR, Canino G, Goodman SH, Lahey BB, Regier DA, Schwab-Stone M (1997). Psychiatric disorders associated with substance use among children and adolescents: findings from the Methods for the Epidemiology of Child and Adolescent Mental Disorders (MECA) Study. J Abnorm Child Psychol; 25: 121–32.

Kaplow JB, Curran PJ, Angold A, Costello EJ (2001). The prospective relation between dimensions of anxiety and the initiation of adolescent alcohol use. J Clin Child Psychol; 30: 316–26.

Kendler KS, Walters EE, Neale MC, Kessler RC, Heath AC, Eaves LJ (1995). The structure of the genetic and environmental risk factors for six major psychiatric disorders in women. Phobia, generalized anxiety disorder, panic disorder, bulimia, major depression, and alcoholism. Arch Gen Psychiatry; 52: 374–83.

Kendler KS, Myers J, Prescott CA (2000). Parenting and adult mood, anxiety and substance use disorders in female twins: an epidemiological, multi-informant, retrospective study. Psychol Med; 30: 281–94.

Kessler RC, Crum RM, Warner LA, Nelson CB, Schulenberg J, Anthony JC (1997). Lifetime co-occurrence of DSM-III-R alcohol abuse and dependence with other psychiatric disorders in the National Comorbidity Survey. Arch Gen Psychiatry; 54: 313–21.

Kidorf M, Lang AR (1999). Effects of social anxiety and alcohol expectancies on stress-induced drinking. Psychol Addict Behav; 13: 134–42.

Koppes LLJ, Twisk JWR, Snel J, De Vente W, Kemper HCG (2001). Personality characteristics and alcohol consumption: longitudinal analyses in men and women followed from ages 13 to 32. J Stud Alcohol; 62: 494–500.

Kranzler HR, Burleson JA, Del Boca FK, Babor TF, Korner P, Brown J, Bohn MJ (1994). Buspirone treatment of anxious alcoholics. Arch Gen Psychiatry; 51: 720–31.

Kushner MG, Sher KJ, Beitman BD (1990). The relation between alcohol problems and the anxiety disorders. Am J Psychiatry; 14: 685–95.

Kushner MG, Sher KJ, Erickson DJ (1999). Prospective analysis of the relation between DSM-III anxiety disorders and alcohol use disorders. Am J Psychiatry; 15: 723–32.

Kushner NG, Abrams K, Borchardt C (2000). The relationship between anxiety disorders and alcohol use disorders: a review of major perspectives and findings. Clin Psychol Rev; 20: 149–71.

Lachner G, Wittchen HU (1995). Familiär übertragene Vulnerabilitätsmerkmale für Alkoholmissbrauch und -abhängigkeit. Z Klin Psychol (Sonderdruck); 24: 118–46.

Levenson RW, Sher KJ, Grossman LM, Newman J, Newlin DB (1980). Alcohol and stress response dampening – pharmacological effects, expectancy, and tension reduction. J Abnorm Psychol; 89: 528–38.

Levenson RW, Oyama ON, Meek PS (1987). Greater reinforcement from alcohol for those at risk: parental risk, personality risk, and sex. J Abnorm Psychol; 96: 242–53.

Lieb R, Isensee B, von Sydow K, Wittchen HU (2000). The early developmental stages of psychopathology study (EDSP): a methodological update. Eur Addict Res; 6: 170–82.

Lieb R, Schuetz CG, Pfister H, von Sydow K, Wittchen HU (2002). Mental disorders in ecstasy users: a prospective-longitudinal investigation. Drug Alcohol Depend; 68: 195–207.

Magee WJ, Eation WW, Wittchen HU, McGonagle KA, Kessler RC (1996). Agoraphobia, simple phobia, and social phobia in the National Comorbidity Survey. Arch Gen Psychiatry; 53: 159–68.

Maier W, Minges J, Lichtermann D (1993). Alcoholism and panic disorders: co-occurrence and co-transmission in families. Eur Arch Psychiatry Clin Neurosci; 243: 205–11.

Mathew RJ, Wilson WH, Blazer DG, George LK (1993). Psychiatric disorders in adult children of alcoholics: data from the Epidemiologic Catchment Area Project. Am J Psychiatry; 150: 793–800.

Merikangas KR, Angst J (1995). Comorbidity and social phobia: evidence from clinical, epidemiologic, and genetic studies. Eur Arch Psychiatry Clin Neurosci; 244: 297–303.

Merikangas KR, Stevens D, Fenton B (1996). Comorbidity of alcoholism and anxiety disorders. Alcohol Anx Disord; 20: 100–6.

Merikangas KR, Mehta RL, Molnar BE, Walters EE, Swendsen JD, Aguilar-Gaziola S, Bijl R, Borges G, Caraveo-Anduaga JJ, Dewit DJ, Kolody B, Vega WA, Wittchen HU, Kessler RC (1998a). Comorbidity of substance use disorders with mood and anxiety disorders: results of the International Consortium in Psychiatric Epidemiology. Addict Behav; 23: 893–907.

Merikangas KR, Stevens DE, Fenton B, Stolar M, O'Malley S, Woods SW, Risch N (1998b). Co-morbidity and familial aggregation of alcoholism and anxiety disorders. Psychol Med; 28: 773–88.

Müller N (2002). Die soziale Angststörung bei Jugendlichen und jungen Erwachsenen: Erscheinungsformen, Verlauf und Konsequenzen. Münster, New York, München, Berlin: Waxmann.

Mullan MJ, Gurling HMD, Oppenheim BE, Murray RM (1986). The relationship between alcoholism and neurosis: evidence from a twin study. Br J Psychiatry; 148: 435–41.

Mullaney JA, Trippett CJ (1979). Alcohol dependence and phobias: clinical description and relevance. Br J Psychiatry; 135: 565–73.

Myrick H, Brady KT (1997). Social phobia in cocaine-dependent individuals. Am J Addictions; 6: 99–104.

Noyes R, Crowe RR, Harris EL, Hamra BJ, McChesney CM, Chaudry DR (1986). Relationship between panic disorder and agoraphobia. A family study. Arch Gen Psychiatry; 43: 227–32.

Otto MW, Pollack MH, Sachs GS, O'Neil CA, Rosenbaum JF (1992). Alcohol dependence in panic disorder patients. J Psychiatr Res; 26: 29–38.

Page AC, Andrews G (1996). Do specific anxiety disorders show specific drug problems? Austr N Zeal J Psychiatry; 30: 410–4.

Pohl R, Yerigani VK, Balon, R, Lycaki H, McBride R (1992). Smoking in patients with panic disorder. Psychiatry Res; 43: 253–62.

Pohorecky LA (1991). Stress and alcohol interaction: an update of human research. Alcohol Clin Exp Res; 15: 438–59.

Pohorecky L, Brick J (eds) (1983). Stress and Alcohol Use. Amsterdam: Elsevier.

Poikolainen K, Tuulio-Henriksson A, Aalto-Setälä T, Marttunen M, Lönnquist J (2001). Predictors of alcohol intake and heavy drinking in early adulthood: a 5-year follow-up of 15–19-year-old Finnish adolescents. Alcohol Alcohol; 36: 85–8.

Quitkin FM, Rifkin A, Kaplan J, Klein DF (1972). Phobic anxiety syndrome complicated by drug dependence and addiction – treatable form of drug abuse. Arch Gen Psychiatry; 27: 159–62.

Randall CL, Thomas S, Thevos AK (2001). Concurrent alcoholism and social anxiety disorder: a first step toward developing effective treatments. Alcohol Clin Exp Res; 25: 210–20.

Regier DA, Farmer ME, Rae DS, Locje BZ, Keith SJ, Judd LL, Goodwin FK (1990). Comorbidity of mental disorders with alcohol and other drug abuse. J Am Med Assoc; 264: 2511–8.

Reich W, Earls F, Frankel O, Shayka JJ (1993). Psychopathology in children of alcoholics. J Am Acad Child Adolesc Psychiatry; 32: 995–1002.

Reznick JS, Hegeman IM, Kaufman ER, Woods SW, Jacobs M (1992). Retrospective and concurrent self-report of behavioral inhibition and their relation to adult mental health. Developm Psychopathol; 4: 301–21.

Rohde P, Lewinsohn PM, Seeley JR (1996). Psychiatric comorbidity with problematic alcohol use in high school students. J Am Acad Child Adolesc Psychiatry; 35: 101–9.

Sayette MA, Wilson GT (1991). Intoxication and exposure to stress – effects of temporal patterning. J Abnorm Psychol; 100: 56–62.

Schneider FR, Johnson J, Hornig CD, Liebowitz MR, Weissman MM (1992). Social phobia. Comorbidity and morbidity in an epidemiologic sample. Arch Gen Psychiatry; 49: 282–8.

Schneider U, Altmann A, Baumann M et al. (2001). Comorbid anxiety and affective disorder in alcohol-dependent patients seeking treatment: the first multicenter study in Germany. Alcohol Alcohol; 36: 219–23.

Schuckit MA, Hesselbrock V (1994). Alcohol dependence and anxiety disorders: what is the relationship? Am J Psychiatry; 151: 1723–34.

Schuckit MA, Tipp JE, Bucholz KK, Nurnberger JI, Hesselbrock VM, Crowe RR, Kramer J (1997). The life-time rates of three major mood disorders and four major anxiety disorders in alcoholics and controls. Addiction; 92: 1289–304.

Sher KJ (1987). Stress response dampening. In: Blane HT, Leonard KE (eds). Psychological Theories of Drinking and Alcoholism. New York: Guilford Press; 227–71.

Sherer MA (1988). Intravenous cocaine: psychiatric effects, biological mechanisms. Biol Psychiatry; 24: 865–85.

Siegal RK (1984). Cocaine smoking disorders: diagnosis and treatment. Psychiatr Ann; 14: 728–32.

Sonntag H, Wittchen HU, Höfler M, Kessler RC, Stein MB (2000). Are social fears and DSM-IV social anxiety disorder associated with smoking and nicotine dependence in adolescents and young adults? Eur Psychiatry; 15: 67–74.

Stockwell T, Hodgson R, Rankin H (1982). Tension reduction and the effects of prolonged alcohol consumption. Br J Addiction; 77: 65–73.

Stowell R, Jeremy A (1991). Dual diagnosis issues. Psychiatr Ann; 21: 98–104.

Swendsen JD, Merikangas KR, Canino GJ, Kessler RC, Rubio-Stipec M, Angst J (1998). The comorbidity of alcoholism with anxiety and depressive disorders in four geographic communities. Compr Psychiatry; 39: 176–84.

Swendsen JD, Tennen H, Carney MA, Affleck G, Willard A, Hromi A (2000). Mood and alcohol consumption: an experience sampling test of the self-medication hypothesis. J Abnorm Psychol; 109: 198–204.

Sydow K v, Lieb R, Pfister H, Höfler M, Wittchen HU (2002). What predicts incident use of cannabis and progression to abuse and dependence? A 4-year prospective examination of risk factors in a community sample of adolescents and young adults. Drug Alcohol Depend; 68: 49–64.

Thevos AK, Johnston AL, Latham PK, Randall CL, Adinoff B, Malcolm R (1991). Symptoms of anxiety in inpatient alcoholics with and without DSM-III-R anxiety diagnoses. Alcoholism: Clin Exp Res; 15: 102–5.

Thevos AK, Roberts JS, Thomas SE, Randall CL (2000). Cognitive behavioral therapy delays relapse in female socially phobic alcoholics. Addict Behav; 25: 333–45.

Tomasson K, Vaglum P (1996). Psychopathology and alcohol consumption among treatment-seeking alcoholics: a prospective study. Addiction; 91: 1019–30.

Van Ameringen M, Mancini C, Styan G, Donison D (1991). Relationship of social phobia with other psychiatric illness. J Aff Disord; 21: 93–9.

Weinberg NZ, Glantz MD (1999). Child psychopathology risk factors for drug abuse: overview. J Clin Child Psychol; 28: 290–7.

Wilson GT, Abrams DB, Lipscomb T (1980). Effects of increasing levels of intoxication and drinking pattern on social anxiety. J Stud Alcohol; 41: 250–64.

Wittchen HU, Perkonigg A, Lachner G, Neslon CG (1998). Early developmental stages of psychopathology study (EDSP): objectives and design. Eur Addict Res; 4: 18–27.

Wittchen HU, Stein MB, Kessler RC (1999). Social fears and social phobia in a community sample of adolescents and young adults: prevalence, risk factors and co-morbidity. Psychol Med; 29: 309–23.

Wittchen HU, Kessler RC, Pfister H, Lieb R (2000). Why do people with anxiety disorders become depressed? A prospective-longitudinal community study. Acta Psychiatr Scand; 102, Suppl 406: 14–23.

Zimmermann P (2003). Die Bedeutung von Angststörungen für die Entwicklung von erhöhtem Alkoholkonsum und Alkoholstörungen bei Jugendlichen und jungen Erwachsenen. Dissertationsschrift, Technische Universität Dresden (http://nbn-resolving.de/urn:nbn:de:swb:14-1058363386328-17550).

Zimmermann P, Wittchen HU, Höfler M, Pfister H, Kessler R, Lieb R (2003). Primary anxiety disorders and the development of subsequent alcohol use disorders: a four-year community study of adolescents and young adults. Psychol Med; 33: 1211–22.

26 Depression und Depressivität

Inge Seiffge-Krenke

Alle Menschen haben während ihres Lebens schon mal einen Gemütszustand erlebt, der depressive Grundtöne enthält. Für ein Kind kann eine solche Situation ausgelöst sein etwa durch den Tod eines Tieres oder der Großeltern und für einen Frühadoleszenten durch die Trennung von einem besten Freund oder der besten Freundin oder durch das Auflösen einer ersten romantischen Beziehung. Es gibt jedoch einen Punkt, an dem dieses Gefühl aufhört, eine normale Reaktion auf Verlust zu sein und sich zu einer schweren psychischen Störung entwickeln kann. Die dramatischen Folgen einer solchen Veränderung, die in der letzten Konsequenz dazu führen können, dass „normale Sorgen" mit pathologischer Trauer beantwortet werden, zeigen sich in den wenigen, doch durchaus gut belegten Fällen von Selbstmord im Kindesalter, die Israel Orbach (1990) in dem Buch „Kinder, die nicht leben wollen" beschrieben hat.

Auch wenn heute Einigkeit darüber herrscht, dass solche Gefühlszustände bei Kindern ebenso beobachtet werden können wie bei Jugendlichen und Erwachsenen, ist es noch nicht ganz 40 Jahre her, dass die meisten Kliniker die Existenz von schweren depressiven Störungen im Kindesalter verneinten. Der Hintergrund für diese Sichtweise lag überwiegend in dem Glauben, dass Kinder noch nicht über reife psychische und kognitive Strukturen verfügen, die einen echten Trauerprozess ermöglichen. Forschungsbefunde der letzten Dekaden zeigen allerdings, dass Kinder nicht nur das gesamte Spektrum von „mood disorders" haben können, sondern dass sie genauso Opfer von Morbidität und Mortalität im Zusammenhang mit Depression und Depressivität werden können. Suizid und Depression spielen in der Pädiatrie eine zunehmende Rolle.

Das Spektrum depressiver Erkrankungen reicht von einfacher Traurigkeit bis zur Major Depression und bipolaren Störungen. Auch die schweren Formen von Depression, die 2% aller präadoleszenten Kinder und 4 bis 8% aller Jugendlichen beeinträchtigen (Shugart u. Lopez 2002), bleiben häufig für lange Zeit unerkannt. Einige Untersucher haben dies auf die Schwierigkeit, Depression speziell bei Kindern zu diagnostizieren, zurückgeführt und argumentiert, dass Depression oft versteckt ist in Verhaltensproblemen wie Aggression, Hyperaktivität und Lerndefiziten (Nissen 1995). Dies ist auch der Grund, weshalb Diagnostik und diagnostische Probleme in diesem Beitrag eine relativ prominente Rolle spielen. Es ist in diesem Zusammenhang darauf hinzuweisen, dass Statistiken und Diagnose-Inventare in der Regel Kinder und Jugendliche zu einer gemeinsamen Gruppe zusammenfassen und selten zwischen beiden Altersgruppen differenzieren. Da das Risiko für Schulversagen und Suizid bei depressiven Kindern und Jugendlichen relativ hoch ist, ist eine prompte psychotherapeutische Versorgung notwendig. Auf diese therapeutischen Möglichkeiten wird ebenfalls eingegangen.

26.1 Klinische Symptome

Bevor die verschiedenen Typen von Depression und Depressivität vorgestellt werden, seien kurz die klinischen Symptome von Depression dargestellt. Sie betreffen vor allem die schweren Formen, sind jedoch für eine erste Orientierung in diesem Krankheitsbild ebenfalls nützlich. Es gibt vier Bereiche, in denen charakteristische Beeinträchtigungen bei einer Depression gefunden werden:
- den physiologischen Bereich
- den verhaltensmäßigen Bereich
- den affektiven Bereich
- den kognitiven Bereich

Was die physiologischen Symptome angeht, so ist auffällig, dass bei depressiven Kindern und Jugendlichen bedeutsame Veränderungen im Appetit und im Gewicht zu finden sind, und zwar aufgrund der Tatsache, dass sie ihr Interesse am Essen verlieren. Eher seltener kommt erhöhter Appetit vor. Ein weiteres häufiges körperliches Symptom ist verändertes Schlafverhalten, wobei man auf der einen Seite besonders viele Albträume findet, auf der anderen Seite aber auch Einschlafprobleme. Auch Hypersomnie wurde gefunden, allerdings seltener. Dabei handelt es sich um Kinder und Jugendliche, die früh aufwachen bzw. in der Mitte der Nacht aufwachen. In seltenen Fällen hat man bei Jugendlichen beobachtet, dass der Menstruationszyklus unterbrochen wird, möglicherweise aber eher aufgrund des starken Gewichtsverlustes.

Neben dramatischen Veränderungen in der körperlichen Erscheinung sind es Verhaltenssymptome, die häufig als indikativ für eine depressive Störung angesehen werden. Es ist charakteristisch für depressive Kinder und Jugendliche, dass sie psychomotorisch sehr verlangsamt sind, ein Phänomen, das häufig begleitet wird von sozialer Isolation und einer bedeutsamen Verschlechterung ihrer schulischen Leistungen. Bei Kindern kann man im offenen Verhalten häufig plötzliche Agitation, Irritierbarkeit und Reizbarkeit feststellen. Für Adoleszente ist eher typisch, dass sie sich besonders schmutzig und verwahrlost kleiden, also ein genereller Verlust persönlicher Hygiene auftritt. Auffällig sind bei depressiven Kindern und Jugendlichen ihre langsamen Körperbewegungen und ihre geringe Initiative, neue Aktivitäten durchzuführen; auch die Sprache wird langsam und vorsichtig, monosyllabisch und von kurzen Sätzen geprägt. Bei Jugendlichen können depressive Störungen auch mit antisozialem Verhalten verbunden sein, wie Weglaufen, extremer Irritierbarkeit und Stimmungsveränderungen. Der affektive Bereich ist bei einer Depression besonders deutlich beeinträchtigt. Kinder und Jugendliche mit einer solchen Störung sind apathisch, haben jegliches Interesse an Beziehungen und Aktivitäten verloren, die sie vorher interessiert hatten, scheinen traurig ohne offenkundigen Anlass, können sich über nichts freuen, sind sehr irritierbar und ängstlich. Gedanken über den Tod treten auf und werden teilweise auch mitgeteilt. Scheinbar unmotiviertes Weinen wird ebenfalls berichtet.

Was den kognitiven Bereich angeht, so sind negative Meinungen über sich selbst, eine negative Sicht der Welt und der Zukunft häufig. Der Verlust von Interesse, Schwierigkeiten, sich zu konzentrieren, Entscheidungen zu fällen, und der Verlust jeglicher Energie und Motivation machen das Leben zu einer Bürde. Todesideen entstehen und beschäftigen diese Kinder und Jugendlichen.

26.2 Diagnostik

Aufgrund ihrer unauffälligen Verhaltenscharakteristika und der Tatsache, dass sich diese in sozialen Interaktionen selten störend auswirken, werden depressive Symptome sowohl von Eltern und Lehrern, aber auch von Psychologen und Ärzten häufig übersehen (Puura et al. 1998; Reynolds 1990). Forschungsarbeiten, die den Selbstbericht von Kindern und Jugendlichen den Angaben ihrer Eltern gegenüberstellen (vgl. Döpfner et al. 1997; Seiffge-Krenke et al. 1997), fanden regelhaft, dass in den Selbstberichten von Kindern und Jugendlichen höhere Werte für depressive Symptome auftauchen als in den Einschätzungen ihrer Eltern. Dies lässt darauf schließen, dass Eltern in bestimmte Symptome und Erlebnisweisen ihrer Kinder keinen ausreichenden Einblick haben. Diese „Unsichtbarkeit" der Symptome von Depression stellt ein großes Problem dar. Für eine relativ große Anzahl der betroffenen Kinder und Jugendlichen gilt darüber hinaus, dass sich das depressive Erleben nicht „auswächst", sondern bis ins Erwachsenenalter persistiert und mit gravierenden psychosozialen Beeinträchtigungen einhergehen kann (Fleming et al. 1993). Für diese Kinder und Jugendlichen stellen depressive Symptome Prädiktoren späterer Störungen und Fehlanpassungen dar, insbesondere im affektiven Bereich (Lewinsohn et al. 1993; Steinhausen 1996).

26.2.1 Depressions-Typen

Für das Jugendalter hat sich die Unterscheidung in drei verschiedene Formen depressiver Störungen als sehr hilfreich erwiesen, die vermutlich auch in dieser Form auf das Kindesalter zutreffen:

- Die **depressive Stimmung** ist gekennzeichnet durch eine traurige, freudlose und unlustbetonte Stimmung über einen unspezifischen Zeitraum. Etwa 30 bis 70% einer nichtklinischen Stichprobe geben an, zu irgendeinem Zeitpunkt ihrer Adoleszenz von depressiver Stimmung betroffen zu sein (Seiffge-Krenke 1998). Solche Formen sind im subklinischen Bereich, solange sie zeitlich begrenzt auftreten, offenkundig eher die Regel als die Ausnahme.
- Bei dem **depressiven Syndrom** handelt es sich um eine spezifische Symptomkonfiguration. Hierzu zählen Befunde auf der kognitiven und motivationalen Ebene (wie z. B. Konzentrationsstörungen und Interessenverlust), auf der Verhaltensebene (z. B. passiv-gehemmtes Verhalten oder ängstlich agitiertes Verhalten) und auf der somatischen Ebene (z. B. Schlaf- und Appetitstörungen).
- **Depressive Störungen** hingegen werden nur bei Vorliegen spezifischer Symptommuster diagnostiziert, wie sie in den gängigen Diagnose-Systemen (ICD-10 und DSM-IV) beschrieben werden.

Compas et al. (1993) integrieren diese drei Formen depressiver Beeinträchtigung anhand eines hierarchischen Modells. Den Autoren zufolge liegt die Prävalenzrate depressiver Stimmung im Jugendalter im angloamerikanischen Sprachraum zwischen 15 und 40%, für das depressive Syndrom bei 5 bis 6% und für die depressive Störung bei 1 bis 3%. Wichtig ist, dass das depressive Syndrom, anders als die depressive Stimmung, auch Angstsymptome enthält und die depressive Störung durch weitere somatische und vegetative Symptome gekennzeichnet ist.

26.2.2 Verfahren zur Erfassung klinisch bedeutsamer Depression

Im Folgenden geht es besonders um klinisch relevante Krankheitsbilder, also depressive Syndrome bzw. Störungen, die unbedingt einer Behandlung bedürfen. In der psychologischen und psychiatrischen Praxis gibt es zwei wichtige Klassifikationssysteme für psychische Störungen, die ICD-10 und das DSM-IV, mit deren Hilfe auch Depression bei Kindern diagnostiziert werden kann. Während die ICD-10 überwiegend in Europa benutzt wird, ist das DSM-IV das hauptsächliche diagnostische Instrumentarium für Nord-, Zentral- und Südamerika. Man muss jedoch hinzufügen, dass diese beiden gängigen Klassifikationssysteme für den deutschen Sprachraum (das DSM-IV von Saß et al. 1998 und die ICD-10 von Dilling et al. 1999) – ungeachtet der Forderung seitens der Entwicklungspsychopathologie nach einer expliziten Berücksichtigung des Entwicklungsaspektes – sowohl hinsichtlich der Diagnostik als auch in Bezug auf die Therapie altersunspezifisch sind. Es ist jedoch offenkundig, dass bei Kindern und Jugendlichen die depressiven Symptome vom Entwicklungsniveau abhängig sind, so u. a. von den kognitiven Voraussetzun-

Tab. 26-1 Diagnostik-Kriterien für eine Major Depression nach DSM-IV.

Mindestens 5 der folgenden Symptome bestehen während einer zweiwöchigen Periode:
• depressive Stimmung über den ganzen Tag
• Verlust an Interesse und Lebensfreude
• bedeutsamer Gewichtsverlust oder Gewichtszunahme
• Schlafstörungen
• motorische Verlangsamung oder Agitation
• Müdigkeit und Energieverlust fast den ganzen Tag
• Gefühl von Wertlosigkeit und Schuld fast den ganzen Tag
• Schwierigkeit zu denken oder sich zu konzentrieren
• häufige Gedanken an Tod, suizidale Gedanken oder Äußerungen spezifischer suizidaler Pläne

gen (Reicher 2000). Kinder und Jugendliche werden also im Rahmen dieser gängigen Diagnostik weitgehend anhand der gleichen Kategorien diagnostiziert, die auch auf Erwachsene angewandt werden.

Ein Großteil der neueren Forschungsbeiträge zu depressiven Erkrankungen im Kindes- und Jugendalter stammt aus dem angloamerikanischen Raum und beruht auf den Kriterien des DSM-IV, wobei sich die meisten Studien mit der Major Depression befassen.

Nach dem DSM-IV (s. Tab. 26-1) bestehen die Kernsymptome einer Major Depression in einer depressiven, niedergedrückten Stimmung sowie einem Verlust von Interesse und Freude. Im Kindes- und Jugendalter kann sich die Stimmungsbeeinträchtigung auch in erhöhter Irritabilität oder Gereiztheit äußern. Diese Kernsymptome sollten über mindestens zwei Wochen bestehen. Des Weiteren sollten mindestens vier Symptome aus folgenden Bereichen zutreffen:

- somatisch-vegetativer Bereich (Ess-Störungen und Schlafstörungen)
- kognitiver Bereich (Schuldgefühle, Konzentrationsprobleme und Selbstwertbeeinträchtigung)
- Bereich des offenen Verhaltens (agitiertes Verhalten bzw. Verlangsamung)

Eine weitere Form depressiver Störungsbilder sind dysthyme Störungen, die weniger gravierend sind, jedoch auch zu den chronischen Störungsbildern gehören. Das Kernsymptom stellt eine niedergedrückte bzw. reizbare Stimmung über einen Zeitraum von mindestens einem Jahr dar. Darüber hinaus sollten mindestens zwei zusätzliche Symptome auftreten. Während dieser Zeitperiode sollte nicht länger als zwei Monate Symptomfreiheit bestehen. Bei Kindern führt eine dysthyme Störung oft zu einer starken Beeinträchtigung der schulischen Leistung und der sozialen Kontakte. Wir wissen gegenwärtig noch nicht, ob es sich bei diesen beiden Formen der Depression lediglich um unterschiedliche Schweregrade von Symptomatiken oder um qualitativ unterschiedliche Formen handelt. Einige Autoren, wie etwa Cicchetti und Toth (1998), sprechen eher von einem kontinuierlichen Übergang zwischen den verschiedenen Schweregraden als von einem Sprung vom Normalen ins Pathologische. Moderate Ausprägungen depressiver Symptome erhöhen nachweislich das Risiko für das Auftreten klinisch relevanter Depressionen bei Jugendlichen (Nolen-Hoeksema u. Girgus 1995), und ähnliche Zusammenhänge muss man auch bei Kindern vermuten.

Für die dysthyme Störung gilt, dass der emotionale Zustand von Depressivität während der meisten Zeit des Tages deutlich für das Kind oder andere wahrnehmbar ist; während eines Jahres sollten die Kinder nicht weniger als zwei Monate symptomfrei sein.

Die ICD-10 klassifiziert depressive Störungen als depressive Episoden (entsprechend der Major Depression im DSM-IV). Diese depressiven Episoden werden in leichte, mittelgradige und schwere Episoden ohne psychotische Symptome und schwere mit psychotischen Symptomen unterteilt. Weitere Formen sind „rezidivierende depressive Störungen" und „dysthymische Störungen".

26.2.3 Probleme

Depressive Kinder und Jugendliche können auffällig traurig sein, sie interessieren sich nicht mehr für die alltäglichen Dinge, die ihnen früher Spaß gemacht haben, sie klagen häufig über Körpersymptome wie Kopf- oder Magenschmerzen und weisen hohe Fehlzeiten in der Schule bzw. schlechte Schulleistungen auf. Sie scheinen gelangweilt und energielos und haben Konzentrationsprobleme. Veränderungen im Schlaf- und Essverhalten sind, wie bereits ausgeführt, häufige Zeichen von Depression, vor allem bei Kindern.

Ein großes Problem für Psychiater und Psychologen ist, dass depressive Symptome von Kindern generell verdeckt werden können von Veränderungen des sozialen Verhaltens wie Aggression, Hyperaktivität, Enuresis usw. (Nissen 1995). Auch fällt es Kindern häufig schwer, Gefühle von Trauer sprachlich auszudrücken. Daher müssen depressive Symptome vom offen beobachtbaren Verhalten geschlossen werden. Aufgrund dieser diagnostischen Schwierigkeiten verlassen sich Kliniker häufig auch auf den Bericht der Eltern, obwohl es, wie bereits erwähnt, nicht besonders große Zusammenhänge zwischen den Selbstberichten von Kindern bzw. Jugendlichen und den Berichten ihrer Eltern gibt. Im Schulalter können Kinder familiäre Konflikte intensiv erleben und auch auf schulbezogene Konflikte mit niedrigem Selbstwert und ausgesprochenen Schuldgefühlen reagieren. Diese innere Konfusion wird jedoch häufiger durch körperliche Beschwerden wie Kopf- und Magenschmerzen oder Angstsymptome ausgedrückt, u. a. Schulangst, statt durch ein offenes Ansprechen von Gefühlen von Depressivität und Angst. Häufig kann man auch finden, dass depressive Kinder und Jugendliche versuchen, ihren niedrigen Selbstwert zu kompensieren, indem sie besonders bemüht sind, es anderen recht zu machen.

Die Diagnostik depressiver Störungen im Kindes- und Jugendalter verlangt also eine besondere Sorgfalt und gute Instrumente, gerade aufgrund der Vielzahl von medizinischen und körperbezogenen Beschwerden, die die Depression maskieren können. Wie oben bereits ausgeführt, sind nicht nur diagnostische Kriterien aus unterschiedlichen Bereichen heranzuziehen, es ist vor allem auch auf die zeitliche Erstreckung der Symptomatik und insbesondere auf Phasen von Symptomfreiheit zu achten, um eine Differenzialdiagnose zwischen schweren Formen im Vergleich zu leichten Formen zu ermöglichen.

Die körperliche Untersuchung kann weitere Aufschlüsse über verändertes Schlaf- und Essverhalten sowie Gewichtsveränderungen geben. Ein psychologisches oder kinder- und jugendpsychiatrisches Interview sollte die Geschichte der Entwicklung von Symptomen, ihr erstmaliges Auftreten, ihre Dauer, Häufigkeit und Intensität zum Gegenstand haben. Medizinische und psychologische bzw. psychiatrische Untersuchungen sind auch deswegen notwendig, weil Depression mit vielen anderen psychiatrischen Komorbiditäten assoziiert sein kann und besonders häufig bei Kindern vorkommt, die unter anderen chronischen Erkrankungen leiden. Das klinische Interview sollte entsprechend der Altersgruppe und dem Entwicklungsstand des Kindes angepasst sein. Das Interview kann also von einem unstrukturierten Spielinterview und einer Beobachtung der Eltern-Kind-Interaktion mit kleineren Kindern bis zu halboffenen Fragen im Schulalter und einem Gespräch im Jugendalter variieren. Eine neurologische Untersuchung ist ebenso wichtig, um neurologische und hirnorganische Ursachen auszuschließen.

26.2.4 Komorbidität mit anderen Störungen

Besondere diagnostische Probleme entstehen auch dadurch, dass die Depression bzw. Depressivität nicht allein auftritt, sondern mit weiteren psychischen Beeinträchtigungen einhergehen kann. Insbesondere im Jugendalter sind reine Depressionen eher die Ausnahme. Compas und Hammen (1996) berichten die höchsten Komorbiditätsraten zwischen depressiven Störungen und Angststörungen, während geringere Komorbiditäten zwischen Depressivität und Substanz- bzw. Drogenmissbrauch und Ess-Störungen vorliegen. Insbesondere bei Mädchen geht Fend (2000) zufolge die depressive Symptomatik häufig mit erhöhter Leistungsangst und somatischen Symptomen einher.

Aber auch im subklinischen Bereich lassen sich mäßige bis hohe Korrelationen ($r = 0{,}40$ bis $r = 0{,}70$) zwischen Angst und Depressionsmaßen nachweisen. Dieser Zusammenhang entsteht möglicherweise durch die Unbeliebtheit der depressiven Jugendlichen und die Zurückweisung durch die Peergroup (Kusch u. Petermann 1997).

Relevant wird das Komorbiditätsproblem insbesondere im Rahmen von Diagnostik und Therapie. Die Gefahr, dass bei starken Verhaltensauffälligkeiten eine möglicherweise vorhandene depressive Symptomatik übersehen wird, ist groß. „*Das, was Eltern und Lehrer als verhaltensauffällig beurteilen, empfinden die Kinder selbst als unglücklich und depressiv*", schreibt Reicher (2000, S. 38). Therapeutisch von großer Relevanz ist, dass das Auftreten komorbider Störungen meistens mit einem früheren Einsetzen, einer stärkeren psychosozialen Beeinträchtigung und einem ungünstigeren Störungsverlauf einhergeht (Bird et al. 1993).

26.3 Epidemiologie

Kinder und Jugendliche werden gewöhnlich in einer Inanspruchnahme-Population gemeinsam untersucht. Auffällig sind deutliche altersabhängige Geschlechtseffekte (Merikangas u. Angst 1995; Resch 1996):
- Bei Mädchen werden allgemein häufiger internalisierende Störungen wie Depression, Angststörungen und Ess-Störungen sowie körperliche Beschwerden diagnostiziert (Plück et al. 2000).
- Jungen zeigen hingegen höhere Prävalenzraten in externalisierenden Verhaltensweisen wie Hyperaktivitätsstörungen, aggressivem und sozial unangepasstem Verhalten.

Während es in der Kindheit noch keine Geschlechterunterschiede in Bezug auf Depressivität und Depression gibt, wird ab der Adoleszenz der Anteil von Mädchen, bei denen diese Störungsformen diagnostiziert werden, immer größer und führt schließlich zu 2- bis 3-mal so hohen Raten als bei Jungen.

Depressive Störungen gehören zwar zu den häufigsten psychiatrischen Störungen (Essau u. Dobson 1999; Lewinsohn et al. 1994), trotz der Bedeutung dieses Krankheitsbildes bleiben aber immer noch 70 bis 80% der depressiven Kinder und Jugendlichen unbehandelt (Cicchetti u. Toth 1998). Nach Steinhausen (1996) liegt die Prävalenzrate für die Major Depression bei Kindern etwa bei 3% und bei Jugendlichen zwischen 0,4 und 6,4%. Cicchetti und Toth (1998) nennen eine Prävalenzrate von ca. 5 bis 10% für depressive Störungen im Jugendalter. In der Adoleszenz kommt es relativ zum Kindesalter zu einer starken Zunahme depressiver Störungen, insbesondere, wie erwähnt, bei den Mädchen. Rutter und Sandberg (1985) fanden eine insgesamt 4-fach höhere Inzidenzrate depressiver Störungen in der Adoleszenz, verglichen mit der im Kindesalter. Dabei nähern sich die Prävalenzraten depressiver Störungen den für das Erwachsenenalter gefundenen Häufigkeiten an. Auch die Geschlechterunterschiede entsprechen ab dem Jugendalter denen des Erwachsenenalters. In den meisten Studien wird davon berichtet, dass ab der Pubertät zwei depressive Mädchen auf einen depressiven Jungen kommen.

Insgesamt hat die Lebenszeitprävalenz depressiver Störungen im letzten Jahrhundert stetig zugenommen (Diekstra 1995). Depressive Symptome auf subklinischem Niveau – die oben beschriebene depressive Stimmung – haben eine relativ hohe Prävalenzrate. Compas et al. (1993) berichten von über 30%. In einer Untersuchung an 15 000 niederländischen Schülern fand Diekstra (1995), dass sich 13% häufig einsam fühlen, 20% ein ausgesprochen negatives Selbstbild haben, 19% von Selbstmordgedanken berichten und 5% bereits einmal versucht haben, sich umzubringen. Der durchschnittliche Beginn depressiver Störungen liegt verschiedenen epidemiologischen Studien zufolge bei etwa 14 Jahren (Lewinsohn et al. 1993). In klinischen Studien wird jedoch auch ein früheres Erstmanifestationsalter berichtet (Reicher 2000). Dieser frühe Beginn depressiver Störungen wirkt sich deutlich negativ auf die soziale, persönliche, familiäre und schulische Entwicklung von Kindern aus (Fleming et al. 1993).

26.4 Ursachen

Was die Ätiologie von Depressionen angeht, so sind die meisten Studien an Erwachsenen vorgenommen worden, während relativ wenige Studien an Kindern und Jugendlichen durchgeführt wurden. Im Rahmen von biologischen Modellen stehen neuroendokrine, biochemische und genetische Annahmen im Vordergrund. Dies ist in Bezug auf Depression vor allem im Hinblick auf hormonelle Veränderungen diskutiert worden, insbesondere, da man einen Anstieg bei weiblichen Personen mit der Pubertät und später erneut in der Menopause beobachtet hat. Demgegenüber stellen psychosoziale Modelle, die vor allem auf die klassische psychoanalytische Theorie der Depression rekurrieren, die Reaktion auf Liebesverlust und Trennung in den Vordergrund. Neben der Häufung familiärer Belastungen – wie Verlustereignisse, Deprivation und Konfliktsituationen – wird von verschiedenen Autoren eine allgemeine Vulnerabilität angenommen, die bei vorhandenen Risiken auf biologischer und psychosozialer Ebene in besonderer Weise zur Wirkung kommt (Resch 1996). Unter den Risikofaktoren, die Hautzinger (1996) für die Entstehung depressiver Symptome und depressiver Störungen im Kindes- und Jugendalter verantwortlich macht, fallen neben kritischen Lebensereignissen (Verluste, Trennungen) besonders ungünstige Bewältigungsstile, kognitive Verzerrungen und defizitäre soziale Kompetenzen auf.

Die meisten Autoren bevorzugen demnach komplexe Erklärungsansätze, die verschiedene Ursachen integrieren. Im Folgenden werden wir auf einige ausgewählte ätiologische Faktoren eingehen.

26.4.1 Kognitive Verzerrungen

In verhaltenstheoretischen Modellen wird Depression als Konsequenz eines Mangels an positiver Verstärkung bzw. an sozialen Fertigkeiten zur Erreichung positiver Verstärkung betrachtet (Lewinsohn et al. 1994). In diesem Rahmen werden auch Konzepte der erlernten Hilflosigkeit und der kognitiven Verzerrung, wie sie aus der Forschung an erwachsenen Depressiven bekannt sind, diskutiert. Habermas (2001) argumentiert mit Zusammenhängen zwischen einem depressiven Attributionsstil und Depressivität, die von der Kindheit bis zum Jugendalter stetig zunehmen. Es wird immer wieder darauf hingewiesen, dass depressive Personen von Übergeneralisierungen und willkürlicher Verzerrung ihrer Erfahrung berichten. Für Habermas erklärt sich die Zunahme depressiver Störungen von der Kindheit zum Jugendalter anhand des Voranschreitens der allgemeinen kognitiven Entwicklung. Erst ab der späten Kindheit erfolgt die Selbstbewertung durch soziale Vergleiche. Die für jüngere Kinder typische Selbstüberschätzung nimmt ab, und die Kinder sind realistischeren Vergleichen ausgesetzt. Die Diskrepanz zwischen Realität und Idealselbst-Bild vergrößert sich und ist mit depressiven Symptomen assoziiert. In der Tat konnten Asarnow et al. (1987) einen Zusammenhang zwischen Verzerrung der Selbstwahrnehmung und Depressivität an einer Stichprobe von 13- bis 18-jährigen Kindern und Jugendlichen belegen. Fend und Schröer (1989) fanden eine signifikante Beziehung zwischen dem Ausmaß negativer selbstbezogener Kognitionen von Kindern im Alter von 12 Jahren und der Depressionsneigung derselben Kinder im 16. und 17. Lebensjahr. Depressive Verstimmungen führen die Autoren darauf zurück, dass die Aufmerksamkeit von rationalen Entscheidungs- und Planungsnotwendigkeiten abgezogen wird und in kreisförmiger Selbstreflexion auf die eigene Befindlichkeit konzentriert ist. Diese kreisförmige Selbstreflexion wirkt sich in Lebensphasen besonders nachteilig aus, in denen wesentliche Entwicklungsaufgaben anstehen, die eine aktive Bewältigung erfordern. Diese Überlegungen sind sicher in Bezug auf Depressivität und Depression zu berücksichtigen, sie erklären jedoch nicht die proportional stärkeren Zunahmen bei Mädchen.

26.4.2 Häufung von Stressoren und unangemessene Bewältigungsstile

Heute ist die Rolle psychosozialer Stressoren im Rahmen der Depressionsgenese unumstritten. Allerdings ist auffällig, dass die Korrelationskoeffizienten des Zusammenhangs zwischen kritischen Lebensereignissen und depressiven Störungen geringer ausfallen als zwischen alltäglichen Stressoren und depressiven Störungen (Seiffge-Krenke 2000b). Der Effekt alltäglicher Stressoren sowie kritischer Lebensereignisse ist allerdings eher unspezifisch und lässt sich Nummer und Seiffge-Krenke (2001) zufolge auch bei anderen Störungsbildern nachweisen. Signifikante Korrelationen zwischen diesen beiden unterschiedlichen Stressoren deuten darauf hin, dass kritische Lebensereignisse eine Vielzahl alltäglicher Stressoren zur Folge haben können, was wiederum die Depressionsneigung erhöht (Seiffge-Krenke u. Klessinger 2001).

Der Anstieg der Depression sowohl auf klinischem als auch auf subklinischem Niveau wird häufig mit der Zunahme normativer Stressoren im Jugendalter, etwa im Vergleich zur Kindheit, in Verbindung gebracht (Compas et al. 1993; Seiffge-Krenke 1998). Verschiedene Studien weisen darüber hinaus auf eine zunehmende Gefährdung der Jugendlichen durch makrostrukturelle gesellschaftliche Bedingungen hin und unterstreichen, dass Jugendliche seismographisch auf diese Veränderungen reagieren (Schulenberg et al. 1997). In diesem Zusammenhang wird vor allem die deutlich höhere subjektive Stressbelastung von weiblichen Jugendlichen betont. Sie finden sich durch die gleichen Alltagsstressoren doppelt so stark belastet wie ihre männlichen Altersgenossen und neigen dazu, eher neutrale Stressoren in stark belastende Beziehungsstressoren umzudeuten (Seiffge-Krenke 1998).

In der Forschung an Erwachsenen wird bereits seit längerem ein bestimmter Coping-Stil diskutiert: Rumination, das Auf-der-Stelle-Treten, dass das Auftreten von Depressionen erhöhen und die Dauer depressiver Episoden verlängern soll (Nolen-Hoeksema 1987). Nolen-Hoeksema (1991) geht davon aus, dass die bei weiblichen Depressiven höheren Ruminationsraten mit verantwortlich sind für die häufigeren und lang andauernden depressiven Phasen, verglichen etwa mit männlichen Patienten.

In der Tat legen die bislang gefundenen Geschlechterunterschiede in Bezug auf bestimmte Coping-Stile eine Verbindung zwischen vermeidendem Coping und Depression nahe, welche für Mädchen stärker ausgeprägt sein könnte als für Jungen. In diesem Zusammenhang unterscheidet Seiffge-Krenke (2000a) konzeptuell zwischen funktionalen und dysfunktionalen Coping-Stilen. Funktionales Coping bezieht sich auf die Anstrengungen, ein Problem durch aktives Suchen nach Unterstützung, das Reflektieren möglicher Lösungen und durch konkrete Handlungen zu lösen. Ein dysfunktionaler Coping-Stil kann den Rückzug vom Stressor, dessen Leugnung oder die Vermeidung der Suche nach Lösungen umfassen. Dieser Coping-Stil läuft darauf hinaus, dass das Problem im Moment nicht bewältigt wird. In ihrem Coping-Defizit-Modell gehen Asarnow et al. (1987) davon aus, dass diese Defizite in den Bewältigungsfertigkeiten eng mit der depressiven Symptombelastung zusammenhängen. Sie nehmen sogar an, dass dysfunktionale Coping-Strategien der Entwicklung depressiver Störungen vorausgehen.

Tatsächlich bestätigen verschiedene Studien, dass in klinisch auffälligen Gruppen Rückzug und Vermeidung nahezu doppelt so häufig auftreten wie in nichtklinischen Stichproben, und zwar unabhängig vom jeweilig zu bewältigenden Stressor (Seiffge-Krenke 1998). Verschiedene Studien haben insbesondere den Zusammenhang zwischen Vermeidung und Depression bzw. depressiven Symptomen bei Jugendlichen untersucht. So fanden Ebata und Moos (1991), dass depressive Jugendliche signifikant häufiger Vermeidung und seltener annäherungsorientiertes Coping einsetzten als etwa nichtklinische Gruppen. Ein niedriges Ausmaß an Aktivität und Defizite im Coping wurden auch in anderen Studien an depressiven Jugendlichen gefunden. Chan (1995) belegte ebenfalls, dass Jugendliche mit hoher Ausprägung depressiver Symptome noch häufiger von Vermeidung berichten als Jugendliche mit geringer Ausprägung. Herman-Stahl et al. (1995) fanden in der Tat, dass Jugendliche mit aktiver Bewältigung die wenigsten Symptome berichteten, Vermeider dagegen die meisten. Probanden, die innerhalb eines Jahres von annäherndem Coping zur Vermeidung wechselten, wiesen auch einen signifikanten Anstieg depressiver Symptome am Ende dieses Jahres auf, während depressive Symptome bei denjenigen Probanden nachließen, die von Vermeidung zu annäherungsorientiertem Coping übergingen. Dieser Zusammenhang konnte von Seiffge-Krenke (2000b) in einer vierjährigen Längsschnittstudie bestätigt werden.

Alle Formen der Vermeidung also, unabhängig davon, ob sie zeitlich stabil zu mehreren früheren Zeitpunkten benutzt oder erst relativ kurzfristig eingesetzt wurden, standen demnach mit hohen Werten depressiver Symptome bis zu zwei Jahre später in Beziehung. Auch Goodman et al. (1995) konnten nachweisen, dass Personen mit hoher Stressbelastung und Kompetenzen zur angemessenen Problemlösung weniger depressive Symptome berichteten als Personen mit der gleichen Stressbelastung, aber defizitären Coping-Stilen.

26.4.3 Warum sind mehr Mädchen depressiv?

Die gerade geschilderten Geschlechterunterschiede in der Stresswahrnehmung und im Coping-Stil könnten die zunehmenden Geschlechterunterschiede in Depression bzw. Depressivität erklären. Wie schon erwähnt, zeigen Studien zur Epidemiologie depressiver Störungen im Erwachsenenalter, dass Frauen im Vergleich zu Männern doppelt so häufig von Depressionen betroffen sind (Saß et al. 1998). Bereits weibliche Jugendliche sind von diesen Störungen auf klinischem, aber auch auf subklinischem Niveau stärker betroffen (Steinhausen u. Winkler-Metzke 2000). Während die Symptombelastung bei Jungen in etwa gleich bleibt, findet sich bei den weiblichen Jugendlichen ab der mittleren Adoleszenz ein starker Anstieg der depressiven Symptombelastung (Leadbeater et al. 1995). In mehreren Studien wurden erste bedeutsame Geschlechterunterschiede im Alter von 13 bzw. 14 Jahren gefunden (Essau u. Dobson 1999; Nummer u. Seiffge-Krenke 2001). Dies hängt u. a. mit dem Beginn der Pubertät zusammen (Petersen et al. 1991). In der Tat fanden Angold et al. (1998), dass die körperliche Reife die Entstehung der depressiven Symptome besser erklärt als etwa das reale Alter. Die pubertätsbedingten Veränderungen des Hormonspiegels können einen direkten Effekt auf die Stimmung haben, aber auch in Interaktion mit psychosozialen Faktoren Einfluss auf die depressive Stimmung nehmen. Dass es in der Tat zu einem Anstieg von Depressionen in Abhängigkeit von der körperlichen Reife kommt, konnten Seiffge-Krenke und Stemmler (2002) nachweisen. Frühreife Mädchen hatten höhere Depressionswerte als spätreife Mädchen. In dieser Studie konnten auch Stress in der Beziehung zur Mutter und ein negatives Körperbild als ätiologische Faktoren gesichert werden. Eine Erklärung für diesen Befund könnte sein, dass Töchtern im Vergleich zu Söhnen weniger Unabhängigkeit zugestanden wird und dass sie entsprechend unter höherer mütterlicher Kontrolle stehen und mehr Konflikte über Autonomie entstehen. Konflikte mit der Mutter waren in allen Altersstufen in der Studie von Seiffge-Krenke und Stemmler für Mädchen ein signifikanter Risikofaktor für Depressivität, während sich dies bei Jungen nicht fand. Damit wurde belegt, dass nicht alle Beziehungsstressoren als Risikofaktor anzusehen sind. Stress in Beziehungen zu Freunden zum Beispiel stellte sich in dieser Längsschnittstudie nicht als ätiologischer Faktor zur Erklärung von Geschlechterunterschieden bei depressiven Symptomen heraus. Unterstrichen werden sollte nochmals, dass neben diesen genannten Risikofaktoren auch Frühreife bei den Mädchen, die dreimal so häufig in dieser Stichprobe vorkam, einen substanziellen Risikofaktor für die Entstehung depressiver Symptome darstellte.

Eine weitere Variable, die möglicherweise die zunehmenden Geschlechterunterschiede erklärt, ist das Selbstkonzept. Es ist ein substanzieller Befund, dass das Selbstkonzept von der Kindheit zum Jugendalter negativer wird und dass weibliche Kinder und Jugendliche ein negativeres Selbstkonzept haben. Grant et al. (1999) vermuten daher, dass die höhere depressive Belastung weiblicher Jugendlicher durch ein negativeres Selbst- und Körperkonzept vermittelt wird.

Im Zusammenhang mit den Beziehungsstressoren ist im Übrigen noch darauf hinzuweisen, dass die soziale Unterstützung durch Freunde, die ansonsten in der Regel eine stresspuffernde Funktion hat, bei weiblichen Jugendlichen auch stressverstärkend wirken kann (Waligora 2002). Zwar erhöht die Abhängigkeit weiblicher Selbstbewertung vom Urteil anderer die Gefahr, depressiv zu werden, doch stellen soziale Netzwerke, die weibliche Jugendliche nachhaltiger pflegen als männliche Jugendliche, auch zugleich effiziente Puffer gegen die Entstehung depressiver Symptome dar. Dies verdeutlichen die Risiken und Ressourcen sozialer Beziehungen vor allem für Mädchen. Charakteristisch für das Bewältigungsverhalten von weiblichen Jugendlichen ist auch ihr sehr widersprüchliches Bewältigungsverhalten im Umgang mit Stressoren, das einerseits durch hohe Aktivität, aber andererseits durch ein hohes Ausmaß an Problemvermeidung gekennzeichnet ist (Nieder u. Seiffge-Krenke 2001). Während sich Jungen in belastenden Situationen eher abzulenken scheinen, tendieren weibliche Jugendliche stärker zu einer Fokussierung auf belastende Ereignisse im Sinne des oben dargestellten ruminierenden Copings, das nachweislich zu einer Verlängerung und Häufung depressiver Episoden beiträgt.

26.5 Behandlung

Studien über die Behandlung von Depressionen im Kindesalter sind selten (Weisz et al. 2006). Die meisten der vorgeschlagenen Behandlungsstrategien sind von der Behandlung Erwachsener abgeleitet. Ähnlich wie bei Erwachsenen besteht bei der Behandlung erkrankter Kinder eine optimale Behandlung in einem multidisziplinären Ansatz, der Psychotherapie, in schweren Fällen auch eine pharmakologische Behandlung sowie sozialpädagogische Ansätze für die Kinder und ihre Familien enthält.

Psychotherapie kann sinnvoll sein als Initialtherapie für Kinder mit milder und moderater Depression, aber auch als Ergänzung der Medikation für solche mit schwerer Depression. Sie kann entsprechend Spieltherapie, psychoanalytische Therapie, stützende Therapie oder Familien- und Gruppentherapie sowie Kognitive Verhaltenstherapie umfassen. Es ist wichtig, den kognitiven und emotionalen Entwicklungsstand des Kindes festzustellen, um sich für den angemessensten Ansatz zu entscheiden. Die Spieltherapie und das Training der Eltern können besonders angemessen für depressive Vorschulkinder sein, während psychoanalytische Verfahren und Kognitive Verhaltenstherapie eher angemessen für ältere Schulkinder und Jugendliche sind.

26.5.1 Pharmakologische Begleittherapie

Die pharmakologische Intervention ist vor allem bei schweren Fällen von Depression (d. h. bei depressiven Störungen wie der Major Depression) angezeigt und sollte immer mit einer angemessenen psychotherapeutischen Behandlung kombiniert werden. In der Regel werden trizyklische Antidepressiva gegeben, etwa die selektiven Serotonin-Wiederaufnahmehemmer (SSRI) oder Monoaminoxidasehemmer (MAOH). Die medizinische Therapie depressiver Kinder ist von Kontroversen bestimmt, und man vermutet eine hohe Plazebowirkung bei Kindern, die Antidepressiva bekommen haben. Die trizyklischen Antidepressiva waren die zuerst verfügbare pharmakologische Therapie für Depression bei Kindern. Einige Studien sprechen von Verbesserungsraten von 60 bis 80% bei Kindern, die eine Major Depression hatten. Dieses Medikament wird häufig auch bei Aufmerksamkeitsdefizitstörungen (ADS) gegeben. Nebenwirkungen der trizyklischen Antidepressiva sind eine leichte Gewichtszunahme und schwerwiegende, kardiotoxische Effekte. Immerhin wurden Todesfälle von Kindern berichtet, die therapeutische Dosierungen von trizyklischen Antidepressiva bekommen haben. Aufgrund dieses letalen Potenzials sollte man mit pharmakologischer Therapie äußerst vorsichtig sein, insbesondere wenn man kleine Kinder vor sich hat, deren Metabolismus sich unter der Medikation sehr stark verändern kann. Insbesondere kontraindiziert sind die antidepressiven Therapien bei Kindern mit Herzerkrankungen.

Die selektiven Serotonin-Wiederaufnahmehemmer (SSRI) werden häufig bevorzugt in der pharmakologischen Therapie, weil sie relativ sicher sind. Auch sie haben Nebeneffekte wie etwa leichte gastrointestinale Verstimmungen, Sedierungen und Aktivitationssymptome. Außerdem können sie manische Symptome auslösen. Betrachtet man die Komorbiditätsraten bei Kindern, so können trizyklische Antidepressiva angebracht sein bei denjenigen Kindern, die milde oder moderate depressive Störungen haben, die in Verbindung mit Aufmerksamkeitsdefizitstörungen oder Enuresis stehen. Es gibt Hinweise darauf, dass die SSRI für Kinder, die depressive Störungen in Komorbidität mit Zwangs- und Angststörungen haben, angemessener sind.

26.5.2 Verhaltenstherapie

Verhaltenstherapeutische Ansätze haben kein eigenes entwicklungsbezogenes Konzept, sondern basieren beispielsweise auf dem für Erwachsene entwickelten Ansatz von Lewinsohn. Man versucht, das inadäquate Verhalten von Rückzug und Passivität aufzugreifen, und bittet den Patienten, ein umfangreiches tägliches Aktivitätsprogramm zu absolvieren, bei dem er oder sie jeweils angibt, was er getan hat und wie angenehm dies für ihn war. Ziel ist letztlich, angenehme oder lustbetonte Aktivitäten bei den Patienten zu verstärken.

In ähnlicher Weise lehnt sich die kognitive Therapie bei Kindern an den Ansatz von Seligman (1975) zur erlernten Hilflosigkeit für Erwachsene an und versucht, die negativen automatischen Gedanken und Ideen zu durchbrechen. Auch hier führt der Patient ein Tagebuch, aus dem der Therapeut dann die Ereignisse entnehmen kann, die negative Gedanken und Gefühle ausgelöst haben. Letztlich ist das Ziel der Kognitiven Verhaltenstherapie, den Patienten zu trainieren, selbst destruktive Gedanken durch logische Interpretation der Realität zu ersetzen. Es liegt auf der Hand, dass ein solcher Ansatz für Kinder erst ab einer gewissen kognitiven Reife möglich ist.

Kognitive Verhaltenstherapie wird in der Regel bei 10-jährigen und älteren Kindern und Jugendlichen eingesetzt. Sie versucht, negative Kognitionen über sich selbst und die Welt, die zur Depression beitragen, ausfindig zu machen und systematisch durch erfreulichere zu ersetzen. Man fand, dass die Kognitive Verhaltenstherapie sowohl kurzfristig als auch langfristig effektiv in der Behandlung von Jugendlichen mit Depressionen und dysphorischer Verstimmung ist.

26.5.3 Soziales Kompetenztraining

Wie bereits beschrieben, fehlen vielen Kindern und Jugendlichen angemessene Bewältigungsformen und Problemlösestrategien, um mit Stressoren umzugehen. Vor allem die bislang gefundenen Geschlechterunterschiede in Bezug auf bestimmte Coping-Stile legen eine Verbindung zwischen dysfunktionalen Coping-Stilen und Depression nahe. Insbesondere bei Mädchen wurden Rückzug und vermeidendes Coping gefunden, die sicher keine puffernden Effekte bei Stress haben, sondern ganz im Gegenteil die Effekte von Belastung verstärken. In ihrem Coping-Defizit-Modell gehen Asarnow et al. (1987) davon aus, dass diese Defizite in den Bewältigungsfertigkeiten der Entwicklung depressiver Störungen vorausgehen. Das Einüben funktionaler Bewältigungsformen hätte also demnach eine wichtige stabilisierende und protektive Form und sollte schon vor der Pubertät begonnen werden, um den Anstieg von Depressivität bei Mädchen aufzufangen. Soziale Kompetenztrainings, wie sie in verschiedenen Publikationen von Petermann vorgeschlagen werden, setzen am sozialen Lernen an und versuchen, über Verhaltensübungen und Rollenspiel neue und angemessene Formen der Problembewältigung im sozialen Kontext zu vermitteln. Zugleich könnte damit das beeinträchtigte Selbstbild dieser Kinder stabilisiert werden.

26.5.4 Familiensystemtherapie und analytische Einzeltherapie

Eine optimale Behandlung schließt das Kind und seine Familie ein. Dies ist nicht nur notwendig, um die Krankheit zu verstehen, sondern kann die Compliance des Kindes in Bezug auf die Therapie erhöhen. Aber auch für die Eltern ist eine solche Familientherapie ein Gewinn: Eltern entwickeln mehr Verständnis für depressive Tendenzen bei sich selbst und anderen Familienmitgliedern. Es gibt bekanntlich relativ hohe Prävalenzraten von affektiven Störungen bei Verwandten ersten Grades in Bezug auf die Major Depression. Daher ist der Einbezug der Familie dringend notwendig. Insbesondere dann, wenn andere Familienmitglieder ebenfalls depressiv sind, ist eine Familientherapie angezeigt.

Analytisch orientierte oder tiefenpsychologisch fundierte Einzeltherapie wird bei Kindern und Jugendlichen mit depressiven Störungen häufig vorgeschlagen und ist eine angemessene Behandlungsform, wenn die Patienten ausreichende kognitive und affektive Differenziertheit und Behandlungsmotivation mitbringen (Seiffge-Krenke 2007). In der Regel sind Langzeitbehandlungen mit einstündiger Wochenfrequenz indiziert, wobei regelmäßige, die Therapie des Kindes begleitende Elterngespräche stattfinden müssen.

26.6 Suizid

In den USA bringen sich jedes Jahr etwa 5 000 Kinder um (Shugart u. Lopez 2002). Depressive Störungen unterschiedlicher Intensität sind ein Risikofaktor für Suizidversuche: Andrews und Lewinsohn (1992) fanden bei etwa 60% einer Stichprobe klinisch unauffälliger Jugendlicher, die einen Suizidversuch begangen hatten, eine depressive Störung im Vorfeld oder zur Zeit des Suizidversuchs.

Suizid ist eine schreckliche Erfahrung für die Familie und die Freunde, und sie ist umso grausamer, wenn das Opfer ein Kind oder ein Jugendlicher ist. Während der letzten beiden Dekaden ist der Suizid nach Unfällen zur zweithäufigsten Todesursache in dieser Altersgruppe aufgestiegen. Obwohl man selbstverständlich nicht sagen kann, dass Depression einen Suizid verursacht, so gibt es doch einen mittleren Zusammenhang zwischen Depressivität und suizidalem Verhalten bei Teenagern und Kindern; die Korrelationen liegen bei 0,30.

Ein generelles Missverständnis ist, dass Patienten mit einer depressiven Störung ein hohes Risiko haben, zu dem Zeitpunkt Suizid zu begehen, an dem sie schwer depressiv sind. Untersuchungen zeigen, dass das Risiko erst dann ansteigt, wenn depressive Patienten anfangen, ihre Energie und Motivation wiederzuerlangen, das heißt eher in der Mitte oder am Ende einer Behandlung, da sehr schwer depressiven Patienten in der Regel die Kraft fehlt, eine so komplexe Aktivität wie einen Suizid zu vollziehen. Daher findet die größte Anzahl von Suiziden am Wochenende statt, oder wenn die Patienten bereits ihre Therapie beendet haben.

Das Fehlen von Untersuchungen bei kindlichem Suizid macht es sehr schwer, dieses Phänomen zu verstehen. Unter diesen wenigen Studien sind die Arbeiten von Garfinkel et al. (1982) zu nennen, die eine hohe Korrelation zwischen Familieninstabilität und Stress, einer chaotischen Familienatmosphäre und Suizidversuchen fanden. Suizidale Kinder haben eine Vielzahl traumatischer Ereignisse wie Missbrauch oder Verlust von Eltern vor dem 12. Lebensjahr erlebt (Orbach 1990). Ihre Eltern weisen häufig Alkohol- und Drogenmissbrauch auf und stellen ein defizitäres Modell für die Bewältigung von Stress für ihre Kinder dar.

Eine der größten Bedrohungen in dieser Altersgruppe ist die Tendenz, den Suizidversuch zu wiederholen und Suizidversuche von anderen zu imitieren, ein Phänomen, das vor allem bei Schulkindern und Jugendlichen relativ häufig ist, etwa, wenn ein Suizid eines Freundes vorangegangen ist. Ein Suizid in einer Schule erhöht dort das Risiko für andere Kinder und Jugendliche, einen Suizid zu begehen. Aus diesen Gründen hat man Präventionsprogramme für Suizid in besonders bedrohten Umgebungen implementiert.

Ein Suizid ist ein sehr komplexes Phänomen, das nicht nur die Person beeinträchtigt, sondern die gesamte soziale Welt, die zurück bleibt. Die Angehörigen des Opfers reagieren vor allem in der ersten Phase mit schweren Depressionen, gefolgt von einer Periode, in der sie zwischen Ärger und Trauer schwanken. Dieser Ärger kann auf sich selbst gelenkt sein oder gegen andere Personen gerichtet werden. Es wird allerdings zu wenig berücksichtigt, dass auch Therapeuten und Sozialarbeiter, die mit dem Suizid eines ehemaligen Patienten konfrontiert werden, enorm unter diesem Suizid leiden. Sie entwickeln Schuldgefühle und Insuffizienzgefühle, dass sie diesem Kind, diesem Jugendlichen nicht helfen konnten.

26.7 Fazit

Depression und Depressivität wird bei Kindern wegen ihrer „leisen" Verlaufsform und larvierenden Symptome im körperlichen Bereich und Verhaltensbereich oft übersehen. Dabei ist offensichtlich, dass Depression bei Kindern und Jugendlichen fast ebenso häufig auftritt wie bei Erwachsenen. Kinder sind aufgrund ihrer mangelnden Reife und ihrer relativ geringen Fähigkeiten, mit belastenden, stressreichen Ereignissen umzugehen, besonders vulnerabel gegenüber

Umweltfaktoren. Bedingungen wie elterliche Insuffizienz oder Inkonsistenz, Tod von nahe stehenden geliebten Personen oder Missbrauch können diese Vulnerabilität so stark erhöhen, dass es zu einer Entwicklung einer depressiven Störung kommt. Depressive Kinder und Jugendliche zeigen bereits einige Charakteristiken der depressiven Störung, die man bei Erwachsenen findet, jedoch auch alterstypische Symptome. Die Therapieprogramme sind komplex und schließen auch die Behandlung der ganzen Familie, Training sozialer Fähigkeiten und effektiver Problemlösefertigkeiten mit ein.

Literatur

Andrews JA, Lewinsohn PM (1992). Suicidal attempts among older adolescents: prevalence and co-occurrence with psychiatric disorders. J Am Acad Child Adolesc Psychiatry; 31: 655–62.

Angold A, Costello EJ, Worthman CM (1998). Puberty and depression: the roles of age, pubertal status und pubertal timing. Psychol Med; 28: 51–61.

Asarnow JR, Carlson GA, Guthrie D (1987). Coping strategies, hopelessness, and perceived family environments in depressed and suicidal children. J Consult Clin Psychol; 55: 361–6.

Bird HR, Gould MS, Staghezza BM (1993). Patterns of diagnostic comorbidity in a community sample of children aged 9 through 16 years. J Am Acad Child Adolesc Psychiatry; 32: 361–8.

Chan DW (1995). Depressive symptoms and coping strategies among chinese adolescents in Hong Kong. J Youth Adolesc; 24: 267–79.

Cicchetti D, Toth S (1998). Perspectives on research and practice in developmental psychopathology. In: Damon W (ed). Handbook of Child Psychology. 5th ed. Vol. 4: Child Psychology in Practice. New York: Wiley; 479–583.

Compas BE, Hammen CL (1996). Child and adolescent depression: covariation and comorbidity in development. In: Haggerty RJ, Sherrod LR (eds). Stress, Risk and Resilience in Children and Adolescents: Processes, Mechanisms, and Interventions. New York: Cambridge University Press; 225–67.

Compas BE, Ey S, Grant KE (1993). Taxonomy, assessment, and diagnosis of depression during adolescence. Psychol Bull; 114: 323–44.

Diekstra RFW (1995). Depression and suicidal behaviors in adolescence. Sociocultural and time trends. In: Rutter M (ed). Psychosocial Disturbance in Young People: Challenges for Prevention. New York: Cambridge University Press; 212–43.

Dilling H, Mombour W, Schmidt MH (1999). Internationale Klassifikation psychischer Störungen. ICD-10, Kapitel V (F). Klinisch-diagnostische Leitlinien. Göttingen: Huber.

Döpfner M, Plück J, Berner W, Fegert JM, Huss M, Lenz K, Schmeck K, Lehmkuhl U, Poustka F, Lehmkuhl G (1997). Psychische Auffälligkeiten von Kindern und Jugendlichen in Deutschland – Ergebnisse einer repräsentativen Studie: Methodik, Alters-, Geschlechts- und Beurteilereffekte. Z Kind Jugendpsychiatrie Psychother; 25: 218–33.

Ebata AT, Moos RH (1991). Coping and adjustment in distressed and healthy adolescents. J Appl Developm Psychol; 12: 33–54.

Essau CA, Dobson KS (1999). Epidemiology of depressive disorders. In: Essau CA, Petermann F (eds). Depressive Disorders in Children and Adolescents. Northvale, NJ: Jason Aronson Inc.; 69–96.

Fend H (2000). Entwicklungspsychologie des Jugendalters. Opladen: Leske + Buderich.

Fend H, Schröer S (1989). Depressive Verstimmungen in der Adoleszenz – Verbreitungsgrad und Determinanten in einer Normalpopulation. Z Sozialisationsforsch Erziehungssoziol; 4: 26–86.

Fleming JE, Boyle MH, Offord DR (1993). The outcome of adolescent depression in the Ontario Child Health Study Follow-up. J Am Acad Child Adolesc Psychiatry; 32: 28–33.

Garfinkel BD, Froese A, Hood J (1982). Suicide attempts in children and adolescents. Am J Psychiatry; 139: 1257–61.

Goodman SH, Gravitt GW, Kaslow NJ (1995). Social problem solving: a moderator of the relation between negative life stress and depression symptoms in children. J Abnorm Child Psychol; 23: 473–85.

Grant K, Lyons A, Landis D, Cho MH, Scudiero M, Reynolds L, Murphy J, Bryant H (1999). Gender, body image, and depressive symptoms among low-income African American adolescents. J Soc Issues; 55: 299–315.

Habermas T (2001). Die Entwicklung eines stabilen Selbstkonzepts als Beitrag zur Zunahme der Depression im späten Kindesalter und Jugendalter. Z Entwicklungspsychol Päd Psychol; 33: 215–20.

Hautzinger M (1996). Depression. In: Petermann F (Hrsg). Fallbuch der Klinischen Kinderpsychologie. Göttingen: Hogrefe; 147–59.

Herman-Stahl MA, Stemmler M, Peterson AC (1995). Approach and avoidant coping. Implications for adolescent mental health. J Youth Adolesc; 24: 649–65.

Holsen I, Kraft P, Vittersø J (2000). Stability in depressed mood in adolescence: results from a 6-year longitudinal panel study. J Youth Adolesc; 29: 61–78.

Kusch M, Petermann F (1997). Komorbidität von Aggression und Depression. Kindheit und Entwicklung; 6: 212–23.

Leadbeater BJ, Blatt SJ, Quinlan DM (1995). Gender-linked vulnerabilities to depressive symptoms, stress, and problem behaviors in adolescents. J Res Adolesc; 5: 1–29.

Lewinsohn PM, Hops H, Roberts RE, Seeley JR, Rhode P, Andrews JA, Hautzinger M (1992). Affektive Störungen bei Jugendlichen: Prävalenz, Komorbidität und psychosoziale Korrelate. Verhaltenstherapie; 2: 132–9.

Lewinsohn PM, Hops H, Roberts RE, Seeley JR, Andrews JA (1993). Adolescent psychopathology: I. prevalence and incidence of depression and other DSM-III-R disorders in high school students. J Abnorm Psychol; 102: 133–44.

Lewinsohn PM, Rohde P, Hautzinger M (1994). Kognitive Verhaltenstherapie depressiver Störungen im Jugendalter. Forschungsergebnisse und Behandlungsempfehlungen. Psychotherapeut; 39: 353–9.

Merikangas KR, Angst J (1995). The challenge of depressive disorders in adolescence. In: Rutter M (ed). Psychosocial Disturbances in Young People. Cambridge: University Press; 131–65.

Nieder T, Seiffge-Krenke I (2001). Psychosoziale Determination depressiver Symptome im Jugendalter. Prax Kinderpsychol Kinderpsychiatrie; 5: 342–59.

Nissen G (1995). Psychische Störungen im Kindes- und Jugendalter. 3. Aufl. Berlin, Heidelberg, New York: Springer.

Nolen-Hoeksema S (1987). Sex differences in unipolar depression: evidence and theory. Psychol Bull; 101: 259–82.

Nolen-Hoeksema S (1991). Responses to depression and their effects on the duration of depressive episodes. J Abnorm Psychol; 100: 569–82.

Nolen-Hoeksema S, Girgus JS (1995). Explanatory style and achievement, depression, and gender differences in childhood and early adolescence. In: Buchanan GM, Seligman MEP (eds). Explanatory Style. Hillsdale, NJ: Lawrence Erlbaum Associates; 57–70.

Nummer G, Seiffge-Krenke I (2001). Können Unterschiede in der Stresswahrnehmung und -bewältigung Geschlechtsunterschiede in der depressiven Symptombelastung bei Jugendlichen erklären? Z Kind Jugendpsychiatrie Psychother; 29: 89–97.

Orbach I (1990). Kinder, die nicht leben wollen. Göttingen: Sammlung Vandenhoeck.

Petersen AC, Sarigiani PA, Kennedy RE (1991). Adolescent depression: why more girls? J Youth Adolesc; 20: 247–71.

Plück J, Döpfner M, Lehmkuhl G (2000). Internalisierende Auffälligkeiten bei Kindern und Jugendlichen in Deutschland – Ergebnisse der PAK-KID-Studie. Kindheit und Entwicklung; 9: 133–42.

Puura K, Almqvist F, Tamminen T, Piha J, Kumpulainen K, Räsänen E, Moilanen I, Koivisto A-M (1998). Children with symptoms of depression: what do adults see? J Child Psychol Psychiatry; 39: 577–85.

Reicher H (2000). Depressionen bei Kindern und Jugendlichen. Münster: Waxmann.

Resch F (1996). Entwicklungspsychopathologie des Kindes- und Jugendalters. Weinheim: Beltz.

Reynolds WM (1990). Introduction to the nature and study of internalizing disorders in children and adolescents. School Psychol Rev; 19: 137–41.

Rutter M, Sandberg S (1985). Epidemiology of child psychiatric disorder: methodological issues and some substantive findings. Child Psychiatry Hum Dev; 15: 209–33.

Saß H, Wittchen H-U, Zaudig M (1998). Diagnostisches und Statistisches Manual Psychischer Störungen. DSM-IV. 2. Aufl. Göttingen: Hogrefe.

Schulenberg J, Maggs JL, Hurrelmann K (eds) (1997). Health Risks and Developmental Transitions During Adolescence. New York: Cambridge University Press.

Seiffge-Krenke I (1998). Adolescents' Health: A Developmental Perspective. Mahwah: Erlbaum.

Seiffge-Krenke I (2000a). „Annäherer" und „Vermeider": Die langfristigen Auswirkungen bestimmter Coping-Stile auf depressive Symptome. Z Med Psychol; 2: 53–61.

Seiffge-Krenke I (2000b). Causal links between stressful events, coping style, and adolescent symptomatology. J Adolesc; 23: 675–91.

Seiffge-Krenke I (2006). Psychoanalytische Psychotherapie bei Jugendlichen. Stuttgart: Klett-Cotta.

Seiffge-Krenke I, Klessinger N (2001). Gibt es geschlechtsspezifische Faktoren in der Vorhersage depressiver Symptome im Jugendalter? Z Klin Psychol Psychother; 30: 22–32.

Seiffge-Krenke I, Stemmler M (2002). Factors contributing to gender differences in depressive symptoms: a test of three developmental models. J Youth Adolesc; 31: 405–17.

Seiffge-Krenke I, Roth M, Kollmar F (1997). Eignen sich Väter und Mütter zur Einschätzung der Symptombelastung von Söhnen und Töchtern? Diskrepanzen und Selbsteinschätzung der Jugendlichen

im längsschnittlichen Verlauf. Z Klin Psychol; 26: 201–10.
Seligman MEP (1975). Helplessness. On depression, development and death. San Francisco: N.H. Freeman (dt.: Erlernte Hilflosigkeit. Weinheim: Psychologie Verlags Union 1992).
Shugart MA, Lopez EM (2002). Depression in children and adolescents: when „moodiness" merits special attention. Postgrad Med; 112: 130–6.
Steinhausen H-C (1996). Psychische Störungen bei Kindern und Jugendlichen. 3. Aufl. München: Urban & Schwarzenberg.
Steinhausen H-C, Winkler-Metzke C (2000). Adolescent self-rated depressive symptoms in a Swiss epidemiological study. J Youth Adolesc; 29: 427–40.
Waligora K (2002). Depressivität und Körperbeschwerden bei Schülerinnen und Schülern. Mainz: Dissertation.
Weisz RJ, McCarty CA, Valeri SM (2006). Effects of psychotherapy for depression in children and adolescents: a meta-analysis. Psychol Bull; 132: 132–49.

VI
Biologische und psychosoziale Risiken

27 Alkohol – Metabolismus und Reagibilität

Helmut K. Seitz und Gisela E. Seitz

Alkohol ist ein Stoffwechselgift, das nahezu alle Gewebe und Zellen des menschlichen Körpers schädigt. Untersuchungen der letzten Jahre haben gezeigt, dass nicht alle Menschen identisch auf die gleiche Dosis Alkohol reagieren. Es existieren große interindividuelle Unterschiede bezüglich der Alkoholreagibilität und der Alkoholtoxizität. Folgende Faktoren erklären diese unterschiedliche interindividuelle Reaktionsweise:
- unterschiedliche Exposition gegenüber exogenen Faktoren, deren Effekte durch Alkohol moduliert werden (z. B. Medikamente, Drogen, Umwelt- und Arbeitsplatztoxine, Ernährung)
- unterschiedliche zugrunde liegende Begleiterkrankungen oder Erkrankungsdispositionen, die durch akute oder chronische Alkoholzufuhr neu auftreten oder verstärkt werden
- genetische Faktoren, die den Alkoholstoffwechsel und auch die Wirkung von Alkohol oder seines Abbauproduktes Acetaldehyd (AA) auf zellulärer Ebene modifizieren

Da sich das vorliegende Buch in erster Linie mit Suchtgefahren im Kindesalter beschäftigt, also in einem Alter, in dem eigenständige Grunderkrankungen, welche durch die Wirkung von Alkohol modifiziert werden können, eher eine Rarität darstellen, soll im Folgenden vor allem auf genetische Aspekte des Alkoholstoffwechsels sowie auf dessen Wirkung auf Zielorgane eingegangen werden. Einige exogene Faktoren, deren Effekte durch Alkoholzufuhr verstärkt werden können, wie Rauchen, Medikamenteneinnahme und Drogenkonsum, werden zusätzlich Erwähnung finden.

27.1 Metabolismus

Die akute Zufuhr von Alkohol führt zu spezifischen objektiven und subjektiven Erscheinungen, die besonders das Zentralnervensystem betreffen. Diese Empfindungen sind in erster Linie von der Alkoholdosis abhängig und können von leichter Euphorisierung bis hin zum Koma und Tod führen. Die akuten Effekte von Alkohol werden vor allem durch Alkohol selbst, aber auch durch sein erstes Stoffwechselprodukt, Acetaldehyd (AA), vermittelt. Alkohol wird gleichmäßig im Körperwasser verteilt, verändert die Membranfluidität aller biologischer Membranen und beeinflusst Membranproteine (Transmitterrezeptoren) im Zentralnervensystem, was die akute Wirkung im ZNS teilweise erklärt (Rommelspacher 2000).

Alkohol wird über drei Stoffwechselwege verstoffwechselt, nämlich über die Alkoholdehydrogenase (ADH), das Cytochrom-P_{450}-2E1-(CYP 2E1-)System und über die Katalase, die von untergeordneter Bedeutung ist (s. Abb. 27-1). Über 90 % des Alkoholstoffwechsels findet in der Leber statt, das erklärt, warum die Leber besonders anfällig auf Alkohol reagiert. 6 bis 8 % des gesamten Alkoholstoffwechsels findet im Magen statt, als so genannter First-Pass-Stoffwechsel (FPS) von Alkohol, und nur ein kleiner Teil von 1 bis 3 % des Alkohols wird über Lunge, Nieren und Haut ausgeschieden. Im Folgenden sollen die verschiedenen Stoffwechselwege und die damit verbundene Toxizität näher beschrieben werden.

27.1.1 Alkoholdehydrogenase (ADH)

Alkohol unterliegt einem Stoffwechsel über das Enzym ADH, das in nahezu allen Körperzellen vorhanden ist. Dieses Enzym liegt in verschiede-

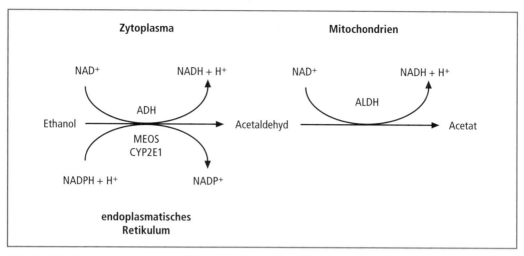

Abb. 27-1 Stoffwechsel von Alkohol und Acetaldehyd in der Leberzelle.

nen Isoenzymformen vor, wobei zwei davon Polymorphismus aufweisen (Bosron et al. 1993). Beim Abbauweg über die ADH entsteht zum einen AA, zum anderen Reduktionsäquivalente in Form von reduziertem Nikotinadenindinukleotid (NADH). Diese Reduktionsäquivalente überfluten die Leber, aber auch andere Gewebe und Reduktionsvorgänge werden im Intermediärstoffwechsel bevorzugt. Das Ergebnis ist u. a. eine Steigerung der Fettsäure- und der Triglyzeridsynthese sowie eine Hemmung des Fettsäure- und Triglyzeridabbaus, was zur Fettleber führt. Des Weiteren kommt es zum Anstieg von Laktat und zu einer Verminderung von Pyruvat. Die Laktaterhöhung in der Leber geht mit einer Laktaterhöhung im Blut einher, was mit einer Verschiebung des pH-Werts und einer metabolischen Acidose verbunden ist. Da diese Acidose auch im Tubulus der Niere vorhanden ist, resultieren daraus eine vermehrte Rückresorption von Harnsäure und letztlich eine Hyperurikämie, was insbesondere bei chronischem Alkoholkonsum auftritt und die Harnsäure im Serum zu einem interessanten Marker für chronischen Alkoholkonsum macht. Mit einer Erhöhung des Laktats ist eine Verminderung der Pyruvatspiegel verknüpft, und da Pyruvat eine bedeutende Vorstufe für die Glukoneogenese darstellt und vermindert zur Verfügung steht, kann eine Hypoglykämie mit entsprechenden klinischen Symptomen die Folge sein (Seitz u. Suter 2000).

Neben dem vermehrten Auftreten von Reduktionsäquivalenten führt die ADH-Reaktion auch zur Produktion von AA, einer hochtoxischen Substanz. AA bindet an Proteine, u. a. an membrangebundene Proteine, wie an den Mitochondrien und an das mikrotubuläre System, was zu schweren Zellschäden führen kann – insbesondere Schäden der Mitochondrien, verknüpft mit einer verminderten ATP-Produktion, aber auch Störungen der Sekretion von Makromolekülen über das mikrotubuläre System, was die Vergrößerung der Leberzellen erklärt. AA bindet weiter an Glutathion und verhindert damit die Detoxifikationsvorgänge. Da es gleichzeitig an DNA bindet und das DNA-Repair-System schädigt, ist AA als karzinogen anzusehen (Seitz et al. 2003). Die Bindung von AA als Hapten an Proteine kann zur Produktion von Neoantigenen führen und somit eine Immunkaskade verursachen, worauf später noch eingegangen werden soll.

27.1.2 Cytochrom P_{450} 2E1 (CYP2E1)

Der zweite Stoffwechselweg, über den Alkohol abgebaut wird, ist das Mikrosomale Ethanol Oxi-

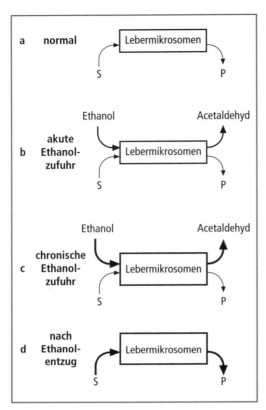

Abb. 27-2 Interaktion zwischen mikrosomalem Stoffwechsel von Ethanol und dem von Arzneimitteln, Xenobiotika und Prokarzinogenen. **a** Ein Substrat (S) wird in ein Produkt (P) umgewandelt. **b** In der Gegenwart von Ethanol wird diese Umwandlung gehemmt und dafür Ethanol zu Acetaldehyd verstoffwechselt. **c** Bei chronischer Alkoholzufuhr kommt es zur mikrosomalen Enzyminduktion, wobei noch mehr Ethanol zu Acetaldehyd umgewandelt wird. **d** Wird dann Ethanol entzogen, so wird vermehrt S zu P umgesetzt (beschleunigter Arzneimittelabbau, gesteigerte Produktion von toxischen Intermediärmetaboliten und verstärkte Aktivierung von Prokarzinogenen).

dierende System (MEOS), das CYP2E1-abhängig ist. Dieses Enzymsystem ist durch chronische Alkoholzufuhr induzierbar, wobei bereits kleinere Alkoholmengen von ca. 40 g pro Tag, über ein bis zwei Wochen zu sich genommen, zu einer solchen Induktion führen können (Oneta et al. 2002). Die Induktion ist von Mensch zu Mensch unterschiedlich, wobei die unterschiedliche Induktionssensibilität unklar ist. Innerhalb von drei Tagen nach Alkoholkarenz normalisieren sich die CYP2E1-Aktivitäten wieder. Ist dieses Enzymsystem induziert, kann bis zu 30 % des Alkohols über dieses Enzymsystem metabolisiert werden. Hierbei entsteht nicht nur AA mit den gleichen Folgen wie bereits erwähnt, sondern auch reaktive Sauerstoffspezies, das heißt freie Radikale, die Proteine schädigen, eine Lipidperoxidation verursachen, aber auch DNA-Schäden initiieren können (Albano et al. 1996). Die Induktion von CYP2E1 ist also mit negativen Folgen im Hinblick auf Zellschädigung und Karzinogenese verknüpft (Seitz et al. 2003). Da über dieses Enzymsystem gleichzeitig Medikamente abgebaut werden, kann es in der Gegenwart von Alkohol zu Interaktionen zwischen Medikamentenstoffwechsel und Alkohol kommen (Seitz u. Lieber 2000). So ist der Stoffwechsel von bestimmten Medikamenten, die auch im Kindesalter eingenommen werden, wie Antiepileptika, aber auch das fiebersenkende Mittel Paracetamol und Tuberkulostatika wie Isoniazid in der Gegenwart von Alkohol gehemmt. Dies führt zu einem erhöhten Blutspiegel dieser Medikamente. Wenn Alkohol zum Zeitpunkt der Einnahme dieser Medikamente nicht im Organismus zugegen ist, gleichzeitig aber durch chronische Alkoholzufuhr eine CYP2E1-Induktion besteht, werden diese Medikamente schneller abgebaut, und hochtoxische Intermediärprodukte führen zur Leberschädigung (s. Abb. 27-2). Bei Jugendlichen ist hier besonders das häufig angewandte fiebersenkende Mittel Paracetamol zu nennen, das eine sehr viel größere Toxizität aufweist, wenn Alkohol chronisch getrunken wird, da hierbei die toxischen Metaboliten zu schweren Leberschäden bis hin zum Leberausfallskoma führen können (ebd.). Alkohol steigert über denselben Mechanismus ebenso die Hepatotoxizität von Kokain.

Rauchen von Marihuana (Cannabidiol) kann bei gleichzeitiger Alkoholeinnahme ebenfalls zu Leberschäden führen. Wesentlich häufigere Ursachen von Leberschäden bei Drogenkonsum sind ein gleichzeitiger Alkoholabusus und Virusinfektionen durch gemeinsamen Gebrauch verunreinigter Nadeln sowie durch die Promiskuität dieser Personengruppe. Die Kombination von Alkohol und Drogen scheint die Entwicklung schwerer Alkoholschäden zu begünstigen (Müller u. Schmidt 2000).

Eine ähnliche Aktivierung über CYP2E1 gilt für verschiedene Toxine am Arbeitsplatz, zum Beispiel für Lösungsmittel bei Spritzlackierern und in der Reinigungsindustrie, sowie in der Karzinogenese, was allerdings bei Kindern und Jugendlichen keine entscheidende Bedeutung hat. Eine Zusammenfassung der Substanzen und der Interaktionen geben die Tabelle 27-4 (s. S. 268) und die Abbildung 27-2 wieder. Es soll auch darauf hingewiesen werden, dass in der MEOS-Reaktion Reduktionsäquivalente, die über die ADH-Reaktion entstanden sind, reutilisiert werden, das heißt, eine bestimmte Menge NADH, das über die ADH-Reaktion entsteht, wird nicht den Mitochondrien zugeführt und steht nicht für die ATP-Produktion zur Verfügung. Dies ist wahrscheinlich die Ursache dafür, dass die Alkohol enthaltenen Kalorien so genannte leere Kalorien darstellen, da nicht die gesamten Alkoholkalorien (1 g Alkohol = 7,1 kcal) in ATP umgewandelt werden. An dieser Stelle sei darauf hingewiesen, dass chronische Zufuhr von Alkohol zunächst einmal zu einem Gewichtszuwachs führt, da ja neben den üblichen Kalorien täglich Alkoholkalorien zugeführt werden. Erst wenn die Alkoholkalorien die üblichen Kalorien aus dem täglichen Diätplan verdrängen (chronischer schwerer Alkoholismus), kommt es zur Gewichtsabnahme und zur Mangelernährung. Auch in diesem Zusammenhang wird auf weitere Übersichtsarbeiten verwiesen (Seitz u. Suter 2002).

27.1.3 Acetaldehyddehydrogenase (ALDH)

Das durch die ADH- und CYP2E1-Reaktion entstandene AA wird weiter zu Acetat metabolisiert (s. Abb. 27-1, S. 263). Hierfür stehen effektive AA-Dehydrogenasen (ALDH) zur Verfügung, wobei die ALDH-2 aufgrund ihrer hohen Affinität zu Alkohol und damit ihrer niedrigen Michaelis-Menten-Konstante von besonderer Bedeutung ist. In Geweben, in denen die ALDH-2 in hoher Aktivität vorliegt, scheint unter normalen Bedingungen AA wenig Toxizität zu vermitteln, erst wenn die ALDH-2-Aktivität absinkt, zum Beispiel nach chronischem Alkoholkonsum und Schädigung der Mitochondrien, da ALDH-2 intramitochondrial lokalisiert ist, führt AA zumindest in der Leber zu einer Zellschädigung (Lieber 1997). Interessant ist, dass im Gastrointestinaltrakt zum Teil ein Missverhältnis zwischen AA-produzierenden Enzymen (ADH-Isoenzyme) und ALDH besteht, sodass unter bestimmten Umständen eine AA-Akkumulation vorliegen kann. Da, wie bereits ausgeführt, AA an DNA bindet, ist eine AA-Akkumulation sehr wahrscheinlich eine wichtige Voraussetzung für die alkoholassoziierte Karzinogenese. Mutationen des ALDH-Gens (s. Abschnitt „Genetische Aspekte des Alkoholstoffwechsels") sowie Medikamente und Fremdsubstanzen, die zu einer Aktivitätsminderung der ALDH führen, resultieren in einer Erhöhung der AA-Konzentrationen und der damit verbundenen pathophysiologischen Folgen (Vally u. Thompson 2003).

27.1.4 Gastrointestinale Acetaldehydbiosynthese durch Bakterien

Auch gastrointestinale Bakterien sind in der Lage, aus Alkohol AA zu produzieren. Dies gilt für Bakterien im Mund, Magen (Helicobacter pylori) und Dickdarm (Salaspuro 2003). Die oropharyngeale Produktion von AA wird u. a. durch eine schlechte Mundhygiene und einen schlechten Zahnstatus begünstigt. Adäquate Mundhygiene vermindert die AA-Konzentration in diesem Bereich. Des Weiteren ist darauf hinzuweisen, dass Zigarettenrauchen zu einer Veränderung der bakteriellen Mundflora führt, wobei vermehrt aerobe Bakterien auftreten, die Alkohol zu AA metabolisieren können. Hinzu kommt der AA-Gehalt des Zigarettenrauchs selbst. Aus diesem Grunde lässt es sich leicht erklären, dass chronische Alkoholzufuhr und Zigarettenkonsum zu sehr hohen AA-Konzentrationen im Speichel führen, die mit einem enorm erhöhten

Risiko für Karzinome des oberen Aerodigestivtraktes verbunden sind. Liegt weiterhin ein ADH-1C*1-Polymorphismus oder eine heterozygote ALDH-2*2-Mutation vor, ist das Risiko um einen Faktor von über 100 erhöht (Seitz et al. 2003).

27.1.5 Genetische Aspekte

Wie in der Tabelle 27-1 ausgeführt, existieren sieben verschiedene ADH-Isoenzyme mit unterschiedlicher Lokalisation und unterschiedlicher Enzymkinetik. Die bedeutendsten ADH-Isoenzyme sind die ADH 1A, 1B und 1C, die vor allem in der Leber, aber auch im Gastrointestinaltrakt vorkommen und eine hohe Affinität für Alkohol aufweisen. Diese Enzyme verstoffwechseln Alkohol bereits bei kleinsten Konzentrationen und sind deshalb für die Elimination von Alkohol unerlässlich. ADH 1B und ADH 1C zeigen einen Polymorphismus. Die kinetischen Daten der ADH 1B und ADH 1C sind in der Tabelle 27-2 wiedergegeben (Borras et al. 2000; Lumeng u. Crabb 1994). Während das ADH-1B*2-Allel für ein Enzym kodiert, das eine 40-mal höhere Umsatzgeschwindigkeit für Alkohol besitzt als das ADH-1B*1-Allel, kodiert das ADH-1C-Allel für ein Enzym, welches nur eine 2,5-fach erhöhte Maximalgeschwindigkeit gegenüber dem ADH-1C-Allel aufweist. Die Folge ist, dass Individuen, die mit einem ADH-1B-Allel das korrespondierende Enzym kodieren, so viel AA produzieren,

dass sie gegenüber Alkoholzufuhr geschützt sind. Die hohen AA-Spiegel, die beim kleinsten Alkoholkonsum auftreten, haben einen derartig negativen Effekt, mit Übelkeit, Erbrechen, Tachykardie, Schwitzen und einer Gesichtsröte (Flush), dass diese Individuen keinen Alkohol zu sich nehmen und gegenüber Alkohol lebenslang geschützt sind. Dies gilt insbesondere für homozygote ADH-1B*2-Allel-Träger (Chen et al 1999). Das ADH-1B*2-Allel ist vor allem in der asiatischen Bevölkerung verbreitet, wobei die Allelhäufigkeit in der kaukasischen Bevölkerung mit 1 bis 2 % sehr niedrig ist (Borras et al. 2000).

Bei den Kaukasiern ist die Verteilung des ADH-1C*1- und des ADH-1C*2-Allels ungefähr gleich. Ein akuter Effekt durch dieses Allel besteht wohl nicht, jedoch hat sich gezeigt, dass Individuen, die das ADH-1C*1-Allel besitzen, ein höheres Risiko für bestimmte Karzinome des oberen Aerodigestivtraktes, der Leber und des Kolons aufweisen, wenn sie Alkohol chronisch zu sich nehmen, was sicherlich an den über lange Zeit nachgewiesenen erhöhten AA-Spiegeln, insbesondere im Speichel, liegen mag (Seitz et al. 2003). Ein Bezug zu anderen organischen Erkrankungen durch Alkohol, wie zur Leberzirrhose, zur alkoholischen Pankreatitis oder zur Alkoholkrankheit per se besteht offensichtlich jedoch nicht (Borras et al. 2000).

Alle anderen ADH-Isoformen (ADH 2, 3, 4) zeigen keine Polymorphismen. In diesem Zusammenhang ist es wichtig, dass ADH 4, die so genannte σ-ADH, nur im oberen Gastrointestinaltrakt, vor allem im Magen vorkommt und wesentlich für den FPS von Alkohol verantwortlich zeichnet (s. Tab. 27-3). Im Magen kommen neben der ADH 4 auch die ADH 1 und ADH 3 vor. Verschiedene Faktoren können die Aktivität der Magen-ADH beeinflussen und damit den FPS von Alkohol modifizieren. Es sei an dieser Stelle noch einmal darauf hingewiesen, dass der FPS von Alkohol im Magen nur zu einem geringen Prozentsatz am Gesamtalkoholstoffwechsel partizipiert, jedoch für die lokale Produktion von AA von Bedeutung ist. Faktoren, welche die Magen-ADH und damit die lokale Produktion von AA beeinflussen, sind u. a. Geschlecht, Alter, spezielle Magenerkrankungen wie atrophische Gastritis und die Präsenz von Helicobacter pylori,

Tab. 27-1 ADH-Isoenzyme beim Menschen.

Locus	Peptid
ADH 1A	α
ADH 1B	$β_1$
	$β_2$
	$β_3$
ADH 1C	$γ_1$
	$γ_2$
ADH 4	π
ADH 5	χ
ADH 7	σ
ADH 6	

Tab. 27-2 Kinetische Gleichgewichtskonstanten homodimerer Isoenzyme.

Kinetischer Parameter	ADH 1B			ADH 1C	
	$\beta_1\beta_1$	$\beta_2\beta_2$	$\beta_3\beta_3$	$\gamma_1\gamma_1$	$\gamma_2\gamma_2$
K_m Ethanol (mM)	0,05	0,94	36	1,0	0,63
V_{max} (U/mg)	0,23	8,6	7,9	2,2	0,37

gleichzeitige Einnahme von Medikamenten, zum Beispiel Histamin-Rezeptor-Antagonisten (Cimetidin, Ranitidin) oder Aspirin® (Seitz u. Oneta 1998). Aber auch die Geschwindigkeit der Magenentleerung beeinflusst den FPS im Magen, da die Kontaktzeit mit den entsprechenden Enzymen im Magen bei verzögerter Magenentleerung länger ist (Oneta et al. 1998).

Nicht nur die vermehrte Produktion von AA über ADH-Isoenzyme, sondern auch eine verminderte Detoxifikation von AA über eine Mutation der ALDH führt zu erhöhten AA-Spiegeln. Bei 40% der asiatischen Bevölkerung ist das ALDH-2-Gen heterozygot mutiert, und bei 10% der asiatischen Bevölkerung liegt eine homozygote Mutation vor. Bei einer homozygoten Mutation (ALDH-2*2,2) zeigt das durch das Gen kodierte Enzym keinerlei Aktivität, und Alkohol kann nicht getrunken werden, da AA nicht detoxifiziert werden kann. Die Zufuhr von Alkohol führt zu schweren Krankheitssymptomen. Diese Patienten sind lebenslang gegen alkoholassoziierte Krankheiten geschützt. Die 40% der asiatischen Bevölkerung, die eine heterozygote Genmutation aufweisen, zeigen eine nur 15%ige Aktivität des ALDH-2-Enzyms, verglichen mit der von Kaukasiern. Diese Individuen können Alkohol trinken, zeigen aber schwere Nebeneffekte. Das Flush-Syndrom ist gekennzeichnet durch Tachykardie, Übelkeit und Erbrechen sowie Gesichtsrötung. Diese Menschen haben ein erhöhtes Risiko einer chronischen Erkrankung, wenn sie Alkohol trinken, beispielsweise Leberzirrhose, aber auch Karzinome des oberen Aerodigestivtrakts und des Kolons (Seitz et al. 2001, 2003).

27.2 Interaktion mit Medikamenten, Hormonen und Vitaminen

Auf das gesteigerte toxische Potenzial von bestimmten Medikamenten bei chronischer Alkoholzufuhr wurde bereits in vorangegangenen

Tab. 27-3 Gastrointestinale Alkoholdehydrogenasen.

Klasse	Allele	Peptid-Untereinheit	Lokalisation im Gastrointestinaltrakt	K_m (mM)
I	ADH 1B*1	$\beta_1\beta_1$	Muskelschicht	0,05
	ADH 1B*2	$\beta_2\beta_2$		1
	ADH 1B*3	$\beta_3\beta_3$		36
	ADH 1C*1	$\gamma_1\gamma_1$	Magen, Dünn- und Dickdarm	1
	ADH 1C*2	$\gamma_2\gamma_2$		< 1
II	ADH 4	$\pi\pi$	Leber	34
III	ADH 5	$\chi\chi$	gesamter Gastrointestinaltrakt	n. s.
IV	ADH 7	$\sigma\sigma$	Mund, Speiseröhre, Magen	37
V	ADH 6	?	Magen	?

Tab. 27-4 Xenobiotika, die über das Cytochrom-P_{450}-2E1-System metabolisiert werden und mit Alkohol interagieren.

Wirkstoffe	Chemikalien	Karzinogene	Vitamine
• Acetaminophen	• Aceton	• 2-Acetyl-aminofluoren	• Vitamin A
• Barbiturate	• Anilin	• 2-Amino-fluoren	
• Cyclophosphamid	• Benzol	• 4-Amino-biphenyl	
• Enfluran	• Brombenzol	• Aflatoxin	
• Halothan	• Butanol	• Aminosäure-Pyrrolyzate	
• Isoniacid	• CCl_4	• Benzo[α]pyren	
• Meprobamat	• Pentanol	• Dimethylhydrazin	
• Methadon	• Lösungsmittel	• Nitrosamine	
• Phenylbutazon	• Vinylchlorid		
• Phenytoin			
• Propranolol			
• Rifampicin			
• Tolbutamid			
• Tranquilizer			
• Warfarin			

Abschnitten hingewiesen. Weniger bekannt ist, dass Interaktion von Alkohol und Vitamin A zu einer vermehrten toxischen Wirkung des Vitamins führen kann (s. Tab. 27-4). Da Retinol (Vitamin A) ebenfalls einen Alkohol darstellt, ist leicht verständlich, dass die gleichzeitige Zufuhr von Ethanol den Umbau von Retinol zu Retinsäure (RS) über die ADH hemmt. Das Ergebnis ist eine verminderte Generierung von RS. RS ist essenziell für die Differenzierung von Zellen, wobei hier Proliferationsgene abgeschaltet und Differenzierungsgene angeschaltet werden. Ein verminderter RS-Gehalt in Zellen steigert das Risiko für die Karzinogenese. Es konnte gezeigt werden, dass der Retinol- und RS-Gehalt in der mit Alkohol geschädigten Leber vermindert ist (Leo u. Lieber 1982). Neben einer verminderten Produktion von RS wird gleichzeitig RS über ein durch Alkohol induziertes CYP2E1-System vermehrt abgebaut (Liu et al. 2001). Dieser Abbau führt zu toxischen Metaboliten. In einer groß angelegten Studie der amerikanischen und finnischen Krebsgesellschaft wurde Rauchern β-Carotin gegeben, um das Auftreten eines Lungenkarzinoms zu verhindern. Diese Studie musste abgebrochen werden, da die Individuen, die β-Carotin eingenommen hatten, nach einer gewissen Zeit vermehrt Lungenkarzinome aufwiesen (Alpha tocopherol beta carotene cancer prevention study group 1994). Nach Re-Evaluierung der Daten konnte gezeigt werden, dass Raucher, die gleichzeitig mehr als 11 g Alkohol pro Tag tranken, diese vermehrte Krebsbildung aufwiesen (Albanes et al. 1996). Es ist anzunehmen, dass die verstärkte Metabolisierung von RS und Retinol über CYP2E1 ein Mechanismus für diese gesteigerte Karzinogenese darstellt. Aus diesem Grund ist eine vermehrte Vitamin-A- oder β-Carotin-Gabe bei einem chronischen Alkoholkonsumenten kontraindiziert. Dies hat eine praktische Bedeutung, da heutzutage Vitamin A oft in zu hoher Dosierung auch Kindern und Jugendlichen gegeben wird, unter der fälschlichen Annahme, dadurch gesundheitliche Vorteile zu verschaffen.

Chronische Alkoholzufuhr – auch in kleinen Dosen –, die zu Blutalkoholspiegeln von weniger als 0,2‰ führen, resultieren in einer Erhöhung der Östradiolkonzentration im Blut (Coutelle et al. 2004). Der Mechanismus ist nicht klar. Die Erhöhung wird vor allem in der Mitte des Menstruationszyklus am stärksten beobachtet, da in dieser Phase die höchsten Östradiolspiegel vorliegen. Die Erhöhung kann bis zu 35 % des Basalwerts betragen. Es ist verständlich, dass eine kontinuierliche Erhöhung der Östradiolspiegel ein erhöhtes Brustkrebsrisiko darstellt, da bekannt ist, dass Östradiole für die Brustdrüse eine potenzielle karzinogene Wirkung haben. Je früher also junge Mädchen Alkohol trinken, desto mehr sind sie langfristig erhöhten Östradiolspiegeln ausgesetzt.

27.3 Verursachung und Verstärkung verschiedener Erkrankungen durch Alkohol

Alkohol in moderaten Dosen kann bei prädisponierten Personen Krankheiten zum Ausbruch bringen oder bestehende Grunderkrankungen verstärken. Hierzu zählen einige Stoffwechselerkrankungen sowie Erkrankungen der Leber und des kardiovaskulären Systems (Inoue et al. 2001). So kann Alkohol ein auslösender Faktor für das Auftreten einer akuten intermediären hepatischen Porphyrie sein. Weiterhin können Hyperlipoproteinämie, vor allem mit einer Erhöhung der Triglyzeride, alkoholbedingt sein. Chronische Alkoholzufuhr kann zu Hyperurikämie mit Gichtanfällen führen. Was die Leber angeht, so führt chronische Alkoholzufuhr auch in kleinen Dosen zu einer Verschlechterung einer Hepatitis-B- und -C-Infektion sowie zu einer nichtalkoholischen Fettleber, die in den letzten Jahren insbesondere bei Kindern und Jugendlichen mit enormem Übergewicht beobachtet wurde. Auch die Eisenspeicherkrankheit Hämochromatose wird durch Alkohol verschlechtert.

Alkohol steigert den Blutdruck und führt zu Herzrhythmusstörungen. Häufigste Ursache für Vorhofflimmern bei jungen Leuten ist chronische Alkoholzufuhr. Ebenso kann dies auch zu Durchfällen führen. Im Zentralnervensystem führt Alkohol zu einer Erniedrigung der Krampfschwelle und kann leicht epileptische Anfälle auslösen, was bei empfindlichen Patienten von kritischer Bedeutung ist. Individuen, bei denen eine der genannten Erkrankungen oder eine Prädisposition zu einer solchen Erkrankung vorliegt, reagieren auf Alkohol auch in kleinen Dosen besonders empfindlich. Der Verlauf ihrer Erkrankung wird durch Alkohol ungünstig beeinflusst.

27.4 Immunologische Reaktionsformen auf Alkoholzufuhr

Wenig Daten existieren über allergische oder allergogene Reaktionen auf alkoholische Getränke. Bestimmte Reaktionsformen sind vor allem bei Asiaten, aber auch bei amerikanischen Indianern, bei Eskimos und Mexikanern beschrieben worden, wobei zu erwähnen ist, dass alkoholische Getränke natürlich nicht nur Alkohol beinhalten, sondern Hunderte von verschiedenen Beiprodukten, die einen Nebeneffekt triggern können. So ist bekannt, dass zum Beispiel Sulfitadditive und Histamine für die Sensitivitätsreaktion gegenüber Wein verantwortlich sind, während eine Allergie gegen Getreide und Hefen vor allem durch Bier beobachtet worden ist (Vally u. Thompson 2003). Insbesondere Asthmatiker sind dadurch gefährdet, wobei zum Teil auch lebensbedrohliche Situationen bei Asthmatikern beobachtet wurden. Mehrere epidemiologische Studien wurden publiziert, die über eine spezifische alkoholische Sensitivität berichteten (ebd.). In einer britischen Studie berichteten 32 % der Patienten mit Asthma über eine Verschlechterung ihrer Situation, wenn sie alkoholische Getränke zu sich nahmen, wobei Wein und Bier am häufigsten hierfür verantwortlich gemacht wurden. Interessanterweise wurde von einigen Patienten auch eine Verbesserung ihrer Asthmasituation beobachtet. Dies wurde dadurch erklärt, dass Alkohol einen bronchodilatatorischen Effekt hat. Untersuchungen aus Australien an Asthmatikern zeigten, dass 48 % von 150 konsekutiven Krankenhaus-Patienten eine allergische, eine allergogene oder asthmatische Reaktion nach Alkohol zeigten. 35 % berichteten, dass Alkohol ihr Asthma verschlechterte, wobei 31 % das besonders in Bezug auf Wein angaben. In einer weiteren Übersicht berichteten 366 Asthmatiker über verschiedene Beschwerden, wie Heufieber, Husten, Gesichtsschwellung, Juckreiz, Ekzeme, Kopfschmerz und Asthma, wobei Asthma die häufigste Nebenerscheinung war. Da Wein als die häufigste Ursache angegeben wurde, scheinen Sulfitadditive eine entscheidende Rolle zu spielen. Eine weitere Assoziation wurde zwischen weininduziertem Asthma und aspirinintolerantem Asthma gefunden, wobei ein ähnlicher Mechanismus dem zugrunde liegen mag (Übersicht bei Vally u. Thompson 2003).

Ein möglicher Mechanismus der immunologischen Reaktion auf Alkohol mag in der Tatsache liegen, dass AA sehr schnell an Proteine bindet und ein Neoantigen darstellt, was zu einer Produktion zu Antikörpern führen kann. Diese AA-Adukte können sehr leicht mittels Immunhistologien in verschiedenen Geweben, aber auch in einem Serum nachgewiesen werden. Weitere Antikörper werden gegen das Hydroxyethyl-Radikal gebildet, welches über CYP2E1 produziert wird.

Alkohol hat eine wichtige Funktion in der Immunmodulation. Er besitzt einen immunsuppressiven Effekt, führt zu einer Suppression der Lymphozytenaktivität, einer Hemmung der Mastzelldegranulierung, einer Modulierung der Prostanoidproduktion und einer Hochregulierung der Kortikosteroidproduktion. Diese immunsuppressiven Effekte spielen zusammen mit dem relaxierenden Effekt auf die glatte Muskulatur sicherlich bei der Bronchodilatation eine entscheidende Rolle.

Bei der AA-vermittelten Asthmareaktion spielen wahrscheinlich Histamine eine entscheidende Rolle. Sowohl H_1- als auch H_2-Histamin-Rezeptoren-Antagonisten können die Alkoholintoleranzsymptome blockieren. Es ist jedoch nicht klar, ob die Histamin-Freisetzung als ein Ergebnis der Bindung von AA zu Antikörpern entsteht oder ob AA in der Lage ist, diese Histamin-Freisetzung direkt zu induzieren. Bestimmte Substanzen können die ALDH-Reaktion ebenfalls hemmen und zu Nebenwirkungen führen, wie bei Individuen, die eine mutierte ALDH haben (s. o.). Hierbei ist das Disulfiram (Antabus) am besten bekannt, das bei der Behandlung von Alkoholabhängigen eingesetzt wird. Unter Disulfiram können bereits kleine Alkoholmengen zu schweren Nebenwirkungen führen, da die AA-Spiegel ansteigen. Andere Medikamente haben ebenfalls einen Effekt auf die ALDH, zum Beispiel orale Antidiabetika vom Sulfonylharnstofftyp wie Tolbutamid sowie Antibiotika wie Chloramphenicol, Tolazolin, Griseofulvin und Metronidazol.

27.5 Zusammenfassung

Die Reagibilität und Sensibilität auf akute und chronische Alkoholgabe sind interindividuell äußerst unterschiedlich. Es liegt u. a. daran, dass der Alkoholstoffwechsel einer genetischen Kontrolle unterliegt und alkoholverstoffwechselnde Enzyme einen Polymorphismus oder eine Mutation aufweisen können. Als Ergebnis treten unterschiedlich hohe AA-Spiegel und freie Radikale auf, was zu unterschiedlich schweren Organschäden führen kann. Alkohol, freie Radikale und AA können das Immunsystem unterschiedlich beeinflussen. Alkohol kann ferner die Toxizität, die durch exogene Faktoren auftreten kann, verstärken (Medikamente, Vitamin A, Östrogene, Umwelttoxine, Rauchen, Drogenkonsum). Hinzu kommt, dass Alkohol das Auftreten bestimmter Erkrankungen verstärken kann und auch die Erkrankung per se ungünstig beeinflussen kann. (z. B. Hypertonus, Stoffwechselerkrankungen). Eine besonders ungünstige Kombination stellt Rauchen und gleichzeitiger Alkoholkonsum dar, da das Risiko für Karzinome im oberen Aerodigestivtrakt (Mund, Rachen, Kehlkopf, Speiseröhre) bis um das 100-Fache erhöht werden kann.

Literatur

Albanes D, Hainonen OP, Taylor PR, Virtamo J, Edwards BK, Raut K, Hartmann AM, Palmgren J, Freedman LS, Haapakoski J, Barrett MJ, Malila N, Tala E, Liippo K, Salomaa ER, Tangrea JA, Teppo L, Taskinen E, Erozan Y, Greenwald P, Huttunen JK (1996). Alpha-tocopherol and beta-carotene supplements and lung cancer incidence in the alpha-tocopherol, beta carotene cancer prevention study: effects of base-line characteristics and study compliance. J Natl Cancer Inst; 88: 1560–70.

Albano E, Clot P, Morimotto M, Thomasi A, Ingelmann-Sundberg M, French SW (1996). Role of cytochrome P4502E1-dependent formation of hydroxyethyl free radical in the development of liver damage in rats intragastrically fed with ethanol. Hepatology; 23: 155–63.

Alpha tocopherol beta carotene cancer prevention study group (1994). The effect of vitamin E and beta carotene on the incidents of lung cancer and other cancers in male smokers. N Engl J Med; 330: 1029–35.

Borras E, Coutelle C, Rosell A, Fernandez-Muixi F, Broch M, Crosas B, Hjelmqvist L, Lorenzo A, Gutierez C, Santos M, Szczepanik M, Heilig M, Quatrochi P, Farres J, Vidal F, Richart C, Mach T, Bogdal J, Jornvall H, Seitz HK, Couzigou P, Parex X (2000). Genetic polymorphism of alcohol dehydrogenase in europeans: the ADH2*2 allele decreases the risk for alcoholism and is associated with ADH3*1. Hepatology; 31: 984–9.

Bosron WF, Ehrig T, Li TK (1993). Genetic factors in alcohol metabolism and alcoholism. Seminars Liv Dis; 13: 126–35.

Chen CC, Lu RB, Chen YC, Wang MF, Chang YC, Li TK, Yin SJ (1999). Interaction between the functional polymorphisms of the alcohol-metabolism genes in protection against alcoholism. J Hum Gen; 65: 795–807.

Coutelle C, Höhn B, Benesova M, Oneta CM, Quatrochi P, Roth HJ, Schmidt-Gayk H, Schneeweiss A, Bastert G, Seitz HK (2004). Risk factors in alcohol-associates breast cancer: alcohol dehydrogenase polymorphism and estrogens. Int J Oncol; 24: 1127–32.

Inoue H, Stickel F, Seitz HK (2001). Individuelles Risikoprofil bei chronischem Alkoholkonsum. Aktuelle Ernährungsmedizin; 26: 39–46.

Leo MA, Lieber CS (1982). Hepatic vitamin A depletion in alcoholic liver injury. N Engl J Med; 304: 597–600.

Lieber CS (1997). Alcoholic liver disease. In: G Friedman, ED Jacobson, RW McCallum (Hrsg). Gastrointestinal Pharmacology and Therapeutics. Philadelphia: Lippincott Rave; 465–87.

Liu C, Russell RM, Seitz HK, Wang XD (2001). Ethanol enhances retinoic acid metabolism into polar metabolites in rat liver via induction of cytochrome P4502E1. Gastroenterology; 120: 179–89.

Lumeng L, Crabb EW (1994). Genetic aspects and risk factors in alcoholism and alcoholic liver disease. Gastroenterology; 107: 572–8.

Müller MJ, Schmidt FW (2000). Ernährungsbedingte Leberschäden. In: Schmidt E, Schmidt FW, Manns MP (Hrsg). Lebererkrankungen und Pathophysiologie, Diagnostik, Therapie. Stuttgart: Wissenschaftliche Verlagsgesellschaft.

Oneta CM, Simanowski UA, Martinez M, Allali-Hassani, Pares X, Homann N, Konradt C, Waldherr R, Fiehn W, Coutelle C, Seitz HK (1998). First pass metabolism of ethanol is strikingly influenced by the speed of gastric emptying. Gut; 43: 612–9.

Oneta CM, Lieber CS, Li JJ, Rüttimann S, Schmied B, Lattmann J, Rosman AS, Seitz HK (2002). Dynamics of cytochrome P4502E1 activity in man: induction by ethanol and disappearance during withdrawal phase. J Hepatol; 47–52.

Rommelspacher H (2000). Pathophysiologische Aspekte des Alkoholismus und der alkoholischen ZNS-Schädigung. In: Seitz H, Lieber CS, Simmanowski UA (Hrsg). Handbuch Alkohol/Alkoholismus/alkoholbedingte Organschäden. 2. Aufl. Heidelberg: Johann Ambrosius Barth; 130–45.

Salaspuro MP (2003). Acetaldehyde, microbes, and cancer of the digestive tract. Clin Rev Clin Lab Sci; 40: 183–208.

Seitz HK, Lieber CS (2000). Alkohol und Interaktionen mit Arzneimitteln, Xenobiotika, Arbeitsplatztoxinen und Karzinogenen. In: Seitz HK, Lieber CS, Simanowski UA (Hrsg). Handbuch Alkohol und Alkoholismus/alkoholbedingte Organschäden. 2. Aufl. Heidelberg: Johann Ambrosius Barth; 232–43.

Seitz HK, Oneta CM (1998). Gastrointestinal alcohol dehydrogenase. Nutr Rev; 56: 52–60.

Seitz HK, Suter PM (2000). Alkohol. In: Adler E, Beglinger C, Manns MP, Müller-Liessner S, Schmiegel W (Hrsg). Klinische Gastroenterologie und Stoffwechsel. Berlin, Heidelberg, New York: Springer; 925–42.

Seitz HK, Suter PM (2002). Ethanol toxicity and nutritional status. In: Kottsonis FN, Mackey MA (eds). Nutritional Toxicology. 2nd ed. London, New York: Taylor & Francis; 122–54.

Seitz HK, Matsuzaki S, Yokoyama A, Homann N, Väkeväinen S, Wang XD (2001). Alcohol and cancer. Alcoholism Clin Exp Res; 25, Suppl: 137S–43S.

Seitz HK, Stickel F, Homann N (2003). Pathogenic mechanisms of upper aerodigestiv tract cancer in alcoholics. Int J Cancer; 108: 483–7.

Vally H, Thompson PJ (2003). Allergic and asthmathic reactions to alcoholic drinks. Addict Biol; 8: 3–11.

28 Biologische Grundlagen der Suchtentwicklung

Jochen Wolffgramm und Andrea Heyne

28.1 Selbstkontrolle über den Substanzkonsum?

Die Selbstzufuhr psychoaktiver, das heißt der psychische Zustand verändernder Stoffe gehört zum Alltag menschlicher Gesellschaften. Illegale Drogen spielen statistisch gesehen dabei eine eher untergeordnete Rolle. In der Hauptsache sind es legale Genussmittel und Medikamente, die vom Konsumenten zur Veränderung der Stimmungslage eingesetzt werden. In Europa wird die Rangliste dieser legalen psychoaktiven Substanzen von Alkohol, Nikotin (bzw. Tabakprodukten), Koffein (Kaffee, Tee und Softdrinks) sowie Benzodiazepinen (Beruhigungs- und Schlafmittel) angeführt. Der Konsum dieser Wirkstoffe ist Teil des persönlichen Lebensstils, er wird vom Verbraucher häufig gezielt zu Genusszwecken oder zur Problembewältigung eingesetzt. Dass dabei Risiken nicht auszuschließen sind, ist hinlänglich bekannt. Vor allem die Gefahr gesundheitlicher Schäden durch längeren Konsum von Alkohol und Tabakprodukten dürfte fast jedem Alkoholtrinker oder Raucher schon einmal zu Ohren gekommen sein. Dennoch wird in der Regel davon ausgegangen, dass der Verbraucher dieser Substanzen selbst entscheiden kann, ob und in welchem Umfang er sie zu sich nimmt. Geächtet wird allenfalls ein exzessiver Umgang, der zu gesellschaftlichen Irritationen führt (was bei Alkoholeinnahme vorkommt, nach Nikotin-, Koffein- oder Benzodiazepin-Einnahme aber nur selten auftritt). Man billigt dem Konsumenten also eine Kontrolle über die Selbstverabreichung zu.

Bei illegalen Drogen, vor allem Heroin und Kokain, vermuten manche Menschen eine grundsätzlich andere Situation. Noch immer ist die Überzeugung verbreitet, dass der Drogenkonsum nach einem einzigen „Schuss" bereits hoffnungslos der Droge verfallen und damit süchtig geworden sei. Weder die vorliegenden epidemiologischen Daten noch verhaltensbiologische Untersuchungen über die Grundlagen der Suchtentwicklung stützen diese Ansicht. Sowohl bei legalen als auch bei illegalen Drogen ist ein selbst kontrollierter Substanzgebrauch möglich. Ein kontrollierter Konsument ist – im Gegensatz zum Suchtkranken – jederzeit in der Lage, sein Einnahmeverhalten gegenüber der aktuellen Situation, in der er sich befindet, abzuwägen (Wolffgramm 1995). Gibt es attraktive Verhaltensalternativen oder ist die Substanzeinnahme mit unangenehmen Konsequenzen verknüpft, so wird er seinen Konsum einschränken oder abbrechen. Unter geeigneten Umwelt- und Stimmungsbedingungen kann er ihn dann wieder steigern. Die Einnahme kann zeitweilig durchaus exzessive Formen annehmen, auch dies hat aber beim kontrollierten Substanzgebrauch keine unumkehrbaren, längerfristigen Verhaltenskonsequenzen. Als „süchtig" bzw. Suchtverhalten (auch im Sinne der einschlägigen diagnostischen Manuale) ist eine solche Substanzeinnahme nicht anzusehen.

Versuchstiere zeigen einen kontrollierten Konsum psychoaktiver Substanzen in ganz entsprechender Weise wie Menschen (Wolffgramm u. Heyne 1995). Eine über mehrere Monate alkoholerfahrene Ratte, die plötzlich feststellt, dass alle Alkohollösungen unangenehm bitter schmecken, reduziert ihren Alkoholverbrauch und bevorzugt jetzt das neutral schmeckende Wasser (s. Abb. 28-1). Wenn die Alkohollösungen nach Zusatz von Zucker noch leckerer schmecken als zuvor, steigert sie ihren Konsum – allerdings nicht sehr stark, sonst verlassen die psychotropen Al-

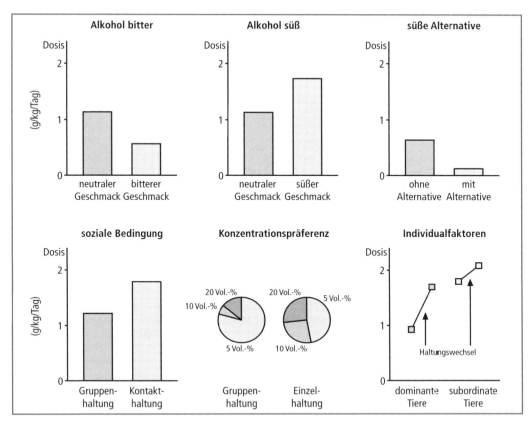

Abb. 28-1 Selbstkontrollierter Alkoholkonsum durch Ratten. Anpassung der freiwilligen Alkoholeinnahme an Geschmack, soziale Bedingungen und individuelle Persönlichkeitsfaktoren. Bei dieser Art des Konsums haben die Ratten ihre Kontrolle über die Substanzeinnahme behalten.

koholeffekte den als positiv bewerteten Dosisbereich. Bietet man dem Tier dagegen eine Zuckerlösung als Alternative zum Alkohol an, so sinkt die Alkoholeinnahme. Dies zeigt die Abwägbarkeit, also die Selbstkontrolle des Konsums an.

Auch externe und interne Faktoren, die nicht vom Einnahmevorgang selbst abhängen, beeinflussen die Einnahmen im Zustand des kontrollierten Konsums. Unter Einzelhaltungsbedingungen nehmen Ratten bei freier Wahl mehr Alkohol-, Opiat- oder Amphetaminlösungen zu sich als in Gruppenhaltung (s. Abb. 28-1), dabei nimmt ihre Gesamt-Flüssigkeitseinnahme sogar eher ab. Dass der psychoaktive Wirkstoff situationsgerecht eingesetzt wird, erkennt man auch an einer Feinanalyse des Einnahmeverhaltens. In Gruppen gehaltene Ratten bevorzugen niedrig-konzentrierte Alkohollösungen und viele, kleinere Einzeldosen (Wolffgramm 1990, 1991). Offenbar nutzen sie die stimulierenden Effekte des Alkohols, während einzeln gehaltene Tiere sich durch Alkohol eher sedieren. Sie präferieren höhere Konzentrationen und nehmen wenige, dafür aber höhere Einzeldosierungen zu sich. Auch Individualfaktoren spielen eine wichtige Rolle. Dominanz bzw. Subordination sind lebenslange Individualcharakteristika einer Ratte, man kann diese Eigenschaft durchaus als einen „Persönlichkeitsfaktor" dieser Tiere betrachten. Dominante Tiere sind im Vergleich zu ihren subordinaten Artgenossen aggressiv, weniger sozial initiativ, „vorsichtiger" im Umgang mit neuen Reizen und reagieren weniger stark auf dopaminerge Rezeptor-Agonisten wie Apomorphin. In

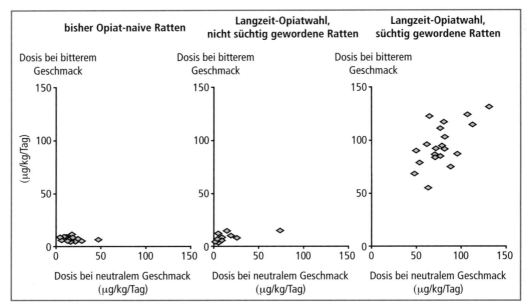

Abb. 28-2 Kontrollverlust: Inkaufnahme unangenehmer Begleiteffekte (Opiat-Retest nach 12-wöchiger Abstinenz). Sucht ist gekennzeichnet durch Kontrollverlust. Während nichtsüchtige Ratten bei unangenehmen Begleiterscheinungen (hier: bitterer Geschmack) ihren Substanzkonsum (hier: das Opiat Etonitazen) beenden, sind unter den gleichen Bedingungen die süchtigen Tiere zu einer derartigen Anpassung nicht mehr in der Lage. Jeder Punkt entspricht dem Konsumverhalten eines Tieres.

einer gleich bleibenden Situation ohne Wechsel der sozialen Situation konsumieren subordinate Ratten deutlich mehr Alkohol, Opiat oder Amphetamin als dominante Tiere (Heyne 1996, Heyne u. Wolffgramm 1998; Wolffgramm u. Heyne 1991). Letztere steigern aber ihren Verbrauch drastisch, wenn sich ihre soziale Situation verändert, zum Beispiel beim Übergang von einer „Kontakthaltung" zur Einzelhaltung (vgl. Abb. 28-1). Man könnte diese Tiere daher auch als „Stresstrinker" interpretieren.

Bei süchtigem Substanzkonsum müsste diese Kontrolle, das heißt die flexible Anpassung an Außenumstände und die Abwägbarkeit der Einnahme, verloren gegangen sein. Weiterhin ist nach dem Krankheitsbild einer substanzbezogenen Sucht zu erwarten, dass der einmal eingetretene Kontrollverlust nach einem Substanzentzug nicht wieder spontan verschwindet. Beim Menschen ist bekannt, dass auch noch nach jahrelanger Abstinenz eine hohe, latente Rückfallgefahr besteht. Im Tiermodell kann man diesen Umstand derart simulieren, dass man den Tieren nach monatelanger Substanzerfahrung (kontinuierliche Wahl zwischen Wasser und drei unterschiedlich konzentrierten Substanzlösungen im Heimkäfig) den Wirkstoff für einige Monate entzieht. Nach dieser erzwungenen Abstinenz, die bis zu einem Drittel eines Rattenlebens andauern kann, bietet man ihnen die Substanz wieder zur Wahl an. Um zu testen, ob sie noch eine Kontrolle über die Selbstverabreichung haben, werden nach 2 bis 3 Wochen alle Substanzlösungen, nicht aber das substanzfreie Wasser, mit einem Bitterstoff (Chinin) vergällt (Wolffgramm u. Heyne 1995; Wolffgramm et al. 2000). Kontrollierte Konsumenten – auch solche mit ausufernd hohen Verbrauchsdosen – brechen unter diesen aversiven Bedingungen ihre Substanzeinnahme ab. Süchtige Konsumenten haben dagegen einen abstinenzübergreifenden Kontrollverlust erlitten. Sie akzeptieren selbst die hochaversiven Einnahmebedingungen und setzen den Substanzkonsum fort (s. Abb. 28-2).

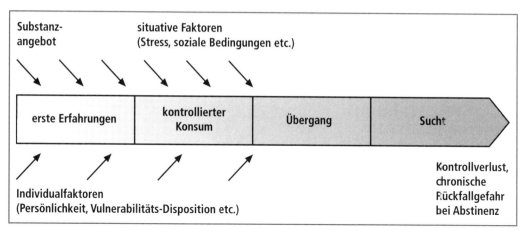

Abb. 28-3 Der Weg zur Sucht ist gekennzeichnet durch den Übergang vom kontrollierten Substanzgebrauch zum weitgehend irreversiblen Kontrollverlust. Dieser Weg wird bestimmt durch die drei zentralen Einflussfaktoren: Individualität, Situation und Substanzzugriff.

Wir haben in unserer Arbeitsgruppe bei Ratten die Suchtentwicklung gegenüber Alkohol, Opiaten und Amphetaminen untersucht, es liegen auch erste Ergebnisse zur Nikotinsuchtentwicklung vor. Generell lässt sich der Verlauf dieser Entwicklungen wie folgt zusammenfassen (Wolffgramm 1995):

- In den ersten Wochen des Substanzangebots sammeln die Tiere Erfahrungen mit den psychotropen Wirkungen der Substanz und mit den Konsequenzen ihres eigenen Zugriffmusters. Die Einnahme ist sehr variabel, wenig stabil und erlaubt kaum aussagekräftige Prognosen über den zukünftigen Substanzgebrauch oder das individuelle Suchtrisiko.
- Danach entwickelt sich eine Phase des kontrollierten Substanzgebrauchs, während der das Einnahmemuster in voraussagbarer Weise von situativen (vor allem sozialen) und individuellen Faktoren sowie von appetitiven bzw. aversiven Begleitumständen der Substanzeinnahme (Geschmack, angebotene Alternativen etc.) abhängt. Bei vielen Tieren bleibt der kontrollierte Konsum lebenslang bestehen.
- Bei einem Teil der Tiere kann sich eine Übergangsphase anschließen, in der der Konsum instabil und drastisch gesteigert ist bzw. sich eine Anfälligkeit zum Kontrollverlust ausprägt. Die Ausprägung solcher Übergangsphasen ist je nach Substanz unterschiedlich. Hierauf wird in den folgenden Abschnitten noch näher eingegangen.
- Bei einem Teil der Tiere entwickelt sich aus einem langen, kontrollierten Substanzgebrauch heraus eine Sucht. Diese Tiere zeigen auch nach monatelanger Abstinenz einen Kontrollverlust. Sie setzen ihren Substanzverbrauch fort, selbst wenn die Einnahme mit einem hochaversiven Geschmack verknüpft ist oder attraktive Einnahmealternativen wie eine Zuckerlösung zur Verfügung stehen. Hat sich bei einem Tier einmal ein Kontrollverlust etabliert, so verschwindet er nicht wieder spontan. Das betreffende Tier bleibt lebenslang süchtig. Auch erzwungene Abstinenz kann daran nichts ändern.

Die tierexperimentellen Daten bestätigen die alte Erkenntnis, dass bei der Entwicklung einer substanzbezogenen Sucht drei Faktorenkomplexe zusammenwirken (vgl. auch Abb. 28-3):

- die Substanzerfahrungen
- das situative Umfeld
- individuelle, persönlichkeitsbezogene Faktoren

28.2 Pharmakologische und verhaltensbiologische Kausalfaktoren der Suchtentstehung

Einzelverabreichungen eines suchterzeugenden Wirkstoffs wie zum Beispiel eines Amphetamin-Derivates können im Gehirn messbare Veränderungen bewirken, die noch lange Zeit später nachweisbar sind. Beim jungen, noch in der Reifung befindlichen Gehirn können sich sogar lebenslange Konsequenzen in der Ausdifferenzierung des Hirngewebes ergeben (Blaesing et al. 2001). Mit der Entwicklung von Suchtverhalten scheinen solche persistierenden Akuteffekte aber zumindest nicht direkt in Verbindung zu stehen. Hierzu sind längere Substanzerfahrungen notwendig. Man könnte demnach vermuten, dass die Suchtentstehung eine Folge von chronischen Substanzwirkungen auf das Nervengewebe darstellt. Vor einigen Jahren hat man erkannt, dass chronische Effekte im engeren Sinne (Dauerwirkungen) von den Auswirkungen einer intermittierenden Verabreichung abgegrenzt werden sollten (Vanderschuren et al. 1997). Im ersteren Fall ist die Substanz am Wirkort in dauerhaft erhöhter Konzentration vorhanden, im zweiten Fall werden längere substanzfreie Phasen von wiederholten, stoßweisen Substanzanflutungen unterbrochen. In beiden Fällen kommt es zu regulativen Anpassungen des Gehirns an die Präsenz der Substanz. Da diese Vorgänge in erster Linie die Nervenzellen des Gehirns betreffen, spricht man von **Neuroadaptation**. Auch andere

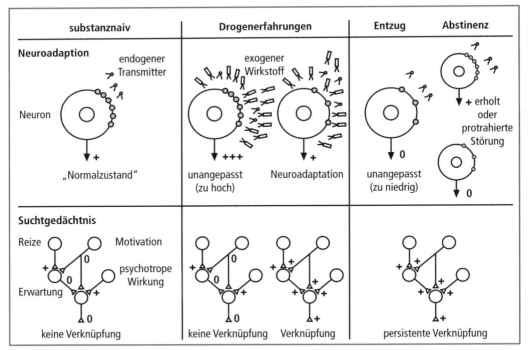

Abb. 28-4 Suchtentstehung: Neuroadaptation oder Suchtgedächtnis? Zwei alternative Hypothesen zur Erklärung der dauerhaften Rückfallgefahr. Obere Reihe: Neuroadaptation auf zellulärer Ebene. Von links nach rechts: Bei Überreizung mit einem exogenen Wirkstoff adaptiert die Zelle und normalisiert ihre Reizantwort. Diese Adaptation kann persistieren. Untere Reihe: Suchtgedächtnisbildung auf der Basis neuraler Netze. Von links nach rechts: Verknüpfungsbildung zwischen Drogenmotivation, Antizipation und erfolgter psychotroper Wirkung.

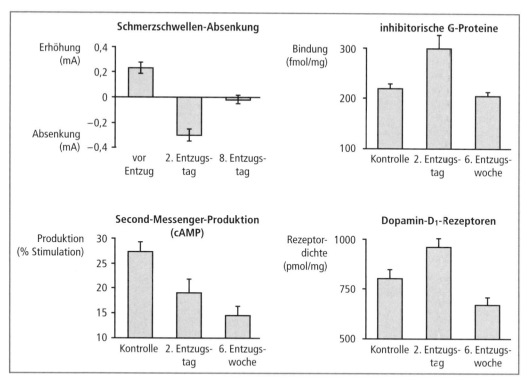

Abb. 28-5 Folgen der Neuroadaptation: akuter und protrahierter Opiatentzug. Chronische Opiatwirkungen nach mehrwöchiger, forcierter Verabreichung aufgrund neuroadaptiver Prozesse. Obere Reihe: reversible Anpassungen, die im akuten Substanzentzug zu Tage treten (links: erhöhte Schmerzempfindlichkeit, rechts: Zunahme der Dichte von inhibitorischen G-Proteinen). Untere Reihe: langfristige Veränderungen, die auch nach Ende des akuten Entzugs nicht abklingen (links: verringerte Produktion eines intrazellulären Botenstoffes, rechts: zunächst erhöhte, dann abgesenkte Dichte von synaptischen Rezeptoren).

Gewebe weisen regulative Anpassungen an eine dauernde Drogenpräsenz auf, für eine Abhängigkeitsentwicklung werden diese regulativen Vorgänge aber als weniger entscheidend eingeschätzt.

Neuroadaptive Prozesse sind ein aussichtsreicher Kandidat für die Verursachung einer Suchterkrankung (s. Abb. 28-4). Wenn zum Beispiel Hirngewebe immer wieder mit Opiaten überflutet wird, so überlagert sich die Wirkung dieser exogenen Wirkstoffe mit der der endogenen Agonisten am opioiden µ-Rezeptor (vor allem der Endorphine). Zum Teil treten exogene und endogene Effekte auch in Konkurrenz zueinander, da sie einem anderen Konzentrations-Zeit-Schema folgen. An diese Übererregung und den Verlust des endogenen Zeitmusters der Wirkung passen sich die Nervenzellen regulativ an. In einigen Neurotransmissionssystemen kommt es zu einer regulativen Veränderung der Rezeptordichte. Im Fall des opioidergen Systems sind eher Komponenten der nachgeschalteten transmembranären und intrazellulären Signalkaskade betroffen (G-Proteine, Second Messenger, Proteinkinasen, Transkriptionsfaktoren, vgl. May et al. 1999; Nestler 2001; Nestler u. Aghajanian 1997). Änderungen treten aber nicht nur in opioidergen Synapsen auf. Auch andere Neurotransmissionssysteme, die mit der opioidergen Übertragung eng verknüpft sind, wie etwa das dopaminerge System, können betroffen sein (May et al. 1998).

Durch die regulativen Anpassungen schützt sich das Nervengewebe gegen die einseitige Übererregung. Es erreicht dadurch wieder einen Status der „Normalität" trotz chronischer bzw. intermittierender Störung seiner Balance. Dieser Zustand gerät wieder in Unordnung, wenn der Substanzkonsument die Drogeneinnahme beendet. Nach dem Absetzen ist der neue, regulativ eingestellte Zustand wieder inadäquat. Je nach Qualität (abhängig von der Substanzklasse) und Stärke der Neuroadaptation kommt es zu Störungen von Kontrollfunktionen des Gehirns. Die Folge davon können physiologische Dysfunktionen (z. B. bei Blutdruck- und Temperaturregulation), Angstzustände, Depressionen, Schmerzüberempfindlichkeit und allgemein dysphorische Zustände sein, die man – abhängig von der Substanzklasse – zusammenfassend als akutes Entzugssyndrom beschrieben (s. Abb. 28-5).

Unter der Bedingung eines nun wieder drogenfreien Gehirns finden erneut neuroadaptive Prozesse statt. Diese haben zum Ziel, das Gleichgewicht der Neurotransmission zu rekonstituieren. Gelingt dies, so sollte nach einiger Zeit der *Status quo ante* wieder erreicht sein. Der akute Entzug wäre damit beendet, das Nervengewebe wieder optimal auf seine vom Drogeneinfluss befreiten Steuerungsfunktionen eingestellt. Es könnte aber auch sein, dass einige der einmal eingetretenen neuroadaptiven Veränderungen nicht einfach zurückgeschraubt werden können, sondern persistieren. Solche „protrahierten" Entzugserscheinungen können auch noch lange nach Beendigung des akuten Entzugs die Funktion des Gehirns beeinträchtigen. Sie kämen durchaus als Verursacher einer Suchterkrankung infrage. Tatsächlich lassen sich solche protrahierten Effekte einer längeren Substanzerfahrung in der Neurotransmission des Gehirns nachweisen (s. Abb. 28-5). Interessanterweise betreffen sie gerade jene Strukturen und Funktionen des Gehirns, die mit der Kontrolle des Drogeneinnahmeverhaltens in enger Beziehung stehen (dopaminerge Übertragung im Nucleus accumbens; s. auch May et al. 1998).

Die Hypothese einer neuroadaptiv verursachten Suchtentwicklung wird zurzeit von vielen Suchtforschern vertreten (Nestler 2001, 2002). Folgt man ihr, so entstünde Sucht im Grunde auf dem Niveau einer einzelnen Nervenzelle. Demnach müsste es prinzipiell möglich sein, suchtäquivalente Veränderungen auch in einer Zellkultur oder einem Hirngewebeschnitt auszulösen, denn neuroadaptive Prozesse sind in solchen suborganismischen Systemen genauso gut zu erzeugen wie in einem intakten Gehirn. Manche Suchtforscher halten dagegen eine derartige „pharmakologische" Deutung der Suchtentstehung für nicht stichhaltig. Sie weisen auf den Einfluss von Erfahrungen, biografischen und sozialen Faktoren, kurz- und mittelfristigen Stimmungszuständen und anderen Größen hin, die nur bei einem intakten, mit seiner Umwelt interagierenden Organismus ihre Wirkungen ausüben können. Aufgrund klinischer und psychologischer Erfahrungen wurde das **Konzept eines Suchtgedächtnisses** entwickelt (Böning 1992; Heyne et al. 2000). Demnach entstünde Suchtverhalten aufgrund einer Erfahrungsbildung, die sich in einer besonderen, nichtdeklarativen Form des Gedächtnisses niederschlägt. Das einmal entstandene Suchtgedächtnis wäre dann hochgradig löschungs- und damit auch therapieresistent.

Auch diese, „psychologische" Gegenhypothese zum „pharmakologischen" Konzept lässt sich mit dem aktuellen neurobiologischen Wissensstand gut in Übereinstimmung bringen. Das Suchtgedächtnis könnte Verhaltensmotivation, externe Reizkonstellation (z. B. so genannte „cues", also drogenbezogene Hinweisreize), Vorerwartung und psychotrope Wirkung miteinander assoziativ verknüpfen. Die scheinbaren Besonderheiten dieses Gedächtnisses (etwa im Vergleich zu üblichen klassischen und operanten Konditionierungen) erweisen sich als weniger ungewöhnlich, wenn man sie mit den Charakteristika des „emotionalen Gedächtnisses" (z. B. konditionierte Angst vor Spinnen oder Schlangen) vergleicht (Antoniadis u. McDonald 2001; Beane et al. 2002). Ähnlich wie bei letzterem spräche viel für eine subkortikale Realisierung – im Gegensatz zu den Gedächtnisbildungen auf kortikaler Ebene, bei denen eine weitaus höhere Flexibilität an Vergessen, Umlernen und Neubildung von Gedächtnisinhalten zu beobachten ist. Die Hypothese einer subkortikal verankerten Suchtgedächtnisbildung scheint damit als eine neurobiologisch begründete Alternativ-Hypo-

28.2 Pharmakologische und verhaltensbiologische Kausalfaktoren der Suchtentstehung

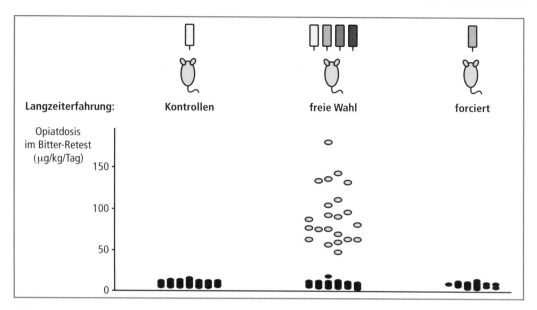

Abb. 28-6 Suchtgedächtnisbildung nach freiwilligem Substanzzugriff. Freiwillige Opiateinnahme (Etonitazen) unter Bitterstoff-Vergällungsbedingungen in einem Retest nach mehrmonatiger Abstinenz. Zuvor hatten die Tiere über neun Monate lang entweder freie Opiatwahl gehabt, waren Opiat-naiv geblieben (Kontrollen) oder hatten eine Opiatlösung als einzige Trinkflüssigkeit erhalten (forcierter Zugriff). Nur freiwilliger Zugang führte zur Sucht (hellgraue Punkte: süchtig gewordene Tiere; schwarze Punkte [z.T. verdeckt]: nichtsüchtige Tiere).

these zur neuroadaptiven Verursachung einer Sucht zu sein.

Es gibt Möglichkeiten, die Voraussagen beider Hypothesen experimentell zu überprüfen und damit zu entscheiden, welches der zwei Modelle die Realität besser beschreibt. Die schon zuvor angesprochenen Tiermodelle der Suchtentwicklung stellen hierfür eine gute Basis dar. Bietet man dem Versuchstier – wie es in diesen Modellen geschieht – Substanzlösungen versus Wasser über viele Monate zur freien Wahl an, so entwickelt sich bei einem Teil der Tiere eine lebenslange, auch durch Abstinenz nicht zu beeinflussende Sucht. Beide Hypothesen können dieses Resultat gleich gut erklären: sei es durch zelluläre Neuroadaptation aufgrund der langen Expositionszeit oder durch die Erfahrungen mit dem Substanzzugriff, die zur Bildung eines Suchtgedächtnisses führen. Wie aber würde sich das Resultat ändern, wenn der Zugriff nicht mehr freiwillig erfolgen kann, sondern eine zwangsweise („forcierte") Verabreichung stattfindet? Die Neuroadaptations-Hypothese sagt dabei keinen Unterschied zur freien Wahl voraus, sofern Dosierung und Zeitmuster der Verabreichung in beiden Fällen vergleichbar sind. Die Nervenzelle, welche die Adaptation vornimmt, hat ja keine Information über den Zugriffsmodus, für sie ist der Zeitgang der Substanzkonzentration vor Ort entscheidend. Die Suchtgedächtnis-Hypothese prognostiziert demgegenüber einen deutlichen Unterschied zwischen beiden Verabreichungsmodi. Bei forciertem Zugriff sind die Erfahrungen stark eingeschränkt. Das Tier hätte keine Chance, der Substanzwirkung auszuweichen oder sie gezielt nur in bestimmten Situationen bzw. bei bestimmten Stimmungszuständen einzusetzen. Eine Suchtgedächtnisbildung müsste unter diesen Umständen stark beeinträchtigt werden (Heyne et al. 2000).

In den entscheidenden Experimenten mit Laborratten wurden jeweils drei Versuchsgruppen gebildet. Die Tiere der ersten Gruppe hatten über mehrere Monate die freie Wahl zwischen drei unterschiedlich konzentrierten Substanzlösungen und Wasser. Die Tiere der zweiten Gruppe erhielten über den gleichen Zeitraum eine niedrigkonzentrierte Substanzlösung als einzige Trinkmöglichkeit. Diese „forcierte" Versuchsgruppe konnte also einer Substanzeinnahme nicht ausweichen. Die dritte Gruppe diente als Kontrolle, diese Tiere blieben substanznaiv. Bei der forcierten Versuchsgruppe war durch die Verabreichung in der Trinkflüssigkeit sichergestellt, dass sich das Zeitmuster der Einnahme nicht wesentlich von dem der Wahlgruppe unterschied. Die Konzentration der forciert verabreichten Lösung war derart gewählt, dass die damit behandelten Tiere etwa gleich große Substanzmengen zu sich nahmen, wie es süchtige Tiere freiwillig taten. Nach der mehrmonatigen Expositionsphase wurde das Substanzangebot beendet. Im zeitlichen Umfeld des Absetzens wurde die Entzugssymptomatik registriert. Nach wiederum mehrmonatiger Abstinenz erfolgte ein Retest, in dem die Tiere aller drei Versuchsgruppen die freie Wahl zwischen Wasser und drei Substanzkonzentrationen erhielten. In der zweiten Phase des Retests wurden alle Substanzlösungen mit einem Bitterstoff vergällt. Unter diesen Bedingungen sollten nur noch solche Tiere den Substanzkonsum fortsetzen, die einen persistenten Kontrollverlust erlitten hatten, die also süchtig geworden waren.

Die mit Alkohol, Opiat, Amphetamin und kürzlich auch mit Nikotin durchgeführten Versuche erbrachten ein eindeutiges Ergebnis: Bei allen Substanzen hatten nur solche Tiere eine Sucht entwickelt, die während der Langzeitphase eine freie Wahlmöglichkeit hatten (Heyne 1996; Heyne u. Wolffgramm 1998; Wolffgramm 2003). Weder Kontrolltiere noch Ratten aus der „forcierten" Versuchsgruppe hatten einen Kontrollverlust erlitten (s. Abb. 28-6). In Bezug auf Alkohol konnte dieses Ergebnis kürzlich auch für Labormäuse bestätigt werden. Neuroadaptive Veränderungen infolge chronischen Substanzkonsums hatten sowohl die Tiere der Wahlgruppen als auch die der „forcierten" Versuchsgruppen aufzuweisen. Alle hatten eine physiologische (auch als „physisch" bezeichnete) Abhängigkeit von der eingenommenen Substanz entwickelt und zeigten über einige Tage nach dem Absetzen der Substanz eine ausgeprägte Entzugssymptomatik (vgl. Abb. 28-5, S. 277). Augenscheinlich war diese neuroadaptiv verursachte physische Abhängigkeit aber nicht die Basis der Suchtentstehung. Diese setzte den freien, selbst bestimmten Substanzzugriff voraus. Inzwischen konnten wir auch feststellen, dass die Suchtgefahr umso höher liegt, je variabler die Entscheidungsmöglichkeit der Tiere ist. In einer Wahl zwischen Wasser und drei Alkoholkonzentrationen wurden deutlich mehr Tiere süchtig als bei einer eingeschränkten Wahl mit nur zwei angebotenen Konzentrationen.

Das scheinbar paradoxe Resultat nach dem Motto „Selbstbestimmt in die Abhängigkeit" spricht eindeutig für die Bildung eines Suchtgedächtnisses auf der Basis von Einnahmeerfahrungen. Indizien für diese Schlussfolgerung gibt es auch beim Menschen. Die Gefahr einer Suchtentstehung bei einer Behandlung mit schmerzstillenden Opiaten lässt sich drastisch absenken, wenn der Verabreichungsmodus einem reglementierten, „forcierten" Muster folgt, der vom einnehmenden Patienten nicht beeinflussbar ist (Swift u. Roszkowski 1998). Protrahierte Langzeitfolgen durch regulative Neuroadaptation lassen sich durch eine forcierte Verabreichungsform allerdings nicht ausschließen (May et al. 1998). Deren mögliche Relevanz für spätere chronische Verhaltensänderungen lässt sich zurzeit nur schwer einschätzen. Denkbar sind Depressionen, Angst oder Psychosen als Spätfolgen. Suchtverhalten hat aber offenbar einen anderen Ursprung.

28.3 Neurale Kontrolle der Drogeneinnahme

Suchterkrankungen manifestieren sich in einem gestörten Verhalten. Dieses wiederum wird gesteuert durch das Zentralnervensystem, insbesondere durch das Gehirn. Andere Begleitfolgen einer chronischen Drogeneinnahme stehen mit der Sucht nicht in unmittelbarer Beziehung. Wir können also Sucht als eine Erkrankung des Ge-

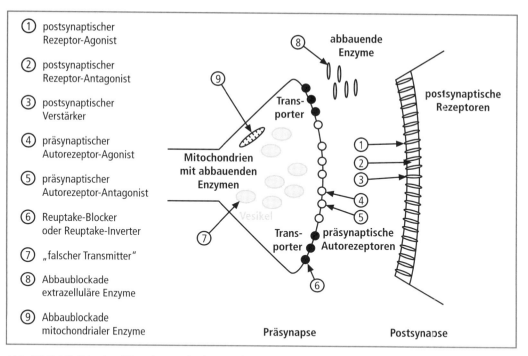

Abb. 28-7 Mögliche Angriffspunkte psychoaktiver Substanzen an zentralnervösen (z. B. dopaminergen, serotonergen oder noradrenergen) Synapsen.

hirns beschreiben. Obwohl manche Suchtstoffe, wie zum Beispiel Alkohol, bei chronischem Gebrauch das Gehirn angreifen und schädigen, korrelieren die dadurch verursachten degenerativen Veränderungen nicht hinreichend mit der Suchterkrankung selbst. Sie sind offenbar weniger als Ursache der Sucht, sondern vielmehr als Folge des suchtbedingten, exzessiven Konsums anzusehen. Demnach ist Sucht (anders als z. B. eine Demenzerkrankung) keine primär degenerative, sondern eine funktionelle Erkrankung des Gehirns.

Psychoaktive Substanzen greifen in die Signalübertragung und Signalverarbeitung des Gehirns ein. Einige wenige Wirkstoffe setzen an der elektrischen Fortleitung von Signalen an, zum Beispiel Lokalanästhetika, die die Weiterleitung von Nervenaktionspotenzialen blockieren. Die weitaus größere Anzahl dieser Substanzen findet jedoch ihre Angriffspunkte in den Schaltstellen zwischen Nervenzellen: den Synapsen. Hier werden ankommende elektrische Erregungen in chemische Signale kodiert, es erfolgt eine Ausschüttung von Neurotransmittern. Welche Neurotransmitter dabei verwendet werden, hängt von der betreffenden Nervenzelle ab. Die Hauptaufgabe des Transmitters ist es, nach Passage des synaptischen Spalts an postsynaptische Rezeptoren anzudocken und dort eine Erregung auszulösen. Daneben existieren präsynaptische Rezeptoren, welche in Form einer Rückkopplung den Transmitterausstoß regulieren. Auch andere Funktionsproteine treten mit dem Neurotransmitter in Kontakt. Transporter nehmen ihn auf und verfrachten ihn in das Zellinnere („Reuptake"), metabolisierende Enzyme inaktivieren ihn. In der Regel liegen all diese Funktionsproteine in unterschiedlichen Ausprägungen vor, die sich in Aufbau und Funktion unterscheiden. Besonders wichtig ist dies bei Rezeptoren. Jedem Neurotransmitter sind verschiedene Rezeptortypen zugeordnet, welche funktionell völlig unterschiedlich sein können. So fördert der Dopamin-D_1-Rezeptor nach seiner Stimulation durch Dopamin die Produktion des intrazellulären Botenstoffs cAMP, der Dopamin-D_2-Rezeptor dagegen hemmt sie.

Psychoaktive Wirkstoffe können an allen Schaltstellen der synaptischen Übertragung ansetzen (s. Abb. 28-7). Dabei stören sie die „normale" endogene Signalverarbeitung. Solche Störungen sind vielfältiger Art. Sie betreffen neben dem Angriffspunkt auch die funktionellen Konsequenzen. Einige Beispiele sollen dies verdeutlichen:

- Hemmstoffe des Reuptake (wie Kokain) oder der metabolischen Inaktivierung verlängern die Verweildauer des Transmitters im synaptischen Spalt. Hierdurch wird die Wirkung jedes Transmitterausstoßes verstärkt, die Zeitdauer des Ausstoßeffektes wird verlängert. Das Zeitmuster der endogenen Aktivierung bleibt ebenso erhalten wie das Spektrum der Transmitteraktionen auf seine Rezeptoren.
- „Falsche Transmitter" (wie d-Amphetamin) werden in die präsynaptischen Vesikel aufgenommen und verdrängen dort den eigentlichen Neurotransmitter (z. B. Dopamin), der in diesen Bläschen auf seine Ausschüttung wartet. Es steigt die Neurotransmitter-Konzentration im synaptischen Spalt. Auch hier resultiert aus dem Drogeneffekt eine Übererregung aufgrund der gesteigerten Wirkung des endogenen Transmitters, die alle Rezeptortypen in ausgewogener Form betrifft. Die Zeitcharakteristik ist aber nicht mehr an die endogene Aktivierung gebunden, an deren Stelle tritt eine von der endogenen Signalübertragung abgekoppelte Dauererregung.
- Rezeptor-Agonisten (wie Opiate) stimulieren prä- oder postsynaptische Rezeptoren direkt, ohne dass der endogene Agonist eine Rolle spielt. Meist ist die Rezeptor-Selektivität des exogenen Agonisten anders als beim endogenen Transmitter, dadurch ändert sich das Rezeptor-Wirkspektrum. Durch die Abkopplung von der endogenen Aktivierung geht das Zeitmuster der „natürlichen" Erregung verloren.
- Rezeptor-Antagonisten (wie Ketamin oder PCP [Phencyclidin]) blockieren die Rezeptoren, ohne sie selbst zu stimulieren. Dadurch unterbinden sie die endogene Signalverarbei-

tung über den betreffenden Rezeptor. Über andere Rezeptortypen kann der Neurotransmitter aber durchaus noch Wirkungen entfalten. Partielle Agonisten wie Buprenorphin weisen einen schwachen agonistischen Effekt auf, ansonsten blockieren sie ebenfalls den endogenen Signalfluss.
- Rezeptor-Wirkungsverstärker (wie Benzodiazepine) haben für sich alleine keine oder nur geringe Wirkungen auf den jeweiligen Rezeptor, sie verstärken aber die Effekte aller endogenen Stimulierungen. Das „natürliche" zeitliche Erregungsmuster bleibt also erhalten.

Über viele Jahre haben sich Suchtforscher bemüht, in dieser Vielfalt von Angriffspunkten und Wirkmechanismen der suchterzeugenden Substanzen (s. Tab. 28-1) ein einheitliches Prinzip zu erkennen. Es steht heute fest, dass auf pharmakologischer Ebene ein solches **Ordnungsprinzip** für die Primäreffekte suchterzeugender Wirkstoffe **nicht existiert**. Vielleicht liegt eine gewisse Gemeinsamkeit darin, dass alle derartigen Substanzen ein bipolares Wirkprofil aufweisen, das heißt sowohl erregende als auch dämpfende Eigenschaften zeigen. Wir haben nachweisen können, dass dabei Erregung und Dämpfung nicht nur sukzessiv, sondern auch simultan auftreten. Wir haben daher die Hypothese geäußert, dass eine derartige Kombination entscheidend für den „Drogen"-Charakter einer Substanz sein könnte (Coper et al. 1990; Wolffgramm u. Heyne 1995). Bisher ist diese Hypothese nur als plausibel, nicht aber als experimentell belegt anzusehen. Selbst wenn sie zutreffen sollte, bliebe offen, ob die Bipolarität den „Belohnungswert" einer Substanzeinnahme ausmacht (welche dann sekundär zur Suchtentstehung beiträgt) oder aber direkt eine Suchtentwicklung auslösen kann.

Wenn suchterzeugende Drogen sich nicht in ihren Primärwirkungen gleichen, so scheint es vernünftig, anzunehmen, dass sie in der Folge der Signalübertragung auf gleiche Verarbeitungsinstanzen, insbesondere also auf gleiche neurale Areale und Bahnen konvergieren. Eine derartige „sekundäre" Gemeinsamkeit glaubte man lange Zeit in dem Phänomen der Toleranz sowie der physiologischen Abhängigkeit zu erkennen. Unter Toleranz versteht man die Verminderung der Potenz eines Wirkstoffs nach mehrfacher Verabreichung. Die Entstehung einer physiologischen Abhängigkeit durch neuroadaptive (und andere) regulative Prozesse wurde bereits angesprochen (vgl. Cox 1990). Der Grundgedanke war dabei, dass einerseits der Konsument bei zunehmender Toleranz immer größere Dosen benötigt, um gleiche Wirkungen zu erzielen, und dass dadurch andererseits eine immer stärkere physiologische Abhängigkeit verursacht wird. Beim Absetzen der Droge entsteht demnach ein starkes Entzugssyndrom. Der süchtige Konsument versucht dieser Vorstellung zufolge, die Entzugserscheinungen durch immer höheren Substanzkonsum zu vermeiden.

Das Konzept weist einige Schwächen auf, die schon früh erkannt wurden. Zunächst einmal wäre zu erwarten, dass einige Zeit nach erfolgreich durchlittenem Entzug der Suchtdruck wegfallen müsste. Die äußerst hohe Rückfallgefahr – auch nach langer Abstinenz – spricht deutlich gegen diese Schlussfolgerung. Als Hilfshypothese wurde angenommen, dass nach dem Ende des akuten Entzugs ein protrahierter Anteil verbliebe, der seinerseits den Rückfall verursache. Worin dieser Anteil aber konkret bestehen könnte, wurde nie präzisiert und bislang auch nicht experimentell verifiziert. Weitere Argumente gegen das Entzugsmodell betrafen die fehlende Korrelation zwischen dem Suchtpotenzial eines Wirkstoffs und seiner Fähigkeit, Toleranz und physische Abhängigkeit bzw. schwere Entzugserscheinungen auszulösen. Manche hochgradig suchterzeugende Stoffe, wie Kokain, erzeugen kaum physische Abhängigkeit und Entzugssymptome, während andere Wirkstoffe, wie Neuroleptika oder Antiepileptika, deutliche Absetzphänomene zeigen, ohne aber suchterzeugend zu sein. Unterstützt werden diese Gegenargumente durch die neueren, bereits angesprochenen Ergebnisse, nach denen neuroadaptive Regulationen mit Entzugssymptomen, nicht aber mit der Suchtentstehung in ursächlicher Verbindung stehen.

Tab. 28-1 Einige wichtige Suchtstoffe und ihre molekularen Effekte.

Suchtstoff	Neurotransmission	Angriffspunkt	Mechanismus
Heroin	opioiderg	µ-Rezeptor	Agonist (Morphin als Abbauprodukt)
Kokain, Crack	dopaminerg noradrenerg	Dopamin-Transporter Noradrenalin-Transporter	Reuptake-Blockade
Nikotin	cholinerg	nikotinischer Acetylcholin-Rezeptor	Agonist
Amphetamine	dopaminerg noradrenerg	präsynaptische Vehikel	Verdrängung des Neurotransmitters
Alkohol	glutamaterg GABAerg (taurinerg?)	vielfältig (keine hochspezifischen Alkoholbindungsstellen)	vielfältig
Δ9-THC (Cannabis)	cannabinoiderg	CB1-Rezeptor	Agonist
MDMA (Ecstasy)	dopaminerg serotonerg noradrenerg	präsynaptische Vesikel Transporter	Verdrängung des Neurotransmitters Inversion des Reuptake
LSD, Mescalin, Psilocybin	serotonerg	5-HT$_2$-Rezeptor	Agonist
PCP, Ketamin	glutamaterg (opioiderg?)	NMDA-Rezeptor	nichtkompetitiver Antagonist
Benzodiazepine	GABAerg	GABA$_A$-Rezeptor	Verstärker der „natürlichen" Erregung

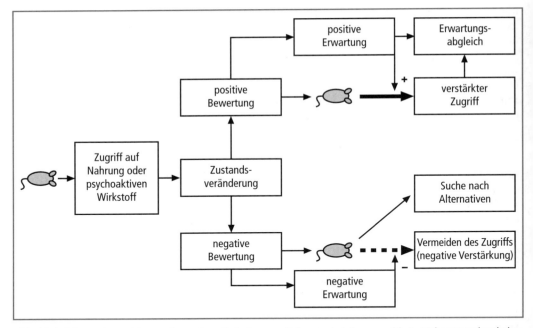

Abb. 28-8 Schema der positiven und negativen Verhaltensverstärkungen (reinforcement) beim Nahrungssuchverhalten als Modell der Verstärkung durch psychoaktive Wirkstoffe.

Anfang der 1990er Jahre setzte ein Umdenkprozess ein. Man erkannte zunehmend, dass für die Entwicklung süchtigen Verhaltens die belohnenden, positiv verstärkenden Eigenschaften einer Substanzeinnahme von höherer Bedeutung sind als die bestrafenden, negativ verstärkenden Effekte des Substanzentzugs (vgl. auch Berridge 2003; Wise 1987, 1989). Unabhängig vom Drogentyp (also der pharmakologisch definierten Substanzklasse) wird die Droge (zumindest anfänglich) eingesetzt, um die als positiv empfundenen psychotropen Effekte zu erleben. Diese können dazu genutzt werden, aus einer neutralen Stimmung heraus einen euphorischen Zustand zu erreichen oder ein Stimmungstief zu überwinden und mithilfe der Substanz zumindest wieder auf einen neutralen Level zu kommen.

Die verstärkenden Wirkeigenschaften von sucherzeugenden Stoffen treten immer mehr in den Vordergrund des Interesses, da sich in ihnen eine zentrale Gemeinsamkeit all dieser Substanzen widerspiegelt. Es lohnt sich daher, Verstärkungsprozesse („Reinforcement") und ihre neurale Kontrolle näher zu betrachten. Die Definition des Reinforcements stammt aus der behavioristischen Lernpsychologie. Sie beschreibt Veränderungen der Häufigkeit eines operanten Verhaltens (z. B. eines Hebeldrucks in einer Skinnerbox) aufgrund von Erfahrungen. Positive Verstärkung liegt dann vor, wenn sich aufgrund der Erfahrung die Verhaltenshäufigkeit erhöht – negative Verstärkung dann, wenn sie sich erniedrigt. Reinforcement ist aber keineswegs auf Laborsituationen beschränkt, vielmehr ist es eines der wichtigsten und weitestverbreiteten Prinzipien der Verhaltenssteuerung von Wirbeltieren (einschließlich des Menschen). Beispiele für die Wirkungsweise der Verstärkungskontrolle finden sich vor allem auf dem Gebiet der Nahrungssuche.

Ratten sind wie Menschen Allesfresser. Wenn eine hungrige Ratte ein Klümpchen mit interessantem Geruch findet, der auf potenzielle Nahrung hindeutet, so wird sie vielleicht vorsichtig ein Stückchen von der unbekannten Substanz probieren. Als Konsequenz der positiven Bewertung (Belohnung) wird sie bei späteren Konfrontationen mit den gleichen Reizen (Aussehen, Konsistenz, Geruch) vermehrt auf die neue Nahrungsvariante zugreifen. Es hat sich eine positive Verhaltensverstärkung entwickelt. Darüber hinaus baut das Tier eine Erwartung auf, die bei späterem Kontakt mit den Begleitreizen zu einer Antizipation der Wirkung führt. Handelt es sich bei dem Brocken dagegen um ein Stück Seife, so wird die Ratte zunächst einen unangenehmen Geschmack und später vielleicht Leibschmerzen, aber kein Gefühl der Sättigung feststellen. Auch hier wird sich eine Erwartung entwickeln, die dem Tier bei späterem Kontakt mit den Begleitreizen hilft, die voraussichtlichen Wirkungen einzuschätzen. Die „Bestrafung", das heißt die negative Bewertung, führt aber zu einer negativen Verstärkung. Die Zugriffshäufigkeit nimmt ab, das Tier sucht nach Alternativen (s. Abb. 28-8).

Der unbekannte Brocken könnte aber auch psychoaktive Substanzen enthalten, es könnte sich zum Beispiel um Haschisch oder Opium handeln. Unter diesen Bedingungen sind es vor allem die durch eine Einnahme ausgelösten psychotropen Effekte, die eine Einschätzung als belohnend oder bestrafend festlegen. Positive und negative Bewertungskomponenten können dabei durchaus gleichzeitig vorhanden sein. Grundsätzlich besteht zunächst kein Unterschied zum „natürlichen" Reinforcement. Auch hier bilden sich Erwartungen, und die Häufigkeit des Zugriffsverhaltens steigt oder fällt. Dies sind exakt die Zugriffsmuster, die den kontrollierten Substanzgebrauch charakterisieren. Je nach Situation, Stimmung und Begleitfaktoren der Einnahme führt sich der Konsument die Substanz dann zu, wenn er sich davon eine positive Gesamtbewertung, also eine Belohnung verspricht. Bei überwiegend negativer Bewertung (Bestrafung) sucht er nach Alternativen (s. Abb. 28-8).

In den späten 1980er und frühen 1990er Jahren erkannte man, dass an der Realisierung des positiven Reinforcements die so genannten mesolimbischen Bahnen und Verrechnungszentren maßgeblich beteiligt sind (Bozarth 1991). Das eigentliche „mesolimbische System" führt vom Ventralen Tegmentum Areal (VTA) im Mittelhirn zum ventralen Teil des Corpus striatum im basalen Vorderhirn, insbesondere zum Nucleus accumbens (NAc). Letzterer ist – wie auch die anderen Teile des Corpus striatum – nicht homogen aufgebaut, sondern besteht aus einer „Matrix" und Einschlüssen (hier: Schale und Kern), die sich in ihrer Innervierung unterscheiden (Di Chiara 2002; Sellings u. Clarke 2003). Die vom VTA zum NAc ziehenden Neuronen schütten aus ihren Terminalen den Neurotransmitter Dopamin aus, man spricht daher gerne vom „mesolimbischen dopaminergen System". In letzter Zeit erkannte man zunehmend die Bedeutung kortikaler Komponenten für die mesolimbische Signalverarbeitung. Zum einen haben viele der VTA-Neuronen ihre Terminalen im präfrontalen Kortex und zum Teil auch in anderen kortikalen Arealen, zum anderen sind es gerade kortikofugale Neuronen (also jene, die vom Kortex in die subkortikalen, z. B. striatalen, Kerngebiete ziehen), die ganz wesentlich zu der Signalverarbeitung beitragen, durch die Verstärkungsprozesse kontrolliert werden. Man spricht daher heute vom „mesolimbisch-mesokortikalen Verrechnungssystem" (Goto u. O'Donnell 2002; Horvitz 2002).

Zentraler Neurotransmitter der mesolimbischen Signalübertragung ist das Dopamin. Nun ist dieser Transmitter aber wenig geeignet für eine schnelle Signalübermittlung. Hierzu benötigte man so genannte ionotrope Rezeptoren, also solche, die unmittelbar einen Ionenkanal enthalten und damit im Millisekundenbereich postsynaptische Potenzialänderungen verursachen können. Solche postsynaptischen Potenziale tragen zur Auslösung von neuen Aktionspotenzialen bei, über die dann die Information schnell weitergeleitet werden kann. Dopamin-Rezeptoren sind dagegen durchweg nicht ionotrop. Sie sind vielmehr gekoppelt an membranständige G-Proteine und können über diese eine intrazelluläre Signalkaskade hervorrufen. Ein üblicher Weg führt dabei über die Stimulierung (bzw. Blockade) der enzymatischen Bildung eines intrazellulären zweiten Botenstoffs (Second Messenger). Im Fall dopaminerger Synapsen handelt es sich um das zyklische Adenosinmonophosphat (cAMP). Alle derartigen Vorgänge laufen aber erheblich langsamer ab als die Erzeugung postsynaptischer Potenziale durch die

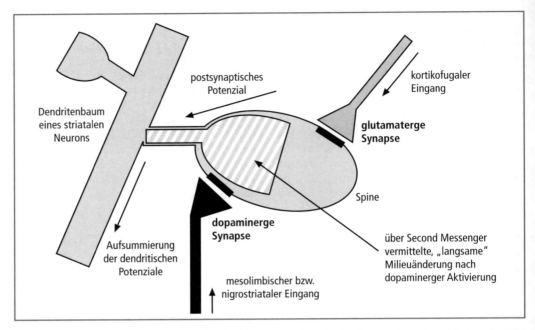

Abb. 28-9 Dopaminerge Modulation der schnellen glutamatergen Übertragung. Wechselwirkung zwischen dopaminerger und glutamaterger Neurotransmission am „spine" im Dendritenbaum eines striatalen Neurons. Der glutamaterge Eingang von einem kortikalen Neuron überträgt über Ionenkanal-Rezeptoren schnelle Signale, die von der striatalen Nervenzelle weitergeleitet werden können. In welchem Umfang dies geschieht, „entscheidet" der dopaminerge Eingang, der durch langsame Milieuänderungen den glutamatergen Eingang verstärken oder abschwächen, an- oder abschalten kann.

Aktivität ionotroper Rezeptoren. Veränderungen machen sich frühestens nach Sekunden bemerkbar. Für eine schnelle Datenübermittlung reicht das natürlich nicht aus. Dafür ist eine solche „langsame" Synapse aber ausgezeichnet dazu geeignet, andere, schnelle Übertragungswege zu modulieren. In den mesolimbischen Schaltzentren des Nucleus accumbens sind es glutamaterge Synapsen aus dem zerebralen Kortex, die dopaminerg moduliert werden (Goto u. O'Donnell 2002; Horvitz 2002). Diese kortikofugalen Eingänge treffen auf den Dendritenbaum eines striatalen Neurons. Bei geeignetem Erregungsmuster werden die Signale über das Axon dieses Neurons weitergeleitet. Ob aber ein bestimmter Eingang an- oder abgeschaltet wird, hängt von der dopaminergen Erregung ab (s. Abb. 28-9). Durch ein solches „Gating" kann der Datenfluss gezielt kontrolliert werden.

Welche funktionelle Bedeutung kommt nun dem Dopamin-Ausstoß im ventralen Striatum zu? In den 1990er Jahren begann man, Mikrodialyseverfahren zur Messung der extrazellulären Konzentration von Dopamin und seinen Metaboliten im NAc einzusetzen (Spanagel et al. 1993). Dabei werden auf dialytischem Wege aus dem betreffenden Areal in regelmäßigen Zeitabständen Substanzproben entnommen und danach chromatografisch analysiert. Das „Sammeln" einer Probe nimmt wegen der geringen Austauschfläche mehrere Minuten in Anspruch, diese Dauer limitiert die Zeitauflösung der Registrierung. Offensichtlich reichte in der Studie von Spanagel et al. eine Registrierrate von einer Messung alle 10 bis 20 Minuten aus, um mittelfristige Änderungen der Dopamin-Konzentration nach Verabreichung psychotroper Substanzen klar zu erkennen. Besonders nach Gabe von Opiaten, Kokain oder Amphetamin stieg die Dopamin-

Konzentration im NAc dosisabhängig an und blieb viele Minuten lang erhöht. Die Verabreichungsantwort korrelierte ausgezeichnet mit dem Ergebnis von konditionierten Platzpräferenzexperimenten, mit deren Hilfe man die positive oder negative Bewertung eines psychoaktiven Wirkstoffs, also dessen „Belohnungswert", zu quantifizieren versuchte (Spanagel et al. 1992). Aus diesen Resultaten folgerten viele Wissenschaftler, dass die extrazelluläre Dopamin-Konzentration die Belohnung durch eine Substanzverabreichung widerspiegele. Gestützt wurde diese Hypothese durch die Beobachtung, dass auch „natürliche" Reinforcer wie schmackhaftes Futter oder Kontakt mit einem Sexualpartner die Dopamin-Konzentration im NAc steigerten (Bassareo u. Di Chiara 1999; Martel u. Fantino 1996). Allerdings gab es auch schon frühzeitig Einwände gegen die „mesolimbische Dopaminbelohnungs-Hypothese". Erhöhungen der Dopamin-Konzentration im NAc ließen sich auch durch nichtbelohnende Reize, ja sogar durch Bestrafung oder Stress auslösen (Kiyatkin 1995). Neben den Suchtdrogen Opiat, Kokain oder Amphetamin waren zum Beispiel auch Neuroleptika wirksam. Diese werden vom Versuchstier als aversiv eingeschätzt und besitzen keinerlei Suchtpotenzial. Manche suchterzeugende Substanzen wirkten sich dagegen nur schwach (Alkohol) oder überhaupt nicht (Benzodiazepine) auf die Dopamin-Konzentration aus.

Inzwischen liegen auch Resultate vor, die mit einer höheren Zeitauflösung erzielt wurden. Eine Substanzentnahme (wie bei der Mikrodialysetechnik) ist hierzu nicht geeignet. Stattdessen kann man elektrochemische Verfahren einsetzen, bei denen die Substanzkonzentration aus der Messung von Redox-Potenzialen „rückerschlossen" wird. Mit dieser Vorgehensweise lässt sich die Registrierrate erheblich steigern, allerdings weiß man nicht mit letzter Sicherheit, ob die gemessenen Potenziale ausschließlich die Konzentration des angepeilten Transmitters widerspiegeln. Es bleibt also – im Gegensatz zur Mikrodialyse – ein Rest von Unsicherheit. Mit den elektrochemischen Messungen ergaben sich aber Hinweise auf ein Zeitmuster der Dopamin-Ausschüttung, welches deutlich differenzierter zu sein schien als bisher angenommen (ebd.). Im zeitlichen Vorfeld eines selbst bestimmten Zugriffs auf Heroin oder Kokain, aber auch auf Futter, stieg die Dopamin-Konzentration im Extrazellulärraum stetig an. Voraussetzung dafür war, dass sich aufgrund früherer Erfahrungen schon eine Erwartung gebildet hatte. Wurde der Zugriff (bei Heroin oder Kokain eine intravenöse Injektion) vollzogen, so sank die Konzentration sofort steil ab. Erfolgte die Verabreichung nicht selbstbestimmt, sondern nach einem vom Experimentator vorgegebenen festen Rhythmus, so waren sowohl Konzentrationsanstieg als auch Konzentrationsabfall nach wie vor vorhanden, aber weniger stark ausgeprägt als bei einer Selbstverabreichung. Diese Ergebnisse sprechen für eine Rolle des Dopamins bei der Antizipation und möglicherweise der prämotorischen Präparation eines belohnenden Aktes.

Diese Sichtweise wird heute zunehmend akzeptiert. Elektrophysiologische Registrierungen haben die Bedeutung von Dopamin für die Voraussage belohnender Situationen eindrucksvoll bestätigt (Schultz 1999, 2002; Schultz et al. 2000). Noch nicht ganz gesichert ist die Bedeutung für eine präparatorische Aktivierung des eigenen motorischen Verhaltens. Appetenzverhalten hat das Ziel, Zugang zur Droge zu erlangen („drug seeking"), Konsumverhalten vollendet die Drogenzufuhr. Dass Dopamin nicht nur bei passiver Antizipation von Bedeutung ist, zeigt der oben beschriebene Vergleich zwischen Selbstverabreichung (starke Konzentrationsschwankung) und periodischer Fremdverabreichung (schwächere Konzentrationsschwankung). Verhaltensexperimente, zum Beispiel mit konditionierter Platzpräferenz, sprechen dafür, dass eine dopaminerge Aktivierung Appetenzverhalten fördert, eine dopaminerge Blockade es dagegen hemmt (Marinelli et al. 2003). Das konsumatorische Verhalten scheint von dopaminergen Eingriffen dagegen weniger betroffen zu sein.

Da kontrollierter Substanzgebrauch auf Verstärkungsvorgängen basiert, bedeutet dies auch, dass die neurale Steuerung eines kontrollierten Konsums zunehmend klarer wird. Dies betrifft zum Beispiel die zentrale Rolle der Freiwilligkeit und Selbstbestimmtheit eines Substanzzugriffs, wie sie im letzten Abschnitt beschrieben wurde. Eine antizipierte Drogeneinnahme unterscheidet

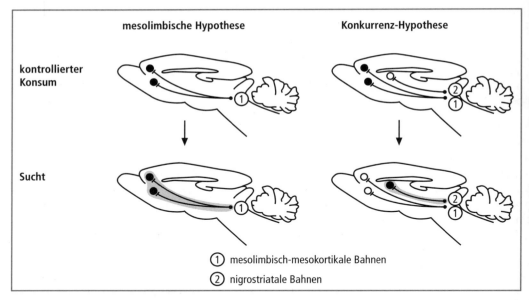

Abb. 28-10 Neurale Realisierung des Kontrollverlusts. Gegenüberstellung zweier Hypothesen zur neuralen Steuerung des bei Sucht auftretenden Kontrollverlusts. Die bei einer Sucht auftretenden Veränderungen sind jeweils hellgrau markiert. Links: Mesolimbisch-mesokortikale Bahnen sind allein entscheidend. Sie verändern sich im Laufe der Suchtentwicklung. Rechts: Mesolimbisch-mesokortikale Bahnen bleiben von der Suchtentwicklung weitgehend unberührt, verlieren aber gegenüber den nigrostriatalen Bahnen an Bedeutung. Diese vermitteln eine unflexible Steuerung und gewinnen in Konkurrenz zu den mesolimbischen Bahnen beim Suchteintritt an Bedeutung.

sich in ihren Konsequenzen von einer unerwarteten Verabreichung, aber auch antizipierbare Fremdzufuhr ist mit einer Selbstzufuhr nicht gleichzusetzen. Offenbar besteht hier eine weitgehende Ähnlichkeit zwischen „natürlichen" und psychoaktiven Reinforcern. Einige Unterschiede scheint es aber dennoch zu geben: So ist bei psychoaktiven Verstärkern die Habituation (Abschwächung nach mehrfacher Reizung) der Dopamin-Ausschüttung deutlich geringer ausgeprägt als zum Beispiel bei Futter-Verstärkung (Di Chiara et al. 1998). Möglicherweise spielen diese Unterschiede langfristig eine Rolle und können zur Suchtentwicklung beitragen.

Während über die Steuerung der Substanzeinnahme im Stadium des kontrollierten Konsums schon eine Fülle von Daten vorliegt, ist unser Wissen um die eigentliche Neurobiologie der Sucht noch recht dürftig. Im Fall einer Suchterkrankung sind die regulativen Auswirkungen eines Verstärkungskreises außer Kraft gesetzt. Negative Konsequenzen führen nicht mehr zu einer Einnahmereduktion und zur Suche nach Alternativen. Stattdessen ähnelt der Modus der Verhaltenssteuerung jetzt einer zwanghaften Reiz-Reaktion-Beziehung, bei der regulierende Rückkopplungsmechanismen nur noch eine untergeordnete Rolle spielen. Auf neuraler Ebene könnte eine derart veränderte Verhaltenssteuerung auf zwei Weisen realisiert sein: Entweder verändert sich die mesolimbisch-mesokortikale Verrechnung grundlegend, oder aber die neue, starre Form der Signalverarbeitung wird in anderen Teilen des Gehirns realisiert. Das flexible mesolimbisch-mesokortikale System bliebe dann erhalten, würde aber funktionell quasi entmachtet.

Viele der neurobiologisch arbeitenden Sucht-Grundlagenforscher neigen heute zu der ersten Hypothese. Vor allem Sensitivierungsprozesse (s. nächsten Abschnitt), welche sich auf quantitative Parameter der mesolimbischen Signalverarbeitung auswirken, werden mit einer Suchtentwicklung in Verbindung gebracht. Daneben gibt es aber auch Indizien für eine Beteiligung anderer Verrechnungsbahnen an der neuralen Realisierung eines Kontrollverlustes. Das nigrostriatale System verläuft beinahe parallel zu den mesolimbisch-mesokortikalen Bahnen. Es nimmt seinen Ausgang ebenfalls im Mittelhirn (Substantia nigra) und führt über dopaminerge Neuronen ins Corpus striatum, allerdings in dessen dorsolaterale Abschnitte. Auch hier modulieren dopaminerge Synapsen die kortikofugale, glutamaterg vermittelte Signalübertragung. Anders als die mesolimbischen Bahnen ist das nigrostriatale Verrechnungssystem aber weniger verantwortlich für flexible Verhaltensverstärkung, sondern eher für rigide Reiz-Reaktion-Beziehungen (z. B. im Sexualverhalten) und für stereotype Verhaltenswiederholungen. Funktionell passt diese Charakteristik gut zu den Merkmalen süchtigen Verhaltens (Wolffgramm 2003).

Inzwischen gibt es eine Reihe von Daten, die Suchtverhalten mit einer Veränderung im dorsolateralen Corpus striatum in Beziehung setzen. Hierzu gehören Resultate aus Untersuchungen mit bildgebenden Verfahren bei Sucht-Patienten ebenso wie neurochemische Post-mortem-Untersuchungen an süchtigen Laborratten. Wir haben bei alkohol-, opiat- und amphetaminsüchtigen Tieren Veränderungen in der dopaminergen Signalübertragung gefunden, die ausschließlich im dorsolateralen Corpus striatum, nicht aber in seinem ventralen (limbischen) Teil auftraten (Heyne et al. 2000; May et al. 1995). Bisher ist aber die Frage, ob suchtkorrelierende Veränderungen in erster Linie den mesolimbisch-mesokortikalen Teil der Signalverarbeitung betreffen oder ob andere Bahnen wie das nigrostriatale System hinzukommen, noch nicht entschieden (vgl. Abb. 28-10).

28.4 Bildung eines Suchtgedächtnisses

Ein Konsument psychoaktiver Substanzen sammelt ständig Erfahrungen, die seinen Substanzzugriff und die von diesem ausgelösten Wirkungen und Konsequenzen betreffen. Selbst beim Absetzen des Wirkstoffs können neue Erfahrungen, die zum Beispiel den Entzug betreffen, hinzukommen. Welche dieser vielen Erfahrungen führen nun zur Bildung des Suchtgedächtnisses? Die ersten Substanzerfahrungen können es noch nicht sein. Der Konsument lernt die dosisabhängigen Effekte des Wirkstoffs kennen, er erwirbt damit ein „Drogengedächtnis". Er findet auch heraus, wie er gewünschte Wirkungen optimal über ein geeignetes Zugriffsmuster erzielen kann. Letzteres geschieht über operante Lernprozesse und führt zu einem „Einnahmegedächtnis" (Heyne et al. 2000). Die Konsequenz dieser Gedächtnisbildungen ist aber kein süchtiger Substanzzugriff, sondern zunächst ein kontrollierter Substanzgebrauch. Dieser wird, wie bereits beschrieben, über eine mesolimbisch-mesokortikal realisierte Verhaltensverstärkung gesteuert. Ein Suchtgedächtnis, welches kaum noch löschbar ist und mit einem Verlust der Selbstkontrolle über die Substanzeinnahme einhergeht, muss sich daher zu einem späteren Zeitpunkt entwickeln.

Zur Entstehung eines Suchtgedächtnisses gibt es eine Reihe von Hypothesen, die insbesondere den zeitlichen Verlauf der Gedächtnisbildung betreffen (s. auch Abb. 28-11):
- schleichend kontinuierlicher Verlauf bzw. Bildung in vielen kleinen Schritten mit immer größer werdenden Kontrolleinbußen
- Entstehung in mehreren größeren Entwicklungsschüben („immer tieferes Abrutschen in die Sucht")
- Übergang vom kontrollierten Substanzgebrauch zum Kontrollverlust in einem einzigen, kaum noch reversiblen Schritt („point of no return")

Die zweite der drei genannten Möglichkeiten wird bis heute von manchen Klinikern und Therapeuten bevorzugt, weil sie der Rückerinnerung von Sucht-Patienten häufig gut zu entsprechen scheint. Als Auslöser für die Schübe der Suchterkrankung wurden belastende Ereignisse angesehen. Diese werden vom Sucht-Patienten in der Retrospektive gerne mit Veränderungen seines Substanzeinnahmeverhaltens in Verbindung gebracht. Die Suche nach Verbindungen zwischen Stress und Substanzeinnahme hat dementsprechend auch in der Sucht-Grundlagenforschung

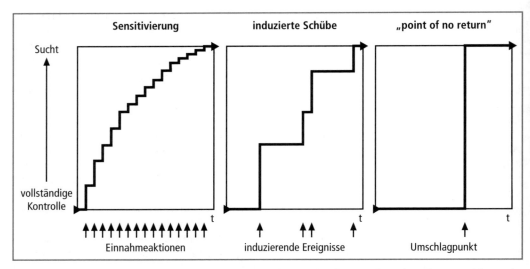

Abb. 28-11 Drei Hypothesen zur Zeitcharakteristik der Suchtentstehung. Links: Sensitivierung des „Wollens" mit jeder weiteren Einnahmeaktion; Mitte: schubweiser Verlauf der Kontrolleinbuße über induzierende Ereignisse (Stress, soziale Veränderung); rechts: Umschlagen des kontrollierten Konsums zum Kontrollverlust in einen „point of no return".

größeren Raum eingenommen. Inzwischen verlagert sich die Forschung etwas in die Richtung einer Beziehung zwischen Stress und akuter Rückfallgefahr. Was die Entstehung einer Sucht angeht, haben sich tragkräftige Indizien für eine schubweise Entstehung bzw. für eine bestimmte Rolle von Stress bei der Auslösung von Schüben bisher nicht erbringen lassen. Stress hat sicherlich eine Bedeutung für die Suchtentstehung, über seine genauen Auswirkungen ist aber nach wie vor nur wenig bekannt.

Die aktuell meistdiskutierte Hypothese ist die erstgenannte Möglichkeit. Sie wurde als „Incentive-sensitization-Konzept" beschrieben (Robinson u. Berridge 1993, 2001). Ständig wiederholte (intermittierende) Verabreichung bestimmter Substanzen (insbesondere solcher, die das dopaminerge Übertragungssystem direkt oder indirekt stimulieren) rufen steigende Verhaltensantworten hervor. Diese „Sensitivierung" betrifft zunächst einmal Parameter der motorischen (vor allem: lokomotorischen) Aktivität. In etwas schwächerem Umfang steigert sich aber auch das substanzbezogene Appetenzverhalten, das heißt, wiederholt behandelte Versuchstiere zeigen ein stärkeres „drug seeking" als einmalig behandelte Tiere. Es gibt überzeugende Hinweise dafür, dass man beim Zugriff auf einen psychoaktiven Wirkstoff zwischen einem „Mögen" („liking") und einem „Wollen" („wanting") unterscheiden kann. Ersteres repräsentiert eine positive oder negative Bewertung ohne eigentliche Handlungskonsequenz, Letzteres die Motivation für eigene, gerichtete Aktivität. Bei mehrfacher Substanzverabreichung scheint sich das „Mögen" nur wenig zu verändern, das „Wollen" dagegen, als der Drang zur Selbstzufuhr, steigert sich mit jeder neuen Substanzerfahrung. Extrapoliert man diese Entwicklung von einigen wenigen Zugriffen auf eine längere Entwicklung, so könnten sich Schritt für Schritt ein Suchtgedächtnis und immer stärker werdende Kontrolleinbußen aufbauen.

Es gibt einige Punkte, die für das Sensitivierungskonzept der Suchtentstehung sprechen. Tatsächlich ist beim kontrollierten Konsumenten „Mögen" und „Wollen" weitgehend gekoppelt, beim süchtigen Konsumenten entspricht dagegen dem starken „Wollen" kein gleich starkes „Mögen" mehr. Hat sich eine Sensitivierung einmal aufgebaut, so bleibt sie langfristig bestehen, auch wenn über längere Zeiträume keine weiteren Verabreichungen erfolgen. Dies könnte zur Löschungsresistenz des Suchtgedächtnisses in Beziehung gesetzt werden. Man könnte versucht sein, Sensitivierungsvorgänge als Ergebnis neuroadaptiver Regulation auf Zellebene anzusehen. Dies würde im Gegensatz zur Komplexität eines Suchtgedächtnisses stehen. Aber auch hier finden sich interessante Analogien, welche zeigen, dass Sensitivierung keineswegs nur auf einen zellulären Anpassungsprozess zurückgeht. So konnte gezeigt werden, dass Kontext-Parameter, die mit einer Substanzverabreichung assoziiert werden, auch mit der Sensitivierung verknüpft sind. Versuchstiere, die in einer bestimmten Testumgebung wiederholt behandelt worden waren und eine Sensitivierung entwickelt hatten, zeigten einige Zeit später in der gleichen Umgebung nach wie vor Sensitivierung. In einer fremden Umgebung war die Sensitivierung dagegen abgeschwächt oder fehlte gar (Anagnostaras u. Robinson 1996; Robinson et al. 1998).

Allerdings gibt es eine Reihe ernst zu nehmender Gegenargumente zu der Hypothese einer durch Sensitivierung verursachten Sucht. Maximale Sensitivierung der Verhaltensantwort lässt sich bereits mit relativ wenigen Verabreichungen erzielen. Wiederholt man die Verabreichungen im Abstand von wenigen Tagen, so ist spätestens nach wenigen Wochen eine Sättigung des Sensitivierungsverlaufs erreicht. Sucht dagegen braucht zu ihrer Entstehung einen weitaus längeren Zeitraum. Während sich Sucht nur dann zu entwickeln scheint, wenn das betreffende Individuum selbstbestimmt, in freier Wahl auf die Substanz zugreifen kann, setzt Sensitivierung keine derartige Einschränkung voraus. Eine Antwortsensitivierung entwickelt sich hervorragend nach Fremdverabreichungen, ohne dass das Versuchstier eine Eingriffsmöglichkeit hat. In unseren Experimenten fanden wir bei forciert opiatbehandelten Ratten eine Verhaltenssensitivierung, die nach 4 bis 5 Wochen komplett abgeschlossen war, aber keinerlei Suchtentwicklung (vgl. Heyne 1996; Heyne et al. 2000). Bei freiwillig opiatkonsumierenden Tieren dagegen war die Sensitivierung (im gleichen Zeitraum) schwächer ausgeprägt: Etwa die Hälfte dieser Tiere entwickelte nach 30- bis 40-wöchiger Erfahrung eine Opiatsucht. Diese Ergebnisse sprechen eher dafür, dass Sensitivierung in der ersten Phase der Drogenerfahrung eine Rolle spielt, mit der Suchtentwicklung selbst aber wenig zu tun hat.

Da positive und negative Argumente für bzw. gegen die „Incentive-sensitization-Hypothese" einander gegenüberstehen, haben wir versucht, Voraussagen dieser Hypothese anhand unserer Tiermodelle zur Suchtentwicklung zu überprüfen. Die ersten derartigen Studien führten wir zur Opiatsucht durch. Nach 9-monatiger freier Opiatwahl und anschießender 3-monatiger Abstinenz erwiesen sich im Retest etwa 40% der Tiere als opiatsüchtig. Sie nahmen auch unter aversiven Begleitbedingungen (unangenehm bitterer Geschmack) äußerst hohe Substanzdosen zu sich (Kontrollverlust) und gewannen ihre Kontrolle lebenslang nicht mehr zurück. Sie hatten also ein Suchtgedächtnis entwickelt. Der Rest der Tiere zeigte im Retest einen nach wie vor kontrollierten Substanzgebrauch. Von allen Tieren lagen vollständige, zeitlich hinreichend auflösende Aufzeichnungen über die gesamte Periode ihres früheren Einnahmeverhaltens vor.

Nach der Sensitivierungshypothese war zu erwarten, dass sich im Laufe der Zeit eine Verstärkung des „Wollens" entwickelt. Diese Veränderung hätte ziemlich rasch einsetzen müssen. Bei den später nichtsüchtigen Tieren hätte eine schwächere Sensitivierung als bei den später süchtigen Tieren stattfinden müssen, möglicherweise hätte sie bei ersteren sogar ganz fehlen können. Nach allen über die Opiat-Sensitivierung verfügbaren Daten sollten sich jedenfalls schon in den ersten Wochen des Substanzkonsums eine deutliche Differenzierung zwischen den später süchtigen und nichtsüchtigen Ratten ergeben – natürlich immer vorausgesetzt, Sucht entstünde durch fortgesetzte Sensitivierung. Die durchgeführte Versuchsreihe konnte diese Voraussagen nicht bestätigen (s. Abb. 28-12). Die Tiere beider Retrospektivgruppen zeigten ganz zu Beginn ihrer Substanzerfahrung eine hohe Einnahmepräferenz, die sich dann nach wenigen Wochen auf ein sehr niedriges Niveau einpendelte, auf dem es über acht Monate verblieb. In diesem Zeitraum waren keinerlei Unterschiede zwischen den später süchtigen und nichtsüchtigen Tieren festzustellen. Eine differenzielle Sensitivierung, wie sie

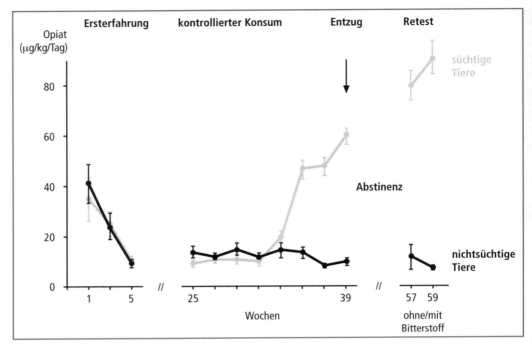

Abb. 28-12 Langzeitverlauf der Opiateinnahme (Etonitazen) bei später süchtig gewordenen und nichtsüchtig gebliebenen Ratten. Über lange Zeiträume zeigen beide Klassen keine Unterschiede, dann entwickelt sich sprunghaft eine gewaltige Differenz. Die Daten stützen die Point-of-no-return-Hypothese.

nach der Hypothese zu erwarten war, ließ sich während der gesamten Phase des kontrollierten Substanzgebrauchs nicht erkennen.

Ohne erkennbaren Grund, zumindest ohne geplante experimentelle Einwirkung auf die Versuchstiere, änderte sich die Situation nach etwa acht Monaten schlagartig. Ein Teil der Ratten, die das Opiat bisher moderat konsumiert hatten, steigerte seine Tagesdosen um das 4- bis 8-Fache. Die übrigen Tiere behielten ihre mäßigen Verbrauchswerte unverändert bei. Später, im Retest nach Abstinenz, erwiesen sich genau diejenigen Tiere als süchtig, die den plötzlichen Konsumausstieg vollzogen hatten (vgl. Abb. 28-12). Inzwischen ist das Experiment mehrfach repliziert worden. Immer wieder waren ausschließlich jene Ratten süchtig geworden, die nach 25 bis 40 Wochen kontrollierten Konsums die dramatische Einnahmesteigerung gezeigt hatten. Dieses Resultat lässt sich mit der Sensitivierungshypothese nicht in Einklang bringen, da spätestens nach 8 bis 10 Wochen alle Sensitivierungsprozesse abgeschlossen sind. Es entspricht aber ausgezeichnet der dritten oben genannten Möglichkeit („point of no return"). Damit gewinnt eine Hypothese neue Aktualität, die bereits von vielen Suchtforschern ad acta gelegt worden war.

Wo genau befindet sich bei der Opiat-Suchtentwicklung der Ratten der „point of no return"? Es liegt nahe, anzunehmen, dass dieser Punkt das Umschlagen vom moderaten zum exzessiven Konsum markiert. Folglich müsste sich bei diesem Übergang das Suchtgedächtnis gebildet haben, und der exzessive Opiatgebrauch würde gleichzeitig den Beginn eines irreversiblen Kontrollverlustes markieren. In unseren ersten Experimenten hatten wir den Ratten wenige Wochen nach Beginn der Einnahmesteigerung das Opiat entzogen. In späteren Experimenten setzten wir dagegen das Opiatangebot fort und stellten zu unserer Überraschung fest, dass die Ratten nach einigen Wochen des exzessiven Konsums wieder zu moderaten Einnahmewerten und damit zum kontrollierten Opiatgebrauch zurückkehren. Damit konnte der Übergang zur Sucht noch nicht stattgefunden haben. Offenbar steht die Phase der Konsumsteigerung zwar mit dem „point of no return" in Beziehung, scheint ihn aber nicht zwangsläufig einzuschließen. Stattdessen handelt es sich offenbar um eine „sensible Phase", in der eine Suchtgedächtnisbildung vorbereitet, aber noch nicht notwendigerweise vollzogen wird (s. Abb. 28-13). Sensible Phasen der Gedächtnisbildung gibt es auch außerhalb der Sucht, sie stehen zum Beispiel mit der Speicherung von emotional, motivational, partnerschaftlich oder sozial bezogenen Gedächtnisinhalten in Verbindung. Nur innerhalb solcher Phasen ist das Gehirn aufnahmebereit für die betreffenden Verknüpfungen. Neurobiologisch betrachtet weist das Gehirn während einer solchen „sensiblen Phase" eine selektiv gesteigerte Neuroplastizität auf (Bischof et al. 2002; Bock u. Braun 1998, 1999). Bestimmte Bahnen und Areale sind auf eine funktionelle Umorganisation vorbereitet. Eine bisher unbestätigte, aber durchaus plausible Hypothese nimmt an, dass diese Umorganisation u. a. die flexible bzw. rigide Verhaltenskontrolle durch mesolimbisch-mesokortikale bzw. nigrostriatale Verrechnungseinheiten betrifft und die Gewichtung zwischen den beiden Komponenten ändert (vgl. Abb. 23-10, S. 288).

Die Gründe für das plötzliche Entstehen einer für die Suchtgedächtnisbildung sensiblen Phase liegen bislang noch im Dunkeln. Bisher ist es uns noch nicht gelungen, eine sensible Phase zur Suchtentstehung experimentell auszulösen. Etwas mehr ist inzwischen über den „point of no return" bekannt, also über die Umstände, die während einer sensiblen Phase die endgültige Bildung eines Suchtgedächtnisses verursachen. In einer Reihe von Experimenten konnten wir übereinstimmend feststellen, dass das Suchtgedächtnis immer dann gebildet wurde, wenn in

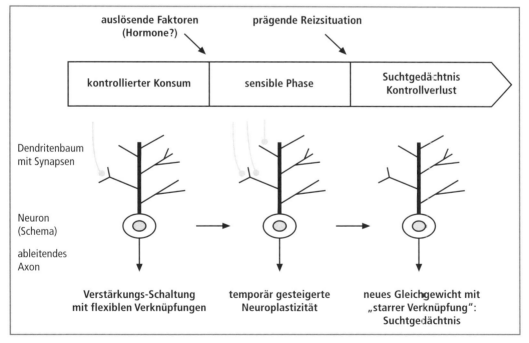

Abb. 28-13 Neurobiologische Hypothese zur Suchtgedächtnisbildung nach dem Point-of-no-return-Prinzip. Der Übergang erfolgt demnach innerhalb einer sensiblen Phase mit temporär gesteigerter Neuroplastizität in subkortikalen Hirnarealen.

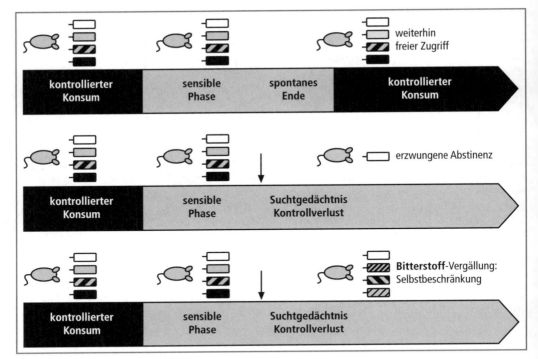

Abb. 28-14 Verschiedene Möglichkeiten einer Beendigung einer einmal eingeleiteten sensiblen Phase. Oben: Kontinuierlich weiterbestehendes Substanzangebot führt zur Beendigung der sensiblen Phase ohne Suchtgedächtnisbildung; Mitte und unten: Beschränkungen des freien Zugriffs führen zur Suchtgedächtnisbildung.

der sensiblen Phase ein starkes Substanzverlangen des Tieres nicht befriedigt wurde. Dies war zum Beispiel der Fall, wenn dem Tier während der sensiblen Phase der Suchtstoff durch Fremdeinwirkung (Experimentator) entzogen wurde. Aber auch das Versuchstier selbst konnte durch eigene Verhaltensentscheidungen diesen Zustand herbeiführen. Werden die Substanzlösungen mit einem Bitterstoff vergällt, so versuchen auch süchtige Tiere, die bitteren Lösungen zu vermeiden und führen einen – auf Dauer erfolglosen – Selbstentzug durch. Diese selbst gewählte und auch nur partielle Abstinenz reicht offenbar bereits aus, um bei einem neuroplastisch entsprechend vorbereiteten Gehirn die Suchtgedächtnisbildung auszulösen (s. Abb. 28-14).

Sucht ist eine Krankheit, und die Suchtgedächtnisbildung ist Teil der Krankheitsentwicklung. Unter diesem Gesichtspunkt ist es überraschend, dass die Besonderheiten des Suchtgedächtnisses (Bildung während einer sensiblen Phase, hohe Löschungsresistenz, zwangsartige Auswirkungen auf das Verhalten) weitgehend mit denen einer durchaus natürlichen Erfahrungsbildung vergleichbar sind: der Sexualprägung. Bei vielen Wirbeltierarten ist das Idealschema eines potenziellen Sexualpartners nur zu Teilen angeboren. Viele Reize, die mit dem Idealpartner assoziiert werden, müssen gelernt werden. Auch dieser Gedächtnisbildungsprozess findet innerhalb zeitlich begrenzter sensibler Phasen statt, erzeugt hochgradig löschungsresistente Gedächtnisinhalte und führt zu zwanghafter Einengung der Verhaltensvariabilität (Bischof et al. 2002; Lieshoff u. Bischof 2003). Der Mensch als Primat kann sich dieser Spielart der Verhaltensentwicklung nicht entziehen. Im ungünstigen Fall wird er geprägt auf stark reduzierte Begleitreize, die gar nicht unmittelbar mit dem Partner selbst in Verbindung stehen müssen.

Auch Suchtverhalten könnte „geprägt" sein. Es ist kaum vorstellbar, dass sich in der Evolution der Wirbeltiere eine eigenständige Suchtprägung, ein eigenständiges Suchtgedächtnis oder ein eigenständiger, suchtbezogener Kontrollverlust entwickelt hat, denn dies böte keinen Selektionsvorteil. Weitaus wahrscheinlicher ist, dass psychotrope Substanzen Steuerungsmechanismen und die damit verknüpften Verrechnungsbahnen nutzen, die eigentlich für die Steuerung anderer Verhaltens vorgesehen sind. Beim kontrollierten Substanzgebrauch sind dies, wie bereits beschrieben, die Mechanismen und Bahnen der Verhaltensverstärkung, die zum Beispiel bei der Nahrungssuche eingesetzt werden. Im Fall einer Suchtgedächtnisbildung könnten dies die Mechanismen und zugrunde liegenden neuralen Strukturen der Sexualprägung sein. Der Kontrollverlust eines Süchtigen entspräche dann der eingeschränkten oder fehlenden Kontrollierbarkeit des Sexualverhaltens, welches evolutionsbiologisch als durchaus sinnvoll, weil arterhaltend, eingeschätzt werden kann. Die genannte Hypothese vermag das zurzeit vorliegende Datenmaterial gut zu erklären und benötigt weniger Zusatzannahmen als andere Deutungskonzepte. Sie ist aber heute noch weitgehend spekulativ, Voraussagen aufgrund der Hypothese sind experimentell noch nicht überprüft worden. Die oben genannten Überlegungen sollen daher zunächst nur als Denkanstoß dienen, der helfen mag, eine biologische Bewertung von süchtigem Verhalten vorzunehmen.

Die ersten Experimente zur Zeitcharakteristik einer Suchtgedächtnisbildung sind mit einem Opiat als Suchtdroge durchgeführt worden. Inzwischen wurden gleichartige Versuche auch mit d-Amphetamin, Alkohol und – vor kurzem – Nikotin durchgeführt. Beim Amphetamin zeigte sich eine Suchtentwicklung, die in allen wesentlichen Punkten der Opiatsucht entsprach. Unterschiede ergaben sich für Alkohol und Nikotin. Hier war keine zeitlich fest umrissene Phase der Einnahmesteigerung zu erkennen, die mit der später registrierten Sucht korrelierte. Im Fall des Alkohols waren darüber hinaus noch weitere Besonderheiten festzustellen: Alkohol-Vorerfahrungen über einen längeren Zeitraum führten abstinenzübergreifend zu einer deutlich gesteigerten Alkoholpräferenz. Dies war – im Gegensatz zu den anderen untersuchten Wirkstoffen – auch bei denjenigen Tieren zu beobachten, die keinen Kontrollverlust erlitten hatten, die also nicht süchtig geworden waren. Hier hatte sich offenbar ein „Alkoholgedächtnis", aber kein Suchtgedächtnis entwickelt (Heyne et al. 2000). Ein zweiter Unterschied zwischen den Konsequenzen eines freiwilligen Langzeitkonsums von Alkohol und dem von Opiaten, Amphetamin oder Nikotin betraf den Kontrollverlust. Bei den zuletzt genannten Substanzen findet man im Retest unter aversiven Bedingungen (bitterer Geschmack der Substanzlösungen) eine klare Trennung zwischen Tieren mit Kontrollverlust (hohe Substanzdosen) und solchen mit unbeeinträchtigter Selbstkontrolle (minimale Substanzeinnahme). Intermediäre Ausprägungen fehlen. Bei Alkoholkonsumenten ist dies anders. Hier finden wir Tiere mit vollständigem Kontrollverlust und mit erhalten gebliebener Kontrolle, aber auch solche mit mehr oder weniger stark ausgeprägten Kontrollbeeinträchtigungen, also ein breites Spektrum ohne die sonst beobachtete binäre Gliederung (Wolffgramm et al. 2000).

Das Fehlen einer im Einnahmeverhalten erkennbaren, zeitlich begrenzten sensiblen Phase in der Entwicklung der Alkoholsucht (und wohl auch einiger anderer Suchterkrankungen) könnte darauf zurückzuführen sein, dass sich ein Alkohol-Suchtgedächtnis auf grundsätzlich anderem Wege bildet als etwa ein Opiat-Suchtgedächtnis. Andererseits ist diese Schlussfolgerung aufgrund des vorgestellten Datenmaterials nicht zwingend, denn eine sensible Phase der Suchtgedächtnisbildung muss nicht zwangsläufig mit einem gesteigerten Substanzkonsum zusammenhängen. Eine solche Phase vorübergehend erhöhter Neuroplastizität könnte auch „versteckt" sein, sich also einer unmittelbaren Beobachtung entziehen. Um dies zu überprüfen, haben wir in einer größeren Versuchsreihe Ratten über 25, 40 und 55 Wochen auf Alkohol zugreifen lassen. Nach jeweils 12 Wochen Abstinenz erfolgte wie üblich ein Retest, zunächst ohne, dann mit Bitterstoff-Vergällung der Alkohollösungen. Jeweils die Hälfte der Tiere erhielt den Alkohol zur freien Wahl (Wasser sowie Alkohol mit 5, 10 und 20%

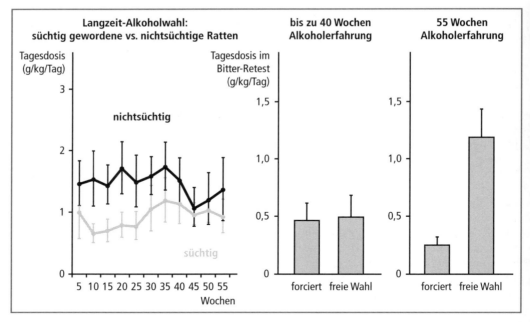

Abb. 28-15 Vulnerable Phase der Bildung eines Alkohol-Suchtgedächtnisses. Beim Vergleich später alkoholsüchtig gewordener und nichtsüchtiger Tiere ist im Gegensatz zum Opiat eine sensible Phase bzw. ein Umschlagpunkt nicht unmittelbar zu erkennen (linkes Verlaufsdiagramm). Trotzdem existieren offenbar eine vulnerable Phase und ein Umschlagpunkt, denn bei bis zu 40 Wochen freier Wahl bleiben die Tiere nichtsüchtig (kein Unterschied zu forcierter Behandlung). Bei 55 Wochen freier Wahl sind dagegen viele Tiere süchtig geworden.

als Trinkflüssigkeiten). Die andere Hälfte wurde forciert behandelt und hatte eine 5%ige Alkohollösung als einzige Trinkflüssigkeit zur Verfügung. Nach 25 und 40 Wochen Alkoholerfahrung hatte sich noch keine Sucht entwickelt. Wahltiere und forciert behandelte Ratten zeigten im Retest einen moderaten Konsum, die bitteren Alkohollösungen wurden von ihnen abgelehnt. Bei den Tieren mit 55-wöchigem forcierten Konsum war dies genauso. Wie bereits beschrieben, entwickeln die Tiere unter forcierten Bedingungen keine Sucht. Anders war das Ergebnis bei den Tieren mit 55-wöchiger Alkoholwahl. Hier war der Alkoholkonsum signifikant gesteigert. Nach Einsetzen der Vergällung brach der Verbrauch kurzzeitig ein (Versuch eines Selbstentzugs), erholte sich aber rasch und lag dann hochsignifikant über dem der nichtsüchtig gebliebenen Tiere (Abb. 28-15).

Die Resultate lassen den Schluss zu, dass nur solche Tiere eine Alkoholsucht (oder zumindest deutliche Kontrolleinbußen) entwickelt haben, die mehr als 40 Wochen lang freiwillig Zugriff auf Alkohol gehabt hatten. Auch hier entwickelt sich das Suchtgedächtnis also offenbar nicht Schritt für Schritt, sondern nur während einer besonderen Zeitperiode. Offenbar ist dieser Zeitabschnitt erhöhter Empfindlichkeit aber verdeckt, er spiegelt sich nicht unmittelbar in den Parametern des Einnahmeverhaltens wider. Ob es sich um eine „sensible Phase" eines Prägungsprozesses handelt oder ob der Gedächtnisbildungsvorgang von dem Opiat-Suchtschema abweicht, wissen wir zurzeit noch nicht. Wir sprechen daher vorläufig von einer „vulnerablen Phase" der Bildung eines Alkohol-Suchtgedächtnisses. Für eine Gleichartigkeit oder doch zumindest starke Ähnlichkeit der Suchtbildung bei Alkohol und Opiat spricht, dass der letztlich

28.4 Bildung eines Suchtgedächtnisses

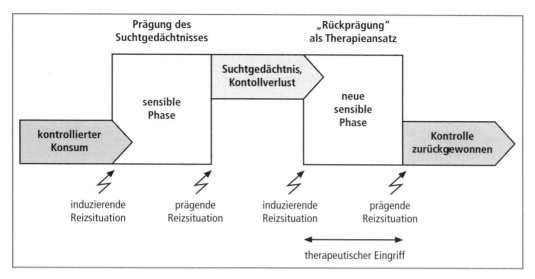

Abb. 28-16 Prägung und „Rückprägung" eines Suchtgedächtnisses. Mögliche therapeutische Nutzung der Erkenntnisse zur Suchtgedächtnisbildung innerhalb einer zeitlich begrenzten sensiblen Phase. Gelänge es, therapeutisch eine neue sensible Phase zu induzieren und aufrechtzuerhalten, so könnte durch geeignete „rückprägende" Reize das Suchtgedächtnis gelöscht bzw. mit neuen, ungefährlichen Inhalten „überschrieben" werden.

entscheidende Schritt („point of no return") offenbar in beiden Fällen durch den Zustand eines unerfüllten Substanzverlangens ausgelöst wird. Für Alkohol ergaben sich die gleichen Beziehungen wie für das Opiat.

Die neuen grundlagenwissenschaftlichen Erkenntnisse über die Suchtentstehung sollten Anregungen geben, neue Wege bei der Prävention und Therapie von Suchterkrankungen zu erproben. Bei der Prävention könnte es bei bereits bestehendem Konsum ein Ziel sein, den Übergang vom kontrollierten Substanzgebrauch zur sensiblen bzw. vulnerablen Phase zu verhindern oder, falls eine solche Phase bereits eingetreten sein sollte, Reizkonstellationen zu vermeiden, die eine Suchtgedächtnisbildung und damit den „point of no return" auslösen könnten. Ersteres wird erst dann möglich werden, wenn es uns gelungen sein wird, die Mechanismen zu verstehen, die den Beginn einer sensiblen/vulnerablen Phase verursachen. Dieses Wissen liegt zum jetzigen Zeitpunkt noch nicht vor. Die kritische Reizkonstellation zur Suchtgedächtnisbildung scheint dagegen eng mit einem nicht gesättigten Verlangen nach der Suchtdroge zusammenzuhängen.

Daraus lässt sich ableiten, dass Entzugsphasen oder sogar drastische Selbstbeschränkung des Konsums, die in eine sensible/vulnerable Phase fallen, ein hohes Risikopotenzial darstellen. Hieraus resultiert ein Dilemma, denn natürlich ist eine Einschränkung oder Beendigung des schädlichen Konsums ein übergeordnetes Ziel von Beratung und Behandlung. Wichtig wäre es, die Existenz einer sensiblen/vulnerablen Phase zweifelsfrei zu diagnostizieren, um das weitere Vorgehen darauf abstimmen zu können. Wo immer es möglich ist, könnten substituierende Maßnahmen hilfreich sein, um während der sensiblen Phase ein unerfülltes Verlangen gar nicht erst aufkommen zu lassen.

Die Therapie einer bereits eingetretenen Suchterkrankung kann deren unabänderliche Existenz als gegeben akzeptieren und versuchen, schädliche Folgen durch Substitution des Wirkstoffs gering zu halten („Maintenance-Konzept") oder eine Langzeit-Abstinenz herbeizuführen und die anhaltend hohe Rückfallgefahr durch psycho-, verhaltens- und pharmakotherapeutische Maßnahmen zu reduzieren. Auf derartigen Konzepten basieren die heute üblichen Behandlungsansätze. Sie sind in vielen Bereichen als durchaus erfolgreich einzuschätzen. Heilen können sie Suchterkrankungen freilich nicht. Hierzu müsste das Suchtgedächtnis gelöscht bzw. mit neuen, ungefährlichen Inhalten überschrieben werden. Ein derartiges Umlernen ist im Fall des Suchtgedächtnisses offenbar nicht ohne Weiteres möglich. Ähnlich wie bei der Suchtentstehung müsste eine sensible Phase erzeugt werden, in der dann durch geeignete Reize eine „Umprägung" erfolgt (s. Abb. 28-16). Es ist uns in ersten Tierexperimenten gelungen, bei opiatsüchtigen Ratten durch Gabe des Stresshormons Kortikosteron experimentell eine neue sensible Phase zu erzeugen und während dieser Phase durch eine forcierte Opiatverabreichung das Suchtgedächtnis zu überschreiben. Die so behandelten Tiere wurden von ihrer Sucht nachhaltig befreit. Klinische Studien werden zeigen müssen, ob dieses oder ein ähnliches Therapiekonzept auch beim Menschen Erfolg zeigt.

Literatur

Anagnostaras SG, Robinson TE (1996). Sensitization to the psychomotor stimulant effects of amphetamine: modulation by associative learning. Behav Neurosci; 110: 1397–414.
Antoniadis EA, McDonald RJ (2001). Amygdala, hippocampus, and unconditioned fear. Exp Brain Res; 138: 200–9.
Bassareo V, Di Chiara G (1999). Modulation of feeding-induced activation of mesolimbic dopamine transmission by appetitive stimuli and its relation to motivation state. Eur J Neurosci; 11: 4389–97.
Beane ML, Cole MA, Spencer RL, Rudy JW (2002). Neonatal handling enhances contextual fear conditioning and alters corticosterone stress response in young rats. Horm Behav; 41: 33–40.
Berridge KC (2003). Pleasures of the brain. Brain Cogn; 52: 106–28.
Bischof HJ, Geissler E, Rollenhagen A (2002). Limitations of the sensitive period for sexual imprinting: neuroanatomical and behavioral experiments in the zebra finch (Taeniopygia guttata). Behav Brain Res; 133: 317–22.
Blaesing B, Nossoll M, Teuchert-Noodt G, Dawirs RR (2001). Postnatal maturation of prefrontal pyramidal neurons is sensitive to a single early dose of methamphetamine in gerbils (Meriones unguiculatus). J Neural Transm; 108: 101–13.
Bock L, Braun K (1998). Differential emotional experience leads to pruning of dendritic spines in the forebrain of domestic chicks. Neural Plast; 6: 17–27.
Bock J, Braun K (1999). Filial imprinting in domestic chicks is associated with spine pruning in the associate area, dorsocaudal neostriatum. Eur J Neurosci; 11: 2566–70.
Böning J (1992). Zur Neurobiologie und Phänomenologie eines „Suchtgedächtnisses". Sucht; 38: 105–6.
Bozarth MA (1991). The mesolimbic dopamine system as a model reward system. In: Willner P, Scheel-Krüger J (eds). The Mesolimbic Dopamine System: from Motivation to Action. Chichester: John Wiley; 301–30.
Coper H, Rommelspacher H, Wolffgramm J (1990). The „point of no return" as a target of experimental research on drug dependence. Drug Alcohol Depend; 25: 129–34.
Cox BM (1990). Drug tolerance and physical dependence. In: Pratt WB, Taylor P (eds). Principles of Drug Action. The Basis of Pharmacology. 3rd ed. New York: Churchill Livingstone; 639–90.
Di Chiara G (2002). Nucleus accumbens shell and core dopamine: differential role in behavior and addiction. Behav Brain Res; 137: 75–114.
Di Chiara G, Tanda G, Cadoni C, Acquas E, Bassareo V, Carboni E (1998). Homologies and differences in the action of drugs of abuse and conventional reinforcer (food) on dopamine transmission: an interpretative framework of the mechanism of drug dependence. Adv Pharmacol; 42: 983–7.
Goto Y, O'Donnell P (2002). Timing-dependent limbic-motor synaptic integration in the nucleus accumbens. Proc Natl Acad Sci USA; 99: 13189–93.
Heyne A (1996). The development of opiate addiction in the rat. Pharmacol Biochem Behav; 53: 11–25.
Heyne A, Wolffgramm J (1998). The development of addiction to d-amphetamine in an animal model: same principles as for alcohol and opiate. Psychopharmacology; 140: 510–8.
Heyne A, May T, Goll P, Wolffgramm J (2000). Persisting consequences of drug intake: towards a memory of addiction. J Neural Transm; 107: 613–38.
Horvitz JC (2002). Dopamine gating of glutamatergic sensorimotor and incentive motivational input signals to the striatum. Behav Brain Res; 137: 65–74.
Kiyatkin EA (1995). Functional significance of mesolimbic dopamine. Neurosci Biobehav Rev; 19: 573–98.

Lieshoff C, Bischof HJ (2003). The dynamics of spine density changes. Behav Brain Res; 140: 87–95.

Marinelli M, Cooper DC, Baker LK, White FJ (2003). Impulse activity of midbrain dopamine neurons modulate drug seeking behavior. Psychopharmacology; 168: 84–98.

Martel P, Fantino M (1996). Mesolimbic dopaminergic system activity as a function of food reward: a microdialysis study. Pharmacol Biochem Behav; 53: 221–6.

May T, Wolf U, Wolffgramm J (1995). Striatal dopamine receptors and adenylyl cyclase activity in a rat model of alcohol addiction, effects of ethanol and lisuride treatment. J Pharmacol Exp Ther; 275: 1195–203.

May T, Juilfs F, Wolffgramm J (1998). Long-lasting effects of chronic µ-opioid intake on the signal transmission via dopamine D_1 receptors in the limbic forebrain of drug deprived rats. Neuropharmacology; 37: 997–1006.

May T, Juilfs F, Wolffgramm J (1999). Effects of etonitazene consumption and abstinence on the signal transmission of µ-opioid receptors in brain membranes of rats. Neurosci Lett; 275: 109–12.

Nestler EJ (2001). Molecular neurobiology of addiction. Am J Addict; 10: 201–17.

Nestler EJ (2002). Common molecular and cellular substrates of addiction and memory. Neurobiol Learn Mem; 78: 637–47.

Nestler EJ, Aghajanian GK (1997). Molecular and cellular basis of addiction. Science; 278: 58–63.

Robinson TE, Berridge KC (1993). The neural basis of drug craving: an incentive-sensitization theory of addiction. Brain Res Brain Res Rev; 18: 247–91.

Robinson TE, Berridge KC (2001). Incentive-sensitization and addiction. Addiction; 96: 103–14.

Robinson TE, Browman KE, Crombag HS, Badiani A (1998). Modulation of the induction or expression of psychostimulant sensitization by the circumstances surrounding drug administration. Neurosci Biobehav Rev; 22: 347–54.

Schultz W (1999). The reward signal of midbrain dopamine neurons. News Physiol Sci; 14: 249–55.

Schultz W (2002). Getting formal with dopamine and reward. Neuron; 36: 241–63.

Schultz W, Tremblay L, Hollermann JR (2000). Reward processing in primate orbitofrontal cortex and basal ganglia. Cereb Cortex; 10: 272–84.

Sellings LH, Clarke PB (2003). Segregation of amphetamine reward and locomotor stimulation between nucleus accumbens medial shell and core. J Neurosci; 23: 6295–303.

Spanagel R, Herz A, Shippenberg TS (1992). Opposing tonically active endogenous opioid systems modulate the mesolimbic dopaminergic pathway. Proc Natl Acad Sci USA; 89: 2046–50.

Spanagel R, Almeida OF, Shippenberg TS (1993). Long lasting changes in morphine-induced mesolimbic dopamine release after chronic morphine exposure. Synapse: 14: 243–5.

Swift JQ, Roszkowski MT (1998). The use of opioid drugs in management of chronic orofacial pain. J Oral Maxillofac Surg; 56: 1081–5.

Vanderschuren LJ, Tjon GH, Nestby P, Mulder AH, Schoffelmeer AN, De Vries TJ (1997). Morphine-induced long-term sensitisation to the locomotor effects of morphine and amphetamine depends on the temporal pattern on the pre-treatment regiment. Psychopharmacology; 131: 115–22.

Wise RA (1987). The role of reward pathways in the development of drug dependence. Pharmac Ther; 35: 227–63.

Wise RA (1989). Opiate rewards: sites and substrates. Neurosci Biobehav Rev; 13: 129–33.

Wolffgramm J (1990). Free choice ethanol intake of laboratory rats under different social conditions. Psychopharmacology; 101: 233–9.

Wolffgramm J (1991). An ethopharmacological approach to the development of drug addiction. Neurosci Biobehav Rev; 15: 515–9.

Wolffgramm J (1995). Abhängigkeitsentwicklung im Tiermodell. Z Klin Psychol; 24: 107–17.

Wolffgramm J (2003). Neurobiologische Suchtforschung: Selbstzweck oder Perspektive? Sucht aktuell; 1: 36–46.

Wolffgramm J, Heyne A (1991). Social behavior, dominance and social deprivation of rats determine drug choice. Pharmacol Biochem Behav; 38: 389–99.

Wolffgramm J, Heyne A (1995). From controlled drug intake to loss of control: the irreversible development of drug addiction in the rat. Behav Brain Res; 70: 77–94.

Wolffgramm J, Galli G, Thimm F, Heyne A (2000). Animal model of addiction: models for therapeutic strategies? J Neural Transm; 107: 649–68.

29 Problematische Sozialisation

Hans-Jürgen Hallmann

In Fachkreisen hat sich trotz aller Uneinigkeit in der Definition und der Theorien über die Entstehung von Sucht und Abhängigkeit die Sichtweise durchgesetzt, dass Sucht multifaktoriell bedingt ist: In diesem multifaktoriellen Bedingungsgefüge einer Suchtentwicklung spielen neben der Substanz gleichermaßen die Person und das Umfeld bzw. die Umwelt eine Rolle. Die verschiedenen Einflüsse, die im Laufe seiner Entwicklung auf den Menschen einwirken, haben somit einen entscheidenden Anteil an der Entstehung oder Verhinderung einer Suchterkrankung.

Bereits zu Beginn der 1980er Jahre wurde bei der Analyse von Lebensgeschichten betroffener Suchtkranker der Zusammenhang von frühen Störungen im Rahmen der kindlichen Entwicklung und dem Auftreten einer späteren Suchterkrankung deutlich. Dementsprechend fanden auch die theoretischen Ansätze der Sozialisation, die den gemeinsamen Einfluss physiologischer, psychischer und sozialer Faktoren auf die Entwicklung einer gesunden Persönlichkeit betonten, in der Suchtforschung immer mehr Beachtung (Hurrelmann 1991a). Insbesondere die Erforschung von Störungen, die im Verlauf des Sozialisationsprozesses zu Fehlentwicklungen in der Persönlichkeitsbildung und – damit verbunden – zu einem gesteigerten späteren Suchtrisiko führen konnten, standen dabei im Blickfeld (Feuerlein 1981).

29.1 Sozialisationsstörungen

Unter Sozialisation wird ganz allgemein der Prozess verstanden, in dessen Verlauf die sowohl generationsübergreifende als auch die innerhalb einer Generation vollzogene Vermittlung kultureller Inhalte, also Kenntnisse, Fähigkeiten, Fertigkeiten, Wertvorstellungen, Normen und Verhaltensregeln, vollzogen wird. Nach neuerer Auffassung wirkt dieser Prozess lebenslang und ist in seinem Ergebnis als offen zu verstehen. Durch die aktive Auseinandersetzung mit seiner menschlichen und dinglichen Umwelt erwirbt das Individuum soziale Zugehörigkeit, bildet persönliche Eigenarten aus und erwirbt schließlich Handlungsfähigkeit (Liegle 1991). Die Entwicklung zu einem handlungsfähigen Subjekt vollzieht sich dabei zum einen durch Prozesse der „personalen Individuation", zum anderen durch Prozesse der „sozialen Integration". Zur sozialen Integration gehört die „*Anpassung an gesellschaftliche Normen, an zentrale Werthaltungen, vorherrschende Verhaltensstandards und Konventionen, die Übernahme von verschiedenen gesellschaftlich definierten sozialen Rollen, die Ausbildung der Grundbereitschaft, sozialen Erwartungen und Anforderungen gerecht zu werden, und die Platzierung in der ökonomisch bedingten Chancenstruktur und dem gesellschaftlichen Produktionssystem*" (Hurrelmann et al. 1985, zit. nach Mansel 1995, S. 91).

Die personale Individuation beinhaltet den „*Aufbau einer individuellen Persönlichkeitsstruktur mit komplexen kognitiven, emotionalen, motivationalen, sprachlichen, moralischen und sozialen Merkmalen und Kompetenzen sowie des subjektiven Selbsterlebens als einzigartiger Persönlichkeit*" (ebd.).

Im Zuge einer gelingenden Sozialisation entsteht schließlich eine Persönlichkeit, die über ausreichende personale Ressourcen verfügt, um sich adäquat den jeweiligen Lebensanforderungen zu stellen und kritische Lebenssituationen angemessen bewältigt (Hurrelmann 1991b). Störungen im Sozialisationsverlauf können zu Sozialisationsdefiziten führen, die eine erfolgreiche soziale Integration des Individuums in der Gesellschaft erschweren oder verhindern. Eine fehlerhafte Sozialisation kann dementsprechend zu einem Auftreten abweichender Verhaltensweisen führen, also zu einem Verhalten, *„das gesetzlich verboten oder sozial unerwünscht und inakzeptabel ist – sei es, weil es vorherrschenden Konventionen widerspricht, sei es, weil es ein geordnetes und friedliches Zusammenleben der Gesellschaftsmitglieder beeinträchtigt oder unmöglich macht – und/oder solches Verhalten, das die eigene Persönlichkeitsentwicklung stört oder behindert"* (Hurrelmann 1990, S. 179).

Suchtmittelkonsum im Jugendalter kann dabei als eine mögliche Reaktion auf ein vorhandenes Sozialisationsdefizit gewertet werden. Allerdings sollte dabei nicht von einem monokausalen Zusammenhang ausgegangen werden. Weder ist Suchtverhalten immer das Ergebnis eines gestörten Sozialisationsprozesses noch führen Sozialisationsstörungen zwangsläufig zum Konsum von Suchtstoffen (Stosberg 1993). In diesem Sinne bilden Sozialisationsstörungen neben anderen ursächlichen bzw. suchtauslösenden Bedingungen nur ein verursachendes Faktorenbündel für das Entstehen einer Suchterkrankung (vgl. Abschnitt III und z. B. die Kapitel 28 sowie 30 bis 32).

29.2 Aspekte primärer Sozialisation

Primäre und zugleich wichtigste Sozialisationsinstanz, die das Individuum lebenslang begleitet und prägt, ist die Familie. In der Familie werden, besonders in der frühen Kindheitsphase, elementare Erfahrungen wie Urvertrauen und Weltoffenheit vermittelt, soziale Rollen eingeübt und Handlungskompetenz gefördert. Dabei können die in dieser Lebensphase gemachten Erfahrungen, aber auch die nichtgemachten Erfahrungen im späteren Alter kompensiert werden, sie können aber auch im Sinne einer Fehlentwicklung bestimmend für das weitere Leben wirken. Entwicklungspsychologen betonen gerade die frühkindliche Erziehung – in der Regel im Rahmen der Mutter-Kind-Beziehung – als einen Kernpunkt der Sozialerziehung. In dieser frühen Entwicklungsphase *„formt sich die Grundlage des Identitätsgefühls, das später zu dem komplexen Gefühl wird, dass man ‚in Ordnung' ist, dass man ein Selbst besitzt und dass man das Vertrauen der Umwelt rechtfertigt, indem man so wird, wie sie es von einem erwartet"* (Erikson 1971, S. 243).

Das Primärverhältnis Mutter-Kind bildet damit die Basis für die Vermittlung der Eigenschaften, die die Voraussetzungen für einen verantwortungsbewussten sozialen Umgang darstellen. Im Rahmen der weiteren familiären Sozialisation prägen dann im Wesentlichen die verschiedenen Verhaltensweisen der einzelnen Familienmitglieder das kindliche Verhalten. Das Kind übernimmt diese Verhaltensweisen durch Identifikation und Internalisierung (durch Hineinversetzen in eine andere Person, verbunden mit der Verinnerlichung ihrer Verhaltensweisen und Einstellungen), durch Imitation (Lernen am Modell) sowie durch Sanktionen, aber auch durch Einsicht.

Es bedarf allerdings einer Weiterentwicklung dieses zunächst angelernten Sozialverhaltens zu einer unabhängigen, kritischen und verantwortlichen sowie kreativen Ausprägung sozialen Handelns. Dieser Entwicklungsprozess mit dem Ziel sozialer Handlungskompetenz ist abhängig

- von der Qualität der sozialen Beziehungen, innerhalb derer ein Kind aufwächst;
- von der Qualität der kommunikativen Fähigkeiten, die ein Kind vermittelt bekommt;
- von den über diese Qualitäten hinausgehenden bewussten erzieherischen Handlungen in der Familie;
- von den außerhalb der Familie liegenden komplementären Erziehungsvorgängen, wie zum Beispiel im Kindergarten oder in der Schule.

Die Weichenstellungen für die Entwicklung einer selbstständigen und unabhängigen Persönlichkeit werden also in erster Linie in der Familie gesetzt. So hängen *„Lernfähigkeit, Leistungsorientierung, Initiative, Intelligenz, Autonomie oder Liebesfähigkeit (...) in großem Maße von der Stabilität und Konsistenz der frühkindlichen Umwelt ab"* (Lindner u. Reiners-Kröncke 1993). Sowohl die familiäre Struktur und das familiäre Klima, in denen ein Kind aufwächst, als auch der Erziehungsstil und das erzieherische Handeln der Eltern bilden somit die wichtigsten Komponenten in der Sozialisation der Heranwachsenden.

29.2.1 Strukturell und funktional gestörte Familien

Das Aufwachsen in einer strukturell oder funktional gestörten Familie wird als eines der größten Risiken für eine gelingende Sozialisation betrachtet (Hurrelmann 1991). Störungen in der Familienstruktur und die meist damit verbundenen Störungen der familiären Beziehungsstruktur werden gängigerweise als „Broken-home-Situation" bezeichnet. Eine gestörte Familienstruktur wird in der Regel gleichgesetzt mit einer unvollständigen Familie, die durch den Verlust eines Elternteils durch Scheidung oder Tod hervorgerufen wird. Dabei zeigt sich allerdings, dass für Schäden in der Persönlichkeitsentwicklung der Kinder weniger die durch die Trennung verursachte Strukturveränderung der Familie von Bedeutung ist, sondern die etwa einer Scheidung vorangehenden Konflikte und Beziehungskrisen der jeweiligen Partner sowie der mit einer Scheidung verbundene Abbruch der gegenseitigen Kontakte. So verspüren die von Trennung betroffenen Kinder und Jugendlichen noch über einen längeren Zeitraum einen Verlust von Geborgenheit, zeigen Verhaltensauffälligkeiten und entwickeln Angst- und Schuldgefühle (Hurrelmann 2002). Ernsthafte Störungen in der Familienstruktur entstehen aber auch durch die Suchterkrankung eines oder beider Elternteile. So wird das Risiko, selbst einmal suchtkrank zu werden, für Kinder aus suchtbelasteten Lebensgemeinschaften 6-mal höher eingeschätzt als für Kinder aus „normalen" Familienverhältnissen (vgl. Abschnitt III). Entscheidend für mögliche spätere Persönlichkeitsstörungen ist also die Qualität der emotionalen Beziehungen zwischen den Elternteilen und den Kindern, die auch in strukturell vollständigen Familien funktionale Störungen aufweisen können. Von funktionalen Störungen kann man dann sprechen, wenn die Familie nicht mehr in der Lage ist, ihre Sozialisationsaufgaben in ausreichendem Maße wahrzunehmen (z. B. bei berufsbedingter permanenter Abwesenheit eines Elternteils oder beider Elternteile und bei dauerhaften Konflikten in der Familie). Bei derartigen Störungen „existiert keine tragfähige gefühlsorientierte persönliche Basis, die etwa dem Heranwachsenden den notwendigen emotionalen Rückhalt gibt", meint Krista Stosberg (1993, S. 9). Weiter schreibt sie:

„Es fehlt ein Zusammengehörigkeitsgefühl der Familienangehörigen, oder es wird als unbefriedigend empfunden, die Stabilität der Sozialbeziehungen ist unterbrochen oder dauernd bedroht. (...) Die aus derart gestörten Familien kommenden Jugendlichen sind nicht selten benachteiligt in Bezug auf ihre Kontakt- und Gemeinschaftsfähigkeit, sie sind nicht imstande, dauerhafte soziale Beziehungen zu entwickeln und Verantwortung zu übernehmen, kurz, sie entwickeln Verhaltensmerkmale, die bereits durch Dissozialität charakterisiert sind." (ebd.)

Bereits in den 1970er und 1980er Jahren des letzten Jahrhunderts wiesen Untersuchungen auf einen Zusammenhang zwischen einem „Broken-home-Milieu" und einem problematischen Drogenkonsum hin. So hat Lazarus (1980) in einer Befragung von drogenabhängigen Jugendlichen festgestellt, das 56 % der männlichen und 46 % der weiblichen Heroinabhängigen aus so genannten „Broken-home-Familien" stammten. Darüber hinaus zeigte sich, dass der Anteil der Jugendlichen, die aus „Broken-home-Familien" stammten, bei Konsumenten harter Drogen (Heroin) fast 3-mal so hoch lag wie bei den Konsumenten weicher Drogen (Cannabis) und 5- bis 6-fach höher lag als bei Nichtkonsumenten. Dabei war der Anteil der Angehörigen aus der „Unterschicht" bzw. „unteren Mittelschicht" unter den Heroin-Konsumenten um ein Vielfaches höher als der der Cannabis-Konsumenten. Lazarus folgert daraus, dass es eine statistisch abgesicherte Beziehung zwischen dem Konsum harter Drogen und der Zugehörigkeit zu „Broken-home-Familien" und den unteren sozialen Schichten gibt.

Obwohl derzeit keine neueren Daten diesen Umstand untermauern, kann davon ausgegangen werden, dass eine „Broken-home-Situation" als ein bedeutsamer Risikofaktor bei der Entstehung eines Suchtverhaltens gewertet werden kann. Einschränkend muss allerdings festgestellt werden, dass nicht allein die Unvollständigkeit der Familienstruktur als auslösender Faktor gewertet wird, sondern entscheidend ist die jeweilige konkrete Familienatmosphäre, durch die eine derartige Störung möglicherweise aufgefangen werden kann. Letztlich ist es also von Bedeutung, über welche Bewältigungsstrategien eine betroffene Familie und die in ihr agierenden Personen verfügen, um vorhandene Defizite emotional auszugleichen und entsprechende Problemlösestrategien umzusetzen.

29.2.2 Erziehungsstil und seine negative Formen

Die bewussten und gezielten Erziehungsstile der Eltern sowie die damit verbundenen Einstellungen und Verhaltensweisen zählen zu den wichtigsten Einflussfaktoren, die die Persönlichkeitsentwicklung des Kindes prägen.

„Unter Erziehungsstilen werden die beobachtbaren und verhältnismäßig überdauernden tatsächlichen Praktiken der Eltern verstanden, mit ihren Kindern umzugehen." (Hurrelmann 2002, S. 157)

Erziehungsstile sind in der Regel bestimmten Erziehungszielen untergeordnet. Dabei entsprechen die Erziehungsziele der Eltern ihren Auffassungen über die *„Persönlichkeitsmerkmale, Fähigkeiten und Einstellungen des Kindes, zu deren Verwirklichung ihr Erziehungsverhalten beitragen soll"* (ebd.). Erzieherisches Handeln muss generell darauf abzielen, die Heranwachsenden zu befähigen, sich aktiv mit sich und der Welt auseinanderzusetzen, in selbstständiger und kritischer Reflexion zu urteilen und sie auf dieser Grundlage zum konstruktiven und selbstbestimmten Handeln anzuleiten. Die Förderung von Selbstständigkeit bildet dementsprechend ein zentrales Ziel der Erziehung. Inwieweit jedoch ein Heranwachsender Selbstständigkeit erlangt, hängt weitgehend vom jeweiligen Erziehungsstil der Eltern ab. So wirken sich bestimmte Erziehungsstile nicht nur hemmend auf die Entwicklung der Selbstständigkeit beim Kind aus, sondern fördern auch Persönlichkeitsmerkmale und Handlungsdispositionen, die das Risiko eines späteren Sucht- und Missbrauchsverhalten erhöhen (Badry u. Knapp 1996). Zu diesen Erziehungsstilen gehören:

- permissiver Erziehungsstil
- beschützender, verwöhnender Erziehungsstil („over-protection")
- autoritär-repressiver (restriktiver) Erziehungsstil
- inkonsequenter, inkonsistenter Erziehungsstil

Im Folgenden werden diese unterschiedlichen Einflüsse näher beschrieben.

Permissiver Erziehungsstil

Ein permissiver Erziehungsstil ist gekennzeichnet durch *„ein eher gleichgültiges, auch zuweilen resignierendes, zu frühes Sich-selbst-Überlassen der Heranwachsenden mit unangemessenen und unkontrollierten Freiheiten, das in allen sozialen Schichten anzutreffen ist"* (Stosberg 1993, S. 13). Oberflächlich betrachtet wirkt dabei die betreffende Familie intakt, wobei die Beziehungen untereinander eher von einem konfliktfreien Miteinander-Auskommen geprägt sind. Im Umgang zwischen Eltern und Kindern gibt es keine verbindlichen Regeln und Normen und damit auch keine klaren Grenzen. Fehlende Regeln im Sinne eines „Laisser-faire" führen dann zu Orientierungslosigkeit, die Heranwachsenden leiden dabei unter mangelnder Zuwendung und Aufmerksamkeit. Um dennoch eine entsprechende Beachtung zu erhalten, können sich abweichende Verhaltensweisen entwickeln, zum Beispiel aggressives Verhalten. Gleichzeitig ist die Entwicklung der Ambiguitäts- und Konflikttoleranz stark vermindert, wodurch vor allem die Integration in hierarchische Strukturen besonders erschwert wird. Die damit verbundene geringe Konflikt- und Frustrationstoleranz zeigt sich in einer mangelnden persönlichen Belastbarkeit. Konflikten und Problemen wird ausgewichen, und vorhandene Schwierigkeiten werden vom Betroffenen nicht selten später durch den Konsum von Suchtmitteln verdrängt (ebd.).

Eine besondere Ausprägung erhält ein permissiver Erziehungsstil, wenn er mit überhöhten Leistungsanforderungen durch die Eltern koaliert. Dieser Typus ist gekennzeichnet durch eine fehlende emotionale Zuwendung in der Familie, die durch eine materielle Verwöhnung kompensiert wird. Gleichzeitig wird aber – meist vom autoritär auftretenden Vater – ein hoher Leistungsanspruch vorgegeben, der allerdings durch die materiellen Zuwendungen wieder abgeschwächt wird. Lindner und Reiners-Kröncke (1993, S. 49) sehen als Hauptmerkmal dieser „Fassadenfamilie" ein *„Nebeneinander von rigiden und überhöhten Leistungsanforderungen und hoher Permissivität hinsichtlich des Erzieherverhaltens"*. Dazu kommt, dass Kinder und Eltern ohne größere Kontakte und emotionale Bindungen nebeneinander leben. In ihren Untersuchungen zur Heroin-Abhängigkeit machen Berger et al. (1980) deutlich, dass Eltern in solchen Fällen lediglich als Versorgungsinstitution erlebt werden und weniger als Sozialisationsinstanz. Dementsprechend folgern sie, dass die Reduktion der Familie auf einen fast ausschließlich materiell bestimmten Zweckverband sehr frühe Ablösetendenzen der Kinder zur Folge hat, die ihre emotionalen und kommunikativen Bedürfnisse dann eher in der Jugendszene bzw. Drogenszene befriedigt sehen.

Beschützender, verwöhnender Erziehungsstil

Die unzureichende Fähigkeit, angemessen mit Problemen und Konflikten umzugehen, kann auch das Ergebnis eines überbehütenden Erziehungsstils sein. Kennzeichen eines derartigen Erziehungsstils ist eine verwöhnende Haltung der Eltern, die dazu führt, dass das Kind all seine Wünsche erfüllt bekommt und dadurch unfähig wird, Entbehrungen zu ertragen und *„unlustbetonte bzw. unbefriedigende Situationen durch Selbstbeherrschung und Verzichtleistung zu überstehen"* (Lindner u. Reiners-Kröncke 1993, S. 46). Die verwöhnende Umgebung des Elternhauses trägt also weder zur Selbstständigkeit des Heranwachsenden bei noch wird die Fähigkeit zur Frustrationsbewältigung gefördert. Die damit verbundene ungenügende Vorbereitung auf die Realität des Alltags mit all seinen Problemen und Konflikten führt schließlich dazu, dass die Jugendlichen in der Auseinandersetzung mit ihrer Umwelt über wenig Handlungskompetenz verfügen und es zu einer Flucht aus der Wirklichkeit kommt, wobei sich Rauschmittel durchaus als Ersatzbefriedigung für den prägenden verwöhnenden Lebensstil im Elternhaus anbieten. Die unzureichend ausgebildete Selbstständigkeit führt zu einer mangelnden Entscheidungs- und Kritikfähigkeit, die den Jugendlichen später anfälliger gegenüber sozial schädlichen Einflüssen in Hinblick auf einen Drogenkonsum machen (Lindner u. Reiners-Kröncke 1993; Stosberg 1993; vgl. auch Kap. 3 in diesem Buch).

Autoritär-repressiver (restriktiver) Erziehungsstil

Zu den problematischen Sozialisationsbedingungen zählt ebenfalls ein autoritär-repressiver Erziehungsstil, der sich sowohl durch ein versagendes und nichtgewährendes Erziehungsverhalten als auch durch Strenge und Verbote sowie fehlende emotionale Zuwendung auszeichnet (Lindner u. Reiners-Kröncke 1993). Die Bedürfnisse des Kindes bleiben dabei unberücksichtigt. Anregungen und Unterstützung zum Aufbau von Selbstständigkeit und eigenverantwortlichem Handeln werden nicht vermittelt. Die durch die restriktive Erziehungshaltung erlebten Versagungen und Entbehrungen werden im Extremfall durch andere Erlebnisse kompensiert, wodurch ein späterer Rauschmittelkonsum durchaus als Ausgleichsfunktion von tief gehenden Mangelerlebnissen und nichtausgelebten Erfahrungen in der Kindheit gelten kann (ebd.).

Stosberg (1981) weist in diesem Zusammenhang darauf hin, dass der autoritäre Erziehungsstil auch einhergeht mit einem starren rigiden Rollensystem, was schließlich dazu führt, dass übernommene Rollenverpflichtungen nicht kritisch reflektiert werden können, um sie gegebenenfalls aufgrund aktueller Entwicklungen selbstständig zu verändern:

> „Machtorientierte, stringente Erziehungsstile belohnen Rollenanpassung und -erfüllung um jeden Preis und unterdrücken jeden Wunsch nach eigener Ausgestaltung des Rollenverhaltens. Die geringste Abweichung von einer starr definierten Rollenerwartung wird bestraft, das Individuum nimmt Zuflucht zu einem Betäubungsmittel, am häufigsten, weil sozial am meisten gebilligt, zum Alkohol, dessen pharmakologische Wirkung ihm zumindest vorübergehend die Vorstellung von der Verfügbarkeit über verschiedene Verhaltensmöglichkeiten innerhalb seiner Rolle gibt und so sein Selbstwertgefühl stärkt. Diese Situation, die vom Individuum wegen der stringenten Rollenerwartung als von sich aus nicht veränderbar erlebt wird und es zum Alkohol greifen lässt, bedeutet Hilflosigkeit, eine Hilflosigkeit, die im Sozialisationsprozess erlernt wurde." (ebd., S. 10)

Neben dem überangepassten Verhalten zeigt ein autoritärer Erziehungsstil aber auch noch andere Wirkungen. So reagieren Kinder auf das restriktive Erziehungsverhalten ihrer Eltern auch mit Widerstand und Trotz, zeigen aggressive Verhaltensweisen und werden gewalttätig, versagen in der Schule, brechen den Kontakt zu den Eltern ab und betreiben Drogenmissbrauch (Hurrelmann 2002). Resümierend lässt sich also feststellen, dass ein Erziehungsstil, der einseitig autoritär und restriktiv ausgerichtet ist, weder zur Förderung von Selbstständigkeit noch zur Förderung sozialer Verantwortung beiträgt. Vielmehr wird die Entwicklung eines autonomen Selbstvertrauens verhindert und damit das Risiko eines späteren Suchtmittelmissbrauchs erhöht.

Inkonsequenter, inkonsistenter Erziehungsstil

Als fördernd für die Entwicklung eines Suchtverhaltens bei Kindern und Jugendlichen gelten ferner Schwankungen im Erziehungsverhalten bzw. in der Erziehungshaltung der Eltern. Die von einem Elternteil oder beiden Elternteilen gesetzten erzieherischen Impulse sind widersprüchlich und nicht geeignet, dem Kind eine entsprechende Orientierung für sein Verhalten und sein Handeln zu vermitteln. So fehlen klare Verhaltensgrenzen sowie eine Konsistenz in den normativen Anforderungen. Dementsprechend machen die Kinder diskrepante Erfahrungen in Hinblick auf erlaubtes und verbotenes Verhalten. Sie wissen nicht, was richtig oder falsch ist, und erleben darüber hinaus für das gleiche Handeln unterschiedliche Reaktionen. Dieses wechselhafte, inkonsequente und inkonstante Erziehungsverhalten löst beim Kind Verwirrung und Ängste aus und führt zu einer wachsenden Verunsicherung und Belastung. Aus dieser von Hilflosigkeit, Schwäche und Orientierungslosigkeit gekennzeichneten Situation sucht der Heranwachsende nach Möglichkeiten, die erlebten Frustrationen zu kompensieren, und findet diese Möglichkeiten schließlich in späteren Jahren u. a. durch den Konsum von Rauschmitteln (Bergler et al. 2000; Lindner u. Reiners-Kröncke 1993).

In ihrer Studie zu Drogen und Sozialisation weist Stosberg auf ein weiteres Phänomen widersprüchlicher Erziehungsvorgaben im Rahmen des familiären Sozialisationsprozesses hin. Dieses besteht darin, dass in der Familie bestimmte Verhaltensziele vorgegeben werden, die auch vom Heranwachsenden als erstrebenswert angesehen und übernommen werden, für deren Erreichung allerdings seitens der Eltern wenig oder gar keine Unterstützung erfolgt. Die dadurch entstehenden Spannungen werden in Anlehnung an Merton (1979) als Anomiedruck bezeichnet. Das Kind ist dabei einem andauernden Gefühl psychischer Spannung und Überforderung ausgesetzt. Der daraus entstehende Konflikt zwischen internalisiertem Anspruch und der Wirklichkeit wird dann scheinbar gelöst durch Anwendung unerlaubter Mittel, die der Zielerreichung dienen, wie etwa Betrügereien beim Examen, Fälschungen oder Diebstahl:

> „Mithilfe dieser, von den sozial gebilligten und erwarteten Verhaltensstandards abweichenden Vorgehensweise versucht der Jugendliche, die aufgestellten Ziele der Eltern dann doch noch zu erreichen, das heißt den internalisierten An-

spruch und die Wirklichkeit in Übereinstimmung zu bringen, um so die entstandene psychische Spannung (Anomie) zu reduzieren." (Stosberg 1993, S. 56)

Andererseits kann der Anomiedruck aber auch eine „Rückzugsdelinquenz" zur Folge haben, das heißt, der Jugendliche reagiert auf die fehlende Unterstützung durch die Eltern bei der Erreichung der vorgegebenen Ziele mit einem *„resignierenden Rückzug in die Welt der Droge, von deren pharmakologischer Wirkung er sich zumindest vorübergehend eine Verringerung jenes Anomiedrucks und damit eine psychische Entlastung erhofft"* (ebd., S. 60). Häufiger ist eine derartige „retreative Delinquenz" allerdings die Folge eines inkonsequenten Erziehungsstils, der bei der Erreichung vorgegebener Ziele die erwartete Anerkennung und damit eine wichtige Unterstützung durch die Eltern vorenthält.

„Dies ist der Fall, wenn sowohl die formulierten Ziele der Eltern vom Jugendlichen voll akzeptiert als auch die erforderlichen Mittel für die Zielerreichung bereitgestellt und trainiert werden konnten, wenn aber dann der errungene Erfolg von den Eltern nicht honoriert und bekräftigt wird und so dem Jugendlichen fortgesetzt die verdiente Anerkennung für seine Leistung und damit die Möglichkeit zur Stärkung seines Selbstwertgefühls versagt bleiben." (ebd.)

Die fehlende Anerkennung im Elternhaus wird dann woanders gesucht, möglicherweise durch den Konsum von Drogen in der Clique bzw. in den Peergroups (vgl. auch die Kapitel 19, 20 und 22).

Entgegengesetzte Sozialisationsziele sind jedoch nicht nur innerhalb des Elternhauses gegeben, sondern treten unter Umständen auch zwischen Elternhaus und Schule auf. So können die im Elternhaus vermittelten Sozialisationsinhalte durchaus gegensätzlich zu den Inhalten der Schule stehen und sich dementsprechend gegenseitig beeinträchtigen. Gerade Kinder aus den unteren sozialen Schichten stehen den für sie ungewohnten, eher mittelschichtorientierten Sozialisationsinhalten der weiterführenden Schulen hilflos gegenüber, die die Kinder aus der Mittel- und Oberschicht zum Teil bereits im Elternhaus übernommen haben. Hier besteht für die Kinder der sozialen Unterschicht ein Sozialisationsdefizit, was im Extremfall zu *„einer subjektiv empfundenen psychischen Spannung und einem Gefühl der ständigen Desorganisation führt"* (Stosberg 1993, S. 61). Dieser Zustand wird schließlich dadurch verstärkt, dass neben der Schule auch weiterhin die Einflüsse des Elternhauses wirken, die Heranwachsenden also mit gegensätzlichen Sozialisationsinhalten konfrontiert werden und in Bezug auf ihre Zugehörigkeit zu diesen unterschiedlichen Sozialisationsinstanzen in Konflikt geraten.

„Gelingt es nicht, diesen Spannungszustand zu überwinden und zu verarbeiten, kommt es als Reaktion hierauf neben einem Abrutschen oder gar nicht erst Aufsteigen in den schulischen Leistungen nicht selten zu kriminellem und/oder Suchtverhalten." (ebd.)

Entsprechenden Präventionsprogrammen im Schulbereich ist deshalb ein besonderes Gewicht zu verleihen (vgl. Abschnitt IX).

29.3 Zusammenfassung

Die hier aufgeführten Störungen in der primären Sozialisation können zu Entwicklungsdefiziten beim Heranwachsenden führen und neben anderen auffälligen Verhaltensweisen (z. B. Gewalt) einen späteren Suchtmittelmissbrauch begünstigen. Dabei ist nie ein einzelner Faktor für die Entstehung einer Suchterkrankung verantwortlich zu machen, sondern es wirken immer mehrere Komponenten zusammen und bilden unter Umständen ein Ursachenbündel, in dem die einzelnen Komponenten durch den Einfluss der anderen noch verstärkt werden. Die Familie als primäre Sozialisationsinstanz hat hier nach wie vor eine entscheidende Bedeutung für die Entwicklung eines späteren Suchtverhaltens. So verhindern extreme Erziehungsstile, mangelnde Anerkennung und Unterstützung, fehlende Förderung von Konflikt- und Problemlöseverhalten sowie eine dauerhaft angespannte emotionale

Atmosphäre in der Familie, dass sich beim Heranwachsenden die Kompetenzen bilden, die ihn in die Lage versetzen, in konkreten Handlungssituationen angemessen zu agieren und anstehende Entwicklungsanforderungen zu bewältigen, was ihn weniger anfällig für einen Rauschmittelmissbrauch macht. In ihren Studien zur Bedeutung des Erziehungsverhaltens in Hinblick auf einen späteren Suchtmittelmissbrauch konnten Cohen und Rice (1997) nachweisen, dass ein späterer Suchtmittelkonsum bei Kindern dann vermindert auftritt, wenn sie während der primären Sozialisationsphase im Elternhaus seitens der Eltern mit klaren Verhaltenserwartungen und -regeln konfrontiert und diese Erwartungen und Regeln auch entsprechend begründet werden. Überdies waren diese Familien dadurch gekennzeichnet, dass die Kinder viel Anerkennung und Unterstützung erhielten und die Eltern durchgängig ein starkes Interesse und eine große Anteilnahme am Leben ihrer Kinder aufwiesen.

Erziehungswissenschaftler plädieren deshalb für die Umsetzung eines Erziehungsstils, der „autoritativ" ist, „weil er die Autorität der Eltern zurückhaltend und umsichtig einsetzt", und zugleich „partizipativ" ist, „weil er auf die Bedürfnisse des Kindes im Sinne einer Mitgestaltung der gemeinsamen Beziehung eingeht" (Hurrelmann 2002, S. 162). Ein solcher Erziehungsstil lässt sich im Alltag allerdings nur dann umsetzen, wenn Eltern über ein ausreichendes Wissen und über ausreichende Fähigkeiten verfügen, die es ihnen ermöglichen, ihr tägliches Erziehungshandeln zu reflektieren und gegebenenfalls zu modifizieren. Hier kann die Suchtprävention eine wichtige Unterstützung bieten (vgl. Abschnitt IX). Nur so lassen sich langfristig Sozialisationsdefizite bei Kindern vermeiden, die mit verursachend für eine Suchterkrankung wirken können.

Literatur

Badry E, Knapp R (1996). Gesundheitserziehung, Gesundheitsförderung und Suchtvorbeugung als Teilaufgaben von Erziehung. In: Knapp R (Hrsg). Vorbeugung gegenüber Suchtgefahren. Aufgabe von Gesundheitserziehung und Gesundheitsförderung in Kindes- und Jugendalter. 2. Aufl. Neuwied: Luchterhand, 5–40.

Berger H, Reuband KH, Widlitzek U (1980). Wege in die Heroinabhängigkeit. Zur Entwicklung abweichender Karrieren. München: Juventa.

Bergler R, Haase D, Poppelreuter S, Schneider B, Wemhoff M (2000). Ursachen des Alkoholkonsums Jugendlicher. Eine sozialpsychologische Grundlagenstudie. Köln: Deutscher Instituts-Verlag.

Cohen DA, Rice J (1997). Parenting styles, adolescent substances use and academic achievement. J Drug Educ; 27: 199–211.

Erikson EH (1971). Kindheit und Gesellschaft. 4. Aufl. Stuttgart: Klett.

Feuerlein W (Hrsg) (1981). Sozialisationsstörungen und Sucht. Entstehungsbedingungen, Folgen, therapeutische Konsequenzen. Wiesbaden: Akademische Verlagsgesellschaft.

Hurrelmann K (1990). Einführung in die Sozialisationstheorie. 3. Aufl. Weinheim, Basel: Beltz.

Hurrelmann K (1991a). Sozialisation und Gesundheit. Somatische, psychische und soziale Risikofaktoren im Lebenslauf. Weinheim, München: Juventa.

Hurrelmann K (1991b). Gesundheitswissenschaftliche Ansätze in der Sozialisationsforschung. In: Hurrelmann K, Ulich D (Hrsg). Neues Handbuch der Sozialisationsforschung. 4. Aufl. Weinheim, Basel: Beltz; 189–213.

Hurrelmann K (2002). Einführung in die Sozialisationstheorie. 8. Aufl. Weinheim, Basel: Beltz.

Lazarus H (1980). Objektive und subjektive Familienstruktur von Drogenkonsumenten. In: Kutsch T, Wiswede G (Hrsg). Drogenkonsum. Einstieg, Abhängigkeit, Sucht. Königstein: Anton Hain Meisenheim; 116–25.

Liegle L (1991). Kulturvergleichende Ansätze in der Sozialisationsforschung. In: Hurrelmann K, Ulich D (Hrsg). Neues Handbuch der Sozialisationsforschung. 4. Aufl. Weinheim, Basel: Beltz; 215–30.

Lindner P, Reiners-Kröncke W (1993). Sozialisationsstörungen als Suchtursache und Möglichkeiten der Prävention. Sankt Augustin: Asgard.

Mansel J (1995). Sozialisation in der Risikogesellschaft. Eine Untersuchung zu psychosozialen Belastungen Jugendlicher als Folge ihrer Bewertung gesellschaftlicher Bedrohungspotentiale. Neuwied, Kriftel, Berlin: Luchterhand.

Merton RK (1979). Sozialstruktur und Anomie. In: Sack F, König R (Hrsg). Kriminalsoziologie. Frankfurt a. M.: Akademische Verlagsgesellschaft; 283–313.

Stosberg K (1981). Sozialisation und Sozialisationsstörungen – ein soziologischer Ansatz. In: Feuerlein W (Hrsg). Sozialisationsstörungen und Sucht. Entstehungsbedingungen, Folgen, therapeutische Konsequenzen. Wiesbaden: Akademische Verlagsgesellschaft; 5–15.

Stosberg K (1993). Sozialisation und Drogen. Entstehung, Fortdauer und Rückfall des Drogenverhaltens. Frankfurt a. M.: Peter Lang.

30 Armut – Suchtrisiken für Kinder und Jugendliche

Dieter Henkel

Zwischen Sucht und Armut bestehen vielfältige Zusammenhänge. Sie sind besonders eng und nachhaltig dort, wo Armut und Verelendung teilweise in absoluter, das heißt die physische Existenz gefährdender Form auftreten: in den Obdachlosen-, Drogen- und Straßenkinderszenen der Städte. Darüber liegen bereits zahlreiche Studien vor (z. B. Barsch 1998; Vogt 1998). Bislang wenig thematisiert hingegen ist die Suchtproblematik im Kontext der „gewöhnlichen" Armut, die öffentlich kaum wahrnehmbar existiert, obwohl Millionen von Menschen von ihr betroffen sind und besonders häufig Kinder und Jugendliche. Sie ist Gegenstand des vorliegenden Beitrags.

30.1 Definitionen und Ausmaße

Von den 2,9 Millionen Personen in Deutschland, die im Jahr 2004 von Sozialhilfe[1] lebten, waren 1,1 Millionen Kinder unter 18 Jahren, also etwas mehr als ein Drittel. Während die Sozialhilfequote in der Gesamtbevölkerung 3,5 % betrug, war sie bei den Kindern mit 7,5 % (Sozialhilfeempfänger in % der Altersgruppe) mehr als doppelt so hoch (Statistisches Bundesamt 2006). Dabei ist zu berücksichtigen, dass nach verschiedenen Schätzungen mindestens die Hälfte der anspruchsberechtigten Eltern aus Scham, Unwissenheit oder Angst vor sozialer Kontrolle keine Sozialhilfe in Anspruch nimmt, somit in „verdeckter Armut" lebt, sodass das Ausmaß der Kinderarmut anhand der Sozialhilfestatistik erheblich unterschätzt wird (Hanesch et al. 2000).

Aus diesem, aber auch aus anderen Gründen verwendet die Armutsforschung gemäß eines Ratsbeschlusses der Europäischen Union von 1984 das Kriterium der relativen Einkommensarmut, das auch dem ersten und dem zweiten Armuts- und Reichtumsbericht der Bundesregierung zugrunde liegt (Bundesministerium für Arbeit und Sozialordnung 2001; Bundesregierung 2005). Danach sind jene Personen als verarmt anzusehen, die über so geringe Mittel verfügen, dass sie von der Lebensweise ausgeschlossen sind, die in der Gesellschaft, in der sie leben, als unterste Grenze des Akzeptablen angesehen wird. Konkret festgesetzt wird diese Grenze bei einem Nettoeinkommen, das weniger als 50 oder 60 % des mittleren Einkommens in der Gesamtbevölkerung beträgt. Die Grundlage bilden dabei die Äquivalenzeinkommen, um Haushalte unterschiedlicher Größe und Altersstruktur auf der Basis des verfügbaren monatlichen Haushaltsnettoeinkommens miteinander vergleichen zu können.[2]

Nach dem Armutsbericht von Hanesch et al. (2000) lag der gesamtdeutsche Mittelwert dieser Äquivalenzeinkommen 1998 bei umgerechnet rund 1 000 Euro und die 50 %-Armutsschwelle dementsprechend bei 500 Euro. Daran gemessen lebten 9 % aller Einwohner in Deutschland in Armut, von den Kindern unter 15 Jahren rund 14 % und von den 16- bis 30-Jährigen 13 % (s. auch Klocke 2001a). Davon waren etwa 20 % von dau-

---

1 Sozialhilfe im engeren Sinne, das heißt laufende Hilfe zum Lebensunterhalt außerhalb von Einrichtungen

2 Das Äquivalenzeinkommen ist definiert als die Summe der verfügbaren monatlichen Nettoeinkommen aller Haushaltsmitglieder, dividiert durch die altersgewichtete Zahl der Haushaltsmitglieder, wobei je nach Alter unterschiedliche Bedarfsgewichte angesetzt werden (Hanesch et al. 2000).

erhafter bzw. langjährig anhaltender Armut betroffen (Hanesch et al. 2000).

Personen, die in Armut geraten, hatten zuvor zum allergrößten Teil lediglich ein Einkommen, das zwischen 50 bis 75% des nationalen Durchschnitts lag (Niedrigeinkommen, prekärer Wohlstand). Auch wer sich aus der Armut wieder herausbewegt, verbleibt zumeist in diesem Einkommenssegment und ist damit weiterhin in hohem Maße armutsgefährdet. Denn diese Einkommen sind so niedrig, dass bestimmte kritische Lebensereignisse leicht zu einem Abgleiten in Armut führen können: vor allem die Arbeitslosigkeit, aber auch Krankheit, Ehetrennung oder Ehescheidung sowie die Geburt eines Kindes. In solchen prekären bzw. armutsnahen Einkommensverhältnissen lebten 1998 rund 25% der Gesamtbevölkerung, 35% der Kinder unter 15 Jahren und 28% der 16- bis 30-Jährigen (ebd.).

In dem „Lebenslagenansatz" wird Armut mehrdimensional betrachtet (Hanesch et al. 1994). Dieses Konzept ermöglicht die Ermittlung kumulativer Armut im Sinne von Unterversorgung, Unterausstattung bzw. starker sozialer Benachteiligung in mehreren Lebensbereichen, die für ein soziokulturell angemessenes Leben als zentral angesehen werden. Dazu gehören Einkommen, Arbeit, schulisch-berufliche Bildung und Wohnen sowie darüber hinaus auch die Gesundheit und die soziale Integration und kulturelle Teilhabe. Obwohl in der Armutsdiskussion oft der multidimensionale Charakter der Armut betont wird, gibt es nur wenige Studien, die dieses übergreifende Konzept in der empirischen Analyse nutzten. Aus Deutschland liegt bislang erst eine Studie vor, die sich auf Suchtprobleme bei Kindern und Jugendlichen bezieht und dabei diesen Ansatz verfolgt (Klocke u. Hurrelmann 1995).

30.2 Suchtrisiken

Vor dem Hintergrund allein der quantitativen Ausmaße der Armut ist es hochrelevant, die Frage nach den Suchtrisiken für Kinder und Jugendliche in Armut und den möglichen Ansätzen der Prävention zu thematisieren. Der vorliegende Beitrag geht zwei Fragen nach:
- Bestehen für arme Kinder und Jugendliche überproportional hohe Risiken des Konsums und der Abhängigkeit von Tabak und Alkohol, wenn man sie mit Gleichaltrigen aus wohlhabenden Verhältnissen vergleicht?
- Sind besondere Bedingungen zu beachten, wenn es um die Suchtprävention für Kinder und Jugendliche in Armut geht?

Die Forschung steckt noch in den Anfängen, sodass nachfolgend das rechtlich definierte Jugendalter von 17 Jahren zum Teil überschritten wird, weil Untersuchungen zu den Jüngeren bislang nur in sehr geringer Anzahl vorliegen.

30.2.1 Tabak

Hinsichtlich des Tabakrauchens zeigt die Forschung durchgehend konsistente Befunde. Klocke und Hurrelmann (1995) untersuchten das Rauchen anhand der Daten eines repräsentativen WHO-Surveys, der sich auf Schüler und Schülerinnen im Alter von 11 bis 15 Jahren bezog. Der sozioökonomische Status war nach dem „Lebenslagenansatz" mehrdimensional operationalisiert (Einkommen, Bildung, Wohnverhältnisse u. a.). Dabei ergab sich beim täglichen bzw. mehrmals wöchentlichen Tabakrauchen ein kontinuierlich ansteigender und nach Adjustierung für Geschlecht und Alter hochsignifikanter Verteilungsgradient: 7% Raucher und Raucherinnen in der Gruppe mit höchstem Status, 10% bei den Kindern mit mittlerem Status und 17% bei den Armen (niedrigster Status).

Dieses Verteilungsmuster setzt sich im Lebensalter fort. Helmert (1999) wertete die Daten des Mikrozensus 1995 zum täglichen Zigarettenrauchen aus und fand unter den Sozialhilfeempfängerinnen eine Prävalenzrate von 46% und unter den Sozialhilfeempfängern eine Quote von 49%, während die Vergleichszahlen in der Gesamtgruppe der 18- bis 29-Jährigen lediglich bei 26 bzw. 36% lagen. Eigene Auswertungen des Bundesgesundheitssurveys 1998 (im Folgenden BGS98 genannt) weisen in die gleiche Richtung. Wie die Tabelle 30-1 zeigt, betragen die Differen-

Tab. 30-1 Prävalenz des Tabak- und Alkoholkonsums nach Geschlecht und Einkommen bei 18- bis 29-Jährigen: Prävalenzraten (in %) und Odds Ratios (OR), adjustiert für Alter.

Einkommensgruppen		1	2	3	OR/2	OR/3
Äquivalenzeinkommen		< 75%	75–125%	> 125%		
Rauchen täglich	Männer	51,5	35,7	26,8	1,9*	2,9**
	Frauen	37,2	33,1	21,7	n. s.	1,9**
alkoholabstinent	Männer	16,3	10,3	9,9	n. s.	n. s.
	Frauen	35,8	21,4	15,2	2,1**	3,0**
> 30 g Alkohol täglich	Männer	26,8	24,1	21,9	n. s.	n. s.
> 20 g Alkohol täglich	Frauen	5,2	12,2	7,7	n. s.	n. s.
Alkohol mehrmals/Woche	Männer	43,9	38,9	35,4	n. s.	n. s.
	Frauen	14,3	12,1	17,9	n. s.	n. s.

Anmerkungen: Männer (n = 297) und Frauen (n = 294) ohne Personen in Ausbildung und Wehrdienst; Äquivalenzeinkommen in % des gesamtdeutschen Mittels 1998 (Bedarfsgewichte nach alter OECD-Skala); abstinent = 0 g Alkohol täglich; Alkoholraten bezogen auf Alkoholkonsumenten; OR/2 = Odds Ratio für Gruppe 1 in Relation zu Gruppe 2; OR/3 = Odds Ratio für Gruppe 1 in Relation zu Gruppe 3; * = p < 0,05; ** = p < 0,01; mod. nach Bundesgesundheitssurvey 1998 (n = 7124), eigene Berechnungen

zen zwischen der Gruppe 1 (Arme und Armutsgefährdete[1]) und der Gruppe 3 bei den Frauen 15,5 und den Männern 24,7 Prozentpunkte. Der Vergleich zwischen diesen beiden Gruppen unter Ausschaltung von Alterseffekten (logistische Regression, Odds Ratios) ergibt bei den Frauen einen OR-Wert von 1,9 und bei den Männern von 2,9. Das bedeutet, dass die altersadjustierten Prävalenzraten in der Gruppe der Armen und Armutsgefährdeten um das rund Zwei- bzw. Dreifache höher liegen.

Bei den vorgestellten Daten handelt es sich um Querschnittsdaten, die grundsätzlich noch keine Rückschlüsse auf Ursache-Wirkungs-Beziehungen zulassen, weil kausale mit selektiven Prozessen konfundiert sein können. Auch lassen sie offen, wie hoch die Prävalenzraten vor der Zeit der Armut waren. Doch zum einen bestehen bei den Armen, wie die Daten von Klocke und Hurrelmann (1995) belegen, überproportional hohe Raucherquoten bereits in jener biografischen Phase, in der mit dem Rauchen begonnen wird. Zum anderen sind selektive Mechanismen auszuschließen: Kinder und Jugendliche geraten nicht in Armut, weil sie rauchen. Denn die Ursache ihrer Armut ist die Armut ihrer Eltern. Daher ist davon auszugehen, dass die Armut ein bedeutsamer Risikofaktor für das Rauchen ist, und zwar in mehrfacher Hinsicht. Arme rauchen nicht nur häufiger, sondern sie beginnen damit auch wesentlich häufiger im frühen Kindesalter. Für sie besteht daher, wie man aus Vergleichsuntersuchungen über die „early starters" und „late starters" weiß (Bornhäuser 2003), ein deutlich erhöhtes Risiko, das Rauchen beizubehalten, zu intensivieren und tabakabhängig zu werden. Vor allem auch deshalb, weil es Armen besonders schwer fällt, das Rauchen wieder aufzugeben (Helmert 1999; Helmert u. Maschewsky-Schneider 1998; Henkel 2000a).

---

1 In den BGS98-Daten wurden zur Erzielung einer auswertbaren Stichprobengröße die Armen (50%-Schwelle) und die Armutsgefährdeten (50- bis 75%-Segment) zusammengefasst.

Dementsprechend lässt sich schlussfolgern: Ohne eine effektive armutsbezogene Präventionspolitik werden sich die Tabakabhängigen und Tabakkranken von morgen überproportional häufig aus den jungen Rauchern und Raucherinnen der heutigen Armutsschicht rekrutieren.

Rauchen kostet Geld. Und so gesehen müssten die Prävalenzraten bei den Armen am niedrigsten sein, vorausgesetzt das Rauchverhalten folgt allein den Maximen ökonomischer Rationalität. Einkommensschwache aber geben nach verschiedenen internationalen Studien zwischen 10 und 20% ihres verfügbaren Nettoeinkommens für Tabakwaren aus (Deutsches Krebsforschungszentrum 2004). Dabei ist besonders problematisch, dass die für den Tabakkonsum aufgewendeten Mittel zur Finanzierung anderer vitaler Dinge des alltäglichen Bedarfs, zum Beispiel im Bereich der Ernährung und Gesundheit, nicht mehr zur Verfügung stehen.

Warum also rauchen Arme so häufig? Empirische Analysen fehlen bislang. Doch es gibt eine Reihe von Problemkonstellationen, die bei Kindern und Jugendlichen in Armut nachweislich weitaus häufiger auftreten als bei Gleichaltrigen aus wohlhabenden Verhältnissen (Butterwege u. Klundt 2002; Grundmann 1998; Klocke u. Hurrelmann 1995, 1998; Mansel u. Neubauer 1998; Neuberger 1997) und wahrscheinlich zur starken Verbreitung des Rauchens in der Armutsgruppe beitragen. Im Einzelnen lassen sie sich wie folgt darstellen:

Dem Rauchen können verschiedene Motive zugrunde liegen, zum Beispiel Stärkung des Selbstwerts, Kompensation der erfahrenen sozialen Benachteiligung und höhere soziale Positionierung innerhalb von Peergroups. Solche Rauchmotive entwickeln sich unter Armutsbedingungen wahrscheinlich häufiger, weil Armut oft eine Schwächung des Selbstvertrauens sowie Gefühle der Minderwertigkeit und des Ausgegrenztseins nach sich zieht. Auch das jugendtypische Motiv, mithilfe des Rauchens einen Erwachsenenstatus zu demonstrieren, ist vermutlich ein einflussreicher Faktor, weil Armut das Erwachsenwerden, etwa die Emanzipation von den Eltern und die Gewinnung von Autonomie, erheblich beeinträchtigt. Kinder und Jugendliche rauchen auch, um schulischen Stress abzubauen. Daher könnten sich die hohen Raucherquoten daraus erklären, dass Arme in ihrer schulischen Leistungsfähigkeit viel häufiger als andere beein-

Tab. 30-2 Prävalenz des Tabak- und Alkoholkonsums nach Geschlecht und Einkommen bei 25- bis 50-Jährigen mit Kindern unter 15 Jahren: Prävalenzraten (in %) und Odds Ratios (OR), adjustiert für Alter.

Einkommensgruppen		1	2	3	4	OR/2	OR/3	OR/4
Äquivalenzeinkommen		< 50%	50–75%	75–100%	> 100%			
Rauchen täglich	Männer	48,5	36,4	26,4	27,9	1,5**	2,5***	2,4**
	Frauen	33,0	31,9	23,5	28,1	n. s.	n. s.	n. s.
alkoholabstinent	Männer	14,7	6,3	8,0	1,6	2,5**	1,9*	9,3**
	Frauen	42,4	23,5	17,2	15,8	2,4***	3,4***	3,8***
> 30 g Alkohol täglich	Männer	22,6	22,8	26,5	32,2	n. s.	n. s.	n. s.
> 20 g Alkohol täglich	Frauen	8,8	8,1	7,8	14,7	n. s.	n. s.	0,2**
Alkohol mehrmals/Woche	Männer	51,8	48,3	53,6	62,9	n. s.	n. s.	n. s.
	Frauen	18,3	19,9	26,6	36,6	n. s.	n. s.	0,5**

Anmerkungen: Männer (n = 722) und Frauen (n = 756); Äquivalenzeinkommen in % des gesamtdeutschen Mittels 1998 (Bedarfsgewichte nach alter OECD-Skala); abstinent = 0 g Alkohol täglich; Alkoholraten bezogen auf Alkoholkonsumenten; OR/2 = Odds Ratio für Gruppe 1 in Relation zu Gruppe 2; OR/3 = Odds Ratio für Gruppe 1 in Relation zu Gruppe 3; OR/4 = Odds Ratio für Gruppe 1 in Relation zu Gruppe 4; * = p < 0,05; ** = p < 0,01; *** = p < 0,001; mod. nach Bundesgesundheitssurvey 1998 (n = 7124), eigene Berechnungen

trächtigt sind und sich überfordert fühlen. Vermutlich ist auch von Bedeutung, dass das jugendtypische gegenwartsbezogene Gesundheitsverständnis bzw. das wenig vorsorgende Gesundheitsverhalten unter Armutsverhältnissen besonders stark ausgeprägt ist. Denn Armut blockiert oft Zukunftsperspektiven bzw. bewirkt eine Fixierung auf das Hier und Jetzt, sodass eine Antizipation zukünftiger Gesundheitsfolgen durch das Rauchen nicht erfolgt bzw. weniger verhaltenssteuernd wirken kann. Hinzu kommt, dass Kinder und Jugendliche in Armut sich oft in einem sozialen Umfeld bewegen, in dem häufig und viel geraucht wird: in der Schule, vor allem in der Hauptschule (Speck u. Reimers 1999), in Peergroups und in der Familie. Dadurch werden Imitationsprozesse leichter ausgelöst und verstärkt, weil das Rauchen unter solchen Verhältnissen eher als sozial akzeptierte Norm denn als Problem wahrgenommen wird.

Zum letzten Punkt liegen empirische Daten zum elterlichen Rauchen vor (s. Tab. 30-2). Abgebildet sind die nach Einkommensgruppen differenzierten Raucher- und Raucherinnenquoten der 25- bis 50-jährigen Eltern, die Kinder unter 15 Jahren haben. Dabei ergibt sich bei den Frauen bzw. Müttern keine statistisch signifikante Verteilung zwischen den Einkommensgruppen. Hingegen zeigt sich bei den einkommensarmen Männern bzw. Vätern eine Raucherquote von 48,5%, die in hochsignifikanter Weise die Raucherquoten aller anderen Einkommensgruppen übersteigt. Hier liegt die altersadjustierte Prävalenzrate (Odds Ratios) der Armen 1,5- bis 2,5-fach über der Rate der anderen Einkommensgruppen. Daraus resultieren zwei Risiken: Erstens unterliegen Kinder in Armutsfamilien deutlich häufiger den Gesundheitsgefahren durch das Passivrauchen. Zweitens sind sie, wie Untersuchungen zum Einfluss des elterlichen Rauchens auf das Rauchen der Kinder nachweisen (Bornhäuser 2003), wesentlich häufiger dem Risiko ausgesetzt, selbst Raucher bzw. Raucherin zu werden. Präventive Programme müssten also u. a. auch hier ansetzen, um die Kette der sozialen Tradierung des Tabakrauchens in Armutsfamilien zu durchbrechen.

Für die Aufnahme des Rauchens im Kindes- und Jugendalter ist neben dem elterlichen Einfluss nachweislich auch die Tabakwerbung von Bedeutung. Unter anderem deshalb, weil sie das Rauchen normalisiert und verharmlost (ebd.). Zwar liegen keine Studien zu den spezifischen Effekten der Werbung bei Armen vor, aber wahrscheinlich trägt auch sie einen Teil dazu bei, dass das Rauchen unter Kindern und Jugendlichen in Armut so stark verbreitet ist. Denn anzunehmen ist, dass die Tabakwerbung mit ihren suggestiven Bildern und Symbolen von Glück und unbeschwerter Lebensfreude, von Freiheit und Abenteuer, Erfolg und Reichtum gerade bei jenen Bevölkerungsgruppen die größte Resonanz erzeugt, die all dies am stärksten entbehren.

30.2.2 Alkohol

Beim Alkoholkonsum hatten sich in dem WHO-Survey von Klocke und Hurrelmann (1995) unter den 11- bis 15-Jährigen keine nennenswerten Abweichungen zwischen armen und wohlhabenden Kindern gezeigt. Die Prävalenzraten des täglichen bzw. mehrmals wöchentlichen Biertrinkens bewegten sich zwischen 8 und 12%, was sich nach Adjustierung für Geschlecht und Alter als nichtsignifikant erwies. Auch eigene, auf die Altersgruppe der 18- bis 29-Jährigen bezogenen Auswertungen des BGS98 (s. Tab. 30-1, S. 311) ergaben bei beiden Geschlechtern keine statistisch bedeutsamen Unterschiede zwischen den Einkommensgruppen, jedenfalls nicht bei der Frequenz des Alkoholkonsums pro Woche, auch nicht bei Verwendung eines Menge-Frequenz-Index zur Erfassung des gesundheitlich riskanten Konsums, der nach internationalen Standards für Männer mit mehr als 30 g und für Frauen mit mehr als 20 g Reinalkohol täglich definiert war.

Bei den Alkoholabstinenzraten hingegen sind in der Altersgruppe der 18- bis 29-Jährigen auffallende Differenzen zu erkennen (s. Tab. 30-1). Bei den armen bzw. armutsgefährdeten Frauen liegt die Abstinenzrate mit 35,8% weit über den Quoten der anderen beiden Einkommensgruppen. Auch in den altersadjustierten Odds Ratios ist ein hochsignifikanter Verteilungsgradient erkennbar. Bei den Männern hingegen ließen sich keine statistisch bedeutsamen Differenzen nachweisen. Es besteht also zumindest bei den jungen

Frauen ein enger Zusammenhang zwischen Abstinenz und Einkommen.

Wie beim Rauchen ist auch hier aufschlussreich, die Verteilung der Alkoholabstinenz bei den Eltern mit Kindern unter 15 Jahren zu untersuchen (s. Tab. 30-2, S. 312). Die einkommensarmen Frauen bzw. Mütter mit Kindern unter 15 Jahren weisen mit 42,4 % die bei weitem höchste Abstinenzrate auf. Und auch bei den in Armut lebenden Männern bzw. Vätern sind die altersadjustierten Abstände zu allen anderen Einkommensgruppen statistisch hochbedeutsam. Der Tabelle 30-2 ist zudem zu entnehmen, dass Kinder in Armut im Vergleich zu den Wohlhabenden auch signifikant seltener Mütter haben, die Alkohol häufig (mehrmals die Woche) oder in gesundheitlich riskanter Weise, das heißt mehr als 20 g täglich konsumieren. Somit ist festzuhalten: In deutlichem Kontrast zum Rauchen haben Kinder in Armutsfamilien in Relation zu ihren Gleichaltrigen aus wohlhabenden Familien viel häufiger Eltern, die positive Modelle im Umgang mit Alkohol darstellen.

Für einen beachtlichen Teil der Armen und besonders für Mädchen und Frauen gehört das Trinken von Alkohol offenbar nicht zum Lebensstil. Wahrscheinlich deshalb, weil die Armut oft Rückzüge bzw. Verluste sozialer Kontakte und starke Einschränkungen sozialer Aktivitäten zur Folge hat, sodass bestimmte Alltagskontexte, in die der Alkohol gewöhnlich eingebunden ist, unter Bedingungen von Armut kaum vorhanden bzw. wenig entwickelt sind: etwa das gesellige Trinken in Gaststätten, Kneipen, Vereinen oder am Arbeitsplatz. Vermutlich kommt hinzu, dass Mädchen und Frauen in Armut sich an einem sehr traditionellen Frauenbild orientieren, zu dem es nicht ohne Weiteres passt, Alkohol zu trinken.

Man könnte nun annehmen, Armut bzw. Niedrigeinkommen seien generell Schutzfaktoren gegen Alkoholismus. Doch diese Schlussfolgerung ist aus mehreren Gründen voreilig: In den präsentierten BGS98-Analysen wurden lediglich gesundheitlich riskante, aber nicht alle Formen des problematischen bzw. schädlichen Konsums untersucht. So ist nicht auszuschließen, dass andere Prävalenzverteilungen resultieren, wenn man das Trinken von Alkohol als Problembewältigungshandeln betrachtet, zum Beispiel das sporadische exzessive Trinken in bestimmten psychosozialen Belastungssituationen.

Auch lassen sich die Ergebnisse keineswegs auf alle Armutsgruppen generalisieren. Denn erweitert man die eindimensionale Betrachtung der Armut als Einkommensarmut und nimmt in Anlehnung an den „Lebenslagenansatz" weitere Merkmale sozialer Benachteiligung hinzu, so zeigen repräsentative US-amerikanische Untersuchungen durchgehend, dass diejenigen Jugendlichen zu den Hochrisikogruppen zählen, die in Verhältnissen kumulierter sozialer Benachteiligung leben, also dort, wo zur Einkommensarmut noch die Arbeitslosigkeit und ein hoher Grad an sozialer Ausgrenzung bzw. Desintegration hinzukommen (Office for Substance Abuse Prevention 1990; s. auch Schmidt 1998). Eine auf qualitative Analysen gestützte deutsche Studie über arbeitslose Jugendliche kommt zu vergleichbaren Ergebnissen (Beelmann et al. 2001). Die Arbeitslosigkeit hat sich in einer Reihe prospektiver Längsschnittuntersuchungen als eigenständiger Risikofaktor erwiesen (Forschungsüberblick: Henkel 1998), der bei männlichen Jugendlichen die Entwicklung problematischer Formen des Alkoholkonsums und bei Jungen und Mädchen auch den Einstieg in das Rauchen deutlich begünstigt (z. B. Janlert 1997; Janlert u. Hammarstroem 1992; Montgomery et al. 1998). Daraus erklärt sich, dass sich die Risikoproblematik verstärkt, wenn Armut und Arbeitslosigkeit gleichzeitig auftreten.

Schließlich umfassen die vorgestellten Daten nicht den Bereich der Alkoholabhängigkeit. Dazu liegen bislang noch keine repräsentativen Untersuchungen vor, die sich mit einem expliziten Armutskonzept auf Jugendliche beziehen. Zumindest aber ist dokumentiert, dass unter den alkoholabhängigen Frauen und Männern in ambulanter und stationärer Suchtbehandlung der Anteil derer, die ihren Lebensunterhalt durch Sozialhilfe bestreiten, überdurchschnittlich hoch ist (Suchthilfestatistik 1998–2000). Zudem stammen Arme in aller Regel aus der unteren Sozialschicht, in der die Alkoholabhängigkeit bei den Männern mit 12,8 % weit überproportional häufig verbreitet ist (Mittelschicht: 3,5 %, Oberschicht: 4,0 %; $p < 0,01$, altersadjustiert) (Bloomfield et al. 2000; Basis deutscher Suchtsurvey 1997). Daher ist davon auszugehen, dass Kinder in Armutsfamilien ebenso überproportional häufig alkoholabhängige Eltern haben und damit einem erhöhten Risiko unterliegen, selbst Alkoholprobleme zu entwickeln, wie dies Untersuchungen zum Einfluss des elterlichen Alkoholismus klar belegen (Klein 2003).

Zusammengefasst ist daher die Annahme gerechtfertigt, dass unter Kindern und Jugendlichen in Armutslagen im Vergleich zu anderen ein viel stärker polarisiertes Verteilungsmuster existiert, mit einer überdurchschnittlich hohen Quote von Alkoholabstinenten auf der einen und einem ebenso überproportional hohen und in den vorgestellten BGS98-Daten aufgrund zu kleiner Fallzahlen nicht identifizierbaren Anteil von Alkoholgefährdeten auf der anderen Seite.

30.3 Prävention

Resümiert man den Stand der empirischen Befunde, so wird klar, dass noch ein großer Forschungsaufwand nötig ist, um die Zusammenhänge von Armut und Suchtrisiken weiter aufzuschlüsseln und vor allem, um die Beziehungen so aufzuklären, dass daraus tragfähige Schlüsse für die Planung und Gestaltung von Prävention gezogen werden können. Auch ist die Präventionsforschung selbst voranzutreiben, denn bislang gibt es hierzulande noch kein evaluiertes Präventionsprojekt, das gezielt für Kinder und Jugendliche in Armut durchgeführt wurde. Doch es lassen sich bereits einige Aspekte zur Prävention benennen, die generell, das heißt nicht nur unter dem Gesichtspunkt überproportional hoher Suchtrisiken für Arme, von Bedeutung sind (ausführlich: Henkel 2000b). Im Einzelnen:

Die vorgestellten empirischen Befunde zeigen unzweifelhaft, dass im Hinblick auf das Tabakrauchen so zügig wie möglich ein präventiver Schwerpunkt für Kinder und Jugendliche in Armut entwickelt werden muss. Dabei liegt gerade unter dem Aspekt des geringen Einkommens der Armen die Frage nahe, was eine Erhöhung der Tabaksteuer und damit der Tabakpreise bewirken würde. Eine Untersuchung von Marsh und McKay (1994) in England ergab, dass eine Anhebung der Tabaksteuer bei der Mehrheit der Bevölkerung zu einer Reduktion des Rauchens führte. Doch gerade bei den Armen mit den höchsten Raucherquoten ließen sich derartige Effekte nicht nachweisen. Demnach hatte die Preisanhebung die soziale Ungleichheit beim Rauchen nicht verringert, sondern sogar noch vergrößert. Die meisten Studien jedoch zeigen, dass Tabaksteuererhöhungen dann geeignet sind, die sozialen Unterschiede im Tabakkonsum zu reduzieren, wenn sie ein deutliches Ausmaß erreichen (zusammenfassend: Deutsches Krebsforschungszentrum 2004). Nach Schätzungen der Weltbank (1999) bewirkt eine 10%ige Steuererhöhung einen relativen Rückgang des Tabakkonsumverhaltens bei Personen mit Niedrigeinkommen um bis zu 13% im Vergleich zu einer lediglich 4%igen Änderung in der Gesamtbevölkerung. Da Kinder und Jugendliche sich besonders preiselastisch verhalten, das heißt auf Kostensteigerungen beim Rauchen mit Konsumeinschränkungen reagieren (Bornhäuser 2003; Schmidt 1998), ist zu erwarten, dass sich durch eine markante Anhebung der Tabaksteuer die sozialen Unterschiede im Rauchverhalten vor allem bei den Jüngeren verringern. Gleichwohl sind flankierend weitere Maßnahmen erforderlich.

Prävention muss stets lebenslagenorientiert gestaltet sein. Das bedeutet, dass vor allem für jene Gruppen von Kindern und Jugendlichen, bei denen sich die Armut auf die gesamte Lebenswelt auswirkt und eine Massierung verschiedener Problemlagen nach sich zieht, solche Angebote entwickelt werden müssen, in denen substanzspezifische Präventionsmaßnahmen in komplexe Programme sozialer Unterstützung und Förderung integriert sind. So zeigen evaluierte Projekte aus den USA, dass bei Kindern und Jugendlichen in kumulierter Armut suchtpräventive Angebote dann eine befriedigende Resonanz und Wirkung entfalten, wenn sie in eine langfristig implementierte freizeitpädagogische Bildungs- und Kulturarbeit eingebettet sind. Auch bei Familien und allein erziehenden Frauen, die unter Bedingungen multidimensionaler Armut lebten, konnten positive Effekte verhaltenspräventiver Maßnahmen (Teilnahme, aktive Mitarbeit und Substanzreduktionen) nur dadurch erzielt werden, dass sie im Verbund mit Entlastungen bei der Betreuung der Kinder und mit schulischen, gesundheitlichen und kulturellen Förderprogrammen stattfanden (Denis et al. 1994). Solche komplexen Programme sind besonders in Gemeinden bzw. Stadtteilen notwendig, die von konzentrierter Armut und Arbeitslosigkeit sowie von desolater sozialer und kultureller Infrastruktur gekennzeichnet sind, wie dies besonders in Ostdeutschland immer noch häufig der Fall ist.

Gerade unter Armutsbedingungen ist es wichtig, auch die Eltern für präventive Programme zu gewinnen, um dadurch die Präventionseffekte für die Kinder zu stärken und abzusichern. Darauf verweist zum einen die in Armutsfamilien besonders häufig vorkommende elterliche Suchtproblematik. Zum anderen sind die Problembewältigungsressourcen, die Kindern in Armutslagen zur Verfügung stehen und für suchtpräventive Prozesse von maßgeblicher Bedeutung sind, viel zentraler von der Eltern-Kind-Beziehung bestimmt als bei Gleichaltrigen aus wohlhabenden Familien (Klocke 2001b). Schon allein deshalb, weil sie sich oft aus sozialen Kontakten zurückziehen (z. B. aus Scham oder aus finanziell bedingtem „Nicht-mithalten-Können") und sich damit häufiger als andere Kinder im engen familiären Milieu bewegen.

Es ist mehrfach belegt, dass das gesundheitliche Vorsorgeverhalten bei Armen vergleichsweise schwach entwickelt ist (Henkel 2000b). Das gilt auch für Kinder und Jugendliche (Klocke 2001a). Sie benötigen daher mehr noch als andere Bevölkerungsgruppen institutionelle Assistenz, um die eigene Wahrnehmung von riskantem Substanzkonsum zu verbessern und die Fähigkeit für ein frühzeitig präventives Handeln zu erhöhen. Institutionelle Unterstützung ist stets umso leichter zu erreichen, je niedrigschwelliger die Zugänge sind. Daher sind gerade solche Institutionen aufgefordert, präventive Initiativen zu entwickeln, zu denen Kinder und Jugendliche in Armut bzw. deren Eltern ohnehin häufig Kontakt haben. Das sind in erster Linie die Schulen, was bedeuten würde, dass präventive Programme verstärkt in Hauptschulen durchgeführt werden sollten. Dazu gehören aber auch die Jugend-, Arbeits- und Sozialämter, wobei allerdings noch sorgfältig zu prüfen wäre, welchen Beitrag diese Ämter tatsächlich zur Suchtprävention für Arme leisten könnten, da sie häufig als Institutionen der sozialen Kontrolle wahrgenommen werden.

Von besonderer Bedeutung sind auch die Arztpraxen und Krankenhäuser, da aus gesundheitswissenschaftlichen Studien bekannt ist, dass Arme aufgrund ihres durchschnittlich schlechteren Gesundheitszustands ärztliche Hilfe überproportional häufig in Anspruch nehmen. Arme würden demnach besonders davon profitieren, wenn in den Institutionen der medizinischen Versorgung systematische und regelmäßige Maßnahmen der Aufklärung, Früherkennung und Frühintervention bei riskantem Substanzkonsum implementiert wären, wie dies in Modellprojekten zur Alkohol- und Tabakproblematik bereits mit Erfolg erprobt wurde (z. B. John et al. 1996; Lang 1998).

Auch die massenmediale Prävention würde sich für armutsspezifische Ansätze gut eignen. Denn massenmedial verbreitete Präventionsbotschaften erreichen auch Kinder und Jugendliche, die keine Aufklärungsbroschüren, etwa über die Gefahren des Rauchens, lesen und sich nicht für Gesundheit interessieren. Dabei bieten sich vor allem die TV-Medien an, weil Kinder und Jugendliche in Armut nachweislich überdurchschnittlich viel fernsehen (Deutsche Shell 2003; Klocke 2001a). Untersuchungen aus anderen Ländern belegen, dass Medienkampagnen, die langfristig angelegt und systematisch auf sozial benachteiligte Jugendliche ausgerichtet sind, nachhaltige Verhaltensänderungen erzielen können, so auch bei der Reduktion des Rauchens (Schmidt 1998). Allerdings werden solche Ansätze ständig konterkariert, solange die Tabakwerbung nicht vollständig verboten ist.

Doch man muss deutlich sehen, dass verhaltenspräventive Maßnahmen auch bei guter institutioneller Unterstützung nur eine begrenzte Effektivität haben werden, solange die Armut selbst nicht beseitigt ist. Daher muss die Suchtprävention durch weitere gesellschaftliche Maßnahmen flankiert werden, die darauf abzielen, Kinder und Jugendliche in Armut und deren Eltern psychosozial zu fördern und aus der Armut herauszuführen. Der elfte Kinder- und Jugendbericht (Bundesministerium für Familie, Senioren, Frauen und Jugend 2002) enthält hierzu ein breites Spektrum geeigneter Maßnahmen, u. a. die Schaffung von Ganztagsschulen, die auch die am häufigsten von Armut betroffenen allein erziehenden Frauen entlasten und ihnen die Möglichkeit eröffnen würden, am Erwerbsleben teilzuhaben.

Literatur

Barsch G (1998). Armut und illegalisierter Drogenkonsum: Wahrheiten und Mythen zu einem komplexen sozialen Phänomen. In: Henkel D (Hrsg). Sucht und Armut. Alkohol, Tabak, illegale Drogen. Opladen: Leske + Budrich; 167–90.

Beelmann G, Kieselbach T, Traiser U (2001). Jugendarbeitslosigkeit und soziale Ausgrenzung: Ergebnisse einer qualitativen Analyse in Ost- und Westdeutschland. In: Zempel J, Bacher J, Moser K (Hrsg). Erwerbslosigkeit. Ursachen, Auswirkungen und Interventionen. Opladen: Leske + Budrich; 133–48.

Bloomfield K, Augustin R, Kraus L (2000). Social inequalities in alcohol use and misuse in the German general population. Z Gesundheitswiss; 8: 230–42.

Bornhäuser A (2003). Tabakkonsum im Kindes- und Jugendalter. In: Farke W, Graß H, Hurrelmann K (Hrsg). Drogen bei Kindern und Jugendlichen. Stuttgart, New York: Thieme; 68–80.

Bundesgesundheitssurvey 1998. Dokumentation des Datensatzes. Berlin: Robert-Koch-Institut 2000.

Bundesministerium für Arbeit und Sozialordnung (2001). Lebenslagen in Deutschland. Erster Armuts- und Reichtumsbericht der Bundesregierung. Berlin.

Bundesministerium für Familie, Senioren, Frauen und Jugend (2002). Elfter Kinder- und Jugendbericht. Bericht über die Lebenssituation junger Menschen und die Leistungen der Kinder- und Jugendhilfe in Deutschland. Berlin.

Bundesregierung (2005). Lebenslagen in Deutschland: Zweiter Armuts- und Reichtumsbericht der Bundesregierung. Bundestagsdrucksache 15/5015. Berlin: Deutscher Bundestag.

Butterwege C, Klundt M (2002). Kinderarmut und Generationengerechtigkeit. Opladen: Leske + Budrich.

Denis A, Heynen S, Kröger C (1994). Fortschreibung der Expertise zur Primärprävention des Substanzmißbrauchs. Köln: Bundeszentrale für gesundheitliche Aufklärung.

Deutsches Krebsforschungszentrum (Hrsg) (2004). Rauchen und soziale Ungleichheit – Konsequenzen für die Tabakkontrollpolitik. Heidelberg: Deutsches Krebsforschungszentrum.

Deutsche Shell (Hrsg) (2003). Jugend 2002. Zwischen pragmatischem Idealismus und robustem Materialismus. Frankfurt a. M.: S. Fischer.

Grundmann M (1998). Milieuspezifische Einflüsse familialer Sozialisation auf die kognitive Entwicklung und den Bildungserfolg. In: Klocke A, Hurrelmann K (Hrsg). Kinder und Jugendliche in Armut. Opladen: Westdeutscher Verlag; 161–82.

Hanesch W, Adamy W, Martens R, Rentsch D, Schneider U, Schubert U, Wißkirchen M (1994). Armut in Deutschland. Reinbek: Rowohlt.

Hanesch W, Krause P, Bäcker G, Maschke M, Otto B (2000). Armut und Ungleichheit in Deutschland. Reinbek: Rowohlt.

Helmert U (1999). Einkommen und Rauchverhalten in der Bundesrepublik Deutschland – eine Sekundäranalyse der Daten des Mikrozensus 1995. Gesundheitswesen; 61: 31–7.

Helmert U, Maschewsky-Schneider U (1998). Zur Prävalenz des Tabakrauchens bei Arbeitslosen und Armen. In: Henkel D (Hrsg). Sucht und Armut. Opladen: Leske + Budrich; 153–66.

Henkel D (1998). Arbeitslosigkeit, Alkoholkonsum und Alkoholabhängigkeit: Forschungsergebnisse, Defizite, Hypothesen. Abhängigkeiten; 4: 12–29.

Henkel D (2000a). Alkohol- und Tabakprävention für Arbeitslose, Arme und Obdachlose. In: Schmidt B, Hurrelmann K (Hrsg). Präventive Sucht- und Drogenpolitik. Opladen: Leske + Budrich; 163–92.

Henkel D (2000b). Zum Konsum von Alkohol, Tabak und psychoaktiven Medikamenten bei Arbeitslosen und Einkommensarmen: eine Auswertung des Nationalen Gesundheitssurveys 1991/1992 der Bundesrepublik Deutschland. Abhängigkeiten; 6: 26–43.

Janlert U (1997). Unemployment as a disease and diseases of the unemployed. Scand J Work Environm Health; 23: 79–83.

Janlert U, Hammarstroem A (1992). Alcohol consumption among unemployed youths: results from a prospektive study. Br J Addiction; 87: 703–14.

John U, Hapke U, Rumpf HJ, Hill A, Dilling H (1996). Prävalenz und Sekundärprävention von Alkoholmißbrauch und -abhängigkeit in der medizinischen Versorgung. Bd. 71 der Schriftenreihe des Bundesministeriums für Gesundheit. Baden-Baden: Nomos Verlagsgesellschaft.

Klein M (2003). Kinder und Jugendliche in suchtbelasteten Familien. In: Farke W, Graß H, Hurrelmann K (Hrsg). Drogen bei Kindern und Jugendlichen. Stuttgart, New York: Thieme; 39–51.

Klocke A (2001a). Armut bei Kindern und Jugendlichen. Gesundheitsberichterstattung des Bundes. Heft 3/01. Berlin: Robert-Koch-Institut.

Klocke A (2001b). Armut bei Kindern und Jugendlichen – Belastungssyndrome und Bewältigungsfaktoren. In: Barlösius E, Ludwig-Mayerhofer W (Hrsg). Die Armut der Gesellschaft. Opladen: Leske + Budrich; 293–314.

Klocke A, Hurrelmann K (1995). Armut und Gesundheit. Inwieweit sind Kinder und Jugendliche betroffen? Z Gesundheitswiss; 2. Beiheft: 138–51.

Klocke A, Hurrelmann K (Hrsg) (1998). Kinder und Jugendliche in Armut. Umfang, Auswirkungen und Konsequenzen. Opladen: Westdeutscher Verlag.

Lang P (1998). Förderung des Nikotinverzichts bei Schwangeren und Eltern von Säuglingen. Sucht: 23: 57–9.

Mansel J, Neubauer G (Hrsg) (1998). Armut und soziale Ungleichheit bei Kindern. Opladen: Leske + Budrich.

Marsh A, McKay S (1994). Poor Smokers. Bournemouth: Bourne Press.

Montgomery S, Cook D, Bartley M, Wadsworth M (1998). Unemployment, cigarette smoking, alcohol consumption and body weight in young British men. Eur J Publ Health; 8: 21–7.

Neuberger C (1997). Auswirkungen elterlicher Arbeitslosigkeit und Armut auf Familien und Kinder – ein mehrdimensional empirisch gestützter Zugang. In: Otto U (Hrsg). Aufwachsen in Armut. Erfahrungswelten und soziale Lagen von Kindern armer Familien. Opladen: Leske + Budrich; 79–122.

Office for Substance Abuse Prevention (1990). Breaking new ground for youth at risk: program summaries. U.S. Department of health and human services, public health service. Alcohol, drug abuse and mental health administration. OSAP Technical Report; 1: 1–34.

Schmidt B (1998). Suchtprävention bei konsumierenden Jugendlichen. Sekundärpräventive Ansätze in der geschlechtsbezogenen Drogenarbeit. Weinheim: Juventa.

Speck A, Reimers S (1999). Epidemiologie des Drogenkonsums schleswig-holsteinischer Jugendlicher. Kiel: Ministerium für Arbeit, Gesundheit und Soziales.

Statistisches Bundesamt (2006). Statistik der Sozialhilfe: Kinder in der Sozialhilfe. Wiesbaden: Statistisches Bundesamt.

Suchthilfestatistik (1998–2000). EBIS- und SEDOS-Berichte. Hamm: Deutsche Hauptstelle für Suchtfragen.

Vogt I (1998). Frauen, illegale Drogen und Armut: Wiederholungszwänge im Elend. In: Henkel D (Hrsg). Sucht und Armut. Alkohol, Tabak, illegale Drogen. Opladen: Leske + Budrich; 191–208.

Weltbank (1999). Curbing the Epidemic. Governments and the Economic of Tobacco Control. Washington, DC: Weltbank.

31 Suchtgefahren bei Kindern mit Migrationshintergrund

Ursula Boos-Nünning und Rainer Georg Siefen

31.1 Drogen- und Alkoholkonsum

In Deutschland gibt es zahlreiche Studien, die sich mit Prävalenz, Verlauf und Risikofaktoren von Substanzkonsum und -abhängigkeit von Jugendlichen beschäftigen. Die Ergebnisse sind wegen erheblicher Unterschiede in der Methode und den Stichproben kaum vergleichbar. In keiner der Studien werden Konsummuster oder Risikofaktoren von Migranten berücksichtigt. Dies mag damit zusammenhängen, dass dem Drogen- und Alkoholkonsum von Kindern und Jugendlichen mit Migrationshintergrund bis Mitte der 1980er Jahre kaum Beachtung geschenkt wurde. In die Erhebungen zum Konsum und Missbrauch von Drogen blieb die Frage nach dem Migrationshintergrund ausgeklammert, oder diese Gruppe von Kindern und Jugendlichen wurde in Erhebungen zum Drogengebrauch nicht berücksichtigt. Erst auf der Grundlage von drei räumlich begrenzten empirischen Studien (Dill et al. 2002; Strobl u. Kühnel 2000; Surall u. Siefen 2002) lassen sich einige Besonderheiten der Zielgruppe ermitteln:[1]

In der Studie von Strobl und Kühnel (2000) wurde das Konsumverhalten von Aussiedlern beschrieben und mit dem der einheimischen deutschen Jugendlichen verglichen. In ihrer Befragung an 1 196 jugendlichen Aussiedlern und 989 deutschen Jugendlichen im Alter von 15 bis 25 Jahren zeigte sich, dass der Anteil der Aussiedler, die noch nie oder nur selten Alkohol trinken, wesentlich höher ist als der von den deutschen Jugendlichen. Auch beim Konsum von illegalen Drogen zeichnet sich dieser Trend ab. So lassen sich bezüglich des Konsums von Haschisch/Cannabis, Ecstasy, LSD und anderen synthetischen Drogen (z. B. Speed) signifikante Unterschiede zwischen Deutschen und Aussiedlern finden, wobei deutsche Jugendliche diese Substanzen häufiger konsumieren. Keine signifikanten Unterschiede fanden sich dagegen für Heroin, Kokain und das Schnüffeln von Lösungsmitteln. Czycholl (1997, 1999) vermutet, dass migrationsspezifische Probleme zu einem erhöhten Konsum von Rauschmitteln führen, und auch Heuer und Ortland (1995) gehen von einer besonderen Gefährdung jugendlicher Aussiedler aus. Insgesamt betrachtet, zeigen die Ergebnisse der zitierten Studie jedoch, dass die Alkohol- und Drogenproblematik bei Aussiedlern weitaus geringer ist, als bisher angenommen wurde, und sie Alkohol und illegale Drogen seltener konsumieren als ihre deutschen Altersgenossen.

Eine zweite Untersuchung wurde an Münchener Berufsschulen bei 5 800 Jugendlichen, davon 2 200 (29%) Ausländer und Ausländerinnen, im Alter von 18 bis 20 Jahren durchgeführt. Zusätzlich wurden 740 Jugendliche befragt, die mit der Jugendhilfe in Berührung kamen, davon sind 276 (37,5%) Ausländer. Der Anteil der jungen Menschen mit Migrationshintergrund liegt sowohl im Hinblick auf Erfahrungen mit (illegalen) Drogen als auch im Hinblick auf Alkoholgebrauch deutlich unter dem der Deutschen: 43,2% der deutschen Berufsschüler und 24,1% der Migranten haben schon einmal Drogen probiert; bei den Jugendlichen aus der Jugendhilfe waren es 58% der Deutschen und 48,5% der Migranten. Wie auch Ergebnisse aus anderen Untersuchungen zeigen (Kolip 1999), experimentieren die weiblichen Jugendlichen weniger mit dem Konsum von illegalen Drogen. Die Migrantinnen haben seltener Drogenerfahrungen als die deutschen Frauen. Noch keine Drogenerfahrung

---
[1] Siehe zu den methodischen Problemen dieser Studien: Boos-Nünning u. Siefen 2005, S. 204.

haben über 80% der Migrantinnen und mehr als ein Drittel der Migranten. Zwei Drittel der befragten Berufsschülerinnen und -schüler konsumieren Alkohol (unabhängig von der Menge). Über die Hälfte der Migrantinnen und fast 40% der Migranten trinken keinen Alkohol, vor allem sind darunter Jugendliche muslimischer Religionszugehörigkeit. Migranten und Migrantinnen, die in Deutschland geboren und aufgewachsen sind, konsumieren in höherem Maße Alkoholika (s. Dill et al. 2002).

In der dritten Studie wurden (Surall u. Siefen 2002) 999 Schüler und Schülerinnen, davon 288 mit Migrationshintergrund aus 41 Staaten, der 9. und 10. Klasse in Marl (alle Schulformen) im Klassenzimmer interviewt. Gemessen wurde der Migrationshintergrund durch Fragen nach der Staatsangehörigkeit und dem Geburtsland des Jugendlichen sowie dem Geburtsland des Vaters und der Mutter. Ausgewertet wurden Unterschiede zwischen deutschen Jugendlichen (n = 711), Jugendlichen mit türkischem Migrationshintergrund (n = 76) und Jugendlichen aus Aussiedlerfamilien (n = 92). Unterschiede zwischen Deutschen, Türken und Aussiedlern im Konsumverhalten treten vor allem bezüglich der weichen Alkoholika, harten Alkoholika und Cannabis auf. Im Gruppenvergleich mit t-Test zeigt sich, dass vor allem Unterschiede zwischen türkischen und deutschen Probanden bestehen und dass die dargestellten Hauptwirkungen hierauf beruhen. Türkische Jugendliche konsumieren weniger häufig und intensiv weiche und harte Alkoholika sowie Cannabis. Sie schätzen die Gefährlichkeit der drei Substanzen höher ein als die Deutschen. Außerdem scheint es für sie schwieriger zu sein, an diese Suchtmittel heranzukommen. Darüber hinaus sind türkische Jugendliche weniger bereit, Alkohol und Cannabis zu sich zu nehmen, auch wenn sie die Möglichkeit dazu hätten. Es fällt außerdem auf, dass türkische Probanden den Konsum von weichen Alkoholika später beginnen. Die Aussiedler und Deutschen sind insgesamt betrachtet in ihrem Konsumverhalten bezüglich legaler und illegaler Drogen sehr ähnlich. Aussiedler beginnen jedoch den Alkoholkonsum im Schnitt früher und konsumierten in den letzten drei Monaten vor der Befragung weniger häufig Cannabis.

Aus den drei Studien lassen sich folgende Erkenntnisse zum Alkohol- und Drogenkonsum von Jugendlichen mit Migrationshintergrund ermitteln (s. Boos-Nünning u. Siefen 2005):

- Aussiedlerjugendliche gleichen in ihrem Konsumverhalten stärker deutschen als etwa türkischen oder anderen Jugendlichen mit Migrationshintergrund (Strobl u. Kühnel 2000; Surall u. Siefen 2002).
- Aussiedlerjugendliche zeigen einen niedrigeren Konsum an illegalen Drogen als Deutsche (Dill et al. 2002; Strobl u. Kühnel 2000). Dabei ist Cannabis die am häufigsten konsumierte illegale Droge – sowohl bei einheimischen Jugendlichen als auch bei Migrantenjugendlichen.
- Jüngere Aussiedlerinnen und Aussiedler sind auch geringer durch Alkoholkonsum belastet als die entsprechende Altersgruppe Deutscher (Bätz 1999; Dill et al. 2002; Strobl u. Kühnel 2000) – sowohl in Bezug auf die Häufigkeit als auch in Bezug auf die Menge des Konsums.
- Mädchen konsumieren weniger Suchtstoffe als ihre männlichen Altersgenossen. Das gilt für junge Migrantinnen noch stärker als für einheimische Jugendliche. Eine Ausnahme stellt das Rauchverhalten dar. Einheimische deutsche Mädchen rauchen nämlich mehr als Jungen (Surall u. Siefen 2002).
- Sowohl bei deutschen als auch bei türkischen Jugendlichen und Aussiedlerjugendlichen gibt es besondere Risikogruppen:
  – Jugendliche, die harte Drogen wie Heroin, Kokain, LSD, Ecstasy und andere synthetische Drogen konsumieren
  – Jugendliche, die Farb- und Klebstoffe schnüffeln
  – (bei allen untersuchten ethnischen Gruppen:) Jugendliche, die Alkohol mehrmals wöchentlich oder gar täglich konsumieren; je nach Untersuchung, Teilstichprobe und Art der Alkoholika sind dieser Problemgruppe zwischen 5 und 16% der untersuchten Jugendlichen zuzuordnen
- Junge Migranten, die in Deutschland geboren und aufgewachsen sind, konsumieren mehr Alkohol als jene, die selbst noch in die BRD eingewandert sind. Der entsprechende Einfluss der Aufenthaltsdauer ist signifikant.

- Risiken des Konsums von Suchtstoffen sind offenbar erhöht bei nachteiligen sozialen Lebensbedingungen von Jugendlichen, insbesondere gilt dies auch für Jugendliche mit Migrationshintergrund.
- Jugendliche mit türkischem Hintergrund (Surall u. Siefen 2002) und überhaupt Jugendliche mit muslimischer Religionszugehörigkeit (Dill et al. 2000) konsumieren signifikant weniger Alkoholika als einheimische Jugendliche und Aussiedlerjugendliche.
- Unter Präventionsgesichtspunkten ist hervorzuheben, dass das Risiko von Suchtmittelkonsum nach Surall und Siefen (2002) umso höher ist, je leichter Suchtmittel verfügbar sind und je geringer die Gefährlichkeit des Konsums der jeweiligen Substanz durch die Jugendlichen selbst eingeschätzt wird.

Das Alkoholkonsumverhalten von Kindern und Jugendlichen wird schon früh durch Kultur und Tradition des Umgangs mit Alkohol in Familie, Religion und sozialen Settings beeinflusst (DSM-IV-TR, Saß et al. 2003). Deutschland ist ein Hochkonsumland mit einer liberalen Trinkkultur (Hapke 2002). Der regelmäßige Alkoholgebrauch bei den Jugendlichen weist in den meisten westeuropäischen Ländern eine deutlich abnehmende Tendenz auf. Es zeigte sich jedoch ein Anstieg in Osteuropa und, wenn auch leicht, in Deutschland. Angesichts einer Prävalenz von 6% in einer Normalpopulation Jugendlicher halten Silbereisen und Weichold (2002) Alkoholabhängigkeit für ein relativ seltenes Phänomen unter Jugendlichen. Nach der Untersuchung von Surall und Siefen (2002) entspricht die 3-Monats-Prävalenz beim Konsum von harten Alkoholika (mehrmals wöchentlich/täglich) bei deutschen Jugendlichen (5,7)[1] in etwa der bei Jugendlichen aus Aussiedlerfamilien (6,5). Sie ist bei Jugendlichen mit türkischem Migrationshintergrund (2,6) deutlich geringer. Alkoholkonsum ist zum einen mit negativen Konsequenzen wie Schulproblemen, Schwierigkeiten in sozialen Beziehungen, ungewollten und ungeschützten sexuellen Kontakten oder delinquentem Verhalten sowie Verkehrsunfällen bei Jugendlichen verbunden. Zum anderen sehen Silbereisen und Weichold (2002) unter entwicklungspsychologischer Perspektive den ansteigenden Alkoholkonsum der Jugendlichen eng verknüpft mit normativen Herausforderungen (s. auch Kap. 10). Dazu gehören das Streben nach Autonomie und das Herausbilden eines eigenen Lebensstils.

Zwischen Substanzmissbrauch und -abhängigkeit bei Kindern und Jugendlichen und kinder- und jugendpsychiatrischen Störungsbildern bestehen Überschneidungen. Schulz und Remschmidt (1999) unterscheiden zwischen psychopathologischen Symptomen als Folgen des Drogenmissbrauchs, wie etwa drogeninduzierten Psychosen, und solchen Störungen, die den Verlauf des Drogenmissbrauchs beeinflussen (hyperkinetisches Syndrom, Störungen des Sozialverhaltens, beginnende Antisoziale Persönlichkeitsstörung). Sie weisen zudem hin auf die nachteiligen Auswirkungen von Drogenmissbrauch auf den Verlauf psychiatrischer Störungen wie depressiver Syndrome oder Bulimie (vgl. auch Katzman et al. 1991).

31.2 Risiko- und Schutzfaktoren

Die Risiko- und Schutzfaktoren, die den Alkohol- und Drogenkonsum von Migrantenjugendlichen bestimmen, können am besten dargestellt werden, wenn neben ethnokulturellen Einflüssen und Migrationseinflüssen auch Bezug genommen wird auf die Bedeutung von Alter, Geschlecht, Sozialstatus, Gewalterfahrungen und Familie. Risiko- und Schutzfaktoren interagieren aus entwicklungspsychopathologischer Sicht im Rahmen langjähriger Entwicklungsprozesse und wirken sich auf Vulnerabilität und Resilienz des einzelnen Kindes oder Jugendlichen aus.

Die Mannheimer Längsschnittstudie hat gezeigt, dass bei deutschen Kindern eine große Heterogenität individueller Reaktionen auf Risikobelastungen besteht. Die Bedeutung früher Stressoren ist bei Mädchen höher als bei Jungen.

---

1 Bei allen Angaben handelt es sich um relative Werte, die sich aus der Skalierung der verwendeten Items ergeben (vgl. Surall u. Siefen 2002).

Außerdem waren kürzer zurückliegende Belastungen prognostisch relevanter als länger zurückliegende Stressoren (Laucht et al. 1998). Bei der Untersuchung psychischer Auffälligkeiten von Schulkindern durch Befragung der Eltern mit der Child Behavior Checklist (CBCL) von Achenbach fanden Remschmidt und Walter (1990) große Übereinstimmungen mit den Ergebnissen vergleichbarer amerikanischer und niederländischer Studien. In der Altersgruppe der 14- bis 17-Jährigen waren die Mädchen, in den jüngeren Jahrgängen die Jungen auffälliger. Außerdem schienen Kinder der unteren sozialen Schichten und Kinder mit Ausländerstatus als signifikant gefährdeter. Einen umfassenden Literaturüberblick über gesicherte biografische Risikofaktoren und Schutzfaktoren für die Entstehung psychischer und psychosomatischer Krankheiten, also auch Sucherkrankungen, geben Egle et al. (1997). Zu den wichtigsten Risikofaktoren gehören:

- Belastungen der Eltern durch ungünstige ökonomische und soziale Lebensbedingungen sowie durch körperliche und psychische Störungen
- Verlust der Mutter
- unzureichende Erziehung
- häufig wechselnde Bezugspersonen in der frühen Kindheit
- sexueller und körperlicher Missbrauch
- schlechte Kontakte zu Gleichaltrigen

Besonders ungünstig ist eine hohe Risikogesamtbelastung. Jungen zeigen sich vulnerabler als Mädchen. Zu den gesicherten biografischen Schutzfaktoren gehören:

- dauerhafte gute Beziehungen zu mindestens einer primären Bezugsperson
- die Mutter entlastende kompensatorische Beziehungen zwischen den Eltern und in der Großfamilie
- ein gutes Ersatzmilieu nach frühem Mutterverlust
- überdurchschnittliche Intelligenz
- robustes, aktives und kontaktfreudiges Temperament
- sicheres Bindungsverhalten
- soziale Förderung

Protektiv wirkt sich eine geringe Risikogesamtbelastung aus. Mädchen sind weniger vulnerabel als Jungen. Die Autoren kritisieren, dass hinsichtlich einer Gewichtung der einzelnen Belastungsfaktoren kaum Studien durchgeführt wurden. Auch sei noch vieles ungeklärt bei der Entwicklung von Resilienz und Vulnerabilität.

Ein Risikofaktor für Gesundheit, niedriger Sozialstatus, ist oft verbunden mit Armut oder Arbeitslosigkeit und Frühberentung. Er betrifft insbesondere Migrationsfamilien. Bisher ist allerdings nicht nachgewiesen, dass dadurch die Suchtgefährdung von Kindern und Jugendlichen aus so belasteten Familien mit Migrationshintergrund erhöht wird. Es ist möglich, dass protektive Faktoren den Umgang mit Armut (und Diskriminierung) bewältigen helfen.

Es gibt eine Reihe von Veröffentlichungen zu Unterschieden zwischen Jugendlichen aus verschiedenen ethnischen Gruppen in den USA bezüglich ihres Drogen- und Alkoholkonsums. Viele der überwiegend bei Nichtinanspruchnahme-Populationen von Schülern gewonnenen Untersuchungsergebnisse laufen darauf hinaus, dass angelsächsische (oder nichthispanische) „weiße" Jugendliche sowie mexikanische und indianische Jugendliche den höchsten Nikotin-, Alkohol- und Drogenkonsum haben. Hingegen liegen die Konsumraten für diese Substanzen deutlich niedriger bei puertorikanischen, afroamerikanischen und asiatischen Jugendlichen (vgl. Gonzales u. Kim 1997; Allen u. Mitchell 1998; Kaminer 1999; Harrier et al. 2001). Tatsächlich aber, so beklagen Gonzales und Kim (1997), ist der Kenntnisstand über psychische Störungen und Drogen- und Alkoholprobleme bei Kindern aus ethnokulturellen Minderheiten in den USA noch sehr lückenhaft. Auch in Deutschland liegen bislang nur wenige Studien mit empirischen Vergleichen des Suchtverhaltens von Jugendlichen aus verschiedenen ethnischen Gruppen vor (vgl. Boos-Nünning u. Siefen 2003), die es erlauben, Ursachen von Suchtverhalten zu ermitteln. Dabei werden migrationsspezifische bzw. ethnische Erklärungsmuster für den aktuellen Drogenkonsum in den Mittelpunkt gestellt und nicht selten Indikatoren bekannt, die sich dem Erklärungsmuster „Kultur-

Tab. 31-1 Prädiktoren zur Erklärung von Suchtmittelkonsum (mod. nach Surall u. Siefen 2002).

Suchtmittel	Jugendliche mit türkischem Hintergrund	jugendliche Aussiedler
Cannabis	Alter Verfügbarkeit	Selbstbild Schulprobleme soziale Probleme Gefährlichkeit
	$R^2 = 0{,}30$	$R^2 = 0{,}52$
harte Drogen	Alter Verfügbarkeit	Taschengeld Schulprobleme Gefährlichkeit
	$R^2 = 0{,}22$	$R^2 = 0{,}28$
Alkohol	sozialer Status Verfügbarkeit	sozialer Status Verfügbarkeit Gefährlichkeit
	$R^2 = 0{,}37$	$R^2 = 0{,}31$

R^2 = erklärte Varianz auf der Grundlage der schrittweisen multiplen Regressionsanalyse

konflikt" zuordnen lassen (zur Kritik: s. Boos-Nünning 1998).

Die Untersuchung von Surall und Siefen (2002) verweist auf weitere Erklärungsfaktoren. Von den geprüften unabhängigen Variablen erwiesen sich Migrationshintergrund, Geschlecht und (als Kovariate) Alter, sozialer Status, Selbstbild, Schulprobleme, soziale Räume, Alter des Erstkonsums, Intensität, Verfügbarkeit, Einschätzung der Gefährlichkeit und Konsumbereitschaft als bedeutsam (s. Tab. 31-1).

Die Regressionsanalysen bezüglich der Prävalenz des Drogenkonsums zeigen, dass die Verfügbarkeit oder die subjektiv eingeschätzte Gefährlichkeit bei allen Substanzen eine bedeutende Rolle spielt. Während bei den deutschen Probanden bei allen Substanzen sowohl für die Verfügbarkeit als auch für die eingeschätzte Gefährlichkeit ein bedeutsamer Effekt auf das Konsumverhalten nachweisbar ist, scheinen bei den Jugendlichen mit türkischem Hintergrund vor allem die Verfügbarkeit und bei den jugendlichen Aussiedlern eher die eingeschätzte Gefährlichkeit einen prädiktiven Effekt auf den Konsum zu haben. Durchgängig ist der Konsum erhöht, wenn die Jugendlichen leicht an die Substanz kommen können oder die Substanz für wenig gefährlich halten.

Bei den Jugendlichen mit türkischem Hintergrund können die verwendeten Variablen offensichtlich einen nur geringen Anteil der Varianz aufklären. Neben der Verfügbarkeit ist bei ihnen für die Vorhersage des Konsums von Cannabis und harten Drogen lediglich das Alter von Bedeutung. Beim Alkohol spielt stattdessen der soziale Status eine Rolle. Ein niedriger sozialer Status scheint bei den Jugendlichen mit türkischem Hintergrund ein Risikofaktor für den Alkoholkonsum zu sein.

Für die Erklärung der Prävalenz des Cannabis-Konsums und des Konsums von illegalen Drogen bei den jugendlichen Aussiedlern zeigen sich jeweils die schulischen Probleme als bedeutsam. Dabei haben Jugendliche, deren Versetzung in irgendeiner Form gefährdet war, einen ausgeprägteren Konsum dieser Substanzen als andere. Beim Alkoholkonsum ist bei den jugendlichen Aussiedlern offenbar ebenfalls der soziale Status bedeutsam. Ein hoher sozialer Status – erfasst durch Parameter der Wohnsituation und die finanzielle Situation der Familie – scheint eher förderlich für den Alkoholkonsum zu sein. Für den Cannabis-Konsum der jugendlichen Aussiedler sind das Selbstbild sowie die sozialen Probleme signifikante Prädiktoren. Aussiedler mit einem positiven Selbstbild und geringen sozialen Problemen zeigen einen ausgeprägteren Cannabis-Konsum.

Aus den Ergebnissen der Studie ergibt sich, dass jugendliche Aussiedler und deutsche Jugendliche sich in ihren Konsummustern sehr ähnlich sind. Anders als Strobl und Kühnel (2000), die signifikante Unterschiede im Konsumverhalten bezüglich Alkohol, Haschisch/Cannabis, Ecstasy, LSD und anderen synthetischen Drogen (z. B. Speed) feststellen, konnten lediglich bei der 3-Monats-Prävalenz von Cannabis signifikante Unterschiede zwischen den beiden Gruppen nachgewiesen werden. Allerdings scheinen in beiden Arbeiten die jungen Aussiedler in ihren Konsummustern zumindest nicht auffälliger zu sein und zum Teil sogar weniger zu konsumieren als die Deutschen. Dies beruhigt jedoch nur wenig, da immerhin 9,8 % der Aussiedler und 15,3 % der deutschen Jugendlichen angeben, in den letzten drei Monaten mehrmals wöchentlich weiche Alkoholika getrunken zu haben. Auch bei den harten Alkoholika betrug die 3-Monats-Prävalenz des wöchentlich mehrmaligen Gebrauchs von harten Alkoholika bei den Aussiedlern 6,5 % und bei den Deutschen 5,1 %. Der Anteil von Probanden mit einem problematischen Konsummuster lag in der Arbeit von Strobl und Kühnel in der Aussiedlerstichprobe bei 7,1 % und in der deutschen Stichprobe bei 15,8 %.

Die Jugendlichen mit türkischem Hintergrund konsumieren weiche Alkoholika und harte Alkoholika weniger häufig und weniger intensiv als deutsche Jugendliche. Das gilt ebenso für den Umgang mit Cannabis. Auch die Konsumbereitschaft ist für diese Substanzen signifikant geringer ausgeprägt. Eine mögliche Ursache hierfür könnten kulturelle Unterschiede im Umgang mit diesen Drogen sein. Während in der deutschen Kultur und in der Kultur der Herkunftsländer der Aussiedler der Alkoholkonsum eine legitime Form des Drogengebrauchs ist, scheint Alkoholkonsum nach den Maßstäben der türkischen Kultur unangemessen zu sein. So schätzen die türkischen Jugendlichen auch ein, dass es für sie schwieriger ist, an Alkoholika heranzukommen, und halten deren Konsum für gefährlicher. Kognitive Strukturen sowie Normen, Regeln und Erwartungen über den Umgang mit Alkohol etablieren sich bereits im frühen Entwicklungsalter. Ebenso stellen die Konsumgewohnheiten der Eltern einen guten Prädiktor für den Alkoholkonsum Jugendlicher dar. Die erfolgreiche Vermittlung kultureller Normen dürfte sich daher in einem geringeren Konsum niederschlagen. Wie die Regressionsanalysen zeigen, haben die Verfügbarkeit und der soziale Status einen signifikanten Einfluss auf den Alkoholkonsum der Jugendlichen türkischer Herkunft. Außerdem hat die subjektive Gefährlichkeitseinschätzung bezüglich Alkohol einen signifikanten Einfluss auf die Absicht, in Zukunft Alkohol zu konsumieren oder eben nicht.

Diese Befunde sollten jedoch nicht darüber hinwegtäuschen, dass es auch bei den Jugendlichen türkischer Herkunft eine Gruppe von Jugendlichen gibt, die alkoholgefährdet ist. Immerhin 9,2 % dieser Gruppe gaben an, regelmäßig weiche Alkoholika zu konsumieren. Bezogen auf die letzten drei Monate waren es sogar 13,2 % der betreffenden Jugendlichen, die mehrmals wöchentlich weiche Alkoholika tranken. Auch bei der Intensität des Alkoholkonsums liegen die Jugendlichen mit türkischem Hintergrund zwar unter dem Konsum der deutschen Jugendlichen, dennoch trinken 20 % von ihnen jedes Mal vier oder mehr Gläser mit weichen Alkoholika, und 6,9 % dieser Jugendlichen konsumieren jedes Mal vier oder mehr Gläser mit harten Alkoholika. Besonders alkoholgefährdet scheinen dabei Jugendliche mit weniger günstigen sozialen Lebensbedingungen zu sein.

31.3 Prävention und Therapie

Fast alle Arbeiten zum Drogenkonsum von Jugendlichen schließen jeweils mit Hinweisen auf notwendige Präventionsprogramme, die den Kenntnisstand über Risiken des Alkohol- und Drogenkonsums ebenso fördern sollten wie die subjektive Risikowahrnehmung und die Erweiterung des familiären und individuellen Repertoires an Coping-Strategien. Zwar sind Jugendliche mit türkischem Migrationshintergrund eher weniger und Jugendliche aus Aussiedlerfamilien nicht stärker belastet als deutsche Jugendliche, dennoch darf nicht unberücksichtigt bleiben, dass es Risikopopulationen gibt. Weitere Untersuchungen müssen klären, ob sich bei Veränderungen in den Orientierungen von Jugendlichen mit Migrationshintergrund auch deren Alkohol- und Drogengebrauch verstärkt und welche sonstigen Rahmenbedingungen die Entwicklung ihres Suchtverhaltens beeinflussen.

Präventives Handeln kann und muss schon jetzt einsetzen. Dabei wirkt sich negativ aus, dass die Jugendlichen mit Migrationshintergrund durch die in Deutschland üblichen Formen der Prävention wahrscheinlich noch weniger als deutsche Jugendliche erreicht werden.

Für die Prävention von Suchtstörungen bei Kindern und Jugendlichen empfehlen Dadds und McAloon (2002) eine kontext- und entwicklungsorientierte Strategie, die Risikofaktoren mindert und die Resilienz erhöht. Nicht nur externalisiertes Problemverhalten, sondern auch Ängste und Depressionen sind dabei als Risikofaktoren zu berücksichtigen. Eingebunden werden in Präventionsprogramme sollten neben Eltern und Schule auch die niedergelassenen Ärzte. Immerhin kam nach einer Befragung von niedergelassenen Ärzten die Hälfte der suchtbelasteten Patienten im Alter von 11 bis 26 Jahren allein in die Praxis (Graß u. Farke 2003). Migranten mit Suchtproblemen und ihre Angehörigen können leichter durch gezielte Aufklärungsveranstaltungen und qualifizierte „keypersons" gleichen ethnokulturellen Hintergrundes erreicht werden (Tuna 1999; Salman u. Collatz 1999). Auch für die Prävention halten Harrier et al. (2001) ein Screening-Konzept, das sich auf Selbstbeurteilungsinstrumente stützt, für sinnvoll. Wie wichtig präventive Förderung sozialer Kompetenzen ist, bestätigt eine Untersuchung von Moon et al. (1999) an Schülern 7. Klassen in den USA, die nur über wenige und eher schlechte Techniken der Ablehnung verfügten, wenn ihnen Drogen angeboten wurden.

Jugendliche mit Migrationshintergrund sind in der psychosozialen Versorgung allgemein unterrepräsentiert, noch deutlicher gilt dies in der Suchtprävention und in der Suchtbehandlung (s. Schmid 1998; Czycholl 1998). Die Gründe für die fehlende Inanspruchnahme sind ansatzweise benennbar (Gaitanides 1998): Sie reichen von der Angst vor juristischen Konsequenzen, der Vorstellung fehlender Anspruchsberechtigung bis hin zur Ablehnung von bzw. Schwierigkeiten gegenüber einer verbalorientierten Therapie und selbstreflexiven Verfahren sowie ethnozentrischen Beratungs- und Theoriesettings aufseiten der Betroffenen. Die Zugangsbarrieren von Jugendlichen mit Migrationshintergrund und ihren Familien zu den Regelangeboten allgemein (s. Gaitanides 1994; 1996) und zu den Drogendiensten im Speziellen (Gaitanides 1998) sind längst beschrieben worden. Was jedoch fehlt, ist die Präzisierung eines Angebots für interkulturelle Suchtprävention. Interkulturelle Suchtprävention richtet sich – wie Suchtprävention allgemein – an die Jugendlichen selbst, an die Eltern und an Multiplikatorinnen und Multiplikatoren.

Die Auswirkungen kultureller Einflüsse auf Gesundheitsüberzeugungen bei Migrantenfamilien und -kindern müssen jedoch differenziert betrachtet werden. So zeigte eine Befragung türkischer und deutscher Jugendlicher zum Suchtverhalten (Penka et al. 2003), dass die Vorstellungen der türkischen Jugendlichen stärker dem medizinischen Krankheitsmodell entsprachen als die ihrer einheimischen Altersgenossen.

In der interkulturellen Prävention wird insbesondere die Rolle der Eltern als Zielgruppe betont (vgl. Pavkovic 1994; Aksoy 1999). Gerade bei Eltern mit Migrationshintergrund dürften allerdings Ängste vor Reaktionen des sozialen Umfelds (Weisz u. McMiller 1997), Stigmatisierung (Barker u. Adelman 1994) oder „Gesichtsverlust" (Cauce 2002) eine große Rolle spielen. Außerdem könnten sich Krankheitskonzepte und Therapieerwartungen der Eltern durchaus von denen der Kinder in Migrantenfamilien unterscheiden. Einerseits müssen Eltern in Diagnostik und Therapie insbesondere bei suchtkranken Migranten einbezogen werden (Toprak u. Lorenzen 2000; Haasen et al. 2001). Andererseits fehlen den Eltern vermutlich Informationen über das tatsächliche Verhalten ihrer Kinder, weshalb sie niedrigere Angaben zu deren Drogen- und Alkoholkonsum machen. Die Eltern sollen sowohl ihr (möglicherweise fehlerhaftes und suchtbegünstigendes) Erziehungsverhalten reflektieren und auch selbst mehr Informationen über Sucht und Suchthilfe erhalten, um Anzeichen von Suchtgefährdung bei ihren Kindern schneller erkennen und entsprechend handeln zu können.

31.4 Fazit

Kinder mit Migrationshintergrund machen in Köln schon bis zu 40% und in Duisburg bis zu 50% in den jüngeren Altersgruppen aus (vgl. auch Boos-Nünning u. Siefen 2005). Gleichzeitig könnten kulturelle Normen aus den Herkunftsländern der Familie in der dritten und vierten Einwanderungsgeneration ihre protektiven Wirkungen verlieren. Es ist somit zu befürchten, dass sich das Suchtrisiko von Kindern mit Migrationshintergrund zunehmend dem hohen Gefährdungsniveau der Einheimischen annähert. Dazu könnten auch die erhöhte Arbeitslosigkeit und andere, insbesondere Migrantenfamilien betreffende sozioökonomische Segregationsprozesse beitragen.

Die Entwicklung ethnokulturell spezifischer Präventions-, Beratungs- und Therapieangebote für suchtgefährdete Migrantenkinder ist eine wichtige sozialpolitische Herausforderung. Deren Bewältigung setzt aber weitere wissenschaftliche Untersuchungen zu spezifischen Einflussfaktoren auf das Suchtverhalten in Migrantenfamilien und eine Verbesserung diagnostischer Möglichkeiten voraus. Dazu gehören die flächendeckende Integration bikulturell kompetenter Therapeutinnen und Therapeuten in Suchtberatungsstellen und anderen Institutionen der Suchthilfe und die ethnie- und sprachbezogene Re-Standardisierung psychologischer Testverfahren. Hinzu kommen muss die Aufklärung von Kindern mit Migrationshintergrund über die Gefährlichkeit der verschiedenen Suchtmittel in der Schule. Ohnehin wäre eine bessere schulische Integration von Kindern aus Migrantenfamilien ein entscheidender Beitrag zur Prävention von psychischen Fehlentwicklungen insgesamt und Suchtstörungen im Besonderen.

Literatur

Aksoy MN (1999). Suchtprävention mit Migrantenfamilien in der Stadtteilarbeit. In: Salman R, Tuna S, Lessing A (Hrsg). Handbuch der Interkulturellen Suchthilfe. Modelle, Konzepte und Ansätze der Prävention, Beratung und Therapie. Gießen: Psychosozial-Verlag; 194–204.

Allen L, Mitchell C (1998). Racial and ethnic differences in patterns of problematic and adaptive development: an epidemiological review. In: McLoyd VC, Steinberg L (eds). Studying Minority Adolescents. Conceptual, Methodological and Theoretical Issues. Mawah, NJ, London: Lawrence Erlbaum; 29–54.

Bätz B (1999). Alkoholabhängigkeit und Abhängigkeit von illegalen Drogen bei AussiedlerInnen. In: Kreis Coesfeld – Untere Gesundheitsbehörde/AWO Unterbezirk West-Münsterland/Caritasverband für den Kreis Coesfeld e. V. (Hrsg). Besondere Aspekte der Suchtrisiken und Suchterkrankungen bei Aussiedlern und Aussiedlerinnen. Weiterentwicklung von Hilfen im Kreis Coesfeld. Dokumentation und Arbeitshilfen zur religiösen Fachtagung vom 13. Mai 1998 in Dülmen, Coesfeld.

Barker LA, Adelman HS (1994). Mental health and help-seeking among ethnic minority adolescents. J Adolesc; 17: 251–63.

Boos-Nünning U (1998). Die Sozialisation von Jugendlichen ausländischer Herkunft – Bedingungen für die Förderung oder Verhinderung von Drogenabhängigkeit. In: Deutsche Hauptstelle gegen die Suchtgefahren (Hrsg). Sucht in der multikulturellen Gesellschaft. Freiburg: Lambertus; 11–32.

Boos-Nünning U, Otyakmaz BÖ (2002). Bestandsaufnahme und Evaluation bestehender interkultureller präventiver Angebote. In: Boos-Nünning U, Siefen RG, Kirkcaldy B, Otyakmaz BÖ, Surall D (Hrsg). Migration und Sucht. Expertise im Auftrag des Bundesministeriums für Gesundheit. Baden-Baden: Nomos; 226–316.

Boos-Nünning U, Siefen RG (2005). Jugendliche mit Migrationshintergrund und Sucht. In: Assion HJ (Hrsg). Migration und seelische Gesundheit. Berlin, Heidelberg, New York: Springer; 195–213.

Cauce AM (2002). Examining culture within a quantitative empirical research framework. Hum Developm; 45: 295–8.

Czycholl D (1997). Krank in der Fremde oder krank durch die Fremde? Mehr als 9 Millionen Migranten leben bei uns in Deutschland. Wie viele von ihnen sind abhängigkeitskrank und müssten behandelt werden? Sucht Report; 6: 29–36.

Czycholl D (1998). Sucht und Migration. Spezifische Probleme in der psychosozialen Versorgung suchtkranker und -gefährdeter Migranten. Berlin: VWB-Verlag.

Czycholl D (1999). Migration, Suchtkrisen und Versorgungsdefizite am Beispiel von Aussiedlern und Deutschland. In: Salman R, Tuna S, Lessing A (Hrsg). Handbuch der Interkulturellen Suchthilfe.

Modelle, Konzepte und Ansätze der Prävention, Beratung und Therapie. Gießen: Psychosozial-Verlag; 222–7.

Czycholl D (2002). Spezifische Anforderungen an therapeutische Angebote für suchtkranke Migranten. In: Barth W, Schubert C (Hrsg). Migration – Sucht – Hilfe. Junge Migranten und Migrantinnen aus der GUS in den Systemen Suchthilfe und Migrationsberatung. Nürnberg: Emwe; 103–7.

Dadds MR, McAloon J (2002). Prevention. In: Essau CA (Hrsg). Substance Abuse and Dependence in Adolescence. Epidemiology, Risk Factors and Treatment. East-Sussex: Brunner-Routledge; 143–82.

Dill H, Frick U, Höfer R, Klöver B, Straus F (2002). Risikoverhalten junger Migrantinnen und Migranten. Expertise für das Bundesministerium für Gesundheit. Baden-Baden: Nomos.

Egle UT, Hoffmann SO, Steffens M (1997). Psychosoziale Risiko- und Schutzfaktoren in Kindheit und Jugend als Prädisposition für psychische Störungen im Erwachsenenalter. Gegenwärtiger Stand der Forschung. Nervenarzt; 68: 683–95.

Gaitanides S (1994). Interkulturelle Öffnung der Sozialen Dienste. Deutsch lernen; 1: 66–79.

Gaitanides S (1996). Stolpersteine auf dem Weg zur interkulturellen Öffnung der Sozialen Dienste. Migration und Soziale Arbeit; 3 + 4: 42–6.

Gaitanides S (1998). Zugangsbarrieren von Migranten zu den Drogendiensten. In: Deutsche Hauptstelle gegen die Suchtgefahren (Hrsg). Sucht in der multikulturellen Gesellschaft. Freiburg: Lambertus; 62–76.

Gonzales NA, Kim LS (1997). Stress and coping in an ethnic minority context. Children's cultural ecologies. In: Wolchik SA, Sandler IN (eds). Handbook of Children's Coping. Linking Theory and Intervention. New York, London: Plenum Press; 481–514.

Graß H, Farke W (2003). Drogenkonsumierende Jugendliche in der ärztlichen Praxis – Eine Befragung und Schlussfolgerungen für den ärztlichen Alltag. In: Farke W, Graß H, Hurrelmann K (Hrsg). Drogen bei Kindern und Jugendlichen. Legale und illegale Substanzen in der ärztlichen Praxis. Stuttgart, New York: Thieme; 19–27.

Haasen C, Toprak MA, Yagdiran O, Kleinemeyer E (2001). Psychosoziale Aspekte der Sucht bei Migranten. Suchttherapie; 2: 161–6.

Hapke U (2002). Alkoholabhängigkeit und Alkoholmissbrauch. In: Schwarzer R, Jerusalem M, Weber H (Hrsg). Gesundheitspsychologie von A bis Z. Ein Handwörterbuch. Göttingen, Bern: Hogrefe; 9–12.

Harrier LK, Lambert PL, Ramos V (2001). Indicators of adolescent drug users in a clinical population. J Child Adolesc Subst Abuse; 10: 71–87.

Heuer KH, Ortland G (1995). Aussiedler – Ein ganz neues Phänomen. Integrationsversuche mit Phänomenen eines Teufelskreises. Kriminologie; 11: 711–4.

Kaminer Y (1999). Addictive disorders in adolescents. Psychiatr Clin North Am; 22: 275–88.

Katzman MA, Greenberg A, Marcus I (1991). Bulimia in opiate-addicted women: developmental cousin and relapse factor. J Subst Abuse Treatm; 8: 107–12.

Kirkcaldy B, Siefen RG (2002). Darstellung englischsprachiger wissenschaftlicher Literatur zu Migration und Sucht. In: Boos-Nünning U, Siefen RG, Kirkcaldy B, Otyakmaz BÖ, Surall D (Hrsg). Migration und Sucht. Expertise im Auftrag des Bundesministeriums für Gesundheit. Baden-Baden: Nomos; 85–150.

Laucht M, Esser G, Schmidt MH (1998). Risiko- und Schutzfaktoren der frühkindlichen Entwicklung: Empirische Befunde. Z Kind Jugendpsychiatr Psychother; 26: 6–20.

Moon DG, Hecht ML, Jackson KM, Spellers RE (1999). Ethnic and gender differences and similarities in adolescent drug use and refusals of drug offers. Subst Use Misuse; 34: 1059–83.

Pavkovic G (1994). Expertise. Suchtprävention in der interkulturellen Jugendarbeit. In: Greulich P (Hrsg). Neue Ansätze in der Suchtprävention in Nürnberg. Expertisenband zum Jugend-Modellprojekt Prävention JUMP. Frankfurt: JSS-Eigenverlag; 145–92.

Penka S, Krieg S, Hunne RC, Heinz A (2003). Unterschiedliche Erklärungsmodelle für abhängiges Verhalten bei türkischen und deutschen Jugendlichen. Nervenarzt; 74: 581–6.

Remschmidt H, Walter R (1990). Psychische Auffälligkeiten bei Schulkindern. Eine epidemiologische Untersuchung. Z Kind Jugendpsychiatr Psychother; 18: 121–32.

Salman R, Collatz J (1999). Interkulturelle Suchtprävention und Beratung – Qualifizierung von „Keypersons" und Aufklärungsveranstaltungen. In: Salman R, Tuna S, Lessing A (Hrsg). Handbuch der Interkulturellen Suchthilfe. Modelle, Konzepte und Ansätze der Prävention, Beratung und Therapie. Gießen: Psychosozial-Verlag; 128–45.

Salman R, Tuna S, Lessing A (Hrsg) (1999). Handbuch der Interkulturellen Suchthilfe. Modelle, Konzepte und Ansätze der Prävention, Beratung und Therapie. Gießen: Psychosozial-Verlag.

Saß H, Wittchen HU, Zaudig M, Houben I (2003). Diagnostisches und Statistisches Manual Psychischer Störungen – Textrevision, DSM-IV-TR. Göttingen, Bern: Hogrefe.

Schmid M (1998). Ausländische Drogenkonsumenten und Zugänge zum Hilfesystem. In: Deutsche Hauptstelle gegen die Suchtgefahren (Hrsg). Sucht in unserer multikulturellen Gesellschaft. Freiburg: Lambertus; 77–91.

Schulz E, Remschmidt H (1999). Suchtprobleme im Kindes- und Jugendalter. In: Gastpar M, Mann K, Rommelspacher H (Hrsg). Lehrbuch der Suchterkrankungen. Stuttgart, New York: Thieme; 162–9.

Silbereisen RK, Weichold K (2002). Alkoholkonsum bei Kindern und Jugendlichen. In: Schwarzer R, Jerusalem M, Weber H (Hrsg). Gesundheitspsychologie von A bis Z. Ein Handwörterbuch. Göttingen, Bern: Hogrefe; 12–5.

Strobl R, Kühnel W (2000). Dazugehörig und ausgegrenzt. Analysen zu Integrationschancen junger Aussiedler. Weinheim: Juventa.

Surall D, Siefen RG (2002). Prävalenz und Risikofaktoren des Drogenkonsums von türkischen und Aussiedlerjugendlichen im Vergleich zu deutschen Jugendlichen. Eine Dunkelfelderhebung bei Schulen der Stadt Marl. In: Boos-Nünning U, Siefen RG, Kirkcaldy B, Otyakmaz BÖ, Surall D (Hrsg). Migration und Sucht. Expertise im Auftrag des Bundesministeriums für Gesundheit. Baden-Baden: Nomos; 152–225.

Toprak A, Lorenzen S (2000). Sucht. In: Haasen C, Yagdiran O (Hrsg). Beurteilung psychischer Störungen in einer multikulturellen Gesellschaft. Freiburg: Lambertus; 145–63.

Tuna S (1999). Konzepte, Methoden und Strategien migrationsspezifischer Suchtpräventionsarbeit. In: Salman R, Tuna S, Lessing A (Hrsg). Handbuch der Interkulturellen Suchthilfe. Modelle, Konzepte und Ansätze der Prävention, Beratung und Therapie. Gießen: Psychosozial-Verlag; 104–27.

Weisz JR, McMiller WP (1997). Reply: minority help-seeking (Letter to the Editor). J Am Acad Child Adolesc Psychiatry; 36: 444–5.

32 Drogenabhängigkeit

Ruthard Stachowske

Mit den folgenden Ausführungen soll eine Paradigmenerweiterung in der Drogenhilfe um eine im weitesten Sinne mehrgenerationale und damit systemische Perspektive begründet werden. Diese Erweiterung von individualzentriertem Denken und Handeln scheint angesichts der Erkenntnisse, die mit systemischen und mehrgenerationalen Methoden gewonnen werden, als unbedingt erforderlich. Jede Lebensentwicklung entsteht, wenn wir sie in ihrer Kausalität begreifen, aus einem zwangsläufigen Zusammenhang zwischen den Generationen, sie ist immer Teil einer familiengeschichtlichen Entwicklung und vollzieht sich wiederum im Kontext der gesellschaftlichen Geschichte.

Diese therapeutische Perspektive fordert dazu auf, die familiären mehrgenerationalen Entwicklungsprozesse in demjenigen kulturhistorischen und geschichtlichen Zusammenhang zu betrachten, in dem sie sich vollzogen haben. *„Die Ausschöpfung der Quellen der Zeitgenossenschaft ist eine der Hauptbegründungen der Mehrgenerationen-Settings in der Familientherapie."* (Massing et al. 1992, S. 28) Diese Perspektive hat bei der Aufklärung von Drogenabhängigkeit eine besondere Bedeutung, da die heute bekannten Drogensubstanzen seit ca. 1860 Bestandteil der europäischen Kultur sind (vgl. Stachowske 2002).

32.1 Mehrgenerationale Perspektive und ihre Begründung

32.1.1 Einführung

Die Erklärung von Rückkopplungsprozessen zwischen den Generationen steht in einer Tradition, die aktuell nur wenig Beachtung findet. So sind in der u. a. von Ibn Haldn beschriebenen arabischen Medizin (vgl. Lauer 1994), in der von Hoffmann beschriebenen „Hausväterliteratur" und den „Predigten für den christlichen Hausstand" (vgl. Hoffmann 1954), in Mannheims Arbeit „Das Problem der Generationen" (1928), in der psychoanalytischen Arbeit von Jones (1913) und Freuds „Das Unbehagen in der Kultur" (1930) sowie in den Arbeiten von Bühler (s. Bühler 1962) transgenerationale Zusammenhänge aufgeführt. Diese Arbeiten können als frühe wissenschaftliche Belege über ein Wissen und die Zusammenhänge im System der Generationen angenommen werden – sie belegen, dass die Begründung der mehrgenerationalen Perspektive sich bereits auf eine wissenschaftliche Tradition berufen kann.

32.1.2 Theorien zur Mehrgenerationen-Psychologie

Eine eigenständige Mehrgenerationen-Familientherapie ist von Massing, Reich und Sperling in den 1960er Jahren entwickelt worden. Sie erklären, dass das Störungsbild des Indexpatienten (IP) Ausdruck eines mehrgenerational gewachsenen Prozesses ist, in dem dieser *„Einzelpatient, der therapeutische Hilfe sucht, einen historischen Prozess einer spezifischen Subkultur nicht mehr allein bewältigen kann"* (Massing et al. 1992, S. 47).

Aktuelle Konflikte haben immer auch eine familiengeschichtliche Bedeutung und Analogie. Die Reproduktion unbewusster familiär und mehrgenerational relevanter Konflikte öffnet einzelnen Generationen immer wieder die Möglichkeit, projektiv mehrgenerational verschobene Konflikte in ihrer aktuellen Ausprägung zu lösen. Das u. a. auch bei Boszormenyi-Nagy und

Spark (1973) beschriebene tiefe unbewusste Bedürfnis der Kinder, ihren Eltern Gutes zu tun und sich um ihre innere Befindlichkeit zu sorgen, erklärt die Ankopplung des Kindes an die unbewussten Konfliktlagen zwischen den Generationen (vgl. Bell 2002). So übernehmen die Kinder eine Rolle im Drama zwischen den Generationen, ohne dass sie sich dieser Rolle bewusst sind. Ein direkter Zusammenhang zwischen der Störung des Einzelnen, seiner Stellung in der Generationenfolge und unbewussten Konflikten zwischen der Eltern- und Großelterngeneration ist anzunehmen.

Eine theoretische Parallelität zu diesen Ausführungen ist auch in den Arbeiten Stierlins zu erkennen (vgl. Stierlin 1982). Stierlin ergänzt die mehrgenerationalen Theorien um die wesentliche Begrifflichkeit der Delegation. Delegation meint einen familiären Prozess, in dessen Verlauf Einzelne Botschaften im Sinne einer Delegation durch Eltern internalisieren und versuchen, diese durch ihr Leben zu befrieden. Durch gescheiterte Delegationen und die Parentifizierung sind Einzelne in der Entwicklung und Gestaltung ihres Lebensplans überlastet. Die Entwicklung von Störungen ist die Folge und der Ausdruck dieser unbewussten mehrgenerationalen Prozesse. Stierlin weist darauf hin, dass sich das Delegationskonzept transgenerational auswirken kann.

Eine der wiederum bedeutenden mehrgenerationalen Theorien ist von Boszormenyi-Nagy und Spark (1973) in den USA entwickelt worden. Ihrem familientherapeutischen Konzept liegt die Annahme zugrunde, dass in transgenerationalen familiären Beziehungen Gerechtigkeitskonten existieren. Sie sind Ausdruck der inneren Qualität des zwischenmenschlichen und intrafamiliären Beziehungssystems – ihre Werte und Bilanzen haben einen Rückkopplungseffekt auf jedes Mitglied dieses Systems. Jedes Individuum wird in eine geschichtlich überlieferte und in eine aktuelle familiäre Aura hineingeboren und partizipiert so an dem Zustand der familiären Gerechtigkeitskonten, dem mehrgenerationalen „Hauptbuch der Gerechtigkeit" (Boszormenyi-Nagy u. Spark 1973).

Die familiären, mehrgenerationalen Gerechtigkeitskonten sind die Bilanz der mehrgenerationalen Entwicklungsprozesse von Familiensystemen. Sie weisen im Sinne einer genauen, gerechten Buchführung auf die bewussten und unbewussten, offenen und versteckten Konten im System der Generationen hin. So wie eine Baumscheibe durch die sichtbaren Jahresringe Experten die Lebensgeschichte eines Baums und die Besonderheiten seines Entwicklungsprozesses offenbart, sind die mehrgenerationalen Gerechtigkeitskonten als Lebens- und Familiengeschichte zu lesen und zu verstehen.

Die Autoren verweisen ausdrücklich darauf, dass auch die Gesellschaft als Ganzes ein kulturelles Gerechtigkeitskonto führt: *„Die Gesellschaft als Ganzes kann in jeder neu heranwachsenden Generation mit einer von dieser nicht selbst verursachten Schuld vorbelastet sein."* (ebd.)

32.1.3 Faktor „Zeitgeschichte" im System der Generationen

Die Auseinandersetzung mit mehrgenerationalen Theorien verlangt, den Faktor „Zeitgeschichte" als wesentlichen Wirkfaktor im System der Generationen zu beachten. Diese Forderung hat in der Aufklärung von Drogenabhängigkeit einen besonderen Stellenwert, da dieser Faktor bisher in einer besonderen Weise vernachlässigt wurde.

Der Beginn der Drogenepidemie heutiger Dimension wird in der aktuellen wissenschaftlichen Literatur zeitlich in den 60er Jahren des 20. Jahrhunderts verortet. Tatsächlich ist sie jedoch nur der aktuelle sichtbare/wahrnehmbare Teil einer Drogenepidemie, die sich in unterschiedlichen Ausprägungen im mitteleuropäischen Kulturkreis bereits seit 1806 bzw. 1826 entwickelt. 1806 hat F. W. Serturner aus dem Opium das Alkaloid Morphium isoliert und damit den Weg der synthetischen Produktion von Drogensubstanzen erstmalig aufgezeigt. 1826 hat Friedrich Emanuel Merck die Entdeckung von Serturner genutzt und begonnen, industriell Morphium und später andere Substanzen herzustellen (vgl. Stachowske 2002).

Durch medizinisch-wissenschaftliche Veröffentlichungen ist belegt, dass sich bereits im 19. Jahrhundert eine kollektiv bedeutsame Drogenepidemie entwickelt hat, die auch als solche beschrieben ist (vgl. etwa Erlenmeyer 1887). In der Geschichte der Drogenepidemie spielten diejenigen Drogen eine Rolle, die auch in der aktuellen Drogenepidemie eine Größe sind. Dies sind u. a. die Opiate, so das Morphium ab 1826, das Kodein ab 1832, das Heroin ab 1898 und das Polamidon ab 1942, das Kokain ab 1860 und das LSD ab 1943. Die Existenz identischer Drogensubstanzen früher und heute lässt es berechtigt erscheinen, davon zu sprechen, dass die aktuelle Drogenepidemie eine Geschichte hat, die ab ca. 1826 nachweisbar ist. Die aktuelle Drogenepidemie ist somit keine neue Epidemie, die in den 60er Jahren des 20. Jahrhunderts entstanden ist, sie ist vielmehr nur die aktualisierte Form einer Drogenepidemie, die im frühen 19. Jahrhundert ihren Ursprung hat.

Die Geschichte der Drogenepidemie ist mit der Aktualität verwoben. Die aktuelle Drogenepidemie ist nur eine erneuerte Version der verdrängten Drogen-Geschichte dieser Kultur. Jeder Drogenabhängige von heute ist zwangsläufig mit den Fakten aus der Geschichte der Drogenepidemie verbunden – ebenso wie jeder professionell Handelnde! Es geht nach meinem Verständnis bei der Aufklärung von Drogenabhängigkeit nicht nur um familientherapeutisch relevante Zusammenhänge, sondern um das Erkennen eines komplexen Gesamtzusammenhangs, der die Manifestierung von Drogenabhängigkeit in unserer Kultur begünstigt und somit die Entwicklung im Mikrosystem Familie möglich gemacht hat.

Daraus folgt, dass die Begriffe „Gesellschaft" und „Kultur" mit der Entstehung von Sucht und Drogenabhängigkeit seit Generationen verbunden sind. Verbindet man die Geschichte der Drogenepidemie mit der Aktualität und beachtet die wirtschaftlichen und kulturellen Entstehungsbedingungen, so erscheint die Entwicklung eines drogenabhängigen Lebens nicht mehr primär als eine aus dem sozialen Kontext des Einzelnen gewachsene Störung, sondern als eine Entwicklung, die aus einer Interaktion zwischen geschichtlichen, aktuellen, kulturellen und familiären Zusammenhängen entstanden ist (vgl. Stachowske 2002).

32.2 Mehrgenerationale Entwicklung

32.2.1 Allgemeines

Die genaue Kenntnis dieser Zusammenhänge und einzelner Wirkfaktoren in den komplexen Prozessen der Entwicklung drogenabhängiger Lebensentwürfe ist unabdingbar. Bei diesen ist anzunehmen, dass besondere Ereignisse aus früheren Zeiten unter mehrgenerationaler Perspektive relevant erkennbar werden und dass geschichtliche Einflüsse auf familiäre Systeme bisher nicht ausreichend erkannt worden sind.

In den Jahren 1996 bis 2000 habe ich insgesamt 40 mehrgenerationale Familientherapien durchgeführt. Von diesen 40 Familiensystemen sind 12 detailliert analysiert und abstrahiert worden, wobei die Entwicklung der jeweiligen Familiengeschichten durch die Methode des Genogramms dargestellt wurde (vgl. Stachowske 2002). Über die Ergebnisse dieser Analyse wird im Folgenden berichtet.

Die Darstellung der Lebens- und Familiengeschichten der Indexpatienten (IF) durch die Methode des Genogramms, die Analyse dieser Familiengeschichten und die mehrgenerationalen familientherapeutischen Prozesse haben erkennen lassen, dass individuelle Lebensentwicklungen, in deren Verlauf sich Drogenabhängigkeiten entwickelt haben, nur scheinbar individuelle Prozesse waren. Die differenzierte Analyse der Genogramme und der Entwicklungsprozesse der Lebensverläufe Drogenabhängiger machten deutlich, dass eine gelebte Drogenabhängigkeit die Konsequenz aus einem komplexen Rückkopplungsprozess zwischen individuellen und im weitesten Sinne kontextuellen Faktoren aus Familiengeschichte und der Geschichte darstellt. Dabei erschienen individuelle und generationale Entwicklungsbedingungen nur als eine Entwicklungslinie – die Dominanz kultureller und geschichtlicher Einflussgrößen des Systems der Generationen der IP war unübersehbar.

32.2.2 Traumata und Familiengeschichte

Die Analyse der Genogramme und der individuellen Entwicklungsprozesse der IP ließ in allen Therapien signifikante traumatische Effekte in den Prozessen der Lebensentwicklung erkennen (vgl. Fischer u. Riedesser 1998). Diesen Situationen wurden von den IP in der retrospektiven Betrachtung ihrer Lebensentwicklung eine signifikante Bedeutung für die Entwicklung ihrer besonderen, weil drogenabhängigen, Lebensentwicklung zugesprochen. Dabei dominierten in den Biografien der IP mehrfach traumatische Belastungen, ausschließlich einzelne traumatische Effekte in den Lebensentwicklungen waren nicht zu erkennen. Die manifesten Drogenabhängigkeiten können als Folge dieser mehrfach hochbelasteten Entwicklungsprozesse gelten, die IP stellten eine Verbindung zwischen den Situationen mit traumatischen Effekten und der Manifestation der Drogenabhängigkeit her. Diese erlebten traumatischen Situationen waren zum Beispiel:
- pränatal erlebte emotionale Ablehnung der IP, von der nachgeburtlich erzählt wurde
- die pränatale Partizipation an Drogensubstanzen, die wiederum ihre Mütter konsumierten (Alkohol-, Drogen- oder Medikamentenembryopathie)
- die erlebte Ablehnung aufgrund der Geschlechtszugehörigkeit und/oder der grundsätzlichen ambivalenten Annahme der IP
- Vergewaltigungen
- Parentifizierungen
- Gewalterfahrungen und erlebte eigene Gewalt
- erlebte Ausländerfeindlichkeit und Antisemitismus
- schwere, zum Teil chronifizierte somatische und psychosomatische Reaktionen
- Migrationen
- frühe Trennung von Eltern
- sexueller Missbrauch
- Inzesterfahrungen

Es gilt jedoch, die mehrgenerationale Analogie dieser traumatischen Erlebnisse zu verstehen. Die erlebten Traumatisierungen „in einem Lebensentwurf" sind auch als Wiederholungen von Traumatisierungen im System der Generationen erkennbar geworden (vgl. Massing et al. 1992; Stachowske 2002). Und: „*In jedem Fall ist es möglich, ein über drei Generationen reichendes Szenarium in den Blick zu nehmen, das der aktuellen Symptomatik einen gewissen Sinn verleiht.*" (Cirillo et al. 1998, S. 117)

32.2.3 Analogie zur Familiengeschichte

Bei genauer Analyse der Entwicklung der eigentlichen drogenabhängigen Lebenssequenz der IP wurde erkennbar, dass der wahre Beginn des missbräuchlichen und abhängigen Konsums von Drogensubstanzen in einer Art von verklärtem Bedingungsgefüge begonnen hat, und zwar aus folgenden alternativen Gründen:
- Die IP waren in einem massiv suchtkranken Elternhaus sozialisiert worden und haben somit suchtkrankes Handeln als Teil ihrer Alltagsrealität erlebt.
- Die IP waren unfrei und wurden ohne eine autonome und/oder bewusste Entscheidung durch Situationen in ihrem Leben in die Abhängigkeit hineingeführt; etwa, wenn sie bereits im frühen Lebensalter – zum Teil mehrere Jahre lang – mit Medikamenten behandelt wurden, die eine hohe Suchtpotenz hatten, zum Beispiel mit kodeinhaltigen Medikamenten.

Es wurde deutlich, dass die Manifestation einer Drogenabhängigkeit eine dynamisch komplexe Vorgeschichte hatte. Der Entwicklung der Drogenabhängigkeit waren lange Entstehungsprozesse vorgeschaltet. Es kann somit nicht mehr nur von einer Lebenssequenz, die durch die Drogenabhängigkeit bestimmt ist, ausgegangen werden. Vielmehr wurde ersichtlich, dass das Leben der IP im Kontext einer Suchterkrankung gelebt wurde, die jeweils nur von kurzen drogenfreien Sequenzen unterbrochen war.

Dies führt in eine andere Dimension von Drogenabhängigkeit ein, die bedeutet, dass Kinder durch die Unbewusstheit und Unreflektiertheit in ihrem familiären System und in ihrer Kultur, zum Beispiel durch medizinische und pharmazeutische Praxis und durch suchtkranke Elternhäuser, in eine Abhängigkeit gebracht werden, ohne dass sie autonom die Entscheidung treffen konnten, durch die die Manifestation der Drogenabhängigkeit zu begründen wäre.

Alle IP sind in deutlich sucht- und/oder drogenkranken Familiensystemen sozialisiert worden, das heißt, die manifeste Drogenabhängigkeit war lediglich Ausdruck einer in der Regel verdrängten familiären Realität. Die IP handelten konform zu den Werten ihres familiären Systems – die manifeste Drogenabhängigkeit ist tatsächlich eine Familienkrankheit. Die eindeutige Häufung von Alkohol-, Medikamenten- und Drogenabhängigkeiten sowie Abhängigkeiten von Substanzen, die schon in der Herkunftsfamilie konsumiert wurden und die die IP später ebenfalls im Alltag ihrer Drogenszene konsumierten, lässt es berechtigt erscheinen, eine manifeste polytoxikomane Drogenabhängigkeit als zwangsläufige Konsequenz und Ausdruck einer familiären und mehrgenerationalen Wirklichkeit anzunehmen.

Dabei ist eine Parallelität zu der Geschichte der Drogenepidemie erkennbar geworden. So haben IP Drogensubstanzen konsumiert, die bereits in ihren Eltern-Generationen konsumiert worden waren, es sind also generationsübergreifende Konsummuster von identischen oder pharmakologisch ähnlichen Substanzen erkennbar geworden. Und: Es sind auf der Ebene der pharmakologischen Substanzen Verbindungen zur Geschichte der Drogenepidemie sichtbar geworden, indem IP zum Teil zusammen mit ihren ebenfalls suchtkranken Großeltern Substanzen konsumiert haben, die in der Geschichte der Drogenepidemie eine Relevanz hatten. Dies waren Substanzen wie Kodein, Dilaudid®, Dicodid®, Ephedrin, Heroin, Morphium (vgl. Stachowske 2002).

32.2.4 Geschichte im System der Generationen

Die Fakten der Zeitgeschichte haben in den Entwicklungsprozessen der Generationen eine so dominante Wirkung, dass sie als wesentliche Einflussgröße in den Mehrgenerationen-Prozessen angenommen werden müssen. Dabei sind Muster in den Familiensystemen erkennbar geworden, die zu ganz neuen Erkenntnissen in der Analyse der mehrgenerationalen Entwicklung von Drogenabhängigkeit führen.

So wurde erkennbar, dass sich Täter- und Opfergenerationen des Zweiten und manchmal auch Ersten Weltkrieges durch Heirat miteinander verbunden haben. So sind Familiensysteme gegründet worden, in denen die „Kinder" von Tätern des Nationalsozialismus wiederum die „Kinder" von Opfern des Nationalsozialismus geheiratet haben. Dies wurde als ein durchgängiges Muster erkennbar und betrifft alle möglichen Ebenen der Partizipation an der Zeit des Nationalsozialismus – sowohl auf der Täter- als auch auf der Opferseite.

Das Bedeutende an dieser Erkenntnis ist, dass dieses Muster auch für Familiengeschichten gilt, deren Entwicklungsgeschichte sich nicht primär in Deutschland vollzogen hat, sondern sich in dem weiteren europäischen Kulturraum entwickelt hat. Auch bei Familiengeschichten aus osteuropäischen und südeuropäischen Kulturkreisen sind diese Muster erkennbar geworden. Die Diktaturen Südeuropas und Osteuropas haben in Familiengeschichten ähnlich gewirkt, wie es hier aus der Zeit des Nationalsozialismus erkenntlich wurde.

Es ist offensichtlich geworden, dass hier Unvereinbarkeiten durch Heirat miteinander „verbunden" wurden, die in einer späteren Weise fast zwangsläufig zu einer Eskalation der Familienentwicklung geführt haben: Die Kinder aus diesen sich neu gegründeten Familiensystemen sind wiederum drogenabhängig geworden.

Über diese offensichtlichen Zusammenhänge hinaus haben wir im Besonderen erkennen müssen, dass „Ursprünge" für Konflikte in der Aktualität eindeutig Ursachen in der Zeit des Nationalsozialismus haben:

- So sind Familiengeschichten und Genogramme „kaschiert" worden, um Erbkrankheiten in der Zeit des Nationalsozialismus zu verstecken.
- Kulturelle Identitäten wie Zugehörigkeiten zu Roma- und Sinti-Kulturen, psychische Erkrankungen, geistige Behinderungen sind in Familiengeschichten versteckt worden.
- Zum Teil hat die Wirkung der Rassengesetze bis in die Aktualität hinein angehalten. Wir haben Familiensysteme kennen gelernt, in denen durch die Umwandlung von Namen jüdische Wurzeln versteckt wurden, das heißt, dass Identifikationen mit der eigenen Geschichte, Religion und eigenen ethischen Normen und Werten verdrängt werden mussten, um zu überleben. Diese Verdrängungsleistungen waren bis in die Aktualität weiter manifest, sie sind in den mehrgenerationalen Familientherapieprozessen deutlich geworden.

32.3 Zusammenfassung

In der Analyse mehrgenerationaler Entwicklungsprozesse von Drogenabhängigkeit ist deutlich geworden, dass
- individuelle Lebensverläufe in allen von uns untersuchten Familien und Lebensverläufen durch Wirkfaktoren des Systems der Generationen beeinflusst worden sind;
- die Manifestation einer Sucht- und/oder Drogenerkrankung in der Aktualität als Ausdruck eines nicht erkannten oder verdrängten Sucht- und/oder Drogenverhaltens in den Generationen davor erklärbar ist – die IP waren nur die Symptomträger eines generationsumfassenden Prozesses;
- Einflüsse aus der Geschichte wesentlich die Entwicklung der Generationen der IP beeinflusst haben – diese Ereignisse werden in ihrer Wirkung auf die Generationen in auffälliger Weise verkannt, in der Regel waren dies im weitesten Sinne politische Wirkfaktoren und/ oder Einflüsse der großen Kriege des 20. Jahrhunderts auf die Generationen.

Aus diesem Erkenntnisgewinn kann ein synergetischer Effekt für die Therapieverfahren im System der Suchtkrankenhilfe erreicht werden.

Die Erklärungswege für die Manifestation von Drogenerkrankungen können und müssen erweitert werden. Das bedeutet auch, dass die dominante, individualzentrierte Perspektive durch im weitesten Sinne kontextuelle Erklärungen ergänzt werden muss. Der Prozess der Manifestation von Drogenabhängigkeit in individuellen Lebensverläufen, die Bedeutung des Systems der Generationen für diese Lebensverläufe, ein zu Ungunsten des Symptomträgers IP verdrängtes Sucht- und/oder Drogenverhalten im System der Generationen und die Folgen geschichtlicher Ereignisse für die mehrgenerationalen Prozesse haben die Familienentwicklung der IP und damit ihre Lebensläufe wesentlich beeinflusst. Diese Zusammenhänge müssen zukünftig in ihrer Komplexität beachtet werden.

Neue Modelle der Prävention sind denkbar. Zukünftig können Familiensysteme, in denen sich eine Drogenabhängigkeit zu entwickeln beginnt, schon frühzeitig an Therapieprozessen teilnehmen. So könnte es gelingen, bereits sehr früh – unter Beteiligung der Generationen der IP – die Manifestation von Drogenabhängigkeit zu verhindern.

Literatur

Bell K (Hrsg) (2002). Migration und Verfolgung. Gießen: Psychosozial-Verlag.
Boszormenyi-Nagy I, Spark GM (1973). Invisible Loyalties. New York: Harper & Row (dt.: Unsichtbare Bindungen. Stuttgart: Klett-Cotta 1990).
Bühler C (1962). Drei Generationen im Jugendtagebuch. Jena: G. Fischer.
Cirillo S, Berrini R, Cambiaso G, Mazza R (1998). Die Familie des Drogensüchtigen. Stuttgart: Klett-Cotta.
Erlenmeyer FA (1887). Die Morphiumsucht und ihre Behandlung. 3. Aufl. Berlin, Leipzig, Neuwied: Heuser's Verlag.
Fischer G, Riedesser P (1998). Lehrbuch der Psychotraumatologie. München, Basel: UTB.
Freud S (1930). Das Unbehagen in der Kultur. GW XIV. Frankfurt a. M.: S. Fischer 1999; 421–506.

Hoffmann J (1954). Die „Hausväterliteratur" und die „Predigten über den christlichen Hausstand". Weinheim, Berlin: Beltz.

Jones E (1987). Die Bedeutung des Großvaters für das Schicksal des Einzelnen (1913). In: Jones E (Hrsg). Die Theorie der Symbolik und andere Ansätze. Frankfurt a. M.: Athenäum; 45–50.

Lauer HW (1994). Der philosophische Arzt in der arabischen Medizin. In: Kemper P (Hrsg). Die Geheimnisse der Gesundheit – Medizin zwischen Heilkunde und Heiltechnik. Frankfurt a. M., Leipzig: Insel; 176–90.

Mannheim K (1928). Das Problem der Generationen. In: Kohli M (Hrsg). Soziologie des Lebenslaufs. Darmstadt, Neuwied: Luchterhand 1978; 38–40.

Massing A, Reich G, Sperling E (1992). Die Mehrgenerationen-Familientherapie. Göttingen: Vandenhoeck & Ruprecht.

Stachowske R (2002). Mehrgenerationentherapie und Genogramme in der Drogenhilfe. Drogenabhängigkeit und Familiengeschichte. Kröning: Asanger.

Stierlin H (1982). Delegation und Familie – Beitrag zum Heidelberger familiendynamischen Konzept. Frankfurt a. M.: Suhrkamp.

VII Substanzbezogene Risiken

33 Alkoholvergiftungen bei Kindern

Alexander Schneider, Stephan L. Haas, Stephan Teyssen und Manfred V. Singer

33.1 Epidemiologie des Alkoholmissbrauchs

Der Konsum von Alkohol durch Erwachsene stellt einen allgegenwärtigen Aspekt des gesellschaftlichen Lebens dar, mit dem Kinder und Jugendliche sowohl in der Familie als auch in der Öffentlichkeit frühzeitig vertraut werden. Obwohl in der Öffentlichkeit der Konsum illegaler Drogen von Jugendlichen und dessen frühzeitige Prävention weitaus mehr Beachtung finden, stellt gerade Alkohol die am häufigsten von Kindern und Jugendlichen konsumierte Droge dar (Castiglia 1992). Das durchschnittliche Alter der ersten Alkoholerfahrung wird derzeit bei Jungen mit 11,9 Jahren und bei Mädchen mit 12,7 Jahren angegeben (Morrison et al. 1995). Eine Alkoholintoxikation bei Kleinkindern tritt zumeist dann auf, wenn diese aus Neugier das Verhalten der Erwachsenen nachahmen und Alkohol versehentlich zu sich nehmen. Alkohol wird jedoch auch bereits von einem beträchtlichen Anteil von älteren Kindern und Jugendlichen regelmäßig eingenommen (ebd.).

In England und Wales werden jedes Jahr rund 1 000 Kinder unter 15 Jahren (Beattie et al. 1986) und in Schweden etwa 200 Kinder dieser Altersgruppe (Thunström 1988) mit einer akuten Alkoholintoxikation in ein Krankenhaus eingewiesen. In Finnland liegt der Anteil an Kindern, die mit dieser Diagnose in einem Krankenhaus behandelt werden, bei 0,14 pro 10 000 Einwohnern in der Altersgruppe bis zum 4. Lebensjahr und bei 1,5 pro 10 000 Einwohnern bei Personen vom 5. bis zum 14. Lebensjahr (Lamminpää 1994). Eine Studie aus dem Jahr 1994 erfasste den Alkoholkonsum in diesen Altersgruppen in Europa und fand in Italien und Griechenland einen erhöhten Anteil von Kindern zwischen dem 11. und 15. Lebensjahr, die bereits wöchentlich Alkohol konsumierten (van Reek u. Adrinase 1994; s. Tab. 33-1). Der National Household Survey on Drug Abuse (NHSDA), der 1996 in den USA durchgeführt wurde, zeigte, dass 18,6 % der 12- bis 17-jährigen Kinder und Jugendlichen im Mo-

Tab. 33-1 Anteil an 11- bis 15-jährigen Kindern bzw. Jugendlichen in einigen europäischen Ländern, die einmal wöchentlich Alkohol konsumieren (in %) (mod. nach van Reek u. Adrinase 1994).

Land	Jungen		Mädchen	
	11.–12. Lebensjahr	13.–15. Lebensjahr	11.–12. Lebensjahr	13.–15. Lebensjahr
Italien	34	39	18	21
Griechenland	22	36	11	26
Spanien	3	22	1	17
Belgien	6	18	3	17
Großbritannien	9	18	4	13
Dänemark	0	16	0	16
Portugal	7	17	3	7
Frankreich	2	13	4	6
Niederlande	0	11	1	7
Irland	0	2	1	1

nat vor der Befragung Alkohol getrunken hatten (Adger 1999).

Der Alkoholkonsum von Kindern und Jugendlichen in Deutschland wurde 1994 von der Bundeszentrale für gesundheitliche Aufklärung im Auftrag der Bundesregierung erfasst. Diese Erhebung zeigte, dass in der Altersgruppe der 12- bis 13-jährigen Kinder Alkohol von 3% der Befragten konsumiert wurde. Alkoholhaltige Mixgetränke wurden von 8% der Kinder getrunken. Ein regelmäßiger wöchentlicher Konsum konnte jedoch nicht festgestellt werden. In der Altersgruppe der 14- bis 17-Jährigen konsumierten 35% der Befragten Alkohol, 5% mindestens einmal pro Woche. Alkoholhaltige Mixgetränke wurden in dieser Altersgruppe von 56% getrunken, 9% der Jugendlichen tranken mindestens einmal wöchentlich (Hüllinghorst 1999). Diese Erhebungen verdeutlichen, dass der Alkoholkonsum bei Kindern und Jugendlichen ein Problem darstellt, das in der täglichen Praxis nicht unterschätzt werden darf.

33.2 Physiologische und pathophysiologische Wirkungen des Alkohols

Die Wirkungen des Alkohols und dessen weitere Verstoffwechselung wurden bei Erwachsenen und Versuchstieren umfangreich untersucht. Die Alkoholintoxikation bei Kindern stellt dagegen eine Situation dar, die aus ethischen Gründen nicht in kontrollierten Studien erfasst werden kann. Wissenschaftliche Daten über alkoholintoxikierte Kinder und Jugendliche beruhen deshalb auf vereinzelten Kasuistiken und wenigen retrospektiven Untersuchungen.

Oral aufgenommener Alkohol wird zum größten Teil im oberen Dünndarm durch passive Diffusion resorbiert. Bei leerem Magen wird nach etwa einer Stunde nach Alkoholaufnahme die maximale Blutalkoholkonzentration erreicht (Wilkinson et al. 1977). Alkohol wird hauptsächlich in der Leber zunächst zu Acetaldehyd oxidiert, der anschließend zu Acetat umgewandelt wird. Acetat wird dann zu CO_2 und H_2O oxidiert (van Haaren et al. 1999). Bei gesunden Erwachsenen beträgt die Eliminationsrate von Alkohol zwischen 0,1 und 0,2 g/kg pro Stunde (Zernig u. Battista 2000). Verschiedene Kasuistiken von Alkoholintoxikationen bei Kindern im Alter von 1,5 bis 3 Jahren weisen auf eine schnellere Alkoholelimination bei Kindern hin. Bei einem 18 Monate alten Jungen wurde eine Abbaurate von 0,29 g/l pro Stunde nachgewiesen (Ragan et al. 1979), bei einem 33 Monate alten Mädchen betrug die Elimination 0,39 g/l pro Stunde (Weller-Fahy et al. 1980), und bei einem 3-jährigen Jungen fand sich eine Eliminationsrate von 0,33 g/l pro Stunde (Gibson et al. 1985). Diese Daten deuten darauf hin, dass die Elimination von Alkohol bei Kindern schneller als bei gesunden Erwachsenen erfolgt (ebd.; Lamminpää 1994). Untersuchungen im Tiermodell haben zudem gezeigt, dass bei jungen Ratten aufgrund des erhöhten Körperwasseranteils geringere Blutalkoholkonzentrationen im Vergleich zu älteren Tieren erreicht werden und dass sich die jüngeren Tiere schneller erholen (Ernst et al. 1976). Die kasuistisch erhobenen Daten sind dennoch überraschend, da bei Kindern vor dem 5. Lebensjahr die hepatische Alkoholdehydrogenase noch unreif ist und somit zu erwarten wäre, dass dies zu einer eingeschränkten Alkoholverstoffwechselung führt (Hollstedt et al. 1977; Lamminpää 1994; Pikkarainen u. Räihä 1967).

In einer Untersuchung von vier 14-jährigen Jugendlichen entsprach die Eliminationsrate des Alkohols der Ausscheidung bei gesunden Erwachsenen (Lamminpää et al. 1993). Es besteht kein Unterschied zwischen der Eliminationsrate von Mädchen und Jungen (Gibson et al. 1985; Lamminpää et al. 1993; Ragan et al. 1979; Weller-Fahy et al. 1980).

Ein alkoholisches Koma wird bei Kindern und Jugendlichen bei niedrigeren Blutalkoholspiegeln als bei Erwachsenen beobachtet. Ein Koma bei erhaltener Reaktion auf Schmerzreize tritt bei Kindern mit einer durchschnittlichen Blutalkoholkonzentration von 1,4 g/l ein, ein Bewusstseinsverlust ohne Reaktion auf Schmerzreize wird bei 1,9 g/l beobachtet (Lamminpää et al. 1993). Todesfälle wurden bei einer Blutalkoholkonzentration von weniger als 3 g/l beschrieben (Hollstedt et al. 1977). In einem Bericht über ein 4-jähriges Mädchen, das eine akute Alkoholintoxikation überlebte, lag die erfasste Blutalkoholkonzentration dagegen bei 7,4 g/l (Dickerman et al. 1968). Dieser und ähnliche Fallberichte belegen, dass die letale Blutalkoholkonzentration bei Kindern ebenfalls starken Schwankungen unterworfen ist und dass auch bei Kindern die Höhe des Alkoholspiegels keine Rückschlüsse auf einen möglichen letalen Krankheitsausgang zulässt (Lamminpää 1994).

Alkoholintoxikierte Kinder und Jugendliche zeigen häufig eine milde acidotische Stoffwechsellage (Lamminpää u. Vilska 1990; Lamminpää et al. 1993). Alkohol beeinflusst über verschiedene Mechanismen den Säure-Basen-Status bei intoxikierten Patienten. Die Verstoffwechselung des Alkohols in der Leber führt zur Anreicherung saurer Metabolite wie Acetat und Laktat und kann damit die Entstehung einer metabolischen Acidose begünstigen. Diese metabolische Acidose stimuliert das Atemzentrum. Der aufgenommene Alkohol führt dagegen zu einer direkten Beeinträchtigung und Depression des Atemzentrums, sodass die Acidose bei alkoholintoxikierten Kindern sowohl eine metabolische als auch eine respiratorische Komponente besitzt (Lamminpää 1994).

Im Rahmen einer Alkoholintoxikation stellt die Entwicklung einer Hypoglykämie eine lebensbedrohliche Komplikation dar, die auf der Hemmung der hepatischen Glukoneogenese beruht (Woitge u. Ziegler 1999). Hypoglykämien wurden häufig bei Kleinkindern beschrieben, da diese aufgrund ihrer geringeren Glykogen-Speicherkapazität von dieser Beeinträchtigung stärker bedroht sind (Beattie et al. 1986; Gillam u. Harper 1973; Heggarty 1970; Norris u. Robinson 1976; Ragan et al. 1979).

33.3 Diagnostik und Therapie

Bei allen Kindern und Jugendlichen, die mit Bewusstlosigkeit, Synkopen, neurologischen Veränderungen, Traumata, Hypoglykämien, Hypothermie oder abnormalem Verhalten einer ärztlichen Versorgung zugeführt werden, muss differenzialdiagnostisch auch an eine Alkoholtoxikation gedacht werden. Ein Foetor alcoholicus kann dabei richtungsweisend für die Diagnose sein. In einer retrospektiven Studie bei 268 mindestens 8 Jahre alten Kindern wurden als häufigste Symptome der Alkoholintoxikation ein somnolenter Bewusstseinszustand bei 61%, ein Erbrechen bei 60%, ein Koma bei 27%, eine Hypothermie bei 23% und ein psychisch auffälliges Verhalten bei 14% beschrieben (Lamminpää u. Vilska 1990). Eine periphere Vasodilatation kann sich mit einer Gesichtsrötung bemerkbar machen. Eine gestörte Thermoregulation mit Unterkühlung beruht auf einer peripheren Vasodilatation und auf der Beeinträchtigung des Zentralnervensystems und muss insbesondere in kalten Jahreszeiten beachtet werden (Lamminpää 1994). Die Tabelle 33-2 fasst die möglichen Komplikationen einer Alkoholintoxikation bei Kindern zusammen.

Eine Alkoholintoxikation bei Kindern und Jugendlichen stellt in der Klinik eine ernst zu nehmende Notfallsituation dar. Die Tabellen 33-3 und 33-4 geben eine Übersicht über die notwendigen diagnostischen und therapeutischen Maßnahmen.

Die Überprüfung der Vitalfunktionen ist die vordringlichste Maßnahme bei der Aufnahme eines alkoholintoxikierten Kindes. Die Kinder sind mit lauter Stimme anzusprechen, bei ausbleibender oder nur geringer Reaktion muss die Reakti-

Tab. 33-2 Komplikationen einer akuten Alkoholintoxikation.

- Hypothermie
- Hypoglykämie
- Hypotonie
- Beeinträchtigung des Krankheitsverlaufs durch zusätzlich eingenommene Substanzen (Tabletten, Verschlucken von Spielzeug etc.)
- Trauma und Kopfverletzung
- intrazerebrale Blutung
- Störungen des Elektrolythaushaltes (Hypokaliämie, Hyponatriämie)
- Störungen des Säure-Basen-Haushaltes
- respiratorische Insuffizienz
- Koma

33.3 Diagnostik und Therapie

Tab. 33-3 Diagnostik bei akuter Alkoholintoxikation.

- Überprüfung der Vitalfunktionen
- Anamnese über Ablauf der Ereignisse (Wie wurde das Kind gefunden?)
- Prüfung der Bewusstseinslage und Überprüfung der Schmerzreize bei ausbleibender oder nur geringer Reaktion auf Ansprache
- Labor (Blutgasanalyse, Blutbild, Blutzucker, Blutalkoholspiegel, Elektrolyte, Kreatinin)
- engmaschige Überwachung von Blutdruck, Puls, Atemfrequenz, Pupillenreaktion, Blutzucker, Körpertemperatur, Pulsoxymetrie und des neurologischen Status bis zur Entnüchterung
- gründliche körperliche Untersuchung mit besonderem Augenmerk auf Schädelverletzungen (evtl. Computertomographie des Schädels)

Tab. 33-4 Therapie bei akuter Alkoholintoxikation.

- Anlage eines intravenösen Zugangs mit Infusion von 5%iger Glukoselösung, Ausgleich von Elektrolytverschiebungen, bei Hypoglykämie Gabe einer Glukoselösung (20%)
- sofortige Gabe von 2 bis 4 l/min Sauerstoff über Nasensonde bei Vigilanzminderung oder bei respiratorischer Insuffizienz
- Intubation und Beatmung sowie intensivmedizinische Betreuung bei respiratorischer Insuffizienz, Bewusstlosigkeit, Verlust trachealer Schutzreflexe
- eventuell Magenspülung bei kurz zurückliegendem Alkoholkonsum (innerhalb der letzter Stunde), bei Aufnahme einer gefährlich hohen Alkoholmenge oder bei zusätzlicher Intoxikation mit Tabletten
- Hämodialysetherapie bei schwerer Atem- und Kreislaufdepression, hohen Blutalkoholspiegeln

on auf Schmerzreize geprüft werden. Ein Kind, das nicht auf Schmerzreize reagiert, ist stärker in seiner Bewusstseinslage eingeschränkt. Bei Patienten mit Bewusstseinseinschränkung müssen 2 bis 4 l/min Sauerstoff über eine Nasensonde verabreicht werden. Ein intravenöser Zugang ist unbedingt erforderlich, und eine Blutgasanalyse muss durchgeführt werden. Die Laboruntersuchungen müssen zusätzlich eine Bestimmung des Blutbildes, des Blutzuckers, des Blutalkoholspiegels, der Elektrolyte, des Harnstoffs und des Kreatinins beinhalten.

Die Flüssigkeitssubstitution mit einer 5%igen Glukoselösung oder die Gabe von elektrolythaltigen Infusionslösungen, entsprechend den Serumelektrolytwerten, ist erforderlich. Bei Auftreten einer Hypoglykämie muss die intravenöse Applikation von 50 ml einer 20%igen Glukoselösung erfolgen, und es müssen engmaschige Blutzuckerkontrollen durchgeführt werden.

Eine Überwachung des Blutdrucks, des Pulses, der Atemfrequenz, des Blutzuckers, der Körpertemperatur sowie eine Kontrolle der Pupillenreaktion und des neurologischen Status muss unabhängig von der Bewusstseinslage engmaschig erfolgen. Eine pulsoxymetrische Überwachung muss durchgeführt werden. Eine gründliche körperliche Untersuchung ist durchzuführen. Andere Ursachen für eine Bewusstseinseinschränkung wie eine Meningitis, eine intrakranielle Blutung, eine Hypoglykämie sowie ein ursächliches oder auch ein die Intoxikation begleitendes Schädel-Hirn-Trauma müssen bei differenzialdiagnostischen Überlegungen immer bedacht werden. Gegebenenfalls muss eine zerebrale Computertomographie veranlasst werden. Eine Computertomographie des Schädels ist dann notwendig, wenn sich im Rahmen der ersten drei Stunden nach der Aufnahme keine Verbesserung der Bewusstseinslage einstellt.

Eine Magenspülung sollte veranlasst werden, wenn sich bei der Anamnese der jungen Patienten oder der begleitenden Personen Hinweise auf einen erst eine Stunde zurückliegenden Alkoholkonsum ergeben oder wenn die Aufnahme einer gefährlich hohen Alkoholmenge anzunehmen ist. Die Durchführung einer Magenspülung sollte auch dann erwogen werden, wenn zusätzlich eine Intoxikation mit Medikamenten vorliegt.

Bei respiratorischer Insuffizienz, Verlust der trachealen Schutzreflexe oder bei Bewusstlosigkeit ohne Reaktion auf Schmerzreize muss das Kind intubiert und beatmet werden, da auch bei regelmäßiger Atmung tracheale Schutzreflexe nicht gewährleistet sind. In dieser Situation ist eine intensivmedizinische Betreuung des Kindes erforderlich. Ein Antidot zur Behandlung der alkoholbedingten Atemdepression ist nicht bekannt. Eine Verlegung der Atemwege (z. B. verschlucktes Spielzeug) oder eine Aspiration darf bei Kindern mit respiratorischer Insuffizienz nicht übersehen werden. Bei Alkoholintoxikationen mit schwerer Atem- und Kreislaufdepression und bei hohen Blutalkoholspiegeln muss gegebenenfalls eine Hämodialysetherapie durchgeführt werden.

33.4 Stellenwert für die spätere Suchtentwicklung

Das Problem des Alkoholkonsums bei Kindern und Jugendlichen ist sehr vielschichtig und wird stark durch soziale und psychologische Aspekte geprägt. Bereits Aristoteles verwies auf diesen Zusammenhang, als er vermerkte, dass *„betrunkene Frauen Kinder wie sich selbst aufziehen"*. Die Alkoholintoxikation bei Kindern und Jugendlichen wirft für den betreuenden Arzt verschiedene Fragen auf. Die Intoxikation kann ein Warnsignal eines sich entwickelnden Alkoholabusus sein oder sie kann einen Hinweis auf eine mentale Retardierung darstellen. Weiterhin kann ein gestörter familiärer Hintergrund zu dem Ereignis geführt haben. Eine suizidale Handlung muss besonders bei älteren Kindern und Jugendlichen ebenfalls in Erwägung gezogen werden.

Eine prospektive Studie von 1973 zeigte, dass von 52 Jungen, die aufgrund einer Alkoholisierung vor dem 18. Lebensjahr von der Polizei registriert worden waren, 44% innerhalb von fünf Jahren zumindest einmalig rückfällig wurden. Innerhalb von 5 Jahren erfüllten 15% der 52 Jugendlichen die Kriterien eines Alkoholismus (Nylander u. Rydelius 1973). Als Risikofaktoren für die spätere Entwicklung eines Alkoholismus wurden identifiziert:
- Anzeichen einer geistigen Retardierung
- gesteigerte Schüchternheit
- Schulprobleme
- psychiatrische Erkrankungen
- Fehlen von Zeichen der Angst und Besorgnis bei den Betroffenen

Bei den Eltern stellten eine mentale Erkrankung, ein Alkoholismus und ebenfalls die ausbleibenden Anzeichen von Besorgnis über die Intoxikation Risikofaktoren für die Entwicklung einer späteren Alkoholabhängigkeit der Kinder dar (ebd.). Eine Untersuchung von 1982 an 32 Kindern, von denen 10 jünger als 8 Jahre waren, erbrachte, dass zusätzlich zu den bereits genannten Risikofaktoren bei alkoholintoxikierten Kindern gehäuft ein niedriger sozialer, kultureller und finanzieller familiärer Hintergrund angetroffen wird (Paillard et al. 1982).

Verschiedene Studien haben zudem gezeigt, dass das Alter des Erstkonsums von Alkohol wichtige Hinweise auf das zukünftige Trinkverhalten zulässt. Ein junges Alter beim Erstkonsum von Alkohol ist assoziiert mit einem im späteren Leben gesteigerten Alkoholkonsum und einem deutlich erhöhten Risiko, einmal alkoholabhängig zu werden (Clapper u. Lipsitt 1992; Grant u. Dawson 1997; Margulies et al. 1977; Pedersen u. Skrondal 1998). Eine Umfrage in den USA zeigte, dass mehr als 40% der Personen, die mit dem Konsum von Alkohol vor dem 13. Lebensjahr begonnen hatten, im späteren Leben schließlich alkoholabhängig werden (Grant u. Dawson 1997).

Zusammenfassend lässt sich feststellen, dass Kinder, die mit einer akuten Alkoholintoxikation aufgegriffen und einer ärztlichen Versorgung zugeführt werden müssen, ein deutlich erhöhtes Risiko aufweisen, im späteren Leben alkoholabhängig zu werden (Grant u. Dawson 1997; Thunström 1988). Diese Kinder wachsen häufig in zerrütteten Familien auf, in denen ein Elternteil bereits Alkoholiker ist. Die Kinder haben oftmals zusätzliche psychische Probleme und Schulschwierigkeiten (Thunström 1988). Ärzten, die Kinder und Jugendliche mit akuten Alkoholintoxikationen betreuen, kommt damit eine besondere Verantwortung zu. Diese Kinder müssen hinsichtlich eines derartigen Risikoprofils untersucht und gegebenenfalls frühzeitig einer Betreuung durch geschultes Personal zugeführt werden. Eine Untersuchung machte jedoch deutlich, dass solche Programme schwer zu etablieren sind und dass bei einem nur sehr geringen Anteil der Patienten eine psychiatrische Nachbetreuung eingeleitet wurde (Woolfenden et al. 2002).

33.5 Perspektiven

Die akute Alkoholintoxikation bei Kindern stellt eine potenziell lebensbedrohliche Notfallsituation dar, in der nicht nur der ärztlichen Versorgung der Intoxikation Beachtung geschenkt werden darf. Es ist vielmehr notwendig, bei diesen Kindern und Jugendlichen die eigentlichen Ursachen, die zur Alkoholintoxikation geführt haben, aufzudecken und dabei das gesamte soziale Umfeld der Kinder mit einzubeziehen. Da das Alter des Erstkonsums von Alkohol eine entscheidende Rolle für das zukünftige Trinkverhalten zu spielen scheint, sollten entsprechende epidemiologische Studien vermehrt Beachtung finden.

Literatur

Adger H (1999). Adolescent drug abuse. In: McMillan JA, DeAngelis CD, Feigin RD, Warshaw JB (eds). Oski's Pediatrics. Principles and Practice. Philadelphia: Lippincott, Williams & Wilkins; 550–5.

Beattie JO, Hull D, Cockburn F (1986). Children intoxicated by alcohol in Nottingham and Glasgow, 1973–84. Br Med J; 292: 519–21.

Castiglia PT (1992). Alcohol use by children. J Pediatr Health Care; 6: 271–3.

Clapper RL, Lipsitt LP (1992). Young heavy drinkers and their drinking experiences: predictors of later alcohol use. Int J Addict; 27: 1211–21.

Dickerman JD, Bishop W, Marks JF (1968). Acute ethanol intoxication in a child. Pediatrics; 42: 837–40.

Ernst JA, Dempster JP, Yee R (1976). Alcoholtoxicity, blood alcohol concentration and body water in young and adult rats. J Stud Alcohol; 37: 347–56.

Gibson PJ, Cant AJ, Mant TGK (1985). Ethanol poisoning. Acta Paediatr Scand; 74: 977–8.

Gillam DM, Harper JR (1973). Hypoglycaemia after alcohol ingestion. Lancet; 1: 829.

Grant BF, Dawson DA (1997). Age at onset of alcohol use and its association with DSM-IV alcohol abuse and dependence: results from the National Longitudinal Alcohol Epidemiologic Survey. J Subst Abuse; 9: 103–10.

Heggarty HJ (1970). Acute alcoholic hypoglycaemia in two 4-year old. Br Med J; 1: 280.

Hollstedt C, Olsson O, Rydberg U (1977). The effect of alcohol on the developing organism. Med Biol; 55: 1–14.

Hüllinghorst R (1999). Alkoholkonsum – Zahlen und Fakten. In: Singer MV, Teyssen S (Hrsg). Alkohol und Alkoholfolgekrankheiten. Berlin, Heidelberg, New York: Springer; 32–9.

Lamminpää A (1994). Acute alcohol intoxication among children and adolescents. Eur J Pediatr; 153: 868–72.

Lamminpää A, Vilska J (1990). Acute alcohol intoxications in children treated in hospital. Acta Paediatr Scand; 79: 847–54.

Lamminpää A, Vilska J, Korri UM, Riihimäki V (1993). Alcohol intoxication in hospitalized young teenagers. Acta Paediatr; 82: 783–9.

Margulies RZ, Kessler RC, Kandel DB (1977). A longitudinal study of onset of drinking among highschool students. J Stud Alcohol; 38: 897–912.

Morrison SF, Rogers PD, Thomas MH (1995). Alcohol and adolescents. Pediatr Clin North Am; 42: 371–87.

Norris JFB, Robinson A (1976). Post-alcoholic hypoglycemia in a child. Br Med J; 1: 714.

Nylander I, Rydelius PA (1973). The relapse of drunkenness in non-asocial teen-age boys. Acta Psychiatr Scand; 49: 435–43.

Paillard MC, Bergeron G, Bedoret JM, Blanckaert D (1982). Les intoxications ethyliques aigues de l'enfant. Aspects cliniques et sociaux (à propos de 32 observations). Larc Med; 5: 379–88.

Pedersen W, Skrondal A (1998). Alcohol consumption debut: predictors and consequences. J Stud Alcohol; 59: 32–42.

Pikkarainen PH, Räihä NCR (1967). Development of alcohol dehydrogenase activity in human liver. Pediatr Res; 1: 165–8.

Ragan FA, Samuels MS, Hite SA (1979). Ethanol ingestion in children. JAMA; 242: 2787–8.

Thunström M (1988). The alcohol intoxicated child and its prognosis. Acta Paediatr Scand; 77: 3–9.

van Haaren MRT, Hendriks HFJ (1999). Alkoholstoffwechsel. In: Singer MV, Teyssen S (Hrsg). Alkohol und Alkoholfolgekrankheiten. Berlin, Heidelberg, New York: Springer; 95–107.

van Reek J, Adrinase H (1994). Alcohol consumption and correlates among children in the European community. Int J Addict; 29: 15–21.

Weller-Fahy ER, Berger LR, Troutman WG (1980). Mouthwash: a source of acute ethanol intoxication. Pediatrics; 66: 302–5.

Wilkinson PK, Sedman AJ, Sakmar E, Kay DR, Wagner JG (1977). Pharmacokinetics of ethanol after oral administration in the fasting state. J Pharmacokinet Biopharm; 5: 207–24.

Woitge HW, Ziegler R (1999). Alkohol und endokrine Drüsen. In: Singer MV, Teyssen S (Hrsg). Alkohol und Alkoholfolgekrankheiten. Berlin, Heidelberg, New York: Springer; 363–82.

Woolfenden S, Dossetor D, Williams K (2002). Children and adolescents with acute alcohol intoxication/self-poisoning presenting to the emergency department. Arch Pediatr Adolesc Med; 156: 345–8.

Zernig G, Battista HJ (2000). Basispharmakokinetik von Alkohol. In: Zernig G, Saria A, Kurz M, O'Malley S (Hrsg). Handbuch Alkoholismus. Innsbruck: Verlag der Universitätsklinik für Psychiatrie; 475–8.

34 Alkoholembryopathie und -effekte

Franz Stimmer

34.1 Begriffe und Definitionen

Die pränatale, die vorgeburtliche Lebenszeit wird in der multiprofessionellen Pränatologie üblicherweise wie folgt differenziert: Entwicklung von der befruchteten Eizelle, der Zygote (Blastogenese), über das embryonale Stadium (Embryogenese: 2. bis 12. Woche p. c. [post conceptionem]) bis zur fetalen Lebensphase (Fetogenese: vom 3. Monat p. c. bis zur beginnenden Geburt) und dem Geburtsvorgang einschließlich der frühesten nachgeburtlichen Prozesse (Perinatalphase). Daraus lässt sich ableiten, dass der Begriff „Alkoholembryopathie" ungenau ist. Eindeutiger ist der Begriff „embryofetales Alkoholsyndrom", der sich aber bisher nicht durchgesetzt hat. In den USA ist vom „Fetal alcohol syndrome" die Rede. Alkoholembryopathie (AE) und Fetales Alkoholsyndrom (FAS) werden heute üblicherweise synonym verwendet.

Mit diesen Begriffen wird ein Komplex von Schädigungen, Auffälligkeiten und Entwicklungsstörungen umschrieben, die durch den (abhängigen) Alkoholkonsum von Müttern während der Schwangerschaft bei ihren Kindern verursacht werden. In Deutschland sind nach Schätzungen etwa 2 000 Kinder jährlich davon betroffen. Die Schädigungen unterschiedlicher Schweregrade beziehen sich auf körperliche, psychische, geistige und soziale Symptome. Das Vollbild einer Alkoholembryopathie (drei Schweregrade nach Majewski [1980]) ist relativ eindeutig umschrieben, ihm liegt eine Alkoholabhängigkeit der Mutter zugrunde (Kontrollverlust, kritische und chronische Phase nach Jellinek [1960]), ohne dass allerdings alle Kinder von alkoholabhängigen Frauen davon betroffen sind. Schwieriger ist es, die Übergänge zu beschreiben hin zu einem nichtabhängigen Alkoholkonsum von Müttern während der Schwangerschaft im Sinne des gesellschaftlich üblichen Konsums („soziales Trinken"). Ebenso schwierig ist es, das Schädigungspotenzial von einzelnen Alkoholexzessen während der Schwangerschaft (Geburtstagspartys, Silvester usw.) näher zu bestimmen. Für die gering ausgeprägten Symptome, die, verursacht durch den abhängigen wie nichtabhängigen Alkoholkonsum der Mütter, unter dem Limit der drei Schweregrade von Majewski liegen (< 10 Punkte; Alkoholembryopathie: 10–80), hat sich der Begriff „Alkoholeffekte" (vgl. Löser 1995) eingebürgert. Daneben existiert der Begriff „Abortive (unfertige, nicht voll ausgeprägte) Alkoholembryopathie" (Spohr u. Stoltenberg-Didinger 1983).

Daraus lässt sich dann bezüglich der Schädigungen ein Kontinuum konstruieren, das auf der einen Seite durch „Tod des Kindes" und auf der

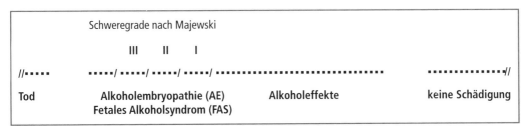

Abb. 34-1 Breite der Schädigung von Kindern durch den Alkoholkonsum der Mütter während der Schwangerschaft (Übergänge der Schweregrade sind fließend).

anderen Seite durch „keine wahrnehmbare Schädigung des Kindes" begrenzt wird. Dazwischen liegen mehr oder weniger ausgeprägte embryopathische Schädigungen und Alkoholeffekte, wobei die Übergänge fließend sind (vgl. Abb. 34-1).

34.2 Medizinisch-klinische Phänomene

Die teratogene, die Missbildungen fördernde Wirkung des Alkohols ist in Tierexperimenten nachgewiesen worden. In Kinderkliniken sind die wahrnehmbaren Folgen für Säuglinge oft schlimmer Alltag. Alkohol und Acetaldehyd (als Abbauprodukt) wirken als Giftstoffe auf die sich entwickelnden Organe und bewirken eine Unterentwicklung bzw. eine Unterversorgung der Zellen. Da die Plazentaschranke für Alkohol kein Hindernis darstellt, ist der direkte Zugang zu den Stoffwechselprozessen des Kindes gegeben.

Neben diesen direkten Wirkungen sind allerdings viele zusätzlich schädigende Aspekte zu beachten. Alkoholabhängige Frauen leben extrem ungesund. Die Ernährung ist häufig stark defizitär, sodass Vitamine, Spurenelemente und Elektrolyte fehlen. Meist ist auch der Beikonsum von Koffein und Nikotin feststellbar, häufig auch von Medikamenten, nicht selten von (illegalen) Drogen. So ergibt sich ein Gemisch an Giftstoffen, dem das Kind passiv ausgesetzt ist. Gerade in den ersten pränatalen Lebensphasen entwickelt sich der Mensch auf faszinierende Weise. Hierüber gibt etwa die Fetoskopie Auskunft (GEO 1983). Ohne auf die Einzelheiten der jeweiligen Entwicklungsstufen einzugehen – es steht fest, dass die pränatale Zeit vom zygotenhaften Leben (6. bis 8. Tag: winziger Zellhaufen) über die Phase, in der das menschliche Wesen im Kleinen, wenn auch in grober Struktur, schon angelegt ist (nach etwa 14 Wochen), bis hin zu einem hochkomplexen Wesen, das auch außerhalb des Mutterleibes lebensfähig ist, zu den vehementesten, aber auch störungsanfälligsten Entwicklungen im menschlichen Leben gehört. Das Kind ist in dieser pränatalen Lebenszeit besonders schutzbedürftig,

andererseits aber auch besonders schutzlos Einflüssen von außen, hier dem Alkoholkonsum der Mutter, ausgeliefert – eine Gefährdung, die für das Kind auch tödlich sein kann. Darauf weisen dänische Studien (Themenservice 2003) hin, durch die der Zusammenhang zwischen der Höhe der Dosis des Alkoholkonsums und dem Risiko von Fehl- und Totgeburten belegt wird. Bei schwangeren Frauen, die wöchentlich 60 g und mehr reinen Alkohol zu sich nehmen, erhöht sich das Risiko einer Fehlgeburt (zwischen der 7. und 11. Woche) um ein 5-Faches im Vergleich zu Frauen, die pro Woche maximal 12 g reinen Alkohol konsumieren. Hinzu kommt, dass auch das Risiko einer Totgeburt 2- bis 3-mal höher liegt als bei Frauen, die weniger als 8 g reinen Alkohol wöchentlich trinken.

Als wesentliche prä- und postnatale Symptome des Syndroms der Alkoholembryopathie wurden die folgenden besonders häufig festgestellt:

- Untergewicht, Wachstumsverzögerungen
- kleiner Kopf (Mikrozephalie)
- kraniofaziale Veränderungen: dünne, gerade Oberlippe, fliehendes Kinn, kurze Lidspalten, verkürzter Nasenrücken, fehlendes oder wenig ausgeprägtes Philtrum (Rinne zwischen Oberlippe und Nase)
- Hörprobleme
- Fehlbildungen der Augen
- Fehlbildung des Harnwegs und der Genitalien
- Herzfehler
- Gelenkanomalien
- geistige Entwicklungsverzögerung
- Sprachstörungen
- feinmotorische Dysfunktion
- Verhaltensstörungen: Hyperaktivität, Distanzlosigkeit, erhöhte Risikobereitschaft

Nach diesen Beschreibungen (vgl. Löser 1995) ist klar, dass eine Alkoholembryopathie dritten Schweregrads sehr viel eindeutiger zu diagnostizieren ist als die schwach ausgeprägten Formen des Syndroms. Die Diagnose von Alkoholeffekten ist noch problematischer, da etwa körperliche Veränderungen im Sinne der eben angeführten Symptome nicht oder kaum feststellbar sind und die Schädigungen sich fast immer im Gehirn – dem Organ, das permanenten prä- und postnatalen Entwicklungen unterliegt – in Form von zerebralen Leistungs- oder Teilleistungsstörungen (Lern- und Sprachentwicklungsstörungen, Schwierigkeiten im logischen Denken, soziale Reifungsverzögerungen, motorische Störungen) auswirken und erhebliche differenzialdiagnostische Kompetenzen erfordern, soll eine sichere Diagnose gestellt werden.

Um sich diesen schwierigen und komplexen Prozessen zu nähern, um sie besser zu verstehen und trotz all der Probleme Hilfen zu entwickeln, sind einfache Thesenbildungen nicht angemessen. Eine deterministische These wie „Je stärker ausgeprägt eine Alkoholabhängigkeit der Mütter ist, desto schwerwiegender wird die Schädigung der Kinder sein" lässt sich empirisch nicht nachweisen. Ebenso wenig kann ein Grenzwert bestimmt werden, ab dem der Alkoholkonsum mit Sicherheit nichtschädigend wirkt. Gerechter werden dem Geschehen stochastische Thesen wie: „Wenn Mütter während der Schwangerschaft alkoholabhängig sind, ist die Wahrscheinlichkeit hoch (30 bis 40%), dass die Kinder Schädigungen im Sinne einer Alkoholembryopathie erleiden". Funktionale, multifaktoriell argumentierende Thesen treffen die Wirklichkeit wohl am ehesten. Die Schwere der Alkoholembryopathie (bzw. teilweise der Alkoholeffekte) scheint eine Funktion u. a. der folgenden Faktoren zu sein:

- der Ausprägung und Dauer der Alkoholabhängigkeit der Mutter (kritische und chronische Phase nach Jellinek [1960]),
- der Höhe des Blutalkoholspiegels in unterschiedlichen Phasen der kindlichen Entwicklung,
- der Konsumrituale (hochprozentig und schnell oder niedrigprozentig, aber verteilt),
- der Alkoholsensibilität, der Alkoholtoleranz des Kindes (die gleiche Menge zur gleichen Zeit schädigt Kinder nicht gleich schwer),
- der Entgiftungsleistung der Mutter (Leber),
- der Dauer und zeitlichen Zuordnung von Alkoholkonsum-Pausen,
- dem Gesundheitszustand der Mutter,
- x, y, z (heute noch unbekannte schädigende Faktoren),
- a, b, c (heute noch unbekannte schützende Faktoren).

Da „nur" etwa ein Drittel der Kinder alkoholabhängiger Mütter von der Alkoholembryopathie betroffen sind, ist die Frage besonders bedeutsam, welche protektiven Faktoren die anderen zwei Drittel schützen (Resilienz).

34.3 Parallelschädigungen

Parallel und in Wechselwirkung zur Schädigung von Kindern im Sinne der Alkoholembryopathie (und weniger, aber z. T. auch der Alkoholeffekte) durch den abhängigen Alkoholkonsum der Mutter laufen Prozesse ab, die die pränatale Mutter-Kind-Beziehung zusätzlich schwer belasten können. Das fetale Kind hört, sieht, empfindet, trinkt, träumt, fühlt, weint es ist dialogfähig, hat Wahrnehmung und Bewusstsein, ist lernfähig, entwickelt Gedächtnis, ist sensibel für emotionale Nuancierungen und macht deutlich, wenn ihm etwas nicht passt. So ist heute in der Pränatologie die Rede vom „kompetenten Fetus". Es ist ein Wesen, dass nicht nur reaktiv, sondern auch aktiv seine Umwelt gestaltet, also nicht nur auf Handlungen der Mutter reagiert, sondern die Mutter auch veranlasst zu handeln (vgl. u. a. Janus 1991; Krüll 1990). Wenn heute von der Entwicklung von Kompetenzen des Fetus gesprochen wird, dann ist dies nur möglich, wenn gleichzeitig die Mutter mit ins Spiel kommt. Kompetent oder inkompetent ist also eigentlich die Beziehung zwischen Mutter und Kind. Neben dem rein physiologischen Austausch (Ernährung, Hormonausschüttung) und dem Verhaltensaustausch (Strampeln, Streicheln) bestimmt die sich in Wechselwirkung dazu entwickelnde Kommunikation zwischen Mutter und Kind die Qualität dieser basalen Beziehung. Darüber entscheidet sich, ob das notwendige Urvertrauen des Kindes zu sich und zur Welt ausreichend entstehen kann. Wenn man von der Mutterzentrierung etwas abgeht, dann rückt zusätzlich die Qualität des familialen oder partnerschaftlichen Netzwerks in den Blick, die für das emotionale Klima hochentscheidend ist und somit – vermittelt über die Mutter – auch für das Gedeihen des fetalen Kindes.

In der Entstehungsgeschichte einer Alkoholembryopathie treffen eine betäubte Mutter und ein von der Mutter betäubtes Kind aufeinander. Wahrnehmung und Bewusstsein von beiden sind getrübt. Die notwendige Gestaltung des Austausches zwischen Mutter und Kind ist gestört, das „Bonding", also die Entstehung einer tragfähigen, positiven Beziehung, wird verhindert oder doch zumindest sehr erschwert. Je nach Ausprägung und Stärke der alkoholembryopathischen Schädigungen wird dieser negative Prozess weiter verstärkt. Das heißt, es wird eben jenes Urvertrauen nur bruchstückhaft oder überhaupt nicht entwickelt, das für die kindliche Entwicklung und als Basis für das gesamte Leben so existenziell ist. Dies ist eine schwerwiegende Schädigung, auch wenn sich eventuell keine direkten Symptome der Alkoholembryopathie zeigen.

Das Leben für Kinder im Bauch alkoholabhängiger Mütter ist unsicher. Nicht dass alkoholabhängige Frauen ihre ungeborenen Kinder nicht lieben würden, es ist aber häufig eine verzweifelte Liebe, die sich mischt mit Ängsten, Zweifeln und Schuldgefühlen (vgl. Löser u. Bierstedt 1998). Die Schwangerschaft selbst wird meist relativ spät bemerkt, die Freude darüber ist verständlicherweise oft nicht sehr ausgeprägt, der Akt der Zeugung selbst ist oft nicht besonders erfreulich in Erinnerung. All dies spürt das ungeborene Kind, wie es die Pränatale Psychologie heute belegt, oder es wirkt zumindest auf die Kinder ein. Der Start ins postnatale Leben ist für diese Kinder zusätzlich mehrfach riskant. Die letzten pränatalen drei Monate und die ersten postnatalen drei Monate scheinen bezüglich der Entwicklung des Kindes eine einheitliche Phase zu bilden. Diese Kontinuitätsthese (Prechtl 1984) besagt dann auch, dass das Bonding nach der Geburt eine Fortsetzung des pränatalen Bondings ist. Wie soll plötzlich für die Mutter etwas möglich sein, was vorher nicht gestaltet wurde? Hinzu kommt, dass Kinder mit einer ausgeprägten Alkoholembryopathie nicht die Reize setzen, die von Müttern, Familienmitgliedern und Freunden als animierend zur Kontaktaufnahme erlebt werden. Diese Kinder werden dadurch einer potenzierten Ablehnung ausgesetzt.

Hier wird die Früherkennung besonders wichtig. Spätestens dann, wenn ein Kind mit eindeutigen Symptomen der Alkoholembryopathie geboren wird, müssen Hilfen für das Kind und für die Mutter einsetzen. Was hier zusätzlich auf der Beziehungsebene versäumt wird, ist kaum mehr zu beheben. Dies zeigt sich auch darin, dass mehr als 60% der Kinder mit einer Alkoholembryopathie später in Pflegefamilien aufwachsen oder adoptiert werden. Bei einem Teil der Mütter erhöht der Alkoholkonsum auch aggressives Verhalten, sodass deren Kinder einem erhöhten Risiko von Misshandlung und Vernachlässigung ausgesetzt sind. Hinzu kommt, dass nach der Geburt Kinder alkoholabhängiger Mütter oft nicht als solche erkannte Entzugserscheinungen in Form von gesteigerter Unruhe, Magen-Darm-Problemen und vor allem tagelangem Schreien zeigen. Auch dies ist ein Faktor, der das postnatale „Bonding", auch ausgedehnt auf das familiale Netzwerk, erschwert.

34.4 Hilfen

Die ersten 38 bis 40 Wochen menschlichen Lebens im Bauch der Mutter eignen sich besonders gut für die Mythenbildung. Wenn man in Bezug auf das Kind von einem Parasiten auf einer vegetativen oder animalischen Entwicklungsstufe ausgeht, folgen ganz andere Zuschreibungen, als wenn von einem dialogbereiten und handlungskompetenten Fetus ausgegangen wird, der sich in einer vehementen Entwicklungsphase befindet. Während in der westlichen Kultur immer wieder die Diskussion entflammt, wann das menschliche Leben beginnt – in manchen Aussagen erst nach der Geburt –, wird in anderen Kulturen das pränatale Leben liebevoll gewürdigt. In Indien etwa existiert eine lange Tradition der behutsamen Pflege der Seele der pränatalen Menschen. Bei den Ojibwa-Indianern (USA) wird schon das Ungeborene kommunikativ eingebunden in das Netzwerk der Familie (vgl. Stimmer 2000). Die grundsätzliche Haltung dem ungeborenen menschlichen Leben gegenüber bestimmt darüber hinaus natürlich auch die Art der Hilfen bzw. der Nicht-Hilfen im Falle drohender Schädigungen.

Es ist eine Frage der Ethik und unter Umständen der gesetzlichen Regelung, wie Schädigungen der Kinder vermieden oder zumindest gemindert werden können. Da sich Maßnahmen wie Zwangssterilisationen oder Zwangsabtreibungen absolut verbieten, kann es nur darum gehen – und diese Möglichkeiten gilt es auszuschöpfen –, alkoholabhängige Frauen im Sinne der „advokatorischen Ethik" (Brumlik 2004) zu bemündigen, ohne ihre Integrität, ihre körperliche und seelische Unversehrtheit zu verletzen. Die rechtliche Sicht kann hier auch nur angedeutet werden. Das Kinder- und Jugendhilfegesetz (KJHG) beispielsweise enthält eine Vielzahl von Paragraphen, die hochrelevant wären, sofern sie auch dem Fetus zugestanden würden, wie zum Beispiel § 1 („Förderung seiner Entwicklung", vor „Gefahren für ihr Wohl schützen", „positive Lebensbedingungen zu erhalten oder zu schaffen"). Dadurch würde die „Ausgrenzung ihrer Existenz als Person" (Schindler 1987, S. 1) verhindert und die eine oder andere Sichtweise sich positiv verändern.

Ohne Alkoholkonsum der Mütter während der Schwangerschaft gibt es die Phänomene „Alkoholembryopathie" und „Alkoholeffekte" nicht. Wer Kinder mit dem Vollbild der Alkoholembryopathie sieht oder sich Bilder dieser Kinder in das Gedächtnis ruft, kann bei dem Gedanken, wie „einfach" es gewesen wäre, dieses Leiden zu verhindern, nur erschüttert sein. Alkoholabhängigkeit ist aus gutem Grund als Krankheit definiert und nicht als Böswilligkeit oder Leichtfertigkeit. Wer mit alkoholabhängigen schwangeren Frauen als Sozialarbeiter, Arzt, Mitglied einer Selbsthilfegruppe oder als Angehöriger konfrontiert ist, kann nicht erwarten, dass „über Nacht" Abstinenz erreicht wird. Es wird bei alkoholabhängigen Frauen vielfach darum gehen, als Ziel eine Reduzierung des Konsums anzustreben und dabei alle Möglichkeiten zu nutzen, die heute gegeben sind.

Die Hilfsangebote müssen differenziert entwickelt werden, und zwar:
- für alkoholabhängige Frauen
- für nichtabhängig konsumierende Frauen (soziales Trinken)
- im Rahmen der allgemeinen Prävention/Gesundheitsförderung

So richtig es ist, dass bei einer Verdachtsdiagnose im Rahmen einer ausführlichen Anamnese insbesondere das Trinkverhalten der Mutter mit berücksichtigt wird (Löser 1995), so richtig ist es auch, dass bei den Hilfen für das Kind nicht nur die Mütter, sondern auch die primären und sekundären Netzwerke Berücksichtigung finden, und zwar sowohl bei Alkoholembryopathien als auch bei Alkoholeffekten.

Ebenso notwendig ist es, wenn es auch vielfach schwer fällt, an die Ressourcen aller Beteiligten zu glauben, diese zu entdecken und zu fördern. Die entsprechenden handlungsleitenden Konzepte in der sozialen Arbeit (vgl. Stimmer 2006) sind auf die spezifische Problematik zu übertragen. Vor allem die folgenden drei Konzepte zeigen gute Möglichkeiten für dieses Arbeitsfeld:
- das Empowerment
- die Netzwerkarbeit
- das Case Management

Wenn Frauen jahrelang alkoholabhängig sind, signalisiert dies trotz all des wahrnehmbaren Leidens, das sich körperlich, seelisch, geistig und sozial ausdrückt, dass Ressourcen vorhanden sein müssen, die das Überleben bisher ermöglichten. Um diese Ressourcen geht es beim **Empowerment**. Die defizit- und konfliktorientierte Sichtweise wird zu Gunsten einer Kompetenzen- oder Ressourcenorientierung aufgegeben oder zumindest reduziert. Professionelle haben dann eine begleitende Funktion und helfen, die verschütteten Fähigkeiten der Klientinnen wieder wahrzunehmen, sie zu würdigen und eventuell auch für eine Veränderung bezüglich des Alkoholkonsums einzusetzen. Für die Klientinnen heißt dies auch, wieder zu lernen, über ihr Leben selbst zu bestimmen. Um den Prozess einer solchen Wiederbefähigung geht es beim Empowerment auf vier Ebenen:
- in der Arbeit mit einzelnen Menschen
- in der Arbeit mit Gruppen
- in der Arbeit mit Institutionen
- in der Arbeit mit dem Gemeinwesen

Beim Empowerment steht also nicht nur die individuelle Ressourcenförderung im Zentrum, sondern insbesondere auch die Förderung persönlicher und lebensweltlicher sozialer Netzwerke. Persönliche **Netzwerke** (Partnerschaft, Familie, Nachbarschaft) können belastend und krank machend sein, sie können aber auch Sicherheit geben, das Selbstwert-Erleben positiv beeinflussen, Belastungen reduzieren etc. Alkoholabhängige Frauen sind oft über Jahre hinweg in verstörende primäre Netzwerke eingebunden. Nicht selten tragen diese mit dazu bei, dass sich eine Alkoholabhängigkeit entwickelt hat und dass diese aufrechterhalten wird. Dennoch gilt es spätestens dann, wenn eine Schwangerschaft besteht, so früh wie möglich Angebote für Mutter und Kind und – weit darüber hinaus – für die relevanten Netzwerke zu entwickeln (Netzwerkberatung, Netzwerkförderung, Selbsthilfeunterstützung), die positiven Effekte des Netzwerks zu nutzen oder unter Umständen auch die schwangeren Frauen vor ihrem Netzwerk zu schützen (Frauenhaus, Übergangswohnheim, Zutrittsverbote für Partner bezüglich der Wohnung). Netzwerkarbeit setzt voraus, dass relevante Hilfsmöglichkeiten vorhanden sind (oder erst initiiert werden müssen) und dass alle Hilfsmöglichkeiten in einem Gemeinwesen vernetzt sein müssen und eben nicht konkurrenzorientiert nebeneinander oder gar gegeneinander agieren. Netzwerkförderung bezieht sich dann auch – nach der Netzwerkanalyse – auf die Modifizierung und die Erneuerung des Hilfesystems. Ärzte, Hebammen, Sozialarbeiter und Sozialpädagogen (Jugendamt, Sozialamt, Gesundheitsamt, Erziehungsberatung, Suchtberatung usw.) sowie auch Lehrer und Lehrerinnen haben in diesem Hilfesystem eine gleichberechtigte und für das Gesamtergebnis gleich wichtige Rolle. Sie müssen allerdings voneinander wissen und zur Kooperation fähig sein. Guter Wille alleine genügt nicht, es ist darüber hinaus notwendig, die unterschiedlichen Beiträge so zu koordinieren, dass das bestmögliche Ergebnis für die Klienten (Mutter und Kind) erreicht wird, und zwar auf dem Wege, den das Empowerment vorgibt.

Hier kommt nun das **Case Management** ins Spiel (vgl. auch Kap. 48). Dies ist ein Konzept, das sehr strukturiert über mehrere Phasen abläuft und zum Ziel hat, für Einzelpersonen oder Familien die notwendigen Hilfen zu organisieren (Hilfeplan) und deren kompetente Durchführung zu koordinieren, zu lenken und zu überwachen (Monitoring). Dabei kommen u. a. auch Helfer- und Netzwerkkonferenzen zur Anwendung. Durch das Case Management haben alkoholabhängige Frauen die Möglichkeit, gemeinsam mit einem Professionellen die unterschiedlichen Aspekte des konkreten Hilfesystems kennen zu lernen, mit ihm Ziele zu entwickeln (nicht nur „Abstinenz" ist ein Ziel, sondern beispielsweise auch „kontrolliertes Trinken") und Unterstützung zu finden in dieser schwierigen Situation.

Eine schwer abhängige Frau aufgrund einer Schwangerschaft zur Abstinenz zu bewegen ist nur sehr selten möglich; anders sieht es aus bei Frauen, die Alkohol konsumieren, ohne abhängig zu sein. Hier können u. a. die oben genannten Modelle der Prävention greifen (kompetente Beratung in der Arztpraxis oder im Jugendamt, Netzwerkförderung etc.). Darüber hinaus ist für diese Gruppe insbesondere das so genannte psychoedukative Schulungsprogramm bei problematischem Alkoholkonsum (Wessel u. Westermann 2002) erwähnenswert. Dabei wird neben persönlichen Erfahrungen und der Entwicklung von Selbstkontrollprogrammen in Gruppen vor allem Wert auf alle problemrelevanten Informationen gelegt wird. Letzteres ist besonders wichtig, da viele Frauen (und die jeweiligen Partner) ja wissen, dass es nicht gesund ist, während der Schwangerschaft Alkohol zu trinken, zu rauchen oder Medikamente zu sich zu nehmen. Was es allerdings wirklich bedeutet, ist den meisten nicht bewusst (vgl. Hogenboom 2003).

Diese Bewusstmachung ist u. a. auch eine Aufgabe der allgemeinen Suchtprävention (Nöcker 2000) oder besser der noch breiter angelegten Gesundheitsförderung (Franzkowiak 2000) in allen relevanten Lebensbereichen.

Literatur

Brumlik M (2004). Advokatorische Ethik. Berlin: Philo.

Franzkowiak P (2000). Gesundheitsförderung. In: Stimmer F (Hrsg). Suchtlexikon. München: Oldenbourg; 300–5.

GEO (1983). Ausgabe Februar 1983; 120–33.

Hogenboom M (2003). Menschen mit geistiger Behinderung besser verstehen: angeborene Syndrome verständlich erklärt. München: Reinhardt.

Janus L (1991). Wie die Seele entsteht. Unser psychisches Leben vor und nach der Geburt. Hamburg: Hoffmann und Campe.

Jellinek F (1960). The Disease Concept of Alcoholism. New Haven: Hillhouse Press.

Krüll M (1990). Die Geburt ist nicht der Anfang. Stuttgart: Klett-Cotta.

Löser H (1995). Alkoholembryopathie und Alkoholeffekte. Stuttgart: G. Fischer.

Löser H, Bierstedt T (1998). Schwangerschaft und Alkohol – Risiken der Kinder und mütterliche Konflikte. Sucht; 1: 42–7.

Majewski F (1980). Untersuchungen zur Alkoholembryopathie. Stuttgart, New York: Thieme.

Nöcker G (2000). Prävention. In: Stimmer F (Hrsg). Suchtlexikon. München: Oldenbourg; 446–52.

Prechtl H (1984). Continuity of Neural Functions from Prenatal to Postnatal Life. Oxford: Blackwell.

Schindler S (1987). Das neue Bild vom Ungeborenen. Zum Konzept einer Entwicklungspsychologie der Pränatalzeit. In: Fedor-Freybergh P (Hrsg). Pränatale und perinatale Psychologie und Medizin. Älvsjö: Saphir; 1–14.

Spohr HL, Stoltenberg-Didinger G (1983). Zum Problem der „abortiven" Alkoholembryopathie. Kinderheilkunde; 131: 96–9.

Stimmer F (2000). Pränatale Co-Existenzen. Psychodrama; 18/19: 17–46.

Stimmer F (2006). Grundlagen des methodischen Handelns in der Sozialen Arbeit. Stuttgart: Kohlhammer.

Themenservice Alkohol: http://www.themenservice-alkohol.de/ PRESSE/presse_25.html (07.03.2003).

Wessel T, Westermann H (2002) Problematischer Alkoholkonsum. Entstehungsdynamik und Ansätze für ein psychoedukatives Schulungsprogramm. Freiburg: Lambertus.

35 Drogenembryopathie und perinatale Komplikationen

Ekkehart D. Englert

Unter „Embryopathie" versteht man eine Schädigung des Embryos während der ersten zwölf Schwangerschaftswochen durch zu Fehlbildungen führende (so genannte teratogene) Substanzen oder auch Infektionen oder physikalische Effekte, die während der Embryogenese in der schädigungsempfindlichen (= sensitiven) Entwicklungsphase (zwischen dem 18. und 25. Tag nach der Befruchtung) auf den Embryo einwirken. Zu den häufigsten und bekanntesten Embryopathien gehören die Rötelnembryopathie, die Thalidomid- bzw. Contergan®-Embryopathie und die Alkoholembryopathie. Die potenziellen Risiken eines Drogenkonsums in der Schwangerschaft lassen sich folgendermaßen einteilen:
- Teratogenität
- direkte toxische Wirkung der Substanz
- Induktion funktioneller Störungen (ohne morphologisches Substrat)
- ungünstige Einflüsse auf den Geburtsprozess
- mit dem Stillen verbundene Risiken beim Übergang der Substanz in die Muttermilch

Jedes Organ durchläuft während der Embryonalentwicklung Phasen, in denen es besonders störanfällig in seiner Entwicklung ist. Je nach Stand der Embryonalentwicklung können dabei exogene Einflüsse den Tod, Missbildungen unterschiedlichen Schweregrades, Entwicklungsretardierungen oder funktionelle Defekte auslösen. Eine kurze Übersicht über den Zusammenhang zwischen Zeitpunkt der Einwirkung der Substanz und den möglichen Folgeschäden zeigt Tabelle 35-1.

Die verschiedenen Kompartimente des menschlichen Organismus sind durch Membranen voneinander getrennt, die bestimmen, welche Substanzen von dem einen in das andere übertreten können. Sie üben damit wichtige Filtrations- und Schutzfunktionen aus und verfügen sowohl über passive als auch über aktive Transportmechanismen. Ein solches Membransystem stellt die so genannte Blut-Liquor-Schranke dar. Alle Stoffe, die direkt auf das Zentralnervensystem einwirken, müssen zunächst diese Schranke überwinden, um an ihren Wirkort zu gelangen. Ein – vereinfacht ausgedrückt – deutlich „durch-

Tab. 35-1 Zusammenhang zwischen Entwicklungsstadium und möglichen exogenen Schädigungen (mod. nach Lüllmann et al. 1996).

Alter der Frucht in Wochen	Entwicklungsstadium	mögliche schädigende Auswirkung
1	Einnistung des Keimbläschens	Fruchttod
2½	Embryo: Anlage der Organe	Missbildung
12	Fetus: Wachstum und Ausreifung	Funktionsstörung
24		vorzeitige Plazentalösung, vorzeitiger Blasensprung
38	Geburt	verfrühte/verzögerte Wehentätigkeit, fehlender Muskeltonus bei Mutter und Kind
38 bis 40	Stillzeit	Übergang von Drogen in die Muttermilch

lässigeres" Membransystem stellt die so genannte Plazentaschranke dar, die den mütterlichen vom fetalen Kreislauf trennt und durch eine Reihe passiver und aktiver Transportmechanismen (Diffusion, erleichterte Diffusion, aktiver Transport, Pinozytose und Diapedese) gekennzeichnet ist (s. Baumann et al. 2000). Die meisten Pharmaka können in der Plazenta vom mütterlichen Blut in das Blut des Kindes gelangen (Plazentagängigkeit).

Es sind also alle Substanzen, die in der Lage sind, die Blut-Liquor-Schranke zu überwinden, auch plazentagängig! Somit ist davon auszugehen, dass alle zentralnervös wirksamen Substanzen wie Psychopharmaka, legale und illegale Drogen auch in den embryonalen Blutkreislauf gelangen.

Bezüglich der Passage von Medikamenten in die Muttermilch ist festzustellen, dass die meisten der von der Mutter eingenommenen Substanzen trotz einer Reihe von Strukturbarrieren in unterschiedlicher Konzentration auch in die Muttermilch gelangen.

Tab. 35-2 Häufige unspezifische Schwangerschaftskomplikationen bzw. perinatale Komplikationen.

- venerische und parasitäre Erkrankungen
- Hepatitis
- HIV-Infektion
- Abszesse und Thrombophlebitiden
- gehäufte Gestosen
- vorzeitige Wehentätigkeit mit erhöhter Frühgeburtlichkeit
- mütterliche Entzugserscheinungen (Unruhe, Schwitzen, Tremor, Blutdruck- und Temperaturanstieg)
- kindliche Entzugserscheinungen (vermehrte Kindsbewegungen, drohende intrauterine Asphyxie)
- gehäufte Lageanomalien
- Atonien

35.1 Unspezifische Risikofaktoren

Aus zahlreichen Studien der letzten Jahrzehnte gut dokumentiert ist die große Zahl mit dem mütterlichen Drogenkonsum kovariierender Risikofaktoren (Übersicht: s. Englert u. Ziegler 2001). So fand eine australische Untersuchung von Kennare et al. (2005) in einer repräsentativen Datenerhebung von fast 90 000 Schwangeren in 0,8 % aller Fälle einen Konsum illegaler Drogen. Davon waren Marihuana (39 %), Methadon (30 %), Amphetamine (14,6 %) und Heroin (12,5 %) die am häufigsten missbrauchten Drogen, wobei in 18,8 % ein polyvalenter Drogengebrauch bestand. Substanzmissbrauchende Mütter waren in dieser Untersuchung mit einer höheren Wahrscheinlichkeit gleichzeitig auch Raucher, allein stehend, hatten einen niedrigen sozioökonomischen Status, lebten in städtischen Einzugsgebieten und zeigten mit einer höheren Wahrscheinlichkeit auch psychiatrische Symptome. Substanzmissbrauch war aber auch assoziiert mit erhöhten Risiken für vorzeitige Plazentalösung und Blutungen in der Schwangerschaft. Die Neugeborenen hatten ein erhöhtes Risiko einer Frühgeburtlichkeit, Totgeburt oder Tod in der Neonatalzeit, geringere Geburtsgröße oder angeborene Fehlbildungen.

Bekannt und gut untersucht ist, dass allein das Rauchen der Mutter während der Schwangerschaft mit einem niedrigeren Geburtsgewicht, geringerer Geburtsgröße und einer größeren Wahrscheinlichkeit für das Auftreten von Früh- und Fehlgeburten assoziiert ist; auch über eine erhöhte Säuglingssterblichkeit wird berichtet (European Environment Agency 2002). Exposition des Säuglings gegenüber Zigarettenrauch (Passivrauchen) führt zu einem signifikant erhöhten Risiko des so genannten plötzlichen Kindstodes (Sudden Infant Death Syndrome, SIDS) sowie der Inzidenz von Bronchialerkrankungen (ebd.).

Die wesentlichsten mit einem drogenkonsumierenden Lebensstil assoziierten Risikofaktoren für das (werdende) Kind sind in der Tabelle 35-2 zusammengefasst.

35.2 Cannabis

Cannabis ist die weltweit am häufigsten konsumierte illegale Droge. Ungefähr 14 bis 27 % der

Schwangeren haben berichtet, Cannabis zu irgendeinem Zeitpunkt in der Schwangerschaft konsumiert zu haben (Hingson et al. 1982). Cannabis ist eine Droge, die sich pharmakologisch von anderen Substanzen dadurch unterscheidet, dass es sich um eine stark lipophile, also gut fettlösliche Substanz mit einer außerordentlich langen Halbwertszeit handelt, die sich nicht nur im Fettgewebe des Organismus, sondern auch in der stark fetthaltigen Muttermilch anreichert.

Spezifische Missbildungen sind bisher bei Cannabis-Konsum in der Schwangerschaft nicht bekannt. Allerdings wurde berichtet (Bluhm et al. 2006), dass bei 538 Kindern mit Neuroblastom und einer ungefähr gleich großen Kontrollgruppe ein Zusammenhang zwischen Marihuana-Konsum der Mutter in der Schwangerschaft und einem signifikant erhöhten Risiko für die Entwicklung eines Neuroblastoms in den ersten Lebensjahren des Kindes auftrat. Es handelt sich beim Neuroblastom um einen malignen Tumor des Nervengewebes, der sich am häufigsten in der Nebenniere entwickelt. Ein vermuteter Zusammenhang zwischen Marihuana-Konsum der Mutter in der Schwangerschaft und der Entwicklung einer Akuten Myeloischen Leukämie (AML) beim Kind konnte von derselben Arbeitsgruppe anhand von etwas mehr als 500 Fällen allerdings nicht bestätigt werden (Trivers et al. 2006).

Den Einfluss von Marihuana auf den Hormonhaushalt schwangerer Frauen untersuchte eine Arbeitsgruppe um Braustein (Braustein et al. 1983) und fand im Vergleich zu einer parallelisierten Kontrollgruppe keinerlei signifikante Differenzen der plazentaren Hormonkonzentrationen.

In einer großen Bevölkerungsstichprobe von über 12 000 Schwangeren (Fergusson et al. 2002) gaben 5% der Mütter in dem Fragebogenverfahren an, Cannabis vor und während der Schwangerschaft konsumiert zu haben. In der statistischen Analyse der Daten fand sich kein Zusammenhang zwischen dem Cannabis-Missbrauch und perinatalen Todesfällen, allerdings waren die Kinder der Cannabis-Konsumentinnen 216 g leichter als die Kinder von Müttern, die kein Cannabis konsumiert hatten, und wiesen eine signifikant geringere Geburtslänge und kleinere Kopfumfänge auf. Nach Adjustierung der Daten für konfundierende Faktoren war der Zusammenhang zwischen Cannabis-Gebrauch und Geburtsgewicht allerdings nicht mehr statistisch signifikant, ebenso wie die adjustierten Effekte in Bezug auf die Größe des Kindes bei Geburt und den Kopfumfang.

Mögliche negative Effekte bezüglich des Geburtsgewichts beruhen vor allem auf intrauterinen Wachstumsverzögerungen, die, ebenso wie beim Zigarettenrauch, nahe legen, dass das Wachstum vor allem durch eine chronische Hypoxie *in utero* und nicht durch ein Ernährungsdefizit bedingt ist.

Aufgrund der erwähnten Lipophilie geht THC (Tetrahydrocannabinol) in die Muttermilch über, reichert sich dort an und wird von dem gestillten Säugling aufgenommen und metabolisiert. Astley und Little (1990) untersuchten die mentale Entwicklung von 136 Kindern, von denen 68 von Marihuana konsumierenden Müttern gestillt worden waren. Die Autoren fanden, dass Marihuana-Exposition über die Muttermilch im ersten Lebensmonat mit einem schlechteren motorischen Entwicklungsstand im Alter von einem Jahr assoziiert war.

Bei einer Nachuntersuchung im Alter von zehn Jahren wurden bei 606 Kindern, deren Mütter Marihuana und/oder Alkohol in der Schwangerschaft konsumiert hatten, signifikant schlechtere Lese- und Rechtschreibfähigkeiten und niedrigere Bewertungen hinsichtlich der Schulleistungen durch die Lehrer gemessen (Goldschmidt et al. 2004). Es wurde keine Interaktion zwischen pränataler Marihuana- und Alkohol-Exposition gefunden; die Autoren betonten, dass Marihuana und Alkohol in dieser Untersuchung jeweils unabhängige Vorhersagewerte bezüglich der Schulleistungen darstellten.

Insgesamt jedoch bleiben die Befunde zur Langzeitentwicklung inkonsistent bei dem Versuch, den Effekt der Marihuana-Exposition *in utero* in Längsschnittstudien herauszupartialisieren (Chiriboga 2003).

Hinzuweisen ist noch auf die Problematik, dass sich Kleinkinder im Haushalt von Cannabis-Konsumenten mit dieser Substanz schwere Vergiftungen zuziehen können. So berichten beispielsweise Appelboam und Oades (2006) von dem Fall eines elf Monate alten Mädchens, das nach Cannabis-Ingestion in komatösem Zustand in die Notfallzentrale eingeliefert worden war. Die Autoren berichten weiter von bisher neun ähnlichen Fällen, die in der Literatur beschrieben wurden und meist neugierige Kinder im Krabbelalter betrafen.

35.3 Amphetamin-Derivate inkl. Ecstasy

Die Phenethylamin-Derivate Amphetamin und Metamphetamin werden in der Drogenszene als „Speed" oder „Crystal" gehandelt; konsumiert werden die Amphetamine oral, intravenös oder durch Rauchen. Thomasius et al. (2004) unterscheiden dabei zwischen Gelegenheitskonsumenten, die Amphetamine zur Leistungssteigerung bzw. Gewichtsreduktion einnehmen, und chronischen oder episodischen Konsumenten mit teilweise exzessivem Suchtverhalten. Weiterhin weisen die Autoren der diesbezüglichen AWMF-Behandlungsleitlinie darauf hin, dass Amphetamin-Missbrauch oft mit schädlichem Gebrauch von Alkohol und/oder Benzodiazepinen sowie Cannabis verbunden ist und dass diese Substanzen zum Teil gemeinsam konsumiert werden, um die depressiv-ängstlichen Wirkungen während akuter und chronischer Amphetamin-Intoxikationen zu mildern.

Der Begriff „Ecstasy" bezeichnet eine Gruppe von β-Phenethylamin-Derivaten, am bekanntesten und häufigsten kommt MDMA vor, gefolgt von MDE, MDA und MBDB. Sowohl chemisch als auch von seiner Wirkungsweise her hat Ecstasy eine Zwischenstellung zwischen den Halluzinogenen und den Amphetaminen. Ecstasy wird in Tablettenform oral konsumiert und gilt als die klassische „Partydroge" mit häufigem episodischem „Wochenendkonsum".

Als indirekte Sympathikomimetika können Amphetamine und Amphetamin-Derivate in der Schwangerschaft vorzeitige Wehen auslösen, zu Blutungen und zu vorzeitiger Plazentalösung führen sowie intrauterine Wachstumsretardierungen zur Folge haben (Rommelspacher 1991).

Teratogene Wirkungen von Amphetaminen und Ecstasy sind mehrfach berichtet worden, insbesondere Fehlbildungen des Herzens und der großen Gefäße betreffend. Die meisten Daten hierzu stammen allerdings aus Tierversuchen.

McElhatton et al. publizierten 1999 ein Follow-up von 136 Ecstasy konsumierenden Schwangeren. Auffallend war eine Rate von 15,4% kongenitaler Anomalien, vor allem Ventrikelseptumdefekte und Pylorusstenosen.

Mehrfach wird in der Literatur bei Neugeborenen eine medikamentös behandlungsbedürftige Entzugssymptomatik berichtet; in einer von Smith et al. (2003) beschriebenen Stichprobe betraf dies 4% der Amphetamin-exponierten Neugeborenen.

Chomchai et al. (2004) berichten aus Bangkok über 47 Amphetamin-exponierte Neugeborene mit kleinerem Kopfumfang und niedrigerem Geburtsgewicht, die *post partum* stärkere Agitiertheit, Erbrechen und Tachypnoe gezeigt hatten.

Eine Stockholmer Arbeitsgruppe hatte Ende der 1970er Jahre eine retrospektive Längsschnittstudie von Kindern Amphetamin konsumierender Mütter begonnen, die sich *post partum* von einer Kontrollgruppe vor allem durch ihren geringeren Kopfumfang unterschied. Bei einem ersten Follow-up mit 12 Monaten (Billing et al. 1980) konnte ein somatischer und psychomotorischer Entwicklungsstand im Normbereich festgestellt werden. Beim Follow-up mit 14 Jahren (Eriksson et al. 2000) konnte ein statistischer Zusammenhang zwischen Kopfumfang bei Geburt und aktuellen Schulleistungen hergestellt werden.

35.4 Kokain

Kokain ist eine sehr potente psychoaktive Substanz mit zahlreichen Effekten: Es hemmt die postsynaptische Wiederaufnahme von Katecholaminen, Dopamin und Tryptophan und blockiert den Natrium-Einstrom in die Nervenfaser, wodurch es auch als Lokalanästhetikum wirksam ist. Kokain und seine Metaboliten passieren leicht die Plazenta und sind in variablen Spiegeln im fetalen Blut nachweisbar (Schenker et al. 1993). Es sind vermutlich die stark vasokonstriktiven Eigenschaften des Kokains, die verantwortlich sind für die erhöhte Rate an Spontanaborten, vorzeitigen Plazentalösungen, Totgeburten und Frühgeburtlichkeit (Chiriboga 2003). Messungen der Auswirkungen von Kokain auf den intrauterinen Blutfluss waren bereits Mitte der 1980er Jahren von Woods et al. (1987) durchgeführt worden.

Kokain wurde in der Literatur mit zahlreichen angeborenen Fehlbildungen in Verbindung gebracht, insbesondere mit intestinalen Atresien, Hirn- und Augenmissbildungen, Schädeldefekten und verzögerter Ossifikation (Übersicht: s. Chiriboga 2003).

Die Datenlage hinsichtlich geringeren Geburtsgewichts, intrauteriner Wachstumsverzögerung und geringerem Kopfumfang bei intrauterin exponierten Kindern ist relativ uneinheitlich; Studien aus den 1980er Jahren kommen überwiegend zu dem Schluss, dass Kokain-Exposition *in utero* eindeutig signifikante negative Auswirkungen hat (z. B. Chasnoff et al. 1989), wohingegen neuere Untersuchungen ein heterogeneres Bild bieten. Beispielsweise fanden Shankaran et al. (2004), dass in einer relativ großen Stichprobe Nikotinkonsum einen nahezu gleich großen Einfluss auf das Geburtsgewicht hatte wie Kokain: Das Muster des Tabakkonsums in der Schwangerschaft beeinflusste Geburtsgewicht, Geburtslänge sowie Kopfumfang, und Kokain zeigte, nach Adjustierung für konfundierende Variablen, einen davon unabhängigen Einfluss auf Geburtsgewicht und Kopfumfang. In einer weiteren Publikation derselben Arbeitsgruppe (Lester et al. 2002) wurden bei einem Monat alten Säuglingen nach Kokain-Exposition *in utero* geringeres Arousal, qualitativ verringerte Bewegungen und Selbstregulation, höhere Erregbarkeit und häufigere Hypertonien festgestellt, wobei die meisten Effekte auch nach Adjustierung signifikant blieben. Frank et al. (2002) jedoch sahen keine signifikanten negativen Effekte des Ausmaßes des Kokain-Konsums in der Schwangerschaft auf die mentale oder psychomotorische Entwicklung bei 6 Monate alten Säuglingen und kamen in der bis zum Alter von 24 Monaten ausgewerteten Längsschnittuntersuchung zu dem Schluss, dass eine schwere pränatale Kokain-Exposition bis zum Alter von 24 Monaten kein unabhängiger Risikofaktor für erniedrigte Werte auf den Entwicklungsskalen im Vergleich mit leichter exponierten oder nichtexponierten Kindern mit dem gleichen demografischen Hintergrund ist.

Es ist insgesamt davon auszugehen, dass die Gesamtlast der Risikofaktoren bezüglich der kindlichen Entwicklung mit jeder weiteren in der Schwangerschaft konsumierten Droge steigt. Bada et al. (2005) kamen sogar zu dem Schluss, dass Tabakkonsum in der Schwangerschaft einen stärkeren negativen Einfluss auf das Geburtsgewicht und intrauterine Wachstumsverzögerungen hat als Kokain-Konsum. Zusätzlich zu mütterlichen Urin- und Fruchtwassertests auf Drogen untersuchten Singer et al. (2002) die mütterliche psychische Belastung *post partum*. Auch in dieser Untersuchung hatte die Kokain-Exposition einen hohen Vorhersagewert für Geburtsgewicht und -länge sowie Kopfumfang, jedoch hatte in dieser Untersuchung auch die mütterliche psychische Belastung einen unabhängigen Vorhersagewert für den kindlichen Kopfumfang. Ebenso waren Tabak-, Alkohol- und Marihuana-Expositionen in der Datenanalyse signifikante Prädiktoren der fetalen Wachstumsparameter. Addis et al. (2001) kommen in ihrer Übersichtsarbeit, in die sie 33 Studien eingeschlossen hatten, zu dem Fazit, dass die meisten negativen Effekte auf Geburtsgewicht, Frühgeburtlichkeit und andere Komplikationen bei Kokain-exponierten Kindern nicht stärker ausfallen als bei Kindern, die polyvalentem Drogenkonsum der Mutter ohne Kokain ausgesetzt waren. Einzig das Risiko der vorzeitigen Plazentalösung und des vorzeitigen Blasensprungs blieb statistisch assoziiert dem Kokain-Gebrauch selbst.

Auch was die längerfristige Entwicklung der ehemals Kokain-exponierten Kinder angeht, sind die Befunde unterschiedlich: Die Nachuntersuchung von 415 Kindern aus der retrospektiven Längsschnittstudie von Singer et al. (2002) im Alter von 2 Jahren zeigte auch bei Kontrolle der konfundierenden Variablen einen signifikanten Effekt der Kokain-Exposition auf die kognitive Entwicklung. Accornero et al. (2002) untersuchten ebenfalls in einer Längsschnittstudie 140 pränatal Kokain-exponierte Kinder im Alter von fünf Jahren. Die Symptomerhebung erfolgte mit der Child Behavior Checklist (CBCL) von Achenbach, außerdem wurde das aktuelle Suchtverhalten der Mütter mit dem Addiction Severity Index (ASI) erhoben. Die Autoren fanden keinen Zusammenhang zwischen pränataler Kokain-Exposition und dem Verhalten der Kinder. Jedoch ergab sich ein Zusammenhang zwischen dem aktuellen Drogenkonsum der Mutter, ihrem psychischen Funktionsniveau und den internalisierenden und externalisierenden Faktoren der CBCL. Bei der Analyse in einem kombinierten Modell blieb ausschließlich das aktuelle mütterliche Funktionsniveau von signifikantem Einfluss auf das Verhalten der Kinder.

35.5 Opiate

Die beiden in diesem Zusammenhang bedeutsamsten Substanzen sind das Diacethylmorphin (Heroin) und das L-Methadon (Polamidon). Beide Substanzen durchqueren aufgrund ihres niedrigen Molekulargewichts trotz geringer Lipophilie gut die Blut-Liquor-Schranke und sprechen die Opiat-Rezeptoren im Zentralnervensystem an. L-Methadon hat dabei gegenüber der durchschnittlich nur vierstündigen Wirkungsdauer des Heroins bei oraler Aufnahme eine Wirkungsdauer von 24 bis 36 Stunden.

Das teratogene (Missbildungs-)Risiko für Opiat-exponierte Kinder liegt zwischen 2 und 3% und geht damit nicht über das Risiko der Allgemeinbevölkerung hinaus (Kandall 1999); bisher konnte kein Hinweis für eine teratogene Potenz von Opiaten gefunden werden.

Spezielle Risiken ergeben sich für das Kind aus der nahezu ausschließlich intravenösen Applikationsform des Heroins und den damit einhergehenden Infektionsrisiken. So werden beispielsweise aus der Universitätsklinik Wien (Rohrmeister et al. 2001) Infektionsraten der opiatabhängigen Kindesmütter mit Hepatitis B in 29,5%, mit Hepatitis C in 67% und mit HIV in 5,7% aller Fälle angegeben. Diese viralen Infektionen können einerseits selbst Auslöser für

Tab. 35-3 Häufigkeit der einzelnen Entzugssymptome bei 138 Neugeborenen mit NAS (mod. nach Finnegan u. Kandall 1992).

Entzugssymptom	relative Häufigkeit (%)
Tremor	96
schrilles Schreien	95
Schnupfen	83
erhöhter Muskeltonus	82
Erbrechen	74
Atemfrequenz > 60/min	66
Fütterstörung	65
hyperaktiver Moro-Reflex	62
anhaltendes schrilles Schreien	54
dünner Stuhl	51
Schwitzen	49
Fieber < 38,2 °C	29
wässriger Stuhl	12
Fieber > 38,2 °C	3
generalisierte Krampfanfälle	1
Dehydratation	1

Schwangerschafts- und Geburtskomplikationen sein, andererseits mit einer gewissen „vertikalen Transmissionsrate" auf das Neugeborene übertragen werden. Diese liegt für Hepatitis B zwischen 80 und 90%, für Hepatitis C zwischen 50 und 55% (Michielsen u. Van Damme 1999). Durch antiretrovirale Therapie der HIV-1-positiven Schwangeren, eine primäre Sectio am wehenlosen Uterus sowie eine antiretrovirale Prophylaxe und ein Stillverzicht bei dem Neugeborenen beträgt die Rate der vertikalen HIV-1-Transmission in Deutschland seit 1995/1996 nur noch bei 1 bis 2% (Buchholz et al. 2002).

Unter regelmäßigem Opiat-Konsum kommt es zu einer Hemmung der Produktion von FSH (follikelstimulierendes Hormon) und LHRH (luteinisierendes Hormon Releasing Hormon) und dadurch wiederum zum Ausbleiben der Regelblutung (sekundäre Amenorrhö). Dies wird von Weingart-Jesse et al. (1991) als Mitursache für fehlende Kontrazeption bei den betroffenen Frauen angesehen; in einer deutschen Befragung gaben nur 6% der drogenabhängigen Frauen an, regelmäßig Verhütungsmittel zu verwenden (Wolstein et al. 1999), die Schwangerschaft wird aufgrund der ohnehin vorhandenen Zyklusunregelmäßigkeiten erst spät bemerkt.

Neben den Risiken aufgrund des wenig gesundheitsbewussten Lebensstils und der mangelhaften Schwangerschaftsvorsorge (Lejeune 1997) ist das Ungeborene oft starken Konzentrationsschwankungen des Opioid-Blutspiegels der Mutter ausgeliefert (Kraigher et al. 2001). Auch die bei zwischenzeitigen Entzugssymptomen der Mutter auftretenden körperlichen Symptome wie Tachykardie, Tremor, Schwitzen, Übelkeit, Angst oder Unruhe übertragen sich auf den Fetus und führen zu ausgeprägten Kindsbewegungen.

Die internationale Literatur der letzten 30 Jahre belegt übereinstimmend ein erhöhtes Risiko für Frühgeburtlichkeit, erniedrigtes Geburtsgewicht (< 2 500 g bzw. „small for date") sowie perinatale Komplikationen (Übersicht: s. Englert u. Ziegler 2001).

Eine substanzspezifische Besonderheit des Opiat-Konsums in der Schwangerschaft stellt die Entwicklung schwerer Entzugssymptome beim Neugeborenen dar. Dieses Phänomen, das 1930 von Langstein erstmals in der medizinischen Literatur beschrieben worden war, ist in den letzten 20 Jahren als so genanntes „Neonatales Abstinenzsyndrom" (NAS) gut untersucht. Die Entzugssymptomatik beginnt am 2./3. Tag nach der Entbindung und kann sich über einen Zeitraum von 6 Tagen bis zu 8 Wochen erstrecken. Aufgrund der oben erwähnten längeren Halbwertszeit des Methadons verlängert sich auch die Entzugssymptomatik beim Neugeborenen entsprechend. Die Tabelle 35-3 zeigt die häufigsten Entzugssymptome bei Neugeborenen mit NAS (nach Finnegan u. Kandall 1992). Die Häufigkeit zerebraler Krampfanfälle im Entzug wird in der Literatur allerdings sehr unterschiedlich angegeben, bei Finnegan und Kandall (1992) um 1 %, in einer deutschen Publikation von Vering et al. (1992) mit 65 %.

Trotz vielfach geäußerter Bedenken hinsichtlich der Auswirkungen auf den Fetus (verlangsamter und wenig variabler Fetalpuls, weniger motorische Aktivität; Jansson et al. 2005) bzw. das Neugeborene (stärkere und längere Entzugsdauer; Rajegowda et al. 1972) ist die Methadon-Substitution in der Schwangerschaft zur Verringerung der psychosozialen Risiken sowie der Risiken durch die stark schwankenden Opiat-Spiegel unbedingt indiziert. In unserer retrospektiven Untersuchung am Universitätsklinikum Frankfurt (Ziegler et al. 2000) lebten die Mütter mit einer Methadon-Substitution in signifikant stabileren sozialen Verhältnissen und zeigten nach der Geburt des Kindes ein wesentlich angemesseneres Zuwendungsverhalten. Eine kalifornische Arbeitsgruppe um McCarthy (McCarthy et al. 2005) untersuchte den Einfluss der Methadon-Dosierung auf Schwangerschaftsverlauf und kindliche Abstinenzsymptomatik. Dabei zeigte sich kein signifikanter Unterschied in der Häufigkeit des Neonatalen Abstinenzsyndroms zwischen Hochdosis- und Niedrigdosis-Behandlung (> 100 mg Methadon bzw. < 100 mg Methadon) mit einer NAS-Symptomatik von 51 bzw. 49 %. Besonders betonten die Autoren, dass bei der Urinkontrolle der Neugeborenen 27 % der Babys aus der Niedrigdosis-Gruppe positive Screenings für andere illegale Drogen zeigten, wohingegen der Prozentsatz in der Hochdosis-Gruppe nur 11 % betrug. Daher warnen die Autoren davor, die Methadon-Dosis in der Schwangerschaft aus Angst vor einem verstärkten NAS zu niedrig anzusetzen und somit das Risiko für Heroin-Rückfälle oder Beigebrauch anderer Substanzen zu erhöhen – mit wesentlich unberechenbareren Folgen für das Kind. Weiterhin empfehlen die Autoren, ebenso wie Jansson et al. (2005), die Methadon-Gabe in der Schwangerschaft auf 2 bis 3 Einzeldosen pro Tag zu verteilen, um Schwankungen des Methadon-Spiegels im Tagesverlauf zu verhindern, die sich nachweislich stärker auf das Vegetativum des ungeborenen Kindes auswirken als auf die Mutter selbst. Außerdem wird Methadon aufgrund schwangerschaftsbedingter Enzym-Induktion schneller metabolisiert.

Besonders beachtenswert sind in diesem Zusammenhang die Arbeiten von Gabriele Fischer (s. Fischer et al. 2000), die an der Drogenambulanz der Universitätsklinik für Psychiatrie in Wien 1994 ein standardisiertes, multiprofessionelles Betreuungsprogramm für schwangere Opioid-Abhängige etabliert hat. Aus dieser Arbeitsgruppe existieren eine Reihe von Publikationen, die eine alternative Substitution opiatabhängiger Frauen mit Buprenorphin (deutsche Handelsnamen: z. B. Subutex®, Temgesic®) untersucht haben. Rohrmeister et al. (2001) verglichen eine Substitutionsbehandlung mit Methadon, Morphin und Buprenorphin bei 94 drogenabhängigen Schwangeren: 72 % der Neugeborenen entwickelten ein therapiebedürftiges NAS, in der Methadon-Gruppe 76 %, in der Morphin-Gruppe 93 % und in der Buprenorphin-Gruppe nur 19 %. Ebenso für die Buprenorphin-Substitution sprach in dieser Untersuchung eine signifikant kürzere Entzugsdauer im Vergleich zur Methadon- und Morphin-Exposition sowie eine um zwei Drittel kürzere Hospitalisationszeit für die Kinder. Ebenso evaluiert wurde das Nachsorgeprogramm dieser Einrichtung (Ortner et al. 2001), wobei belegt werden konnte, dass die Dauer der Opioid-Erhaltungstherapie, die frühzeitige therapeutische Intervention und die Frequenz der Teilnahme an einer Psychotherapie signifikanten Einfluss auf den Erhalt der Erziehungsfähigkeit der Mütter und damit den Verbleib der Kinder bei diesen hatten.

Literatur

Accornero VH, Morrow CE, Bandstra ES, Johnson AL, Anthony JC (2002). Behavioral outcome of preschoolers exposed prenatally to cocaine: role of maternal behavioral health. J Pediatr Psychol; 27: 259–69.

Addis A, Moretti ME, Ahmed Syed F, Einarson TR, Koren G (2001). Fetal effects of cocaine: an updated meta-analysis. Reprod Toxicol; 15: 341–69.

Appelboam A, Oades PJ (2006). Coma due to cannabis toxicity in an infant. Eur J Emerg Med; 13: 177–9.

Astley SJ, Little RE (1990). Maternal marijuana use during lactation and infant development at one year. Neurotoxicol Teratol; 12: 161–8.

Bada HS, Das A, Bauer CR, Shankaran S, Lester BM, Gard CC, Wright LL, Lagasse L, Higgins R (2005). Low birth weight and preterm births: etiologic fraction attributable to prenatal drug exposure. J Perinatol; 25: 631–7.

Baumann P, Geipel A, Ludwig M, Schneider K, Schultze-Moosgau A (2000). Normale Schwangerschaft und Geburt. In: Diedrich K (Hrsg). Gynäkologie und Geburtshilfe. Berlin, Heidelberg, New York: Springer; 126–38.

Billing L, Eriksson M, Larsson G, Zetterström R (1980). Amphetamine addiction and pregnancy. III. One year follow-up of the children. Psychosocial and pediatric aspects. Acta Paediatr Scand; 69: 675–80.

Bluhm EC, Daniels J, Pollock BH, Olshan AF (2006). Maternal use of recreational drugs and neuroblastoma in offspring: a report from the Children's Oncology Group (United States). Cancer Causes Control; 17: 663–9.

Braustein GD, Buster JE, Soares JR, Gross SJ (1983). Pregnancy hormone concentrations in marijuana users. Life Sci; 33: 195–9.

Buchholz B, Marcus U, Beichert M, Grubert T, Gingelmaier A, Grosch-Wörner I, Brockmeyer N (2002). HIV-Therapie in der Schwangerschaft. Optimierung der Transmissionsverhinderung bei Minimierung unerwünschter Arzneimittelwirkungen. Dtsch Ärztebl; 99: A 1674–83.

Chasnoff IJ, Griffith DR, MacGregor SN (1989). Temporal patterns of cocaine use in pregnancy. JAMA; 261: 171–4.

Chiriboga CA (2003). Fetal alcohol and drug effects. The Neurologist; 9: 267–79.

Chomchai C, Na Manorom N, Watanarungsan P, Yossuck P, Chomchai S (2004). Methamphetamine abuse during pregnancy and its health impact on neonates born at Siriraj Hospital, Bangkok, Thailand. Southeast Asian J Trop Med Public Health; 35: 228–31.

Englert E, Ziegler M (2001). Kinder opiatabhängiger Mütter – Ein Überblick. Suchttherapie; 2: 143–51.

Eriksson M, Jonsson B, Zetterström R (2000). Children of mothers abusing amphetamine: head circumference during infancy and psychosocial development until 14 years of age. Acta Paediatr; 89: 1474–8.

European Environment Agency, WHO Regional Office for Europe (2002). Children's Health and Environment: A Review of Evidence. Kopenhagen: EEA.

Fergusson DM, Horwood LJ, Northstone K, ALSPAC Study Team (2002). Avon Longitudinal Study of Pregnancy and Childhood. Maternal use of cannabis and pregnancy outcome. BJOG; 109: 21–7.

Finnegan LP, Kandall SR (1992). Neonatal Abstinence. In: Lowinson JH, Ruiz P, Millman RB (eds). Substance Abuse: A Comprehensive Textbook. 2nd ed. Baltimore: Williams & Wilkins.

Fischer G, Johnson RE, Eder H, Jagsch R, Peternell A, Weninger M, Langer M, Aschauer HN (2000). Treatment of opioid-dependent pregnant women with buprenorphine. Addiction; 95: 239–44.

Frank DA, Jacobs RR, Beeghly M, Augustyn M, Bellinger D, Cabral H, Heeren T (2002). Level of prenatal cocaine exposure and scores on the bayley scales of infant development: modifying effects of caregiver, early intervention, and birth weight. Pediatrics; 110: 1143–52.

Goldschmidt L, Richardson GA, Cornelius MD, Day NL (2004). Prenatal marijuana and alcohol exposure and academic achievement at age 10. Neurotoxicol Teratol; 26: 521–32.

Hingson R, Alpert JJ, Day N, Dooling E, Kayne H, Morelock S, Oppenheimer E, Zuckerman B (1982). Effects of maternal drinking and marijuana use on fetal growth and development. Pediatrics; 70: 539–46.

Jansson LM, Dipietro J, Elko A (2005). Fetal response to maternal methadone administration. Am J Obstet Gynecol; 193: 611–7.

Kandall SR (1999). Treatment strategies for drug-exposed neonates. Clin Perinatol; 26: 231–43.

Kennare R, Heard A, Chan A (2005). Substance use during pregnancy: risk factors and obstetric and perinatal outcomes in South Australia. Aust N Z J Obstet Gynaecol; 45: 220–5.

Kleinebrecht J, Fränz J, Wiendorfer A (1990). Arzneimittel in der Schwangerschaft und Stillzeit. Ein Leitfaden für Ärzte und Apotheker. Stuttgart: Wissenschaftliche Verlagsgesellschaft mbH.

Kraigher D, Schindler S, Ortner R, Fischer G (2001). Schwangerschaft und Substanzabhängigkeit. Gesundheitswesen; 63: S101–5.

Langstein L (1930). Über das Schicksal von morphinsüchtigen Frauen geborene Säuglinge. Medizinische Klinik; 14: 500–1.

Lejeune C, Ropert JC, Montamat S, Floch-Tudal C, Mazy F, Wijkhuisen N, Froment H (1997). Devenir médico-social de 59 nouveau-nés de mère toxicomane. J Gynecol Obstet Biol Reprod (Paris); 26: 395–404.

Lester BM, Tronick EZ, LaGasse L, Seifer R, Bauer CR, Shankaran S, Lester BM, Bada HS, Wright LL, Smeriglio VL, Lu J, Finnegan LP, Maza PL (2002). The maternal lifestyle study: effects of substance exposure during pregnancy on neurodevelopmental outcome in 1-month-old infants. Pediatrics; 110: 1182–92.

Lüllmann H, Moor K, Ziegler A (1996). Taschenatlas der Pharmakologie. Stuttgart, New York: Thieme.

McCarthy JJ, Leamon MH, Parr MS, Anania B (2005). High-dose methadone maintenance in pregnancy: maternal and neonatal outcomes. Am J Obstet Gynecol; 193: 606–10.

McElhatton PR, Bateman DN, Evans C, Pughe KR, Thomas SHL (1999). Congenital anomalies after prenatal ecstasy exposure. Lancet; 354: 1441–2.

Michielsen PP, Van Damme P (1999). Viral hepatitis and pregnancy. Acta Gastroenterol Belg; 62: 21–9.

Ortner R, Schuster A, Rohrmeister C, Fischer G (2001). Prädiktoren zur Stabilisierung opioidabhängiger gravider Frauen mit Ausblick auf die elterliche Sorge. Suchttherapie; 2: 152–8.

Rajegowda BK, Glass L, Evans HE, Maso G, Swartz DP, Leblanc W (1972). Methadone withdrawal in newborn infants. J Pediatr; 81: 532–4.

Rohrmeister K, Bernert G, Langer M, Fischer G, Weninger M, Pollak A (2001). Opiatabhängigkeit in der Schwangerschaft – Konsequenzen für das Neugeborene. Ergebnisse eines interdisziplinären Betreuungsmodells. Z Geburtshilfe Neonatol; 205: 224–30.

Rommelspacher H (1991). Pharmakologie der Drogen (Heroin, L-Methadon, Kokain, Haschisch) und deren Auswirkungen auf Schwangere, Fetus und Neugeborenes. Gynäkologe; 24: 315–21.

Schenker S, Yang Y, Johnson RF, Downing JW, Schenken RS, Henderson GI, King TS (1993). The transfer of cocaine and its metabolites across the term human placenta. Clin Pharmcol Ther; 53: 329–39.

Shankaran S, Das A, Bauer CR, Bada HS, Lester B, Wright LL, Smeriglio V (2004). Association between patterns of maternal substance use and infant birth weight, length, and head circumference. Pediatrics; 114: 226–34.

Singer LT, Salvator A, Arendt R, Minnes S, Farkas K, Kliegman R (2002). Effects of cocaine/polydrug exposure and maternal psychological distress on infant birth outcomes. Neurotoxicol Teratol; 24: 127–35.

Smith L, Yonekura ML, Wallace T, Berman N, Kuo J, Berkowitz C (2003). Effects of prenatal methamphetamine exposure on fetal growth and drug withdrawal symptoms in infants born at term. J Dev Behav Pediatr; 24: 17–23.

Thomasius R, Gouzoulis-Mayfrank E, Karus C et al. (2004). AWMF-Behandlungsleitlinie: Psychische und Verhaltensstörungen durch Kokain, Amphetamine, Ecstasy und Halluzinogene. Fortschr Neurol Psychiatrie; 72: 679–95.

Trivers KF, Mertens AC, Ross JA, Steinbuch M, Olshan AF, Robison LL (2006). Parental marijuana use and risk of childhood acute myeloid leukaemia: a report from the Children's Cancer Group (United States and Canada). Paediatr Perinat Epidemiol; 20: 110–8.

Vering A, Seeger J, Becker S, Halberstadt E, Bender HG (1992). Heroinabusus und Methadon-Substitution in der Schwangerschaft. Geburtshilfe Frauenheilkd; 52: 144–7.

Weingart-Jesse B, Stauber M, Hiller K, Jakobs U, Lutz R (1991). Drogensubstitution und Entzug in der Schwangerschaft. Gynäkologe; 24: 322–6.

Wolstein J, Wirth I, Wolstein R, Gastpar M (1999). Methadonsubstitution in der Schwangerschaft. Sucht; 45: 306–14.

Woods JR, Plessinger MS, Clark KE (1987). Effects of cocaine on uterine blood flow. JAMA; 257: 957–61.

Ziegler M, Poustka F, von Loewenich V, Englert E (2000). Postpartale Risikofaktoren in der Entwicklung von Kindern opiatabhängiger Mütter: Ein Vergleich zwischen Müttern mit und ohne Methadon-Substitution. Nervenarzt; 71: 730–6.

VIII Rechtliche Aspekte

36 Familienrechtliche Aspekte

Helga Oberloskamp

36.1 Verfassungsrechtliche Vorgaben

Art. 6 Abs. 1 des Grundgesetzes (GG) („Ehe und Familie stehen unter dem besonderen Schutze der staatlichen Ordnung.") stellt einerseits die Familie unter den besonderen Schutz der staatlichen Ordnung. Andererseits bestimmen Abs. 2 und 3 den Vorrang der Eltern bei Pflege und Erziehung der Kinder („das natürliche Recht der Eltern und die zuvörderst ihnen obliegende Pflicht"). Der in Abs. 1 zitierte Schutz des Staates besteht u. a. darin, die elterliche Betätigung zu überwachen (Abs. 2 Satz 2) (primär durch die Jugendämter) und gegebenenfalls auf der Basis eines Gesetzes in das Elternrecht einzugreifen (vorrangig durch Familien- und Vormundschaftsgerichte). Rechte und Pflichten der Eltern sowie Art und Umfang des „Staatlichen Wächteramtes" sind im so genannten einfachen Recht, das heißt dem Recht, das im Rang unter dem Grundgesetz steht, präzisiert. Hauptquelle dieses einfachen Rechts ist das Bürgerliche Gesetzbuch (BGB) vom 01.01.1900, das im Bereich der Vorschriften zur Eltern-Kind-Beziehung zuletzt durch das Kindschaftsrechtsreformgesetz (in Kraft seit 01.07.1998) und durch das Gesetz zur Ächtung der Gewalt in der Erziehung (in Kraft seit 03.11.2000) geändert worden ist.

36.2 Eltern

Wer unter „Eltern" zu verstehen ist, richtet sich nach den Vorschriften der §§ 1626a ff BGB und weiteren Einzelbestimmungen im Recht der elterlichen Sorge. Weder Zeugen noch Gebären eines Kindes macht Personen zu Eltern im Sinne des Gesetzes. Erforderlich ist vielmehr, dass ein Kind auch im Rechtssinne von dieser Person abstammt und dass das Gesetz ihnen elterliche Sorge einräumt. Ein Kind stammt von einer Frau ab, wenn diese es zur Welt bringt (§ 1591 BGB). Ein Kind stammt von einem Mann ab, wenn dieser mit der Frau, die das Kind gebiert, verheiratet ist oder wenn er, falls er nicht mit ihr verheiratet ist, das Kind mit Zustimmung der Mutter anerkennt oder wenn das Familiengericht feststellt, dass er der Vater des Kindes ist (§ 1592 BGB). Elterliche Sorge kann gemeinsam oder allein ausgeübt werden. Elterliche Sorge haben Eltern, von denen ein Kind stammt, gemeinsam, wenn sie verheiratet sind oder wenn sie, falls sie nicht miteinander verheiratet sind, gemeinsame Sorgeerklärungen abgeben (§ 1626a Abs. 1 BGB). Trifft weder das eine noch das andere zu, hat nur die Mutter das Sorgerecht (§ 1626a Abs. 2 BGB). Durch gerichtliche Regelungen kann aus einem gemeinsamen Sorgerecht ein Alleinsorgerecht, aus einem Alleinsorgerecht ein gemeinsames Sorgerecht gemacht oder das Sorgerecht von einem Elternteil auf den anderen übertragen oder einem oder beiden Eltern entzogen werden.

36.3 Elternpflichten

Die Befugnisse und Verpflichtungen von rechtlich feststehenden Eltern sind im Recht der elterlichen Sorge (§§ 1626 ff BGB) geregelt. Hiernach haben Eltern die Pflicht und das Recht, für die Person und das Vermögen des Kindes zu sorgen (§ 1626 Abs. 1 BGB) und das Kind zu vertreten (§ 1629 Abs. 1 Satz 1 BGB). Hinsichtlich anzustrebender Erziehungsziele macht das Gesetz keine Ausführungen. Der erwartete Erziehungsstil wird ansatzweise beschrieben, indem den Eltern vorgeschrieben wird, dass sie bei Ausübung von Pflege und Erziehung der Kinder deren wachsende Fähigkeit und wachsendes Bedürfnis zu selbstständigem und verantwortungsbewusstem

36.3 Elternpflichten

Handeln zu respektieren haben (§ 1626 Abs. 2 Satz 1 BGB). Sowohl bei Erziehungszielen als auch -stilen ist die äußerste Grenze der elterlichen Autonomie und somit der späteste Zeitpunkt der Aktivierung des staatlichen Wächteramts die Gefährdung des Kindeswohls, die in den §§ 1666, 1666a BGB sanktioniert ist.

Die **Personensorge**, um die es vorwiegend bei elterlichem Suchtverhalten geht (Fragen der Vermögenssorge könnten auftreten, wenn Eltern das Vermögen des Kindes zur Finanzierung ihrer Sucht verwenden), wird vom Gesetz in einigen Detailvorschriften näher beschrieben. Sie hat u. a. zum Gegenstand:
- Pflege, Erziehung, Beaufsichtigung, Aufenthaltsbestimmung (§ 1631 Abs. 1 BGB)
- Kindesherausgabe (§ 1632 Abs. 1 BGB)
- Umgangsbestimmung (§ 1632 Abs. 2 BGB)
- Namenswahl (§§ 1617 ff BGB)

36.3.1 Verletzung

Verletzen die Eltern eine dieser Pflichten in gravierender Weise, so kann das Gericht in die elterliche Sorge eingreifen (§ 1666 Abs. 1 BGB). Hierfür müssen folgende Voraussetzungen erfüllt sein:
- Das körperliche, geistige oder seelische Wohl des Kindes muss gefährdet sein.
- Ein elterliches Verhalten oder das Verhalten eines Dritten muss dafür ursächlich sein (folgt aus dem Wörtchen „durch" im Gesetzestext).
- Die Eltern müssen unfähig oder unwillig sein, die Gefahr abzuwenden.

Kindeswohlgefährdung

Der Begriff der Kindeswohlgefährdung ist ein so genannter unbestimmter Rechtsbegriff. Er darf nicht nur, sondern **muss interpretiert werden**, um handhabbar zu sein. Auszugehen ist bei seiner Auslegung sicher nicht von irgendwelchen (vermutlich umstrittenen) pädagogischen Theorien, sondern von „dem kleinsten gemeinsamen Nenner" in der Gesellschaft hinsichtlich dessen, was Erziehung leisten soll. Das Kinder- und Jugendhilfegesetz umschreibt dies aus dem Blickwinkel des Kindes und benennt, worauf dieses ein Recht hat, nämlich auf Erziehung zur Eigenverantwortlichkeit und Gemeinschaftsfähigkeit (§ 1 Abs. 1 SGB VIII). Hierzu dürften u. a. gehören:
- Befriedigung körperlicher und seelischer Grundbedürfnisse
- Hinführung zu lebenspraktischer Selbstständigkeit
- Entfaltung des geistigen Potenzials, Entwicklung sozialer Fähigkeiten (das OLG Oldenburg vom 20.03.1998, FamRZ 1999, 38 spricht von „Sicherstellung der sozialen Grundentwicklung")
- Hinführung zur Akzeptanz unserer Wertegemeinschaft (das Jugendgerichtsgesetz spricht von „Rechtschaffenheit")

Wenn in Bezug auf diese Erziehungsziele gravierende Abweichungen bei einem Kind oder Jugendlichen festzustellen sind, dann dürfte das Kindeswohl gefährdet sein und könnte Anlass für den Staat bestehen zu intervenieren.

Elterliches Verhalten

Das elterliche Verhalten, das Gegenstand dieses Beitrags ist, ist ein Suchtverhalten. Welche Art Sucht dies sein kann, ist in den Kapiteln 17 bis 22 beschrieben. Die Sucht als solche, selbst die diagnostisch einwandfrei festgestellte, ist kein Anlass, in das Sorgerecht einzugreifen. Solange Sucht nicht strafrechtlich relevant (Dealen, Straßenverkehr ...) ist oder solange sie nicht sonstige Rechte anderer tangiert (Kinder, Ehepartner), reagiert der Staat nicht auf sie. Gefährdet sie jedoch das Kind, ist der Staat verpflichtet, tätig zu werden.

Die Verhaltensweisen von Eltern gegenüber ihren Kindern, die zu staatlichen Eingriffen führen können, werden im Gesetz mit verschiedenen Formulierungen umschrieben: Eltern können
- ihre elterliche Sorge missbrauchen,
- das Kind vernachlässigen,
- unverschuldet versagen.

Missbrauch

Mit Missbrauch ist ein Tun gemeint, mit dem von den elterlichen Befugnissen in einer Weise Gebrauch gemacht wird, die mit dem Grund der Rechtsinhaberschaft nicht zur Deckung zu bringen ist. Nachdem das Bundesverfassungsgericht (BVerfG) jahrzehntelang wiederholt hat, dass die elterliche Sorge ein Pflichtrecht, ein fremdnütziges Recht, ein treuhänderisches Recht ist, hat der Reformgesetzgeber von 1998 erstmals die elterliche Sorge als „Pflicht und Recht" (in dieser Reihenfolge) definiert. Sie ist also die Pflicht, die mit ihr verbundenen Befugnisse im Interesse des Kindes einzusetzen. Wenn daher die Eltern den 6-jährigen Sohn zum Stehlen wegschicken, damit sie sich von der Diebesbeute „Stoff" kaufen können, dann missbrauchen sie die ihnen eingeräumte Rechtsmacht. Wenn der Vater sein Verhalten gegenüber seinen Kindern nicht kontrollieren kann und sie körperlich verletzt, ist dies ein Missbrauch des Sorgerechts (so BayObLG vom 30.09.1998, FamRZ 1999, 178).

Vernachlässigung

Vernachlässigung ist ein Unterlassen, eine grob pflichtwidrige Untätigkeit der Eltern. Sie tun etwas nicht, was sie bei gewissenhafter Erfüllung ihrer Pflichten tun müssten. Weil sie so mit ihrer Sucht und der Beschaffung von Nachschub beschäftigt sind, erfüllen sie die Grundbedürfnisse des Kindes nach Essen, Kleidung, Zuwendung, Betreuung, Kontrolle, Vorsorgeuntersuchungen und ärztlicher Behandlung nicht.

Unverschuldetes Versagen

Unverschuldetes Versagen meint ein Tun oder Unterlassen in dem oben beschriebenen Sinn, ohne dass den Eltern jedoch die Schädlichkeit ihres Verhaltens bewusst ist. Der Gesetzgeber hat hiermit eine Regelung treffen wollen, die berücksichtigt, dass es für das Kind im Ergebnis gleichgültig ist, ob die Eltern es schuldhaft oder schuldlos nicht angemessen erziehen. Auf die Vorwerfbarkeit des elterlichen Verhaltens kommt es also nicht an. Dies bedeutet im Hinblick auf Sucht, dass selbst dann, wenn die Sucht so weit fortgeschritten ist, dass den Eltern jegliches Unrechtsbewusstsein fehlt, möglicherweise in ihr Sorgerecht eingegriffen werden kann (so für psychische Erkrankungen OLG Karlsruhe vom 14.03.2000, JAmt, 2001, 192).

Verhalten eines Dritten

Neben dem Fehlverhalten der Eltern selbst kann auch das Verhalten eines Dritten Anlass für eine staatliche Intervention sein. Dieser Dritte könnte zum Beispiel ein Dealer oder ein anderer Drogenkonsument sein, der einem jungen Menschen „Stoff" besorgt.

Kausalität

Die dritte Voraussetzung ist, dass gerade das Fehlverhalten zur Gefährdung des Kindes geführt hat, das heißt, dass es zumindest mit ursächlich dafür sein muss. Trifft dies nicht zu, kommt jedenfalls kein Eingriff in das Sorgerecht in Betracht.

Unfähigkeit oder Unwilligkeit der Eltern

Die vierte Voraussetzung für den Eingriff in das elterliche Sorgerecht ist die Unfähigkeit oder Unwilligkeit der Eltern, die Gefahr abzuwenden. Ist ein elterliches Fehlverhalten Anlass für die gerichtliche Intervention, dann hat diese vierte Voraussetzung keine weitreichende eigenständige Bedeutung mehr. Das elterliche Verhalten impliziert in der Regel das Nichtabwenden der Gefahr. Ist es aber ein Dritter, der auf das Kind einwirkt, so muss hinzukommen, dass die Eltern nichts gegen die Gefährdung unternehmen. Dabei ist es wie bei der zweiten Voraussetzung gleichgültig, ob das Nichtabwenden schuldlos (Unfähigkeit) oder schuldhaft (Unwilligkeit) geschieht. Hier wäre daher der Fall anzusiedeln, dass eine alkoholkranke allein erziehende Mutter nichts dagegen unternimmt, dass ihre 17-jährige Tochter im Rauschgiftmilieu „versackt".

Folgen

Liegen alle vier Voraussetzungen des § 1666 Abs. 1 BGB vor, so hat das Familiengericht die „erforderliche Maßnahme" zu ergreifen. Dies ist die Anordnung des Gesetzes, nach dem Grundsatz der Verhältnismäßigkeit zu verfahren. Was dies bedeutet, kann nur aus der jeweiligen Situation heraus gesagt werden. Das Gesetz selbst zählt beispielhaft ein paar Möglichkeiten staatlicher Reaktionen auf.

- Das Gericht kann eine rechtsgeschäftliche Einwilligung ersetzen (§ 1666 Abs. 3 BGB). Wenn die Eltern sich zum Beispiel weigern, ihre Zustimmung zur Unterbringung ihres Kindes bei Verwandten zu geben, dann kann das Gericht selbst diese Einwilligungserklärung abgeben.
- Das Gericht kann Maßnahmen gegen einen Dritten verhängen (§ 1666 Abs. 4 BGB). Es kann also dem Drogenhändler aufgeben, sich dem Mädchen nicht mehr zu nähern, ihm nicht mehr vor der Schule aufzulauern.
- Es kann den Eltern auch Teile ihres Sorgerechts wegnehmen (Umkehrschluss aus § 1666a Abs. 2 BGB). Hier kommen insbesondere die Teile in Betracht, in denen die Eltern versagt haben. Wenn sie zum Beispiel aufgrund ihres Alkoholmissbrauchs ihren Sohn nicht mehr in die Schule geschickt haben oder nichts dagegen unternommen haben, dass er die Schule immer wieder geschwänzt hat, dann könnten ihnen alle Rechte im Zusammenhang mit dem Schulbesuch des Sohnes entzogen werden.
- Es kann das Kind von seinen Eltern trennen, ihnen insoweit das Sorgerecht entziehen, als hierüber entschieden werden muss (Aufenthaltsbestimmungsrecht; Recht, Hilfe zur Erziehung in Anspruch zu nehmen), und einen Pfleger an die Stelle der Eltern setzen. Dieser kann das Kind dann in einer Pflegefamilie oder in einem Heim unterbringen (so OLG Frankfurt vom 04.09.2000, JAmt 2001, 90; OLG Karlsruhe vom 23.03.2000, DAVorm 2000, 700). Im Zusammenhang mit der Trennung des Kindes von seinen Eltern bestimmt das BGB ausdrücklich, dass dies nur die allerletzte Möglichkeit sein darf und dass – zumindest gedanklich – andere Hilfen, also insbesondere die des Kinder- und Jugendhilfegesetzes, versucht worden sein müssen.

Gerichtliches Verfahren

Das Verfahren nach § 1666 BGB ist ein Verfahren, das **von Amts wegen** einzuleiten ist. Es bedarf also keines Antrags. Jede beliebige Person kann dem Gericht eine Information geben, mit der Folge, dass dieses ein Verfahren einleiten muss. Das Jugendamt (JA) ist gemäß § 8a Abs. 3 SGB VIII verpflichtet, das Familiengericht anzurufen, wenn das Kind gefährdet ist und die Hilfen des KJHG offensichtlich nicht ausreichen.

Das gerichtliche Verfahren läuft vor dem Amtsgericht (Familiengericht) nach den Regeln des Gesetzes über die Angelegenheiten der freiwilligen Gerichtsbarkeit (FGG) ab. Es besteht kein Anwaltszwang (§ 78 Abs. 2 Nr. 3 ZPO im Umkehrschluss). Für das Gericht gilt der Amtsermittlungsgrundsatz, § 12 FGG, es muss selbst der Wahrheit auf den Grund gehen. Es hat die Eltern (§ 50a FGG) (OLG Hamm vom 19.01.1998, DAVorm 1999, 144 und OLG Saarbrücken vom 08.05.2000, DAVorm 2000, 689) sowie das JA (§ 49a Abs. 1 Nr. 8 FGG) anzuhören und grundsätzlich einen Verfahrenspfleger zu bestellen (§ 50 Abs. 2 Nr. 2 FGG) (OLG Saarbrücken vom 08.05.2000, DAVorm 2000, 589). Bei Bedarf kann es auch einen Sachverständigen einschalten (§ 15 Abs. 1 FGG). Die Entscheidung ergeht als Beschluss.

Eine Anordnung nach § 1666 BGB ist gemäß § 1696 Abs. 2 BGB von Amts wegen aufzuheben, wenn eine Gefahr für das Wohl des Kindes nicht mehr besteht. In jedem Fall sind länger andauernde Maßnahmen dieser Art in angemessenen Zeitabständen zu überprüfen (§ 1696 Abs. 3 BGB).

Der Beschluss des Familiengerichts (FamG) kann mit der **Beschwerde** beim Oberlandesgericht (OLG) (§ 621e Abs. 1 ZPO) und bei Zulassung mit der weiteren Beschwerde beim Bundesgerichtshof (BGH) (§ 621e Abs. 2 Satz 1 ZPO) angefochten werden. Es handelt sich um eine sofortige (= befristete) Beschwerde, die innerhalb eines Monats eingelegt werden muss (§ 621e

Abs. 3 Satz 2). Beschwerdebefugt sind die Eltern und das Kind (§ 20 Abs. 1 FGG) sowie das mehr als 14 Jahre alte Kind ohne seinen gesetzlichen Vertreter (§ 59 FGG). Außerdem hat das Jugendamt ein Beschwerderecht (§§ 57 Abs. 1 Nr. 9, 64 Abs. 3 Satz 3 FGG).

Eilentscheidungen

Bei Gefahr in Verzug, das heißt in ganz dringenden Fällen, wenn bei Durchführung eines normalen Verfahrens nach § 1666 BGB dem Kind akute Gefahr drohte, ist es denkbar, dass eine einstweilige Anordnung (einstw. AO) des Gerichts ergeht. Ein solches Verfahren muss gleichzeitig mit dem Hauptverfahren eingeleitet werden. Für das Ergehen des gewünschten Beschlusses müssen die unter dem Abschnitt „Verletzung von Elternpflichten" genannten Voraussetzungen auch gegeben sein (s. S. 365 f.). Anders als im Hauptverfahren, in dem streitige Tatsachen bewiesen werden müssen, genügt es im vorläufigen Verfahren jedoch, dass die Tatsachen **glaubhaft gemacht werden**. Welche Beweise das Gericht gegebenenfalls überhaupt erhebt (BVerfG vom 21.06.2002, ZfJ 2002, 479) oder ob es bereits auf telefonischen Anruf hin die Entscheidung erlässt, steht in seinem pflichtgemäßen Ermessen. Unterlässt es wegen der Dringlichkeit die Anhörung des Jugendamtes, muss es diese nach Ergehen der Anordnung nachholen (§ 49a Abs. 2 i.V.m. § 49 Abs.4 FGG).

Sonstige zivilrechtliche Rechtsfolgen

Die Sucht eines Elternteils kann nicht nur zum Eingriff in das elterliche Sorgerecht gemäß § 1666 BGB führen. Sie kann auch andere rechtliche Auswirkungen haben.

Trennung der Eltern

So ist es vorstellbar, dass die Sucht zur Trennung der Eltern führt oder dass sich die Eltern unabhängig von der Sucht trennen wollen und jetzt um das Sorgerecht für das Kind kämpfen. Die Rechtsgrundlage für eine Sorgerechtsregelung in diesen Fällen ist § 1671 Abs. 2 Nr. 2 BGB. Denkbar ist es, dass nur einer der Eltern einen Antrag auf Übertragung der Alleinsorge stellt und der andere es bei der gemeinsamen Sorge belassen möchte oder dass beide einen Antrag auf Übertragung der Alleinsorge je auf sich stellen. Geprüft werden muss in beiden Fällen, ob
- die Aufhebung der gemeinsamen Sorge dem Wohl des Kindes am besten dient,
- die Übertragung der Alleinsorge auf den Antragsteller dem Wohl des Kindes am besten dient.

Ist nur einer der Eltern süchtig, so kommt dieser als alleiniger Sorgerechtsinhaber kaum in Betracht. Hat er daher den Antrag allein gestellt, so wird der Antrag wahrscheinlich zurückgewiesen, mit der Folge, dass es beim gemeinsamen Sorgerecht bleibt. Ist auch das für das Kind nicht akzeptabel, so wird das Gericht nach § 1671 Abs. 3 i.V.m. § 1666 BGB verfahren.

Stellt der Nichtsüchtige allein den Antrag, so kann es gleichwohl sein, dass das Gericht seinen Antrag zurückweist, weil sich die Eltern über den Aufenthalt einig sind und das Beibehalten der gemeinsamen Sorge für das Kind ungefährlich ist (so AmtsG Ratzeburg vom 09.10.1998, FamRZ 200, 505).

Haben beide einen Übertragungsantrag gestellt, so kommt der süchtige Elternteil kaum als alleiniger Sorgerechtsinhaber infrage. Sein Antrag wird vermutlich zurückgewiesen, dem des anderen Elternteils wird stattgegeben (so OLG Brandenburg vom 27.03.2001, JAmt 2001, 556).

Sorgerecht

Ist die Mutter alleinige Sorgerechtsinhaberin gemäß § 1626a Abs. 2 BGB und wird ihr wegen ihrer Sucht das Sorgerecht gemäß § 1666 BGB entzogen, so muss das Gericht prüfen, ob es dem Vater (im Rechtssinne) das Sorgerecht übertragen kann. Dies ist möglich, wenn die Übertragung dem Kindeswohl dient (§ 1680 Abs. 3 i.V.m. Abs. 2 Satz 2 BGB).

Umgangsrecht

Lebt ein Elternteil nicht mit seinem Kind zusammen, sondern ist nur umgangsberechtigt (§ 1684 Abs. 1 BGB), so kann eine etwaige Sucht auch Auswirkungen auf das Umgangsrecht haben. Wenn der Zustand des Elternteils die Ausübung des Umgangs beeinträchtigt – kommt er also in alkoholisiertem Zustand zu dem Treffen oder ist er gar aggressiv und gefährlich für sein Kind –, so kann das Gericht zunächst Auflagen machen (§ 1684 Abs. 3 S. 2 BGB), sodann das Umgangsrecht vorübergehend einschränken oder ausschließen, wenn dies zum Wohl des Kindes erforderlich ist (§ 1684 Abs. 4 Satz 1). Für längere Zeit oder auf Dauer kann das Umgangsrecht ausgeschlossen werden, wenn anderenfalls das Wohl des Kindes gefährdet wäre (§ 1684 Abs. 4 Satz 2 BGB). Um Einschränkung und Ausschluss zu vermeiden, kann das Gericht auch so genannten Begleiteten Umgang anordnen (§ 1684 Abs. 4 Satz 3 BGB), der allerdings wohl nur dann sinnvoll wäre, wenn sich der Elternteil einer Therapie unterzöge.

Aufsichtspflicht

Eltern sind, wie schon weiter oben ausgeführt, verpflichtet, ihre Kinder zu beaufsichtigen. Tun sie dies nicht in gebührender Weise, so kommt nicht nur ein Eingriff in ihr Sorgerecht in Betracht, sondern auch eine Haftung für die Schäden, die daraus entstehen.

Haftung für Schäden des Kindes

Denkbar sind Schäden, die die Eltern ihrem Kind zufügen, indem sie ihre Aufsichtspflicht verletzen. Hier kommt eine Haftung nach § 1664 BGB in Betracht. Diese Norm bestimmt in Abs. 1, dass Eltern bei der Ausübung der elterlichen Sorge dem Kind gegenüber nur für die Sorgfalt einzustehen haben, die sie in eigenen Angelegenheiten anzuwenden pflegen.

Der Wortlaut dieser Vorschrift spricht nicht unbedingt dafür, dass sie überhaupt eine Anspruchsgrundlage darstellt. Nach dem Wortlaut liefert sie vielmehr nur einen Haftungsmaßstab, ebenso wie § 1359 BGB ihn für die Beziehung zwischen Ehegatten darstellt. Die Rechtsprechung hat die Norm jedoch schon seit längerer Zeit zur selbstständigen Anspruchsgrundlage ausgebaut (vgl. zuletzt OLG Köln vom 23.10.1996, FamRZ 1997, 1351; ebenso die Literatur: u. a. MünchKomm/Huber § 1664 RdNr. 1; Palandt/Diederichsen § 1664 RdNr. 1). Voraussetzungen für eine Haftung sind demnach:

- **Innehaben der elterlichen Sorge**, das heißt, dass eine Haftung etwa dann nicht in Betracht kommt, wenn einem Elternteil die elterliche Sorge entzogen worden ist oder sie nach Scheidung einem Elternteil alleine übertragen worden ist.
- **Pflichtwidriges, das Kind schädigendes Handeln:** Theoretisch kann ein solches Handeln – neben vielen anderen denkbaren Verstößen – auch in der Verletzung einer Aufsichtspflicht bestehen. Aber gerade in diesem Bereich herrscht Streit, ob sie überhaupt § 1664 BGB unterstellt werden kann. Die Begründung für eine Verneinung ist, dass der Schutzzweck der Aufsichtspflicht eine objektive Bestimmung der Pflichtanforderungen verlange (s. Nachweise unter MünchKomm/Huber § 1664 RdNr. 11 mit Fn 19). Für eine Unterstellung der Aufsichtspflichtverletzung unter diese Norm spricht jedoch, dass sie ihrem Wortlaut nach keine Einschränkung enthält und dass gerade die Aufsichtsführung einen großen Teil der elterlichen Sorge ausmacht, sodass bei Herausnahme der Anwendungsbereich der Norm nur noch sehr gering wäre.

Lässt man daher auch die Verletzung einer Aufsichtspflicht durch § 1664 BGB beurteilen, so haften die Eltern hierbei nur für so genannte eigenübliche Sorgfalt. Gehen sie daher aufgrund ihrer Sucht in der Handhabung gewisser Dinge „großzügiger" als andere Menschen mit jenen um und kommt das Kind hierdurch zu Schaden, so können sie sich erfolgreich darauf berufen, dass sie bei sich selbst auch nicht anders gehandelt hätten. Allerdings setzt § 277 BGB ihrer „Schlampigkeit" Grenzen: Für grob fahrlässige und vorsätzliche Schädigungen müssen sie dem Kind trotzdem haften.

Neben einer Haftung aus § 1664 BGB für eine Schädigung des Kindes durch eine Aufsichtspflichtverletzung kommt auch eine Haftung nach § 823 Abs. 1 BGB in Betracht (vgl. Münch-Komm/Huber § 1664 RdNr. 7). Voraussetzung hierfür ist, dass ein in § 823 Abs. 1 BGB genanntes Rechtsgut verletzt worden ist (Eigentum, Körper, Gesundheit, Freiheit oder ein sonstiges absolutes Recht des Kindes). Dies muss durch ein Tun oder ein Unterlassen geschehen, wobei Letzteres nur dann haftungsbegründend sein kann, wenn eine Rechtspflicht zum Handeln besteht. Eltern haben immer kraft Gesetzes die Rechtspflicht, Schäden von ihrem Kind abzuwenden. Sie müssen kraft Gesetzes (§§ 1626, 1631 BGB) ihre Kinder alters- und entwicklungsentsprechend beaufsichtigen, das heißt überwachen, aufklären und kontrollieren. Das Nichtbefolgen dieser Pflicht ist nur dann gerechtfertigt (= nicht widerrechtlich), wenn ein Rechtfertigungsgrund vorliegt. Ein solcher ist in der Regel nicht vorhanden.

Allerdings haften Eltern für solcherart entstandene Schäden nur dann, wenn sie schuldhaft, das heißt vorsätzlich oder fahrlässig, handeln. Voraussetzung dafür, dass sie dies überhaupt können, ist, dass sie schuldfähig sind. Was dies ist, beschreibt § 827 BGB. Demnach ist nicht schuldfähig, wer in einem die freie Willensbestimmung ausschließenden Zustand krankhafter Störung der Geistestätigkeit anderen einen Schaden zufügt. Eine Sucht, die entsprechende Ausmaße annimmt, könnte hierunter fallen, mit der Folge, dass der süchtige Elternteil bei Verletzung seiner Aufsichtspflicht für den entstandenen, durch sein Kind verursachten Schaden nicht haftet. Dann muss die freie Willensbestimmung jedoch gänzlich ausgeschlossen sein. Dies wird auch bei Sucht in den wenigsten Fällen zutreffen. In der Regel dürfte daher eine Haftung in Betracht kommen.

Allerdings ist für ihre Realisierbarkeit schließlich auch noch erforderlich, dass das so genannte Haftungsprivileg der Eltern gem. § 1664 BGB die Haftung der Eltern nicht ausschließt. Wie auf den vorausgehenden Seiten ausgeführt, bestimmt diese Vorschrift in Abs. 1, dass Eltern bei der Ausübung der elterlichen Sorge dem Kinde gegenüber nur für die Sorgfalt einzustehen haben, die sie in eigenen Angelegenheiten anzuwenden pflegen. Bedeutung und Reichweite dieser Norm sind in Rechtsprechung und juristischer Literatur sehr umstritten. Der Sinn der Vorschrift – so weit besteht Einigkeit – liegt darin, den Eltern ihre verantwortungsvolle Arbeit zu erleichtern und sie nicht auch noch mit möglichen Haftungsansprüchen der Kinder zu belasten. Klar ist auch, dass sich die Haftungseinschränkung überhaupt nur auf leichte Fahrlässigkeit beziehen kann, weil gemäß § 277 BGB derjenige, der für die Sorgfalt nur wie in eigenen Angelegenheiten einstehen muss, trotzdem für grobe Fahrlässigkeit und natürlich erst recht für Vorsatz haftet. Da die Gründe für den Streit über die Auslegung und die Auswirkungen vor allem im Bereich der Vermögenssorge hier nicht detailliert dargestellt werden können (zu den Einzelheiten: s. Schwab 2006, RdNrn. 617–620; Gernhuber u. Coester-Waltjen 2006, § 57 IV 6), soll hier nur die vorherrschende Meinung angeführt werden. Danach erstreckt sich die Haftungserleichterung auch auf Ansprüche aus § 823 Abs. 1 BGB, soweit die unerlaubte Handlung mit der Ausübung der elterlichen Sorge in einem inneren Zusammenhang steht (ähnlich OLG Hamm vom 20.01.1992, NJW 1993, 542). Wenn daher ein Elternteil suchtbedingt leicht fahrlässig ein Kind nicht gut beaufsichtigt und dem Kind dadurch etwa Körperschaden entsteht, so führt die „Schicksalsgemeinschaft" Eltern-Kind dazu, dass das Kind (und ggf. seine Krankenkasse) den Schaden alleine tragen und nicht von dem Elternteil Ersatz verlangen kann.

Ob dieses Ergebnis richtig und hinzunehmen ist, ist ausgesprochen fragwürdig. Die Situation eines Kindes ist durchaus anders einzuschätzen als die eines Ehegatten und dessen Haftung (§ 1359 BGB). Das Kind ist ohne sein Zutun in eine Familie hineingeboren, und seine Abhängigkeit von den Eltern ist weit größer als die eines Ehegatten vom anderen. Zumindest rechtspolitisch müsste darüber nachgedacht werden, ob § 1664 BGB nicht geändert werden sollte.

Haftung für Schäden Dritter
Weiter denkbar sind **Schäden, die einem Dritten entstehen**, weil die Eltern ihr Kind nicht ordentlich beaufsichtigen. Hierfür bietet zum einen wieder § 1664 BGB, zum anderen § 832 Abs. 1 BGB eine entsprechende Rechtsgrundlage.

Für eine Haftung nach § 1664 BGB gilt grundsätzlich das bereits Ausgeführte. Allerdings dürfte den Eltern hier das Haftungsprivileg der eigenüblichen Sorgfalt nicht helfen, da dieses nur die Eltern-Kind-Beziehung, nicht die Beziehung der Eltern zu Dritten entlasten soll.

Für eine Haftung nach § 832 Abs. 1 BGB ist erforderlich, dass der Minderjährige einem Dritten widerrechtlich einen Schaden zufügt. Widerrechtlichkeit bedeutet, dass kein Rechtfertigungsgrund vorliegt. Wenn sich daher das zu beaufsichtigende Kind gegen einen Angreifer gewehrt hätte, käme eine Haftung der Eltern nicht in Betracht, unabhängig von ihrem eigenen Verhalten. Anderenfalls würden die Eltern jedoch für den Schaden einstehen müssen, es sei denn, sie könnten beweisen, dass sie ihre Aufsichtspflicht nicht verletzt haben oder dass der Schaden auch ohne Verletzung der Aufsichtspflicht entstanden wäre.

Auf eine eventuelle Deliktunfähigkeit wegen einer Sucht kommt es nicht an. Es genügt die objektive Pflichtverletzung. Auch ein Haftungsausschluss gemäß § 1664 BGB kommt nicht infrage, da das dort aufgeführte Haftungsprivileg die Eltern-Kind-Beziehung entkrampfen, nicht aber die Eltern Dritten gegenüber von einer Haftung freistellen soll (Gernhuber u. Coester-Waltjen 2006, § 57 IV 7). Das bedeutet, dass süchtige Eltern, wenn ihre minderjährigen Kinder wegen ungenügender Beaufsichtigung andere Personen schädigen, in der Regel dafür einstehen müssen.

Rechtliche Betreuung

Wenn Eltern wegen ihrer Sucht unter rechtliche Betreuung gestellt werden (§ 1896 BGB), so hat das auf ihre Elternposition keinen Einfluss. Ihr Sorgerecht wird dadurch nicht tangiert. Auch betreuten Eltern müsste gemäß § 1666 BGB das Sorgerecht entzogen werden, wenn sie wegen ihres geistigen Zustandes ihr Kind gefährden.

Gewaltschutz

Was die Kinder betrifft, so kann das seit 01.01.2002 geltende Gewaltschutzgesetz nicht zu deren Schutz eingesetzt werden. § 3 Abs. 1 GewSchG bestimmt ausdrücklich, dass die Bestimmungen zur elterlichen Sorge, das heißt § 1666 BGB, Vorrang haben. Lediglich im Verhältnis Erwachsener zueinander gibt das GewSchG zusätzlichen Schutz in Form von Schadensersatzansprüchen und Wohnungsverweisen.

Literatur

Gernhuber J, Coester-Waltjen D (2006). Lehrbuch des Familienrechts. 5. Aufl. München: C. H. Beck.
Schwab G (2006). Familienrecht. 14. Aufl. München: C. H. Beck.

37 Strafrechtliche Risiken im Umgang mit Kindern aus suchtkranken Familien[1]

Peter Bringewat

Der Schutz von Kindern vor Gefahren für ihr leibliches und geistig-seelisches Wohl ist eine Aufgabe, an der viele Professionen mitwirken, zu deren Erledigung manche Professionen gesetzlich ausdrücklich aufgefordert und manche Professionen ohne ausdrückliche gesetzliche Regelung immerhin doch rechtlich und – wie sich gleich zeigen wird – vor allem auch strafrechtlich verpflichtet sind. Man braucht keine rechtlichen und schon gar keine strafrechtlichen Vorkenntnisse zu haben, um zu erahnen, dass in Fällen von Kindeswohlgefährdungen und/oder -verletzungen der unterschiedlichsten Art die mit Mutter/Vater und Kind beschäftigten Ärzte, Therapeuten, Familienrichter und Sozialarbeiter jeglicher Provenienz strafrechtlichen Risiken ausgesetzt sind.[2] Das gilt für die Sozialarbeit in der Kinder- und Jugendhilfe in besonderer Weise. Es gilt aber auch für die soziale Arbeit in der Suchthilfe und Drogenberatung.

37.1 Strafrechtliche Risikolage in der Drogenberatung

Allerdings zielt die Arbeit in der Suchthilfe und Drogenberatung nicht wie in der (öffentlichen) Kinder- und Jugendhilfe darauf ab, das körperliche und/oder geistig-seelische Wohl von Kindern suchtkranker Mütter/Väter/Familien zu schützen. Im Vordergrund der Drogenberatung steht in der Regel aller Fälle die Befassung mit suchtkranken Müttern/Vätern selbst, wenn es denn um die Arbeit mit Familien geht. Und doch können die Kinder aus suchtkranken Familien in die beratende oder sonst helfende Tätigkeit von Drogenberatern einbezogen sein. Bringt beispielsweise die um Beratung/Hilfe nachsuchende Mutter ihr (Klein-)Kind in die Beratung mit, ist das Kind auf die eine oder andere Weise in die soziale Arbeit der Drogenberatung mit einbezogen. Erkennt in einem solchen Falle der Drogenberater – möglicherweise in Kombination mit früher erworbenen Kenntnissen – eine Gefährdung des Kindeswohls, fragt es sich, wie er damit umzugehen hat. Muss das Jugendamt informiert werden? Muss er selbst zur Beseitigung der Kindeswohlgefahr tätig beitragen? Steht dem allem eine Schweigeverpflichtung entgegen? Darf er womöglich das Jugendamt gar nicht informieren? Und wie verhält es sich in Fällen, in denen der Drogenberater lediglich aus Äußerungen des Klienten weiß oder annehmen muss, dass Kinder in dieser Familie in ihrem Wohl massiv gefährdet sind?

Natürlich soll immer alles „gut gehen". Aber was ist, wenn die Sache nicht gut, sondern tragisch endet, sei es mit Körperverletzungen, sonstigen Misshandlungen oder gar mit dem Tod ei-

---

[1] Der Beitrag entspricht mit leichten Änderungen dem Vortragstext „Strafrechtliche Risiken im Umgang mit Kindern suchtkranker Familien" aus den Arbeitsergebnissen der Drogenkonferenz 2002 (Ministerium für Arbeit, Soziales, Familie und Gesundheit Rheinland-Pfalz [2003]. Waldböckelheim: Repro- & Druckstudio; 49–60). Er wird hier mit freundlicher Genehmigung des Autors abgedruckt.

[2] Hier, im Folgenden und im gesamten Buch sind selbstverständlich immer auch Ärztinnen, Sozialarbeiterinnen, Therapeutinnen usw. gemeint, wenn aus Gründen der sprachlichen Vereinfachung nur die entsprechenden männlichen Formen verwendet werden.

nes Kindes. Spätestens dann, wenn sich die Kindeswohlgefahr in dieser Weise realisiert hat, steht in Frage, ob der Drogenberater und gewiss auch die zum Kinderschutz gesetzlich verpflichteten Professionen in den verschiedenen Stadien des kindlichen Lebenswegs alles oder doch möglicherweise zu wenig oder gar überhaupt nichts getan haben, um den Schutz des Kindeswohls zu gewährleisten. Mit dieser Fragestellung ist zugleich eines der strafrechtlichen Haftungsrisiken angesprochen, das auch die soziale Arbeit in der Drogenberatung erfasst: Es geht um die Frage, ob den jeweils Betroffenen ein Unterlassungsvorwurf zu machen ist, ob eine Verpflichtung bestand, zum Schutze der in ihrem Wohl gefährdeten Kinder etwas zu unternehmen. Es geht um eine in der Diskussion über die strafrechtliche Risikolage der kommunalen Jugendhilfe schon seit längerem immer wieder aufgegriffene, freilich auf die soziale Arbeit in der Drogenberatung bezogene und entsprechend modifizierte Garantenproblematik.

Auslöser der längst überfälligen Auseinandersetzung mit strafrechtlichen Risiken in der sozialen Arbeit war ein Strafverfahren gegen eine Sozialarbeiterin des Osnabrücker Jugendamtes wegen fahrlässiger Tötung eines Kleinkindes durch Unterlassen. Das Verfahren wurde nach Zurückverweisung der Sache durch die Revisionsinstanz zu neuer Verhandlung und Entscheidung vom LG Osnabrück gemäß § 153 Abs. 2 StPO eingestellt, ein für die interessierten Sozialarbeiter und Sozialarbeiterinnen anderer Jugendämter sicher überraschender und unbefriedigender Abschluss des mancherorts mit viel Getöse begleiteten Strafverfahrens. In der Sache selbst hat es uns den Meinungsstreit beschert, der uns in letzter Zeit so sehr beschäftigt: Das AG Osnabrück ging nämlich von einer Garantenstellung der angeklagten Sozialarbeiterin zum Schutze des zu Tode gekommenen Kleinkindes aus, das LG Osnabrück verneinte sie, und das OLG Oldenburg hatte als Revisionsinstanz an der Garantenstellung der Sozialarbeiterin überhaupt keinen Zweifel.

In der Folgezeit haben das OLG Stuttgart und ebenso das LG Stuttgart dem für eine Problemfamilie zuständigen Sozialarbeiter des Jugendamtes aus der von ihm übernommenen Aufgabenerfüllung eine Garantenstellung aus tatsächlicher Schutzübernahme zu Gunsten des mitbetreuten Kindes zugewiesen. Diese Rechtsprechung ist inzwischen durch weitere Gerichtsentscheidungen (OLG Düsseldorf, AG Leipzig) bestätigt worden. Und im Jahre 2002 hat das LG Hamburg in einem aufsehenerregenden Fall lapidar auch im Arbeitsfeld des „betreuten Wohnens" erwachsener Klienten auf die Garantenhaftung der „fallzuständigen" Sozialarbeiter abgehoben, eine Rechtsprechung, die der BGH als Revisionsinstanz (BGH, Beschluss v. 12.12.2002 – 5 StR 408/02) in dem hier angesprochenen Problemkreis vorbehaltlos bestätigte.

Man muss sich freilich davor hüten, soziale Arbeit jedweder Art stets denselben Kriterien einer etwaigen Garantenhaftung unterzuordnen. Insbesondere die Typizität der Arbeitsbeziehungen zu suchtkranken Klienten, die der Drogenberatung das Gepräge geben, erfordert beim Umgang mit Kindern suchtkranker Väter/Mütter/Familien in jedem Einzelfall eine besonders sorgfältige Prüfung dahingehend, ob tatsächlich die Grundsätze der strafrechtlichen Garantenhaftung anwendbar sind, wenn so genannte strafrechtliche „Erfolge" (Körperverletzung, Freiheitsberaubung usw.) eingetreten sind. Dass auch in der Drogenberatung eine solche Garantenhaftung des Drogenberaters trotz der im Vergleich zur kommunalen Jugendhilfe andersartigen Arbeitsstruktur nicht von vornherein ausgeschlossen ist, sondern durchaus begründet sein kann, ist indessen nachdrücklich zu betonen. Um sich ein Bild davon machen zu können, was genau mit Garantenproblematik, mit strafrechtlicher Garantenhaftung und mit Garantenstellung und Garantenpflicht – alles Begriffe, die bisweilen unreflektiert und in vorgeblich sachkundigen Diskussionszirkeln nicht selten sinnverfälscht die Runde machen – gemeint ist, will ich in aller Kürze den dazugehörigen strafrechtlichen Sachzusammenhang skizzieren.

37.2 „Unterlassen", echtes und unechtes Unterlassungsdelikt

Seit langem ist anerkannt, dass die Rechtsordnung dem Einzelnen grundsätzlich nur die Verpflichtung auferlegt, alles an aktiven Handlungen, was die Rechtsgüter Dritter beeinträchtigen könnte, zu unterlassen. Dieser Grundgedanke durchzieht – von wenigen Ausnahmen abgesehen – auch die Deliktbeschreibungen des Kern- und Nebenstrafrechts. Man braucht zum Beispiel nur § 212 StGB („Wer einen Menschen tötet …") mit umgangssprachlichem Sinn und ohne juristisch vorgebildeten Verstand in eine konkrete Tatsituation umzusetzen, um förmlich zu spüren, wie jemand einen anderen höchst aktiv vom Leben zum Tode befördert. Wer auf diese Weise das in § 212 StGB enthaltene Tötungsverbot verletzt, der macht sich wegen Totschlags, und zwar wegen Totschlags durch aktives Tun und damit wegen Totschlags in Gestalt eines Begehungsdeliktes schuldig. Strafrechtlich relevantes Verhalten erschöpft sich indessen nicht allein im aktiven Handeln. Strafrechtliche Verantwortlichkeit ist dementsprechend nicht nur auf Begehungsdelikte beschränkt. Vielmehr erstreckt sich strafrechtlich relevantes Verhalten auch auf das Unterlassen, und zwar auf ein Unterlassen nicht im Sinne von bloßem „Nichtstun", sondern im wertenden Sinne von „etwas Bestimmtes nicht", nämlich etwas (rechtlich) Erwartetes nicht tun. Strafrechtliche Verantwortlichkeit kann somit auch aus einem Unterlassen resultieren. Das mit dem erwartungswidrigen Unterlassen verwirklichte Unterlassungsdelikt tritt nach einer gesetzlich vorgegebenen Differenzierung in zwei Erscheinungsformen auf: als so genanntes echtes Unterlassungsdelikt auf der einen, als so genanntes unechtes Unterlassungsdelikt auf der anderen Seite. Diese Ausdifferenzierung in echte und unechte Unterlassungsdelikte ist wichtig und hat für den Problemkreis „Garantenstellung und Garantenpflicht" eine grundlegende Bedeutung.

Bei echten Unterlassungsdelikten handelt es sich um Straftaten, die sich in der Nichtvornahme einer vom Gesetz geforderten Handlung, also in einem Verstoß gegen eine Gebotsnorm und im bloßen Unterlassen einer gesetzlich ausdrücklich geforderten Handlung erschöpfen. Beispiele für solche Unterlassungsdelikte finden sich in § 323c StGB (unterlassene Hilfeleistung) und § 138 StGB (unterlassene Verbrechensanzeige) und in einer Reihe weiterer Vorschriften des Kern- und Nebenstrafrechts. Als Gegenstück zu den schlichten Tätigkeitsdelikten im Begehungsbereich kommt es bei ihnen nicht darauf an, dass mit dem Ausbleiben der geforderten Handlung ein bestimmter „Erfolg", also etwa der Tod eines Menschen, eintritt. Wer einem Unfallopfer nicht die ihm nach den Umständen mögliche und zumutbare Hilfe leistet, macht sich nach § 323c StGB strafbar, ohne Rücksicht darauf, ob das Unfallopfer stirbt, weitere Schmerzen erleidet oder durch die Hilfe anderer gerettet wird. Die Abwendung des so genannten Tatererfolgs ist daher nicht Bestandteil des echten Unterlassungsdelikts, obwohl mit der gesetzlich geforderten Handlung selbstverständlich auch bezweckt ist, von der Rechtsordnung negativ bewertete sozialschädliche (Unterlassungs-)Folgen zu verhindern. Normadressat der echten Unterlassungsdelikte ist unterschiedlos „jeder von uns". Schon aus dieser groben Kurzcharakteristik des so genannten echten Unterlassungsdelikts ergibt sich klar und deutlich, dass im Kontext des echten Unterlassungsdeliktes die Begriffe „Garantenstellung" und „Garantenpflicht" fehl am Platze sind. Die in echten Unterlassungsdelikten geforderten Handlungen verstehen sich als allgemeine, an jedermann adressierte Handlungsverpflichtungen und gerade nicht als „Garantenpflichten". Wer das verkennt, hat den (strafrechtlichen) Sinn der Differenzierung des Unterlassens in echte und unechte Unterlassungsdelikte nicht begriffen und mehr noch: Er wird ohne sachgerechtes Verständnis für den strafrechtlichen Sinnzusammenhang von Unterlassung, Garantenstellung und Garantenpflicht bleiben.

37.3 Garantenstellung und -pflicht

Garantenstellung und Garantenpflicht sind strafrechtlich besetzte Begriffe, die ausschließlich im Sach- und Normbereich der so genannten unechten Unterlassungsdelikte von Bedeutung sind. Sie bezeichnen Grundelemente der Strafbarkeit „unechten Unterlassens". Im Gegensatz zu den echten Unterlassungsdelikten sind unechte Unterlassungsdelikte als Spiegelbild der Begehungsdelikte solche Straftaten, bei denen aus dem Kreis aller möglichen Unterlassenden nur ein ganz bestimmter Unterlassender zur Erfolgsabwendung verpflichtet ist. Dieser ganz bestimmte Unterlassende ist der Garant dafür, dass ein „tatbestandlicher Erfolg" wie zum Beispiel der Tod oder die Körperverletzung eines Menschen nicht eintritt. Umgekehrt macht sich daher auch nur derjenige wegen eines unechten Unterlassungsdelikts strafbar, der ein solcher Garant für den Nichteintritt des tatbestandlichen Erfolgs ist. Diese Überlegungen haben ihren Niederschlag in § 13 StGB gefunden, die maßgebliche Vorschrift für die Strafbarkeit des Begehens durch Unterlassen.

Und genau darum geht es, um die Verwirklichung einer gesetzlich als Begehungsdelikt verbotenen Straftat durch Unterlassen. Es heißt in dieser Vorschrift:

> „Wer es unterlässt, einen Erfolg abzuwenden, der zum Tatbestand eines Strafgesetzes gehört, ist nach diesem Gesetz nur dann strafbar, wenn er rechtlich dafür einzustehen hat, dass der Erfolg nicht eintritt, und wenn das Unterlassen der Verwirklichung des gesetzlichen Tatbestandes durch ein Tun entspricht."

Mit § 13 StGB unternimmt das Gesetz bzw. der Gesetzgeber den Versuch, das verfassungsrechtliche Manko der unechten Unterlassungsdelikte, im StGB nicht ausdrücklich genannt zu sein, grundrechtsverträglich auszugleichen, indem normative Anforderungen an die Strafbarkeit unechten Unterlassens im Sinne einer Gleichstellung von Begehen und Unterlassen als gleichwertige Verhaltensweisen festgeschrieben werden.

Das für eine Strafbarkeit des unechten Unterlassens wesentliche Gleichstellungserfordernis ist danach die Garanteneigenschaft des Unterlassenden. Den für eine Strafbarkeit wegen unechten Unterlassens zwingend notwendigen Status des Unterlassenden, Garant zu sein, erläutert das Gesetz trotz seiner auch verfassungsrechtlich eminenten Bedeutung jedoch nicht; es setzt ihn gewissermaßen als bekannt voraus. Und das heißt nichts anderes als: Wer auf welche Weise und wann im Einzelfall als Garant zur Erfolgsverhinderung verpflichtet ist, richtet sich nach den Erkenntnissen der Rechtsprechung der Strafgerichte und nach dem Forschungs- und Erkenntnisstand der Strafrechtslehre und -wissenschaft. An dieser Stelle mag es mit dem – inhaltlich gewiss auch verkürzenden – Schnelldurchgang durch die Dogmatik der Unterlassungsdelikte sein Bewenden haben. Mit ihm war bezweckt, die begrifflich-systematische Zuordnung und die strafrechtliche Verortung des Garantenproblems im Sach- und Normbereich der unechten Unterlassungsdelikte zu verdeutlichen.

Für den Problemkreis „Garantenstellung und Garantenpflicht" stellt sich nach all dem nun aber die Frage, welche Kriterien im Einzelnen darüber entscheiden, ob und wie eine Garantenstellung entsteht und begründet wird. Mit dieser Fragestellung soll zugleich auch klargestellt sein, dass es in der Risikofrage primär nicht um eine etwaige strafrechtliche Verantwortlichkeit wegen tätigen Handelns und auch nicht um echtes Unterlassen im Sinne einer so genannten unterlassenen Hilfeleistung geht. Auch diese Varianten etwaiger strafrechtlicher Verantwortlichkeiten sind im Blick auf die typische Arbeitsbeziehung zwischen suchtkranker Klientel bzw. deren Kindern und Drogenberatern zwar prinzipiell denkbar, in der praktischen Wirklichkeit aber in der Regel doch ausgeschlossen. Von vorrangigem Interesse ist und bleibt deshalb die Frage: Wie gerät man in oder wie erlangt man eine Garantenstellung?

37.3.1 Entstehungsgründe

Über die Entstehungsvoraussetzungen von Garantenstellungen besteht trotz langer Forschung und intensiver Diskussionen noch keine endgültige Klarheit. Gleichwohl sind Befürchtungen unbegründet, man könne im Deliktbereich der unechten Unterlassung die Grenze zwischen rechtswidrigem und rechtmäßigem Verhalten nicht mit letzter Klarheit ziehen. Nach überkommener Lehre und Rechtsprechung sind es zunächst formale, rechtliche Kategorien, denen Garantenstellungen zu entnehmen sind, und zwar die Kategorien des Gesetzes und des Vertrags, später ergänzt um die so genannte freiwillige Übernahme, um das gefährliche rechtswidrige Vorverhalten, um die so genannte enge konkrete Lebensbeziehung und das Element der Risiko- und Gefahrengemeinschaft. Mit diesem Kanon von Entstehungsgründen für Garantenstellungen ist das Bemühen verbunden, im Sinne einer so genannten formellen Rechtsquellen- oder Rechtspflichtlehre den verfassungsrechtlichen Unbestimmtheitsbedenken gegen die derzeitige Unterlassungsstrafbarkeit im Wege einer formellen und rechtlichen Begründung von Garantenstellungen und damit im Wege einer gewissen Anwendungssicherheit Paroli zu bieten.

Mehr den sozialen Sinngehalt von Garantenstellungen hat die neuere, inzwischen weit verbreitete so genannte Funktionenlehre im Auge. Sie orientiert sich an den Schutzfunktionen von Garantenpflichten und führt alle denkbaren Garantenpositionen auf zwei Grundsituationen zurück, nämlich zum einen auf den Schutz bestimmter Rechtsgüter gegen Gefahren aus allen Richtungen und zum anderen auf die Verantwortlichkeit für Gefahrenquellen mit Sicherungspflichten gegen Gefährdungen aller Rechtsgüter. Inhaltlich differenzieren sich dementsprechend alle Garantenstellungen in zwei Grundtypen aus, und zwar in den Grundtyp des Beschützergaranten und den des Sicherungsgaranten.

Entgegen einem ersten möglichen Eindruck ist an dieser Stelle zu betonen, dass zwischen dem Theoriekonzept der Funktionenlehre und dem der formellen Rechtsquellen- oder Rechtspflichtlehre kein Gegensatz im Sinne eines Sich-Ausschließens besteht. Vielmehr lassen sich beide Grundauffassungen widerspruchslos miteinander verbinden. Nicht zuletzt deshalb empfiehlt ein beachtlicher Teil der Strafrechtslehre, beide Theorieansätze zur Begründung von Garantenpositionen zu kombinieren. Stellt man mit der neueren Funktionenlehre auf den sozialen Sinngehalt der Arbeitszusammenhänge ab, die zwischen der Drogenberatung und ihrer suchtkranken Klientel mit deren Kindern bestehen, dann kommt in erster Linie eine Garantenposition in Betracht, die dem Grundtyp des Beschützergaranten zur Verteidigung von Rechtsgütern mit Obhutspflichten für die betroffenen Rechtsgüter zugehört, und zwar aufgrund einer so genannten tatsächlichen Schutzübernahme.

Als Entstehungsgrund für Obhutspflichten in Bezug auf bestimmte Rechtsgüter ist die tatsächliche Schutzübernahme durchweg anerkannt. Zwar sind sich Lehre und Rechtsprechung über die Entstehungsvoraussetzungen dieser Garantenposition im Einzelnen noch nicht völlig einig. Klar ist aber, dass der potenzielle Garant dem Träger des gefährdeten Rechtsguts oder zu dessen Gunsten einem Dritten gegenüber es erkennbar und tatsächlich übernimmt, für den Schutz des gefährdeten Rechtsguts zu sorgen. Insoweit bedarf es daher noch nicht einmal eines Vertrags oder irgendwelcher gesetzlicher oder sonst rechtlicher Vorschriften. Entscheidend ist zunächst der Realakt der Schutzübernahme. Hinzukommen muss dann aber ein diesen Realakt normativ überformendes Element, das der Sache nach in einem unreflektierten Vertrauen des Rechtsgutträgers in die tätige Schutzverwirklichung des Übernehmers besteht. Dann ist der Schutz des Rechtsguts – bildlich gesprochen – in die Hände des Übernehmers gelegt. Und selbst wenn man für das Entstehen einer Garantenposition aus „tatsächlicher Schutzübernahme" ein besonderes Abhängigkeitsverhältnis zwischen dem Rechtsgutträger und dem Übernehmer in dem Sinne verlangt, dass der eigentlich für den Schutz seiner Rechtsgüter zuständige Rechtsgutträger selbst generell oder partiell zu diesem Schutz unfähig ist und die Rechtsordnung ihn zum Ausgleich dieses Schutzmankos der Obhut eines Garanten unterstellt, kann letztlich kein Zweifel daran bestehen, dass die in einen Arbeitszusammenhang mit suchtkranken Vätern/Müttern und ihren Kindern einbezogenen Drogenberater in eine Garantenposition aus tatsächlicher Schutzübernahme zu Gunsten der betreuten Kinder einrücken *können*, wenn und soweit sie sich im Rahmen ihrer Beratungstätigkeit auch mit den in ihrem Wohl gefährdeten Kindern – schützend – beschäftigen (müssen). Wie fast immer, hängt auch insoweit alles von den spezifischen Umständen des Einzelfalls ab.

37.3.2 Unterscheidung

Garantenstellung und Garantenpflicht sind – strafrechtlich betrachtet – im Übrigen nicht dasselbe. Zwar besteht zwischen der Garantenstellung und der aus einer Garantenstellung resultierenden Garantenpflicht ein einheitlicher Sachzusammenhang. Gedanklich sind jedoch beide auseinander zu halten.

Der **Garantenstellung** ist die Aufgabe zugewiesen, aus dem Kreis aller in Betracht kommenden Unterlassenden diejenige Person zu erfassen, die tauglicher Täter (eines unechten Unterlassungsdelikts) sein kann; denn nur wer eine Garantenstellung innehat, sie erwirbt oder in sie einrückt etc., ist Garant und damit Normadressat eines unechten Unterlassungsdelikts. Die Garantenstellung markiert danach eine eigentümliche, herausgehobene soziale Position des Unterlassenden, aufgrund derer er eine besondere Verantwortung für den Nichteintritt tatbestandsmäßiger Erfolge hat. Garantenpositionen beruhen auf bestimmten tatsächlichen Umständen, die entweder eine allgemeine oder aber eine spezifische soziale Rolle des Unterlassungstäters charakterisieren. So sind beispielsweise die Eigenschaft (leibliche) Mutter oder (leiblicher) Vater eines Kindes, die Position des Hauseigentümers oder sonstigen Grundbesitzers, die berufliche Rolle als Arzt, Bus- oder Fernfahrer, Feuerwehrmann, Polizist, Lehrer, Sozialarbeiter (in der Kinder- und Jugendhilfe) oder auch als Drogenberater solche tatsächlichen Umstände. Immer aber sind es in der Lebenswirklichkeit greifbare, in der Realität feststellbare Tatsachen, Fakten, und nicht rechtliche Gegebenheiten, auf die sich die Garantenposition eines „unecht" Unterlassenden gründet.

Hiervon zu unterscheiden ist die **Garantenpflicht**. Sie ist die normative Kehrseite der Garantenstellung und gehört insoweit untrennbar zu ihr: Garantenstellung und Garantenpflicht sind dementsprechend zwei Seiten desselben einheitlichen Sachzusammenhangs. Die Garantenstellung ist das Synonym für „garantenpflichtbegründende tatsächliche Umstände". Sie ist rechtstatsächliche Voraussetzung und der Grund für Garantenpflichten in dem Sinne, dass eben nicht schon die eine Garantenstellung erzeugenden tatsächlichen Umstände als solche zugleich die Garantenpflicht sind, sondern die Garantenpflicht als eine nach Art und Ausmaß situationsabhängige Verpflichtung zu erfolgsverhindernder Tätigkeit erst aus der jeweiligen Garantenstellung resultiert.

37.4 Strafrechtliche Fahrlässigkeitshaftung

Die Verletzung von Garantenpflichten allein begründet noch keine Strafbarkeit zum Beispiel wegen Tötung oder Körperverletzung etc. durch Unterlassen. Vielmehr hängt eine etwaige Strafbarkeit von zahlreichen weiteren Voraussetzungen ab.

Für die strafrechtliche Risikolage der Mitarbeiter in der Drogenberatung ergibt sich ein weiterer durchaus typischer Problemkreis aus dem strafrechtlichen Haftungsrahmen der fahrlässigen Deliktverwirklichung. Nach vorherrschender Ansicht in Lehre und Rechtsprechung ist für die Fahrlässigkeitstat eine „ungewollte Verwirklichung des gesetzlichen Straftatbestandes durch die pflichtwidrige Vernachlässigung der im Verkehr erforderlichen Sorgfalt" charakteristisch. Es geht bei der Fahrlässigkeitstat, verkürzt gesagt, um eine Sorgfaltspflichtverletzung bei objektiver Voraussehbarkeit des tatbestandlichen Erfolgs. Ob nun aber bei genereller, objektiver Voraussehbarkeit des tatbestandsmäßigen Erfolgs das gebotswidrige Unterlassen als Sorgfaltspflichtverletzung zu qualifizieren ist, hängt vornehmlich davon ab, welchen Sorgfaltsanforderungen das Verhalten genügen muss.

Es entspricht – wiederum – vorherrschender Auffassung, dass ein **Durchschnittsmaßstab** anzulegen ist. Nicht nach den individuellen Kenntnissen und Fähigkeiten des gebotswidrig Unterlassenden richtet sich die Bestimmung einer Sorgfaltswidrigkeit, und ebenso geht es nicht um das Optimum dessen, was jedermann zur Verhinderung von Gefahren für strafrechtlich geschützte Rechtsgüter in der Situation des konkreten Tatgeschehens leisten kann, sondern es geht um das, was bei Berücksichtigung der Gefahrenlage *ex ante* ein besonnener und gewissenhafter Mensch in der konkreten Lage und sozialen Rolle des Täters zur Verhinderung tatbestandlicher Erfolge in die Wege leiten würde, es geht – kurz gesagt – um einen personalisierten Sorgfaltstyp, nämlich um den gewissenhaften und einsichtigen, besonnenen Angehörigen des jeweiligen Verkehrs- und Berufskreises.

Auf die Sorgfaltsanforderungen an einen Mitarbeiter der Drogenberatung übertragen, kommt es darauf an, von welchen standardisierten Sonderfähigkeiten in der spezifischen professionellen Befassung mit suchtkranken Familien und deren Kindern auszugehen ist. Um gleich einem Missverständnis vorzubeugen: Dieser Maßstab der „standardisierten Sonderfähigkeiten" ist nicht gleichzusetzen mit Fachlichkeit und fachlichen Standards. Für die standardisierten Sonderfähigkeiten spielen fachliche Qualitätsstandards zwar eine maßgebliche Rolle, standardisierte Sonderfähigkeiten im Haftungsverbund der Fahrlässigkeit sind jedoch an der Gefahrenabwehr orientiert und können im Einzelfall über fachliche Standards hinausgehen. Und deutlich zu machen ist erneut, dass bei all dem nicht die strafrechtliche Haftungsproblematik in Bezug auf die Klientel unmittelbar, sondern in Bezug auf deren Kinder infrage steht. Ob insoweit ein Vorwurf der fahrlässigen Körperverletzung, Tötung etc. durch garantenpflichtwidriges Unterlassen erhoben werden kann, richtet sich vor allem nach der konkreten Ausgestaltung des schutzintendierten (mittelbaren) Arbeitszusammenhangs zwischen dem Drogenberater und dem mitbetroffenen Kind.

Im Kontext von Sorgfaltspflichtverletzung und Sorgfaltsmaßstab steht schließlich das für einen Fahrlässigkeitsvorwurf oftmals entscheidende Element der Voraussehbarkeit des tatbestandlichen Erfolgs. Als voraussehbar wird – jedenfalls nach der Rechtsprechung des BGH und der Obergerichte – ein tatbestandlicher Erfolg angesehen, wenn er nach allgemeiner – auch berufsbezogener – Lebenserfahrung, sei es auch nicht als regelmäßige, so doch als nicht ungewöhnliche Folge des eigenen Verhaltens erwartet werden kann. Ein solcher Taterfolg braucht überdies nur in seinem Endergebnis und noch nicht einmal in den Einzelheiten des zu ihm führenden Kausalverlaufs vorhersehbar gewesen zu sein. „Mangelnde Vorhersehbarkeit" – das sei vorsichtshalber angemerkt – kommt daher kaum einmal als Argument zur Entlastung vom Vorwurf fahrlässiger Rechtsgutsverletzung durch Unterlassen in Betracht.

37.5 Fazit

Nach all dem ist auch für das Arbeitsfeld der Drogenberatung in Rechnung zu stellen, dass im Umgang mit suchtkranken Müttern/Vätern/Familien und deren Kindern je nach Fallgestaltung im Einzelnen eine strafrechtliche Verantwortlichkeit des „zuständigen" Drogenberaters nicht ausgeschlossen ist. Sind in der Arbeitsbeziehung zwischen Drogenberater und Klientel zu Gunsten der mitbetroffenen Kinder „gefährdungsabwehrende Tätigkeiten" entfaltet worden, die den Voraussetzungen einer so genannten tatsächlichen Schutzübernahme genügen, ist eine strafrechtliche Garantenstellung des Drogenberaters begründet. Ob sich die dann bestehende strafrechtliche Risikolage des Drogenberaters bis hin zur Strafbarkeit verdichtet, hängt allerdings von zahlreichen weiteren strafrechtlichen Haftungselementen ab.

38 Jugendschutzgesetz

Jan Lieven

Wegen der Gefahren, die aus einem frühen und missbräuchlichen Konsum von Suchtmitteln entstehen können, will der Gesetzgeber die Verfügbarkeit von alkoholischen Getränken und von Tabakwaren durch das Jugendschutzgesetz (JuSchG) einschränken. Dazu sieht das Jugendschutzgesetz Verbote bei der Abgabe alkoholischer Getränke (§ 9 JuSchG: nicht unter 16 bzw. 18 Jahren) und bei Tabakwaren (nicht an unter 18-Jährige – § 10 JuSchG) vor. Außerdem wurde der Aufenthalt von Jugendlichen in öffentlichen Räumen, die mit Alkoholkonsum und Rauchen in Verbindung gesehen werden – wie Gaststätten, öffentliche Tanzveranstaltungen –, durch Alters- und Zeitgrenzen beschränkt (generell erst ab 16 Jahren). Mit dem Jugendschutzgesetz soll eine „prophylaktisch ansetzende Abwehr von Gefährdungssituationen" gewährleistet werden, denen Kinder und Jugendliche in der Öffentlichkeit ausgesetzt sind, u. a. bezogen auf den Alkohol- und Tabakkonsum (Gesetzentwurf „Jugendschutz in der Öffentlichkeit" 1949 – Bundestagsdrucksache 1/180).

Suchtmittelmissbrauch stellt eine Gefährdung mit gesellschaftlicher Kontinuität dar, die den Kinder- und Jugendschutz neben Gewalt, desorientierendem Medienkonsum und delinquentem Verhalten immer wieder beschäftigt hat. Auch der Gesetzgeber hat dies so gesehen. Schon im ersten Jugendschutzgesetz (1951) hatte er die im Wesentlichen heute noch gültigen Jugendschutzbestimmungen zur Alkoholabgabe erlassen. Das Abgabeverbot von Zigaretten an unter 16-Jährige ist erst bei der Reform 2002/2003 in das Jugendschutzgesetz aufgenommen worden. Bis dahin war die Gesetzeslage unvollkommen, weil nur ein Rauchverbot für Jugendliche unter 16 Jahren vorgesehen war.

Weitere Vorschriften, die ebenfalls das Ziel einer Vorbeugung gegen Suchtmittelmissbrauch verfolgen, enthalten andere Regelungen, beispielsweise:

- das Gaststättengesetz („ein nichtalkoholisches Getränk billiger anbieten als das billigste alkoholische Getränk" – § 6 GastG)
- das Lebensmittel- und Bedarfsgegenständegesetz (Werbeverbote für Tabakwaren im Rundfunk – § 22 LMBG)
- Einzelrichtlinien/Erlasse zur Umsetzung des Jugendschutzes in der Öffentlichkeit und zur Gesundheitserziehung in der Schule
- freiwillige Vereinbarungen und Selbstbeschränkungsregelungen der Wirtschaft (z. B. Vereinbarung der Zigarettenindustrie mit dem Bundesgesundheitsministerium „Zigarettenwerbung um Schulen und Jugendeinrichtungen wird abgebaut")

38.1 Gesetzlicher Jugendschutz zur Sicherung von Erziehung

Ausgangspunkte des Jugendschutzgesetzes[1] sind das Recht junger Menschen auf Erziehung und das Recht und die Pflicht der Eltern zur Erziehung ihrer Kinder. Das Ziel der Erziehung wird in der Entwicklung einer eigenverantwortlichen Persönlichkeit gesehen, die individuelle Perspektiven verfolgt und gesellschaftlich integriert ist (in Anlehnung an § 1 des Kinder- und Jugendhilfegesetzes – KJHG).

Der Jugendschutz wird deshalb in den diversen Gesetzesbegründungen in „enger Verbin-

---

[1] Das neue Jugendschutzgesetz – JuSchG (BGBl. I S. 2730) ist am 1. April 2003 in Kraft getreten. Es hat das alte „Gesetz zum Schutze der Jugend in der Öffentlichkeit – JÖSchG" und das „Gesetz über die Verbreitung jugendgefährdender Schriften und Medieninhalte – GjS" abgelöst bzw. in novellierter Form zusammengefasst.

dung zur Jugendhilfe" angesiedelt; er soll die Hilfsangebote durch prophylaktisch ansetzende Abwehr von Gefährdungssituationen ergänzen, denen Kinder und Jugendliche in der Öffentlichkeit ausgesetzt sind. Dem Jugendschutz in der Öffentlichkeit soll in diesem Zusammenhang die Aufgabe zukommen, „als Teilbereich der Erziehung" das Erziehungsumfeld gegen ungünstige Einflussfaktoren abzuschirmen. Zugleich soll Jugendschutz durch seine Normen Maßstäbe bilden und auf diese Weise zu einer sozialethischen Orientierung beitragen, die „in unserer heutigen Gesellschaft nur im Zusammenwirken von Eltern sowie von staatlichen und außerstaatlichen Bereichen von Schule, Jugendhilfe, Kirchen, Berufsorganisationen, Parteien, Wissenschaft und anderen gefunden werden kann" (Begründung zum Gesetzentwurf 1981[!] des 9. Bundestages, Drucksache 9/1922).

Zur Verwirklichung des Rechts eines jeden jungen Menschen auf Förderung seiner Entwicklung und auf Erziehung zu einer „eigenverantwortlichen und gemeinschaftsfähigen Persönlichkeit" setzt der Jugendschutz innerhalb der Jugendhilfe auf das Fördern von Kritikfähigkeit und Einsicht statt auf Bevormundung oder Aufsicht. Hier gilt es, die generellen Ziele von Jugendhilfe mit zu unterstützen, wie sie in § 1 Abs. 3 des Kinder- und Jugendhilfegesetzes (KJHG/SGB VIII) formuliert sind:
- Förderung junger Menschen
- Abbau und Vermeidung von Benachteiligungen
- Unterstützung von Eltern und Erziehungsberechtigten
- Schutz der Kinder und Jugendlichen vor Gefahren für ihr Wohl
- Unterstützung bei der Erhaltung und Schaffung einer kinder- und familienfreundlichen Umwelt

Die Ziele können aber nur erreicht werden, wenn belastende Einflüsse vom Erziehungsprozess ferngehalten werden, soweit dies zum Schutz von Kindern und Jugendlichen notwendig ist. Gernert und Stoffers (1993, S. 10) stellen fest, dass auch der gesetzliche Kinder- und Jugendschutz eine „wichtige Komplementärfunktion zur Erziehung" hat. Jugendschutz tut dies durch Plakativnormen gegenüber der im weitesten Sinne erzieherisch verantwortlichen Öffentlichkeit und durch bußgeldbewehrte Sanktionen gegenüber Gewerbetreibenden und Veranstaltern. Letztgenannte stellen ihre wirtschaftlichen Interessen gelegentlich schon mal über die schutzwürdigen Entfaltungsrechte der nachwachsenden Generation.

38.2 Jugendschutzrecht gleich Elternrecht

Das Jugendschutzgesetz kann nur einen begrenzten Beitrag zur Bekämpfung des Missbrauchs- und Suchtproblems leisten, da hier nur der Sektor „Öffentlichkeit" erfasst wird. Beeinträchtigungen drohen indessen auch durch unverantwortliches Verhalten im privaten Bereich (zu Hause, in der Familie, unter Freunden, in der Gruppe). Hier ist aber gelegentlich der Umstand positiv zu sehen, dass die Bestimmungen des Gesetzes von vielen Erziehungsberechtigten auch zur Durchsetzung der Altersvorgaben im privaten Bereich herangezogen werden. Oft kommt dort die Funktion des Jugendschutzgesetzes als Handlungsnorm für viele Lebensbereiche zum Tragen.

Der Gesetzgeber kann sich bei der Durchsetzung des Jugendschutzrechts auf eine breite Zustimmung in der Bevölkerung stützen. Wie eine Umfrage des Medienpädagogischen Forschungsverbundes Südwest (SWR) 2004 zum Jugendschutz/Jugendmedienschutz ergab, räumen 42% aller befragten Eltern dem Schutz von Kindern und Jugendlichen einen großen Stellenwert ein, vor Themen wie Arbeitslosigkeit (34%), Erhaltung der Umwelt (7%), Sicherung der Renten (6%), Kriminalität (5%) und Gesundheitsvorsorge (5%) (Media Perspektiven 2005). Vor allem bei der Frage nach wichtigen „Problembereichen" zum Schutz von Kindern und Jugendlichen standen der Verkauf von Alkohol (81%) und das Rauchen (66%) sowie der Gaststättenbesuch (41%) im Vordergrund der Betrachtung, vor Jugendmedienschutzfragen (Videofilme, Computerspiele, Printmedien, Fernsehen etc.).

Die hohe Wertschätzung signalisiert aber auch die generelle Erwartung bei Eltern, durch das Jugendschutzgesetz Unterstützung in ihren erzieherischen Bemühungen zu erhalten. Eltern können daraus aber nicht den Schluss ziehen, das Jugendschutzgesetz entlaste sie aus ihrer Verantwortung für ihre Kinder. Der gesetzliche Jugendschutz richtet sich an Erwachsene und kann mit seinen Vorschriften nur grobe Richtlinien für das Erziehungsverhalten bieten. In der Anwendung seiner Vorschriften beschränkt er sich aber auf eine bloße Abwehr von Gefährdungen. In Ergänzung zu dieser eher repressiven, bewahrenden Gefahrenabwehr hat der erzieherische Kinder- und Jugendschutz durch die Jugend- und Bildungsarbeit eindeutig Priorität, wie er in § 14 des Kinder- und Jugendhilfegesetzes (KJHG) als „Erzieherischer Kinder- und Jugendschutz" definiert ist. Der gesetzliche Jugendschutz ist dabei zwar wichtig, hat aber die pädagogische Intention, mehr im Sinne einer „flankierenden und ermöglichenden Funktion" zu unterstützen.

38.3 Einzelregelungen

Das Jugendschutzgesetz ist im April 2003 in geänderter Fassung neu in Kraft getreten. Ausschlaggebend für die Reform waren Überlegungen, die Bestimmungen an die gesellschaftliche Wirklichkeit anzupassen. Obwohl die Verabschiedung durch Bundestag und Bundesrat letztlich auf den tragischen Fall „Erfurt"[1] zurückzuführen ist und in erster Linie den Jugendmedienschutz betraf (Einschränkung des Zugänglichmachens von gewaltorientierten Medien, etwa Computerspiele, Internet etc.), beinhaltet das Gesetz auch Maßnahmen zur Verbesserung bei der Eindämmung der Verfügbarkeit von legalen Suchtmitteln, das heißt alkoholischen Getränken und Tabakwaren. Besonders das nunmehr gesetzlich vorgeschriebene Abgabeverbot von Tabakwaren an unter 16-jährige Jugendliche (ab 01.09.2007 an Jugendliche generell), was es in dieser konkreten Form bis dahin nicht gab, ist ein weiterer entscheidender Schritt in Richtung Suchtprävention durch das Jugendschutzgesetz.

Im Einzelnen sieht das Jugendschutzgesetz (JuSchG) folgende Regelungen vor, die direkt oder indirekt im Zusammenhang mit der Idee einer Vorbeugung vor Missbrauchsverhalten stehen:

38.3.1 § 9 JuSchG – Abgabe alkoholischer Getränke

Die Vorschrift sieht ein absolutes Abgabeverbot von Branntwein und branntweinhaltigen Getränken an unter 18-Jährige vor. Daneben dürfen „andere alkoholische Getränke" (Bier, Wein etc.) nicht an unter 16-jährige Jugendliche abgegeben und ihr Verzehr gestattet werden.

Ein besonderes Erzieherprivileg lockert letztgenannte Vorschrift auf, indem Jugendlichen ab 14 Jahren der Verzehr von Bier gestattet werden darf, wenn sie von einem Elternteil begleitet werden (§ 9 Abs. 2 JuSchG). Das seit der Reform 1985 gesetzlich vorgeschriebene Vertriebsverbot alkoholischer Getränke über Automaten gilt seit der Reform 2003 dann nicht mehr, wenn durch eine technische Vorrichtung (z. B. Chipkarte mit persönlichem PIN-Code und Daumenabdruck = Fingerprintsystem) oder durch ständige Aufsicht sichergestellt ist, dass Jugendliche alkoholische Getränke dort nicht entnehmen können (§ 9 Abs. 3 JuSchG).

Die Normen bezüglich der alkoholischen Getränke sind das Verbot der Abgabe und des Verzehrs (§ 9 Abs. 1 JuSchG). Abgabe ist jede Form der Verabreichung. Maßgebend ist, dass der Minderjährige die „tatsächliche Gewalt" über das Getränk erhält (Steindorf 2002). Das kann beim Überlassen auf dem Verkaufsweg, aber auch bei unentgeltlichen Probeausschänken oder beim Mittrinkenlassen eines anderen der Fall sein. Das Gestatten des Verzehrs kommt im Wesentlichen dann in Betracht, wenn Jugendliche bereits im Besitz der Alkoholika sind, die sie sich von einem „Berechtigten" verschafft haben und diese nunmehr (im öffentlichen Raum) konsumieren.

---
1 Tötung zahlreicher Schüler und Lehrer durch einen ehemaligen Schüler im Jahre 2002.

38.3.2 § 10 JuSchG – Rauchen in der Öffentlichkeit, Abgabe Tabakwaren

Zigaretten und andere Tabakwaren dürfen an Jugendliche generell nicht abgegeben werden. Auch darf das Rauchen von Jugendlichen nicht gestattet werden. Hier hat der Gesetzgeber 2002/2003 die lange von der Fachwelt erhobene Forderung nach einem Abgabeverbot von Tabakwaren (zunächst an Jugendliche unter 16 Jahren, seit 01.09.2007 generell an unter 18 Jahren) in das Gesetz aufgenommen. Das Verbot gilt auch im Hinblick auf die Abgabe an Automaten. Das Jugendschutzgesetz (§ 10 Abs. 2 Satz 2 Nr. 1 und 2) gewährt den Automatenbetreibern eine Frist bis zum 31.12.2008. Bis dahin sind die Geräte technisch so umzurüsten, dass sie von Jugendlichen nicht bedient werden können (Altersverifikation mittels Geldkarte). Somit tritt diese Regelung (Abgabe über Automaten) erst am 01.01.2009 in Kraft (s. Art. 3 und 7 des Gesetzes zum Schutz vor den Gefahren des Passivrauchens vom 20.07.2007 BGBl. I S. 1595).

38.3.3 Sonstige Bestimmungen

Von Bedeutung im Zusammenhang mit dem Alkoholkonsum sind auch die Bestimmungen über das Aufenthaltsverbot für unter 16-Jährige in Gaststätten (außer in den im Jugendschutzgesetz genannten Ausnahmefällen: wenn Kinder oder Jugendliche eine Mahlzeit oder ein Getränk einnehmen wollen oder wenn sich Kinder oder Jugendliche auf Reisen befinden oder wenn sie dort an einer Veranstaltung eines anerkannten Trägers der Jugendhilfe teilnehmen – § 4 JuSchG) sowie das Aufenthaltsverbot von Jugendlichen unter 16 Jahren auf öffentlichen Tanzveranstaltungen (Discos), wenn sie nicht von einem Elternteil oder einer erziehungsbeauftragten Person begleitet werden. Hier gilt die Vorschrift nicht, wenn die Veranstaltung von einem anerkannten Träger der Jugendhilfe durchgeführt wird oder der künstlerischen Betätigung oder der Brauchtumspflege dient. Darüber hinaus können die Kommunen weitere Ausnahmen genehmigen (§ 5 JuSchG).

Gleichfalls als Generalnorm zur allgemeinen Suchtprävention gehört die Vorschrift über den so genannten jugendgefährdenden Ort (§ 8 JuSchG). Hier sieht der Gesetzgeber ein Eingreifen an Orten vor, von wo aus schädigende Einflüsse auf Jugendliche – u. a. durch Alkohol- oder Nikotinmissbrauch – ausgehen können (Beseitigung der Gefährdung; Verlassen der dort angetroffenen Kinder/Jugendlichen des Ortes etc.).

Schließlich ist noch die neue Vorschrift (seit 2003) zu nennen, wonach die Vorführung von Werbefilmen oder Werbeprogrammen für Tabakwaren oder für alkoholische Getränke bei öffentlichen Filmvorführungen nicht vor 18 Uhr gestattet ist (§ 11 Abs. 5 JuSchG).

38.4 Schärfere Bestimmungen zur Alkoholabgabe

In den bisherigen Neuregelungsgesetzen zum Jugendschutz in der Öffentlichkeit sind die Bestimmungen zur Alkoholabgabe immer weiter verschärft worden (zuletzt 1985 – Bundestagsdrucksache 10/722). So wird seit 1985 nicht mehr unterschieden zwischen so genannten harten und weichen Alkoholika, sondern zwischen Branntwein und branntweinhaltigen Getränken sowie „anderen" alkoholischen Getränken, das heißt Bier, Wein etc. (§ 4 Abs. 1). Für beide gilt seit der vorletzten Reform 1985 ein absolutes Abgabe- und Verzehrverbot in der Öffentlichkeit. Eine Abstufung erfolgt nur in der Form, dass bei den „anderen" alkoholischen Getränken die Altersgrenze 16 Jahre ist. Immer wieder ist diese geringfügige Unterscheidung bei den Altersstufen Gegenstand der Kritik gewesen und führte auch bei (inoffiziellen) Überlegungen gelegentlich zu der Forderung – so auch im Vorfeld der Gesetzesreform 2002 –, alkoholische Getränke generell erst an Erwachsene abgeben zu dürfen. Aus inhaltlichen, aber auch praktischen Gründen hat sich allerdings ein generelles Alkoholverbot für Jugendliche im Vorfeld, aber auch in den letzten beiden Gesetzgebungsverfahren 1985 und 2002 nicht durchsetzen können. Betrachtet man die Vorschrift in § 9 des Gesetzes insgesamt, so fällt die schon oben angedeutete Ausnahme auf. Das Abgabe- und Verzehrverbot für so genannte „andere" Getränke, also Bier etc., gilt dann nicht, wenn Jugendliche (14, 15 Jahre alt) von einer personensorgeberechtigten Person in der Öffentlichkeit (in der Gaststätte, in sonstigen Abgabestellen etc.) begleitet werden (§ 9 Abs. 2 JuSchG). Mit Personensorgeberechtigten sind in der Regel Vater oder Mutter gemeint. Der Gesetzgeber stellt hier die besondere Verantwortung der Eltern heraus (Elternprivileg).

Mit der sprachlichen Unterscheidung zwischen branntweinhaltigen Getränken und „anderen" alkoholischen Getränken, bezogen auf die Abgabe (erstgenannte nicht an Jugendliche generell, letztgenannte nicht an unter 16-Jährige), will der Gesetzgeber deutlich machen, dass beide alkoholische Getränke – auch die „anderen" – ein Risiko für Kinder und Jugendliche darstellen, wenn sie missbräuchlich konsumiert werden – auch und gerade Bier und andere „weiche" Getränke. Er wendet sich bewusst gegen die Verwendung des Begriffs „weiche Alkoholika", weil darin eine Verharmlosung gesehen wird. In der Praxis stellt dies aber weiterhin einen gravierenden Unterschied in der Abgabepraxis dar, die den Eindruck vermittelt, dass Bier oder Wein oder andere nichtbranntweinhaltige Getränke nicht so gravierend sind wie branntweinhaltige. Es kommt hierbei immer auf den Alkoholgehalt des jeweiligen Getränks an, ohne festzulegen, ab welchem Volumenprozent die Unterscheidung zwischen den beiden Getränkearten getroffen werden soll. Einziges Unterscheidungsmerkmal ist die branntweinhaltige Substanz.

38.5 Anwendungsschwierigkeiten

Zu welchen Schwierigkeiten die Bestimmung bei der Auslegung des Gesetzes führt, dokumentiert die in der Praxis häufig gestellte Frage, ob denn die so genannten (branntweinhaltigen) Alcopops, die neben Geschmackstoffen wie Lemon etc., Anteile an Rum, Wodka o. Ä. enthalten, unter das absolute Abgabeverbot nach § 9 Abs. 1 JuSchG fallen, also für Jugendliche tabu sind. Vom Gesetzestext aus betrachtet, ist die Frage schnell zu lösen: Da es sich um branntweinhaltige Getränke (in nicht nur geringfügiger Menge) handelt, besteht ein absolutes Abgabeverbot an Jugendliche. Berücksichtigt man jedoch den „geringen" Volumenprozent Anteil an Alkohol (um die 6%) – auch wenn es sich um ein Branntweingemisch handelt –, so kann die Antwort nicht mehr so eindeutig ausfallen, wenn man berücksichtigt, dass zum Beispiel Bier mit bis zu rund 5% Alkohol nur unwesentlich darunter liegt, aber schon an 16-Jährige abgegeben und der Verzehr gestattet werden darf. Gelegentlich führt dies bei Eltern schon mal zu der grotesken Auffassung, dass man sich ihren Kindern gegenüber (wenn schon, denn schon) beim Konsum von Bier großzügiger verhält – mit der Bemerkung, dass sie dann keine Mixgetränke zu sich nähmen, „die ja viel schlimmer sind". Indirekt wird dadurch, ohne dass den Eltern dies bewusst ist, der Bierkonsum verharmlost.

An dieser Stelle muss darauf hingewiesen werden, dass das Jugendschutzgesetz keinen Hinweis enthält, ab welchem Volumenprozent Alkohol ein Getränk als alkoholhaltig bzw. als alkoholfrei gilt. Hierbei stützt man sich auf die Bestimmung aus dem Lebensmittel- und Bedarfsgegenständegesetz (LMBG), wonach alkoholische Getränke mindestens 0,5% Alkohol enthalten müssen. Getränke mit darunter liegenden Anteilen an Alkohol gelten als „alkoholfrei".

Das generelle Abgabeverbot gilt, wie oben schon dargestellt, auch für Lebensmittel, die Branntwein in „nicht nur geringfügiger Menge" enthalten (§ 9 Abs. 1 Nr. 1). Dies trifft dann zu, wenn der beigefügte Alkohol nicht nur einen Aroma- oder Geschmackszusatz darstellt, sondern für das Lebensmittel kennzeichnend ist, zum Beispiel Weinbrandbohnen, aber auch Eis mit Kirschwasser, Kaffee mit Cognac etc.

38.6 Vorschriften zum Rauchen und zur Tabakabgabe

Eine wichtige Neuerung und Verbesserung seit der Neuregelung 2003 stellen das Abgabeverbot von Tabakwaren und das Rauchverbot (in der Öffentlichkeit) an Jugendliche dar (§ 10 JuSchG). Hier hat der Gesetzgeber wegen des gravierenden Problems „Rauchen unter Jugendlichen" die Forderung aus der Praxis, ein Abgabe- und Konsumverbot wie bei der Alkoholabgabe gesetzlich zu verankern, umgesetzt. Konsequenz aus der Vorschrift ist u. a., dass Tabakwaren nicht mehr in Automaten angeboten werden dürfen, es sei denn – wie bei den Automaten mit alkoholischen Getränken –, diese sind technisch so umgerüstet, dass Jugendliche dort Tabakwaren nicht entnehmen können (Abs. 2). Die Umstellung der Automaten auf die 18-Jahres-Grenze muss bis zum 31.12.2008 erfolgen.

Wegen der mit dem Rauchen verbundenen Gefahren ist eine weitere Einschränkung gesetzlich verankert, nämlich die Einschränkung der Tabakwerbung im Lebensmittel- und Bedarfsgegenständegesetz (LMBG). Danach ist es verboten, für Tabakerzeugnisse zu werben, durch die der Eindruck erweckt wird, dass Rauchen die Leistungsfähigkeit oder das Wohlbefinden steigert. Verboten ist auch jegliche Werbung, die ihrer Art nach besonders geeignet ist, Jugendliche zum Rauchen zu veranlassen. Zudem darf weder für Zigaretten noch für Tabak zum Selbstdrehen im Hörfunk oder Fernsehen geworben werden (§ 22 LMBG).

Generell steht das Rauchen durch die mittlerweile weltweit anerkannten Gefahren als Folge des Konsums (Hauptrisiken für Lungen- und andere Krebsarten) unter verschärfter Beobachtung von Politik, Gesundheitsvorsorge und Erziehung. Die erste gerauchte Zigarette signalisiert den Wunsch des Jugendlichen, als erwachsen zu gelten und das tun zu dürfen, was Erwachsene auch tun. Das Vorbild rauchender älterer Jugendlicher in der Clique reizt zur Nachahmung. Auch heute verbindet sich Neugierde mit Geltungsdrang und Imponiergehabe. Viele Jugendliche nennen „Kommunikation" als Hauptmotiv für ihr eigenes Rauchverhalten.

Ein besonderes Problem stellt der frühe Beginn des Rauchens (Pubertät) dar. Dies hat durch die immer stärkere Vorverlagerung auf frühe Altersstufen (ab 12 Jahren) noch an Schärfe gewonnen. Die Jahre der Pubertät sind für die weitere Entwicklung, ob Dauerraucher oder nur vorübergehende Episode, entscheidend. Die Gewöhnung an die Nikotinwirkung und deren Anwendung zur Beruhigung oder Anregung setzt erst nach Jahren regelmäßigen Rauchens ein, meist nach dem 20. Lebensjahr.

Insofern macht das im Jugendschutzgesetz verankerte Abgabeverbot Sinn, wenn es auch nur für die Öffentlichkeit gilt. Im privaten Raum (Elternhaus, bei Freunden, in der Schule und im Betrieb) obliegt die Sorge für eine risikoarme Entwicklung den Eltern, Lehrpersonen, Jugendgruppenleitern und Ausbildern. Die bei den Erziehern zumindest vorhandene „amorphe" Meinung (Gernert u. Stoffers 1993), dass Jugendliche nicht rauchen sollten, erfährt durch das gesetzliche Verbot eine Bestätigung und Unterstützung. Es wird deutlich, dass die Vorschrift auch ein plakativer Programmsatz ist, der Eltern in ihrer Argumentation gegenüber ihren Kindern unterstützt, indem sie auf das Verbot verweisen können.

38.7 Abgabeverbote für Tabakwaren unwirksam?

Gelegentlich gibt es Stimmen, die Abgabeverbote und deren Durchsetzung bestenfalls für „unwirksam" erklären. In einer vom Ärztlichen Arbeitskreis Rauchen und Gesundheit, Heidelberg, verbreiteten Erklärung wird auf eine Studie aus Kalifornien verwiesen, wonach solche Abgabeverbote unwirksam seien. Die dortigen Wissenschaftler plädieren dafür, die Bemühungen um Abgabeverbote von Tabakwaren an Jugendliche aufzugeben und stattdessen die wenigen verfügbaren Mittel zugunsten „nachweislich wirksamer" Maßnahmen wie den Nichtraucherschutz oder

Steuererhöhungen einzusetzen" (s. AJS FORUM 4/2002, S. 11). Es ist aber schwer einzuschätzen, ob solche Maßnahmen Erfolg versprechend sind. Bisher scheint aufgrund der von der Zigarettenbranche bekannten Umsätze ein solcher Effekt nicht in nennenswertem Umfang einzutreten. Mittlerweile propagiert auch die Zigarettenindustrie ein Rauchverbot bei Kindern und Jugendlichen. Ein Beispiel aus der Vergangenheit ist die Kampagne „Rauchen ist uncool". Philip Morris International hat ein Video gegen das Rauchen bei Kindern und Jugendlichen herausgebracht. Rund 100 Programme gegen das Rauchen bei dieser Altersgruppe in fast 90 Ländern sollen eigenen Angaben zu Folge von Philip Morris unterstützt werden (s. www.pmintl.de). Hierbei soll mit anderen Zigarettenherstellern und dem Handel, aber auch mit der Bundesregierung, mit Schulbehörden, Vereinen und Stellen der Gesundheitsvorsorge das Problem angegangen werden. Dazu zählen die Unterstützung der Abgabeverbote von Tabakwaren an Jugendliche, Nichtraucher-Kampagnen an Kinder und Jugendliche sowie die finanzielle Unterstützung von staatlichen Informations- und Erziehungsprojekten („Kinder stark machen"). Die Verpflichtung der Industrie, keine Zigarettenwerbung im Umfeld von Schulen und Jugendeinrichtungen vorzunehmen, ist als ein weiterer Mosaikstein der Prävention zu sehen.

38.8 Kontrollieren und informieren

Die Frage nach der Wirksamkeit des Jugendschutzgesetzes generell und damit auch nach der Abgabebeschränkung von Alkoholika und Tabakwaren wird oft gestellt. Die Antwort muss aufgrund der Verstöße bei Einzelhändlern und Veranstaltern gegen die Bestimmungen eher negativ ausfallen. Die in früheren Jahren „pädagogisch begleiteten" so genannten Testkäufe ergaben, dass sich rund zwei Drittel der Supermärkte und Einzelhandelsgeschäfte wie auch Kioskbetreiber nicht an die Vorschriften bei der Alkoholabgabe hielten. Je kleiner die Umsatzmöglichkeiten bei der Verkaufsstelle sind, wie beispielsweise bei Kiosken, desto größer ist die Versuchung, auch Jugendlichen unter 16 Jahren Bier zu verkaufen, ja sogar an Kinder, wenn diese „glaubhaft" machen, dass sie das Getränk für ihre Eltern holten. Seitdem die oben genannten Testkäufe in die Kritik der offiziellen Stellen geraten sind, weil mit ihnen ein Verhalten erzeugt wird, dass ja gerade durch das Jugendschutzgesetz verhindert werden soll, ist die Zahl stark zurückgegangen. In Nordrhein-Westfalen hat die Landesregierung Testkäufe als „verboten" erklärt (s. Runderlass „Durchführung des Jugendschutzes in der Öffentlichkeit vom 11.05.1988 – MBl. NRW. 1988, S. 820).

Die eher negativen Erfahrungen mit der Akzeptanz des Jugendschutzgesetzes stellen aber nichts Besonderes dar. Auch bei anderen Nebenstrafgesetzen ist ein ähnliches Bild zu verzeichnen (z. B. bei Verstößen gegen Bestimmungen der Straßenverkehrsordnung). Leider werden Jugendschutznormen nicht immer ernst genommen; Übertretungen werden als Kavaliersdelikte verharmlost. Besonders zu Anlässen, die traditionsgemäß mit einem hohen Alkoholkonsum einhergehen, wie Karneval, Brauchtümer etc., werden selbst von offiziellen und verbandlichen Trägern die Grenzen nicht so eng gezogen. Dabei kommt es nicht so sehr auf die hoheitliche Durchsetzung der Jugendschutznormen an, sondern noch mehr auf deren gesellschaftliche Akzeptanz.

Besonders beim Brauchtum wie dem Karneval wurden und werden weiterhin, wie die Erfahrungen aus den letzten Jahren zeigen, auch und gerade an Jugendliche und Kinder alkoholische Getränke in Geschäften und Kiosken verkauft; und zwar in einem solchen Maße (wie z. B. in Köln), dass Alkoholmissbrauch immer bedrohlichere Ausmaße annahm. Dies veranlasste die Stadt Köln, gemeinsam mit der Polizei und Verbänden eine breite Aufklärungskampagne vor und während der Karnevalssessionen in Gang zu setzen (Motto: „Keine Kurze für die Kurzen"). Nur unter äußersten personellen Anstrengungen, im Zuge intensiver Gespräche mit den Gewerbetreibenden und einem Alternativangebot für Jugendliche gelang es den Verantwortlichen, das Problem in den letzten Jahren zu reduzieren.

Ein solches Maß an Kontrolle und persönlicher Ansprache kann sich aber kaum eine Kommune, die für die Kontrolle der Anwendung der Vorschriften zuständig ist, über einen längeren Zeitraum leisten. Doch sollten die Gemeinden in Abständen immer wieder Kontrollen vornehmen, damit die Gewerbetreibenden erfahren, dass Verstöße gegen das Jugendschutzgesetz nicht geduldet werden. Jede Rechtsnorm ist nur so viel wert, wie ihre Einhaltung entsprechend überwacht wird.

Die Überprüfung der Anwendung der gesetzlichen Bestimmungen eignet sich zudem als gute Möglichkeit, die Adressaten des Jugendschutzgesetzes und auch die Öffentlichkeit über das Anliegen des Jugendschutzes zu informieren. Hierbei kommt es vor allem darauf an, an das Verantwortungsbewusstsein der Veranstalter zu appellieren. Als Vehikel eignen sich dazu Informationskampagnen in der Kommune, die zum einen die rechtlichen Bestimmungen aufzeigen, zum anderen die Bereitschaft bei Gewerbetreibenden und bei Eltern und Erziehern erhöhen, die äußerste Grenze „Jugendschutz" zu respektieren, wenn es um die Berücksichtigung einer risiko- bzw. gefährdungsarmen Umwelt gehen soll.

38.9 Besondere Bevorzugung alkoholfreier Getränke

Was die Durchsetzung von gesetzlichen Normen im Zusammenhang mit Jugendschutz betrifft, sei noch auf die Regelung im Gaststättengesetz (GastG) hingewiesen, wonach jede Gaststätte ein alkoholfreies Getränk anbieten muss, dass nicht teurer sein darf als ein alkoholhaltiges Getränk der gleichen Menge (§ 6 GastG). Hier geht es auch um Jugendschutz, und zwar in dem Sinne, dass junge Menschen durch die Preisgestaltung die Möglichkeit erhalten, eher alkoholfreie Getränke zu konsumieren als alkoholhaltige. Dazu haben 2002 im Auftrag des Berliner Senats und der Drogenbeauftragten der Bundesregierung über 140 Berliner Jugendliche insgesamt 221 Gaststätten in der Hauptstadt aufgesucht. Auch hier zeigte das „Testgespräch", dass nur eine Minderheit, nämlich 41 % (90 der aufgesuchten Gaststätten) ein alkoholfreies Getränk gemäß § 6 GastG anboten. Bei den übrigen 59 % war Bier oder Alsterwasser (Bier/Limo) das günstigste Getränk. Das billigste alkoholfreie Getränk (meist Mineralwasser) kostete durchschnittlich 1,41 Euro, das billigste alkoholhaltige Getränk dagegen durchschnittlich 1,31 Euro. Zur Ehre der Gaststättenbetreiber muss gesagt werden, dass sie dem Anliegen der Jugendlichen (und damit dem Gesetz) meist positiv gegenüberstanden und einige von ihnen ihre Preispolitik im Sinne des Gesetzes überprüfen wollten.

38.10 Fazit

Abschließend sollte festgehalten werden, dass das deutsche Jugendschutzrecht, einschließlich der Nebenbestimmungen in den anderen, oben genannten Rechtsbereichen, Kinder und Jugendliche vor Gefährdungen in der Öffentlichkeit schützen will – durch die Anwendung von Vorschriften. Mit dem Gesetz wird gleichzeitig an Veranstalter und Gewerbetreibende appelliert, Gefährdungen/Risiken zu vermeiden bzw. zu vermindern. Sie ermöglichen den staatlichen Stellen, bei Gefährdungen einzugreifen und bei Verstößen gegen die Vorschriften Sanktionen (Bußgeld, Strafen) auszusprechen (generalpräventive Wirkung). Wichtig ist außerdem, dass die Bestimmungen lebenspraktische Hinweise an Eltern und Erzieher geben, wie sie im privaten Bereich im Einzelfall entscheiden sollen.

Bei allen permanenten Wandlungen in den gesellschaftlichen Auffassungen über die Schutzbedürftigkeit von Kindern und Jugendlichen sind Grenzmarkierungen in Lebensbereichen mit Gefährdungspotenzialen unverzichtbar. Dies gilt auch weiterhin – wenn nicht in verstärktem Maße – im Hinblick auf das Problem „Konsum von Suchtmitteln bei Kindern und Jugendlichen". Die Vorschriften zur Alkoholabgabe im Jugendschutzgesetz zeigen die „absoluten Grenzbereiche, jenseits derer individuelle Gefährdungen zumindest wahrscheinlich sind". Für den

Staat und seine Behörden stellen diese Markierungen Interventionspunkte dar. Für Eltern, Lehrer, Erzieher, Jugendgruppenleiter und andere pädagogisch Verantwortliche sind es „normative Rahmensetzungen" für ihr pädagogisches Handeln.

Literatur

AJS FORUM (4/2000). Vierteljährlicher Info-Dienst der Arbeitsgemeinschaft Kinder- und Jugendschutz Landesstelle Nordrhein-Westfalen e. V. Köln.

Arbeitsgemeinschaft Kinder- und Jugendschutz (AJS) Landesstelle NRW e. V. (2000). Sammlung Kinder- und Jugendschutzrecht – Gesetze, Staatsverträge, Richtlinien, Konventionen. 3. Aufl. Köln: AJS-Eigenverlag.

Das Jugendschutzgesetz (JuSchG) vom 26. Juli (BGBl. I S. 2730) – gültig ab 1. April 2003. Gesetzentwurf der Fraktionen SPD und BÜNDNIS 90/DIE GRÜNEN: Entwurf eines Jugendschutzgesetzes (JuSchG), Drucksache 14/9013 vom 13.05.2002.

Gernert W, Stoffers M (1993). Das Gesetz zum Schutze der Jugend in der Öffentlichkeit – JÖSchG – Kommentar. Düsseldorf: Livonia.

Lieven J (2003). Das Jugendschutzgesetz mit Erläuterungen. 16. Aufl. Essen: Drei-W-Verlag.

Media Perspektiven (Monatliche Fachzeitschrift im Auftrag der ARD-Werbegesellschaften) (2005); 2: 70–2.

Scholz R (1999). Jugendschutz: Gesetz zum Schutze der Jugend in der Öffentlichkeit – JÖSchG, Gesetz über die Verbreitung jugendgefährdender Schriften und Medieninhalte – GjS – und andere Vorschriften mit Erläuterungen. 3. Aufl. München: C. H. Beck.

Steindorf J (2002). Gesetz zum Schutze der Jugend in der Öffentlichkeit (Jugendschutzgesetz – JÖSchG) – Kommentar. In: Erbs G, Kohlhaas M (Hrsg). Strafrechtliche Nebengesetze – Loseblattsammlung (Stand 15.02.2002).

IX
Hilfen

39 Schule

Christina Batt

Es ist kein Novum: Wer „Nein" sagen will, muss manchmal richtig stark sein – vor allem, wenn es um den Konsum von Alkohol, Nikotin und anderen Suchtmitteln geht. Um „Nein" sagen zu können, erfordert es jedoch sehr viel Selbstbewusstsein und Selbstwertgefühl, denn nach wie vor spielen Alkohol, Nikotin und auch – unbestreitbar und mit zunehmenden Maße – Cannabis wesentliche Rollen, wenn es um die Anerkennung in einer Gruppe Jugendlicher geht. Um sich der Tatsache noch einmal bewusst zu werden: Die Lebenszeitprävalenz bei Jugendlichen hinsichtlich des Konsums illegaler Drogen liegt bei 32%. Von diesen konsumierenden Jugendlichen haben 97% Erfahrungen mit Cannabis gemacht. Drei Viertel derjenigen Jugendlichen, die Erfahrung mit Cannabis haben, konsumierten ausschließlich Cannabis, während ein Viertel einen so genannten Mehrfachkonsum aufweisen – neben Cannabis werden also auch andere Substanzen konsumiert, zum Beispiel Amphetamine, Ecstasy und psychoaktive Pflanzen (Bundeszentrale für gesundheitliche Aufklärung 2004). Blickt man noch einmal auf den Cannabis-Konsum unter Jugendlichen, so bleibt festzustellen, dass es bei den meisten beim einmaligen Ausprobieren oder einem Konsum über eine kurze Zeitspanne bleibt. Doch die Anzahl derer, die dauerhaft Cannabis konsumieren, nimmt zu: Fast 400 000 Menschen konsumieren die Droge regelmäßig und weisen einen missbräuchlichen oder abhängigen Konsum auf. Die hier genannten Zahlen bedeuten einerseits einen Klientenanstieg in den ambulanten Beratungsstellen um das 7-Fache (14 000 Konsumenten wurden 2004 beraten und behandelt, Niedersächsische Landesstelle für Suchtfragen [NLS] 2005), aber auch, dass der Cannabis-Konsum selbstverständlich auch vor den Schultoren nicht halt macht. So gibt es zum einen Schüler und Schülerinnen, die während des Schulalltags auf dem Schulgelände Cannabis konsumieren, zum anderen werden die Auswirkungen von häufigem Cannabis-Konsum auch im Unterricht deutlich (z. B. Minderung des Kurzzeitgedächtnisses, Beeinträchtigung der Lern- und Arbeitsfähigkeit). Die Anfragen von Schulen hinsichtlich der Unterstützung durch Fachkräfte der Suchtprävention für die Zielgruppe der Schüler an Grundschulen, vor allem aber an weiterführenden Schulen und hier speziell im Bereich der Cannabis-Prävention (mit der Frage nach dem „richtigen" Umgang mit Cannabis konsumierenden Schülern) nehmen zu, und auch die Entwicklung hinsichtlich der Minimierung bzw. Verhinderung des Zigarettenkonsums an Schulen (Stichwort: rauchfreie Schule) ist ein aktuelles Thema an den Schulen und fordert immer wieder aufs Neue eine intensive Hinwendung zu und Auseinandersetzung mit den Maßnahmen der schulischen Suchtprävention (NLS 2005).

39.1 Handlungsort für Suchtprävention?

Der Institution Schule wird im Rahmen der Suchtprävention eine besonders große Rolle zugeschrieben. So kommt der Schule als Bildungsinstitution und als wichtiger sozialer Erfahrungsraum im Jugendalter hierbei also eine Schlüsselrolle zu. Dadurch, dass Suchtprävention in der Gesellschaft insgesamt eine immer größer werdende Berechtigung erhält, wächst auch die Bedeutung der schulischen Mitverantwortung enorm. Diese unbestrittene Mitverantwortung der Schule für die Suchtprävention beruht auf ihrem Erziehungs- und Bildungsauftrag. So sind Schulen nach dem Schulordnungsgesetz (SchOG) von 1952 (zuletzt geändert durch das Gesetz vom 8. Juli 2003) „Stätten der Erziehung und des Unterrichts". Hier sollte ganz deutlich hervorgehoben werden, dass Schule somit also nicht nur eine Einrichtung des Unterrichtens, sondern auch der Erziehung ist. Bestimmte Problembereiche des menschlichen Lebens, etwa der Konsum von Suchtmitteln als alternative Problemlösung, dürfen daher nicht aus dem Schulalltag ausgeblendet werden, sondern sollten im Lebensraum Schule besondere Beachtung finden. Schule ist die einzige Institution, die alle Kinder und Jugendlichen in der Zeit der Entwicklung der individuellen Konsummuster gleichermaßen erreicht. Aufgrund der gesetzlich geregelten allgemeinen Schulpflicht (SchpflG) hat *„jedes Kind nicht nur das Recht, sondern auch die Pflicht, die Schule zu besuchen"* (Kammerer u. Riemann 1997, S. 71). Demnach ist Schule ein Ort, an dem nahezu alle Kinder und Jugendlichen über einen Zeitraum von im besten Fall mindestens zehn Jahren erreichbar sind, das heißt, *„Schule hat als Institution neben der Familie die wohl größten Einwirkungsmöglichkeiten auf deren Verhalten und deren Wohlbefinden"* (Hartmannbund 1996, S. 2). Schule ist neben der Familie und der Jugendhilfe somit eine der elementaren Sozialisationsinstanzen.

Entscheidend für den Wissens-, Einstellungs- und Kompetenzerwerb hinsichtlich psychoaktiver Substanzen ist die Altersspanne zwischen 10 und 16 Jahren; die Jugendlichen in diesem Alter sind über die Dauer dieser Spanne fortwährend in der Schule zu erreichen. Für die Wirksamkeit der Suchtprävention ist maßgeblich auch die Peergroup (hier: die Mitschüler) von Bedeutung. Sie kann einen entscheidenden Risiko- oder Schutzfaktor für den Jugendlichen in seiner Entwicklung darstellen und somit auch maßgeblich für die Entwicklung hinsichtlich seiner Konsummuster sein. Nicht nur die hohe Anzahl der Kinder und Jugendlichen, die erreicht wird, sondern auch die Verweildauer der Schüler an der Schule stellt einen Faktor dar, der Schule als Ort für Suchtprävention rechtfertigt. *„Die Jugendzeit wird inzwischen vollständig durch den Schulbesuch geprägt"*, schreibt Hurrelmann (2004, S. 22). Neben der hohen Erreichbarkeit der Kinder und Jugendlichen ist Schule als Handlungsort für Suchtprävention sinnvoll, weil Schule, als Ort des Lernens, auch durch das Lernen von alternativen Problemlösungsstrategien und angemessener Konfliktbewältigung (Thematiken, die jeden Schüler tangieren) wesentliche Zeichen setzen kann. Auch die Tatsache, dass das Schul- und Lernklima einen entscheidenden Einfluss auf den Jugendlichen in seiner schulischen Befindlichkeit und damit natürlich auch in seiner Entwicklung hat, ist nach Franz und Lumpp nicht von der Hand zu weisen (2000). Da sich gesellschaftliche Veränderungen auch in der Schule spiegeln – Hurrelmann (2004, S. 8) spricht in diesem Zusammenhang von den Jugendlichen als „Seismografen der gesellschaftlichen Entwicklung" –, kann und darf Suchtprävention nicht von der Institution Schule ausgeschlossen werden. Die Vorteile der Schule als suchtpräventive Instanz sind also relativ offensichtlich und vordergründig einleuchtend: *„In der Schule werden alle Kinder und Jugendliche erreicht, und es sind Pädagogen vorhanden"*, schreiben Kammerer und Rumrich (2001, S. 69). So haben Lehrer einen langfristigen Kontakt zu den Schülern und können Fehlentwicklungen leichter erkennen als beispielsweise Mitarbeiter in der offenen Jugendarbeit. Man kann Schule demnach auch als einen engen sozialen Raum bezeichnen, der Störungen schnell deutlich werden lässt. Jedoch muss auch die Tatsache bedacht werden, dass Schule nur eine von mehreren Institutionen ist, die sich mit Suchtprävention befassen.

> *„Ganz sicher kann sich Schule an dem Gesamt der an sich notwendigen Maßnahmen nur beteiligen. Sie darf nicht als die (einzige) Institution angesehen werden, die vor allem aufgerufen ist, den Rauschmittelkonsum zu stoppen, wie es leider immer wieder gefordert wird."* (Waibel 1994, S. 74)

Neben der Verdeutlichung der Vorzüge schulischer Suchtprävention ist auch eine Betrachtung der Nachteile und Einschränkungen im Handlungsraum Schule für die suchtpräventive Arbeit vonnöten. Gesundheitsgefährdende Verhaltensweisen, zum Beispiel der Gebrauch legaler und illegaler Suchtstoffe, sowie psychosomatische Symptome können als Reaktionsformen auf schulbedingten Stress interpretiert werden:

„Viele gesundheitliche Belastungen von Kindern und Jugendlichen (rühren) nicht allein aus den Familien-, Freizeit- und Umweltbereichen her (...). Schule selbst ist durch Selektion, Leistungsanforderungen und Zensurvergabe ein ernst zu nehmender Belastungsfaktor, ein Risikopotenzial für die gesunde Entwicklung von Heranwachsenden geworden." (Hesse 1993, S. 58)

Die soziale Realität von jungen Menschen im Schulalter wird ganz entscheidend von der Institution Schule mitgeprägt. So hat Schule *„einerseits die Aufgabe, (den Jugendlichen) zur Leistungsfähigkeit (...) zu erziehen, andererseits soll sie auch Handlungsfähigkeit vermitteln, das heißt jene Fähigkeit, die Menschen zu autonomen, selbstständigen Persönlichkeiten werden lässt"* (ebd.). Die Erfüllung beider Aufgaben kann den Schüler im Prozess der Entwicklung seiner Persönlichkeit leicht überfordern; eine Form der jugendlichen Bewältigung gegenüber dieser Stress-Situation kann sich im Konsum von Suchtstoffen äußern. So sind überhöhte Leistungsansprüche nicht nur für die Herausbildung psychosomatischer Störungen, sondern auch für vermehrten Suchtmittelgebrauch oder -missbrauch in einem gewissen Rahmen mit verantwortlich. Eine weitere Frage, die sich in diesem Zusammenhang stellt, beinhaltet Überlegungen, inwieweit es dem Schüler gelingt, die Schule zu absolvieren und Perspektiven für eine Berufsausbildung und eine Integration in die Arbeitswelt zu entwickeln. Dieser Aspekt kann für den Jugendlichen ebenso eine enorme schulische Belastung sein und zu dem Bild von der Schule als problemerzeugende Instanz führen, wie die nun folgenden schulischen Umwelten, die Suchtmittelkonsum auslösen bzw. verstärken können (vgl. Franz u. Lumpp 2000):
- wenig vertrauensvoll – ein Schulklima, das so ausgerichtet ist, dass Schüler wenig Vertrauen, zum Beispiel zu Lehrern, haben
- hohe Schulangst – Werte, die anzeigen, dass Schüler Schulangst haben (Leistungsdruck, Mobbing unter den Schülern etc.)
- wenig anregende Lernumwelt
- wenig schülerzentrierter Unterricht

Anzumerken ist in diesem Zusammenhang jedoch unbedingt, dass jeder der oben genannten Faktoren nicht zwingend einen erhöhten oder missbräuchlichen Suchtmittelkonsum auslöst, sondern nur ein Glied der Kette in der Entwicklung zum Suchtmittelkonsum darstellt. Hier ist vielmehr die Frage von Bedeutung, wie junge Menschen mit solchen in der Schule aufkommenden belastenden Situationen umgehen.

Wie dargestellt, wird Schule auch als problemerzeugende Instanz gesehen, die eine Vielfalt an Belastungsfaktoren erzeugt, die ihrerseits wiederum zu gesundheitsgefährdenden Entwicklungen führen können. Ausgehend von diesem Risikopotenzial, besteht weitgehend Konsens darüber, dass die Schule der Entwicklung von gesundheitsriskanten Verhaltensweisen möglichst frühzeitig entgegenwirken sollte. Vor allem die Tatsache, dass in der Schule gesundheitsrelevantes und somit die Suchtprävention bestätigendes und unterstützendes Verhalten gut gelernt und eingeübt werden kann, qualifiziert Schule als Ort für Suchtprävention (Wildt 1997).

39.1.1 Elemente und Ziele

Bekanntermaßen gibt es viele Einflussfaktoren, die an einer Entstehung von Suchtentwicklung beteiligt sind. So sind dem gegenüberstehend auch die Elemente und Ziele der schulischen Suchtprävention durch eine enorme Vielfalt gekennzeichnet. Aufgrund der multifaktoriellen Suchtentstehung darf sich auch die Schule, als eine der prägenden suchtpräventiven Instanzen, nicht nur dem Bereich der Suchtmittel zuwenden, sondern sie muss sich auch *„mit den anderen Einflussfaktoren wie der Persönlichkeit des Schülers oder seiner sozialen Integration in die Institution Schule beschäftigen"* (Franz u. Lumpp 2000, S. 17). So sind sowohl substanzspezifische als auch substanzunspezifische Ziele maßgeblich für die suchtpräventiven Maßnahmen an Schulen. Zu den **substanzspezifischen Zielen** zählen nach Lammel (2003):
- Abstinenz bei „harten" Drogen
- gemäßigter Konsum bei „weichen" Drogen
- die Entwicklung angemessener Grenzwerte für den Substanzgebrauch

Die spezifische Suchtprävention verfolgt des Weiteren folgende Ziele (vgl. Günther 1999, S. 100):
- Vermittlung relevanter Informationen zu Suchtmitteln ohne übertriebene Abschreckung, insbesondere zu subjektiver Wirkung, Gesundheitsrisiken und Abhängigkeitsrisiken
- Thematisierung der eigenen Nähe zur Sucht
- Erkennen eigener Suchtgefährdung
- Einübung angemessenen Verhaltens beim Angebot von Drogen
- Diskussion von Verhaltensmöglichkeiten bei der Entwicklung einer Abhängigkeit bei Freunden und Klassenkameraden
- Näherbringen von Beratungsmöglichkeiten

Dieser Bereich lässt sich neben der individuellen und persönlichkeitsorientierten Herangehensweise auch durch strukturelle Maßnahmen stützen. So sind schulnahe Beratungsangebote, alkoholfreie Schulveranstaltungen, das in jüngster Zeit eingeführte Rauchverbot an Schulen, die Abschaffung von Zigarettenautomaten in der Nähe der Schule, klare Regelungen zum Umgang mit Drogenvorfällen in der Schule und Aktionen zur Verhinderung des Verkaufs von alkoholischen Getränken an Kinder und Jugendliche nur einige Beispiele, die einen relevanten Beitrag zur schulischen Suchtprävention leisten können (ebd.).

Substanzunspezifische Ziele sind (vgl. Lammel 2003):
- Verbesserung individueller psychosozialer Kompetenzen
- Gestaltung protektiver Bedingungen in der Umwelt des Schülers
- Minimierung der Gefährdung durch die Gleichaltrigengruppe
- Vermittlung in ein konventionelles Netzwerk durch die Integration in eine drogenfreie Gruppe

Weitere substanzunspezifische, basispräventive Ziele der schulischen Suchtprävention sind (vgl. Günther 1999):
- Erwerb von sozialen Kompetenzen, insbesondere Konfliktlösungsmechanismen, Kooperation, Pflege von Freundschaften etc.
- Schaffung von Alternativen zum Drogengebrauch, insbesondere durch bessere Freizeitgestaltung und Steigerung der allgemeinen Genussfähigkeit
- Unterstützung der Selbstständigkeitsentwicklung und des Selbstbewusstseins
- Hilfe bei der Akzeptanz der eigenen Körperlichkeit und bei der Gewinnung einer genussvollen Sexualität
- Kennenlernen diverser Beratungsmöglichkeiten und Verringerung der oft vorhandenen Distanz zu professioneller Beratung
- Erhöhung des allgemeinen Gesundheitsbewusstseins

Speziell im Bereich der substanzunspezifischen Ziele schulischer Suchtprävention haben wir es mit einem Bereich zu tun, der sich mit anderen Präventionsfeldern wie Gewaltprävention, Kriminalprävention etc. nahezu deckt. Hier werden Ziele benannt, die *„in nahezu allen Präambeln von Schulgesetzen als pädagogische Aufgabe von Schule genannt werden"* (ebd., S. 100). Neben diesen eher individuellen und kommunikativen Zielen ergeben sich auch die Möglichkeiten einer strukturellen Unterstützung dieser Ziele. Strukturelle Ziele in der Suchtprävention an Schulen können u. a. die Verbesserung des Schulklimas, die Verschönerung der Schule, eine aktive Pausenhofgestaltung, die Entwicklung einer neuen, modernen Schulordnung oder aber auch die Vernetzung mit den sozialen Einrichtungen des Stadtteils sein (Günther 1999). Vergleichbare Zielkategorien geben Kammerer und Rumrich (2001) als die wesentlichen drei Elemente einer wirkungsvollen suchtpräventiven Arbeit an Schulen an:
- Stärkung der allgemeinen Handlungs- und Kommunikationsfähigkeit
- Erhöhung der speziellen Handlungskompetenz
- Verbesserung der Lebensbedingungen von Kindern und Jugendlichen

Unter **Stärkung der allgemeinen Handlungs- und Kommunikationsfähigkeit** versteht man u. a. die Erhöhung der Ich-Stärke des Schülers, den Aufbau von Solidarität innerhalb der Klasse, aber auch die Herausbildung der Autonomie jedes einzelnen Schülers. Vergleichbar sind die Inhalte dieser Zielvorgabe mit den oben genannten substanzunspezifischen Zielen. Hier spielen die Ansätze zur Lebenskompetenzförderung und Persönlichkeitsförderung eine bedeutende Rolle.

Die **Erhöhung der speziellen Handlungskompetenz** bezieht sich hier auf den Umgang mit Suchtstoffen. Analog zu den substanzspezifischen Zielen nach Lammel (2003) und Günther (1999) beinhaltet die Erhöhung der speziellen Handlungskompetenz im Umgang mit Suchtstoffen Elemente wie zum Beispiel die Widerstandsfähigkeit dem Gruppendruck der Peers gegenüber und die Entwicklung einer starken Konfliktfähigkeit. Die Einübung angemessenen Verhaltens beim Angebot von Drogen spielt hierbei eine enorm große Rolle und ist beispielsweise anhand von Rollenspielen in der Schulklasse durchführbar. Die **Verbesserung der Lebensbedingungen von Kindern und Jugendlichen** steht parallel zu der strukturellen Unterstützung der substanzspezifischen und substanzunspezifischen Ziele nach Günther (1999). Gemeint ist hier insbesondere der Abbau der suchtbegünstigenden Strukturen in der Schule und im unmittelbaren Umfeld der Schule. Die Mannigfaltigkeit der schulischen Suchtprävention ist besonders in jüngster Zeit mehr und mehr in das Bewusstsein der Öffentlichkeit gerückt – mit der Erkenntnis, dass „Vorbeugung gegenüber Sucht- und Drogenabhängigkeit künftig einen größeren Stellenwert als bisher einnehmen muss" (Franz u. Lumpp 2000, S. 72). Wirkungsvoll sei eine „umfassende Strategie, bei der die Förderung von Schutzfaktoren im Mittelpunkt steht". Und weiter:

„Im Wechselspiel von Faktoren, die Sucht begünstigen, und protektiven Faktoren kommt dabei den individuellen Fähigkeiten und Kompetenzen eines Heranwachsenden, sich mit Lebensanforderungen auseinanderzusetzen, eine entscheidende Rolle zu." (ebd., S. 73)

Ziel der gegenwärtig bevorzugten Suchtpräventionsstrategien ist daher, Kinder und Jugendliche primärpräventiv in ihrer Persönlichkeit, ihrem Verhalten und Handeln für ein selbstbestimmtes und suchtfreies Leben stark zu machen.

„Anstelle des lange Zeit geltenden Aufklärungs- und Abschreckungskonzeptes tritt das so genannte Ganzheitskonzept, das darauf abzielt, konsequent den gesamten Menschen mit seinen affektiven, sozialen, pragmatischen und kognitiven Persönlichkeitsdimensionen in die Suchtprävention einzubeziehen." (Buchmann-Keller 2004, www.uni-frankfurt.de/fb15/didaktik)

In der 1986 von der Weltgesundheitsorganisation (WHO) verabschiedeten Ottawa-Charta für Gesundheitsförderung werden Handlungselemente und Zielvorstellungen für die Gesundheitsförderung formuliert, die für die schulische Suchtprävention konstitutiv sind (WHO 1986):
- Entwicklung persönlicher Kompetenzen
- Unterstützung gesundheitsbezogener Gemeinschaftsaktionen
- Schaffung gesundheitsförderlicher Lebenswelten
- Neuorientierung der Gesundheitsdienste
- Entwicklung einer gesundheitsförderlichen Gesamtpolitik

Im Kontext der Schule lassen sich diese Schwerpunkte zu Zieldimensionen zusammenfassen, die entweder die Person (curriculare Dimension), den sozialen Nahraum (sozialökologische Dimension) oder die umgebende Gemeinde (kommunale Dimension) im Blickfeld haben. In der Abbildung 39-1 werden den jeweiligen Zieldimensionen entsprechende mögliche präventive Maßnahmen zugeordnet (Franz u. Lumpp 2000, S. 74).

Zusammenfassend und auf die Suchtprävention bezogen halten wir fest, dass die benannten Elemente und Zielvorstellungen der Suchtprävention und Gesundheitsförderung im schulischen Kontext alle eines gemeinsam haben: Sie wollen durch die Förderung der Persönlichkeit des Schülers und durch die Verbesserung der schulischen Umwelt bewirken, dass die Jugendlichen über Handlungskompetenzen und Lebens- und Erlebnisqualitäten verfügen, die den Ge- bzw. Missbrauch von Suchtmitteln als Ersatz- oder Ausweichfunktion überflüssig und damit wenig wahrscheinlich machen.

Jedoch muss fortwährend bedacht werden, dass Schule die Suchtprävention nur in begrenz-

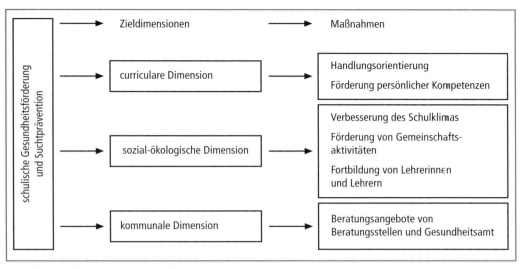

Abb. 39-1 Zieldimensionen und mögliche präventive Maßnahmen.

tem Maße erfüllen kann. Da Schule sich mit den unterschiedlichsten Erwartungen der Gesellschaft auseinandersetzen muss (sie soll im Idealfall nicht nur Suchtprävention, sondern auch Gewaltprävention, AIDS-Prophylaxe, Rassismusprävention etc. leisten), sollte auch immer die gesamtgesellschaftliche Situation in den Blick genommen werden. Die Entwicklung einer gesundheitsförderlichen Gesamtpolitik als Handlungselement der Gesundheitsförderung und Suchtprävention nach der Ottawa-Charta von 1986 gibt Hinweise darauf, dass die Gesellschaft als Ganzes in die Pflicht genommen werden muss, Suchtprävention zu leisten.

39.1.2 Status quo

Die schulische Suchtprävention und auch die Suchtprävention im Allgemeinen ist in Deutschland eine Aufgabe, die aufgrund der Länderhoheit in jedem Bundesland anders geregelt ist:

„In fast allen Bundesländern bilden ‚Landesarbeitsgemeinschaften für Suchtfragen', ‚Präventionsarbeitskreise' oder ‚Präventionsausschüsse' fachliche Zusammenschlüsse und den institutionellen Rahmen für Absprachen und Planungen unter Beteiligung behördlicher Vertreter." (Deutsche Hauptstelle gegen die Suchtgefahren 2002, S. 208)

Für Suchtprävention gibt es keine Regelversorgung, *„weder Einzelpersonen noch Institutionen, die einen Versorgungsauftrag haben"* (ebd.). Seit Anfang der 1980er Jahre sind in den einzelnen Bundesländern „Fachstellen zur Suchtvorbeugung" entstanden, die sich inhaltlich auf einzelne Arbeitsfelder (Arbeit mit Lehrern, Schulen, Kindergärten etc.) konzentrieren, Fortbildungsmaßnahmen initiieren und Projekte auf regionaler, aber auch – in Kooperation mit Bundesbehörden – auf bundesweiter Ebene entwickeln. Für den Bereich der schulischen Suchtprävention ist zu vermerken, dass Suchtprävention im Lebensraum Schule mittlerweile keine Seltenheit mehr ist und dass eine Vielzahl an schulischen Maßnahmen in der Präventionslandschaft vorzufinden ist.

Betrachtet man den aktuellen Forschungsstand im Hinblick auf die Größenordnung der schulischen suchtpräventiven Maßnahmen und Programme in Deutschland, so liefert die EDDRA-Datenbank (EDDRA = Exchange on Drug Demand Reduction Action) relevante Zahlen. In dieser Datenbank sind Informationen zu in Europa durchgeführten und evaluierten Suchtpräventionsprogrammen verzeichnet. Bedingung für die Aufnahme eines Programms in diesen Katalog ist, dass es evaluiert wurde oder eine Evaluation wenigstens geplant ist. Auf europäischer Ebene waren im Dezember 2001 insgesamt 73 als schulische Programme klassifizierte Programme in der Datenbank enthalten. Diese sind aus 15 verschiedenen Ländern gemeldet worden; Deutschland weist dabei 10 gemeldete Präventionsprogramme an Schulen auf. Die Programme begannen zwischen 1984 und 2000; mit Abstand die meisten Programme sind in den Jahren nach 1996 zu verzeichnen. Dies lässt sich vorsichtig dahingehend deuten, dass die Anzahl schulspezifischer Präventionsprogramme in Europa in den letzten Jahren zugenommen hat, wobei jedoch auch zu berücksichtigen ist, dass die Datenbank selbst erst kurze Zeit existiert und möglicherweise viele ältere Programme nicht nachträglich gemeldet worden sind.

Die suchtpräventiven Maßnahmen in Schulen sind alle dadurch gekennzeichnet, dass sie (zumindest in den Anfängen) evaluiert sind, auf städtischer, regionaler oder bundesweiter Ebene durchgeführt werden und – auf den Umfang bezogen – als langfristig bezeichnet werden können. Ferner werden nur solche schulischen Suchtpräventionsmaßnahmen benannt, die über den Rahmen der etlichen innerschulischen und eigenverantwortlichen Suchtpräventionsprojekte einzelner Schulen hinausgehen. An unzähligen Schulen findet zwar Suchtprävention in verschiedenster Form statt, das Erstellen einer vollständigen Übersicht über die unterschiedlichsten Maßnahmen ist wegen der Vielfalt der Maßnahmen und Projekte sowie der Tatsache, dass sich schulische Suchtprävention noch in den Anfängen einer Standardisierung befindet, jedoch bislang noch nicht erfolgt.

Abermals ist die Tatsache zu berücksichtigen, dass schulische Suchtprävention in vielerlei Hinsicht Begrenzungen aufweist: Die Mehrzahl der schulischen suchtpräventiven Aktivitäten konzentriert sich meist auf die Behandlung der Themen Drogen, Sucht etc. im Rahmen von Unterricht. Solche Themen sind inzwischen als Inhalte in die verschiedenen Curricula aller Schultypen aufgenommen worden. Die Bundeszentrale für gesundheitliche Aufklärung (BZgA) hat dazu länderübergreifend Unterrichtshilfen für die verschiedenen Jahrgangsstufen herausgegeben, die mit den Kultusministerien der verschiedenen Bundesländer abgestimmt sind. Besondere Beachtung sollte auch der von der Bundesregierung initiierte bundesweite Anti-Raucher-Wettbewerb für Schulklassen „Be smart – don't start" finden. Dieser wird seit 1997 mit jährlicher Wiederholung umgesetzt und erreicht in jedem Jahr mehrere tausend Klassen zwischen dem 5. und 10. Schuljahr (www.bzga.de). Als besondere Organisationsform des Unterrichts bietet ferner die Durchführung von Projektwochen einen weiteren Erfahrungsraum für suchtpräventive Arbeit an Schulen. Auch die Bemühungen von Beratungslehrern im Bereich der Suchtprävention sind mit einzubeziehen, wenn man sich ein Bild von schulischer Suchtprävention macht. In der Tabelle 39-1 wird der aktuelle Sachstand über die so genannten Suchtpräventionsprogramme aufgezeigt; eine Vollständigkeit der Übersicht kann aus den oben beschriebenen Gründen auch in diesem Fall nicht garantiert werden. Bei den aufgeführten Suchtpräventionsprogrammen handelt es sich um suchtpräventive und gesundheitsfördernde Maßnahmen für Grundschulen und weiterführende Schulen.

Eine die aufgeführte Übersicht ergänzende und seit dem Jahr 2004 bestehende Übersicht über Suchtpräventionsprojekte im deutschsprachigen Raum von Kalke (2004) umfasst 108 Projekte (davon sind 45% schulische Suchtpräventionsprojekte) und beschreibt im Wesentlichen die Ist-Situation der Suchtprävention. Hier werden vor allem die Stärken der aktuellen Suchtprävention aufgezeigt:

„Sie ist pluralistisch und breit angelegt, weist substanzspezifische und substanzunspezifische Elemente auf, arbeitet mit einem ‚Methoden-Mix' und ist realistischen Zielsetzungen verpflichtet. Es wird ferner deutlich, dass die strikte Trennung von Primär- und Sekundärprävention in immer mehr Projekten zugunsten eines ganzheitlichen Gesundheitsverständnisses (von der Konsumvermeidung bis zum kontrollierten Konsum) aufgehoben wird." (Kalke 2004, S. 13)

Tab. 39-1 Schulische Suchtpräventionsprogramme in der Bundesrepublik Deutschland (Stand: 2004).

Name	Klassenstufe	Anzahl Schulen/ Klassen	Schulform	Dauer/Umfang	Art der Prävention	Ort	Seit wann?
Klasse 2000	1.–4. Klasse	2001: 3 800 Klassen 2002: 4 700 Klassen 2003: 6 200 Klassen	Grundschule	jährlich zwischen 10 und 15 Unterrichtsstunden	Lebenskompetenztraining, Gesundheitsförderung	bundesweit	seit 1992
Fit und Stark fürs Leben	1.–6. Klasse	ca. 80 Schulen	Grundschulen und weiterführende Schulen	60 Einheiten, über 6 Jahre verteilt	Lebenskompetenztraining, Persönlichkeitstraining, Gesundheitsförderung	Süddeutschland	keine Angabe
Berliner Programm zur Suchtprävention in der Schule (BESS)	6.–10. Klasse	22 Klassen	alle weiterführenden Schulformen	24 Unterrichtsstunden (entweder kontinuierlich im Unterricht oder als Projekttage)	Lebenskompetenztraining, Persönlichkeitstraining, Gesundheitsförderung	Brandenburg	keine Angabe
Soester Programm zur Suchtprävention und Gesundheitsförderung	5.–13. Klasse	keine Angabe	alle weiterführenden Schulformen	kontinuierlich	Lebenskompetenztraining, Persönlichkeitstraining, Gesundheitsförderung	NRW und Sachsen	seit 1991
Gläserne Schule	6.–12. Klasse	über 90 Schulen	alle weiterführenden Schulformen	2-wöchiges Projekt	Verzichtsübungen, Verhaltens- und Verhältnisprävention	Schleswig-Holstein	seit 1994
Inside@school – Präventive Hilfe bei Suchtgefährdung vor Ort an der Schule	5.–13. Klasse	6 Schulen	Gymnasien und Realschulen	kontinuierlich	Suchtprävention durch eine entsprechende externe Fachkraft an jeder Schule, die kontinuierlich dort arbeitet	München	keine Angabe
ALF – Allgemeine Lebenskompetenzen und Fertigkeiten	5.–6. Klasse	keine Angabe	alle weiterführenden Schulformen	24 Unterrichtsstunden für die 5. Klasse und 16 für die 6. Klasse, kontinuierlich	Lebenskompetenztraining, Persönlichkeitstraining	bundesweit	seit 1996
eigenständig werden	1.–4. Klasse	ca. 50 Klassen	Grundschule	42 Einheiten über 4 Jahre verteilt, kontinuierliche Unterrichtsreihe	Gesundheitsförderung, Persönlichkeitsentwicklung, Gewaltprävention und Suchtprävention	Schleswig-Holstein und Hamburg	läuft zurzeit
OPUS – Netzwerk gesundheitsfördernder Schulen	1.–13. Klasse	ca. 495 eingetragene Schulen	alle Schulformen	kontinuierlich	umfassende Gesundheitsförderung in der Schule (im Sinne der Ottawa-Charta)	NRW	seit 1991
erwachsen werden	5.–10. Klasse	ca. 5 000 Schulen	alle weiterführenden Schulformen	80 Unterrichtsstunden, über 3 Jahre verteilt	Lebenskompetenztraining, Persönlichkeitstraining	bundesweit	seit 1993

Diese Stärken werden aber bei einer intensiven und kritischen Betrachtung der beschriebenen Maßnahmen von vielerlei Mängeln überschattet. Wirksame und langfristige Ansätze für rauschmittelkonsumierende Schüler im mittleren Jugendalter (14 bis 18 Jahre) und für Schüler, die ein riskantes Konsummuster aufzeigen, sind in Deutschland generell unterentwickelt, und die wenigen praktizierten Konzeptionen und Ideen für Maßnahmen, die speziell auf die Zielgruppe der rauschmittelkonsumierenden Jugendlichen zugeschnitten sind, bedürfen einer Weiterentwicklung und in einem weiterem Stadium einer Implementierung dieser modernisierten Konzepte der Gesundheitsförderung, Suchtprävention und Frühintervention im Lebensraum Schule. Die bisherigen schulischen Suchtpräventionsprogramme zeigen zwar in verschiedensten Effektivitätsstudien eine Wirksamkeit hinsichtlich der Verzögerung des Konsumeinstiegs bei Jugendlichen (Klein et al. 2004, S. 18), sie weisen jedoch bei genauerer Betrachtung im Wesentlichen vielerlei Mängel auf:

- fehlende Langfristigkeit der Effekte (ausbleibende Nachhaltigkeit)
- Konzentration auf eine Konsumsubstanz und damit fehlende Beachtung des Effektes von Mehrfachkonsum
- kein Zuschnitt der Angebote auf die Zielgruppe der bereits konsumierenden Jugendlichen (in Abgrenzung zu den noch abstinenten Kindern und Jugendlichen) (Farke et al. 1998)
- fehlende Beachtung spezifischer Risikogruppen für Substanzmissbrauch unter Jugendlichen (im Sinne einer individuellen Frühintervention) (Klein et al. 2004)
- keine Kontinuität und Langfristigkeit bei der Durchführung der suchtpräventiven Maßnahmen; vielmehr lediglich kurzzeitige Projekte (KOPF 2005)
- keine curriculare Verankerung/keine konstante Einbettung in das Setting der Schule (ebd.)
- fehlende Evaluation der Maßnahmen (Quensel 2004)

39.2 Fazit

Die Präventionslandschaft ist zurzeit geprägt von einer Vielzahl an Maßnahmen, Programmen und Projekten zur Suchtprävention an Schulen mit einer kleineren Reichweite, die häufig nebeneinander existieren bzw. miteinander konkurrieren. Es handelt sich meistens um vereinzelte Kampagnen und Aktionen und bedauernswerterweise nicht um dauerhafte, in den Schulalltag integrierte und umfassende Präventionsansätze. Wie bereits beschrieben, liegen die bisherigen suchtpräventiven Bemühungen in Deutschlands Schulen häufig lediglich im Bereich der Primärprävention, und rauschmittelerfahrene Schüler können durch die bestehenden schulischen Angebote der Suchtprävention und Gesundheitsförderung nur gering bzw. gar nicht als regelmäßig bzw. riskant konsumierende Jugendliche identifiziert, geschweige denn, durch adäquate Unterstützungsangebote erreicht werden. Es gibt in der weiten Landschaft der schulischen Suchtprävention fast gar keine Angebote an Schulen, die die Zielgruppe der konsumierenden Jugendlichen in den Blick nehmen (und dies aufgrund der Altersstruktur der Zielgruppe natürlich im Lebensraum der weiterführenden Schulen). Bis auf wenige Ausnahmen, die sich beispielsweise an rauschmittelkonsumierende Jugendliche in der Partyszene richten, gibt es bundesweit bislang kaum spezielle altersgruppenspezifische, sekundärpräventive Angebote der Suchtprävention an weiterführenden Schulen (KOPF 2005). Im Unterschied dazu sind beispielsweise in den USA Forschungsarbeiten und Methoden der Frühintervention bereits seit mehr als zehn Jahren fest etabliert (s. Hurrelmann u. Schmidt 1999). Da Modelle für die Suchtprävention an weiterführenden Schulen mit curricularer Verankerung für die Zielgruppe der bereits konsumierenden Jugendlichen zwischen 14 und 18 Jahren in Deutschland kaum bzw. noch gar nicht vorliegen, kann von einer eklatanten Lücke im Versorgungssektor im Bereich der Suchtprävention für die oben beschriebene Zielgruppe gesprochen werden. Hier gilt es, diese Lücke adäquat zu füllen und sich in Zukunft der Weiterentwicklung der wenigen bestehenden Modelle und der Konzeption neuerer Ansätze zu widmen und sich der Verantwortung der Schule für die unabwendbare Aufgabe der Suchtprävention für bereits konsumierende Jugendliche zu stellen.

Literatur

Bundeszentrale für gesundheitliche Aufklärung (BZgA) (2004). Die Drogenaffinität Jugendlicher in der BRD 2004.

Deutsche Hauptstelle gegen die Suchtgefahren (DHS) (2001). Jahrbuch Sucht 2002. Geesthacht: Neuland.

Farke W, Hurrelmann K, Alte-Teigeler A (1998). Die vergessene Klientel – suchtgefährdete Jugendliche. Prävention; 1: 18–21.

Franz HJ, Lumpp R (2000). ... damit das Kind nicht in den Brunnen fällt! Aspekte zeitgemäßer Suchtprävention. München: Peter Lang.

Günther R (1999). Suchtberatung und Suchtprävention im Handlungsfeld Schule. Recht der Jugend und des Bildungswesens; 1: 94–111.

Hartmannbund (Verbund der Ärzte Deutschlands e. V.) (1996). Symposion: Wehret den Anfängen – Suchtprävention im Kindes- und Jugendalter.

Hesse S (1993). Suchtprävention in der Schule. Evaluation der Tabak- und Alkoholprävention. Opladen: Leske + Budrich.

Hurrelmann K (2004). Lebenshase Jugend – Eine Einführung in die sozialwissenschaftliche Jugendforschung. München: Juventa.

Hurrelmann K, Schmidt B (1999). Sekundäre Suchtprävention: Ein Ansatz zur Optimierung der jugendspezifischen Suchtprävention. Das Gesundheitswesen; 61: 130–6.

Kalke J (Hrsg) (2004). Handbuch der Suchtprävention. Programme, Projekte und Maßnahmen aus Deutschland, Österreich und der Schweiz. Freiburg: Lambertus.

Kammerer B, Riemann K (1997). JUMP. Ein Brückenschlag zwischen Suchtprävention und Jugendhilfe. Freiburg: Lambertus.

Kammerer B, Rumrich R (2001). ... und es gibt sie doch! Suchtprävention an Schulen – Konzepte, Modelle und Projekte. Nürnberg: emwe.

Klein M, Lammel UA, Hörning M (2004). Forschungsantrag der Kompetenzplattform Suchtforschung: Ökologie, Interpersonalität und Interdependenz der Sucht. Köln: Katholische Fachhochschule Nordrhein-Westfalen.

KOPF (2005). Unveröffentlichtes Manuskript der Kompetenzplattform Suchtforschung der KFH NW, Abteilung Aachen.

Lammel UA (2003). Rauschmittelkonsum und Freizeitverhalten der 14- bis 18-Jährigen. Orientierungslinien einer zeitgemäßen Sekundärprävention. Aachen: Verlagshaus Mainz.

Niedersächsische Landesstelle für Suchtfragen (NLS) (2005). Cannabis und Schule. Manual für Fachkräfte in der Suchtprävention. Hannover: NLS.

Quensel S (2004). Das Elend der Suchtprävention. Analyse-Kritik-Alternative. Wiesbaden: Verlag für Sozialwissenschaften.

Schulordnungsgesetz (SchOG) (12.02.2004). http://www.bildungsportal.nrw.de/BP/Schule/System/Recht/Vorschriften/Gesetze/SchulG_Text.pdf.

Schulpflichtgesetz (SchpflG) (12.02.2004). http://www.bildungsportal.nrw.de/BP/Schule/System/Recht/Vorschriften/Gesetze/SchulG_Text.pdf.

Waibel EM (1994). Von der Suchtprävention zur Gesundheitsförderung in der Schule. Der lange Weg der kleinen Schritte. Bern: Peter Lang.

Weltgesundheitsorganisation (WHO) (1986). Die Ottawa-Charta zur „Gesundheitsförderung". Nachdruck der autorisierten Fassung. Hamburg 1993.

Wildt B (Hrsg) (1997). Gesundheitsförderung in der Schule. Neuwied: Luchterhand.

Internetadressen

www.bzga.de (20.05.2004)
www.dbdd.de (17.09.2003)
www.uni-frankfurt.de/fb15/didaktik/veroeff/FfmBeitraegeL/Festsch1.pdf (26.01.2004)

40 Frühintervention, Sekundärprävention und Risikoreduktion

Theo Baumgärtner

Kaum ein anderes Thema steht so häufig und kontinuierlich im Mittelpunkt der politischen, wissenschaftlichen und öffentlichen Debatte wie das des Umgangs mit illegalen Drogen. Dabei wird die Frage nach den geeigneten Strategien, mit denen man dem Missbrauch von psychoaktiven Substanzen gerade bei Kindern und Jugendlichen wirkungsvoll und nachhaltig begegnen kann, besonders kontrovers diskutiert. Grundsätzlich lassen sich in dieser Debatte zwei einander zuweilen heftig widerstreitende Positionen ausmachen: Die Vertreter einer eher gesinnungsethisch motivierten Abstinenzorientierung vertreten die Auffassung, dass ein kontrollierter Umgang mit illegalen Drogen letztlich nicht möglich sei; der Gebrauch dieser Rauschmittel führe gleichsam zwangsläufig zu ihrem Missbrauch und münde dann schließlich in der Abhängigkeit mit all ihren gesundheitlichen und sozialen Folgeerscheinungen. Der einzige, wirklich wirksame Schutz könne deshalb nur im völligen Verzicht auf Drogen liegen. So einleuchtend – weil trivial – die hierin enthaltene Tatsachenbehauptung auch sein mag (dass natürlich nur diejenigen dem Risiko der Suchtentstehung ausgesetzt sind, die tatsächlich die entsprechenden Rauschmittel konsumieren), so eilfertig wird dabei die empirische Realität des Drogenkonsums übergangen: Auch wenn die deutlich überwiegende Mehrheit der Jugendlichen und jungen Erwachsenen in der Bundesrepublik Deutschland durchaus verantwortungsvoll mit legalen Rauschmitteln umzugehen vermag und in der Regel einen weitgehenden Verzicht auf illegale Substanzen übt, so weisen die aktuellen epidemiologischen Drogenstudien (vgl. Baumgärtner 1998a, 2004, 2006a; Bundeszentrale für gesundheitliche Aufklärung 2004; Kraus u. Augustin 2004; Kraus et al. 2005) und auch die verschiedenen, eher szene- und konsumentenzentrierten Untersuchungen (Baumgärtner 2001a, 2001b; Baumgärtner u. Grieß 2005; Baumgärtner et al. 2006; Kleiber u. Soellner 1998; Rabes 2000; Schubert et al. 1997; Tossmann 1998, 2001) gleichwohl darauf hin, dass die Bereitschaft zum Probieren von und Experimentieren mit Rauschmitteln ungebrochen anhält. Gerade junge Menschen zeigen sich in diesem Zusammenhang häufig sehr risikofreudig, und sie gehen dabei nicht selten auch bis an die Grenze zwischen Genuss und Missbrauch heran. Für viele Jugendliche kommt dem Umgang mit psychoaktiven Substanzen eine funktionale Bedeutung zu: Dieser

- symbolisiert in der Übergangsphase vom Kind- zum Erwachsensein das Bedürfnis und – aus Sicht der Betroffenen – ihre Fähigkeit zur Erfüllung von selbstständigen, die eigene Person betreffenden Entscheidungen;
- zeigt im Rahmen dieses Identitätsfindungsprozesses Gruppenzugehörigkeit zu Gleichaltrigen an;
- bietet Möglichkeiten von Grenzerfahrungen;
- stellt sicher auch den Versuch der Bewältigung entwicklungsbedingter Alltagsbelastungen dar, indem subjektiv erlebte Defizite kompensiert werden (vgl. Baumgärtner 2006b; Schmidt 2002).

Dass die meisten Jugendlichen sich der Wirkung von Rauschmitteln und den Gefahren ihres Gebrauchs durchaus bewusst sind, ist nicht zuletzt das Ergebnis entsprechender Präventionsbemühungen und zeigt, dass sie durch allgemeine und regelhafte Informations- und Aufklärungsangebote weitgehend erreicht werden können. Im Mittelpunkt solcher eher primärpräventiv orientierten Vorbeugungsmaßnahmen stehen die Entwicklung und das Aufzeigen von Alternativen sowie die Förderung von Selbstbewusstsein, um so vor allem Orientierung für das Zurechtfinden in der konsum-, leistungs- und erlebnisorientierten Gesellschaft zu bieten.

Was aber ist mit jenen Jugendlichen, die sich gegenüber solchen allgemeinen Informationen zu Rauschmitteln, Angstappeln im Zusammenhang mit deren Konsum oder sogar der Androhung von Repression im Falle der Übertretung gesetzlicher Bestimmungen weitgehend resistent zeigen? Sie werden offensichtlich durch das bestehende herkömmliche System der Suchtprävention nicht erreicht. Um aber auch zu dieser Zielgruppe vorzudringen und sie zumindest im Sinne der Schadensbegrenzung vor einem gesundheitlich riskanten und abhängigkeitsinduzierenden Substanzgebrauch zu schützen, bedarf es innovativer, eher verantwortungsethisch begründeter Präventionsstrategien, die nicht rigoros abstinenz-, sondern eher akzeptanzorientiert auf die Stärkung der Risikokompetenz der bereits konsumerfahrenen Jugendlichen ausgerichtet sind (vgl. Franzkowiak 1999). Der Erfolg und damit die Anforderungen an den Inhalt und die Struktur solcher Konzepte indes sind auf das Engste mit der subjektiv wahrgenommenen Glaub- und Vertrauenswürdigkeit der an die Betroffenen herangetragenen Botschaften im weitesten Sinne sowie mit der Art und Weise, in der diese transportiert werden, verknüpft. Mit dem hier verwendeten Begriff „Botschaft" sind ausdrücklich nicht nur bloße Information und Aufklärung bezüglich der pharmakologischen Wirkungsweisen und Gefahrenpotenziale bestimmter Substanzen gemeint: Denn auch wenn eine ideologiefreie Vermittlung und solide Vertiefung des Wissens über Drogen und deren Konsumgefahren konstitutive Bestandteile aller präventiven Aktivitäten darstellen, so ist deren handlungsrelevante Wirkung innerhalb der Zielgruppe an bestimmte Voraussetzungen geknüpft.

Ungeachtet der konkreten Erkenntnisse der Sucht- und Drogenforschung zu den potenziellen Akutgefährdungen und möglichen Langzeitschäden durch die Einnahme von Rauschmitteln lassen sich einige allgemeine Aussagen treffen, die sich auf die generelle Bedeutung der Gefahrenkommunikation im Gesamtkontext sekundärpräventiven Handelns beziehen. Im Folgenden soll schlaglichtartig deutlich gemacht werden, wo die Fakten zu den gesundheitlichen und sozialen Risiken des Drogengebrauchs strukturell im System der Suchtprävention zu verorten sind und durch welche Mechanismen ihre Bedeutung in der Wahrnehmung der betroffenen Zielgruppen jeweils eine Relativierung erfährt. Zur Illustration der hier interessierenden analytischen Zusammenhänge wird dabei auf eine formalistisch-algebraische Darstellungsweise der relevanten Aspekte zurückgegriffen, wobei diese weder den Anspruch erhebt, die Komplexität der funktionalen Prozesse vollständig abzubilden, noch als Überzeugung des Autors gewertet werden sollte, dass sich menschliches Verhalten und Handeln in simplen mathematischen Gleichungen auflösen ließen.

40.1 Zur Begründung präventiven Handelns

Prävention als die Gesamtheit aller Aktivitäten zur Vermeidung unerwünschter Entwicklungen, Zustände oder Konsequenzen bedarf der begründeten Annahme, dass – würde nicht eingegriffen – die zukünftige Situation gegenüber der bestehenden eine Verschlechterung für das Individuum und/oder für die Gesellschaft darstellen würde. Zweifellos gehören die gesundheitlichen und/oder sozialen Probleme, die sich aus einem konkreten Verhalten (hier: Drogengebrauch) ergeben können, in die Klasse solcher negativer Folgeerscheinungen. Für das Angebot und die Durchführung entsprechend präventiver Maßnahmen sind diese Gefahrenpotenziale jedoch nur ein notwendiges, nicht aber hinreichendes Legitimationskriterium: Systematisch angelegte gegensteuernde Maßnahmen scheinen nämlich nur dort sinnvoll, wo ein entsprechendes Verhalten auch tatsächlich auftritt bzw. aufzutreten droht. Formalistisch ausgedrückt könnte man auch sagen, dass sich die Notwendigkeit und Intensität präventiver Aktivitäten grundsätzlich immer aus dem Produkt der möglichen oder tatsächlichen Gefährdungen durch ein bestimmtes Verhalten auf der einen sowie der potenziellen oder faktischen Verbreitung dieses Verhaltens in einer (Sub-)Population auf der anderen Seite ergeben (s. Kasten, Gleichung a).

40.2 Gefahrenpotenzial, Risikoperzeption und individuell wahrgenommene Vulnerabilität des Drogenkonsums

Trotz aller gesundheitlichen Gefahren, die mit dem Konsum von Rauschmitteln einhergehen können, und bei aller wissenschaftlich fundierten Sicherheit der Erkenntnisse, die wir hierüber haben: Solche „objektiven" Fakten verbleiben im Zustand der Bedeutungslosigkeit, solange es nicht gelingt, sie ins Blickfeld der „subjektiven" Wahrnehmung der betroffenen Konsumenten zu rücken bzw. sie innerhalb der Zielgruppe als für diese entscheidungs- und handlungsrelevant zu verankern. Zwar liegt das Ausmaß der **Gefahren**, denen die Betroffenen durch den Drogenkonsum ausgesetzt sind, in der Regel außerhalb ihres Entscheidungsspielraums; in Anlehnung an Luhmann (1991) haben sie sehr wohl aber einen Einfluss auf die **Risiken**, die sie dabei einzugehen bereit sind (vgl. Baumgärtner 2002b). Vor diesem Hintergrund lässt sich idealtypisch die strukturelle Beziehung von „objektiver" Gefahr und „subjektivem" Handlungsrisiko auch hier wiederum auf eine Formel bringen (s. Kasten, Gleichung b).

Für die subjektiv wahrgenommene Wahrscheinlichkeit des Auftretens negativer Handlungsfolgen ist aus verhaltenstheoretischer Sicht die **Zeitspanne** zwischen der jeweiligen Handlung auf der einen Seite und das Eintreten ihrer Konsequenz auf der anderen Seite mit entscheidend. Denn je weiter beide Ereignisse (Handlung und Konsequenz) zeitlich voneinander entfernt sind, desto weniger werden sie in einen kausalen Zusammenhang gestellt. Das subjektiv wahrgenommene Handlungsrisiko verliert damit an individuell perzipierter Bedrohlichkeit. Insofern wirkt hier ein weiteres relativierendes Moment (s. Kasten, Gleichung c).

Ohne hierauf im Einzelnen einzugehen, so wird an dieser Stelle zumindest auch die (implizite) Funktion repressiver Maßnahmen zur Beeinflussung bestimmter Verhaltensweisen deutlich: Denn dort, wo gleichsam die endogenen Negativfolgen einer Handlung aufgrund der zeitlichen Verzögerung ihres Eintretens an Bedeutung für den Handelnden verlieren, werden diese sozusagen durch exogene Handlungskonsequenzen (Strafe) ersetzt. Dass und warum dieser Mechanismus indes nicht immer und in dem gewünschten Maße funktioniert, hat neben vielen anderen Gründen seine Ursache sicher auch in dem dennoch verbleibenden unmittelbaren Benefit, der sich unbestreitbar aus dem Konsum von Drogen ergibt.

a	Notwendigkeit bzw. Intensität von Prävention	=	Ausmaß potenzieller bzw. faktischer Gefahren eines Verhaltens	×	Ausmaß potenzieller bzw. faktischer Verbreitung dieses Verhaltens	
b	subjektives Handlungsrisiko	=	„objektive" Gefahr	×	subjektiv perzipierte Wahrscheinlichkeit ihres Auftretens	
c	individuell wahrgenommene Bedrohung	=	$\dfrac{\text{subjektives Handlungsrisiko}}{\text{Zeitspanne zwischen erfolgter Handlung und eintretender Handlungskonsequenz}}$			
d	Wirkung/Wirksamkeit von Informationen	=	Glaubwürdigkeit der „Botschaft"	×	Vertrauenswürdigkeit des „Botschafters"	× Akzeptanz der Art der „Botschaftsvermittlung"

40.3 Wirkung und Wirksamkeit präventiver Botschaften zwischen Risikoperzeption und Konsumbenefit

Es liegt auf der Hand, dass die wahrgenommene Bedrohung einer Handlung nur ein Aspekt im Bündel der perzipierten Handlungskonsequenzen darstellt. Die Herausforderungen, Schwierigkeiten und Grenzen einer erfolgreichen (Sucht-)Prävention sind dementsprechend komplex. Denn über die bisher dargestellte Relativierung der Bedeutung objektiver Gesundheitsgefährdungen in der Wahrnehmung der Konsumenten hinaus stehen den Risiken des Drogengebrauchs natürlich eine ganze Reihe positiv empfundener Handlungsanreize gegenüber. Deshalb stellen sich die Fragen, ob und wie sich die Gefahren des Umgangs mit Rauschmitteln in das Entscheidungskalkül der betroffenen Konsumenten handlungsrelevant hineintransportieren lassen, wenn auf der anderen Seite der Waage zum Beispiel die Möglichkeit der Überwindung von Hemmungen, das Gefühl von Gruppenzugehörigkeit, das Erleben von unvergleichlichen Rauschzuständen, die Erfüllung sexueller Phantasien und ein schier unerschöpflich geglaubtes Reservoire körperlicher Leistungsfähigkeit als erwartete und faktisch erlebte Effekte des Drogengebrauchs entsprechend schwer ins Gewicht fallen. Sollen die Erkenntnisse zu den Gesundheitsgefährdungen durch Drogen angesichts solcher „Argumente" nicht gleichsam erdrückt und im Entscheidungsprozess der Konsumenten völlig ignoriert werden, so lassen sich im Hinblick auf die Wirkung der zu transportierenden Botschaften im Sinne ihrer Akzeptanz und mit Blick auf ihre Wirksamkeit im Sinne handlungsrelevanter Effekte die folgenden drei Qualitätskriterien als notwendige Voraussetzung einer erfolgreichen Informationsvermittlung benennen, wobei diese ihrerseits wiederum in einem multiplikativen Verhältnis zueinander stehen (s. Kasten, Gleichung c).

40.3.1 Zur Glaubwürdigkeit der „Botschaft"

Da es sich bei den Erkenntnissen zu den gesundheitlichen Aspekten des Drogenkonsums in der Regel um wissenschaftliche Forschungsergebnisse handelt, genießen diese an sich und als solche zunächst einmal ein hohes Maß an Glaubwürdigkeit. Ihre Bewertung und der Stellenwert, der ihnen dann allerdings im Prozess der Entscheidung für oder gegen den Drogenkonsum eingeräumt wird, erfahren gemäß der oben beschriebenen strukturellen Verknüpfung mit den weiteren Qualitätsmerkmalen einer wirkungsvollen und wirksamen Informationsvermittlung eine deutliche Relativierung. Man kann sich diesen Mechanismus sehr anschaulich am Beispiel des Tabakkonsums vor Augen führen: Bei kaum einer anderen Verhaltensweise sind die Zusammenhänge zwischen dem konkreten Handeln (Rauchen) und seinen negativen Folgeerscheinungen (Atemwegserkrankungen, Krebs etc.) so evident und auch allgemein bekannt. Dass dennoch in den nachwachsenden Generationen immer wieder eine beträchtliche Anzahl von Jugendlichen mit dem Rauchen beginnt, hat sicher auch damit zu tun, dass den aufklärenden und warnenden Botschaften zu den Gesundheitsgefahren des Rauchens die Glaubwürdigkeit entzogen wird, wenn gleichzeitig massiv betriebene Werbung für Tabak erlaubt, beträchtliche Steuereinnahmen des Staates realisiert und nach wie vor EU-Subventionen in Millionenhöhe für den Tabakanbau geleistet werden. Gerade Jugendliche sind in der Phase des Eintritts in die Erwachsenenwelt besonders sensibel, erfolgreich und auch „gnadenlos", wenn es darum geht, deren Widersprüchlichkeiten aufzuspüren und dann alles, was damit zusammenhängt – trotz möglicherweise bestehender „Restwahrheiten" – nunmehr gänzlich abzulehnen.

40.3.2 Zur Vertrauenswürdigkeit des „Botschafters"

In einem entsprechend engen Zusammenhang mit der Glaubwürdigkeit der transportierten Botschaften steht dann natürlich das Vertrauen der Zielgruppe, das sie dem Vermittler dieser Botschaften entgegenbringt. Dabei ist es unerheblich, ob es sich hier um Einzelpersonen oder Institutionen handelt. Tatsache ist: Sobald das Engagement des „Botschafters" in den Verdacht gerät, nicht ernst und aufrichtig gemeint, an anderen als den vorgegebenen Motiven orientiert, ideologisch verbrämt oder einfach nur bevormundend zu sein, verschließen sich die Adressaten der Botschaft ihrem Inhalt gegenüber komplett. Kontraproduktiv wirken die präventiven Bemühungen spätestens aber dann, wenn die Informationsvermittler ihre fachliche Autorität und damit ihre Vertrauenswürdigkeit verspielen, indem sie jene Aspekte und Effekte des Drogengebrauchs verschweigen oder gar leugnen, die die potenziellen und faktischen Konsumenten – entweder aufgrund der Informationen ihres sozialen Umfelds oder im „Selbstversuch" – als eindeutig existent und als sehr wohl positiv erfahren haben. Mit Blick auf die Gesundheitsgefährdungen des Rauschmittelkonsums bedeutet dies, dass deren Diskussion nie selektiv und losgelöst von den individuellen Erfahrungen der Betroffenen erfolgen kann, sondern immer im Gesamtkontext objektiver Tatbestände und subjektiver Bewertungen eingebettet und entsprechend zielgruppengerecht ausgerichtet sein muss.

40.3.3 Zur Akzeptanz der Art der „Botschaftsvermittlung"

Die Frage nach der Art und Weise, in der die Vermittlung von Informationen und präventiven Botschaften erfolgt bzw. erfolgen sollte, hat in der jüngeren Vergangenheit zunehmend an Bedeutung gewonnen. Zu Recht, denn wenn man sich völlig der Sprache der Zielgruppe und gegenüber den dort gängigen Kommunikationsstrukturen verschließt, sind die Aussichten, hier Gehör oder gar Anerkennung zu finden, relativ gering. Als Beispiel für einen Erfolg versprechenden Zugang zur Lebenswelt von drogenkonsumierenden Jugendlichen können die verschiedenen bundesweit (vgl. drugcom-Projekt der BZgA) und auch jeweils regional arbeitenden Partydrogenprojekte genannt werden (vgl. Bundeszentrale für gesundheitliche Aufklärung 2001):
- Mind Zone (München)
- mindway (Berlin)
- party-project e. V. (Bremen)
- DROBS (Hannover)
- Eve & Rave (Münster)
- Elb-Peers (Hamburg)

Bei aller Unterschiedlichkeit dieser meist Peergroup-gestützten Projekte ist ihnen eine hohe Akzeptanz seitens der Zielgruppe gemeinsam (vgl. Schroers u. Schneider 1998), da sie darum bemüht sind, einer undifferenziert moralischen Verteufelung des Umgangs mit (illegalen) Rauschmitteln ebenso entgegenzutreten wie seiner einseitig oberflächlichen Glorifizierung (vgl. Baumgärtner 1996).

40.4 Fazit

Wenn wir uns dem Phänomen des Umgangs mit Rauschmitteln im Allgemeinen und der Tatsache, dass dieses Thema vor allem bereits im Kindes- und Jugendalter von zentraler Bedeutung ist, hier nicht – wie meist üblich – von der „problemorientierten" Seite her nähern wollen, so gilt es zunächst einmal, die eingangs dieses Beitrags getroffene Feststellung angemessen zu würdigen, dass der verantwortungsvolle Gebrauch weniger riskanter Rauschmittel und der weitgehende Verzicht auf sucht- und gesundheitsgefährdende Substanzen deutlich eher die Regel als die Ausnahme darstellen. Dass dem so ist, darf zweifellos als ein Erfolg der entsprechend primärpräventiv ausgerichteten Ansätze verbucht werden. Aber auch jene Kinder, Jugendliche und Erwachsene, die bereits über einschlägige Konsumerfahrungen verfügen und vorerst keine Bereitschaft zum Verzicht auf bestimmte Substanzen erkennen lassen, gelten für die Prävention natürlich nicht als verloren. Auch sie können erreicht und im Sinne der Risikoreduktion für die Risiken des von ihnen jeweils praktizierten Drogenkonsums nachhaltig sensibilisiert werden. Ohne auf die konkreten Inhalte solcher Präventionsstrategien im Einzelnen einzugehen, sollte im vorliegenden Beitrag deutlich geworden sein, worin die hierfür notwendigen Voraussetzungen liegen und auf welche Weise sie strukturell miteinander verwoben sind.

Literatur

Baumgärtner T (1996). Drogengebrauch und Ethik. Wie die Verbannung ethischer Aspekte aus der drogenpolitischen Diskussion eine rationale Politik verhindert. neue praxis; 1: 33–47.

Baumgärtner T (1998a). Kiffen, Koksen und Klausuren. Über den studentischen Umgang mit legalen und illegalen Drogen. Leipzig: Leipziger Universitätsverlag.

Baumgärtner T (1998b). Anspruch und Wirklichkeit der Drogenpolitik in der Bundesrepublik Deutschland oder: Warum das prohibitive Betäubungsmittelgesetz auch in den Neuen Bundesländern scheitern muss. In: Metze R, Mühler K, Opp KD (Hrsg). Der Transformationsprozess. Analysen und Befunde aus dem Leipziger Institut für Soziologie. Leipziger Soziologische Studien 1. Leipzig: Leipziger Universitätsverlag; 253–79.

Baumgärtner T (2000a). Speed, Shit und Scheine. Der Umgang mit Rauschmitteln bei Leipziger, Dresdener und Hamburger StudentInnen. In: Pasternack P, Neie T, Meder R (Hrsg). Stud. Ost 1989–1999. Wandel von Lebenswelt und Engagement der Studierenden in Ostdeutschland. Leipzig: Akademische Verlags-Anstalt; 409–21.

Baumgärtner T (2000b). Drogenprävalenzentwicklung in der Bundesrepublik Deutschland unter besonderer Berücksichtigung der Lage in den Neuen Ländern. In: Landesstelle gegen die Suchtgefahren Mecklenburg-Vorpommern (Hrsg). Reader 2000. Ausgewählte Fachvorträge der Jahre 1998 bis 2000. Schwerin; 34–58.

Baumgärtner T (2001a). Der Kombi-Rausch – Zum Einsatz von Info-Cards als konsum-, problem- und zielgruppenspezifische Kommunikation der Risiken des Mischkonsums von Drogen SuchtReport; 6: 34–45.

Baumgärtner T (2001b). Hot Mixes – Eine Informations- und Aufklärungskampagne gegen den Mischkonsum von Drogen. Hamburg: Büro für Suchtprävention.

Baumgärtner T (2002a). Die Bedeutung der Qualitätskontrolle in der Suchtprävention. Zwischen Messfetischismus und Maschinenstürmerei. Prävention; 1: 3–5.

Baumgärtner T (2002b). Effektivitäts- und Effizienzkontrolle in der Suchtprävention: Über den Nutzen ihrer Durchführung und die Begrenztheit ihrer Methoden. neue praxis; 6: 602–8.

Baumgärtner T (2004). Rauschmittelkonsumerfahrungen der Hamburger Jugendlichen und jungen Erwachsenen 2004. Ausgewählte Ergebnisse der Schüler und Lehrerbfragungen zum Umgang mit Suchtmitteln (SCHULBUS) im Rahmen des Local Monitoring System (LMS) 2004. BfS-Berichte EVA 10. Hamburg: Büro für Suchtprävention.

Baumgärtner T (2006a). Epidemiologie des Drogenbrauchs bei Jugendlichen und jungen Erwachsenen in Hamburg 2005. Zusammenfassender Basisbericht der Schüler- und Lehrerbefragungen zum Umgang mit Suchtmitteln (SCHULBUS). BfS-Berichte EVA 24. Hamburg: Büro für Suchtprävention.

Baumgärtner T (2006b). Jugendlicher Drogengebrauch. Mehr als eine altersphänomenologische Episode? Konturen; 6: 16–21.

Baumgärtner T, Gieß A (2005). Zur Topographie des Drogenkonsums in Hamburg 2004. Ausgewählte Ergebnisse der Key-Person-Befragungen im Rahmen des Local Monitoring System (LMS) 2004. Bfs-Berichte EVA 12. Hamburg: Büro für Suchtprävention.

Baumgärtner T, Jarchow E, Scharping C (2006). Rausch als Realität? Drogenkonsum im Setting jugendlicher Lebenswelt. Ausgewählte Ergebnisse der Fokusgruppendiskussionen im Rahmen des Local Monitoring System (LMS) 2004/2005. Bfs-Berichte EVA 14. Hamburg: Büro für Suchtprävention.

Bundeszentrale für gesundheitliche Aufklärung (1998). Die Drogenaffinität Jugendlicher in der Bundesrepublik Deutschland. Eine Wiederholungsbefragung. Köln: BZgA.

Bundeszentrale für gesundheitliche Aufklärung (Hrsg) (2001). Drogenkonsum in der Partyszene. Beispiele bundesdeutscher Projekte im Partysetting. Köln: BZgA.

Bundeszentrale für gesundheitliche Aufklärung (2004). Die Drogenaffinität Jugendlicher in der Bundesrepublik Deutschland. Eine Wiederholungsbefragung. Köln: BZgA.

Deutsche Hauptstelle gegen die Suchtgefahren (2003). Jahrbuch Sucht 2003. Geesthacht: Neuland.

Deutsche Referenzstelle für die Europäische Beobachtungsstelle für Drogen und Drogensucht DBDD (2000). Bericht zur Drogensituation 2000.

Franzkowiak P (1999). Risikokompetenz und „Regeln für Räusche" – Was hat die Suchtprävention von der akzeptierenden Drogenarbeit gelernt? In: Stöver H (Hrsg). Akzeptierende Drogenarbeit – Eine Zwischenbilanz. Freiburg: Lambertus; 57–73.

Kleiber D, Soellner R (1998). Cannabiskonsum in der Bundesrepublik Deutschland. Entwicklungstendenzen, Konsummuster und Risiken. Weinheim: Juventa.

Kraus L, Augustin R (2005). Repräsentativerhebung zum Gebrauch und Missbrauch psychoaktiver Substanzen bei Erwachsenen in Deutschland. Epidemiologischer Suchtsurvey 2003. Sucht; 51: 4–57.

Kraus L, Heppekausen K, Barrera A, Orth B (2004). Die Europäische Schülerstudie zu Alkohol und anderen Drogen (ESPAD). IFT-Berichte Bd. 141. München: Institut für Therapieforschung.

Luhmann N (1991). Soziologie des Risikos. Berlin, New York: Walter de Gruyter.

Rabes M (2000). Modellprojekt zur Einrichtung eines Frühwarnsystems. Neue Konsumtrends unter Jugendlichen: From pills to powder? Abschlussbericht. Hamburg.

Reuband K-H (1994). Soziale Determinanten des Drogengebrauchs. Eine sozialwissenschaftliche Analyse des Gebrauchs weicher Drogen. Opladen: Leske + Budrich.

Schroers A, Schneider W (1998). Drogengebrauch und Prävention im Partysetting. Eine sozialökologisch-orientierte Evaluationsstudie. Berlin: Verlag für Wissenschaft und Bildung.

Schubert R, Huhn S, Ratzke H (1997). Die Braunschweiger Ecstasy-Studie. Braunschweig: Druckerei der Stadt Braunschweig und Druckerei Schiemann.

Tossmann HP (1998). Drogenaffinität Jugendlicher in der Techno-Party-Szene. In: Bundeszentrale für gesundheitliche Aufklärung (Hrsg). Prävention des Ecstasykonsums. Empirische Forschungsergebnisse und Leitlinien. Köln: BZgA; 67–84.

Tossmann HP, Bold S, Tensil MD (2001). Ecstasy – „Einbahnstraße" in die Abhängigkeit? Drogenkonsummuster in der Techno-Party-Szene und deren Veränderung in längsschnittlicher Perspektive. In: Bundeszentrale für gesundheitliche Aufklärung (Hrsg). Forschung und Praxis der Gesundheitsförderung. Bd. 14. Köln: BZgA.

41 Kinderbezogene Interventionen

Reinhardt Mayer

41.1 Ausgangsüberlegungen

Zwar gelten die Ansätze der angloamerikanischen Familientherapie (z. B. Black 1988; Wegscheider 1988) heute nach wie vor noch als grundlegend, wenn über die Thematik „Kinder aus Suchtfamilien" gesprochen wird, aber es wird dort implizit angenommen, dass jedes Kind, das in einem Sucht-System aufgewachsen ist, zwangsläufig traumatisierende und die Lebensentwicklung entscheidend einschränkende Erfahrungen gemacht hat. Dieser problemgenerierende Aspekt ist jedoch nur eine Seite der Medaille der Erfahrungen dieser Kinder. Denn gleichzeitig können sie unter diesen Bedingungen auch Kompetenzen und Stärken, gleichsam ein „seelisches Bodybuilding" (Mayer 1993) erwerben.

Folglich ist damit in der Sozial- und Persönlichkeitsentwicklung eines Kindes neben dem traumatisierten Anteil durch das Aufwachsen in der Suchtfamilie auch ein befähigter Anteil zu bedenken, das heißt, das Aufwachsen in der Suchtfamilie bewirkt auch die Ausbildung bestimmter Kompetenzen. Dieses Fähigkeitenpotenzial wird u. a. dann sichtbar, wenn „erwachsene Kinder von Suchtkranken" (Lask 1992), die heute in sozialen Berufen tätig sind, über ihre familiären Erfahrungen berichten. Dies macht deutlich, dass das Aufwachsen in Suchtfamilien nicht ausschließlich dazu führt, sozial inkompetent und süchtig zu werden, sondern dass Sozialisationserfahrungen in Suchtfamilien insbesondere einen „sozialen Blick" und ein soziales Engagement fördern können. So können viele, die in ihrem beruflichen Engagement mit Suchtkranken arbeiten, aus ihren eigenen Erfahrungen profitieren, die sie als Kind in ihrer Familie mit einem trinkenden Vater oder einer trinkenden Mutter gemacht haben. Um es ganz deutlich zu sagen: Ein nennenswerter Teil der Kinder von Alkoholkranken bewältigt sein Leben ganz gut ohne professionelle Hilfe, zumindest wenn es neben dem abhängigen Elternteil weitere verlässliche Bezugspersonen gab. Aber wie kann man wissen, welches Kind Hilfe braucht und welches nicht?

Und soll man dann die Kinder aus Suchtfamilien in spezielle Präventions- oder Behandlungsmaßnahmen aufnehmen, oder ist es ausreichend, sie durch allgemeine Präventionsmaßnahmen, zum Beispiel in Schule oder Kindergarten, anzusprechen?

In den vergangenen Jahren haben sich unterschiedliche Vorgehensweisen entwickelt, wie Kinder in spezielle ambulante oder stationäre Maßnahmen eingebunden werden können, etwa in Form von Gruppenangeboten oder einer stationären Mitbehandlung während der Entwöhnungsbehandlung des abhängigen Elternteils (z. B. Arenz-Greiving u. Dilger 1994).

Jedoch tauchen in den Erfahrungen der vielen beispielhaften Projekte und Modellvorhaben in der Suchthilfe – wie auch in der Jugendhilfe – zwei zentrale, bisher ungelöste Problempunkte auf:

- Angebote der Jugend- und Suchthilfe stehen nicht immer in einem konstruktiven Miteinander. Die jeweiligen Zuständigkeiten sind oft nicht geregelt, sodass ein wirksames Angebot für Kinder und Jugendliche nur schwierig geschaffen und verortet werden kann. Diese Unsicherheiten in der Zuständigkeit haben Auswirkungen bis hinein in die konkrete Ausgestaltung der Angebote für die einzubeziehenden Familien.
- Das Auffinden bzw. Auswählen der geeigneten Kinder und Jugendlichen für ein Angebot wird als sehr schwierig erlebt. Da nach wie vor präventivem Denken in der Gestaltung von Hilfeangeboten viel zu wenig Beachtung geschenkt wird, sind vor allem der Zeitpunkt

und die Art der Motivation für eine Teilnahme an einem Angebot sehr unterschiedlich geregelt bzw. definiert.

Diese und ähnliche Gesichtspunkte sind in der Vergangenheit kontrovers diskutiert worden (z. B. Arenz-Greiving 1998). In der Folge wurden verschiedene Forderungen aufgestellt, wie adäquate Interventionen für Kinder und Jugendliche zu gestalten sind, damit sie von den Betroffenen angenommen werden und die suchtpräventiven Ziele überhaupt erreicht werden können (vgl. etwa Ehrenfried et al. 1998).

Sperlich (1996) stellt die Forderung auf, dass es für ein Kind aus einer Suchtfamilie grundsätzlich notwendig sein muss, in den Genuss einer speziellen Therapie zu kommen, je früher, desto besser. Andere Autoren (z. B. Schmidt 1987) warnen jedoch eindrücklich davor, die Kinder allzu leichtfertig und ungeprüft an die „Suchtkette" zu legen, und geben vor allem das Problem der Stigmatisierung und frühen Pathologisierung zu bedenken.

Auch für Kinder aus anderen Problemfamilien sind in den letzten Jahren spezielle Hilfsangebote geschaffen worden. Das Eigentümliche für die einbezogenen Kinder und Jugendlichen ist dabei, dass nicht ihr eigenes Verhalten bzw. eine bestimmte Persönlichkeits- oder Verhaltensproblematik primär für eine Intervention in Betracht gezogen wird, sondern ein Vorgang bei ihren Eltern. So wurden zum Beispiel spezielle Angebote geschaffen für Kinder aus Trennungs- und Scheidungsfamilien (vgl. Jaede et al. 1994) oder für Kinder psychotischer Eltern (Mattejat u. Lisofsky 1998).

Bevor aus unserer Sicht formuliert wird, wie angemessene Interventionen für Kinder aus Suchtfamilien konzipiert sein können, soll dargestellt werden, in welcher Hinsicht sich Sozialisationserfahrungen in Suchtfamilien von denen in anderen Familien unterscheiden. Hierzu sind folgende Punkte zu nennen:

- In vielen Beschreibungen zur Situation der Kinder aus Suchtfamilien wird betont, dass diese Kinder häufig dazu neigen, altersunangemessene Verantwortung zu übernehmen. Dies geschehe dadurch, dass es in den Familien seitens des alkoholabhängigen Elternteils zu einem Vakuum hinsichtlich seiner Verantwortungsübernahme komme. Andere im Familiensystem, in diesem Fall ein Kind, übernehmen nun in altersunangemessener Form Verantwortung und Unterstützung. So zeige das Kind ein Verhalten, das ihm eigentlich nicht zustehe, und erfahre deshalb gleichzeitig auch Schuldgefühle (Schmidt 1987).
- In Familien Suchtkranker werden immer wieder die fehlenden Möglichkeiten zu konstruktiver Abgrenzung und Individualisierung beklagt. Zwar werden häufig ausgeprägte Abwertungen und Ablehnungen einer oder mehrerer Personen vorgenommen, insbesondere gegenüber dem Abhängigen. Eine konsequente Abwendung ist jedoch oft nicht möglich, da ausgeprägte Loyalitätskonflikte im Blick auf kaum lösbare Bindung zum kranken Elternteil bestehen. Würde man sich ganz abwenden, so würde dies bedeuten, dass man einen Teil seiner eigenen Persönlichkeit verleugne und tabuisiere.
- Ein besonders problematischer Aspekt für Kinder aus Suchtfamilien ist die Stigmatisierung einer Familie mit Suchtproblemen. Sowohl in der Nachbarschaft und in der Verwandtschaft als auch in der Gesellschaft überhaupt erfährt ein „Alkoholiker-Kind" soziale Ächtung und wird in seiner sozialen Entwicklung oft isoliert und eingeschränkt. Dieser Aspekt der Abwertung und Ausgrenzung wirkt sich besonders nachteilig auf die Kinder aus diesen Familien aus.
- Über das Modell-Lernen werden die Verhaltensweisen des trinkenden Elternteils und des kontrollierenden bzw. schützenden Elternteils unvermeidlich erfahren. Die Einstellung „Mir kann das nicht passieren" (Black 1988) soll vor einer eigenen späteren Abhängigkeit schützen, ist jedoch nur der Abwehr von angstauslösenden und bedrohlichen Identifikationserfahrungen dienlich. Eine rationale eigene Beziehung zum Alkoholkonsum ist aufgrund der Tabuisierung bzw. Dämonisierung des Alkohols somit oft nicht möglich. Erste Alkoholerfahrungen werden im Gegensatz dazu in Cliquen häufig als eher positiv erlebt und stiften eine starke Verwirrung in der Beziehung zum Alkohol und auch im Umgang mit anderen Suchtmitteln.

- Konflikte werden in Suchtfamilien überwiegend gewaltbetont und nicht alkoholfrei ausgetragen und somit letztlich auch nicht gelöst. Es geht in den Konflikten immer wieder um das Einklagen von Loyalitäten oder das Nichtbeachten von Grenzen. Über den Alkohol wird in der Familie auch die Regulation von Nähe und Distanz vollzogen.

Unterstützungs- und Hilfeangebote für Kinder aus alkoholbelasteten Familien sind so zu gestalten, dass diese von Sucht betroffenen Kinder nicht selbst sofort als krank und behandlungsbedürftig definiert werden, denn sonst würden sie vorschnell und ohne fachliche Basis zu Klienten der Suchthilfe, sodass sich der Suchtkreislauf fortsetzen würde. Es darf nicht sein, dass allein schon das Aufwachsen in einer bestimmten Familie eine Behandlungsbedürftigkeit begründen kann, ohne den Kindern selbst – beispielsweise im Zusammenhalt mit ihren Geschwistern – die Chance für eine autonome und gesunde Persönlichkeits- und Sozialentwicklung zuzusprechen.

Ein systemisch-ressourcenorientierter Ansatz bietet die Möglichkeit, auch die Stärken und besonderen Eigenschaften der Kinder nutzbar zu machen, sie aus einem drohenden Stigmatisierungsprozess herauszuführen und in ihren sozialen Entwicklungserfahrungen anzuregen und zu fördern. Es ist notwendig, für die Kinder Gruppenangebote zu schaffen, die nicht problemorientiert konzipiert sind, sondern einen sozialen Lernraum anbieten, in dem bedeutsame Sozialisationserfahrungen gemacht und die jeweiligen altersangemessenen Entwicklungsaufgaben in ihrer Bewältigung begleitet und unterstützt werden können. Dieses Verständnis der Hilfeangebote als eine vorübergehende Begleitung und Unterstützung bedeutet, die Aufnahme der Kinder in spezifische Gruppenangebote auf eine bestimmte Zeit zu begrenzen und eine lebenslange Einbeziehung in pädagogische oder gar therapeutische Angebote zu vermeiden. Es geht um die Begleitung in einem bedeutsamen Lebensabschnitt der Kinder und Jugendlichen, damit sie Alternativen zu den familiären Einflüssen erfahren und für sich neue Perspektiven entwickeln können.

Zu beachten bleibt stets, dass die Bemühungen der Eltern bei der Erziehung der Kinder nicht abgewertet oder die Eltern selbst gar als erziehungsunfähig ausgegrenzt werden. Es sollte vielmehr mit ihnen gemeinsam nach anderen Möglichkeiten gesucht werden, um die eingeschränkten Möglichkeiten der Eltern zu erweitern.

41.2 Zielsetzungen

In der inhaltlichen Gestaltung und Entwicklung der Arbeit mit den Kindern und Jugendlichen muss Raum für die freie Ausgestaltung und Selbstbestimmung existieren. Als wichtige Orientierungspunkte für die inhaltliche Konkretisierung der Arbeit müssen Alter, Befindlichkeit und Bedürfnisse der Kinder sowie die Kompetenzen der pädagogischen Fachkräfte angesehen werden. Da es insbesondere um die Förderung der Beziehungs- und Kontaktfähigkeit geht, hat sich die Arbeit in Gruppen als günstig erwiesen.

Bewährt hat sich eine Kombination von spiel- und erlebnispädagogischen Ansätzen, bei der alle Beteiligten die Chance erhalten, am Prozess der präventiv-therapeutischen Arbeit teilzunehmen, zu Wort zu kommen, sich anerkannt und wichtig zu fühlen, sich mit ihrer ganzen Person einzubringen und mit allen Sinnen experimentieren zu können.

Im Einzelnen können dies Spiele und Aktionen sein, die
- dem Bewegungsdrang Rechnung tragen,
- die Selbstwahrnehmung und Selbstdarstellung ermöglichen,
- das Erleben in der Gruppe und die Fähigkeit zu sozialem Verhalten in der Gruppe in den Vordergrund rücken,
- die Lebenswelt der Kinder und Jugendlichen thematisieren,
- Konfliktsituationen aufgreifen und Konfliktlösungen anbieten,
- Rollenklischees aufbrechen,
- Neugier wecken und Kreativität fördern,
- die Wahrnehmung fördern,
- helfen, die Sinne zu entfalten.

Die Rollen und Aufgaben, die sich aus der inhaltlichen Gestaltung der Arbeit für die pädagogischen Fachkräfte ergeben, sind also vielfältig. Nicht zuletzt geht es darum, vorzudenken, zu animieren, Mut zu machen, dranzubleiben und Rückschläge produktiv zu verarbeiten.

Inwieweit Ideen und Projekte zusammen mit den Kindern und Jugendlichen entwickelt werden können, hängt von der Gruppe ab. Sicherlich bedürfen die Kinder, vor allem wenn sie jünger sind und aus sozial benachteiligten Verhältnissen kommen, einer deutlichen Motivierung, Anleitung und Führung. Vor allem zu Beginn einer solchen Gruppenarbeit brauchen sowohl die schüchternen als auch die dominanten Kinder klare Hilfen, damit der Gruppenprozess in Gang kommt. Es muss jedoch immer im Auge behalten werden, dass von der Intention her eine Arbeitsweise angestrebt wird, die allen Kindern und Jugendlichen die Chance gibt, ihre Gedanken und Ideen auszudrücken. Und es muss dabei bedacht werden, dass einige Gruppenmitglieder viel Zeit und Zuwendung brauchen, um zu entdecken und zu äußern, was sie selbst eigentlich denken und wollen, unabhängig von den Eltern und Freunden.

Der Umgang mit Konflikten und somit auch die Konfliktfähigkeit der Fachkräfte stellen ein weiteres Fundament der präventiven Gruppenarbeit dar. Dazu sollte zunächst ein gelungener, ereignisreicher Gruppenzusammenhang gestaltet werden. Wenn sich in diesem Rahmen dann Probleme ergeben, können diese thematisiert und angegangen werden. Hier müssen Kinder, Jugendliche und Erwachsene die Zeit haben, folgende Konflikte aufzugreifen und partnerschaftlich zu lösen:

- Umgang mit Aggressionen
- Umgang mit Neid und Konkurrenz
- Umgang mit Macht und Ohnmacht
- Umgang mit mangelndem Selbstwertgefühl
- Umgang mit Minderwertigkeit
- Umgang mit Chaos
- Umgang mit Hass
- Umgang mit Angst

Nicht selten werden in den Familien aus Mangel an kommunikativen und emotionalen Fähigkeiten gewalttätige Formen der Annäherung und des Kontaktes praktiziert. In der Regel sind gewalttätige Verhaltensweisen Bestandteil des Alltags der Kinder und Jugendlichen. Ernsthafte Vorkommnisse müssen so mit den Kindern und Jugendlichen besprochen werden, ohne dass sie sich als Personen zurückgesetzt oder abgewertet fühlen. Als Ersatz für Gewalttätigkeit müssen attraktive alternative Erlebnisse inszeniert werden, da die Kinder in der Regel gewohnt sind, dass sich das Laute und Mächtige durchsetzt. Statt rigider Sanktionen und Vorschriften können sie so erleben, dass auch andere Lösungen zum Ziel führen.

Interventionsmaßnahmen, die für Kinder und Jugendliche speziell als Gruppenangebot konzipiert sind, können ihnen soziale Kompetenzen (Selbstvertrauen, Entscheidungs- und Beziehungsfähigkeit, Selbstsicherheit usw.) sowie positive soziale Erfahrungen in der Gruppe vermitteln, um Anstöße für eine soziale Nachreifung und eigenständige Persönlichkeitsentwicklung zu ermöglichen. Somit wird allerdings vorausgesetzt, dass die Kinder gruppenfähig sind und keine eigene Problematik aufweisen, die ihre Integration in eine Gruppe (derzeit) nicht ermöglicht. Diese Kinder müssen weiterverwiesen werden in spezielle therapeutische Einzelbehandlungsangebote.

Eine Gruppenarbeit hat allgemein gesehen eine doppelte Zielsetzung:
- Sichtbare Problemstellungen bei den Kindern selbst werden bearbeitet (z. B. Schüchternheit, Kontaktprobleme) und/oder die Kommunikation innerhalb der suchtbelasteten Familie wird wieder neu angeregt.
- Altersangemessene Erfahrungsräume werden geschaffen, um durch eine Anregung der Persönlichkeits- und Sozialentwicklung einer eigenen Suchtentwicklung vorzubeugen.

Dies konkretisiert sich in folgenden Teilzielen:
- Bearbeitung und Veränderung auffälliger Verhaltensweisen
- Förderung der individuellen und sozialen Fähigkeiten
- Verhinderung einer sich möglicherweise entwickelnden Suchtmittelproblematik
- Hinführung zu einer kritischen und selbstverantwortlichen Haltung im Umgang mit All-

tagsdrogen sowie zum Erkennen eigener suchtspezifischer Verhaltensansätze

Durch ein kindgemäßes bzw. jugendtypisches Zusammensein und Gestalten mit anderen kann Freude an sozialen Kontakten geweckt werden. Deshalb liegt ein Schwerpunkt unserer Arbeit auf dem freien Spiel, dem Umgang mit Materialien (Ton, Farbe usw.), der Förderung von Bewegungsmöglichkeiten und nicht zuletzt auch auf gemeinsamen Feiern und Unternehmungen. Verpflichtende Regeln vermitteln dabei sichere Grenzen und ermöglichen ein überschaubares Miteinander-Gestalten.

Die Teilnahme der Kinder in einer Gruppe sollte die Dauer von einem bis maximal eineinhalb Jahren nicht überschreiten. In dieser Zeit sollten Anstöße für eine soziale Nachreifung greifen. Die zeitliche Begrenzung schafft die Möglichkeit, Abschied und Grenzsetzung zu thematisieren und miteinander zu leben. Die Kinder und Jugendlichen sollen erleben, dass intensive Beziehungen entstehen können, die für eine bestimmte Zeit sehr wichtig sind, dass Beziehungen sich aber auch wieder verändern und in anderer Form weiterleben können. Wichtig ist es, es nicht zu einem plötzlichen Abbruch der Beziehung kommen zu lassen, kein Gefühl der Zurückweisung auszulösen, sondern ein bewusstes, durch Rituale unterstütztes Abschiednehmen zu ermöglichen.

41.3 Praktische Erfahrungen

Abschließend wird zusammenfassend auf der Grundlage der Rollentypisierungen von Wegscheider (1988) gezeigt, wie Kinder, Jugendliche und Eltern von der Teilnahme an der Gruppenarbeit profitieren können, welche spezifischen Verhaltensweisen und Einstellungen die Kinder mitbringen und wie darauf im Gruppengeschehen eingegangen werden kann.

41.3.1 Unterstützung für ein „Helden-Kind"

Ein Kind in der Rolle des Familienhelden hat typischerweise gelernt, dass man schlechte Gefühle (wie z. B. Angst, Wut, Ekel, Scham) für sich behält, da man sonst die anderen verärgern kann. Wenn man dagegen viele gute Gefühle äußert (z. B. Freude, Heiterkeit, lieb sein), dann ist man weiterhin anerkannt und entspricht den Erwartungen. Man lernt also: Tue, was die anderen wollen, so erfährst du Anerkennung. Besonders verinnerlichen diese Kinder die Verpflichtung, nicht über das Trinken und seine Folgen für die Familie zu reden, weil dies die Eltern beschämen und beschuldigen würde. Würde man es dennoch tun, bestünde die Gefahr, dass einen die anderen nicht mehr mögen.

Diese Kinder können in der Gruppe der Gleichaltrigen schnell selbst wieder zu Helden werden. Dies mag zwar anregend für eine Gruppe sein, einer Problemvertiefung bzw. -lösung steht dies aber oft im Wege. Die besonderen Fähigkeiten dieser Kinder liegen in ihrer Ausdauer, ihrer Verlässlichkeit und ihrer Hilfsbereitschaft, wodurch wiederum jede Gruppe oder soziale Gemeinschaft in besonderer Weise profitiert.

Unser Ziel ist es, dass dieses „Helden-Kind" lernt,
- Verantwortung abzugeben,
- sich fallen zu lassen,
- Spaß zu haben,
- Regeln für Macht- und Verantwortungsverteilung zu erkennen und zu akzeptieren.

41.3.2 Unterstützung für das „schwarze Schaf"

Ein Kind in der Rolle des „schwarzen Schafs" zeigt insbesondere eine ausgeprägte Tendenz zum Rückzug, zum Trotz und zur Verstocktheit. Es gibt schnell auf und neigt dazu, sich von anderen abhängig zu machen. Seine Grunderfahrung ist das Gefühl, nichts richtig zu machen, böse und schlecht zu sein. So entstehen ein chronischer Mangel an Selbstwertgefühl und starke Schuldgefühle. Im Inneren des Kindes schlummert häufig eine ungestillte Sehnsucht nach Zugehörigkeit und nach Freundschaft mit anderen Kindern. Gerade dieses gilt es dann besonders zu aktivieren. Die Fähigkeiten dieser Kinder liegen in ihrem Mut zum Risiko, ihrer Belastbarkeit und ihrer Durchsetzungsstärke.

Hier ist unser Ziel, dass das „schwarze Schaf" lernt,
- Verantwortung für sich und andere zu übernehmen,
- vom „Spielen ohne Verlieren" zu profitieren,
- sich seiner Stärken bewusst zu werden,
- sein Selbstbild durch positive Aspekte zu erweitern.

41.3.3 Unterstützung für das „verlorene Kind"

Das „verlorene Kind" vermeidet in der Regel Nähe. Es gesteht sich seine Wünsche und Bedürfnisse nur schwer ein. Kompensatorisch wird häufig Wert auf Materielles gelegt, das Essen kann ein besonderes Problem werden. So neigen viele dieser Kinder aufgrund ihres ungestillten Hungers an Übergewicht. Die Grunderfahrung dieser Kinder ist von dem Gefühl geprägt, dass sich niemand um sie kümmert. Dies führt häufig zu einem Rückzug in eine Traumwelt, mit der Kontaktaufnahme zu anderen Kindern tun sie sich schwer, ihre Gefühle können sie oft nicht ausdrücken. In der Gruppe werden diese Kinder oft übersehen, weshalb sie besonderer Aufmerksamkeit und gezielter Angebote bedürfen. Die Fähigkeiten dieser Kinder liegen in ihrer Phantasie und Kreativität, in ihrem Erfindungsreichtum und ihren oft hochspezialisierten Interessen. Das Wichtigste ist, sie zu sehen und mit ihren Bedürfnissen wahrzunehmen. Sie wissen oft gar nicht, wie sie auf andere wirken, wer und wie sie sind.

Wir unterstützen diese Kinder dadurch, dass sie lernen,
- in Verantwortung eingebunden zu werden,
- wie Rückzugswünsche aktiv geschaffen werden können,
- dass ihnen nachgegangen wird, sie gewonnen werden für Aktivitäten,
- sie angehalten werden mitzumachen,
- dass sie erwünscht und wichtig sind.

41.3.4 Unterstützung für das „Maskottchen"

Das „Maskottchen" ist in seinem Verhalten häufig ambivalent. Es verwirrt andere, wirkt unberechenbar und ist gleichzeitig niedlich und nett. Es fühlt sich häufig nicht angesprochen und neigt dazu, sich zu entziehen. Es hat zwar die besondere Fähigkeit, Aufmerksamkeit auf sich zu ziehen und Kontakte herzustellen, aber es ist für dieses Kind oft schwierig, Kontakte zu halten. Die besonderen Fähigkeiten dieser Kinder liegen in ihrem Charme, ihrem Humor und ihrer Lebendigkeit. So sind sie in jeder Gruppe ein willkommenes Angebot, sie sorgen für Lockerheit und Unterhaltung.

Unterstützung erfahren sie nun dadurch, dass sie lernen,
- wie sie in ihrem Gefühlsausdruck variieren können,
- wie auch negative Gefühle zugelassen werden können,
- dass für sie für Ruhe und Entspannung gesorgt wird,
- dass sie zum Theater spielen, zum Experimentieren im Ausdruck ihres Selbst animiert werden.

Es geht also darum, für alle diese Kinder einen Raum zu schaffen, in dem sie Kind sein und neue Verhaltensweisen ausprobieren können, wobei Erwachsene präsent, aktiv und konstant sind. Sie erfahren Schutz, Verlässlichkeit und Kontinuität, sodass – alltagspsychologisch gesehen – „aus dem Mist", den sie erlebt haben, Kompost für ein gesundes Wachstum werden kann.

41.4 Fazit

Kinder aus suchtbelasteten Familien dürfen nicht vorzeitig stigmatisiert werden. Den gegebenenfalls vorhandenen Fähigkeiten zu psychisch gesunder Entwicklung muss ein ausreichend großer Raum zur Entfaltung gegeben werden. Nur wenn sie so stark unter ihrer familiären Situation leiden, dass sie Symptome und Störungen entwickeln, muss ihnen professionell geholfen werden. Dann aber müssen diese professionellen Hilfen, die vor allem im Gruppenkontext stattfinden, auf die spezielle Lage und die Bedürfnisse dieser Kinder sehr genau eingehen.

Literatur

Arenz-Greiving I (1998). Die vergessenen Kinder – Kinder von Suchtkranken. Hamm: Hoheneck.

Arenz-Greiving I, Dilger H (Hrsg) (1994). Elternsüchte – Kindernöte. Freiburg: Lambertus.

Black C (1988). Mir kann das nicht passieren. Wildberg: Mona-Böger.

Brakhoff J (Hrsg) (1987). Kinder von Suchtkranken. Situation, Prävention, Beratung und Therapie. Freiburg: Lambertus.

Ehrenfried T, Heinzelmann C, Kähni J, Mayer R (1998). Arbeit mit Kindern und Jugendlichen aus Familien Suchtkranker. Balingen: Eigenverlag.

Jaede W, Wolf I, Zeller B (1996). Gruppentraining mit Kindern aus Trennungs- und Scheidungsfamilien. Weinheim: Beltz.

Lask K (1992). Wir brechen das Schweigen. Kinder von Alkoholabhängigen wecken Hoffnung. Wuppertal: Blaukreuz.

Mattejat F, Lisofsky B (Hrsg) (1998). Nicht von schlechten Eltern, Kinder psychisch Kranker. Bonn: Psychiatrie-Verlag.

Mayer R (1993). Seelisches Bodybuilding. Präventive Gruppenarbeit mit Kindern und Jugendlichen aus Familien Suchtkranker. Konsequenzen; 5: 12–4.

Schmidt G (1987). Beziehungsmuster und Glaubenssysteme bei Kindern von Suchtpatienten – eine systemische Betrachtung. In: Brakhoff J (Hrsg). Kinder von Suchtkranken. Freiburg: Lambertus; 25–52.

Sperlich C (1996). „Für mich eine große Freude". Malen mit Kindern süchtiger Eltern. Sucht-Report; 2: 6–13.

Wegscheider S (1988). Es gibt doch eine Chance. Hoffnung und Heilung für die Alkoholiker-Familie. Wildberg: Mona-Böger.

42 Elternbezogene Interventionen

Reinhardt Mayer

Schaut man sich in heutiger Zeit die Schlagzeilen in Massenmedien an, wenn über tragische oder dramatische Kinderschicksale (sei es Vernachlässigung, sexueller Missbrauch, Kindstötung usw.) berichtet wird, so wird immer wieder darauf hingewiesen, dass es sich bei Mutter oder Vater oder gar bei beiden um alkohol- oder drogenkranke Personen handelt. So ist die moralische Entrüstung recht vehement: Man weiß es doch: Suchtkranke Eltern sind für die Kinder gefährlich, ja lebensgefährlich. Rufe nach Wegnahme der Kinder, nach Herausnahme aus den desolaten Familienverhältnissen werden laut. Die öffentliche Meinung ist sich schnell im Klaren: Das Verhalten der Eltern, Kinder zu haben und dann auch noch suchtkrank zu sein oder zu werden, ist unverantwortlich und muss geahndet werden durch öffentliche Institutionen. Diese oder ähnliche Ansichten sind in großen Teilen in der Bevölkerung anzutreffen.

Was heißt es aber, mit diesen Eltern zu arbeiten bzw. den noch akut oder ehemals suchtkranken Eltern in psychosozialen oder therapeutischen Arbeitsfeldern adäquat zu begegnen?

42.1 Familiäres Problem der Suchterkrankung

Suchterkrankung und Elternschaft sind sehr emotionsgeladene Themen. Abhängige Eltern widersprechen dem Bild der „idealen Eltern", das bei uns herrscht. Die Bilder von trinkenden oder heroinabhängigen Menschen, die wir aus den Medien kennen, vermitteln den Eindruck, dass abhängige Menschen verwahrlost sind. Aber bei genauerem Hinsehen wird klar: Nur wenige abhängige Menschen entsprechen wirklich diesem Stereotyp. Der „Durchschnittssuchtkranke" ist ein Mensch mit Familie, Arbeit und (Erziehungs-)Verantwortung.

Dass Suchtkranke überhaupt Kinder haben, wurde von der Suchtforschung und der Suchttherapie lange Zeit ignoriert bzw. übersehen. Dies ist insofern überraschend und beunruhigend, als dass die Anzahl der betroffenen Kinder insgesamt in Deutschland recht hoch ist. Geschätzt wird, dass insgesamt bis zu 3 Millionen Kinder und Jugendliche durch eine Suchtstörung der Eltern betroffen sind (Bärsch 1990; Klein 1998).

Der Alkohol- oder Drogenmissbrauch bzw. die Alkohol- oder Drogenabhängigkeit der Eltern stellt für die Kinder sowohl ein hohes biologisch-körperliches als auch ein hohes psychosoziales Entwicklungsrisiko dar. Umfassend sind in den letzten Jahren sowohl die Folgen von Komplikationen während Schwangerschaft und Geburt (z. B. Löser 1995) im Sinne der Alkohol- oder Drogenembryopathie als auch die psychosozialen Auswirkungen für die Entwicklung von Kindern aus Familien Suchtkranker (z. B. Ehrenfried et al. 1998) dargestellt worden.

Für Familien mit einem Suchtproblem trifft in der Regel eine Mehrzahl der Risikofaktoren zu, denen eine ungünstige Entwicklungsprognose für die Kinder zukommt (vgl. etwa Laucht et al. 1992), zum Beispiel:
- zerrüttete familiäre Verhältnisse
- psychische Auffälligkeiten der Eltern
- chronische Schwierigkeiten in der Lebensbewältigung

Immer wieder wird in Risikostudien darauf hingewiesen, dass es besonders ungünstig für den Entwicklungsverlauf von Kindern ist, wenn die Mutter allein erziehend und/oder zu jung ist, die Schwangerschaft unerwünscht war sowie zusätzlich psychische Auffälligkeiten auftreten und beengte Wohnverhältnisse und chronische Belastungen hinzukommen. Diese Merkmalshäufung ist besonders bei suchtkranken jungen Müttern, insbesondere bei Heroin-Abhängigen, anzutreffen (Rukiek 1998).

Nach diesem düsteren Eingangsbild ist es jedoch nun angezeigt, darauf hinzuweisen, dass nach vielfältigen Erfahrungen (vgl. z. B. Zobel 2000) ausdrücklich nicht davon auszugehen ist, dass Kinder von Abhängigen eine eigene Abhängigkeit oder eine andere psychische Auffälligkeit zwangsläufig entwickeln müssen.

Bedeutsam ist, welche elterlichen Funktionen eine **protektive Wirkung** haben, sodass bestimmte Kinder ohne Entwicklungsprobleme bleiben, und in welcher Weise Interaktionen gestaltet werden können bzw. müssen, damit den Eltern darin geholfen werden kann, für ihre Kinder (trotz ihrer Krankheit) verantwortliche und sorgende Eltern zu sein.

42.2 Besonderheiten einer Suchtfamilie

Die umfangreiche klassische Studie von Wieser (1972) wies schon vor über 30 Jahren darauf hin, dass „Normalfamilien" (in denen Vater und Mutter und die leiblichen Kinder zusammenleben), bei Suchtkranken deutlich seltener sind. Alleinerziehende, Stieffamilien und nichteheliche Lebensgemeinschaften sind häufiger als in der sonstigen Bevölkerung anzutreffen, und dieser Trend hat sich in den vergangenen Jahren deutlich verstärkt. Auch ist die Partnerschaft der Eltern gewöhnlich nicht gleichberechtigt, sondern übermäßig patriarchalisch oder matriarchalisch ausgerichtet. Weiter beobachtete Wieser, dass die Fähigkeit, tragfähige Beziehungen zur Verwandtschaft, zu Freunden oder zur Nachbarschaft einzugehen, deutlich vermindert ist, das heißt, die Familien leben isolierter. Suchtkranke und ihre Familien befinden sich häufiger auch in einem Prozess des sozialen Wandels, was durch wechselnde Partnerschaften, Umzüge, Arbeitsplatzwechsel u. Ä. zu beobachten ist.

Eine weitere Besonderheit in Familien Suchtkranker liegt darin, dass familiäre Funktionen ungewöhnlich verteilt sind, wobei insbesondere den Kindern andere Rechte und Pflichten eingeräumt werden. Häufig wird hier von einer „Parentifizierung" bzw. „Parentalisierung" der Kinder gesprochen, also der nichtaltersangemessenen Übernahme der Elternrolle durch die Kinder. Auch in emotionaler Hinsicht treten atypische Rollenbesetzungen auf, zum Beispiel dadurch, dass Kinder zum Partnerersatz werden.

Im Weiteren ist zu beobachten, dass alle Familienmitglieder damit zu kämpfen haben, dass dem Suchtkranken heute immer noch eine massive Abwertung durch stereotype Urteile entgegengebracht wird. Typische Meinungen beziehen sich auf das Ungeregelte, Unzuverlässige in seinem Handeln, den angeblich ständig unangenehmen Geruch, das ungepflegte Äußere und dann die unberechenbare Aggressivität und Gewaltneigung. Diese Abwertungen bedeuten gerade für Kinder eine erhebliche psychische Belastung, da dies einer sozialen Stigmatisierung der Eltern gleichkommt.

Bei all dem, was bisher über die Familien von Suchtkranken gesagt worden ist, ist zu beachten, dass alle Befunde und Berichte aus Familien stammen, die bereit waren, sich in Beratung oder Behandlung zu begeben. Es fehlt ein Vergleich zu Kontrollgruppen, was eigentlich jede wissenschaftlich begründete Aussage zwingend vorschreibt. Somit ist immer wieder deutliche Zurückhaltung zu üben, diese Beobachtungen verallgemeinern zu wollen. Sicher ist, dass es *die* homogene oder stereotype Suchtfamilie nicht gibt.

42.3 Überlegungen zur Ausgestaltung von Hilfeangeboten

Eltern haben eine grundsätzliche Verantwortung für ihre Kinder, denn diese sind existenziell auf ihre Eltern angewiesen. Diese existenzielle Wichtigkeit der Eltern kann exemplarisch an folgenden vier Aspekten hervorgehoben werden:
- **Versorgung und Pflege:** Erhalten Kinder nicht in genügender Weise Pflege und Versorgung, so werden sie vernachlässigt. Erforderlich ist eine zumindest ausreichende Präsenz

der Eltern, aber auch die Sicherung existenzieller Grundlagen (wie Wohnung, Essen, Arbeit, körperliche und psychische Versorgung).
- **emotionale Beziehung:** Zwischen Vater, Mutter und den Kindern soll eine positive emotionale Beziehung bestehen, getragen von Respekt und Achtung voreinander. Fehlt dies, entsteht bei Kindern Unsicherheit, Ungeborgenheit, ein Gefühl des Abgewehrtseins, der Ablehnung, ein Klima der Angst.
- **kommunikativer Austausch:** In der Familie kann man sich gegenseitig mitteilen, man kann sich gegenseitig positiv anregen. Es besteht die Gelegenheit, aber auch die Notwendigkeit, persönliche Anliegen miteinander zu besprechen, die Kinder können sich in ihrer Sorge an die Eltern wenden. Besteht diese Möglichkeit nicht, fühlen sich die Kinder einsam, ausgeschlossen und nicht wahrgenommen.
- **elterliche Erziehungsverantwortung:** In Wahrung und Respektierung von Generationsgrenzen und -unterschieden helfen die Eltern den Kindern durch die Erziehung, dass diese ihre existenzielle Sicherheit finden. Zum anderen ist Erziehung auch eine Hilfe zur Lebenstüchtigkeit, zu der Fähigkeit, sein Leben meistern zu können.

Wenn ein Elternteil suchtkrank ist oder gar beide, können alle vier Aspekte mehr oder weniger gestört und dysfunktional sein. Dann sind die Kinder in erheblichem Ausmaß gefährdet. Dies hat negative Folgen auf ihre körperliche Entwicklung, die Entwicklung der intellektuell-geistigen Fähigkeiten und der emotional-existenziellen Befindlichkeit.

Aber: Auch Suchtkranke lieben ihre Kinder, und Kinder lieben ihre suchtkranken Eltern. Das bedeutet nicht selten, dass Eltern und Kinder in einen massiven Loyalitätskonflikt und in belastende Identitätskonflikte geraten.

42.3.1 Qualität von Unterstützungsangeboten

Wegen der Wichtigkeit der Familie für die Entwicklung der Kinder sei an dieser Stelle betont, dass eine **familienintegrierte Betreuung der Kinder** eindeutig zu favorisieren ist, bevor es dazu kommt, Kinder und Eltern voneinander zu trennen.

Diese Feststellung ist heute noch für viele eine provozierende Vereinseitigung bzw. Verharmlosung der Problematiken der Kinder, denn Kinder leiden oft unsagbar unter der Sucht in der Familie, ohne dass sie in der Lage sind, sich selbst davon zu befreien. Klar ist daher auch: Nicht alle Fälle lassen sich zeitweise oder dauerhaft familienintegriert lösen. Bedenken sollte man zudem: Kinder in der Familie sind ein wesentlicher motivationaler Baustein in der Therapiehilfe für die abhängigen Eltern.

Für die Ausgestaltung von Hilfeangeboten sollte abgestuft nach **drei Zielperspektiven** vorgegangen werden:
- Man muss sich zunächst um die Kinder kümmern.
- Man kann sich dann um die Eltern bzw. die Familie mit dem Abhängigen kümmern.
- Man kann schließlich wieder die Gemeinschaft der Erwachsenen mit den Kindern neu beleben.

Dies impliziert, dass der Abhängige nicht als Krimineller, als ein haltloser Psychopath, aber auch nicht nur als Verführter oder Opfer angesehen wird. Seine Abhängigkeit ist die Folge eines Versuchs, seine existenzielle Not zu bewältigen, die durch die Bedingungen der eigenen Sozialisation und Merkmale der gesellschaftlichen Wirklichkeit entstanden ist. Viele Menschen sind durch ihre Sozialisationsschicksale in der Familie und der Schule und durch belastende Merkmale der Gesellschaft in eine existenzielle Krise geraten, deren Hauptmerkmal sehr oft die radikale Verminderung ihrer Lebensqualität ist. Der Konsum psychotroper Substanzen ist dann der Versuch, die Lebensqualität zu verbessern. Die ethisch einzig richtige Antwort auf diese Krise besteht in der Bereitschaft, dem Suchtkranken und seiner Familie – und damit auch seinen Kindern – bedingungslos und vorurteilsfrei zu helfen.

Das Ziel muss dabei sein, die Familie trotz der Belastung durch eine abhängige Person so weit wie möglich funktionsfähig zu erhalten. Darauf müssen sich alle **familientherapeutischen Bemühungen** konzentrieren. An eine Entfernung des/der Abhängigen oder der Kinder aus der Familie darf erst dann gedacht werden, wenn alle anderen, stabilisierenden Maßnahmen versagen bzw. das Verhalten des/der Abhängigen für die Kinder physisch oder psychisch zu gefährlich wird.

Den Eltern muss geholfen werden, ein realistisches Bild von der Wirkung ihrer Abhängigkeit auf die Kinder zu bekommen. Der Helfer muss sich bemühen, dem Abhängigen ein realistisches Bild von der Wirkung seines Zustands auf die Kinder zu vermitteln, was Eltern oft sehr erschüttert. Dies wird dem Helfer umso besser gelingen, je mehr er davon ausgeht, dass die Abhängigkeit den Vater bzw. die Mutter grundsätzlich nicht davon abbringt, die Kinder zu lieben.

Die Abhängigkeit und die Liebe bzw. die Verantwortung für die Kinder müssen voneinander getrennt werden, und dies in dem Sinne, dass die Abhängigkeit die Beziehung zu den Kindern prinzipiell nicht negativ beeinflussen *muss*. Es darf aber nicht verschwiegen werden, dass die Kinder trotzdem an dem Zustand des Vaters bzw. der Mutter leiden. Dies muss dem Abhängigen so vermittelt werden, dass daraus eine verstärkte Motivation für die Bewältigung der Sucht entsteht. Der Helfer wird aber nur dann Erfolg haben, wenn er den Abhängigen als Mensch vollkommen ernst nimmt und sich selbst als jemanden versteht, der ihm in menschlicher Solidarität helfen will. Das erfordert seitens des Helfers sehr viel Engagement, Einfühlungsvermögen und Menschlichkeit.

Fazit: Dem Abhängigen muss klar werden, dass er in der Verantwortung für seine Kinder bleibt.

Ohne professionelle Hilfe wird die Familie dieses Problem oft nicht lösen können. Das Bemühen des Helfers sollte es sein, die negativen Wirkungen der Sucht und ihrer Folgen für die Kinder zu reduzieren. Der beste Weg dazu ist es, die Eltern zu befähigen, die Situation kritisch und produktiv zu verarbeiten und dem Kind ein kindgemäßes Leben zu ermöglichen.

Dies kann in der Alltagspraxis dazu führen, dass es zu einem gelegentlichen Wechsel von gemeinsamem Zusammenleben und getrennter Betreuung von Eltern und Kindern kommt. Sei es, dass ein Elternteil zur Behandlung in einer Fachklinik ist, sei es, dass Kinder in Jugendhilfeeinrichtungen oder Pflegefamilien untergebracht sind.

42.3.2 Formen der Arbeit mit Eltern

Wichtige **Vorbedingungen** für die gemeinsame Arbeit mit Kindern und Eltern sind:
- Die Eltern sind für eine Unterstützung der Kinder zu gewinnen.
- Die Beziehungssituation innerhalb der Familie ist aufzuarbeiten. Bei der Bewältigung von Konflikten ist der Familie zu helfen.
- Die Hilfen für das Kind müssen durch Elternarbeit begleitet werden. Schwerpunkt dieser Arbeit ist die Verbesserung der Erziehungsfähigkeit der Eltern.
- Die Eltern sind zu motivieren, sich mit dem Ziel der Überwindung der Abhängigkeit in eine eigene Behandlung zu begeben.

Dabei sind verschiedene **Betreuungsformen** denkbar:
- Eltern und Kinder leben gemeinsam in einer therapeutischen Einrichtung bzw. sind gemeinsam zur Behandlung in einer Fachklinik für Suchtkranke (vgl. etwa Stader 1997).
- Die Familien verbleiben in ihrer Alltagssituation und werden ambulant in Beratungsstellen, durch Selbsthilfegruppen oder andere Institutionen betreut.
- Es kommt zu einer befristeten Trennung zwischen den Eltern und Kindern. Die Kinder werden in Pflegefamilien oder stationären Jugendhilfeeinrichtungen aufgenommen.

Wie aber wird der Zugang zur Familie gefunden, um ihr zu helfen? Wie vermittelt man Eltern, dass ihre Kinder Ich-Stärke, Autonomie, soziale

Kompetenz und Konfliktfähigkeit frühzeitig am besten mit ihrer Hilfe erwerben können, dass familiäres Modellverhalten prägend ist, wenn es darum geht, dass die Kinder selbst nicht in Zukunft suchtkrank werden? Die **Arbeitsgrundlage** baut hierfür am besten auf die Hypothese: „Den Zugang zu den Eltern findet man am leichtesten über ihre Kinder".

Erste Schwierigkeiten tauchen oft schon am Beginn einer geplanten Unterstützung auf, wenn gezielt das Vorliegen eines Suchtproblems angesprochen wird. Einen Vater oder eine Mutter, vielleicht auch beide Elternteile anzusprechen, dass sie möglicherweise Suchtprobleme haben – ist das nicht eine Einmischung in die Privatsphäre? Und was kann damit erreicht werden? Verständlicherweise existieren große Unsicherheiten und Ängste, betroffenen Eltern und besonders Vätern in einem Gespräch die eigenen Beobachtungen mitzuteilen. Hinzu kommt, dass suchtkranke Menschen weniger Problembewusstsein zeigen und oft sehr distanziert, abwehrend und manchmal auch aggressiv auf die Menschen reagieren, die „es gut mit ihnen meinen".

Ziel des Ansprechens ist ganz eindeutig – und die Auswirkung dieses Vorgehens darf deshalb nicht unterschätzt werden –, den betroffenen Eltern zu signalisieren: „Ich habe etwas bemerkt". Mit dem „Öffentlich-Machen" der familiären Schwierigkeiten, die sonst verschwiegen werden, wird Druck auf die Betroffenen ausgeübt. Erfahrungsgemäß brauchen abhängige Menschen diese Konfrontation, weil sie ihren Problemen in der Regel aus dem Wege gehen, auch den Problemen, die sich für die Kinder aus dem belasteten Familienleben ergeben.

Die Bereitschaft der Eltern zur Mitarbeit ist üblicherweise abhängig von:

- ihrem Integrationsgrad in vorhandene Beratungs- und Behandlungsangebote oder Selbsthilfegruppen
- dem Auffälligkeitsgrad des möglichen symptomatischen Verhaltens ihrer Kinder
- dem Ausmaß eines empfundenen „Schuldkomplexes" im Zusammenhang mit der Suchterkrankung und den Folgen für die Kinder
- der Unterstützung wichtiger Bezugspersonen der Eltern (Suchtberater, Familienhelfer, Verwandte usw.)
- von dem Drängen ihrer Kinder, an einem Angebot für Kinder teilnehmen zu wollen

42.4 Praxis

Nicht selten wird heute die Arbeit mit den Eltern eher als ein notwendiges, manchmal sogar lästiges Übel betrachtet, dem man sich aber angesichts der heute modernen systemischen Sichtweise von Behandlungsansätzen kaum mehr entziehen kann. Aber: Elternarbeit gehört nicht nur zum guten pädagogisch-therapeutischen Ton bzw. Tun, sondern Elternarbeit ist eine Chance, die Entwicklung von Kindern durch die Eröffnung neuer oder bisher verschütteter Ressourcen bei den Eltern zu aktivieren und allgemein einen positiven familiären Entwicklungsprozess zu fördern.

Familien mit einer fortgeschrittenen Suchtentwicklung bei einem Elternteil weisen meist **veränderte familiäre Strukturen** auf: Vater oder Mutter leben mit ihrem Kind/ihren Kindern alleine, Großeltern sind einbezogen, neue Personen treten in die Familie als Stiefelternteile ein, andere Bezugspersonen helfen in Krisenzeiten mit (Tagesmutter, Nachbarn, Pflegeeltern usw.).

In der praktischen Arbeit ist in Orientierung an der kindlichen Realität die Integration all derjenigen Personen wichtig, die für das Kind in der Erziehungsrealität Relevanz haben. Die Hauptaufgabe liegt darin, den Eltern zu vermitteln, dass sie die Fäden in der Hand haben und über vielfältige Möglichkeiten verfügen, die sie zum Wohle ihres Kindes nutzen können, und ihre Erziehungsverantwortung nicht an das „Familienmitglied Suchtmittel" zu delegieren brauchen.

Eine Arbeit mit den Eltern kann nicht direktiv vorgeschrieben und quasi als planmäßiges Handeln abgespult werden, sondern es geschieht in einem Freiraum, der jeweils individueller Ausprägung bedarf.

Die Grundausrichtung der elternbezogenen Interventionen für Suchtfamilien ist in Absetzung von häufig anzutreffenden Idealisierungen solcher Familien zu sehen: Häufig orientiert man sich an dem Ideal einer vollständigen Familie und fordert, dass durch den engagierten Einsatz der Familienmitglieder und die stetige Betonung der Notwendigkeit, dass alle gut mitarbeiten müssen, Harmonie und gute Erziehungsbedingungen erreicht werden können. Dies stellt jedoch eine massive Überforderung der eigenen und vor allem der Kräfte von Familien dar, die auf eine oft jahrelang andauernde Suchtmitteldominanz zurückblicken müssen.

Dies heißt also, das pädagogische Handeln nicht an irrealen Idealen zu orientieren, sondern an den Möglichkeiten und Bedürfnissen der jeweiligen **Familie in ihrem aktuellen Lebens- und Entwicklungsverlauf.**

Zunächst einmal ist Akzeptanz für das bisher Geleistete unter dem unkontrollierten und unvorhersehbaren Einfluss des Suchtmittels geboten. Bevor eigentliche Veränderungsschritte eingeleitet werden können, ist eine intensive Phase des Vertrautwerdens notwendig.

Zentrale Themen in der Arbeit mit Eltern, die besondere Herausforderungen darstellen, sind u. a. folgende:

- **Misstrauen:** Die Arbeit mit den Eltern ist oft von vielfältigen Ängsten geprägt, die eine Atmosphäre des Misstrauens und der Vorsicht erzeugen können:
  – Werden lediglich Erziehungsfehler aufgedeckt?
  – Wird Schuld zugewiesen und verurteilt?
  – Welche Familiengeheimnisse werden nach außen gelangen?
  – Kommt es zu einer Konkurrenz mit den „besseren Helfern" bzw. „Gruppenleitern"?
  – Werden die neuen Ideen und Vorschläge wirklich „besser" sein?
  – Wie verlässlich und vertrauenswürdig sind die „neuen Helfer"?
- **Verlässlichkeit:** Oft ist das Leben in Suchtfamilien von wechselnden Bedingungen, Unvorhersehbarkeiten, krisenhaften Zuspitzungen usw. gekennzeichnet. Längerfristige Zukunftsplanungen haben meist wenig Bestand. Unklare Umgangsweisen mit Suchtmitteln bzw. die Rückfälle in die Sucht machen Absprachen schwierig und verändern häufig Beziehungsverhältnisse. Zu beachten sind daher:
  – die Zeitperspektive
  – die Überschaubarkeit der Schritte
  – die Planung von Erfolgserlebnissen
- **Problemlösungen:** Problemsituationen in Suchtfamilien werden häufig durch starke Moralisierungen und Schuldzuweisungen zu regeln versucht. So kommt es häufig zu Aggressionsdurchbrüchen oder angedrohten bzw. vollzogenen Beziehungsabbrüchen. Häufig herrscht ein Alles-oder-Nichts-Verhalten vor. Man befindet sich recht häufig in destruktiver Disharmonie und fühlt sich in ausweglosen Situationen. Daher heißt es:
  – Achten auf Generationsgrenzen
  – gesunde Hierarchien etablieren
  – Unterschiede zulassen
  – realistische Dosierungen im Handeln, das heißt kleine Portionen statt alles auf einmal
- **Abgrenzungen:** In Suchtfamilien sind häufig Grenzverwischungen, Grenzüberschreitungen oder fehlende Grenzen festzustellen. Darunter sind zum einen Grenzen zwischen Generationen, zwischen Familienmitgliedern und Grenzen nach außen zu anderen Menschen zu verstehen. Diese Grenzen können sich auf Intimitäten, Gewaltanwendung, Sexualität, Bewahrung von Familiengeheimnissen usw. beziehen. Gemeint sein können zum anderen aber auch intrapersonale Grenzen, die sich auf Selbstschutz, Wahrung einer Intimsphäre oder auch das Zugeständnis eigener Fähigkeiten und des Selbstwertes beziehen.
- **Abhängigkeit:** Dies meint zum einen die Besprechung der Frage einer Transmission bzw. Weitergabe von Abhängigkeitsverhalten im Sinne von eigener Abhängigkeit oder Ko-Abhängigkeit. Welche protektiven Faktoren können gefördert werden? Zum anderen betrifft es die Fragen eines Zugangs der Kinder und Jugendlichen zu Suchtmitteln: Geht es im Sinne von: „Mir kann das nicht passieren" oder „Ich darf nie etwas Alkoholisches trinken"? Gleichzeitig geht es auch noch um die Fragen von Gebundenheit und Eigenständigkeit, von gesunder, lebenswichtiger Abhängigkeit und krank machender, einschränkender Symbiose.

- **Erziehungskompetenz:** Die Kompetenzen in Suchtfamilien werden oft als insuffizient und fehlentwickelt wahrgenommen. In der Familie selbst begegnet einem oft die resignative Meinung, dass man alles falsch gemacht habe und es nicht mehr möglich sei, drohende Fehlentwicklungen bei den Kindern aufzufangen bzw. zu verhindern. Schuldgefühle gegenüber den Kindern behindern oft eine konsistente Erziehung und etablieren eher einen Wechsel zwischen verwöhnenden und rigiden Erziehungsstilen. – Die Meinung von Medien in reißerischen Berichten von vernachlässigten Kindern, moralisierenden Vorhaltungen von Großeltern, wohlgemeinten Interventionen und Ratschlägen von Ämtern oder anderen Helfern können zu einer allseitigen Verunsicherung im Erziehungsverhalten beitragen. Hier gilt es festzuhalten, wer was kann und bisher gemacht hat und welche alternativen Vorgehensweisen notwendig sind.

42.5 Fazit

Wer Impulse zur Veränderung in einer Familie mit Suchtproblematiken geben möchte, muss zuerst Empathie, Sensibilität und Klarheit zeigen. Es gilt herauszufinden, welche Funktionen ein Suchtmittel in dieser Familie und für jedes Familienmitglied einzeln hat. Mit der Familie ist dann gemeinsam herauszufinden, ob diese Funktionen auch durch andere Mittel, insbesondere durch eine andere Beziehungsgestaltung, erfüllt werden kann.

Literatur

Bärsch W (Hrsg) (1990). Kinder von Suchtkranken. Stuttgart: Landesstelle gegen die Suchtgefahren in Baden-Württemberg; 8–22.

Ehrenfried T, Heinzelmann C, Kähni J, Mayer R (1998). Arbeit mit Kindern und Jugendlichen aus Familien Suchtkranker. Balingen: Eigenverlag.

Klein M (1998). Kinder suchtkranker Eltern: Fakten, Daten, Zusammenhänge. Diözesan-Caritasverband für das Erzbistum Köln e. V. (Hrsg). Wenn Mama und Papa high sind – bin ich down. Köln: Hilfen für Kinder suchtkranker Eltern; 8–31.

Laucht M (1992). „Risikokinder": Zur Bedeutung biologischer und psychosozialer Risiken für die kindliche Entwicklung in den beiden ersten Lebensjahren. Prax Kinderpsychol Kinderpsychiatrie; 41: 274–85.

Löser H (1995). Alkoholembryopathie und Alkoholeffekte. Stuttgart, New York: Thieme.

Rukiek G (1998). Hilfe für Kinder von Drogenabhängigen. Theorie und Praxis der sozialen Arbeit; 1: 16–21.

Stader R (1997). Arbeit mit dem familiären Umfeld – Mutter-Kind-Therapie im Haus Kraichtalblick. Landesstelle gegen die Suchtgefahren in Baden-Württemberg (Hrsg). Kinder von Suchtkranken. Probleme und Hilfemöglichkeiten. Stuttgart; 77–80.

Wieser S (1972). Familienstruktur und Rollendynamik von Alkoholikern. In: Kisker KP, Meyer J-E, Müller M, Strömgren E (Hrsg). Psychiatrie der Gegenwart: Klinische Psychiatrie. Berlin, Heidelberg, New York: Springer; 407–32.

Zobel M (2000). Kinder aus alkoholbelasteten Familien. Entwicklungsrisiken und -chancen. Göttingen: Hogrefe.

43 Familienbezogene Interventionen

Brigitte Gemeinhardt

In der Arbeit mit jugendlichen Suchtkranken ist es unerlässlich, auch den sozialen und familiären Kontext in eine effektive Behandlungsstrategie einzubeziehen. Familienmitglieder, Freunde und andere Netzwerke sind gleichermaßen von dieser Erkrankung betroffen. Zudem kann davon ausgegangen werden, dass verschiedene familiäre Faktoren zumindest zur Aufrechterhaltung der Symptomatik beitragen. Versuche der Hilfe und Unterstützung mit dem Ziel der Beendigung eines riskanten Konsums dienen allzu oft mehr der Aufrechterhaltung der Problematik als der Beendigung. Aus diesem Grund spielt eine familientherapeutisch orientierte Behandlung Suchtkranker eine ernst zu nehmende Rolle, deren Effektivität zudem bereits nachgewiesen werden konnte.

Nach einer kurzen Ausführung zu theoretischen Grundlagen familientherapeutischen Arbeitens werden wichtige therapeutische Interventionen in der Arbeit mit Familien vorgestellt. Relevante Forschungsergebnisse, die die Wichtigkeit dieses Ansatzes gerade in der Arbeit mit jungen Abhängigen belegen, bilden den Abschluss.

43.1 Grundlagen familientherapeutischer Arbeit

Familientherapeutische Ansätze bewegen sich von einer individualistischen Sichtweise von Pathologie hin zu einer Betrachtung vorhandener familiärer Systeme, das heißt, die systemische Sichtweise löst eine eindimensionale Blickrichtung auf das Individuum ab. Allen Überlegungen liegt die Erkenntnis zugrunde, dass ein System sich in seiner Ganzheit qualitativ neu und anders verhält als die Summe seiner isoliert betrachteten Einzelelemente. Für die therapeutische Arbeit ist es relevant, das Individuum, den identifizierten Patienten, nun als Teil seines Systems zu betrachten. Verhalten wird gesehen als Ergebnis der Wechselbeziehungen zwischen verschiedenen Interaktionspartnern, das Symptom erfüllt eine bestimmte Funktion im System. So kann es sich herausstellen, dass ein Kind oder Jugendlicher das Symptom des Drogenmissbrauchs zeigt, damit die Eltern eine Möglichkeit haben, ihre Paarproblematik nicht zu bearbeiten, da sie ihre elterliche Kraft nun ganz und gar der Bearbeitung des Problems ihres Kindes zur Verfügung stellen. Kommunikation kann und muss nur noch zu diesem Zweck stattfinden.

Im Rahmen familientherapeutischen Arbeitens gibt es unterschiedliche Ansätze, die alle interessante Interventionen entwickelt und sich in der praktischen Arbeit mit Sucht-Patienten bewährt haben. Üblich und sinnvoll ist es, Erkenntnisse unterschiedlicher Modelle in der Praxis miteinander zu kombinieren. Thomasius et al. (2000) stellen ein Modell familientherapeutischen Arbeitens dar, das verschiedene Elemente integriert und sich als besonders effektiv in der Arbeit mit drogenabhängigen Jugendlichen und jungen Erwachsenen gezeigt hat.

43.2 Familientherapeutische Ansätze

Die bekannteste Vertreterin und Begründerin des im „Mailänder Modell" integrierten Therapieansatzes ist Mara Selvini Palazzoli (1975). Grundlage für den Ansatz ihrer Arbeitsgruppe bilden die Arbeiten Batesons (1972) sowie Watzlawicks Kommunikationstheorie (Watzlawick et al. 1969, 1974). Die therapeutische Arbeit konzentriert sich auf das Bilden und Überprüfen von

Hypothesen zur Funktionalität des familialen Systems und damit der Beziehungsdynamik der einzelnen Mitglieder untereinander. Systemische Therapie wird auch mit Einzelnen durchgeführt. Die Technik des zirkulären Fragens, die im Folgenden näher erörtert wird, bildet die Hauptinterventionsstrategie. In verschiedensten Zusammenhängen wird auch dieser Ansatz in der Therapie mit Abhängigen eingesetzt (Schwertl et al. 1998).

Der Ansatz einer anderen Arbeitsgruppe um Helm Stierlin wurde als „Heidelberger Modell" bekannt und hat sich im Laufe einer Entwicklung von verschiedenen explizit psychoanalytischen Erklärungsmustern distanziert und neuere systemische Entwicklungen integriert (Stierlin 1994; Weber u. Stierlin 1989).

Zu den einflussreichen, eine Familie umgebenden Systemen gehören in jedem Fall auch die Ursprungsfamilien in den zurückliegenden Generationen (s. auch Kap. 32). Vertreter einer Mehrgenerationen-Perspektive sind vor allem Boszormenyi-Nagy und Spark (1973) sowie Bowen (1978). Im Zentrum ihrer Arbeit steht die Betrachtung von Loyalitätsbindungen, die sich über die Zeit entwickelt haben. Bei Einbeziehung dieser Generationen in die therapeutische Arbeit, zum Beispiel durch die Genogrammarbeit, können diese Verstrickungen bearbeitet werden und deren Auflösung erfolgen. Gemeinhardt (2005) und auch Stachowske (2002) belegen an qualitativen Studien mit alkoholabhängigen Patienten als auch mit Drogenabhängigen die besondere Relevanz der Mehrgenerationen-Perspektive für diese Patientengruppen.

Die lösungsorientierte Kurzzeittherapie wurde von Berg und ihrem Mann de Shazer (s. de Shazer 1989, 1990) ab Mitte der 1970er Jahre am Brief Family Therapy Center in Milwaukee entwickelt. Im Zentrum dieses Ansatzes stehen die Arbeit an dem zu erwartenden Zielzustand und die Erarbeitung einer Lösung des Problems, ohne dieses differenziert erörtern zu müssen. Die Familie ist als aktive Gestalterin des Therapieprozesses gefragt, indem sie zusammen mit den Therapeuten an diesen Fragen arbeitet. Die Therapeuten gehen davon aus, dass die Patienten Lösungsmöglichkeiten und Ressourcen aus ihren eigenen bisherigen Lebenserfahrungen mitbringen, die es in der therapeutischen Arbeit zu entdecken und zu reaktivieren gilt. In der Suchttherapie (Berg u. Miller 1993; Miller u. Berg 1997) hat sich dieser Ansatz bereits bewährt.

43.3 Systemische Perspektive der Sucht

Bei der Arbeit mit Suchtfamilien kann davon ausgegangen werden, dass sich auch hier das System Familie auf das Symptom, die Suchtmittelabhängigkeit, einstellt. Spezifische familiäre Regeln für den Umgang miteinander werden aufgebaut. Diese beinhalten die Arten der Kommunikation, Rollenzuteilungen, Definition von Beziehungsmustern und die Definition von bestimmten Positionierungen, von Hierarchieebenen (Gemeinhardt u. Farnbacher 2004). Häufig funktioniert dies in der Praxis so, dass ein Jugendlicher in eine erwachsene Position „gewählt" wird und damit wichtige Verantwortungsfunktionen zugewiesen bekommt. Die familiären Hierarchien verschieben sich. Diese Entwicklung kann so weit gehen, dass dem Kind oder Jugendlichen letztlich ganze Teile der Familienorganisation überlassen werden. In der therapeutischen Arbeit kann man dies anschaulich immer wieder erleben, wenn zum Beispiel die Mutter eines drogenabhängigen jungen Mädchens die Therapeuten bittet, doch Teile der Erziehungsverantwortung zu übernehmen, da sie sich das schon lange nicht mehr traue. Hier zeichnen sich dann familiäre Rollenkonfusionen bei der Patientin und bei der Mutter ab, die von der Beziehungsdefinition Mutter-Tochter (im regulären Sinn) über Freundin und Vertraute hin zu Mutter-Tochter (im verkehrten Sinn, Tochter übernimmt Mutterfunktion) wechseln. Noch verwirrender wird es dann, wenn die Tochter auch Erziehungsfunktionen für Geschwister zugewiesen bekommt oder übernimmt und die Vertraute des Vaters auf der eigentlichen Elternebene wird. Diese Verwirrung der Rollen und Hierarchieebenen macht eine gesunde Ablösung von der Familie unmöglich, und es kommt zu einer nur scheinbaren

Ablösung und Abgrenzung durch die Drogenabhängigkeit.

43.4 Therapeutischer Prozess

Die Hauptaufgabe im Therapieprozess ist es, Hypothesen über die Beschaffenheit des familiären Systems zu bekommen, die Funktionalität des angebotenen Symptoms zu erfragen und die Anliegen und Ziele aller Beteiligten zu er- und bearbeiten. Das Erstinterview ist in diesem Rahmen von großer Bedeutung, um eine gemeinsame Richtung der Arbeit zu definieren, indem erste Arbeitshypothesen gebildet werden.

43.4.1 Therapeutenhaltung

Eine Vielzahl an Interventionen steht den Therapeuten bei der Arbeit mit Familien zur Verfügung. Allerdings können diese nur dann einen Veränderungsprozess einleiten, wenn die Therapeuten Zugang zu der Familie in der Weise finden, dass sich ein therapeutisches System entwickeln kann, in dem ein stabiles Arbeitsbündnis geschlossen werden kann. Dies ist eine äußerst schwierige, aber eben auch zentrale Intervention – gerade in der Arbeit mit verschiedenen Generationen und Hierarchieebenen, die bei den Familien junger Drogenkonsumenten nötig ist. Den Therapeuten muss es als Grundvoraussetzung gelingen, eine tragfähige Beziehung zu jedem Familienmitglied herzustellen, sodass ein therapeutisches System entstehen kann. Salvador Minuchin (Minuchin et al. 1978) bezeichnet diese Intervention bzw. diesen Prozess als „Joining". Darüber hinaus ist es wichtig, dass der Therapeut es schafft, in dieser Beziehung eine Neutralität (Selvini Palazzoli et al. 1981) gegenüber den einzelnen Familienmitgliedern dahingehend zu bewahren, nicht in das Agieren des Systems einbezogen zu werden, Koalitionen zu bilden und damit von Einzelnen als „parteilich" erlebt zu werden. So kann kein Familienmitglied den „Anspruch" auf eine besondere Beziehung zum Therapeuten ausbilden. Die Möglichkeit, sich im Rahmen einer Metakommunikation mit dem Geschehen im System auseinanderzusetzen und allen Familienmitgliedern als Therapeut gegenüber zu treten, wird erhalten. Die Arbeit im Team, wie bei systemischem Arbeiten angestrebt, ist sehr hilfreich dabei, die Einbeziehung in das System zu verhindern und sich gegenseitig im Umgang mit vielen Personen und Informationen zu unterstützen.

43.4.2 Fragetechnik: das zirkuläre Fragen

Die Technik des zirkulären Fragens, von der Gruppe um Mara Selvini Palazzoli (Selvini Palazzoli et al. 1981) entwickelt, stellt ein wesentliches Element in der Arbeit mit Familien dar. Innerhalb kürzester Zeit lässt sich eine Vielzahl an Information über die Beschaffenheit des familiären Systems, der Kommunikationsformen, Regeln des Miteinander und Beziehungserleben abbilden. Diese Technik ist allen anderen Interventionsformen übergeordnet. Im Mittelpunkt steht die Idee, jedes Familienmitglied in die Lage zu versetzen, sein Verständnis der Reaktionen anderer mitzuteilen und damit zu überprüfen. So wird ein Familienmitglied gebeten, eine mögliche Reaktion eines anderen Mitglieds mitzuteilen. In dieser Phantasie kann beiden deutlich werden, welche Erklärungsmuster ein anderer für eigenes Verhalten hat und ob dieses von den eigenen Erklärungen abweicht. Durch diese Art der Fragen erhalten sowohl die einzelnen Familienmitglieder als auch die Therapeuten bereits eine Vielzahl an Informationen, und alle sind direkt am therapeutischen Geschehen beteiligt.

Es wird nicht direkt gefragt: „Was ist für Sie das Problem, das Sie hierher führt?", sondern es wird zum Beispiel der Jugendliche gefragt: „Was meinst du: Was ist für deine Eltern der Grund, hier die Beratung aufgesucht zu haben?" Der kommunikative Aspekt an einer Verhaltensweise liegt dabei im Mittelpunkt, das heißt, eine Person kann über die Hintergründe eines gezeigten Verhaltens einer anderen Person spekulieren. Schlippe und Kriz (1993) betonen, dass es für die Familie gerade durch diese Form der Intervention möglich und wichtig ist, Unterschiede in der Betrachtung familiärer Beziehungsmuster zu verdeutlichen und zuzulassen. Im Erstinterview kann das zirkuläre Fragen dazu eingesetzt werden, Informationen zu den Regeln und Gesetzmäßigkeiten in der Familie zu bekommen und erste Hypothesen zu erarbeiten. Ein wichtiger Aspekt – gerade auf der Beziehungsebene – ist die Erfahrung jedes Einzelnen, dass er/sie in einer bestimmten Weise von den anderen gesehen wird und es zulassen kann, für eine Weile im Mittelpunkt der Aufmerksamkeit zu stehen, dabei aber auch direkt die eigene Definition dieser Beziehung zu überprüfen. Ein Beispiel:

> Familie A. ist zu einem Erstgespräch angemeldet. Die Mutter hat den Kontakt gebahnt, weil sie sich Sorgen um den Drogenkonsum des Sohnes macht. Anstatt die Mutter direkt zu fragen: „Was war für Sie der Anlass, diesen Termin zu vereinbaren?", kann der Therapeut den Sohn fragen: „Was meinen Sie: Was war für Ihre Mutter der Anlass, heute diesen Termin zu vereinbaren?" Danach kann die Mutter gefragt werden: „Was meinen Sie: Weshalb ist Ihr Sohn heute mitgekommen, was ist Ihrer Meinung nach sein Interesse daran, bei dem Termin dabei zu sein?"

43.4.3 Erarbeitung von Therapiezielen

Gerade in der Arbeit mit Familien ist es äußerst wichtig, Therapieziele zu formulieren, die für alle akzeptabel sind. Diese können sich im Laufe der Therapie verändern, und die Arbeit daran sollte stets zentraler Bestandteil im Therapieprozess sein. Gerade im Suchtbereich ist es eine schwierige Aufgabe, eine Balance zwischen dem möglichen therapeutischen Anspruch nach Abstinenz und den Zielen der Patienten zu finden. Besonders wichtig ist es, die Problemwahrnehmung aller Familienmitglieder – auch der nicht direkt anwesenden – kennen zu lernen, Ideen zu explorieren, die sie für die Entstehung der Symptome haben, und die bisherigen Lösungsversuche jedes Einzelnen sowie der Familie kennen zu lernen. Auch hier gilt es, die Perspektiven aller Familienmitglieder zu berücksichtigen, was sich dann auch in der Fragestellung widerspiegelt. Die Explorationsschritte sind:

- Definition des Problems aus der Sicht aller Familienmitglieder: Wie benennt jedes einzelne Familienmitglied das Problem, das die Familie veranlasst hat, eine Behandlung aufzunehmen?
- Erklärungsmodelle für den Entstehungsprozess, für die gegenwärtige Situation: Welche Erklärungsmodelle haben sie dafür, und wie erklären sie sich unterschiedliche Modelle oder auch die voneinander abweichende Benennung von Problemen?
- Exploration bereits durchgeführter Lösungsversuche: Wie sahen diese Versuche aus, was hat funktioniert, weshalb hat es funktioniert? Was hat nicht funktioniert, und weshalb hat es nicht funktioniert?
- Bearbeitung der Ziele: Wie sehen die Ziele der einzelnen Familienmitglieder aus, und was wird bei Erreichung der Ziele anders sein als im heutigen Zustand? Woran erkennen andere, dass ein Ziel erreicht ist? Wenn die Ziele nicht übereinstimmen, welches erste kleine Ziel ist für alle Beteiligten akzeptabel?

Bei all diesen Befragungen ist die Technik des zirkulären Fragens wiederum ein wichtiges Instrument, um die Sicht aller Beteiligten erörtern zu können.

43.4.4 Fragetechnik: die Wunderfrage

Die Wunderfrage, von Berg und de Shazer (de Shazer 1989; Miller u. Berg 1997) als lösungsorientierte Fragetechnik entwickelt, ermöglicht es den Patienten, sich eine mögliche positive Veränderung und die Erreichung von Zielen in Konsequenz vorzustellen (Gemeinhardt 2004). Gerade in sehr belastenden Situationen ist dies eine bewährte Interventionsform, die den Patienten helfen kann, sich aus der Problemschleife in einer Imagination von Erreichbarem herauszudrehen. Bereits vorhandene Ausnahmen einer als ausweglos erlebten Situation kommen zusätzlich zum Tragen, und zwar mit der Frage, wann sie bereits in der letzten Zeit kleinere Aspekte dieses Zielzustandes erlebt haben. Folgende Instruktion geht einer solchen Intervention voraus:

„Nehmen Sie einmal an, heute Abend, nachdem Sie ins Bett gegangen und eingeschlafen sein werden, geschieht ein Wunder! Das Wunder besteht darin, dass das Problem oder die Probleme, mit denen Sie kämpfen, gelöst sind! Genau das! Da Sie aber schlafen, wissen Sie nicht, dass ein Wunder geschehen ist. Sie verschlafen einfach das Ganze. Wenn Sie dann morgen früh aufwachen, was wäre eines der ersten Dinge, die Ihnen auffallen würden, die anders wären und die Ihnen sagen würden, dass das Wunder geschehen und Ihr Problem gelöst ist?"

Unterstützt werden kann diese Frage nach Veränderungen zum Beispiel durch die Arbeit an Skalen, die auch in anderen Zusammenhängen wertvolle Hinweise liefern helfen kann. Skalenfragen als Ergänzung der Wunderfrage sind:

„Stellen Sie sich vor, es wäre der Tag nach dem Wunder. Das heißt, das Problem, das Sie hierher gebracht hat, ist gelöst. Auf einer Skala von 1 bis 10 wäre das 10. Und 1 wäre für die Situation, als es am schlimmsten war, bevor Sie hier angerufen haben.
Auf dieser Skala von 1 bis 10:
Wo sind Sie heute?
Wie haben Sie es geschafft, von 1 nach 2 zu kommen?
Woran würden Sie merken, dass Sie sich von 2 nach 3 bewegen?
Wo möchten Sie stehen, wenn diese Therapie erfolgreich beendet ist?
(Bei unterschiedlicher Einschätzung durch die einzelnen Familienmitglieder empfiehlt sich das zirkuläre Fragen.)
Was glauben Sie, wie XY zu seiner Einschätzung kommt? Was sieht er, was Sie im Moment nicht sehen?"

43.4.5 Darstellende Verfahren

Gerade in der aktuellen Arbeit mit mindestens zwei Generationen bewährt es sich, darstellende Verfahren einzusetzen, um auf diesem zum Teil spielerisch anmutenden Wege Beziehungen, Wahrnehmungen und Eindrücke darzustellen und mögliche Defizite in der sprachlichen Kompetenz auszuschalten. Das Familienbrett, die Skulpturarbeit und das Genogramm werden beispielhaft dargestellt. Eine Übersicht weiterer Verfahren ist zu finden bei Kaufmann (2000).

Familienbrett

Das Familienbrett, von Ludewig und Mitarbeitern 1978 entwickelt (vgl. Ludewig u. Wilken 2000), ist ein Instrumentarium, in dem Familienmitglieder zu verschiedenen therapeutischen Fragestellungen symbolhaft repräsentiert werden können. Es besteht aus einem 50 x 50 cm großen Holzbrett und verschiedenen Figuren in der Größe von 7 und 10 cm. Zwei Formen, rund und eckig, stehen zur Verfügung. Zudem gibt es drei farbige rechteckige, große Figuren, die für besondere Zwecke zur Verfügung stehen. Je nach Fragestellung kann das Familienbrett mit der ganzen Familie, einzelnen Beziehungspartnern oder Einzelpersonen eingesetzt werden. Innerhalb kürzester Zeit lassen sich verschiedene Beziehungsebenen betrachten, die Situation zum gegenseitigen Zeitpunkt und die Zielvorstellung bezüglich familiärer Beziehungen nach Ende der Behandlung. Die Themen von Nähe und Distanz in Beziehungen sind zentral. Einzelne Familienmitglieder können mithilfe dieser Technik ihr Erleben in ihrem familiären System beginnen auszuformulieren und den eigenen Blick auf die „Familienrealität" darlegen. Sind andere Familienmitglieder anwesend, so kann es bereits hier einen regen Austausch über einzelne Sichtweisen geben. Diese Auseinandersetzung wird gerade durch diesen spielerischen Anteil eines darstellenden Mediums extrem erleichtert. Auch hier kommt die Methode des zirkulären Fragens zum Einsatz und steigert den schnellen Erkenntnisgewinn nochmals. Diese Methode kann zu jedem Zeitpunkt einer Therapie eingesetzt werden und auch unter ähnlicher Fragestellung wiederholt werden, um Schritte bezüglich der Erreichung von Therapiezielen zu reflektieren. Der Phantasie bezüglich möglicher Fragestellungen aufseiten der Behandler sind dabei wenig Grenzen gesetzt. Zum Beispiel zeigt die Erfahrung, dass die symbolhafte Aufstellung eines Symptoms wie der Drogenabhängigkeit ohne Weiteres von den Teilnehmern akzeptiert wird und nochmals den Erkenntnisgewinn bereichern kann.

Familienskulptur

Die Skulpturarbeit lässt sich ähnlich wie das Familienbrett einsetzen, ist aber durch das realistische Stellen mit Menschen oder Symbolen wesentlich erlebnisintensiver und emotionaler. Eng verbunden ist dieser Ansatz mit den Therapeuten und Therapeutinnen Satir (1975), Papp (Papp et al. 1973), Schweitzer und Weber (1982) sowie von Schlippe und Kriz (1993). Hier agiert ein Familienmitglied als „Bildhauer" und gestaltet die Familie in einer Skulptur. Das Erleben und Bearbeiten von Beziehungsstrukturen steht auch hier im Mittelpunkt der Arbeit. Familiäre Hierarchien, Empfindungen von Nähe und Distanz können erlebbar gemacht werden. Der „Bildhauer" der Familie stellt die Figuren so lange, bis sie ihm/ihr stimmig scheinen. Die Stellvertreter geben dann eine Rückmeldung, was sie in dieser Position erleben. Diese Technik findet starke Anlehnung an Verfahren des Psychodramas.

Aufstellungsarbeit

Eine Weiterentwicklung, die vor allem mit dem Namen Hellinger (1994) in Verbindung gebracht wird, sind verschiedene Formen der Familienaufstellungen. Diese beschäftigen sich mit den Rollen, die die Mitglieder in ihren familiären Kontexten übernommen haben. Wird diese Arbeit in einen therapeutischen Prozess integriert, wird also mit den Patienten an deren Anliegen behutsam und anerkennend gearbeitet, so ist dies eine sehr gute Möglichkeit, einem Patienten auf dem Weg der Bearbeitung familiärer Themen unterstützend zur Seite zu stehen. Diese Methode hat in den letzten Jahren einen großen, manchmal kritisch zu betrachtenden „Boom" erlebt. Eine äußerst effektive Weiterentwicklung findet hier durch die Therapeuten Sparrer und Kibed (Sparrer 2002; Sparrer u. Kibed 2000) statt. Diese haben lösungsfokussierte Ansätze in die Aufstellungsarbeit integriert. So fließen verschiedene Ansätze der Familientherapie, der systemischen Therapie und der Hypnotherapie in deren Arbeit ein. Hier werden auch Entscheidungsstrukturen, Ressourcen und Ziele mithilfe von Aufstellungen dargestellt und erlebbar gemacht. Damit sind Externalisierungen innerer Bilder möglich. Können der Patient oder auch die Familie diese Arbeit nutzen, so können weitere Schritte in Richtung der effektiven Bearbeitung von Therapiezielen angestoßen werden.

Genogramm

Das Genogramm ist ebenfalls ein Verfahren zur Darstellung von Bindungen und Beziehungsstrukturen. Allerdings wird dieses zeichnerische Verfahren besonders eingesetzt im Zusammenhang mit Fragestellungen, die sich mit einer Mehrgenerationen-Perspektive beschäftigen (Boszormenyi-Nagy u. Spark 1973; Bowen 1976, 1978; s. auch Kap. 32 in diesem Buch). Es dient zur Hypothesenerstellung bezüglich der familiären Interaktion und besonders der sich oftmals über Generationen zu verfolgenden Symptomentwicklung. Interessant sind hier Themen und Muster in Beziehungen, die sich über die Generationen wiederholen, sowie die Frage, ob sich zum Beispiel eine Suchtsymptomatik in einer Familie über die Generationen bereits als normatives Muster etabliert hat (Gemeinhardt 2005). Auch dieses Instrument kann vielfältig in Bereichen der Diagnostik, Therapie und Forschung eingesetzt werden. McGoldrick und Gerson (1990) haben Kategorien zur Auswertung von Genogrammen entwickelt, die neben einem Leitfaden eine gute Orientierung bei der Bearbeitung bestimmter Themenschwerpunkte anbieten.

43.4.6 Struktur der therapeutischen Sitzung

Im Idealfall stehen für eine therapeutische Sitzung mindestens zwei Kollegen zur Verfügung. Der Ko-Therapeut hat die Möglichkeit, die Sitzung hinter einer Einwegscheibe zu verfolgen. Ist diese nicht vorhanden, kann er mit im Raum sitzen, die jeweiligen Aufgaben werden dann vorher von den Therapeuten festgelegt. Stehen zwei Therapeuten zur Verfügung, dann besteht die Sitzung aus dem therapeutischen Gespräch, einer Besprechungsphase der Therapeuten und einer Abschlussintervention mit den Klienten. Auch wenn nur ein Therapeut zur Verfügung steht, macht es Sinn, eine kurze Pause einzuführen, in der die Sitzung reflektiert und eine Abschlussintervention erarbeitet werden kann. Die Patienten sind eine Familie, Teile einer Familie oder auch andere Personen, die mit dem System verbunden sind und bei der Erarbeitung einer Lösung hilfreich sein können.

43.4.7 Abschlussintervention

Hier besteht das Ziel darin, die Therapiestunde aus der Sicht der Therapeuten den Familien gegenüber zu rekapitulieren, jedem Familienmitglied oder der ganzen Familie eine positive Rückmeldung zur Verfügung zu stellen und darüber hinaus Hausaufgaben für die Zeit zwischen den Sitzungen zu verteilen. Diese können eine Aufforderung zur Verhaltensbeobachtung oder -veränderung beinhalten. Wichtig ist, dass über Inhalte dieser Interventionen nach deren Mitteilung in der Sitzung nicht mehr gesprochen wird, damit die Patienten eigene Sichtweisen als Erklärung für die Inhalte der Rückmeldung entwickeln.

43.4.8 Hausaufgaben

Das Erteilen von Hausaufgaben an Einzelne oder die ganze Familie ist eine wichtige Möglichkeit für jeden Beteiligten, Kommunikations-, Verhaltens- und Beziehungsmuster im familiären Alltag zu überprüfen oder auch zu verändern.

Beobachtungsaufgaben können dazu dienen, eine andere Sichtweise einnehmen zu dürfen. Dies geschieht beispielsweise durch die Anweisung, zwischen zwei Sitzungen zu beobachten, was eigentlich so bleiben soll, wie es ist, also nicht durch den therapeutischen Prozess verändert werden soll. Mit dieser Aufgabe bekommen die Patienten die Möglichkeit aus der Problemfokussierung auszusteigen und Dinge zu entdecken, die Ressourcen darstellen.

Das Einüben alternativer Verhaltensweisen zur langfristigen Veränderung der familiären Beziehungs- und Kommunikationsstrukturen sowie die Wiederherstellung familiärer Hierarchien sind ebenfalls wichtige Ziele für die Arbeit zwischen den Sitzungen. Ein Fallbeispiel:

In der Familie F., die wegen des Drogenkonsums des ältesten Sohns in die Behandlung kam, übernahm die Mutter alle Aufgaben, die eine Deeskalation anderer Beziehungen hätte verhindern können. Sie fühlte sich immer angesprochen, wenn ein lautes Wort fiel, kontrollierte ihre Kinder in ihnen zugewiesenen Aufgaben und versuchte Auseinandersetzungen zwischen Vater und Sohn zu verhindern. Frau F. wurde nach der Sitzung die Aufgabe gegeben, ihr Verhalten an bestimmten Tagen so weit zu verändern, dass sie, sobald eine dieser Situationen auftrat, in denen sie das Bedürfnis hatte, einzugreifen, ihren Hund an die Leine nahm und mit ihm spazieren ging. Da sie aber so sehr involviert war in ihre Rolle, wurde ihr die Verantwortung dafür, an welchem Tag sie welches Verhalten zeigen solle, mit der so genannten „Münzaufgabe" abgenommen. In der Besprechung wurde den beiden Seiten einer Münze jeweils eine der Alternativen – Veränderung oder Beibehaltung des Verhaltens – zugewiesen. Frau F. warf nun an jedem Morgen eine Münze, über die sie dann das tägliche Verhaltensmuster zugewiesen bekam. Von dieser Aufgabenstellung durfte sie den übrigen Familienmitgliedern nichts erzählen. Frau F. hielt diese Aufgabe in der meisten Zeit zwischen den Sitzungen durch. Bei der nächsten Sitzung konnte sie von einigen Veränderungen in ihrem eigenen Erleben bezüglich ihrer Verantwortlichkeit berichten und konnte auch Entlastung spüren. Kein „Unglück" durch Unterlassen der Kontrolle war zu verzeichnen. Auch die restliche Familie, die jetzt mehr im Rahmen von Eigenverantwortlichkeit gefragt war, kam in Bewegung, und ein stabiler Veränderungsprozess war eingeleitet.

43.5 Forschungsergebnisse

Wie gelegentlich in diesem Beitrag angedeutet, gibt es einige Forschungsergebnisse, die auf eine hohe Effektivität von Familientherapie bei Suchterkrankungen hinweisen. So ist eine Gruppe von Forschern um Cirillo (Cirillo et al. 1998) der Frage nachgegangen, ob es ein Muster der Familien von Drogenabhängigen geben kann. Sie haben in einer qualitativ angelegten Studie mit ca. 100 Familien bestätigt gefunden, dass die Familie eine wesentliche Rolle bei der Genese und Aufrechterhaltung von Drogenabhängigkeit spielt. Der besondere Familientyp in seinem Funktionszusammenhang, mit seiner spezifischen Familiengeschichte sowie seiner Beziehungsstruktur und Werteorientierung, der in der Drogenabhängigkeit zum Ausdruck gelangt, spielt dabei eine große Rolle. Die Behandlung dieses Symptoms sollte man daher nach Möglichkeit in die Entwicklungsprozesse der Familie integrieren.

Bei der Betrachtung einer mehrgenerationalen Perspektive zeigte sich, dass die Väter der Jugendlichen überhäufig oft selbst eine Mangelerfahrung mit ihren Vätern gemacht hatten und früh eine Vaterrolle in ihrer Ursprungsfamilie eingenommen hatten.

Die Forscher fanden folgende Umgangsweisen mit dem Drogenkonsum aufseiten der Eltern:
- Verdrängung bis zum offensichtlichen Ausbruch
- Infantilisierung der Kinder, kein Ablassen von ihnen im weiteren Verlauf
- Verstoßen der Kinder
- Verzweiflung über eigene Konflikte

Die Erfahrungen der Praxis, die die wichtige Rolle des familiären Settings bei der Behandlung suchtkranker Jugendlicher zeigen, werden durch verschiedene Studien mittlerweile wissenschaftlich unterstrichen. In einer Überblicksanalyse von Stanton und Shadish (1997) erfolgt eine Zusammenfassung von unterschiedlichen ergebnisorientierten Studien über Suchtmittelabhängige, denen ein familientherapeutisches bzw. paartherapeutisches Behandlungskonzept zugrunde gelegen hatte. Diese Meta-Analyse von über 1 571 Behandlungsfällen umfasste ca. 3 500 Patienten und Familienangehörige und brachte folgende Ergebnisse:

In Studien, in denen Familien- bzw. Paartherapie mit Interventionen verglichen wurde, in denen die Familien nicht eingeschlossen worden waren, wurden die Ergebnisse der Familientherapie höher bewertet. Die Effektivität anderer individuumzentrierter Ansätze konnte durch eine Ergänzung von Familien- bzw. Partnertherapien erhöht werden. Diese Ergebnisse gelten in gleicher Weise für Jugendliche oder Erwachsene, die suchtmittelabhängig waren oder Missbrauch betrieben. Bei einem Vergleich familientherapeutischer Verfahren mit anderen, ebenfalls Familienmitglieder einbeziehenden Therapieformen konnte nachgewiesen werden, dass durch die Familientherapie ein besseres Therapieergebnis gegenüber der familiären Psychoedukation bzw. der Arbeit in einer Angehörigengruppe erzielt werden konnte. Bei den Ergebnissen spielte keine Rolle, welche familientherapeutische Grundhaltungen die Therapeuten verfolgten bzw. welcher „Schule" sie angehörten. Dies ist auch dadurch bedingt, dass die Therapeuten oftmals verschiedene Ansätze miteinander kombinierten. Verglichen mit anderen Ansätzen, konnte eine hohe Rate an Engagement und Haltekraft in der Behandlung nachgewiesen werden, was sich auch in der geringen Abbruchrate zeigte.

Die Arbeitsgruppe um Thomasius (s. etwa Thomasius et al. 2000) stellt hier ein Modell familientherapeutischen Arbeitens dar, das verschiedene Elemente integriert und sich in einem Therapieforschungsprojekt (Thomasius 2004) als besonders effektiv in der Arbeit mit drogenabhängigen Jugendlichen und Jungerwachsenen gezeigt hat. Hier wurden 86 drogenabhängige Jugendliche oder junge Erwachsene zusammen mit ihren Eltern familientherapeutisch behandelt. Die fünf Zielkriterien Suchtstatus, Familiendynamik, Störungssymptomatik, psychosoziale Integration und Therapiezufriedenheit wurden sowohl durch Selbstschilderungen der Familienmitglieder als auch durch Experten-Ratings dargestellt. Von den teilnehmenden Familien beendeten 72% ihre Therapie. 61% verbesserten ihren Suchtstatus deutlich (EuropASI, Urinproben). Trotz intensiverer Betreuung waren die Ergebnisse bei Patienten einer therapeutischen Gemeinschaft gleich oder nur wenig besser. Die Ergebnisse der Familientherapie-Studie blieben bei einer 2-Jahres-Katamnese stabil und zeigten ähnliche Werte wie bei gleichzeitig untersuchten unauffälligen Familien. Dies deutet in eine positive Richtung. So kann davon ausgegangen werden, dass sich eine ambulante familientherapeutische Behandlung von Jugendlichen mit den Diagnosen „Abhängigkeit von multiplen Substanzen" oder „Episodischer Opiatgebrauch", die in regelmäßigem Kontakt zu ihrer Herkunftsfamilie stehen, eine effektive Behandlungsstrategie darstellt.

43.6 Fazit

Wie in den Ausführungen geschildert, stellt die Einbeziehung der gesamten Familie in die Behandlung junger Suchtkranker eine hocheffektive Methode dar. Die angebotenen Interventionen können als Orientierungshilfe dienen, um einen Einblick in familiäre Dynamiken zu gewinnen. Das Erlernen einer effektiven Umsetzung dieser Strategien kann jedoch nur im Rahmen einer fundierten Ausbildung und Supervision gewährleistet werden. Wichtig ist es in jedem Fall für alle helfenden Berufsgruppen, diese Menschen in ihrer Not wahrzunehmen und die Not selbst, mit der sie oft eine schwierige familiäre Funktionalität aufrechterhalten, ernst zu nehmen. Die Unterstützung bei der Suche nach einem hilfreichen therapeutischen Setting kann dann eine wertvolle Hilfestellung darstellen.

Literatur

Bateson G (1972). Ökologie des Geistes. Frankfurt a. M.: Suhrkamp.
Berg IK, Miller SD (1993). Kurzzeittherapie bei Alkoholproblemen. Ein lösungsorientierter Ansatz. Heidelberg: Auer.
Boszormenyi-Nagy I, Spark G (1973). Unsichtbare Bindungen. Die Dynamik familiärer Systeme. Stuttgart: Klett-Cotta.
Bowen M (1978). Family Therapy in Clinical Practice. New York: Jason Aronson.
Cirillo S, Berrini R, Cambiaso G, Mazza R (Hrsg) (1998). Die Familie des Drogensüchtigen, eine mehrgenerationale Perspektive. Stuttgart: Klett-Cotta.
de Shazer S (1989). Der Dreh. Überraschende Wendungen und Lösungen in der Kurzzeittherapie. Stuttgart: Klett-Cotta.
de Shazer S (1990). Wege der erfolgreichen Kurzzeittherapie. Stuttgart: Klett-Cotta.
Gemeinhardt B (2004). Komorbidität: Ein Therapieangebot für Patienten mit dem Schwerpunkt Sucht und Angst am Universitätsklinikum Hamburg Eppendorf – Ein Fallbeispiel. Suchttherapie; 5: 80–2.
Gemeinhardt B (2005). Die Funktionalität der Alkoholabhängigkeit auf dem Hintergrund mehrgenerationaler familiärer Muster. Internetveröffentlichung Uni Hamburg.
Gemeinhardt B, Farnbacher G (2004). Sucht und Familie. In: Krausz M, Haasen C (Hrsg). Kompendium Sucht. Stuttgart, New York: Thieme; 71–82.
Hellinger B (1994). Ordnungen der Liebe. Heidelberg: Auer.
Kaufmann RA (2000). Die Familienrekonstruktion. 4. Aufl. Heidelberg: Asanger.
Ludewig K, Wilken U (Hrsg) (2000). Das Familienbrett. Göttingen: Hogrefe.
McGoldrick M, Gerson R (Hrsg) (1990). Genogramme in der Familienberatung. Bern: Huber.
Miller SD, Berg IK (Hrsg) (1997). Die Wunder-Methode: Ein völlig neuer Ansatz bei Alkoholproblemen. Dortmund: Verlag Modernes Lernen.
Minuchin S, Rosman B, Baker L (Hrsg) (1978). Psychosomatische Krankheiten in der Familie. Stuttgart: Klett-Cotta.
Papp P, Silverstein O, Carter E (1973). Family sculpting in preventive work with „Well Families". Fam Proc; 12: 197–212.
Satir V (1975). Selbstwert und Kommunikation. Familientherapie für Berater und zur Selbsthilfe. Stuttgart: Pfeiffer.
Schlippe A v, Kriz J (1993). Skulpturarbeit und zirku-

läres Fragen. Eine integrative Perspektive auf zwei systemtherapeutische Techniken aus Sicht der personenzentrierten Systemtheorie. Integr Ther; 19: 222–41.

Schweitzer J, Weber G (1982). Beziehung als Metapher: die Familienskulptur als diagnostische, therapeutische und Ausbildungstechnik. Familiendynamik; 7: 113–28.

Schwertl W, Emlein G, Staubach ML, Zwingmann E (Hrsg) (1998). Sucht in systemischer Perspektive. Göttingen: Vandenhoeck & Ruprecht.

Selvini Palazzoli M, Boscolo L, Cecchin G, Prata G (Hrsg) (1975). Paradoxon und Gegenparadoxon. Stuttgart: Klett-Cotta.

Selvini Palazzoli M, Boscolo L, Cecchin G, Prata G (1981). Hypothetisieren – Zirkularität – Neutralität: drei Richtlinien für den Leiter der Sitzung. Familiendynamik; 6: 123–39.

Sparrer I (2002). Wunder, Lösung und System – Lösungsfokussierte Systemstrukturaufstellungen für Therapie und Organisationsberatung. Heidelberg: Auer.

Sparrer I, von Kibed W (2000). Ganz im Gegenteil. Tetralemaarbeit und andere Grundformen Systemischer Strukturaufstellungen – für Querdenker und solche, die es werden wollen. Heidelberg: Auer.

Stachowske R (2002). Mehrgenerationentherapie und Genogramme in der Drogenhilfe. Heidelberg: Asanger.

Stanton MD, Shadish WR (1997). Outcome, attrition, and family – couples treatment for drug abuse: a meta analysis and review of the controlled, comparative studies. Psychol Bull; 122: 170–91.

Stierlin H (1994). Ich und die anderen. Stuttgart: Klett-Cotta.

Thomasius R (Hrsg) (2004). Familientherapeutische Frühbehandlung des Drogenmissbrauchs. Hamburg: Dr. Kovač.

Thomasius R, Gemeinhardt B, Schindler A (2000). Familientherapie und systemische Therapie bei Suchterkrankungen. In: Thomasius R (Hrsg). Psychotherapie der Suchterkrankungen. Reihe Lindauer Psychotherapie-Module. Stuttgart, New York: Thieme; 122–46.

Watzlawick P, Beavin JH, Jackson DD (1969). Menschliche Kommunikation. Bern: Huber.

Watzlawick P, Weakland JH, Fisch R (Hrsg) (1974). Lösungen – Zur Theorie und Praxis menschlichen Wandels. Bern: Huber.

Weber G, Stierlin H (1989). In Liebe entzweit: die Heidelberger Therapie der Magersucht. Reinbek: Rowohlt.

44 Was kann der niedergelassene Pädiater gegen Suchtgefahren tun?

Wolf-Rüdiger Horn

Für ein wirksames suchtpräventives Engagement von Kinder- und Jugendärzten ist eine Reihe von Voraussetzungen nötig, wie z. B.:

- **Suchtmedizinische Basisqualifikationen** (zu Suchtmitteln, Epidemiologie, Problemerkennung, Diagnostik, Beratung bzw. Behandlung) sind aufzufrischen und zu ergänzen. Aus- und Weiterbildung aller Ärzte sind in diesem Bereich noch sehr rudimentär.
- Die Entwicklung von „Suchtkarrieren" verläuft sehr komplex. Für Prävention, Diagnostik und Behandlung von suchtmittelassoziierten Störungen muss der Arzt seine überwiegend biomedizinisch ausgerichteten Denk- und Handlungsschemata noch stärker um eine vertiefende anamnestische Erhebung **psychosozialer Rahmenbedingungen** erweitern, als es bisher schon in der Sozialpädiatrie üblich ist.
- Krankheitsprävention muss durch **Gesundheitsförderung** ergänzt werden. Dabei sollte sowohl den „neuen Morbiditäten" wie chronische Erkrankungen, Entwicklungs- und Verhaltensstörungen sowie Behinderungen verschiedener Art besondere Aufmerksamkeit gewidmet werden. Darüber hinaus müssen Konzepte wie Salutogenese und Resilienz stärker berücksichtigt werden. Allerdings ist diese Erweiterung ohne eine angemessene Bereitstellung finanzieller Mittel nicht zu bewerkstelligen.
- Besonderes Augenmerk ist Kindern und Jugendlichen aus **sozial benachteiligten Familien** zu schenken. Diese leiden unter einem deutlich höheren Risiko, körperlich oder seelisch zu erkranken und gesundheitsabträgliche Verhaltensweisen zu entwickeln. Hier ist der Ausbau des Öffentlichen Gesundheitsdienstes wichtig, um auch diejenigen Kinder und Jugendlichen zu erreichen, die von Regelleistungen des Gesundheitssystems nur unzureichend profitieren. Niedergelassene Ärzte sollten Maßnahmen zur Unterstützung und Stärkung betroffener Kinder und Jugendlicher kennen und ihre Inanspruchnahme anbahnen und begleiten.
- Kinder- und Jugendärzte sind meist wichtige Vertrauenspersonen und genießen ein relativ hohes Ansehen. Ihre Tätigkeit unterliegt der ärztlichen Schweigepflicht, sie begleiten die Entwicklung von Kindern und Jugendlichen meist über einen längeren Zeitraum und werden oft zu Problemen befragt, zum Beispiel der Ernährung und des Verhaltens. Die **Kommunikation zwischen Arzt, Eltern und Kind bzw. Jugendlichem** sollte noch mehr als bisher alte paternalistische Schemata verlassen und eher partnerschaftlich im Sinne von „partizipativer Entscheidungsfindung" (shared decision making) ausgerichtet sein. Dabei sind besondere Kommunikationstechniken wie aktives Zuhören, das Stellen offener Fragen sowie ein motivierender und die Selbstwirksamkeit vergrößernder Gesprächsstil sehr hilfreich. Diese Techniken müssen in der medizinischen Aus- und Weiterbildung wesentlich häufiger als bisher vermittelt werden.
- Sozialpädiatrisches Arbeiten verlangt vom Arzt die effektive **Vernetzung** seiner Tätigkeit mit anderen Kräften, die zugunsten des körperlichen, geistig-seelischen und sozialen Wohls von Kindern und Jugendlichen aktiv sind: Familien, Kindergärten, Schulen, Fördereinrichtungen, Therapeuten, Beratungsstellen, Jugendhilfeeinrichtungen, Elternselbsthilfegruppen.
- Kinder- und Jugendärzte entwickeln sich mehr und mehr zur **Interessenvertretung** von Kindern und Jugendlichen sowie ihren Familien in der Öffentlichkeit und in der Po-

litik (child advocacy), beispielsweise mit ihrer „Kampagne Armut" und Anti-Tabak-Aktionen. Sie treten vermehrt öffentlich ein für einen gerechteren Lastenausgleich für Familien, für bessere Schulen und Hochschulen, für mehr Lehrstellen, überhaupt für weniger vom Markt bestimmte Arbeits-, Lern-, Wohn- und Freizeitbedingungen.

- Im Einzelnen können Kinder- und Jugendärzte in folgender Weise einen Beitrag zur gesamtgesellschaftlich getragenen, früh einsetzenden und möglichst kontinuierlich ablaufenden Suchtprävention leisten. Hierbei ist allerdings zu bedenken, dass die Wirksamkeit der vorgeschlagenen Maßnahmen nur in ganz bescheidenen Ansätzen schon wissenschaftlich belegt ist. Dabei sind die meisten überwiegend chronologisch dargestellten Maßnahmen eher nicht suchtmittelspezifisch, sondern allgemein beratend bzw. fördernd im Hinblick auf Lebensbedingungen und -kompetenzen.
  – In den ersten Lebenstagen und -monaten geht es um die Erkennung und, wenn möglich, Behandlung von **suchtmittelinduzierten Problemen** in der Schwangerschaft und postnatal. Kinder drogenabhängiger Eltern leiden oft an stark ausgeprägten neonatalen Entzugssyndromen, die mehrwöchig stationär behandelt werden müssen. In dieser Zeit können meist niederschwellig angelegte Unterstützung und Begleitung in entsprechenden Beratungsstellen angebahnt werden. Sehr oft ist auch der Kontakt zur Jugendhilfe nötig. Etwa 10 000 Kinder pro Jahr leiden in Deutschland an den Folgen mütterlichen Alkoholkonsums in der Schwangerschaft. Alkoholembryopathien fallen meist sofort auf, fetale Alkoholeffekte werden meist erst später erkannt. Das Erfragen von Alkohol-, Medikamenten- und Drogenkonsum in der Schwangerschaft ist für den Pädiater eher schwierig und oft heikel. Über Tabakkonsum wird eher und weniger minimierend gesprochen. Bei starkem, auch in der Schwangerschaft nur reduziertem Rauchen kann auch von gleichzeitigem Alkoholkonsum ausgegangen werden. Hier sind neben der Gewichtsminderung besonders die postpartalen Risiken für den Plötzlichen Kindstod (SIDS) und Erkrankungen der Atemwege deutlich erhöht. Die Vermeidung von Passivrauchen muss darüber hinaus unbedingt thematisiert werden.
  – Vom ersten Kontakt mit dem Neugeborenen und seinen Eltern an sollte der Pädiater für einen sparsamen und rationellen **Umgang mit Medikamenten** werben. Bei Bagatellerkrankungen sind eher Gelassenheit und geduldiges Zuwarten angesagt, auf Mittel mit zweifelhafter Wirkung sollte ganz verzichtet werden – auch, um die Entstehung der Haltung „Es geht mir nicht gut, also muss ich etwas einnehmen" zu vermeiden.
  – Besonders in den ersten Lebensmonaten können bei Eltern, besonders bei den Müttern, erhebliche psychische Belastungen in Form von Depressionen, Versagensängsten bis hin zu psychotischen Symptomen auftreten, die es zu erkennen und einer wirksamen Beratung bzw. Behandlung zuzuführen gilt. Das ist nicht nur für die Eltern, bei denen es ansonsten zum vermehrten Konsum von Suchtmitteln oder gar zu krisenhaften Entwicklungen kommen kann, sondern auch für eine ungestörte Entwicklung des Kindes hilfreich. Ebenso wichtig ist die Nachfrage, ob es auch **im sozialen Bereich Probleme oder Benachteiligungen** gibt und ob sie durch ausreichende Unterstützung „abgefedert" werden können (z. B. minderjährige Mütter, Flüchtlingsfamilien).
  – Ressourcen innerhalb der Familie oder, wenn nötig, von außen werden zu aktivieren sein, wenn es zu **frühkindlichen Problemen** (Schreien, Schlafstörungen, Ernährungsstörungen, Entwicklungsstörungen) kommt. Dabei werden überwiegend verhaltenstherapeutische und psychoedukative Hilfen angeboten. Nicht oder nur unzureichend bewältigte Störungen können besonders bei Eltern mit geringen Ressourcen zu Überreaktionen und Konflikten bis hin zur Kindesmisshandlung und entsprechenden Traumatisierungen füh-

ren, wie wir sie oft in Suchtkarrieren wiederfinden.
- Ab zwei Jahren etwa, besonders aber im Kindergarten- und im frühen Grundschulalter (bis etwa acht Jahre) zeigen sich nicht selten Verhaltensauffälligkeiten wie Aggressivität, Expansivität, „sensation seeking" oder Hyperaktivität, aber auch soziale Ängstlichkeit und gar nicht selten Hinweise auf Verwöhnung. Eingedenk der Tatsache, dass **unbehandelte kindliche Verhaltensstörungen Vorläufer von Suchtentwicklungen** werden können, sind Erkennung und wirksames Management derartiger Probleme durchaus suchtprotektiv. Viele Kinder- und Jugendärzte haben psychotherapeutische Zusatzausbildungen oder entsprechende Trainings absolviert und können den Eltern nützliche Hilfen anbieten (z. B. aus dem Triple-P-Programm), machen sogar Kurse in ihrer Gemeinde oder können an Psychologische Beratungsstellen oder Kinder- und Jugendpsychiater weiterverweisen.
- Zwischen fünf und acht Jahren entwickeln Kinder schon recht präzise Vorstellungen zu Suchtmitteln und ihrem Gebrauch. Sie nehmen die bei uns leider noch ubiquitäre Werbung wahr und registrieren den **Umgang ihrer Eltern mit unseren Alltagsdrogen Alkohol und Tabak** sehr genau. Kinderärzte können besonders bei den Vorsorgeuntersuchunge in eher beiläufig-spielerischer oder humorvoller Weise auf die Vorbildfunktion der Eltern verweisen und bei Hinweisen auf familiäre Krisen oder gar Suchtprobleme Hilfen anbieten. Es gibt eine Fülle von sehr brauchbaren Materialien der BZgA, der DHS, der jeweiligen Landesstellen gegen die Suchtgefahren, auch von Krankenkassen (sowie im Internet bei www.starke-eltern.de, www.bzga.de, www.dhs.de, www.aktionglasklar.de, viele aktuelle Tipps auch bei www.kinderaerzteimnetz.de). Die meisten Kinder- und Jugendärzte kennen die örtlichen Suchtberatungsstellen und können entsprechende Kontakte anbahnen. Früherkennung und Frühintervention sind wegen der sehr hohen Suchtgefährdung von Kindern suchtkranker Eltern besonders wichtig und dringlich, das erfordert vom Pädiater sowohl ein „Näschen" als auch erhebliches Fingerspitzengefühl.
- Ab etwa acht Jahren beginnen schon vereinzelt Kinder, erstmalig mit dem Konsum von Suchtmitteln zu experimentieren. Es wird am Glas der Eltern genippt, eine Zigarette von Eltern oder älteren Geschwistern genommen. Besonders bei gefährdeten Kindern ist es angebracht, vorsichtig und in partnerschaftlicher Weise über Erziehungsstile in der Familie zu sprechen: In der Literatur über Suchtprädiktoren finden sich deutliche Hinweise auf besondere Risiken von zu strenger oder, bei uns vor allem, inkonsistenter oder gar Laisser-faire-Erziehung. Den Eltern sollte durchaus vermittelt werden, dass frühzeitiger Konsum eher zu Abhängigkeit, zu stärkerem und längerem Gebrauch und zum Konsum anderer Drogen führen kann. Oft neigen „Frühstarter" auch eher als andere Kinder zum vielfältigen und intensiveren Konsum von ungesunden Nahrungsmitteln, PC-Gewaltspielen und Fernsehen, sodass der **Suchtmittelkonsum oft nur Teil eines riskanten Verhaltensmusters** ist. Wenn möglich, sollten hier Hilfen für die ganze Familie gesucht und angeboten werden. Eine Reihe von Kinder- und Jugendärzten beteiligt sich am Gesundheitsförderungsprogramm für Grundschulen „Klasse 2000", in dem etliche gesundheitsdienliche Verhaltensweisen mit viel Spaß und Spiel vermittelt werden.
- Litten schon in den Grundschuljahren einzelne Kinder an häufigen Bauch- und Kopfschmerzen, können **stressbedingte psychosomatische Beschwerden** besonders oft in der Sekundarschulzeit angetroffen werden. Ursachen können u. a. sein: zu hohe Leistungsanforderungen (auch bei schon vorbestehenden Problemen wie Legasthenie oder Dyskalkulie), Mobbing, Bullying oder andere Ursachen für fehlende Schulzufriedenheit. Der Kinder- und Jugendarzt kann nach sorgfältiger Anamnese mit klärenden Gesprächen helfen, auch mit Eltern und

Lehrern, Vermittlung von externen Hilfen, aber auch mit stressreduzierenden Maßnahmen wie Autogenem Training oder Progressiver Muskelentspannung. Ziel ist neben rascher Erleichterung für das Kind auch der Versuch, Medikamentenmissbrauch so weit wie möglich zu verhindern. Bei schweren Depressionen sollte kinder- und jugendpsychiatrische Hilfe gesucht werden. Die Aufmerksamkeitsdefizit-/Hyperaktivitätsstörung (ADHS) kann auch vom versierten Pädiater diagnostiziert und multimodal behandelt werden, sehr oft zusammen mit Verhaltenstherapeuten oder, wenn entsprechende Entwicklungsdefizite bestehen, mit Ergotherapeuten. Die in der Öffentlichkeit oft angegriffene Behandlung mit dem Stimulans Methylphenidat (Ritalin® u. a.) oder der neu eingeführten Substanz Atomoxetin (Strattera®) wird, wenn sie wohlbegründet ist, sehr oft erst die Lösung schulischer und familiärer Probleme anstoßen. Die mit der ADHS-Behandlung in Gang gesetzte Förderung des Gefühls von Selbstwirksamkeit und Selbstwert ist ein wichtiger Baustein zur Vermeidung erheblicher Verhaltensprobleme, und damit wird nachweislich auch ein Beitrag zur Suchtprävention geleistet.

– Besonders wichtig ist es, im **Jugendalter** sowohl für die Eltern als auch für die Heranwachsenden selbst Hilfen bereitzustellen. Eltern befinden sich in einer Schlüsselrolle hinsichtlich der Prävention von Suchtmittelmissbrauch. Besonders wichtig ist ihr eigenes Vorbild, aber auch ein klarer Umgang mit dem Jugendlichen, der seine Autonomie entwickelt, sich mehr und mehr an Gleichaltrigen orientiert und viel experimentiert. Im Hinblick auf die von Systemikern so genannte „parentale Hilflosigkeit" können Kinder- und Jugendärzte nicht selten klären, entdramatisieren, die Etablierung von neuen Regeln und die Übergabe von Verantwortung an den Jugendlichen anregen und von zwanghafter Kontrollsucht abraten. Auch hier gibt es gedruckte oder aus dem Internet beziehbare Materialien mit vielen nützlichen Hinweisen (z. B. www.bzga.de, www.ginko-ev.de, www.starke-eltern.de, www.sfa-ispa.ch, www.at-schweiz.ch). Die Heranwachsenden selbst sollten von ihrem Jugendarzt einfühlend und ohne bevormundend erhobenen Zeigefinger im Rahmen eines Gesprächs über ihren Lebenskontext zum Konsum von psychoaktiven Substanzen befragt werden, nach der Bedeutung für sie, nach wahrgenommenen möglichen Nachteilen. Ganz wichtig dabei ist die vorherige Zusicherung der Vertraulichkeit des ganzen Gesprächs. Jugendliche wollen auf keinen Fall im Jugendarzt den „Komplizen" ihrer Eltern sehen. Bei begonnenem Konsum nützen weder „Predigten" noch Vorhaltungen. Wichtig ist das Beziehungsangebot des Arztes, das heißt die Möglichkeit, mit ihm nach Lösungen zu suchen, wenn gewünscht. Das kann der Hinweis (mit Flyer) auf das Raucherentwöhnungsprogramm „Just be smokefree" (www.justbesmokefree.de) für Jugendliche ab etwa 14 Jahren sein, das kann das „Nasse Blatt" der BZgA für Alkohol trinkende Jugendliche sein. Bei kiffenden Jugendlichen kann im Verlauf eines Gesprächs auf www.drugcom.de, www.feelok.ch oder www.therapieladen.de hingewiesen werden, die Kenntnis von Elementen der Motivierenden Gesprächsführung dürfte in jedem Fall nützlich sein. In keinem Fall bringen Furchtappelle mit in Jahrzehnten eintretenden Krankheiten irgendeinen „Durchbruch". Gespräche sollten deshalb gegenwartsorientiert und auf Schadensminimierung ausgerichtet sein, besonders bei Tabak und bei illegalen Drogen – auch wenn eine spätere Abstinenz angestrebt wird. Nicht vergessen werden sollte die große Mehrheit der Jugendlichen, die nicht raucht, gar nicht oder wenig trinkt und kifft. Diese Jugendlichen sollten in diesem Verhalten anerkannt und bestärkt werden.

45 Kinder- und Jugendpsychiatrie

Oliver Bilke

45.1 Entwicklung des Fachgebiets

Anfang der 1990er Jahre bedeutete das europaweite Aufkommen von so genannten Designerdrogen aus der Gruppe der Entaktogene eine neue, schwer einschätzbare Erweiterung des Drogenangebots für Kinder und Jugendliche. Die Kinder- und Jugendpsychiatrie hatte sich der Gesamtthematik bis dahin nur in einigen wenigen Kliniken konzeptionell gestellt.

Zu den bekannten akuten Gefahren des Heroins und Kokains und den lang andauernden Schäden durch Nikotin und Alkohol trat nun diese Substanzgruppe. Eine wichtige Problematik bestand in der Tatsache, dass eine auch nach einmaligem Gebrauch und in geringer Dosierung potenziell somato- und neurotoxische Substanz, wie beispielsweise das MDMA (Methylendimethoxymetamphetamin), trotz beginnenden breitesten Konsums nur wenige bekannte schwere Nebenwirkungen und Todesfälle verursachte. Der Mischkonsum von Cannabis, Alkohol, Kokain und Amphetaminen stand zunächst im Hintergrund, nahm in Menge und Bedeutung aber kontinuierlich zu. Im Bereich der stationären Jugendpsychiatrie tauchten etwa ab Anfang der 1990er Jahre vermehrt Fälle drogeninduzierter bzw. mit Substanzkonsum in Verbindung stehender psychotischer und anderer psychiatrischer Zustandsbilder auf.

Der klinische und konzeptionelle Alltag in den meisten jugendpsychiatrischen Versorgungs- und Universitätskliniken änderte sich indessen zunächst wenig. Während einerseits immer noch Institutionen einen Drogenabusus (ICD-10: F15x) und zumal eine faktische Abhängigkeit (ICD-10: F1x) als Ausschlussgrund jeglicher stationärer Behandlung definierten, richteten sich erfahrene oder gerade entstandene Suchtfachstationen großer jugendpsychiatrischer Landeskliniken wie Hamm (Nordrhein-Westfalen) oder Schleswig (Schleswig-Holstein) auf eine dramatische Steigerung der Patientenzahlen ein, was mittelfristig dann allerdings ausblieb.

Das Schädigungspotenzial und die Abhängigkeiten von verschiedensten Drogen – und insbesondere vom Cannabis (Remschmidt 1997) – wurden zunehmend nicht nur als dissoziale, komorbide Verhaltensauffälligkeit, sondern auch als zu diagnostizierende und zu behandelnde Störung in der Jugendpsychiatrie erkannt.

Inzwischen gehören frühere „Modedrogen" und die „traditionellen" Konsumdrogen zu den ebenso selbstverständlichen wie belastenden Risikofaktoren kindlicher und adoleszenter Entwicklungspsychopathologie, und zwar in der gesamten klinischen Psychiatrie, nicht nur auf Spezialstationen.

Dank Vernetzungen der klinischen und wissenschaftlichen Aktivitäten innerhalb des Fachgebiets, der Gründung der „Kommission Sucht" der Deutschen Gesellschaft für Kinder- und Jugendpsychiatrie und Psychotherapie (DGKJPP), der Entwicklung eines Zusatzmoduls „Sucht" für die bundesweite Basisdokumentation (Englert et al. 1999) und multipler wissenschaftlicher Symposien trug im Speziellen die Ecstasy-Problematik in den späten 1990er Jahren mit dazu bei, Suchtmittelabusus als integralen Bestandteil klinischer und wissenschaftlicher Problemkomplexe zu betrachten. Während 1995 noch vier Einzelvorträge mit eher theoretischen und kasuistischen Beiträgen auf dem Wissenschaftlichen Kongress der DGKJPP präsentiert worden waren, waren es 2003 vier Symposien und Hauptvorträge mit umfangreichen empirischen klinischen und präventiven Befunden und 2007 wurde ein umfassendes Fortbildungscurriculum vorgestellt.

Die besondere praktisch-klinische Aufgabe und Kompetenz der Kinder- und Jugendpsychiatrie im komplexen Präventions- und Hilfsangebot liegt dabei neben der Grundlagenforschung auf Früherkennung und Frühbehandlung psychischer Störungen, die bekanntermaßen zu Drogenkonsum prädestinieren, und in der Therapie bereits intensiv drogenbenutzender oder -abhängiger Kinder und Jugendlicher, die weitere psychiatrische Störungen aufweisen.

45.2 Psychopathologie und Komorbidität

In der ambulanten und stationären Diagnostik und Behandlung sind neben dem Drogenabusus selbst (ICD-10: F15x, MAS [Multiaxiales Klassifikationsschema]) die komorbiden psychiatrischen Störungen von entscheidender Bedeutung, die als solche zur Vorstellung oder Aufnahme führen. Spezifische psychopathologische Muster, die auf eine bestimmte Droge hinweisen, gibt es allenfalls bei akuten Vergiftungen und zufälligen Überdosierungen, ansonsten ist die Psychopathologie von der Persönlichkeit, den prämorbiden Auffälligkeiten, etwaigen Traumatisierungen und vielen anderen Faktoren abhängig.

Ein dauerhafter Missbrauch nur einer einzelnen Substanz ist im Jugendalter – abgesehen von Cannabis und Alkohol – bei 12- bis 14-Jährigen selten. Die Regel ist ein Mischkonsum, der ein buntes klinisches Bild mit Halluzinationen, psychomotorischer Hemmung oder Antriebsteigerung, Stimmungsschwankungen, Tag-Nacht-Umkehr, Motivationslosigkeit oder innerer Unruhe verursacht.

Die wenigsten späteren Drogenbenutzer beginnen bereits im frühen Kindesalter mit dem Konsum, meist liegt das Einstiegsalter zwischen 12 und 14 Jahren. Besondere Besorgnis muss daher ein regelmäßiger Konsum von Nikotin und Alkohol, und zunehmend von Cannabis, unter dem Alter von 12 Jahren auslösen, da hier die schädlichen Substanzwirkungen auf einen unreifen und in der Entwicklung befindlichen Organismus treffen und dadurch noch stärker sind sowie dauerhafte und strukturelle neuroanatomische Schäden verursachen können. Unter ethnologischen Aspekten ist hier auf besondere Drogenkonsum-Muster anderer ethnischer Gruppierungen zu achten, da beispielsweise migrierte Jungen aus den deutschen Siedlungsgebieten in der ehemaligen Sowjetunion bereits sehr früh mit dem Konsum harter Drogen beginnen und ein Konsum von Heroin und Amphetaminen auch unter 12 Jahren nicht auszuschließen ist.

Auf phänomenologischer und psychopathologischer Ebene führt die drogeninduzierte Labilisierung der Ich-Grenzen und die vom (prämorbid ggf. sozialphobischen oder ängstlich-depressiven) User zunächst erwünschte Offenheit gegenüber anderen Menschen und neuen Eindrücken je nach Einnahmedauer und Dosis zu dissoziativen, desintegrativen und selbst wieder ängstigenden intrapsychischen Prozessen. In erster Linie handelt es sich um akute, substanzinduzierte psychotische Zustandsbilder unterschiedlicher Intensität und Länge, beispielsweise nach Pilz- oder Blütenpflanzenkonsum, die im Sinne des akuten exogenen Reaktionstypus nach mehreren Stunden abklingen und nur selten sofort den stationären psychiatrischen Rahmen benötigen. Diese sehr heftigen, mit Angst, Halluzinationen und erheblicher psychomotorischer Erregung oder Hemmung einhergehenden Störungsbilder werden entweder gar nicht ärztlich gesehen, da die betroffenen Jugendlichen aus Angst vor Repressalien nur von ihrer Peergroup „betreut" werden, oder sie klingen unter internistischer oder intensivmedizinischer Kontrolle ab. Hier ist der klinische Kinderpsychiater eher als beratender Konsiliararzt tätig. Nur selten findet ein Übergang aus einer intoxikationsbedingten Notsituation in eine strukturierte Diagnostik nach dem Multiaxialen Klassifikationsschema für psychische Störungen im Kindes- und Jugendalter statt. Ausnahmen bilden regionale Spezialangebote für Jugendliche, wie etwa das Rostocker Modellprojekt (Designerdrogensprechstunde) oder die Spezialambulanz am Universitätskrankenhaus Hamburg-Eppendorf, die es ermöglichen, auch diese potenziell gefährdeten Jugendlichen und ihre Familien frühzeitig zu erfassen und zu beraten (Sack u. Thomasius 2002). In zweiter Linie zeigen sich länger anhaltende, zunächst an Drogenpsychosen oder delirante Zustandsbilder erinnernde Störungen, die aber auch unter vollständigem Entzug aller Substanzen und symptomatischer Neuroleptika-Behandlung nur schwer zu beherrschen sind und im Verlauf von Wochen das Bild einer akuten Psychose mit schizophreniformer Symptomatik zeigen oder in eine typische Schizophrenie übergehen.

Diese Störungsbilder sind Domänen der stationären Jugendpsychiatrie, gegebenenfalls auch der Erwachsenenpsychiatrie, wobei sich nur aus längerer Verlaufssicht und familiär-genetischer Perspektive die Frage beantworten lässt, ob der Drogenkonsum die Psychose ausgelöst hat oder ob es sich eher um einen zusätzlichen biologischen bzw. toxischen Stressor gehandelt hat und der jeweilige Patient auch ohne die Drogeneinnahme schizophren erkrankt wäre (vgl. hierzu Caspari u. Wobrock 2004).

Unabhängig von diesen ätiopathogenetischen Gedanken stehen bei jeder Therapie die klar strukturierte und berechenbare Stationsumgebung, der psychotherapeutisch-verstehende Zugang und die syndromorientierte Pharmakotherapie im Vordergrund der Behandlungsplanung (Klosinski 1997).

In dritter und in der Praxis häufigster Linie finden sich primär weniger dramatische Störungsbilder, die nichtsdestoweniger das psychosoziale Leben der betroffenen Jugendlichen erheblich belasten. Es handelt sich um affektive Störungen, wie Depressionen verschiedener Ausprägung, generalisierte Angststörungen (manchmal mit leicht paranoidem Gepräge) und vor allem Persönlichkeitsentwicklungsstörungen auf Borderline-Funktionsniveau, bei denen der Drogenkonsum nur eine Facette multipler Probleme der Impulssteuerung darstellt (vgl. das Fallbeispiel bei Bilke 1998).

Auch posttraumatische Stress-Störungen nach sexuellem Missbrauch und körperlichen Gewalterfahrungen, bei denen der Cannabis-, Alkohol- oder Ecstasy-Konsum eine verführende Möglichkeit darstellt, aus Flashback-artigen Ängsten zu entfliehen, sind klinisch keine Seltenheit.

Bei all diesen Störungen ist die Drogenkomponente als Teil eines multidisziplinären und sequenziellen Therapieplans zu sehen. Nach einer Entgiftung erleichtert die Fokussierung auf die eigentliche psychiatrische Problematik dem Patienten und seiner Familie, sich den stärker biografisch und vermeintlich traumatisch bedingten Entwicklungshemmnissen unter pharmakologischer und psychotherapeutischer Begleitung zuzuwenden (Weinberg et al. 1998).

45.3 Psychotherapeutische Ansätze

Ambulante und stationäre jugendpsychiatrische Behandlung drogenkonsumierender Patienten ist stets eine multimodale und interdisziplinäre Herangehensweise an komplexe biopsychosoziale und familiäre Problemstellungen und Entwicklungspathologien (Grilo et al. 1995; Klosinski 1997; Meng et al. 2002; Rotthaus 1998).

Die psychotherapeutischen Interventionen auf Individual-, Gruppen- oder Familienebene stehen im Zentrum der Arbeit, und je nach Störungsbild sind die entsprechenden psychotherapeutischen Strategien anzuwenden (vgl. hierzu Deutsche Gesellschaft für Kinder- und Jugendpsychiatrie und Psychotherapie 2006). Diese Standards und Postulate sind naturgemäß bei drogenbenutzenden Kindern und Jugendlichen mit gegebenenfalls multiplen psychiatrischen Störungen, zum Beispiel im Rahmen einer Persönlichkeitsentwicklungsstörung vom instabilen Typus oder Borderline-Typus (ICD-10: F60.3), nicht immer puristisch anzuwenden.

Anders als beispielsweise Cannabis oder Heroin entfalten etwa Amphetamine und Ecstasy gerade jene stimmungsstabilisierenden bzw. stimmungshebenden, angstlösenden und scheinbar sozial adaptiven Effekte, die auch Psychotherapien im Jugendalter anstreben, zum Beispiel bei internalisierenden Störungen. Die praktische, scheinbar sichere und billige Möglichkeit – vor allem durch Amphetamin-, Kokain- oder durch MDMA-Einnahme –, unangenehme oder belastende Gefühle und Erinnerungen innerhalb kurzer Zeit zu neutralisieren oder in euphorische Glücksgefühle umzuwandeln, steht in direkter Konkurrenz zur Zielsetzung von einsichtsorientierten oder langfristig orientierten Psychotherapie-Formen.

Der Drogen-, insbesondere der Cannabis-User stellt sich aus klinischer Erfahrung daher als relativ „psychotherapieresistent" heraus, wenn es nicht gelingt, mit dem Patienten (und seiner Familie) gemeinsam ein Störungs- und Entwicklungsmodell zu erarbeiten, das den Substanzkonsum in seiner biografischen und prämorbiden „Notwendigkeit" erfasst und versteht. Wenn es möglich ist, die je nach Einzelfall vorliegende Selbstmedikation als selbstschädigenden Pseudo-Lösungsmechanismus herauszuarbeiten und chronifizierte Angstzustände, Selbstwertzweifel und sozialphobische Verhaltensmuster zu ermitteln, kann sowohl verhaltensorientierte als auch psychodynamische Psychotherapie sehr hilfreich sein.

Bei einem rein explorativen Einzelkonsum mit zufälliger drogeninduzierter psychotischer Störung reichen dagegen meist stützende Gespräche aus. Da keine prämorbide Störung im engeren Sinne vorliegt, rücken die sozialpsychiatrischen Problemlagen des Kindes/Jugendlichen in den Vordergrund.

Neben diesen eher auf die individualtherapeutische Ebene zielenden Interventionen kann insbesondere die Familientherapie als hinreichend in ihrer Wirksamkeit belegt gelten (Sack u. Thomasius 2002) und wird auch in der Praxis weitgehend angewandt.

Leider gibt es noch keine empirischen Arbeiten über die Wirksamkeit von spezifischen therapeutischen Gruppen bei Drogenbenutzern im Kindes- und Jugendalter im ambulanten oder stationären klinischen Rahmen. Konzepte psychoedukativer Gruppenangebote im Rahmen von Motivationsbehandlungen (Bilke 2005) sind aufgrund des deutlich höheren Schweregrads stationär behandlungsbedürftiger Patienten nur orientierend verwendbar. Hilfreich sind je nach Gruppenkonstellation psychoedukative Ansätze mit themenzentrierten Gruppen.

45.4 Medikamentöse Ansätze

Neben den allgemeinen Grundsätzen zur Pharmakotherapie gilt es bei Drogenkonsum einige Besonderheiten zu beachten, die sich aus Pharmakodynamik und Pharmakokinetik der parallel oder vorher eingenommenen Substanzen ergeben.

Zunächst ist bei der Indikationsstellung, wie im Abschnitt „Psychopathologie und Komorbidität" ausgeführt, zwischen Intoxikation, akuter psychiatrischer Störung, chronifizierter psychischer Störung und – im seltenen Einzelfall – substitutionsartiger Medikation (z. B. mit Methadon) zu unterscheiden. Jedes dieser gegebenenfalls aufeinander folgenden Szenarien hat spezifische Interventionen zur Folge.

Zumeist steht am Anfang der Behandlung die symptomatische Beruhigung oder Entängstigung im Vordergrund. Unabhängig von einem möglichen Hintergrund der jeweiligen Störung können niederpotente Neuroleptika oder kurz wirksame Benzodiazepine (Vorsicht wegen des Abhängigkeitspotenzials!) die Anfangssymptomatik eingrenzen. Den häufigen Störungen des Schlafrhythmus bis hin zu einer drogen- und lebensstilbedingten Tag-Nacht-Umkehr ist besonderes Augenmerk zu schenken.

Sind die Anfangsschwierigkeiten überwunden und ist eine gewisse Zuverlässigkeit und Medikamenten-Compliance erreicht, so können je nach diagnostizierter Grundstörung spezifische Psychopharmaka wie antidepressive SSRI oder – bei Psychosen – moderne atypische Neuroleptika zum Einsatz gebracht werden.

Praktisch zu beachten ist die bei jugendlichen Drogenkonsumenten überzufällig häufig anzutreffende sehr kritische Haltung gegenüber „Chemie" und Psychopharmaka, die beispielsweise bei Benutzern synthetischer Drogen teils absurde Züge annimmt und wohl am ehesten als rationalisierende Abwehr von Kontroll- und Autonomieverlustängsten zu werten ist. Diese Abwehrformationen sind sehr ernst zu nehmen, da bei ungenügender Beachtung auch die langfristige Compliance gegenüber einer unter Umständen über Jahre nötigen neuroleptischen Dauermedikation bei Psychosen gestört wird. Als hilfreich haben sich neben ausführlichen individuellen Beratungsgesprächen standardisierte Patienten- und Elterninformationsbögen herausgestellt, da diese parallel für Jugendliche und Eltern die typischen und wichtigen Fragen zu Psychopharmakotherapie im Jugendalter aufgreifen (vgl. Fegert 1998).

Da man den subjektiven Angaben der jugendlichen Drogenkonsumenten nur bedingt Glauben schenken kann und auch laborgestützte Drogentests Fehler aufweisen, muss insbesondere bei noch nicht milieu- und psychotherapeutisch eingebundenen Patienten die individuelle Motivation zur Pharmakotherapie stets im Auge behalten werden. Zudem sollte auch für den Patienten zwischen symptomreduzierender Anfangsmedikation und kausaler Dauertherapie klar unterschieden werden.

45.5 Milieu- und soziotherapeutische Ansätze

Während breit angelegte epidemiologische Studien mittels Selbstdeklaration oder Fremdinterview die relativ gute soziale Integration von regelmäßigen Drogen-Usern zeigen, finden sich in den Versorgungskliniken gehäuft jene junge Menschen, die nicht nur erkennbare psychopathologische Auffälligkeiten aufweisen, sondern auch im sozialen, beruflichen und schulischen Bereich aktuell vom Scheitern bedroht sind.

Hierzu trägt bei klinischen Patienten seltener der Drogenkonsum im engeren Sinne bei (z. B. durch Probleme, Maschinen zu führen oder Auto zu fahren), sondern eher die allgemeine und zunehmende Distanz zu realen Lebens- und vor allem Leistungsaufgaben. Mit der jederzeit durch Substanzeinnahme induzierbaren fiktiven Überlegenheit und inneren Distanz zu Belastungssituationen weicht der regelmäßige User diesen Stressoren auf narzisstischer Ebene aus und meidet potenziell kränkende soziale Interaktionsfelder wie Schule, Lehre oder Universität, die nicht seiner unmittelbaren Bedürfnisbefriedigung dienen. Wechselt der sozial integrierte Konsum in die gefährliche Phase der isolierten Einnahme ohne jegliche soziale Kontexte, kann und muss die stationäre Rehabilitation zentral in diesem Bereich ansetzen, wobei Psycho- und Pharmakotherapie dies oft erst ermöglichen und erleichtern.

Auch der Fixierung einer Pseudo- oder Als-ob-Persönlichkeit, die etwa am Wochenende eine Nischenexistenz in der Diskothek findet, im realen Leben aber weder motivational noch kognitiv in der Lage ist, eine Lehrstellenbewerbung zu verfassen, kann durch die Konfrontation mit den Realitäten einer stationären sozialpädagogischen Gruppensituation positiv und korrigierend entgegengewirkt werden. Die Relativierung eigener Bedürfnisse, die sozialen Adaptationsleistungen und die kontinuierliche gemeinsame Erarbeitung von Gruppenzielen tragen entscheidend zur Realitätsfindung bei.

45.6 Ausblick aus klinischer Perspektive

Der Massenkonsum von vielerlei neuen und „modischen" Substanzen stellt den vorläufig letzten Schritt eines säkularen Trends dar, der neue Substanzen den bisher bekannten hinzufügt, ohne dass deren hergebrachte Bedeutung faktisch abnähme. Insofern sind die spezifische Wirkung und die Einnahme von Cannabis, Designerdrogen oder Kokain als eine substanzielle Erweiterung der bestehenden Konsummuster und ihrer Gefährdungspotenziale auch für Kinder und Jugendliche anzusehen.

Cannabis und Ecstasy sind dabei weniger als so genannte Einstiegsdrogen zu werten, sondern eher als Plattform, von der aus sich andere, noch gefährlichere Substanzerfahrungen machen lassen. Aufgrund dieser wichtigen Kopplungs- oder Drehscheibenfunktion scheinen sie andererseits in besonderer Weise geeignet, für präventive Maßnahmen nutzbar gemacht werden zu können.

Sollten die allenthalben initiierten und teilweise sehr originellen und lebensweltnahen Primärpräventionskampagnen Erfolg haben, dürfte in die stationäre Kinder- und Jugendpsychiatrie weiterhin nur derjenige Prozentsatz schwer und mehrfach belasteter Jungen und Mädchen zur Behandlung gelangen, für die der Substanzkonsum eine Teilkomponente in einem komplexen Krankheitsgeschehen darstellt. Die allgemeine und selbstverständliche Verfügbarkeit von Cannabis allerdings lässt in den Versorgungskliniken eher den Eindruck entstehen, die gesellschaftlich ungelöste Thematik der „weichen Drogen" wirke sich auf die psychisch vulnerablen jungen Menschen zunehmend belastend aus.

Inwieweit auf lange Sicht verantwortbar und tolerierbar ist, dass mit jeder nachwachsenden Generation neben den allgemeinen Umweltbelastungen, sozialen Stressoren und der familiären Neuorganisation ebenfalls immer neue psychoaktive Substanzen die empfindliche adoleszentäre Passage zum Erwachsenenalter belasten, werden klinisch-epidemiologische Langzeitstudien zeigen (Crowley et al. 1998). Die ersten Verlaufsergebnisse psychisch auffälliger Ecstasykonsumenten sind hier ebenso wenig beruhigend (Thomasius 2000) wie experimentell-neurobiologisch orientierte Arbeiten, sodass auch in Anbetracht des ebenfalls festzustellenden Trends zu stärkerer und früher ausgeprägter Depressivität bei Kindern und Jugendlichen Vorsicht geboten zu sein scheint.

Eine auf klinischer Epidemiologie beruhende Risikogruppenprävention mit integrierter Frühintervention könnte hier einen Teil der dringend nötigen Abhilfe schaffen.

Literatur

Bilke O (1998). Adoleszenter Substanzmissbrauch zwischen Selbstmedikation und Suchtgefährdung. In: Schulte-Markwort M, Resch F, Diepold B (Hrsg). Psychische Störungen bei Kindern und Jugendlichen. Stuttgart, New York: Thieme; 88–103.

Bilke O (2005). Psychoedukative Ansätze. In: Thomasius R (Hrsg). Familie und Sucht. Stuttgart, New York: Schattauer; 178–84.

Caspari D, Wobrock C (2004). Cannabispsychosen – Vom eigenständigen Krankheitsbild zum Komorbiditätsmodell. Sucht; 5: 320–6.

Crowley TJ, Mikulich SK, McDonald M, Young SE, Zerbe GO (1998). Substance dependent, conduct-disordered adolescents males: severity of diagnosis predicts 2-year outcome. Drug Alcohol Depend; 49: 225–37.

Deutsche Gesellschaft für Kinder- und Jugendpsychiatrie und Psychotherapie (Hrsg) (2006). Leitlinien zu Diagnostik und Therapie von psychischen Störungen im Säuglings-, Kindes- und Jugendalter. 2. Aufl. Köln: Deutscher Ärzte-Verlag.

Englert E, Fegert J, Poustka F (1999). Issues in documentation and quality management of adolescent addiction care. Eur Child Adolesc Psychiatry, Suppl 2: 121.

Fegert J (1998). Psychopharmaka im Kindes- und Jugendalter – Informationsblatt für Jugendliche resp. Eltern. Universität Rostock, Arbeitsgruppe Patientenaufklärung.

Grilo CM, Becker DF, Walker ML, Levy KN, Edell WS, McGlashan TH (1995). Psychiatric comorbidity in adolescent inpatients with substance disorders. J Am Acad Child Adolesc Psychiatry; 34: 1085–91.

Klosinski G (Hrsg) (1997). Stationäre Behandlung psychischer Störungen im Kindes- und Jugendalter. Bern: Huber.

Meng H, Bilke O, Braun-Scharm H, Zarotti G, Bürgin D (2002). Stationäre Jugendpsychiatrie. Prax Kinder- und Jugendpsychiatrie; 6: 111–9.

Remschmidt H (1997). Haschisch in Apotheken? Editorial Z. Kinder- und Jugendpsychiatrie; 25: 71–2.

Rotthaus W (1998). Systemische stationäre Kinder- und Jugendpsychiatrie. 2. Aufl. Dortmund: Modernes Lernen.

Sack PM, Thomasius R (2002). Zur Effektivität von Familientherapien in der Frühintervention von Drogenmissbrauch und -abhängigkeit bei Jugendlichen und jungen Erwachsenen. Sucht; 6: 431–6.

Thomasius R (Hrsg) (2000). Ecstasy. Darmstadt: Wissenschaftliche Buchgesellschaft.

Weinberg NZ, Rahdert E, Colliver JD, Glantz MD (1998). Adolescent substance abuse: a review of the past ten years. J Am Acad Child Adolesc Psychiatry; 37: 252–61.

46 Drogenambulanz

Udo J. Küstner, Rainer Thomasius, Peter-Michael Sack und Dirk Zeichner

46.1 Entstehung und Organisation

Die Drogenambulanz für Jugendliche, junge Erwachsene und deren Familien im Universitätsklinikum Hamburg-Eppendorf (kurz: UKE-Drogenambulanz) ist aus den Erfahrungen eines Familientherapie-Projekts hervorgegangen, das mit Mitteln des Bundesministeriums für Bildung und Forschung (BMBF) von 1996 bis 2001 gefördert worden war (Thomasius 2004). Sie besteht seit 1999 als eine Psychiatrische Institutsambulanz (§ 118 Abs. 2 SGB V). Ihr Behandlungsangebot zielt auf das gesamte Spektrum psychischer Störungen bei drogenabhängigen und -missbrauchenden Kindern, Jugendlichen und jungen Erwachsenen (Cannabis, Amphetamine, Ecstasy und andere Methamphetamin-Derivate, Kokain, Opioide, biogene Drogen) bis zum 26. Lebensjahr, und zwar u. a.:
- emotionale Störung des Kindesalters
- Störung sozialer Funktionen mit Beginn in Kindheit und Jugend
- affektive Störung
- Angststörung
- Persönlichkeits- und Verhaltensstörung
- neurotische Störung
- Störung des Sozialverhaltens
- drogeninduzierte psychotische Störung
- Schizophrenie

Folgende Methoden sind eingeführt:
- Diagnostik (psychologisch, psychopathologisch, suchtpsychiatrisch, familien- und entwicklungspsychologisch, sozialpädagogisch)
- Indikationsstellung
- Behandlung (Einzeltherapie, Familientherapie, Gruppentherapie, Angehörigengruppen, Psychoedukation, Psychopharmakotherapie u. a.)

In der UKE-Drogenambulanz werden jährlich mehr als 700 Behandlungsfälle dokumentiert. Etwa die Hälfte der Patienten wird über zwei Quartale und zu 10 % über drei und mehr Quartale therapiert.

Die Patienten sind hauptsächlich Cannabis-Konsumenten und Mischkonsumenten, fast immer liegt Missbrauch oder Abhängigkeit vor, fast immer ist eine komorbide psychische Störung zu diagnostizieren. Legt man die epidemiologischen Daten für 2004 von Baumgärtner und Gieß (2005) zu Grunde und nimmt man bei 7 % aller aktuellen Konsumenten einen mindestens missbräuchlichen Konsum an (s. dazu Silbereisen 1999; Wittchen et al. 1998), so erreicht die UKE-Drogenambulanz in Hamburg etwa 11 % der 14- bis 18-Jährigen mit aktuell missbräuchlichem Cannabis-Konsum und 32 % der 14- bis 18-Jährigen mit aktuell missbräuchlichem Mischkonsum.

Neben terminierten Behandlungsangeboten hält die UKE-Drogenambulanz eine tägliche Krisensprechstunde vor, zu der Patienten ohne Terminabsprache erscheinen können. Hiermit soll dem zum Teil sehr spontanen Hilfebedarf (Krisen) bei jungen drogenabhängigen Menschen, aber auch deren Ambivalenz bezüglich der ersten Kontaktaufnahme zum Hilfesystem Rechnung getragen werden.

In der Ambulanz ist ein multiprofessionelles Team tätig, folgende Fachrichtungen sind vertreten:
- Psychiatrie und Psychotherapie
- Kinder- und Jugendpsychiatrie und -psychotherapie
- psychologische Psychotherapie
- Kinder- und Jugendlichenpsychotherapie
- Sozialpädagogik und Krankenpflege

46.2 Arbeitskonzept

Der Arbeitsansatz der UKE-Drogenambulanz folgt einem biopsychosozialen, entwicklungsorientierten Modell von Frühintervention und Behandlung (vgl. z. B. Petermann et al. 2004). Ziel eines solchen Ansatzes ist es, den Einfluss ungünstiger Faktoren im Lebensraum der Patienten abzuschwächen und ihr Übergreifen auf andere Lebensbereiche zu verhindern; Selbstwertgefühl und Selbstachtung sollen gefördert werden und die Erwartung von Selbstwirksamkeit („locus of control", Kompetenzerwartung) gestärkt werden; durch ein ressourcen- und lösungsorientiertes Vorgehen sollen mit den Patienten individuelle Entwicklungsperspektiven erarbeitet werden. Wir verbinden diesen Ansatz mit psychotherapeutischen, sozialtherapeutischen und entwicklungspsychiatrischen Modellen.

46.2.1 Multifunktionalität von Substanzkonsum und -missbrauch

Erster Substanzkonsum bei Kindern und Jugendlichen beginnt in Europa und Nordamerika etwa im Alter von 14 bis 15 Jahren (Essau et al. 2002), wenn also diese Kinder und Jugendlichen noch bei ihren Herkunftsfamilien wohnen. Substanzkonsum wird heute meist als multifunktionaler Versuch verstanden, bestimmte Entwicklungsaufgaben durch Risikoverhalten zu lösen. Jugendliche meinen beispielsweise mitunter, ihre Loslösung vom Elternhaus und der Aufbau eines eigenen Wertesystems würden dadurch unterstützt, dass sie Normen verletzen und sich elterlicher Kontrolle entziehen (Reese u. Silbereisen 2001). Aber auch andere solcher „Statuspassagen" (z. B. auch Rollenwechsel von der Schule in den Beruf) bringen üblicherweise Konflikte mit sich (Mietzel 2002). Die erfolgreiche Lösung solcher Konflikte wird determiniert zum einen durch die individuellen Konstellationen aus personalen, familiären und sozialen Vulnerabilitätsfaktoren (Alter, Geschlecht, Persönlichkeit, Temperament, genetische Vulnerabilität, familiäre Faktoren, frühe psychische Störungen) und zum anderen aus modifizierenden proximalen Risikofaktoren (Gesellschaft, Familie, soziales Netz, Peergroup, Einstellungen, Werte, Normen, Bildungsvariablen) (vgl. Edwards et al. 1981). Ein Substanzmissbrauch wird wahrscheinlicher, wenn Vulnerabilitätsfaktoren und Risikofaktoren koinzidieren (Scheithauer et al. 2002; Thomasius et al. 2003).

46.2.2 Multifaktorialität

Aufgrund der obigen entwicklungsorientierten, empirisch gestützten Perspektive liegt es nahe, diese Faktoren wenn irgend möglich in präventive Frühintervention und Behandlung zu integrieren (Schmidt u. Göpel 2003). So wird es etwa in der Multidimensionalen Familientherapie (MDFT) angestrebt, Familie, Peers und eventuell Vertreter von Institutionen mit einzubeziehen (Hogue u. Liddle 1999). Das „4-Phasen-Modell" der UKE-Drogenambulanz (s. S. 444) ist eine Operationalisierung der multifaktoriellen Arbeitsperspektive.

46.3 Patientengut

Das Patientengut der UKE-Drogenambulanz soll anhand von Daten für das Jahr 2003 beschrieben werden. Die 358 Patienten der UKE-Drogenambulanz, deren Behandlung im Jahr 2003 begann und endete (Details: vgl. Sack et al. 2005), sind zu 80% zwischen 13 und 30 Jahren alt, die übrigen Patienten sind fast alle Familienangehörige. Für die Bildungsabschlüsse der 358 Patienten ergibt sich: Sonderschule: 1%, Hauptschule: 17%, Realschule: 27%, Abitur: 14%, Hochschule: 0,5%.

46.3.1 Cannabiskonsum- versus Mischkonsum-Patienten

Die beiden Patienten-Hauptgruppen sind Cannabis konsumierende (THC, 58%) und polyva-

Tab. 46-1 Ausgewählte Charakteristika von 118 nicht volljährigen versus 240 volljährigen Patienten der UKE-Drogenambulanz. Es wurden nur Daten von Patienten verrechnet, deren Behandlung im Jahr 2003 begann und endete.

	13–18 Jahre (%, gerundet)	19–30 Jahre (%, gerundet)
ICD-10-Diagnose		
Hauptsubstanz Cannabis	74	50
abhängiger Gebrauch	65	83
Vorstellungsgrund		
eigener Wunsch	38	78
Betreiben der Eltern	84	35
Belastungen		
Elternhaus	93	88
Peers	35	35
Ausbildung/Beruf	78	74
Behandlung		
familienbasierte Therapie	33	10
reguläres Behandlungsende	72	58
Rating „gebessert/behoben"	49	55

lent konsumierende Kinder, Jugendliche und junge Erwachsene (PTX, 42%). Einen im Sinne von ICD-10 abhängigen Konsum betreiben 74% der THC (F12.2) und 81% der PTX (F19.2). THC und PTX unterscheiden sich nur zufällig in Bezug auf die Verteilung der komorbiden psychischen Störungsdiagnosen. Im Vordergrund stehen (mit jeweils mehr als 10% der Nennungen, abnehmende relative Häufigkeit):
- depressive Episoden (F32)
- rezidivierende depressive Episoden (F33)
- Persönlichkeitsstörungen (F60)
- kombinierte Persönlichkeitsstörungen (F61)
- emotionale Störungen des Kindesalters (F93)

THC sind insgesamt jünger als PTX; in Bezug auf das Entwicklungsalter (Kapfhammer 1995) ergibt sich: 18% sind 13 bis 16 Jahre, 24% sind 17 bis 18 Jahre, 27% sind 19 bis 21 Jahre, 33% sind 22 bis 30 Jahre. PTX sind zu 7% 13 bis 16 Jahre, 13% sind 17 bis 18 Jahre, 23% sind 19 bis 21, 56% sind 22 bis 30 Jahre. THC sind zu 20% weiblich und im Mittel fast 20 Jahre alt, PTX sind zu 32% weiblich und im Mittel 22 Jahre alt.

Das mittlere Erstkonsumalter für Tabak (13,6 Jahre), Alkohol (13,7 Jahre) und Cannabis (14,5) ist bei THC und PTX nur zufällig verschieden. Etwa ein Viertel der THC und mindestens die Hälfte der PTX konsumierte mindestens einmal Kokain, Halluzinogene, Designerdrogen und Amphetamin. Opioide, Sedativa und Inhalanzien wurden fast nur von PTX konsumiert. THC konsumieren aktuell (zu zwei Dritteln) vor allem Tabak und Cannabis an 6 bis 7 Tagen pro Woche, jedoch nur an 2 bis 3 Tagen Alkohol (PTX dagegen an 3 bis 4 Tagen). PTX konsumieren aktuell zusätzlich zu den genannten Substanzen Kokain, Designerdrogen und Amphetamine an 2 bis 5 Tagen pro Woche.

Im Mittel beanspruchen THC und PTX jeweils rund 5 Behandlungstermine (Spanne: 1 bis 33) über 9 bis 10 Wochen (Spanne: 1 bis 52). Der Behandlungserfolg auf Intent-to-treat-Basis (ohne Konsultationsfälle, die nur einmalig vorstellig werden) hat im Behandler-Rating eine Quote „gebessert bzw. behoben" von 66% (THC 63%; PTX 72%).

46.3.2 Nicht volljährige versus volljährige Patienten

In der Tabelle 46-1 sind Daten von Patienten im Alter von 13 bis 18 Jahren (Anteil weiblicher Patienten: 29%) denen im Alter von 19 bis 30 Jahren (Anteil weiblicher Patienten: 23%) gegenübergestellt. Die Jüngeren konsumieren hauptsächlich Cannabis, ihre Vorstellungsgründe sind eindeutig externe. Die Behandlung der jüngeren Patienten ist zu einem Drittel familienbasiert, ihre Haltequote hoch, der Anteil der Besserungen ist – wohl aufgrund der Fremdmotivierung der Behandlung – etwas niedriger als der bei den 19- bis 30-Jährigen.

46.4 „4-Phasen-Modell"

Die UKE-Drogenambulanz ist in örtliche Strukturen des medizinischen Versorgungssektors sowie das ansässige Drogenhilfe- und Jugendhilfesystem eingebunden. Hier erfüllt sie folgende Aufgaben:
- Motivations- und Einsichtsstärkung
- Diagnostik der psychischen Störungen und Entwicklungsstörungen
- Indikation und Behandlungsplanung
- Behandlung der Suchtstörung
- Behandlung der komorbiden psychischen Störungen
- Sozialarbeit

Die verschiedenen Aufgabenstellungen werden im Folgenden näher ausgeführt, wobei zum Zwecke der Übersichtlichkeit Diagnostik und Motivationsbehandlung (Phase 1), Behandlung der Suchtstörung (Phase 2), Behandlung der komorbiden psychischen Störungen (Phase 3) und „Boostersessions" (Phase 4) unterschieden werden. Eine derartige Aufteilung orientiert sich am idealtypischen Behandlungsverlauf; tatsächlich findet man in der täglichen Arbeit nur selten eine solche Eindeutigkeit wieder.

Nach jeder Phase wird geprüft, welche nächsten Behandlungsschritte in welchem Behandlungskontext sinnvoll durchzuführen sind. Hier ist stets auch zu hinterfragen, ob eine spezifische Intervention außerhalb des Drogenhilfesystems indiziert ist (Familienhilfe, Jugendhilfe, Vertragspsychotherapeuten u. a.). Bei den Frühformen der Suchtstörung kann in solchen Behandlungskontexten einer Stigmatisierung als „Drogenabhängiger" vorgebeugt werden. In diesen Fällen übernimmt die UKE-Drogenambulanz die Funktion des „Case Managements" und koordiniert die einzelnen Behandlungsschritte.

46.4.1 Phase 1: Diagnostik und Motivationsbehandlung

Eine wichtige Aufgabe der UKE-Drogenambulanz ist die diagnostische Abklärung von psychischen, entwicklungsorientierten, sozialen und suchtspezifischen Problembereichen samt ihrer Wechselwirkungen beim jeweiligen Patienten. Dieser Auftrag wird an anderer Stelle des Hilfesystems aus verschiedenen Gründen nur in seltenen Einzelfällen erfüllt (Simon et al. 2004). Die Diagnostik muss von entsprechend spezialisierten und qualifizierten Berufsgruppen durchgeführt werden, damit Auswirkungen des Drogenkonsums sowie Symptome anderer psychischer Störungen von Beginn an erkannt, bewertet und einer angemessenen Intervention zugeführt werden. Die fachkompetente Diagnostik der komorbiden psychischen Störung wird anfänglich häufig durch fortgesetzten Drogenkonsum erschwert.

Der biopsychosoziale und entwicklungsorientierte Zugang kommt jungen Sucht-Patienten entgegen, weil eine sofortige Veränderung des Drogenkonsums nicht von vornherein intendiert wird. Komorbide psychische Störungen und andere Problembereiche werden demgegenüber von Beginn an fokussiert. Häufig weist der Jugendliche beim ersten Kontakt noch kein Problembewusstsein bezüglich seines Drogenmissbrauchs auf – ein Zugang zu persönlichen, zwischenmenschlichen, familiären und schulischen bzw. beruflichen Problemen ist indes in aller Regel vorhanden. Der Drogenmissbrauch wird vom Jugendlichen nicht als Problem, sondern – ganz im Gegenteil – als Entlastung bzw. als persönlicher Gewinn erlebt. Die gezielte Auseinandersetzung mit Konsummustern und -kontexten im Rahmen der diagnostischen Abklärung verschafft dem Jugendlichen einen reflexiven Zugang zu seinen ersten „Problemvermutungen" in Zusammenhang mit Drogenkonsum.

Aus therapeutischer Sicht ist es wichtig, diesen Erkenntnisprozess derart zu gestalten, dass neben einem Zuwachs an Reflexion über die individuellen Auswirkungen von Drogenmissbrauch zugleich auch seine Zuversicht in eine positive persönliche Entwicklung geweckt wird.

Hiermit ist eine zweite wichtige Aufgabe zu Behandlungsbeginn angesprochen, nämlich die Stärkung von Veränderungsmotivation und Veränderungszuversicht. Sie müssen bereits vom ersten Gespräch an gefördert werden. Ferner ist es notwendig, zum Patienten, auch jenem, der nicht aus eigenem Antrieb um Rat sucht, eine vertrauensvolle Beziehung aufzubauen, in der er sich persönlich ernst genommen und verstanden fühlt. Dafür ist es hilfreich, aktuelle Umstände, die zur Vorstellung geführt haben, sowie persönliche Anliegen des Patienten zu erfragen. Problemorientierte Diagnostik auf der einen Seite und ressourcen- bzw. lösungsorientiertes Vorgehen auf der anderen müssen Hand in Hand gehen, damit der Jugendliche angesichts eines „Problembergs", der vorerst nur erahnt wird, nicht etwa seinen Mut und alle Hoffnung verliert. Der Jugendliche sollte bereits beim ersten Behandlungskontakt eine Entlastung spüren. Ist dies der Fall, dann lässt sich klarifizieren, dass persönliche Veränderungsziele eine Überwindung des abhängigen Verhaltens voraussetzen.

In der UKE-Drogenambulanz umfasst die Diagnostik- und Motivationsphase etwa 3 bis 5 Sitzungen von jeweils 60-minütiger Dauer. Am Ende der Diagnostik- und Motivationsphase wird eine differenzielle Behandlungsempfehlung gegeben. Ausschlaggebend sind Art und Schwere von Drogenproblematik, psychischer Störung, Entwicklungsauffälligkeit, sozialer Problemstellung sowie die vorhandenen Ressourcen des Patienten. Es ist zu entscheiden, ob die Indikation für eine ambulante bzw. stationäre Behandlung gestellt wird oder ob eine Kombination beider Herangehensweisen (z. B. stationäre Entgiftung und ambulante Psycho- bzw. Suchttherapie oder eine Kombination beider) vorzuziehen ist. Stationäre Maßnahmen (kinder- und jugendpsychiatrische Behandlungen, Entwöhnungs- und Entgiftungsmaßnahmen) werden in der UKE-Drogenambulanz eingeleitet und vorbereitet. Ambulante psychiatrische, psychotherapeutische und suchttherapeutische Behandlungen werden direkt in der UKE-Drogenambulanz durchgeführt. Sollte sich eine ambulante Behandlung andernorts für den Patienten als besser geeignet erweisen, so wird diese Maßnahme eingeleitet und vorbereitet.

Unmotivierten Patienten mit einer Indikation für eine abstinenzorientierte Behandlung werden Gespräche zur Klärung und Motivationsförderung angeboten. Falls Patienten das Angebot ablehnen, können sie die Krisensprechstunde so lange nutzen, bis sie sich zu einer regelmäßigen Behandlung entschließen.

46.4.2 Phase 2: Behandlung der Suchtstörung

Die suchtspezifische Behandlung in der UKE-Drogenambulanz hat die Erreichung einer stabilen Abstinenz zum Ziel. Ambulante abstinenzorientierte Behandlungen von Drogenabhängigen sind dann indiziert, wenn die Patienten jünger und psychosozial (insbesondere familial) relativ gut integriert sind und wenn erst wenige Vorbehandlungen durchgeführt wurden bzw. die Behandlung eine Frühintervention darstellt. Die Abstinenz von Suchtmitteln bzw. eine abgeschlossene Entgiftungsbehandlung werden jedoch nicht vorausgesetzt. Eine Entgiftung kann im Rahmen der Behandlung ambulant oder stationär durchgeführt werden. Bei den Jugendlichen wächst die Bereitschaft zur Entgiftungsbehandlung mit der Einsicht in ihre Veränderungspotenziale. Familiäre, soziale, schulische, berufliche und persönliche Probleme sowie komorbide psychische Störungen sind erst in der abstinenten Phase einer Bearbeitung zugänglich.

In der Behandlungsphase kommen folgende Verfahren zum Einsatz:
- Einzeltherapie (Verhaltenstherapie oder psychoanalytisch orientierte Psychotherapie)
- Familientherapie
- Gruppentherapie
- Sozialtherapie
- Ergotherapie

Anwendungen der Verhaltenstherapie (Übersichten bei Beck et al. 1997; Vollmer u. Krauth 2000) beziehen sich auf:
- Therapiemotivation
- Beziehung zum Patienten
- Problemlöse- und Entscheidungsfindungsansatz (Reflexion des Substanzkonsums als fehlgeschlagene Problemlösung innerhalb eines komplexen Bedingungsgefüges, Aufbau von Alternativen zur psychotropen Wirkung des Suchtmittels)
- Betonung der Selbstregulationsfähigkeiten (Aufbau eines effektiven Verhaltens in Angebots- und Versuchungssituationen, Einübung von Selbstsicherheit und Selbstorganisation, Anleitung zur sinnvollen Freizeitgestaltung)

Die Ansätze der psychodynamischen Psychotherapie (Übersichten bei Bilitza 1993; Wurmser 1997) zielen in erster Linie auf:
- Verbesserung von psychostrukturellen Defiziten (Erkennen eigener Gefühle, Verbesserung der Affektdifferenzierung und Impulskontrolle)
- Bearbeitung des Abhängigkeits-Autonomie-Konfliktes (realistische Wahrnehmung und Abgrenzung von den Bedürfnissen des anderen, Verbesserung der Beziehungsfähigkeit, Ertragen von Autonomie)
- Stabilisierung des Selbstwertsystems (realistische Einschätzung eigener Fähigkeiten und Grenzen, Erhöhung der Frustrationstoleranz, Reduzierung von Größenphantasien und Minderwertigkeitsgefühlen)
- Bearbeitung der Entwicklungsaufgaben der (Spät-)Adoleszenz (u. a. Abschied, Übergang, Neubeginn, Verantwortungsübernahme)

Je nach Einzelfallindikation kann die Familie des Drogenabhängigen (in der Regel die Herkunftsfamilie) im Rahmen der genannten ambulanten Behandlungsformen unterschiedlich intensiv einbezogen werden. Dies können Angehörigengespräche und die Teilnahme an Elterngruppen sein, in anderen Fällen stellt sich die Indikation für eine Familientherapie im engeren Sinne. Für Familientherapien ist ein therapeutischer, über die momentane Entlastung hinaus gehender Nutzen nachgewiesen, und zwar sowohl für Angehörige als auch für die Index-Patienten – nicht zuletzt ihrer motivationsfördernden Eigenschaften und hohen Haltequoten halber (vgl. Thomasius 2004).

Die Familientherapie nach dem „Eppendorfer Modell" integriert strukturell-strategische, kommunikationstherapeutische und lösungsorientierte Ansätze (Küstner et al. 2003; Thomasius et al. 2000). Die Therapie hat neben der Beendigung des Drogenkonsums eine Verbesserung der psychischen Befindlichkeiten aller Familienmitglieder zum Ziel. Besondere Berücksichtigung finden die komplexen Wechselwirkungen zwischen dem Suchtmittelkonsum, den interpersonalen Konflikten auf dem Feld familialer Beziehungen und den Erziehungsstilen.

In Informationsgruppen wird über die individuellen, sozialen und medizinischen Folgen der Suchterkrankung unterrichtet und eine Orientierungsmöglichkeit für unterschiedliche Behandlungsformen geschaffen. In den themenzentrierten Gesprächsgruppen liegt der Schwerpunkt auf einer Bestandsaufnahme und Reflexion des Ist-Zustandes. Gleichzeitig sollen die Patienten hier über die prinzipielle Veränderbarkeit ihrer Situation aufgeklärt und in der Abstinenzmotivation gestärkt werden. Auf dieser Grundlage lassen sich kurz-, mittel- und langfristige Perspektiven entwickeln. Wichtige Themenbereiche sind Berufsfindung, Neuorientierung, Ausbildungsabschluss, Re-Integration, Ablösung vom Elternhaus, drogenkonsumierende Partner, Integration in Peergroups und Aggressionssteuerung.

Die Zielbereiche für den Einsatz von Psychopharmaka bei Kindern und Jugendlichen mit einem Substanzmissbrauch betreffen das Auftreten von Entzugssymptomen in der Entgiftungsbehandlung, die zeitlich befristete Substitution mit Ersatzstoffen bei prolongierten Entzugssyndromen, den Einsatz von Substanz-Antagonisten im Rahmen der Rehabilitationsbehandlung und die Behandlung von komorbiden psychischen Störungen (AACAP 1997). Grundsätzlich muss eine Risiko-Nutzen-Analyse hinsichtlich der Wechselwirkungen mit konsumierten Substanzen erfolgen. Regelmäßiger Drogenkonsum in Verbindung mit einer psychopharmakologisch behandlungsbedürftigen komorbiden psychischen Störung stellt eine Indikation für die psychiatrisch-stationäre Behandlung dar. Im Gegensatz zur früheren Auffassung, wonach die Verschreibung von Psychopharmaka die Therapie von Suchterkrankungen erschwert, können wir in der Praxis feststellen, dass die Kombination von Psychotherapie und Psychopharmakotherapie bei der Behandlung von Suchterkrankungen mit komorbiden psychischen Störungen in vielen Fällen notwendig und hilfreich ist.

Ergänzend werden sozialtherapeutische und ergotherapeutische Maßnahmen sowie EDV-gestützte neuropsychologische Förderungsmaßnahmen eingesetzt.

Am Ende dieser Behandlungsphase, also mit Erreichen einer verlässlichen Abstinenz, muss geprüft werden, ob und in welcher Weise komorbide psychische Störungen oder andere Problembereiche eine fortgesetzte Behandlung erfordern; gegebenenfalls ist die Indikation für den Eintritt in Phase 3 zu stellen.

46.4.3 Phase 3: Behandlung der komorbiden psychischen Störungen

Um den kurz- und mittelfristigen Behandlungserfolg zu Gunsten dauerhafter Abstinenz zu sichern, ist es notwendig, die psycho- und sozialtherapeutische und gegebenenfalls die psychopharmakologische Behandlung der komorbiden psychischen Störungen fortzusetzen, bis eine dauerhafte Stabilität erreicht wird. Andere Behandlungsangebote wie Sozial- und Ergotherapie müssen – falls indiziert – weitergeführt werden. Die „Postakutbehandlung" sollte wann immer möglich im Rahmen ambulanter kassenärztlicher Versorgungsstrukturen bzw. der Krankenkassenversorgung (niedergelassene Psychotherapeuten, Kinder- und Jugendpsychiater, Sozialtherapeuten etc.) sichergestellt werden (vgl. Thomasius et al. 2004).

In begründeten Fällen kann eine Weiterbehandlung auch in der UKE-Drogenambulanz durchgeführt werden. Solche Gründe sind:

- mangelnde Compliance für die Weiterführung der Behandlung an anderer Stelle
- Notwendigkeit der personalen Kontinuität (Behandler)
- Schwierigkeiten bei der Aufrechterhaltung der Abstinenz
- Notwendigkeit eines integrierten Therapieangebotes
- Unzuverlässigkeit des Patienten bei Terminabsprachen

Neben der Weiterführung der Einzelpsychotherapie werden verschiedene Gruppentherapieangebote zusätzlich in die Behandlung aufgenommen (dies geschieht teilweise bereits im Verlauf der Phase 2):

- Angstbewältigungstraining
- soziales Kompetenztraining
- Entspannungstraining/Stressbewältigung
- tiefenpsychologisch fundierte Gruppentherapie bei Persönlichkeitsstörungen
- psychoedukative Gruppentherapie bei Psychosen

Solche zielorientierten Therapieangebote setzen eine verlässliche Abstinenz voraus, denn regelmäßiger und fortgesetzter Drogenmissbrauch unterwandert nicht selten den psychotherapeutischen Prozess und verhindert die Bearbeitung von Struktur- und Entwicklungsdefiziten ebenso wie die Konfliktbearbeitung.

46.4.4 Phase 4: „Boostersessions"

„Boostersessions" werden eingesetzt, um bestimmte Inhalte der Suchttherapie nach Wochen bzw. Monaten aufzufrischen und zu verstärken. Es zeigten sich positive Effekte zum Suchtmittelkonsum bzw. zur Stabilität der Abstinenz (Connors u. Walitzer 2001; Darkes u. Goldman 1998; Mello et al. 2005; Stanton et al. 2004). In der UKE-Drogenambulanz werden „Boostersessions" 3, 6 und 12 Monate nach Behandlungsende in Einzelsitzungen oder im Familienrahmen durchgeführt. Hier werden positive persönliche und soziale Entwicklungen verstärkt und Rückschläge besprochen und therapeutisch aufgearbeitet. Diese Termine dienen zugleich der Erhebung katamnestischer Daten im Rahmen von Qualitätskontrolle und der Weiterentwicklung der Angebotsstruktur der UKE-Drogenambulanz.

46.5 Ausblick

Das Behandlungsangebot der UKE-Drogenambulanz hat in Deutschland Modellcharakter. Hier soll vor allem der Aspekt der Frühintervention im Rahmen einer Psychiatrischen Institutsambulanz erwähnt werden: 81 % der 13- bis 18-jährigen und 67 % der 19- bis 30-jährigen Patienten der UKE-Drogenambulanz waren zuvor noch nie wegen ihres Drogenproblems in Beratung oder Behandlung. Suchtgefährdete und süchtige Kinder, Jugendliche und junge Erwachsene profitieren von der Behandlung gleichermaßen.

Der Arbeitsansatz der UKE-Drogenambulanz basiert auf dem biopsychosozialen, entwicklungsorientierten Modell von Frühintervention und Behandlung. Im Prinzip sind unsere Methoden – multiprofessionelle Diagnostik und indikationsgeleitete Behandlung – wie auch unser institutioneller Rahmen auf viele Regionen in Deutschland übertragbar. Ein Problem, dem man heute in der Suchthilfe gar nicht selten begegnet und das sich etwa mit der Formel „Der Patient passt nicht zum Behandlungsangebot" beschreiben lässt – ein Umstand, der zu Behandlungsabbrüchen und Chronifizierung der Suchtstörung beiträgt –, ließe sich auf diese Weise minimieren.

Literatur

AACAP (1997). Practice parameters for the assessment and treatment of children and adolescents with substance use disorders. J Am Acad Child Adolesc Psychiatry; 36, Suppl: 140S–56S.

Baumgärtner T, Gieß A (2005). Zur Topographie des Drogenkonsums in Hamburg. Ausgewählte Ergebnisse der Key-Person-Befragungen im Rahmen des Local Monitoring Systems (LMS) 2004. Hamburg: Büro für Suchtprävention (www.suchthh.de/dokumente/Bericht%20Key-Person-Befragung%202004.pdf [Juni 2005]).

Beck AT, Wright FD, Newman CF, Liese BS (Hrsg) (1997). Kognitive Therapie der Sucht. Weinheim: Beltz.

Bilitza KW (Hrsg) (1993). Suchttherapie und Sozialtherapie: Psychoanalytisches Grundwissen für die Praxis. Göttingen: Vandenhoeck & Ruprecht.

Connors GJ, Walitzer KS (2001). Reducing alcohol consumption among drinking women: evaluating the contributions of life-skills training and booster sessions. J Consult Clin Psychol; 69: 447–56.

Darkes J, Goldman MS (1998). Expectancy challenge and drinking reduction: process and structure in the alcohol expectancy network. Exp Clin Psychopharmacol; 6: 64–76.

Edwards G, Arif A, Hodgson R (1981). Nomenclature and classification of drug- and alcohol-related problems: a WHO-Memorandum. Bull World Health Organ; 59: 225–42.

Essau CA, Stigler H, Scheipl J (2002). Epidemiology and comorbidity. In: Essau CA (ed). Substance Abuse and Dependence in Adolescence. Hove, UK: Brunner-Routledge; 63–85.

Hogue A, Liddle HA (1999). Family-based preventive intervention: an Approach to preventing substance abuse and antisocial behavior. Am J Orthopsychiatry; 69: 278–93.

Kapfhammer HP (1995). Psychosoziale Entwicklung im jungen Erwachsenenalter. Berlin, Heidelberg, New York: Springer.

Küstner UJ, Sack PM, Thomasius R (2003). Familientherapeutische und systemische Ansätze in der Suchtbehandlung. Psychotherapie im Dialog; 2: 124–9.

Mello MJ, Nirenberg TD, Longabaugh R, Woolard R, Minugh A, Becker B, Baird J, Stein L (2005). Emergency department brief motivational interventions for alcohol with motor vehicle crash patients. Ann Emerg Med; 45: 620–5.

Mietzel G (2002). Wege in die Entwicklungspsychologie. 4. Aufl. Weinheim: Beltz PVU.

Nöcker G (2003). Suchtprävention als Mythos: Zwischen Anspruch und Möglichkeit. Psychotherapie im Dialog; 2: 161–5.

Petermann F, Niebank K, Scheithauer H (2004). Entwicklungswissenschaft. Berlin, Heidelberg, New York: Springer.

Reese A, Silbereisen RK (2001). Allgemeine versus spezifische Primärprävention. In: Freund T, Lindner W (Hrsg). Prävention. Zur kritischen Bewertung von Präventionsansätzen in der Jugendarbeit. Opladen: Leske + Budrich; 139–62.

Sack PM, Zeichner D (2005). Entwicklungsorientierte und familienbezogene Prävention. In: Thomasius R, Küstner UJ (Hrsg). Familie und Sucht. Grundlagen, Therapiepraxis, Prävention. Stuttgart, New York: Schattauer, 249–58.

Sack PM, Küstner UJ, Ott K, Jäger C, Thomasius R (2005). Vergleich der Komorbidität von Cannabis- und Mischkonsumenten in Behandlung. Sucht; 51: 240–9.

Scheithauer H, Petermann F, Niebank K (2002). Frühkindliche Risiko- und Schutzbedingungen: Der familiäre Kontext aus entwicklungspsychopathologischer Sicht. In: Rollett B, Werneck H (Hrsg). Klinische Entwicklungspsychologie der Familie. Göttingen: Hogrefe; 69–97.

Schmidt MH, Göpel C (2003). Risikofaktoren kindlicher Entwicklung und Verlaufsprinzipien kinder- und jugendpsychiatrischer Erkrankungen. In: Herpertz-Dahlmann B, Resch F, Schulte-Markwort M, Warnke A (Hrsg). Entwicklungspsychiatrie. Biopsychologische Grundlagen und die Entwicklung psychischer Störungen. Stuttgart, New York: Schattauer; 305–14.

Silbereisen RK (1999). Entwicklungspsychologische Aspekte des Konsums. In: Thomasius R (Hrsg). Ecstasy – Wirkungen, Risiken, Interventionen. Stuttgart: Enke; 70–82.

Simon R, Sonntag D, Bühringer G, Kraus L (2004). Cannabisbezogene Störungen: Umfang, Behandlungsbedarf und Behandlungsangebot in Deutschland. Berlin: Bundesministerium für Gesundheit und Soziale Sicherung (www.bmgs.bund.de/download/broschueren/F318.pdf [November 2004]).

Stanton B, Cole M, Galbraith J, Li X, Pendleton S, Cottrel L, Marshall S, Wu Y, Kaljee L (2004). Randomized trial of a parent intervention: parents can make a difference in long-term adolescent risk behaviors, perception and knowledge. Arch Pediatr Adolesc Med; 158: 947–55.

Thomasius R (Hrsg) (2004). Familientherapeutische Frühbehandlung des Drogenmissbrauchs. Eine Studie zu Therapieeffekten und -prozessen. Hamburg: Dr. Kovač.

Thomasius R, Gemeinhardt B, Schindler A (2000). Familientherapie und systemische Therapie bei Suchterkrankungen. In: Thomasius R (Hrsg). Psychotherapie der Suchterkrankungen. Stuttgart, New York: Thieme; 122–46.

Thomasius R, Jung M, Schulte-Markwort M (2003). Suchtstörungen. In: Herpertz-Dahlmann B, Resch F, Schulte-Markwort M, Warnke A (Hrsg). Entwicklungspsychiatrie. Biopsychologische Grundlagen und die Entwicklung psychischer Störungen. Stuttgart, New York: Schattauer; 693–726.

Thomasius R, Gouzoulis-Mayfrank E, Kraus C, Wiedenmann H, Hermle L, Sack PM, Zeichner D, Küstner U, Schindler A, Krüger A, Uhlmann S, Petersen KU, Zapletalova P, Wartberg L, Schütz CG, Schulte-Markwort M, Obrocki J, Heinz A, Schmoldt A (2004). AWMF-Behandlungsleitlinie: Psychische und Verhaltensstörungen durch Kokain, Amphetamine, Ecstasy und Halluzinogene. Fortschr Neurol Psychiatrie; 72: 679–95.

Vollmer HC, Krauth J (2000). Verhaltenstherapie bei Suchterkrankungen. In: Thomasius R (Hrsg). Psychotherapie der Suchterkrankungen. Stuttgart, New York: Thieme; 102–21.

Wittchen HU, Höfler M, Perkonigg A, Sonntag H, Lieb R (1998). Wie stabil sind Drogenkonsum und das Auftreten klinisch-diagnostisch relevanter Missbrauchs- und Abhängigkeitsstadien bei Jugendlichen? Eine epidemiologische Studie am Beispiel von Cannabis. Kindheit und Entwicklung; 7: 188–98.

Wurmser L (1997). Die verborgene Dimension: Psychodynamik des Drogenzwangs. Göttingen: Vandenhoeck & Ruprecht.

47 Netzwerkarbeit

Brigitte Münzel und Wolfgang Scheiblich

47.1 Fachstelle für Suchtprävention im Sozialdienst Katholischer Männer e. V. Köln (SKM Köln)

Ausgangspunkt und Motivation des Engagements für Kinder aus suchtbelasteten Lebensgemeinschaften waren Anfragen von Institutionen der Kinder-, Jugend- und Familienhilfe, die sich unsicher fühlten im Umgang mit diesem Thema. Einrichtungen der Suchtkrankenhilfe hatten die Situation der Kinder wenig im Blick. Es existierte kaum Zusammenarbeit. Kontakte der entsprechenden Institutionen entstanden meist erst, wenn Krisen in den Lebensgemeinschaften oder im unmittelbaren Umfeld ein repressives Eingreifen erforderten (beispielsweise Herausnahme und Heimunterbringung eines Kindes).

So eröffnete sich der Blick auf Kinder in suchtbelasteten Systemen als einer Zielgruppe der präventiven Arbeit auf verschiedenen Ebenen:

- Zum einen in der konkreten Arbeit mit suchtmittelabhängigen Klienten, die, wie sich bei einer Erhebung in der Drogenberatungsstelle zeigte, selbst zu 70 % suchtkranke Eltern hatten. Das macht deutlich, dass die Prävention einer späteren eigenen Suchterkrankung dort beginnen muss, wo Belastungssituationen entstehen. Wissenschaftliche Untersuchungen bestätigen die hohe Gefährdung von Kindern, die in suchtbelasteten Systemen aufwachsen. Kinder von Suchtkranken sind die Hauptrisikogruppe zur Ausbildung einer eigenen Suchterkrankung.
- Zum weiteren werden drogenabhängige Klienten betreut, die – selbst Eltern geworden – nun in der Regel durch Anregung oder Druck anderer Institutionen (z. B. Allgemeiner Sozialer Dienst [ASD]) die Beratung in Anspruch nehmen, damit ihnen das Sorgerecht für ihre Kinder nicht entzogen wird. In diesen Kontakten wird deutlich, wie schwierig es ist, über die betroffenen Eltern die Kinder zu erreichen, da die Suchtkranken zu ihrem eigenen Schutz davon überzeugt sind, dass ihre Kinder von der Suchterkrankung nichts bemerken.
- Zudem gab es zum gleichen Zeitpunkt im Arbeitsbereich Suchtprävention eine Anfrage aus einer Kölner Kindertagesstätte, die einen hohen Anteil an suchtkranken Eltern und entsprechend belastete Kinder festgestellt hatte. Sie wandte sich mit der Frage an die Präventionsstelle, wie diese Kinder sinnvoll unterstützt werden können, und erhoffte sich Hilfe durch eine Fachkraft für Suchtprävention. Die Kinder sollten Gelegenheit erhalten, Fragen zum Thema „Sucht" zu stellen, und dies taten sie dann auch – viel weniger zum eigentlichen Thema, sondern – wie Kinder dies nun einmal tun – zu ihren Erlebnissen und Erfahrungen:

Die eindrücklichste Frage eines ca. 5-jährigen Jungen dieser Gruppe war: „Was soll denn ein kleines Kind tun, wenn Papa immer mit dem Messer auf Mama losgeht und schreit?" Nach einer kurzen Atempause, um den Schreck zu überwinden, wurde diese Frage im Kreis mit den anderen Kindern besprochen, und es gab verschiedene, mehr oder weniger praktikable Lösungsmöglichkeiten. Der kleine Junge selbst nannte die Möglichkeit, das Kind könne ja auch zur Nachbarin in die Wohnung gegenüber gehen, die ihm angeboten hätte, dass er jederzeit bei ihr klingeln und auch übernachten dürfe – eine Lösung, die der betroffene Junge mit seiner kleinen Schwester schon häufiger praktiziert hatte, wie sich im anschließenden

Gespräch mit den Erzieherinnen herausstellte. Den Mitarbeitern und Mitarbeiterinnen blieb in dieser Situation nur, beeindruckt zu sein von der Kreativität und Kraft dieses Kindes und ihm Unterstützung zu geben für die „Überlebensmöglichkeit", die er in dieser Situation gefunden hat.

Das anschließende Gespräch mit den Erzieherinnen zeigte deutlich, dass genau dies ihre alltägliche sinnvolle Arbeit ist, nämlich verlässlich für den Jungen da zu sein, ihn mit seinen Problemen zu verstehen und ihn zu unterstützen. Zudem wurde die Schwierigkeit deutlich, den Kontakt zu den Eltern des Kindes befriedigend zu gestalten und die Hilflosigkeit, darin eine notwendige Veränderung herbeizuführen. Eine Zusammenarbeit mit anderen Hilfesystemen (Suchtberatung, ASD) gab es nicht.

An diesem Beispiel werden verschiedene Aspekte in der Arbeit mit Kindern von Suchtkranken deutlich:

- Kinder sind nicht nur Opfer einer bestimmten Situation, sondern sie entwickeln Kraft und Kompetenz und finden eigene Lösungsstrategien. Hierin können sie durch die Unterstützung von sie verständnisvoll begleitenden Erwachsenen (Erzieher und Erzieherinnen, Lehrer und Lehrerinnen etc.) bestärkt werden. Häufig gibt es Ressourcen im Umfeld der Kinder, die unterstützend wirken.
- Eine sinnvolle Arbeit mit den Kindern setzt die Zusammenarbeit mit den Eltern voraus und erfordert somit Kooperation zwischen den Hilfesystemen. Die Förderung der Kinder braucht langfristige und begleitende Beziehungen. Sie ist Aufgabe und Anliegen der Eltern und aller beteiligten Einrichtungen, in denen sich die Kinder aufhalten. Die gemeinsame Arbeit muss an den Fähigkeiten und Bedürfnissen der Familienmitglieder und des familiären Netzwerkes orientiert sein, also sowohl Ressourcen als auch Defizite beachten.

47.2 Konzeptentwicklung

Aus diesen grundlegenden Überlegungen heraus entstand das Ziel, Netzwerke zur Früherkennung und Frühintervention für Kinder in suchtbelasteten Lebensgemeinschaften zu entwickeln, eingebunden in ein Gesamtkonzept aus einander ergänzenden Bausteinen (s. Abb. 47-1)[1]. Früherkennung bedeutet, dass die Mitarbeiterinnen und Mitarbeiter in den unterschiedlichen Institutionen zunächst sensibilisiert werden müssen, mögliche Suchterkrankungen von Eltern und deren Auswirkungen auf die Kinder zu erkennen. In der Regel herrscht bei den Mitarbeitern ein diffuses Gefühl, dass in der Familie „etwas nicht stimmt". Liegt der „Verdacht" vor, dass es sich um eine Suchterkrankung handelt, werden die Verantwortlichen häufig unsicher, warten sehr lange, bis sie das Gespräch mit den Eltern suchen, glauben erst, „Indizien" vorhalten zu müssen, die ihren Eindruck bestätigen. Allein die Wortwahl von „Verdacht" und „Indizien" etc., die in Verbindung mit einer Suchterkrankung häufig anzutreffen ist, zeigt, wie sehr diese Erkrankungen noch mit Schuldzuweisungen und Unverständnis verknüpft sind. Negative Voreinstellungen von Mitarbeitern verhindern lange, dass das Gespräch mit den Eltern gesucht wird. Die große Abwehr, die suchtkranke Familien Hilfeangeboten gegenüber in der Regel zeigen, tut ihr Übriges dazu.

Daher konzentriert sich das Engagement der Fachstelle auf **Fortbildung** der unterschiedlichen Berufsgruppen, die mit suchtkranken Systemen zu tun haben, und der Koordination und **Vernetzung** der verschiedenen Hilfssysteme miteinander. Frühintervention in suchtkranken Systemen bedeutet, dass sowohl Eltern als auch Kinder Hilfe benötigen. Forschungsergebnisse zeigen, dass eine Veränderungsbereitschaft der Eltern die wichtigste Hilfe für die betroffenen Kinder ist. Somit muss immer versucht werden, diese in den Hilfeprozess zu integrieren und sie

---

[1] Näheres zu den Bausteinen „Ausbildung" und „Konzeptentwicklung und Begleitung von Kindergruppen" findet sich in Heft 60 der Schriftenreihe des Diözesan-Caritasverbandes Köln (2004).

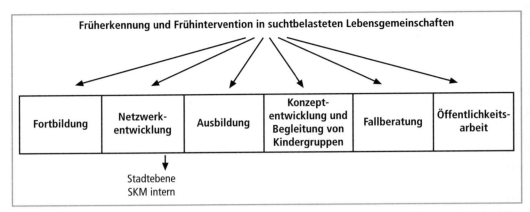

Abb. 47-1 Netzwerk „Kinder von Suchtkranken" der Fachstelle für Suchtprävention im Sozialdienst Katholischer Männer e.V. (SKM) Köln.

mit in die Verantwortung zu nehmen. Dies ist in der Regel ein schwieriger Prozess, der ein enges Zusammenwirken der Kinder-, Jugend- und Familienhilfe (auf der Seite der Kinder) und der Suchtkrankenhilfe (auf der Seite der Eltern) notwendig macht.

Frühintervention bedeutet aber auch, dass die Kinder gesehen und gefördert werden müssen, ohne eine Veränderungsbereitschaft bei den Eltern voraussetzen zu können. Dies erfordert, darüber informiert zu sein, was Kinder in diesen Systemen erleben, wie spezifische Bindungen einer suchtkranken Familie aussehen, welche Beeinträchtigungen diese Kinder in ihrer Entwicklung erfahren, aber auch, welche Überlebensstrategien und Ressourcen sie in ihren Familien entwickeln. Diese gilt es im pädagogischen Alltag zu stützen und zu fördern.

Durch die Integration des Arbeitsschwerpunktes „Kinder von Suchtkranken" in die Fachstelle für Suchtprävention ist ein 2-stufiges Früherkennungs- und Frühinterventionsangebot entstanden, in dem es um die allgemeine, primäre Förderung von Lebenskompetenzen und die Persönlichkeitsentwicklung der Kinder geht und um Interventionsmöglichkeiten in deren gesamten Familiensystem, begleitet von spezifischen Angeboten für die Kinder, wie das zum Beispiel in den Gruppen unserer Einrichtungen geschieht. Diese sind nach bestimmten **Prinzipien und Zielen** ausgerichtet, die frühzeitig, dauerhaft und vernetzt verfolgt werden sollten:

- Aufhebung der sozialen Isolation
- Austausch in der Gruppe ebenfalls Betroffener
- Hilfestellung zur Überwindung der Scham über die Suchterkrankung der Eltern
- Abbau möglicher Schuldgefühle
- Enttabuisierung des Themas Sucht
- Erlaubnis der Abgrenzung zur Erkrankung der Eltern
- Entlastung in der Verantwortungsübernahme für die Eltern
- Erweiterung des Rollenspektrums
- Überwindung von Ohnmachtsgefühlen zu Gunsten der Entdeckung eigener Handlungsmöglichkeiten (Selbstwirksamkeit)
- Aufbau verlässlicher Beziehungen
- Stärkung des Selbstvertrauens
- Gefühle wahrnehmen und ausdrücken lernen

Voraussetzungen für die **Arbeit mit Kindern aus suchtbelasteten Lebensgemeinschaften** sind:
- einfühlendes Verstehen der Situation des Kindes
- Wertschätzung für die Eltern
- Verlässlichkeit der Gruppenleitung
- Bereitschaft zur Betreuung bzw. Zusammenarbeit mit anderen Institutionen über das Gruppenangebot hinaus
- regelmäßige Elterngespräche/Einverständnis der Eltern

47.2.1 Fortbildung

Die Fortbildungen dienen dem Ziel, Fachkräfte der unterschiedlichen sozialen Institutionen für die Situation von Kindern aus suchtbelasteten Familien zu sensibilisieren und Möglichkeiten der Früherkennung und Frühintervention in den jeweiligen Institutionen zu entwickeln. Sie wenden sich an Mitarbeiterinnen und Mitarbeiter in:
- Kindergärten und -horten
- sozialpädagogischen Familienhilfen
- Pflege- und Adoptionskinderdiensten
- Allgemeinen Sozialen Diensten
- Pflegefamilien
- Suchtberatungsstellen/Suchtselbsthilfegruppen
- sozialen Brennpunkteinrichtungen
- Kinderheimen
- Erziehungsberatungsstellen
- Frühförderzentren

Zudem wenden sich die Fortbildungen an Kinder- und Jugendpsychotherapeuten, Familienrichter und Hebammen. Je nach Bedarf und Möglichkeit der entsprechenden Zielgruppe findet die Fortbildung über 2 bis 5 Tage statt. Jeweils ergänzt werden sie durch das Angebot der Fallberatung durch die Fachstelle auf Anfrage und die Einladung zur Teilnahme an den Qualitätszirkeln „Kinder von Suchtkranken", die in verschiedenen Kölner Bezirken entstanden sind, um sozialraumnah die verschiedenen Institutionen im Themengebiet „Kinder von Suchtkranken" zu vernetzen, zur Fallbesprechung zu nutzen und unter Bündelung der unterschiedlichen Kompetenzen gemeinsam geeignete Hilfen für die betroffenen Kinder zu entwickeln.

Diese Fortbildungen werden von Mitarbeitern der Fachstelle durchgeführt und je nach Bedarf durch Mitarbeiter unseres Suchthilfesystems und anderer Dienste ergänzt:
- Methadonambulanz
- psychosozialer Dienst
- Drogenberatung
- Kinder- und Jugendpsychiater
- Selbsthilfen
- sozialpädagogische Familienhilfe

Durch die Präsenz der Mitarbeiter dieser unterschiedlichen Dienste bieten diese Fortbildungsangebote bereits konkrete Möglichkeiten zur Netzwerkentwicklung.

47.2.2 Netzwerkperspektiven

In der Netzwerkforschung werden unterschiedliche, sich gegenseitig ergänzende Perspektiven beschrieben. Die am meisten verbreitete ist die **egozentrierte Netzwerkperspektive**. In ihr wird vor allem der einzelne Mensch als Individuum in den Mittelpunkt gestellt, wie Moreno es schon 1936 im Konzept des sozialen Atoms darstellte. Mitchell hat diese Perspektive beschrieben als ein unter einem spezifischen Erkenntnisinteresse vorgenommener Ausschnitt der sozialen Beziehungen eines Individuums zu anderen Personen unter Einbeziehung der Beziehungen dieser Personen untereinander (Mitchell 1969).

Eine erweiterte Möglichkeit bietet die **sozialstrukturelle Netzwerkperspektive**. In ihr ist ein „*soziales Netzwerk das für exzentrische Beobachter eines sozioökologischen Kontextes mit Mikro- oder Mesoformat vorfindliche und umschreibbare multizentrische Geflecht differenzieller Relationen in der Zeit zwischen Menschen (und ggf. Institutionen), die zueinander in unterschiedlichen Bezügen stehen (Kontakte, Begegnungen, Beziehungen, Bindungen, Abhängigkeiten in Konvois) und sich in konkreten oder virtuellen Austauschverhältnissen befinden (z. B. wechselseitige Identitätsattributionen, Hilfeleistungen, Teilen von Informationen, Interessen, Ressourcen, Supportsystemen). Dabei können sich durch das Vorhandensein konkordanter und diskonkordanter kollektiver Kognitionen (z. B. Wirklichkeitskonstruktionen, Interpretationsfolien, Werte, Normen) in dem vorfindlichen Netzwerk unterschiedliche ‚soziale Welten' mit unterschiedlichen ‚sozialen Repräsentationen' konstituieren.*" (Hass u. Petzold 1999, S. 194 f.)

Beiden gemeinsam ist die Erkenntnis, dass Netzwerke Strukturen sind, in denen soziale Beziehungen, Sinnsysteme, Unterstützungen deutlich werden, aber eben auch der Mangel an sozialer Einbindung und Support (s. Abb. 47-2).

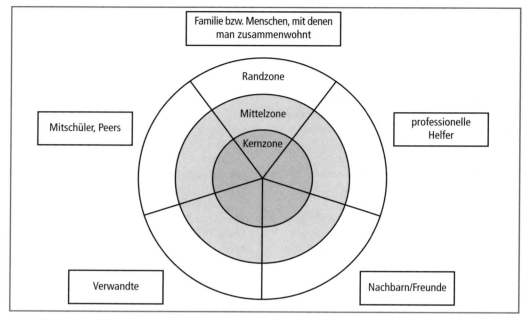

Abb. 47-2 Soziale Netzwerke.

47.2.3 Charakteristik des Netzwerk-Begriffs

Aus der Perspektive sozialer Suchtarbeit ist das soziale Netzwerk des einzelnen Menschen sein Halt, seine Orientierung, sein Lebensmittelpunkt oder aber auch Ausgangspunkt von Krankheit, mangelnder Zuversicht oder Hoffnungslosigkeit. Denn soziale Netzwerke sind nicht immer oder von vornherein Unterstützungsnetzwerke. Zwar sind in unserem therapeutischen und sozialarbeiterischen Sprachgebrauch Netzwerke überwiegend gleichgesetzt mit sozialer Unterstützung. Dabei wird aber übersehen, dass ein unterstützendes Netzwerk lediglich die günstigste Variante eines Netzwerks darstellt. Viele Klienten, die suchtkrank geworden sind, sind in Netzwerken herangewachsen, die alles andere als förderlich waren. Sie waren multiplen aversiven psychosozialen Einflüssen und Milieufaktoren ausgesetzt, hatten einen sehr schwachen sozioökonomischen Status, stammten aus sozialen Netzwerken mit problematischen Beziehungskonstellationen und dysfunktionalen Kommunikationsstilen, aus Netzwerken also, in denen Schutzfaktoren und Ressourcen fehlten und Unterstützungssysteme ineffektiv waren. Wir sprechen dann von **pathogenen Netzwerken**, wenn

- in ihnen Normen und Werte herrschen, die den einzelnen Menschen in ein strukturelles Spannungsverhältnis mit der Gesellschaft versetzen (z. B. Gewaltanwendung, Alkoholkonsum);
- in ihnen Individuen an ihrer freien Entfaltung gehindert werden (dies kann durch eine hohe Dichte mit entsprechend hoher sozialer Kontrolle, durch Mangel an Alternativen in den Sozialbeziehungen usw. bedingt sein);
- in ihnen Werte sich als ambivalent oder verändernd erweisen (z. B. im Netzwerk der Eltern-Kind-Beziehung: Aussagen der Eltern widersprechen sich, angekündigte Versprechungen oder Sanktionen werden nicht gehalten oder durchgesetzt usw.);
- sie eine sehr geringe Anzahl sozialer Beziehungen aufweisen, beispielsweise, wenn weggebrochene Beziehungen (z. B. durch die Suchterkrankung, durch Tod, Trennung usw.) nicht kompensiert werden können;

- in ihnen Beziehungen vorherrschen, die sich durch fehlende Gegenseitigkeit von Unterstützungsleistungen auszeichnen, was zu teilweiser oder vollkommener Abhängigkeit einer Person führen kann;
- in ihnen Randpositionen so geartet sind, dass Kontakt nur über eine Person zum weiteren Netzwerk besteht, was ebenfalls zu einer erhöhten Abhängigkeit von dieser Person führt.

Pathogene Netzwerke haben in der Vergangenheit des Klienten nicht nur schädigenden Einfluss ausgeübt, sie sind oft bis in die neueste Zeit Netzwerke geblieben, die keine oder wenig Unterstützung geboten haben. Vor allem sind zu nennen:

- **unzureichende Anzahl sozialer Unterstützungsquellen**: Wenn man zum Beispiel mit Drogenabhängigen oder chronisch Suchtkranken Netzwerkkarten erstellt, wird das ganze Ausmaß fehlender Unterstützung deutlich.
- **qualitativ unzureichende Unterstützung**: Viele Klienten berichten zwar von einer Reihe von Menschen, auch nahe stehenden Menschen, in ihren Netzwerken, dennoch nicht von angemessener Unterstützung durch diese.
- **unzureichende Inanspruchnahme von Unterstützungsressourcen**: Vielen Klienten ist die Möglichkeit, Hilfen im Netzwerk zu bekommen, verschlossen. Sie nehmen sie nicht in Anspruch, weil sie ihnen nicht bewusst sind.

47.2.4 Netzwerkarbeit konkret

Die Notwendigkeit der Netzwerkarbeit in konkreten Fällen ergibt sich aus der inneren Struktur der betroffenen Familien. Gerade in einem so diffusen System wie dem einer suchtkranken Familie, in der die Rollen, Generationsgrenzen und Verantwortlichkeiten häufig völlig verworren sind, ist die Klarheit der helfenden Institutionen besonders wichtig, um sowohl den Kindern als auch den Eltern Orientierung und Reibungsfläche zu geben und Spaltungstendenzen entgegenzuwirken. In der beruflichen Praxis ist es häufig so, dass die Institutionen, die mit den Eltern arbeiten, mit denen, die auf die betroffenen Kinder blicken, in einen Streit um geeignete Lösungsmöglichkeiten geraten. Die Identifikation mit der jeweiligen Klientel führt zu unterschiedlichen Einschätzungen über das weitere Vorgehen. Macht man sich im Helferkontakt diese Parteilichkeit bewusst, kann dies zum hohen Nutzen für die betroffene Familie eingesetzt werden. Geschieht dies nicht, kommt es gerade in familiären Krisenzeiten häufig dazu, dass angebotene Hilfen nicht greifen oder gegeneinander ausgespielt werden.

Die Bedürfnisse von Eltern und Kindern stehen oft in Konkurrenz zueinander und müssen neu geordnet werden. Dazu ist eine klare Rollenaufteilung der jeweils beteiligten Institutionen unerlässlich. Die Kinder-, Jugend- und Familienhilfe steht mehr auf der Seite der betroffenen Kinder, ist in deren Alltagsleben integriert und erlebt die Familie aus der Sicht des Kindes. Sie hält ein entsprechendes Instrumentarium bereit, um die Kinder zu unterstützen und zu fördern und braucht Unterstützung darin, hilfreiche Kontakte zu suchtkranken Eltern zu gestalten. Um die Kinder nicht aufgrund der Erkrankung der Eltern zu pathologisieren, sollte die Hilfe für diese Kinder so weit wie möglich in den Institutionen stattfinden, in denen sich die Kinder ohnehin aufhalten. Es geht darum, die Kinder zu unterstützen und zu stärken, ohne eine explizite Veränderungsbereitschaft der Eltern voraussetzen zu können, und gegebenenfalls auch darum, über die Sorge um die Kinder eine Veränderungsbereitschaft bei den Eltern zu bewirken (s. Tab. 47-1).

Um langes Zuwarten in ohnmächtigem Zusehen zu verhindern, ist hier eine gute Zusammenarbeit mit den Suchthilfesystemen gefordert und ein hoher Bedarf an Information, Sensibilisierung und Unterstützung vorhanden, sowohl in grundsätzlicher Klärung der Zusammenarbeit und Schweigepflichtsregelung zwischen den Institutionen als auch in Einzelfällen. Dies setzt die Bereitschaft und die Ausstattung der Suchtkrankenhilfe voraus, für Fallberatungen zur Verfügung zu stehen und den häufig für betroffene Eltern zu weiten Weg zur Beratungsstelle durch

Tab. 47-1 Hinweise für Motivationsgespräche für Menschen mit Suchtproblemen.

- günstige Bedingungen wählen: Ort, Zeit, möglichst nüchterner Zustand
- das eigene Interesse am Gespräch deutlich zeigen (Rolle)
- den eigenen Hintergrund kurz erläutern (gemeinsames Interesse: Wohl des Kindes!)
- Atmosphäre der Sorge, nicht der Anklage
- Begebenheiten, möglichst aus der jüngsten Vergangenheit, mitteilen, die auf (Sucht-)Probleme hinweisen
- durch eventuell auftretende Verharmlosungen oder aggressive Reaktionen nicht beirren lassen
- Vertrauen auf die eigene Wahrnehmung
- Hilfsangebote machen: Beratungsstellen, Selbsthilfegruppen etc.
- überprüfbare Absprachen treffen!
- Konsequenzen aufzeigen, sofern keine Bereitschaft zur Änderung des Verhaltens bzw. zur Annahme von Hilfsangeboten besteht
- Gespräche im Team/in der Supervision vorbereiten und gegebenenfalls mit dem Kollegen bzw. der Kollegin gemeinsam führen
- Helferkonferenzen
- Klient/Klientin hat Verantwortung und muss ins Handeln kommen

eigene Präsenz in anderen Institutionen zu überbrücken.

Die Suchtkrankenhilfe vertritt die Seite der Eltern, die sich ebenfalls in Not befinden, und erarbeitet mit den Klienten Wege, wie diese ihre Lebensaufgaben – und dazu gehört auch die der Elternschaft – bewältigen können. Beide Seiten, sowohl die Kinder als auch die Eltern, brauchen verständnisvolle Begleiter und müssen in ihrer Bedürftigkeit wahrgenommen und unterstützt werden. Dies impliziert auch die Aufgabe, der sich die Suchtkrankenhilfe mehr und mehr annehmen muss, nämlich Klienten auch in ihrer Elternverantwortung wahrzunehmen und darin zu unterstützen, wobei es zweitrangig ist, ob die Kinder noch im familiären Rahmen leben oder anderweitig (Heim, Pflegefamilie) untergebracht sind.

In der Suchtkrankenhilfe kann dies bedeuten, die Überzeugung der Eltern, dass ihre Kinder von ihrer Suchterkrankung nichts merken, nicht mitzutragen und das Tabu von Scham- und Schuldgefühlen zu durchbrechen, um gemeinsam mit den Suchtkranken klarer die Verantwortungs- und Erziehungsfähigkeit einschätzen zu können. Hilfreiche Beobachtungskriterien im Hinblick auf **elterliche Fähigkeiten** sind (nach Zenz et al. 2002):

- Fähigkeit, die Basisversorgung des Kindes zu gewährleisten
- Fähigkeit, das Kind realistisch (d.h. altersangemessen etc.) wahrzunehmen
- Fähigkeit zu realistischen Erwartungen im Hinblick auf die Befriedigung der Bedürfnisse des Kindes
- Fähigkeit zur (situativen) Einfühlung für und in das Kind
- Fähigkeit, eine Beziehung zum Kind zu entwickeln und zu halten
- Fähigkeit, der kindlichen Entwicklung und den Bedürfnissen des Kindes Vorrang zu geben vor den eigenen Bedürfnissen
- Fähigkeit, aggressive Impulse dem Kind gegenüber zurückzuhalten

In vielfältigen Fallberatungen, die in den vergangenen Jahren durchgeführt wurden (etwa 260 in den Jahren 1998 bis 2006), ist jeweils deutlich geworden, dass Hilfeangebote für suchtkranke Familien immer Arbeit sowohl an deren sozialem Netzwerk als auch im Netzwerk der mit der Familie arbeitenden Institutionen ist.

Sehen wir uns die inneren Strukturen einer suchtkranken Familie näher an, sehen wir soziale Netzwerke mit problematischen Beziehungskonstellationen und dysfunktionalen Kommunikationsstilen. Im weiteren Umfeld sehen wir in der Regel, dass Schutzfaktoren und Ressourcen fehlen und dass die Unterstützungssysteme ineffektiv sind. Hier ein Beispiel aus einer Netzwerkdarstellung innerhalb einer Fallberatung mithilfe des Aufstellens einer Skulptur:

> Wir sehen vier Personen, die eng aneinander verschlungen, völlig bewegungslos da stehen. Auf den ersten Blick ist kaum zu erkennen, wer in diesem Kreis die Eltern oder die Kinder sein sollen. Einzelne Personen sind kaum zu sehen. Die Grenzen der Einzelnen scheinen verschwom-

men. Bei näherem Betrachten sehen wir, dass die beiden Elternfiguren, eng umarmt und kaum in der Lage, auf eigenen Füßen zu stehen, sich zur eigenen Stabilisierung auf ihren vor ihnen stehenden Kinder abstützen. Die Eltern halten den Blick gesenkt; Kontakt untereinander oder zur Außenwelt scheint nicht zu bestehen. Die Kinder halten ihre Position, indem sie einander stützen und gleichzeitig festhalten. Der Blick des kleineren Kindes ist starr auf das ältere Geschwisterkind gerichtet. Dessen Blick geht in die Ferne. Um die Familie herum stehen ein Klassenkamerad des älteren Kindes, der aber keinen Kontakt zu seinem Freund bekommt, eine Erzieherin, die sich mit einer freundlichen Geste dem kleineren Kind nähert, und eine Sozialarbeiterin des ASD, die in einer hilflosen Geste versucht, die Eltern zu erreichen. Weit im Hintergrund der Familie steht, eher unbeteiligt, ein Drogenberater.

In der weiteren Arbeit mit diesem Netzwerk werden die einzelnen Personen zu ihrem Befinden befragt. Der Vater gibt an, es gehe ihm gut und man solle ihn nur in Ruhe lassen. Die Mutter findet ihr Leben sehr schwer und hat als einzige Freude ihre beiden Kinder, auf die sie sehr stolz ist. Das kleinere Kind bleibt sprachlos und ist kurzzeitig in der Lage, den Blick auf die ihm zugewandte Erzieherin zu richten. Das größere Kind erlebt Stärke in seiner Position, aber auch eine große Anspannung, die aber sehr vertraut sei. Spielen mit dem Klassenkameraden wolle er nicht, er wolle lieber auf seine kleinere Schwester aufpassen. Auf die Frage, ob es bei den einzelnen Personen irgendwelche Impulse gebe, verstärkt der Vater die Umklammerung seiner Familie, die Mutter bleibt bewegungslos, die Kinder versuchen eine Bewegung nach vorn, erstarren aber sofort wieder, als sie spüren, dass das System zusammenbricht, sobald einer seine Position verändert.

Die Erzieherin versucht, sich dem kleineren Kind mehr zu nähern, indem sie sich auf seine Ebene kniet, und sucht Blickkontakt zur Mutter; die Mitarbeiterin des ASD nähert sich den Eltern und entwickelt in ihrer Position mehr und mehr Aggressionen. Ihr Impuls ist, die Eltern von den Kindern wegzuziehen. Dem Drogenberater ist der Blick auf das familiäre Geschehen versperrt. Sein Impuls ist es, aus dem Hintergrund vor die Familie zu treten.

In dieser wie auch in vielen ähnlichen Netzwerkdarstellungen werden Strukturen und Haltungen deutlich, die in der Entwicklung von Hilfen für Kinder aus suchtbelasteten Familien zu berücksichtigen sind. Häufig haben wir es in diesen Systemen mit pathogenen Netzwerken zu tun. Unterstützende oder schützende Hilfen fehlen oder werden nicht angenommen.

Die bei den Kindern entstehenden Störungen in so gearteten Netzwerken sind eine direkte Folge nicht eindeutiger, unberechenbarer Beziehungen zwischen dem Kind und den Erwachsenen, in der Regel den Eltern. Diese Erfahrungen werden allerdings auch schnell auf andere Erwachsene übertragen, gerade dann, wenn Außenstehende für die Familie als Angreifer und Störer gedeutet werden, wie dies häufig Hilfeangeboten gegenüber geschieht. Kinder leiden unter den widersprüchlichen Beziehungen. Sie sind sich ihrer Eltern und anderer Erwachsener und infolgedessen ihrer selbst und ihres Wertes nicht sicher. Konflikte stellen sich als innere oder äußere Konflikte dar. Innere Konflikte sind die Selbstzweifel, die sich aus konflikthaften Beziehungskonstellationen ergeben, während die äußeren Konflikte sich dadurch zeigen, dass Kinder zwischen den Eltern oder anderen Erwachsenen stehen und deren Konflikte nicht nur erleben, sondern darin direkt einbezogen sind.

Doch nicht nur die Kinder sind in unserem Beispiel großen Konflikten und inneren Spannungen ausgesetzt. Auch die Eltern leiden unter der Schwere ihrer Erkrankung und dem Erleben der völligen Überforderung in dieser Situation. Sie nehmen sehr wohl wahr, dass sie den Bedürfnissen ihrer Kinder nicht gerecht werden können, und ihr Anliegen ist, ihren Kindern gute Eltern zu sein. Doch auch sie selbst waren in der Regel unterversorgte Kinder. Ihre Ressourcen reichen nicht aus.

Die Stärke der Abwehr, die Eltern Hilfeangeboten gegenüber zeigen, ist lediglich ein deutliches Zeichen für das Ausmaß von Angst und Schuldgefühlen, das sich in ihrem Inneren abspielt.

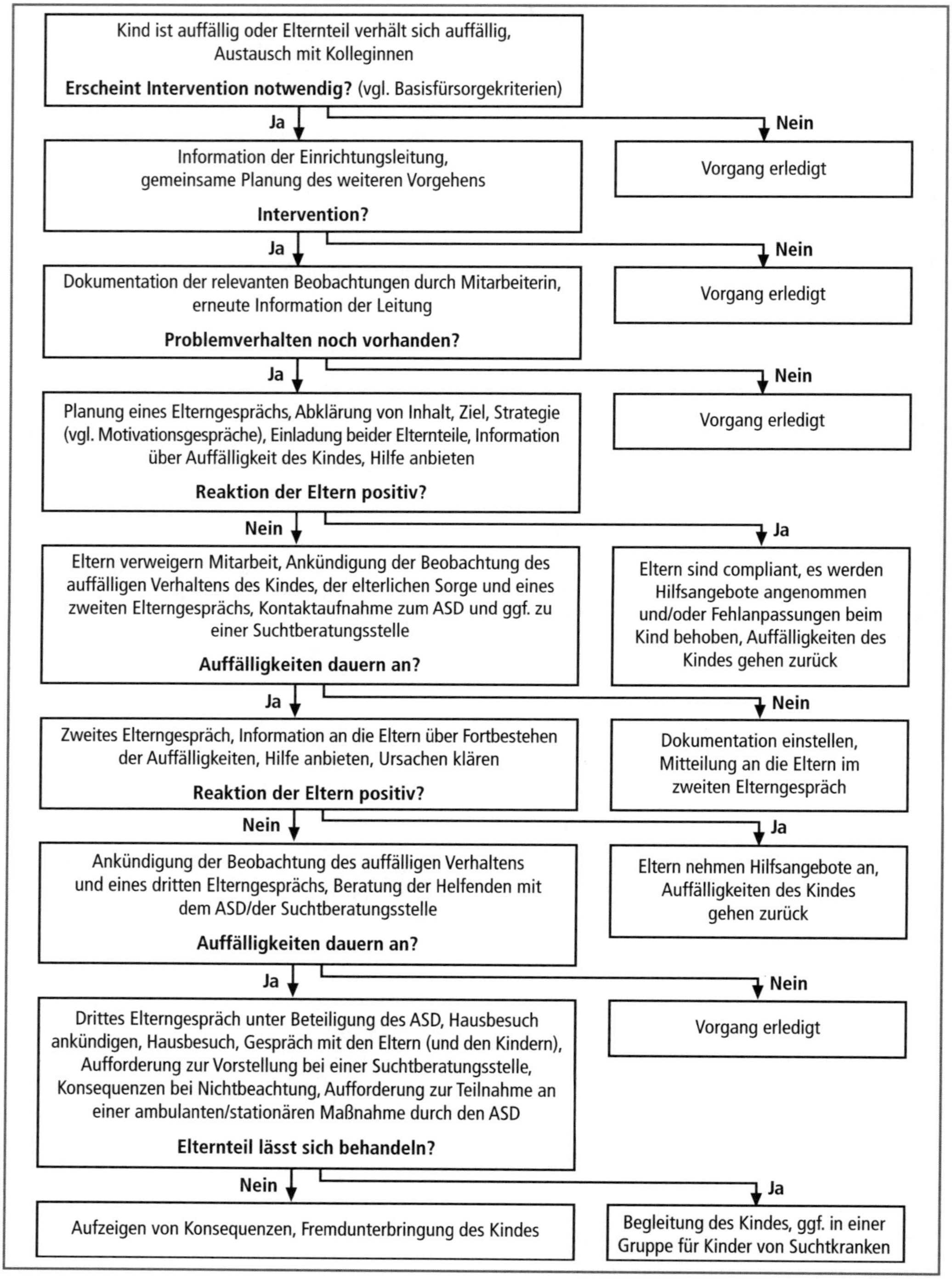

```
┌─────────────────────────────────────────────────────────────────────────────────────────┐
│                    Kind ist auffällig oder Elternteil verhält sich auffällig,           │
│                                   Austausch mit Kolleginnen                             │
│                   Erscheint Intervention notwendig? (vgl. Basisfürsorgekriterien)       │
│                              Ja ↓                              → Nein                   │
│                   ┌─────────────────────────────────┐    ┌──────────────────────┐       │
│                   │  Information der Einrichtungsleitung,│    │   Vorgang erledigt   │       │
│                   │  gemeinsame Planung des weiteren Vorgehens │                      │       │
│                   │           Intervention?                    │                      │       │
│                              Ja ↓                              → Nein                   │
```

Ablaufdiagramm (Entscheidungsmatrix):

- **Kind ist auffällig oder Elternteil verhält sich auffällig, Austausch mit Kolleginnen**
  Erscheint Intervention notwendig? (vgl. Basisfürsorgekriterien)
  - Ja → weiter
  - Nein → Vorgang erledigt

- **Information der Einrichtungsleitung, gemeinsame Planung des weiteren Vorgehens**
  Intervention?
  - Ja → weiter
  - Nein → Vorgang erledigt

- **Dokumentation der relevanten Beobachtungen durch Mitarbeiterin, erneute Information der Leitung**
  Problemverhalten noch vorhanden?
  - Ja → weiter
  - Nein → Vorgang erledigt

- **Planung eines Elterngesprächs, Abklärung von Inhalt, Ziel, Strategie (vgl. Motivationsgespräche), Einladung beider Elternteile, Information über Auffälligkeit des Kindes, Hilfe anbieten**
  Reaktion der Eltern positiv?
  - Nein → Eltern verweigern Mitarbeit, Ankündigung der Beobachtung des auffälligen Verhaltens des Kindes, der elterlichen Sorge und eines zweiten Elterngesprächs, Kontaktaufnahme zum ASD und ggf. zu einer Suchtberatungsstelle
    Auffälligkeiten dauern an?
  - Ja → Eltern sind compliant, es werden Hilfsangebote angenommen und/oder Fehlanpassungen beim Kind behoben, Auffälligkeiten des Kindes gehen zurück

- **Zweites Elterngespräch, Information an die Eltern über Fortbestehen der Auffälligkeiten, Hilfe anbieten, Ursachen klären**
  Reaktion der Eltern positiv?
  - Nein → Ankündigung der Beobachtung des auffälligen Verhaltens und eines dritten Elterngesprächs, Beratung der Helfenden mit dem ASD/der Suchtberatungsstelle
    Auffälligkeiten dauern an?
  - Ja → Eltern nehmen Hilfsangebote an, Auffälligkeiten des Kindes gehen zurück / Dokumentation einstellen, Mitteilung an die Eltern im zweiten Elterngespräch

- **Drittes Elterngespräch unter Beteiligung des ASD, Hausbesuch ankündigen, Hausbesuch, Gespräch mit den Eltern (und den Kindern), Aufforderung zur Vorstellung bei einer Suchtberatungsstelle, Konsequenzen bei Nichtbeachtung, Aufforderung zur Teilnahme an einer ambulanten/stationären Maßnahme durch den ASD**
  Elternteil lässt sich behandeln?
  - Nein → Aufzeigen von Konsequenzen, Fremdunterbringung des Kindes
  - Ja → Begleitung des Kindes, ggf. in einer Gruppe für Kinder von Suchtkranken

Abb. 47-3 Entscheidungsmatrix bei Kindern aus suchtbelasteten Familien in Institutionen der Kinder- und Jugendhilfe. ASD = Allgemeiner Sozialer Dienst.

Kommen wir noch einmal zu dem oben beschriebenen Beispiel zurück und schauen uns die Rollen der Helfer und Helferinnen an, die diese Familie als äußeres Netzwerk umgeben: Zunächst fällt auf, dass zwischen den Helfenden keinerlei Kontakt besteht. Die Erzieherin hat lediglich Kontakt zu einem der Kinder, kann dies aber durch die enge Umklammerung der Familie kaum erreichen. Dennoch ist diese Frau ein wichtiger Außenkontakt, den das Kind dieser Familie offenbar hat. Sie begibt sich entsprechend ihrem Arbeitsauftrag ganz in die Nähe des Kindes, von dem sie auch wahrgenommen wird, und kann ihm somit eine wichtige Stütze sein. Die Gefahr ist, dass sie dadurch den Kontakt auf der Ebene der Eltern verliert. Hier wäre in der Praxis zu versuchen, ob es der Erzieherin möglich ist, zum Beispiel die Mutter zu erreichen, um mit ihr – gestützt durch weitere Helfersysteme – eine Veränderungsmöglichkeit zu erarbeiten. Die Erzieherin hält dabei für die Mutter ein sehr attraktives Angebot vor, nämlich die verlässliche zeitweilige Sorge für das Kind – eine wichtige Entlastung und Unterstützung für die Mutter. Häufig ist es für Erzieherinnen leichter, in der Sorge um die Kinder ein gemeinsames Arbeitsbündnis mit den Eltern zu erreichen; dies gelingt aber in der Regel nur in enger Abstimmung mit Jugendamt und Suchtberatung.

Die Schwierigkeit, in die professionelle Helfer geraten können, die eng mit den Kindern arbeiten, besteht darin, in eine Konkurrenz zu den Eltern zu treten und sich den Kindern als die besseren Eltern anzubieten. Die Folgen sind sehr bald eine völlige Überforderung in der Identifikation mit dem Kind und der Verlust der Möglichkeit, mit den Eltern in klaren Absprachen zu arbeiten. Zudem trägt diese Haltung zur Verunsicherung der Kinder bei, die ihren Eltern gegenüber loyal sind und auf die Wertschätzung, die andere ihren Eltern entgegenbringen, angewiesen sind. Erleben die Kinder eine Abwertung ihrer Eltern von außen, fühlen sie sich in der Regel gleichermaßen mit abgewertet.

Häufig sind Erzieherinnen die ersten Kontaktpersonen der Kinder außerhalb der Familie. Ihnen kommt daher ein wichtiger Stellenwert im Bereich der Früherkennung und Frühintervention in suchtbelasteten Familien zu. Sie haben durch ihren engen Kontakt zu den Kindern einen großen Einblick in die Versorgungssituation, in der die Kinder aufwachsen, und ein entscheidend wichtiges – weil verlässliches – Beziehungsangebot für die Kinder. Häufig sind Kindertagesstätten und Horte die erste Möglichkeit und Erlaubnis für die Kinder, Kind sein zu dürfen und zu erleben, dass es Spiel- und Entfaltungsräume gibt und dass für sie gesorgt wird.

Bereits hier wird deutlich, wie unerlässlich eine gute Vernetzung mit anderen Hilfesystemen ist, um diesem Arbeitsauftrag gerecht werden zu können. Gerade da, wo Suchterkrankungen eine intensive Elternarbeit erschweren, sind Einrichtungen für Kinder in einem frühen Stadium auf Zusammenarbeit mit Mitarbeitern der Suchtkrankenhilfe und des Jugendamtes angewiesen. Unsicherheiten Suchtkranken gegenüber und die Schwierigkeit, die Erkrankung einzuschätzen, verhindern oft lange Zeit, dass das Gespräch mit den Eltern gesucht wird. Die mögliche Struktur eines Hilfeprozesses ist in der Abbildung 47-3 beispielhaft dargestellt.

Die notwendigen Absprachen zwischen Jugendhilfe und Suchthilfe dienen nicht zuletzt auch zur Entlastung der jeweiligen Mitarbeiterinnen und Mitarbeiter, die dort, wo Kinder Leidtragende von elterlichen Erkrankungen sind, in hoher Verantwortung stehen. Um hilfreiche Prozesse in Gang bringen zu können, ist es wichtig, diese Verantwortung zu teilen. Gerade pathogene Netzwerke, wie die von suchtkranken Familien, erfordern ein qualifiziertes und gut abgestimmtes Helfersystem.

Gehen wir noch einmal zurück zu unserem Fallbeispiel und schauen uns die Rolle der Mitarbeiterin des ASD an. Diese versucht, Kontakt zu den Eltern aufzunehmen, scheitert aber an deren Abwehr. Die Angst der Eltern vor der Kontrolle des Jugendamtes verhindert ein Näherkommen. Die Mitarbeiterin entwickelt in ihrer Hilflosigkeit Aggressionen in Bezug auf die Eltern, was in ihrer Position und angesichts der krisenhaften Situation dieser Familie nur allzu verständlich, aber nicht professionell ist. Wenn die eigene Helferrolle unklar ist und zwischen Beratungsangebot und Kontrollinstanz verharrt, ist eine ehrliche Kontaktaufnahme zu einer solchen Familie nicht möglich.

Auch in dieser Position wäre eine Zusammenarbeit mit den beiden anderen genannten Hilfsinstitutionen sehr hilfreich. Sinnvoll ist eine klare Absprache darüber, wer welche Rolle der betroffenen Familie gegenüber einnimmt. Wichtig ist hier, miteinander einen gut abgestimmten Hilfeplan zu entwickeln, der sowohl unterstützende als auch kontrollierende Rollen und Arbeitsaufträge beinhaltet. Dies muss umso klarer und strukturierter geschehen, je pathogener das familiäre Netzwerk ist. Zu groß ist gerade für die Kinder die Gefahr, Hilfeprozesse ineffektiv und frustrierend für alle Beteiligten in die Länge zu ziehen, weil unklar ist, ob zum Beispiel Absprachen erfüllt werden. Hier ist bereits Klarheit im Vorfeld von konkreten Fällen zu schaffen, was etwa die Schweigepflicht zwischen den involvierten Institutionen betrifft, wenn Kinder mitbetroffen sind.

Diese enge Zusammenarbeit ist gerade auch im Hinblick auf stark in die Familie eingreifende Maßnahmen (wie z. B. Sorgerechtsentzug oder Fremdunterbringung) angezeigt. Die Entscheidungen sind oft so schwerwiegend, dass gemeinsam beobachtet werden muss, wann die Grenze der das System unterstützenden Hilfen erreicht ist. Aber auch eine Fremdunterbringung hebt die gemeinsame Arbeit mit Eltern und Kindern im Netzwerk der Helfenden nicht auf. Dieser Aspekt ist in dem beschriebenen Fall sehr augenfällig. Entlastung für die Kinder heißt Entlastung von den Eltern – die Verantwortung für diese muss zumindest teilweise von anderen übernommen werden, damit das Kind in Ruhe in einer anderen Umgebung sein kann und seine eigenen Bedürfnisse wahrnehmen darf. Dies sei noch an einem Beispiel einer Fallbesprechung in einem Kinderheim verdeutlicht:

> Hier wurde ein Kind von einer allein erziehenden alkoholabhängigen Mutter untergebracht. Obwohl oder weil die familiären Bedingungen wie auch der Gesundheitszustand der Mutter katastrophal waren, war das Kind in diesem Heim kaum zu halten. Immer wieder lief es aus der Gruppe weg und wurde später zu Hause wieder aufgefunden. Erst nach mehrfachen Wiederholungen dieses Verhaltens wurde deutlich, dass die Sorge um die Mutter das Kind immer wieder nach Hause trieb. Es hatte bei ihr in den Jahren zuvor die sorgende und schützende Rolle übernommen, auf die Mutter aufgepasst, sie auch einmal vor dem Verbrennen bewahrt. Von ihr getrennt konnte das Kind zunächst diese Sorge nicht lassen und den geschützten Rahmen des Heims für sich nicht nutzen.

Hier ist das unterstützende Netzwerk der Helfenden wichtig, um die Sorge um die Mutter im Blick zu halten und dem Kind auf diesem Wege etwas von der Schwere der Verantwortung zu nehmen. Andererseits bleibt die gemeinsame Arbeit darin bestehen, das Leid dieses Kindes verständnisvoll begleiten zu können. Auch dies ist ein Aspekt, der für helfende Netzwerke wichtig ist: Zu bedenken, dass oft nur die Wahl zwischen schlechten Lösungen zu treffen und keine schnelle Erleichterung zu finden ist und dass manches Leid nicht verhindert, sondern (lediglich) begleitet werden kann. Hier können funktionierende Netzwerke hilfreiche Kraftquellen sein.

Bleibt noch der reflektierende Blick auf die Rolle des Drogenberaters im oben geschilderten Fall. Durch seine Position im Rücken der Eltern war ihm der Blick auf die Struktur der Familie und die mitbetroffenen Kinder versperrt. Er hatte – entsprechend seinem Arbeitsauftrag – die Suchtkranken im Blick, allerdings losgelöst von deren sozialer Realität und Aufgabenstellung innerhalb der Familie. Sein Platz hinter den Eltern mag zum einen seine unterstützende Funktion, zum anderen aber auch eine Realität in Suchtberatungsstellen verdeutlichen. Die Suchtkranken bringen häufig so viel an drängender eigener Bedürftigkeit mit, dass der Blick auf das sie umgebende Netzwerk verstellt ist. Ihre Rolle als Eltern wird von ihnen selbst selten in Gesprächen thematisiert. Geschieht dies, dann in der Regel durch Druck von außen. Deutlich wird hier auch der Verantwortungsbereich, der der Suchthilfe innerhalb der helfenden Institutionen zukommt, nämlich die Klienten in ihrer elterlichen Verantwortung wahrzunehmen und sie darin zu unterstützen. Gegebenenfalls heißt das auch, daran mitzuarbeiten, dass Klienten ihre elterliche Verantwortung so wahrnehmen, dass sie bereit sind, die Kinder fremdunterzubringen. Hier hat die Suchthilfe einen wesentlich besseren Zugang zu den Eltern als beispielsweise das Jugendamt, das stärker die kontrollierende Funktion vertritt. Eine Stärkung der Eltern durch die zuständigen Beratungsstellen hat somit eine wichtige Funktion in der Entlastung der Kinder und ist Aufgabe der Suchthilfe.

47.2.5 Netzwerkentwicklung in Köln

Der Prozess hin zu einem funktionierenden Netzwerk im Bereich „Kinder aus suchtbelasteten Lebensgemeinschaften" hatte in Köln bisher verschiedene Schwerpunkte:

- 1999: Fachtagung der Psychosozialen Arbeitsgemeinschaft (PSAG) anlässlich ihres 20-jährigen Bestehens zum Thema „Suchtkranke Eltern – suchtkranke Kinder?!"
- 1999: Bildung des Arbeitskreises „Netzwerk Kinder von Suchtkranken" innerhalb der PSAG Sucht
- 2000: Herausgabe der Broschüre „Suchtkranke Eltern – Suchtkranke Kinder?!" durch den Arbeitskreis
- 2001: Workshoptag „Netzwerk Kinder von Suchtkranken"
- 2001: Auswertung dieses Workshoptages und Bildung von „Qualitätszirkeln" auf bezirklicher Ebene
- seit 2001: Arbeit in diesen Qualitätszirkeln mit den Aufgabenstellungen:
  - Bedarfserhebung
  - Ressourcenanalyse (Gemeinwesen/Nachbarschaft)
  - Konzeptentwicklung für sozialraumnahe Angebote
  - Kooperationsmöglichkeiten/Klärung von Aufgabenbereichen
  - multiprofessionelle Fallarbeit
  - Klärung von Überweisungskontexten
  - Verhinderung von Beziehungsabbrüchen
  - Öffentlichkeitsarbeit
  - Mittelbeschaffung
  - rechtliche Fragen
- 2002: Jubiläum des SKM mit dem Fachthema „Kinder aus suchtbelasteten Lebensformen"
- seit 2002: Gruppenarbeit mit Kindern aus suchtbelasteten Familien durch verschiedene Institutionen

Die bisherige Erfahrung innerhalb der bezirklichen Netzwerke zeigt, dass es hilfreich ist, in der gemeinsamen Arbeit bestimmte Punkte zu berücksichtigen, um eine befriedigende und kontinuierliche Arbeit für die beteiligten Institutionen zu erreichen:

- Netzwerke brauchen einen thematischen Schwerpunkt.
- Netzwerke brauchen konkrete Arbeitsaufträge.
- Netzwerke müssen für die beteiligten Institutionen hilfreich und entlastend sein.
- Netzwerke brauchen konkrete Ergebnisse.
- Netzwerke brauchen die Bereitschaft zur Transparenz.
- Netzwerke brauchen gegenseitige Wertschätzung.
- Netzwerke brauchen Koordination.
- Netzwerke brauchen Ausdauer.

Literatur

Diözesan-Caritasverband Köln e. V. (Hrsg) (2004). Schriftenreihe. Heft Nr. 60: Spielraum … für Kinder aus suchtbelasteten Familien. Köln: Caritasverband.

Feineis B (1989). Soziale Netzwerkarbeit mit Drogenabhängigen. In: Röhrle B, Sommer G, Nestmann F (Hrsg). Netzwerkinterventionen. Tübingen: dgvt 1998; 119–38.

Hass W, Petzold HG (1999). Die Bedeutung der Forschung über soziale Netzwerke, Netzwerktherapie und soziale Unterstützung für die Psychotherapie – diagnostische und therapeutische Perspektiven. In: Petzold HG, Märtens M (Hrsg). Wege zu effektiven Psychotherapien – Psychotherapieforschung und Praxis. Bd. 1. Opladen: Leske + Budrich; 193–272.

Landeszentrale für Gesundheitsförderung Rheinland-Pfalz e. V. (Hrsg) (2002). Kinder aus suchtbelasteten Familien. LZG Schriftenreihe Nr. 79.

Mitchell JC (1969). The concept and use of social networks. In: Mitchell JC (ed). Social Networks in Urban Situations. Manchester: University Press.

Petzold HG (1979). Konzepte zu einer integrativen Rollentheorie auf der Grundlage der Rollentheorie Morenos. Düsseldorf: Fritz Perls Institut (in Auszügen und teilweise erweitert in: Petzold HG, Mathias U [1983]. Rollenentwicklung und Identität. Paderborn: Junfermann).

Röhrle B, Sommer G, Nestmann F (Hrsg) (1998). Netzwerkinterventionen. Tübingen: dgvt.

Zenz W, Bächer K, Blum-Maurice R (2002). Die vergessenen Kinder. Köln: PapyRossa.

48 Case Management

Martina Schu

Trotz durchaus vorhandener Jugendhilfe- und Drogenhilfesysteme treffen suchtgefährdete und abhängige Jugendliche oft auf Unverständnis, pädagogische Hilflosigkeit und sogar auf Ausgrenzung: Jugendhilfe und Schule fühlen sich für Drogenprobleme oft nicht zuständig, und die Drogenhilfe hält meist keine spezifischen Angebote für Jugendliche vor. In der Folge bleiben insbesondere Jugendliche mit massiven Suchtproblemen, die zugleich nicht selten weiteren Belastungen ausgesetzt sind, häufig auf Dauer ohne die notwendige Unterstützung. Teilweise haben sie mehrfach und erfolglos versucht, professionelle Hilfe zu bekommen oder zu nutzen. Abbrüche und Diskontinuität sind kennzeichnend für die Hilfeverläufe (vgl. z. B. Alte-Teigeler 1999; Gantner 1999; Schmidt 1998; Wieland 1996).

Wenig erstaunlich ist denn auch, dass Broekmann und Schmidt (2001) im Rahmen einer Jugendbefragung zum Versorgungsbedarf bei früher Suchtgefährdung zu dem Ergebnis kommen, dass unter den befragten Jugendlichen die Kenntnis von bestehenden Angeboten gering ist, professionelle Hilfe eher gemieden wird und Jugendliche von einem Mangel an Vertraulichkeit und Verständnis ausgehen und Zweifel haben, ob sie tatsächlich Unterstützung erfahren würden. Dem entsprechen die Daten zur Nutzung von Suchthilfeeinrichtungen. So waren zum Beispiel im Jahr 2004 nur 3,7 % der Nutzerinnen und Nutzer ambulanter Beratungs- oder Behandlungsangebote unter 18 Jahren und weitere 3,7 % 18 bis 19 Jahre alt. Und im stationären Bereich lag (im Jahr 2004) der Anteil von Patientinnen und Patienten unter 20 Jahren bei 1,1 % der Gesamtklientel (Strobl et al. 2005a, 2005b). Die Zahl der tatsächlich erreichten Jugendlichen muss also – gemessen an den Prävalenzraten – als gering ansehen werden.

Der Konsum und, wie in diesem Buch an anderer Stelle gezeigt, auch der problematische Konsum von Suchtmitteln (vgl. die Kapitel in Abschnitt IV) sind unter Jugendlichen und jungen Erwachsenen weit verbreitet und setzen früher ein, als dies ihre Präsenz in Hilfeeinrichtungen vermuten ließe (vgl. Bundeszentrale für gesundheitliche Aufklärung 2001; Perkonigg et al. 1997; Sydow 2001; Wittchen u. Lieb 2000). Daten des BKA belegen zudem, dass eine relevante Anzahl von Jugendlichen wegen Drogenkonsums polizeilich auffällig wird: So wurden im Jahr 2004 16,5 % aller registrierten Delikte von bis 18-jährigen Tätern und weitere 22,8 % von 18- bis 21-Jährigen verübt (Bundeskriminalamt 2005).

Es gibt also eine Subgruppe von jugendlichen Konsumenten, deren Situation – neben konsumbezogenen, familiären, schulischen und allgemein sozialen Problemen – auch von strafrechtlichen Problemlagen gekennzeichnet ist. Insgesamt ist von einem Großteil Jugendlicher auszugehen, die aufgrund ihrer komplexen Problemlage einen umfassenden Hilfebedarf haben. Was umso schwerer wiegt, ist, dass gerade für hochproblematische Jugendliche kaum passende Angebote vorgehalten werden. Für sie gilt das schon 1971 von Hart postulierte „inverse care law", wonach gerade die Menschen, die am meisten Hilfe bräuchten, am wenigsten bekommen. In der Folge verfestigen sich chronische „Problem- bzw. Suchtkarrieren".

Die Vielzahl von Problemen, die zu bearbeiten sind, können die vorrangig zuständigen Systeme der Drogen- und Jugendhilfe mit ihren jeweiligen Einrichtungen und Angeboten nur zum Teil erfolgreich angehen. Und der einzelne Mitarbeiter ist überfordert, will er gleichermaßen kompetent in allen anstehenden Fragen beraten (Schule, Ausbildung, Gesundheit, familiäre und justizielle Probleme, Wohnsituation, Schulden etc.). Auf der anderen Seite wurde in den letzten Jahren ein ausdifferenziertes System von Hilfen und Unterstützungsangeboten aufgebaut, und eine Reihe psychosozialer und sonstiger Dienste ist mit jugendlichen Suchtgefährdeten und Abhängigen befasst. Bei gleichzeitiger Zuständigkeit arbeiten die Systeme jedoch nach unterschiedlichen Konzeptionen und verfolgen unterschiedliche Ziele. Neben der Problemlage der Jugendlichen selbst, den Vorstellungen der Betroffenen, den Wünschen und Hoffnungen der Eltern bzw. Erziehungsberechtigten sind die Fachkräfte daher mit einer Vielzahl unterschiedlicher Standpunkte, Haltungen und Forderungen aufseiten des Hilfesystems konfrontiert, die es zuzuordnen und zu werten gilt.

Als Reaktion auf die mit der Ausdifferenzierung der Hilfesysteme zunehmende Fragmentierung und Diskontinuität der Hilfeerbringung wurden in Deutschland seit Ende der 80er Jahre des 20. Jahrhunderts Konzepte der personenzentrierten Hilfeerbringung und von Case Management verstärkt rezipiert (vgl. z. B. Ewers 1996; Löcherbach 1988; Weinem 1994; Wendt 1988, 1991). Es lag nahe, die diesem Ansatz innewohnende Chance zu erkennen: Gerade Case Management ermöglicht es, Menschen mit einem umfassenden Bedarf an Hilfen relativ kurzfristig den Zugang zu entsprechenden Hilfen zu eröffnen, dabei strukturiert vorzugehen und gleichzeitig das individuell zu knüpfende Unterstützungsnetz zu steuern. Das für Case Management zentrale Phasenmodell (Zugang und Aufnahme, Assessment, Zielvereinbarung und Hilfeplanung, Durchführung, Monitoring, Re-Assessment, abschließende Ergebnisbewertung) bietet einen strukturierten und überprüfbaren Weg, um auch Klientinnen und Klienten mit komplexen Problemlagen effektiv durch die Hilfe- und Unterstützungsnetze zu führen.

Wie auch in anderen Gesetzestexten wurden bei der Überarbeitung des KJHG u. a. die oben genannten Prinzipien eingearbeitet und die Aspekte von Abstimmung und Fallsteuerung gestärkt (z. B. § 36 SGB VIII zur Hilfekonferenz). In der bundesdeutschen Versorgung nimmt die Bedeutung von Case Management beständig zu, mehrere Modellprojekte wurden durchgeführt, die meist der Weiterentwicklung der Versorgung chronisch kranker Menschen gewidmet waren, und Elemente von Case Management zogen in die Gestaltung von Sozialhilfe- und anderen Hilfeleistungen ein (vgl. z. B. Engler et al. 1998; Oliva et al. 2001b; Reiberg et al. 1997a, 1997b; Reis 2002; Schleuning et al. 2000; Sellin 2002; Wendt 2003). Insbesondere im Bereich der Versorgung von Problemfamilien, Familien mit kranken Kindern, suchtgefährdeten und abhängigen Jugendlichen etc. werden zunehmend Case-Management-Ansätze realisiert (Porz et al. 2002; Schlanstedt u. Schu 2002). Seit 2005 läuft ein mehrjähriges Projekt zu „Computergestütztem Case Management in der Kinder- und Jugendhilfe" (vgl. Hermsen 2005), in dem es neben der Betrachtung von Struktur- und Prozessqualität vor allem um die Analyse der Wirkungen gehen soll. Dies ist besonders wichtig, da es in Deutschland weitgehend an kontrollierten Studien zu Case Management fehlt, mit denen die Wirkung valide belegt werden könnte. Gleichwohl weisen die bisherigen Studien und Projekterfahrungen darauf hin, dass Case Management auch schwierige Klientinnen und Klienten, Multi-Problem-Familien etc. erfolgreich unterstützen und mit den nötigen Hilfeleistungen verbinden kann.

Doch: Wo Case Management drauf steht, ist nicht immer Case Management „drin". Die vollständige Umsetzung dieses Ansatzes erfordert umfassende Veränderungen in der Erbringung und Organisation von Hilfeprozessen. Im Folgenden soll vor allem auf Case Management als methodisches Konzept eingegangen werden, mit dem Menschen in komplexen Problemlagen, die verschiedene Hilfen benötigen, unterstützt werden können. Ziel ist der Aufbau eines integrierten Unterstützungspakets (package of care), das private und professionelle Ressourcen umfasst und eine zeitliche Kontinuität (continuum of care) sicherstellt. Dabei übernimmt Case Management zum einen die Organisation und Koordination eines Hilfenetzwerks, wobei Klarheit und Transparenz unabdingbar sind, um verschiedene Maßnahmen im Zusammenwirken zu organisieren und zu kontrollieren. Zum anderen gehört die direkte Betreuung von Klientinnen und Klienten dazu, mit dem Ziel, die Fähigkeit und die Bereitschaft, Hilfe in Anspruch zu nehmen, zu stärken sowie sie bei der Nutzung von Angeboten und der Inanspruchnahme von Rechten zu unterstützen. Case Management ist keine gänzlich neue Methode, es basiert vielmehr auf Traditionen der Sozialarbeit und integriert vorhandene Methoden. Neu sind jedoch die Art der Verknüpfung und die Systematisierung der Hilfeleistung, bei der die Sicherung von Klientenrechten untrennbar verknüpft ist mit der Gewährleistung von Qualität.

Unter Case Management werden in der Fachdiskussion zum Teil deutlich voneinander abweichende Arbeitsansätze subsumiert. Doch ist allen Ansätzen gemeinsam, dass sie Case Management nicht im Sinne einer therapeutischen Methode verstehen, sondern als ein Handlungsschema, eine bestimmte Ablauforganisation. Zentral ist dabei die Verknüpfungsaufgabe: Menschen mit ihren individuellen Hilfebedürfnissen (Nachfrageseite) und verfügbare Hilferessourcen (Angebotsseite) sollen systematisch unterstützt zusammenkommen (Wendt 1997). Dabei sind aus Helfersicht vor allem zwei Rollenklärungen relevant: Zum einen müssen Klientin/Klient und Case Manager miteinander einen Modus aushandeln, der sich in der Regel von anderen Helfer-Klient-Beziehungen durch die Personenzentrierung, die hohe Beteiligung und die Verantwortung des Klienten für den Prozess sowie seine unbedingte Definitions- bzw. Auftragshoheit unterscheidet. Zum anderen muss sich ein Case Manager hinsichtlich der Übernahme von Koordinations- und Fallführungsfunktionen mit anderen Unterstützungsstellen und -systemen verständigen.

Case Management erbringt – im Unterschied zu klassischer Einzelfallhilfe – die nötigen Hilfen weniger selbst, als sie vielmehr zu organisieren. Gleichwohl sind – gerade bei der Betreuung von Multi-Problem-Klienten – der Aufbau einer wertschätzenden Beziehung und direkte Betreuungsleistungen unverzichtbar, um das Vertrauen von Klienten zu gewinnen und sie emotional in den Prozess einzubinden.

Ein zentrales Prinzip von Case Management ist die Nutzerorientierung, das heißt, Art und Umfang der Hilfeerbringung im Case Management werden nicht durch ein Einrichtungskonzept vorgegeben, sondern durch den Bedarf des Klienten.

48.1 Zielgruppen

Nicht alle Hilfesuchenden brauchen Case Management. Doch ist ein Teil der Familien bzw. der Kinder und Jugendlichen mit Suchtproblemen durch weitere, zum Teil vielfache und schwere Probleme belastet und braucht Unterstützung von verschiedenen Stellen. Dabei können sich Bereiche überschneiden und Zuständigkeitsprobleme auftreten. Hilfeleistungen können in verschiedene Richtungen zielen, unterschiedlichen Philosophien folgen und einander widersprechende Ziele verfolgen.

Zudem hat ein Teil der suchtgefährdeten oder abhängigen Menschen bzw. der Familien mit Suchtproblemen Schwierigkeiten, Hilfe in Anspruch zu nehmen bzw. Hilfe effektiv zu nutzen. Diese Menschen kennen vielleicht weder die Hilfemöglichkeiten noch ihre Ansprüche auf sozialstaatliche Unterstützung. Sie sind möglicherweise gar nicht motiviert, Hilfe zu nutzen (z. B. suchtgefährdete Eltern für sich oder ihre mitbetroffenen Kinder), zweifeln den Sinn von Maßnahmen an oder sind aufgrund mangelnden Selbstwertgefühls, psychischer Störungen etc. gar nicht in der Lage, ein Angebot in Anspruch zu nehmen. Schließlich kann es auch sein, dass passende Angebote fehlen, Angebote zu hochschwellig oder inadäquat gestaltet sind.

Case Management ist die Methode der Wahl, wenn mehrere Probleme gleichzeitig vorliegen und Kinder, Eltern oder Familien nicht selbstständig die notwendigen Hilfen in Anspruch nehmen können.

48.2 Ablauf

Case Management läuft idealtypisch als geregelter Prozess ab, der einen strukturierten und überprüfbaren Weg darstellt, um Menschen mit komplexen Problemlagen effektiv durch das Hilfe- und Unterstützungsnetz zu führen (vgl. z. B. Ballew u. Mink 1995; Moxley 1989; Raiff u. Shore 1997; Wendt 1997). Mit der regelhaften Abfolge Hilfeplanung/Monitoring/Re-Assessment ist zudem eine Qualitätsschleife eingebaut, die geeignet ist, Anforderungen moderner

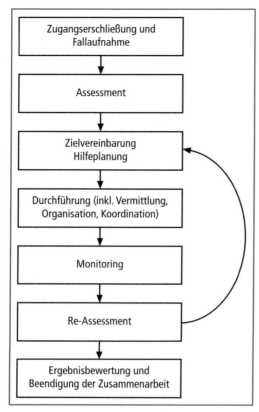

Abb. 48-1 Ablaufmodell Case Management.

Qualitätssicherungskonzepte zu erfüllen (s. Abb. 48-1):

48.2.1 1. Schritt: Zugangserschließung und Fallaufnahme

Nicht alle hilfebedürftigen Menschen finden – trotz einer Vielzahl von Hilfeangeboten – Zugang zu Unterstützungsmöglichkeiten. Besonders problematisch ist, dass die Inanspruchnahme von Hilfeangeboten mit zunehmender Schwere der Problematik abnimmt (vgl. Wendt 1997; Wienberg 1992). Traditionelle Einrichtungen müssen sich dabei fragen lassen, ob ihre Erreichbarkeit sowie ihre Bedarfs- und Nutzerorientierung verbessert werden können. Dabei ist an erster Stelle die Zugänglichkeit des Hilfeangebots selbst zu überprüfen: Wie sind die Öffnungszeiten gestaltet? Ermöglichen sie Besuche am Abend, am Wochenende, Besuche ohne vorherige Terminvereinbarung? Wird aufsuchende Arbeit durchgeführt (genau dort, wo die „schwierigen" Klienten sind)? Ist das Angebot dort bekannt, wo die Hilfe gebraucht wird?

Zu Case Management gehört das aktive Bemühen, die besonders Hilfebedürftigen zu erreichen und zur Annahme von Hilfe zu motivieren. Kommt es zum Kontakt mit potenziellen Klienten, wird die Methode vorgestellt und geprüft, ob Case Management angezeigt ist.

48.2.2 2. Schritt: Assessment

Professionelles Handeln beginnt mit einer systematisierten Bedarfsanalyse. Im Case Management geht diese Einschätzung (Assessment) über eine Anamnese im herkömmlichen Sinne hinaus. Angestrebt wird ein umfassendes Bild über biografische, psychologische, soziale und medizinische Aspekte, die Funktion süchtiger Verhaltensweisen, die Lebensgeschichte und die Lebensperspektiven. Um ein möglichst umfassendes Bild zu erhalten, sollten auch Angehörige, andere Bezugspersonen und gegebenenfalls weitere professionelle Helfer (Ärzte, Sozialarbeiter usw.) befragt sowie auf entsprechendes Aktenmaterial zurückgegriffen werden.

Die Einschätzung sollte über Probleme und Bedarfe hinaus auch Stärken, Fähigkeiten und Ressourcen des Klienten selbst oder seines Umfelds erfassen. Eine Bewertung der Situation geschieht grundsätzlich gemeinsam mit dem Klienten. Dabei ist es wichtig, herauszufinden, wie der Klient die Probleme, aber auch die eigenen Ressourcen sieht und welche Hindernisse bestehen, Hilfemöglichkeiten nicht allein bzw. nicht erfolgreich zu nutzen.

Ein Assessment erfolgt in der Regel schrittweise und nimmt mehrere Gespräche in Anspruch. Es muss zudem kontinuierlich wiederholt werden (Re-Assessment, s. S. 468). In der Praxis hat es sich als günstig erwiesen, die Einschätzung entlang einer vorbereiteten Struktur vorzunehmen, um „blinde Flecken" zu minimieren, sie strukturiert zu dokumentieren und dabei Aussagen der Klienten auch im Wortlaut aufzunehmen.

Nach dem Einschätzen der Situation sind die Probleme zu ordnen und Prioritäten zu setzen. Der Hilfebedarf ergibt sich dabei aus den von den Klienten bzw. den Familien angemeldeten Bedürfnissen, aus der Einschätzung des Case Managers sowie aus den Ressourcen und den in der Region vorhandenen Hilfeangeboten.

48.2.3 3. und 4. Schritt: Zielvereinbarung, Hilfeplanung und Durchführung

Für das weitere Vorgehen sind nun gemeinsam Ziele zu überlegen und zu vereinbaren. Jüngste Forschungsergebnisse verweisen auf die hervorgehobene Bedeutung von Hilfeplanung für den Erfolg des Unterstützungsprozesses, sodass der Realisierung dieses Arbeitsschrittes größte Bedeutung zukommt (vgl. Vogt et al. 2007). Zielarbeit ist vielfach ungewohnt, deshalb ist es günstig, diesen Arbeitsschritt im Team einzuüben und zu reflektieren. Für eine erfolgreiche Zielarbeit sollten einige Regeln berücksichtigt werden: Demnach sollen Ziele spezifisch und wichtig für die Betroffenen, konkret und verhaltensbezogen (was tun?), ökologisch, positiv (der Beginn von etwas), von Klientinnen und Klienten selbst initiierbar sowie kurz- bis mittelfristig realisierbar und überprüfbar sein. Gemeinsam mit dem Klienten sollten auch die Konsequenzen angestrebter Veränderungen überdacht werden: Passen die Ziele ins Lebens- und Familiensystem der Hilfesuchenden? Sind sie ökologisch adäquat? Welche negativen Konsequenzen bringen sie mit sich? Die Ziele stellen später die Grundlage einer Beurteilung von Erfolg und Qualität der Unterstützung dar. Entsprechend der ganzheitlichen Ausrichtung von Case Management wird es im Hilfeprozess nie nur um Konsumveränderung oder im engeren Sinne suchtbezogene Themen gehen.

Die systematische Planung des Unterstützungsprozesses beinhaltet des Weiteren die Identifizierung benötigter und geeigneter Hilfeangebote, Vereinbarungen über das konkrete Vorgehen und die Festlegung von Zuständigkeiten (Wer macht was bis wann?). Im Idealfall findet dazu eine **Hilfeplankonferenz** statt, an der neben Case Manager und Klient bzw. Familie weitere Versorgungsbeteiligte sowie gegebenenfalls Bezugspersonen teilnehmen.

Sowohl die Komplexität des Vorgehens bei der Hilfeplanung als auch die weiteren Schritte in der Ablauforganisation von Case Management verlangen ein geregeltes und transparentes Dokumentations- und Informationsverfahren. Die systematische Niederschrift kann bei Case Managern zudem helfen, Wesentliches zu erfassen und die Arbeit darauf zu konzentrieren. Außerdem erhöht eine schriftliche Vereinbarung zwischen Klient, Case Manager und professionellen oder privaten Dritten die Verbindlichkeit.

Schließlich initiiert der Case Manager die vereinbarten Maßnahmen, schafft Verbindungen zwischen Hilfesuchenden und informellen bzw. formellen Hilferessourcen, begleitet die Klienten und unterstützt sie bei der Inanspruchnahme. Praxiserfahrungen zeigen, dass Case Management mit suchtgefährdeten oder abhängigen Kindern und Jugendlichen sich nicht auf Managementfunktionen beschränken kann, sondern – im Rahmen einer wertschätzenden Beziehung – einen Teil der zu erbringenden Hilfe auch selbst übernehmen sollte. Case Managern kommt zudem die Verantwortung dafür zu, dass der Kontakt zum Klienten bestehen bleibt (Kontaktverantwortung). Bei Kontaktabbrüchen, die zum Beispiel von Jugendlichen inszeniert werden, um das Engagement des Case Managers zu testen, die jedoch auch in akuten Krisen, Rückfällen etc. begründet liegen können, gehen Case Manager nach und bieten erneut Unterstützung an. Die Qualität der Beziehung ist im Case Management wie in anderen psychosozialen Hilfeformen ein Dreh- und Angelpunkt der Arbeit und Voraussetzung dafür, Klienten zu Veränderungen und mehr Eigeninitiative zu motivieren und ihnen bei der erfolgreichen Nutzung von Angeboten zu helfen.

48.2.4 5. und 6. Schritt: Monitoring und Re-Assessment

Wie dargestellt, gehört zu den Aufgaben von Case Management auch, die vereinbarte Versorgung laufend zu überwachen: Erhält der Klient alle vereinbarten Hilfen in der besprochenen Art und in angemessenem Umfang? Brauchen die anderen Institutionen Unterstützung? Zudem ist zu beobachten, ob klientenseitig Vereinbarungen eingehalten werden etc. Das **Monitoring** sichert im Case Management also sowohl die Einhaltung der Vereinbarungen durch den Klienten als auch dessen Unterstützung, wenn Einrichtungen oder Dienste ihren übernommenen Verpflichtungen nicht nachkommen. Und schließlich beinhaltet Monitoring auch die kritische Überprüfung eigener Vorgehensweisen und Vermittlungsentscheidungen.

Möglicherweise nehmen andere Leistungsanbieter das als Einmischung wahr. Tatsächlich wird der Case Manager im Interesse des Klienten die Durchführung kontrollieren, eventuell umsteuern und notfalls die Interessen der Klienten wahren und für sie fürsprechen (advocacy). Case Managern kommt hierbei generell die Aufgabe zu, ihre Klienten „anwaltlich" zu vertreten, Interventionen zu ihren Gunsten zu veranlassen (z. B. das Hinzuziehen psychiatrischer Kompetenz) bzw. zu verhindern (z. B. eine disziplinarische Entlassung) etc. Dieser Arbeitsschritt berührt am deutlichsten und empfindlichsten das Verhältnis von Case Management zu anderen Diensten. Vielfältige Problemlagen (Konkurrenz um öffentliche Mittel, Angst vor dem Verlust organisatorischer Selbstständigkeit, ideologische und Statuskonflikte, Rivalität zwischen Berufsgruppen etc.) können zu einer Beeinträchtigung der gemeinsamen Betreuung von Klientinnen und Klienten führen. Als strukturelle Stützung der Zusammenarbeit sind verbindliche Kooperationsverträge sinnvoll, die derzeit jedoch eine Ausnahme sind (vgl. Oliva et al. 2001a).

Im Verlauf des Unterstützungsprozesses muss die Situation des Klienten regelmäßig neu bewertet werden, um etwa bei geänderten Rahmenbedingungen eine Anpassung von Zielen bzw. eine Veränderung von Hilfeplanung und weiterem Vorgehen vornehmen zu können. Das so genannte **Re-Assessment** findet also – im Unterschied zum laufend und begleitend durchgeführten Monitoring – punktuell, zu bestimmten Zeitpunkten statt. Ihm kommt eine wesentliche qualitätssichernde Bedeutung zu, hier werden (Zwischen-)Ergebnisse überprüft und Ziele sowie das weitere Vorgehen immer wieder adäquat angepasst.

48.2.5 7. Schritt: Ergebnisbewertung und Beendigung der Zusammenarbeit

Die Beendigung des Hilfeprozesses wird in der Regel gemeinsam von Case Manager und Klient beschlossen und bezüglich Zeitpunkt sowie Art und Weise des Abschlusses begründet. Es ist wichtig, den Prozess regelhaft abzuschließen und möglicherweise notwendige Anschlussbetreuungen zu organisieren. Im Prozess des Case Managements entsteht eine Beziehung zwischen Klient bzw. Familie und Case Manager, die nicht abrupt aufhört, sondern angemessen beendet werden sollte. Gegebenenfalls wird aus dem geplanten Abschluss allerdings ein (erneutes) Re-Assessment oder es führt zur Vereinbarung einer veränderten Form von Betreuung (z. B. weniger intensiver Nachsorgebetreuung).

Kommt der Unterstützungsprozess zu seinem Ende, wird eine ausführliche Ergebnisevaluation durchgeführt, die auf Hilfeplan und Aktenführung sowie am besten auch auf eine Erhebung zur Nutzerzufriedenheit zurückgreift. Dabei sind Zielerreichung sowie Maßnahmen- und Mitteleinsatz, gegebenenfalls auch Ursachen von Misserfolgen zu beurteilen.

48.3 Ansiedlung

Entsprechend der verschiedenen Ansätze sind auch unterschiedliche Aussagen zu strukturellen Rahmenbedingungen möglich. Für die Betreuung von abhängigen oder suchtgefährdeten Kindern und Jugendlichen sowie ihren Familien im deutschen Versorgungssystem scheint es am günstigsten, Case Management nicht als spezielles Angebot, sondern als eine Funktion oder eine Arbeitsweise von Einrichtungen anzubieten.

Case Management kann durch freie und öffentliche Träger vorgehalten werden. Zu denken ist vor allem an ambulante Hilfen, an erster Stelle sicherlich an Jugendämter, Allgemeine Soziale Dienste (ASD) sowie an Einrichtungen der Jugendhilfe und der Suchtkranken- oder Drogenhilfe (ISE, Familienhilfe, Beratungsstellen etc.). Möglich ist Case Management darüber hinaus aber auch in (teil-)stationären Settings und – eher als Übergangsbegleitung – in klinischen Bereichen. Wichtig ist, dass Träger sich grundsätzlich für die Anwendung dieser Methode entscheiden, da hiermit organisatorische und fachliche Anforderungen einhergehen und Case Management zudem erhebliche zeitliche Kapazitäten bindet.

Es ist darüber hinaus hilfreich, wenn Case Management in interdisziplinären Teams verankert wird. In Teams können umfassendere Hilfen realisiert und Krisen besser aufgefangen werden, dort sind mehr Informationen über Ressourcen in der Region vorhanden, die Fachkräfte können sich vertreten und unterstützen etc. (vgl. Raiff u. Shore 1997). Wichtig ist, für jeden Klienten bzw. jede Familie einen verantwortlichen Case Manager zu benennen, der eine stabile Bindung aufbauen und pflegen kann sowie Betreuungskontinuität sicherstellt.

48.4 Rahmenbedingungen

Die Aufgabe, ein am individuellen Hilfebedarf ausgerichtetes, zielgerichtetes System von Kooperation zu organisieren und zu kontrollieren – unter Beteiligung der betroffenen Abhängigen (einer durch multiple Problemlagen gekennzeichneten Klientel) – erfordert Fähigkeiten, die derzeit Ausbildungen und Studiengänge nur begrenzt vermitteln. Zwar qualifiziert ein Studium der Sozialarbeit/Sozialpädagogik sicherlich am ehesten für das Case Management, jedoch sind weitere Fähigkeiten erforderlich. Neben grundständigen Ausbildungen kommt einer langjährigen Berufserfahrung im Einsatzfeld eine hohe Bedeutung zu, sie kann für die Auswahl von Mitarbeitern sogar vorrangig sein.

Case Management verlangt eine bestimmte und wertschätzende Haltung gegenüber den Klienten: Sie stehen im Mittelpunkt des Handelns und sind Maß aller Hilfen (Personenzentrierung), Akzeptanz und Respekt sind Voraussetzung für die Arbeit. Case Manager müssen fähig sein, Fallverläufe als Ganzes wahrzunehmen, um die Sichtweisen und Lebensentwürfe ihrer Klientel nachvollziehen und entscheidend in den Hilfeprozess einbeziehen zu können. Zudem muss ein Case Manager – oft ohne schützendes Einrichtungssetting in der Umgebung der Klientel – mit klientenseitigen Wünschen nach grenzenloser Zuwendung und Versorgung, aber auch mit Abgrenzung und Aggression umgehen sowie schnell, eigenständig und flexibel handeln. Case Manager sollten auch ohne Anmeldung Zeit für ihre Klienten haben (können). Sie haben die Verantwortung dafür, den Kontakt aufrechtzuerhalten, was unter Umständen ein nachgehendes Arbeiten erfordert. Ferner müssen sie sich konstruktiv im Netzwerk der Helfer bewegen, ein positives Kommunikationsklima pflegen, Abstimmungsprozesse organisieren, Fachkräfte anderer Stellen ebenso wie Bezugspersonen im privaten Umfeld zur Beteiligung motivieren und Verbindlichkeit herstellen.

Neben zwischenmenschlichen Kompetenzen (Kommunikationsfähigkeit, Gesprächsführung, Empathie, Verlässlichkeit, Geduld etc.) sind gute Kenntnisse des Versorgungssystems und des Sozialrechts, Vertrautheit mit fachlichen Vorgehensweisen und Behandlungsmethoden (Ressourcen- und Lösungsorientiertheit, Motivationsstrategien etc.) sowie die Fähigkeit, systematisch und eigenständig zu arbeiten, erforderlich. Für die koordinierenden Arbeitsanteile sind zudem Moderations- und Steuerungsfunktionen, Organisationstalent und Dokumentationsroutine wichtig.

Diese Anforderungen sind nicht allein von den Fachkräften zu erfüllen, vielmehr müssen

Träger Anleitung und Begleitung bei der Implementierung des Ansatzes leisten und die nötigen Rahmenbedingungen sicherstellen, beispielsweise flexible Arbeitszeitgestaltung, ausreichende Gelegenheit zu Fallgesprächen, kollegialer Beratung und (externer) Supervision sowie zu spezifischen Fortbildungen. Die Einführung von Case Management wird nur dann erfolgreich sein, wenn die Methode auf allen Ebenen der Organisation verankert wird. Dafür ist es in der Regel notwendig, den Entscheidungs- und Gestaltungsspielraum der Fachkräfte auszuweiten. „Fallverantwortung" im Case Management muss sich organisationsintern in entsprechenden Entscheidungskompetenzen niederschlagen, häufig sind deshalb Prozesse der Organisationsentwicklung notwendig. Und schließlich erfordert die Umsetzung von Case Management in der Versorgungsregion die (Weiter-)Entwicklung von institutionsübergreifenden Abstimmungs- und Kooperationsprozessen, also die Organisation von regionalen Netzwerken.

48.5 Wirkung

Case Management wird auf verschiedenen sozialen Feldern erfolgreich eingesetzt, etwa in der Jugendhilfe und in Suchtkranken- und Drogenhilfe. In verschiedenen Projekten konnte nachgewiesen werden, dass Menschen mit multiplen Problemlagen, die gewöhnlich „durch alle Maschen" fallen, mit Case Management besser erreicht und in Betreuung gehalten werden konnten. Die Case Manager konnten mit den Klienten, meist unter Einbezug der ganzen Familie, ein bedarfsgerechtes Unterstützungsnetz organisieren und förderten die zunehmend selbstständige Nutzung verschiedener Hilfen und Rechte. Die Klienten profitierten von Case Management stärker als von „treatment as usual" und entwickelten sich in vielen Bereichen positiv: Gesundheitliche Belastungen konnten reduziert bzw. einer Behandlung zugeführt werden. Bei den meisten Klienten konnte die Suchtproblematik gebessert oder gar behoben werden (vgl. z. B. Engler u. Schlanstedt 1998; Mejta et al. 1997; Oliva et al. 2001b; Schlanstedt u. Schu 2002).

Außerdem trägt Case Management zu Weiterentwicklungen in der Versorgung bei, fördert konzeptionelle Umorientierungen der Jugendhilfe und von Suchtkranken- und Drogenhilfe, zum Beispiel die Senkung von Zugangshürden, die Verbesserung (fallbezogener) Kommunikation und eine stärkere Vernetzung von ansonsten eher getrennt agierenden Hilfesystemen. Auf dem Weg von der institutions- zur personenzentrierten Versorgung ist Case Management die Methode fallbezogener Steuerung von Komplexleistungen.

Literatur

Alte-Teigeler A (1999). Kommunale Angebote für suchtgefährdete Jugendliche – Eine Defizitanalyse auf der Basis von Experteninterviews. In: Freitag M, Hurrelmann K (Hrsg). Illegale Alltagsdrogen. Cannabis, Ecstasy, Speed und LSD im Jugendalter. Weinheim, München: Beltz; 129–55.
Ballew JR, Mink G (1995). Was ist Case Management? In: Wendt WR (Hrsg). Unterstützung fallweise – Case Management in der Sozialarbeit. Freiburg: Lambertus; 56–83.
Bohm S, Schräder WF (1995). Anforderungen an Case Management in den gesetzlichen Krankenkassen. Sozialer Fortschritt; 44: 295–301.
Broekmann A, Schmidt B (2001). Angebote von Drogen- und Suchthilfe aus Sicht von Jugendlichen. In: Internationale Gesellschaft für erzieherische Hilfen (Hrsg). Dialog und Kooperation von Jugendhilfe und Drogenhilfe. Frankfurt a. M.: Internationale Gesellschaft für erzieherische Hilfen; 17–34.
Bundeskriminalamt (Hrsg) (2005). Polizeiliche Kriminalstatistik 2004. Bundesrepublik Deutschland. Wiesbaden: BKA.
Bundeszentrale für gesundheitliche Aufklärung (2001). Die Drogenaffinität Jugendlicher in der Bundesrepublik Deutschland. Köln: Bundeszentrale für gesundheitliche Aufklärung.
Engler U, Schlanstedt G (1998). Ambulante Versorgung chronisch mehrfachgeschädigter Abhängigkeitskranker in einem städtischen Versorgungssektor". In: Engler U, Oliva H, Schlanstedt G. Abschlussbericht der Projektgruppe „Weiterentwicklung von Hilfen für Alkoholkranke und Menschen mit Alkoholproblemen". Bd 106 der Schriftenreihe des Bundesministeriums für Gesundheit. Baden-Baden: Nomos; 96–151.

Engler U, Oliva H, Schlanstedt G (1998). Abschlussbericht der Projektgruppe „Weiterentwicklung von Hilfen für Alkoholkranke und Menschen mit Alkoholproblemen". Bd 106 der Schriftenreihe des Bundesministeriums für Gesundheit. Baden-Baden: Nomos.

Ewers M (1996). Case Management: Angloamerikanische Konzepte und ihre Anwendbarkeit im Rahmen der bundesdeutschen Krankenversorgung. Veröffentlichung Nr. P96-208 Arbeitsgruppe Public Health. Berlin: Wissenschaftszentrum für Sozialforschung.

Gantner A (1999). Psychotherapeutische Behandlung von Ecstasy- und Partydrogenkonsumenten. In: Thomasius R (Hrsg). Ecstasy – Wirkungen, Risiken, Interventionen. Ein Leitfaden für die Praxis. Stuttgart: Enke; 167–80.

Hart JT (1971). The inverse care law. Lancet; 27: 405–12.

Hermsen T (2005). Case Management in der Kinder- und Jugendhilfe auf dem wissenschaftlichen Prüfstand. Theorie und Praxis der sozialen Arbeit (TuP); 4: 46–8.

Löcherbach P (1988). Altes und Neues zum Case Management – Soziale Unterstützungsarbeit zwischen persönlicher Hilfe und Dienstleistungsservice. In: Mrochen S, Berchtold E, Hesse A (Hrsg). Standortbestimmung sozialpädagogischer und sozialarbeiterischer Methoden. Weinheim: Juventa; 104–22.

Mejta CL, Bokos PJ, Maslar EM et al. (1997). The effectiveness of case management in working with intravenous drug users. In: Tims FA, Inciardi JA, Fletcher BW, Horton A (eds). The Effectiveness of Innovative Approaches in the Treatment of Drug Abuse. Westport, CT: Greenwood; 101–14.

Moxley D (1989). The Practice of Case Management. Newbury Park, CA: Sage.

Oliva H, Görgen W, Schlanstedt G, Schu M, Sommer L (2001a). Vernetzung, Planung und Steuerung der Hilfen für Suchtkranke – Zur Arbeit regionaler Suchthilfekoordinatoren. Ergebnisse des Kooperationsmodells nachgehende Sozialarbeit. Abschlussbericht der wissenschaftlichen Begleitung zum Modellbestandteil Koordination. Bd. 135 der Schriftenreihe des Bundesministeriums für Gesundheit. Baden-Baden: Nomos.

Oliva H, Görgen W, Schlanstedt G, Schu M, Sommer L (2001b). Case Management in der Suchtkranken- und Drogenhilfe. Ergebnisse des Kooperationsmodells nachgehende Sozialarbeit. Abschlussbericht der wissenschaftlichen Begleitung zum Modellbestandteil Case Management. Bd. 139 der Schriftenreihe des Bundesministeriums für Gesundheit. Baden-Baden: Nomos.

Perkonigg A, Beloch E, Garzynski E, Nelson C, Pfister H, Wittchen HU (1997). Prävalenz von Drogenmissbrauch und -abhängigkeit bei Jugendlichen und jungen Erwachsenen: Gebrauch, Diagnosen und Auftreten erster Missbrauchs- und Abhängigkeitsmerkmale. Z Klin Psychol; 26: 247–57.

Porz F, Podeswik A, Erhardt H (2002). Case Management in der Sozialpädiatrie – das Augsburger Modell. In: Löcherbach P, Klug W, Remmel-Fassbender R, Wendt WR (Hrsg). Case Management. Fall- und Systemsteuerung in Theorie und Praxis. Neuwied, Kriftel: Luchterhand; 81–100.

Raiff NR, Shore BK (1997). Fortschritte im Case Management. Freiburg: Lambertus.

Reiberg U, Sauer P, Wissert M (1997a). Case Management auf dem Prüfstand, Teil 1. Forum Sozialstationen; 85: 36–41.

Reiberg U, Sauer P, Wissert M (1997b). Case Management auf dem Prüfstand, Teil 2. Forum Sozialstationen; 86: 44–6.

Reis C (2002). Case Management als zentrales Element einer dienstleitungsorientierten Sozialhilfe. In: Löcherbach P, Klug W, Remmel-Faßbender R, Wendt WR (Hrsg). Case Management. Fall- und Systemsteuerung in Theorie und Praxis. Neuwied, Kriftel: Luchterhand; 167–83.

Schlanstedt G, Schu M (2002). easyContact – Abschlussbericht der wissenschaftlichen Begleitung und Beratung. Köln: Gesellschaft für Forschung und Beratung im Gesundheits- und Sozialbereich. Unveröff. Manuskript.

Schleuning G, Welschehold M, Stockdreher P, Jordan A, Danner R, Ackenheil M (2000). Modellprojekt Psychiatrisches Case Management. Sektorbezogene Untersuchung einer Gruppe von psychisch schwer und chronisch Kranken unter den Bedingungen einer koordinierten Betreuung und Behandlung im außerstationären Bereich. Bd. 133 der Schriftenreihe des Bundesministeriums für Gesundheit. Baden-Baden: Nomos.

Schmidt B (1998). Suchtprävention bei konsumierenden Jugendlichen. Sekundärspezifische Ansätze in der geschlechtsbezogenen Drogenarbeit. Weinheim, München: Juventa.

Sellin C (2002). Case Management in der AIDS-Arbeit. In: Löcherbach P, Klug W, Remmel-Faßbender R, Wendt WR (Hrsg). Case Management. Fall- und Systemsteuerung in Theorie und Praxis. Neuwied, Kriftel: Luchterhand; 119–36.

Strobl M, Klapper J, Pelzer KH, Bader G, Zahn H, Lange SN (2005a). Suchthilfestatistik 2004 für Deutschland. Tabellenband für ambulante Einrichtungen.

Alle Bundesländer. München: Institut für Therapieforschung.
Strobl M, Klapper J, Pelzer KH, Bader G, Zahn H, Lange SN (2005b). Suchthilfestatistik 2004 für Deutschland. Tabellenband für stationäre Einrichtungen. Alle Bundesländer. München: Institut für Therapieforschung.
von Sydow K (2001). Drogengebrauch, -missbrauch und -abhängigkeit unter Jugendlichen und jungen Erwachsenen in München: Überblick über die Ergebnisse der EDSP. In: BINAD – Fachstelle für grenzübergreifende Zusammenarbeit (Hrsg). Info 20. Schwerpunktthema Sucht- und Drogenprävention II. Münster: Landschaftsverband Westfalen-Lippe: 59–65.
Vogt I, Schmid M, Schu M, Simmedinger R, Schlanstedt G (2007). Motivierendes Case Management (MOCA) in der deutschen Studie zur heroin-gestützten Behandlung von Opiatabhängigen. Suchttherapie; 8: 19–25.
Weinem P (1994). Zwischen Krisenintervention und Case Management. ASD auf der Suche nach neuen Wegen. standpunkt: sozial; 2: 50–1.
Welsch K (2001). Suchthilfestatistik 2000 in Deutschland. Sucht; 47: Sonderheft 3.
Wende L (2003). Fallmanagement im Job Center – ein Angebot für benachteiligte Jugendliche. Referat für die Fachtagung der INBAS Regiestelle Kompetenzagenturen: Case Management am 29./30. Juli 2003 in Offenbach.
Wendt WR (1988). Case Management – Netzwerken im Einzelfall. In: Blätter der Wohlfahrtspflege; 135: 267–9.
Wendt WR (1991). Unterstützung fallweise – Case Management in der Sozialarbeit. Freiburg: Lambertus.
Wendt WR (1997). Case Management im Sozial- und Gesundheitswesen. Eine Einführung. Freiburg: Lambertus.
Wieland N (1996). In Kontakt bleiben – vier Leitgedanken der Kongresskonzeption. In: Wegehaupt H, Wieland N (Hrsg). In Kontakt bleiben – Kinder, Jugendliche, Mitarbeiter, Drogen. Dokumentation des 1. Europäischen Drogenkongresses. Münster: Votum; 16–25.
Wienberg G (Hrsg) (1992). Die vergessene Mehrheit – Zur Realität der Versorgung alkohol- und medikamentenabhängiger Menschen. Bonn: Psychiatrie-Verlag.
Wittchen HU, Lieb R (2000). Vulnerabilitäts- und Protektionsfaktoren bei Frühstadien von Substanzmissbrauch und -abhängigkeit. Schlussbericht zum Forschungsvorhaben. München: Max-Planck-Institut für Psychiatrie, Klinische Psychologie und Epidemiologie.

Internetadressen

Case Management Society of America: http://www.cmsa.org
Deutscher Berufsverband für Sozialarbeit, Sozialpädagogik und Heilpädagogik e.V.: http://www.dbsh.de
Deutsche Gesellschaft für Care und Case Management: http://www.dgcc.de
National Association of Social Workers: http://www.naswdc.org

49 Stationäre Jugendhilfe

Maren Strohm

49.1 Heimerziehung heute

Die Ursprungsfamilie ist für die Vermittlung von Normen, Werten und Verhaltensmuster zuständig; aber nicht jede Familie kann oder möchte dies verantwortlich leisten. Wenn das Konfliktpotenzial in der Familie zu groß wird, weil die Mitglieder durch ihre Aufgaben überfordert sind, oder wenn die Abweichung der familiären Verhaltensweisen gegenüber den geforderten gesellschaftlichen Normen zu groß wird, greift das Jugendamt als staatliche Institution ein. Eine mögliche Lösung zum Wohl des Kindes ist die Unterbringung in einer stationären Jugendhilfeeinrichtung.

Mittlerweile ist die stationäre Unterbringung nur noch eine Alternative (gemäß § 34 SGB VIII) unter einer Reihe ambulanter und teilstationärer Angebote. Heute hat sie ihre Monopolstellung verloren und kommt in der Regel als letzte Möglichkeit einer Vielzahl von Hilfen infrage. Wegen der Trennung des Kindes von seiner Familie gilt die Heimerziehung als die gravierendste Maßnahme der Jugendhilfe (Bundesministerium für Familie, Senioren, Frauen und Jugend 1998).

Dennoch macht die Unterbringung junger Menschen außerhalb ihrer Herkunftsfamilien in der gesamten Bundesrepublik immer noch mehr als zwei Drittel aller Fälle der Jugendhilfe aus (Ministerium für Frauen, Jugend, Familie und Gesundheit des Landes Nordrhein-Westfalen 2000). Denn häufig ist die Familiensituation so belastend und schwierig, dass es sinnvoll oder gar zwingend scheint, die Erziehung des Kindes zeitweilig oder längerfristig an einem anderen Ort als der Ursprungsfamilie stattfinden zu lassen.

Heimerziehung gestaltet sich heute facettenreich: in familienähnlichen Kleineinrichtungen, Außenwohngruppen für ältere Kinder, betreutem Einzelwohnen, dem „klassischen" Heim, alternativen Wohnprojekten oder Innenwohngruppen einer größeren Institution. Mit dieser Vielfalt möchte die Heimerziehung den Bedürfnissen jener Kinder gerecht werden, die zuvor eine gewisse Anzahl ambulanter Angebote durchlaufen haben.

Gründe für eine Heimerziehung können im Einzelnen sein (Bundesministerium für Familie, Senioren, Frauen und Jugend 1998):

- sozioökonomische Belastungen
- Gewalterfahrungen
- Alkoholprobleme eines oder beider Elternteile
- Missbrauch, Misshandlung und Vernachlässigung des Kindes

Kindliche Verhaltensauffälligkeiten sind als Begründung für eine Heimaufnahme weniger ausschlaggebend als die Belastungen im familiären Umfeld (ebd.). Der überwiegende Teil der Kinder in Heimeinrichtungen stammt aus sozial schwachen Familien.

Dass die Heimerziehung erst dann gewählt wird, wenn keine andere Hilfe mehr greift, erschwert die Arbeit im Heim. Ihr bleibt der so genannte „Rest", der aufgrund seines meist hohen Alters (zwölf Jahre und älter) oder der zu massiv auftretenden Probleme nicht mehr in eine Pflegestelle vermittelt werden kann.

Ein Vorteil der professionellen Pädagogik im Rahmen stationärer Jugendhilfeeinrichtungen ist die größere Distanz zwischen Erziehendem und Kind, da die Erzieher im Gegensatz zu den Eltern oder dem Elternteil weniger, im Idealfall gar nicht in die Probleme des Kindes verstrickt sind. Dies stellt eine Erleichterung dar und bietet dem Erzieher die Möglichkeit, wesentlich rationaler und weniger emotional-affektiv zu handeln und dem Kind unvorbelastet zu begegnen.

49.2 Soziales Umfeld von Heimkindern

Verschiedene Lebensbereiche und Situationen haben Einfluss auf die Entwicklung von Kindern und Jugendlichen und verhindern oder fördern mit ihren Schutz- bzw. Risikofaktoren den Drogenkonsum. Zu den Schutzfaktoren gehören zum Beispiel:
- familiäre Stabilität
- hohes Selbstwertgefühl
- günstige Beziehungen zu Gleichaltrigen
- positive Zuwendung

Risikofaktoren sind u. a.:
- Vernachlässigung
- Leben in einer „Broken-home-Situation"
- Eltern als negative Modelle
- Gewalterfahrungen

Im Folgenden werden die wesentlichen Lebensbereiche von Heimkindern betrachtet. Das betrifft die eigene Herkunftsfamilie mit der besonderen Situation, wenn die Eltern suchtkrank sind, die Gleichaltrigen und den Bereich der stationären Jugendhilfe.

49.2.1 Herkunftsfamilien

Heute leben Kinder nicht in stationären Einrichtungen, weil sie elternlos sind, sondern weil sie vorübergehend oder auf längere Sicht nicht mehr in ihrer Herkunftsfamilie leben können, wollen oder dürfen. Mögliche Ursachen für gestörte Familienverhältnisse sind (vgl. Bundesministerium für Familie, Senioren, Frauen und Jugend 1998; Schauder 1995):
- Partnerschaftskonflikte der Eltern
- Trennung, Scheidung
- psychogene Störungen der Eltern/eines Elternteils
- Suchtprobleme der Eltern/eines Elternteils
- Arbeitslosigkeit
- problematische Wohnverhältnisse
- problematisches Umfeld/sozialer Brennpunkt
- soziale Isolation der Familie
- Gewalt in der Familie
- Gefängnisaufenthalt eines Elternteils
- sexueller Missbrauch
- Misshandlung

Häufig werden diese Probleme noch von finanzieller Not begleitet.

Wer viele Probleme hat, ist meist mit sich und seinem eigenen Leben so beschäftigt, dass er sein Umfeld ignoriert. So können sich Eltern, die durch anderweitige Schwierigkeiten überlastet sind, oft nicht um die Bedürfnisse ihrer Kinder kümmern, ihnen beispielsweise nicht genügend Aufmerksamkeit und emotionale Zuwendung geben. Sie haben unter Umständen keine Ressourcen, um adäquat auf das auffällige Verhalten ihrer Kinder zu reagieren, und handeln in Abhängigkeit von ihrer eigenen Stimmungslage: Geht es ihnen gut, zeigen sie ihren Kindern gegenüber eine oft übertriebene Aufmerksamkeit; fühlen sie sich jedoch schlecht, dann lassen sie ihre Kinder „links liegen". Das hat zur Folge, dass diese häufig keine klaren „Wenn-dann-Beziehungen" kennen. Sie interpretieren das Verhalten ihrer Eltern nicht selten als Desinteresse und Ablehnung.

Eltern von Heimkindern verfügen häufig nur über einen geringen Ausbildungsstand und sind vorrangig mit ungelernten Tätigkeiten beschäftigt oder arbeitslos (Bundesministerium für Familie, Senioren, Frauen und Jugend 1998). Die Kinder besuchen oftmals nur eine Förder- oder Hauptschule. Ein großer Teil von ihnen kommt aus mehrfach belasteten Bevölkerungsteilen (ebd.); viele haben überdurchschnittlich viele Geschwister und stammen aus Einelternfamilien (Günder 2000).

Weil das Zuhause (die Familie) zerrüttet ist oder zumindest gravierende Probleme aufweist, reagiert das Kind mit Verhaltensstörungen. Das gilt für nahezu alle der als verhaltensgestört bzw. auffällig diagnostizierten Kinder (Schauder 1995): Das Kind wird zum Symptomträger und fällt, wenn es außerhalb seiner Familie „sozial bestehen" muss, in Schule, Nachbarschaft und Umfeld durch problematisches Sozialverhalten auf.

Mögliche Probleme junger Menschen zu Beginn der ersten stationären Erziehungshilfe (vgl. Bundesministerium für Familie, Senioren, Frauen und Jugend 1998) sind beispielsweise:

- Störung der Eltern-Kind-Beziehung
- Kind als Opfer familiärer Kämpfe
- Gewalt-/Missbrauchserfahrungen
- Desorientierung in Alltagssituationen/Verwahrlosung
- Zugehörigkeit zu problematischem Milieu
- abweichendes Verhalten
- aggressives Verhalten
- Hyperaktivität
- Behinderungen
- Entwicklungsrückstände
- Suchtproblematik
- Auffälligkeiten in sozialen Beziehungen
- Konzentrations-/Motivationsprobleme
- Lern-/Leistungsrückstände
- Fernbleiben von Schul-/Ausbildungsstelle

Zu beachten ist, dass Kinder oftmals noch keine ausgeprägte rationale Denkweise entwickelt haben und daher nicht verstehen, warum sie von ihren Eltern weggenommen werden (Schauder 1995). Obwohl sich die Formen des familiären Zusammenlebens in der Gesellschaft gelockert haben, empfinden sie den Bruch mit den natürlichen Beziehungen immer noch als ungewöhnlich und anormal (ebd.). Im Heim leben die Kinder häufig mit der Diskrepanz zwischen der Anpassung im Heimalltag und dem Wunsch nach der Rückkehr ins Elternhaus. Je mehr sich das Kind den Werten und Normen im Heimalltag anpasst, desto größer wird die Distanz zu seiner Familie. Hierdurch gerät es gezwungenermaßen in einen Loyalitätskonflikt, mit dem es überfordert sein kann.

49.2.2 Kinder suchtkranker Eltern

Drogenabhängige Eltern hatten oft selbst schlechte Sozialisationsbedingungen (Klein 2002a). Verschiedene Studien belegen, dass ihre eigenen Eltern häufig selbst eine Suchterkrankung (meist im Bereich des Alkoholismus) oder eine massive psychische Erkrankung hatten, ein Elternteil gestorben war oder dass sich die Eltern getrennt hatten. Somit verfügen drogenabhängige Eltern meist nicht über Modelle positiver Elternschaft. Ihre Lebenssituation wird darüber hinaus beim Konsum illegaler Drogen durch die Angst vor polizeilicher Verfolgung und Beschaffungsdruck beeinträchtigt. Familien drogenabhängiger Eltern sind immer den Konsequenzen der Illegalisierung der jeweiligen Substanz ausgesetzt. Zur familiären Instabilität kommt die schwierige finanzielle Situation, welche die Kinder zumeist in großer Armut aufwachsen lässt (ebd.).

Kinder aus alkoholismusbelasteten Familien sind einem erhöhten Risiko ausgesetzt, selbst alkoholabhängig zu werden. Die Alkoholabhängigkeit eines oder beider Elternteile beeinflusst das tägliche Leben und verändert das Familiensystem grundlegend. Weil der Alkohol in den meisten belasteten Familien ein Tabuthema ist, dürfen die Kinder nicht über ihre Gefühle reden. In vielen Fällen projizieren sie das süchtige Trinkverhalten ihrer Eltern auf sich selbst. Sie sehen die Schuld bei sich, weil sie sich zum Beispiel falsch verhalten haben, oder im Extremfall durch ihre bloße Existenz (Klein 2001a). Vernachlässigung, mangelnde Förderung und Zuneigung beeinträchtigen ihre Entwicklung. Häufig werden sie Opfer von physischen, psychischen oder sexuellen Misshandlungen (Klein 2001b). Darüber hinaus lernen die Kinder, dass Alkohol ein Mittel zur Bewältigung von konfliktbehafteten Situationen sein kann (Zobel 2000). Dennoch entwickeln nicht alle eine Alkoholabhängigkeit. Es gibt kein einfaches Ursache-Wirkungs-Prinzip: Eine Menge weiterer Faktoren kann das Risiko steigern bzw. vermindern, beispielsweise genetische Bedingungen, Persönlichkeitsmerkmale sowie das soziale Umfeld, die Art, Dauer und Häufigkeit des Alkoholkonsums.

Mögliche Konsequenzen für Kinder suchtkranker Eltern sind ein eigener lebensgeschichtlich früher Beginn des Alkohol- und Drogenmissbrauchs, häufige Diagnosen in den Bereichen Angst, Depression und Ess-Störungen, Hyperaktivität, Impulsivität und Aggressivität (Klein 2001b).

Kinder aus alkoholbelasteten Familien stellen eine Risikogruppe zur Entwicklung von Verhaltensauffälligkeiten, psychischen Störungen im Kindes- und Jugendalter sowie Suchtstörungen ab dem Jugendalter dar (Klein 2001a).

49.2.3 Konsum der Gleichaltrigen

In der Jugendphase kommt eine Menge an Entwicklungsaufgaben auf die Kinder zu: Der Körper verändert sich, die Geschlechterrolle muss gefunden werden, in einer Gruppe von Gleichaltrigen gilt es, eine anerkannte Position zu erwerben, der Umgang mit Gefühlen der Angst, der Liebe und der Wut muss geübt werden. Diese Zeit gehört zu den schwierigsten Abschnitten im Leben. Man ist nicht mehr Kind, aber auch noch nicht Erwachsener. In dieser Phase steigt die Bereitschaft, Drogen zu konsumieren.

Obwohl die Bundesrepublik Deutschland jungen Menschen das Rauchen erst ab 16 Jahren erlaubt, findet der Einstieg in den Nikotinkonsum laut Bundeszentrale für gesundheitliche Aufklärung (2001) bei Mädchen wie Jungen durchschnittlich mit 13,6 Jahren statt. Wichtige Ausgangsmotive der Kinder zur Nutzung der „Alltagsdroge" Tabak sind u. a.:
- Verhaltensunsicherheit in der Pubertät
- mangelnde Anerkennung in der Gleichaltrigengruppe
- Misserfolgserlebnisse in der Schule
- andere als ungünstig erlebte soziale Vergleichsprozesse

Der Konsum von Tabak ist also stark mit Selbstwertproblemen verbunden (Hurrelmann 1999). Rauchen dient oft als Attribut des Erwachsenseins und als Mittel zur Selbstwertsteigerung. Vor allem Kinder, die wenig Anerkennung erhalten, nutzen den Tabakkonsum, um mit Gleichaltrigen, die wie sie auf einer niedrigen sozialen Prestigestufe stehen, Kontakt aufzunehmen oder ihn aufrechtzuerhalten (Hurrelmann u. Bründel 1997).

Die Attraktivität des Rauchens beruht also weniger auf der Wirkung als auf der Gestik und der sozialen Bedeutung (s. auch Kap. 39). Da gemeinsames Handeln verbindet und die Gruppenkohäsion fördert, entsteht unter Rauchern ein Gefühl der Gemeinschaft. Mit dem Rauchen können die eigene Unsicherheit überspielt und die Erregung gedämpft werden, und es dient Adoleszenten als Anpassung und Abgrenzung zugleich: Anpassung an die rauchenden Freunde und Konformität mit der Erwachsenenwelt, aber gleichzeitig Abgrenzung gegenüber den Erwachsenen und Auflehnung gegen Normen und Autorität der Eltern. Zudem kann mit der gezielten Wahl einer bestimmten Zigarettenmarke ein bestimmter Lebensstil dargestellt werden, den die Zigarettenwerbung mit dieser Marke suggeriert.

Ähnlich wie beim Tabakkonsum gibt es auch beim Konsum von Alkohol bestimmte Motivationsfaktoren. Hier spielt die Kompensation von Unsicherheit und geringem Selbstwertgefühl eine Rolle. Der Wunsch nach Zuwendung und Aufmerksamkeit sowie der Wunsch, erwachsen zu sein, sind hier ebenfalls vorhanden. Beim Alkoholkonsum fällt – genauso wie beim Zigarettenkonsum – aber auf, dass die stark konsumierenden Jugendlichen Freunde haben, die das gleiche Konsumverhalten zeigen und ebenfalls häufig durch ein betont enges Cliquenverhalten versuchen, persönliche Kontakt- und Beziehungsstörungen zu kompensieren (Hurrelmann u. Bründel 1997). Dementsprechend häufig tritt in Peergroups parallel lebensgeschichtlich früher Tabak- und Alkoholkonsum auf.

Nur 8% der 12- bis 25-jährigen Jugendlichen in der Bundesrepublik Deutschland leben im Hinblick auf Alkohol vollkommen abstinent. Bei den übrigen Jugendlichen ist Erfahrung mit Alkohol an der Tagesordnung. Zwar geht schon lange der Konsum von Tabak und Alkohol bei Jugendlichen zurück, dafür sind aber immer häufiger – insbesondere bei Randgruppen – riskante Konsummuster (so genanntes „binge drinking") zu beobachten (Bundeszentrale für gesundheitliche Aufklärung 2001).

Nach den Ergebnissen der Drogenaffinitätsstudie (ebd.) stagniert der Konsum illegaler Drogen. Gerade bei Cannabis bleiben die Konsumenten häufig Probierer und wachsen mit zunehmender Verantwortung aus diesem Verhalten heraus. Nicht immer muss der Konsum psychotroper Substanzen eine Problemlösungsstrategie sein, sondern er kann zur Steigerung der Geselligkeit oder zum Lustgewinn dienen. Weil aber die Risikobereitschaft sowie das Bedürfnis nach Grenzerweiterung und neuen Erfahrungen in der Jugendphase besonders ausgeprägt sind, können sich Jugendliche in der Gegenwart nur schwer vorstellen, später eventuell durch Drogen- oder Alkoholmissbrauch gebrechlich und krank zu sein.

49.2.4 Umgang mit Drogenkonsum in stationären Einrichtungen

Die Jugendhilfe hat das Thema „Alkohol- und Drogenkonsum" lange Jahre tabuisiert und drogenkonsumierende Jugendliche in der Regel konzeptionell ausgegrenzt. Seit dem 1. Januar 1995 hat sie nach § 35a SGB VIII den gesetzlichen Auftrag zur Förderung von Kindern mit einer Drogenproblematik. Dennoch ist die Jugendhilfe immer noch in ihrem Handeln festgefahren und benutzt häufig die alten Mechanismen, u. a. deshalb, weil sie mangels Kapazität und Kompetenz nicht in der Lage ist, angemessen auf drogenkonsumierende Kinder und Jugendliche zu reagieren.

Bei den Mitarbeitern löst die Diskussion über psychotrope Substanzen in vielen Fällen Gefühle der Angst und Hilflosigkeit aus, besonders bei illegalen Drogen – wohingegen der Konsum von Zigaretten und Alkohol bagatellisiert wird. Der Konsum illegaler Drogen wird lange übersehen, weil dies nach den Heimkonzepten zum direkten Verweis des Kindes aus der Einrichtung führen kann. Zunächst wird ihm deshalb hinter vorgehaltener Hand der Verzicht auf Drogen nahe gelegt, um andere Kinder nicht zum Konsum zu animieren. Es folgen Drohungen mit disziplinarischer Entlassung aus der Einrichtung und das Suchen von Beweismitteln durch die Erzieher. In diesem Klima gegenseitigen Misstrauens fühlen sich viele Mitarbeiter überfordert. Außerdem üben Einrichtungsleitung und Team oft Druck aus, da man Angst um den Ruf der Einrichtung und vor strafrechtlichen Konsequenzen (§ 29 BtMG [Betäubungsmittelgesetz]) hat. Häufigste Form der Reaktion auf den Drogenkonsum eines Jugendlichen ist die Verweisung aus der Einrichtung. Auch wenn der Drogenkonsum erst in einer späteren Phase der Hilfemaßnahme eintritt, wird diese oftmals beendet. Die Fachkräfte interpretieren den Drogengebrauch dann fälschlicherweise als ein Ablösungssignal und damit als Entscheidung des Jugendlichen für einen eigenständigen Lebensstil, der nicht mit den Anforderungen der Einrichtung übereinstimmt (Bundesministerium für Familie, Senioren, Frauen und Jugend 1998). Dabei kämpfen sie ihrerseits mit dem Gefühl von Versagen und Schuld und fragen sich, ob sie einen Fehler gemacht haben (Degenhardt 1997).

Vereinzelt gibt es in Deutschland Mitarbeiter, die sich nicht mehr damit zufrieden geben, ihre minderjährigen Heimbewohner an Spezialeinrichtungen weiterzuverweisen oder auf die Straße zu entlassen. Sie beginnen, für ihre Einrichtungen Konzepte zu entwickeln, um Sicherheit im Umgang mit drogenkonsumierenden Kindern zu bekommen.

49.3 Fazit

Die genannten Lebensräume – Familie, Gleichaltrige und die stationären Jugendhilfeeinrichtungen – bergen für Kinder und Jugendliche verschiedene Schutzmöglichkeiten, aber auch Risikofaktoren, mit denen umzugehen sie lernen müssen. Wenn die Menge der Risikofaktoren zu groß wird, kann es dazu führen, dass Kinder und Jugendliche ihren Konsum von psychotropen Substanzen steigern. Das wiederum hat Anforderungen und Reaktionsaufträge für die Mitarbeiter der stationären Einrichtungen zur Folge.

49.3.1 Gefährdung der Heimkinder

Bei Heimkindern häufen sich die Belastungen: Ihre Familiensituation ist so instabil, dass sie dieses Umfeld verlassen müssen. Die stationäre Einrichtung erleben sie als eine ihnen unbekannte Umgebung, in der sie sich neu zurechtfinden müssen. Dies gestaltet sich oftmals schwierig, denn in den meisten Fällen haben sie ihre Herkunftsfamilie nicht freiwillig verlassen. Sie müssen sich der neuen Umgebung anpassen und hierfür neue Verhaltensregeln lernen. Außerdem wird erwartet, dass sie an ihren schulischen Schwierigkeiten arbeiten, durch die sie meist erstmals aufgefallen sind. Zu all dem kommen dann die jugendtypischen Probleme der körperlichen Veränderungen hinzu, also viele Aufgaben, die nur einige Jugendliche bewältigen. Da liegt es also gewissermaßen nahe, die Situation mithilfe des Konsums psychotroper Substanzen zu bewältigen.

Häufig haben Heimkinder, die vernachlässigt aufgezogen wurden, ein weniger enges Verhältnis zu ihren Eltern. Nach Kandel (1980, zit. Essau et al. 1998) suchen sich gerade diese Kinder deviante Freunde. Auch das Schulversagen vieler Heimkinder beeinflusst nach Essau et al. (1998) den Substanzkonsum. Ein weiterer Risikofaktor besteht darin, dass diese Jugendlichen ihr geringes Selbstwertgefühl durch den Konsum psychotroper Substanzen in Selbstbehandlung verbessern wollen.

Nach Dryfoos (1990, zit. Schmidt 1998) ist das Risiko, riskante Gebrauchsgewohnheiten zu entwickeln und zu stabilisieren, umso größer, je früher der Einstieg in den Drogenkonsum beginnt. Eine Untersuchung des Forschungsschwerpunkts Sucht der Katholischen Fachhochschule NW ergab, dass Heimkinder im Durchschnitt 10 Jahre alt sind, wenn sie mit dem Konsum von Zigaretten und Alkohol beginnen (Sachse 2001). Weitere Ergebnisse dieser Befragung unterstützen die Annahme, dass Heimkinder gefährdeter sind als andere Kinder. Der Konsum psychotroper Substanzen ist bei Kindern in stationären Einrichtungen deutlich höher als bei denen, die bei ihren Eltern aufwachsen. Über die Hälfte der 11- bis 16-jährigen Heimkinder raucht heute schon regelmäßig Zigaretten, und 10% trinken regelmäßig Alkohol.

Dass viele Heimkinder aus suchtbelasteten Familien stammen, darf als weitere Gefährdung nicht unterschätzt werden. Hier bestehen zusätzliche Risikofaktoren: So hat der Jugendliche in seiner Familie ein Problembewältigungsverhalten durch Alkohol kennen gelernt. Die Erfahrung, dass diese Bewältigung nur vordergründig und vorläufig erfolgt, wird er erst viele Jahre später machen.

Fast die Hälfte der Kinder, die ein Problem mit dem Alkoholkonsum ihrer Eltern haben, trinkt schon selbst Alkohol, wie die genannte Forschungsstudie aufgezeigt hat.

Zu all diesen Risikofaktoren der Heimkinder kommt im Jugendalter das „normale" Ausprobieren psychotroper Substanzen hinzu. Da besonders Heimkinder das Gefühl haben, nichts mehr verlieren zu können, besitzen sie eine hohe Risikobereitschaft – also einen weiteren Risikofaktor.

49.3.2 Bedeutung für die Mitarbeiter

Weil Heimjugendliche im Schnitt eine hochgefährdete Population darstellen, kommt der Suchtprävention in Heimen eine besondere Bedeutung zu. Ihr Ziel sollte sein, nicht die Droge und die Sucht in den Mittelpunkt zu stellen, sondern den Jugendlichen selbst. Für viele Jugendliche wirkt der schnelle Ruf nach Abstinenz in einer drogengebrauchenden Gesellschaft unglaubwürdig. Daher kommen als Hilfemaßnahmen risikominimierende Strategien und akzeptierende Suchtbegleitung hinzu, die die negativen, gesundheitsschädigenden Begleiterscheinungen des Konsums reduzieren. Wichtig ist auch, die soziale Integration zu fördern, besonders für einen eventuellen Ausstieg aus dem Suchtmittelkonsum. Denn es geht darum, dass die Jugendlichen selbst ihrem Leben einen tieferen Sinn und ein Ziel geben können.

Das erfordert von den Mitarbeitern ein hohes Maß an Professionalität und Belastbarkeit. Für eine professionelle Arbeit sind eine gute Vernetzung der Kollegen, eine intensive, regelmäßige Team- und Fallarbeit sowie Supervision und Fortbildung notwendig. Weiterhin unverzichtbar ist eine politische Rückendeckung durch die Trägerschaft und die Fachbehörde.

Da besonders viele Heimkinder aus suchtbelasteten Familien stammen, haben die Sensibilisierung und das Kompetenzprofil der Heimerzieher unbedingt diesen Bereich zu umfassen (Klein 2002b). Darüber hinaus müssen die Mitarbeiter sensibilisiert werden, konsumierende Jugendliche frühzeitig zu erkennen, und Sicherheit erhalten, wie sie darauf reagieren können. Hierzu ist es notwendig, dass sich sozialpädagogische Fachkräfte in Einrichtungen der Erziehungshilfe und in den Jugendämtern auf dem Gebiet „Drogen und Drogenkonsum" qualifizieren. Außerdem sollten die verschiedenen Experten im kommunalen Bereich stärker kooperieren.

Literatur

Bundesministerium für Familie, Senioren, Frauen und Jugend (1998). Leistungen und Grenzen von Heimerziehung: Ergebnisse einer Evaluationsstudie stationärer und teilstationärer Erziehungshilfen. Stuttgart: Kohlhammer.

Bundeszentrale für gesundheitliche Aufklärung (2001). Die Drogenaffinität Jugendlicher in der Bundesrepublik Deutschland 2001. Eine Wiederholungsbefragung der Bundeszentrale für gesundheitliche Aufklärung. Endbericht. Köln: BzgA (www.bzga.de/studien/daten/stud.htm [27.11.2002]).

Degenhardt F (1997). Jugendliche DrogenkonsumentInnen im Dilemma zwischen Jugend- und Drogenhilfe. Streetcorner. Zeitschrift für aufsuchende soziale Arbeit; 1: 36–47.

Dryfoss JG (1990). Adolescents at Risk: Prevalence and Prevention. New York: Oxford University Press.

Essau CA, Baschta M, Koglin U, Meyer L, Petermann F (1998). Substanzmissbrauch und -abhängigkeit bei Jugendlichen. Prax Kinderpsychol Kinderpsychiatrie; 47: 754–66.

Günder R (2000). Praxis und Methoden der Heimerziehung. Entwicklung, Veränderung und Perspektiven der stationären Erziehungshilfe. Freiburg: Lambertus.

Hurrelmann K (1999). Lebensphase Jugend: Eine Einführung in die sozialwissenschaftliche Jugendforschung. Weinheim: Juventa.

Hurrelmann K, Bründel H (1997). Drogengebrauch – Drogenmißbrauch: eine Gratwanderung zwischen Genuß und Abhängigkeit. Darmstadt: Primus.

Kandel DB (1980). Drug and drinking behavior among youth. Ann Rev Sociol; 6: 235–85.

Klein M (2001a). Kinder aus alkoholbelasteten Familien – Ein Überblick zu Forschungsergebnissen und Handlungsperspektiven. Suchttherapie; 3/01: 118–24.

Klein M (2001b). Das personale Umfeld von Suchtkranken. In: Tretter F, Müller A (Hrsg). Psychologische Therapie der Sucht. Grundlagen, Diagnostik, Therapie. Göttingen: Hogrefe; 201–29.

Klein M (2002a). Kinder drogenabhängiger Eltern. In: Katholische Fachhochschule Nordrhein-Westfalen (Hrsg). Jahrbuch 2002. Sozialwesen, Gesundheitswesen und Theologie. Münster: LIT-Verlag; 84–107.

Klein M (2002b). Kinder von Abhängigen. In: Fengler J (Hrsg). Handbuch der Suchtbehandlung: Beratung – Therapie – Prävention. Landsberg: ecomed; 279–84.

Ministerium für Frauen, Jugend, Familie und Gesundheit des Landes Nordrhein-Westfalen (MFJFG) (2000). Kinder und Jugendliche an der Schwelle zum 21. Jahrhundert. Entwicklung in der Heimerziehung. Chancen neuer Präventionskonzepte. Düsseldorf: Ministerium für Frauen, Jugend, Familie und Gesundheit des Landes Nordrhein-Westfalen.

Sachse M (2001). Empirische Untersuchung zum Konsum psychotroper Substanzen von Kindern und Jugendlichen in stationären Jugendhilfeeinrichtungen. Köln: Unveröff. Diplomarbeit.

Schauder T (1995). Verhaltensgestörte Kinder in der Heimerziehung. Falldarstellungen. Weinheim: Beltz.

Schmidt B (1998). Suchtprävention bei konsumierenden Jugendlichen: sekundärpräventive Ansätze in der geschlechtsbezogenen Drogenarbeit. Weinheim: Juventa.

Zobel M (2000). Kinder aus alkoholbelasteten Familien. Entwicklungsrisiken und -chancen. Göttingen: Hogrefe.

X
Ausblick

50 Suchtgefährdete Kinder stark machen

Michael Klein

Das vorliegende Buch soll – erstmals in Deutschland – umfassend auf die Gefahren und Risiken für Kinder aufmerksam machen, die von Suchtgefahren ausgehen. Dabei wurde dieses Thema in der Vergangenheit in den verschiedenen Wissenschaftsdisziplinen (insbesondere Medizin, Psychologie, Soziologie) und den in Deutschland sehr stark in verschiedene Sektoren aufgeteilten Hilfesystemen (vor allem Jugendhilfe, Sucht- und Drogenhilfe, Primärmedizin, Prävention) vernachlässigt oder ignoriert.

Dass Kinder heute schon sehr früh erste eigene Erfahrungen mit psychotropen Substanzen machen, ist ein Resultat der sozialen und familialen Entwicklungen der letzten Jahrzehnte (Farke et al. 2003). Die leichte Verfügbarkeit und der niedrige Preis für Tabak und Alkohol haben diese Drogen zu multifunktionalen Alltagsdrogen der Kindheit und Jugend werden lassen. Sie stützen das oft fragile Selbstwertgefühl (Hurrelmann u. Bründel 1997; Hurrelmann u. Hesse 1991) der Heranwachsenden, erleichtern die Zugehörigkeit zu Peergroups, fördern die Kommunikation und dienen als Symbole der Teilhabe an der ersehnten Erwachsenenwelt.

Neben den frühen eigenen Erfahrungen sind es jedoch auch Erfahrungen im sozialen Nahraum, besonders der Familie, und der Gesellschaft als Ganzes, oft repräsentiert durch die Vielzahl moderner Medien, die eine Suchtaffinität erzeugen können.

50.1 Worin besteht eine Suchtgefährdung?

Um den in den letzten Jahrzehnten entstandenen Veränderungen im Umgang mit psychotropen Substanzen seitens der Kinder und Jugendlichen besser begegnen zu können, müssen die Experten in den einzelnen Hilfesystemen – genauso wie Lehrer, Eltern und Gleichaltrige – mit den frühen Anzeichen einer Suchtgefährdung vertraut sein. Als solche gelten im Bereich der Persönlichkeit insbesondere Impulsivität, Hyperaktivität, Depressivität und Selbstwertprobleme. Bezüglich des Umgangs mit Suchtmitteln ist ein lebensgeschichtlich früher Einstieg in den Konsum ebenso als Risikofaktor zu sehen wie der polyvalente Konsum von Suchtmitteln, speziell von Tabak, Alkohol und Cannabis in Kindheit und Jugend. Biogenetische Studien haben gezeigt, dass Jugendliche, die besonders viel Alkohol vertragen und von der Alkoholwirkung stark im Sinne einer Stressdämpfung profitieren, ebenfalls stark gefährdet sind, später Abhängigkeitskarrieren zu entwickeln (Levenson et al. 1987).

50.2 Welche Subgruppen sind besonders gefährdet?

Die entwicklungspsychopathologische Forschung hat zum Ziel, Risikogruppen für bestimmte psychische Störungen frühzeitig zu identifizieren. Dementsprechend kann dann mit Methoden der selektiven Prävention interveniert werden, bevor die Risikopersonen Problemverhalten oder gar manifeste Störungen entwickeln (s. Tab. 50-1).

Tab. 50-1 Subgruppen, die für die Entwicklung von Suchtstörungen besonders gefährdet sind (mod. nach Klein 2003).

Subgruppen	Risiko bzw. Gefährdung
Kinder suchtkranker Eltern	++
Kinder psychisch kranker und komorbider Eltern	+
psychisch auffällige Kinder	+
Kinder mit biologisch-genetischen Risiken	+
Kinder in sozialen Problemlagen („Multiproblemkontexte")	+
Kinder von Migranten	+/0/–
früh konsumierende Kinder	+++
Jungen	!

! = erhöhtes Risiko; + = gefährdet; ++ = stark gefährdet; +++ = sehr stark gefährdet; 0 = unklar; – = nicht gefährdet

50.3 Was brauchen Kinder, um keine Suchtprobleme zu entwickeln?

In der Suchtprävention dominieren in den letzten Jahren Ansätze zur Förderung der Lebenskompetenz (Botvin 2001). Darunter ist die Förderung sozialer und psychischer Fähigkeiten zu verstehen, wie zum Beispiel Selbstbehauptung, Durchsetzungsfähigkeit, Abgrenzungs- und Ablehnungsfähigkeit, aber auch Kontakt- und Genussfähigkeit. Diese Förderung ist besonders wichtig für Risikokinder, damit diese mehr protektive Fähigkeiten entwickeln und nach Möglichkeit ihre dysfunktionalen Muster abbauen können. Obwohl auch die Stärkung psychisch gesunder Kinder eine wichtige Aufgabe der Suchtprävention darstellt, sollte ein besonderes Augenmerk auf die frühzeitigen Hilfen für gefährdete Kinder gerichtet werden. Es darf jedoch nicht verkannt werden, dass die vielbeschworene Frühintervention für Problem- und Risikokinder ohne Frühidentifikation nicht gelingen kann. Um kontraproduktive Stigmatisierungs- und Labeling-Phänomene zu vermeiden, sollte Früherkennung nicht im Kindergarten oder in der Grundschule stattfinden, sondern eher eine Aufgabe im Rahmen der pädiatrischen Reguleruntersuchungen sein oder im Kontext einer wünschenswerten besseren familienmedizinischen Versorgung durchgeführt werden. Dabei sind neben früh konsumierenden Kindern und Jugendlichen insbesondere Kinder aus dysfunktionalen Familien und solche aus sozialen Multiproblemkontexten zu berücksichtigen. Um keine Alkohol- oder Drogenabhängigkeit, selbst im Umfeld starker sozialer und psychischer Stressoren, zu entwickeln, benötigen Kinder ein hohes Maß an Resilienzen. Als solche werden im intrapsychischen Bereich Wissen bzw. Einsicht, Initiative, Autonomie, Kreativität, Humor und Moral angesehen (Wolin u. Wolin 1995). Darüber hinaus benötigen Kinder von ihrer Umwelt spezifische förderliche Reaktionen. Als solche sind insbesondere zu berücksichtigen:

- Sicherheit
- Beständigkeit
- Anerkennung
- Bestätigung
- liebevolle Zuwendung
- realistische und alltagsbezogene Vorbilder
- sinnvolle Lebensziele
- Einführung in einen funktionalen Lebensstil

50.4 Suchtpräventive Ziele heute und in Zukunft

Die Suchtprävention, die in Zukunft als eine Wissenschaft mit Methoden und anspruchsvollen Forschungsdesigns betrieben werden muss, wird aus der Vielzahl von Risiko- und Schutzfaktoren die wichtigsten in Form von Cluster definieren und analysieren. Diese müssen über die Tatsache, dass es sich um biopsychosoziale Faktoren handelt, hinsichtlich Differenziertheit und Spezifität hinausgehen. Es werden zunehmend die in der modernen Lebenswelt geforderten Qualitäten, Selbstkontrolle und Selbststeuerung, als generelle Ziele der Suchtprävention benannt werden. Diese werden mit den Faktoren der sozialen Umwelt (z. B. Armut, Migration, Arbeitslosigkeit) und den pharmakologischen Eigenschaften und neurobiologischen Auswirkungen der jeweiligen Substanzen interagieren. Es gilt, den mündigen Bürger der Zukunft in den Kindern und Jugendlichen zu erkennen und entsprechend in Familie und Schule zu reagieren. Kinder brauchen einerseits Wissen, Information, Zuwendung und Schutz, andererseits aber auch Spiel- und Freiräume zur Entwicklung gesunder Persönlichkeiten. Als solche werden sie in der Lage sein, psychotrope Substanzen im Erwachsenenalter zum Genuss und zur Steigerung der Lebensqualität, nicht aber zur Lösung persönlicher oder sozialer Probleme und Konflikte einzusetzen. Die Stärke von Erwachsenen, die als Kinder die Chance hatten, stark zu werden, liegt im souveränen Umgang mit Substanzen. Dieser umfasst im Idealfall einen für die eigene Gesundheit und die soziale Umwelt risikoarmen oder -freien Umgang mit Substanzen bei gleichzeitigem Nutzen für das eigene Seelen- und Genussleben. Dabei ist jedoch noch nicht auszumachen, ob der archaische Rausch des Menschen früherer Zeiten jemals ein adäquates Pendant in der Moderne findet.

Literatur

Botvin GJ (2001). Preventing adolescent drug abuse through life skills training: theory, methods, and effectiveness. In: Crane J (ed). Social Programs that Work. New York: Russell Sage Foundation; 225–57.

Farke W, Graß H, Hurrelmann K (Hrsg) (2003). Drogen bei Kindern und Jugendlichen. Legale und illegale Substanzen in der ärztlichen Praxis. Stuttgart, New York: Thieme.

Hurrelmann K, Bründel H (1997). Drogengebrauch – Drogenmissbrauch – Eine Gratwanderung zwischen Genuss und Abhängigkeit. Darmstadt: Primus.

Hurrelmann K, Hesse S (1991). Drogenkonsum als problematische Form der Lebensbewältigung im Jugendalter. Sucht; 37: 240–52.

Klein M (2003). Kinder Suchtkranker – suchtkranke Kinder. In: Ministerium für Arbeit, Soziales, Familie und Gesundheit Rheinland-Pfalz (Hrsg). Drogenkonferenz 2002. Arbeitsergebnisse. Mainz: Ministerium für Arbeit, Soziales, Familie und Gesundheit Rheinland-Pfalz; 17–48.

Levenson RW, Oyama ON, Meek PS (1987). Greater reinforcement from alcohol for those at risk: parental risk, personality risk, and sex. J Abnorm Psychol; 96: 242–53.

Wolin S, Wolin S (1995). Resilience among youth growing up in substance-abusing families. Subst Abuse; 42: 415–29.

XI Anhang

A1 Adressen von Angeboten im stationären und ambulanten Bereich für Kinder in Suchtfamilien

Die Auflistung der Angebote für Kinder in Suchtfamilien ist ein Arbeitsergebnis aus dem gemeinsamen Projekt des Bundesverbandes der Betriebskrankenkassen (BKK BV) und des Bundesverbandes der Freundeskreise für Suchtkrankenhilfe (FK BV) zum Thema „Kindern von Suchtkranken Halt geben". Diese Auflistung wird ständig aktualisiert. Als gedruckte Broschüre ist sie zu beziehen bei:

Freundeskreise für Suchtkrankenhilfe, Bundesverband e. V.
Untere Königsstraße 86,
34117 Kassel
Tel.: 0561 780413;
Fax: 0561 711282
E-Mail: mail@freundeskreise-sucht.de
Internet: www.freundeskreise-sucht.de

Angebote im stationären Bereich

Altenkirchen

Fachklinik für suchtkranke Frauen
Heimstraße 8, 57610 Altenkirchen
Tel.: 02681 9430; Fax: 02681 943111
E-Mail: fachklinik-ak@t-online.de
Internet: www.fachklinik-ak.de
Etwa 4-mal jährlich Kinderseminare für die 6- bis 16-jährigen Kinder der Patientinnen und Patienten.

Bad Schwalbach

Therapiedorf „Villa Lilly"
Adolphus-Busch-Allee, 65307 Bad Schwalbach
Tel.: 06124 70080; Fax: 06124 700879
E-Mail: villalilly@jj-ev.de
Internet: drogenberatung-jj.de
Aufnahme von Eltern und allein erziehenden Müttern und Vätern mit ihren Kindern, altersentsprechende Kinderbetreuung mit Krabbelstube und Kindergarten, indikative Gruppen.

Bad Sooden-Allendorf

Klinik Werraland Zentrum für Familiengesundheit
Rehabilitation und Prävention psychischer und somatischer Erkrankungen
Balzerbornweg 2, 37242 Bad Sooden-Allendorf
Tel.: 05652 955-0; Fax: 05652 955100
E-Mail: info@klinik-werraland.de
Internet: www.klinik-werraland.de
Stationäre integrative Eltern-Kind-Behandlung für Familien mit Suchtproblemen. Die Klinik legt großen Wert auf die therapeutisch begleitete Eltern-Kind-Begegnung. In der Interaktionstherapie erhalten Eltern und Kinder jeweils spezielle Therapieangebote.

Berlin

Stiftung SYNANON
Bernburger Straße 10, 10963 Berlin
Tel.: 030 550000; Fax: 030 55000220
E-Mail: info@stiftung-synanon.de
Internet: www.synanon.de
Die STIFTUNG SYNANON ist eine Sucht-Selbsthilfegemeinschaft, die im Rahmen eines

bundesweit einmaligen Projektes „Aufnahme sofort" Süchtige auch mit Kindern ohne Vorbedingungen aufnimmt. Innerhalb von SYNANON gibt es die Möglichkeit, eine Berufsausbildung zu machen.

Tannenhof Berlin-Brandenburg e. V.
Wege aus der Sucht und Hilfen für Kinder und Jugendliche
Wilhelmsaue 116–117, 10715 Berlin
Tel.: 030 864946-0; Fax 030 8649-4633
E-Mail: info@tannenhof.de
Internet: www.tannenhof.de
Integrierte Drogentherapie und Hilfe für süchtige Menschen mit ihren Kindern, Hilfe bei der Bewältigung von Erziehungsproblemen, Überwindung von Belastungen der Kinder, Einzelförderung und Einzelbetreuung, Förderung des Gruppengefühls, Sucht- und Gewaltprävention, altersentsprechende Förderung.

Billigheim

Therapiezentrum Ludwigsmühle gGmbH – Fachklinik „Villa Maria"
Vogesenstraße 18, 76831 Ingenheim
Tel.: 06349 9969-0; Fax: 06349 9969-15
E-Mail: info-villamaria@ludwigsmuehle.de
Internet: www.ludwigsmuehle.de
Aufnahme von 14 Kindern von 0 bis 6 Jahren, Betreuung und Behandlung im Kinderhaus, Eltern-Kind-Training.

Bornheim

Deutsche Ordens Werke – Schloss Bornheim Suchthilfeverbund Bornheim/Bonn
Burgstraße 53, 53332 Bornheim
Tel.: 02222 9283-0; Fax: 02222 928310
E-Mail: schlborn@aol.com
Internet: www.suchthilfeverbund.de
Aufnahme von drogenabhängigen Frauen und Männern ab 18 Jahren mit Kindern bis 12 Jahren.

Calden-Fürstenwald

Fachklinik Fürstenwald
Grundweg 2–4, 34379 Calden-Fürstenwald
Tel.: 05609 629-0; Fax: 05609 6291-68
E-Mail: info@fachklinik-fuerstenwald.de
Internet: www.fachklinik-fuerstenwald.de
Aufnahme von Müttern und Vätern mit ihren Kindern und Jugendlichen im Alter von 1 bis 16 Jahren (klinikeigener Kindergarten und Kinderhort), spezielle Mutter-/Vater-Kind-Gruppe, Aufnahme von Schwangeren.

Cölbe-Schönstadt

Suchthilfe Hof Fleckenbühl
Hof Fleckenbühl, 35091 Cölbe-Schönstadt
Tel.: 06427 92210; Fax: 06427 922150
E-Mail: info@suchthilfe.org
Internet: www.suchthilfe.org
Gemeinschaft von Menschen mit Suchtproblemen, Eltern können ihre Kinder mitbringen, spezielle Angebote für Eltern und Kinder, Krabbelgruppe, Kindertagesstätte, Hort und Tagesgruppe für 6- bis 14-Jährige mit besonderem pädagogischen Pflegebedarf.

Dautphetal

help center e. V.
Buchenau, Haus Lahneck 1, 35232 Dautphetal
Postfach 2163, 35230 Dautphetal
Tel.: 06466 7021; Fax: 06466 1518
Internet: www.help-center-ev.de
Christlich-seelsorgerlich-therapeutisches Lebenstraining für Mädchen ab 16 und junge Männer ab 18 Jahren bis 25 Jahren.

Elbingerode

Diakonie-Krankenhaus Harz GmbH
Brockenstraße 1, 38875 Elbingerode
Tel.: 039454 82000; Fax: 039454 82303
E-Mail: info@diako-harz.de
Internet: www.diako-harz.de

Therapeutisches Angebot für Suchtkranke. Kinder werden während der Therapie betreut.

Fellbach

Reha-Einrichtung Four Steps in Kooperation mit Schloss Börstingen
Ringstraße 20–22, 70736 Fellbach
Tel.: 0711 520306-0; Fax 0711 520306-2
E-Mail: info@reha-foursteps.de
Internet: www.vfj-bb.de
Therapeutisches Angebot für Suchtkranke. Schwangere oder Mütter werden zusammen mit Kleinkindern (bis sechs Monate) aufgenommen.

Gaggenau

Reha-Klinik Freiolsheim
Max-Hildebrandt-Straße 55, 76571 Gaggenau-Freiolsheim
Tel.: 07204 9204-27/-28; Fax: 07204 1217
E-Mail: rehaklinikfreiolsheim@agj-freiburg.de
Internet: www.agj-freiburg.de
Therapeutisches Angebot für Suchtkranke mit familientherapeutischem Ansatz. Familienstation für Paare mit Kindern.

Hofheim

Schloss Bettenburg
Manau 22, 97461 Hofheim
Tel.: 09523 95200; Fax: 09523 6087
E-Mail: info@drogenhilfe-tue.org
Internet: www.drogenhilfe-tue.org
Aufnahme von Müttern/Vätern mit Kindern zur Eltern-Kind-Therapie, Kinderhaus mit 10 Plätzen.

Kassel

Drogenhilfe Nordhessen e. V.
Eltern-Kind Nachsorge Regenbogen
Töniesweg 26, 34127 Kassel
Tel.: 0561 897178; Fax: 0561 8907279
E-Mail: drogenhilfe-regenbogen@t-online.de
Internet: www.drogenhilfe-nordhessen.de
Nachsorgeeinrichtung für suchtmittelabhängige Eltern ab 18 Jahren mit Plätzen für 6 Erwachsene mit ihren Kindern. Spezielles Mutter-/Vater-Kind-Konzept. Voraussetzung für die Aufnahme: abgeschlossene stationäre Therapie.

Kempen

Frauenfachklinik Scheifeshütte
Scheifeshütte 8, 47906 Kempen
Tel.: 02152 8943-0; Fax: 02152 516237
E-Mail: scheifeshuette@diakoniewerk-duisburg.de
Internet: www.diakoniewerk-duisburg.de
Therapeutisches Angebot für suchtkranke Frauen (Entwöhnungstherapie). Kinder im Vorschulalter können mit aufgenommen werden.

Kraichtal

Haus Kraichtalblick der Ev. Stadtmission Heidelberg e. V.
Sternackerstraße 46, 76703 Kraichtal-Oberacker
Tel.: 07250 902-0; Fax: 07250 902-222
E-Mail: info@kraichtal-kliniken.de
Internet: www.kraichtal-kliniken.de
Therapeutisches Angebot für suchtkranke Mütter. Kinder werden betreut und therapeutisch unterstützt.

Lehre

Projekt Kaffeetwete 3
Therapeutische Gemeinschaft Glentorf
Zum Schuntertal 11, 38154 Königslutter-Glentorf
Tel.: 05365 2302; Fax: 05365 2316
E-Mail: kaffeetwete@t-online.de
Therapeutisches Angebot für Suchtkranke. Kinder werden während der Therapie betreut.

Lüdenscheid

Haus Spielwigge
Spielwigge 65, 58515 Lüdenscheid
Tel.: 02351 9485-0; Fax: 02351 9485-32
E-Mail:
haus-spielwigge.luedenscheid@pertheswerk.de
Internet: www.spielwigge.perthes-werk.de
Eltern-Kind-Seminare für Kinder ab 7 Jahre und Erwachsenen-Kind-Vater-Seminare ab 18 Jahre.

Lüneburg

Therapeutische Gemeinschaft Wilschenbruch
Reiherstieg 15, 21337 Lüneburg
Tel.: 04131 7493-0; Fax: 04131 7493-17
E-Mail:
wilschenbruch@jugendhilfe-lueneburg.de
Internet: www.jugendhilfe-lueneburg.de
Therapeutisches Angebot für Suchtkranke. Kinder werden in die Therapie mit einbezogen und therapeutisch unterstützt, und sie erhalten eine eigene Fördermaßnahme, die über eine Jugendhilfemaßnahme läuft und vor Aufnahme bei den zuständigen Jugendämtern beantragt werden muss.

Obersulm

Drogenhilfe Tübingen e. V., Zentrum 3
Sommerrainweg 10, 74182 Obersulm-Friedrichshof
Tel.: 07130 4733-0; Fax: 07130 4733-33
E-Mail: z3.sekretar@drogenhilfe-tue.org
Internet:
www.drogenhilfe-tue.org/fhof/index.html
Therapeutisches Angebot für Suchtkranke. Kinder werden mit aufgenommen. Im Einzelfall werden Kinder extern therapeutisch unterstützt.

Römhild

Therapiezentrum Römhild
Fachklinik für Abhängigkeitserkrankungen
Am Großen Gleichberg 2, 98631 Römhild
Tel.: 036948 872047; Fax: 036948 872067
E-Mail: info@therapiezentrum-roemhild.de
Internet: www.suchtklinik-roemhild.de
Eltern- und Kind-Behandlung, Angebot für behandlungsbedürftige Mütter, Väter oder Eltern, die ihr Kind oder ihre Kinder wegen fehlender Betreuungsmöglichkeiten in die Klinik mitbringen müssen. Betreut werden Kinder jeglichen Alters, vom Säugling bis zum Jugendlichen.

Schallstadt

Reha-Klinik Lindenhof
Vogesenstraße 17, 79227 Schallstadt
Tel.: 07664 97110; Fax: 07664 60292
Therapeutisches Angebot für suchtkranke Frauen. Kinder werden mit aufgenommen und während der Therapie betreut.

Schmallenberg

Holthauser Mühle
Mittelstraße 1, 57392 Schmallenberg-Holthausen
Tel.: 02974 7780; Fax: 02974 778222
E-Mail: info@holthauser-muehle.de
Internet: www.holthauser-muehle.de
Therapeutisches Angebot für Suchtkranke. Kinder werden während der Therapie betreut.

Schwanewede

Therapiezentrum Hohehorst gGmbH
Hauptstraße 1, 28790 Schwanewede
Tel.: 0421 69287-0; Fax: 0421 69287-87
E-Mail: info@hohehorst.de
Internet: www.hohehorst.de
Individuelle stationäre Therapie für Drogenabhängige Eltern mit ihren Kindern, Kinderhaus, therapeutisches Reiten.

Steyerberg

Therapeutische Gemeinschaft Steyerberg
Rießen Nr. 1, 31595 Steyerberg
Tel.: 05764 9604-0; Fax: 05764 9604-15
E-Mail: steyerberg@step-hannover.de
Internet: www.step-hannover.de
Therapeutisches Angebot für Suchtkranke. Kinder bis zum schulpflichtigen Alter werden in die Therapie mit einbezogen, Kindergruppe und Kindergarten.

Wildeck-Richelsdorf

Fachklinik Richelsdorf
Am Kirchrain 2a, 36208 Wildeck-Richelsdorf
Tel.: 06626 9222-0; Fax: 06626 9222-129
E-Mail: info@fachklinik-richelsdorf.de
Internet: www.fachklinik-richelsdorf.de
Spezielles Mutter-/Vater-Kind-Konzept, Aufnahme von Kindern im frühen Säuglingsalter bis zum 12. Lebensjahr, auch schwangere Frauen, Erarbeitung einer realistischen Zukunftsplanung für Patientinnen und Patienten mit Kindern, Hilfen bei der Erziehung.

Angebote im ambulanten Bereich

Altenkirchen

Diakonisches Werk Altenkirchen
Fachstelle für Suchtprävention und für Kinder aus suchtbelasteten Familien
Stadthallenweg 16, 57610 Altenkirchen
Tel.: 02681 8008-20; Fax: 02681 8008-82
E-Mail: info@diakonie-altenkirchen.de
Internet: www.diakonie-altenkirchen.de
Spielgruppe für Kinder von 8 bis 12 Jahren, Jugendliche und Erwachsene, Eltern- und Familiengespräche, Familientage, Beratung und Fortbildung von Fachkräften in psychosozialen und medizinischen Arbeitsfeldern.

Balingen

Huckleberry & Pippilotta
Verein zur Förderung und Unterstützung von Kindern, Jugendlichen und Eltern aus suchtbelasteten Familien e. V.
Hermann-Rommel-Straße 22, 72336 Balingen
Tel.: 07433 15758; Fax: 07433 273367
E-Mail: info@kinder-suchtkranker.de
Internet: www.kinder-suchtkranker.de
Wöchentliche Spielgruppe für Mädchen und Jungen zwischen 7 und 16 Jahren, Eltern- und Familiengespräche, Freizeitaktivitäten, Informations- und Fortbildungsveranstaltungen für Multiplikatorinnen und Multiplikatoren sowie Fachkräfte.

Bergisch Gladbach

Kids & Co.
Hilfe für Jugendliche und Kinder von Suchtkranken und ihren Familien
Maria Albrecht-Böhnke in: Beratungsstelle für Eltern, Jugendliche und Kinder
Paffrather Straße 7–9, 51465 Bergisch Gladbach
Tel.: 02202 35016; Fax: 02202 30236
E-Mail:
eb-bergischgladbach@erziehungsberatung.net
Internet: www.beratung-caritasnet.de/
bgl_projekt01.html
Angeleitete Spielgruppe für Kinder aus Suchtfamilien, Einzelberatung bzw. -therapie für Kinder und Jugendliche, Familienberatung, Hilfe in Krisensituationen, erlebnispädagogische Tagesveranstaltungen, Netzwerkarbeit mir Multiplikatoren (fallbezogen und fallübergreifend).

Berlin

FAM Frauen-Alkohol-Medikamente & Drogen
Beratungs- und Behandlungsstelle
Merseburger Straße 3, 10823 Berlin
Tel.: 030 7828989; Fax: 030 78712985
E-Mail: fam-frausuchtberatung@web.de
Internet: www.fam-berlin.de
Angeleitete Gruppe für erwachsene Töchter aus Suchtfamilien.

Frauenladen der Frauen-Sucht-Hilfe Berlin e. V.
Nazarethkirchstraße 42, 13347 Berlin
Tel.: 030 4552093; Fax: 030 4551025
Internet: www.fam-berlin.de
Angebote des Frauenladens stehen suchtgefährdeten und suchtmittelabhängigen Mädchen und Frauen mit Kindern offen.

Guttempler in Berlin-Brandenburg
Kindergruppe „Guttempler Sternchen"
Guttempler Haus, Wildenbruchstraße 80, 12045 Berlin
Auskünfte bei Silvia Ratzek (Leitung; Tel.: 030 7466320)
Tel.: 030 6823-7620; Fax: 030 6823-7622
E-Mail: kinder@guttempler-berlin.com
Internet: www.guttempler-berlin.com
Basteln, Spielen, Singen, Tanzen, Kochen, Ausflüge und Reisen, Diskutieren und besprechen von Problemen nach Bedürfnissen der Kinder.

Verein zur Hilfe suchtmittelabhängiger Frauen e. V.
Dircksenstraße 47, 10178 Berlin
Tel.: 030 2824138; Fax: 030 2828665
E-Mail: info@frausuchtzukunft.de
Internet: www.frausuchtzukunft.de
1983 als eines der ersten Frauensucht-Projekte gegründet, heute Netzwerk therapeutischer Einrichtungen, auch Nachsorgewohnen für Frauen und Mütter mit Kindern, betreutes Einzelwohnen für süchtige und suchtgefährdete Mütter mit Kindern.

WIGWAM Ambulante Familienhilfe, Koordination und Beratung
Warthestraße 5, 12051 Berlin-Neukölln
Tel.: 030 627335-90/-91; Fax: 030 527335-92
E-Mail: wigwam@agd-berlin.de
Internet: www.agd-berlin.de/wigwam
Beratung und Betreuung für Familien mit Suchtproblemen unter besonderer Berücksichtigung der Interessen der Kinder.

Bielefeld

Drogenberatung e. V.
Fachstelle zur Suchtvorbeugung
Ehlentruper Weg 47, 33604 Bielefeld
Tel.: 0521 96780-60/-66/-77; Fax: 0521 96780-72
E-Mail: suchtvorbeugung@drobs-bielefeld.de
Internet: www.drogenberatung-bielefeld.de/kontakt.htm
Vereinzelte Angebote für Kinder, z. B. Ferienbetreuung für Kinder von 5 bis 10 Jahren, aufsuchende Arbeit, Durchführung von Fortbildungen für Erzieherinnen und Erzieher, Mitarbeit bei KiDS & Ko. (= Bielefelder Arbeitskreis Kinder, Drogen, Schwangerschaft & Kooperation, Initiierung von niederschwelligen Angeboten für suchtmittelabhängige schwangere Frauen).

Bocholt

SKM-Beratungsstelle
Projekt „Kolibri"
Kolpingstraße 3–5, 46399 Bocholt
Tel.: 02871 186931; Fax: 02871 14267
E-Mail: skm.bocholt@t-online.de
Beratungsstelle für Suchtkranke. Für Kinder aus Suchtfamilien wird eine eigene Kindergruppe angeboten.

Bremen

Landesverband Ev. Tageseinrichtungen für Kinder Familienservice und Kids & Co
Slegvogtstraße 50–52, 28209 Bremen
Tel.: 0421 34616-43; Fax: 0421 34616-46
E-Mail: bremen@familienservice.de

Coburg

Blaues Kreuz in Deutschland e. V.
Beratungsstelle Coburg
Gemüsemarkt 1, 96450 Coburg
Tel. und Fax: 09561 90538
E-Mail: coburg@blaues-kreuz.de
Internet: www.blaues-kreuz.de
Jugend- und Kindergruppe.

Dresden

Diakonisches Werk – Stadtmission Dresden e. V.
Abteilung Kinder, Jugend und Familie, Mobile Arbeit mit Kindern und Familien
Eberswalder Straße 10, 01097 Dresden
Tel.: 0351 89960313; Fax: 0351 8105359
E-Mail: soja-kinder@diakonie-dresden.de
Straßensozialarbeit für Kinder. Sprechzeit nach Vereinbarung.

Düsseldorf

Diakonie in Düsseldorf (DiD)
Fachambulanz für Suchtkranke
Langerstraße 2, 40233 Düsseldorf
Tel.: 0211 7353-312; Fax: 0211 7353-555
E-Mail: miriam.wied@diakonie-duesseldorf.de
Beratungsstelle für ambulante Therapie. Kinder werden in die Einzelgespräche mit den Eltern einbezogen. Es werden zweitägige Eltern-Kind-Seminare nach der Therapie der Eltern angeboten.

Drogenberatung komm-pass
Charlottenstraße 30, 40210 Düsseldorf
Tel.: 0211 1752088-0; Fax: 0211 1752088-19
E-Mail: komm-pass@skfm-duesseldorf.de
Internet: www.skfm-duesseldorf.de
Einzelberatung für Jugendliche aus Suchtfamilien und Familienberatung. Regelmäßige Gruppe für Kinder aus Suchtfamilien in Planung. Schulung von Multiplikatoren.

Erfurt

SABiT
Soziales Arbeitnehmer Bildungswerk in Thüringen e. V.
Geschäftsstelle
An der Auenschanze 2, 99089 Erfurt
Tel.: 0361 21280-60; Fax: 0361 21280-61
E-Mail: info@sabit.de
Internet: www.sabit.de
Freizeitangebote für Kinder aus Suchtfamilien.

Essen

Alateen
Al-Anon Familiengruppen
Zentrales Dienstbüro
Emilienstraße 4, 45128 Essen
Tel.: 0201 773007; Fax: 0201 773008
E-Mail: zdb@al-anon.de
Internet: www.al-anon.de

Euskirchen

Suchthilfe des Caritasverbandes Euskirchen
Beratungs- und Behandlungsstelle Fachstelle für Prävention
Kapellenstraße 14, 53879 Euskirchen
Tel.: 02251 65035-0; Fax: 02251 65035-11
E-Mail: ffs@caritas-eu.de
Internet: www.caritas-eu.de
Beratungsangebot, Kindergruppen.

Freiberg

Diakonisches Werk
Suchtberatungs- und Behandlungsstelle
Petersstraße 44, 09599 Freiberg
Tel.: 03731 482-220/-100; Fax: 03731 482-229
E-Mail: sucht@diakonie-freiberg.de
Internet: www.diakonie-freiberg.de
Es werden mehrtägige Kinder-Freizeiten mit Präventionscharakter angeboten.

Freiburg

AGJ Fachverband für Prävention und Rehabilitation in der Erzdiözese Freiburg e. V.
Oberau 21, 79102 Freiburg
Tel.: 0761 21807-0; Fax: 0761 286352
E-Mail: info@agj-freiburg.de
Internet: www.agj-freiburg.de
Kinderprojekte in Bruchsal, Ettlingen, Lahr, Sigmaringen, Singen und Tauberbischofsheim

MAKS – Modellprojekt Arbeit mit Kindern von Suchtkranken
Träger: AGJ, Fachverband für Prävention und Rehabilitation in der Erzdiözese Freiburg e. V.
Karthäuserstraße 77, 79104 Freiburg
Tel.: 0761 33216; Fax: 0761 1209883
E-Mail: maks@agj-freiburg.de
Internet: www.maks-freiburg.de
Alters- und geschlechtsspezifische Gruppen für Kinder aus suchtkranken Familien mit begleitender Elternarbeit. Jugendgruppen. Spezialangebot für suchtmittelkonsumierende, schwangere Frauen und Eltern mit Kleinkindern.
Weiteres Modellprojekt:
MAKS Emmendingen
Rosenweg 3, 79312 Emmendingen
Tel.: 0761 33216
E-Mail: maks@agj-freiburg.de

Hamburg

Kompass Beratungsstelle
Elsastraße 41, 22083 Hamburg-Brambek
Tel.: 040 2792266; Fax: 040 881155
E-Mail: kompass-hamburg@t-online.de
Internet: www.kompass-hamburg.de
Beratungsstelle für Kinder aus Suchtfamilien, deren Eltern, Angehörige und Bezugspersonen. Telefonberatung, Einzelberatung, Gruppen- und Freizeitangebote.

Projekt Iglu
Lippmannstraße 22, 22769 Hamburg
Tel.: 040 43050-81; Fax: 040 43050-84
E-Mail: iglu@palette-hamburg.de
Internet: www.palette-hamburg.de
Beratung und Unterstützung für Kinder und ihre drogenabhängigen Eltern und für schwangere drogenabhängige Frauen. Telefonisch erreichbar: Montags bis Freitags von 10.00 bis 12.00 Uhr.

Such(t) und Wendepunkt e. V.
An der Alster 26, 20099 Hamburg
Tel.: 040 28054389; Fax: 040 28056177
E-Mail: info@suchtundwendepunkt.de
Internet: www.suchtundwendepunkt.de
Suchtberatung und Hilfe für Kinder von Alkoholkranken, Angebote: Nottelefon Montag bis Freitag von 17.00 bis 23.00 Uhr und immer an Wochenenden und Feiertagen steht ein kostenloses Nottelefon zur Verfügung: 0800 2802801, Beratung und Begleitung, Sozialpädagogische Gruppenarbeit, Familienhilfe.

Karlsruhe

KiD
Hilfe für drogenabhängige Eltern und ihre Kinder
Kronenstraße 15, 76133 Karlsruhe
Tel.: 0721 35007147; Fax: 0721 35007160
E-Mail: kid@awo-karlsruhe.de
Internet: www.awo-karlsruhe.de
Beratung und Begleitung drogenabhängiger, ehemals drogenabhängiger und substituierter El-

tern und ihrer Kinder. Frühintervention während der Schwangerschaft. Praktische Hilfen, Unterstützung bei Behördengängen und Gruppenarbeit.

Kindergruppe Regenbogen
Zu erreichen über die Psychosoziale Beratungsstelle des Diakonischen Werkes
Christiane Körner
Tel.: 0721 167292
Internet: www.freundeskreis-karlsruhe.de/regenbogen.html
Arbeit nach spiel- und erlebnispädagogischen Ansätzen sowie themenzentrierten Ansätzen, heilpädagogisches Reiten, Elternarbeit.

Kassel

Drogenhilfe Nordhessen e. V.
Sozialpädagogische Familienhilfe Sucht „SPFH – Sucht" & Diagnostik-Sucht
Karolinenstraße 5, 34127 Kassel
Tel.: 0561 84001; Mobil: 0163 5801814; Fax: 0561 83453
E-Mail: drogenhilfe-SPFHSucht@t-online.de
Internet: www.drogenhilfe-nordhessen.de
Spezialisiertes Behandlungsangebot für Familien, in denen eine Suchtproblematik vorliegt, intensive Betreuung und Begleitung der Familien in Erziehungsaufgaben, bei der Bewältigung von Alltagproblemen, der Lösung von Konflikten und Krisen sowie im Kontakt mit Ämtern und Institutionen, enge Zusammenarbeit mit Jugendämtern, Suchtberatung, Suchtkliniken, Kinderärzten, Kinder- und Jugendpsychiatrie und Suchtmedizin.

Kiel

Pro Kids – für Kinder
Ev. Stadtmission Kiel gGmbH
Suchthilfe
Fleethörn 61a, 24103 Kiel
Tel.: 0431 26044-500; Fax: 0431 26044-549
E-Mail: suchthilfe@stadtmission-kiel.de

Ein sozialintegratives Gruppenangebot für Kinder aus Familien mit Suchtproblemen, Einzelgespräche für Kinder oder Jugendliche über 13 bis 18 Jahren. Einzel- und Familiengespräche, Eltern- und Themenabende. Aufklärung und Informationsvermittlung für Multiplikatorinnen und Multiplikator sowie Fachkräfte.

Köln

Sozialdienst Katholischer Männer (SKM) e. V.
Fachstelle für Sucht- und Aidsprävention
Große Telegraphenstraße 31, 50676 Köln
Tel.: 0221 2074343; Fax: 0221 2074320
Internet: www.skm-koeln.de
Gruppenangebote und Fachberatung. Gruppenangebote für Kinder im Alter von 8 bis 12 Jahren, für substituierte Mütter mit ihren Kindern von 0 bis 6 Jahren, Freizeitangebote für substituierte Eltern mit Kindern, Krisenintervention in Zusammenarbeit mit dem Kinderschutzbund.

Laichingen

Freundeskreise für Suchtkrankenhilfe Landesverband Württemberg e. V.
Rainer Breuninger
Hindenburgstraße 19a, 89150 Laichingen
Tel.: 07333 3778; Fax: 07333 21626
E-Mail: info@freundeskreise-sucht-wuerttemberg.de
Internet: www.freundeskreise-sucht-wuerttemberg.de
Erfahrungen und Angebote für Kinder von suchtkranken Eltern im Selbsthilfebereich.

Lennestadt-Altenhundem

„Smily Kids"
An der Schmiede 8 (Pfarrzentrum „Arche"), 57368 Lennestadt
Tel.: 02723 3152
E-Mail: r.c.gattwinkel@t-online.de
Ansprechpartnerin: Christa Gattwinkel

Spiel- und Gesprächsangebot für Kinder von Suchtkranken. Parallele Elterngruppe einmal im Monat, Sonnabend, 14.00 Uhr.

Lünen

Caritas und Kreuzbund Lünen
Graf-Adolf-Straße 23, 44534 Lünen
Tel.: 02306 700424 (Beratungsstelle für Eltern, Kinder und Jugendliche, Viktor Sons)
Internet: www.kindergruppe-luenen.de
Angeleitete Gesprächsgruppe für Kinder und Jugendliche aus Suchtfamilien.

Neuss

Caritas Neuss e. V.
KIZ (‚Kinder im Zentrum')
Sabine Böing
Rheydter Straße 176, 41464 Neuss
Tel.: 02131 8891-60; Fax: 02131 889161
E-Mail: kiz@caritas-neuss.de
Internet:
www.caritas.erzbistum-koeln.de/neuss_cv
Unterstützung von Familien und Angebote für Kinder

Nürnberg

Lillith e. V.
Verein zur Unterstützung von Frauen mit einer Drogenproblematik
Bogenstraße 30, 90459 Nürnberg
Tel.: 0911 472218; Fax: 0911 472285
E-Mail: info@lilith-ev.de
Einzelberatung für drogenabhängige Mütter und deren Kinder, Kinderbetreuung, Gruppenangebote, Vermittlung, Spiel-, Förder- und Freizeitangebote.

Ohorn

Freundeskreise für Suchtkrankenhilfe Landesverband im Freistaat Sachsen e. V.
Uwe Wolf (Geschäftsführer)
Hauptstraße 19, 01896 Ohorn
Tel.: 0351 4727100; Fax: 0351 3161747
E-Mail:
uwe@freundeskreise-landesverband-sachsen.de
Internet:
www.freundeskreise-landesverband-sachsen.de
Erfahrungen und Angebote für Kinder von suchtkranken Eltern im Selbsthilfebereich.

Quickborn

Kleine Riesen
Ein Angebot für Kinder aus suchtbelasteten Familien
Landesverein für innere Mission in Schleswig-Holstein
ATS – Suchtberatungsstelle Quickborn
Fehldbehnstraße 23, 25451 Quickborn
Tel.: 04106 60000; Fax: 04106 60006
E-Mail: sucht.quick@ats-sh.de
Internet: www.ats-sh.de
Gruppenangebot für Kinder, Elternarbeit, Familienfreizeiten.

Rendsburg

Freundeskreise für Suchtkrankenhilfe Landesverband Schleswig-Holstein e. V.
Andrea Gnatowski
An der Marienkirche 22, 24768 Rendsburg
Tel.: 04331 55401; Fax: 04331 26340
E-Mail: mail@freundeskreise-sucht-sh.de
Internet: www.freundeskreise-sucht-sh.de
Erfahrungen und Angebote für Kinder von Suchtkranken im Selbsthilfebereich.

Schmerwitz

Kinderförderverein WIR e. V.
Kinderhaus Schmerwitz
Schmerwitz 14, 14827 Wiesenburg/Mark
Tel.: 033849 90623; Fax: 033849 90350
E-Mail: kinderhausschmerwitz@wir-ev-brb.de
Internet: www.wir-ev-brb.de
Neun Plätze im Kinderhaus, des Weiteren Tagesgruppe für Kinder aus Suchtfamilien im Grundschulalter.

Tornesch

Kleine Riesen
Ein Angebot für Kinder aus suchtbelasteten Familien
Landesverein für Innere Mission Schleswig-Holstein ATS – Suchtberatungsstelle Tornesch
Bahnhofsplatz 4, 25436 Tornesch
Tel.: 04122 9600-40; Fax: 04122 9600-41
E-Mail: sucht.tu@ats-sh.de
Internet: www.ats-sh.de
Fachlich angeleitete Gruppenarbeit für Kinder, Elternarbeit, Familienfreizeiten.

Trier

Lichtblick
Fachstelle des Kinderschutzbundes für Kinder und Jugendliche aus suchtkranken Familien
Fahrstraße 12, 54290 Trier
Tel.: 0651 9120593; Fax: 0651 9129957
E-Mail: info@kinderschutzbund-trier.de
Internet: www.kinderschutzbund-trier.de/lichtblick/lichtblick.htm
Beratung und Begleitung von Kindern und Jugendlichen, Gruppenarbeit für Kinder und Jugendliche im Alter von etwa 6 bis 16 Jahren, Mädchengruppe, Beratung von Eltern und anderen Bezugspersonen.

Wesel

Drogenberatungsstelle Wesel Kinderprojekt Fitkids
Jörg Kons
Fluthgrafstraße 21, 46483 Wesel
Tel.: 0281 22432; Fax: 0281 28691
E-Mail: info@drogenberatung-wesel.de
Internet: www.drogenberatung-wesel.de
Stabilisierung Schwangerer, Förderung der Erziehungskompetenz, Einzelfallförderung, Gruppenspiel und Freizeitmaßnahmen für Kinder, Unterstützung bei der Vermittlung in Sportvereine und helfende Institutionen (z. B. KITA), suchtspezifische Fortbildung und Beratung.

Witten

JUSUEL
Dortmunder Straße 13 (Bei der KISS in Witten), 58455 Witten
Bärbel Peiseler
Tel.: 02302 86930
E-Mail: baerbel.peiseler@arcor.de
Gesprächskreis für Jugendliche und junge Erwachsene aus Suchtfamilien.

Adressen von Interessenvereinigungen

Erwachsene Kinder von suchtkranken Eltern und Erziehern Interessengemeinschaft e. V. (EKS)
Dienstbüro: Milanweg 12, 48231 Warendorf
Tel. und Fax: 0700 12357357
E-Mail: info@eksev.org
Internet: www.eksev.org
EKS ist eine Gemeinschaft von Männern und Frauen, die Folgendes gemeinsam haben: Sie wurden hineingeboren in eine Familie oder Umgebung, in der Abhängigkeit herrschte – stoffliche oder nichtstoffliche – oder sind dort aufgewachsen. Das wichtigste Anliegen ist, sich vom Schmerz der Vergangenheit zu lösen, um ein erfülltes Leben führen zu können. In Deutschland gibt es in 40 Orten Gruppen. Die Treffpunkte sind im Internet zu finden.

Adressen von Interessenvereinigungen

Flaschenkinder
Notruf-Telefon: 02371 26263
E-Mail: info@flaschen-kinder.de
Internet: www.flaschen-kinder.de
Eine Seite von Kids für Kids, die sich rund um das Thema Alkohol beschäftigt, Angebot einer Kindergruppe.

NACOA Deutschland
Henning Mielke, Dickhardtstraße 4, 12159 Berlin
Tel.: 030 35122430; Fax: 030 35122431
E-Mail: info@nacoa.de
Internet: www.nacoa.de
NACOA Deutschland setzt sich dafür ein, die Situation von Kindern aus suchtbelasteten Familien zu verbessern. NACOA wurde im Frühjahr 2004 in Berlin gegründet und hat die Grundideen der amerikanischen „National Association for Children of Alcoholics (NACoA)" übernommen. Ziele: Öffentlichkeits- und Lobbyarbeit, Sensibilisierung von Lehrerinnen und Lehrern, Erzieherinnen und Erziehern sowie Sozialarbeiterinnen und Sozialarbeitern über die Problematik der Kinder aus Suchtfamilien, Information und Unterstützung von Kindern und Eltern, Aufzeigen von Hilfsmöglichkeiten über die Website und andere Informationsmaterialien.

„Vergessene Kinder e. V."
Verein zur Förderung von Kindern aus Familien, die von Sucht betroffen sind
Hartmut Nicklau, Tel.: 07121 9486-19
Ziele: Aufklärung der Öffentlichkeit über die Auswirkungen von Suchterkrankung eines oder beider Elternteile auf die Kinder. Durchführung von Veranstaltungen, Entwicklung und Verbreitung präventiver Konzepte, Durchführung von Maßnahmen zur Weiterbildung von Fachleuten, Initiierung eines Beratungs- und Therapieangebots für betroffene Kinder und Familien.

www.encare.de
(European network for children affected by risky environments) Europäisches Netzwerk zur Unterstützung, Information und Vernetzung von Fachleuten, die mit Kindern und Jugendlichen aus suchtbelasteten Familien arbeiten. Europaweit mehr als 300 teilnehmende Institutionen und Organisationen.

www.kidkit.de
E-Mail: info@kidkit.de
Hilfe, wenn Eltern süchtig sind! Das Internetprojekt kidkit richtet sich an Kinder und Jugendliche. Sie finden Informationen zum Thema Sucht in der Familie, Unterstützung in Form von E-Mail-Beratung, können sich über eine Pinnwand mit anderen Kindern und Jugendlichen austauschen und weitere spielerische und informative Angebote nutzen. Alles ist kostenlos und anonym.

A2 Langzeittherapieeinrichtungen für suchtkranke Jugendliche

Großenkneten

Dietrich Bonhoeffer Klinik
Dr.-Eckener-Straße 1–5, 26197 Großenkneten/Ahlhorn
Tel.: 04435 93140; Fax: 04435 931414
E-Mail: dbk@diakonie-ol.de
Internet: www.dietrich-bonhoeffer-klinik.de
Diakonisches Werk Suchthilfe gGmbH. Fachkrankenhaus für abhängigkeitskranke Jugendliche von 14 bis 25 Jahre.

Großhabersdorf

Fachklinik Weihersmühle
Weihersmühle 1–3, 90611 Großhabersdorf
Tel.: 09105 99440; Fax: 09105 994455
E-Mail: fachklinik@weihersmuehle.de
Internet:
www.obdachlosenhilfe.de/sucht/weiher
Suchtkranke Männer im Alter von 18 bis 40 Jahren.

Hamburg

COME IN!
Moorfleeter Deich 341, 22113 Hamburg-Moorfleet
Tel.: 040 7374368; Fax: 040 7374201
E-Mail: come-in@therapiehilfe.de
Internet: www.come-in-hamburg.de
Für Kinder und Jugendliche.

Kelkheim

Therapeutische Einrichtung Eppenhain
Schloßbornerstraße 27–31, 65779 Kelkheim
Tel.: 06198 5898-0; Fax: 06198 5898-29
E-Mail: eppenhain@jj-ev.de
Jugendliche: Aufnahmealter: 14 bis 20 Jahre.

Kirchheimbolanden

Fachklinik Michaelshof
Dannenfelser Straße 42, 67292 Kirchheimbolanden
Tel.: 06352 7536-0; Fax: 06352 7536-77
E-Mail: michaelshof@evh-pfalz.de
Internet: www.evh-pfalz.de
Fachklinik für suchtkranke Männer ab 17 Jahren (auch Spielsucht).

München

Condrobs e. V.
Emanuelstrasse 16, 80796 München
Tel.: 089 384082-0; Fax: 089 384082-30
E-Mail: online@condrobs.de
Internet: www.condrobs.de
Jugendliche.

Parsberg

Bezirkskrankenhaus Parsberg II
Pfarrer-Fischer-Straße 8, 92331 Parsberg
Tel.: 09492 60018-0; Fax: 09492 60018-9272
E-Mail: kjd-parsberg@medbo.de
Internet: www.medbo.de/53.0.html
Fachklinik für junge Drogenabhängige.

Riedstadt

Klinik für Kinder- und Jugendpsychiatrie Hofheim des LWV
64560 Riedstadt
Tel.: 06158 1830
Internet: www.lwv-hessen.de
Jugendliche.

Steinen

Haus Weitenau
Austraße 2–6, 79585 Steinen
Tel.: 07627 662 oder -663; Fax: 07627 613
E-Mail: blv-FKWeitenau@t-online.de
Internet:
www.blv-suchthilfe.de/haus_ weitenau.htm
17–35 Jahre.

A3 Zehn Eckpunkte zur Verbesserung der Situation von Kindern aus suchtbelasteten Familien[1]

In Deutschland leben über 2,5 Millionen Kinder unter 18 Jahren, die mit mindestens einem suchtkranken Elternteil aufwachsen. Diese Kinder leiden häufig unter kognitiven Einschränkungen sowie sozialen, psychischen und körperlichen Belastungen. Zudem leben sie mit einem erhöhten Risiko, später selbst suchtkrank zu werden. Die Verbesserung ihrer Situation ist eine Zukunftsaufgabe – für die betroffenen Kinder, ihre Familien und für die Gesellschaft.

1. Kinder aus suchtbelasteten Familien haben ein Recht auf Unterstützung und Hilfe, unabhängig davon, ob ihre Eltern bereits Hilfeangebote in Anspruch nehmen.
2. Den Kindern muss vermittelt werden, dass sie keine Schuld an der Suchterkrankung der Eltern tragen. Sie brauchen eine altersgemäße Aufklärung über die Erkrankung der Eltern und bestehende Hilfeangebote.
3. Die Zusammenarbeit zwischen den Hilfesystemen, insbesondere der Suchtkrankenhilfe, der Kinder- und Jugendhilfe und den medizinischen Diensten, muss optimiert werden. Um wirkungsvolle Interventionen zu erreichen, muss arbeitsfeldübergreifend kooperiert werden. Lehrer, Erzieher, Ärzte, Sozialarbeiter, Psychologen und Pädagogen müssen verbindlich zusammenarbeiten. Das Ziel ist, betroffene Kinder und Eltern frühzeitig zu erkennen und die ihnen angemessene Unterstützung anzubieten.
4. Die Öffentlichkeit muss über die Auswirkungen von Suchterkrankungen auf Kinder und Familien informiert werden. Eine sensibilisierte Öffentlichkeit erleichtert es Eltern, die Sucht als Krankheit anzunehmen. So wird den Kindern der Weg geebnet, Unterstützung zu suchen und anzunehmen.
5. Das Schweigen über Suchterkrankungen muss beendet werden. Es muss ein Klima geschaffen werden, in dem betroffene Eltern und Kinder Scham- und Schuldgefühle leichter überwinden und Hilfe annehmen können. Kinder leiden unter Familiengeheimnissen.
6. Auch Suchtkranke wollen gute Eltern sein. Suchtkranke Eltern brauchen Ermutigung und Unterstützung bei der Wahrnehmung ihrer Elternverantwortung. Das Wohl der Kinder muss bei diesen Bemühungen im Mittelpunkt stehen.
7. Die familienorientierte Sichtweise erfordert eine gemeinsame innere Haltung der beteiligten Helfer. Sie muss Grundlage aller Angebote und Interventionen sein.
8. Bei Kindern, deren Familien sich gegen Hilfeangebote verschließen, kann zum Schutz der Kinder im Einzelfall auch eine Intervention gegen den Willen der Eltern erforderlich werden.
9. Schule und Kindertagesstätte sind zentrale Lebensräume für Kinder aus suchtbelasteten Familien. Sie müssen dort mit der erforderlichen Aufmerksamkeit frühzeitig erkannt werden. Gemeinsam mit den Eltern müssen Hilfeangebote vermittelt werden.
10. Das Wissen über die Entstehung von Suchterkrankung sowie die Auswirkungen auf Kinder und Familien muss verpflichtend in die Ausbildung der pädagogischen, psychologischen und medizinischen Berufsgruppen aufgenommen werden. So wird das Bewusstsein der Problematik in den jeweiligen Fachdisziplinen frühzeitig gefördert und langfristig eine gesellschaftliche Einstellungsveränderung gefördert.

---

1 Vereinbart auf der Fachtagung „Familiengeheimnisse – Wenn Eltern suchtkrank sind und die Kinder leiden", 04. und 05. Dezember 2003 im Bundesministerium für Gesundheit und Soziale Sicherung, Berlin

A4 Suchthilfe als Studiengang – der „Master of Science in Addiction Prevention and Treatment" (M. Sc.)

Weiterbildungen im Bereich der Suchthilfe, speziell der Suchttherapie, weisen meist keinen engen Bezug zur aktuellen wissenschaftlichen Forschung auf. Die Verbindung zwischen den suchttherapeutischen Weiterbildungsprogrammen und den Fortschritten in Wissenschaft und Forschung ist jedoch in höchstem Maße notwendig, um auch in Zukunft die Qualität der Suchthilfe sicherzustellen. Erst seit dem neuen Hochschulrahmengesetz von 1998 hat eine verstärkte Verwissenschaftlichung der Weiterbildungen im Suchtbereich durch die Hochschulen begonnen. Es gilt, die Erfordernisse der beruflichen Bildung mit den Möglichkeiten eines postgradualen Hochschulstudiums zu verbinden. Beim viersemestrigen berufsbegleitenden Masterstudiengang „Suchthilfe" handelt es sich um den ersten akademischen Studiengang, der Suchthilfe für Absolventen aus den Bereichen Psychologie, Medizin und Soziale Arbeit studierbar macht (Abschluss: „Master of Science [M. Sc.] in Addiction Prevention and Treatment") an der Katholischen Fachhochschule Nordrhein-Westfalen, Abteilung Köln. Im Rahmen dieses Studienmodells werden die beiden Haupttätigkeitsmerkmale in der Suchthilfe, Suchtprävention und Suchttherapie, in einem berufsbegleitenden viersemestrigen Studiengang praxisnah und wissenschaftlich fundiert gelehrt. In den Studiengang integriert ist für die Studierenden mit Schwerpunkt Suchttherapie ein vom Verband Deutscher Rentenversicherungsträger (VDR) anerkannter Weiterbildungsgang in verhaltenstherapeutisch orientierter Suchttherapie. Der Studiengang fokussiert vielfach auf die Situation von Kindern und Jugendlichen in Bezug auf Suchtrisiken und Suchtprävention. Weitere Informationen unter www.suchthilfemaster.de.

Sachverzeichnis

A

Abhängigkeit
- Alltagsdrogen 6
- eigene 419
- Elternarbeit 419
- physiologische, psychoaktive Substanzen 283
- physische, Drogenkonsum 18
- psychoanalytische Modelle, neuere 42
- psychodynamische Ansätze 41
- Tabakkonsum 194–196

Ablösungsprobleme, Ess-Störungen 110

Abstinenz(-fähigkeit) 31
- Alkoholabhängigkeit 350

Abwertung, Ess-Störungen 204

Acetaldehyd, Stoffwechsel in der Leberzelle 263

Acetaldehydbiosynthese, gastrointestinale, durch Bakterien 265–266

Addiction Severity Index (ASI) 77

ADH-1C*1-/ADH-1C*2-Allel 266

ADH (Alkoholdehydrogenase) 262–263, 267, 339
- Alkoholkonsum 265

ADH-Isoenzyme 266
- Alkoholkonsum 267

ADHS (Aufmerksamkeitsdefizit-/Hyperaktivitätsstörung) 52, 65, 216–221, 434
- Aggression 226
- Alkoholstörungen, elterliche 123
- Cannabis-Missbrauch 219
- Depression 250
- diagnostische Leitlinien 216
- Differenzialdiagnosen 217
- Drogenkonsum 218
- Einteilung 218
- Entwicklungspsychopathologie 216–217
- Kinder, alkoholbelastete Familien 115
- komorbide Störungen 217

- Suchtgefährdung 482
- mit Suchtstörungen, medikamentöse Ansätze 220
- Therapien, integrative multidisziplinäre 219
- Verlaufsformen 218

Adipositas
- Ess-Störungen 105
- extreme 106
- Schweregrade, Body-Mass-Index (BMI) 105

Adressen
- ambulanter Bereich 490–496
- FAM (Frauen-Alkohol-Medikamente & Drogen) 491
- Interessenvereine 496–497
- Langzeittherapieeinrichtungen für suchtkranke Jugendliche 498–499
- stationärer Bereich 486–490

Ängste s. Angststörungen

Ärger, Ess-Störungen 204

Affektdifferenzierung, Neurotiker 43

affektive Störungen 51–52
- Anorexie 106
- Binge-Eating-Störung 106
- Bulimie 106
- Drogenkonsum 437

Affekttoleranz, Neurotiker 43

Aggression/aggressive Verhaltensstörungen 49, 64
- ADHS 218, 226
- Ätiologie 226–228
- Alkoholkonsum 223–225
- Angststörungen 226–227
- dissoziale 65
- Major Depression 226
- Problem-Behavior-Theorie 226
- Risikobedingungen 226–228
- Substanzkonsum 224–226
- Substanzmissbrauch/-abhängigkeit 223–224, 226
- Trieblust 20

Aggressionslust 15

Agoraphobie 234
- Club Drugs 237

Aktionen, präventiv-therapeutische Arbeit 409

Akutgefährdungen, potenzielle 401

Alcohol Expectancies Questionnaire (AEQ) 76–77

Alcohol Use Disorders Identification Test (AUDIT) 76

ALDH (Acetaldehyddehydrogenase) 265

ALF (Allgemeine Lebenskompetenzen und Fertigkeiten), Suchtprävention in der Schule 397

Alkohol 9

Alkoholabgabe, Jugendschutzgesetz 381–382

Alkoholabhängigkeit, -konsum bzw. -missbrauch 207–213
- Abstinenz 313–314, 350
- ADH-Reaktion 265
- ADHS 218
- aggressive Verhaltensstörungen 223–225
- aktueller 24–25
- allein erziehende Mütter 151
- Alltagsbestandteil 209
- Altersgruppen 25
- Angststörungen 232–235
- anxiolytische Wirksamkeit 232, 238
- Armutskonzept 314
- Aussiedler, jugendliche 320, 323
- Bindungen, mangelnde an die Eltern 211
- – unsicher-desorganisierte 97–98
- CYP-2E1-Induktion 263–265
- in Deutschland 339
- Einstellungen 210–211
- Einstiegsdrogen 8
- Eliminationsrate 339
- elterliche 54, 97–98, 114–127, 414
- – Erfahrungen 122–124
- – Hauptsymptome 122–124

Sachverzeichnis

- – – Hilfen für Kinder 125
- – – Loyalitätskonflikte 123
- – – Modell-Lernen 408
- – – Pro-Kopf-Verbrauchsquoten 118
- – – Resilienzen 124–125
- – – Risiken 118–122
- – – Transmissionsrisiko, genetisches 120–121
- – – Unberechenbarkeit 122
- – Entwicklung 295
- – Epidemiologie 338–339
- – epileptische Anfälle 269
- – Erfahrungen, erste 408
- – Erkrankungen 269
- – Ess-Störungen 110
- – in europäischen Ländern 338
- – Fehlentwicklungen, kindliche 21
- – Fettleber 269
- – Formen 210
- – Frauen 349–350
- – früher, Ursachen 182
- – von der Frühgeschichte bis zur Industriellen Revolution 21
- – Funktion bei Kindern und Jugendlichen 208–209
- – genetische Aspekte 266–267
- – Hämochromatose 269
- – Hyperurikämie 263, 269
- – Hypoglykämie 263
- – Immunmodulation 270
- – immunologische Reaktionsformen 269–270
- – Interaktion mit Hormonen, Medikamenten bzw. Vitaminen 267–268
- – Intoxikation 338–344
- – bei Jugendlichen mit türkischem Hintergrund 323
- – bei Kindern und Jugendlichen 208
- – in der Kultur- und Sozialgeschichte 21–26
- – Laktatkonzentration, Erhöhung 263
- – Lebensentwurf, ethischer 35
- – Leberausfallskoma 264
- – Leberschäden 264
- – und Marihuana 264
- – Metabolismus 262–267
- – von Migrantenjugendlichen, Risiko- und Schutzfaktoren 321–324

- – Missbildungen 346
- – molekulare Effekte 283
- – Motivationsfaktoren 476
- – der Mütter 346–347
- – Normen 207
- – Objekte, mütterliche 45
- – Oralitätskonzept 41
- – Panikattacken 233
- – in der Peergroup 209–210
- – – Einflussmodell 210
- – – Selektionshypothese 210
- – Phobien, soziale 233
- – Plazentaschranke 346
- – Porphyrie, hepatitische, intermediäre hepatitische 269
- – Prävalenz(-rate) 81
- – – bei in Armut lebenden Kindern und Jugendlichen 313
- – – nach Geschlecht und Einkommen 311–312
- – – Ursache-Wirkungs-Beziehungen 311
- – Pyruvatspiegel 263
- – Risikofaktoren 86
- – Rückfallquote, Angststörungen 238
- – Sensitivität 269
- – soziale Integration 210
- – soziale Krankheit 2
- – vom späten 19. Jahrhundert bis zur Gegenwart 23–24
- – Stoffwechsel in der Leberzelle 263
- – Suchtentwicklung 280, 297
- – – spätere, Stellenwert 342
- – im Tierversuch bei Ratten 273
- – Totgeburtquote 23
- – Verhalten 321
- – Verhaltensnormen 210–211
- – Verstoffwechselung 339
- – Vorhofflimmern 269
- – Wirkungen 339–340
- – pro Woche 313
- – Zwangsabtreibung/-sterilisation 349
- alkoholbelastete Familien 114–127, 475
- – Anzahl der betroffenen Kinder 116–118
- – Hilfen für Kinder 125
- – protektive Faktoren 124
- – psychische Entwicklung 124

- – Resilienzen 124–125
- – Risiken 118–122
- – Risiko- und Resilienzstudien 115–116
- – Risikomerkmale, kindliche 115
- – Unterstützungs- und Hilfeangebote 409
- – Verhaltensauffälligkeiten, Entwicklung 475
- Alkoholdehydrogenase s. ADH
- Alkoholeffekte 345–351
- – anxiolytische 232, 238
- – Majewski-Schweregrade 345
- Alkoholembryopathie (AE) 22–23, 345–352
- – Abhängigkeit der Mütter 347
- – Hilfen 348–350
- – Majewski-Schweregrade 345
- – Parallelschädigungen 347–348
- – Symptome 346
- alkoholfreie Getränke, Bevorzugung 386
- Alkoholgedächtnis 295
- – vulnerable Phase 296
- Alkoholiker-Familien 98
- Alkoholkultur, Veränderung 25
- Alkoholmixgetränke 24
- Alkoholsyndrom, fetales (FAS) 22–23
- – Majewski-Schweregrade 345
- Alkopops 208
- Alleinerziehende 149–159
- – Alkoholabhängigkeit 151
- – Demoralisation 150
- – Depression 150
- – psychische Beeinträchtigung 149
- – psychosoziale Belastung 150, 152
- – Risiken 151
- – somatische Erkrankungen 151
- – sozioökonomische Lage 151
- – Unterstützung 155–156
- Alleingang
- – ethische Haltung 36
- – Lebensentwurf, ethischer 30–32, 37–38
- Allgemeiner Sozialdienst (ASD) 450
- – Case Management 469
- Alltagsdrogen 6
- – Abhängigkeitssyndrom 6
- – Experimentierverhalten 6

Sachverzeichnis

Alltagsdrogen
- Informationen 8
- schädlicher Gebrauch 6
- Wahrnehmung, Kinder 433

Ambivalenzerfahrungen, Alkoholstörungen, elterliche 123

ambulanter Bereich, Adressen 490–496

Amphetamine
- Dopaminkonzentration 287
- Drogenembryopathie 355
- molekulare Effekte 283
- Prävalenz 81
- Suchtentwicklung 280

Amygdala, Reizverarbeitung, emotionale 83

Anfälle, epileptische, Alkoholkonsum 269

Angststörungen 7, 51–52, 230–244
- ADHS 217
- Aggression 226–227
- Alkoholkonsum 232–235
- – elterlicher 123
- – Rückfallquote 238
- Anorexie 106
- Binge-Eating-Störung 106
- Bulimie 106
- Cannabis-Konsum 236–237
- Club Drugs 237
- Depression 249–250
- diagnostische Ebene 230
- Drogenkonsum 233
- Ecstasy 237
- Familienstudien 231–232
- generalisierte, Club Drugs 237
- – Drogenkonsum 437
- – Risiko bei suchtabhängigen Eltern 116
- Kinder, alkoholbelastete Familien 115
- Kokain 237
- Laborstudien 231
- neurochemische Befunde 239
- Nikotinabhängigkeit 235–236, 239
- OADP (Oregon Adolescent Depression Project) 233
- Populationsspezifität 230
- Schüchternheit 233
- Selbstmedikation 238
- Spezifität 230
- Stichproben, klinische 231

- Studien 231
- Substanzprobleme 230, 232–240
- Suchtstörungen, Prävention 325
- Untersuchungen, experimentelle 231
- Untersuchungsansätze 231–232
- Verhaltenshemmung 233
- Vermeidung 51

Anorexia nervosa 103–104, 200

Anpassungsschwierigkeiten, psychosoziale 52

Antidepressiva, trizyklische, Depression 254

Antiepileptika, Wirkungshemmung durch Alkohol 264

Anti-Tabak-Aktionen 432

Antizipation
- passive, Dopamin 287
- Rauchen, Gesundheitsfolgen, zukünftige 313

Appetenzverhalten 15, 287
- Dopamin 287

Arbeitslosigkeitsrisiko, drogenabhängige Eltern 132

Arbeitsmodelle, interne, Bindung 91

Armut(-sbedingungen)
- Ausmaße 309–310
- Definitionen 309–310
- drogenabhängige Eltern 132
- massenmediale Prävention 316
- präventive Programme 316
- Suchtrisiken 309–318
- – Prävention 315–317
- Tabakkonsum 312

Assessment, Case Management 467

Asthma bronchiale 270

Attachment Style Questionnaire 96

AUDIT-Screening-Test 77

Aufenthaltsverbot in Gaststätten für unter 16-Jährige 382

Aufmerksamkeitsdefizit-/Hyperaktivitätsstörungen s. ADHS

Aufmerksamkeitsdefizite, Alkoholkonsum 225

Aufsichtspflicht, familienrechtliche Aspekte 369–371

Aufstellungsarbeit, Familientherapie 426

Ausbildung, medizinische 10

Aussageliste zum Selbstwertgefühl für Kinder und Jugendliche (ALS) 76

Aussiedler, jugendliche, Alkoholkonsum/Suchtgefahren 320

Ausweichverhalten, Kaufsucht 164

Autodestruktion 45–47

Autonomie
- kindliche Bestrebungen, Vereitelung 29
- Lebensentwurf, ethischer 39
- Persönlichkeitsentwicklung, selbstständige 301
- Suchtkranke 36

B

Basisqualifikationen, suchtmedizinische, Kinder- und Jugendärzte 431

Befindlichkeitsregulation 38

Befragung, direkte 77

Beikonsum, drogenabhängige Eltern 135–136

Beeinträchtigung, psychische, Alleinerziehende 149

Belastungs- und Risikofaktoren
- familiäre 53–54
- individuelle oder persönliche 51

Belastungsstörung, posttraumatische (PTBS)
- ADHS, Bulimie 106
- – Differenzialdiagnose 217
- Risiko bei suchtabhängigen Eltern 116

Belohnungswert, psychoaktive Substanzen 282

Benachteiligungen, Erkennen 432

Benzodiazepine, molekulare Effekte 283

Berliner Programm zur Suchtprävention und Gesundheitsförderung, Suchtprävention in der Schule 397

berufliche Bildung, drogenabhängige Eltern 132

Betreuung(-sformen)
- Elternarbeit 417–418

- familienintegrierte, Kinder 416
- rechtliche, familienrechtliche Aspekte 371

Beurteilungsvermögen, verringertes, Alkoholkonsum 225

Bewältigungsverhaltensweisen, Kauf- und Konsumverhalten 163

Bewusstseinserweiterung, Lustgewinn 18

Beziehungen
- emotionale
- - Familien 416
- - kindliche, stabile 147
- primäre, gelungene 42
- sexuelle, Ess-Störungen 202

Beziehungsstörungen, familiäre, ADHS 217

Bezugspersonen
- Diskontinuität, drogenabhängige Mütter 135
- internalisierte, gute 31
- Suchtkranke 37
- Umfeld, persönliches 35

Biermixgetränke 208

Bildung, schulische, drogenabhängige Eltern 132

Bindungsfigur, Repräsentationen, mentale 91

Bindung(-smuster/-verhalten) 93
- Arbeitsmodelle, interne 91
- autonome, Gesundheit, psychische 94
- desorganisierte, Verhaltensauffälligkeiten 96
- Emotionen 91
- Ess-Störungen 111
- geringe, Modellpersonen, konventionelle 85
- Kognitionen 91
- mangelnde an die Eltern, Alkoholkonsum 211
- sichere 91
- - Diskussionsverhalten, problemlöseorientiertes 97
- - Gesundheit, psychische 94
- - Risiko- oder Schutzfaktor 94–95
- starke, substanzkonsumierende Rollenmodelle 85
- Suchtverhalten 96–97
- unsicher-ambivalente 92

- unsicher-desorganisierte 92–93
- - Alkoholkonsum 97–98
- unsicher-desorientierte 92–93
- unsichere, Verhaltensauffälligkeiten 95–96
- unsicher-unverarbeitete, Suchtentwicklung 96–97
- unsicher-vermeidende 92
- Verlauf über die Lebensspanne 93–94
- Vermittlung, transgenerationale 97

Bindungstheorie von Bowlby 90–94

Bindungstypen, verschiedene 91–93

binge drinking 81

Binge-Eating-Störungen 105

Biotraumata, Suchtentwicklung 47

Blütenpflanzenkonsum 436

Body-Mass-Index (BMI), Adipositas, Schweregrade 105

Boostersessions, UKE-Drogenambulanz 447–448

Borderline-Persönlichkeitsstörungen
- ADHS, Differenzialdiagnose 217
- Binge-Eating-Störung 106
- Bulimie 106
- Drogenkonsum 437

Botschaften, präventive
- Glaubwürdigkeit 403–404
- Wirkung und Wirksamkeit 403–404

Botschafter, Vertrauenswürdigkeit 404

Botschaftsvermittlung, Akzeptanz der Art 404

Bowlby-Bindungstheorie 90–94

Breitbandverfahren 76

Broken-home-Milieu, Cannabis-/Heroin-Konsumenten 302

Bulimia nervosa 104–105
- Essgestörte 200
- familiäre Betonung 109
- Fressanfälle 104

Bullying, Schulkinder 433

C

Cannabis(-konsum/ -konsumenten)

- ADHS 219
- Altersgruppen, unterschiedliche 186
- Angststörungen 236–237
- Aussiedler, jugendliche 323
- Broken-home-Milieu 302
- Drogenambulanz 442–443
- Drogenembryopathie 353–355
- bei Jugendlichen mit türkischem Hintergrund 323
- molekulare Effekte 283
- Phobie, soziale 237
- Schwangerschaft 354

Case Management 463–472
- Ablauf 465–468
- alkoholabhängige Frauen 350
- Ansiedlung 468–469
- Assessment 466–467
- Bedeutung 463–465
- Durchführung 467
- Ergebnisbewertung 468
- Fallaufnahme 466
- Fallverantwortung 470
- Hilfeplankonferenz 467
- Monitoring 468
- Rahmenbedingungen 469–470
- Re-Assessment 468
- Supervision 470
- Wirkung 470
- Zielgruppen 465
- Zielvereinbarung 467
- Zugangserschließung 466
- Zusammenarbeit, Beendigung 468

child advocacy 432

Child Behavior Checklist (CBCL) 322

Children of Alcoholics Screening Test (CAST) 76–77

Club Drugs, Angststörungen 237

Cola-Getränke, Koffein 7

Composite International Diagnostic Interview (CIDI) 75–76
- Substance Abuse Module (CIDI-SAM) 76

Comprehensive Addiction Severity Index for Adolescents (CASI-A) 76–77

Computer-Konsum
- exzessiver 177
- im Jugendalter 176
- im Kindesalter 175

Computer-Konsum
- im Vorschulalter 174–175
Contergan®-Embryopathie 352
Coping-Strategien, Migrationshintergrund, türkischer 324
Crack, molekulare Effekte 283
Cronbachs Alphawert, Kaufsucht 166
CYP-2E1-Induktion, Alkoholkonsum 263–265

D

Delinquenz 64
- ADHS 218
- Alkoholstörungen, elterliche 123
- Risikobedingungen 224
Demoralisation, Alleinerziehende 150
Depression, depressive Episoden bzw. Stimmung 7, 51, 64, 245–259, 443
- ADHS 217–218, 250
- agitierte, ADHS, Differenzialdiagnose 217
- Alkoholstörungen, elterliche 123
- Alleinerziehende 150
- analytische Einzeltherapie 255–256
- Angststörungen 249–250
- Begleittherapie, pharmakologische 254
- Behandlung 254–256
- Bewältigungsstile, unangemessene 251–252
- Coping-Stile 252
- Dauer 252
- Diagnostik 246
- Drogenkonsum 437
- Epidemiologie 250
- Ess-Störungen 248, 250
- Familiensystemtherapie 255–256
- Geschlechterunterschiede 66, 253–254
- gesellschaftliche Bedingungen 252
- Idealselbst-Bild, Realität 251
- Isolation, soziale 246
- klinisch bedeutsame, Erfassungsverfahren 247–248
- klinische Symptome 245–246
- körperliche Untersuchung 249
- kognitive Verzerrung 251
- Komorbidität 249
- Kompetenztraining, soziales 255
- bei Mädchen 253–254
- Menstruationszyklus 246
- Prädikatoren 246
- Probleme 248–249
- rezidivierende 248, 443
- Risiko bei suchtabhängigen Eltern 116
- Rückzug 252
- Schlafstörungen 248
- Schulangst 249
- Spielinterview 249
- SSRI 254
- Stressoren 251–252
- Substanzmissbrauch 50
- Suchtgefährdung 482
- Suchtstörungen, Prävention 325
- Suizidalität 256
- Typen 247
- Ursachen 250–251
- Verhaltenstherapie 254–255
- Vermeidung 252
Designerdrogensprechstunde, Rostocker Modellprojekt 436
Deutsche Gesellschaft für Kinder- und Jugendpsychiatrie und Psychotherapie (DGKJPP) 435
Diacetylmorphin, Drogenembryopathie 357
Diagnostik 72–80
- Beobachtungs- und Beurteilungsfehler 73
- Besonderheiten 72–74
- Elternbefragungen 74
- Fehlerquellen 72–74
- Fragebögen 75
- Interviewtechniken 75
- kindspezifische Probleme 74
- nonverbale 75–77
- Qualitätsverbesserung 77–78
- Spieltechniken 75
- Verbalisationsfähigkeit, geringe 74
- Verhaltensbeobachtung, systematische 75
- Verzerrungen, kognitive 73–74

Diagnostik-System für psychische Störungen im Kindes- und Jugendalter nach ICD-10 und DSM-IV (DISYPS-KJ) 76
Diagnostisches Interview bei psychischen Störungen im Kindes- und Jugendalter (Kinder-DIPS) 76
Disharmonie, Alkoholstörungen, elterliche 117
Diskussionsverhalten, problemlöseorientiertes, Bindung, sichere 97
Dopamin
- Antizipation, passive 287
- Appetenzverhalten 287
- Konzentration, psychotrope Substanzen 286
- Striatum, ventrales 286
Dopaminbelohnungs-Hypothese, mesolimbische 287
Dopamin-D_1-Rezeptor 281
Dopamin-D_2-Rezeptor 282
dopaminerges System, Desensibilisierung 83
DROBS 404
Drogen
- harte, Aussiedler, jugendliche 323
- illegale 6, 9
- – Informationen 8
- legale, Konsumformen 82
- – Missbrauch 82
Drogenabhängigkeit, -konsum bzw. -missbrauch
- ADHS 218
- in der Adoleszenz 183–186
- affektive Störungen 437
- Angststörungen 233
- – generalisierte 437
- Aussiedler, jugendliche 323
- Borderline-Funktionsniveau 437
- Depressionen 437
- elterliche 54, 98, 128–139, 414
- – Anzahl betroffener Kinder 131–132
- – Bedingungen, ungünstige 132–134
- – Beikonsum 135–136
- – Hilfen für Kinder 136–137
- – langfristiger Konsum 130–131

- – Prävalenz 129–130
- – Selbstmordversuche 132
- – Sozialisationsbedingungen 475
- – Substitutionsprogramme 133
- – Umgangsweisen 428
- Elternkompetenzen, Einschränkungen 97–98
- Elternverhalten 134–135
- Entwicklungsstadien/-stadium 55
- – fetales 352
- ethnische Gruppierungen 436
- Familiengeschichte 332–334
- früher, Ursachen 183–187
- Früherkennung 55
- Gefahrenpotenzial 402
- Genogramme 334
- Geschichte, System der Generationen 333–334
- Gleichaltrige 476–477
- Heimkinder 478
- bei jugendlichen Migranten 320–321
- Komorbidität 436–437
- Labilisierung, Ich-Grenzen 436
- Lustgewinn 16
- Männer 128
- mehrgenerationale Entwicklung 331–332
- mesolimbisches System 285
- von Migranten 319–321
- Modell des multiphasischen Lernens 183
- Motive 50–51
- mütterliche 128–129
- – Betreuung, interdisziplinäre 128
- – Bezugspersonen, Diskontinuität 135
- – Erziehungsverhalten 134
- – Leukämie, akute, myeloische 354
- – Mutter-Kind-Interaktionen 134
- neurale Kontrolle 280–289
- Partizipation, pränatale 332
- perinatale Komplikationen 353
- Persönlichkeitsentwicklungsstörungen 437
- physische 18
- Prävention 55

- Problemvermutungen 444
- Psychopathologie 436–437
- Risiko bei suchtabhängigen Eltern 116
- Risikofaktoren 86
- Risikoperzeption 402
- schädigende Auswirkung, fetale 352
- Schwangerschaftskomplikationen 353
- Sozialphobien 238
- Stress-Störungen, posttraumatische 437
- Traumata 332
- Triebbefriedigung, aggressive 18
- bei türkischen Jugendlichen 323
- Umgang, stationäre Facheinrichtungen 477
- Ventrales Tegmentum Areal (VTA) 285
- Verwöhnung 17
- Vorbildverhalten der Eltern 185–186
- Vulnerabilität, individuell wahrgenommene 402
- Zeitgeschichte 330–331

Drogenaffinitätsstudie
- Bundeszentrale für gesundheitliche Aufklärung 24–25
- Konsumverhalten 476

Drogenambulanz 441–449
- s.a. UKE-Drogenambulanz
- Arbeitskonzept 442
- Cannabis-versus-Mischkonsum-Patienten 442–443
- Entstehung 441
- Multifaktorialität 442
- Multifunktionalität von Substanzkonsum und -missbrauch 442
- nichtvolljährige versus volljährige Patienten 443–444
- Organisation 441
- Patientengut 442
- 4-Phasen-Modell 444

Drogenberater 460
- Netzwerkarbeit 460

Drogenberatung 453
Drogeneinnahme, antizipierte 288
Drogenembryopathie 352–361
- Amphetamin-Derivate 355

- Cannabis 353–355
- Ecstasy 355
- Kokain 355–357
- Marihuana 354
- Opiate 357
- Risikofaktoren, unspezifische 353
- SIDS (Sudden Infant Death Syndrome) 353

Drogenepidemie
- Beginn 330
- Geschichte 331

Drogenhilfe, Case Management 469
Druck, sozialer, Ess-Störungen 203–204
Drugcom-Projekt der BZgA 404
Dyskalkulie, Schulkinder 433

E

Ecstasy
- Angststörungen 237
- Drogenembryopathie 355
- bei jugendlichen Migranten 320
- molekulare Effekte 283

EDDRA (Exchange on Drug Demand Reduction Action), Suchtprävention 395
EEG-Befunde, auffällige 68
Eilentscheidungen, familienrechtliche Aspekte 368
Einelternfamilien 149–159
Einflussmodell, Alkoholkonsum in der Peergroup 210
Einnahmegedächtnis 289
Einsicht, kindliche, Spieler, pathologische 146

Einstiegsdrogen
- Alkohol 8
- Tabak 8

Einzeltherapie
- analytische Einzeltherapie, Depression 255–256
- Drogenambulanz 445

Eltern
- Ablösung 207
- alkoholabhängige 97–98, 114–127, 414
- allein erziehende 149–159
- Bedürfnisse, Netzwerkarbeit 455
- drogenabhängige 128–139, 414

Sachverzeichnis

Eltern
- Fähigkeiten/Funktionen
- – protektive Wirkung 415
- – Suchtkrankenhilfe 456
- familienrechtliche Aspekte 364
- Sorge, Innehaben, familienrechtliche Aspekte 369
- Unfähigkeit 366
- Unwilligkeit 366
- Verhalten 365–366

Versagen, unverschuldetes 366

Elternarbeit
- Abgrenzungen 419
- Abhängigkeit 419
- Betreuungsformen 417–418
- familiäre Strukturen, veränderte 418
- Formen 417–418
- Misstrauen 419
- Praxis 418–420
- Problemlösungen 419
- Suchterkrankungen 459
- Suchtmittelprävention 8–9
- Verlässlichkeit 419

Elternbefragungen, Diagnostik 74

Elternbeziehungen, unglückliche, Verhindern 154

Elternfragebogen über das Verhalten von Kindern und Jugendlichen/Child Behavior Checklist (CBCL) 77

Eltern-Kind-Beziehung/-Bindung 54, 90–91
- Gesundheit, psychische 90–102
- sichere 91
- Substanzkonsum, früher 185
- unsicher-ambivalente 92
- unsicher-desorganisierte 92–93
- unsicher-desorientierte 92–93
- unsicher-vermeidende 92

Elternkompetenzen, Einschränkungen, alkohol- oder drogenabhängige Eltern 97–98

Elternpflichten
- familienrechtliche Aspekte 364–365
- Verletzung 365–371

Elternrecht 380–381

Elternverhalten, Drogenabhängigkeit 134–135

Embryopathie 352

Emotionalität, negative 61

Emotionen, Bindungsverhalten 91

Empowerment, alkoholabhängige Frauen 349

Engelstrompeten 7

Entgiftung, stationäre 44

Enthemmung, Alkoholkonsum 225

Entwicklung
- kindliche, psychosoziale, Spieler, pathologische 143–144
- psychische, Kinder, alkoholbelastete Familien 124

Entwicklungsabweichungen, biologische 68–69

Entwicklungsaufgaben, Substanzkonsum 209

Entwicklungsmodell, biopsychosoziales, Substanzkonsum 67–69

Entwicklungsstörungen, ADHS 216–217

Entwicklungsverlauf, Familie 419

Entwöhnung, stationäre 44

Entzug, koabhängiger 37

Entzugserscheinungen, protrahierte 278

Ergotherapie, Drogenambulanz 445

Erkrankungen
- neurotische, Suchtstörungen 42–43
- psychiatrische, Alkoholismus 342

Erleben, eigenes, Dissoziation 32

Erstkonsumalter 443

Erwachsenenrolle, Anforderungen 207

Erzieherinnen, Netzwerkarbeit 459

Erziehung, Sicherung, Jugendschutz, gesetzlicher 379–380

Erziehungsstil
- autoritär-repressiver, restriktiver 304–305
- beschützender, verwöhnender 304
- inkonsequenter, inkonsistenter 62, 305–306
- – Rückzugsdelinquenz 306
- permissiver 303–304
- Rigidität 29
- Sozialisation, primäre 303–306

Erziehungsverantwortung, elterliche 416

Erziehungsverhalten 40
- drogenabhängige Mütter 134

Eskapismus, Suchtstörungen 4

Essen, Bedeutung 108

Ess-Störungen 103–113, 200–204
- Abhängigkeit von den Gleichaltrigen 201–202
- Ablösung, äußere vom Elternhaus 202–203
- – innere von der Kernfamilie 203
- Ablösungsprobleme 110
- Abwertung 204
- Adipositas 105
- Adoleszenz 200–203
- Ärger 204
- Alkoholabusus 110
- Anorektikerinnen 200
- Bindungsmuster 111
- Bulimikerinnen 200
- Depression 248, 250
- Eintreten in die Erwachsenenwelt 202
- familiäre Beziehungen 108, 110
- Gleichaltrigengruppe 201
- Gruppenkonformität 203–204
- Körperbildstörungen 106
- Körperschema-Störungen 106
- Körperunzufriedenheit 109
- Körperveränderungen 201
- Kommunikation 110
- Komorbidität 106
- Leistungsorientierung 111
- Medikamentenabusus 110
- partnerschaftliche Erfahrungen, negative 204
- Peergroup, Einflüsse 200–206
- Persönlichkeit 200
- Risiko bei suchtabhängigen Eltern 116
- Schlankheitsdruck, elterlicher 109
- Selbstwertgefühl 201
- sexuelle Beziehungen 202
- sexuelle Erfahrungen, negative 204
- sexuelle Wünsche 202
- sexueller Missbrauch 111
- sozialer Druck 203–204
- Substanzmissbrauch 110
- Übergangsobjekte 201
- Übergewicht 105

Sachverzeichnis

- Verbreitung 105–106
- Vergleichen und Rivalisieren 204
- Verursachung, multikausale 108
- vulnerable Phase der Entstehung 200–203

Essverhalten
- Einstellung zum Körper 108–110, 203–204
- gestörtes 106–108
- - Körperwahrnehmungsstörung 107
- gezügeltes, Ess-Störungen 109

ethnische Gruppierungen, Drogenkonsum 436
Eve & Rave 404
externalisierende Verhaltensstörungen 65–66
- Suchtstörungen, Prävention 325

F

Facheinrichtungen, stationäre, Drogenkonsum, Umgang 477
Fagerström-Test for Nicotine Dependence (FTND) 76
Fahrlässigkeitshaftung, strafrechtliche 377–378
FAM (Frauen-Alkohol-Medikamente & Drogen), Adressen 491

Familien
- alkoholbelastete 114–127
- alkohol(-un-)spezifische Einflüsse 119–120
- Belastungs- und Risikofaktoren 53
- dysfunktionale Interaktionen, Alkoholstörungen, elterliche 123
- emotionale Beziehung 416
- Entwicklungsverlauf 419
- Essgestörter 110
- kommunikativer Austausch 416
- Konflikte 54
- Lebensverlauf, aktueller 419
- Realität 425
- Skulptur 426

- sozial benachteiligte 431
- strukturell und funktionell gestörte, Sozialisation 302–303
- Suchterkrankung 414–415

Familienatmosphäre, problematische 47
Familienbrett, Familientherapie 425–426
Familiengericht 367
familienrechtliche Aspekte 364–371
- Aufsichtspflicht 369–371
- Betreuung, rechtliche 371
- Eilentscheidungen 368
- elterliche Sorge, Innehaben 369
- Eltern 364
- Elternpflichten 364–365
- gerichtliches Verfahren 367–368
- Gewaltschutz 371
- Haftung für Schäden Dritter 370–371
- schädigendes Handeln, pflichtwidriges 369
- Sorgerecht 368
- Trennung der Eltern 368
- Umgangsrecht 369
- zivilrechtliche Rechtsfolgen 368

Familientherapie 417, 421–430
- Abschlussintervention 427
- Ansätze 421–422
- Aufstellungsarbeit 426
- Depression 255–256
- Drogenambulanz 445
- nach dem Eppendorfer Modell 446
- Familienbrett 425–426
- Forschungsergebnisse 428–429
- Fragen, zirkuläre 423–424
- Fragetechnik 423–424
- Genogramm 426
- Grundlagen 421
- Hausaufgaben, Struktur 427–428
- Heidelberger Modell 422
- Mailänder Modell 421
- Skulpturarbeit 426
- Therapeutenhaltung 423
- therapeutische Sitzung, Struktur 427
- therapeutischer Prozess 423–428

- Therapieziele, Erarbeitung 423
- Verfahren, darstellende 425–426
- Wunderfrage 424–425

Family Attachment Interview 96
family history method, Angststörungen 232
family study method, Angststörungen 231
Feindseligkeit, offene 37
Fettleber, Alkoholkonsum 269
Fit und Stark fürs Leben, Suchtprävention, Schule 397
Forschung 10
Fortbildung 10
- Netzwerkarbeit 453

Fragebogen/-bögen 76–77
- Diagnostik 75
- zur Erfassung der Lebensqualität 77
- für Jugendliche/Youth Self Report (YSR) 77

Fragetechnik, Familientherapie 423–424
Frühentwicklung, körperliche 53–54
Früherkennung, Drogenkonsum 55
Frühgeburtlichkeit
- bei drogenabhängigen Müttern 133
- durch Kokain 356

Frühintervention 400–406
- Suchtprobleme, Entwicklung 483

frühkindliche Probleme, Erkennen, Kinder- und Jugendärzte 432
Frustrationstoleranz 51
- Neurotiker 43

G

Garantenstellung und -pflicht 377
- Entstehungsgründe 375–377
- strafrechtliche Risiken 375–377
- Unterscheidung 375–377

Gating 286
Gedächtnisbildung 278
Gefahrenblindheit 49
Genogramm, Familientherapie 426

Sachverzeichnis

Genogramm, Familientherapie
- gerichtliches Verfahren, familien-rechtliche Aspekte 367–368

Geschlechterunterschiede
- depressive Störungen 66
- Suchtstörungen 66

Gesellschaft, drogenfreie 5–6
Gesetz der doppelten Quantifizierung 15
Gesichtsverlust, Migrationshintergrund 325
Gesundheit
- psychische, Bindung, autonome/sichere 94
- – Eltern-Kind-Beziehung 90–102

Gesundheitsförderung, Kinder- und Jugendärzte 431
Gewalterfahrungen, Drogenabhängigkeit 332
Gewaltschutz, familienrechtliche Aspekte 371
Gewalttätigkeit, Risikobedingungen 224
Gläserne Schule, Suchtprävention 397
Gleichaltrige
- Drogenkonsum 476–477
- Ess-Störungen 201

Glücksspiel, pathologisches 140–148
- bei Kindern und Jugendlichen 144–146

G-Proteine, membranständige 285
Grenzerfahrungen 400
Grenzüberschreitung, Substanzmissbrauch 49
Grundhaltung, süchtige 40–48
Gruppenarbeit
- Interventionen, kinderbezogene 410
- präventive, Konflikte, Umgang 410
- – Konfliktfähigkeit der Fachkraft 410
- Zielsetzung 410–411

Gruppenkonformität, Ess-Störungen 203–204
Gruppentherapie, Drogenambulanz 445
Gruppenzugehörigkeit 400

H

Hämochromatose, Alkoholkonsum 269
Haftung für Schäden Dritter, familienrechtliche Aspekte 370–371
Haltungen, Netzwerkarbeit 457
Handeln, schädigendes, pflichtwidriges, familienrechtliche Aspekte 369
Handlungsfähigkeit, Stärkung, Schule 393
Handlungskompetenz, spezielle, Erhöhung, Schule 394
Handy-Konsum
- exzessiver 177
- im Jugendalter 176
- im Kindesalter 175

Heidelberger Modell, Familientherapie 422
Heime, Suchtprävention, Bedeutung für die Mitarbeiter 478–479
Heimerziehung 473
Heimkinder
- Belastungen 477–478
- Drogenkonsum 478
- Gefährdung 477–478
- Herkunftsfamilien 474–475
- soziales Umfeld 474
- Vernachlässigung 478

Helden-Kind, Unterstützung, Interventionen, kinderbezogene 411
Helfer, professionelle, Schwierigkeit, Netzwerkarbeit 459
Herkunftsfamilie 35
- Heimkinder 474–475

Heroin
- abhängige Eltern, Kindesmissbrauch/-vernachlässigung 134
- Broken-home-Milieu 302
- Drogenembryopathie 357
- Gewalttätigkeit 225
- bei jugendlichen Migranten 320
- Konsumprävalenz 81
- molekulare Effekte 283

Hilfen/Hilfeangebote
- Angebote, Interventionen, elternbezogene 415
- Bereitstellung, Jugendalter 434
- in Deutschland, Diskontinuität 464
- für Kinder 399
- – alkoholbelasteter Familien 125
- – drogenabhängiger Eltern 136–137
- Problemfamilien 408
- Schule 390–399

Hormone, Interaktion mit Alkohol 267–268
Humor, kindlicher, Spielen, pathologisches elterliches 147
Hyperaktivität s. ADHS
Hyperurikämie, Alkoholkonsum 263, 269
Hypoglykämie
- Alkoholintoxikation 341
- Alkoholkonsum 263

hypomanische Episoden, Risiko bei suchtabhängigen Eltern 116

I

Ich-Entwicklung, Defizite 44
Ich-Grenzen, drogeninduzierte Labilisierung 436
Idealselbst-Bild, Realität, Depression 251
Identitätsfindungsprozess 400
Immunmodulation, Alkohol 270
Impulsivität 51
- erhöhte 49
- Substanzkonsum, früher 186
- Suchtgefährdung 482

Incentive-sensitization-Hypothese, Suchtgedächtnis 290–291
Initiative
- kindliche, Spielen, pathologisches elterliches 147
- Persönlichkeitsentwicklung, selbstständige 301

inside school – Präventive Hilfe bei Suchtgefährdung vor Ort an der Schule 397
Instabilität, Alkoholstörungen, elterliche 117
Integration, soziale, Alkoholkonsum 210
Intelligenz, Persönlichkeitsentwicklung, selbstständige 301

Sachverzeichnis

Intelligenzminderung, ADHS 217
Interaktionsprobleme, soziale, Alkoholstörungen, elterliche 123
Interessenvereine, Adressen 496–497
Internet-Konsum
– exzessiver 177
– im Jugendalter 176
– im Kindesalter 175
– im Vorschulalter 175
Interventionen
– adäquate 408
– elternbezogene 414–420
– – Hilfeangebote, Ausgestaltung 415
– – Unterstützungsangebote, Qualität 416–417
– familienbezogene 421–430
– kinderbezogene 407–413
– – Gruppenangebot 410
– – Helden-Kind, Unterstützung 411
– – Maskottchen, Unterstützung 412
– – praktische Erfahrungen 411–412
– – schwarzes Schaf, Unterstützung 411–412
– – verlorenes Kind, Unterstützung 412
– – Zielsetzungen 409–411
Interviews 76
Interviewtechniken, Diagnostik 75
Inzesterfahrungen, Drogenabhängigkeit 332
Isolation, soziale
– Depression 246
– bei Kindern drogenabhängiger Eltern 133
Isoniazid, Wirkungshemmung durch Alkohol 264

J

Jugendämter, Case Management 469
Jugendalter
– Hilfen, Bereitstellung 434
– Mischkonsum 436
Jugendgesundheitssurvey 6
Jugendhilfe 476
– Angebote 407

– stationäre 473–477
Jugendschutzgesetz 379–387
– Alkoholabgabe, Bestimmungen, schärfere 382
– alkoholische Getränke, Abgabe 381
– Anwendung 385–386
– Anwendungsschwierigkeiten 383
– Einzelregelungen 381
– Erziehung, Sicherung 379–380
– Information 385–386
– Kontrolle 385–386
– Rauchen in der Öffentlichkeit 382
– – Vorschriften 384
– Tabakwaren, Abgabe 382
– – Abgabeverbote 384–385
– Überprüfung 385–386
Jugendschutzrecht gleich Elternrecht 380–381

K

Kampagne Armut 432
Kapitulation, Lebensentwurf, ethischer 34–36
Kaufsucht/-verhalten 165–167
– Ausweichverhalten 164
– Autonomie-Störung 169
– Bank und Jugend im Dialog 170
– Beispiel-Item zur Erhebung 167
– bevölkerungsrepräsentative Studie 167–168
– Bewältigungsverhaltensweisen 163
– Cronbachs Alphawert 166
– Dosissteigerung 166
– Drang, unwiderstehlicher 165–166
– Entstehungsursachen 168–170
– Entzugserscheinungen 166
– familiendynamische Modelle 169
– Forschungsüberblick 164–165
– Größen-Selbst, krankhaftes 169
– Haushaltsbuchführung 171
– bei Jugendlichen 162–173
– kompensatorische 165–167
– Leidensdruck, hoher 166

– Lösungsansätze 170–171
– Merkmale, allgemeine 165
– Messverfahren 166
– Operationalisierung, messtechnische 166
– Phänomenmerkmale 164–167
– Prävention 170
– psychoanalytische Erklärungsmodelle 169
– Rückzugsverhalten 164, 166
– Selbstwertgefühl 170
– Suchterleben 165
– Suchtmittelabhängigkeit 166
– Tendenz bei Jugendlichen 168
– Überbehütung 169
– unauffälliges 165–167
– Verbreitung 167–168
– verhaltenstheoretische Erklärungen 169
Ketamin, molekulare Effekte 283
Kind(er)
– Alltagsdrogen, Wahrnehmung 433
– Bedürfnisse, Netzwerkarbeit 455
– Betreuung, familienintegrierte 416
– Pflege 415
– suchtbelasteter Familien, Situationsverbesserung 500
– suchtgefährdete, stark machen 482–484
– verlorenes, Unterstützung, Interventionen, kinderbezogene 412
– von Suchtkranken, Netzwerkarbeit 451
– suchtkranker Eltern, Sozialisationsbedingungen 475
– Versorgung 415
Kinder- und Jugendärzte
– Benachteiligungen, Erkennen 432
– Erfragen von Alkohol-, Medikamenten- und Drogenkonsum in der Schwangerschaft 432
– frühkindliche Probleme, Erkennen 432
– Gesundheitsförderung 431
– Interessenvertretung 431–432
– Kommunikation 431
– Medikamentenumgang, sparsamer 432

Kinder- und Jugendärzte
- Probleme, Erkennen 432
- psychosoziale Rahmenbedingungen 431
- sozialpädiatrisches Arbeiten, Vernetzung 431
- suchtmedizinische Basisqualifikationen 431
Kinder- und Jugendpsychiatrie 435–440, 453
- Fachgebiet, Entwicklung 435–436
- klinische Perspektive 439–440
- medikamentöse Ansätze 438–439
- milieu- und soziotherapeutische Ansätze 439
- psychotherapeutische Ansätze 437–438
Kindesmissbrauch/-vernachlässigung, heroinabhängige Eltern 134
Kindeswohlgefährdung 365
Kindheit, unheile Welt 37
Kindheitstrauma, drogenabhängige Mütter 133
kindspezifische Probleme, Diagnostik 74
Klasse 2000, Suchtprävention, Schule 397
Ko-Abhängigkeit 37, 419
Körper, Einstellung zum, Essverhalten 108–110, 203–204
Körperbildstörungen, Ess-Störungen 200
Körperschema/-wahrnehmungsstörung
- Ess-Störungen 106, 109
- Essverhalten, gestörtes 107
Koffein, Cola-Getränke 7
Kognitionen, Bindungsverhalten 91
kognitive Funktionsstörungen, Alkoholstörungen, elterliche 123
kognitive Verzerrung
- Depression 251
- diagnostische Erhebungen 73–74
Kokain
- Angststörungen 237
- Dopaminkonzentration 287
- Drogenembryopathie 355–357

- Fehlbildungen, angeborene 356
- bei jugendlichen Migranten 320
- Konsum in der Schwangerschaft 356
- molekulare Effekte 283
Kommission Sucht 435
Kommunikation
- in der Familie 416
- Kinder- und Jugendärzte 431
- Probleme bei Kindern von Alleinerziehenden 151
Kommunikationsfähigkeit, Stärkung, Schule 393
Kommunikationsmedien
- s.a. Medienkonsum
- moderne 174–180
- Nutzungsverhalten im Jahr 2005 174
- bei Vorschulkindern 174–175
Komorbidität 51–52
- ADHS 217
- entwicklungsbezogene 63
- Ess-Störungen 106
- Substanzkonsum 63–64
Kompetenztraining, soziales, Depression 255
Konditionierungen, klassische/operante 278
Konflikte
- Umgang, Gruppenarbeit, präventive 410
- zwischenmenschliche, tabuisierte 29
Konfliktfähigkeit der Fachkraft, Gruppenarbeit, präventive 410
Konsumdrogen, traditionelle 435
Konsumkompetenz, Erwerb 170
Konsumverhalten 163
- von Aussiedlern 319
- Drogenaffinitätsstudie 476
Kontrollverlust
- neutrale Realisierung 288
- Sexualprägung 295
- Substanzkonsum 274
- suchtbezogener 295
- Suchtentwicklung 294
- Suchtstörungen 3
Konzentrationsprobleme, Kinder, alkoholbelastete Familien 115
Krampfanfälle, zerebrale durch Opiate 358

Kreativität, kindliche, Spielen, pathologisches elterliches 147
Kurzfragebogen für Alkoholgefährdete (KFA) 76
Kurzzeittherapie, lösungsorientierte 422

L

Laisser-faire
- Sozialisation, primäre 303
- Verwahrlosung 29
Laktaterhöhung, Alkoholkonsum 263
Langzeitschäden 401
Langzeittherapieeinrichtungen für suchtkranke Jugendliche, Adressen 498–499
Lebensabschnittpartner, Lebensentwurf, ethischer 39
Lebensbedingungen
- Kindheit, Suchtkranke 37
- Verbesserung, Schule 394
Lebensentwurf
- alter, Rückfall 36
- ethischer 36
- – Alkoholabhängigkeit 35
- – Alleingang 30–32, 37–38
- – Ausweglosigkeit 32–34
- – Autonomiebedürfnisse 39
- – Eigendynamik 33–34
- – Folgelasten 31
- – Kapitulation 34–36
- – Lebensabschnittpartner 39
- – Patchwork-Familie 39
- – Realisierung 33
- – Sucht 28, 30–39
- – Unabhängigkeit, innere, künstlich hergestellte 33
- süchtiger 30
Lebenserfahrung, frühe, Relativierung, rückwirkende 35
Lebensgemeinschaft, suchtbelastete 302
Lebensgeschichte, Sucht-Patient 30–31
Lebenskompetenzen 31
- Training 8
Lebensverlauf, aktueller, Familie 419
Leberausfallskoma/-schäden, Alkoholkonsum 264
Legasthenie 433

Lehrerfragebogen/Teacher's Report Form (TRF) 77
Leistung, Anstrengung 20
Leistungsansprüche, überhöhte, Suchtmittelgebrauch 392
Leistungsorientierung
– Ess-Störungen 111
– Persönlichkeitsentwicklung, selbstständige 301
Lernfähigkeit, Persönlichkeitsentwicklung 301
Lernprobleme bei Kindern von Alleinerziehenden 151
Leukämie, akute myeloische, Drogenabhängigkeit, mütterliche 354
Liebesfähigkeit, Persönlichkeitsentwicklung, selbstständige 301
Lifestyle-bedingte Probleme 6
limbisches System 83
Lösungsmittel
– CYP 2E1, Aktivierung 265
– Inhalation 7
Loyalitätskonflikte, Alkoholstörungen, elterliche 123
LSD
– Gewalttätigkeit 225
– bei jugendlichen Migranten 320
– molekulare Effekte 283
Lust
– an Leistung, Suchtprävention 19–20
– sexuelle 15
Lustempfindung, Verwöhnung 16
Lustgewinn
– ohne Anstrengung 15–17
– Bewusstseinserweiterung 18
– Drogenkonsum 16
– Triebbefriedigung 16

M

magic mushrooms 7
Mailänder Modell, Familientherapie 421
Maintenance-Konzept, Suchterkrankung 297
Majewski-Schweregrade, Alkoholeffekte/-embryopathie 345
Major Depression 66
– Aggression 226
– Begleittherapie, pharmakologische 254

– Club Drugs 237
– Diagnostik-Kriterien 247
– Kernsymptome 248
Mangelerfahrungen, frühkindliche 55
Mannheimer Elterninterview (MEI) 76
Marihuana
– und Alkoholkonsum 264
– Drogenembryopathie 354
Maskottchen, Unterstützung, Interventionen, kinderbezogene 412
Master of Science in Addiction Prevention and Treatment (M. Sc.) 501
MDMA, molekulare Effekte 283
Medienkonsum
– s.a. Kommunikationsmedien
– Einstellung der Eltern 176–177
– exzessiver 177–179
– – therapeutische Interventionen 179
– bei Jugendlichen 176
– bei Kindern 175
– Vorschulkinder 174–175
Medikamente, Interaktion mit Alkohol 267–268
Medikamentenabhängigkeit/-abusus
– Ess-Störungen 110
– Oralitätskonzept 41
MEOS (mikrosomales Ethanol-Oxidierendes System) 263–264
Mescalin, molekulare Effekte 283
mesolimbisches System, Drogeneinnahme 285
Methadonambulanz 453
Methadon-Substitution 135
– Drogenembryopathie 357
Migrationshintergrund
– Drogenabhängigkeit 332
– Gesichtsverlust 325
– Stigmatisierung 325
– Suchtgefahren 319–328
– türkischer, Coping-Strategien 324
– Umfeld, soziales 325
Mikrosomales Ethanol-Oxidierendes System s. MEOS
Mind Zone 404
Minderwertigkeitsgefühl, Rauchen 312

mindway 404
Mischkonsum-Patienten
– Drogenambulanz 442–443
– Jugendalter 436
Missbildungen, Alkohol 346
Missbrauch(-serfahrungen) 366
– Aggression 227
– Alkoholstörungen, elterliche 123
– Drogen, legale 82
– sexueller 30
– – Drogenabhängigkeit 332
– – Ess-Störungen 111
Misshandlung, körperliche, Alkoholstörungen, elterliche 123
Misstrauen 37
– Elternarbeit 419
Mobbing, Schulkinder 392, 433
Modedrogen 435
Modell des multiphasischen Lernens
– Drogenkonsum 183
– Substanzkonsum, früher 186
Modell-Lernen: Elternteil, trinkendes, Verhaltensweisen 408
Modellpersonen, konventionelle, Bindung, geringe 85
Modulation, dopaminerge, glutamaterge Übertragung 286
Mögen (liking), Suchtentstehung 290
Monitoring, Case Management 468
Moral, kindliche, Spielen, pathologisches elterliches 147
Motivationsgespräche, Suchtprobleme 456
Motive, Drogenkonsum 50–51
Multimedialandschaft für Kinder 175
Multi-Problem-Milieu 62
Mutter, sicher-autonome 93
Mutter-Ersatzobjekte, Alkoholiker 45
Mutter-Kind-Beziehung/-Dyade
– Ablösung 42
– drogenabhängige Mütter 134
– negativ erlebte bei Kindern von Alleinerziehenden 152
Mutter-Kind-Kontaktladen 78
Muttermilch, THC (Tetrahydrocannabinol) 354

Sachverzeichnis

Mutterrolle, ambivalente Ausführung, drogenabhängige Mütter 133

N

Nahrungssuchverhalten, Verhaltensverstärkungen, positive und negative 284
Narzissmus, pathologischer, ADHS, Differenzialdiagnose 217
NAS (Neonatales Abstinenzprogramm), Opiat-Konsum, Schwangerschaft 358
Netzwerkarbeit 450–462
– alkoholabhängige Frauen 350
– Charakteristik 454–455
– Drogenberater, Rolle 460
– egozentrierte Perspektive 453
– Eltern, Bedürfnisse 455
– Entwicklung in Köln 461
– Erzieherinnen 459
– Fallberatungen 456
– Fortbildung 451, 453
– Haltungen 457
– Helfer, professionelle, Schwierigkeit 459
– Hilfssysteme, Vernetzung 451
– Kinder, Bedürfnisse 455
– – von Suchtkranken 451
– konkrete 455–461
– Konzeptentwicklung 451–452
– Perspektiven 453–454
– Strukturen 457
– Suchthilfesysteme 455
– Zusammenarbeit 459–460
Netzwerke, pathogene 454–455
Netzwerkperspektive, sozialstrukturelle 453
neurale Kontrolle, Drogeneinnahme 280–289
Neuroplastizität, Substanzkonsum 295
Neurotiker
– Affektdifferenzierung 43
– Affekttoleranz 43
– Frustrationstoleranz 43
Neurotransmission, Substanzerfahrung 278
Neurotransmitter
– psychoaktive Substanzen 281

– Signalübertragung, mesolimbische 285
Nikotinabhängigkeit, -abusus bzw. -konsum 9
– s.a. Tabakkonsum
– Angststörungen 235–236
– Diagnosestellung 77
– früher, Ursachen 182
– molekulare Effekte 283
– Suchtentwicklung 280
novelty seeking, Aggression 227

O

OADP (Oregon Adolescent Depression Project), Angststörungen 233
Objekte, mütterliche, Versagen, Alkoholiker 45
Ödipuskomplex 42
ökonomischer Status, geringer 54
Online-Aktivitäten/-Konsum
– Beziehungen 178
– Informations-Overkill 178
– Net Compulsion 178
– Sex (Pornographie, Erotik-Chats) 178
– therapeutische Interventionen 179
– wissenschaftliche Studien 178–179
Operationalisierung, Substanzabhängigkeitssyndrom 3
Opiate
– Amenorrhö 357
– Dopaminkonzentration 287
– Drogenembryopathie 357
– Schwangerschaft, NAS (Neonatales Abstinenzprogramm) 358
– Suchtbildung 297
– Suchtentwicklung 280
– – bei Ratten 292
Opioid-Blutspiegel der Mutter 358
OPUS – Netzwerk gesundheitsfördernder Schulen, Suchtprävention, Schule 397
Oralitätskonzept 41

P

Paarbeziehungen, harmonische, Erhöhung der Anzahl 154–155

Pädiater
– in Klinik und Gesundheitsamt 7–8
– in der pädiatrischen Praxis 8
Panikattacken/-störungen
– Alkoholkonsum 233
– Club Drugs 237
– Risiko bei suchtabhängigen Eltern 116
Paracetamol, Wirkungshemmung durch Alkohol 264
Parallelschädigungen, Alkoholembryopathie 347–348
Parental-Stress-Index (PSI) 118
Parentifizierungen, Drogenabhängigkeit 332
Partydrogen
– Prävalenz 81
– Projekte 404
party-project e.V. 404
Patchwork-Familie, Lebensentwurf, ethischer 39
PCP, molekulare Effekte 283
Peergroup 40
– Alkoholkonsum 209–210
– Rolle 207
persönlichkeitsbezogene Faktoren, Substanzkonsum 275
Persönlichkeitsentwicklung 407
– prädisponierende 40
Persönlichkeitsentwicklungsstörungen, Drogenkonsum 437
Persönlichkeitsstörung 443
– ängstlich-vermeidende 217
– – Anorexie 106
– – Binge-Eating-Störung 106
– Essgestörte 200
– explosiv-impulsive 217
– histrionische, Binge-Eating-Störung 106
– – Bulimie 106
– kombinierte 443
– Suchtmittelabusus 43
– zwanghafte, Anorexie 106
Personensorge 365
Pflege, Kinder 415
Phänotyp
– biochemischer 67–68
– physiologischer/psychologischer 68
– psychologischer 68
Phobien 52
– Alkoholstörungen, elterliche 117

Sachverzeichnis

- Club Drugs 237
- Risiko bei suchtabhängigen Eltern 116
- soziale s. Sozialphobien

Pilzkonsum 436
Plazentalösungen durch Kokain 356
Plazentaschranke, Alkohol 346
Polamidon, Drogenembryopathie 357
Polytoxikomanie, ADHS 217–218
Porphyrie, hepatitische, intermediäre, Alkoholkonsum 269
postsynaptische Potenziale 285
Prädisposition, psychische 48
präfrontale Regionen 83
Prävention/präventiv-therapeutische Arbeit 401
- Aktionen 409
- Armutsbedingungen 316
- Begründung 401–402
- Drogenkonsum 55
- massenmediale Prävention, Armutsbedingungen 316
- Spiele 409

Problem-Behavior-Theorie, aggressive Verhaltensstörungen 226
Probleme, Erkennen, Kinder- und Jugendärzte 432
Problemfamilien, Hilfsangebote 408
Problemfragebogen für 11- bis 14-jährige Kinder und Jugendliche (PFB 11-14) 76
Problemlöse- und Entscheidungsfindungsansatz 446
Problemlösefertigkeiten, geringe 55
Problemlösungen
- Elternarbeit 419
- Suchtverhalten 56

Problemvermutungen, Drogenkonsum 444
Psilocybin, molekulare Effekte 283
psychoanalytische Modelle, Abhängigkeit 42
psychodynamische Ansätze, Abhängigkeit 41
Psychopathologie, ADHS 216–217
psychopathologisches Befund-System für Kinder und Jugendliche (CASCAP-D) 76

Psychopharmaka, Einsatz, Zielbereiche 446
Psychosen, drogeninduzierte 321
psychosomatische Beschwerden, stressbedingte, Grundschuljahre 433
psychosoziale Belastung, Alleinerziehende 150, 152
psychosoziale Rahmenbedingungen, Kinder- und Jugendärzte 431
psychosozialer Dienst 453
Psychotherapie
- Kinder- und Jugendpsychiatrie 437–438
- psychoanalytisch orientierte, Drogenambulanz 445
- psychodynamische 446

psychotische Zustandsbilder, substanzinduzierte 436
Pyruvatspiegel, Alkoholkonsum 263

R

Rauchen s. Nikotinabhängigkeit, -abusus bzw. -konsum bzw. Tabakkonsum
Rauschtrinken 6
Re-Assessment, Case Management 468
Redox-Potenziale, Substanzkonzentration 287
Rehabilitationsbehandlung, Substanz-Antagonisten, Einsatz 446
Reinforcement, suchterzeugende Stoffe 284
Reizorientierung, Substanzkonsum, früher 186
Reiz-Reaktions-Beziehung, Substanzkonsum 288
Reizverarbeitung, emotionale, Amygdala 83
Relativierung 403
- rückwirkende, Lebenserfahrung, frühe 35
Resilienzen
- alkoholbelastete Familien 124–125
- Spieler, pathologische 146

Retardierung, geistige, Alkoholismus 342

Reuptake, Hemmstoffe, psychoaktive Substanzen 282
Rezeptoragonisten/-antagonisten, psychoaktive Substanzen 282
Rezeptor-Wirkungsverstärker 282
Risiken, strafrechtliche
- Drogenberatung 372–373
- Garantenstellung und -pflicht 375–377
- im Umgang mit Kindern aus suchtkranken Familien 372–378
- Unterlassungsdelikt 374

Risikofaktoren
- familiäre 62
- kindliche 62
- soziales Umfeld 62
- Suchtstörungen 61–63

Risikoreduktion 400–406
Risikoverhaltensweisen, Aggression 227
Rötelnembryopathie 352
Rostocker Modellprojekt, Sprechstunde über Designerdrogen 436
Rückzug, sozialer, Kinder, alkoholbelastete Familien 115
Rückzugsdelinquenz, Erziehungsstil, inkonsequenter, inkonsistenter 306
Rückzugsverhalten, Kaufsucht 164

S

Schaltzentren, mesolimbische 286
Scheidungsfolgen, negative 153
Schlankheitsdruck, elterlicher, Ess-Störungen 109
Schmerzgrenze, niedere, Alkoholkonsum 225
Schüchternheit
- Alkoholismus 342
- Kinder, alkoholbelastete Familien 115

Schulalter, soziale Realität 392
Schulangst 392
- Depression 249

Schule
- Handlungsfähigkeit/-kompetenz, Stärkung/Erhöhung 394
- Hilfen 390–399
- Kommunikationsfähigkeit, Stärkung 393

Schule
- Lebensbedingungen, Verbesserung 394
- substanzspezifische Ziele 392–393
- Suchtprävention 390–392, 396
- – Elemente und Ziele 392–395
- – Programme 397
- – Status quo 395–398
Schuleschwänzen, Alkoholstörungen, elterliche 123
schulische Einbindung, geringe, Aggression 225
schulische Leistungen
- Alkoholismus 342
- bei Kindern von Alleinerziehenden 151
- Probleme 61
- schlechte, Aggression 225
- Schwierigkeiten 54
- Tabakkonsum 195
Schulklima 392
Schulordnungsgesetz (SchOG), Suchtprävention 390
Schulpflicht, allgemeine 391
Schutzreflexe, Suchtstörungen 29
schwarzes Schaf, Unterstützung, Interventionen, kinderbezogene 411–412
Screening-Methoden 76
Second Messenger 285
Sekundärprävention 400–406
Selbstbeurteilung 78
Selbstheilungsversuch, Sucht 43–45
Selbsthilfen 453
Selbstkontrolle
- mangelnde 49
- Substanzkonsum 272–276
Selbstmedikation, Angststörungen 238
Selbstständigkeitsforderungen, verfrühte 29
Selbstwertgefühl
- Ess-Störungen 201
- geringes 86
- gestörtes 51
- Kaufsucht 170
- bei Kindern von Alleinerziehenden 151
- vulnerables 55
Selbstwertprobleme

- Suchtgefährdung 482
- Tabakkonsum 476
Selbstzerstörungsversuch, Suchtverhalten 45–47
Selektionshypothese, Alkoholkonsum in der Peergroup 210
sensation seeking/Sensationssuche 7, 67
- Substanzmissbrauch 49
Sensitivierung
- Suchtentstehung 290
- Suchtentwicklung 291
- Suchtgedächtnis 290–291
sexuelle Lust 15
sexuelle Wünsche, Ess-Störungen 202
Shoppen s. Kaufsucht
SIDS (Sudden Infant Death Syndrome), Drogenembryopathie 353
Signalübertragung/-verarbeitung
- mesolimbische, Neurotransmitter 285
- psychoaktive Substanzen 281
Sinnperspektiven, Sucht 27–29
Soester Programm zur Suchtprävention und Gesundheitsförderung, Suchtprävention, Schule 397
Solidarität
- Suchtkranke, Bezugspersonen 36
- zwischenmenschliche 38
Sorgerecht
- elterliches 366
- familienrechtliche Aspekte 368
Sozialdienst Katholischer Männer e.V. Köln (SKM Köln), Suchtprävention, Fachstelle 450–451
soziale Kompetenzen und Kontakte 55
soziale Krankheit, Alkoholismus 2
soziale Marginalisierung bei Kindern drogenabhängiger Eltern 133
soziale Realität, Schulalter 392
Sozialentwicklung 407
Sozialfaktoren 42
Sozialisation
- Bedingungen bei drogenabhängigen bzw. suchtkranken Eltern 475

- Familien, strukturell und funktionell gestörte 302–303
- primäre 301–306
- – Erziehungsstil 303–306
- – Laisser-faire 303
- – problematische 300–308
- Störungen 300–301
sozialpädiatrisches Arbeiten, Vernetzung, Kinder- und Jugendärzte 431
Sozialphobien
- ADHS 218
- Alkoholkonsum 233
- Cannabis-Missbrauch oder -Abhängigkeit 237
- Drogenkonsum 238
Sozialtherapie, Drogenambulanz 445
Sozialverhalten, angelerntes, Weiterentwicklung 301
Sozialverhaltensstörungen 50–52
- ADHS 217
- Einteilung 222
- Komorbidität 223
- Substanzmissbrauch und -abhängigkeit 50, 223
Spezialambulanz, Universitätskrankenhaus Hamburg-Eppendorf 436
Spiele, präventiv-therapeutische Arbeit 409
Spielen, pathologisches 140–148
- Anzahl betroffener Kinder 141
- Auswirkungen auf die Kinder 143–146
- Einsicht, kindliche 146
- elterliches 141, 147
- Entwicklung, kindliche, psychosoziale 143–144
- Erfahrungen der Kinder in der Familie 142–143
- Resilienzen 146
- Risiko- und Schutzfaktoren, kindliche 146–147
- stoffgebundene Abhängigkeit 141
- Suchtentwicklung, kindliche 144–146
- Unabhängigkeit, kindliche 146
Spieltechniken, Diagnostik 75
Sprech-/Sprachstörungen 64
SSRI, Depression 254

Sachverzeichnis

Standfestigkeitstraining 87
stationärer Bereich, Adressen 486–490
Status, sozioökonomischer, niedriger, drogenabhängige Mütter 133
Stigmatisierung
– Migrationshintergrund 325
– Suchtprobleme 408
Störungen
– chronische 5
– dysthyme 248
– emotionale 443
– – innere, ungeklärte 31
– hyperkinetische 50–51
– psychische 7, 56
– – drogenabhängige Mütter 133
– – komorbide, UKE-Drogenambulanz 447
– – Komorbidität 63
Stress
– posttraumatischer, Drogenkonsum 437
– schulischer, Rauchen 312
– Suchtgedächtnis 290
Stresstrinker bei Tieren 274
Stress-Vulnerabilitäts-Hypothese 53
Striatum, ventrales, Dopamin-Ausstoß 286
Studiengang, Suchthilfe 501
Subgruppen, Suchtstörungen, Entwicklung 482–483
Substanzabhängigkeit, -konsum bzw. -missbrauch 222
– Adoleszenz, Vorbildverhalten der Eltern 185–186
– aggressive Verhaltensstörungen 223–226
– aggressives Verhalten 226
– Alkoholstörungen, elterliche 117, 123
– Angststörungen 230, 232–239
– Auffälligkeit, lebenslange 85
– – temporäre im Jugendalter 84–85
– aversive Einnahmebedingungen 274
– Bulimie 106
– Entwicklungsaufgaben, Bewältigung 209

– Entwicklungsmodell, biopsychosoziales 67–69
– Entzug 222
– Erklärungsansatz, biologischer 83
– – entwicklungspsychopathologischer 84–85
– Ess-Störungen 110
– früher 181–189
– – Einflusstypen und -ebenen 184
– – Eltern-Kind-Beziehung 185
– – Impulsivität 186
– – Kindheit 186–187
– – Modell des multiphasischen Lernens 186
– – 12-Monats-Prävalenz 181
– – Reizorientierung 186
– Gebrauch, kontrollierter 295
– Grenzüberschreitung 49
– interne/externe Faktoren 273
– Intervention 86–87
– Intoxikation 222
– Jugendalter, Funktionen 209
– bei jugendlichen Migranten 321
– Komorbidität 63–64
– Konsequenzen 82
– Kontrollverlust 274
– Neuroplastizität 295
– Operationalisierung 3
– persönlichkeitsbezogene Faktoren 275
– Prävention 86–87
– Protektion 85–86
– Reflexion 446
– Reiz-Reaktions-Beziehung 288
– Risiko 85–86
– Risikobedingungen 224
– Rollenmodelle, Bindung, starke 85
– Selbstkontrolle 272–276
– Sensationssuche 49
– Sozialverhaltensstörungen 223
– Steuerung der Einnahme 288
– Störungen, induzierte 222
– Substanzerfahrungen 275
– Umfeld, situatives 275
– Verhaltenssteuerung 288
– Verlauf, alterskorrelierter 83
– Wohnumgebung 86

Substanzen
– Antagonisten, Einsatz, Rehabilitationsbehandlung 446
– psychoaktive 6
– – Abhängigkeit, physiologische 283
– – Angriffspunkte, zentralnervöse Synapsen 281
– – Belohnungswert 282
– – Funktion 209
– – Kontakt, früher 7
– – kontrollierter Konsum, Versuchstiere 272
– – Neurotransmitter 281
– – Reuptake, Hemmstoffe 282
– – Rezeptoragonisten 282
– – Rezeptorantagonisten 282
– – Signalübertragung/-verarbeitung 281
– – synaptische Übertragung 282
– – Transmitter, falsche 282
– psychotrope 81–88
– – Dopamin-Konzentration 286
– stimmungsverändernde, Tradition 32
– suchterzeugende
– – Primäreffekte, Ordnungsprinzip 282
– – Reinforcement 284
– – verstärkende Wirkeigenschaften 284
Substanzerfahrungen 275
– Neurotransmission 278
Substitutionsprogramme, drogenabhängige Eltern 133
Suchtentwicklung
– Bindung, unsicher-unverarbeitete 96–97
– biologische Grundlagen 272–299
– Biotraumata 47
– kindliche, Spieler, pathologische 144–146
– Konsumsteigerung 293
– Kontrollverlust 294
– Mögen (liking) 290
– Neuroadaption 276–278
– pharmakologische Kausalfaktoren 276–280
– Prävention 297
– bei Ratten 275

Suchtentwicklung
- Sensitivierung 290–291
- verhaltensbiologische Kausalfaktoren 276–280
- Vorläufer, Verhaltensstörungen, kindliche, unbehandelte 433
- Wollen (wanting) 290

Suchterkrankungen, -störungen bzw. -verhalten 49–60
- Abgrenzung 40–41
- ADHS 217
- Alkohol 297
- Aufrechterhaltung 54–55
- Autonomie 36
- Bedeutung 2
- Begriff 29
- – Geschichte 2
- Behandlung, UKE-Drogenambulanz 445–447
- Bezugspersonen 37
- – Solidarität 36
- Bindungsmuster 96–97
- Bulimie 106
- Diagnostik 3, 74–75
- Eigenschaften 3
- elterliche, stoffungebundene, Spieler, pathologische 141
- Elternarbeit 459
- Entstehung 54–55
- Entwicklung, Subgruppen 482–483
- Eskapismus 4
- Faktoren 40
- Familien, belastete 47, 118, 414–415
- – Entscheidungsmatrix bei Kindern 458
- – Kindersituation, Verbesserung 500
- Formen 28–29
- genetisches Risiko 121
- Geschlechterunterschiede 66
- Grundhaltung 40–48
- Kontrollverlust 3
- Langzeit-Abstinenz 297
- Lebensbedingungen, Kindheit 37
- Lebensentwurf, ethischer 28, 30–39
- Lebensgemeinschaften, Arbeit mit Kindern 452
- Maintenance-Konzept 297

- neurotische Erkrankungen 42–43
- Opiate 297
- Perspektive, systemische 422–423
- philosophische Aspekte 27–29
- Prägung 295
- Prävention 325
- Problemlösung 56
- Risikofaktoren 61–63
- Schutzreflexe 29
- Selbstheilungsversuch 43–45
- als Selbstzerstörungsversuch 45–47
- Sinnperspektiven 27–29
- Symptome 3
- Toleranzentwicklung 3
- Transmissionsrisiko 121
- Umprägung 298
- Unabhängigkeit, innere 36
- Ungeborgenheit 29
- Verdrängungstendenzen 29
- Verfahren 76
- Verläufe 28–29
- Verwöhnung 17–19, 44
- Wehrlosigkeit 35
- Zugangsweisen, interdisziplinäre 4

Suchterleben, Kaufsucht 165
Suchtfamilien 47, 118, 414–415
- Abgrenzung, konstruktive 408
- Besonderheiten 415
- Individualisierung 408
- Konflikte 409
- Situation, Beschreibungen 408

Suchtgedächtnis 276, 278–280
- Bildung 278–280, 289–298
- – Krankheitsentwicklung 294
- – neurobiologische Hypothese 293
- – sensible Phase 293
- – Zeitcharakteristik 295
- Einnahmeverhalten 295
- Incentive-sensitization-Hypothese 290–291
- Löschungsresistenz 291, 294
- Prägungsprozess 296
- Sensitivierung 290–291
- Stress 290
- Variabilität 294
- Verlauf 289
- zwangsartige Auswirkungen 294

Suchtgefahren/-gefährdung 482
- Armut 309–318
- Aussiedlerjugendliche 320
- Diagnostik 74–75
- bei Kindern mit Migrationshintergrund 319–328
- – Prävention und Therapie 324–328
- – Risikogesamtbelastung 322
- multifaktorielle 49–50
- aus Sicht des Kinderarztes 5–12

Suchthilfesysteme, Netzwerkarbeit 455
Suchtkrankenhilfe 456
- Case Management 469
- elterliche Fähigkeiten 456
- Studiengang 501

Suchtmittelabhängigkeit, -abusus bzw. -missbrauch
- elterlicher 7
- Elternarbeit 8
- Entwicklung, Frühintervention 483
- genetische Vulnerabilität 7
- Kaufsucht 166
- Leistungsansprüche, überhöhte 392
- Monitoring, elterliches 7
- Motivationsgespräche 456
- Peergroup 7
- Persönlichkeitsstörung 43
- Prädiktoren 323
- Stigmatisierung 408
- Suchtpotenzial 7
- Temperament 7
- Toleranzentwicklung 3
- Verfügbarkeit 7
- Verhaltensmuster, riskante 433

Sucht-Patient
- Lebensgeschichte 30–31
- Zugang, biopsychosozialer und entwicklungsorientierter 444

Suchtprägung 295
Suchtprävention
- EDDRA (Exchange on Drug Demand Reduction Action) 395
- Elternarbeit 9
- Fachstelle Sozialdienst Katholischer Männer e.V. Köln (SKM Köln) 450–451
- Gemeinschaftsaufgabe 10
- Lust an Leistung 19–20

- – an Schulen 390–392, 396–397
- – – Kontinuität/Langfristigkeit 398
- – – Status quo 395–398
- – Schulordnungsgesetz 390
- – substanzspezifische in der Familie 9–10
- – Ziele heute und in Zukunft 484

Suchtverhalten, Aufrechterhaltung 54–55

Suizidalität 52
- Depression 256
- drogenabhängige Eltern 132
- Substanzmissbrauch 50

Sulfitadditive, Wein 269

Supervision, Case Management 470

Synapse, Übertragung, psychoaktive Substanzen 282

T

Tabakkonsum 190–199, 312
- s.a. Nikotinabhängigkeit, -abusus bzw. -konsum
- Abhängigkeit 194–196
- Alter 191–192
- Anfälligkeit 193–194
- armutsbezogene Präventionspolitik 312
- Bedingungsfaktoren 192–194
- Darstellung in den Medien 196
- Einfluss von Freunden 195
- Einstiegsdrogen 8
- elterlicher 54
- Faktoren, familiäre 195
- – individuelle 193
- – soziale 195
- Genetik 193
- Geschlecht 192
- Gesundheitsfolgen, zukünftige, Antizipation 313
- (Körper-)Selbstbild 193
- Motive 312
- in der Öffentlichkeit, Jugendschutzgesetz 382
- Oralitätskonzept 41
- Prävalenz bei in Armut lebenden Kindern und Jugendlichen 310–311
- – nach Geschlecht und Einkommen 311–312

- – Ursache-Wirkungs-Beziehungen 311
- Preissensibilität der Nachfrage 195–196
- Quoten 311
- Risikofaktoren 192–194
- Risikowahrnehmung 194
- schulische Schwierigkeiten 195
- Selbstbewusstsein 193
- Selbstwertprobleme 476
- Stress, schulischer 312
- Trends 191
- Überzeugungen 193–194
- Verbreitung 191
- Verfügbarkeit 196
- Verlauf 192
- Vorschriften, Jugendschutzgesetz 384
- Zigarettenwerbung 196
- Zugänglichkeit 196

Tabakwaren, Abgabe(-verbote), Jugendschutzgesetz 382, 384–385

Teacher's Report Form (TRF)/Lehrerfragebogen 77

Teilleistungsstörungen, ADHS 218

Temperamentsvariante, ADHS, Differenzialdiagnose 217

Tests, diagnostische
- methodische Schwierigkeiten 72–73
- Objektivität 72–73
- Validität 72–73

Thalidomid-Embryopathie 352

THC (Tetrahydrocannabinol), Muttermilch 354

Therapeutenhaltung, Familientherapie 423

Tic-Störungen, ADHS 217–218

Totgeburtquote
- Alkoholkonsum 23
- durch Kokain 356

Transmissionsrisiko, genetisches, Alkoholstörungen, elterliche 121

Transmitter, falsche, psychoaktive Substanzen 282

Traumatisierungen 32

Trennung der Eltern, familienrechtliche Aspekte 368

Trennungserfahrungen, Kinder, drogenabhängige Mütter 129

Trieb 14–15

Triebansprüche 43

Triebbefriedigung
- aggressive, Drogenkonsum 18
- Lustgewinn 16

Triebhandlung 14–15

Trieblust, Aggression 20

Triebsystem 14–15

Trinken
- kontrolliertes 350
- soziales 345

Trinkexzesse 81

Trotzverhalten, oppositionelles 222

Tuberkulostatika, Wirkungshemmung durch Alkohol 264

U

Überforderung des Kindes bei Alleinerziehenden 153

Übergangsobjekte, Ess-Störungen 201

Übergewicht s. Adipositas

Über-Ich, Ansprüche 43

UKE-Drogenambulanz 436, 441, 445–447
- s.a. Drogenambulanz 442
- Arbeitskonzept 442
- Boostersessions 447–448
- Cannabis-versus-Mischkonsum-Patienten 442–443
- Charakteristika 443
- Diagnostik 444–445
- Diagnostik- und Motivationsphase 445
- Krisensprechstunde 441
- Modellcharakter 448
- Motivationsbehandlung 444–445
- Multifaktorialität 442
- Multifunktionalität von Substanzkonsum und -missbrauch 442
- nichtvolljährige versus volljährige Patienten 443–444
- Patientengut 442
- 4-Phasen-Modell 444
- psychische Störungen, komorbide, Behandlung 447

Umfeld
- persönliches, Bezugspersonen 35
- situatives, Substanzkonsum 275

Umfeld
- soziales
- - Heimkinder 474
- - Migrationshintergrund 325
- - Risikofaktoren 62

Umgangsrecht, familienrechtliche Aspekte 369
Umweltfaktoren 42
Umweltverhalten, adäquates 48
Unabhängigkeit
- innere, künstlich hergestellte, Lebensentwurf, ethischer 33
- - Suchtkranke 36
- kindliche, Spieler, pathologische 146

Unberechenbarkeit, elterliche, Alkoholstörungen, elterliche 122
Unfähigkeit, Eltern 366
Ungeborgenheit
- Erfahrungen 34–35
- Suchtstörungen 29

Unterlassungsdelikt, strafrechtliche Risiken 374
Unterricht, schülerzentrierter 392
Unterstützungsangebote
- für Kinder, alkoholbelasteter Familien 409
- Qualität, Interventionen, elternbezogene 416–417

Unwilligkeit, Eltern 366

V

Ventrales Tegmentum-Areal (VTA), Drogeneinnahme 285
verbale Methoden, Anwendung 78
Verbalisationsfähigkeit, geringe, Diagnostik 74
Verdrängungstendenzen, Suchtstörungen 29
Verfahren, darstellende, Familientherapie 425–426
Vergewaltigungen, Drogenabhängigkeit 332

Verhalten
- dissoziales/Dissozialität 55
- eines Dritten 366
- instinktives 14
- ADHS 218

Verhaltensauffälligkeiten/-störungen 50
- aggressive 222–229
- Alkoholstörungen, elterliche 123
- Bindung, desorganisierte 96
- - unsichere 95–96
- Entwicklung, alkoholbelastete Familien 475
- externalisierende 63–66
- frühe 54
- internalisierende 64, 66–67
- bei Kindern von Alleinerziehenden 151
- kindliche bei drogenabhängigen Eltern 134
- - unbehandelte, Suchtentwicklungen, Vorläufer 433

Verhaltensbeobachtung, systematische, Diagnostik 75
Verhaltensbeurteilungsbogen für Vorschulkinder (VBV 3-6) 77
Verhaltensbiologie, Verwöhnung 14–20
Verhaltenshemmung, mangelnde 61
Verhaltensmuster, riskante, Suchtmittelkonsum 433
Verhaltensnormen, Alkoholkonsum 210–211
Verhaltensstörungen, internalisierende 64, 66–67
Verhaltenstherapie
- Anwendungen 446
- Depression 254–255
- Drogenambulanz 445
- Substanzkonsum 288

Verlässlichkeit, Elternarbeit 419
Vernachlässigung 366
- Aggression 227

- Alkoholstörungen, elterliche 123
- emotionale, Suchtstörungen 29
- Heimkinder 478

Verrechnungssystem, mesolimbisch-mesokortikales 285
Versagen, unverschuldetes, Eltern 366
Verschlossenheit, seelische 30
Vertrauenswürdigkeit, Botschafter 404
Verwahrlosung, Laisser-faire 29
Verwöhnung 14–20
- Definition 15
- Drogenkonsum 17
- Gesundheit, Zerstörung 17
- Gewalt 17
- Lustempfindung 16
- Suchterkrankung 44
- Suchtstörungen 17–19
- Umweltzerstörung 17

Viktimisierungen, Kinder, alkoholbelastete Familien 115
Vitamine, Interaktion mit Alkohol 267–268
Vorhofflimmern, Alkoholkonsum 269
Vorläufersyndrom 61–71
Vulnerabilität 68, 402
- individuell wahrgenommene, Drogenkonsum 402

W

Wahrnehmungsstörungen, Alkoholkonsum 225
Wehrlosigkeit, Suchtstörungen 35
Wein, Sulfitadditive 269
Wollen (wanting), Suchtentstehung 290
Workaholic, ADHS 218

Z

Zwangsstörungen, Anorexie 106

Psychiatrie und Psychotherapie bei Schattauer

2005. 295 Seiten, 8 Abbildungen,
13 Tabellen, geb.
€ 44,95 (D) / € 46,30 (A)
ISBN 978-3-7945-2261-3

Thomasius/Küstner (Hrsg.)
Familie und Sucht
Grundlagen – Therapiepraxis – Prävention

Suchterkrankungen und familiäre Einflüsse sind eng miteinander verknüpft: So sind z.B. Kinder und Jugendliche aus alkoholbelasteten Familien die größte bekannte Risikogruppe für spätere Suchtstörungen.

„Familie und Sucht": Das Buch gibt im ersten Teil einen umfassenden Überblick über die aktuellen wissenschaftlichen und praktischen Erkenntnisse zu familiären Einflüssen auf die Entwicklung von Süchten. Der zweite Teil geht auf die familientherapeutische Praxis ein. Sowohl die Beiträge der verschiedenen Therapieschulen als auch die unterschiedlichen Behandlungssettings werden ausführlich dargestellt. Nicht zuletzt werden Konzepte zur Einbeziehung der Familie – aber auch der Schule – in die Prävention von Suchterkrankungen vorgestellt.

Praktiker aus den Bereichen Medizin, Psychologie, Pädagogik, Sozialwissenschaften und Theologie, die mit Suchtkranken und/oder suchtgefährdeten Menschen konfrontiert sind, erhalten mit diesem Werk eine wertvolle Hilfestellung, um Suchtkranken und ihren Familien effektiv helfen zu können.

2., vollständig überarbeitete und
erweiterte Auflage 2007.
1136 Seiten, 186 Abbildungen,
227 Tabellen, geb.
€ 129,– (D) / € 132,70 (A)
ISBN 978-3-7945-2358-0

Herpertz-Dahlmann/Resch/Schulte-Markwort/Warnke (Hrsg.)
Entwicklungspsychiatrie
Biopsychologische Grundlagen
und die Entwicklung psychischer Störungen

Mit Geleitworten von Klaus Minde und Norman Sartorius

- Aktuelle Übersicht von der Entwicklungsbiologie und -psychologie bis hin zur klinischen Kinder- und Jugendpsychiatrie
- Einheitliche Abhandlung der verschiedenen kinder- und jugendpsychiatrischen Erkrankungen und deren Therapie
- Erstes entwicklungspsychiatrisches Handbuch mit multidisziplinärer Perspektive

„Das Werk ist ein Meilenstein in der deutschsprachigen kinder- und jugendpsychiatrischen Literatur." Verhaltenstherapie

„Es stellt das erste umfassende Lehrbuch dieser Art in Deutschland dar. Quantitativ und qualitativ ist den Herausgebern hier ein sehr bemerkenswertes Buch gelungen." Psychodynamische Psychotherapie

 **Schattauer** www.schattauer.de Irrtum und Preisänderungen vorbehalten

Psychiatrie und Psychotherapie bei Schattauer

2004. 199 Seiten, 18 Abbildungen,
19 Tabellen, kart.
€ 24,95 (D) / € 25,70 (A)
ISBN 978-3-7945-2305-4

Nissen (Hrsg.)
Psychische Störungen im Kindesalter und ihre Prognosen

Durch pro- und retrospektive Studien ist es in den letzten Jahren gelungen, eine Reihe von Kriterien zu finden, die eine bessere Vorhersage über die Entwicklung psychischer Störungen bei Kindern und Jugendlichen erlauben. Von einer normalen oder einer gestörten psychischen Entwicklung hängen nicht nur Gesundheit oder Krankheit, sondern – noch mehr als früher – der Erfolg in der Schule und später im Beruf und damit Lebenserfolg und Zufriedenheit ab. Daher ist es verständlich, dass es immer dieselben Fragen sind, die an Therapeuten gerichtet werden:

„Geht das wieder vorüber?", „Kommt das wieder?", „Ist das damit erledigt?", „Was wird aus dem Kind werden?"

Das Buch gibt einen umfassenden Überblick über die wichtigsten Resultate neuerer Studien zu dieser Thematik. Darüber hinaus behandelt es Fragen zur Krankheitsentstehung aus der Perspektive der Kinder- und Jugendpsychiatrie und ihrer möglichst optimalen Behandlung.

2004. 199 Seiten, 17 Abbildungen,
61 Tabellen, kart.
€ 29,95 (D) / € 30,80 (A)
ISBN 978-3-7945-2328-3

Remschmidt (Hrsg.)
Schizophrene Erkrankungen im Kindes- und Jugendalter
Klinik, Ätiologie, Therapie und Rehabilitation

Der erste Teil des Buches beschäftigt sich mit der Klinik schizophrener Erkrankungen im Kindes- und Jugendalter und bezieht Möglichkeiten und Grenzen der Frühdiagnostik ebenso ein wie Differenzialdiagnostik und Verlaufsaspekte.

Der zweite Teil behandelt die Ätiologie der Erkrankungen, wobei hier auf genetische Ursachenforschung und neurobiologische Erkenntnisse Bezug genommen wird.

Der dritte und umfangreichste Teil beschäftigt sich mit der Therapie und Rehabilitation. In diesem Zusammenhang kommt den atypischen Neuroleptika ein besonderer Stellenwert zu. Die große Bedeutung von Psychotherapie und Rehabilitationsmaßnahmen als wichtiger Teil des Behandlungsplans wird in eigenen Beiträgen dargestellt. Ein spezielles Kapitel beschäftigt sich mit einem integrativen Behandlungssystem, in dem der niedergelassene Kinder- und Jugendpsychiater eine zentrale Rolle spielt.

„Der hervorragend gestaltete und mit einem umfassenden Sachverzeichnis versehene Band ... gehört auf den Schreibtisch jeder Therapeutin und jedes Therapeuten, der sich mit diesem Thema beschäftigt."
H. J. Freyberger, Stralsund/Greifswald; PDP

www.schattauer.de